DICIONÁRIO DE OBRAS FILOSÓFICAS

DENIS HUISMAN

DICIONÁRIO DE OBRAS FILOSÓFICAS

Martins Fontes
São Paulo 2000

Esta obra foi publicada originalmente em francês com o título
DICTIONNAIRE DES MILLE OEUVRES CLÉS DE LA PHILOSOPHIE,
por Éditions Nathan.

1ª edição
agosto de 2000

Tradução
IVONE CASTILHO BENEDETTI

Revisão técnica
Luiz Sergio Repa
Rodnei do Nascimento
Revisão gráfica
Eliane Rodrigues de Abreu
Ivany Picasso Batista
Produção gráfica
Geraldo Alves
Paginação/Fotolitos
Studio 3 Desenvolvimento Editorial (6957-7653)

Dados Internacionais de Catalogação na Publicação (CIP)
(Câmara Brasileira do Livro, SP, Brasil)

Huisman, Denis
Dicionário de obras filosóficas / Denis Huisman ; [tradução Castilho Benedetti]. – São Paulo : Martins Fontes, 2000.

Título original: Dictionnaire des mille oeuvres clés de la philosophie.
ISBN 85-336-1251-6

1. Filosofia – Bibliografia 2. Filosofia – Dicionários 3. Filosofia – História I. Título.

00-2727 CDD-016.103

Índices para catálogo sistemático:
1. Bibliografia : Obras filosóficas : Dicionários 016.103
2. Dicionários : Obras filosóficas : Bibliografia 016.103
3. Obras filosóficas : Bibliografia : Dicionários 016.103

Livraria Martins Fontes Editora Ltda.
Rua Conselheiro Ramalho, 330/340
01325-000 São Paulo SP Brasil
Tel. (11) 239-3677 Fax (11) 3105-6867
e-mail: info@martinsfontes.com
http://www.martinsfontes.com

À memória de meu filho Colas (1955-1990)
A meus filhos filósofos: Bruno e Emmanuelle

PREÂMBULO

Já houve um tempo em que o gentil-homem podia gabar-se de ter lido tudo. Foi por isso que Pico della Mirandola, cujas obras foram recentemente reeditadas[1], conseguiu fazer a síntese de todos os saberes de sua época. O "príncipe dos eruditos", que lia *no original*, com avidez lendária, as obras dos pensadores gregos, latinos, hebreus e árabes, empreendeu em 1486 a reunião de suas teses num único volume: não são menos de 900 conclusões, expostas na obra que tem esse mesmo título[2]. Mas quem hoje em dia poderia afirmar que "leu todos os livros"? A quem quisesse simplesmente ler o que foi escrito em algum ínfimo campo do saber nos últimos dez anos não bastaria uma vida. É só entrar numa biblioteca para convencer-se disso...

Por isso, a razão de ser, a *causa final* deste dicionário, é ajudar o iniciante, o amador, o estudante ou o apaixonado pelo saber a orientar-se na "selva" das produções que, com ou sem razão, se dizem de filosofia. As obras aqui reunidas são os textos maiores do pensamento universal. Trata-se de livros norteadores que, tal como a *República* de Platão, o *Discurso do método* de Descartes ou a *Crítica da razão pura* de Kant, renovaram nosso modo de ver o mundo, introduziram novos conceitos, deram origem a novas correntes, a doutrinas, a escolas e até mesmo a ideologias. Essas mil obras, nesse sentido, constituem verdadeiras chaves: às vezes "chaves de abóbada" dos edifícios elaborados pelo espírito humano ao longo dos séculos, e meios de acesso inigualáveis à cultura propriamente filosófica.

Sem dúvida é possível encontrar em várias línguas alguns polpudos dicionários capazes de cumprir essa função[3]. Mas, pelo que sabemos, este *Dicionário* é o primeiro a oferecer tal soma de conhecimentos num único volume de menos de 600 páginas, com formato manejável e prático.

Obra de consulta e instrumento de trabalho incomparável, deverá possibilitar que todos (inclusive quem não recebeu formação especializada) se familiarizem com as mil principais obras que marcaram os vinte e cinco séculos de história da filosofia. Mil obras precisamente: pode-se dizer que isso é, ao mesmo tempo, muito e muito pouco. Muito porque o número de obras que um professor de filosofia pode estudar seriamente com seus alunos durante um ano de curso é necessariamente restrito. Muito pouco, porém, porque a filosofia não poderia ser reduzida apenas aos autores e às obras constantes dos programas oficiais

1. P.U.F., coleção "Épimethée" (org. e trad. O. Boulnois e G. Tognon), 1993.

2. Ver, na página 398 deste dicionário, o verbete referente às Novencentas Conclusões de Pico della Mirandola.

3. Ver, em *Encyclopedie philosophique universelle*, P.U.F., os dois polpudos volumes (4616 páginas ao todo) dedicados às obras, com organização de Jean-François Mattei.

de ensino. "Há 7000 anos existem homens, e homens que pensam..." – repetindo La Bruyère –, e foram tantos os filósofos que se manifestaram de tantas maneiras diferentes que pode parecer presunçoso e fútil querer reduzir a mil obras (e a mil obras apenas) o imenso patrimônio filosófico que a humanidade nos legou. Mesmo assim, pareceu-nos que, para fazer deste dicionário um instrumento eficaz de estudo e cultura, seria preciso limitar nossas ambições a um número razoável de textos: aqueles cujo valor e cuja notoriedade nos parecessem inquestionáveis.

Evidentemente, tivemos de fazer escolhas; em primeiro lugar entre autores, depois entre suas diferentes obras. Qualquer seleção implica limitações: quem diz *selecionar* diz *excluir*. Algumas pessoas não deixarão de lamentar a ausência de certos autores. Por que mencionar Xenofonte e omitir Tucídides? Por que Johann Eckhart, e não Johann Tauler? Por que Engels, e não Dühring? Uma comissão de especialistas, constituída em sua maioria por professores de filosofia de cursos secundários e superiores, reuniu-se várias vezes para estabelecer a lista definitiva de obras e decidir os casos em discussão. E haverá necessidade de dizer que em várias ocasiões as discussões foram intensas e animadas?

De comum acordo, optamos pelas obras previsivelmente encontradas na biblioteca de candidatos aos certificados de aptidão para o ensino secundário ou superior de filosofia na França: é aquilo que se poderia chamar de "biblioteca ideal do aprendiz de filósofo"! Por isso, demos grande atenção às tradições universitárias e editoriais: por que falar de um livro que ninguém estuda e que não pode ser encontrado em lugar algum? No entanto, decidimos excluir, por falta de espaço, as obras puramente de história da filosofia, assim como os tratados exclusivamente científicos, literários ou religiosos. Mas, ao contrário de certos manuais ou coletâneas de textos filosóficos, dedicamos grande espaço neste dicionário aos autores contemporâneos, pelo menos àqueles que nos dão razões para acreditar que logo estarão ao lado de Platão, Descartes, Leibniz, Hume ou Bergson no Panteão da filosofia universal. Foi a esses princípios que nos tentamos ater, plenamente conscientes, porém, da dificuldade da tarefa.

Do modo como se apresenta, esta obra nos parece capaz de prestar reais serviços a quantos a quiserem utilizar, seja para realizar uma pesquisa, preparar uma exposição, ilustrar uma dissertação, aprofundar conhecimentos sobre um autor ou simplesmente vaguear por entre os monumentos intemporais do pensamento. Na elaboração deste dicionário, nossa preocupação foi torná-lo o mais *funcional* possível: cada verbete propõe um resumo e um comentário crítico do livro estudado; evidencia sua problemática, explicita suas teses e define os termos principais; além disso, o texto é estudado em seu contexto, elucidando-se a influência por ele exercida sobre a posteridade. Sistematicamente, após o título da obra em português, encontra-se o título original, a data da primeira publicação (conforme o caso, a data de sua composição), bem como sobrenome, nome e datas do autor. Por fim, a quem quiser consultar o texto em si ou aprofundar mais suas pesquisas, propomos, após cada verbete, a edição do texto mais acessível, seguida por um ou vários estudos sobre a obra ou sobre seu autor. Um índice detalhado dos autores, no fim do dicionário, possibilitará remissões, cotejos e descobertas.

Por fim, deve-se acrescentar que a extensão dos verbetes é diretamente proporcional à importância da obra estudada na história da filosofia; por isso, pareceu-nos legítimo dedicar à *Ética* de Spinoza um texto bem mais longo que o dedicado à *Ética* de Geulincx. Mais uma vez somos capazes de ouvir o clamor das vozes que, em nome de certo culto ao paradoxo, se insurgem contra esse princípio, aludindo que deveríamos privilegiar obras menores em detrimento das obras maiores. Mas não é nisso que reside a originalidade de nosso trabalho; quisemos que este dicionário fosse reflexo fiel da filosofia: a mesma que se estuda em classes, anfiteatros e bibliotecas, aquela que o tempo e as tradições universitárias consagraram...

É fácil entender que a finalidade desta obra não é, de modo algum, eximir quem a consulte de ir aos textos, remeter-se às próprias obras, não na forma de resumos, ou de "digestos", mas em sua versão "integral"[4]. Ao contrário, nosso maior desejo é acender a vocação de leitor, ou mesmo de "ledor" contumaz, em muitos dos que, por acaso ou necessidade, forem levados a consultar este dicionário ou a folhear distraidamente suas páginas. Nosso desejo é vê-los todos "amarrados", presos à armadilha "desse vício impune: a leitura" (segundo palavras de Valéry Larbaud), apaixonados por esses textos, sem conseguir abster-se dos "livros cultos", das obras capitais da história das idéias. Essa "paixão" foi nossa durante toda a elaboração desta obra; desejamos compartilhá-la com o maior número possível de leitores. E a experiência nos mostra que nunca saímos decepcionados da leitura dos grandes textos! Tanto isso é verdade que, como dizia Descartes, "viver sem filosofar é viver de olhos fechados".

Denis HUISMAN

4. Ver, em Éditions Nathan, a coleção "Les Intégrales de Philo" (30 títulos publicados).

COMO CONSULTAR ESTE DICIONÁRIO

Os verbetes deste dicionário são classificados por ordem alfabética dos títulos das obras. Todas as palavras que compõem o título são consideradas na classificação.

Ex.: **ENSAIO SOBRE A DÁDIVA**
ENSAIOS HERÉTICOS SOBRE A FILOSOFIA DA HISTÓRIA
ENSAIOS POLÍTICOS
ENSAIOS SOBRE A TEORIA DA CIÊNCIA

Em conformidade com o uso, quando o título de uma obra começa com artigo (às vezes precedido por preposição), a ordem alfabética é determinada pelo primeiro substantivo ou o primeiro adjetivo, e o artigo em questão aparece entre parênteses e após o título.

Ex.: **CIDADE DE DEUS (A)**
DESTINO E A LIBERDADE (SOBRE O)
CONSTÂNCIA DO SÁBIO (DA)

Título da obra traduzido — *Título original da obra*

CONFLITO DAS FACULDADES (O),
Der Streit der Fakultäten, 1798. ← *Data da 1.ª publicação*
Nome, sobrenome e datas do autor → EMMANUEL KANT, 1724-1804.

Análise da obra — Essa obra reúne três tratados nos quais Kant examina o conflito que opõe as chamadas Faculdades "superiores" (Faculdades de teologia, direito e medicina) à Faculdade de filosofia. Esse triplo conflito – o filósofo está em conflito com o teólogo, o jurista e o médico – é necessário por ser um conflito da tradição positiva, religiosa ou jurídica com a autonomia intelectual. Defendendo-se dos ataques do rei da Prússia, que lhe censurava a depreciação do cristianismo em *A religião nos limites da simples razão** (1793), Kant retoma aqui certos pontos dessa obra (sobretudo a idéia de uma Igreja universal e invisível), mas também faz algumas observações sobre a Revolução Francesa e dá alguns conselhos relativos à saúde.

O asterisco indica que essa obra é estudada neste dicionário

Trata-se da edição mais acessível → **Edição portuguesa:** *O conflito das faculdades*, Lisboa, Edições 70, 1993.
→ **Estudo:** A. Philonenko, *L'oeuvre de Kant*, 2 vols., Brin, 1988-1989.

Trata-se de um estudo sobre a obra, sobre o autor ou sobre um aspecto específico de sua doutrina

Quando várias obras têm o mesmo título, é o nome dos autores que determina a ordem de classificação.
Ex.: **LÓGICA**, Bernard Bosanquet
LÓGICA, Étienne Bonnot de Condillac
LÓGICA, Emmanuel Kant

Quando uma mesma obra é conhecida com vários títulos ou com um título simplificado, o verbete apresenta o título pelo qual a obra é tradicionalmente designada. Nesse caso, o título paralelo aparecerá numa remissão do dicionário.
Ex. **OU... OU...**, Søren Aabye Kierkegaard.
Ver ALTERNATIVA (A)

ENSAIO PARA INTRODUZIR NA FILOSOFIA O CONCEITO DE GRANDEZA NEGATIVA
Ver CONCEITO DE GRANDEZA NEGATIVA

A entrada de cada verbete contém o título da obra em português, seguido pelo seu título original, pela data de sua primeira publicação (caso necessário, a data de sua composição, precedida por um círculo vazio) e pelo sobrenome, pelo nome e pelas datas de nascimento e morte do autor.
O asterisco (*) após o título de uma obra citada no corpo de um verbete indica que essa obra é estudada num dos verbetes do dicionário.

Título da obra seguido por subtítulo na tradução em português

Título original da obra seguido por seu subtítulo

FÉDON, ou Da alma, Φαῖδων, ἢ Περὶ ψυκῆς,
○ c. 385 a.C. ← *O círculo vazio introduz a data presumida da redação da obra, e não a da publicação*
Platão, 428/427-348-347 a.C.
Diálogo. ← *Informação geral sobre a natureza da obra*

Belíssimo diálogo, importante no conjunto da obra de Platão, ainda que alguns tenham duvidado de sua autenticidade, Fédon põe em cena os últimos instantes de Sócrates. Este está cercado por seus discípulos Apolodoro, Cebes, Críton, Fédon e Símias – além de sua mulher Xantipa (que logo sai de cena!). É esse o mesmo Críton que, no diálogo que tem seu nome, tentara em vão convencer Sócrates a fugir.

A

A FAVOR DE MARX, *Pour Marx*, 1965.
LOUIS ALTHUSSER, 1918-1990.

Essa coletânea de sete artigos de Louis Althusser contém a exposição de um novo método que deve permitir ler e entender de modo diferente os textos de Marx. Isto porque Louis Althusser acredita ser necessário introduzir uma "divisão epistemológica" na obra de Marx para separar, de um lado, as obras de juventude, impregnadas de influência hegeliana, e, de outro lado, *O capital**, verdadeiro ponto de partida do marxismo. Essa distinção inovadora permite que Althusser depreenda em Marx um verdadeiro pensamento filosófico.

Edição brasileira: *A favor de Marx*, Rio de Janeiro, Zahar, 1979.
Estudo: J. Rancière, *La leçon d'Althusser*, Idées/Gallimard, 1975.

ACADÊMICAS, *Academica*, 45 a.C.
CÍCERO (Marcus Tullius Cicero), 106-43 a.C.

Cícero escreveu antes *Acadêmicas Primeiras* (*Academica prima*) constituídas por dois livros, *Catulo* e *Lúculo*; depois, remanejou a obra e acresceu dois outros livros, *Ático* e *Varrão*, que compõem as *Acadêmicas segundas* (*Academica posteriora*). Trata-se de diálogos, e cada um tem como título o nome do interlocutor principal de Cícero, que aqui defende a teoria da consciência elaborada pelos filósofos da Academia.

Comparando as idéias da antiga e da nova Academia, o autor ressalta que elas têm em comum a fidelidade à dúvida socrática e o acordo quanto à impotência da consciência humana para atingir a verdade por meio dos sentidos. Os "antigos" e os "modernos", porém, formulam o problema de maneiras diferentes. Cícero condena os discípulos da Academia que, afastando-se do pensamento de Platão, voltaram-se para o cepticismo. Apoiando-se na filosofia estóica de um ex-céptico, Antíoco de Ascalão, Cícero denuncia as conseqüências nefastas dessa filosofia, segundo a qual só há proposições incertas: persistir na dúvida é uma atitude estéril e pode anular a liberdade do homem que se comporta desse modo. O probabilismo é um meio de superar esse perigo: é um passo rumo ao caminho da liberdade. O probabilismo devolve confiança ao homem e dá-lhe ajuda em muitos campos, sejam eles artísticos ou morais. Assim, a busca do Bem supremo é facilitada.

Cícero se gabava de ter contribuído com um gênero novo para a literatura romana. No entanto, as *Acadêmicas* provavelmente são a obra mais puramente filosófica do autor. Nela, Cícero não demonstra originalidade, mas apenas expõe por que a filosofia da Academia o convence.

Estudo: M. Nisard, na edição francesa: *Les académiques*, Les Belles Lettres, 1970.

AÇÃO (A), Ensaio de uma crítica da vida e de uma ciência da prática,
L'action, Essai d'une critique de la vie et d'une science de la pratique, 1893
MAURICE BLONDEL, 1861-1949, Tese de doutoramento

Maurice Blondel analisa a ação em todos os seus matizes e em sua complexidade humana, pois ela implica uma problemática essencial, de ordem metafísica: o sentido do destino. "A vida humana terá ou não sentido? O homem tem um destino?"

A ação, entendida como algo que agrupa todos os tipos de atividade humana, é o testemunho concreto do desdobramento do espírito na matéria, de uma exigência sobrenatural no homem. A verdade intrínseca de todo querer, que é da ordem do sobrenatural, o transcende, mesmo que inconscientemente. A ação humana transforma o indivíduo, conferindo-lhe na realização uma novidade plena, irredutível a sua intenção primeira, e aumenta seu potencial existente, mesmo que este jamais venha a realizar-se totalmente. Nossos atos permanecem inacabados, pois o fim último é de ordem divina, e uma distância infinita me separa de mim mesmo. A filosofia nunca permite um conhecimento último e perfeito; só a fé nos permite ter acesso ao sobrenatural. O homem, por meio da encarnação, tem função de mediação entre o mundo terreno e o mundo sobrenatural. Assim, a ação vivenciada é fundamental, porquanto se situa "na junção entre a imanência e a transcendência".

Estudos: H. Duméry, *Raison e religion dans la philosophie de l'action*, Le Seuil, 1963. R. Virgoulay, *Blondel et le modernisme*, Le Cerf, 1980.

ACASO E NECESSIDADE, Ensaio sobre a filosofia natural da biologia moderna,
Le hasard et la nécessité. Essai sur la philosophie naturelle de la biologie moderne, 1970.
JACQUES MONOD, 1910-1976.

Essa obra é uma tentativa de pensar os resultados da biologia contemporânea, para cujo progresso o próprio Jacques Monod contribuíra com seus trabalhos (Jacques Monod foi prêmio Nobel em 1965, com André Lwoff e François Jacob).

Os seres vivos são estruturas dotadas de propriedades particulares: invariância reprodutiva e teleonomia (são estruturas aparentemente finalizadas). Mas Monod critica veementemente todas as explicações globais teleológicas e animistas, que supõem uma aliança entre o homem e a natureza, assim como as ressurgências do cientificismo (religiões, antropocentrismo teilhardiano, materialismo dialético dos marxistas). As propriedades do ser vivo devem ser explicadas a partir do acaso que reina no nível microfísico e ser compatíveis com o segundo princípio da termodinâmica. O acaso também atua no nível do patrimônio genético, e o DNA assume na estrutura celular o elo entre invariância e teleonomia.

O problema, evidentemente, desemboca na questão da origem da vida, ou seja, do código genético. Seja como for, o *status* atribuído ao acaso despoja a humanidade de qualquer significação transcendente. No entanto, a ética não está em perigo, pois o próprio conhecimento científico repousa sobre imperativos morais, em primeiro lugar o de objetividade. Segundo Monod, a sede que o ser humano tem de superação e transcendência é encarnada pelo socialismo humanista. Não é o "socialismo científico" marxista, mas deverá aspirar ao ideal de objetividade científica.

O livro de Jacques Monod teve sucesso e notoriedade consideráveis, simultaneamente ao de seu colega François Jacob (*A lógica do ser vivo**). Contribuiu para animar debates em diversas direções: filosofia das ciências, moral, política.

Estudo: A. Katz, "Perspectives sur le hasard e la nécessité", in *Revue de métaphysique et de morale*, 79/1, 1974, pp. 118-25.

AENESIDEMO, ou Sobre os fundamentos da filosofia elementar de Reinhold,
Aenesidemus, 1792.
GOTTLOB ERNST SCHULZE, 1761-1833.
Obra epistolar.

Essa obra desenvolve uma crítica ao criticismo kantiano, a partir de um curso sobre a filosofia elementar de Reinhold, professor na Universidade de Iena. Para Schulze, a razão crítica não fundou nenhuma ciência válida. Ela teria falhado na determinação de sujeito e objeto. Fichte se inspirará nessa crítica.

Estudo: A. Klemmt, *Karl Reinholds Elementarphilosophie*, Hamburgo, 1958.

AESTHETICA, 1750-1758.
ALEXANDER GOTTLIEB BAUMGARTEN, 1714-1762.

Na visão de seu autor, *Aesthetica* completa a obra de Wolff ao integrar à filosofia uma ciência do belo. Para Baumgarten, a estética é uma "ciência do conhecimento sensível". O objeto dessa ciência é a "perfeição sensível" (por oposição à "perfeição racional", constitutiva da verdade e do bem). Segundo Baumgarten, a beleza é realizada, por uma tripla concordância recíproca entre os pensamentos e as coisas, entre os próprios pensamentos, e entre os pensamentos e os signos exteriores. A unidade harmoniosa do belo é reveladora da perfeição divina.

Essa obra obteve considerável notoriedade, justificada pelo ineditismo da iniciativa: erigir a estética em disciplina filosófica integral. É citada por Kant. Baumgarten exerceu grande influência sobre o pensamento das Luzes, mas depois disso a idéia de ciência do belo passou a ser mal vista pelas ciências humanas.

Estudo: E. Cassirer, *La Philosophie des Lumières**, Fayard, 1966, cap. 7: "Les problèmes fondamentaux de l'esthétique".

AFORISMOS PARA A SABEDORIA DA VIDA, *Aphorismen zur Lebensweischeit*, 1851.
ARTHUR SCHOPENHAUER, 1788-1860.

Esses *Aforismos*, que, aliás, não são escritos de forma aforística, fazem parte do primeiro volume de *Parerga e Paralipômena**. Com eles, Schopenhauer escreve um verdadeiro tratado de eudemonologia. Como garantir uma existência feliz, ou seja, "uma existência [...] que, após fria e madura reflexão, seja preferível à não-existência"? O problema consiste em manter-se o mais distante possível da dor e do tédio, sabendo que "à medida que conseguimos afastar-nos de um, nos aproximamos do outro, e reciprocamente".

No primeiro capítulo, introdutório, Schopenhauer mostra que a felicidade pode e deve ser vista de três pontos de vista, que representam outras tantas condições: o que somos, o que temos, o que representamos. Os capítulos II, III e IV seguem essa "divisão fundamental".

O que sou não depende de mim ("Ninguém pode sair de sua individualidade"). Schopenhauer insiste na saúde, no temperamento e na alegria. Mostra principalmente que nada pode paliar a deficiência de riqueza interior.

O que temos: o sábio não negligenciará sua fortuna. Em compensação, "entre as coisas *que possuímos*, não contei mulher e filhos, pois, ao contrário, nós é que somos possuídos por eles".

O que representamos: dada a idéia que Schopenhauer faz do valor de seus congêneres, aqui ele só pode desenvolver uma crítica bastante estóica dos falsos bens ligados à opinião dos outros.

As "Parêneses e Máximas" (referentes à nossa conduta em relação a nós mesmos, aos outros e à marcha do mundo) estão repletas de observações interessantes, de análises brilhantes e – é preciso reconhecer – de conselhos judiciosos. Aqui, o pessimismo e o desengano atingem o ponto culminante. O elogio da solidão ocupa necessariamente posição importante: o homem inteligente não teria como se desenvolver numa sociedade de imbecis; e acrescenta: "feliz dele quando escapa são e salvo"!

Os *Aforismos para a sabedoria da vida* são concluídos com uma reflexão a respeito "da diferença entre as idades da vida". Schopenhauer dá aqui o melhor de si.

Sem minimizar o interesse de sua obra *O mundo como vontade e representação**, podemos perguntar se nessas páginas – consideradas menores – não encontraríamos o que de melhor nos deu o pessimista de Frankfurt.

Edição brasileira: *Aforismos para a sabedoria da vida*, São Paulo, Melhoramentos, 1953.

Estudo: C. Rosset, *Schopenhauer philosophe de l'absurde*, col. "Quadrige", P.U.F., 1989.

AGONIA DO CRISTIANISMO (A),

La agonia del cristianismo, 1926.
MIGUEL DE UNAMUNO, 1864-1936.

O termo agonia é empregado aqui em seu sentido original de "luta, combate". Não só a fé cristã é uma luta – pois "A fé que não duvida é fé morta", e a dúvida supõe a dualidade do combate –, mas também a própria vida. Esta, na realidade, é uma longa agonia, uma luta da "vida que permanece" contra a "vida que passa", um combate contra a história e o esquecimento. "A luta pela vida é a própria vida." Assim como em Kierkegaard (que Unamuno leu, assim como leu Agostinho e Pascal), a autêntica fé cristã não é em caso algum um estado de paz consigo mesmo, uma beatitude, mas, ao contrário, uma luta contínua da consciência presa das contradições, um combate sangrento mas redentor que, em cada cristão, reproduz o martírio de Cristo. É por isso que Unamuno prefere o termo cristandade a cristianismo, que, designando uma religião, cria uma distância entre o crente e Deus. Como para Kierkegaard, a fé é para Unamuno uma relação de singular para singular, sem mediação alguma. Ser realmente cristão é ser o próprio Cristo. Assim, Unamuno considera que o primeiro cristão foi São Paulo. "A qualidade de ser cristão é ser Cristo; São Paulo sabia disso, ele que sentia em si Cristo nascer, agonizar e morrer [...] suas *Epístolas* nos oferecem o mais elevado exemplo de estilo agônico; agônico, e não dialético, pois não há diálogo; há luta, há discussão." Concepção trágica da fé, mas não negativa. A desolação é a maior e a mais rica das consolações; a desesperança é a mais criativa de todas as esperanças. Pois é no próprio seio da desesperança que o crente encontra a esperança; é no coração de sua finitude que constrói sua alma e atinge a imortalidade.

Para Unamuno, a verdade deve ser buscada na vida. Nesse sentido, ainda que se situe na linha dos grandes místicos espanhóis, ele é um dos precursores do existencialismo moderno.

Edição brasileira: *Agonia do cristianismo*, São Paulo, Edições Cultura, 1941.

Estudo: F. Meyer, *L'ontologie de Miguel de Unamuno*, P.U.F., 1955.

AGRESSÃO, Uma história natural do mal,

Das sogenannte Böse. Zur Naturgeschichte der Agression, 1963.
KONRAD ZACHARIAS LORENZ, 1903-1989.
Ensaio de etologia.

Essa obra trata da agressividade, ou seja, do instinto de combate do animal e do homem dirigido contra seus próprios congêneres. Ao contrário do que afirma a psicanálise, o instinto de morte, identificado por Lorenz com a agressividade, contribui para a conservação da vida e da espécie. Os dois primeiros capítulos contêm simples observações sobre as formas típicas do comportamento agressivo. O terceiro capítulo é uma análise da conservação da espécie. O capítulo quatro aborda a fisiologia do comportamento instintivo e do instinto de agressão. No quinto capítulo, Lorenz mostra o processo de ritualização e o ganho de autonomia das novas pulsões criadas por esse processo. Os sexto e sétimo capítulos contêm exemplos concretos que ilustram as teses de Lorenz, mais particularmente os mecanismos "inventados" pela evolução das espécies para canalizar a agressividade por vias não prejudiciais e o papel desempenhado pelos ritos na realização dessa função.

Edição portuguesa: *Agressão – uma história natural do mal*, Lisboa, Relógio D'Água, 1992.
Estudo: A. Nisbett, *Konrad Lorenz*, Belfond, 1979.

ALCIBÍADES, ou Da natureza do homem,
Ἀλκιβιαδης, ἢ Περὶ ἀνθρώπου φύσεως,
c. 399-396 a.C.
PLATÃO, 428/427-348/347 a.C.
Diálogo.

Ainda que escrito por um Platão relativamente jovem, *Alcibíades I* desperta grande interesse para o filósofo. Nele são encontrados alguns dos temas principais do pensamento platônico e mesmo da reflexão filosófica ocidental.

O jovem Alcibíades é belo, rico, tem um futuro promissor e sabe disso; Sócrates propõe-se orientá-lo e o interroga sobre o discurso que está preparando para proferir na tribuna. Do que vai falar? De política, evidentemente. Sócrates não tem dificuldade para mostrar-lhe que isso supõe o conhecimento do justo e do injusto, que Alcibíades só recebe do povo. Ora, nessa matéria, de que vale semelhante mestre?

Por meio de sutis raciocínios dialéticos, Sócrates estabelece a equivalência entre o justo, o belo e o útil; lembra-lhe também o oráculo de Delfos: "Γνῶθι σαυτόν" ("Conhece-te a ti mesmo"). Essa fórmula não remete a uma introspecção psicológica qualquer, mas incita o homem a tomar consciência de sua verdadeira natureza, a saber que ele é, em primeiro lugar, uma alma. O conhecimento de sua verdadeira essência conduz o homem a encarar seu primeiro dever, que é a virtude. E, nesse ponto, Alcibíades ainda tem muito caminho para trilhar! O interessado concorda, aliás, em reconhecer isso, mas o diálogo termina com algumas observações premonitórias a respeito do destino de Alcibíades.

Nesse diálogo nascem todos os grandes temas da reflexão de Platão, já vistos em sua unidade: política, moral, conhecimento. Pois, se a política vale alguma coisa, só pode ser como prática de fins universais conscientes de si mesmos, e não como atualização de ambições pessoais. O que torna necessário um conhecimento claro desses fins, uma ciência do bem. Toda *A República** já se encontra no *Alcibíades I*. Mas esse diálogo, ao afirmar que a essência do homem é a alma, vai mais longe ainda. Propõe os fundamentos de uma tradição que nutrirá todo o pensamento (filosófico, teológico) do Ocidente.

Edição portuguesa: *Alcibíades*, Lisboa, Inquérito.
Estudo: P.-J. About, introdução a *Alcibiade majeur*, Classiques Hachette, 1980.

ALCÍFRON OU O FILÓSOFO MIÚDO, *Alciphron or the Minute Philosopher*, 1732.
GEORGE BERKELEY, 1685-1753.

O filósofo mesquinho ou miúdo (*the minute philosopher*), atacado por Berkeley nessa obra, é o materialista, o ateu. Por que ele é o filósofo da pequenez? Porque ignora a grandeza da obra divina.

Berkeley reelabora aqui a questão das relações entre ciência e religião, razão e revelação. Ao livre pensador que afirma não ver nas noções religiosas (Deus, a graça) senão palavras sem objetos, o autor responde que a ciência em nome da qual ele fala não vale nem mais nem menos desse ponto de vista: a força mecânica será porventura mais clara que a graça divina? A pessoa humana mais que a Trindade? Berkeley recusa-se a ver a religião natural como introdução ao cristianismo. A revelação é indispensável para sustentar a crença popular.

Estudo: M. Guéroult, *Berkeley, quatre études sur la perception et sur Dieu*, Aubier-Montaigne, 1956.

ALEGORIAS DAS LEIS, *Legum allegoriae*.
FÍLON DE ALEXANDRIA, c. 20 a.C.-c. 45 d.C.

Nesse tratado, considerado "o mais importante para o conhecimento das idéias de Fílon" (E. Bréhier), o filósofo não só expõe a Lei, mas também elabora uma autêntica teologia inspirada no Pentateuco e em Moisés, assim como uma cosmologia fundada numa análise do relato da Gênese. São assim colocados os princípios fundamentais de uma doutrina espiritual.

Fílon comenta muitas vezes os versículos bíblicos atendo-se à palavra e de maneira alegórica, mas isso contribui para o aperfeiçoamento de seu pensamento filosófico. Esse filósofo é um dos grandes pensadores e místicos judeus, cuja obra abundante e rica justifica o interesse que lhe é atribuído pela história da filosofia antiga.

Estudo: E. Bréhier, *Les idées philosophiques e religieuses de Philon d'Alexandrie*, Vrin, 1950.

ALÉM DO BEM E DO MAL, *Jenseits von Gut und Böse*, 1886.
FRIEDRICH WILHELM NIETZSCHE, 1844-1900.

O próprio título da obra indica o ponto de vista que o autor adotou aqui, para além das noções da moral comum, dos valores absolutos herdados da tradição judaico-cristã. À antinomia bom/mau (*Gut/Böse*), que, com a antinomia verdadeiro/falso, ordena o mundo construído pelo homem, Nietzsche opõe um poderoso "sim" a tudo o que engrandeça, embeleze e intensifique a vida. Assim, a obra tem em vista ao mesmo tempo o cristianismo, o socialismo e o niilismo, sendo o segundo resultado lógico do primeiro, enquanto o terceiro é conseqüência fatal dos dois outros juntos.

Na primeira das nove partes que compõem *Além do bem e do mal*, Nietzsche denuncia os "preconceitos dos filósofos". O mais grave deles é a crença no valor absoluto da verdade: "o que propriamente em nós aspira à verdade?", interroga-se o autor. Por que os filósofos não procurariam, em vez disso, o não-verdadeiro, o incerto, até mesmo o falso? Por que só atribuem valor à sinceridade, ao desinteresse, à realidade, e só têm desprezo pela mentira, pelo egoísmo e pelas aparências? É que as investigações dos filósofos são inteiramente orientadas pelas idéias morais às quais querem chegar. Assim, as normas que acreditam extrair da razão universal não passam de reflexos de seus instintos pessoais e da hierarquia à qual obedecem. Nietzsche denuncia também o uso que os homens fazem de certos conceitos, como de causa, lei, liberdade, necessidade e finalidade: seria errôneo acreditar que essas noções possibilitam *explicar* os fenômenos, quando não passam de ficções destinadas a *designá-los*.

A segunda parte é dedicada ao "espírito livre". Não ao livre pensador, que só sonha em realizar a "felicidade do rebanho para todos", mas ao filósofo do futuro, que compreendeu que só a "vontade de poder", afora qualquer consideração moral, permite que a humanidade se desenvolva e progrida: "Acreditamos [...] que tudo o que é mau, terrível e tirânico no homem, o que nele há de fera e serpente, serve tanto para a elevação da espécie 'homem' quanto seu contrário".

A terceira parte, intitulada "O fenômeno religioso", versa sobre a história da alma, sobre o problema da fé e sobre a "neurose religiosa" que se espalhou por toda a terra. Nietzsche ressalta o caráter pernicioso das religiões: em vez de servirem à seleção e à educação dos homens, elas só pensam em reinar soberanamente, com a pretensão de serem fins em si, e não meios entre outros meios.

Depois de uma quarta parte que reúne algumas, Nietzsche tenta reescrever a "história natural da moral" (quinta parte): até agora, os filósofos esforçaram-se por "fundar" a moral que acreditavam necessária; se tivessem se dado ao trabalho de examinar a genealogia dessa moral, teriam entendido que ela se baseia numa "prodigiosa inversão de valores", graças à qual os escravos impuseram a toda a Europa uma "moral-de-rebanho", uma moral do sacrifício e da renúncia, exaltando as virtudes democráticas e os instintos gregários.

A sexta parte da obra dirige-se aos eruditos ("Nós, eruditos"), que deveriam estar a serviço dos poderosos, como simples instrumentos de conhecimento. Quanto aos filósofos do futuro, deverão "percorrer por inteiro o círculo dos valores", para assumir a nobre tarefa de legiferar e de determinar a destinação do homem. Não se deve acreditar, porém, que os imoralistas de amanhã não terão suas próprias virtudes; na sétima parte ("Nossas virtudes"), Nietzsche enumera-as e mostra em quê elas diferem das virtudes medíocres de que se jactam os fracos.

Nas duas últimas partes ("Povos e pátrias" e "O que é nobre?"), depois de dissecar a pretensa "profundidade" do povo alemão e de lembrar o refinamento do espírito francês, Nietzsche explica seu ideal moral e social: "Até agora toda a elevação do tipo 'homem' foi obra de uma sociedade aristocrática, e sempre será assim: de uma sociedade que acredita numa longa escala de hierarquias e diferenças de valor entre os homens, e que necessita da escravidão em algum sentido". São assim nitidamente distinguidos dois tipos de moral: a dos senhores, que se baseia na antítese "nobre"/"desprezível", e a dos escravos, baseada na oposição "bom"/"mau", sendo o "mau", segundo a moral dos escravos, nada mais que o "nobre" da moral dos senhores!

Edição brasileira: *Além do bem e do mal*, São Paulo, Companhia das Letras, 1992.
Estudo: M. Sautet, introdução à edição francesa: *Par-delà le bien et le mal*, col. "Classiques de la philosophie", Le livre de poche, L.G.F., 1991.

ALGUNS PENSAMENTOS SOBRE A EDUCAÇÃO,

Some Thoughts concerning Education, 1693.
JOHN LOCKE, 1632-1704.

Esses *Pensamentos* respondem a uma das afirmações principais do empirismo, a saber que o hábito tem grande poder de modificação dos homens. Educar, portanto, é imprimir hábitos, de preferência bons. Locke dá prioridade à educação moral. O treinamento no autodomínio é primordial, porque condiciona a concretização de todas as aptidões: passa pela educação do corpo. A aprendizagem da virtude e da prudência se completarão mutuamente, enquanto a instrução é apresentada como "a parte menor da educação", pois não tem valor moral intrínseco.

Essa obra demonstra a preocupação de tratar as crianças como elas são, ao invés de deduzir métodos pedagógicos de princípios abstratos. Apesar disso, Locke será censurado por Rousseau (em *Emílio**) de ter ignorado a realidade da infância, quando este se recusa a raciocinar com as crianças, como Locke, de fato, recomenda.

Estudo: J. Château, apresentação do texto na edição francesa: *Quelques pensées sur l'éducation*, Vrin, 1966.

ALGUNS PROBLEMAS DE METAFÍSICA, Uma introdução à filosofia,

Some Problems of Metaphysics: A Beginning of an Introduction to Philosophy, 1911.
WILLIAM JAMES, 1842-1910.

Essa obra de publicação póstuma foi redigida por James nos últimos anos de sua vida e ficou inacabada. As questões principais desses "pontos de vista sobre os problemas metafísicos" que a constituem são marcadas pela filosofia que está por trás delas, o pragmatismo. Depois de uma exposição dos temas tradicionais da metafísica ("Os problemas da metafísica", "O problema do ser"), James analisa, na parte central da obra, "Percepção e Conceitos", a articulação filosófica feita pelo pragmatismo entre os fenômenos e as asserções, ou conceitos, deles resultantes. Numa perspectiva pragmática, trata-se de "interpretar cada concepção de acordo com suas conseqüências práticas"; a realidade de um conceito é a soma das percepções que com ele podem ser relacionadas. O conjunto das análises de James enquadra-se nesse "ponto de vista perceptual".

Introdução à filosofia é uma oportunidade para James confrontar suas teses pragmáticas com o conjunto dos problemas tradicionais da metafísica. Esse texto último mostra a amplitude do pragmatismo ao realizar uma ligação com sistemas de filosofia científica como o positivismo, e anuncia assim certas obras de Bachelard.

Estudo: E. Boutroux, *William James*, Armand Colin, 1931.

ALMA (DA), *De anima.*

ARISTÓTELES, 384-322 a.C.

Essa obra é dedicada ao estudo da alma, sua essência, seus atributos e suas faculdades. Após uma exposição geral e uma breve história das doutrinas sobre a alma que precederam a sua, o estagirita exclui a hipótese de alma automotriz para apresentar sua própria definição: a alma é substância, "enteléquia" (potência e ato), ou ainda noção, forma, por oposição a matéria, substrato. A alma é vegetativa, sensitiva, ou racional (no princípio do pensamento). Por fim, a alma é "os seres mesmos". Esse tratado é também conhecido por sua teoria da imaginação, segundo a qual não há imaginação sem sensação.

Classificado hoje em dia entre os textos referentes à física, esse tratado, por sua importância, conclui em psicologia a filosofia aristotélica da natureza.

Estudo: F. Nuyens, *L'évolution de la psycologie d'Aristote*, Lovaina, 1948.

ALMA E AS FORMAS (A), *Die Seeleund die Formen*, 1911.

GYÖRGY LUKÁCS, 1885-1971.

Mais tarde Lukács dirá que essa obra (publicada em 1910, em húngaro) pertencia a um "idealismo subjetivo", ainda que ele nunca tenha sido um neokantiano; acreditava então que, no campo da estética, o homem podia captar a realidade profunda por um ato de intuição. Estava próximo da fenomenologia, que ele abordava por questões de técnica poética.

Estudo: F. L. Lendval, *Dictionnaire des philosophes*, P.U.F., 1984.

ALMA E DA VIDA (DA), *De anima et vita*, 1538

JUAN LUIS VIVES, 1492-1540.

Esse tratado contém três livros nos quais o estudo dos sentidos, das atividades intelectuais e racionais, da vida afetiva é analisado paralelamente ao da fisiologia e dos problemas filosóficos e morais. Essa obra é inspirada por uma concepção biológica da filosofia, influenciada pelo tratado *Da alma** de Aristóteles e pela escolástica. Prenuncia a antropologia do século XVII e a psicologia moderna.

Estudo: A. Guy, *Vives*, col. "Philosophes de tous les temps", Seghers, 1972.

ALMA INTELECTIVA (DA), *De anima intellectiva*, 1270.

SIGER DE BRABANTE, c. 1240-1284.

Essa obra discute as interpretações de Tomás de Aquino e de Alberto Magno referentes aos textos de Aristóteles sobre o intelecto. Siger de Brabante afirma a identidade do intelecto em todos os homens e o ideal de fusão desse intelecto com o intelecto divino. Tomás de Aquino replicará a esse tratado inspirado nas teses averroístas por meio de *Da unidade do intelecto**.

Estudo: E. Bréhier, *Histoire de la philosophie*, col. "Quadrige", P.U.F., 1987, vol. 1, 1. III, cap. V.

ALTERNATIVA (A), *Enten-eller*, 1843.

SØREN AABYE KIERKEGAARD, 1813-1855.

Às vezes traduzido por *Ou... ou...*, *A alternativa* é um título menos literal porém mais explícito. Trata-se de uma obra volumosa publicada em 1843 em Copenhague.

O que mais impressiona o leitor logo de saída é a estrutura da obra. Kierkegaard a assina com o nome de Victor Eremita, subtraindo-se assim a qualquer responsabilidade pessoal. Na realidade, nela Kierkegaard recorre a vários pseudônimos, sobre os quais seus comentadores não deixaram de interrogar-se. Onze capítulos compõem essa obra dividida em duas partes. Mas o autor da segunda parte não é Victor Eremita nem Kierkegaard. Eremita só faz publicar o texto. Essa obra deve, portanto, ser lida sabendo-se que Kierkegaard procurou voluntariamente confundir as pistas e dissimular-se em razão dos acontecimentos difíceis e dolorosos que acabava de viver: a ruptura do noivado com Regine Olsen dois anos antes (1841). Por essa razão, vários capítulos são dirigidos de modo direto porém sutil à ex-noiva. É compreensível que essa vontade ambígua de mascarar-se, querendo ser ouvido, tenha levado Kierkegaard a construir sua obra de um modo tão estranho. Não é possível abordá-la sem advertir sua estrutura.

A primeira parte trata de *estética*. Começa com "Diapsalmata". Constituídos em grande parte por notas extraídas do *Diário* de Kierkegaard, os "Diapsalmata" apresentam-se como uma série de aforismos. Não há dúvida de que o desespero que deles emana é o de Kierkegaard durante a juventude. Alguns desses aforismos contêm rara beleza, mas não passam de *intermezzi* (*diapsalmata* em grego).

O primeiro grande capítulo, "Etapas eróticas espontâneas ou Erotismo musical", dá início realmente à obra. Em sua análise da ópera *Don Giovanni* de Mozart, Kierkegaard atua como esteta, mas de uma maneira original. Isto porque ele não sistematiza seu juízo estético, e não são categorias o que ele extrai da ópera. O que ele percebe, o que depreende de *Don Giovanni*, é sua genialidade sensual. A música exprime a espontaneidade do desejo sensual. Manifesta a essência do estetismo puro, o gozo cerebral, a exaltação da posse, a sedução inelutável da feminilidade.

Kierkegaard não é homem de construir uma teoria, e por isso percebe que o único meio de apreender a profundidade da sensualidade emanada de *Don Giovanni* é ouvir sem parar. "Ouçam, ouçam, ouçam o Don Giovanni de Mozart!" E por que *Don Giovanni* exprime a musicalidade absoluta? Porque a musicalidade é fuga desvairada, esvaecimento permanente, desejo. A harmonia, os sons manifestam em si mesmos e por si mesmos o gozo puro, ou seja, não o gozo de um objeto, de uma mulher, mas a idéia do gozo em sua relação com a *feminilidade*. Atmosfera de festa, delírios sensuais e cerebrais, tal é a musicalidade de *Don Giovanni*, sua genialidade sensual.

A esse respeito, o capítulo mais revelador é o "Diário do sedutor". Mas aí o sedutor não é um sensual, pelo menos não essencialmente. Seu gozo é fundamentalmente cerebral. Goza com o fascínio da jovem, excita-se com a admiração que ela tem por ele, embriaga-se com seu olhar inocente e, em suma, com sua perdição. Alguns comentadores afirmaram que esse capítulo tinha o objetivo de denegrir Kierkegaard perante a ex-noiva, para que ela não lamentasse e acabasse por felicitar-se pela ruptura. Em conclusão, fica claro que tanto Don Juan quanto o sedutor escapam à determinação de bem e de mal, à *ética*. Kierkegaard compôs, portanto, a segunda parte da obra como uma crítica da primeira, crítica redigida sob o pseudônimo de Wilhelm. Nela, à instantaneidade dos prazeres ele opõe a preocupação com os deveres sociais e conjugais. O casamento é a *realização do geral*, ou seja, o cumprimento da obrigação cívica, social e religiosa por meio dos laços do matrimônio (o que significa de algum modo "estabelecer-se"). Essa nova opção é ética: situa-se no cerne da alternativa bem e mal, e disso não poderia fugir, como fazem Don Juan ou o sedutor. Entende-se então o título da obra: *Alternativa*, que consideramos melhor que *Ou... ou...* Todo homem deve optar entre essas duas atitudes, que são a ética e a estética. Ou fundamenta a vida na fugacidade do instante, ou a constrói no seio da comunidade humana, sobretudo no casamento, o que significa fundá-la no *tempo*, por oposição à evanescência do instante.

Essa primeira obra de Kierkegaard foi muito bem acolhida pela crítica e pelo público. Mas não poderia ser considerada sua obra mais importante. Todavia, é fundamental para a inteligibilidade de sua obra futura.

Estudo: J. Wahl, *Études kierkegaardiennes**, Vrin, 1974.

AMOR E OCIDENTE,

L'amour et l'Occident, 1939.
DENIS DE ROUGEMONT, 1906-1985.

Inconformista e personalista, Denis de Rougemont, por meio do mito (lenda de Tristão e Isolda), estuda um fenômeno histórico que tem origens religiosas (o catarismo): *amor-paixão* que aparece no século XII na sociedade cortês. A tese central é de que, no Ocidente, há um "conflito necessário" entre amor (paixão) e casamento, em que o amor-paixão geralmente assume a forma de adultério. O amor-paixão é feito de sofrimento e infelicidade; é amar mais o amor do que o seu objeto, donde a exaltação extrema do fato de amar, cujo obstáculo absoluto é a morte. O amor-paixão é uma busca inconfessada do sofrimento que destrói aqueles que a ele se entregam.

Edição brasileira: *Amor e Ocidente*, Rio de Janeiro, Ed. Guanabara, 1988.
Estudo: J. Binde, *Rougemont*, Regard, 1982.

ANALECTOS, CONFÚCIO.

VER DIÁLOGOS.

ANÁLISE DAS SENSAÇÕES, *Die Analyse der Empfindungen und das Verhältnis des Physischen zum Psychischen*, 1882.

ERNST MACH, 1838-1916.

Mach desenvolve nesse tratado a tese segundo a qual a realidade última do mundo é constituída pelas sensações. O princípio de economia justifica essa posição, pois a ciência tem por finalidade compreender o maior número possível de fatos por meio do sistema de proposições mais simples. Pelo sensacionismo, grande número de problemas filosóficos é resolvido ou desaparece, tais como o problema da realidade do mundo exterior e os que implicam noções de tempo e espaço. Todo conhecimento científico baseia-se nas sensações entre as quais as teorias científicas reconstituem as conexões eventuais.

Outra vantagem dessa epistemologia é tornar inúteis as noções de causa e efeito. A noção de função substitui vantajosamente o causalismo, assim como para Comte a lei substitui a causa. Por fim, para Mach, a ciência não explica os fatos, mas os descreve.

Estudo: R. Forni, *Dictionnaire des philosophes*, P.U.F., 1984.

ANALOGIA DA RELIGIÃO NATURAL E REVELADA,

The Analogy of Religion natural and revealed, 1736.
JOSEPH BUTLER, 1692-1752.

Butler, nessa obra, quer conciliar a religião cristã revelada com a religião natural, sem ceder ao deísmo que afirma a inutilidade da revelação. A teleologia (física e moral) não fornece a Butler nenhuma prova da existência de Deus, mas uma confirmação da revelação.

Estudo: L. Carrau, *La philosophie religieuse en Angleterre depuis Locke jusqu'à nos jours*, Alcan, 1888.

ANOTAÇÕES PARA UMA MORAL,
Cahiers pour une morale, 1983.
JEAN-PAUL SARTRE, 1905-1980.

Inacabada, essa obra reúne notas tomadas em 1947 e em 1948, e divide-se em dois cadernos e dois apêndices. Foi publicada postumamente em 1983.

Sabe-se que, no fim de *O ser e o nada** (1943), Sartre abria perspectivas morais e anunciava sobre a questão uma obra futura que ele nunca escreveu. Essa ausência de moral sartriana está em grande parte ligada à ambigüidade e à quase impossibilidade de pensar uma ética a partir da ontologia do filósofo. O existencialismo de Sartre coloca a subjetividade, a realidade humana, ou seja, o homem, como fonte originária de todos os conceitos. O que equivale a afirmar que o homem não é definido por nada, ou que ele é absolutamente livre. Pode-se dizer resumidamente que esse é o aspecto que impede a constituição de uma moral em Sartre. Se o homem não é coagido por nada em seu ser (por nenhuma escolha, originariamente, ou por nenhum Deus), então a moral não lhe poderia atribuir nenhum dever. É aí que a ambivalência de Sartre é maior. Por um lado, é necessário haver uma moral; por outro, nada a legitimaria plenamente.

É preciso que a consciência se dê um imperativo moral, mas ao mesmo tempo esse imperativo de nada valerá se todos os homens não fizerem o mesmo. A moral deve ser coercitiva para todos, ou então não haverá moral.

A ética sartriana ressente-se da ontologia fenomenológica exposta em *O ser e o nada*. Uma vez que o homem é injustificado, por não ser devido a nenhuma causa criadora (Deus), é impossível falar em primazia absoluta de uma moral pela qual o ser do homem fosse coagido. Chocando-se com os mesmos paradoxos, Simone de Beauvoir tentou pensar uma moral (*Por uma moral da ambigüidade*, 1947).

A leitura de *Cahiers pour une morale* é extremamente difícil em razão dos múltiplos paradoxos do texto.

Estudo: *Sur les écrits posthumes de Sartre* (dir. P. Verstraeten), Editions de l'Université de Bruxelles, 1987.

ANTI-DÜHRING, *Herrn Eugen Dührings Umwälzung der Wissenschaft*, 1878.
FRIEDRICH ENGELS, 1820-1895.
Panfleto filosófico e político.

Dirigida contra as concepções de K. Eugen Dühring (1833-1921), intelectual influente junto aos socialdemocratas, a obra *Anti-Dühring* é publicada inicialmente na forma de folhetim e depois de livro, com trezentas páginas, sob o título irônico *O senhor E. Dühring agita a ciência*. Com verve polêmica ininterrupta, Engels fustiga as afirmações de seu adversário ("O que nos prometeu o Sr. Dühring? Tudo. E o que cumpriu? Nada"), aproveitando para expor as teses do "socialismo científico".

A obra é composta por três grandes partes: *Filosofia*, onde, diante da "filosofia do real" de Dühring, são reabilitados o materialismo e a dialética hegeliana; *Economia política*, que desenvolve uma "teoria da violência" ("Toda violência política baseia-se originalmente numa função econômica de caráter social"); *Socialismo*, em que é invocada a concepção materialista da história ("É preciso buscar as causas últimas de todas as modificações sociais e políticas na economia, e não na filosofia").

Edição brasileira: *Anti-Dühring*, Rio de Janeiro, Paz e Terra, 1979.

Estudo: F. Jakubowsky, *Les superstructures ideologiques dans la conception materialiste de l'histoire*, EDI, 1971.

ANTI-ÉDIPO, *L'anti-Oedipe*,
GILLES DELEUZE e PIERRE FÉLIX GUATTARI.
VER CAPITALISMO E ESQUIZOFRENIA.

ANTICRISTO (O), *Der Antichrist*, 1906.
FRIEDRICH WILHELM NIETZSCHE, 1844-1900.

Considerado o primeiro livro de *Vontade de poder** – no último plano concebido por Nietzsche para essa obra, que ficou inacabada –, *O Anticristo* (redigido em 1888) é um livro que, ao contrário de *Zaratustra**, "ainda não encontrou seu público", segundo afirmação do próprio autor. O título, provocador, indica o nível de audácia que é necessário para se ler um livro cujo autor está decidido a mobilizar "a absoluta liberdade de cada um para consigo mesmo".

Trata-se, diretamente, de um "ensaio de crítica ao cristianismo". Os valores que Nietzsche promove aqui são uma abertura para a realização de uma humanidade ocupada com sua liberdade plena e integral. O homem novo é possível, pois basta desejá-lo, pura e simplesmente. O espetáculo da corrupção e da decadência determinou Nietzsche a insurgir-se contra a religiosidade, na qual ele vê uma "prática do niilismo", contra "o instinto teológico", que para ele não passa de "falsidade", e contra aquilo que ele chama de "moralismo" de Kant. A posição radical, teatralmente adotada por Nietzsche, vai-se acentuando até as últimas páginas, nas quais ele condena desabridamente o cristianismo.

Edição portuguesa: *O Anticristo*, Lisboa, Guimarães, 1988.
Estudo: E. Podach, *L'effondrement de Nietzsche*, Gallimard, 1978.

ANTIGO REGIME E A REVOLUÇÃO (O), *L'ancien régime et la révolution*, 1856.
TOCQUEVILLE (CHARLES ALEXIS CLÉRET DE), 1805-1859.

"Para entender bem a Revolução Francesa e sua obra seria preciso esquecer por um momento a França que vemos hoje e ir interrogar, em seu túmulo, a França que não existe mais", escreve Tocqueville, para quem a América do Norte e a França encarnam definitivamente dois princípios de organização política diferentes. Desse modo, por trás do trabalho do historiador adivinha-se uma interrogação sobre a democracia e um grande desejo de compreender as causas do declínio da liberdade na França. A Revolução Francesa era de fato inelutável e herdou os mesmos defeitos de que a acusam. Contudo, ainda que tenha retomado a máquina governamental da monarquia, não conservou seus contrapesos tradicionais, instaurando assim uma forma nova de tirania, mais completa que a antiga, uma vez que o centralismo republicano conduz com mais segurança ao nivelamento social, isola os indivíduos sem vínculos nem tradições morais.

Esse livro, que revela um grande talento e é escrito em estilo elegante, constitui um clássico através do qual a contribuição metodológica de Tocqueville para a história econômica e social foi considerável.

Edição brasileira: *O antigo regime e a revolução*, Brasília, UnB, 1982.
Estudo: R. Aron, *Les grandes étapes de la pensée sociologique*, Gallimard, 1967.

ANTROPOLOGIA DO PONTO DE VISTA PRAGMÁTICO, *Anthropologie in pragmatischer Hinsicht*, 1798.
EMMANUEL KANT, 1724-1804.

Esse livro teve origem nas notas de Kant para os cursos que ele ministrou a partir de 1772. Kant atribuíra à filosofia a missão de responder à pergunta "O que é o homem?". Mas nem por isso se deve acreditar que *Antropologia* constitua o coroamento ou a conclusão definitiva da obra de Kant. É, antes, um apêndice, uma vez que o saber sobre o homem é aqui considerado – com justiça – apenas um ramo particular do conhecimento, e não uma reflexão sobre as condições do conhecimento e da prática humanas. Nesse sentido, a verdadeira resposta à pergunta "O que é o homem?" é dada pela filosofia crítica, isto é, por toda a obra de Kant.

Em que consiste esse "ponto de vista pragmático"? No fato de o homem não se interessar pelo que a natureza fez dele (ponto de vista fisiológico), mas pelo que ele fez de si mesmo. A obra é aberta por um prefácio que trata das dificuldades metodológicas do conhecimento do homem. Falta-lhe, em compensação, uma introdução (quase sempre presente em Kant), que apresente sua estrutura e seu movimento.

Uma primeira parte (*Didática antropológica*) trata das faculdades humanas e de seu uso, até nos aspectos mais concretos, ou mesmo anedóticos, da existência. Kant faz com minúcias uma reflexão sobre os sentidos, encontrando-se uma "Apologia da sensibilidade" (livro I: *Da faculdade de conhecer*). No livro II (*Sentimento de prazer e de desprazer*), ele analisa e classifica as diversas espécies de prazer. Encontram-se aí (por exemplo, a respeito do prazer intelectual) distinções bem conhecidas (idéias-conceitos). O livro III (*Da faculdade de desejar*) trata dos desejos, das emoções, das paixões. Kant esboça aí um "Tratado das paixões" que lembra um pouco Descartes pela grande preocupação com observações práticas que possibilitem o bom uso das paixões. No detalhe das análises, em que se poderia esperar um Kant austero e rigorista, o filósofo de Königsberg mostra-se bem mais próximo de Epicuro que dos estóicos.

A segunda parte (*Característica antropológica*) trata "Da maneira de conhecer o homem interior a partir do homem exterior". Nele, Kant examina sucessivamente os caracteres: de pessoas, sexos, povos e raças. Provavelmente essa é a parte que mais envelheceu, e mal. Sem grandes dificuldades seria possível enumerar os preconceitos e as idéias herdadas, ou simplesmente as afirmações determinadas por uma época de excessivas definições. É surpreendente ver Kant, que nunca saíra de Königsberg, a descrever minuciosamente os bons e os maus aspectos de cada povo!

A obra é rica em pequenas análises e observações diversas, muitas vezes finas e sugestivas, sobre aspectos infinitamente variados da vida cotidiana em sociedade: uso dos sentidos e das faculdades (imaginação, memória...), conversação, jogo, alimentação, boas maneiras. Chega a tratar do tabaco, do enjôo do mar, da crueldade dos espanhóis e da frivolidade dos franceses. No parágrafo 88 fica-se sabendo que é "malsão" um filósofo comer sozinho, e que esse despautério chega a ter um nome latino: *solipsismus convictorii*.

Antropologia não é considerada – e com justiça – uma "grande" obra de Kant. O prazer que se poderia extrair hoje da sua leitura diz respeito sobretudo ao aspecto um tanto pitoresco da obra. Também é interessante descobrir um Kant bastante diferente do que os outros textos (e principalmente a lenda) poderiam levar a supor. Um Kant humano, preocupado em não se limitar a considerações e princípios abstratos.

Estudo: M. Castillo, *Kant et l'avenir de la culture*, col. "Philosophie d'aujourd'hui", P.U.F., 1990.

ANTROPOLOGIA ESTRUTURAL,

Anthropologie structurale, 1968 e 1974.
CLAUDE LÉVI-STRAUSS, nascido em 1908.

O primeiro volume reúne dezessete dos cem textos escritos por Lévi-Strauss de 1927 a 1958. A obra é aberta por uma introdução que contrapõe história e etnologia, constatando que a sociologia, em certos ramos, como a etnografia e a etnologia, evoluiu muito em relação à história. E as antigas diferenças se diluíram, pois as duas disciplinas caminham juntas no mesmo sentido. Em seguida, um confronto entre antropologia e lingüística permite avaliar as relações entre linguagem e parentesco e entre linguagem e sociedade. Lévi-Strauss observa que os sistemas de parentesco indo-europeus comportam a utilização de poucos termos, e que estes se organizam numa perspectiva subjetiva. Às vezes, ao contrário, os sistemas de parentesco comportam grande número de termos; isso ocorre no sistema chinês. As línguas européias e a estrutura social a elas correspondente contam com grande liberdade, havendo uma discrepância entre forma e substância à guisa de numerosas exceções às regras. Todavia, se a correspondência entre língua e cultura não é absoluta, nem por isso deixam de subsistir correlações discerníveis. Quanto à arbitrariedade do signo, tantas vezes alegada pelos lingüistas saussurianos, Lévi-Strauss observa que esse postulado só é válido *a priori*, mas que, *a posteriori*, o signo deixa de ser arbitrário. Isto porque, uma vez admitidas arbitrariamente as opções fonéticas, Lévi-Strauss observa uma ressonância tanto no plano fonético quanto no do vocabulário. Uma vez adotados, os grupos de sons "afetam com matizes particulares o conteúdo a eles vinculados".

Lévi-Strauss considera as sociedades do ponto de vista de uma teoria da comunicação. Assim, distingue formas de comunicação e formas de troca. O antropologista interroga-se sobre a existência de homologias entre os três níveis de troca e comunicação constituídos pelas mulheres, pelos bens e pelas palavras. Em cada um desses níveis, intervêm as outras duas formas, ou seja: no das mulheres, os bens e as palavras; no dos bens, as palavras e as mulheres; no das palavras, as mulheres e os bens. A comunicação das mulheres, a comunicação dos bens e dos serviços e a comunicação das mensagens são regulamentadas pelas regras do parentesco e do casamento. Essas formas de comunicação também são formas de troca.

O mesmo método permite que Lévi-Strauss estude a organização social a partir de uma crítica da noção de arcaísmo: o antropólogo pergunta qual a sua validade nas pesquisas atuais. E aborda a questão do dualismo na organização social; nota o sistema complexo das ilhas Trobriand, organizado em torno de pares de opostos, tais como sagrado e profano, cru e cozido, celibato e casamento, macho e fêmea, central e periférico. A tipologia das estruturas dualistas combina-se com uma dialética. A estrutura topográfica do povoado bororo tem estreita conexão com as oposições vivenciadas no dia-a-dia. Lévi-Strauss escreve a respeito: "Estamos diante de uma estrutura concêntrica, plenamente consciente no pensamento indígena, em que a relação entre o centro e a periferia expressa duas oposições – entre macho e fêmea [...] e entre sagrado e profano: o conjunto central, formado pela casa dos homens e a praça de dança, serve de teatro para a vida cerimonial, ao passo que a periferia é reservada para as atividades domésticas das mulheres, excluídas por natureza dos mistérios da religião." Mas a estrutura concêntrica pode coexistir com outras, de tipo diametral. O povoado bororo está dividido em duas metades por um eixo que separa oito clãs em dois grupos de quatro.

Sobre o método, cujos processos apresentamos, Lévi-Strauss explica-se na parte intitulada "Problemas de método e de ensino". Expõe a importância heurística da noção de "estrutura" em etnologia. A "estrutura social" implica a abordagem dos aspectos formais. A estrutura social não diz respeito à realidade empírica, mas aos modelos construídos segundo esta. Toda estrutura se apresenta com dois aspectos; num primeiro aspecto, ela oferece um caráter de *sistema*; no segundo, um modelo pertence a um *grupo de transformações*. Por um lado, a estrutura-sistema é composta por elementos estreitamente associados, a tal ponto que a modificação de um deles provoca a modificação de todos os outros. Por outro lado, uma transformação, entre as que pertençam a um mesmo modelo, corresponde ao modelo de uma família, e o conjunto dessas transformações representa um *grupo de modelos*. Por fim, é evidente que o modelo deve poder dar conta dos fatos observados.

O segundo volume propõe a seguinte questão: "O que é antropologia social?" O campo da antropologia social conta com um grande número de sistemas de signos. A antropologia social tem, pois, um objeto simbólico. Ela não separa cultura material de cultura espiritual. A antropologia – que é uma conversação do homem com o homem (segundo o sentido com que Aristóteles empregou a palavra grega) – vê em tudo símbolos e signos, que funcionam como intermediários entre dois sujeitos que se comunicam. Claude Lévi-Strauss volta, nesse volume, às questões de organização social. Medita sobre questões de humanismo e de humanidades. O livro termina com o artigo "Raça e história" (1952). Lévi-Strauss é o verdadeiro inspirador do estruturalismo.

Edição brasileira: *Antropologia estrutural*, Rio de Janeiro, Tempo Brasileiro, 1985.
Estudo: J.-M. Benoist, *Dictionnaire des philosophes*, P.U.F., 1984.

AONDE VAI O TRABALHO HUMANO?, *Où va le travail humain?*, 1950.
GEORGES FRIEDMANN, 1902-1977.

As angústias nascidas da técnica abalam todos os valores da civilização. O desenvolvimento descontrolado das técnicas está à beira de se transformar no problema essencial do mundo contemporâneo. Esse livro tenta extrair lições dessa mutação e advertir-nos contra os perigos aos quais nos expõe a desumanização progressiva do trabalho. A primeira parte da obra dá destaque à oposição entre meio natural e meio técnico, e esboça uma teoria da presença humana. Esse ensaio teórico é acompanhado por uma ilustração prática, a da obra de um escritor-operário.

A segunda parte é dirigida para os problemas psicológicos da indústria e do "fator-humano". A terceira parte reúne alguns testemunhos sobre o meio técnico.

Nunca terá fim a progressão de um inconsciente invasor, de que vem acompanhada a automação incompleta de um número cada vez maior de tarefas "repetitivas e parcelares"? Do ponto de vista psicossociológico, quais são os efeitos do desenvolvimento do trabalho em linha de montagem sobre a existência cotidiana dos operários? Tais são as perguntas às quais é urgente dar resposta.

Estudo: *Une nouvelle civilisation? Hommage à Georges Friedmann* (coletivo), Gallimard, 1973.

APARÊNCIA E REALIDADE, *Appearance and Reality*, 1893.
FRANCIS HERBERT BRADLEY, 1846-1924.

Esta é considerada a obra-prima do filósofo. Partindo da perspectiva hegeliana, a originalidade de Bradley está na busca do Absoluto, no qual tudo acaba por confundir-se. Após uma parte crítica, o filósofo mostra que só o Absoluto é positivo.

Estudo: J. Wahl, verbete "Bradley" in *Encyclopaedia Universalis*, 1989.

APOLOGÉTICO, *Apologeticum*, ○ 191.
TERTULIANO (Quintus Septimius Florens Tertullianus), c. 155-c. 222.
Primeira apologia escrita em latim.

Esse discurso foi redigido para a defesa dos cristãos que eram vítimas das perseguições promovidas pelos governadores das províncias romanas no ano 197. A obra começa com uma peroração em favor dos cristãos condenados aleatoriamente apenas com base no nome de Cristo: basta renegá-lo para ser absolvido. Na verdade são os próprios romanos culpados pelos males de que acusam falaciosamente os cristãos. Tertuliano condena os romanos, sua imoralidade e suas orgias, sua irreligiosidade e o politeísmo; por fim, condena o culto imperial. Comovido pelo martírio cristão, Tertuliano converteu-se dois anos antes de escrever esse discurso. Advogado brilhante, defende com entusiasmo a óptica cristã e reivindica a liberdade religiosa numa época ainda conturbada e incerta.

Estudo: J.-P. Waltzing, introdução e comentário da edição francesa: *Apologétique*, Les Belles Lettres, 1961.

APOLOGIA DE RAYMOND SEBOND,

Apologie de Raymond Sebond, ○ entre 1570 e 1580.
MONTAIGNE (Michel Eyquem de), 1533-1592.
Livro II, cap. XII de *Ensaios**.

No séc. XVI, as descobertas abalaram conhecimentos que pareciam até então inabaláveis; a concepção de universo evoluiu com a hipótese do heliocentrismo de Copérnico; as viagens a terras distantes deram origem à descoberta de novos mundos; como então estar seguro das coisas neste mundo em movimento? A razão é infirme; só é seguro o conceito de instabilidade, relatividade. É sobre a crise de cepticismo pela qual está passando que Montaigne medita nessa apologia, um dos capítulos mais importantes dos *Ensaios**. Nela, ele se insurge contra as teses do teólogo catalão Raymond Sebond, cuja obra *Teologia natural** ele traduzira do latim para o francês. Sebond baseava a fé na razão, e classificava o homem no primeiro plano da criação; Montaigne, ao contrário, recusa-se a atribuir valor à razão e rebaixa o homem ao plano de animal.

Com seu cepticismo, Montaigne também questiona a teoria protestante do livre exame baseado na razão. Além disso, acusa os protestantes de serem responsáveis pela desordem que assola a França. Desse modo, o autor se torna aliado da Igreja e em particular do catolicismo, cujos valores defende: é preciso que o homem desconfie de sua fraqueza, que a meça; deve redescobrir o *sequi naturam* (seguir a natureza) dos filósofos estóicos e epicuristas da antiguidade.

Essa *Apologia* pode parecer estranha, pois o autor na verdade se opõe àquilo que louva; mas é seu cepticismo que o faz agir assim. Também defende o catolicismo por simples conservadorismo; Montaigne admite que, em outra época, poderia ter adorado o Sol ou ter sido adepto de algum culto da morte; até mesmo elogia Juliano, o Apóstata, imperador romano, que queria restabelecer o paganismo; aí está toda a complexidade do autor.

Edição brasileira: *Ensaios*, São Paulo, Abril, 1980 (Os pensadores).
Estudo: Montaigne. *Apologie de Raymond Sebond, De la* Theologia *à la* Théologie (sob a dir. de Cl. Blum), Honoré Champion, 1990.

APOLOGIA DE SÓCRATES, Ἀπολογία Σωκράτους.

XENOFONTE, c. 430-após 355 a.C.

Assim como Platão, Xenofonte relata o processo de Sócrates. O autor se comporta como historiador e demonstra grande preocupação com a exatidão: Sócrates, altivo, digno e sereno, prefere morrer a dever a vida a juízes desprezíveis. Embora inferior à de Platão, essa obra representa um testemunho interessante.

Edição brasileira: *Apologia de Sócrates*, São Paulo, Nova Cultural, 1987 (Os pensadores).
Estudo: J. Luccioni, *Xénofon et le socratisme*, P.U.F., 1953.

ARQUEOLOGIA DO SABER (A),

L'archéologie du savoir, 1969.
MICHEL FOUCAULT, 1926-1984.

Essa obra trata das formações e das transformações discursivas. Enquanto a história das idéias busca discernir, na decifração dos textos, as grandes unidades do pensamento, Foucault procura evidenciar as condições de formação das "coisas ditas", as regras de sua transformação, as descontinuidades que as decompõem. Na verdade, trata-se de libertar a história do pensamento do preconceito da continuidade, livrá-la de pressupostos antropológicos baseados no par sujeito/objeto.

Serão recusadas as unidades tradicionalmente admitidas a título de critério de definição – do discurso (tais como os grandes tipos de discurso), da unidade do livro, do autor; também serão recusadas as concepções que vinculam a unidade do discurso a critérios de palavras e coisas, ao estilo de enunciação, à figura do tema. Suspendendo as categorias tradicionais, Foucault restitui aos enunciados o caráter de acontecimento, não para os isolar (pois nem tudo se passa apenas na ordem do discurso), mas para os relacionar com acontecimentos de ordem técnica, prática, econômica, social ou política. A descrição arqueológica dos discursos desenrola-se, portanto, na dimensão de uma história geral. Tenta mostrar que, apesar de autônomo e específico, nem por isso o discurso desfruta do *status* de pura idealidade e de total independência histórica.

Arqueologia analisa também as transformações discursivas: em particular, como aparece ou desaparece uma formação discursiva; como, de modo mais geral, uma formação discursiva substitui outra.

Em *A arqueologia do saber*, Foucault, no fundo, explica o que quis fazer nos livros anteriores: uma descrição pura dos fatos do discurso, um estudo desse vasto campo constituído pelo conjunto de todas as "coisas ditas" que, em sua dispersão de acontecimentos, dão-se como medicina, economia política, biologia... Mostrar que esses discursos formam domínios autônomos (ainda que não independentes), regrados (ainda que em constante transformação), anônimos e sem sujeito (ainda que permeiem tantas obras individuais): esse é o projeto de Foucault, projeto reafirmado na sua aula inaugural no Collège de France em 1970.

Edição brasileira: *A arqueologia do saber*, Petrópolis, Vozes/Lisboa, Centro do Livro Brasileiro, 1972.

Estudos: G. Deleuze, *Foucault*, Ed. de Minuit, 1986. A. Kremer-Marietti, *Foucault et l'archeologie du savoir*, Seghers, 1974.

ARTE DA GUERRA (DA), *De re militari*, 1521.

MAQUIAVEL (Niccolò Machiavelli), 1469-1527.

Essa obra é mais que um tratado de estratégia e tática militares. Nela, Maquiavel pensa a instituição militar, o exército, o soldado e a condução das operações em relação a uma concepção política de conjunto. O texto apresenta-se na forma de uma série de colóquios, em sete livros, de que participa Fabrizio Colonna, célebre comandante militar da época.

Às tropas mercenárias e aos *condottieri*, que fazem guerra tendo em vista ganhos pessoais, Maquiavel opõe os exércitos de cidadãos, com base no modelo romano. Um país precisa de um exército de conscrição, saído do povo, pois essa é a única garantia de valentia das tropas e de determinação nos combates. É o Estado que faz a guerra, e não pessoas. Nisso, Maquiavel prefigura de modo impressionante Rousseau e Hegel. O modelo romano constitui referencial no âmbito puramente militar: é nele que Maquiavel se inspira nas questões de armamentos, formações, estratégia e tática; exalta a virtude e a disciplina romanas: "Meus caros romanos", diz ele num tom que aparecerá de novo em Rousseau.

Nesse texto reaparecem com freqüência as preocupações constantes de Maquiavel em seus textos políticos; por exemplo, quando se recusa a considerar a força material pura como fator decisivo dos combates. A astúcia também é uma força, e Maquiavel nunca se esquece (e Clausewitz repetirá isso) que a guerra é um duelo em que se confrontam inteligências e vontades. Portanto, é preciso prever e contar com o papel irredutível desempenhado pelo imprevisível.

As limitações dessa obra foram ressaltadas por grande número de comentadores. Maquiavel parece fazer pouco caso da cavalaria e da artilharia (salvo no que se refere às fortalezas: ele examina as modificações impostas pelo surgimento de novas armas ofensivas). Apesar dessas limitações,

Da arte da guerra permanece como um dos primeiros textos em que a questão militar foi substancialmente tratada como objeto de um discurso teórico, e posta em relação com uma dimensão política e histórica.

Edição brasileira: *Arte da guerra*, Brasília, UnB, 1982.

Estudo: J.-F. Duvernoy, *Machiavel*, col. "Pour connaître la pensée de", Bordas, 1974.

ARTE DE COMPREENDER (A),

HANS GEORG GADAMER, nascido em 1900.
Coletânea

O problema hermenêutico é colocado em relação à filosofia do conhecimento. A ação da consciência inserida no devir histórico é exercida na ordem da linguagem. A partir desse ponto de vista, coloca-se o problema da metodologia das ciências humanas. Encontram-se aí os temas mais caros ao filósofo: hermenêutica, tradição e linguagem.

Estudo: P. Fruchon, introdução à edição francesa: *L'art de comprendre*, Aubier – Montaigne, 1982.

ARTE DE PERSUADIR (DA), *De l'art de persuader*, 1728.

BLAISE PASCAL, 1623-1662.

Como sugere o título, esse opúsculo é dedicado à pesquisa de um método seguro para, em todas as circunstâncias, persuadir os outros das verdades que desejamos fazê-los admitir. Ora, dos dois meios que temos – apelar para o coração ou convencer a mente –, só o segundo, bem conhecido pelos geômetras, é passível de exposição na forma de regras universalmente válidas: não admitir nenhum termo obscuro ou equívoco sem definição; nas definições, empregar apenas termos conhecidos ou já explicados; só propor como axiomas coisas "perfeitamente evidentes"; provar todas as proposições com base em axiomas ou em proposições já demonstradas.

Provavelmente Pascal destinava esse opúsculo (que foi redigido em torno de 1657) ao prefácio de um manual de geometria. Nele, distancia-se tanto de Aristóteles, cuja análise silogística critica, quanto de Descartes, uma vez que em Pascal os princípios são acessíveis ao coração, mas não à razão. Certos trechos desse texto serão retomados, quase palavra por palavra, na célebre *Lógica** de Arnauld e Nicole, chamada "de Port-Royal".

Estudo: L. Brunschvicg, *Blaise Pascal*, Vrin, 1953.

ARTE DOS OPOSTOS,

Ars oppositorum, 1511.
CHARLES DE BOVELLES (ou de Bouelles), c.1475-após 1553.

Esse método tem a finalidade de resolver a diáspora da natureza. Em nome de uma lógica triádica, Bovelles recusa o pensamento dual graças à conjunção dos extremos pelo meio, que reúne a *negatio* à *positio*, mostrando uma multiplicidade una e unidades múltiplas. Assim, toda totalidade é acabada e tripla.

Estudo: P. Magnard, *Soleil noir*, na edição francesa: *L'art des opposés*, Vrin, 1984.

ARTE E ESCOLÁSTICA,

Art et scolastique, 1920.
JACQUES MARITAIN, 1882-1973.

O autor tenta construir uma filosofia da arte a partir dos princípios do tomismo. Sua teoria quer compreender a reivindicação dos meios artísticos da época. O ponto de partida da obra é mais a noção de Ação do que a de Belo. A finalidade da arte é a realização acabada da obra. A arte é estudada paralelamente à moral e à espiritualidade, mas não deve submeter-se a outras regras que não as suas. No entanto, a obra de arte reflete a vida da alma de que está impregnada.

Estudo: J. Daujat, *Maritain, um maître pour notre temps*, Téqui, 1978.

ARTE MAGNA, *Ars magna, generalis et ultima*, 1308.
RAIMUNDO LÚLIO (Ramon Llull), 1233-1316.

Essa obra é um livro de lógica que constitui apenas uma faceta dos inumeráveis talentos e atividades do pensador catalão. Mas é preciso relacionar o projeto da "grande arte" de Lúlio com um objetivo de outra natureza, que não a lógica pura. Isto porque Lúlio tem como objetivo converter judeus e muçulmanos, e para ele a lógica é um meio de forçar a convicção dos "infiéis apenas pelo poder da razão". Esse projeto fundamental confere à *Arte* de Lúlio um cunho particular: por exemplo, a exclusão do formalismo.

A obra é dividida em treze partes, correspondentes às etapas lógicas da constituição de seu método. Por meio de um "alfabeto" de nove letras (A, B, C, D,...), cada uma com seis significados diferentes, Lúlio elabora um campo de significações possíveis. Sobre esse alfabeto, são construídas quatro figuras (círculo, triângulo, escada invertida, círculos concêntricos), que constituem, segundo modalidades geométricas, as diversas combinações possíveis entre os significados. Trata-se, portanto, de uma combinatória lógica na qual uma roupagem geométrica permite a manipulação das combinações realizáveis; assim, o usuário pode dispor, "mecanicamente", de uma série de *lugares* lógicos (no sentido aristotélico de *Tópicos*).

A dificuldade da aplicação dessa *Ars magna* está no indubitável pesadume das manipulações geométricas, mas principalmente na imprecisão e na arbitrariedade da escolha dos significados fundamentais das letras elementares. Por fim, na história da lógica, essa obra encontra-se atrasada em relação aos trabalhos escolásticos dos lógicos medievais. De fato, é na mesma época de Lúlio que a lógica começa a emancipar-se dos fins externos que até então lhe haviam sido atribuídos, para constituir uma disciplina autônoma.

Sabe-se que Descartes, no *Discurso do método**, julga com severidade a *Ars magna* de Lúlio (no entanto, é significativo que ele seja a única figura intelectual expressamente citada no *Discurso*). Leibniz, que verá em Lúlio um precursor de sua característica universal, negará, porém, que ele tenha profundidade ou solidez reais. A lógica moderna não contribuiu para modificar sensivelmente essa apreciação.

Estudo: R. Blanche, *La logique et son histoire*, col. "U", Armand Colin, 1970, cap. VI, 5.

ASSIM FALOU ZARATUSTRA,
Um livro para todos e ninguém,
Also sprach Zarathustra; ein Buch für Alle und Keinen, 1813-1815.
FRIEDRICH WILHELM NIETZSCHE, 1844-1900.

Foi sob a impressão de duas visões, a primeira ocorrida em Surlei, em agosto de 1881 e a segunda em Rapallo, em janeiro de 1883, que Nietzsche concebeu seu poema filosófico *Zaratustra*. Seu plano foi escrito já em 20 de agosto de 1881. Essa dupla experiência mística foi única na vida de Nietzsche. Contudo tanto a intuição do Eterno Retorno quanto a concepção da personagem chamada Zaratustra são a base da inspiração dessa epopéia filosófica, por meio da qual Nietzsche queria atingir um público universal, pois seu livro fora escrito, segundo suas próprias palavras, "para todos e ninguém". Quatro grandes partes distribuem uma seqüência ordenada de parábolas de cunho simbólico, com uma ênfase digna dos textos sagrados.

Para dar uma idéia da tonalidade dessas páginas, é preciso dizer que cada parte de *Zaratustra* foi redigida muito rapidamente (em cerca de dez dias) com felicidade e veemência. Certos comentadores viram nesse texto a obra-prima de um Nietzsche místico. Armand Quinot apresentou o Zaratustra do Prólogo como o profeta prestes a descer entre os homens para lhes comunicar uma mensagem tão radiosa quanto os montes em cujo cume ele vivera dez anos de solidão cerúlea. Geneviève Bianquis, ao contrário, ressaltou que as impressões inerentes ao poema não vinham do "interior" da personalidade, mas de circunstâncias puramente exteriores: *Ecce homo** explicará a gênese psicológica e fisiológica de *Zaratustra* com referência à recuperação da saúde por parte de Nietzsche, que em certo momento se considerara perdido.

A primeira parte compreende o Prólogo, que põe em cena o "último homem" dos tempos modernos: pouco ambicioso, medíocre, usa toda a sua inteligência para se conservar, ao invés de se aventurar numa vida de perigos. Nietzsche descreve em seguida a descida de Zaratustra para a cidade, a fim de salvar os homens e esclarecê-los. Os discursos que lhes faz falam de coisas inauditas e, já de início, das "três metamorfoses": do camelo, que recebe a herança, do leão, que a destrói, e da criança, que cria novas realidades. Nietzsche se insurge contra as "cátedras da virtude", os "visionários do além", os "detratores do corpo", os "pregadores da morte", as "moscas da praça pública". Mas é em fracasso que termina a primeira tentativa (e mesmo tentação) de Zaratustra: os homens não querem ouvi-lo. São abundantes os discursos críticos na primeira parte, ainda que nas seguintes não estejam de todo ausentes.

A segunda parte abre-se com a imagem desfigurada de um Zaratustra incompreendido: decididamente, não é fácil comunicar o pensamento! Mas a viagem e a missão se renovam, com mais polêmicas contra os chamados "misericordiosos", os pretensos "virtuosos", os "sábios", os "sacerdotes", os "guerreiros", enfim contra os "metafísicos" de todos os feitios, ou ainda contra a "canalha", aos quais, no meio da sátira, se juntam alguns intervalos de lirismo com o "noturno", a "canção para dançar", o "canto sepulcral" e, como *finale*, a "hora do supremo silêncio". Embora o quadro seja cada vez mais acerbo, desponta uma possibilidade de "redenção", assegurada por uma vontade capaz de querer não só o futuro mas também o passado! As virtudes novas se impõem, mais numerosas que na primeira parte. Mas aqui "tudo trabalha para se superar incessantemente".

O Eterno Retorno ocupa toda a terceira parte, que ganha em lirismo e em efusões sagradas, com a "visão e o enigma", a "grande nostalgia", a "segunda canção para dançar" e o "sétimo selo". Zaratustra pode, enfim, anunciar a nova moral ("Tábuas antigas e novas").

Finalmente, a quarta parte nos mostra a última imagem de um Zaratustra encanecido, envelhecido, desiludido, mas que ainda ouve o grito de socorro de uma categoria de homens que ele quer socorrer a qualquer preço, a dos homens superiores: ele retornará à sua grande porém vã missão apostólica. O fim último de Nietzsche é então exaltar e desenvolver a austera grandeza humana.

Edição brasileira: *Assim falou Zaratustra*, Rio de Janeiro, Bertrand Brasil, 1935, 8ª ed.
Estudos: G. Bianquis, introdução à edição francesa: *Ainsi parlait Zarathoustra*, ed. bilíngüe, 2 vols., Aubier Flammarion, 1969. P. Héber-Suffrin, *Le Zarathoustra de Nietzsche*, P.U.F., 1992.

ATEÍSMO NO CRISTIANISMO,

A religião do êxodo e do reino,
Atheismus im Christentum. Zur Religion des Exodus und des Reichs, 1958.
ERNST BLOCH, 1885-1977.

Essa leitura da Bíblia não se limita à crítica da hermenêutica sagrada, pois o filósofo a confronta com um materialismo que ela está destinada a aclarar. Segundo Ernst Bloch, a Bíblia contém um apelo à revolta contra as riquezas celestes injustamente cobertas de ornamentos, enquanto a pobreza é descrita e invocada como uma saída, por sua abnegação em relação à prosperidade. Além da desmitologização que só serve aos pérfidos incréus, Bloch discerne na Bíblia os reais fundamentos de uma verdade humana que está além das imagens douradas, através de numerosos exemplos daquilo que ele chama de "rabugice dos filhos de Israel". Além disso, ele invoca os reais fundamentos da posição dos heréticos, que se tornaram o que foram graças à perspicácia e propensão à análise.

Na religião autoritária encontra-se a antinomia da esperança, mas sempre se abre um caminho para a perspectiva de busca de um mundo melhor.

Estudo: A. Münster, *Dictionnaire des philosophes*, P.U.F., 1984.

ATOS DE FALA (OS), Um ensaio de filosofia da linguagem,

Speech Acts. An Essay in the Philosophy of Language, 1969.
JOHN ROGER SEARLE, nascido em 1932.

Essa obra situa-se na linha dos trabalhos da filosofia analítica inglesa, em particular das pesquisas de John L. Austin (de quem Searle é discípulo), referentes aos enunciados performativos: primeira etapa na aproximação entre *língua* e atividade de *enunciação*, numa ruptura com Saussure, que acreditava poder definir o sentido dos enunciados independentemente do valor que sua enunciação pode assumir. Austin mantinha certa correspondência entre linguagem e realidade, e continuava fiel à verdade como concordância entre a proposição e o fato. Searle elimina qualquer significação prévia ao ato de *fala* – literalmente de *discurso* – que significa: a ação realizada por meio de uma emissão lingüística. Esse "ato" ilocucionário é a unidade primordial que está na base de toda comunicação. Em cada ato de linguagem, Searle distingue seu conteúdo proposicional e sua força ilocucionária: frases diferentes (ou a mesma frase pronunciada em situações diferentes) podem ter em comum a mesma "proposição" (mesmo sujeito, mesmo predicado); por exemplo: "Ordeno que", "Pergunto se", "Afirmo que". Elas têm, em contrapartida, uma força ilocucionária diferente, segundo a maneira como são proferidas, ou seu "performativo" explícito (ou seja, a ação constituída pela emissão lingüística em si; por exemplo: o falante realiza a ação que está dizendo ao dizer "Ordeno"). Existem "marcadores" diferentes de *força ilocucionária*. Nessa obra, Searle formula as regras dos atos de fala que é possível efetuar por meio de tais "marcadores".

Ele distingue quatro marcadores:

1. regras de *conteúdo proposicional*: um marcador de promessa só pode ser aplicado a um enunciado no qual um predicado atribua um ato futuro a um sujeito que designe o próprio falante;

2. regras *preliminares*, que especificam as condições para que o ato possa ser realizado (por exemplo, no caso de "Ordeno", que o ouvinte seja capaz de executar o ato ilocucionário ordenado);

3. regras de *sinceridade*: quem diz "Afirmo" deve acreditar nisso;

4. regras *essenciais*: falar uma língua é realizar atos de fala conformando-se a regras realmente constitutivas, como por exemplo as do jogo de xadrez; elas não regem uma forma de comportamento preexistente e que existiria sem elas; constituem essa forma de comportamento. Assim, existiria um comportamento lingüístico, uma atividade lingüística cujo sentido vem da observação de certas regras. Por exemplo, o sentido de "Prometo" provém da regra de ligação entre o *fato bruto* da emissão do enunciado e o *fato institucional* da obrigação pactuada.

Portanto, é impossível separar a atividade lingüística de seu contexto inter-humano. Em compensação, é possível distinguir comportamentos coerentes em matéria de uso da língua, que estão ligados a regras pragmáticas, e não de lógica pura.

Essa obra apareceu como ilustração notória do segundo período da filosofia analítica que rompia com o logicismo de Russell e do primeiro Wittgenstein. Os fatores pragmáticos impedem a retradução das línguas naturais para uma língua formal.

Edição portuguesa: *Os atos da fala*, Coimbra, Almedina, 1981.
Estudo: D. Vanderveken, *Les actes de discours. Essai de philosophie du langage et de l'esprit sur la signification des énonciations*, Mardaga, 1992.

AURORA, Pensamentos sobre os preconceitos morais,

Morgenröte, Gedanken über moralische Vorurteile, 1881.
FRIEDRICH WILHELM NIETZSCHE, 1844-1900.

Obra inicialmente intitulada *Ombra di Venezia*, *Aurora* foi inspirada na vida errante de Nietzsche entre Gênova e Veneza. Embora os cinco livros denunciem os preconceitos morais, a crítica está sempre associada à possibilidade de uma nova educação da humanidade. No essencial, o primeiro livro trata sobretudo do cristianismo; o segundo, da moral; o terceiro, da vida comunitária ou pública; o quarto coloca de outra maneira as questões metafísicas; o quinto, enfim, propõe uma visão nova, depurada, de uma nova consciência avezada ao grande silêncio do mar. Trata-se de "ver com olhos novos", mas de ver "virtudes futuras", perdida "a ilusão de ordenação moral do mundo". Uma vez que o próximo se transformou em distante, é preciso não só "transpor o mar", mas voar cada vez mais longe, correndo o risco de "ir dar à costa do infinito". O estilo e a profundidade do pensamento se combinam, criando uma maneira inigualável de expressar a vida humana.

Estudo: G. Morel, *Nietzsche. Genèse d'une oeuvre*, Aubier-Montaigne, 1970.

AUTOCONHECIMENTO (DO),

De la connaissance de soi, 1931.
LÉON BRUNSCHVICG, 1869-1944.

Composto por dez capítulos correspondentes a dez aulas dadas na Sorbonne durante o inverno de 1929-1930, esse livro denuncia a ilusão, criada por Maine de Biran, de se obter uma experiência interior através do recolhimento em si mesmo. Para Brunschvicg, conhecer-se não é nem confessar-se nem se mostrar autocomplacente, mas apostar em si mesmo, interrogar-se sobre o próprio destino. O verdadeiro autoconhecimento outra coisa não é senão o conhecimento do espírito em todas as suas atividades (ciência, moralidade, atividade criadora do *homo faber* etc.).

A filosofia de Leon Brunschvicg é uma filosofia do espírito, "uma reflexão metódica do espírito sobre si mesmo", tanto quanto uma epistemologia, porquanto identifica espírito e intelecto.

Estudo: M. Deschoux, *La philosophie de Léon Brunschvicg*, P.U.F., 1949.

AVENTURA SEMIOLÓGICA,

L'aventure sémiologique, 1985.
ROLAND BARTHES, 1915-1980.
Textos de pesquisas semiológicas.

Reunindo *Elementos de semiologia*, os *Domínios* em que essa disciplina pode ser aplicada e as *Análises* sob o ângulo da comprovação do método, numa verdadeira soma das atividades desenvolvidas por Barthes de 1963 a 1973 como pesquisador e professor, essa obra é manifestação do desejo ligado ao conhecimento.

Traçando a aventura semiológica, o autor demarca sua ascensão a partir de 1956, até a aquisição da cientificidade, de 1957 a 1963, sucedendo-se o "Momento do Texto" que é uma estruturação, um trabalho, um volume de marcas: o Significante. As nítidas distinções língua/fala, significado/significante, sintagma/sistema, denotação/conotação, como observa o autor, delimitaram a *pesquisa semiológica*.

O "Seminário sobre a antiga retórica", notas de Barthes retranscritas por François Wahl, fala de um texto que ainda não existe: não existe a *nova retórica* propriamente dita. A retórica teve vida longa do séc. V a.C. ao séc. XIX d.C., em Atenas, em Roma, na França. Implicava arte e técnica, sendo ao mesmo tempo ciência, moral, prática social c jogo. A amplitudc do fato rctórico é tal que ele formou uma "supracivilização: a do Ocidente histórico e geográfico" que reconheceu a metalinguagem. Através desse território, Barthes vê a arte dos sicilianos – a retórica – nascer nos processos provocados por litígios de propriedade. Mas essa proto-retórica ainda era apenas sintagmática. Górgias de Leôncio codificou a prosa falada juntando o pólo paradigmático das "figuras" ao pólo sintagmático das partes. Depois da retórica aristotélica da prova, a de Cícero erige-se em medo do sistema, demonstra romanização, antes da escolarização possibilitada por Quintiliano com sua "teoria do escrever". É exumado o princípio das retóricas ulteriores. Depois da "viagem" da retórica e dos retores, Barthes atém-se à "rede", que deve muito a Aristóteles. Esse "plano de conotação da língua" que é a retórica põe em evidência o enigma do código e nossa linguagem moderna.

A obra abre espaço para a "Análise estrutural das narrativas", para a série de Domínios e para a série das Análises: as dos Atos, da Gênese e de uma das *Histórias extraordinárias* de Edgar A. Poe.

Estudo: R. Hess, *Dictionnaire des philosophes*, P.U.F., 1984.

AVENTURAS DE TELÊMACO (AS),

Les aventures de Télémaque, 1699.
FÉNELON (François de Salignac de la Mothe), 1651-1715.
Romance filosófico.

Fénelon utiliza o cenário da Odisséia, mais particularmente a viagem feita por Telêmaco, filho de Ulisses, para encontrar o pai. Sua finalidade é ensinar a arte de governar ao duque de Borgonha, herdeiro presuntivo de Luís XIV. Os vinte e quatro livros dessa obra contam as peripécias dessa viagem, que representam oportunidades de encontro com personagens que detêm autoridade régia. Através dos retratos de soberanos, como Pigmalião ou Adrasto, Fénelon denuncia o vício que corrompe a realeza, a ambição. Telêmaco realiza essa viagem sob a proteção do sábio Mentor, que se revelará como metamorfose da deusa da Sabedoria.

Escrito na forma de manual que tinha em vista inculcar no jovem herdeiro os princípios de uma moral política, esse romance, denunciado como crítica ao absolutismo de Luís XIV, precipitou a desgraça de Fénelon, já fortemente comprometido pelas posições assumidas em favor do quietismo.

Estudo: H. Gouhier, *Fénelon philosophe*, Vrin, 1974.

B

BANQUETE, Τὸ Συμπόσιον, ○ c. 387 a.C.
Xenofonte, c. 430-após 355 a.C.

Por ocasião de um banquete realizado em casa do nobre Cálias, Sócrates e seus amigos expõem sua teoria sobre o amor terrestre e o amor celeste. Inspirando-se em Platão, cuja força especulativa não atinge, Xenofonte tenta desenvolver o pensamento de seu mestre.

Estudo: J. Luccioni, *Xenofon et le socratisme*, P.U.F., 1953.

BANQUETE (O), *Il convivio*, 1490.
Dante Alighieri, 1265-1321.

O banquete em questão é o do conhecimento, "pão dos anjos". A obra, inacabada, é composta por quinze tratados: uma introdução e glosas de quatorze *canzoni*. Dante conta sua conversão à filosofia, após a morte de Beatriz: a filosofia é definida ao mesmo tempo como conhecimento e como sabedoria. Ele proclama a igualdade dos homens, que devem elevar-se para a nobreza por meio de suas virtudes.

Escrito em 1306-1308, o *Banquete* é a primeira obra plenamente filosófica de Dante, bem como o primeiro exemplo de prosa filosófica em língua italiana. Talvez atulhada por uma erudição escolástica proveniente de horizontes diversos (filosofia antiga, teologias cristã e muçulmana), essa obra é, contudo, animada por um alento que dificilmente será reencontrado em épocas posteriores.

Estudo: M. de Gandillac, *Dante*, Seghers, 1968.

BANQUETE (O), ou *Do amor*, Συμπόσιον, ἢ Περὶ ἔρωτος, ○ c. 385 a.C.
Platão, 428/427-348/347 a.C.
Diálogo.

Aquele que talvez seja o mais célebre dos diálogos de Platão não é um diálogo, mas uma sucessão de discursos irregulares e pitorescos, em que o sério e até sublime se sucede ao cômico e mesmo à farsa. Teórico, lírico, teatral, o *Banquete* é tudo isso, sendo também um texto capital para a filosofia. Pois trata de amor, e é desse modo que a filosofia se autodefine: amor pela (e não posse da) sabedoria.

Cada uma das personagens do *Banquete* – bem conhecidas pelos contemporâneos de Platão – apresentam um caráter perfeitamente ajustado ao cenário. Platão tem nítido prazer em satirizar, e aqui também faz uma "apologia de Sócrates".

O amor cujo elogio os protagonistas fazem é inicialmente o amor pederástico, modo natural da educação grega – Ἔρως (*Eros*) –, enquanto Afrodite encarna principalmente o amor entre homens e mulheres.

Cada um dos discursos organiza-se segundo as mais clássicas exigências da retórica, então em voga em Atenas. Convém comparar o *Banquete* a todos os diálogos em que

Platão ataca os sofistas de seu tempo (*Górgias**, *Protágoras**, *Eutidemo**...).

O primeiro a intervir, Fedro, opta por exaltar o valor educativo da relação amorosa, fonte de salutar emulação, pois o amor transfigura quem ama, dando-lhe o desejo de se superar. É o que Fedro pretende provar por meio de muitos exemplos extraídos da mitologia.

No amor, Pausânias discerne uma hierarquia. Segundo seja inspirado pela Afrodite celeste ou pela Afrodite terrestre, o amor será nobre, espiritual, ou, ao contrário, vil, pois puramente carnal.

O médico Erixímaco aproveita a ocasião para exibir sua ciência: numa teoria cósmica (que quase anuncia Reich), ele explica pelo poder de Eros a saúde dos corpos, as harmonias musicais, as revoluções astronômicas, a adivinhação.

Depois é a vez de Aristófanes – o ilustre autor cômico – cuja intervenção fora adiada por um acesso intempestivo de soluço. Ele vai imaginar um mito para explicar um aspecto fundamental do amor: ele é sempre desejo de união, de fusão. O mito dos andróginos permite compreender esse desejo como nostalgia de uma unidade perdida. Outrora os seres humanos eram redondos e tinham dois rostos, quatro braços e quatro pernas: havia homens duplos, mulheres duplas e seres mistos. Eles tentaram escalar o céu; Zeus, para puni-los, dividiu-os em dois; encarregou Apolo, Deus da medicina, de cicatrizar as feridas. A partir daí, cada metade procura a outra; quando se encontram, aspiram a fundir-se para recuperar a unidade primitiva; a impiedade causou a separação; a piedade tornará o Deus Amor favorável à felicidade. Assim se explicam os amores heterossexuais ou homossexuais. Platão possibilita aqui que a verve cômica de Aristófanes se mostre plenamente.

Ágaton, por sua vez, quer demonstrar seus talentos literários, recentemente consagrados por um prêmio, que foi a oportunidade para a organização daquele banquete. Seu elogio pretende ser metódico, sistemático e exaustivo. Mas, sucedendo à fala de Aristófanes, seu discurso parece mais empolado que rico.

Chega, por fim, a vez de Sócrates, que pretende expor os conceitos de Diotima, sacerdotisa de Mantinéia. Contrariando Ágaton, ele sustenta a imperfeição fundamental do amor, que é falta, aspiração inquieta, e não regozijo sereno da posse. Eros não poderia ser de essência divina: ele é δαίμων (*daimon*), intermediário entre o divino e o humano.

Sendo desejo de imortalidade, de beleza, ele inspira nos corpos a sede de se perpetuar pela procriação, nas almas o desejo de eternidade. Deve-se notar que Sócrates, em vez de fazer oposição aos discursos precedentes, reúne suas intuições esparsas para levá-las a um grau superior de compreensão.

Por elevação progressiva aos graus de abstração (diríamos, de idealização), o amor permite assim que a alma tenha acesso à contemplação pura da Idéia do belo, do belo *em si* (idéia buscada em vão em *Hípias maior**).

Depois vem a irrupção súbita de Alcibíades, instado a apresentar seu elogio ao amor. Mas é do filósofo, Sócrates, que Alcibíades vai falar. Por trás da aparência física (Sócrates era feio), é a alma que se deve considerar (ouve-se aqui um eco da lição de Sócrates em *Alcibíades**). Alcibíades é testemunha da temperança, da coragem, do destemor de Sócrates na luta. A conversa termina com um elogio a Ágaton feito por Sócrates, que deixará o banquete de madrugada, enquanto os convivas ficam à espera da dissipação da bebedeira.

É supérfluo enumerar exaustivamente os méritos filosóficos do *Banquete*. Nele se cruzam todos os temas maiores do pensamento de Platão. No entanto, mais que outros diálogos, ele impede de se ver no idealismo de Platão apenas a seca exposição de um intelectualismo gélido. Provavelmente nunca será mais cabível dizer que a filosofia (e não somente no primeiro de seus representantes) é antes de mais nada vida, ímpeto de um desejo, em suma, que ela é amor. A isso acresce tudo o que o *Banquete* nos pode ensinar sobre a relação e o sentimento amoroso como tais: "A verdadeira filosofia dos amantes é a de Platão", escreve Rousseau; "enquanto durar o encanto, eles não terão outra. O homem sob o efeito da emoção não consegue largar esse filósofo; o leitor frio não o suporta".

Edição brasileira: *O banquete*, São Paulo, Nova Cultural, 1987 (Os pensadores).

Estudo: L. Robin, *La theorie platonicienne de l'amour*, P.U.F., 1964.

BARBÁRIE COM ROSTO HUMANO,

La barbarie à visage humain, 1977.
BERNARD-HENRI LÉVY, nascido em 1948.

Segundo o autor, essa obra deve ser lida como uma "arqueologia do tempo presente", preocupada em encontrar nos discursos e nas práticas atuais o "cunho de uma barbárie com rosto humano". Nesse livro, Lévy pede à "nova filosofia" que formule o problema do poder, e nisso se empenha com profundo pessimismo. A idéia de progresso é ilusória; é a mentira de um pensamento reacionário que conduz o mundo para a barbárie. O Estado totalitário, ao invés de ser um acidente da História, é seu fim; quanto ao socialismo, é a versão mais grave desse otimismo que nega o Mal radical na História.

Publicado no mesmo ano que *Os mestres pensadores** de André Glucksmann, essa obra foi um *best-seller*. Bernard-Henri Lévy, ativo defensor dos Direitos do homem, nela definia a posição do intelectual na sociedade. "O intelectual antibarbárie será acima de tudo metafísico, e quando digo metafísico, entendo o termo angelicamente."

Estudo: G. Schiwy, *Les nouveaux philosophes*, Gonthier-Denoël, 1979.

BELO MUSICAL (DO), Uma contribuição para a revisão da estética musical,

Vom Musikalisch-Shön. Ein Beitrag zur Revision der Aesthetik der Tonkunst, 1854.
EDUARD HANSLICK, 1825-1904.

Paralelamente à especificidade do domínio estético proposto por Kant, Hanslick pretendeu afirmar a especificidade do domínio musical. Precisava, portanto, colocar o objeto musical em sua essência específica, fora do âmbito do *pathos*, de tal maneira que fosse apreendido sem referência a qualquer "significação" que não fosse "musical".

Hanslick propõe então uma nova perspectiva estética a partir da qual se supõe que a contemplação musical proceda da intuição das formas sonoras percebidas por si mesmas. Disso resulta uma escuta essencialmente dinâmica, através da qual a linguagem da música pode ser compreendida como um "arabesco musical" (Etienne Souriau), que jamais será "traduzido" por um comentário puramente emocional, como se fizera até então.

As teses de Hanslick provocaram viva polêmica, pois se opunham à interpretação da música como produto natural, bem como à equiparação do belo musical ao "belo natural".

Edição brasileira: *Do belo musical – uma contribuição para a revisão da estética musical*, Campinas, Ed. da Unicamp, 1989.

Estudo: J.-F. Kremer, *Les formes symboliques de la musique*, Méridiens-Klincksieck, 1984.

BODE EXPIATÓRIO (O),

Le bouc émissaire, 1982.
RENÉ GIRARD, nascido em 1923.

Nessa obra, René Girard tenta revelar a pulsão original que se organiza em torno das noções de violência e de sagrado. O bode expiatório nasce da ilusão de perseguição e de mistificação: é aquele que paga pelos outros, sendo vítima da má-fé destes. Ele mostra que "o desejo mimético" (desejo de imitação) engendra a violência num círculo vicioso que reflete tendências fundamentais de toda civilização. Ele analisa o valor dos sacrifícios, reproduções de uma violência básica, e refere-se à religião, considerando a "Paixão de Cristo" como símbolo da história da humanidade. "Os Evangelhos estão o tempo todo a nos mostrar o que os perseguidores históricos nos escondem, ou seja, que a vítima deles é um bode expiatório."

Estudo: Ch. Orsini, *La pensée de René Girard*, Retz, 1986.

BOMBA ATÔMICA E O FUTURO DA HUMANIDADE (A), *Die Atombombe und die Zukunft der Menschen*, 1958.
KARL JASPERS, 1883-1969.

Colaborar para a consciência política de nosso tempo é o projeto exposto por Jaspers nesse polpudo ensaio. Tendo em mente as lições da tragédia de Hiroshima e Nagasaki, ele convida o homem livre a refletir sem paixão sobre a bomba atômica.

Agora que a humanidade dispõe abundantemente dos meios de autodestruição, a busca necessária não é de uma salvação qualquer, mas da autenticidade de um pensamento racional e filosófico sobre o futuro do homem. Não é hora de perder-se em especulações, mas, ao contrário, de tomar conhecimento dos fatos, analisá-los, sintetizá-los, compreendê-los à luz da inteligência. Convém passar da atividade exterior para a atividade interior, do entendimento para a razão.

Uma reflexão filosófica sadia tem todas as possibilidades de engendrar uma transformação da consciência política do homem, desde que ele compreenda que essa reflexão só pode nascer de uma disposição interior: a escuta do mundo moderno, a observação, uma compreensão filosófica da técnica. Mas esse é um plano de conjunto que, se observado, por certo não mudaria este mundo, mas a orientação da humanidade. Jaspers pensa no condicional. Incumbe a quem age, ao homem de Estado, unir ao seu ato a reflexão filosófica sobre seu ato.

"Filosofia e política deveriam caminhar juntas." Esse ensaio fundamental deve ser lido por quem quiser se informar sobre o modo como a filosofia pode despertar a consciência política. Jaspers demonstra brilhantemente que o filósofo não tem nada do sábio isolado em sua torre de marfim, mas que, ao contrário, a filosofia nada será se não se enraizar no real e no desenrolar histórico da humanidade.

Estudo: A. Kremer-Marietti, *Jaspers*, Seghers, 1974.

BREVE TRATADO SOBRE A EXISTÊNCIA E O EXISTENTE, *Court traité de l'existence et de l'existant*, 1947.
JACQUES MARITAIN, 1882-1973.

Esse "breve tratado" pretende ser um ensaio sobre o existencialismo de Tomás de Aquino. Publicado na época em que Sartre fazia escola, essa obra apresenta-se como um assentamento da questão do ser e da existência.

Para Maritain, o tomismo autêntico atribui "primazia à existência e à intuição do ser existencial". O único existencialismo que ele reivindica é aquele no qual predomina a existência, mas "implicando e salvaguardando as essências ou naturezas", e manifestando a vitória da inteligência e da inteligibilidade.

Estudo: H. Bars, *Maritain en notre temps*, Grasset, 1959.

BREVE TRATADO SOBRE DEUS, O HOMEM E SUA BEM-AVENTURANÇA, *Korte Verhandeling van God, de Mens en des zelfs Welstand*, 1852.
BARUCH SPINOZA, 1632-1677.

Reunião de notas tomadas entre 1650 e 1660, esse texto está muito afastado do pensamento de Spinoza tal qual se vê em *Éti-*

*ca**. Esse "breve tratado" comporta quatro categorias de textos, das quais só a última merece atenção, pois prefigura certas teses ulteriores do filósofo. Além disso, convém esclarecer que esse tratado não foi redigido em latim, mas em holandês, e que se trata da redação mais ou menos clara de notas que Spinoza nem sequer verificou.

Por isso, é preciso abordar esse texto com prudência, pois o pensamento metafísico do filósofo pode ser encontrado com maior clareza em outras obras.

Estudos: R. Caillois, introdução à edição francesa: "Court traité sur Dieu, l'homme et son état bienheureux", in *Oeuvres complètes de Spinoza*, Bibliothèque de la Pléiade, Gallimard, 1984. J. Moreau, *Spinoza*, col. "Que sais-je?", P.U.F., 1971.

BREVIÁRIO DE DECOMPOSIÇÃO,

Précis de décomposition, 1949.
EMIL MICHEL CIORAN, nascido em 1911.

Nessa primeira obra escrita em francês, Cioran, "pensador de ocasião", "antiprofeta", para quem "só há nobreza na negação da existência", desbasta em tom incisivo os grandes temas e obsessões (decadência, mal, história, nada...) que permeiam sua obra.

De saída afirmam-se a repugnância pela filosofia, que é vontade de teorizar a vida, "triunfo da inautenticidade", e o desprezo pelo filósofo, profeta loquaz que deseja conhecer mas nada exprime, que é convidado por Cioran a imitar a prostituta, "a criatura menos dogmática" que, desvinculada de tudo, para tudo se abre sem convicção. A vida, "Estado de não-suicídio", começa com a ruína da filosofia, esse "recurso de todos os que se esquivam da exuberância corruptora da vida".

Para aquele que, dotado da faculdade de indiferença, disse "adeus à filosofia", mais vale a poesia que, como a vida, nada tem que provar e tudo que exprimir. Elevando as aparências "a nível de estilo", só a frivolidade, "o antídoto mais eficaz para o mal de ser o que se é", permite lograr o mundo.

Estudo: M. Sora, *Cioran jadis et naguère*, Éd. de L'Herne, 1988.

BREVILÓQUIO SOBRE O PRINCIPADO TIRÂNICO,

Breviloquium de potestate papae, ○ 1334 a 1342.
GUILHERME DE OCKHAM (ou OCCAM), c. 1285-c. 1347.

Escrito no ardor da disputa que opõe o Império ao papado, essa obra toma posições claras, inspiradas por um nominalismo que desempenhará papel decisivo na ruptura do ideal unitário da cristandade medieval. Suspeito de heresia, convocado em 1325 para comparecer em Avignon diante de João XXII, Ockham aliara-se a Luís da Baviera em luta contra o papa que se recusava a nomeá-lo imperador. Em 1330, ele o seguira a Munique para sempre.

O tom da obra é polêmico e apaixonado, mas o método dialético observa minuciosamente as regras da Escola, por perguntas e respostas. Seu conteúdo ilustra com sutileza todas as implicações teológicas, políticas e morais do nominalismo: se os universais, os gêneros e as espécies não têm existência real, se, portanto, as coisas estão entregues à contingência, sem essência que as transcenda e ordene, as individualidades passam a ter um realce inédito. A onipotência de Deus não passa mais por uma ordem mundana cujos poderes (sobretudo o do papa) possam falar em seu nome. Esse é o assunto do *Breviloquium*: Ockham exige estrita distinção entre os poderes temporal e espiritual e sua independência recíproca. Contesta a tese do poder absoluto (*plenitudo potestatis*) que o papa receberia de Cristo.

A primeira parte trata dos limites do poder pontifical em matéria temporal e determina sua extensão espiritual. A segunda trata do Estado e fundamenta a soberania no direito humano. A terceira aplica ao Império os princípios relativos ao Estado: estabelece a autonomia do Império e sua independência em relação ao papado. No mais das vezes os argumentos de Ockham são de ordem teológica, mas, ao lado dos argumentos canônicos, abundam as referências aos Padres da Igreja, em particular a Agostinho: a reação nominalista na realidade tem em vista o excesso de intelectualismo da teologia reinante, que multiplica as entidades metafísicas, desprezando as fontes literais. No mesmo espírito, o autor freqüentemente faz uma análise literal das Escrituras, por exemplo para derrubar a tese clássica das "duas espadas" ou dos "dois gládios", que forçava as metáforas para justificar a atribuição ao papa dos dois poderes, o espiritual e o temporal, dando-lhe este último preponderância sobre o Império. A tese nominalista da onipotência de Deus sem "ordem" divina tem três conseqüências paradoxais: ela corrobora os direitos temporais do homem; libera, ao mesmo tempo, os indivíduos em relação a esses direitos temporais que se diziam de ordem divina; e incentiva a purificar a fé, a ouvir a mensagem evangélica em sua autenticidade. Essas três conseqüências estão estreitamente ligadas: assim, o "Vigário de Cristo" não herda sua onipotência; Cristo é fonte de um espírito de liberdade; se ele rejeitou a lei mosaica, e se a Igreja primitiva afirmou a inanidade das instituições judaicas (sobretudo a circuncisão), não foi para levar os cristãos a submeter-se a nova servidão, "bem mais tirânica", a de Pedro e seus sucessores! O cristão só deve reconhecer um único jugo: o do Evangelho; a missão do papa é puramente espiritual.

Não obstante, Ockham tem consciência das interferências inevitáveis entre os dois poderes e prevê casos excepcionais em que o papa teria necessidade de intervir nos assuntos seculares. Tudo se passa como se, na natureza – na ausência de essências –, Deus permitisse a ação das causas segundas e dos indivíduos. Ora, são esses os mesmos indivíduos que, batizados e cidadãos, constituem os poderes secular e espiritual como pessoas livres e racionais. Portanto têm direitos temporais, "liberdades naturais", confirmadas pela Escritura, que não podem ser suspensas em nome do poder espiritual. E, se a Igreja é uma sociedade espiritual, é-o em nome do conjunto dos fiéis; seu verdadeiro dirigente não é o papa, mas Cristo; sua unidade não provém da obediência a uma autoridade dada, mas da participação de cada um numa mesma fé e numa mesma esperança na vida sobrenatural. Assim, o autor espiritualiza a noção de Igreja identificando-a com a fé. É por uma razão semelhante que ele defende, contrariando João XXII, a pobreza integral: uma "ordem", por ser composta por indivíduos e privada de "essência" própria, não pode reivindicar a posse legítima de nenhum bem.

Ockham não nega que os dois poderes provenham de Deus, assim como em Deus está o princípio único da razão e da fé. Mas, assim como estas não são engendradas uma pela outra, a Igreja e o Estado são separáveis. Derivando de um mesmo princípio, fé e razão nunca se contradizem. Assim, é possível harmonizar Igreja e Estado, desde que sejam reconhecidos seus domínios respectivos: então a razão pode, às vezes, sair em socorro da fé e, inversamente, a Igreja não deixa de ter direito de vigiar as leis do Príncipe; ela pode até substituir o poder secular quando este deixa de cumprir a sua missão.

Ockham ocupa, pois, uma posição moderada (uma *via media*) entre duas correntes extremas: a defesa exacerbada da "teocracia" pontifical e as teses dos averroístas, precursoras dos libertinos, que, para defenderem os direitos do Estado, negavam ao papa qualquer origem divina e absorviam a Igreja no Estado. Ele não incide nestes últimos excessos, pois afirma que todo poder provém de Deus, que ele garante ao papa a esfera do espiritual, e que acha até possível que sua jurisdição se estenda ocasionalmente ao civil. O que há de comum entre as duas teses extremas recusadas pelo autor é a confusão entre o temporal e o espiritual, que – como ele mostra – pode fornecer álibis espirituais a poderes civis abusivos e autorizar os poderes espirituais a praticar todos os vícios dos poderes temporais.

Edição brasileira: *Brevilóquio sobre o principado tirânico*, Rio de Janeiro, Vozes, 1988.
Estudo: P. A. Hamman, *La doctrine de l'Église et de l'État chez Occam. Étude sur le "Breviloquium"*, Éditions Franciscaines, 1942.

BURGUÊS (O), Contribuição à história moral e intelectual do homem econômico moderno,
Der Bourgeois: zur Geistesgeschichte des modernen Wirtschaftsmenschen, 1913.
WERNER SOMBART, 1863-1941.

Discípulo de Karl Marx e de Max Weber, ligado à Escola Histórica alemã, Sombart elabora uma "psicologia histórica" ao estudar o burguês, entendendo com esse termo não o representante de uma classe social, mas um tipo de homem dotado de qualidades psíquicas particulares. O espírito burguês nasce no século XV em Florença, e, como o espírito empreendedor, é um dos elementos essenciais do capitalismo, evoluindo com esse sistema. Ao capitalismo primitivo corresponde um espírito conquistador, enquanto o capitalismo tardio caracteriza-se por um aumento da racionalização e da organização, donde certa perda de dinamismo.

Estudo: A. de Benoist, prefácio a *O socialismo alemão*, de Werner Sombart, col. "Revolution conservatrice", Pardes, 1990.

BUSCA DA VERDADE (DA),
De la recherche de la vérité, 1674-1675.
NICOLAS MALEBRANCHE, 1638-1715.

Essa primeira obra de Malebranche desenvolve uma filosofia religiosa e um misticismo do conhecimento marcados pelo agostinismo, que o autor associa ao naturalismo e ao progresso racionalista do século XVII. *Da busca da verdade* nasce em meio à repercussão do cartesianismo, do qual Malebranche extrai o rigor de seu método, os traços característicos de sua metafísica e o contexto filosófico dos problemas da substância, da união de alma e corpo, das relações entre a inteligibilidade do sensível e a inteligibilidade do inteligível – problemas que esse livro procura resolver com o fim de fundar um novo acordo entre fé e exigência racional. A partir de sua primeira edição em 1674, o texto de Malebranche teve numerosos acréscimos, modificações e desenvolvimentos importantes até a edição definitiva de 1712: a composição inicial reduzia-se aos três primeiros livros, dedicados aos sentidos, à imaginação e ao entendimento ou espírito puro. O segundo tomo (publicado em 1675), que compreende os livros IV a VI, versa sobre as inclinações, as paixões e o método de abordagem da verdade: vem completar e afirmar a difícil conciliação entre o racionalismo subjetivo de Descartes e o estável reino platônico das essências eternas, esboçada nos livros I a III.

As circunstâncias da composição e da edição do texto, continuamente modificado e ampliado durante quarenta anos, explicam o ordenamento e a estrutura da exposição, que gira em torno do eixo constituído pelos livros III e IV: depois de se ater à crítica bem cartesiana do concreto nos livros I e II ("Os sentidos" e "A imaginação"), no livro III (que deveria concluir a obra em sua forma inicial) Malebranche propõe uma nova teoria do conhecimento: um misticismo filosófico de fundamento cartesiano, uma "visão em Deus" das verdades eternas possibilitada pelo preceito cartesiano da atenção às idéias claras e distintas. Essa conclusão provisória revela-se como ponto de partida, ou como marco preparatório de novos desenvolvimentos científicos e metafísicos que, se não levam a uma ruptura com o cartesianismo, pelo menos conduzem à sua reforma (correção da lei dos choques, crítica à resistência do repouso, rejeição à tese das idéias inatas).

O cartesianismo de Malebranche, que justifica junto a seus contemporâneos o rigor e a modernidade de seu procedimento e de seus propósitos, não passa de desvio metodológico necessário destinado a ser superado pelo pensamento metafísico original que funda. O dualismo cartesiano entre matéria e espírito, ligado a uma crítica do conhecimento, transforma-se em abordagem indireta da tese original da visão em Deus: a matéria torna-se inteligível quando sua idéia é contemplada em Deus. O próprio pensamento de Agostinho, em quem se inspira a tese de Malebranche, é superado: nesse platonismo cartesiano desenvolvido por *Da busca da verdade*, o que se concebe no entendimento de Deus não são mais simplesmente "idéias" (essências geométricas), mas sim associações que mesclam sentimentos e idéias. Como a natureza dos corpos, segundo Descartes, reside na extensão, e como esta, para Malebranche, constitui o lugar por excelência da inteligibilidade, o que se percebe de maneira inteligível pela "visão em Deus" são corpos particulares.

O verdadeiro sentido e as perspectivas originais da primeira obra de Malebranche devem ser percebidos para além das fontes cartesianas que parecem nela predominar. Os temas mais novos escapam ao cartesianismo ou tendem a refutá-lo: por exemplo, a união entre inteligência e fé, a afirmação de que as causas naturais são ocasionais e sem eficácia, ou a refutação do inatismo. Embora Malebranche aceite o *cogito*, é a coisa pensamento que prevalece sobre o ato de pensar; o sujeito tende mesmo a eclipsar-se, ficando, porém, na sombra do objeto. São assim prenunciados certos aspectos das filosofias de Maine de Biran e de Bergson. Por conceber a extensão inteligível não mais como a simples idéia clara de Descartes, mas como o lugar de todas as idéias claras e distintas, Malebranche prepara certas noções kantianas. *Da busca da verdade* também revela um precursor do século XVIII e do positivismo: a primazia da lei divina que domina e ordena as causas naturais ocasionais mescla as noções de lei, necessidade e contingência, prenunciando a crítica moderna das ciências.

Estudo: F. Alquié, *Le cartésianisme de Malebranche*, Vrin, 1974.

BUSCA DA VERDADE PELA LUZ NATURAL (A), *La recherche de la vérité par la lumière naturelle*, 1701.
RENÉ DESCARTES, 1596-1650.
Obra póstuma inacabada.

A data de composição desse diálogo de Descartes, que ficou inacabado, não é conhecida com precisão, e a organização do texto, conhecido por meio de diversas cópias, apresenta numerosos problemas.

As personagens do diálogo – Epistêmon, Poliandro e Eudoxo – representam três atitudes diferentes em relação à cultura. Epistêmon representa o erudito acadêmico, imbuído do ensino escolar e livresco (um tanto equivalente ao Simplício dos diálogos de Galileu). Poliandro, por sua vez, nada aprendeu nos livros; é o Descartes do fim da primeira parte do *Discurso do método**, que viajou e estudou "no grande livro do mundo". Eudoxo – que é o próprio Descartes – possui o "bom juízo" (em grego: *eu-doxa*), resultante do bom uso da luz natural.

A *Busca da verdade* traça o programa de um ensino racional das ciências úteis (descarta as disciplinas de pura erudição). O diálogo segue o itinerário das *Meditações metafísicas**, e é interrompido no *cogito*, na questão da natureza do ser pensante.

Estudo: J. Laporte, *Le rationalisme de Descartes*, col. "Épiméthée", P.U.F., 1988.

C

CADERNOS AZUL E MARROM (OS),

The Blue and Brown Books, 1958.
LUDWIG JOSEF WITTGENSTEIN, 1889-1951.

O texto do *Caderno azul* foi ditado a alunos por Wittgenstein no curso que ministrou em 1933-1934, e o do *Caderno marrom*, no ano seguinte. Wittgenstein neles mostra a elaboração da nova filosofia cuja expressão mais acabada se encontra nas *Investigações filosóficas** e cujas principais noções, de "jogos de linguagem", "formas de vida" e "ar de família", já aparecem aqui.

Estudo: J. Bouveresse, *Le mythe de l'interiorité. Experience, signification et langage privé chez Wittgenstein*, Éd. de Minuit, 1987.

CADERNOS DO CÁRCERE, *Quaderni del carcere*, 1947-1951.

ANTONIO GRAMSCI, 1891-1937.

Deputado e dirigente comunista, Gramsci agoniza nos cárceres fascistas de 1926 a 1937, recusando-se a pedir clemência a Mussolini (graça que, ele sabe, lhe será concedida). Na prisão escreve, sem documentos nem livros, trinta e três cadernos e cartas, que constituem uma obra fragmentar e de difícil acesso. Neles, Gramsci expõe uma teoria marxista da política, mais precisamente da hegemonia política e ideológica, afirmando o primado do político, sendo este determinado pelas relações econômicas de produção. Com sua teoria do Estado, Gramsci renova o estudo daquilo que uma vulgata marxista denomina superestruturas (política e ideológica), sendo estas opostas – o que invalida a prática – à infra-estrutura econômica.

O Estado é definido como "ditadura + hegemonia", ou seja, é constituído ao mesmo tempo pela sociedade política (ditadura, coerção, dominação, autoridade, violência) e pela sociedade civil (hegemonia, direção, persuasão, consenso). A supremacia de um grupo social se manifesta de dois modos: a "dominação" e a "direção intelectual e moral". Assim, o aparelho estatal, detentor da violência legítima, exerce a coerção física graças ao exército, à polícia e à justiça. Mas também existe uma coerção ideológica, que possibilita um consentimento livre à dominação. A ditadura (dominação de uma classe social) só é possível pela hegemonia (capacidade de dirigir).

O agente histórico-social que garante a hegemonia é o intelectual (padre, professor, jornalista, magistrado...), que, ao invés de ser neutro ou autônomo, é o servidor da classe dominante, elaborando sua hegemonia no âmbito das ciências, das técnicas e das idéias. Mas, embora todos os homens pensem, nem todos são intelectuais. Retomando a crítica que Karl Marx faz à divisão burguesa do trabalho (oposição entre trabalho manual e trabalho intelectual), Gramsci define o intelectual pela função que ele exerce numa sociedade determinada. Não sendo redutível a simples trabalhador especializado das idéias, ele é aquele que confere homogeneidade e autoconsciência a um grupo social e lhe permite exercer sua ditadura pela hegemonia. Mais preciso, Gramsci distingue os intelectuais tradicionais, produzidos pelas antigas classes dominantes, e os intelectuais orgânicos que, gerados pela classe presentemente dominante, garantem, por meio da ideologia, a coesão do sistema por diversos órgãos (escolas, partidos políticos, associações, jornais...). A ideologia permite que a classe dominante forme em torno de si um conjunto de forças sociais diferentes e contraditórias (um "bloco histórico"), que explodiria sem ideologia nem dominação. Assim, o intelectual orgânico possibilita a articulação da infra-estrutura e da superestrutura.

A classe dominada (classe operária numa sociedade capitalista) aceita, sem crítica, a cultura que lhe é dada, por meio dos intelectuais, pela classe dominante, ou seja, concepções e uma representação do mundo que não correspondem a seus interesses reais. Para conquistar o poder e exercer sua dominação (ditadura), a classe dominada deve realizar uma "reforma intelectual e moral", conquistar o poder cultural; surge então a crise revolucionária quando não existe mais articulação entre dominação e direção. No regime capitalista, a conquista do poder exige capacidade de direção política e cultural; a classe operária deve organizar-se, produzir seus próprios intelectuais orgânicos e tentar arregimentar intelectuais tradicionais. O Partido ("intelectual coletivo"), sujeito consciente que unifica ação e pensamento na práxis revolucionária, torna-se então instrumento dessa conquista, como vanguarda da classe operária.

Estudo: M-A. Macciocchi, *Pour Gramsci*, Le Seuil, 1974.

CÃES DE GUARDA,
Les chiens de garde, 1932.
PAUL NIZAN, 1905-1940.

Paul Nizan, intelectual e filósofo comunista, afirma aqui que uma filosofia é um ato que só vale pela prática e para a prática que permite. A filosofia participa sempre da "atualidade impura de seu tempo". Isso leva Nizan a uma revolta contra a filosofia espiritualista universitária, traidora da função autêntica da filosofia, que um Epicuro tão bem soubera encarnar.

Estudos: Y. Ishaghpour, *Paul Nizan: l'intelectuel et le politique entre les deux guerres*, La Difference, 1990. *Paul Nizan, intelectuel communiste*, artigos e correspondência de P. Nizan, La Découverte, 1970.

CAMINHO DA SERVIDÃO (O), *The Road to Serfdom*, 1944.
FRIEDRICH AUGUST VON HAYEK, 1899-1992.

Nesse "livro político", próximo do panfleto, Hayek propõe uma explicação crítica do totalitarismo. Este, seja nazista, fascista ou comunista, nada mais é que o inevitável resultado das idéias socialistas. Apologista das idéias liberais dos séculos XVIII e XIX, que foram combatidas por Marx, Friedrich List, Gustav Schmoller e Sombart, o autor desenvolve a tese segundo a qual o totalitarismo repousa exclusivamente na planificação econômica. Assim, o nazismo não é explicável por uma pretensa alma germânica nem por uma reação ao socialismo, mas por idéias estatizantes constitutivas de um socialismo autoritário. Qualquer planificação é necessariamente antidemocrática e tirânica.

No entanto, Hayek prefere o termo *planismo* ao termo *planificação*. Se a planificação é uma tentativa de racionalização da atividade social, o planismo implica a direção centralizada e autoritária de toda a atividade econômica em conformidade com um plano único. Ora, a vida econômica é constituída de indivíduos egoístas que perseguem fins diferentes, concorrentes e às vezes até antagônicos. Estabelecer um plano econômico é fazer escolhas autoritárias entre esses fins singulares, visto que os planificadores dispõem de poder total nesse aspecto.

Para Hayek, não existe racionalidade alguma superior à dos indivíduos (tese do individualismo metodológico): a única racionalidade efetiva é a resultante do equilíbrio das ações individuais. A partir daí, plano (socialismo) e mercado (liberalismo) são dois sistemas econômicos inconciliáveis, e o totalitarismo (planismo) resulta do abandono do liberalismo. Não há liberdade política sem liberdade econômica.

Prêmio Nobel de economia (1974), Hayek desenvolve nessa obra um liberalismo radical que faz dele um dos mestres desse tipo de pensamento. A moda do neoliberalismo, de origem anglo-saxônica, permitiu a grande difusão dos argumentos hayekianos, sobretudo de sua explicação econômica do totalitarismo, sendo o socialismo, para ele, o fundamento comum do nazismo, do fascismo e do stalinismo.

Estudo: J. Ferry, *F. A. Hayek: les éléments d'un libéralisme radical*, Presses Universitaires de Nancy, 1990.

CAMINHO PARA A LINGUAGEM (NO), *Unterwegs zur Sprache*, 1953-1959.

MARTIN HEIDEGGER, 1889-1976.

Os seis textos que compõem essa coletânea (quatro conferências, um diálogo e um ensaio) tematizam a questão da linguagem como palavra enquanto tal. A questão desenvolvida por Heidegger nesses textos refere-se ao ser da língua, que se revela na experiência da fala por parte do homem. A questão desdobra-se então da seguinte maneira: por um lado, qual é o caminho do homem para a linguagem? Por outro, qual é o caminho da palavra na linguagem? É a partir dessa experiência primeira do poder de nominação da língua, a partir da natureza dessa experiência, que Heidegger pode enxergar uma "corporeidade da língua", posta em prática na enunciação. Esse poder interno que a linguagem tem de revelar a si mesma sua própria essência no itinerário que o homem estabelece até a palavra enseja a proposição final da obra: "levar à palavra a palavra enquanto palavra".

Essa fórmula do caminho para a palavra, que também é caminho da palavra na linguagem, é pensamento a partir da enunciação poética. Assim, *No caminho para a linguagem* situa-se no cerne do pensamento heideggeriano do ser, no domínio da diferença ontológica: o caminho para a palavra manifesta a diferença fundamental entre o signo como instrumentalização da língua e a palavra como poder de nominação do ser e da essência das coisas. A palavra revela-se acima de tudo como poder inicial de *monstração*, e não de significação: "A palavra é fazer-signo (*Wink*), e não signo (*Zeichen*) no sentido da simples significação (*Bezeichnung*)." A palavra é a capacidade de realização, de desvendar das coisas, o poder de deixar ser aquilo que ela denomina.

A questão que se coloca nessa obra não é tanto a da modalidade do itinerário do homem para a palavra, porém mais a do movimento da palavra na linguagem do homem para designar a dimensão fundamental da estância humana, ou: como vem a palavra a nascer como palavra?

Estudo: B. Allemand, *Hölderlin et Heidegger*, P.U.F., 1987.

CAMINHOS QUE NÃO LEVAM A PARTE ALGUMA, *Holzwege*, 1949.

MARTIN HEIDEGGER, 1889-1976.

Composta por seis ensaios sobre seis temas diferentes, essa obra leva o leitor para *Holzwege*, caminhos inexplorados do pensamento. O título contém a metáfora do bosque cujas veredas aparentemente se assemelham e não levam a lugar algum: atrás do bosque encontra-se a verdade em seu retiro.

No ensaio sobre a *Origem da obra de arte*, o autor analisa a proveniência e o fim da obra. A origem é a proveniência da essência; na essência, o "quê" é considerado em seu "como". O artista e a obra são origem um do outro; mas há um *tertium quid*: a arte. A Beleza, estética, irredutível à verdade, que é lógica, é um modo de eclosão dessa mesma verdade. Não sendo de modo algum uma coisa, um produto, a obra é instigadora de um combate: ela "instala um mundo" ("abertura que abre toda a amplitude das opções [...] de um povo historial") e "chama a terra" ("livre aparecimento do que se fecha constantemente em si"); ela põe esses dois contrários em intimidade. A essência da arte é o poema. Ele é a instauração da verdade que nega o ente como realidade exclusiva e última.

A modernidade é também um tema heideggeriano. Em *Época das concepções do mundo*, os três fenômenos essenciais da modernidade são a ciência, a técnica mecanizada e a entrada da arte no horizonte da estética; neste último caso, a obra torna-se objeto da vivência, passa por expressão da vida humana. O processo fundamental da modernidade consiste em ser o mundo uma "imagem concebida", e o homem um sujeito; quanto mais objetivo o mundo, mais o homem se coloca como sujeito, e toda teoria do mundo se torna antropologia.

Em *Hegel e seu conceito da experiência*, o autor estuda a consciência. É a experiência do aparecer e do aparecente como tal. O título "Fenomenologia do Espírito" refere-se a isso: é a "parúsia do absoluto em seu reino". O caminho para a ciência é ciência (da experiência da consciência). A filosofia moderna orienta-se para um fundamento absoluto, uma certeza de si do saber. Mesmo se o conhecimento é instrumental, existe "para si" ao lado do absoluto. A vinda ao saber é *itinerarium mentis in Deum*.

Outra grande figura do século XIX, Nietzsche, é objeto de uma análise em *A frase de Nietzsche "Deus morreu"*; essa frase é origem de uma guinada, uma perversão da metafísica. A destituição de Deus é a destituição do supra-sensível, logo também do sensível. A anulação da diferença entre os dois sela o reino do insensível, do insensato. A morte de Deus resume vinte séculos de história ocidental. Nietzsche explicita que Deus foi "morto", e que isso é a perda da eternidade; há necessidade de uma purificação, uma "redenção". O niilismo propulsa o homem para a modernidade. Denuncia valores "supremos" que nem por isso são uma garantia. É uma lógica da decadência, uma subversão dos valores, uma "negação absoluta". Deus morreu, mas seu lugar está vago: precisa ser substituído pela arte, o mais forte e mais poderoso dos valores, nova unidade de medida de um mundo que se dá à luz como uma obra de arte.

Por que poetas? – pergunta Heidegger. A partir de Rilke e de Hölderlin, o autor inicia uma meditação sobre o sentido da poesia em tempos de desamparo: após o sacrifício crístico, houve afastamento "do deus", noite do mundo e abismo. Por que se eleva então o canto poético? A noite do mundo coincide com o desenvolvimento da técnica e a dominação do ente; é o afastamento do sagrado e da salvação. É preciso uma guinada, e é o poeta que a efetua: aponta para a redenção, para o retorno ao sagrado, para Deus. Esse ensaio deve ser comparado a *Questão da técnica* (in *Ensaios e conferências*), que também desenvolve o tema da noite do mundo, do ponto de vista da dominação do ente, e que se articula com os versos de Hölderlin comuns aos dois textos: "Mas onde estiver o perigo, lá/também surgirá o que salva".

A *Palavra de Anaximandro* é de um pré-socrático e passa por ser a mais antiga em filosofia. Indo além das categorias pré-socráticas, Heidegger faz delas uma leitura temática. O pensamento é poema, "*dictare* original"; o pensamento do ser é a ordem primeira do dizer poético. Λήθη (*lethe*: esquecimento) é a claridade do ser; o pensamento não a segue: ela dá voltas, e é o reino do errático, do erro (*Irrtum*), espaço de desdobramento da história. O ente é trazido para si mesmo (*ereignet*). O esquecimento do ser é o esquecimento de sua diferença em relação ao ente.

Orientados por perspectivas aparentemente pouco conexas entre si, esses ensaios, porém, enfocam, de Anaximandro à modernidade, as relações entre linguagem, homem e ser. Alimentam diretamente a reflexão pessoal do autor.

Estudo: O. Pöggeler, *La pensée de Heidegger, un cheminement vers l'être*, Aubier-Montaigne, 1967.

CÂNDIDO, ou O otimismo,

Candide, ou l'Optimisme, 1759.
VOLTAIRE (François Marie Arouet, dito), 1694-1778.
Conto filosófico.

Expulso de casa, Cândido descobre, após mil peripécias, que "os preceitos de seu bom mestre Pangloss" são inadequados: será este "o melhor dos mundos"? Nele tudo é intolerância, violência, iniqüidade. Visitando o mundo, Cândido não é poupado, mas encontra afinal a felicidade em seu jardim, com seus amigos.

De um humor acerbo, Voltaire ataca esse mundo imaginário descrito por Pangloss, que representa Leibniz; mas esse conto também critica as instituições políticas e religiosas.

Edição brasileira: *Cândido ou O otimismo*, São Paulo, Martins Fontes, 1990.
Estudo: P.-L. Assoun, "La querelle de l'optimisme dans Candide e ses enjeux philosophiques", in *Analyses e réflexions sur* Candide, *de Voltaire*, Ellipses-Marketing, 1982.

CÂNON DA MEDICINA,

AVICENA (ibn Sina), 980-1037.
Suma enciclopédica.

Englobando uma quantidade considerável de conhecimentos, essa obra é uma das mais compactas do *corpus* enciclopédico de Avicena; juntamente com o *Kitab al-Shifa* (*Livro da cura**), é uma obra que determina a influência científica de Avicena até o fim da Idade Média.

A observação, a pesquisa e a experiência do praticante são expostas em detalhes, porém, bem mais que um simples tratado científico ou um manual prático, Avicena elabora um sistema das regras que orientam a observação e a experimentação. A partir dos métodos de concordância, diferença e variações concomitantes, podem ser enumeradas sete regras práticas: pureza do remédio; isolamento da ação em relação à causa; diversidade dos objetos de uma mesma experiência; proporção entre o remédio e o mal; observação da duração do efeito; distinção entre efeitos "acidentais" e efeitos "essenciais", que sempre ou quase sempre ocorrem; aplicação do remédio exclusivamente ao corpo humano.

Essa regra da distinção entre o acidental e o essencial na experiência revela a reflexão lógica, prefiguração da epistemologia que serve de base para *Cânon da medicina*. A regularidade do efeito experimental justifica e ilustra a teoria do silogismo científico de Aristóteles ao qual se refere Avicena: os efeitos e as causas que se apresentam com mais freqüência são o meio-termo necessário para fundamentar uma ciência. Uma teoria é condição primeira e necessária para a experiência; esta, seja qual for seu valor descritivo e seu alcance físico, é sempre objeto de uma ciência particular, subordinada a uma ciência mais geral.

A importância da descrição experimental e a primazia que *Cânon da medicina* parece atribuir às ciências da natureza decorrem acima de tudo de uma exigência didática: as ciências particulares nos são mais manifestas que a ciência geral do ser (metafísica), visto que seu objeto é o dado concreto. Ao contrário de Averróis, Avicena afirma a preexcelência da metafísica como fundamento ontológico de toda ciência da natureza.

Estudo: *Études sur Avicenne* (dir. J. Jolivet e R. Rashed), Les Belles Lettres, 1984.

CAPITAL (O), *Das Kapital*, 1867, 1885 e 1894.
KARL MARX, 1818-1883.

Essa obra é composta por três livros, mas só o primeiro será publicado antes da morte de Marx. Em 1859 ele publica *Crítica da economia política*, que, em 1867, constituirá o livro I de *O capital*. O livro II (*Processo de circulação do capital*) será publicado em 1885, e o livro III (*Processo de conjunto da produção capitalista*) em 1894. Essas publicações são fruto da ação de Friedrich Engels.

O filósofo Marx aventura-se em economia, história e sociologia para descrever uma sociedade (a sociedade burguesa) e um modo de produção (o capitalismo), elaborando um conjunto complexo de conceitos e inferindo a "lei econômica do movimento da sociedade moderna".

No livro I, fazendo uma leitura crítica dos economistas clássicos ingleses (Adam Smith e David Ricardo essencialmente), Marx descreve o capitalismo através de suas três relações fundamentais: relação de troca mercantil, relação salarial e relação de produção, que são as formas específicas de organização do trabalho do capitalismo. O capitalismo é um modo de produção que associa *forças produtivas* (conjunto de fatores técnicos da produção) a *relações de produção* (relações sociais resultantes das funções desempenhadas pelos indivíduos e pelos grupos no processo de produção e de controle dos meios de produção). É uma sociedade de trocas comerciais em que os *capitalistas*, proprietários dos meios de produção, compram a força de trabalho dos proletários e organizam e dirigem o processo de produção das mercadorias que, vendidas, possibilitarão o crescimento do capital. O livro II trata do desenvolvimento dos capitais autônomos e de sua relação com a circulação do capital. No livro III, por fim, o autor analisa o processo de conjunto da produção capitalista e esboça certas teorias, como as das crises, do juro e da renda produzida pela terra.

O capital abre-se com uma descrição da sociedade burguesa e do sistema capitalista, que são comparados a uma "imensa produção de mercadorias"; assim se confirma a lei do valor tomada aos economistas clássicos, lei que revela a própria essência do capitalismo: *exploração* da força de trabalho.

A economia moderna repousa sobre a troca de mercadorias (relação mercantil). A mercadoria é um objeto produzido regularmente para ser vendido em mercado, portanto um objeto socialmente reproduzível (o que exclui as obras de arte e a terra). Ela se apresenta sob dois aspectos: *valor de uso* e *valor de troca*. Um objeto só será vendido se for capaz de satisfazer a alguma necessidade (utilidade). Mas, embora haja uma ligação entre valor de uso e valor de troca, estes não são diretamente interdependentes (o valor de uma mercadoria não é função de sua utilidade). De fato, é possível trocar uma mercadoria por outra, em diversas proporções. Isso significa que todas as mercadorias têm um valor de troca que é o seu valor propriamente dito. Retomando os trabalhos de Ricardo, Marx define esse valor pela quantidade de trabalho gasto na produção, ou seja, o tempo médio necessário para que um operário de qualidade média, que disponha das ferramentas em uso numa sociedade determinada, produza a mercadoria em questão. Os valores de todas as mercadorias são, pois, "quantidades de tempo e de trabalho coagulados"; em outras palavras, trata-se de uma abstração quantitativa que se materializa na moeda (dinheiro).

Os capitalistas, assim como os proprietários de terras, têm rendimentos mesmo sem trabalhar. A troca mercantil está ligada à história do desenvolvimento social, marcada pela *divisão do trabalho*. O capitalista retém uma parte do valor criado pelo trabalho. Proprietário dos meios de produção (capital constante), o capitalista aluga a força ou a capacidade de trabalho dos operários com seu capital variável, tendo em vista produzir mercadorias que ele vende em troca de dinheiro. A *força de trabalho*, equiparada a uma mercadoria, é comprada "por seu valor", ou seja, conforme o tempo necessário para sua reprodução; não se trata de roubo nem de troca desigual. Mas o lucro decorre da exploração da força de trabalho, e por isso é condenável e deve desaparecer. A *mais-valia*, fonte dos rendimentos não salariais, é a diferença existente entre a quantidade de trabalho fornecida pelo proletário e a quantidade de trabalho contida nas mercadorias que ele produz (o valor da força de trabalho). A troca do salário contra a força de trabalho (relação salarial) dissimula na realidade uma relação social. O capitalista não compra trabalho, mas uma força de trabalho da qual deve ser extraído o sobretrabalho. O lucro depende da duração e da intensidade da jornada de trabalho. A relação entre capitalista e proletário é necessariamente conflituosa, visto que a busca da mais-valia implica a exploração legal dos operários. O capitalista na verdade procura aumentar o sobretrabalho (aumento da duração do trabalho que permita um aumento da produtividade), tendo em vista obter mais-valia máxima. Sem aumentar a duração do trabalho, mas impondo uma nova organização do trabalho graças aos progressos técnicos, os capitalistas obtêm mais dos operários, aumentando assim a mais-valia relativa. Seja qual for sua forma, o princípio da relação salarial conduz a obter mais despendendo menos.

Em certo estágio do desenvolvimento da produção de mercadorias, o dinheiro se transforma em *capital*. A mais-valia, obtida a partir do trabalho, torna-se capital. Nisso reside o *acúmulo de capital*. Se Adam Smith considera que a mais-valia se torna capital variável, Marx mostra, ao contrário, que grande parte da mais-valia se transforma em capital constante (meios de produção). Globalmente, esse acúmulo cria riqueza para alguns e pobreza para outros. Além disso, o acúmulo provoca um crescimento no número de desempregados, criando um "superpovoamento capitalista", um "exército de reserva do trabalho". Marx vê nisso uma contradição fundamental que só pode acentuar-se com o tempo: os proletários, criadores da riqueza, são reduzidos à miséria (*tese da pauperização relativa da classe operária*). Diante dos capitalistas, os operários tentam organizar-se e travar uma luta de classes em plano econômico (luta defensiva contra o capital); por fim, os proletários travam uma luta política com o fim de conquistar o poder. A cada fase do desenvolvimento histórico realiza-se um processo dialético por meio do qual o sistema de produção traz à tona uma classe dominante e, simultaneamente, produz as condições de progresso da classe dominada, que, tomando consciência de sua realidade histórica e tornando-se revolucionária, acaba por tomar conta do poder.

Assim, o sistema capitalista traz em si os germes de sua própria destruição. Inicialmente, os lucros tendem a diminuir por efeito da concorrência e da ascensão dos sindicatos. Os progressos técnicos de produção modificam a "composição orgânica do capital" (relação entre capital variável e capital constante). A lei da baixa tendencial das taxas de lucro provoca a ruína do sistema. Além disso, Marx desenvolve uma teoria das crises, que aparecem periodicamente sempre que não seja possível escoar todas as mercadorias produzidas. Essas crises, resultando das contradições internas do capitalismo, são inevitáveis e provocam a destruição do sistema. A realização dos lucros implica que as mercadorias sejam vendidas por seu valor. O investimento é uma necessidade, mas só se realiza em vista da realização de lucros (o capitalista compra máquinas para economizar trabalho), e não para satisfazer às necessidades dos consumidores. Por isso, quando o capital aumenta, tende a abrir-se um fosso entre a produção e o poder de compra dos operários, donde a *crise de superprodução*.

Obra excepcional que se insere num vasto conjunto, admirada ou vivamente criticada, muitas vezes caricaturada ou alvo de leituras dogmáticas, *O capital* é uma das referências indispensáveis do pensamento contemporâneo.

Edição brasileira: *O capital*, São Paulo, Nova Cultural, 1985.
Estudo: L. Althusser e E. Balibar, *Lire Le capital*, Maspero, 1975.

CAPITALISMO E ESQUIZOFRENIA,

Capitalisme et schizophrénie, 1972 e 1980. GILLES DELEUZE, nascido em 1925, e PIERRE FÉLIX GUATTARI, 1930-1992.

Com exceção do título genérico sob o qual estão agrupados, os livros *Anti-Édipo* (tomo I) e *Mil platôs* (tomo II) são muito diferentes em termos de forma, estilo e contexto político e teórico em que nasceram. Se o primeiro é produto direto de maio de 68, se assume até mesmo a tarefa historicamente difícil de ser um livro de reação ao acontecimento e também um livro prospectivo que pretende inaugurar uma nova maneira de filosofar, o segundo, ao contrário, é um livro de paciência, um livro que passou por maturação teórica, um livro que retoma o primeiro com novas armas, mais aptas a suas ambições. Ademais, essas duas obras são antes de tudo obras polêmicas ou políticas se, com esse termo, entendermos a luta de idéias de interesse do cidadão.

Michel Foucault, no prefácio que fez à edição americana de *Anti-Édipo*, designava claramente, num estilo por si só polêmico, os três adversários aos quais os autores se opunham: "1) Os ascetas políticos, os militantes rabugentos, os terroristas da teoria, os que gostariam de preservar a ordem pura da política e do discurso político. [...] 2) Os lastimáveis técnicos do desejo (psicanalistas e semiólogos que gravam cada sinal e cada sintoma, e que gostariam de reduzir a organização múltipla do desejo à lei binária de estrutura e carência. 3) Por fim, o inimigo maior, o adversário estratégico [...]: o fascismo. E não só o fascismo histórico de Hitler e Mussolini[...] mas também o fascismo que está em nós todos, que habita nossos espíritos e nossas condutas cotidianas, o fascismo que nos faz amar o poder, desejar essa coisa que nos domina e explora." Como o título indica, *Anti-Édipo* é sobretudo uma máquina de guerra contra Freud, contra a psicanálise ou, melhor, contra os efeitos de poder que a psicanálise induz. E contra a teoria do desejo e do sujeito de desejo, invocada pela psicanálise, Deleuze e Guattari vão forjar o novo conceito de máquina desejante: o próprio inconsciente é uma máquina num universo de máquinas cuja função essencial é produzir; é nessa lógica da produção mecânica que o recurso a Marx e a explicação dos mecanismos de exploração capitalista se tornam fecundos. Por fim, é feito o projeto de uma nova disciplina, a "esquizoanálise", contra a psicanálise, com a afirmação da vontade de liberar o sujeito desejante da repressão que acompanha seu desejo e da qual a psicanálise participa.

Em *Mil platôs*, enquanto a luta contra a psicanálise prossegue no fundo, a polêmica é abandonada na forma: aliás, é pela própria forma que esse livro surpreende. Em lugar dos capítulos tradicionais, os autores propõem planos que interagem uns com os outros à maneira de placas tectônicas com efeitos subversivos; o modelo de referência é de ordem geográfica ou, melhor, geológica: a Terra como mecanosfera, máquina das máquinas, é invocada como solo para ancoragem dos homens em lugar da ontologia tradicional. O fim da obra que, passada em revista, constituirá um desfile das grandes divisões da filosofia clássica, é dedicado a uma reflexão sobre a política e particularmente sobre a oposição entre o Estado e o nômade, representando este a alteridade fundamental da sedentariedade à qual o Estado induz.

No fervilhar multiforme das idéias que se seguiu ao maio de 68, essas duas obras ocupam posição importante: elas manifestam a ambição de um filósofo e de um psicanalista de revolucionar suas respectivas disciplinas, fazendo-as atuar uma sobre a outra à maneira das placas que os autores evocam. Portanto, não é de espantar que esses dois livros tenham atarantado filósofos e psicanalistas, e que tenham sido recebidos de modo apaixonado. Aliás, marcam uma outra subversão, a do gênero tradicional de escrita filosófica, que normalmente é fruto de um espírito solitário, ao passo que aqui os autores assumem uma escrita a quatro mãos em uníssono.

Edição brasileira: *Anti-Édipo: capitalismo e esquizofrenia*, Rio de Janeiro, Imago, 1976.
Estudo: *Philosophie contemporaine*, obra coletiva, Les Belles Lettres, 1985, em particular a conferência de A. Villani: "Deleuze et la philosophie microphysique".

CAPITALISMO, SOCIALISMO E DEMOCRACIA, *Capitalism, Socialism and Democracy*, 1942.

JOSEPH ALOIS SCHUMPETER, 1883-1950.

Excepcional teórico do liberalismo, Schumpeter acredita que, infelizmente, o capitalismo não pode sobreviver, mas que, em compensação, o socialismo pode funcionar. Definindo o capitalismo, não em termos de equilíbrio, mas em termos de dinâmica, ele mostra que os desequilíbrios que tal sistema pode conhecer (por exemplo, uma crise cíclica) não significam seu fim, mas, ao contrário, uma aceleração, visto que os desequilíbrios são fatores de crescimento. O capitalismo só vive graças ao progresso e à inovação. Quem desempenha papel essencial no capitalismo é o *empresário*, homem de negócios dinâmico, audacioso, que decide investimentos. Assim, Schumpeter não reduz o capitalismo apenas a seus aspectos econômicos; há também fatores psicossociológicos.

Não marxista, mas consciente da "importância única da mensagem de Marx", Schumpeter acredita, assim como o teórico comunista, na destruição do capitalismo, embora exista entre os dois homens um desacordo fundamental quanto às modalidades dessa destruição: "O capitalismo" – escreve o autor – "está sendo destruído por seus próprios sucessos." Do ponto de vista estritamente econômico, o capitalismo pode manter-se, mesmo que exista uma modificação das possibilidades de investimento. O que arruína o capitalismo, o que o destrói a partir de dentro, é a *decomposição da burguesia*. O espírito que animava o capitalismo em seus primórdios, encarnado pelo empreendedor, extingue-se e dá lugar a valores de segurança e gozo. O progresso técnico, desenvolvendo o espírito de racionalização, aumenta o poder dos especialistas e tende a diminuir, pela diminuição das taxas de lucro, o rendimento dos capitalistas, que, progressivamente, recebem remunerações análogas às dos burocratas. A burocracia tende a dominar, esvaziando assim a inovação.

Schumpeter conclui que o capitalismo acabará por dar lugar a um sistema planificado, a um socialismo. Contudo, ele não deseja um socialismo de tipo marxista, mas uma democracia cuja organização recompense a competência, uma democracia nova em que as elites serão selecionadas por meio de concorrência e por custo bem menor.

Edição brasileira: *Capitalismo, socialismo e democracia*, Rio de Janeiro, Zahar, 1984.
Estudo: F. Perroux, *La pensée économique de Joseph Schumpeter*, Droz, Genebra, 1965.

CARACTERES (OS), Χαρακτῆρες ἠθικοι.

TEOFRASTO, c. 372-c. 285 a.C.

Obra original escrita para ilustrar um tratado de moral desaparecido, *Os caracteres* são constituídos por uma série de retratos morais que representam trinta tipos de homens diferentes: vaidoso, orgulhoso, tolo, cínico, hipócrita, bajulador... Essa obra, caracterizada pela chocarrice e pela perspicácia, influenciou a comédia grega e, no século XVII, foi imitada por La Bruyère.

Estudo: L. Figuier, *Theophraste*, Hachette, 1877.

CARACTERES E PERSONALIDADE,

Caractères et personnalité, 1954.
GASTON BERGER, 1896-1960.

Nessa obra, composta por seis capítulos, Gaston Berger faz um inventário das diferentes tipologias de caracteres humanos, estudando a pluralidade de suas manifestações, o que lhe permite estabelecer uma classificação por gêneros. Depois de descrever os diversos estratos da personalidade, o autor se interessa pelas aptidões e pela personagem, para finalmente tratar do sujeito transcendental.

O objetivo desse estudo é principalmente empírico, pois visa a um conhecimento psicológico do homem, sem esquecer de identificar, na base do caráter, o aspecto transcendental da consciência. O problema colocado é o seguinte: "Poderemos responder à pergunta: Quem sou eu?"

O indivíduo se revela, à primeira vista, por sua atitude: gestos, tom da voz ou outros sinais espontaneamente exteriorizados, que são indícios sobre a realidade de sua personalidade. Berger define a noção de personalidade segundo Le Senne, como *totalidade concreta do eu*, e segundo Warren d'Allport como "organização dinâmica dos aspectos cognitivos, afetivos, conativos, fisiológicos e morfológicos do indivíduo". É preciso distinguir personalidade e caráter, "estrutura sobre a qual se depositam as influências e onde são gravados os acontecimentos", mas também é preciso distinguir personalidade de aptidões, que são os meios de que dispomos na busca de nossos fins.

Berger ressalta a importância de três fatores (emotividade, atividade e secundariedade), que se combinam para produzir os diferentes tipos que a caracterologia vai inventariar. A emotividade "mede a sensibilidade às perturbações de um psiquismo individual"; é o que nos pode comover, e o *emotivo* é reconhecido pela intensidade e pela freqüência de suas emoções, ao passo que o não emotivo parece raramente perturbado. O *ativo* manifesta certa familiaridade com a ação, enquanto o *inativo* sempre deixa tudo para depois e dificilmente passa ao ato. A *secundariedade* representa a estabilidade e o método, o sentido de responsabilidade, em oposição ao caráter instável ou disponível demais. Os tipos resultantes das interações desses fatores "não são apenas uma referência para prever comportamentos, mas uma estrutura inteligível que nos dá a razão dos atos, e que se pode atingir por meio de uma operação paralela à intuição fenomenológica".

Desse modo chega-se a oito *tipos* de caracteres principais, e será preciso reportar-se às fórmulas precisas que lhes correspondem em caracterologia para evitar a idéia aproximativa, tantas vezes vulgarizada pelo senso comum. Por exemplo, um sangüíneo será definido como um não emotivo, ativo, primário...

O primeiro grupo-tipo compreende os *sangüíneos*, extrovertidos, orientados para o mundo, e os *sentimentais*, introvertidos, sonhadores, que vivem na intimidade de seu ideal. O segundo grupo é constituído pelos *nervosos*, originais e fantasistas, por oposição aos fleumáticos, homens convencionais, influenciados pelas normas. O terceiro grupo compreende os *coléricos*, que aliam o entusiasmo à rapidez da execução, e os *apáticos*, paradoxalmente submetidos a uma grande força de inércia. Por fim, o quarto grupo reúne os apaixonados, com fortes emoções e principalmente motivados pela concretização de um ideal narcíseo, e seu corolário, os *amorfos*, cuja falta de energia congênita os leva a fugir de todos os conflitos da existência. Berger explica que "fatores complementares" poderão tornar mais precisa a análise de um caráter e justificar as diferenças entre indivíduos do mesmo tipo (por ex.: avidez, interesses sensoriais...). O autor comenta em seguida as aptidões e capacidades do homem. As *aptidões* "são designadas pelas funções sociais por realizar", ao passo que a *capacidade* é, segundo Piéron, a possibilidade de sucesso na execução de uma tarefa. Enquanto a capacidade é adquirida, a aptidão é inata, como "dom original e irredutível às influências do meio". É possível citar certas aptidões entre as mais evidentes, como as aptidões físicas (força), ou as aptidões intelectuais (inteligência).

Mas, aquém do caráter e das aptidões, o indivíduo considerado como *personagem*, ou seja, em relação com seu meio, também desempenha um papel primordial. "A personagem é como uma máscara", escreve Berger, máscara "que substitui as relações pessoais por condutas previstas de antemão". É feita de convenções e de hábitos inculcados, e em certas pessoas confunde-se com a verdadeira personalidade, enquanto o homem livre sabe utilizar esses mecanismos e deles se distinguir.

Por outro lado, as *situações acidentais* também permitirão aprofundar o conhecimento de um indivíduo, pois o devir de um homem "não depende apenas de sua natureza", mas também de circunstâncias exteriores que poderão atualizar algumas de suas possibilidades virtuais.

Em conclusão, Berger faz de certo modo uma transição filosófica ao afirmar a busca que cada um faz de si para além da natureza. Embora analise como psicólogo, Berger pensa como filósofo, e seus textos refletem uma moral rigorosa, um respeito indubitável em sua representação do homem: "Eu estudava o indivíduo; sei agora que eles são do modo como são graças aos seus sujeitos transcendentais que neles se exprimem: são Pessoas." Compreendemos então que o conhecimento não pode desprezar "a consciência além do mundo e das formas".

Estudo: *Hommage à Gaston Berger*, obra coletiva, publicação de Annales de la Faculté des Lettres de Aix-en-Provence, Ophrys, 1964.

CARACTERÍSTICAS DOS HOMENS, DOS COSTUMES, DAS OPINIÕES E DOS TEMPOS, *Characteristics of Man, Manners, Opinions and Times*, 1711.
SHAFTESBURY (Anthony Ashley Cooper, conde de), 1671-1713.

Essa obra reúne vários textos publicados antes de 1711; constitui uma espécie de súmula do pensamento de Shaftesbury. Esse pensamento é um otimismo deísta, baseado numa filosofia do senso comum.

O mundo é uma totalidade harmoniosa e bela, em cujo seio cada ser tem sua função. Decorre daí um finalismo totalizante que redunda numa afirmação de equivalência dos valores: bem, belo, verdadeiro. A influência antiga (Platão, estóicos, Plotino) é aqui perfeitamente perceptível. A prova da existência de Deus só pode ser *a posteriori*: é dada pela contemplação da harmonia do mundo. O ateísmo é atribuído à melancolia das almas insensíveis a essa harmonia.

O filósofo preconiza uma religião natural e uma moral liberta da teologia. Para ele existe um "sentido moral inato". Ele não opõe o interesse particular ao comum, nem a felicidade à virtude. Não há felicidade sem o contentamento da alma, que só a virtude propicia. O autor insiste aqui na necessidade de praticar a virtude pela virtude, sem pensar em recompensas ou punições ulteriores, sobretudo de natureza religiosa. A recompensa da virtude outra coisa não é senão a própria virtude.

Em política, Shaftesbury expõe uma teoria da sociabilidade natural do homem. A crítica aqui tem em vista Hobbes e sua tese da guerra universal no estado de natureza. Para Shaftesbury, não é necessário constituir a sociedade civil pelo artifício de um contrato.

No plano prático, o autor preconiza uma política liberal, constitucional, e milita em favor da tolerância. O Estado proporá uma religião oficial, mas não a imporá pela violência.

Foi imensa a influência de Shaftesbury sobre o século das luzes. Todo homem bem informado possuía em sua biblioteca um exemplar das *Características*. Na Inglaterra, Butler, Hutcheson e Hume o reconheciam como um mestre. Mas também Leibniz, Voltaire, Diderot, Kant e muitos outros. É principalmente nos campos da moral e da estética que sua influência foi determinante.

Estudos: E. Cassirer, *La philosophie des lumières**, Fayard, 1966, cap. VII, 4. J.-P. Larthomas, *De Shaftesbury à Kant*, 2 vols., Didier Erudition, 1985.

CÁRMIDES, ou Da sabedoria,
Χαρμίδης, ἢ Περὶ σωφροσύνης, ○ c. 388 a.C.
PLATÃO, 428/427-348/347 a.C.
Diálogo.

Sócrates propõe-se levar o jovem Cármides a descobrir a verdadeira natureza da sabedoria (σωφροσύνη, *sophrosyne*). As definições propostas por Cármides são examinadas pelo método dialético e recusadas por Sócrates: a sabedoria não é nem a moderação nem o pudor nem o fato de dirigir seus próprios negócios. Crítias (odiosa personagem da tirania dos Trinta), para ajudar o jovem, propõe definir a sabedoria como seu próprio conhecimento: conhecimento cuja peculiaridade é ter-se a si mesmo como objeto (enquanto as ciências particulares têm sempre um objeto distinto de si mesmas). Mas Sócrates, que tampouco se satisfaz com essa definição, mostra que tal conhecimento é tão impossível quanto inútil. Ao fim de argumentações dialéticas serradas, que o leitor contemporâneo poderá achar obscuras ou gratuitas, o diálogo redunda numa aporia. A definição da sabedoria não é encontrada, visto que Sócrates se recusa, em especial, a confundi-la com o conhecimento do bem e do mal.

Cármides pertence, pois, à numerosa família dos diálogos aporéticos, os primeiros escritos por Platão. Desperta o mesmo interesse que *Laques**, *Lísis**, *Eutífron**: o leitor se familiariza com a ironia socrática, as discussões dialéticas, a maiêutica. É de se perguntar se os contemporâneos de Sócrates, assistindo aos inextricáveis torneios verbais aqui descritos, puderam distinguir com facilidade o método do filósofo do método utilizado pelos sofistas. Contudo, *Cármides* desperta um interesse específico. Pela importância que nele tem o tema da sabedoria, esse diálogo anuncia e prepara as considerações mais aprofundadas da *República**. Aliás, entre *Cármides* e os diálogos da maturidade observam-se diferenças bem nítidas na doutrina da sabedoria; a tal ponto que certos comentadores duvidaram da autenticidade do diálogo. No entanto, o próprio gênero – paródia do estilo e das refutações sofísticas – deve dissuadir de atribuir excessiva importância a essas diferenças.

Por fim, é difícil permanecer insensível às qualidades literárias de *Cármides*, cuja graça também se encontra em outros diálogos de Platão, como o *Protágoras**.

Estudo: C. Chrétien, introdução a *Charmide*, col. "Profil philosophie", Hatier, 1987.

CARTA A D'ALEMBERT SOBRE OS ESPETÁCULOS, *Lettre à d'Alembert sur les spectacles*, 1758.
JEAN-JACQUES ROUSSEAU, 1712-1778.

Em 1757 era publicado o tomo VII da *Enciclopédia**; no verbete "Genebra", d'Alembert deplorava que a cidade não suportasse espetáculos teatrais, em particular a comédia. Rousseau replicou defendendo seus compatriotas contra os ataques dos filósofos e dos enciclopedistas.

Retomando as teses do *Discurso sobre as ciências e as artes**, Rousseau (que era autor de peças de teatro!) denuncia o papel corruptor do teatro.

Depois de uma defesa dos pastores de Genebra (acusados de heresia por d'Alembert), Rousseau desenvolve uma crítica dos efeitos do teatro. Embora considerado agente de correção, reparação, edificação, o teatro, ao contrário, é obrigado a adular o gosto de um público a que precisa agradar. O teatro moralizante da sociedade, para Rousseau, é piada; as peças podem, a rigor, despertar certos sentimentos morais, mas é em nós, e não nelas, que se encontram os princípios da moralidade.

Dizem que a tragédia acostuma à piedade. Rousseau, ao contrário, acha que os sentimentos inspirados pelos heróis trágicos se apresentam numa dimensão totalmente fantástica. Os objetos desses sentimentos (personagens, situações) são fictícios ou distantes demais no espaço e no tempo. Depois de chorarmos no teatro, sentimo-nos quites e nos eximimos de sentir piedade na vida real. Aliás, nossa vida é inferior demais às situações da tragédia para que possamos com elas nos identificar. Por fim, a experiência mostra que simpatizamos mais com as fraquezas dos heróis trágicos do que com o dever que supostamente os edifica. A comédia está mais perto da vida real. Mas, se a tragédia era apenas ineficaz, a comédia é nociva. A derrisão que ela instaura em relação a todas as coisas confina com a imoralidade. É o divertimento de uma aristocracia que sente prazer com a encenação de seus próprios vícios.

A *Carta* termina com um quadro fictício: imaginemos o que os camponeses do Jura se tornariam se lá fosse construído um teatro; uma avalanche de desditas e vícios se precipitaria sobre esse povo infeliz, até então virtuoso e próspero.

Rousseau esboça, por fim, o programa de verdadeiras festas populares, as mesmas que serão realizadas trinta anos depois pela Revolução. A *Carta a d'Alembert sobre os espetáculos* romperá a unidade dos filósofos. Será motivo para um desentendimento sem retorno com os enciclopedistas.

Edição brasileira: *Carta a d'Alembert*, Campinas, Unicamp, 1993.
Estudo: M. Launay, apresentação do texto na edição francesa: *Lettre à d'Alembert sur les spectacles*, col. GF, Flammarion, 1967.

CARTA SOBRE A TOLERÂNCIA,

Epistola de tolerantia ad clarissimum Virum, 1689.
JOHN LOCKE, 1632-1704.

Nessa obra, como em todas as outras, Locke anuncia e prepara o grande movimento das Luzes, que culminará com Voltaire. Locke distingue de início as três ordens: força, razão e fé. Além disso, afirma que todo homem pertence a duas sociedades: a civil e a religiosa. O problema da intolerância provém da confusão entre esses dois domínios; confusão perniciosa tanto para a saúde do corpo social quanto para a busca da salvação individual. Cabe ao poder político impedir a interferência mútua de ambas, sem se preocupar com a salvação das almas nem com a fé, sobre as quais o governo não tem direito algum. O poder do Estado não poderia ir além dos interesses temporais da sociedade; esse é um princípio fundamental da filosofia liberal, da qual Locke pode ser considerado como fundador.

Quanto às Igrejas (de que só se pode falar no plural, e entre as quais cabe não fazer diferença alguma), são instituições privadas que não lesam a coletividade. O Estado só pode intervir em seu funcionamento ou na regulamentação dos cultos se estes últimos forem atentatórios ao direito das pessoas ou ao bom andamento da sociedade (práticas bárbaras, sacrifícios humanos, por exemplo).

É o princípio da laicidade do Estado que aqui se coloca, com uma nitidez sem precedente. Em nome desse princípio, Locke exige a igualdade dos direitos para todos os cultos, sem diferenças; "nem os pagãos, nem os maometanos, nem os judeus" devem ser excluídos. A repercussão dessas teses foi proporcional à sua audácia.

Edição portuguesa: *Carta sobre a tolerância*, Lisboa, Edições 70, 1965.
Estudos: J.-F. Spitz, introdução à edição francesa: *Lettre sur la tolerance et autres textes*, col. GF, Flammarion, 1992. S. Goyard-Fabre, *John Locke et la raison raisonnable*, Vrin, 1986.

CARTA SOBRE OS CEGOS PARA USO DOS QUE VÊEM, *Lettre sur les aveugles à l'usage de ceus qui voient*, 1749. Denis Diderot, 1713-1784.

No século XVIII, os filósofos (Diderot, mas também Locke, Berkeley, Buffon, Voltaire e Condillac) interessam-se pelos cegos. Não para chamar a atenção do público para sua triste sina, mas por acharem que nesses cegos – em particular os de nascença – está a chave de certos debates filosóficos cruciais. A catarata começa a ser operada; alguns cegos de nascença passam a enxergar. Nisso se encontra um terreno de experimentação para testar os argumentos do sensacionismo. Em *Carta sobre os cegos*, Diderot lembra algumas figuras não dotadas de visão: o cego de Puiseaux, o inglês Saunderson, ilustre por seu domínio da matemática e da geometria, a pequena Melanie de Salignac.

A obra é sinuosa, descontínua, irregular, como sempre em Diderot. Por isso, não se presta bem a resumos. Em princípio, o intuito é apenas intervir num debate já antigo no século: o que seria percebido por um cego de nascença que de súbito passasse a enxergar? Em outros termos, mais filosóficos, como se organiza a combinação dos diferentes sentidos na percepção? Que papel desempenha o juízo? As descrições de Diderot, sempre preocupadas com a observação prévia, ensejam interessantes reparos sobre os fenômenos de substituição e de compensação, por meio dos quais os cegos conseguem amenizar a falta de visão.

Mas logo o debate se afasta da questão inicial e assume dimensão metafísica e teológica. No leito de morte, o cego Saunderson diz coisas estranhas, delira, e Diderot, como no *Sonho de d'Alembert**, usa esse delírio como pretexto para apresentar idéias audaciosas. Em algumas páginas exaltadas, põe na boca do cego as palavras mais subversivas já ouvidas até então naquele século. No século XVIII, para provar a existência de Deus, costumava-se falar do "espetáculo da natureza" (é o título de um livro do abade Pluche); o cego repara, não sem impertinência, que essa prova não vale para ele: quiserdes que eu acredite em Deus, fazei-me tocá-lo. É essa a oportunidade para a autocrítica de Diderot; pois em *Pensamentos filosóficos* (1746) fizera-se um uso apologético do argumento teleológico. Saunderson, falando da natureza, descreve um universo entregue ao acaso e à necessidade, sede da geração espontânea, onde os seres vivos são objeto de uma seleção natural cega. Não um universo ordenado e governado, como acredita Rousseau, por "uma vontade poderosa e sábia", mas uma matéria informe em que a ordem surge do caos por meio da interação das forças naturais. O que não deixa de lembrar Lucrécio. Os próprios valores (morais, estéticos, religiosos) perdem o caráter absoluto e se transformam em reflexo de nossa condição de seres de carne e osso. Sai de cena a revelação, sai de cena até mesmo o instinto divino tão prezado por Rousseau.

Na carreira filosófica de Diderot, essa obra representa uma etapa essencial. Nela ele dá um grande passo em direção ao ateísmo e ao materialismo; o texto prenuncia nitidamente o *Sonho de d'Alembert*. Mas trata-se de um materialismo amplo e prodigiosamente rico, que não se limita à explicação fisiológica das funções psíquicas. Religião, moral e metafísica são colocadas na dependência de nossa constituição física, e, desse modo, entram para o plano das ideologias (toda uma corrente médica e filosófica se inspirará nessa obra no século seguinte). Tudo isso faz parte de uma tradição muito rica do Século das Luzes, mas ninguém foi tão longe nas conclusões; Voltaire, por exemplo, tentara algo semelhante em *Micrômega**, mas nunca renunciou ao deísmo. O poder, aliás, não se enganará: a *Carta sobre os cegos* valerá a Diderot uma estada na torre de Vincennes, em cumprimento à ordem régia de 22 de julho de 1749. Esse episódio o levará a mudar de atitude: seu pensamento não se curvará, mas, a partir de então, já não se expressará com tanto atrevimento.

Do ponto de vista literário, a *Carta* é simplesmente tão genial quanto as outras obras fundamentais de Diderot: *Sonho de d'Alembert*, *Colóquio entre d'Alembert e Diderot*, *O sobrinho de Rameau*. Figura entre as páginas mais fortes da literatura filosófica francesa.

Edição brasileira: *Carta sobre os cegos para uso dos que vêem*, São Paulo, Nova Cultural, 1988. (Os pensadores).
Estudo: E. de Fontenay, *Diderot ou le matérialisme enchanté*, col. "Biblio-Essais", Le Livre de Poche, L.G.F., 1984.

CARTA VII, ○ c. 354 a.C.

PLATÃO, 428/427-348/347 a.C.

Entre as treze cartas atribuídas a Platão, a sétima é a única cuja autenticidade parece hoje inconteste, visto que Platão nela expõe em pormenores suas três viagens à Sicília: de 390 a 388, ali ficou conhecendo Dionísio I, tirano de Siracusa, cujos costumes pouco virtuosos censurou por serem incompatíveis com o cargo de governador de uma cidade; mas ali também ficou conhecendo Díon, jovem parente de Dionísio, que se tornou amigo de Platão e adepto de suas teorias políticas. Com a morte do tirano, em 367, Dionísio, "o jovem", tornou-se seu sucessor; foi essa a oportunidade para que Platão, voltando a Siracusa a pedido de Díon, pusesse em prática sua teoria do filósofo-rei, ensinando a virtude ao novo tirano. O que não foi do agrado das pessoas que cercavam Dionísio, que levaram a tentativa ao fracasso; malogro repetido quando da terceira viagem de Platão, por volta de 360.

Escrita pouco depois da morte de Díon, em 354 (morto no terceiro ano de poder), a *Carta VII* é dirigida "aos parentes e amigos de Díon" que, com o apoio de Platão, gostariam de dar prosseguimento às ações de Díon. O autor explica as razões de sua participação política – a morte injusta de "Sócrates, aquele velho que eu muito estimava", a política desastrosa dos Trinta Tiranos e, de modo mais geral, "o medo [de parecer] incapaz de dedicar-me à ação" –, dando aos parentes e amigos de Díon conselhos para sua conduta pessoal ("viver cada dia no sentido de se tornar o mais possível senhor de si mesmo") ou para o governo da cidade (que não deve ser "sujeitada por senhores", mas "submeter-se a leis"). Essa tese, retomada em *Leis**, constitui uma das mudanças políticas mais importantes da filosofia de Platão, para quem as leis haviam sido até então essencialmente arbitrárias, portanto muitas vezes injustas e nefastas.

Texto essencial, tanto em termos de doutrina política do autor quanto de sua biografia, a *Carta VII* também contém esclarecimentos importantes sobre a teoria platônica do conhecimento: Platão expõe os cinco "fatores indispensáveis do conhecimento", a saber: nome (a palavra que designa o objeto que se quer conhecer), "definição da coisa em questão", imagem ou figura que representa esse objeto, conhecimento inteligível e objeto em si mesmo. Desse modo, afasta-se das teses da *República**, obra em que só o conhecimento inteligível era considerado verdadeiro, aceitando a imagem como modo de apreensão de um objeto. Por todas essas razões, parece difícil considerar esse texto como apócrifo, visto que ele explicita as obras tardias de Platão e a posição prudente de Aristóteles em relação à atividade política.

Estudo: J. Souilhe, introdução à edição francesa: *Lettres de Platon*, Les Belles Lettres, 1960.

CARTAS À PRINCESA ELIZABETH,

Lettres à la princesse Élisabeth, ○ de 1643 a 1649.
RENÉ DESCARTES, 1596-1650.

Descartes teve uma correspondência assídua e substancial, de 1643 a 1649 (durante um inverno), com a filha de Frederico V, eleitor palatino, rei de Boêmia. Exilado na Holanda, Descartes conheceu Elizabeth em Haia, quando já chegara ao pleno desenvolvimento de seu sistema.

Elizabeth concretiza o desejo formulado por Descartes no *Discurso do método**: "que até mesmo as mulheres pudessem entender algo"; era muito importante para o filósofo ser entendido fora do círculo dos "doutos". Portanto, nada poderia ser mais agradável do que ver sua filosofia submetida à luz natural de uma mulher de discernimento. Descartes dedicará a Elizabeth os seus *Princípios de filosofia**.

A correspondência versa inteiramente sobre o tema da união entre alma e corpo, servindo assim de contrapartida às *Paixões da alma**. A troca epistolar com Regius versava sobre o mesmo problema, mas num estilo bem mais conflituoso (aliás, redundará na total renegação do discípulo).

Elizabeth, com um senso teórico bem fundamentado, toca numa dificuldade importante do cartesianismo: como a distinção real entre alma e corpo do homem autorizaria a pensar a sua união substancial? Em outras palavras: o que é o homem? Não se pode dizer que Descartes dê uma resposta satisfatória no plano doutrinal. Rejeitando a imaginação e o entendimento, ele atribui o conhecimento da união entre alma e corpo aos sentidos. "Aqueles que nunca filosofam" são os mais aptos a captar essa união, e Descartes indica à princesa a "vida" e as "conversações comuns", aconselha-a a meditar um pouco menos para entregar-se "ao relaxamento dos sentidos e ao repouso do espírito.

A correspondência com Elizabeth, ao lado de *Paixões da alma*, contém o essencial da moral cartesiana. Não na forma de exposição sistemática, mas em observações muitas vezes bem desenvolvidas, sempre pessoais, preocupadas em conferir vida aos ideais de sabedoria e de generosidade.

Estudos: J.-M. e M. Beyssade, apresentação do texto na edição *Correspondance avec Elisabeth*, Col. GF, Flammarion, 1983. G. Rodis-Lewis, *La morale de Descartes*, col. "Sup", P.U.F., 1970.

CARTAS DE UM HABITANTE DE GENEBRA A SEUS CONTEMPORÂNEOS,

Lettres d'un habitant de Genève à ses contemporains, 1802.
SAINT-SIMON (Claude Henri de Rouvroy, conde de), 1760-1825.

Saint-Simon faz nesse texto um apelo em favor do advento de um novo tipo de sociedade que permita substituir definitivamente a satisfação das necessidades pela busca da felicidade.

A ciência desempenhará papel primordial nessa busca, pois serão os cientistas que deterão o poder supremo, que será de natureza espiritual. O trabalho manual e o trabalho intelectual serão unidos nessa busca da felicidade social.

Essa primeira obra de Saint-Simon contém os germes dos grandes temas da obra futura; nela é formulada sua tese principal, qual seja, a idéia de regeneração da sociedade por meio da ciência.

Estudo: P. Ansart, *Sociologie de Saint Simon*, P.U.F., 1970.

CARTAS ESCRITAS A UM PROVINCIAL POR UM DE SEUS AMIGOS SOBRE AS PRESENTES DISPUTAS NA SORBONNE,

BLAISE PASCAL.
VER PROVINCIAIS.

CARTAS ESCRITAS DA MONTANHA,

Lettres écrites de la montagne, 1764.
JEAN-JACQUES ROUSSEAU, 1712-1778.

Essas cartas constituem o prolongamento das polêmicas desencadeadas por *Emílio**. Em *Cartas do campo*, o procurador geral Tronchin questionara Rousseau, que, áspero e soberbo, responde em *Cartas escritas da montanha*. Rousseau defende a religião natural, a do vigário saboiano, e lembra a Genebra certos princípios de liberdade política que ali são vilipendiados.

Graças ao estilo em que são escritas, algumas vezes essas cartas foram comparadas às *Provinciais** de Pascal.

Estudo: R. Derathé, *Jean-Jacques Rousseau et la science politique de son temps*, Vrin, 1988.

CARTAS FILOSÓFICAS,

Lettres philosophiques, 1734.
VOLTAIRE (François Marie Arouet, dito), 1694-1778.

Essas cartas, em número de vinte e cinco, foram redigidas por Voltaire ao voltar da Inglaterra, entre 1729 e 1733, donde o nome *Cartas inglesas*. Do outro lado da Mancha, Voltaire descobrira a filosofia de Newton, a liberdade parlamentar, a tolerância, o livre-pensar. Seu intuito era levar todo o continente a tirar proveito daquelas boas coisas!

Por trás de uma sátira permanente da sociedade francesa e de suas taras (despotismo, intolerância, privilégios), descobre-se um pensamento positivo sobre a liberdade e seus benefícios.

As primeiras cartas (I a VII) criticam o cristianismo católico, os padres, e exaltam a tolerância dos *quakers*, cuja religião está bem mais próxima do deísmo. Voltaire ataca os anglicanos e os presbiterianos, cuja intolerância e cuja rigidez são consideradas perigosas, e defende a idéia da necessária subordinação da religião ao governo civil. Aliás, o autor nada vê, nas Escrituras, que se oponha ao desaparecimento dos sacramentos e à supressão do corpo clerical.

Depois de três cartas dedicadas à política e às instituições (VIII, IX, X), são abordados os assuntos mais diversos: filosofia, teoria do conhecimento, comparação do cartesianismo com a física de Newton, literatura e liberdade de expressão.

A carta XXV, *Sobre os pensamentos de Pascal*, merece menção especial: o pessimismo pascaliano, que afasta o homem da ação, sua obstinação em querer provar o valor do cristianismo, que pode redundar na intolerância, tudo isso horroriza Voltaire. Este se compraz a fustigar as inconseqüências dos *Pensamentos** e a propor um ideal puramente laico de felicidade humana.

Essas *Cartas* marcam uma reviravolta na carreira literária de Voltaire. Pelo tom e pela alacridade do estilo, inauguram o período das suas grandes obras polêmicas. Consciente da força do que escrevera, Voltaire não teve pressa em publicá-las. Mas, feito isto, um decreto do Parlamento condenou o livro à fogueira, e uma ordem régia mandou o impressor para a Bastilha e obrigou o autor a refugiar-se na Lorena, em casa da marquesa de Châtelet.

Estudo: B. Groethuysen, *Philosophie de la Révolution française*, cap. IV: "Voltaire ou la passion de la raison" , col. "Tel", Gallimard, 1982.

CASO WAGNER,

FRIEDRICH WILHELM NIETZSCHE.
VER CREPÚSCULO DOS ÍDOLOS.

CATECISMO POSITIVISTA ou

Exposição sumária da religião universal em onze colóquios sistemáticos entre uma mulher e um sacerdote da humanidade,
Catéchisme positiviste, ou Sommaire Exposition de la religion universelle en onze entretiens systématiques entre une femme et un prêtre de l'humanité, 1852.
AUGUSTE COMTE, 1798-1857.

"Catecismo": curioso título para um livro de filosofia. É que Auguste Comte considerava seu sistema como fundamento de uma nova religião, destinada ao mais amplo público. Mas "religião" deve aqui ser entendida – por mais paradoxal que possa parecer – sem referência a nenhuma idéia teológica. A religião que Comte diz professar é um sistema de pensamento baseado na ciência com o fim de unir, *religar* os espíritos no estado positivo da humanidade. Portanto, o que Comte quer é realizar "a nobre confissão de uma religião demonstrada", segundo uma expressão do *Curso de filosofia positiva** (46ª lição).

O *Catecismo positivista* não tinha outro objetivo senão o de oferecer um meio eficaz e rápido para a propagação da doutrina de Comte entre as massas (em particular entre as mulheres e os proletários). Foi reeditado várias vezes desde sua publicação inicial, mas as esperanças de Comte foram frustradas: um século e meio depois, sua doutrina continua quase tão desconhecida dos intelectuais (mesmo filósofos) quanto do grande público.

Edição brasileira: *Catecismo positivista*, São Paulo, Abril, 1973 (Os pensadores).
Estudo: P. Arnaud, apresentação do texto na edição francesa: *Catechisme positiviste*, col. GF, Flammarion, 1966.

CATEGORIAS (AS), ARISTÓTELES.

VER ORGANON.

CAUSA, O PRINCÍPIO E O UNO (A),

De la causa, principio et uno, 1584.
GIORDANO BRUNO, 1548-1600.
Diálogo metafísico.

Segunda parte do tríptico constituído pelos três diálogos metafísicos de Bruno, essa obra foi escrita na seqüência dos ataques que lhe valeu o seu *Ceia de cinzas**. Nesta obra, Bruno se defende da acusação de ter questionado a onipotência divina, prevenindo eventuais interpretações panteístas de sua doutrina. Para ele, com efeito, mesmo que o universo seja múltiplo, Deus é uno. A difusão infinita do universo é expressão de Deus, sua "explicação" na natureza que, por sua vez, se encontra "complicada" em Deus. A dignidade divina é, pois, conservada, pois é Deus, ou o Uno, que anima o múltiplo.

No entanto, pode-se ver nessa concepção uma prefiguração do espinozismo.

Edição brasileira: *A causa, o princípio e o uno*, São Paulo, Nova Stella/Instituto Italiano de Cultura, 1988.
Estudo: P. H. Michel, *La cosmologie de Giordano Bruno*, Hermann, 1962.

CEIA DE CINZAS,

La cena delle ceneri, 1584.
GIORDANO BRUNO, 1548-1600.
Diálogo metafísico.

Essa obra é o primeiro dos três diálogos compostos por Bruno na Inglaterra, nos quais se acha o essencial de sua cosmologia. Leitor de Copérnico, Bruno combate o geocentrismo ptolomaico e propõe um universo infinito, que compreende inumeráveis mundos; no entanto ele supera o heliocentrismo copernicano ao afirmar que o universo, infinito e esférico, tem centro em todo lugar e circunferência em lugar algum. Diante da incompreensão de seus leitores, para os quais essa concepção se opõe frontalmente à visão de mundo fechado, que para a Igreja legitima a separação entre céu e terra, Bruno será levado a escrever um segundo diálogo, *A causa, o princípio e o uno**, para mostrar que ele não pretende de modo algum questionar a natureza divina.

Estudos: E. Namer, *Bruno*, coll. "Philosophes de tous les temps", Seghers, 1966. P. H. Michel, *La cosmologie de Giordano Bruno*, Hermann, 1962.

CERTEZA (DA), *Über Gewissheit*, 1969.

LUDWIG WITTGENSTEIN, 1889-1951.

Com esse título estão reunidos os últimos pensamentos de Wittgenstein acerca da análise de "saber", "ver", "duvidar", "crer", "ter certeza" e das interações lingüísticas que dão sentido a essas expressões. A certeza é apreendida como uma atitude, uma forma de vida, e não poderia ser invocada como prova da existência do mundo exterior nem fundamentar qualquer filosofia do "senso comum" (à maneira de Moore, que, no caso, é o alvo de Wittgenstein).

Edição portuguesa: *Da certeza*, Lisboa, Edições 70, 1990.

Estudo: G. H. von Wright, *Wittgenstein* (trad. E. Rigal), T.E.R., 1986, principalmente o cap. intitulado "Wittgenstein sur la certitude", pp. 175-94.

CIBERNÉTICA, *Cybernetics*, 1948.

NORBERT WIENER, 1894-1964.

Essa obra é o "mapa da cibernética", nova disciplina fundada pelo autor e ligada ao desenvolvimento das máquinas eletrônicas que permitem secundar ou substituir o homem em seus trabalhos intelectuais mais elementares. Trata-se de fornecer meios de estender para o comportamento dos seres vivos, em particular dos seres humanos e mesmo das sociedades, as teorias válidas para os movimentos dos órgãos das máquinas. O autor procede àquilo que em matemática e física se chama de "generalização": a noção de "comando", empregada para os órgãos das máquinas, transforma-se na noção de "mandamento" quando se trata das sociedades humanas. O conceito essencial é o de *informação*, em que o *feedback* supõe a comunicação de mensagens. Todo mecanismo comporta uma cadeia de reações, o que gera a necessidade de regulações e sinais – descritíveis através de funções. Wiener distingue dois grandes tipos de ciências: as que são regidas pelo determinismo clássico que obedece ao "tempo newtoniano" reversível (o dos relógios e dos autômatos) e aquelas nas quais reina um determinismo atenuado (que só autoriza previsões de ordem estatística), que obedecem a um "tempo bergsoniano", biológico: surge então o interesse pelo grau de organização de um sinal ou pela reprodução fiel de um comando. O autor descreve certas doenças do sistema nervoso em termos de movimentos ligados a cadeias de reações (tabes, lesões do cerebelo, paralisia agitante [doença de Parkinson]). Do mesmo modo, ele analisa as regulações na percepção ocular, assim como certos fenômenos psicopatológicos (doenças da memória, procedimentos de eletrochoque). As teorias físico-matemáticas expostas no início da obra deverão, pois, explicar os fenômenos biológicos, psicobiológicos e mesmo psicológicos, assim como o comportamento social.

Muitos dos argumentos de Wiener, sobretudo seu uso da analogia, foram criticados, mas sempre se reconheceu a extraordinária vitalidade "desse ser novo que ele fez nascer num elã de imaginação criadora" (Louis Couffignal). De fato, suas idéias são encontradas na teoria dos sistemas, na teoria da informação, na informática e na teoria dos autômatos.

Edição brasileira: *Cibernética*, São Paulo, Edusp, 1970.

Estudos: L. Couffignal, *La cybernétique*, col. "Que sais-je?", P.U.F., 1978. J. Guillaumaud, *Norbert Wiener et la cybernétique*, col. "Savants du monde entier", Seghers, 1965.

CIBERNÉTICA E SOCIEDADE. O uso humano de seres humanos, *The Human Use of Human Beings. Cybernetics and Society*, 1950.

NORBERT WIENER, 1894-1964.

Escrevendo "para profanos", "sem símbolos científicos nem abstrações", o autor expõe aqui "as conseqüências sociológicas" de uma tese atinente a múltiplos setores, tais como a sociedade americana, o progresso, a religião, o marxismo, a pedagogia, o direito, os índios, o papel do intelectual e do filósofo, a diferença entre "o mundo da verdade" e "o mundo da lógica" etc. "Gostaria de dedicar este livro a um protesto contra a utilização desumana dos seres humanos [...]. Degrada o homem quem o acorrenta a um remo para usá-lo como fonte de energia, mas também o degrada quem lhe atribui, na indústria, uma tarefa que não passa de repetições e que exige um milionésimo de sua capacidade intelectual." Uma parte essencial da obra trata da comunicação entre os indivíduos e dos "ruídos" que a perturbam ou impedem. A tese da obra é que a sociedade pode ser compreendida através do estudo das mensagens e das "facilidades" de comunicação de que dispõe. No desenvolvimento futuro dessas mensagens e dessas facilidades, Wiener mostra o papel crescente desempenhado pelas mensagens entre o homem e as máquinas, entre as máquinas e o homem, e entre a máquina e a máquina. Tanto no âmbito da sociedade quanto no âmbito do ser vivo, o segredo da boa coordenação está nas intercomunicações, fatores de estabilidade. Os problemas da transmissão da informação, de seu armazenamento e de sua utilização são tão decisivos que se assiste ao delineamento de uma "antropologia cibernética" para explicá-los.

Segundo Louis Couffignal, "filósofo" da cibernética, essa segunda obra de Wiener "não continha o edifício da razão que o primeiro prometeu mas não construiu". No entanto, o impulso interdisciplinar da pesquisa cibernética já fora dado e não mais seria detido.

Edição brasileira: *Cibernética e sociedade. O uso humano de seres humanos*, São Paulo, Cultrix, 1970.
Estudo: J. P. Séris, "Machine et communication", in *Encyclopedie philosophique universelle*, t. l, *L'univers philosophique* (dir. A. Jacob), P.U.F., 1989.

CIDADÃO (DO), *De cive*, 1642.
THOMAS HOBBES, 1588-1679.

Trata-se da terceira parte de *Elementos de filosofia**. A publicação das três partes dessa obra não seguiu a ordem prevista: a terceira foi publicada em 1642, a primeira em 1655, a segunda em 1658. No intervalo, Hobbes desenvolveu seu sistema e elaborou conceitos que não encontraram lugar nessa trilogia. Traduzido para o inglês em 1651, com o título *Philosophical Rudiments concerning Government and Society*, esse texto teve menos sucesso que *Leviatã**, mas em ambos se encontra a mesma lógica filosófica.

"Liberdade", "Domínio" e "Religião" são as três partes que compõem a obra. "Liberdade" trata das questões referentes ao estado de natureza; o primeiro capítulo cuida do estado dos homens fora da sociedade civil; os capítulos seguintes referem-se à lei natural. Em "Domínio", fala-se das origens da sociedade, do direito de reunir-se, dos diversos tipos de governo, do direito dos mestres e dos pais, das referências à Santa Escritura, das causas de desunião das sociedades, dos deveres dos poderosos e das leis e das ofensas. Em "Religião", Hobbes fala do reino de Deus sob diversos aspectos: natureza, antiga Aliança, Nova Aliança, e também segundo o que é necessário para entrar no reino de Deus.

Hobbes escreveu numa época em que a política dava grandes demonstrações de ódio e violência. Compreende-se que o filósofo tenha desejado imaginar o que seria o homem fora da sociedade civil, que tenha desejado procurar a lei natural e comentar os móbeis do poder. A imagem da morte faz parelha com o direito natural. Isto porque, entregue às suas forças naturais e aos seus direitos naturais, o homem não passa de condenado à morte. Por isso a questão do cidadão é essencial. Ela diz respeito à mutação do estado natural em estado civil.

Contra a guerra universal, o único remédio é a sociedade civil. Por isso, ao invés de propor uma teoria totalitária do Estado, Hobbes descreveu seu poder real. A soberania é efeito da instituição civil: a pessoa civil do Estado exerce o império e a dominação suprema. Propondo os fundamentos da política segundo a regra de uma filosofia racional, Hobbes ressalta o caráter profano do soberano. É a soberania que define o direito civil, sem comparação com o direito do estado de natureza. O universo jurídico delineia-se como um sistema de regras, uma rede determinada pelo cálculo teleológico e colocada pelo ato voluntário. Desse modo, Hobbes também propõe as bases do positivismo jurídico. Não negando Deus, Hobbes supera a metafísica ontoteológica que por muito tempo inspirou a filosofia do direito natural. O direito do cidadão é uma garantia de vida para o homem moderno que Hobbes vê surgir no horizonte do futuro.

Distinguindo a noção de povo da noção de multidão, Hobbes manifesta o interesse que tem pelo homem na cidade. Por isso, deve explicar o que é uma cidade e, por oposição, o que ela não é. A sociedade civil começou devido ao medo recíproco. Fora das sociedades, o destino dos homens é uma guerra perpétua. Ora, a guerra é contrária à conservação dos homens. E assim a natureza ensina que a paz é necessária.

Hobbes pressupõe que o estado natural está submetido à razão que dita as leis da natureza e o princípio das leis fundamentais. Por isso, enumera as "leis da natureza" que só submetem ao tribunal da consciência. Mas descobrimos com Hobbes que o que ele chama de "lei de natureza" é também "lei moral". No entanto, os filósofos falam de outro modo da virtude. Na realidade, a "lei da natureza" outra coisa não é senão a "lei divina", aliás confirmada pela Escritura. A verdade é que, para Hobbes, as leis naturais se calam no estado de natureza, pois as leis permanecem mudas quando as armas falam.

Edição brasileira: *Do cidadão*, São Paulo, Martins Fontes, 1992.
Estudo: F. Rangeon, *Hobbes, état et droit*, J.-E. Hallier/Albin Michel, 1982.

CIDADÃO CONTRA OS PODERES (O),

Le citoyen contre les pouvoirs, 1926.
ALAIN (Emile Auguste Chartier, dito), 1868-1951.
Coletânea de oitenta *Considerações* políticas.

A reflexão sobre o poder permeia todo o pensamento de Alain, mesmo nos textos aparentemente distanciados da problemática política (ciência, educação, paixões etc.). A filosofia de Alain é política em sua inspiração mais profunda, no mínimo pela referência onipresente à guerra (a de 1914 e toda guerra em geral). A tese defendida aqui é a seguinte: todo poder é mau, porque corrompe quem o exerce. O homem (mesmo democraticamente eleito) torna-se um profissional da política, um cortesão, um burocrata que despreza o povo. A instituição administrativa acaba sendo tomada como um fim em si. (São impressionantes as analogias com a reflexão feita por Lenin na mesma época.) O que quer o poder? Tudo. Obediência militar e, por acréscimo, adesão dos espíritos. O que ele detesta? Que o cidadão se ponha a expressar sua opinião sobre a maneira como ele deve ser governado. Alain (que não se conformava em encontrar em Platão idéias totalitárias) proclama alto e bom som o direito e a capacidade do simples cidadão de exercer o poder. Isso começa (como sempre em Alain) por um movimento de retomada de seu próprio juízo. Obedecer, mas não respeitar. Examinar sempre. Dobrar-se à ordem (é preciso, nos dois sentidos da palavra "ordem"), mas sem a adorar, pois a ordem não é um fim; acima da polícia, está a justiça.

Compete aos cidadãos constituir-se em opinião pública. Não se deve entender com isso o efeito passivo das pesquisas de opinião ou da grande imprensa, mas o poder que resulta da mobilização dos livres juízos. Quem foi eleito é responsável perante seus eleitores, pessoalmente (Alain recusa a proporcionalidade); deve sentir-se constantemente vigiado. A verdadeira revolução seria essa (e não uma ilusória subversão da ordem social): um povo capaz de exercer um controle permanente sobre seus dirigentes.

O indivíduo é, pois, o alfa e o ômega da política: ele é o valor supremo a que ela deve servir e a sede do espírito livre que a regulará. Essas *Considerações* sobre os poderes constituem o fundamento filosófico daquilo que Alain considerava a verdadeira doutrina radical.

Estudos: R. Bourgne, "Philosophie et politique chez Alain", posfácio à edição *Propos sur les pouvoirs*, col. "Folio-Essais", Gallimard, 1985. D. Gil, *Alain, la république ou le matérialisme*, col. "Philosophie", Meridiens-Klincksieck, 1990.

CIDADE DE DEUS (A), *De civitate Dei*,

○ entre 410 e 426.
AGOSTINHO (Aurelius Augostinus, santo), 354-430.

Nessa obra de filosofia e teologia, Santo Agostinho responde à acusação feita pelos pagãos em 410, segundo a qual os cristãos seriam responsáveis pelo abandono do culto aos deuses antigos da cidade e pela derrota de Roma diante dos godos. Agostinho assume a defesa dos cristãos; para isso, expõe a natureza verdadeira do bem e do mal; demonstra que a invasão dos godos foi um mal para um bem: foi uma provação para lembrar o pequeno valor dos bens terrestres perecíveis. Por outro lado, o autor demonstra que só a providência de Deus é responsável pela glória de Roma, e não os deuses pagãos. A atitude dos romanos em relação à pátria deve ser um exemplo imitado pelos cristãos em relação à pátria celeste, se estes quiserem atingi-la. Agostinho condena tanto a atitude dos pagãos que adoram os deuses para obter bens materiais quanto a dos filósofos que justificam essas práticas afirmando que elas asseguram a felicidade ultraterrena. Censura assim os filósofos por não reconhecerem a imaterialidade de Deus e por não o considerarem o criador. A verdade está no cristianismo: ele é a busca da felicidade.

Para começar, há duas cidades celestes: a *cidade de Deus*, cidade do bem, habitada pelos anjos bem-aventurados e obedientes a Deus, e a *cidade do mal*, povoada por anjos revoltados, por demônios: essas duas cidades têm seus equivalentes terrenos. A cidade terrena é vítima de três males: o desapego a Deus e ao bem supremo, a morte – quer haja separação entre alma e corpo, quer haja morte total na ignorância de Deus – e o "pecado original", símbolo de revolta e de fraqueza carnal.

Portanto, há uma cidade carnal e uma cidade espiritual; a primeira baseia-se na felicidade terrena, no prazer, e sua representação bíblica é Caim, o fratricida; a segunda, que vive no amor de Deus e na espera da felicidade celeste, é representada por Abel, vítima de Caim. Essas duas concepções da vida se perpetuam ao longo dos séculos através da Bíblia e através da realidade; às vezes chegam a confundir-se, pois certos homens atuam nos dois lados por interesse: contam com o prazer da vida terrena e com a redenção na vida futura.

No entanto, a atitude de cada um é submetida ao julgamento final de Deus; o mau será condenado à infelicidade eterna; o bom, ao contrário, está fadado à felicidade eterna, única verdadeira, que não se pode encontrar na terra. Assim, os santos poderão gozar a contemplação de Deus. Assim também, as duas cidades serão submetidas ao julgamento de Deus na pessoa de Cristo, no fim da humanidade. Por sua intervenção, Cristo será o gestor da redenção do mundo, de sua regeneração ou *palingenesia*.

Agostinho, que raciocina mais como teólogo do que como historiador ou cientista, não se preocupava com as objeções que pudessem ser feitas pelos físicos (sobre o fogo eterno do inferno), ou pelos platônicos (sobre a ressurreição). O autor afirma-se assim contra o maniqueísmo que o influenciou na juventude; no plano puramente eclesiástico, condena o donatismo e o pelagianismo.

Na realidade, *A Cidade de Deus* é resultado da atitude intelectual e filosófica de toda uma vida. Agostinho, para escrever essa história, inspirou-se não só na realidade mas também nas obras dos apóstolos Paulo e João.

Também toma como referência a tradição apologética, de Tertuliano a Orígenes. Essa obra exerceu grande influência na Idade Média. Mais tarde, influenciou os humanistas, os reformadores e inspirou Bossuet.

Edição brasileira: *A Cidade de Deus*, Petrópolis, Vozes, 1990.
Estudo: É. Gilson, *Introduction à l'étude de Saint Augustin*, Vrin, 1982.

CIDADE DO SOL (A), *Civitas solis*, 1623.

TOMMASO CAMPANELLA, 1568-1639.
Utopia filosófico-política.

Redigido em italiano em 1602, esse diálogo imaginário, entre um cavaleiro da ordem religiosa dos hospitalários e um marinheiro genovês que descobriu uma terra desconhecida, descreve a Cidade do Sol como a "imagem de uma república filosófica" cujos habitantes, os solarianos, vivem segundo o princípio da comunidade dos bens (comunismo). *Metafísico*, o dignitário supremo, é cercado por um triunvirato: *Poder* (cujo domínio é a guerra), *Sabedoria* (que governa os ofícios, as artes e as ciências) e *Amor* (que cuida da geração, da educação, da alimentação e do vestuário); estes são auxiliados por um número de magistrados correspondente ao número de domínios.

O texto, que descreve minuciosamente todos os momentos e os mecanismos da vida social e preconiza a supressão da propriedade privada, do dinheiro e da família, vincula-se à tradição utopista da *República** de Platão e da *Utopia** de Thomas More.

Edição brasileira: *A cidade do Sol*, São Paulo, Abril, 1983 (Os pensadores).
Estudo: E. Bloch, *La philosophie de la Renaissance*, Payot, 1974.

CIÊNCIA COM CONSCIÊNCIA, *Science avec conscience*, 1982.

EDGAR MORIN, nascido em 1921.

As ciências humanas (sociologia, antropologia, filosofia etc.) ignoram as ciências exatas ou as ciências da vida, tais como a biologia ou a física; reciprocamente, as ciências exatas muitas vezes estão apegadas demais a seu objeto de estudo para acolherem alguma reflexão filosófica que, no entanto, poderia esclarecer seus princípios e métodos. Morin afirma nesse livro ser urgente que a comunidade científica admita o caráter eminentemente *transdisciplinar* do conhecimento. Só a razão aberta, capaz de trabalhar com o irracional, saberá vencer "o desafio da complexidade".

De fato, todas as ciências, sem exceção, são confrontadas com a *complexidade* da realidade. A necessidade de vincular o objeto e o sujeito ao meio, de deixar de tratar o objeto como algo inerte e privado de forma, e passar a tratá-lo como um sistema dotado de organização, de fazer a teoria dialogar com a incerteza e a contradição, obriga hoje o homem de ciência a respeitar a *multidimensionalidade* dos seres e das coisas. Só o conhecimento que tentar ser autoconhecimento, só uma "ciência com consciência" deixará de ser mutilada e mutilante.

Estudo: E. Morin, *Introduction à la pensée complexe*, E.S.F., 1990.

CIÊNCIA DA LÓGICA (A), *Wissenschaft der Logik*, 1812-1816.

GEORG WILHELM FRIEDRICH HEGEL, 1770-1831.

A idéia de lógica, que Hegel usa como fundamento de seu sistema filosófico, pode confundir o leitor moderno, habituado a entender esse termo como referência à lógica formal, oriunda da matemática. E Hegel não nega que nessa idéia haja um momento real e efetivo da lógica, mas um momento apenas; pois a lógica hegeliana ultrapassa em muito o âmbito da lógica matemática, e ambiciona ser a lógica de todo pensamento possível, de todas as formas do pensar. É assim que Hegel pretende superar a oposição – oriunda da tradição filosófica – entre a *forma* do pensamento, que seria do terreno da lógica (e então pensamos na importância atribuída ao silogismo por Aristóteles), e seu conteúdo, cujo domínio principal seria a metafísica como "ciência do ser enquanto ser". "A lógica especulativa contém a antiga lógica e a antiga metafísica, conserva as mesmas formas de pensamento, as mesmas leis e os mesmos objetos, mas desenvolvendo-os e dando-lhes uma forma nova graças a categorias mais vastas", escreve o autor.

Não cogitando em considerar a lógica como porta de entrada situada fora do sistema, Hegel está convicto de que tudo começa, de fato, pela lógica, mas que nela tudo já está compreendido, se não desenvolvido. Aliás, essa idéia de começo filosófico essencial encontra eco histórico na gênese do próprio pensamento de Hegel: tendo concebido o projeto de uma *Enciclopédia das ciências filosóficas*, em que a lógica teria constituído apenas uma parte, Hegel agora trabalharia essencialmente na elaboração desta, em detrimento das partes dedicadas à natureza e ao espírito.

A *Ciência da lógica* tem três momentos: *Doutrina do ser*, que Hegel publicou em 1812, *Doutrina da essência*, publicada em 1813, e *Doutrina do conceito*, publicada em 1816. O conteúdo, o plano e as idéias principais dessa obra são retomados na primeira parte da *Enciclopédia das ciências filosóficas em compêndio**, que foi publicada em 1817, mas a *Ciência da lógica* é uma obra independente, ou mesmo autônoma, que Hegel certamente considerava de capital importância em seu sistema. Aliás, no fim da vida ele fará uma revisão do conjunto dessa obra tendo em vista uma segunda edição, que só virá a lume em 1832, postumamente.

A importância que Hegel atribui à lógica provém da própria idéia de filosofia: embora sua lógica nada tenha de um método formal, embora já seja apresentação do conteúdo objetivo do pensamento e, em particular, de suas divisões ontológicas essenciais, isso ocorre porque a própria filosofia procede de uma necessidade interna, por meio de um nexo necessário cujo instrumento e garantia é a lógica. O que Hegel rejeita é a idéia de conteúdo inerte do pensamento filosófico, conteúdo que seria verdadeiro independentemente da forma na qual fosse descoberto e exposto. A lógica põe em ação a dialética: esta não é um modo particular do pensamento, nem um expediente que se possa evitar ou contornar; para Hegel, ela é o único modo de desenvolvimento do pensamento que lhe permite ser verdadeiramente especulativo; ao mesmo tempo, a dialética não é a forma vazia e abstrata do pensamento, pois é necessariamente tributária daquilo que ele pensa, de seus objetos de pensamento.

Assim, Hegel situa a racionalidade de sua lógica opondo-a aos pensamentos do "entendimento", que separam e abstraem o que propõem. É a cilada da abstração, aliás, que a lógica encontra e supera em seu ponto de partida: cumpre começar pelo *ser puro* em sua abstração indiferenciada. Essa primeira categoria, pela qual tudo começa em filosofia (e, na verdade, a grande tradição metafísica passa por aí), é ambivalente porque ao mesmo tempo diz a totalidade daquilo que virá a ser (a finalidade da lógica nada mais é que o ser absoluto) e ressalta em sua abstração aquilo que ainda não é. É preciso começar pelo mais simples; mas que também é o mais vazio. A lógica será, pois, o movimento pelo qual o espírito vai determinar cada vez mais as categorias de seu pensamento, deduzindo-as de si mesmo pela necessidade interna de seu autodesenvolvimento.

Essa autarcia, ou autonomia, da lógica não é, aliás, incompatível com a idéia de *enciclopédia*, de todo filosófico: a lógica prepara efetivamente todas as outras ciências, todos os outros ramos da filosofia, fornecendo-lhes a essência do movimento da verdade, a dialética do conceito a engendrar-se, assim como a idéia que se realiza em si e por si.

Estudo: A. Doz, *La logique de Hegel et les problèmes traditionnels de l'ontologie*, Vrin, 1987.

CIÊNCIA E FILOSOFIA,

Science et philosophie, 1886.
MARCELIN BERTHELOT, 1827-1907.
Coletânea de artigos de história e de filosofia das ciências.

Otimista e cientista, a "filosofia", do modo como é entendida por Berthelot, consiste em afirmar que só a ciência propicia aos homens "moral e felicidade".

Além do artigo dedicado às "Origens da alquimia" (que começa com a célebre fórmula: "O mundo hoje não tem mistério"), o texto dedicado a Renan ("Ciência ideal e ciência positiva") propõe fazer a distinção entre a ciência que se baseia exclusivamente na observação e a ciência que, reunindo o conjunto dos fatos de uma história do espírito humano, trate à sua maneira questões da antiga metafísica.

O artigo mais interessante, porém, é sem dúvida o que fala das pesquisas científicas com aplicações militares – sabe-se que Berthelot fez pesquisas com pólvora e explosivos. Sua interrogação, ainda atual, sobre a conveniência de se permitir que a ciência seja posta a serviço da eficiência homicida demonstra seus escrúpulos, mas conclui pela reafirmação de sua esperança nas conseqüências globalmente benéficas do progresso do conhecimento.

Estudo: J. Jacques, *Berthelot: 1827-1907, autopsie d'un mythe*, Berlim, 1987.

CIÊNCIA E HIPÓTESE,

La science et l'hypothèse, 1902.
HENRI POINCARÉ, 1854-1912.

A contribuição de Poincaré para a filosofia das ciências diz respeito, principalmente, a um estudo crítico do convencionalismo.

A concepção de um espaço e de um tempo não absolutos, relativos aos instrumentos de medida do observador, conduz, em geometria e em matemática pura, a propor axiomas que são escolhidos por sua comodidade: trata-se de convenções que, por sua vez, são extraídas de teorias convencionais. Contudo, Poincaré tende a limitar o papel e a importância dessas convenções em aritmética e em física.

Estudo: J. Vuillemin, prefácio da edição francesa: *La science et l'hypothèse*, col. "Champs", Flammarion, 1968.

CIÊNCIA E MÉTODO,

Science et méthode, 1908.
HENRI POINCARÉ, 1854-1912.

Esse terceiro volume de filosofia das ciências (depois de *Ciência e hipótese**, 1902, e *O valor da ciência**, 1905) retoma a distinção entre o que resulta do poder do pensamento – como a matemática pura, ligada ao raciocínio indutivo – e o que decorre da experiência, cujo valor provém da possibilidade de ser verificado pela observação.

Essa distinção permite escapar aos excessos do convencionalismo: as teorias são convencionais, é verdade, mas admitidas em função de sua conformidade com os fatos experimentais. Assim, opondo-se a Peano e a Russell, o autor nega que se possa reduzir a matemática à lógica.

Estudo: R. Poirier, "Henri-Poincaré-et-le-problème-de-la-valeur-de-la-science", in *Revue philosophique de la France et de l'étranger*, 1954, pp. 485-513.

CIÊNCIA E MORAL,

Science et morale, 1897.
MARCELIN BERTHELOT, 1827-1907.
Coletânea de artigos e de discursos.

Essa obra reúne uma série de discursos proferidos por Berthelot nos anos 1880-1895, além de alguns artigos. O artigo intitulado "Ciência e moral" dá título à coletânea; está diretamente vinculado à luta pela fé científica que, após a morte de Renan (1892) e de Taine (1893), Berthelot trava sozinho contra o misticismo e o idealismo que tem Ferdinand Brunetière como um dos representantes. "O mundo não tem mistério" e a ciência deve servir de base à moral e à educação, assim como deve combater a dor e a injustiça.

O debate entre a Igreja e o Estado, o livre pensamento e o clericalismo, a tradição conservadora e a esquerda laica constituem o pano de fundo dessa série de artigos. Nessa obra se encontra o célebre discurso intitulado "A ciência emancipadora", que Berthelot pronunciou durante o banquete de Saint-Mandé organizado por Clemenceau; nele são estreitamente associados otimismo científico e fé republicana. Certos textos de circunstância – Berthelot foi nomeado ministro em novembro de 1895 – nada subtraem ao interesse histórico e filosófico dessa coletânea.

Estudo: J. Jacques, *Berthelot: 1827-1907, autopsie d'un mythe*, Berlim 1987.

CIÊNCIA E O MUNDO MODERNO (A), *Science and the Modern World*, 1925.

ALFRED NORTH WHITEHEAD, 1861-1947.

Whitehead foi acima de tudo um teórico da ciência moderna. Nessa obra, ele esboça pela primeira vez as linhas mestras de uma ontologia, a partir de uma crítica da concepção laplaciana de universo.

Começa denunciando o que chama de "sofisma da localização simples", segundo o qual uma coisa está onde está. Para o autor, uma coisa está em todo lugar onde age. Mas como se deve conceber essa coisa? Segundo o esquema laplaciano, a natureza nada mais é que a matéria no espaço e no tempo. Para Whitehead, a entidade básica é o evento. Só o evento tem por si mesmo um lugar no espaço e no tempo. É a esse átomo de espaço-tempo, que se define por seus componentes vetoriais (momento e energia), que o epistemólogo confere os atributos da mônada leibniziana: as percepções da mônada se tornam "preensões" do evento. Essa idéia de preensão aproxima Whitehead de Husserl: introduz a idéia de que a compreensão do mundo nos é dada sem jamais nos ser entregue por completo. O autor procede em seguida a um histórico da teoria mecanicista, mostrando que a relatividade generalizada de Einstein apenas leva às suas conseqüências extremas o princípio de inércia proposto por Galileu. Faz uma exposição abrangente da mecânica quântica, na qual retoma a tese da periodicidade em epiciclos sobre as "órbitas de Bohr", a idéia de que à ondulação cinética se soma uma ondulação estrutural, e a noção de "oscilador eventual de campo". Os "cones de Minkowski" servem-lhe para desenvolver e aprofundar a noção de evento, ao introduzirem o conceito de "ocasião preensiva".

Por fim, Whitehead ampliou a concepção de objeto ao expor sua teoria dos objetos eternos – essências qualitativas presentes no pensamento de Deus. É preciso que este seja a mediação necessária entre a potencialidade dos objetos eternos e a atualidade dos eventos temporais.

Estudo: J. Vuillemin, *La logique et le monde sensible*, Flammarion, 1971.

CIÊNCIAS DO UNIVERSO E PROBLEMAS METAFÍSICOS, *Sciences de l'univers et problèmes métaphysiques*, 1976.

CLAUDE TRESMONTANT, nascido em 1925.

Nessa obra, como na maioria dos seus textos, Tresmontant persegue o velho objetivo "concordista": estabelecer a verdade da fé cristã com base nos resultados das ciências contemporâneas, sobretudo a astrofísica. O autor, desprezando as advertências de Hume, Kant ou Feuerbach, considera que a metafísica é possível, e, usando as palavras do abade Pluche (1688-1761), pretende descobrir Deus no "espetáculo da natureza".

Estudo: J. Salem, *Dictionnaire des philosophes*, P.U.F., 1984.

CIENTISTA E O POLÍTICO (O), *Le savant et le politique*, 1921.

MAX WEBER, 1864-1920.

Duas conferências.

Com esse título, de autoria do editor da tradução francesa, estão reunidas duas conferências distintas proferidas durante o inverno de 1918 por Max Weber na Universidade de Munique (onde ocupará a cadeira de sociologia em 1919): "*Wissenschaft als Beruf*" ("Ciência como vocação") e "*Politik als Beruf*" ("Política como vocação"). Trata-se das duas primeiras intervenções de uma série de conferências organizadas por um círculo estudantil sobre o tema "trabalho intelectual". Na tradução francesa, subsiste certa hesitação na tradução de *Beruf*, que aparece ora como "vocação", ora como "profissão".

Depois da descrição comparada da situação de dois estudantes, um americano e um alemão, que se formaram e querem dedicar-se à ciência em âmbito universitário, Max Weber faz interrogações sobre a vocação científica (o que significa a ciência como vocação para aquele que a ela se dedica), porém mais ainda sobre o valor da ciência relativamente ao conjunto da vida humana.

O sentido da ciência mudou historicamente: esta não se mostra mais hoje como o caminho que conduz ao ser verdadeiro, à arte verdadeira, à verdadeira natureza, ao verdadeiro Deus ou à verdadeira felicidade. Na realidade, a ciência não dá nenhuma resposta à pergunta: "Como devemos viver?" A rigor, a ciência não tem sentido, assim como não nos diz qual é o sentido do mundo. Ao contrário, a ciência, indissociável da idéia de progresso indefinido, insere-se num movimento mais geral de racionalização e de intelectualização ("Nós podemos dominar tudo pela previsão"), movimento que equivale fundamentalmente a "desencantar" o mundo. Não que a ciência possa dizer tudo a respeito de tudo; ela mesma se baseia em pressupostos não passíveis de demonstração por meios científicos. Mas indubitável é que ela nada pode dizer sobre as questões axiológicas: nem sobre o valor da cultura nem sobre a maneira como se deve agir na cidade ou em grupos políticos. O cientista não deve se comportar como profeta nem como demagogo, pois.

Na segunda conferência, Weber define o Estado, não pelo conteúdo de suas atividades – tarefas que realiza – mas por meio da ação que lhe é própria (assim como, diz ele, a todo grupo político): a violência física. Donde a definição de Estado como comunidade humana que "reivindica-com-sucesso-o-monopólio-da-violência-física-legítima", visando a garantir uma dominação do homem sobre o homem. Quanto à política, é o conjunto dos esforços enviados em vista de participar do poder ou de influenciar a divisão do poder.

De acordo com o modelo da tipologia das condutas (exposto em *Economia e sociedade*, 1922), que distinguia o comportamento tradicional, o comportamento afetivo, a ação racional ligada a valores e a ação racional em vista de um fim que vise à eficácia e estabeleça a concordância entre meios e fins, Max Weber distingue três tipos de autoridade: a autoridade do "eterno ontem" ou poder tradicional ligado ao costume, a autoridade baseada na simpatia pessoal e extraordinária de um indivíduo (o carisma), que se baseia na forma, e a autoridade de tipo racional, cuja dominação repousa na crença na legalidade. É de se notar que nenhuma autoridade em particular está relacionada com a ação racional vinculada a valores.

Max Weber descreve também a evolução histórica que leva a política a transformar-se numa empresa (de dominação política) que, como qualquer empresa econômica, dispõe de um estado-maior administrativo e de meios materiais de gestão (necessários, conforme o caso, para aplicar a força física). Dessa evolução nasceu um novo tipo de homem: o político profissional. Embora as qualidades determinantes do político sejam a paixão, o sentimento de responsabilidade e a perspicácia fria, não deixa de ser cabível também fazer interrogações sobre o seu ethos, sobre a crença que o leva a agir e, ao mesmo tempo, sobre as relações entre ética e política.

Max Weber retoma então a distinção, que ele tornou clássica, entre ética da *responsabilidade* (em que devemos responder por nossos atos, como na ação racional para um fim, em que se articulam os meios e os fins) e ética da *convicção* (em que, orientando nossa ação para valores, temos em mira simplesmente "cuidar da chama da doutrina pura"). Embora opostas, essas duas éticas se completam. Ou melhor, segundo Weber, constituem juntas "o homem autêntico", ou seja, um homem que pode pretender a "vocação política".

Estudo: J. Freund, *Sociologie de Max Weber*, col. "Le-Sociologue", P.U.F., 1983.

CINCO LIÇÕES SOBRE PSICANÁLISE, *Über Psychoanalyse fünf Vorlesungen*, 1909.

SIGMUND FREUD, 1856-1939.

Com esse título é proposto o texto das cinco lições (ou aulas) que Freud deu em 1909 nos Estados Unidos, quando o movimento psicanalítico mal começava a propagar-se naquele país.

A primeira lição fala da observação de um caso clínico. Anna O., paciente do doutor Breuer, sofre de perturbações psíquicas graves: *histeria de conversão*. Durante o tratamento, Freud percebe que os sintomas desaparecem assim que seu sentido é descoberto. Daí nascerá a psicanálise.

Na segunda lição, o autor expõe sua nova concepção de histeria. Antes, a histeria era considerada doença da simulação. Ora, Freud descobre, ao longo de suas investigações, que as deficiências aparentes da motricidade, da linguagem etc. (por exemplo, a impossibilidade de deglutir, de falar...) na realidade são sintomas residuais de "traumas psíquicos" anteriores, vivenciados com angústia e inassimiláveis pelo sujeito. Ele supõe então que os histéricos ou neuróticos "sofrem por reminiscências" que os encerram no passado, alienando-os. Portanto, a histeria é produto do recalcamento das *tendências afetivas* ou das *pulsões sexuais* do indivíduo, e essa inibição ensejará comportamentos patológicos. Assim, Freud qualifica a atividade psíquica de *dinâmica*, sendo o desejo o motor dos conflitos da interioridade, na qual se opõem incessantemente o consciente e o inconsciente: no inconsciente, fora do consciente, ficam recalcados os acontecimentos que o indivíduo não pôde suportar; uma força os impede de voltar à consciência: é a *resistência*. A tarefa do analista será de "trazer à tona o que foi recalcado", segundo uma terapia centrada na expressão verbal e na *associação de palavras*, que permitirá sondar o inconsciente. O paciente, para curar-se, deve tomar consciência daquilo que recalcou e esqueceu de maneira traumática.

A terceira lição trata dos sonhos e dos atos falhos, lapsos, atos sintomáticos. Em psicanálise, são chamados de *atos falhos* os atos pelos quais um indivíduo se exprime ou age contrariando sua própria intenção. Essa noção engloba erros de expressão (lapsos), de leitura ou de audição, que se traduzem em interversões ou confusões, levando muitas vezes um indivíduo a dizer o contrário do que pretendia. Outros atos falhos traduzem-se em esquecimento momentâneo de uma palavra ou de um projeto. Alguns, por fim, caracterizam-se por perdas incompreensíveis de objetos bem conhecidos. São incidentes aparentemente insignificantes – quase sem conseqüências práticas – mas que, para a psicanálise, têm sentido: assim como os sonhos, expressam desejos e pulsões que o indivíduo procura ocultar de sua própria consciência.

A quarta lição trata dos complexos patogênicos e dos sintomas mórbidos ligados à sexualidade, assim como do complexo de Édipo. O complexo de Édipo define um momento fundamental da existência da criança, caracterizado por violenta afeição pela mãe e por uma afetividade ambivalente pelo pai. Freud reconhece nele o "complexo nuclear" (*Kernkomplex*), fonte de todas as neuroses.

Por fim, na quinta lição, Freud aborda o problema da arte, e coloca a sublimação, em particular, como mecanismo de defesa essencial. A sublimação é a possibilidade de manifestação de toda a energia das pulsões sexuais, substituindo um objetivo inacessível por outro, não situado no âmbito da sexualidade e valorizado pela sociedade. Essa saída evita a repressão. A sublimação permite realizar os desejos inconscientes ao mesmo tempo em que são satisfeitas as exigências do superego. Mas – conclui Freud – essa solução está longe de ser a melhor: "Ao privar o instinto sexual de seu alimento natural, provocam-se conseqüências desagradáveis".

De leitura fácil, porque destinadas a um público não especializado, essas conferências constituem uma excelente introdução à psicanálise.

Edição brasileira: *Cinco lições sobre psicanálise*, São Paulo, Abril, 1974 (Os pensadores).
Estudo: S. Moscovici, *La psychanalyse: son image, son public*, P.U.F., 1976.

CINCO MEDITAÇÕES SOBRE A EXISTÊNCIA, Solidão, sociedade e comunidade, 1936.

NIKOLAI ALEXANDROVITCH BERDIAEV (OU BERDIAEFF), 1874-1948.

Essa obra é composta na forma de meditações que nada têm em comum com as *Meditações** cartesianas. Trata-se de uma reflexão cristã sobre a pessoa humana.

A primeira meditação dá destaque à situação trágica do filósofo em nossa época. Berdiaev recusa sob todos os aspectos a filosofia especulativa, que privilegia o ato de conhecer em detrimento do ato de existir. Para o pensador russo, o filósofo está imerso na existência *antes* da atividade de conhecimento. Por outro lado, não há filosofia sem filósofo; isso quer dizer que todo pensamento é pensamento de um indivíduo singular. Nesse ponto, Berdiaev tem em vista o hegelianismo, para o qual o filósofo e o homem em geral não passam de instrumentos pelos quais se realiza a Idéia lógica.

Com essas cinco meditações, Berdiaev pretende reintegrar a pessoa na concretude do que ela vive, e recusa a abstração – forçosamente redutora – da filosofia, sobretudo do idealismo alemão. Berdiaev é um dos grandes pensadores russos deste século, diretamente influenciado por Dostoiévski.

Estudo: J. Gaith, *Nicolas Berdiaeff philosophe de la liberté*, Dar El-Machreq, 1968.

CLASSES SOCIAIS (AS),

Les classes sociales, 1946.
MAURICE HALBWACHS, 1877-1945.
Curso na Sorbonne.

Influenciado por Durkheim, como Mauss, Halbwachs inaugura sua carreira com métodos mais concretos. Sua primeira obra sociológica é prova disso: *A classe operária e os níveis de vida, estudos sobre a hierarquia das necessidades na sociedade industrial* (1913). O curso da Sorbonne sobre as classes sociais retoma elementos desse primeiro trabalho, ampliando a questão em relação aos grupos nacionais, às profissões com suas diferentes remunerações, aos grupos rurais na França, à nobreza, à burguesia, às classes médias, sendo a maior parte dedicada à classe operária. Logo de início, Halbwachs quer dar uma definição das classes sociais. Procura o princípio que preside à divisão das sociedades em classes sociais, o fundamento de uma classe.

Criticando a definição heteróclita de Marx, Halbwachs explica finalmente a hierarquia das classes por "graus diferentes nos quais os diversos grupos podem participar nas formas por excelência da atividade social".

Estudo: R. Hess, *Dictionnaire des philosophes*, P.U.F., 1984.

CÓDIGO DA NATUREZA,

ou O verdadeiro Espírito de suas leis, desde sempre negligenciado ou não reconhecido, *Code de la nature, ou Le véritable esprit de ses lois, de tout temps négligé ou méconnu*, 1773.
MORELLY, c. 1717-c. 1778.
Utopia social.

Essa obra, redigida em 1755 e por muito tempo atribuída a Diderot, faz da idéia de *beneficência* a chave do sistema social, projeta uma sociedade perfeita que permite a cada um atingir a felicidade, denuncia as deficiências dos princípios gerais da política e da moral (1.ª parte) e dos princípios particulares (2.ª e 3.ª partes), e propõe "um modelo de legislação conforme às intenções da natureza" (4.ª parte). A lei fundamental baseia-se na comunidade dos bens.

Estudo: N. Wagner, *Morelly, le méconnu des Lumières*, Klincksieck, 1978.

COISAS DIVINAS E DE SUA REVELAÇÃO (DAS), *Von den Göttlichen Dingen und ihrer Offenbarung*, 1811.

FRIEDRICH HEINRICH JACOBI, 1743-1819.

A última obra de Jacobi é dirigida contra Schelling. Ela compreende uma análise já publicada em 1798 no jornal *Wandsbecker Boten*. Schelling replicou, sem que Jacobi redargüisse. Surgiu uma controvérsia acerca do panteísmo, da qual tomaram parte Jakob Friedrich Fries e Franz Xaver von Baader.

Estudo: R. Kühn, *Dictionnaire des philosophes*, P.U.F., 1984.

COISAS OCULTAS DESDE A FUNDAÇÃO DO MUNDO (DAS),

Des choses cachées depuis la fondation du monde, 1978.
RENÉ GIRARD, nascido em 1923.

Em *A violência e o sagrado**, René Girard afirmava que todo mito ou toda religião encerra violência em suas figuras mais manifestas. Mas essa violência, evidente, era assimilada sutilmente ao tabu, e esse tabu, aos poucos, identificava-se com o sagrado. Essa obra retoma a mesma temática, mas aplicando-a à Bíblia. Girard acredita que a Bíblia constitui o caminho, pelo qual enveredaram os povos da Escritura, rumo ao Deus não violento. A Bíblia aparece então como um texto antropológico, no qual se depreende de novo a antinomia violência/sagrado, mas à qual subjaz um processo psicológico que Girard chama de "mimese".

Essa obra completa e complementa *A violência e o sagrado*. Contribui para aclarar as origens de nossa civilização.

Estudo: J.-B. Fages, *Comprendre René Girard*, Privat, 1982.

COLÓQUIO COM *MONSIEUR* DE SACI SOBRE EPICTETO E MONTAIGNE, *Entretien avec M. de Saci sur Épictète et Montaigne*, 1728.

BLAISE PASCAL, 1623-1662.

Convidado por *Monsieur* de Saci a falar sobre suas leituras, Pascal faz o maior elogio de Epicteto e de Montaigne, cujas doutrinas resume. Sua proposta é mostrar que o estoicismo de um e o cepticismo de outro, embora não se enquadrem no pensamento cristão, nem por isso deixam de predispor os homens às luzes da fé. Ao longo de todo o diálogo, M. de Saci aparece como dono de uma mente estreita, surda a tudo o que não se conforme absolutamente às instruções dos Padres da Igreja. Reconhece que "sempre acreditara ser seu dever ler pouco esses autores", e suas objeções a tudo o que Pascal diz sobre Epicteto e Montaigne reduzem-se a afirmar que aquilo se encontra, em suma, em Santo Agostinho.

Estudo: J. Mesnard, *Pascal*, Hatier, 1967.

COLÓQUIOS, *Colloquia familiara*, 1518-1533.
ERASMO DE ROTTERDAM, c. 1469-1536.
Diálogos.

Erasmo queria escrever um manual da conversação para seus alunos. Após algumas edições incompletas, a obra foi acabada e publicada em 1533. O livro zomba dos costumes, das condições de vida e dos acontecimentos da época. Algumas tradições religiosas também são criticadas.

Estudo: P. Mesnard, *Érasme*, col. "Philosophes de tous les temps", Seghers, 1969.

COLÓQUIOS SOBRE A PLURALIDADE DOS MUNDOS, *Entretiens sur la pluralité des mondes*, 1686.
FONTENELLE (Bernard Le Bovier de), 1657-1757.

Essa obra relata uma série de conversações científico-galantes com uma marquesa, à noite, num parque. Em seis Noites, nossa marquesa se desfaz de suas opiniões espontaneamente geocentristas para adotar, não sem reservas, o sistema de Copérnico. Os *Colóquios* terminam em grandes devaneios a respeito dos extraterrestres.

Em 1686, *Colóquios sobre a pluralidade dos mundos* são um livro moderno por mais de uma razão. Fontenelle coloca-se como vulgarizador, contra a tradição escolástica da ciência falada em latim e reservada aos doutos. Alinha-se com Descartes e os Modernos contra os Antigos. A metafísica, a dos grandes sistemas do século que finda, é posta sob suspeição em nome de um método científico mais positivo. As reflexões astronômicas são propícias ao desenvolvimento de teses relativistas. Todos esses são temas que prenunciam as Luzes, de que Fontenelle é um dos primeiros representantes na França. Talvez Camille Flammarion o tivesse em mente ao escrever, em 1903, o seu *Astronomie des dames*.

Estudo: J. Bergier, apresentação de *Entretiens*, Marabout Université, 1973.

COLÓQUIOS SOBRE METAFÍSICA E RELIGIÃO, *Entretiens sur la métaphysique et sur la religion*, 1688.
NICOLAS MALEBRANCHE, 1638-1715.

Onze anos após *Conversações cristãs**, Malebranche emprega o estilo da conversação, mas se antes o escolhera para expor seu sistema de maneira acessível e agradável, agora o utiliza para apresentar e integrar todas as objeções que lhe foram feitas, objeções perfeitamente resolvidas, pois a questão agora é realmente filosofia, e não mais controvérsias. Obra da maturidade, esses *Colóquios* constituem a exposição mais completa da filosofia de Malebranche. Quatorze colóquios compõem essa obra, cada um dedicado à exposição de um conceito fundamental da filosofia de Malebranche. O primeiro aborda os respectivos papéis da alma e do corpo no conhecimento sensível, a fim de introduzir uma reflexão sobre a natureza das idéias. Com efeito, Malebranche afirma que o conhecimento sensível exige a reunião de um sentimento e de uma idéia pura, sendo o primeiro uma modificação da alma causada por Deus, e encontrando-se a segunda em Deus. Por isso ele pode afirmar que Deus é a única fonte de conhecimento, principalmente porque Deus deve unir o sentimento e a idéia na ocasião da presença do objeto. O segundo colóquio trata do conhecimento que podemos ter de Deus. Os colóquios três a seis formam um conjunto cujo fio condutor é o papel das idéias. São abordadas as idéias em sua relação com os sentimentos, com o papel dos sentidos na vida do homem e nas ciências, assim como com o problema do grau de existência dos corpos. O sétimo colóquio trata da impotência do homem, e os sete últimos giram em torno de Deus: o autor examina seus atributos, a simplicidade dos caminhos pelos quais ele deve agir, a Glória em vista da qual todas as suas ações são realizadas e a Criação do mundo. No décimo segundo colóquio, Malebranche dedica-se à exposição da teoria do ocasionalismo, que fundamenta definitivamente o papel central de Deus nesse sistema filosófico, pois só este pode ser uma causa verdadeira. Essa obra termina com reflexões propriamente teológicas, pois os dois últimos colóquios são dedicados à providência e à fé.

Através desses colóquios mostra-se o verdadeiro projeto de Malebranche: demonstrar a verdade da religião cristã com base em princípios filosóficos e, mais particularmente, em princípios cartesianos.

Estudo: F. Alquié, *Le cartésianisme de Malebranche*, Vrin, 1974.

COMENTÁRIO SOBRE ARISTÓTELES.

AVERRÓIS (ibn Ruchd), 1126-1198.

Escritos em árabe na segunda metade do século XII, o *Scharh* (*Grande Comentário*) e o *Telkhis* (*Comentário médio* ou *Resumo*), que compõem essa obra, versam sobre a totalidade da obra de Aristóteles. O autor de início segue literalmente os escritos de Aristóteles; depois, estuda seus pontos essenciais e por fim faz apenas um resumo.

O tema de Deus é um dos pontos essenciais da obra; fiel a Aristóteles, Averróis considera Deus como um "ato puro" e refuta a idéia da Providência: nega a intervenção de Deus nos assuntos humanos. Averróis concorda com Aristóteles a respeito do "monopsiquismo" (unidade dos intelectos humanos): há um só intelecto, comum a toda a espécie humana; é uma razão impessoal e imortal; mesmo que permita à alma individual exercer suas faculdades intelectuais e dirigir-se, ela é superior a esta última, que morre com o corpo; uma alma só sobrevive no intelecto: está fundida com ele. Cada alma tem uma inteligência e um conhecimento diferentes, mas a alma intelectiva tem sempre a mesma soma de conhecimentos intelectuais, seja qual for o número de seres humanos. A respeito dessa fusão, pode-se falar em panteísmo, tanto mais porque se admite o conhecimento intuitivo de Deus.

Há em Averróis um dualismo: ele fala como teólogo que defende a idéia da imortalidade pessoal, e fala como filósofo, com base apenas nos direitos da razão. Averróis tomou conhecimento da obra de Aristóteles através da escola de Alexandria e da doutrina emanatista – neoplatônica. Tomás de Aquino respeitava-o muito e utilizou seu sistema de exposição em seu próprio comentário sobre Aristóteles, mas corrigiu o que considerava erros e perversão do espírito peripatético. Averróis teve sucesso junto à escola franciscana, na Universidade de Paris e na de Pádua, até sua condenação em 1277.

Estudo: *Multiple Averroès*, in *Actes du Colloque International* organizado por ocasião do 850º aniversário do nascimento de Averróis, 20-23 de setembro de 1976 em Paris, Les Belles Lettres, 1978.

COMENTÁRIOS FILOSÓFICOS,

Philosophische Bemerkungen, 1964.
LUDWIG JOSEF WITTGENSTEIN, 1889-1951.

Esse livro foi escrito por Wittgenstein em 1929 e 1930, numa fase da evolução de seu pensamento em que ele procura "outra" maneira de tratar os problemas filosóficos. É um texto de transição, ainda marcado pela linguagem do *Tractatus**, pelas preocupações lógicas e pela filosofia da matemática.

Estudo: F. Schmitz, *Wittgenstein, la philosophie et les mathématiques*, P.U.F., 1988.

COMENTÁRIOS SOBRE ARISTÓTELES, ○ de 1265 a 1273.

TOMÁS DE AQUINO (santo), c. 1225-1274.

Esses textos outra ambição não têm senão expor da maneira mais fiel possível a doutrina do estagirita. Assim, Tomás comenta seus principais temas: a "Lógica", que trata do raciocínio, da afirmação e da negação; a "Física", à qual ele se opõe: para ele Deus procede de si mesmo e é também a origem da criação; Tomás apóia-se no *Tratado do* *céu** para dar sua própria concepção de universo e falar da possibilidade de transformação da matéria; o autor estuda em seguida as obras psicológicas em que se fala da natureza da alma humana e de suas faculdades. Defende então Aristóteles contra seu comentador árabe, Averróis, que o acusava de não acreditar na imortalidade da alma e na espiritualidade. Tomás comenta também as obras morais e políticas do estagirita, como a *Ética a Nicômaco**, em que se fala das virtudes e das finalidades da vida, ou a *Política**, que trata dos diferentes tipos de governo que podem ser encontrados à frente de um Estado. O comentário à *Metafísica** é o mais importante: o autor trata da natureza do ser, de sua realidade; expõe sua própria teoria da matéria e do "intelecto", substância eterna e divina, causa primeira de todas as coisas no universo.

Sente-se que o teólogo está intelectualmente muito próximo de Aristóteles: ambos têm a mesma sensibilidade e grande semelhança de pensamento. Tomás de Aquino tem consciência da importância filosófica de Aristóteles, assim como da importância de Platão, e quer aclarar a filosofia cristã a partir do pensamento desses dois autores. Portanto sua abordagem da obra de Aristóteles é, provavelmente, a mais justa e a melhor que se possa encontrar.

Estudo: M. Pidin, *Philosophie et théologie chez Saint Thomas d'Aquin*, Klincksieck, 1983.

COMENTÁRIOS SOBRE AS SENTENÇAS, *Super quatuor libros Sententiarum sublimissimae quaestiones earumdemque decisiones*, 1493.

GUILHERME DE OCKHAM (OU OCCAM), c. 1285-c. 1347.

No caminho que levava ao domínio da teologia – a que o *Venerabilis Inceptor* nunca chegou devido ao excessivo anti-realismo –, todo "*Baccalaureatus non formatus*" precisava ler e comentar as *Sentenças**, de Pedro Lombardo (século XII). Esse "Mestre das Sentenças", combinando a Bíblia com o legado grego, fazia uma exposição clara e completa do saber humano posto a serviço da Revelação, no que se tornou uma espécie de manual, modelo de especulação teológica, muitas vezes comentado. Cheio de problemas esdrúxulos – Cristo poderia ter sido mulher? – tinha com que instigar as reflexões de Guilherme de Ockham e incitá-lo a esclarecer as implicações teológicas de seu nominalismo.

Recusando as distinções formais e mesmo de simples razão que a teologia natural atribuía a Deus, em particular as sutilezas sobre a psicologia divina arquitetadas por Duns Escoto (fim do século XIII), o autor não é convencido por nenhuma das provas da existência de Deus: estas têm no máximo valor de probabilidade. De fato, se a palavra "ser" não remete a nenhuma outra realidade que não seja a totalidade do dado, só podemos raciocinar com base na experiência que temos do real. Ora, o que nos mostra este? Fatos e causas, e o número limitado das causas conservadoras de um efeito dado. Se for preciso admitir um "primeiro eficiente", não se pode dizer muita coisa sobre ele. Não se pode nem sequer demonstrar que ele é Uno: é preciso recorrer à fé para aderir ao "*Credo in unum Deum*". Quanto à Trindade, parece contraditória: a unidade do ser divino para nós consiste apenas numa perfeição indistinta – no que se refere à realidade e ao pensamento –, numa indivisão. Em suma, há Absoluto revelado, mas o homem não pode explicitá-lo.

Houve quem sentisse odores de existencialismo no universo de Ockham, composto por existências individuais contingentes, onde a própria vontade de Deus – à qual cumpre atribuir todas as formas de "ordem" que constatamos – é livre e contingente, não injungida por qualquer necessidade inteligível, a não ser a do princípio de não-contradição. Um odor de heresia também – que provocou a condenação do autor pelas universidades de Oxford e de Paris – pairava sobre essa onipotência divina entregue ao arbitrário. Como responder com argumentações ao incréu ou ao herético para justificar os dogmas, se as verdades sobrenaturais só dependem da fé, e não de uma certeza racional?

Foi através dos textos de um fervoroso discípulo de Ockham, Gabriel Biel (c. 1418-1495), que Lutero descobriu o nominalismo, cujas potencialidades "reformadoras" já se tinham manifestado na luta travada pelo próprio Ockham contra o papado.

Estudo: J. Largeault, *Enquête sur le nominalisme*, B. Nauwelaerts, 1971.

COMENTÁRIOS SOBRE AS SENTENÇAS DE PEDRO LOMBARDO, *Scriptum in IV L. Sententiarum magistri P. Lombardi*,

○ 1254-1256.

TOMÁS DE AQUINO (santo), c. 1225-1274.

O autor trata aqui dos principais temas religiosos: Trindade, Providência, Criação, Espírito Santo, Santa Eucaristia. Contudo, influenciado por Agostinho e pela doutrina averroísta, Tomás confere dimensão filosófica aos problemas de que trata, o que transformou essa obra em referência e instrumento de trabalho nas universidades do século XIII.

Estudo: M. Pidin, *Philosophie et théologie chez Saint Thomas d'Aquin*, Klincksieck, 1983.

COMÉRCIO E GOVERNO,

Le commerce et le gouvernement, 1776.

CONDILLAC (Etienne Bonnot de), 1714-1780.

Para Condillac, a economia é uma ciência que tem a missão de possibilitar a abundância. Seu funcionamento mostra-se à análise do modo de satisfação das necessidades. O valor dos objetos varia em função da natureza da necessidade e de seu modo de satisfação. Permite determinar o preço, condição de troca, logo do comércio. Este último é uma das fontes de enriquecimento, porque, desenvolvendo e refinando as necessidades, desenvolve os meios de produção. Condillac preconiza a livre circulação das mercadorias e a uniformização de seus preços, pois, se as necessidades estiverem satisfeitas e os preços estáveis, os povos viverão em paz. Por fim, o progresso econômico será possível se os homens, vivendo saudavelmente, contribuírem para desenvolver o progresso agrícola e industrial.

Para convencer os diferentes governos da validade desses princípios econômicos, Condillac elaborou uma ficção. Ele imagina, de início, o modelo econômico ideal: um país cuja superfície correspondesse à reunião de vários países europeus, onde reinariam a liberdade de troca e a igualdade diante dos impostos e da justiça. Em tal país, as mercadorias circulariam facilmente, e todas as necessidades seriam satisfeitas. As cidades e os campos praticariam o comércio, e as riquezas seriam repartidas eqüitativamente. Mas com o entrave das guerras ou da aduana ao comércio, esse belo equilíbrio é logo rompido; surgem a miséria ou o contrabando, a agricultura e a indústria periclitam, desenvolve-se a especulação, provocando a desigualdade das riquezas.

Nessa obra, Condillac quer mostrar que a economia só floresce quando reinam entre as nações a liberdade de troca e a união econômica: ele prefigura o Mercado Comum. Escrito durante o ministério de Turgot, quando prevalecia a doutrina dos fisiocratas – de que a agricultura era a única fonte de riqueza –, esse tratado demonstra que só o desenvolvimento conjunto da agricultura e da indústria possibilitará a prosperidade econômica.

Estudo: R. Lefèvre, *Condillac*, Seghers, 1976.

COMO FAZER COISAS COM PALAVRAS, *How to do Things with Words*, 1962.

JOHN LANGSHAW AUSTIN, 1911-1960.

Essa obra reúne os textos de doze conferências proferidas em 1955 na Universidade de Harvard. A linguagem não visa tanto a constatar fatos quanto a permitir que façamos alguma coisa com a própria palavra. Donde a importância dos enunciados *performativos*, que não são afirmações verdadeiras ou falsas nem contra-sensos, mas enunciações que visam a realizar uma ação: apostar, batizar um barco, casar-se... Ora, segundo Austin, na realidade todos os enunciados são de certa maneira performativos. Daí a necessidade de substituir a distinção constativo/performativo pelas noções de ato *locutório* (dizer algo), de ato *ilocutório* (o ato que, além de ser uma locução, produz alguma coisa *ao se dizer*) e de ato *perlocutório* (ato de produzir alguma coisa pelo fato de dizer).

Filósofo "analítico", Austin considera que sua reflexão é continuada pela do americano John R. Searle (*Os atos de fala**, 1969) e pela corrente da *pragmática*.

Estudo: F. Récanati, *Les enoncés performatifs: contribution à la pragmatique*, Éd. de Minuit, 1982.

COMO VEJO O MUNDO,

Mein Weltbild, 1934.
Albert Einstein, 1879-1955.
Coletânea de artigos.

O nome de Einstein lembra teoria da relatividade, verdadeira revolução cosmológica que transformou nossa visão do mundo e nos obrigou a pôr em xeque nossas concepções de espaço e tempo. Mas existe outro Einstein: homem, cidadão, estudioso. É o que nos revela essa coletânea de artigos, notas, conferências e cartas redigidas entre 1918 e 1933. Aqui descobrimos um pacifista convicto ("A guerra é a coisa mais desprezível que existe"), um ardente defensor do judaísmo, mas também o homem que se recusou corajosamente a apoiar, nem que tão-somente pela sua presença na Alemanha, o nacional-socialismo emergente ("Recuso-me a ficar num país onde a liberdade política, a tolerância e a igualdade não são garantidas pela lei", escreve ele em março de 1933).

As páginas mais interessantes, porém, para quem estuda a história das ciências, são aquelas em que o físico fala da fé que nunca deixou de ter na busca da verdade. Para Einstein, o princípio criador da pesquisa científica está numa espécie de "religiosidade cósmica" que se traduz por uma fé profunda e inabalável na inteligibilidade da natureza, na harmonia interna do mundo. O cientista deve ser guiado pela idéia da causalidade de todos os eventos; sua razão deve estar convicta da possibilidade de apreender a realidade, independentemente dos meios de investigação de que dispõe. Por isso, não são de surpreender as reservas que o autor formula a respeito das leis probabilistas da mecânica quântica: "Acredito ainda na possibilidade de um modelo da realidade, ou seja, de uma teoria que represente as próprias coisas, e não apenas a probabilidade de sua existência." Profissão de fé sempre atual, uma vez que nenhuma teoria que satisfaça essa condição até agora suplantou os modelos probabilistas da teoria quântica.

Edição brasileira: *Como vejo o mundo*, Rio de Janeiro, Nova Fronteira, 1981.
Estudo: B. Hoffmann, *Albert Einstein, créateur e rebelle* (trad. do inglês), col. "Points", Le Seuil, 1979.

COMUNIDADE E SOCIEDADE,

Gemeinschaft und Gesellschaft, 1887.
Ferdinand Tönnies, 1855-1936.

A análise sociológica de Tönnies baseia-se na oposição entre a *vontade orgânica* (princípio de ação que confere verdadeira unidade à vida) e a *vontade refletida* (que orienta a energia da vontade orgânica). A vontade orgânica desenvolve a comunidade (*Gemeinschaft*), com seus laços reais com base no sangue, na localidade, no espírito. A vontade refletida desenvolve a sociedade (*Gesellschaft*): a dos indivíduos abstratos e separados, sem laços reais, colocados no mercado mundial, cujo único valor é o da troca, ligada ao lucro. A comunidade, ao contrário, é a forma de vida antiga, primitiva, em que as relações dos indivíduos são vivenciadas e sentidas. Mas essas relações se intelectualizam sob a influência da cultura, as relações sociais se mecanizam e a comunidade evolui para a sociedade. O estatuto representa o direito natural da comunidade (hábitos, costumes, religião), enquanto o contrato representa o direito da sociedade: o indivíduo torna-se uma pessoa (cujo tipo perfeito é o comerciante).

Estudo: R. Nisbet, *La tradition sociologique*, P.U.F., 1984.

CONCEITO DE ANGÚSTIA,

Om Begrepet Angest, 1844.
SØREN AABYE KIERKEGAARD, 1813-1855.

Kierkegaard apresentava essa obra como "uma simples meditação psicológica para servir de introdução ao problema dogmático do pecado". A essência da angústia é considerada a partir do pecado original: com o erro de Adão, a angústia entra na realidade humana. O homem, ao contrário do anjo e do animal, fadados à imediação, atinge uma representação dos possíveis com que se defronta na angústia como "vertigem dos possíveis". Essa experiência, dramática mas não menos salutar, enraíza-se no fato de que o homem é síntese de tempo e eternidade – eternidade que pode manifestar-se na angústia. Mas será preciso distinguir aqui a angústia diante do mal da angústia diante do bem, ou demoníaca, sentida pelo pecador quando percebe que poderia libertar-se do pecado. No primeiro caso, o homem escolhe o bem e, por conseguinte, a angústia diante do mal; no segundo, ele tenta fugir do bem: combatendo então o pensamento de Deus, ele chega a seu aniquilamento existencial.

Conseqüentemente, aqui – assim como no *Tratado do desespero e da beatitude** – a existência é vista como composição de finito e infinito, mais precisamente como síntese de alma e corpo levada pelo espírito. Na angústia, que procede de uma antecipação da posição futura do espírito, aparece a primeira ruptura da imediação sem que se possa realmente falar de liberdade – o indivíduo sente então apenas a "possibilidade de poder". Finalmente – e aí está o profundo mistério da angústia – angustiar-se é angustiar-se por nada, apenas por poder fazer: sem ser culpado, o indivíduo desenvolve já uma compreensão do pecado antes que a angústia diante do pecado produza o pecado. Há assim uma relação subjetiva com o pecado de que nenhuma dogmática toma conhecimento.

Compreende-se então por que Kierkegaard foi o primeiro filósofo a depreender realmente a essência da angústia – tarefa para a qual era predisposto pela educação que recebeu do pai e pela situação espiritual daquela primeira metade do século XIX, que o levava a convencer-se da existência de uma crise do mundo ocidental. Por muito tempo associada ao medo, a angústia revelava-se como categoria existencial fundamental. Vê-se, pois, quanto deve a esse texto a análise heideggeriana da angústia como tonalidade afetiva (*Stimmung*) que nos coloca diante do nada (*Ser e tempo**).

Edição brasileira: *Conceito de angústia*, São Paulo, Hemus, 1968.
Estudo: O. Cauly, *Kierkegaard*, P.U.F., 1991.

CONCEITO DE GRANDEZA NEGATIVA ou ENSAIO PARA INTRODUZIR NA FILOSOFIA O CONCEITO DE GRANDEZA NEGATIVA,

Versuch den Begriff der negativen Grössen in die Weltweisheit einzuführen, 1763.
EMMANUEL KANT, 1724-1804.

Essa obra de Kant é dedicada ao exame do problema da passagem de um raciocínio lógico para a posição de existência;

em outras palavras, é legítimo passar do lógico ao real? Kant evidencia a diferença fundamental que os separa, ou seja, na realidade, o confronto de dois princípios opostos redunda em equilíbrio, ao passo que uma contradição lógica não tem valor. Esse resultado será utilizado por Kant para criticar as provas metafísicas da existência de Deus. Por outro lado, essa reflexão, que põe em xeque o valor do princípio de causalidade, inicia as investigações sobre a categoria de causalidade que Kant fará em *Crítica da razão pura**. Por fim, é nesse texto que Kant baseia definitivamente a radical oposição entre o lógico e o real.

Estudo: A. Philonenko, *L'oeuvre de Kant*, Vrin, 1983.

CONCEITO DE NATUREZA (O),

The Concept of Nature, 1920.
ALFRED NORTH WHITEHEAD, 1861-1947.

Enquanto *Investigação sobre os princípios do conhecimento natural** é de ordem epistemológica, *O conceito de natureza* situa-se num plano de reflexão ontológica. Seu objeto é "lançar as bases de uma filosofia natural como pressuposto necessário da física especulativa". Whitehead começa por rejeitar aquilo que ele chama de "bifurcação da natureza", ou seja, a separação imposta a partir de Descartes entre a coisa pensante e a coisa extensa, entre as qualidades primeiras e as qualidades segundas. Em seguida, ele apresenta uma exposição rápida de seu método de "abstração extensiva", que constitui o cerne de *Investigação sobre os princípios do conhecimento natural*. É o estudo da relação K que liga o todo de um evento a suas partes temporais e espaciais. Transpondo o método dos cortes de Richard Dedekind, o método de abstração extensiva define as abstrações geométricas como noções-limites obtidas a partir dos dados do espaço concreto. O autor expõe em seguida uma teoria da relatividade que ele opõe à de Einstein, desenvolvida em 1922 em *Princípio de relatividade*. Na relatividade einsteiniana, as propriedades físicas são derivadas da geometria, utilizada esta em função da curvatura que a matéria introduz no espaço. É assim que a unificação do espaço e do tempo num "espaço-tempo" de "pontos-*flashs*" leva a espacializar o tempo e a desfazer a simultaneidade.

A originalidade da relatividade segundo Whitehead consiste em fazer do evento a entidade básica, por oposição ao objeto que é reconhecível e possui certa permanência. Só o evento tem por si mesmo um lugar no espaço e no tempo. Ele não muda, ele "se passa"; só existe em relação a seu antecedente, seu concomitante, seu conseqüente. O objeto, em contrapartida, ainda que imanente à representação, está fora do tempo e do espaço. A partir daí, o "tensor" einsteiniano aplica-se imediatamente ao evento, e a totalidade do espaço-tempo é uma totalidade não totalizável, um tecido sempre inacabado, obtido pela aplicação das operações referentes ao cálculo infinitesimal a entidades vetoriais.

Edição brasileira: *O conceito de natureza*, São Paulo, Martins Fontes, 1994.
Estudo: E. Laszlo, *La méthaphysique de Whitehead: recherche sur les prolongements anthropologiques*, Nijhoff, Haia, 1970.

CONCEITOS FUNDAMENTAIS,

Grundbegriffen, 1981.
MARTIN HEIDEGGER, 1889-1976.
Retranscrição de aulas.

As aulas sobre conceitos fundamentais, que Martin Heidegger deu na Universidade de Friburgo em 1941, foram editadas postumamente em 1981. Por conceito, é preciso entender uma representação sob a qual é subsumida uma generalidade; em outras palavras, segundo Heidegger, "uma representação que delimita um domínio de objetos por inteiro ou segundo perspectivas particulares porém diretivas". O adjetivo fundamental indica uma investigação do fundo das coisas que mais se deixa pressentir do que apreender. O autor pergunta qual o sentido do ser, segundo uma perspectiva fenomenológica (estudo do que aparece).

A primeira parte vai propor a distinção entre ser e ente, separação esta que está na origem do questionamento filosófico de Heidegger. A segunda parte anuncia um retorno ao pensamento grego que atesta uma apreensão originária do ser, em sua manifestação.

Heidegger explica a necessidade de uma predisposição, de uma ausculta do ser do ente. Ele é um dos grandes pensadores da corrente existencialista atéia.

Estudo: J. Beaufret, *Dialogue avec Heidegger*, Éd. de Minuit, 1973-1985.

CONCORDÂNCIA DO LIVRE-ARBÍTRIO COM O DOM DA GRAÇA, A PRESCIÊNCIA DIVINA, A PROVIDÊNCIA, A PREDESTINAÇÃO E A REPROVAÇÃO,

De concordia, 1588.
LUIZ MOLINA, 1536-1600.

A obra *De concordia* deve sua notoriedade à disputa que se seguiu à sua publicação e prolongou-se até *Provinciais* de Pascal. Dá-se o nome de *molinismo* à doutrina nela proposta. As teses molinistas já tinham começado a ser elaboradas pelos jesuítas Lessius e Fonseca.

A questão em debate é uma das mais antigas e mais fundamentais da teologia cristã, pois se trata do problema da conciliação da liberdade humana com os atributos de Deus. Para responder a Lutero, Molina apóia-se no abrandamento já praticado por Tomás de Aquino a partir das teses agostinianas sobre a graça. Trata-se de propor ao crente uma perspectiva otimista, que lhe possibilite a esperança de obter a redenção por meio de obras. O pecado original despojou o homem da capacidade sobrenatural de atingir a redenção. Resta a vontade, que pode escolher livremente entre cooperar ou não com os desígnios de Deus. A ação deste não é suficiente; é preciso uma cooperação mútua entre a graça e o livre-arbítrio.

Toda a tarefa de *Concordia* consiste em mostrar como se dá a concordância racional entre Deus e a liberdade do homem. Molina admite o concurso geral de Deus no andamento do mundo, como causa primeira, concurso que não impede que as causas segundas se exerçam (é assim que Bossuet representa a intervenção da Providência na história). A conciliação da liberdade com a presciência implica distinções conceituais ainda mais delicadas. O fato de Deus saber o que farei com minha liberdade não impede que eu seja livre. O otimismo molinista naturalmente encontrou oposições veementes, entre as quais se destaca a corrente jansenista. Tanto do ponto de vista do interesse filosófico quanto do valor literário, as *Provinciais* de Pascal constituirão o ponto culminante da controvérsia a respeito da graça.

Estudo: Y. Roucaute, *Dictionnaire des philosophes*, 1984.

CONDIÇÃO HUMANA (A),

The Human Condition, 1958.
HANNAH ARENDT, 1906-1975.

Por um lado o homem se torna prisioneiro de sua própria técnica, e a linguagem – pela qual o homem é social – não consegue mais exprimir o extremo aperfeiçoamento da ciência. Por outro lado, a automação torna o trabalho supérfluo quando, inversamente, a sociedade glorifica o trabalho. Compreender a situação do homem moderno é reencontrar o sentido de sua atividade, a *vita activa*. Esta pode assumir três formas: o trabalho, a obra, a ação. Pelo trabalho, o homem atende às suas necessidades vitais, mas seu labor se esgota na destruição dos bens consumidos. Em contrapartida, a obra subsiste como objeto fabricado pelo homem que dela se utiliza, objeto que dura e estabiliza a atividade humana. Por fim, a ação é o empreendimento pelo qual o homem se engaja politicamente e tenta imortalizar-se (pela permanência dessa ação política).

De origem judaico-alemã (expatriada e depois naturalizada americana), Hannah Arendt procurou nessa análise da atividade humana a resposta aos questionamentos de sua primeira grande obra, *As origens do totalitarismo**, na qual ela descrevia a tendência das sociedades contemporâneas à destruição.

Edição brasileira: *A condição humana*, São Paulo, Edusp, 1981.
Estudo: A.-M. Roviello, *Sens commun et modernité chez Hannah Arendt*, Ousia, 1988.

CONDIÇÃO OPERÁRIA (A),

La condition ouvrière, 1951.
SIMONE WEIL, 1909-1943.
Seleção de textos e cartas.

Muito cedo comovida pelas injustiças sociais, Simone Weil deu unidade à sua vida ao defender os proletários, entre os quais quis trabalhar para melhor os conhecer. A ex-professora universitária recusou as vantagens de sua posição para que delas se beneficiasse a caixa de solidariedade dos mineradores de Saint-Etienne. O curto texto de 30 de setembro de 1937 sobre a condição operária faz uma análise da situação mundial nessa área, tentando estabelecer uma distinção entre a verdadeira e a falsa necessidade do trabalho penoso. Ela deseja uma solução geral para os problemas econômicos mundiais que vá além dos diversos isolacionismos. Simone Weil expõe o que considera a condição primeira de um trabalho não servil: um princípio de finalidade, em outras palavras, a consideração do operário como "pessoa". Ela imagina para eles festas, viagens, em suma alegria.

Edição brasileira: *A condição operária*, Rio de Janeiro, Paz e Terra, 1979.
Estudo: J. Cabaud, *L'expérience vécue de Simone Weil*, Plon, 1957.

CONDIÇÃO PÓS-MODERNA (A),

Relatório sobre o saber,
La condition postmoderne, Rapport sur le savoir, 1979.
JEAN-FRANÇOIS LYOTARD, nascido em 1924.

As sociedades contemporâneas mais desenvolvidas, chamadas "pós-modernas", passaram por grandes transformações a partir do fim do século XIX. Lyotard analisa essas mutações para compreender em que medida o saber, seja ele científico ou narrativo, pode ser considerado legítimo. Ora, a ciência tem necessidade de uma legitimação fora de si mesma (caso contrário, é ideologia). Mas que discurso seria capaz de justificar um enunciado científico? Nenhum, pois o discurso científico "é um jogo de linguagem dotado de regras próprias". Bem mais, a ciência se deslegitima por nem sempre respeitar seus próprios princípios: alguns de seus axiomas não são demonstráveis. Finalmente, é a sociedade que legitima o saber científico; capitalista, ela quer uma ciência eficiente que dê lucro. Uma invenção é desde logo legitimada por sua eficácia social, por seus bons resultados econômicos.

Muito denso, esse relatório – encomendado pelo governo do Québec – interroga a sociedade e a filosofia sobre a maneira como elas reconhecem o saber. Analisando as aporias das filosofias hegeliana e marxista, Lyotard inspira-se nas teorias contemporâneas de Merleau-Ponty, Barthes, Serres, Wittgenstein, Habermas e outros.

Edição brasileira: *O pós-moderno*, Rio de Janeiro, José Olympio, 1986.
Estudo: C. Clement, G. Lascault, M. Dufrenne, L. Morin, "Jean-François Lyotard", na revista *L'arc*, n.º 64, 1976.

CONFERÊNCIAS SOBRE AS PROVAS DA EXISTÊNCIA DE DEUS,

GEORG WILHELM FRIEDRICH HEGEL.
VER PROVAS DA EXISTÊNCIA DE DEUS.

CONFESSIO PHILOSOPHI (PROFISSÃO DE FÉ DO FILÓSOFO),
1673.
GOTTFRIED WILHELM LEIBNIZ, 1646-1716.

Reconstituindo uma discussão imaginária entre um filósofo e um teólogo, Leibniz interroga-se sobre a bondade divina. Deus é justo? Mas ele é responsável pelo mal. É injusto? Mas deseja a felicidade de todos. É preciso repensar o universo para compreender esse aparente paradoxo. Deus é harmonia universal, e essa harmonia se exprime na diversidade do mundo. Essa pluralidade é também manifesta no homem, capaz de praticar o bem em maior ou menor grau. A harmonia induz à discordância, fonte do mal; as idéias eternas do entendimento divino trazem o pecado à existência. É preciso imaginar essa criação harmônica como multiplicação infinita de séries de acontecimentos. Assim, a alma e o corpo de um homem são duas séries paralelas completamente separadas, mas que coexistem. Toda experiência comporta uma combinação dessas séries que se encontram e formam um ponto de vista particular do mundo. Todas as "séries harmônicas" são determinadas por toda a eternidade, mas não impedem que o homem seja livre: ele não as conhece, e pode sempre agir segundo seu livre-arbítrio. Portanto, pode pecar se não fizer bom uso de sua razão em seus atos, se não souber reconhecer seu lugar no mundo. Em vista disso, o mal não é cometido por Deus, mas pelo homem, que se recusa a enxergar "a República Universal". Inversamente, aquele que contempla a harmonia rejubila-se em Deus e o ama. Deus é justo, não quer nem deixa de querer o mal: querer o mal seria amá-lo (e então Deus seria injusto); não o querer seria sofrer por sua existência (e então Deus não seria onipotente). Por isso, Deus permite os pecados, necessários à "Harmonia do Todo".

Assim como vários outros textos de Leibniz (sobretudo o *Discurso de metafísica**), esse diálogo destina-se a Arnauld, discípulo de Descartes. É o primeiro texto em que, definindo cada termo (*necessário, contingente, possível, amar, permitir, harmonia, justo* etc.), Leibniz expõe sua teoria do melhor dos mundos possíveis. Mas seu sistema se completa nessa obra: falta-lhe a noção de substância individual, que mais tarde ele chamará de "mônada" (ver *Monadologia**). Mas nesse diálogo já se destaca a ambigüidade constante de suas obras: a exposição é ao mesmo tempo filosófica e teológica; a razão vem sempre conjugada à fé.

Estudo: Y. Belaval, *Leibniz, iniciation à sa philosophie*, Vrin, 1962.

CONFINS DA VIDA (SOBRE OS),
ou *Apoteose do desenraizamento*, 1905.
LÉON CHESTOV (Lev Issaakovitch Chvartsman, dito), 1866-1938.

Numa seqüência de parágrafos expostos sem muita ordem, para refletir a imagem vacilante e contraditória da vida, Leon Chestov critica a elaboração de sistemas filosóficos arrematados e definitivos, que apresentam uma concepção tranqüilizadora mas ilusória da verdade: é preciso desestabilizar os axiomas e as evidências. A atitude filosófica verdadeira abre para a "apoteose do desenraizamento" e recusa-se a dar crédito às verdades planas e controladas dos racionalistas. O conhecimento pelas causas não é o verdadeiro conhecimento. A verdade está em toda parte e em parte alguma; é preciso aprender a conhecê-la sem querer necessariamente possuí-la. O saber é instável e indefinidamente revisável.

Estudo: R. Bespaloff, *Cheminements e carrefours*, Vrin, 1938.

CONFISSÕES (AS), *Confessiones*, ○ c. 400.
AGOSTINHO (Aurelius Augustinus, santo), 354-430.
Obra filosófica e autobiográfica.

O objeto dessa obra é revelado pelo próprio Agostinho: "Os treze livros de minhas

Confissões louvam o Deus justo e bom de meus males e de meus bens; elevam a Deus a inteligência e o coração do homem." Na realidade a obra é dividida em duas partes distintas; a primeira compreende os livros I a IX e relata a vida do autor até sua conversão ao catolicismo; a segunda, constituída pelos livros X a XIII, é mais especulativa.

Quando o autor fala da juventude, é flagrante sua concepção maniqueísta: ele sempre opõe o bem ao mal; a inocência da infância é marcada pelo pecado; uma criança não passa de um homenzinho inevitável e instintivamente induzido a apaziguar os sentidos, logo levado para o pecado; cita Jó: "Pois ninguém em vossa presença é isento de pecado, nem mesmo a criancinha cuja vida sobre a terra não tenha durado mais que um dia." Em criança, Agostinho confessa ter sido preguiçoso; não gostava das obrigações impostas pelo estudo; ao útil, ele preferia o agradável: embora sentisse aversão pelo cálculo e por grego, tinha paixão pelo latim e pelas ficções poéticas como a *Eneida*. Sentia inveja do saber das outras crianças. O jogo era essencial para ele, tanto quanto o orgulho que sentia por suas vitórias; por isso, não hesitava em trapacear; ele se descreve também como mentiroso e gatuno. O autor demonstra, portanto, que sua alma de criança era bem corrompida de nascença (livro I).

A adolescência transcorre também em pecado: "Meu medo era parecer abjeto por ser inocente, e ser considerado desprezível por ser casto." Esse modo de pensar leva-o cada vez mais a cometer novas faltas: o apelo da carne o atormenta; ele se acusa também de ter roubado frutas. É o desejo de possuir ou o medo de perder o que se tem que geralmente impele ao crime; mas ele só gosta do furto; comete o mal pelo mal, simplesmente para compartilhar esse jogo tentador com amigos.

Segue-se uma análise do pecado. O autor concebe o pecado como um desvio em relação ao bem, como uma perversidade. De fato, pecar é um modo falacioso de afirmar a própria liberdade. Pois de que liberdade se trata? A liberdade individual não é necessariamente boa, se ela implicar subtrair alguém às leis da moral por uma questão de prazer. Em compensação, afirmar a liberdade do espírito é bom, se isso não implicar prejuízo para si ou para outrem (livro II).

Em Cartago, a vaidade leva Agostinho a divertir-se com os elegantes e mundanos; entrega-se à concupiscência e à devassidão. Sente sempre o mesmo prazer em ver os males alheios representados no teatro, e sente-se culpado por essa satisfação pouco caridosa. Ao mesmo tempo, entusiasma-se com *Hortênsio* de Cícero: nele descobre a filosofia, o amor pela sabedoria. Decepcionado com a Bíblia, é seduzido pela doutrina maniqueísta: deixa-se obcecar por essa concepção dualista do bem e do mal que dá uma explicação para o pecado (livro III).

Assim, o autor nos conta os acontecimentos de sua infância e de sua adolescência, períodos de sua vida dominados pela satisfação dos sentidos. Desenha seu retrato: ele é um ser ardente e sensual, freqüentemente escravo dos instintos; apaixonado e ambicioso (deseja alcançar a glória poética), mas, devasso, aspira à purificação; revela-se também inquieto e ansioso; a amizade também tem posição importante em sua vida: fica, de fato, desesperado pela morte de um amigo. Esse desespero o leva a uma reflexão filosófica sobre a natureza do mal metafísico, que é sempre o desvio em relação a um bem: é um mal no que se refere a nós mesmos, mas um bem relativamente às finalidades do universo. Agostinho confessa que sua dor é egoísta; só o fato de amar Deus, imortal, pode trazer a felicidade (livro IV).

Em seguida ele questiona a teoria maniqueísta e afasta-se da retórica. De passagem por Milão, ouve os sermões de Santo

Ambrósio, que o emocionam (livro V); entretanto, é atenazado pelos prazeres da carne, aos quais continua cedendo; só o medo da morte e do julgamento de Deus pode salvá-lo (livro VI).

Agostinho passa então por um período de inquietação antes de descobrir o neoplatonismo, primeiro passo para o cristianismo. Os adeptos dessa filosofia lhe inculcaram a idéia de um Deus abstrato, informe, incorpóreo, ilimitado. A noção de amor está ausente; essa etapa, porém, é essencial para o autor (livro VII).

Liberto da imagem, ele pode enfim elevar-se ao Deus dos cristãos, infinitamente bom e grande. Sua conversão ocorre em julho de 386: enquanto chorava aflito debaixo de uma figueira, Agostinho ouve uma voz a cantar: "Toma e lê! Toma e lê!"; abre então o Evangelho e lê um trecho da *Epístola aos Romanos*: "Não vivais em folganças e na bebedeira, nem nos prazeres impudicos do leito, nem em querelas e ciumeiras; mas recebei em vós Nosso Senhor Jesus Cristo, e não atendais à concupiscência da carne [...] Acolhei aquele que é fraco na fé." O autor, no arrebatamento da iluminação, anuncia então a boa nova à sua mãe, Santa Mônica (livro VIII).

A partir daí, ele relata o estado extático que o levará ao batismo oito meses depois e o diálogo místico que teve com a mãe, que morre pouco depois (livro IX).

Com o livro X começa a parte especulativa da obra, que trata do problema do conhecimento de Deus. A razão não pode conceber Deus, já que nossos sentidos são limitados. Isto porque Deus é eterno, sem tempo, ao passo que o homem tem passado, presente, futuro e fim; esse tempo não tem realidade em si, é uma invenção do homem; é constituído por três nadas: o passado, que não existe mais, o futuro, que ainda não existe, e o presente, fugaz, mistura de passado e de futuro. Só Deus, que é eterno, pode ser considerado um contínuo presente (livro XI).

Graças às Escrituras é possível conhecer essas verdades; há vários graus de leitura possíveis do simbolismo da Bíblia: qualquer homem, simples ou douto, nela pode encontrar alimento para o espírito; alguns só vêem as imagens; outros podem compreendê-las e analisá-las. É Deus que nos dá o entendimento das Santas Escrituras. O tema da criação não representa realmente problema: Deus criou a matéria, informe, a partir do nada. Dessa matéria ele extraiu o Universo, o Céu e a Terra, que escapam às vicissitudes do tempo. No entanto, certos pontos continuam obscuros: como conhecer Deus (livro XII)? Na realidade, segundo Agostinho, o conhecimento de Deus é inato; baseia-se em três certezas indissociáveis: o homem é, sabe que é e quer ser; esses símbolos são encontrados na Trindade: o Pai (Ser absoluto), o Filho (Saber absoluto) e o Espírito Santo (absoluta Vontade de Deus) (livro XIII).

Obra fundamental de Santo Agostinho, ao lado de *A Cidade de Deus**, as *As confissões* constituem um testemunho dramático da época das perseguições aos cristãos; mas essa obra é sobretudo a história da mais apaixonante aventura espiritual: a da conversão e da busca de Deus. Unindo pela primeira vez sabedoria pagã e pensamento cristão, o Padre da Igreja abre o caminho a outros convertidos célebres, como Pascal ou ainda Maine de Biran. Sua obra, inspirada por um pensamento poderoso e por grande coragem, goza de eterna, ardente e vigorosa juventude. Ela é emocionante porque sincera: o autor nos conta que vivia atormentado entre os desejos sensuais e as aspirações da alma por Deus; seus sentidos foram, aliás, o último obstáculo à conversão; seu drama interior e suas fraquezas angariam nossa simpatia para esse santo que é, acima de tudo, simplesmente um homem.

Agostinho constitui uma das origens do pensamento cristão moderno, mas sua obra continua original e única em termos de apresentação: o autor mescla intimamente sua experiência humana e religiosa com um estudo especulativo do conhecimento de Deus.

Edição brasileira: *As confissões*, São Paulo, Paulinas, 1984.
Estudos: J. J. O'Meara, *La jeunesse de saint Augustin; introduction à la lecture des* Confessions, Ed. Universitaires de Fribourg/Le Cerf, 1988. E. Gilson, *Introduction à l'étude de Saint Augustin*, Vrin, 1982.

CONFLITO DAS FACULDADES (O),

Der Streit der Fakultäten, 1798.
EMMANUEL KANT, 1724-1804.

Essa obra reúne três tratados nos quais Kant examina o conflito que opõe as chamadas Faculdades "superiores" (Faculdades de teologia, de direito e de medicina) à Faculdade de filosofia. Esse triplo conflito – é o filósofo em confronto com o teólogo, o jurista e o médico – é necessário por ser o conflito da tradição positiva, religiosa ou jurídica com a autonomia intelectual. Defendendo-se dos ataques do rei da Prússia, que censurava sua depreciação do cristianismo em *A religião nos limites da simples razão** (1793), Kant retoma aqui certos aspectos dessa obra, sobretudo a idéia de uma Igreja universal e invisível, mas também faz algumas observações sobre a Revolução Francesa e dá conselhos relativos à saúde.

Edição portuguesa: *O conflito das faculdades*, Lisboa, Edições 70, 1993.
Estudo: A. Philonenko, *L'oeuvre de Kant*, 2 vols., Vrin, 1988-1989.

CONHECIMENTO DA VIDA,

La connaissance de la vie, 1952.
GEORGES CANGUILHEM, nascido em 1904.
Coletânea de textos.

Essa obra reúne várias conferências e artigos redigidos em datas diferentes, mas cuja inspiração é comum: a preocupação ética e epistemológica de respeitar a originalidade dos fenômenos do ser vivente pela constituição de um pensamento capaz de reconhecer seus limites e de experimentar as condições de seu exercício. "O pensamento sobre o ser vivente deve buscar nele a idéia de vivente." Entre este e o seu pensamento, assim como entre este e seu meio, a relação é estabelecida como um *debate*; debate supõe possível intercâmbio, mas também contraditores e critérios de apreciação. Em se tratando da vida, há uma mescla inextricável entre as representações que o homem faz dela, as técnicas que emprega para "corrigi-la", modificá-la ou eventualmente prolongá-la, os valores em nome dos quais age e a experimentação à qual procede.

A idéia segundo a qual o "progresso" das ciências biológicas se daria no sentido exclusivo do vitalismo em detrimento do mecanicismo, ou o inverso, é refutada: nas discussões sobre o debate entre o organismo e seu meio, observa-se, antes, uma alternância entre posições antitéticas mas por certo inseparáveis. Se "vida é criação", como escrevia Claude Bernard, o conhecimento da vida deve realizar-se por conversões imprevisíveis e guinadas bruscas.

No último capítulo da edição de 1965 ("A monstruosidade e o monstruoso"), Canguilhem utiliza um contra-exemplo para mostrar que um contravalor vital como o monstro não contradiz nem refuta o valor da vida, que se mostra ainda mais inigualável quando desse modo se patenteia a sua essencial contingência. Não há exceção às leis da natureza; as únicas exceções existentes são as que contrariam as leis dos naturalistas.

Estudo: *Canguilhem*, in *Revue de métaphysique et de morale*, n.º 1, Armand Colin, 1985.

CONHECIMENTO DO HOMEM,

Menschenkenntnis, 1921.
ALFRED ADLER, 1870-1937.

Consciente da natureza eminentemente científica do assunto a cujo estudo dedicara sua vida, e particularmente apto a despertar o interesse daqueles para quem as palavras psiquiatria e psicologia investiam um caráter misterioso ou temível, Adler estava muito bem situado para desempenhar um papel de primeira plana na propagação dos fatos essenciais ao conhecimento do comportamento humano. Ele sabia que poderia servir melhor à humanidade se não deixasse de insistir na posição *inferior* em que se encontra a criança quando vem ao mundo e nos seus esforços subseqüentes para passar da dependência infantil à independência da idade adulta. Adler ressalta a importância das influências familiares e sociais sobre a criança e o adolescente. A criança deve combater seus próprios impulsos biológicos, mas também os dos pais, dos irmãos e dos professores.

O autor expõe aqui sua teoria sobre o complexo de inferioridade, em particular no capítulo V. De início, Adler adere sem reservas às teses freudianas para explicar a tendência de certos neuropatas a compensar seu "sentimento de inferioridade" por meio de manifestações agressivas. Mas logo renuncia a essa aplicação dogmática do freudismo para defender um ponto de vista diametralmente oposto. Para ele, não é a pulsão sexual, mas a aspiração à perfeição, que torna inteligível o dinamismo da vida psíquica. A hereditariedade, a educação e os fatos sociais determinam desde a infância o ideal que cada indivíduo se esforça por atingir na vida. Destinada a compensar o sentimento de inferioridade da criança em relação ao mundo adulto, essa construção psíquica protege o sentimento de superioridade que anima as condutas humanas. Assim, na neurose, o indivíduo foge do contato de uma realidade frustrante para salvaguardar sua superioridade fictícia.

Estudo: H. Schaffer, *La psicologie de Adler: théorie et applications*, Masson, 1976.

CONHECIMENTO E ERRO,

Erkenntnis und Irrtum, 1905.
ERNST MACH, 1838-1916.

Nascido na Morávia, esse físico, psicólogo e filósofo das ciências ensinou durante vinte e oito anos física experimental na Universidade de Praga. Considerado pelos neopositivistas do Círculo de Viena como seu patrono fundador, a concepção de Mach do ideal científico era de que ele deveria ser a representação das experiências humanas através de um sistema unificado de conceitos: esse ideal tornou-se o programa do Círculo de Viena. Todavia, outros aspectos de seu pensamento aproximam Mach de Thomas S. Kuhn e de Williard V. O. Quine.

É sobretudo a análise psico-histórica dos conceitos que caracteriza sua filosofia das ciências e o situa no contexto da descoberta. Para Mach, de fato, todo conhecimento científico é relativo: mesmo expresso numa linguagem lógico-matemática, ele depende da contingência histórica que permitiu sua expressão. Pessoalmente, está distante da forte influência logicista que tomou conta do Círculo de Viena.

Estudo: P. Franck, *Modern Science and its Philosophy*, Massachusetts, 1949.

CONHECIMENTO E INTERESSE,

Erkenntnis und Interesse, 1968.
JURGEN HABERMAS, nascido em 1929.

Opondo-se ao cientificismo positivista expresso em *A lógica da pesquisa científica** de Karl Popper e em Carl G. Hempel e Paul Oppenheim – que pretendem definir de maneira exclusiva os critérios de toda a verdade científica –, Habermas afirma a especificidade das ciências sociais. Ele tenta reconstruir "a pré-história do positivismo moderno" expondo a crise da crítica do conhecimento (Kant, Hegel, Marx, 1ª parte), o positivismo, o pragmatismo e o historicismo (Comte, Mach, Peirce, Dilthey, 2ª parte), e a crítica como unidade do conhecimento e do interesse (Kant, Schelling, Freud, Nietzsche, 3ª parte). Continuando sua "aula inaugural" dada na Universidade de Frankfurt em junho de 1965, Habermas afirma que existe um vínculo entre o *conhecimento* (a ciência) e o *interesse* (no sentido de interesse universal). A ciência é interessada porque são os interesses comuns à espécie humana em seu conjunto que dirigem o conhecimento.

Nesse aspecto, deve-se fazer a distinção entre *ciências exatas* e *ciências humanas*.

As ciências exatas são *empírico-analíticas*: empíricas porque atuam por meio da verificação pela experimentação, e analíticas devido à formalização lógico-matemática de teorias hipotético-dedutivas. Habermas refuta a pretensão da chamada objetividade da experiência científica, na realidade uma intersubjetividade (ao mesmo tempo intersubjetividade empírica da observação e intersubjetividade lógico-lingüística de sua formulação). As ciências empírico-analíticas procedem de um interesse *técnico* do conhecimento.

As ciências humanas, por sua vez, são ciências *histórico-hermenêuticas*. Procedem de um interesse *prático* que visa à manutenção e à extensão da intersubjetividade da compreensão entre os indivíduos.

Por fim, Habermas propõe um "terceiro aspecto", o das ciências *críticas* (crítica das ideologias, psicanálise), que procedem de um interesse *emancipatório* em que coincidem por fim conhecimento e interesse, na intenção de realizar a racionalidade comunicativa da interação (noção oposta à de *trabalho*).

Edição brasileira: *Conhecimento e interesse*, Rio de Janeiro, Zahar, 1982.
Estudo: J.-M. Ferry, *Habermas, l'étique de la communication*, P.U.F., 1987.

CONHECIMENTO E REALIDADE,

Knowledge and Reality, 1885.
BERNARD BOSANQUET, 1848-1923.

Essa obra é uma crítica severa a *Princípios de lógica** de Francis Bradley (mestre venerado pelo autor), que, na segunda edição de sua obra em 1922, dará mais atenção às críticas de seu discípulo. Bosanquet censura nessa lógica o seu lado negativo: na verdade, seu resultado seria o fracasso, de vez que, por mais verdadeiros que sejam nossos raciocínios, eles não atingem a realidade, continuam sendo construções à margem do real – e isso, quer se trate da consciência sensível imediata, quer do pensamento relacional que analisa e reconstrói o real. O erro de Bradley é oscilar entre essas duas concepções de verdade, visto que o ato de julgar – em que consiste o pensamento – é *indecomponível*. Em particular, entre juízos hipotéticos e juízos categóricos, não se deve introduzir uma oposição radical – o que, aliás, domina toda a lógica. Essas formas nunca se apresentam em estado puro: um juízo categórico, tal como "o tempo chuvoso é úmido", remete ao juízo hipotético: "se chover ficará úmido". O pensamento deve passar por hipóteses, mas sem abandonar a base concreta dos fatos que as tornam plausíveis e que se vinculam a juízos categóricos.

Todos esses juízos, portanto, qualificam a realidade. Não há razão para distinguir, como faz Bradley, juízos abstratos e outros, mais imediatos. Não há duas realidades: o dado sensível imediato e o sujeito último dos juízos. A realidade é o único sujeito de todos os juízos. Essa obra encontraria seus fundamentos definitivos em *Lógica**, o grande tratado de 1888.

Estudo: F. Houang, *Le néohégélianisme en Angleterre: la philosophie de Bernard Bosanquet*, Vrin, 1954.

CONHECIMENTO OBJETIVO,

Objective Knowledge, 1972.
KARL RAIMUND POPPER, nascido em 1902.

No prolongamento de *A lógica da pesquisa científica**, Popper dedica-se aqui à elaboração de uma teoria objetiva (ou objetivista) do conhecimento que rompa definitivamente com o ponto de vista subjetivista tradicional – o do racionalismo cartesiano e o do empirismo de Locke, Hume ou Berkeley. Este de fato postula que "as experiências subjetivas são particularmente garantidas e constituem por isso um ponto de partida sólido ou uma base adequada". Contra essa obsessão do fundamento, à qual a maioria dos filósofos sucumbiram, Popper toma o partido do senso comum, espontaneamente realista. Que os objetos de nosso ambiente conhecido não se deslocam sozinhos quando lhes damos as costas, estamos todos dispostos a admitir. Ora, essa atitude provém justamente de uma abordagem *objetivista* do conhecimento. Um conhecimento fiel à realidade e independente do sujeito cognoscente, tal é o *conhecimento objetivo* (ou *conhecimento sem sujeito cognoscente*) defendido pelo autor.

É para melhor ilustrar a situação particular de nossas teorias, conjecturas e suposições objetivas que Popper distingue, um pouco à maneira de Platão, três mundos: o "mundo 1", ou o mundo físico; o "mundo 2", ou o mundo de nossos estados de consciência e de nossos pensamentos subjetivos; e o "mundo 3", ou o mundo do pensamento objetivo, constituído pelos conteúdos lógicos dos livros, das teorias, dos problemas, das discussões, das obras de arte etc. A raça humana poderia perfeitamente desaparecer, e os habitantes do terceiro mundo, que são as "teorias em si" por ela produzidas ao longo de sua história, nem por isso deixariam de existir. Pois o mundo 3 é autônomo: as soluções nele nascidas podem dar origem a novos problemas, a novas discussões, a novas soluções, que se enriquecerão por sua vez. Tampouco o terceiro mundo de Popper é o mundo imutável das Idéias de Platão. Ele evolui, progride ao sabor das *conjecturas* e das *refutações* elaboradas pelos homens. Assim, opera-se nele uma espécie de *seleção darwiniana* que divide nossas teorias em teorias caducas (porque invalidadas pelos testes) e teorias *verossímeis* (as que, até o presente, resistiram à prova dos testes).

Se esse terceiro mundo é uma criação da racionalidade humana, esta, em contrapartida, deve muito ao terceiro mundo. É essa *autotranscendência* que, para Popper, constitui o fato mais marcante da evolução humana: "Ocorre com nossas teorias o que acontece com nossos filhos: tendem a tornar-se em grande parte independentes de quem lhes deu vida. E, assim como isso pode ocorrer com nossos filhos, também ocorre com nossas teorias: pode ser que recebamos delas maior quantidade de conhecimento do que aquele com que as dotamos no início", escreve o autor como conclusão.

Edição brasileira: *Conhecimento objetivo*, Belo Horizonte, Itatiaia, 1975.

Estudo: R. Bouveresse, *Karl Popper, ou Le rationalisme critique*, Vrin, 1987.

CONJECTURAS E REFUTAÇÕES,

Conjectures and Refutations, 1963.

KARL RAIMUND POPPER, nascido em 1902.

A ciência progride por tentativa e erro, por conjecturas e refutações – tal é a tese central desse livro, que, no prolongamento de *A lógica da pesquisa científica**, reúne ensaios e comunicações sobre a história da filosofia, a história das ciências físicas, mas também sobre política e história. De acordo com o *critério de refutabilidade* adotado por Popper para distinguir ciência e pseudociência, uma teoria só é científica se correr o risco de ser invalidada por um teste experimental. Por conseguinte, nenhuma teoria, nem mesmo a mais solidamente estabelecida na comunidade científica, está a salvo de uma eventual refutação ulterior.

Por isso, é preciso considerar provisórias, hipotéticas ou *conjecturais* todas as leis ou teorias científicas; as novas teorias só se impõem como *aproximações* melhores que as precedentes.

Contra a atitude dogmática, que tenta verificar as leis para poder *confirmá-las*, Popper preconiza um racionalismo crítico que, ao contrário, procure *refutá-las* submetendo-as incansavelmente à prova dos testes. Assim, o erro – em vez de constituir uma falta ou uma falha de conhecimento, como acreditavam

Bacon e Descartes – é uma etapa essencial do desenvolvimento do conhecimento. Não existe atitude mais racional – escreve Popper – do que "propor teorias audaciosamente, envidar todos os esforços para mostrar que elas são errôneas e dar o nosso aval provisório sempre que nossas tentativas de crítica não derem resultado".

Edição brasileira: *Conjecturas e refutações*, Brasília, UnB, 1982.
Estudo: A. Verdan, *Karl Popper ou La connaissance sans certitude*, Presses Polytechniques Romandes, 1991.

CONQUISTAS DE MECA,

IBN ARABI.
VER REVELAÇÕES DE MECA.

CONSCIÊNCIA AFETIVA (A),

La conscience affective, 1979.
FERDINAND ALQUIÉ, 1906-1985.

Revitalizando a problemática do conflito entre a sensibilidade e a razão ("Como se explica o fato de eu sentir de maneira diferente daquela como conheço?"), Alquié centraliza sua reflexão e a argumentação de seu estudo no caráter afetivo da consciência humana, que, diferindo da razão, nem por isso deixa de constituir um saber. Para captar a especificidade desse conhecimento, ele examina a afetividade através de suas manifestações empíricas – angústia, amor, sonho ou loucura – e interroga-se sobre o simbolismo, a fé e outras concepções que implicam, na origem, os afetos da consciência. Cita Proust e Rimbaud e volta a questionar o apriorismo filosófico de racionalistas como Spinoza, Descartes ou Kant, que, para ele, desnaturam a consciência ao reduzir afetivo a intelectual. "É próprio de nossa condição" – escreve ele – "captar o mundo a partir de um eu do qual a afetividade não pode ser banida." Alquié conclui que as ciências do homem ignoram a verdadeira autoconsciência, que, alheia ao mundo, basta-se a si mesma e permite que o homem se conheça espontaneamente, "sem se explicar nem se compreender".

Estudo: J.-L. Manon, *La passion de la raison: hommage à Ferdinand Alquié*, col. "Epimethée", P.U.F., 1983.

CONSCIÊNCIA MISTIFICADA (A),

La conscience mystifiée, 1933-1935.
HENRI LEFEBVRE, 1901-1991.
Manifesto filosófico.

Esse "livro maldito" foi rejeitado pelos comunistas e, mais tarde, destruído pelos nazistas. Nele Lefebvre afirma que o critério da verdade não passa nem pela consciência individual nem pela consciência coletiva, e que a falta de conhecimento reina por toda parte, sobretudo entre os explorados.

Estudo: R. Hess, *Henri Lefebvre et l'aventure du siècle*, ed. A.-M. Metailie, 1988.

CONSIDERAÇÃO (DA),

De consideratione, ○ de 1149 a 1153.
BERNARDO DE CLAIRVAUX, 1091-1153.

Nesse tratado moral e político composto por cinco livros e dedicado ao papa Eugênio III, o autor dá a seu discípulo uma lição de humildade: o papa deverá cercar-se de colaboradores honestos e dignos; demonstrar espírito de abnegação; preferir a riqueza espiritual à riqueza material; defender a Igreja por meio da palavra, e não da espada. Crítica em relação à Igreja, essa obra foi consagrada como o "manual do perfeito soberano pontífice".

Estudo: É. Gilson, *La théologie mystique de saint Bernard*, Vrin, 1969.

CONSIDERAÇÕES, *Propos*, 1906-1951.

ALAIN (Émile Auguste Chartier, dito), 1868-1951.

Coletânea de fragmentos (uma a duas páginas) sobre todos os assuntos aptos a suscitar a reflexão do filósofo.

Em virtude do seu estilo, as *Considerações* constituem um acontecimento único na produção filosófica universal. Escritas diariamente para *Dépêche de Rouen* e depois para outros periódicos, publicadas mais tarde em numerosos volumes (cronológicos ou temáticos), compõem em si um gênero original, vinculado ao estilo jornalístico, mas sempre à altura das exigências da filosofia: "elevar a matéria jornalística ao nível da metafísica", dizia Alain. Há cerca de cinco mil *Considerações*.

As *Considerações* de Alain são atuais, no sentido mais forte da palavra. A atualidade está presente porquanto Alain não deixa de comentá-la: fatos, política, história, debates públicos. Mas o presente também se manifesta de outra maneira: no retorno periódico dos fenômenos naturais, dos trabalhos humanos, das festas (Páscoa, Todos os Santos, Natal...), dos ritos sociais (volta às aulas, comemorações); tudo é saudado e julgado segundo as exigências de um pensamento vivo, atual no sentido de ocorrer em ato, a cada dia, para o leitor. Atual também porque o pensamento de Alain nunca se satisfaz em acompanhar o presente da forma como ele se dá, e em encerrar o comentário na fugaz novidade do acontecimento. As *Considerações* não são uma "escuma dos dias". Ao contrário, são permeadas por um esforço constante de elevar o fato banal, a cotidianidade, ao nível de objetos de pensamento universal e intemporal. Tudo o que é costumeiramente pequeno torna-se grande porque elevado à altura das experiências mais fundamentais da humanidade; a referência constante aos grandes autores e às grandes obras ("Humanidades") contém a seguinte exigência: pensar o presente, a obra cotidiana das coisas e dos homens, para depreender o que nela é essencial.

Alain fala, portanto, de tudo. Nada, *a priori*, deixa de merecer a atenção do filósofo. Alain se quer herdeiro de Hegel, para quem a leitura do jornal é a "prece da manhã" do homem moderno. Os deuses também estão na cozinha; o próprio noticiário é Deus. O sol, a chuva, a maré, o vôo de pássaro, uma ilusão de óptica, uma lembrança literária (Balzac, Hugo, Dickens), o gesto do artesão ou do prestidigitador, o grito do camelô, a vela que estala e pende ao vento, o incêndio, o acidente de carro são ocasiões para meditações renováveis ao infinito. O autor, aliás, extrai muita coisa de sua experiência na guerra de 1914.

Alain fala de tudo. Mas seria melhor dizer que Alain *julga* tudo, recusando-se sistematicamente a adorar, impedindo-nos de adorar. Nada há de sagrado e respeitável fora aquilo por que o respeito se dá: o exercício livre do pensamento soberano. Às vezes Alain se permite mesmo a cólera justa.

Nas *Considerações* vive uma filosofia que realiza sua obra. Ela não difere em nada, evidentemente, daquilo que se encontra nos outros textos de Alain. Alain é um filósofo original, mas não propõe nenhuma doutrina nova, inédita. Alain, aqui ainda hegeliano, aceita toda a filosofia, dá-lhe vida, a partir de Platão, com a convicção de que toda a filosofia é verdadeira: Platão convive com Aristóteles, Epicuro se dá bem com Epicteto, Descartes com Spinoza. Contudo, não há ecletismo a edulcorar as doutrinas; cada uma delas está ali, em toda a sua força. E raras são as rejeições (Berkeley, Freud).

O autor, contudo, não faz mistério de suas preferências: filosofia do juízo (Descartes mais que Spinoza), da vontade soberana contra as paixões (Epicteto mais que Epicuro), da idéia (Comte mais que Marx).

O apelo constante e exigente à realidade não é apenas o procedimento de um pensamento preocupado em tirar partido de tudo. É antes de mais nada, como já se disse, a idéia (ao mesmo tempo spinozista e hegeliana) de que toda a realidade é verdadeira, até em suas ilusões e enganos. A reflexão de Alain sobre as religiões é exemplar (ver *Os deuses**). Para ele, ainda é uma proteção e uma garantia contra a tendência natural do pensamento a instalar-se confortavelmente em seu universo de pensamentos;

Alain teria adorado estas palavras de Prevert: "O mundo mental mente. Monumentalmente."

A leitura das *Considerações* nem sempre é fácil; algumas são belos enigmas. O estilo de Alain pode desconcertar. Merecem ser lamentados aqueles que deixam de ler esses textos por essa última "razão".

Estudos: A. Maurois, apresentação do vol. I da edição *Choix de propos*, 2 vols., Bibliotèque de la Pléiade, Gallimard, 1990. S. S. de Sacy, apresentação do vol. II da edição citada.

CONSIDERAÇÕES EXTEMPORÂNEAS,

Unzeitgemässe Betrachtungen, 1873-1876.
FRIEDRICH WILHELM NIETZSCHE, 1844-1900.

As quatro *Considerações extemporâneas* referem-se, sucessivamente, ao teólogo David Strauss (1873), à utilidade e aos inconvenientes da história (1874), a Schopenhauer educador (1874) e a Richard Wagner em Bayreuth (1876).

Na primeira consideração, Nietzsche ressalta que uma vitória militar nada tem que ver com a vitória de uma cultura. Que é cultura? "Uma unidade de estilo estético que se manifesta em todas as atividades de uma nação."

A segunda consideração denuncia a "barbárie" ou a "doença" científica.

A terceira celebra Schopenhauer como educador por excelência. Mesmo permanecendo fiel a ele durante toda a sua vida, Nietzsche não lhe poupará críticas, principalmente no que se refere à concepção de piedade que os separava.

A quarta consideração consagra a glória de Wagner: não sendo ainda o perigo que se tornará na opinião de Nietzsche, Wagner é aqui apresentado como "o antimoderno" que sabe discernir o perigo do que é "moderno". Nietzsche esboça assim o retrato de um criador que luta pela transformação do mundo. A crítica da sociedade burguesa já se encontra explicitada. Em *Ecce Homo**, Nietzsche afirmará que as duas *Considerações extemporâneas* dedicadas a Schopenhauer e a Wagner na realidade falavam dele mesmo.

Estudo: J. Chaix-Ruy, *La pensée de Nietzsche*, col. "Pour connaître", Bordas, 1964, cap. II, "Wagner et Nietzsche".

CONSIDERAÇÕES SOBRE A FRANÇA, *Considérations sur la France*, 1797.

JOSEPH DE MAISTRE, 1753-1821.

Fortemente influenciado por Edmund Burke e suas *Reflexões sobre a Revolução Francesa* (1790), em que o filósofo britânico denunciava os dois males revolucionários que são a abstração e o individualismo, Joseph de Maistre desenvolve aqui uma análise e uma explicação globais do fenômeno revolucionário, além de uma refutação da obra de Benjamin Constant, *De la force du gouvernement actuel et de la nécessité de s'y rallier* (1795), em que este elogiava o Diretório.

Para o teórico contra-revolucionário, Deus é a origem de tudo o que existe; não há acaso, ilogicidade ou absurdo; tudo está ordenado de acordo com os planos da Providência. O homem se acredita livre, mas na verdade não passa de "instrumento de Deus". Por isso, nada pôde impedir e nada deterá a Revolução; esta é resultante necessária de um decreto da Providência, que pune os homens perturbando uma ordem que lhes era favorável. A Revolução, obra de Deus, e não dos homens, pune a França, que, à frente da cristandade, falhou em sua missão ao facilitar a propagação da irreligiosidade dos filósofos. Continuador de Bossuet, Maistre é um *providencialista* que descreve a Revolução como punição divina que deve regenerar a França, tornando-a mais forte depois dessas duras provações. A República não pode durar porque legisla para um homem abstrato; ora, a vontade racional não pode fundamentar um Estado. Contra Constant e seus temores de retorno violento dos monarquistas, Maistre – como "monarquista saboiano" – torna-se panfletário e afirma que a contra-revolução não é uma revolução, nem novo terror. Graças à Providência, a monarquia dos Bourbons será simplesmente restabelecida e, inspirada pelo perdão, possibilitará o retorno à ordem e à harmonia.

Joseph de Maistre dá assim um testemunho essencial sobre a Revolução, mesmo que seu providencialismo comprometa a análise. Pensador da contra-revolução, tomando como referência a tradição e a história, adversário resoluto do liberalismo, do racionalismo e do progresso, ele é um dos primeiros a defender o Antigo Regime em pleno triunfo da Revolução. Apesar desse monarquismo e desse tradicionalismo, Auguste Comte reconhece ter sido influenciado por Maistre e sua paixão pela história.

Estudo: R. Triomphe, Joseph de Maistre. *Étude sur la vida e sur la doctrine d'un matérialiste mystique*, Droz, Genebra, 1968.

CONSIDERAÇÕES SOBRE A REVOLUÇÃO FRANCESA,

Beiträge zur Berichtigung der Urteile des Publikums über die französische Revolution, 1793-1794.
JOHANN GOTTLIEB FICHTE, 1762-1814.

Publicada numa época em que a contrarevolução se faz sentir na Alemanha, essa obra, que ficou inacabada, valeu a seu autor a reputação de "democrata" e "jacobino". Em 1793, os excessos da Revolução Francesa dão ensejo às críticas reacionárias de Burke e Rehberg, que vêem nesses excessos a prova de que a práxis política não deve derivar da teoria, ou seja, de princípios tais como os que se encontram em *O contrato social**: isso seria trocar o ideal pelo real em política. Fichte retificaria os juízos feitos sobre a Revolução por meio de duas perguntas. Com a primeira – *quid facti?* – ele negava a possibilidade de recorrer aos fatos para condená-la; com a segunda – *quid juris?* – ele propunha a legitimidade do ato revolucionário.

Portanto, essa obra consagrava a ruptura com o autor de *Teoria e prática* (1793): enquanto Kant dá prioridade à ordem, Fichte dá prioridade à liberdade e vê o indivíduo como realidade primeira que basta para fundamentar a moral, o direito e a sociedade.

Estudo: A. Philonenko, *Théorie et praxis dans la pensée morale et politique de Kant et de Fichte en 1793*, Vrin, 1968.

CONSIDERAÇÕES SOBRE AS CAUSAS DA GRANDEZA DOS ROMANOS E DE SUA DECADÊNCIA,

Considérations sur les causes de la grandeur des romains et de leur décadence, 1734.
MONTESQUIEU (Charles-Louis de Secondat, barão de La Brède e de), 1689-1755.

Essa história de Roma, composta na biblioteca do castelo de La Brède a partir de 1732, não passa de pretexto para o autor conjecturar sobre as causas gerais – morais ou físicas – que presidem aos destinos de cada monarquia, determinando-lhe a ascensão, a manutenção e a ruína. A escolha de Roma não é fortuita: sua história também faz parte da história da França. Ademais, Roma é um modelo através do qual se pode ver o reinado de Luís XV.

Para Montesquieu, a história é racional; o passado revive no presente, e a experiência da história pode esclarecer a atualidade. Na verdade, existem constantes históricas que, ao contrário do que pensava Bossuet, não são devidas à intervenção da providência divina, mas a causas gerais puramente terrestres. Uma causa geral resulta de várias forças; a ela se juntam as causas particulares que retardam ou precipitam o efeito das causas gerais. Pode-se dizer, assim, que a decadência de Roma não é fruto do acaso: sua origem está na própria civilização romana. A grandeza de Roma durou enquanto ela permaneceu fiel a seus valores – amor ao trabalho, à pátria, à liberdade e à sabedoria. A excessiva grandeza de Roma, o distanciamento do exército, a injusta divisão das riquezas, a extensão do direito de cidade às terras conquistadas provocaram sua queda.

Montesquieu rejeita o cepticismo. Pode-se criticar seu determinismo demasiado absoluto; a estrutura de sua obra pode parecer obscura, mas o autor quer levar o leitor a refletir. Deu a esse estudo o título de *Considerações* porque sua história é explicativa; Montesquieu não se contenta em expor os fatos cronologicamente. Rejeita a facilidade da história narrativa; toma partido pela escolha das fontes e só se atém aos relatos que possam apoiar suas afirmações (Políbio, Amiano Marcelino, Dionísio de Halicarnasso). Seu estilo, conciso, alerta e preciso, revela profunda convicção.

Estudo: J. Starobinski, *Montesquieu*, col. "Ecrivains de toujours", Le Seuil, 1979.

CONSIDERAÇÕES SOBRE O OTIMISMO, *Versuch einiger Betrachtungen über den Optimismus*, 1759.

EMMANUEL KANT, 1724-1804.

Publicadas no mesmo ano que o *Cândido** de Voltaire, após o tremor de terra de Lisboa (1755), as *Considerações sobre o otimismo* correspondiam a uma preocupação já antiga em Kant, que havia reunido notas com o fim de responder a uma questão proposta pela Academia de Berlim. Embora, nessas notas, Kant preferisse o otimismo de Pope ao do autor de *Ensaios de teodicéia**, o texto de 1759 situa-se na perspectiva leibniziana, quando ele convida a assumir o ponto de vista do todo, em lugar das afirmações feitas a partir de nossa situação limitada. Mas, embora Kant se aproxime de Leibniz no que se refere às conclusões, não chega a elas pelos mesmos caminhos. É uma reflexão bem abstrata sobre a noção de realidade que leva Kant a aderir ao otimismo. Esse texto quase não teve repercussões: foi totalmente eclipsado pelo *Cândido* de Voltaire; essa obra não é incluída hoje em dia entre as mais importantes do filósofo de Königsberg.

Estudo: P. Henriot, *Considérations sur l'optimisme*, in *Revue de l'enseignement philosophique*, nº especial "Les Lumières", set./out. 1987.

CONSIDERAÇÕES SOBRE OS CORPOS ORGANIZADOS, *Considérations sur les corps organisés*, 1762.

CHARLES BONNET, 1720-1793.

Bonnet expõe nessa obra a teoria da pré-formação, com a qual, no século XVIII, se pretendia explicar a geração dos organismos. O autor se mostra, muitas vezes aprioristicamente, aliás, partidário de um pré-formacionismo ovista (ou seja, que privilegia a participação do sexo feminino na geração).

Estudo: E. Guyenot, *Les sciences de la vie aux XVIIe et XVIIIe siècles*, col. "L'évolution de l'humanité", Albin Michel, 1941.

CONSOLAÇÃO DA FILOSOFIA (A), *De philosophiae consolatione*, ○ c. 523.

BOÉCIO (Anicius Manlius Severinus Boetius), c. 480-524.

Participando dos negócios de Estado, Boécio, Mestre de Ofícios de Teodorico, rei dos godos, acaba por cair em desgraça. Redige essa obra na prisão de Pávia, antes de ser condenado à morte e supliciado em 524. Em cinco livros, nos quais se alternam prosa e poesia, Boécio conta seu diálogo com Filosofia, que lhe aparece na forma de mulher admirável. Enquanto ele se queixa da crueldade do destino, que parece obstinar-se contra ele, Filosofia tenta curá-lo, lembrando-lhe a verdadeira finalidade do universo (livro I). Dando a palavra à inconstante Fortuna, Boécio reconhece que, apesar de tudo, não deveria queixar-se. Admite que "a felicidade é o soberano bem orientado pela razão" e que bens materiais e glória pessoal de nada valem (livro II). As falsas felicidades estão ligadas ao poder, às riquezas, aos cargos honoríficos, à glória e ao prazer. Caminhos estes que não passam de becos sem saída. A verdadeira felicidade é o soberano bem, "que reside no Deus soberano" (livro III). No entanto, apesar da "existência de um ser bom no comando do universo", o mal existe. Enquanto a bondade eleva o homem acima do gênero humano para dar-lhe acesso à condição divina, o mal o rebaixa à condição de animal. Para compreender essa coisa espantosa – Deus aparentemente concede benefícios aos malvados, enquanto maltrata os bons – é preciso reconhecer que, na indivisibilidade de Deus, coadunam-se Providência e Destino: a Providência é a divina inteligência que, situada no cume de todas as coisas, regula-as todas; o Destino é o meio de que a Providência se serve para atribuir a cada coisa o lugar que lhe convém (livro IV). Um Deus que conhece tudo com antecedência não contradiz o livre-arbítrio do homem. Deus, em sua indivisibilidade e imediação, "vê como presentes os acontecimentos futuros que resultam do livre-arbítrio". Tais acontecimentos são *necessários* em relação ao conhecimento divino, que tem presciência de tudo, mas são isentos de vínculos de necessidade se considerados em si mesmos (livro V).

Edição brasileira: *A consolação da filosofia*, São Paulo, Martins Fontes, 1998.

Estudo: P. Courcelle, *La consolation de la philosophie dans la tradition littéraire: antécédents et postérité de Boèce*, Études Augustiniennes, 1967.

CONSTÂNCIA DO SÁBIO (DA),

De constantia sapientis, ○ c. 50.
SÊNECA (Lucius Annaeus Seneca), 4 a.C.-65 d.C.

Esse tratado de moral estóica foi redigido por Sêneca para converter ao estoicismo seu amigo Serenus (a quem ele também dedicou *Da tranqüilidade da alma*). A destinação da obra revela-se em sua forma, extremamente didática. Composto com rigor, o tratado obedece aos preceitos lógicos do raciocínio estóico canônico; nele se percebe nitidamente o ensinamento teórico dos mestres da lógica estóica, Crisipo em particular.

O objetivo principal de Sêneca é mostrar que o sábio estóico é invulnerável às vicissitudes da existência humana. A injustiça, o insulto por certo o chocam e provocam sua desaprovação, mas não o perturbam nem o afetam.

O autor formula aqui uma distinção muito importante na moral estóica, na qual os pensadores mais antigos da doutrina haviam pouco refletido: é preciso distinguir o sábio consumado daquele que aspira à sabedoria mas ainda não a atingiu (essa distinção é encontrada em certos pensamentos orientais, como o budismo). Ao lado de alguns outros grandes clássicos do estoicismo moral (*Epístolas a Lucílio** também de Sêneca, *Manual** e *Colóquios** de Epicteto), essa obra contribuiu muito para consolidar a imagem tradicional do sábio estóico, que exige austeridade na luta contra as paixões, consciente do abismo que o separa do vulgo na busca da virtude. É essa a imagem que a posteridade filosófica do estoicismo terá em mente no mais das vezes, para venerá-lo ou criticá-lo. É nela, por exemplo, que Descartes pensa ao criticar os antigos teóricos da virtude: "Freqüentemente, o que chamam com tão belo nome não passa de insensibilidade ou orgulho, ou então de desespero ou parricídio" (*Discurso do método**). É também ela que Kant tem em vista ao denunciar, na *Crítica da razão prática**, o orgulho do estóico, em quem ele censura o fato de a perfeição moral consistir apenas na vitória sobre as próprias tendências.

Estudo: P. Grimal, *Senèque*, col. "Que sais-je?", P.U.F., 1981.

CONSTITUIÇÃO DE ATENAS, Πολιτεία τῶν Ἀθηναίων, ○ entre 328 e 325 a.C.

ARISTÓTELES, 384-322 a.C.

Esse é o único estudo sobre as instituições políticas de 158 Estados gregos e bárbaros que chegou até nós; foi descoberto em 1880 na forma de fragmentos.

Material básico da *Política** de Aristóteles, essa obra compreende de início uma parte histórica. O autor relata as etapas fundamentais da evolução política do regime ateniense: remonta aos tempos míticos da monarquia, para depois abordar os primórdios da república. No início, não havia nenhum código escrito, e a república tinha grande caráter aristocrático e feudal. O primeiro código escrito remonta a Dácron, mas Sólon é o autor da constituição ateniense moderna. Graças a ele, foi feito um grande progresso: a escravidão por dívidas é abolida, importante decisão numa sociedade em que os cidadãos são divididos em quatro classes políticas de acordo com seus rendimentos. Aristóteles fala em seguida das perturbações e dos conflitos de Atenas até que a ordem seja restabelecida graças a Trasibulo.

Na segunda parte, o autor descreve o sistema de governo democrático praticado no reinado de Alexandre, o Grande: todos os cidadãos de mais de dezoito anos que tenham cumprido os deveres da efebia, espécie de serviço militar, recebem os direitos cívicos e políticos que poderão exercer por toda a vida; desse modo, têm o controle dos negócios públicos e podem intervir nos campos judiciário, executivo e legislativo.

Com essa *Constituição*, Aristóteles escreveu uma obra de vulgarização. Seu esforço de objetividade não oculta sua vontade filosófica; em todas as circunstâncias ele preconiza seu gosto pelo meio-termo, donde sua simpatia pela constituição de Sólon, que aspirava à justiça social e à realização do bem do Estado.

Edição brasileira: *Constituição de Atenas*, São Paulo, Hucitec, 1985.

Estudo: R. Weil, *La "Politique" d'Aristote*, in *Entretiens sur l'Antiquité classique*, t. XI, Fondation Hardt, Vandoeuvres-Genève, 1965.

CONTINGÊNCIA DAS LEIS DA NATUREZA (DA), *De la contingence des lois de la nature*, 1874.

ÉMILE BOUTROUX, 1845-1921.

No texto da tese que defende na Sorbonne em 1874, Boutroux coloca a questão clássica do *status* da necessidade. No entanto, não se trata apenas de epistemologia: a reflexão sobre o conhecimento científico aqui redunda na problemática metafísica.

O autor distingue necessidade lógica de necessidade causal, os pontos de vista qualitativo e quantitativo. As leis da natureza expressam uma necessidade de fato, cognoscível por indução, necessidade que Boutroux considera imagem material da obrigação moral. Esta é conhecida pela razão, enquanto cabe ao entendimento captar a necessidade nas coisas. Mas a contingência está no fundo da natureza. As diversas ordens de fenômenos são irredutíveis umas às outras, como em Comte, e há assim um lugar para a liberdade humana.

Houve quem visse nessa concepção uma prefiguração das teses bergsonianas.

Estudo: J. Wahl, *Tableau de la philosophie française*, Idées/Gallimard, 1962.

CONTRA CELSO, Κατὰ Κέλσον, ○ 248.

ORÍGENES, c. 185-c. 251.

Celso foi um filósofo de inspiração platônica que viveu no século II. Seus principais textos são constituídos por ataques contra a religião cristã, em particular o *Discurso verdadeiro** que constitui o objeto das refutações de Orígenes. Este, Padre da Igreja, utiliza o método de exegese com que está familiarizado nos comentários à Bíblia. Citando grande número de afirmações de Celso sobre a natureza da religião cristã e suas relações com a filosofia platônica, Orígenes as refuta uma a uma. De fato, ao contrário do que afirma Celso, que é um filósofo pagão, o poder da religião cristã não está na magia nem na submissão cega dos cristãos, pois essa religião pode estar sujeita a diferentes interpretações, segundo a cultura de quem a interpreta. Por outro lado, Orígenes denuncia a aproximação abusiva entre as teses platônicas e o conteúdo do cristianismo.

Essa polêmica reflete o clima espiritual do início de nossa era, em que se mesclam as influências platônicas, a atração pela magia e a revelação do cristianismo. Os ataques de Celso contra este inspirarão os filósofos que se oporão mais tarde à religião cristã.

Estudo: P. Nautin, *Origène, sa vie, son oeuvre*, Beauchesne, 1977.

CONTRA O MÉTODO, Esboço de uma teoria anarquista do conhecimento,

Against Method, Outline of an Anarchistic Theory of Knowledge, 1975.
PAUL FEYERABEND, nascido em 1924.

O que poderá ser uma "teoria *anarquista* do conhecimento"? Feyerabend, campeão das liberdades individuais, declara guerra contra todas as epistemologias dogmáticas e, acima de tudo, contra a ditadura exercida pela ciência sobre todas as outras formas de saber.

Baseando-se no exame atento do desenvolvimento de certas teorias físicas (a de Galileu, por exemplo), ele mostra que não há um único princípio metodológico que, num momento ou noutro, não tenha sido transgredido pelas próprias pessoas que o haviam erigido em lei universal. Assim, diante do famoso princípio segundo o qual uma teoria só é válida se *confirmada* pelos fatos, Feyerabend diz: quantos fatos não nos recusamos a ver para *salvar* uma teoria ameaçada precisamente pela experiência!

Essas metodologias normativas não só não se coadunam com a história das ciências, como também representam eventuais obstáculos a seu progresso. "Todas as metodologias têm seus limites" – escreve o autor –, "e a única 'regra' que sobrevive é: 'Tudo é bom'." Por trás de toda teoria científica, afinal, encontram-se juízos estéticos, pressupostos metafísicos, desejos religiosos que, em razão de sua subjetividade, não têm mais valor uns que outros. Portanto, é ilusão acreditar que é possível decidir facilmente entre duas teorias rivais. Se estas diferem em princípios, linguagem ou contexto, é impossível compará-las, cotejá-las: dir-se-á que essas teorias são *incomensuráveis*. Portanto é urgente, para Feyerabend, deixar de considerar a ciência como único paradigma da racionalidade. A ciência é uma forma de pensamento entre outras, nem mais nem menos sólida que o mito, a magia ou a religião. Em caso algum – afirma o físico pensando em Popper –, haverá um critério que permita distinguir ciência de não-ciência. Por isso, não há razão alguma para privilegiar a ciência em detrimento de outras formas de saber ou de tradições no ensino básico ou superior.

Edição brasileira: *Contra o método*, Rio de Janeiro, Francisco Alves, 1977.

Estudo: A. F. Chalmers, *Qu'est-ce que la science?* (trad. M. Biezunski), La Découverte/Le Livre de Poche, 1987; principalmente o cap. intitulado "La théorie anarchiste de la connaissance de Feyerabend".

CONTRA OS ACADÊMICOS,

Contra academicos, ○ 386.
AGOSTINHO (Aurelius Augustinus, santo), 354-430.

Essa obra, composta em Cassiciacum durante o outono de 386, é constituída por três livros; relata as discussões filosóficas de três dias havidas entre Agostinho, seu filho Adeodato e os amigos deste, Álipe, Trigécio e Licêncio.

O primeiro problema tratado é o da "vida bem-aventurada". Em que consiste ela? Trigécio, adversário dos acadêmicos, sustenta que se trata da busca da verdade: tarefa a que o homem está fadado e seu único dever. Licêncio responde que defende uma teoria diferente, a dos acadêmicos, segundo a qual é preciso conhecer a verdade. Mas esse conhecimento implica aptidão para reconhecer o erro a fim de poder evitá-lo. Agostinho e Álipe intervêm então; o primeiro expõe a doutrina da Academia, mas o segundo afirma que há uma diferença entre a Nova Academia, onde reina o cepticismo, e a Antiga. Os neo-acadêmicos afirmam de fato que não se pode atingir a verdade; essa certeza parece paradoxal a Agostinho, que se recusa a afirmar alguma coisa cuja verdade não esteja perfeitamente garantida.

Só o sábio atinge a verdade com a ajuda de Deus. Os acadêmicos têm essa certeza, mas não a compartilham, e só a revelam a pequeno número de privilegiados já idosos. Por seu lado, o autor pôs-se à procura dessa verdade; pode atingi-la de dois modos: pela religião, mantendo a fé e a confiança em Cristo, ou pela filosofia, encontrando uma doutrina que seja empregada na ilustração da fé cristã. Para Agostinho, verdade cristã e verdade filosófica são uma e mesma coisa.

A influência de Platão é flagrante nessa obra que o autor dedicou a seu amigo Romaniano, cujo filho ele educava. Mas quer libertar-se do cepticismo neo-acadêmico e construir sua doutrina teológica sobre algo estável.

Estudo: É. Gilson, *Introduction à l'étude de Saint Augustin*, Vrin, 1982.

CONTRATO SOCIAL (O), ou Princípios do direito político,

Du contrat social, ou *Principes du droit politique*, 1762.
JEAN-JACQUES ROUSSEAU, 1712-1778.

Um trecho de *Confissões* nos diz que o *Contrato social* constitui uma parte de um projeto mais vasto, abandonado por Rousseau: um *Tratado das instituições políticas*. É verdade que ele é inseparável do conjunto da obra política de Rousseau, em particular do *Discurso sobre a origem e os fundamentos da desigualdade entre os homens**, cujo prolongamento constitui. Também deve ser lido em paralelo com *Emílio**.

No preâmbulo do livro I enuncia-se o projeto de Rousseau: "Procuro saber se, na ordem civil, pode haver alguma regra de administração legítima e segura que tome os homens tais quais são, e as leis tais quais podem ser." Para Rousseau, o estado social não é natural no homem, mas tornou-se-lhe indispensável. O problema é, pois, encontrar uma forma de convenção que conserve a liberdade característica do estado de natureza (assim como, em *Emílio*, a questão é educar o pequeno homem preservando nele toda a bondade natural do homem).

Portanto, o projeto aqui não é de essência histórica: não se trata de descrever a gênese do Estado ("não discuto fatos", diz Rousseau). Não se devem confundir as descrições desse contrato com as conjecturas do segundo *Discurso* sobre o nascimento do poder político. A tarefa aqui é normativa: é preciso dizer o que deve ser o Estado para que o poder por ele exercido seja legítimo, ou seja, conforme ao direito. Rousseau se distingue nisso de todos os teóricos que só visam a *explicar* as instituições políticas, mesmo dos maiores, como Montesquieu, que Rousseau admira e a quem muito deve.

A obra é dividida em quatro livros. O primeiro descreve o pacto social: o contrato propriamente dito. É nesse livro, guiado pela idéia do direito natural, que são propostos os "Princípios do direito político". Os dois livros seguintes expõem as condições para que esses princípios vivam em instituições concretas, particulares. O segundo livro trata da soberania e dos direitos que lhe são inerentes. O terceiro livro, mais concreto e detalhado ainda, trata do governo; é feito um estudo da vida e do declínio do governo, bem como dos meios de evitar esse declínio. O quarto livro trata das instituições políticas (eleições, altas magistraturas), dos costumes e de uma questão decisiva na opinião de Rousseau, a religião. Progressivamente, vemos que o concreto e particular ganha mais importância e sobrepuja os princípios abstratos (os exemplos históricos, em especial, vão-se tornando cada vez mais numerosos), mas os princípios gerais permanecem, e não deixam de organizar a reflexão sobre as condições da vida concreta dos Estados.

O contrato social começa com a crítica e a eliminação das falsas soluções propostas para o problema do fundamento da autoridade política. O conteúdo é, portanto, fortemente polêmico. Rousseau ataca aqueles que pretendem fundamentar a legitimidade do poder numa relação natural (mito do dirigente-pai de família, ou do dirigente-pastor), ou numa relação de forças: é o capítulo III do livro I, um dos mais célebres, em que Rousseau mostra a futilidade de um pretenso "direito do mais forte". Também é recusada a idéia de um contrato "livre" em cujos termos um homem poderia consentir em tornar-se escravo de outro. A liberdade é inalienável. Assim, só cabe o verdadeiro contrato, solução do problema proposto: "Encontrar uma forma de associação que defenda e proteja com toda a força comum a pessoa e os bens de cada associado, e através da qual cada um, mesmo se unindo a todos, só obedeça a si mesmo e continue tão livre quanto antes." Por esse contrato, cada homem se submete à autoridade única da lei, e assim se torna cidadão. Submetendo-se apenas à lei, não se sujeita a ninguém.

A servidão consiste em submeter-se a uma vontade particular que não é a da própria pessoa. A liberdade estará na submissão à vontade geral ("geral" deve ser tomado como sinônimo de "universal"). Esta última noção, central na problemática da obra, não deve ser confundida com a soma das vontades particulares. Vontade geral é a vontade estabelecida pelo cidadão quando ele defende os interesses do todo (o Estado), acima de seus interesses particulares (de sua pessoa ou – no mais das vezes – do grupo social ao qual pertence).

A vontade geral é, por definição, justa. Mas sua formação pode ser impedida, e a maioria pode enganar-se. Rousseau propõe certo número de garantias destinadas a prevenir a corrupção da vontade geral pelas "facções" (grupos de interesses particulares). Segundo ele, a igualdade social deve desempenhar papel importante na manutenção da liberdade política.

O objeto da vontade geral é a lei, que nunca deve visar ao particular, mas sempre ao geral. Cabe à *soberania*, indivisível e inalienável, fazer a lei. Obedecendo à lei, o cidadão é livre: "A obediência à lei que nós mesmos nos prescrevemos é liberdade." A liberdade é aqui autonomia (Kant vai lembrar-se disso).

Chama-se *República* todo Estado assim legitimamente constituído (mesmo que, por exemplo, a forma de seu *governo* seja monárquica). Quanto aos poderes tradicionalmente distinguidos pela ciência política (legislativo, executivo, judiciário), não passam de emanações do corpo social.

Mas se a lei só pode ter o universal como objeto, se não se pode legislar sobre o particular, como agir sobre a realidade, que é sempre concreta e particular? Esse é o papel do governo, emanação do soberano (é preciso lembrar que, quando Rousseau escreve "soberano", é preciso sempre ler "*povo* soberano"). Esse governo é encarnado por um poder concreto, chamado *príncipe*; esse príncipe é de algum modo o corpo do Estado, cuja alma é a soberania.

A classificação dos governos (democracia, aristocracia, monarquia) é feita em função de uma proporção: a relação entre o número de governantes e o número de membros da assembléia do povo. Por exemplo, democracia é a forma de governo em que este se confunde com a assembléia do povo (o que, para Rousseau, constitui uma perigosa fonte de confusão: a democracia só conviria a pequenos Estados e principalmente a um "povo de deuses"). A execração de Rousseau é votada aos regimes hereditários (aristocracia e monarquia), e suas preferências recaem numa aristocracia eletiva.

O autor inquire, enfim, dos meios de interessar o cidadão pelo bem do Estado, de lhe ensinar a preferir o interesse geral aos interesses particulares. Como fazer cidadãos virtuosos (no sentido que essa palavra já tem em Montesquieu)? Rousseau acredita ser necessária uma “religião civil”, que não poderia ser o cristianismo. Este último é ao mesmo tempo particular e universal demais: o cristão visa à sua salvação individual pelo amor ao gênero humano inteiro.

O contrato social é sem dúvida um desses livros cujo alcance exato é impossível medir, por ser considerável. Do ponto de vista estritamente prático, é certo que a Revolução de 1789 deve o essencial de seus princípios de organização política a Rousseau, cuja pessoa foi objeto de absoluta veneração por parte dos revolucionários. Pode-se mesmo dizer que Rousseau inspirou a fase mais popular da Revolução (1793). Mas a influência dessa obra não cessa aí. Não resta dúvida alguma de que o princípio mesmo de nossas instituições democráticas republicanas é de inspiração rousseauniana. Inversamente, essa obra também foi acusada de todos os pecados do mundo, dizendo-se que Rousseau – depois de Platão e antes de Marx – propusera a teoria do totalitarismo. É verdade que certas fórmulas do *Contrato social* são preocupantes, mas, seja como for, nenhum pensamento político pode deixar de situar-se em relação a Rousseau ainda hoje em dia.

Edição brasileira: *O contrato social*, São Paulo, Martins Fontes, 1989.
Estudo: R. Derathé, *Jean-Jacques Rousseau et la science politique de son temps*, Vrin, 1988.

CONTRIBUIÇÃO À TEORIA GERAL DO ESTADO, *Contribution à la théorie générale de l'état*, 1920 e 1922.

RAYMOND CARRÉ DE MALBERG, 1861-1935.

Representante excepcional do positivismo jurídico (formalismo jurídico) – que deve ser distinguido do positivismo filosófico, cujas conseqüências jurídicas são muito diferentes –, próximo, nesse aspecto, de Hans Kelsen, Carré de Malberg separa estritamente direito, moral e política, devolvendo autonomia à ciência jurídica. Segundo ele, o direito natural não é da alçada do jurídico; o único direito é o *direito positivo*, garantido efetivamente por um poder coercitivo, um direito que não conhece nenhuma instância “jurídica” superior. Portanto, é da essência do direito ser sancionado por um poder coercitivo, supondo-se necessariamente a existência de um Estado. O direito positivo, sendo independente de valores morais e políticos, é axiologicamente neutro. Assim, para o autor, a *Declaração dos direitos do homem**, de 1789, é da alçada da moral, e não tem nenhum valor jurídico, não podendo ter pretensões a superioridade em relação à constituição de 1875; portanto, o legislador da III República não tem compromisso com esse texto revolucionário.

Herdeiro de Sieyès, o autor se refere à doutrina revolucionária da soberania nacional, reinterpretando assim todo o direito constitucional francês em conformidade com esta. A Nação, entidade coletiva e abstrata, é a única titular da soberania, e o Estado é a personalização unitária desta. O Estado dispõe de autoridade não por dominar de fato, mas por ser *soberano*, por ser o poder soberano da Nação. A soberania é definida como “o caráter supremo do poder”, que não admite poder concorrente nem superior a ele. “O Estado detém um poder que não depende de nenhum outro poder e que não pode ser igualado por nenhum outro poder.” Sendo soberano, o Estado não é limitado nem determinado por uma instância superior, como a moral; o que não significa que ele deva ser despótico ou tirânico. O Estado, organismo jurídico, é limitado pelo direito que ele mesmo garante; a soberania só pode ser limitada por si mesma. Carré de Malberg retoma a teoria (germânica) da autolimitação do Estado, desenvolvida principalmente pelo jurista austríaco Georg Jellinek.

A soberania é nacional (tese de Sieyès), e não popular (tese de Rousseau); ela não pertence nem a um indivíduo (monarquia absoluta) nem ao povo (democracia pura), mas à Nação. Essa doutrina da soberania nacional determina um regime representativo que não admite o mandato imperativo rousseaniano, mas autoriza um mandato geral e irrevogável. Os eleitos representam a Nação e querem por ela (o "poder de querer"), e não por seus eleitores. Ninguém se pode pretender soberano, a não ser o Estado. A partir daí, a organização do Estado deve impedir que seus representantes possam usar arbitrariamente o poder, ou seja, apropriar-se da soberania. O ideal de Estado republicano é que seus representantes estejam sempre atentos à *vontade nacional*, colocando o interesse geral acima dos interesses particulares.

A obra de Carré de Malberg influenciará a escola de direito orgânico anti-racionalista alemã, sobretudo Carl Schmitt, mas também os constituintes franceses de 1958.

Estudo: G. Bacot, *Carré de Malberg et l'origine de la distinction entre souveraineté du peuple et souveraineté nationale*, C.N.R.S., 1985.

CONVERSAÇÕES CRISTÃS, NAS QUAIS SE JUSTIFICA A VERDADE DA RELIGIÃO E DA MORAL DE JESUS CRISTO, *Conversations chrétiennes dans lesquelles on justifie la vérité de la religion et de la morale de Jésus-Christ*, 1677.

NICOLAS MALEBRANCHE, 1638-1715.

Nessa obra, Malebranche expõe os princípios de seu sistema em estilo coloquial, para atingir um grande público. Esses princípios visam a justificar a verdade da religião e da moral de Jesus Cristo. Dele participam Teodoro, que será o porta-voz de Malebranche, Aristarco, homem culto que sabe mais falar que raciocinar, e Erasto, primo de Aristarco, que representa o espírito ainda não pervertido pelo mundo e por isso mesmo pronto a voltar-se para Deus.

A obra é composta por dez colóquios. O primeiro prova a existência de Deus como única causa de nossas dores e prazeres, sendo o mundo sensível apenas sua ocasião. Logo, amar o prazer deve ser o mesmo que amar a Deus, mas, infelizmente, o pecado de Adão perverteu o homem, que, tornando-se escravo de seu corpo, mascara a verdadeira origem de seus sentimentos. Deus deixou que o pecado se produzisse como causa ocasional da Encarnação, que, divinizando o mundo, contribui para a Glória de Deus. Malebranche prova em seguida que nossa vontade só foi criada para amar a Deus, e nosso entendimento para o conhecer; ele aborda o problema da união entre alma e corpo, união pervertida pela concupiscência. Depois de estudar a Santa Trindade, ele apresenta novas provas da existência de Deus, baseadas na infinidade divina e nas Escrituras. A verdade da moral cristã será demonstrada nos últimos colóquios por intermédio da graça. Por fim, essa obra é concluída com o triunfo da religião cristã, de que Aristarco se torna apóstolo, depois que Erasto se dedicou ao seu sacerdócio.

Assim como Tomás de Aquino se servira dos princípios de Aristóteles para demonstrar a verdade da religião cristã, Malebranche baseia sua apologética nos princípios de Descartes, que ele descobriu ao ler o *Tratado do homem**.

Estudo: P. Ducasse, *Malebranche, sa vie, son oeuvre*, P.U.F., 1968.

CORPO (DO), *De corpore*, 1655.

THOMAS HOBBES, 1588-1679.

Trata-se da primeira parte de *Elementos de filosofia**, obra que divide a filosofia em filosofia natural e filosofia civil (política e ética). A ciência aqui tem finalidade utilitária: contribuir para melhorar as condições de vida dos homens. O autor dedica-se depois a construir uma espécie de aritmética dos corpos, em que a lógica e a linguagem ocupam posição determinante.

Estudo: P.-F. Moreau, *Hobbes, philosophie, science, religion*, P.U.F., 1989.

CORPUS HIPPOCRATICUM,

HIPÓCRATES DE COS, c. 460-c. 370 a.C.

Essa coletânea de cinqüenta e quatro textos médicos foi escrita pelo próprio Hipócrates e por seus discípulos da escola de Cnido. Testemunho da história da medicina grega, essa obra apresenta uma arte médica elevada, separada do controle sacerdotal.

A missão do médico é assim definida: exercer por amor à profissão e por amor ao próximo; além dos livros éticos, o *Corpus* compreende livros mais científicos. Um dos mais conhecidos intitula-se *Dos ares, das águas e dos lugares*; trata-se de uma espécie de tratado de "hidro-climatologia médica" que descreve a influência das estações e das águas sobre os habitantes de uma região.

Apesar das inexatidões anatômicas ou biológicas, pode-se observar a importância atribuída ao diagnóstico. O papel do médico é ajudar a natureza a realizar curas; as pesquisas hipocráticas deram origem a numerosos progressos.

Estudo: J. Jouanna, *Hippocrate*, Fayard, 1992.

CORRESPONDÊNCIA ENTRE AS ARTES, *La correspondance des arts*, 1947.

ETIENNE SOURIAU, 1892-1979.

A ambição do autor é realizar uma classificação das belas-artes com base em suas semelhanças e diferenças essenciais: "Entre uma estátua e um quadro, um soneto e uma ânfora, uma catedral e uma sinfonia, até onde podem ir semelhanças, afinidades e leis comuns, e quais são as diferenças que poderiam ser chamadas de *conaturais*?" – pergunta Souriau logo de entrada. Se postularmos a existência de um primeiro e de um segundo graus superpostos, será possível esboçar uma classificação que elucide as correspondências que unem certas formas de arte a outras. Assim, numa primeira perspectiva, temos o arabesco, a arquitetura, a pintura, as projeções luminosas, a dança, a prosa e a música; ao passo que, numa segunda perspectiva, encontram-se o desenho (que corresponde ao arabesco), a escultura (que se destaca da arquitetura), a pintura representativa (derivada da pintura pura), a fotografia e o cinema (que prolongam as projeções luminosas), a pantomima (função deformada da dança), a poesia pura (que se destaca da prosa), e a música dramática ou descritiva (que procede da música pura).

Esse sistema de classificação tem o mérito de romper, por um lado, com a dicotomia artificial que divide as artes em espaciais e temporais, e, por outro lado, com a distinção eminentemente subjetiva que opõe as artes maiores às chamadas artes "menores".

Estudo: D. Huisman, *L'esthétique*, col. "Que sais-je?", P.U.F., 1992.

CRÁTILO, ou da justeza dos nomes,

Κράτυλος, ἢ Περὶ ὀνόματων ὀρθότητος,

O c. 385 a.C.

PLATÃO, 428/427-348/347 a.C.

Diálogo.

Sócrates discute com Hermógenes e Crátilo sobre a justeza dos nomes. Em termos saussurianos, a questão é saber se o signo lingüístico é arbitrário. Crátilo defende a idéia de um valor objetivo dos nomes, enquanto Hermógenes afirma que só vê nos nomes uma convenção. Na primeira parte, Sócrates combate a tese convencionalista a partir de uma análise minuciosa dos elementos da linguagem, mas a segunda parte do diálogo se detém mais na tese de Crátilo.

Houve quem visse no *Crátilo* um simples divertimento de Platão, que estaria arremedando o tipo sofístico de argumentação. O uso delirante que Sócrates faz das etimologias parece confirmar essa hipótese. Todavia, é preciso excluir a hipótese de divertimento gratuito, pois é no *Crátilo* que Platão introduz pela primeira vez a teoria das Idéias, contra a afirmação heraclitiana (o filósofo de Éfeso é citado nominalmente) do devir perpétuo. Por outro lado, esse texto muitas vezes servirá de referência para os lingüistas contemporâneos, de Saussure a Chomsky.

Estudo: V. Goldschmidt, *Essai sur le Cratyle: contribution à l'histoire de la pensée de Platon*, Vrin, 1986.

CREPÚSCULO DOS ÍDOLOS,

ou Como filosofar a golpes de martelo, *Götzen-dämmerung*, 1889.
O CASO WAGNER, *Der Fall Wagner. Ein musikalisches Problem*, 1881.
NIETZSCHE CONTRA WAGNER, *Nietzsche contra Wagner*, 1895.
FRIEDRICH WILHELM NIETZSCHE, 1844-1900.

O *Crepúsculo dos ídolos* foi escrito nos primeiros dias de setembro de 1888. Enviado em 7 de setembro para o editor com o título de *Deambulações de um psicólogo*, essa obra só foi publicada em 1889 com o título atual, depois da derrocada de Nietzsche em Turim.

Segundo o preâmbulo, o objeto da obra é a transmutação de todos os valores. Depois de algumas "Máximas e chistes" ("Procurei grandes homens e só encontrei os arremedadores de seus ideais"), aborda-se o problema de Sócrates: não seriam os grandes sábios nada além de figuras da decadência? Buscando a "razão" na filosofia, Nietzsche faz uma exceção para a filosofia de Heráclito, que professava: "o ser é uma ficção".

Depois é exposta a fábula do "mundo-verdade": a abolição do mundo-verdade é feita por Zaratustra, que dá fim ao "mais prolongado dos erros". Mas outros quatro grandes erros também grassaram no âmbito da causa: a confusão entre causa e efeito; o erro da falsa causalidade; o erro das causas imaginárias; enfim, o erro do livre-arbítrio (e do pecado). Seguem-se séries de aforismos sobre a moral e a humanidade "melhor", sobre o destino dos alemães. Por fim, as "Deambulações extemporâneas" passam em revista tudo o que Nietzsche rejeita: Renan, Sainte-Beuve, George Sand, Darwin, mas também a "arte pela arte" e a "modernidade".

Foi por esperar demais da música e da amizade de Wagner que a decepção de Nietzsche foi tão grande em relação ao compositor. Em *O caso Wagner*, ele opõe o Sul ao Norte, Bizet a Wagner. Quer então "mediterranizar a música" contra as ameaças da decadência do artista Wagner, que lhe parece agora mais "comediante" que compositor. A diatribe termina com as seguintes palavras: "Que a música não seja mais uma arte da mentira", das quais Nietzsche depois se arrepende num *Post-scriptum*, mas para confirmá-las num tratado intitulado *O que Wagner nos custa.*

O curto ensaio intitulado *Nietzsche contra Wagner* foi impresso em 1889, mas publicado só em 1895, depois de algumas modificações feitas por Peter Gast. Erich Podach restituiu sua forma original. A Wagner, Nietzsche agora opõe objeções "fisiológicas"; a "melodia infinita" da música moderna (wagneriana) destrói a unidade de tempo, enquanto a música antiga, graças à divisão em compassos, permitia entrar no "Olimpo das aparências".

Edição brasileira: *O crepúsculo dos ídolos* ou *Como filosofar a golpes de martelo*, Rio de Janeiro, Vecchi.
Estudos: J. Granier, *Le problème de la vérité dans la philosophie de Nietzsche*, Le Seuil, 1966. Coletivo (sob a direção de D. Janicaud), *Nouvelles lectures de Nietzsche*, Cahiers L'Âge d'Homme, n.º 1, Lausanne, 1985.

CRIAÇÃO DA ORDEM NA HUMANIDADE (DA), *De la création de l'ordre dans l'humanité*, 1843.

PIERRE JOSEPH PROUDHON, 1809-1865.

Essa obra marca uma guinada no pensamento de Proudhon, quando este constata que o método que utilizou até o momento para solapar o sistema da propriedade se revela impotente para edificar seja lá o que for. A partir daí ele deseja construir, e para isso precisa de uma filosofia. Sua metafísica está por inteiro na *teoria da lei serial*, "método absoluto que governa todas as ciências secretamente e por meio de aplicações diversas". A publicação da obra deixou Proudhon muito orgulhoso, porém mais tarde, em 1846, ele dirá: "É um livro gorado; eu quis fazer uma enciclopédia; e não sabia nada." De fato, a obra tem uma construção bastante confusa; apesar disso, não deixa de anunciar algumas das teses essenciais de Proudhon. Nela é feita a apologia do trabalho manual, que ele chama de "ação inteligente do homem sobre a matéria", sem o qual o homem não é homem. Basta organizar o trabalho segundo o método serial para que ele seja fonte de progresso social. Proudhon também põe em evidência a superioridade da economia política – que, segundo ele, constitui sozinha toda a sociologia – e afirma que "o homem está destinado a viver sem religião", pois esta é apenas uma etapa necessária a seu desenvolvimento; já começa a delinear-se o seu agnosticismo.

Porém o fato mais marcante é que, contemporaneamente a Auguste Comte, que ele nem sequer lera, o autor fala de "filosofia positiva" e mobiliza conceitos bem parecidos com os empregados por Comte. Com grande probabilidade isso se deve à influência exercida sobre ambos por Saint-Simon. Para K. Grün, o grande mérito de Proudhon é ter sido um dos únicos, na França, que compreenderam Hegel e basearam a ação social numa filosofia especulativa, na dialética hegeliana.

Estudo: P. Haubtmann, *Pierre Joseph Proudhon, sa vie et sa pensée*, Beauchesne, 1982.

CRIAÇÃO DOS VALORES,

La création des valeurs, 1945.
RAYMOND POLIN, nascido em 1910.

Na época em que Raymond Polin publicou sua tese, era tradição em filosofia afirmar que os valores se nos impõem, que preexistem ao homem. Assim, para Platão tudo procede do Bem em si; todos os valores decorrem desse Bem supremo. A idéia de que nós mesmos pudéssemos criar nossos próprios valores era, pois, revolucionária, e a obra foi acolhida na época como uma inovação notável. E a partir dela foi construída toda uma ciência: *a axiologia* ou *ciência dos valores*, que teve considerável propagação no pensamento francês contemporâneo. Mas quem diz criação de valores não diz necessariamente subjetivismo absoluto: "Assim, aparece o tipo ideal de valor objetivo que vai ao encontro destes três princípios: princípio de realidade, princípio de transcendência, princípio de conhecimento, com alguma forma que tenha sido escolhida para sua aplicação. [...] Esses três princípios convergem para uma mesma conseqüência prática, verdadeiro princípio prático da objetividade dos valores: todo valor objetivo conhecido em sua verdade dá o direito de fazer respeitar esse valor, portanto de mandar e de ser obedecido."

O paradoxo está aí em que a criação deve necessariamente ser subjetiva, ao passo que os valores procuram acima de tudo "objetivar-se", donde a dificuldade: o desejo é regulado pelos valores, mas a "validade" e a consistência dos valores decorrem de sua desejabilidade.

Estudo: S. Goyard-Fabre, *Dictionnaire des philosophes*, P.U.F., 1984.

CRISE DA FILOSOFIA OCIDENTAL,

Contra os positivistas, 1874.
VLADIMIR SERGUEÏEVITCH SOLOVIEV, 1853-1900.

Esse texto de 1874, que constitui a tese de doutorado de Soloviev, baseia-se na idéia de que a filosofia abstrata, "exclusivamente teórica", pertence ao passado, e de modo algum poderia substituir a interrogação metafísica.

Mesmo reconhecendo o interesse despertado por certas problemáticas colocadas por esse tipo de filosofia, Soloviev afirma que a atitude filosófica autêntica não é abstrata, mas que é "o ato da razão pessoal ou do indivíduo isolado em toda a clareza de sua consciência individual".

Soloviev é um filósofo que, assim como Gabriel Marcel, Henri Bergson ou Emmanuel Mounier (cada um a seu modo), acredita que a filosofia, acima de tudo, diz respeito à pessoa humana, ao *sujeito*.

Estudo: N. Losski, *Histoire de la philosophie russe des origines à 1950*, Payot, 1954.

CRISE DAS CIÊNCIAS EUROPÉIAS E A FENOMENOLOGIA TRANSCENDENTAL, *Die Krisis der europäischen Wissenschaften und die transzendentale Phänomenologie*, 1954.

EDMUND HUSSERL, 1859-1938.

"Depois da *Krisis* de Husserl" – diz Patocka – "nenhum filósofo refletiu realmente sobre o problema da Europa." A Europa de Husserl é a mesma que, enveredando pelos caminhos da desumanização, iria conhecer as barbáries fascista e nazista; mas é também o berço espiritual da Grécia dos séculos V e III a.C. Ela substituiu a agrimensura pela geometria e deu vida a uma humanidade não mais prisioneira do empírico, porém investida de "tarefas infinitas", cujo ideal é o de humanidade dominada pela razão. Se há crise, é em relação a esse projeto (*télos*). Sem nunca duvidar do acerto dos benefícios prestados, Husserl ressalta a responsabilidade das ciências nessa situação. Excluindo as questões relativas ao sentido da existência, elas perpetuam o erro da ciência galileana: o objetivismo fisicista que esquece nosso mundo-da-vida (*Levenswelt*) em proveito de idealidades matemáticas. Desse modo, a razão se tornava instrumental, esvaziava-se de sentido.

Testamento espiritual de Husserl, *Krisis* foi redigido em 1935-1936, numa atmosfera de "fim de mundo" também evocada por Spengler. A fenomenologia, filosofia do *cogito*, tornava-se filosofia da história. Nesse novo "retorno às coisas mesmas", Husserl preconizava um retorno ao *Levenswelt* que fora enterrado. Essa mundaneização da consciência (sua encarnação) abria caminhos para a noção de "carne" presente em Merleau-Ponty (*O visível e o invisível**).

Estudo: P. Trotignon, *Le coeur de la raison*, Fayard, 1986.

CRISTIANISMO DESVENDADO (O), ou Exame dos princípios e dos efeitos da religião cristã, *Le christianisme dévoilé, ou Examen des principes et des effets de la religion chrétienne*, 1767.

HOLBACH (Paul-Henri Dietrich, barão de), 1723-1789.

Com o nome de Nicolas-Antoine Boulanger, Holbach apresenta aqui um ataque em regra contra a religião, cristã em particular, a Igreja e o clero. Não se trata de propor considerações metafísicas, mas de mostrar que o homem seria mais feliz se liberto da tutela espiritual e material da religião, daqueles que a servem e dela se servem.

O cristianismo desvendado é um exemplo típico da literatura produzida pela corrente atéia mais radical das Luzes. No entanto, é preciso ter cuidado com dois erros: um deles é acreditar que essa corrente tenha sido dominante no século XVIII (como mostrou Cassirer, a característica principal das Luzes não foi a anti-religião nem o ateísmo), e o outro é considerar esse livro a expressão mais acabada e sutil do que o século produziu em matéria de filosofia atéia e materialista.

Estudo: Apresentação de P. Charbonnel na coletânea *Premières oeuvres*, "Les classiques du peuple", Messidor-Editions Sociales, 1971.

CRÍTIAS, ou Atlântida, Κριτίας, ἢ Ἀτλαντικός,

PLATÃO, 428/427-348/347 a.C.
Diálogo inacabado.

Como prolongamento do *Timeu**, *Crítias* (do nome da personagem que fala quase todo o tempo) expõe o mito de Atlântida: a antiga Atenas lutara vitoriosamente contra os invasores vindos da ilha Atlântida, antes que esta fosse engolida pelo mar.

Crítias descreve uma cidade ideal, espécie de *República** realizada, bem como as etapas de sua decadência. Não há dúvida de que esse diálogo desperta interesse, porém mais de natureza literária que filosófica.

Estudo: R. Weil, *L'archéologie de Platon*, Klincksieck, 1959.

CRÍTICA DA EXPERIÊNCIA PURA,

Kritik der reinen Erfahrung, 1888-1890.
RICHARD AVENARIUS, 1843-1896.

Essa obra expõe o empiriocriticismo de Avenarius. Trata-se de uma crítica do conhecimento – o título da obra é uma alusão a Kant –, mas com uma base biológica (o cérebro). Avenarius segue Schopenhauer (o mundo é minha representação) e inquire sobre as condições de possibilidade da afirmação de uma realidade objetiva. Essa afirmação é possível por um processo – que o autor denomina "introjeção" – que põe em jogo o sujeito, suas representações, o outro.

Essa tentativa de superar o problema crítico hoje já está imersa no esquecimento, mas na época teve alguma repercussão e encontrou dois contraditores célebres: Husserl (*Investigações lógicas**) e Lênin (*Materialismo e empiriocriticismo**).

Estudo: L. Kolakowski, *La philosophie positiviste*, col. "Mediation", Gonthier-Denoël, 1976, pp. 119-30.

CRÍTICA DA FILOSOFIA DO DIREITO DE HEGEL. INTRODUÇÃO,

Zur Kritik der Hegelschen Rechtsphilosophie, 1844.
KARL MARX, 1818-1883.

Esse título não dá uma idéia exata do conteúdo desse breve artigo publicado em *Annales franco-allemandes*. As primeiras páginas tratam da religião, apresentada como expressão do desamparo real do homem e protesto contra esse desamparo. Aqui se encontra a famosa expressão "A religião é o ópio do povo", sobre a qual convém não projetar qualquer sentido.

Marx analisa a situação da Alemanha. Esse país é marcado pela impotência política, o que é compensado, no modo fantasmático da ideologia, por uma hipertrofia filosófica. Por sua incapacidade de enveredar rumo a um destino revolucionário, a Alemanha aparece "acima do nível da história". Para sair dessa situação, Marx considera urgente criticar a filosofia alemã em sua encarnação atual: a filosofia hegeliana do direito e do Estado. Mas, na prática, o destino da Alemanha só poderá ser assumido pela classe revolucionária por excelência: o proletariado.

Edição portuguesa: *Crítica da filosofia do direito de Hegel*, Lisboa, Presença.
Estudo: M. Bertrand, *Le statut de la religion chez Marx et Engels*, Messidor-Éditions Sociales, 1979.

CRÍTICA DA RAZÃO DIALÉTICA,

Critique de la raison dialectique, 1960.
JEAN-PAUL SARTRE, 1905-1980.

Em *Questões de método**, obra que o autor considerava a primeira parte desse texto, porém publicada só em 1957, Sartre inquiria sobre a possibilidade de um método – ao mesmo tempo existencialista e marxista – que permitisse analisar tanto o indivíduo quanto a sociedade. A *Crítica* propõe-se justificar esse método "regressivo-progressivo" legitimando o materialismo dialético. Ora, censura-se nesse sistema a suposição de um Todo transcendente que não é fundamentado nem demonstrável, portanto um retorno ao idealismo dogmático. Sartre responde confirmando que, em sua dialética, recorreu a uma totalização, mas a uma totalização que não é já constituída, que não remete a um ideal *a priori*: a razão dialética deve ser captada em seu movimento, assim como Diógenes "provava o movimento andando". Só o indivíduo, em sua relação com os objetos que o cercam, pode realizar esse processo de totalização, essa *dialética materialista*. "A dialética é um método e um movimento no objeto." O homem pode conhecer essa dialética considerando sua relação com os objetos materiais, ou seja, reconhecendo que sua *práxis individual* – seus atos – depende de seu ambiente. Mas a dialética será por isso fundamentada? Pois como afirmar uma concordância entre "o ser material, a práxis e o conhecimento" ao mesmo tempo em que se sustenta que a dialética não é preestabelecida?

O único meio de afirmar uma dialética não *a priori* é tentar defini-la para poder "criticá-la". Ora, o movimento dialético se autofundamenta, no sentido de que querer apreendê-lo é descobrir que ele só aparece no bojo de nossa práxis. Assim, só a *experiência humana* é capaz de afirmar a existência de um algo (essa razão dialética) que o indivíduo constrói em sua relação com o mundo, mas que lhe escapa tanto quanto as outras coisas. Em outras palavras, nós apreendemos interiormente esse movimento dialético de nossa práxis a agir sobre o mundo exterior, mas, ao mesmo tempo, compreendemos que essa exterioridade permanece irredutível à nossa individualidade apenas. Com efeito, cada práxis humana constitui um momento dessa dialética, cada indivíduo é uma totalização parcial sua: "a dialética é a lei de totalização", ou ainda "a totalização das totalizações concretas". Exterior a todos porque interior a cada um, a dialética nos escapa sempre por seu movimento alternativo "do fazer ao conhecer e do conhecer ao fazer". Quanto aos objetos que já estão construídos, obras de uma práxis "passada-superada", pertencem ainda ao movimento dialético atual, mas como totalidades (e não mais totalizações) que se tornaram inertes: "a totalidade é apenas um princípio regulador da totalização". A história terminada é apenas um momento da História em curso.

Falta determinar o lugar dessa práxis humana no campo social. A experiência individual se descobre imediatamente numa práxis humana incompleta e limitada. Apreender a própria práxis é compreender que o outro também detém a sua, que cada individualidade do grupo possui seu próprio campo prático. A segunda experiência do indivíduo é então a *dissolução* de sua práxis no seio da comunidade. Mas essa dissolução não é desaparecimento: "Sem a práxis humana, a classe seria um coletivo inerte." A práxis individual, pela qual descobrimos a dialética, pela qual nos aparece a práxis do Outro, é também aquilo pelo que apreendemos o objeto de nossa ação. Esse objeto é inicialmente matéria: se "a matéria é a primeira apreensão de exterioridade da práxis", ela logo se torna "a primeira união dos homens", mas nesse sentido constitui também "o fundamento da alienação", pois fornece ao homem o objeto de seu trabalho. O que Sartre chama de "materialidade prático-inerte" é compreendida como associação entre uma "práxis alienada" pela existência do Outro e a "inércia trabalhada" da matéria. Mas como lugar de unidade e de conflito dos homens, a matéria é "o motor da História".

A *Crítica da razão dialética* formula várias censuras ao sistema hegeliano, no qual Sartre reprova a falta de visão de que a História nunca está totalmente constituída, e de que o indivíduo não se deixa dissolver no Todo. Mas ele também verifica a posição de Marx, que, segundo ele, não soube reformular uma dialética a partir da práxis humana. No entanto, é essencialmente aos "marxistas contemporâneos", sobretudo a Pierre Naville (já denunciado em *O existencialismo é humanismo**), que Sartre dirige suas críticas, acusando-os de "reincidir num idealismo dogmático" quando preconizam uma "dialética da Natureza". Considerada um dos textos filosóficos maiores de Sartre, essa obra deveria constar de pelo menos dois volumes: só foi terminado o primeiro, "Teoria dos conjuntos práticos", que deveria ter sido seguido por um tomo que, com o uso de exemplos históricos, confirmaria a validade do método "regressivo-progressivo" para descobrir pela práxis a razão dialética.

Estudo: F. Jeanson, *Le problème moral et la pensée de Sartre*, Le Seuil, 1965.

CRÍTICA DA RAZÃO PRÁTICA,

Kritik der praktischen Vernunft, 1788.
EMMANUEL KANT, 1724-1804.

Essa obra é inseparável do conjunto do edifício crítico e, em particular, de um outro livro de Kant, que o precedeu e lhe deu sustentação: *Fundamentação da metafísica dos costumes** (1785). Enquanto nessa primeira obra Kant procurava formular rigorosamente a moral comum já existente e atribuir ao dever seus enunciados abstratos (as famosas "fórmulas" do imperativo categórico), a *Crítica da razão prática* cuida de um problema particular, apenas mencionado em *Fundamentação*, na última seção. A esse problema está ligada toda a questão do fundamento da moralidade. Trata-se de saber como a vontade pura (de todo móbil sensível) pode ter interesse na lei moral. Enquanto o tratamento dado à *Fundamentação* era essencialmente analítico, neste caso impõe-se o uso de um método sintético.

Assim como a *Crítica da razão pura** partia da ciência considerando-a como fato, Kant não põe em questão a moralidade; a força e o caráter respeitáveis da lei moral parecem-lhe indiscutíveis. O imperativo categórico é um fato. Mas como esse fato é possível? A chave de abóbada do sistema é a liberdade, apresentada desde o começo da obra ("Analítica da razão pura prática"). De fato, só a liberdade pode realizar a síntese da boa vontade e da idéia de legislação universal. A liberdade é aqui pensamento no conceito de *autonomia*, cuja etimologia é particularmente esclarecedora: autonomia nada mais é que a vontade determinando sua própria lei, identificando-se com a lei. Kant reencontra aqui uma idéia que Rousseau exprimia no plano político: "A obediência à lei que nós mesmos nos prescrevemos é liberdade." Há, ao contrário, heteronomia quando a vontade é determinada por um objeto situado fora dela (felicidade ou prazer, por exemplo).

Ainda é preciso que uma tal liberdade seja possível. Porventura não transgride o princípio de razão e as exigências do determinismo da natureza? É aí que não se pode separar a *Crítica da razão prática* do aspecto teórico do criticismo: a *Crítica da razão pura* mostrou que, se a natureza (o conjunto de fenômenos constituídos pelas formas *a priori* da sensibilidade e do entendimento) estivesse submetida à lei de causalidade, nada se poderia afirmar quanto ao em-si, ao mundo numenal. A liberdade é pelo menos possível, e isso basta para sustentar a moralidade, cuja realidade exige e supõe uma vontade livre. A lei moral vem estabelecer a realidade daquilo de que a primeira *Crítica* só estabelecera o caráter não contraditório.

Mas está claro que o ato livre, escapando aos determinismos naturais, não pode ser situado no tempo; que – no que diz respeito ao ser numenal – ele está necessariamente fora do tempo. Donde a afirmação (que Schopenhauer aceitará temperando-a com um contra-senso, mas que muitos se recusaram a admitir) do *caráter inteligível* do ser racional: este último se dá a si mesmo (livremente) um caráter moral essencial, que determina suas escolhas práticas efetivas. O mau escolhe-se como tal, fora do tempo, uma vez por todas. Mas, aqui, a liberdade não consiste mais numa identificação com a lei racional; parece-se muito mais – como observa Ferdinand Alquié – com um poder espontâneo de escolha; poder absoluto, superior à própria lei (já que pode negá-la), por meio do qual o mal vem ao mundo. Essa contradição no âmago da idéia de liberdade fora identificada por Sartre já em Descartes.

Resta a questão do *móbil* moral, que não pode ser sensível (sob pena de comprometer a autonomia) nem puramente inteligível, o que o tornaria ineficaz para o homem, em quem a vontade habita uma natureza sensível. Kant vê no respeito um sentimento determinado *a priori*. As análises da "Analítica da razão pura prática" (cap. III) trazem à tona a dupla natureza do respeito: sentimento que me eleva ao mesmo tempo em que me humilha diante da lei. O respeito reflete a dualidade essencial do homem: racional e sensível. Nisso, Kant se insere numa corrente "pessimista", pascaliana, que se recusa a ver no heroísmo do sujeito o mérito moral autêntico. Ele julga com severidade o orgulho estóico. A moralidade não está, como em Corneille, na nobreza da alma. Em certo sentido, Kant concorda com o cristianismo, cujas diretrizes ele aceita, e com afirmação do mal radical; mas não pode fazer do amor o princípio supremo da moralidade. A vontade não pode – mais uma vez sob pena de heteronomia – ser aplicada senão à lei.

Ao termo da "Analítica" é, pois, total o divórcio entre os reinos do ser e do dever-ser, da natureza e dos valores. Caberá à "Dialética da razão pura prática" realizar uma síntese. Essa síntese se dá por meio do conceito de soberano bem. Se a virtude é o bem mais elevado, falta-lhe, porém, alguma coisa para ser o bem completo: a felicidade virá preencher essa lacuna. Atenção: a felicidade não poderia ter valor moral; e a ação moral não torna forçosamente feliz (sabe-se disso muito bem); portanto, nesse aspecto, epicuristas e estóicos estão errados. Há aí uma "Antinomia da razão pura prática". Mas pelo menos a virtude nos torna *dignos* da felicidade.

A síntese da virtude e da felicidade supõe, como Rousseau bem vira em sua *Profissão de fé do vigário saboiano* (ver *Emílio**), a intervenção de um ser superior, um juiz supremo que recompensa e pune no além. Aqui surgem os famosos "postulados da razão prática", com os quais se gastou tanta tinta quanto com o "caráter inteligível"! Esses postulados, evidentemente, não aumentam em nada meu conhecimento, pois dizem respeito aos domínios em que a razão teórica não tem direito de aventurar-se. Mas definem o que me é permitido esperar, imortalidade da alma, existência de Deus, liberdade da vontade: tais são as condições de uma moralidade que não seja desesperada. Uma porta se abre para a fé e a esperança.

A moralidade desemboca, pois, na religião, que não é, porém, chamada a fundar a exigência ética. O primado da razão prática permanece. No entanto, muitos verão nos postulados que concluem a segunda *Crítica* um recuo ou uma fraqueza de Kant. A reflexão moral de Kant não termina com a *Crítica da razão prática*. Ele publicará uma *Metafísica dos costumes*, que compreende uma *Doutrina do direito* (1796) e uma *Doutrina da virtude* (1797). Mas essa obra é um prolongamento da *Fundamentação* mais que da *Crítica*; de fato, seu objeto é a determinação prática de nossos direitos e de nossos deveres, no âmbito do exercício efetivo da moralidade.

É impossível estabelecer, mesmo sumariamente, o inventário dos pensadores que foram inspirados pela teoria kantiana da moralidade, seja para prolongá-la, seja para criticá-la; aliás, os dois caminhos não se excluem necessariamente. Uma vez que a inspiração moral do kantismo reside na afirmação de um dualismo fundamental do homem, seria previsível que a empresa estimulasse tentativas de conciliação. Estas só poderiam tomar duas direções: o retorno para a metafísica (Fichte e, em certa medida, Schopenhauer) ou as morais da heteronomia (morais sociais, biológicas do século XIX). A tentativa de superação mais fecunda parece ser a de Hegel, porquanto não visa à refutação, mas à integração da filosofia do sujeito moral num processo mais vasto, como um simples momento (subjetivo) da moralidade; a crítica hegeliana, contudo, apresenta contra a filosofia moral de Kant objeções fundamentais, que os kantianos geralmente julgam pouco aceitáveis. O certo é que, desde a *Crítica da razão prática*, nenhuma reflexão ética em filosofia pode deixar de situar-se em relação a Kant.

Edição brasileira: *Crítica da razão prática*, São Paulo, Martins Fontes, no prelo.

Estudos: F. Alquié, apresentação da edição francesa: *Critique de la raison pratique*, col. "Quadrige", P.U.F., 1989. F. Alquié, *La morale de Kant*, Centre de Documentation Universitaire, 1959.

CRÍTICA DA RAZÃO PURA,

Kritik der reinen Vernunft, 1781.
EMMANUEL KANT, 1724-1804.

Em filosofia, a noção de crítica está ligada a duas intenções opostas: a dos cépticos e a de Kant. Para Sexto Empírico, um dos mestres da escola céptica (*Esboços pirrônicos**), o raciocínio e a experiência sensível, à qual ele se reduz de fato, só nos permitem atingir a aparência, a fenomenalidade das coisas, mas nunca a essência da realidade, condenando assim o conhecimento a um relativismo generalizado. Em *Meditações metafísicas**, Descartes tentara refutar a crítica céptica buscando, no funcionamento lógico-matemático da razão, um fundamento universal e absoluto para a "ciência nova" saída da revolução galileana. Kant também quer reabilitar a razão contra o cepticismo, mas não erigindo a metafísica em sistema, pois o que se deve interrogar logo de início é a própria possibilidade da razão: "Instituir um tribunal" – diz o filósofo já nas primeiras páginas da *Crítica* – "que, garantindo as legítimas pretensões [da razão], rechace também todas as suas exigências que não tenham fundamento. Esse tribunal é a crítica da razão pura." A crítica tem como fim, então, determinar os limites em cujo interior a razão é capaz de instaurar uma ordem de certezas indubitáveis (segundo as regras que serão definidas em *Estética* e *Analítica* transcendentais), mas além das quais a metafísica só pode engendrar conhecimentos ilusórios (as Idéias da razão, analisadas na *Dialética transcendental*). Portanto, Kant deve, ao mesmo tempo, corrigir o dogmatismo racionalista proveniente de Descartes – representado na Alemanha por Wolff – e refutar a crítica céptica desenvolvida por Hume, o filósofo inglês cuja leitura, segundo palavras de Kant, o tirou de seu "sono dogmático" para orientar sua reflexão em direção à investigação cujo resultado foi a *Crítica.* Em *Investigação sobre o entendimento humano**, publicada em 1748 mas traduzida para o alemão oito anos depois, Hume procede a uma análise minuciosa da relação de causalidade. Mostra que, por trás daquilo que fora pensado até então como o princípio mais formal e mais racional da reflexão, encontra-se na verdade o trabalho da imaginação e o efeito do hábito, ou seja, as duas faculdades que, pela força da dúvida sistemática, Descartes acreditara poder excluir do domínio da reflexão racional. Hume conclui pela impotência consubstancial da razão e por sua incapacidade de sair dos limites da experiência comum. O que equivale a dizer – como Kant afirmará nos *Prolegômenos** – "que não há e que não poderia haver metafísica".

Descartes procurara conferir fundamento metafísico à ciência. Mas, ao excluir a imaginação e a sensibilidade de toda atividade conceitual propriamente racional, o dogmatismo cartesiano se expusera às refutações da crítica empirista. Em certo sentido, Hume tinha razão, era preciso restituir à sensibilidade seu papel determinante nos processos de conhecimento. A questão crítica por excelência, colocada por Kant no Prefácio à 2ª edição da *Crítica* (1787) – em que condições pensar a metafísica como ciência? –, mostra bem que é mister proceder a uma fundamentação praticamente inversa da empresa cartesiana.

Portanto, é preciso pensar a metafísica como ciência, ou, em outras palavras, que a metafísica "caminhe" como a ciência. Mas de que ciência se trata? Fundamentar a interpretação matemática da experiência na metafísica, como faziam Descartes e mesmo Leibniz, em *Monadologia**, consiste na verdade em querer analisar a realidade do modo como ela seria "dada" na experiência, a partir de um tipo de conhecimento que visa à essência primitiva das coisas. O que, para Kant, não passa de "arte de conjecturar ficções nas ciências da natureza". Ao contrário, a metafísica deve ter como objetivo produzir a representação clara dos conceitos que estão na origem das demonstrações. Assim como o método físico de Newton e em sentido inverso ao da dedução matemática, que parte de objetos já dados (os conceitos de grandeza), a metafísica deve proceder a partir das experiências do entendimento para formular as regras segundo as quais se produzem os fenômenos. A filosofia transcendental desenvolvida na *Crítica* tem, pois, como função repensar os processos fundamentais do conhecimento. Na verdade, por trás da questão kantiana – como podem ser conhecidas as coisas em si, ou seja, coisas distintas por essência da faculdade de conhecer – o que se coloca é o problema da própria *possibilidade* de um conhecimento objetivo. A análise da experiência mostra que a representação não produz seus objetos, assim como as coisas em si não produzem os conceitos do entendimento. A objetividade dos conceitos puros é dada nos limites da experiência, não porque produziriam seus objetos, mas porque transformam os fenômenos dados pela experiência em objetos da representação. Portanto, para Kant, demonstrar a possibilidade de um conhecimento objetivo é o mesmo que mostrar que ele se confunde com a possibilidade de pensar o valor objetivo dos conceitos puros do entendimento, ou seja, representações *a priori*. A *Crítica da razão pura* é, antes de mais nada, uma análise sistemática das formas *a priori* do espírito cognoscente. *A priori*, o que significa que o espírito intervém como tal na elaboração do objeto do conhecimento: sem dúvida o real nos é dado, mas só o conhecemos porque o construímos *para* o conhecimento. "Das coisas" – diz Kant – "só conhecemos o que nelas pomos"; um conhecimento será, pois, transcendental desde que "se ocupe menos dos objetos que de nossos conceitos *a priori* dos objetos". Todo ato de conhecer tem duas fontes, a sensibilidade e o entendimento, mas se a experiência é a origem do ato, nem por isso se deve concluir, como os empiristas, que o conhecer pode ser reduzido aos atos da percepção: o objeto é *dado* à sensibilidade na forma de intuições sensíveis, mas é *pensado* pelo entendimento na forma de conceitos. A *Crítica* está, então, dividida em duas grandes partes. A *Estética transcendental* estuda os elementos *a priori* e universais da diversidade daquilo que nos é dado pela sensibilidade (a idealidade do espaço e do tempo, os contextos *a priori* que tornam possível a experiência sensível). A *Analítica transcendental* analisa os procedimentos puros e *a priori* por meio dos quais o entendimento unifica em conceitos a diversidade fornecida pelas intuições da sensibilidade (dedução dos conceitos do entendimento, teoria do juízo e do esquematismo transcendental).

O entendimento é, pois, a faculdade dos conceitos, mas a possibilidade de um conhecimento objetivo é acima de tudo determinada pelos *juízos sintéticos a priori*, que permitem dar um conteúdo intuitivo aos conceitos. Se tais juízos são possíveis em matemática e em física, em metafísica, porém, não conferem validade objetiva alguma, pois seus objetos, a alma, o mundo e Deus, não podem nem ser analisados a partir de uma intuição sensível, nem constituir as condições de uma experiência possível. A terceira parte, *Dialética transcendental*, mostra que as três disciplinas da metafísica clássica, psicologia (alma), cosmologia (mundo) e teologia racional (Deus), só podem produzir conhecimentos confusos e contraditórios, porque deduzidas apenas do raciocínio. As aberrações que arruinaram a metafísica foram os *paralogismos* da psicologia racional, em que se confundem condições formais *a priori* do conhecimento e objetos do conhecimento (como no *cogito* cartesiano), e as *antinomias* da cosmologia e da teologia racionais, em que teses e antíteses sobre o caráter finito ou infinito do universo, ou ainda sobre a existência ou a inexistência de Deus, perdem qualquer plausibilidade e se anulam reciprocamente.

Mas o estudo das antinomias também terá resultado positivo. Vai permitir que Kant supere a oposição tradicional entre liberdade e determinismo. O filósofo poderá, ao mesmo tempo, restabelecer os direitos da razão, conferindo-lhe sua legalidade *prática*.

A reavaliação da natureza da representação e de seu objeto leva Kant a retomar os termos clássicos do debate (que se considerava encerrado desde Francis Bacon e Descartes) sobre as relações entre saber e crença. A "revolução copernicana" operada, segundo suas próprias palavras, por Kant (a inversão da relação entre razão e experiência), concluindo pela limitação do poder da razão nos limites da experiência, provoca a afirmação da superioridade do poder moral da razão sobre seu poder especulativo. Donde a célebre fórmula do segundo Prefácio: "Por isso, precisei suprimir o saber para substituí-lo pela *crença*." Assim como Descartes distinguia os princípios da razão dos princípios da fé, Kant separa filosofia e religião, mas para conferir à moral uma posição própria e integral ao lado da ciência, o que Descartes não soubera fazer, contentando-se com sua simples "moral provisória". Assim, passa a ser possível sair do impasse constituído pela oposição entre o dogmatismo racionalista dos cartesianos e o cepticismo empirista de Hume. A metafísica dogmática, ao considerar que a ciência e a metafísica decorrem ambas de um método puramente racional, transformava os "inteligíveis" em objetos, obrigando, por exemplo, a pensar a alma ou Deus no plano da experiência sensível.

Logo, Kant só coloca a metafísica como ciência para melhor a distinguir das ciências. A distinção entre saber e crença, seja ela entendida no sentido de uma recolocação racionalista do saber ou no sentido mais espiritualista de promoção da crença, remete antes de mais nada à dupla natureza do sujeito humano. Por sua dimensão fenomênica, o homem está submetido ao determinismo das leis causais que regem o mundo da experiência sensível, mas, por sua dimensão numênica de sujeito moral, ele é um ser radicalmente livre, porque produz por si mesmo e em si mesmo sua própria causalidade ética, o que Kant chamará de autonomia da vontade.

Há o Kant histórico: professor togado do Império, decano da universidade de Königsberg, à qual dedicou toda a sua vida, dando aulas de matemática, pedagogia, geografia, direito, lógica e metafísica; membro de várias academias prestigiosas, autor de uma hipótese cosmológica sobre a formação do universo, que a astronomia moderna não recusou; "livre pensador" que não suportava "nem as cadeias douradas da corte nem os pesados ferros dos galés", mas que não tinha medo de enfrentar o poder político com uma deferência cheia de ironia, a propósito de questões tão apaixonantes quanto a paz e a guerra ou a razão e a religião.

E também há o Kant filósofo, o *Aufklärer*, o pensador que conclui o século XVIII sistematizando o espírito das Luzes, e que, explicando a metafísica, inaugura a filosofia contemporânea. Os temas fundamentais do kantismo estão na origem do idealismo alemão, desenvolvido segundo caminhos distintos por Fichte, Schelling e Hegel. Esses filósofos retomarão o princípio transcendental kantiano da construção *a priori* do objeto do conhecimento, mas procurando reduzir a distinção entre fenômeno e coisa em si em identidade entre certeza e verdade ou entre real e racional. O neokantismo propriamente dito aparecerá como um retorno a Kant: na escola de Marburgo (Cohen, Natorp, Cassirer), recusando a identificação psicológica entre o *a priori* kantiano e o inato, para privilegiar a epistemologia e a cultura; ou na escola de Baden (Wilhelm Windelbrand e Heinrich Rickert), que se esforçará por desenvolver uma filosofia dos valores, separando de maneira rigorosa as ciências da natureza das ciências da cultura. O neokantismo será difundido na França, entre as duas guerras, por Charles Renouvier, Jules Lachelier e Leon Brunschvicg. Mas será principalmente nas investigações fenomenológicas de Husserl que o conceito de filosofia transcendental continuará trabalhando do modo mais produtivo.

Como mostra, em plano polêmico, o debate de Davos (1929) entre Cassirer e Heidegger, sobre o tema "kantismo e filosofia", toda reflexão acerca dos procedimentos utilizados no conhecimento deve ser situada em relação à crítica kantiana e, mais particularmente, em relação à *Crítica da razão pura*.

Edição portuguesa: *Crítica da razão pura*, Lisboa, Fundação Calouste Gulbenkian, s.d.

Estudos: G. Pascal, *Kant*, col. "Pour connaître la pensée de", Bordas, 1985. A. Goulyga, *Emmanuel Kant, une vie*, Aubier, 1985. A. Philonenko, *Kant et le problème de la métaphysique*, 2 vols., Vrin, 1969-1972.

CRÍTICA DA VIDA COTIDIANA,

Critique de la vie quotidienne, 1947.
HENRI LEFEBVRE, 1901-1991.
Manifesto filosófico.

Participando da criação da revista *Philosophies* juntamente com Pierre Morhange, Norbert Gutermann, Georges Politzer e Georges Friedmann, Henri Lefebvre adota o marxismo com base na teoria da deterioração do Estado. Os redatores da revista inscrevem-se no Partido Comunista em 1928, e logo Lefebvre é líder da oposição. Foi o confronto com os situacionistas que lhe inspirou a *Crítica da vida cotidiana*.

Extremamente crítico em relação ao capitalismo e ao estruturalismo, Lefebvre torna-se um dos cabeças das contestações de maio de 68. O livro manifesta todas essas tendências e sobretudo a oposição a qualquer sistema. Em 1958 é publicada uma nova versão da obra e, em 1962, um volume II intitulado *Les fondements d'une sociologie de la quotidienneté* [Fundamentos de uma sociologia da cotidianidade].

O pensamento de Lefebvre gira em torno da teoria da alienação e da crítica ao Estado. A sociedade contemporânea deve muito aos conceitos elaborados por Lefebvre.

Estudo: R. Hess, *Henri Lefebvre et l'aventure du siècle*, A.-M. Metailie, 1988.

CRÍTICA DO JUÍZO,

Kritik der Urteilskraft, 1790.
EMMANUEL KANT, 1724-1804.

O exame da faculdade de julgar, que completa as disposições arquitetônicas das duas primeiras *Críticas* (*Crítica da razão pura** e *Crítica da razão prática**), permitia estabelecer um terreno intermediário, ou pelo menos colocado como "intermediário entre o entendimento e a razão", no qual Kant promoveu a intervenção de um elemento de argumentação imprevisto, o do sentimento de prazer ou de desprazer devido à *apreensão* da forma de um objeto de intuição (Intr., VII). Pois, assim como o sentimento de prazer se coloca entre a faculdade de conhecer e a faculdade de desejar, o juízo pode ser considerado o meio-termo entre o entendimento e a razão, e, por conseguinte, como explica Kant, "ele possibilitará uma passagem da pura faculdade de conhecer, ou seja, do domínio dos conceitos naturais, para o domínio do conceito de liberdade, possibilitando também, no uso lógico, a passagem do entendimento para a razão".

A apreensão da forma de um objeto de intuição instaura um juízo segundo regras, e não segundo conceitos: encontra-se nessa obra então a faculdade particular do juízo estético, e nela as faculdades de conhecer não se apresentam mais como na primeira *Crítica*, a serviço exclusivamente da ciência sistemática, mas sim a favor de uma finalidade reconhecível agora pelo efeito da reflexão. Trata-se, em outras palavras, de um juízo *reflexionante*, que se dá "em conformidade com o conceito de natureza no sujeito" (Intr., VII). Com base no qual, juntamente com o juízo reflexionante em geral, que *é* o juízo teleológico (Intr., VIII), Kant introduziu um tipo de juízo cuja característica é buscar o geral quando só lhe é dado o particular, não podendo, pois, prescrever um princípio à natureza, como faz o juízo *determinante*, que subsume o particular a partir do geral. O juízo teleológico tem em vista certos objetos da natureza, segundo princípios particulares que são da alçada de um juízo reflexionante: ou seja, um juízo desprovido do efeito de determinar objetos.

Para Kant, que em *Crítica da razão pura* estuda como as ciências se podem permitir produzir leis gerais, "a idéia geral da natureza como conjunto dos objetos dos sentidos" (§ 61) não implicava que os objetos naturais recorressem a qualquer acomodação de meios tendo em vista os fins. No entanto, na "Crítica do juízo teleológico" (§ 61), mesmo que um princípio de finalidade não seja diretamente observável *nas leis gerais da natureza*, verifica-se que o conceito de fim tem um lugar entre as faculdades de conhecer no que se refere à compreensão da natureza; e isso "segundo a analogia com um princípio subjetivo de ligação das representações em nós".

Esse recurso ao princípio subjetivo do espírito soma-se ao recurso ao princípio de finalidade, de que se fala no início do parágrafo 61, que admitia – porém para as leis particulares da natureza – "uma finalidade subjetiva em acordo com a compreensão do juízo humano e que possibilita a ligação das experiências particulares num sistema". A *Crítica do juízo* nos leva à descoberta de que não podemos efetuar a menor ligação mental a não ser em razão de um princípio de finalidade subjetiva, inerente às leis particulares da natureza em acordo com o princípio de finalidade do espírito. O capítulo II da Introdução, que afirma ser *impossível* a passagem que permitiria ir do conceito de natureza ao conceito de liberdade – pois o abismo que separa esses dois mundos torna o primeiro inoperante sobre o segundo –, permite, porém, a passagem inversa, juridicamente *possível*, pois *em princípio necessária*. O salto, portanto, é possível, mas reservado à filosofia moral graças à presença eficaz do *dever moral*.

Se assim pode ser, é sobretudo devido à intervenção de um princípio de razão suficiente ou um certo princípio de harmonia, ou seja, o princípio da finalidade formal da natureza (Intr., V), de acordo com o qual a natureza pode ser pensada legitimamente de tal sorte que se realize "a ordem dos fins, que é ao mesmo tempo uma ordem da natureza", de acordo com o que Kant escrevia na primeira *Crítica*, em sua "Refutação ao argumento de Mendelssohn". O autor põe aqui em evidência o referente principal representado pelo *modelo da compreensão humana* ao qual se refere o juízo reflexionante para compreender "as leis empíricas particulares da natureza" (Intr.,

IV), ao passo que o juízo determinante, em subsumindo, "explica" a possibilidade de uma natureza como objeto dos sentidos. Por isso, não é para "explicar" que Kant admite uma utilização problemática do juízo teleológico nas ciências da natureza (§ 61). Completando essa análise com uma inquirição sobre o modo de responder a eventuais *requisitos* do espírito humano na busca das leis empíricas particulares da natureza, Kant mostra de modo evidente que o juízo reflexionante toma por lei um princípio transcendental (Intr., IV), pois ele deve conter um princípio particular *a priori* que não seja dedutível dos conceitos *a priori* do entendimento, conceitos usados, porém, pelo juízo reflexionante, que nem por isso deles deduz princípios *a priori*: então, a faculdade de julgar toma uma regra na forma de conceito que não conhece coisa real. Ela permite compreender o que o entendimento não tem (ou não tem mais) a função de explicar.

A questão da validação do pensamento nos remete às leis permanentes do espírito e, em particular, aos princípios *a priori* da razão, visto que o conhecimento racional é, segundo a primeira *Crítica*, *cognitio ex principiis*. Isso significa que Kant se sente confiante para responder ao velho dilema referente aos critérios de validação e legitimação de nosso pensamento, segundo o qual – pelo menos até então – ou eles seriam extraídos dos princípios de nosso espírito (*dogmatismo*), ou do princípio das coisas (*empirismo*, portanto em seguida *ceticismo*): o que, para Kant, graças ao criticismo, não constitui mais dilema.

A *Crítica do juízo*, que não trata das leis gerais da natureza, mas de suas leis particulares, também não trata da arquitetônica do conhecimento proveniente da razão pura, mas toma como objeto a tecnicidade da natureza. Os dois princípios de *explicação*, mecânico e teleológico, não podem ser reunidos: "Um modo de explicação exclui o outro, supondo-se mesmo que, objetivamente, os dois princípios de possibilidade de um tal produto repousam num princípio único, e que disso ainda não nos tínhamos apercebido". Se existir um terceiro princípio para os reunir, ele deve ser posto fora dos dois primeiros, no supra-sensível. Kant redescobre a teleologia, mas em perspectivas diferentes das impostas pela metafísica tradicional; e ele a autoriza não por depender de um poder superior, imanente à natureza ou a ela transcendente, mas por depender da própria feição de nosso espírito, que se atém ao reconhecimento das leis particulares da natureza, para "refletir", e não para "determinar". A esperança de unidade, visão final desejada pelo pensamento humano desde a noite dos tempos, volta a ser possível. Assim também, encarando, se não a própria unidade, pelo menos a *intenção de unidade* que está na raiz da visão final de unidade, Kant a toma em consideração para dela depreender o que as ciências da natureza pareciam dever proibir para sempre.

A consideração de uma base comum à *Crítica da razão pura* e à *Crítica da razão prática* exigia que se "revisitasse" uma união legítima entre as leis da natureza e as leis teleológicas, ao mesmo tempo fora da metafísica passada e com base num mesmo fundamento, sendo este "o substrato supra-sensível da natureza que nós ignoramos por completo" (§ 78). Mas, para totalizar a experiência, é preciso, necessariamente, implicar uma finalidade subjetiva. O juízo estético desvia-se da determinação em favor da reflexão. A arte é assim um domínio particular que não desemboca nem no reino dos fins nem no conhecimento da natureza; no entanto, é também um domínio livre, no qual as faculdades do conhecimento são exercidas no estado puro: nem para o conhecimento nem para a ação. É por isso que a crítica do juízo estético não conduz a uma estética, mas à melhor compreensão da necessidade de considerar nas faculdades de conhecer uma instância nova: a finalidade.

Edição brasileira: *Crítica da faculdade do juízo*, Rio de Janeiro, Forense Universitária, 1995.
Estudos: *Revue internationale de philosophie*, 1990/4, 1991/1, 1992/1.

CRÍTICA DOS FUNDAMENTOS DA PSICOLOGIA, *Critique des fondements de la psychologie*, 1929.

GEORGES POLITZER, 1903-1942.

Politzer critica nessa obra as posições dominantes na psicologia clássica, que, segundo ele, peca por abstração. A aplicação de categorias gerais, abstratas, negligencia a individualidade concreta. Contra essa tendência, Politzer propõe uma "ciência do eu", construída a partir da compreensão do "drama humano". Em certa medida, a psicanálise e o behaviorismo parecem-lhe caminhar nesse sentido.

Edição brasileira: *Crítica dos fundamentos da psicologia*, Piracicaba, Unimep, 1998.
Estudo: D. Voutsinas, "Psychologie abstraite et psychologie concrète. En relisant Georges Politzer", in *Bulletin de psychologie*, n.º 21, 1967.

CRÍTON, ou Do dever, Κρίτων, ἢ Περὶ πρακτέου, ○ c. 390-385 a.C.

PLATÃO, 428/427-348/347 a.C.
Diálogo.

Sócrates acaba de ser condenado à morte. Críton vai ter com ele na prisão e propõe-lhe fugir (a cidade teria concordado em comutar assim a pena de morte em banimento). Mas Sócrates permanece surdo a essas injunções. Censurando Críton por seguir a opinião da multidão, passa a demonstrar por que não poderia escapar à sentença proferida pela cidade sem ultrajar a justiça. Tem lugar então a célebre "Prosopopéia das leis": Sócrates faz as próprias leis proferir as censuras que elas teriam razões para dirigir-lhe caso ele tentasse se subtrair à sua jurisdição. Por fidelidade ficará na prisão, por patriotismo se recusará a deixar Atenas; mas essa fidelidade e esse patriotismo são acima de tudo cívicos e mais ainda filosóficos. Dizem menos respeito à Atenas empírica que à idéia de legislação, princípio da cidadania.

Estudo: F. Châtelet, *Platon**, col. "Folio-Essais", Gallimard, 1989.

CRÔNICAS (Crônicas de França, Inglaterra, Escócia, Espanha, Bretanha, Gasconha, Flandres e arredores),

Chroniques (Chroniques de France, d'Angleterre, d'Écosse, d'Espagne, de Bretagne, de Gascogne, de Flandre et lieux d'alentour), fim do século XV.
JEAN FROISSART, c. 1337-c. 1404.
Epopéia em prosa.

Além da guerra dos Cem Anos – que ocupa a sua maior parte – e algumas outras batalhas, essa obra, composta por quatro livros, conta a história de Etienne Marcel, do bando de soldados aventureiros ou "esfoladores", da estada do autor em casa de Gastão de Foix, mais conhecido com o nome de Gastão Phebus. Cronista de talento e desprovido de intenções patrióticas, Froissart narra com objetividade os acontecimentos de sua época. Pouco importa a nacionalidade daqueles que ele descreve; o que conta é o espírito de cavalaria: está mais a serviço de uma casta que a serviço de uma sociedade. Sua grande qualidade é dar vida aos acontecimentos que relata com verve e qualidades pitorescas.

Repórter de talento, é o precursor de um gênero retomado mais tarde pelo cardeal de Retz e por Saint-Simon.

Estudo: J. Bastin, *Froissart, chroniqueur, romancier et poète*, Nizet, 1948.

CURSO DE ECONOMIA POLÍTICA, *Cours d'économie politique*, 1896.

VILFREDO PARETO, 1848-1923.

Discípulo original de Léon Walras (escola de Lausanne ou Escola do equilíbrio geral), teórico do marginalismo, Pareto analisa rigorosamente o conceito de utilidade no âmbito da *economia pura*, ou seja, de um mundo econômico perfeito, independente de qualquer outro fator (político, social, psicológico etc.) e de finalidades externas, que pode ser estudado segundo as mesmas regras da ciência física (a economia pura interessa-se pelos fenômenos de equilíbrio e interdependência). Desse modo, permite estabelecer as leis gerais dos fenômenos econômicos, seja qual for o sistema político, possibilitando uma *economia aplicada*.

Na economia pura, o *homo oeconomicus* – o indivíduo abstrato que age economicamente – tenta obter, através de escolhas, um máximo de utilidade e satisfação com um mínimo de esforço. Os utilitaristas somam as utilidades individuais para medir o bem-estar coletivo. O autor mostra que isso é um erro, pois cada indivíduo tem seus próprios critérios de utilidade. A numeração cardinal é então substituída por uma numeração ordinal. As ações dos homens apresentam certas uniformidades, certas constantes observáveis. O autor distingue *utilidade* e *ofelimidade*, elucidando assim o termo utilidade, que tem conteúdo plurívoco.

O termo utilidade designa o que é benéfico, ações que visam ao prazer, ao gozo. Ofelimidade é "o aspecto da conveniência, a satisfação de uma necessidade ou de um desejo, legítimo ou não". Se a utilidade é *subjetiva* e não constitui grandeza mensurável, a ofelimidade é uma noção *objetiva* e observável, e um bem dessa categoria pode ser nocivo. O *homo oeconomicus* é, pois, um indivíduo que tende à maior ofelimidade.

Esse *princípio de ofelimidade* permite construir modelos abstratos, que possibilitam a explicação de fenômenos complexos e concretos. Permite sobretudo reinterpretar o equilíbrio walrassiano. Para Walras, a lei da igualização das produtividades marginais dos fatores de produção ao preço desses fatores permite concluir que a livre concorrência é o melhor regime possível. Para Pareto, nenhum critério absoluto permite afirmar que uma situação seja preferível a outra. Assim, o economista italiano, ainda que liberal, abre caminho para uma teoria do bem-estar socialista.

Embora Pareto, economista marginalista e utilitarista, tenha sido parcialmente reconhecido pela posteridade, seu princípio de ofelimidade não foi retomado pelos economistas.

Estudo: J. Freund, *Pareto. La théorie de l'équilibre*, Seghers, 1974.

CURSO DE FILOSOFIA POSITIVA,

Cours de philosophie positive, 1830 a 1842.
Auguste Comte, 1798-1857.

Por certo pode-se isolar esse livro do restante da obra de Comte (aliás, isso não deixou de ser feito), mas na verdade ele só tem significado a partir de um vasto projeto, cuja essência era política: reformar as instituições humanas a partir da justa compreensão dos saberes e das práticas da humanidade.

Reformular a sociedade para conciliar ordem e progresso supõe que se tenha uma ciência social, pois só transformamos o que conhecemos. Mas fundar a ciência social supõe que se saiba o que é uma ciência. Essa obra é uma tentativa de depreender, a partir das ciências efetivamente existentes, as normas da positividade científica. Trata-se de um "curso" de sessenta aulas dadas em público a partir de 1826.

O *Curso* começa com duas lições gerais. Aliás, freqüentemente só são levadas em conta essas duas primeiras lições, mas a verdade é que isso alterara profundamente a obra de Comte.

A primeira lição expõe a célebre *lei dos três estados*, que, segundo Comte, rege o desenvolvimento da inteligência humana; esta passa sucessivamente, em seu modo de concepção do mundo, por três estados ou estágios: o estado teológico, o estado metafísico e o estado positivo. A cada um desses estados correspondem certas formas de organização social. Essa lei dos três estados rege o desenvolvimento daquilo que Comte considera um ser real: a humanidade. Ela oferece um esquema de compreensão de todos os aspectos de seu desenvolvimento; mas o intuito de Comte é menos de desvalorizar um passado humano por causa de seus erros do que de compreender o sentido do processo global. A luz positiva não é oposta em bloco às trevas teológicas e metafísicas. A primeira lição termina com considerações gerais sobre o objetivo do *Curso de filosofia positiva* e enumera as vantagens que podem ser esperadas de uma reorganização positiva das ciências; entre essas vantagens: um remédio para os inconvenientes que decorrem da especialização excessiva mas inevitável dos espíritos científicos, e uma melhora do sistema educacional.

A segunda lição propõe uma classificação racional dos saberes humanos e desenvolve uma crítica dos sistemas de nomenclatura anteriores. Comte reflete sobre os diferentes modos possíveis de exposição das ciências; ele distingue em particular a ordem histórica, que consiste em expor os resultados de uma ciência segundo o processo cronológico de sua produção, e a ordem dogmática, que obedece à lógica do conteúdo dos conhecimentos. A classificação comtiana das ciências baseia-se no grau crescente de complexidade dos objetos que essas ciências estudam. A matemática, por sua vez, situa-se fora da classificação propriamente dita.

As lições 3 a 57 analisam as diversas ciências, na ordem racional depreendida pela segunda lição: matemática, astronomia, física, química, biologia, física social. Para cada uma dessas ciências, uma lição – em geral muito desenvolvida – expõe as generalidades consideradas do ponto de vista da positividade (matemática: lição 3; astronomia: lição 19; física: lição 28; química: lição 35; biologia: lição 40; física social: lições 46 a 51). Por fim, o *Curso* termina com três lições dedicadas a diversas "Considerações finais".

As análises que Auguste Comte propõe das diversas ciências nem sempre demonstram a mesma clarividência; é surpreendente, por exemplo, que ele recuse *a priori* a possibilidade de uma astrofísica. Mas essas análises apóiam-se, indiscutivelmente, num conhecimento direto e extremamente rico do saber de seu tempo.

Se quisermos apreciar esse livro em relação ao conjunto da obra de Comte, deveremos ater-nos ao julgamento do próprio autor; atingindo aquilo que ele considerava o coroamento de seu sistema, Auguste Comte recusava-se a ver no *Curso* mais que um momento (superado) da constituição de seu pensamento; pode-se quase dizer que o renegou. Mas a posteridade recusou-se a julgá-lo desse modo, e, ao contrário, foi a esse texto que deu mais atenção, em prejuízo do *Sistema de política positiva** e da *Síntese subjetiva**. Comte com certeza teria visto nisso uma traição ao seu pensamento, hoje bem esquecido. Fato é que as análises do *Curso de filosofia positiva* contribuíram muito para instituir na França uma tradição de epistemologia e de história das ciências ilustrada por grandes nomes.

Edição brasileira: *Curso de filosofia positiva*, São Paulo, Abril, 1983.

Estudos: P. Dupouey, apresentação das Lições 1 e 2, do *Cours de philosophie positive*, col. "Les integrales de Philo", Nathan, 1989. P. Macherey, *Comte, La philosophie et les sciences*, col. "Philosophes", P.U.F, 1989.

CURSO DE LINGÜÍSTICA GERAL,

Cours de linguistique générale, 1916.
FERDINAND DE SAUSSURE, 1857-1913.
Reconstituição do ensino ministrado por Saussure.

Essa obra não foi redigida por Saussure, mas organizada a partir de notas tomadas por alunos seus durante as aulas ministradas entre 1906 e 1911.

Dizer que a lingüística é ciência da linguagem é dizer que esta pode ser descrita cientificamente e que pode apreender algo de si mesma. A hipótese mínima é que *formal* e *material* podem ser dissociados, tomando como modelo a distinção dos sistemas jurídicos, entre *quid facti* e *quid juris*; a linguagem aparece então como um sistema formal sobre o qual pode ser enunciado certo número de regras. Essa é a hipótese de um projeto de ciência lingüística. Essa preocupação com a formalização é o que caracteriza logo de início o *Curso* de Saussure.

A segunda característica demonstrada por Saussure é que um ser lingüístico (signo, palavra, frase) não tem natureza própria: é um conjunto de relações. As posições predominam sobre os seres; estes, de fato, são definidos pelo conjunto das posições que podem ocupar de acordo com dois eixos: o eixo vertical dos possíveis (paradigma), que define as relações com os vizinhos, e o eixo horizontal dos compossíveis (sintagma), que define as relações de exclusão mútua. Todo signo é escolhido de um estoque infinito de possíveis e segundo uma relação de sucessão linear com outros signos já escolhidos. Assim, o sentido de uma palavra não está em si mesma, mas nas relações de compatibilidade ou exclusão que mantém com outras palavras e que *definem seu sentido*. O sentido não preexiste às relações, é resultante delas. *A língua é um conjunto de relações sem sustentação*. É o que Saussure quer dizer quando fala do caráter *negativo* – ou *relativo* – das propriedades da linguagem, que se desenvolve segundo uma linha paradigmática ou uma linha sintagmática.

A terceira característica é a distinção feita por Saussure entre *língua*, *linguagem* e *fala*. A língua é um "produto social da faculdade da linguagem e um conjunto de convenções necessárias, adotadas pelo corpo social para permitir o exercício dessa faculdade nos indivíduos". Ela é um conjunto de convenções a que o indivíduo recorre para falar, mas este não a pode criar nem modificar: ela é preexistente a ele. A fala é "o ato do indivíduo que realiza sua faculdade por meio da convenção social que é a língua". A linguagem resulta das interações entre as convenções e as iniciativas de cada indivíduo. Cada vez que alguém fala, para ser compreendido deve necessariamente referir-se ao que existe, a um código reconhecido por todos, e ao mesmo tempo distinguir-se do que existe por uma invenção que lhe é própria.

A quarta característica do *Curso* reside na definição da língua como *sistema de signos*. O signo é uma combinação de um *significado* com um *significante*, ou de um conceito com uma imagem acústica. Esses dois aspectos são indissociáveis, assim como o anverso e o reverso de uma folha de papel. Saussure quer mostrar assim que o signo não une um nome e uma coisa: o significado é uma representação, e o significante é "uma marca psíquica" dos sons. Assim, para Saussure a ordem da linguagem independe da ordem do real: tudo é psíquico ou "mental". O significado não é um objeto real, mas o vestígio psíquico que ele provoca em nós.

Esses signos assim definidos são *arbitrários*, não no sentido de que o significante poderia depender da livre escolha do sujeito falante, mas no sentido de que ele é imotivado, ou seja, não tem nenhum vínculo material com a realidade: a seqüência de sons [s - ö - r] que serve de significante é arbitrária em relação à idéia de *soeur* [irmã]. Com a exceção, muito relativa, das onomatopéias (em que o som "imita" a idéia), nenhuma lei impõe que determinado som corresponda a dado sentido.

A quinta característica é a explicação da *sistematicidade* da língua: Saussure quer dizer com isso que todos os seus termos são solidários, e que o valor de um resulta apenas da presença simultânea dos outros, ou de sua ausência, pois a coexistência *in absentia* remete à relação paradigmática dos elementos lingüísticos entre si. Os valores são sempre constituídos: "1.º) por uma coisa *dessemelhante* que pode ser *permutada* por aquela cujo valor deve ser determinado; 2.º) por coisas *similares* que podem ser *comparadas* com aquela cujo valor está em discussão". A linguagem aparece assim como um sistema de elementos *que se põem opondo-se, e que se opõem pondo-se.* É um sistema de diferenças, de valores diacríticos.

A última característica desenvolvida pelo *Curso* é a oposição entre os pontos de vista sincrônico e diacrônico. Falar não é *enunciar no tempo*; é trazer o tempo para o enunciado. É verdade que um enunciado da língua é sempre proferível, e que, se é proferido, isso ocorre num instante e num lugar determinados. A *linearidade* da linguagem, na qual Saussure insiste, não significa apenas que a linguagem se desenrola no tempo – aliás, comparada a uma linha, significa que o tempo é a própria *substância* da linguagem.

Em geral, se a língua evolui, é sob a ação da fala. Mas, para Saussure, a sincronia como ponto de vista é mais fundamental que a diacronia: ela não é só identificada com o "estado da língua", mas deve ser compreendida "como um conceito que possibilita a definição teórica de um sistema abstrato".

Entre a gramática comparativa (Antoine Meillet) e a gramática gerativa (Chomsky), o *Curso de lingüística geral* representa um verdadeiro alicerce para a lingüística.

Edição brasileira: *Curso de lingüística geral*, São Paulo, Cultrix, 1972.

Estudo: É. Benveniste, *Problèmes de linguistique générale**, 2 vols., col. "Tel", Gallimard, 1976 e 1980.

D

DA ANGÚSTIA AO ÊXTASE,

De l'angoisse à l'extase, 1926-1928.
PIERRE JANET, 1859-1947.

Partindo de observações colhidas durante mais de vinte anos com uma doente afetada por delírio religioso com êxtases místicos, estigmas e crises de angústia, o autor tenta encontrar em seus delírios, aparentemente tão variados, as características típicas do delírio psicastênico. Inicialmente ele se dedica ao estudo dos problemas relativos à inteligência, o que o leva para uma longa digressão sobre a crença – "o fenômeno psíquico mais importante" –, e depois dedica-se ao estudo dos sentimentos (alegria profunda, convicção de pureza moral, sentimento de união com Deus, angústia, tristeza, melancolia...).

Pierre Janet foi um dos primeiros psicólogos a conceber a "unidade psicossomática" e a supor, mas sem a tematizar, a existência do inconsciente.

Estudo: H. J. Rabaud, *Freud et Janet. Étude comparée*, Privat, 1970.

DECADÊNCIA DO OCIDENTE,

Der Untergang des Abendlandes, 1918.
OSWALD SPENGLER, 1880-1936.

Herdeiro de uma tradição alemã nascida no século XVIII, influenciado pelo pessimismo nietzschiano, Spengler expõe uma "morfologia da história universal", sendo história definida como uma vida que tem uma estrutura orgânica. Essa história faz os povos, e os povos constituem os homens. Todo povo tem uma existência *concreta* (sangue, solo, raça) e *espiritual* (língua, pensamento, cultura). Um *povo* existe pela consciência que tem de formar um todo e por um sentimento de pertinência comum. Distinguindo povos primitivos, cultos e degenerados, Spengler considera que o povo *culto* é aquele cujos indivíduos estão ligados por um destino comum, o fato de pertencerem a uma cultura que os supera; o povo *degenerado* é aquele que, separado de seu solo, substitui o Destino pela Razão.

Toda cultura, por exprimir uma alma que é um princípio de luta, conjunto acabado e irredutível aos outros, nasce, desenvolve-se, atinge a maturidade e depois declina e morre. Cada uma afirma sua essência e sua superioridade. A civilização não é o aperfeiçoamento, mas uma forma decadente e esclerosada da cultura. A principal causa da decadência é a "pseudomorfose", ou seja, a mistura de culturas, a contaminação. Assim, o democratismo, o materialismo e a incerteza marcam o declínio do Ocidente no século XX. Na história, o autor distingue três tipos de cultura (e de alma): a cultura "apolínea" (antiguidade greco-romana), a cultura "mágica" (mundo árabe) e a cultura "faustiana" (Ocidente europeu e sobretudo alemão).

Teórico da "revolução conservadora", hostil ao racionalismo e à idéia de progresso, retomado pelos nacional-socialistas, apesar de sua hostilidade em relação a eles, Spengler desenvolve o tema da decadência e do declínio que terá grande sucesso no século XX.

Edição brasileira: *Decadência do Ocidente*, Rio de Janeiro, Zahar, 1964.

Estudo: E. Vermeil, *Les doctrinaires de la révolution allemande (1918-1938)*, Nouvelles Éditions Latines, 1947, cap. 2: "La construction d'Oswald Spengler".

DECLARAÇÃO DOS DIREITOS DO HOMEM E DO CIDADÃO, *Déclaration des droits de l'homme et du citoyen*, 26 de agosto de 1789.

Não existe uma, mas várias *Declarações dos direitos do homem e do cidadão*. Trataremos aqui principalmente da de 1789, matriz de todas as outras. Mas a comparação com as versões posteriores evidentemente é das mais instrutivas.

Essas *Declarações* serão textos filosóficos? No que tinham em vista, por certo não, pois sua meta não era teórica, mas prática ou mesmo histórica. Nos procedimentos que adota tampouco: os direitos e os deveres que apresentam – na forma de artigos sucessivos – não se fundamentam em razão; são apenas enunciados. A solenidade que cerca o texto não substitui as análises discursivas. Pode-se mesmo dizer que a redação das *Declarações* demonstra a urgência política que lhes determinou o nascimento. Mas em sua preocupação de articular "o objetivo de toda instituição política" em torno de um discurso sobre a natureza do homem, elas demonstram um zelo muito semelhante ao da filosofia. Por fim, nutre-as, diretamente, uma tradição filosófica clássica, conscientemente reivindicada por seus autores, ainda que os filósofos (Locke, Voltaire, Rousseau) não sejam mencionados.

Uma *Declaração dos direitos do homem e do cidadão* não é um ato pelo qual esses direitos são instituídos. Quem os enuncia e os codifica pretende apenas "expô-los", lembrá-los, publicá-los, a fim de garantir que não sejam esquecidos pela humanidade futura. Por serem naturais, esses direitos são tão antigos quanto o próprio homem, que até então sofreu ou fez sofrer por ignorá-los. Em matéria de direito, uma *Declaração* é um ato cujo alcance é imenso, mas que nada cria.

A *Declaração* de 26 de agosto de 1789 impõe-se como modelo. Vai muito além de suas irmãs americanas mais velhas (Virgínia, 1777, por exemplo) ao reivindicar a universalidade. Não é laica, porquanto produzida "em presença e sob os auspícios do Ser Supremo". Esse é o legado da religião natural das Luzes, que determina ao mesmo tempo um princípio de tolerância: "Ninguém deve ser perturbado por suas opiniões, mesmo religiosas." O homem, portanto, tem direitos que a natureza lhe confere: liberdade, propriedade, segurança, resistência à opressão. Mas, ainda que "naturais", o segundo e o último desses direitos, por exemplo, nunca deixaram de ser objeto de um debate ideológico e filosófico acirrado, muito tempo antes e depois da publicação desse texto. A igualdade, contida no artigo primeiro, é jurídica. O aspecto econômico ou social não é mencionado. Esse aspecto concentrou um grande número de críticas ulteriores.

A definição de legitimidade política tem a marca de Rousseau: "O princípio de toda soberania reside essencialmente na nação"; "A lei é expressão da vontade geral." Tais fórmulas não valiam apenas como princípio de exclusão da monarquia (a pessoa do rei não é mencionada), elas definiam o modelo universal e intemporal de toda instituição política legítima. Essa vontade de universalização é expressamente marcada no artigo 16, inspirado em Montesquieu: "Toda sociedade em que não é assegurada a garantia dos direitos e em que não é determinada a separação dos poderes não tem constituição."

Sem diminuir o alcance universal dos princípios que enuncia, é preciso ler a *Declaração* em seu contexto histórico. Verifica-se então que seus artigos são muralhas erigidas contra o retorno do Antigo Regime e de seus abusos. Ela reflete com bastante fidelidade as queixas contidas nos *Cahiers*. Também reflete os interesses de classe de seus redatores. Não é reduzir o texto a máquina jurídico-ideológica burguesa falar desse aspecto: a insistência no direito de propriedade, com o extremo cuidado de lembrar seu caráter "inviolável e sagrado", é significativa; a *Declaração* de 1789 é obra de uma assembléia de proprietários. Suas disposições já marcam a preocupação de proteger-se contra reivindicações de caráter coletivista ou mesmo simplesmente social.

Há, nessas limitações, o germe de uma vasta contestação "de esquerda" à *Declaração dos direitos do homem e do cidadão* e a toda a Revolução. Essa contestação, iniciada na própria Revolução, desembocará no socialismo e no comunismo.

Estudos: E. Brauns, "Les déclarations des droits de l'homme et du citoyen sont-elles des textes philosophiques?", in *La Révolution Française et la philosophie*, Association des professeurs de philosophie de l'academie de Poitiers, CRDP de Poitiers, 1990.

DECLARAÇÃO UNIVERSAL DOS DIREITOS DO HOMEM,

10 de dezembro de 1948.

Esse texto emana da assembléia geral das Nações Unidas (abstenção da URSS, de cinco "democracias populares", da Arábia Saudita e da União Sul-Africana). Assim como a *Declaração dos direitos do homem e do cidadão**, de 1789, trazia as marcas do Antigo Regime, a *Declaração universal* carrega os estigmas da Segunda Guerra mundial, mais particularmente do trauma causado na humanidade pela descoberta das atrocidades nazistas, dos campos da morte e do genocídio. O preâmbulo insiste, muito mais que o de 1789, na afirmação dos seguintes valores: liberdade, justiça, paz, dignidade da pessoa humana. Fixa objetivos históricos: "o advento de um mundo em que os seres humanos serão livres para falar e crer, libertos do terror e da miséria", "a igualdade de direitos de homens e mulheres". O texto contém trinta artigos.

A afirmação dos direitos fundamentais, muito detalhados, insiste nos meios de sua aplicação concreta, assim como nas medidas que garantam sua salvaguarda. O direito à propriedade e ao trabalho são afirmados, assim como um "direito à seguridade social". O princípio da soberania é definido como "a vontade do povo" e, aqui ainda, as condições de aplicação real do princípio são enunciadas (eleições livres). Portanto, a especificidade da *Declaração universal* está em seu caráter sistemático. Além disso, ela não se apresenta apenas como um texto ao qual poderia recorrer uma pessoa lesada em seus direitos estritos, mas obriga também ao respeito à dignidade da pessoa humana ao exigir que sejam reunidas as condições para seu pleno desenvolvimento (pela educação, por exemplo).

A *Declaração universal dos direitos do homem* não tem o caráter juridicamente obrigatório da Carta das Nações Unidas. Vale sobretudo como referência moral nas lutas pelos direitos do homem através do mundo.

Estudo: L. Jaume, na edição francesa: "Déclaration universelle des droits de l'homme", in *Les déclarations des droits de l'homme*, col. GF, Flammarion, 1989.

DEFESA DE SÓCRATES, Ἀπολογία Σωκρατους, ○ c. 390-385 a.C.

PLATÃO, 428/427-348/347 a.C.
Diálogo.

Platão escreveu a *Defesa de Sócrates* sob o efeito da indignação de que fala na *Carta VII**. Foram o processo e a condenação de Sócrates, em 399, que decidiram a conversão de Platão à filosofia. Acusado por Meletos, Anitos e Lícon de corromper a juventude e de introduzir novas divindades na cidade, Sócrates foi julgado num processo contado na *Defesa*. O texto apresenta-se em três partes: a primeira relata as objeções de Sócrates às acusações feitas contra ele; na segunda, ele propõe, segundo o costume, a pena que mais se lhe ajusta; na terceira, Sócrates reflete sobre o sentido político e filosófico de sua condenação à morte.

O que chama a atenção logo de início (e esse contraste devia ser mais flagrante ainda para os contemporâneos de Platão) é a distância entre o estilo de Sócrates diante do tribunal e as exigências retóricas habituais nesse gênero de exercício. Renunciando a convencer o júri por quaisquer meios oratórios possíveis, Sócrates opta por expor a verdade em toda a sua crueza. Não contente em afirmar a vacuidade das acusações (irreligiosidade, corrupção da juventude), ele assume o papel que escolheu cumprir na cidade.

A proposta de pena feita por Sócrates (de que, em reconhecimento pelos serviços que prestou, a cidade o sustentasse gratuitamente) evidentemente foi interpretada como provocação; ela contribuiu para a sua condenação à morte por grande maioria.

Mais que nenhum outro texto, a *Defesa* terá contribuído para modelar a imagem do primeiro mártir da filosofia e para fazer de Sócrates a figura emblemática do filósofo perseguido pelos poderes constituídos e pela opinião do povo.

Como prolongamento da *Defesa de Sócrates*, deve-se ler *Críton** e *Fédon**, bem como a *Carta VII*.

Edição brasileira: *Defesa de Sócrates*, São Paulo, Nova Cultural, 1987 (Os pensadores).
Estudo: F. Châtelet, *Platon*, col. "Folio-Essais", Gallimard, 1989.

DELITOS E DAS PENAS (DOS), *Dei deletti e delle pene*, 1764.

BECCARIA (Cesare Bonesana, marquês de), 1738-1794.

Beccaria propõe uma idéia nova para seu tempo: a justiça não é serva da religião; uma condenação não vinga uma ofensa à divindade. O direito só deve ser definido e julgado como instância social. Sua razão de ser é a utilidade. Estamos no cerne da inspiração política antiabsolutista das Luzes, em sua preocupação de romper todos os laços entre o sagrado e as instituições.

As penas não têm outra origem senão o desejo humano de segurança. Por essa segurança, os homens concordam em sacrificar uma parte de sua liberdade. No entanto, a troca deve ser eqüitativa, o que supõe um cálculo das sanções exigidas por este ou aquele delito cometido contra a sociedade. A justiça se torna matemática, e o rigor do raciocínio jurídico é garantido pelo recurso às formas silogísticas da lógica clássica.

O exercício legítimo da justiça implica, ademais, a legalidade, relativamente à qual se definem delitos e penas, fora da qual só haveria arbitrariedade. Aquilo que hoje se chama Estado de direito. As análises da lei propostas por Beccaria apresentam fortes analogias com aquilo que, na mesma época, era escrito por Rousseau. O exercício da função judiciária, portanto, se reduz – e deve reduzir-se – à estrita aplicação da lei.

Mas qual o objetivo da pena? Instituir um sistema de distribuição de dores. A eficácia desse sistema é garantida pelo próprio delinqüente, induzido pela lei a calcular seu interesse de maneira prática. Pois convém repetir que, num regime arbitrário – em que o poder é tendente a inventar os delitos à medida que convenha –, o delinqüente potencial não pode prever nada e, assim, está disposto a tudo.

Dos delitos e das penas oferecia aos homens das Luzes a teoria do direito que convinha ao ideal político deles. A fortuna do livro de Beccaria foi desmedida em comparação com sua ambição, já desde a publicação. Filósofos, teóricos do direito e juristas apoderaram-se da obra, falando em nome dela ou discutindo suas teses (por exemplo,

Kant, na *Doutrina do direito*, ao tratar da pena capital).

Edição brasileira: *Dos delitos e das penas*, São Paulo, Martins Fontes, 1991.

Estudos: R. Badinter, apresentação da edição francesa *Des délits et des peines*, coll. GF, Flammarion, 1991. J. Jacomella, "Actualité de la pensée de Cesare Beccaria", in *Revue internationale de criminologie et de police technique*, janeiro-março de 1964.

DEMOCRACIA E TOTALITARISMO,

Démocratie et totalitarisme, 1965.
RAYMOND ARON, 1905-1983.

Influenciado pela sociologia alemã, sobretudo por Max Weber, partidário do primado do político (a política é o exercício do poder), Raymond Aron aplica-se a definir uma *sociologia política* que não seja uma filosofia política. Para ele, não se trata de construir uma teoria do melhor regime político, mas sim de fundar uma sociologia, isolando as variáveis dos regimes políticos reais a partir dos modelos teóricos, dos tipos-ideais que os fundamentam.

O autor identifica dois modelos fundamentais: o "regime constitucional-pluralista" e o "regime do partido monopolista". Assim, a unicidade ou a multiplicidade dos partidos políticos permite estabelecer uma tipologia. O regime *constitucional-pluralista* (democracia) apresenta duas características típicas: a concorrência pacífica de vários partidos políticos e o caráter constitucional da escolha dos governos e do exercício da autoridade. Ao pluralismo partidário corresponde um pluralismo ideológico. O regime do *partido monopolista* (totalitarismo) supõe que um partido tenha o monopólio da atividade política, defendendo uma ideologia que tem autoridade absoluta e se torna a verdade oficial do Estado (confusão Estado-sociedade), dispondo este de todos os meios de coerção e persuasão para difundir essa ideologia. Segundo Aron, cada regime real é a realização histórica desses dois modelos, desses dois tipos-ideais (democracia e totalitarismo). Justificando o pluripartidarismo como constitutivo da democracia, Raymond Aron defende o liberalismo, tantas vezes criticado como "regime dos partidos".

Edição portuguesa: *Democracia e totalitarismo*, Lisboa, Presença, 1966.

Estudo: N. Baverez, *Raymond Aron*, col. "Qui suis-je?", La Manufacture, 1986.

DEMOCRACIA NA AMÉRICA (A),

De la démocratie en Amérique, 1835 e 1840.
TOCQUEVILLE (Charles Alexis Cléret de), 1805-1859.

Quando Tocqueville e seu amigo Gustave de Beaumont embarcam no Havre em 1831, os dois magistrados estão incumbidos da missão de examinar as instituições penitenciárias americanas. Esse será, para Tocqueville, o pretexto para um longo estudo sobre a democracia na América, em que se mesclam o tempo todo dois tipos de análise e dois tipos de convicção. No plano do raciocínio, ele justapõe aquilo que se poderia chamar de "lógica da tipologia", a partir da oposição *aristocracia/democracia*, e uma "lógica da evolução", que conduz ao triunfo inevitável da democracia. Tratando-se de sua concepção geral do mundo, o autor compensa sua aceitação racional da democracia com a luta pelos valores próprios do mundo aristocrático e, mais particularmente, pela *liberdade*. Sua própria vida se articula em torno desse problema da dupla influência do teórico e do vivencial, ou dessa teoria da vivência familiar que estará sempre a mesclar fatos e valores e que aliará riqueza conceitual e minúcia documental a convicções políticas.

A América permitirá que Tocqueville proceda a uma análise *in vivo* do princípio democrático: tanto em termos de riscos a que expõe quanto de vantagens que oferece no que diz respeito à liberdade. As nações européias estão no meio do caminho entre aristocracia e democracia, dilaceradas pelo conflito dos dois princípios, muitas vezes presas dessa forma extrema de democracia que é a revolução; se o exemplo americano não constitui seu futuro, necessariamente diferente, pelo menos lhes oferece algo para pensar o futuro, de tal modo que extraiam o máximo de vantagens e o mínimo de inconvenientes para a liberdade.

No capítulo IX, livro II, do primeiro volume da obra, Tocqueville inquire do papel das leis e dos costumes na manutenção da democracia americana, em oposição àquilo que ele chama de "causas materiais", ou seja, particularidades do Novo Mundo e seus privilégios no que se refere à relação do homem com o espaço. Pois os Estados Unidos, no pensamento de Tocqueville, não constituem para a Europa uma experiência conceitualmente comparável nem modelo por seguir: "Pode-se supor um povo democraticamente organizado de uma maneira diferente do povo americano." O que constitui, porém, o valor universal dessa análise da democracia americana é a existência de um fundamento comum ao povo americano e aos povos europeus, a saber, o fato de pertencerem à natureza humana. Os americanos criaram com as próprias mãos sua sociedade e suas motivações, mas canalizando tudo pela via do direito, da religião, das instituições, dos costumes. Por serem vítimas de paixões sociais idênticas, os povos europeus são confrontados com o mesmo problema institucional, no sentido lato da palavra: como converter suas paixões em leis e em instituições?

Tocqueville apura sua análise no segundo volume do livro (3ª parte, cap. XXI): os povos europeus são menos "democráticos" que "revolucionários". Introduz com isso uma distinção essencial, que percorre todo o segundo volume, com a qual explica a estabilidade política e o consenso americanos. Mostra que o estado social democrático é pouco propício às revoluções, em razão do tecido fechado dos microinteresses conservadores que não cessa de criar e de nutrir. É a *desigualdade* que leva à revolução, e é para destruir o estado social aristocrático e a ideologia da desigualdade que os franceses a fizeram; mas conservaram suas paixões e um estado de espírito pouco propenso à estabilidade das instituções. "Na América, têm-se idéias e paixões democráticas; na França, temos ainda paixões e idéias revolucionárias." A obra articula-se em torno de algumas oposições simples, que Tocqueville usa de modo refinado através de uma dialética constante entre o cultural, o social e o político. Como sociedade e cultura, a América dá exemplo de democracia pura.

Sabe-se que *Democracia* foi publicada em duas vezes. O primeiro volume, essencialmente dedicado à descrição analítica das instituições americanas, veio a lume em 1835; o segundo, que estuda de modo mais abstrato a influência da democracia sobre os costumes e os hábitos nacionais a partir do exemplo americano, foi publicado cinco anos depois.

Edição brasileira: *A democracia na América*, São Paulo, Martins Fontes, 1998.

Estudo: J. C. Lamberti, *Tocqueville et les deux democraties*, col. "Sociologies", P.U.F., 1983.

DEMONSTRAÇÃO DA EXISTÊNCIA E DOS ATRIBUTOS DE DEUS,

Demonstration of the Being and Attributes of God, 1727-1728.
SAMUEL CLARKE, 1675-1729.

Essa obra reúne os sermões dos anos 1704-1705, que Clarke reescrevera, deles subtraindo a apresentação oratória. O livro é principalmente dirigido contra o materialismo de Hobbes e de Spinoza.

Clarke deduz a necessidade de Deus da idéia de sua eternidade. Segundo ele, a existência de Deus só pode ser provada pela razão pura, o que o afasta do teísmo e da teleologia em voga na sua época, sobretudo a de Newton. Em compensação, ele extrai deste último a equiparação de espaço e tempo infinitos com atributos divinos.

Essa tese será prolongada na célebre correspondência de 1715-1716 com Leibniz, em que Clarke será porta-voz das teses newtonianas.

Estudo: A. Koyré, *Du monde clos à l'univers infini**, col. "Tel", Gallimard, 1988, cap. XI.

DEONTOLOGIA, ou Ciência da moral,
Deontology, or Science of Morality, 1834.
JEREMY BENTHAM, 1748-1832.

Esse tratado pretende determinar os conteúdos da moral pessoal, em princípio, sem propor prescrições particulares. Retoma as idéias expressas na *Introdução aos princípios da moral e da legislação** (princípio da maximização da felicidade, equilíbrio entre o interesse privado – aqui chamado de prudência pessoal – e a benevolência em relação ao próximo). A *Deontologia*, obra póstuma, organizada por seu primeiro editor, dá ensejo atualmente a numerosas polêmicas.

Estudo: R. Harrison, *Bentham*, Routledge & Kegan Paul, Londres, 1983.

DESCOBRINDO A EXISTÊNCIA COM HUSSERL E HEIDEGGER,
En découvrant l'existence avec Husserl et Heidegger, 1949.
EMMANUEL LEVINAS, nascido em 1905.
Coletânea de artigos.

Levinas foi um dos primeiros a introduzir na França as obras de Husserl e de Heidegger: do primeiro considerará a vontade de retorno às coisas mesmas e o abandono do dualismo ser/parecer; do segundo, a atenção à significação do verbo "ser" e a posição fundamental da ontologia.

Lembrando as raízes fenomenológicas da filosofia da existência, essa obra prenuncia *Da existência ao existente*.

Estudo: S. Malka, *Lire Levinas*, Le Cerf, 1984.

DESEJO DE ETERNIDADE,
Le désir d'éternité, 1943.
FERDINAND ALQUIÉ, 1906-1985.

Esse ensaio não é "nem metafísica da eternidade nem psicologia das paixões concretas: é apenas, como indica Alquié, a análise das condutas afetivas ou intelectuais pelas quais a consciência recusa a mudança e eleva-se para o pensamento do que não passa". É verdade que Alquié fala de eternidade, mas com essa palavra indica realidades muito diferentes (leis científicas, sujeito transcendental, Deus). Fala também das paixões, e mostra que a negação do tempo é o que as caracteriza, mas não se aplica a estudar todas as paixões particulares. O objetivo de Alquié é, de fato, definir o desejo de eternidade, descobrir suas fontes, determinar seu verdadeiro valor.

E, ao fazer isso, desenha-se uma filosofia da separação. Por um lado, a eternidade do Espírito; por outro, o tempo. Ambos irredutíveis. Qualquer síntese racional é impossível. Donde o dilaceramento do homem, que oscila entre a ilusória eternidade do concreto e a verdade da eternidade espiritual. Donde a dupla origem do desejo de eternidade. A negação do tempo pode ter origem no apego do eu à vida concreta e aos objetos que são propostos aos homens: a busca da eternidade é aqui paixão pura, saudade do passado, confusão de valores. O eu também pode, ao descobrir em si a eternidade do Espírito, querer confundir-se com ela: o desejo de repousar no Ser e na substância coincide então com a negação do esforço de todos os dias, com o desconhecimento de nossa condição e do tempo no qual nosso eu deve realizar sua obra.

Entre o homem do temporal, esquecido dos valores, e o homem do eterno, esquecido da vida, a única síntese em nosso poder é a da ação. Entre o Espírito e o tempo, para o homem só há mediação na ação. Ao transformar o mundo segundo seus valores, a consciência permite que o eterno desça para o devir e que o espírito module, dirija o curso das coisas. Unir a eternidade ao tempo é a tarefa da razão. Ao distinguir o eterno do que se passa, ela sabe o que poderá ser encontrado do passado no futuro. A razão, condição mesma da ação, opõe-se à paixão. Só ela conhece os valores, só ela atinge a verdade da eternidade.

Estudo: J. L. Marion, *La passion de la raison: hommage à Ferdinand Alquié*, col. "Epiméthée", P.U.F., 1983.

DESESPERO HUMANO ou DOENÇA ATÉ A MORTE, *Sygdommen til Døden*, 1849.

SØREN AABYE KIERKEGAARD, 1813-1855.

Embora o título dinamarquês seja *Doença até a morte*, os tradutores preferiram antecedê-lo com algo mais explícito: *Desespero humano*. No caso, não há erro de tradução: "A doença que leva a morte é o desespero", doença cujas causas esse livro quer expor, apresentando o remédio. Cada indivíduo pode sentir-se mencionado, pois o desespero é condição humana, mas só o cristão conhece o sentido dessa doença mortal, pois só ele sabe que a morte física não é a verdadeira morte.

Desespero é a impossibilidade de cada um se aceitar como é: nosso eu, em sua tentativa de autenticidade, choca-se com o desespero. Apesar de tudo, essa consciência desesperada – pois é autoconsciência – "nos põe acima do animal"; e se o homem é superior ao animal, o cristão, consciente de seu desespero, é um homem superior. Reconhecer que o eu é limitado, que não pode ser o que quer, constitui o primeiro estágio necessário em direção a uma possível cura. É preciso desesperar, pois a "perdição" permite a remissão: é preciso, para não mais desesperar.

Por que então Kierkegaard utiliza a expressão "doença mortal"? Porque, como os danados de Leibniz, ou como diz Sócrates em *Fédon**, a verdadeira morte é não poder aceitar que somos mortais. "Assim, estar doente de morte é não poder morrer. [...] A desesperança é a falta da última esperança, a falta da morte." Nossa finitude, nossa limitação humana alicerça nosso desespero; desesperar de si é ao mesmo tempo querer ser e recusar-se a ser: tal é o movimento dialético do eu, que desespera de não poder ser mais do que é (ser César ou nada), e que desespera ao mesmo tempo por ser desesperado. Mais ainda, "o desespero é a regra", e quem acredita aceitar sua condição só faz esconder-se mais diante de seu desespero. O pior do desespero é seu segredo. Mas este é, para quem não se reconhece desesperado, apenas um "desespero-fraqueza", primeiro grau, o mais baixo, o mais difundido, o mais inconsciente. Esse desespero é temporal e material. Por isso, num segundo estágio, a desesperança ganha amplidão quando o desesperado reconhece essa fraqueza, admite em seu foro íntimo que é desesperadamente mortal e pecador. Mas o verdadeiro desesperado volta-se para Deus, como num desafio espiritual: afirma tanto seu desespero quanto sua consciência de ser desesperado e, apesar disso, desafia Deus a salvá-lo de seu pecado de desesperar.

"O desespero é o pecado", mas só o verdadeiro cristão toma consciência disso pondo-se diante de Deus. Seu eu afirma-se como infinito em face do Eterno, e a fé constitui seu remédio, pois "o contrário do pecado não é a virtude, mas a fé". Em pleno conhecimento do pecado – pois Deus lhe revelou a existência do pecado por meio da vinda de Cristo – o cristão pode acreditar na bondade divina, que pode salvá-lo, apesar do seu desespero, apesar de seu pecado de desesperar. O absurdo, o paradoxo, o escândalo da fé é que o pecador é salvo *involuntariamente* se tiver fé. O pecado não é uma falta de conhecimento, não é ignorância, como afirmava Sócrates: é desesperar por não poder não pecar. O pecado não é tampouco negativo, porém positivo, pois por meio dele o cristão se põe diante de Deus: ele é o limiar de nossa salvação. Acreditar mais em Deus por não compreendermos que ele nos possa salvar por nossos pecados, essa é a fé pura, é o único remédio. "O eu mergulha através de sua própria transparência no poder que o pôs [...] Essa frase é a definição da fé."

Certamente é preciso ler esse texto como o relato da experiência íntima de Kierkegaard; o desespero, o pecado e o arrependimento são expressões dos sentimentos de angústia e de sofrimento do autor. Mas porquanto ele considere pela primeira vez que o remédio, a cura potencial, está na fé, esse livro parece ser um dos mais acabados de sua obra. Apesar de ser um texto que torna patente a experiência individual, essa obra assume aspecto teórico na maneira de analisar o desespero: análise lógica, até mesmo dedutiva. As etapas rumo à remissão também são hierarquizadas numa ordem determinada. O fato de a página de frente da primeira publicação dinamarquesa trazer a menção "editado por Søren Kierkegaard" – considerando que ele sempre utilizou pseudônimos – indica o grau de importância que atribui a esse escrito. Por acaso não dirá ele em seu *Diário* que Anti-Climacus (autor imaginário de *Doença mortal*) atingiu o grau máximo de cristandade? Ora, é precisamente com Anti-Climacus que Kierkegaard gostaria de se identificar, ele que se sente culpado por ter pecado (sobretudo em relação à noiva, com quem rompeu), por não ter sabido encontrar a fé pura. A evolução de Kierkegaard a partir de suas primeiras obras (*Temor e tremor** ou *Conceito de angústia**) vem precisamente dessa noção do pecado, que ele transforma em eixo ou fundamento de seu pensamento desesperado.

Estudo: J. Wahl, *Études kierkegaardiennes**, Vrin, 1974.

DESTINAÇÃO DO HOMEM (A),

Die Bestimmung der Menschen, 1800.
JOHANN GOTTLIEB FICHTE, 1762-1814.

Fichte expõe nessa obra uma filosofia de tipo popular, ou seja, acessível a todos, como *Fundamentação da metafísica dos costumes** de Kant, obra dirigida prioritariamente ao comum dos mortais, e não aos filósofos especializados. O objetivo central da obra é elevar o homem do mundo sensível para interesses supra-sensíveis, num entusiasmo intelectual que Fichte procura comunicar ao longo de seus raciocínios. Trata-se de uma pregação moral; o autor busca persuadir, mas sem sacrificar o rigor dos encadeamentos científicos em suas reflexões filosóficas.

Esse tratado divide-se em três livros, dos quais o primeiro coloca a antinomia liberdade/necessidade em relação à moralidade.

Estudo: A. Philonenko, *La liberté humaine dans la philosophie de Fichte*, Vrin, 1966.

DESTINAÇÃO DO HOMEM (DA),

Ensaio de ética paradoxal, 1931.
NIKOLAI ALEXANDROVITCH BERDIAEV (OU BERDIAEFF), 1874-1948.

A filosofia de Berdiaev é escatológica, ou seja, inscreve-se na perspectiva dos fins últimos do homem e do mundo. Por isso nele são essenciais as noções de salvação e de redenção. Berdiaev concebe três tipos de tempo: o tempo cósmico, o tempo histórico e o tempo existencial, que é o da subjetividade e da interioridade humanas. Cada um desses três tempos tende para a eternidade, que é o fim do tempo.

Do mesmo modo, a ética de Berdiaev é escatológica, no sentido de que todo ato moral realiza a finalidade do mundo no qual vivemos e traz em si a eternidade. Essa obra analisa as múltiplas possibilidades de conceber a ética de um ponto de vista cristão e termina com considerações metafísicas sobre a morte, a imortalidade e o paraíso.

Ao lado de Chestov, Berdiaev é um dos grandes pensadores russos. Impregnada de mística e idealismo, sua obra pode parecer difícil, mas sua originalidade é indubitável.

Estudo: J. Gaith, *Nicolas Berdiaeff philosophe de la liberté*, Dar El-Machreq, 1968.

DESTINO (DO), *De fato*, ○ 44 a.C.

CÍCERO (Marcus Tullius Cicero), 106-43 a.C.

Nessa obra, dedicada ao cônsul Hírtio, Cícero opõe as noções de *destino* e *livre-arbí-*

trio. O autor quer mostrar sobretudo seu desacordo em relação aos estóicos e aos peripatéticos, que têm uma concepção fatalista da vida. Cícero afirma então que o homem pode subtrair-se ao determinismo do destino, e diz que a liberdade da vontade sobrepuja a fatalidade. Desse modo, salva a responsabilidade humana, essencial para sua doutrina moral.

Para fundamentar essas teses, Cícero extrai alguns argumentos da filosofia neo-acadêmica, baseada no probabilismo. O estado fragmentário em que nos chegou esse documento, porém, não permite tirar conclusões indubitáveis a seu respeito.

Estudo: O. Hamelin, *Sur le De fato*, Éd. de Mégare, 1978.

DESTINO E A LIBERDADE (SOBRE O), Περὶ εἱμαρμένης καὶ τοῦ ἐφ᾽ἡμῖν (*De fato*), ○ entre 198 e 209.
ALEXANDRE DE AFRODÍSIA, fim do século II-início do século III.

Comentando as teorias da alma e da mistura, desenvolvidas por Aristóteles em seu tratado *Da alma**, essa obra, dedicada aos imperadores Sétimo Severo e Antonino Caracalla, também trata dos problemas novos, surgidos em filosofia depois da morte de Aristóteles – problemas relativos ao destino, à liberdade e à Providência.

Abordado a partir dos princípios e dos métodos de Aristóteles, o problema da natureza do destino é visto essencialmente como uma questão física, em relação com a idéia de causalidade, ainda que com incidências práticas e, em particular, morais. Dirigindo suas críticas contra as concepções demasiado deterministas do destino como força cósmica e contra os filósofos para quem tudo o que ocorre é determinado de modo fatal – os estóicos, mesmo não sendo nomeados, parecem ser o alvo –, esse tratado quer salvaguardar a idéia de liberdade. Por isso, *De fato* faz uma dissociação entre a idéia de natureza determinada e a idéia de liberdade de escolher virtude ou vício. Sem essa liberdade, a responsabilidade, o louvor e a censura não teriam nenhum sentido; a existência mesma dos deuses seria posta em xeque.

Sabemos que existia uma longa série de tratados referentes ao problema do destino; com o de Cícero, essa obra está entre as únicas que foram conservadas.

Estudo: P. Thillet, introdução à edição francesa: *Du destin et de la liberté*, Les Belles Lettres, 1984.

DESTRUIÇÃO DA DESTRUIÇÃO,
AVERRÓIS.
VER INCOERÊNCIA DA INCOERÊNCIA.

DESTRUIÇÃO DA RAZÃO (A), O caminho do irracionalismo de Schelling a Hitler, *Die Zertörung der Vernunft*, 1954.
GYORGY LUKÁCS, 1885-1971.

Ao ser publicado, esse livro provocou um verdadeiro escândalo. Sua tese é a seguinte: o fenômeno totalitarista, particularmente o fascismo alemão, não poderia ter existido sem o ponto de apoio de uma tradição filosófica e ideológica: o irracionalismo. Schelling, Schopenhauer, Kierkegaard, Dilthey, Nietzsche sobretudo teriam sido os artífices de uma tradição que teria preparado o terreno para a ideologia conservadora pré-nazista (Spengler, Ernst Jünger) e depois para os *slogans* hitleristas. A filosofia teria assim uma responsabilidade objetiva na emergência do movimento nacional-socialista, pois a *Lebensphilosophie*, ou filosofia da vida, teria desviado o pensamento de suas verdadeiras exigências. Não há concepção inocente do mundo: esses filósofos, que teriam fugido ao nacional-socialismo se o tivessem conhecido, prepararam-no, porém, ao subverterem a idéia de razão.

A destruição da razão é uma obra de combate, um *Kampfschrift* antifascista com o qual Lukács pretende alertar a *intelligentsia* européia contra qualquer complacência para com a desvalorização do intelecto ou a tentação de exaltação da vida. Mas também é preciso compreender o sentido filosófico da obra relacionando-a com outros trabalhos do autor, em particular *Jovem Hegel*, em que é celebrada a forma mais acabada de razão: a dialética hegeliana, ápice do pensamento alemão antes que este se afastasse de suas verdadeiras exigências dialéticas. *A destruição da razão* aparece então também como um livro importante sobre a história da filosofia moderna. É examinada a lógica interna dos discursos filosóficos – o relativismo moral, o cepticismo quanto ao valor da ciência e à objetividade de seus resultados são em particular comentados num importante capítulo sobre Nietzsche; e essa lógica interna, segundo a teoria de Lukács, não era independente dos conflitos sociopolíticos fundamentais.

Foram e continuam sendo numerosas as críticas a esse livro, e Lukács encurtou-o diversas vezes (a exemplo da obra de Husserl ou de Weber, entre outras), mas não foi discutido o aspecto que deveria ser: o fundo. Ainda que contestada, a *Destruição da razão* é um livro de referência no que diz respeito às origens intelectuais do fascismo.

Estudo: "Lukács", in *Revue internationale de philosophie*, n.º 106, P.U.F., 1982.

DEUS E O ESTADO, 1811.

MIKHAIL ALEXANDROVITCH BAKUNIN, 1814-1876.

Esse aristocrata e revolucionário russo, adversário de Karl Marx, defende uma idéia fundamental: a revolta contra toda forma de autoridade, divina ou humana, coletiva ou individual. Com essa revolta, o homem pode conquistar a liberdade numa sociedade *livre*, ou seja, sem autoridade nem Estado, em que todos são iguais e solidários.

A liberdade, que é a finalidade suprema da história, só é possível em sociedade. Deus, absurda crença que subjuga as consciências, foi inventado para tornar aceitável a autoridade, sobretudo do Estado, que com suas leis reduz os homens à escravidão. As leis políticas visam a submeter os homens à autoridade. Mas, ainda que o Estado deva ser derrubado, não deve ser confundido com a sociedade, que é uma manifestação da natureza e uma necessidade para o homem e sua libertação. E ainda que a sociedade seja um *meio*, não é um *fim*, e a única finalidade do homem é ele mesmo. O homem *livre* é o que só obedece a si mesmo, com pleno conhecimento das leis da Natureza. Se as leis políticas subjugam, as naturais são constitutivas do ser humano e de sua liberdade. A Natureza liberta, enquanto o Estado, pretendendo substituir as leis naturais, é um poder autoritário, uma negação da liberdade.

À crença em Deus e à obediência ao estado, opõe-se o conhecimento; a ciência é uma força libertadora. No entanto, a liberdade do homem não consiste em se submeter a leis estabelecidas por cientistas ou especialistas, mas em reconhecê-las como tais. Recusando o governo de cientistas, Bakunin afirma a autonomia do homem em sociedade. Em nome dessa autonomia, o homem pode observar as leis naturais que a educação lhe permite conhecer e assim chegar à verdade. Realizando sua liberdade, cada um completa os outros, criando assim a solidariedade e a igualdade de todos.

Inspirado pelo materialismo naturalista do século XVIII, Bakunin é um dos primeiros teóricos do anarquismo, de um socialismo libertário e utópico, oposto ao de Karl Marx.

Edição brasileira: *Deus e o Estado*, São Paulo, Cortez, 1988.
Estudo: M. Grawitz, *Michel Bakounine*, Plon, 1990.

DEUSES (OS), *Les dieux*, 1934.

ALAIN (Emile Auguste Chartier, dito), 1868-1951.

Alain escreveu em uma de suas *Considerações** que, para evitar incidir em erro, é preciso consentir em descer até ele. Foi exatamente o que fez em *Os deuses*. Ateu sem hesitações nem concessões, Alain não era portador daquele ateísmo cujas manifestações, em sua época, eram bem mais barulhentas que hoje em dia, e que pretendia ver na religião nada além de um tecido de inépcias, um amontoado de superstições para espíritos fracos, um instrumento de embustes nas mãos de sacerdotes.

A idéia de Alain é que todas as religões são *verdadeiras*, ou seja, compreensíveis, assim como é verdadeira, se percebida em sua necessidade interna, qualquer ilusão da percepção. A referência, evidentemente, é Spinoza ("pensar os deuses em Deus e como Deus", diz Alain).

Compreender as religiões é relacioná-las com as condições reais em que são produzidas. Ora, essas condições remetem a várias ordens que Alain se aplica a pensar e articular. As religiões são *imaginação*, e nisso seus detratores têm razão: são fábulas, mas cheias de sentido, "e ninguém pergunta se uma fábula é de verdade". As religiões são *infância*, porquanto expressam uma relação com os signos, e não com as coisas (Alain lembra-se de *Emílio**). A infância, segundo um estranho uso que Alain faz dos conceitos, é "burguesa": não trabalha, só "vive de persuadir" os que possuem os produtos do trabalho, os adultos, primeiros deuses aos quais a criança aprende a suplicar. O milagre é sempre o que se obtém sem trabalho, sem esforço.

A crítica das religões feita por Alain não é, pois, nem totalmente psicológica nem totalmente sociológica (os acenos a Marx são permanentes, mas os conceitos marxistas são constantemente subvertidos), salvo se assumirmos o termo "sociológico" no sentido empregado por Auguste Comte (outra referência decisiva de Alain).

À uma *estática* das religiões, baseada na crítica da imaginação e da linguagem (a essência das religiões é metafórica), Alain acrescenta uma *dinâmica*, de cunho hegeliano (as religiões são consideradas um pouco à maneira das formas sucessivas da arte em *Estética**).

É preciso ler *Os deuses* sem separar esta obra de *Preliminares à mitologia* e das *Considerações sobre a religião*.

Estudo: J. L. Polder, "Le vrai des religions", in *Revue de l'enseignement philosophique*, n.º 3, ano 29, 1978, pp. 3-25.

DEVERES (DOS), *De officiis*, ○ 44 a.C.
CÍCERO (Marcus Tullius Cicero), 106-43 a.C.

Esse tratado é constituído por três livros dos quais só nos restam fragmentos. Quanto aos dois primeiros livros, Cícero inspirou-se em parte no *Tratado dos deveres* do filósofo estóico Panécio.

Existe uma hierarquia de deveres, e é preciso saber escolher um em vez do outro para preservar a honra. O principal é respeitar a honestidade baseada na prática das virtudes essenciais: sabedoria, justiça, firmeza, moderação. Quando há conflito aparente entre justiça e moderação, intervém a noção de escolha (livro I).

Cícero demonstra em seguida que as noções de "utilidade" e de "honestidade" são indissociáveis: se o "útil" se torna nocivo a alguém, então deixa de ser "honesto". Em caso de escolha, deve-se preferir o que apresente maior "utilidade" (livro II).

No último livro, Cícero inova em relação a seu modelo, Panécio; ele supõe um eventual conflito entre o "útil" e o "honesto". Esse conflito é apenas teórico, pois, na realidade, tudo o que é bom e honesto também é útil, e vice-versa. Mas é preciso saber distinguir o "útil aparente" e o "útil real"; o primeiro, mal definido, é gerador de confusão e discórdia; só o segundo continua de acordo com a honestidade.

Cícero dedicou esse tratado a seu filho Marcus, que viajara para prosseguir seus estudos de filosofia em Atenas, em 45 a.C. Por isso, é patente o forte amor paterno do autor. Mesmo assim, ele prevê as eventuais objeções do filho e as refuta: seus preceitos devem ser aceitos e seguidos. Abandonando o diálogo e o estilo pomposo e ambicioso, Cícero dirige-se ao leitor num tom simples e confidencial.

Edição brasileira: *Dos deveres*, São Paulo, Martins Fontes, 1999.
Estudo: P. Grimal, *Cícero*, Fayard, 1986.

DEZOITO BRUMÁRIO DE LUÍS BONAPARTE (O), *Der 18-Brumaire des Louis Bonaparte*, 1852.

KARL MARX, 1818-1883.

Nessa obra, Marx procura extrair do epílogo francês das lutas de classe de 1848 lições para a estratégia proletária. No cerne da problemática, a questão do Estado. Marx afirma que a revolução proletária não poderia contentar-se com apoderar-se da máquina do Estado para fazê-la funcionar em seu proveito, mas que deve destruí-la para instaurar a ditadura do proletariado.

Edição brasileira: *O 18 brumário e cartas a Kugelman*, Rio de Janeiro, Paz e Terra, 1978.
Estudo: J. Bruhat, *Marx et Engels*, Complexe, Bruxelas, 1983.

DIALÉTICA, *Dialectica*, ○ entre 1118-1137.

PEDRO ABELARDO, 1079-1142.

Obra de lógica em cinco partes, encontrada num manuscrito e editada em 1836, esse livro sem título foi descoberto pelo filósofo Victor Cousin, que lhe atribuiu o nome de *Dialética*.

Apoiando-se nas teorias de seus predecessores, Abelardo expõe com rigor escolástico os diferentes princípios da dialética. Fala dos antepredicados a que se referia Porfírio em *Isagoge**, dos *sermones* ou categorias de Aristóteles, dos diferentes sentidos possíveis, dos "tópicos" que servem de base aos silogismos, das proposições e enfim das divisões e definições retomadas do *De divisionibus* de Boécio.

Esse tratado é provavelmente o último e o mais acabado dos três escritos por Abelardo a respeito. Sua lógica, mostrada na sua maior perfeição, é digna desse mestre da escolástica.

Estudo: J. Jolivet, *Arts du langage et théologie chez Abélard*, Vrin, 1982.

DIALÉTICA DO ESCLARECIMENTO, *Dialektik derAufklärung. Philosophische Fragmente*, 1947.

THEODOR WIESENGRUND ADORNO, 1903-1969, e MAX HORKHEIMER, 1895-1973.

Constatando que a humanidade, ao invés de rumar para condições humanas, afunda numa nova forma de barbárie, Adorno e Horkheimer analisam de maneira muito crítica os mecanismos culturais de dominação da sociedade ocidental. Membros da escola de Frankfurt – corrente cujo nascimento acompanhou a derrocada dos partidos de esquerda na Alemanha dos anos trinta –, os autores teorizam a "autodestruição da Razão"; sua crítica da razão histórica leva-os a ver na *Aufklärung* a raiz dos males: a razão das Luzes nada mais era que um *Logos* dominador, cujas manifestações modernas seriam o fascismo e o nazismo.

Obra singular, portanto, essa *Dialética do esclarecimento*, que conceitualiza o processo autodestruidor das Luzes e empreende assim uma crítica da razão instrumental. Instruindo a Razão sobre si mesma, os autores ressaltam nessa ocasião que, ao contrário da idéia que o pensamento esclarecido tinha de si mesmo, "o mito já é Razão, e a Razão se converte em mitologia"; é essa tese que vem ilustrar uma longa digressão sobre a dialética do mito e da Razão na *Odisséia*, mas também longas exposições dedicadas a Sade ou a Nietzsche.

O radicalismo das análises, que praticamente impede qualquer perspectiva que possibilite escapar "do mito da racionalidade teleológica erigida em força objetiva", não deixa de lembrar a crítica nietzschiana à cultura. Mas a impulsão crítica é aqui tão viva que – como observa Habermas – conduz os autores a subestimar as conquistas da modernidade cultural "a ponto de ver, em tudo, apenas aliança da razão com a dominação". Nem por isso deixaremos de ressaltar, como fizeram Adorno e Horkheimer em 1969, a atualidade de um texto que, embora escrito na época da queda do nazismo, anunciava essa "inversão da Razão em positivismo" que se manifestaria na segunda metade do século XX. É provavelmente isso que explica a influência exercida por esse texto sobre a vida intelectual alemã das duas últimas décadas.

Edição brasileira: *Dialética do esclarecimento*, Rio de Janeiro, Zahar, 1985.
Estudo: J. Habermas, *Le discours philosophique de la modernité*, Gallimard, 1988.

DIALÉTICA DO MUNDO SENSÍVEL,

Dialectique du monde sensible, 1922.
Louis Lavelle, 1883-1951.

Essa obra essencial, escrita no cativeiro durante a Primeira Guerra Mundial, trata da sensação e das qualidades sensíveis. Mesmo cuidando do ser e da existência, Lavelle revela a contradição que há em querer descobrir o ser das coisas antes de suas qualidades, ou seja, as formas particulares que elas assumem. A sensação é o que nos dá acesso a essas qualidades.

São cinco as teses que devem ser consideradas: primeiramente, o que chamamos de matéria é um objeto abstrato, pois "reais" são apenas os corpos. "A matéria é a essência comum a todos os corpos."

Em segundo lugar, "a matéria é dada com suas qualidades". Fora da matéria, há o espírito, que elucida a relação do universo material com nosso corpo.

Em terceiro lugar, Lavelle afirma que a matéria precede *logicamente* o sensível. Mas essa distinção é apenas lógica. Concretamente, é preciso confundi-los, sem o que a matéria não passa de "ser de imaginação". Ela é o substrato de todas as qualidades sensíveis e a elas se mescla.

Quarto ponto: "Tudo o que é dado é material." Em compensação, o que diz respeito à alma e ao pensamento não constitui dados. Alma e pensamento aclaram o que é dado, mas não são dados. Lavelle ilustra essa tese afirmando que a inteligência não é um fato, mas um ato. Para o indivíduo que vive e pensa, o que é dado aparece como a exterioridade.

Por fim – e esse é o ponto essencial –, Lavelle alega que só a inteligência é inteligível por si e subsiste por si, ou seja, sem recorrer a algo que seja dado externamente.

Estudo: A. Forest, "Lavelle e Malebranche", in *Études philosophiques*, 32-46, 1957.

DIALÉTICA NEGATIVA,

Negative Dialektik, 1966.
Theodor Wiesengrund Adorno, 1903-1969.

Nessa obra maior, cuja dinâmica é uma "reflexão segunda" em relação à dialética de *Aufklärung* (*Dialética do esclarecimento*), o autor afirma que a obra de arte comporta uma racionalidade e uma lógica que lhe são próprias: ela permite uma reabilitação do "momento da corporeidade", rompendo, através da contradição, com o primado do pensar.

Estudo: M. Jay, *L'imagination dialectique*, Payot, 1977.

DIÁLOGO COM HEIDEGGER,

Dialogue avec Heidegger, 1973, 1974 e 1985.
Jean Beaufret, 1907-1982.

Apesar de dividida em quatro tomos distintos, essa obra é dominada por um tema fundamental: pensar a diferença entre *ser* e *ente*.

A propósito da filosofia grega (t. I), Heidegger acredita que com ela nasceu a filosofia, que não é, portanto, uma disposição original e universal. Assim, a filosofia, para Heidegger, é uma especialidade grega, e filosofar é, de certa maneira, voltar a ser grego. Toda a filosofia não passa de perpétua variação sobre um único e mesmo tema, instituído pelos gregos: o ser. Logo, é só por meio de um diálogo com os gregos que se pode efetuar o desvelamento daquilo que a filosofia moderna (Descartes, Pascal, Leibniz, Kant, Hegel, Marx, Nietzsche) durante tanto tempo ocultou: a diferença entre *ser* e *ente*. Aliás, é o esquecimento dessa diferença que caracteriza a tradição cristã (t. II). O terceiro volume é dedicado às relações entre filosofia e ciência, à questão da finalidade da filosofia e à questão da técnica. O quarto trata do sentido do itinerário filosófico de Heidegger, itinerário que, segundo o próprio interessado, não propicia nenhum socorro moral, não garante conforto intelectual algum, é um caminho que não leva a lugar nenhum.

Jean Beaufret contribuiu muito para introduzir o pensamento de Heidegger na França.

Estudo: D. Le Buhan e E. de Rubercy, *Douze questions posées à J. Beaufret à propos de Heidegger*, Aubier-Montaigne, 1983.

DIÁLOGO ENTRE UM JUDEU, UM FILÓSOFO E UM CRISTÃO,

Dialogus inter iudaeum, philosophum et christianum, ○ c. 1141.
PEDRO ABELARDO, 1079-1142.

Essa obra põe em evidência três personagens: um judeu, um filósofo e um cristão. Cada um deles acredita em um Deus único, mas de modo diferente.

O judeu conhece Deus pelo Antigo Testamento; sua religião e sua fé lhe chegam de Deus mesmo e se mantêm apesar das perseguições, o que prova que ele está no bom caminho. O filósofo, guiado pela razão, critica os crentes que acreditam sem discernimento. Como fundar a certeza no que é vago e em tantas divergências de opiniões? Ele também considera que o bem supremo pode ser atingido na Terra; é só encontrar a felicidade na paz interior; o mal supremo é o castigo a que deve ser submetido o culpado. O filósofo interroga também sobre o Inferno, a ressurreição e a visão beatífica de Deus. O cristão se refere ao Novo Testamento, que, segundo ele, marca um progresso em relação ao Antigo Testamento: contém ao mesmo tempo as verdades fundamentais da fé e também se baseia na razão. Para o cristão, a felicidade é um dom de Deus e consiste na visão beatífica de Deus, bem supremo. Quanto ao mal supremo, é o pecado: ele torna mau o homem. Nesse caso, o castigo deve ser considerado um bem.

Portanto, cada uma das três personagens sustenta sua própria fé e sua crença diante das outras, num diálogo de estilo platônico. Depois de um longo debate, tomam o autor, Abelardo, como árbitro. Este tende a demonstrar que Cristo é a verdade total que contém as verdades judaicas e filosóficas: só Cristo consegue unir religião e filosofia, reconciliar fé e razão.

Abelardo termina a obra aconselhando a leitura do *Tratado da graça* (*De summo bono*) de Santo Agostinho, que por certo o influenciou, e de Cícero e Plotino. Aliás, nessa obra são encontrados todos os elementos básicos do método didático de Abelardo.

Estudo: "Abélard: le *Dialogue*; la philosophie de la logique", Actes du Colloque Abélard, 1979, in *Revue de théologie et de philosophie*, Neuchâtel, 1981.

DIÁLOGO SOBRE OS DOIS GRANDES SISTEMAS DO MUNDO,

Dialogo di Galileo Galilei linceo... dove ne i congressi di quattro giornate se discorre sapra i due massimi sistemi del mondo tolemaico e copernicano, 1632.
GALILEU (Galileo Galilei, dito), 1564-1642.

Essa obra expõe dois sistemas astronômicos, submetendo-os ao tribunal da crítica científica e filosófica: o geocentrismo ptolomaico e o heliocentrismo copernicano. Mas, como ressalta Alexandre Koyré, "esse não é um livro de astronomia, nem mesmo de física. É, antes de mais nada, um livro de crítica; uma obra de polêmica e combate; é, ao mesmo tempo, uma obra pedagógica, uma obra filosófica; e é, enfim, um livro de história: 'a história do espírito do Sr. Galileu'".

A obra, dividida em "Jornadas", põe em cena três personagens que conduzem livremente a discussão teórica que os adversários de Galileu sempre lhe recusaram. Simplício defende o ponto de vista tradicional, ptolomaico e escolástico. Salviati é o porta-voz de Galileu. Sagredo (personagem real) encarna o gentil-homem, o não-especialista cujo espírito está aberto às idéias novas. Representa à maravilha o público a que Galileu visava ao escrever essa obra. Para compreender o alcance do *Diálogo*, é preciso entender a unidade profunda dos dois sistemas conceituais aos quais Galileu se atém: a física aristotélica e o geocentrismo ptolomaico. A primeira Jornada ataca diretamente um fundamento teórico essencial desse edifício: a distinção peripatética das duas regiões do mundo, sublunar e supralunar. Galileu afirma a unidade essencial do cosmos, recusando-se a atribuir a certos corpos celestes uma situação privilegiada. Essa primeira Jornada entesoura toda uma messe de observações realizadas graças ao uso da luneta nos anos 1609-1610 (descoberta das fases de Vênus, do relevo da Lua, dos satélites de Júpiter).

A segunda e a terceira Jornadas instruem o dossiê do debate astronômico e confrontam as duas cosmologias, ptolomaica e copernicana. De fato, Galileu bem cedo chegara à convicção de que a astronomia copernicana era verdadeira, de uma verdade física, que não se reduzia à coerência matemática (como sugeriam prudentemente certos partidários de uma conciliação com a religião). Mas a discussão não pode restringir-se às questões puramente astronômicas. Pois a afirmação copernicana de que a Terra se move obriga seus partidários a responder a certas objeções de ordem mecânica: por que não se observa, na superfície da Terra, nenhum efeito mecânico de sua rotação? É preciso mostrar por que, por exemplo, um corpo lançado na vertical cai exatamente no mesmo ponto, e por que os canhões não atiram mais longe quando voltados para o oeste do que para o leste. E se a Terra se movesse, não deveríamos então ser ejetados pela força centrífuga, como de um carrossel que girasse em grande velocidade? A segunda Jornada responde a essas perguntas expondo as idéias de sistema físico e movimento inercial.

A terceira Jornada, depois de considerar certas dificuldades técnicas ligadas ao movimento anual, aplica-se a demonstrar a superioridade racional do sistema copernicano. Essa superioridade está na capacidade da teoria heliocentrista de integrar todos os dados da observação num sistema coerente; nela, cada elemento é deduzido como conseqüência dos princípios. Por exemplo, pode-se finalmente compreender por que Mercúrio e Vênus nunca se afastam das cercanias do Sol (e não mais tão-somente constatar o fato, ao que se limitava a astronomia ptolomaica). Galileu atua como filósofo ao discutir as teorias do ponto de vista do princípio epistemológico da economia dos meios.

Quase todos os problemas físicos do copernicanismo são levantados; graças a Galileu, chegara a hora em que a nova astronomia rapidamente se imporia à Europa estudiosa. O *Diálogo sobre os dois grandes sistemas do mundo* merece, ainda hoje, ser lido. Não só pela pertinência de suas análises, que preparam a ciência nova do movimento (Galileu a exporá seis anos depois no *Discursos em torno de duas ciências novas**), mas também pela admirável vivacidade de seu estilo. Apesar de certas limitações (Galileu ainda não é Newton), o *Diálogo* continua sendo um dos maiores textos da literatura científica universal.

Estudo: M. Clavelin, *La philosophie naturelle de Galilée*, col. "Philosophies pour l'âge de la science", Armand Colin, 1968.

DIÁLOGOS ou ANALECTOS (OS),

○ entre os séculos V e III a.C.
CONFÚCIO (K'ong Tse), 551-479 a.C.

Essa obra, composta pelos discípulos de Confúcio a partir de diálogos, cursos e discursos, contém as bases da filosofia confucionista, fundamento da civilização chinesa. Na forma de aforismos, parábolas e provérbios, expõe-se todo um sistema de pensamento moral, político e social. Mas não se trata de um sistema filosófico propriamente dito: Confúcio propõe uma doutrina moral feita de preceitos aplicáveis à vida cotidiana do indivíduo em sociedade. Não há especulações metafísicas, inquirições místicas, são poucas as alusões ao divino; em compensação, há uma ética simples e concreta: fidelidade às tradições e aos ritos ancestrais, honestidade e retidão, amor aos seus e devoção à família, respeito à hierarquia, senso de dever, prática da virtude... A atitude virtuosa, na moral confucionista, leva à sabedoria.

É nesse sentido que Confúcio, abeberando-se nos livros e nas tradições da China antiga, pode ser qualificado de filósofo, no respeito ao Tao, ao "caminho reto" traçado pelos antigos sábios, que basta seguir. Mas a diferença essencial entre o confucionismo e o taoísmo reside no fato de que esta última escola de pensamento se preocupa sobretudo com o indivíduo e com seu lugar no cosmo, enquanto Confúcio privilegia a ordem e a harmonia na coletividade como garantia da *harmonia universal*.

Confúcio teve inúmeros discípulos, dentre os quais o mais importante é Mêncio, e uma posteridade extraordinária, por isso ainda hoje o confucionismo, ao lado do taoísmo, é a corrente de pensamento mais importante da China.

Edição brasileira: *Os analectos*, São Paulo, Martins Fontes, 2000.
Estudo: R. Étiemble, *Confucius*, col. "Folio-Essais", Gallimard, 1986.

DIÁLOGOS SOBRE A RELIGIÃO NATURAL, *Dialogues concerning Natural Religion*, 1779.

DAVID HUME, 1711-1776.

Três personagens, Cleantes, Dêmea e Fílon, discutem os respectivos méritos da razão e da revelação na educação religiosa. Cleantes, deísta da linha de Newton, defende a tese da religião natural; Dêmea, representando a ortodoxia, quer, ao contrário, humilhar a razão, e prepará-la para acolher a revelação. Fílon (que representa Hume) introduz no debate um ponto de vista crítico que conduz à superação da alternativa assim posta.

A discussão não versa sobre a questão da existência de Deus, mas sobre o melhor meio de ter acesso ao conhecimento dessa existência e dos atributos divinos. Contra Dêmea, para quem Deus não deve ser objeto de conhecimento, mas de amor, Cleantes desenvolve o argumento teleológico clássico: a prova da existência de um ser supremo é dada pela ordem que reina na natureza. Mas Fílon intervém para rebater as pretensões de Cleantes de deduzir racionalmente a existência de Deus; para ele, a analogia entre arte e natureza – na qual se baseia toda teleologia – não é pertinente.

Segue-se uma discussão extremamente técnica e sutil, em que Fílon exibe todos os recursos da ironia céptica para refutar as pretensões da razão de demonstrar a existência de Deus.

Hume não deixa de tirar conclusões morais dessa crítica, mostrando que a experiência não poderia propiciar nenhuma conclusão válida quanto à natureza moral do ser todo-poderoso. O que aqui se põe em xeque é a própria idéia de dedução filosófica da providência. Não se pode mais dizer, como Rousseau, que "o mundo é governado por uma vontade poderosa e sábia". A obra termina com uma reflexão referente às vantagens e à função do cepticismo.

Há, na sutileza de *Diálogos sobre a religião natural*, mais força corrosiva do que em muitas diatribes anti-religiosas da mesma época. De fato, nela Hume frustra a esperança – imensa no tempo das Luzes – de dar fundamento filosófico racional às crenças religiosas.

Edição brasileira: *Diálogos sobre a religião natural*, São Paulo, Martins Fontes, 1992.
Estudo: E. Zernik, apresentação e comentário ao texto, col. "Profil d'une oeuvre", Hatier, 1989.

DIÁRIO DO SEDUTOR, *Forførerens Dagbog*, 1843.

SØREN AABYE KIERKEGAARD, 1813-1855.
Narrativa.

Na realidade, essa obra é um capítulo de *Ou...ou** (outra tradução: *A alternativa*), publicada em 1843. Não é um ensaio filosófico, mas uma narrativa composta na forma de diário que, escrito no dia-a-dia, descreve acontecimentos cotidianos.

O protagonista é um sedutor que cria uma estratégia demoníaca para roubar uma jovem ao seu noivo. Em Kierkegaard, a sedução é da alçada do estético, que é a vida imediata das sensações, em especial das sensações eróticas e cerebrais. Portanto, estamos bem distantes da ética, auto-realização na sociedade por meio do casamento, dos deveres cívicos etc.; estamos ainda mais distantes do religioso, que corresponde ao desenlear decisivo do laço que amarra o indivíduo ao mundo. Essa obra celebrizou Kierkegaard da noite para o dia. Embora ainda seja bastante louvada, deve ser situada no contexto literário e filosófico do pensamento kierkegaardiano, de que constitui apenas uma etapa.

Estudo: M. Grimault, *Kierkegaard*, col. "Ecrivains-de-toujours", Le Seuil, 1978.

DIÁRIO METAFÍSICO, *Journal métaphysique*, 1927.

GABRIEL MARCEL, 1889-1973.

No intuito de articular o sensível com o inteligível, Gabriel Marcel tentou construir uma reflexão metafísica sobre as bases do "nós-mesmos", destinada a integrar todos os seres no Ser. Por isso a melhor maneira de realizar esse projeto é na forma de um "diário metafísico", que possibilita uma trajetória mais pessoal. Nenhum título serve para guiar de antemão o leitor desse diário, que trata de questões essenciais, como as da relação entre alma e corpo, da distinção entre o que *tenho* e o que *sou*, da queda como ato pelo qual se nega a liberdade, da culpa (*se é erro*), da existência de Deus como contraditória, da impossibilidade de colocar o problema da origem do espírito, da afirmação do Ser, do fato religioso, da inquietação metafísica, da ordem na natureza, da idéia de uma qualidade fundamental e inobjetivável, da transcendência divina, da verdade (*se ela existe*).

A introdução anuncia que as páginas que se seguem não foram escritas para publicação, mas como preparação de uma obra dogmática que nunca veio a lume. As duas partes distintas são na verdade separadas pela guerra; a primeira é dirigida contra a dialética, mas traz a marca das dialéticas; a segunda trata das anomalias encontradas pela razão. O que caracteriza esse "diário" é não impor a "última palavra" para resolução das discussões. Nem por isso se pode falar em agnosticismo.

A primeira parte trata das diferenças ontológicas entre o imediato, o fortuito e o acaso, a partir da indagação que Gabriel Marcel faz a respeito em 1º de janeiro de 1914. Um certo imediato, visto como infinitamente mediatizável nessa época, evocado na segunda parte do diário será visto como não mediatizável. A persistência de um pensamento do *tempo* é notada já no começo. É acima de tudo a distinção e a consciência do antes e do depois; o mundo submetido à causalidade inspira uma certa noção do tempo, no uso real que dele é feito. Mas um outro aspecto do tempo deve ser meditado: o de sua idealidade. Como pensar a idealidade do tempo, senão através da submissão a uma crítica interna que explicitaria as contradições da idéia do tempo? E Marcel põe-se a considerar as antinomias às quais leva uma tal demonstração. Não pode haver relação entre o que está *no tempo* e o que está *fora do tempo*. O tempo poderá ser pensado como "duração de nada"? Só haveria idealidade do tempo porque o problema da realidade não pode ser formulado a propósito do tempo. No início da segunda parte, encontramos uma réplica a essas reflexões sobre o tempo.

Outros temas desenvolvidos na primeira parte: a fé e a religião. Será possível identificar a fé com um juízo de existência? Ou melhor, o juízo de existência não manifestará uma fé? Há uma antinomia em se colocar a independência absoluta de Deus e sua presença na consciência imediata. Pertence à fé um certo modo de afirmação. Se a negação da existência de Deus é impossível, de acordo com as mesmas razões é impossível a afirmação de sua existência. Há uma contradição em pensar-se Deus como existente empírico. Se é um objeto empírico, Deus não pode ser encontrado na existência. Mas a questão é saber se há essências que não se manifestam como existências: é essa a indagação feita por Gabriel Marcel.

A segunda parte começa em 15 de setembro de 1915, em torno da única origem possível do tempo: o presente. A questão da imortalidade revela que ela está desprovida de verdade; mas essa é apenas uma solução; a outra solução, no sentido realista, é absolutamente pessoal. A primeira solução vem envolvida no ato de nossa liberdade; a segunda é quase leibniziana. Quanto à tese aristotélica, é indefensável, segundo Gabriel Marcel. Por isso o filósofo se pergunta adiante se a morte é uma desencarnação. Em todo caso, pode ser representada como um desterro absoluto. Marcel é tentado pela experiência dos espíritas: interroga-se sobre a vidência e tenta dar-lhe interpretação metafísica. O filósofo sente um ambiente espiritual ("sou minha ambiência").

Paralelamente, que dizer do corpo? Como o pensar? O corpo é impensável. No entanto, para conhecê-lo e conhecer seja lá o que for, o corpo é necessário. Mas, se ele é um *a priori*, torna-se por isso mesmo incognoscível. Considera-se então a seguinte alternativa: ou, em se exercendo minha atenção, entra em jogo alguma coisa que não pode ser concebida como sujeito e portanto não pode ser confundida com meu corpo, ou deve-se ter por princípio que esse X é meu corpo. Meu corpo é um existente-tipo e o referencial dos existentes, mas isso por ser meu, ou seja, desde que eu esteja encarnado. No fundo, não há existência que não seja sensível. O problema da existência implica interrogar sobre o corpo a partir do qual ela é construída. Mas o que transcende a objetividade passa para a noção de objeto existente. Portanto, meu corpo está em simpatia com as coisas, donde a possibilidade de um modo de visão.

Estudo: J. Parain-Vial, *Gabriel Marcel, un veilleur e un eveilleur*, L'Âge d'Homme, Lausanne, 1989.

DIATRIBES, 'Επικτήτου διατριβαί, O c. 130.
EPICTETO, c. 50-c. 125.

O ensinamento de Epicteto foi transmitido na forma de lições das quais possuímos ainda quatro livros (de oito ou doze que eram), de um *Manual** que é considerado um resumo das lições, e de fragmentos constituídos por citações encontradas em diversos autores (Estobeu, Aulo Gélio, Marco Aurélio etc.). São lições orais que Flávio Arriano, discípulo de Epicteto, parece ter retranscrito "diretamente" – naquilo que hoje chamamos de *Diatribes* (no sentido de conversações filosóficas em que um interlocutor, na maioria das vezes fictício, é veementemente atacado pelo filósofo), mas que a tradição filosófica também chama de conversações ou dissertações.

Pode-se tentar discernir alguma ordem: o livro I seria dedicado aos princípios lógicos e físicos nos quais se baseia a moral; o livro

II explicaria como os discípulos podem viver livres, firmes e sem medo; o livro III seria constituído por exortações à vida ascética e de autocontrole; o livro IV, após uma introdução sobre a liberdade, faria uma comparação entre a escola e a vida. Mas com muita freqüência temas semelhantes de um livro são retomados em outro, e certos capítulos são constituídos desordenadamente por coisas diversas.

As *Diatribes* expõem, através de inúmeras anedotas da vida cotidiana, a doutrina de Epicteto (ou seja, a de um estoicismo romano tardio) e sua visão cósmica que unia razão humana e razão divina: "Não peças que os acontecimentos ocorram como queres, mas contenta-te em os querer como acontecem e viverás vida feliz." Mas a simples resignação não basta; é preciso que haja aceitação jubilosa, pois tudo o que acontece expressa a ordem universal. Além das referências a Diógenes, Sócrates e Crisipo, o essencial continua sendo aquilo com que a obra se abre, ou seja, a distinção entre as coisas que dependem de nós (ἐφ ἡμῖν, *eph emin*) e as que não dependem (οὐκ ἐφ ἡμῖν, *ouk eph emin*) a saber, a apologia da razão: "Das faculdades que recebemos, a única que tem consciência de si mesma, de sua natureza, de seu poder, do valor que traz ao vir a nós. Está claro que é a faculdade que sabe utilizar as representações."

Estudo: Th. Collardeau, *Étude sur Epictète*, A. Fontemoing, 1903.

DICIONÁRIO FILOSÓFICO,

Dictionnaire philosophique, ou la raison par alphabet, 1764.
VOLTAIRE (François Marie Arouet, dito), 1694-1778.

Não foi por acaso que Voltaire quis que esse dicionário fosse "portátil". Diante da *Enciclopédia**, obra monumental que apresentava – em vinte e oito volumes – uma revista universal dos conhecimentos humanos, o *Dicionário filosófico* encarna o aspecto crítico, corrosivo, destruidor do espírito das Luzes. Seu objetivo é menos de instruir que de espicaçar, ferir quando necessário. É uma arma.

A ordem alfabética, aliás, nesse caso não corresponde a uma preocupação enciclopédica (percorrer tudo, sem nada omitir). Essa ordem não é bem ordem, mas antes desordem, enumeração rapsódica de preconceitos, superstições, tolices, obscurantismos, intolerâncias. A arbitrariedade da desordem alfabética corresponde ao bricabraque dos erros humanos. Essa obra é bem mais uma "desrazão em ordem alfabética". Apresenta-se com a forma de sucessão de verbetes (mais ou menos numerosos segundo as edições), que abordam assuntos de extrema diversidade (religião, sociedade, justiça, política, história, filosofia, metafísica, estética). Esses verbetes são panfletos brilhantes, às vezes de extrema virulência, contra a superstição, o fanatismo, a injustiça, o despotismo, a intolerância, a fatuidade humana. Portanto, apesar do título, filosofia e metafísica não são o essencial do *Dicionário filosófico*, que porfia sobretudo por deixar bem clara a fraqueza da inteligência humana nesses domínios (verbete "Faculdade"). Para compreender o que quer dizer "filosófico", no título, deve-se consultar simplesmente o verbete "Filosofia".

A religião é o principal alvo do autor, que não lhe poupa nenhuma das críticas mais fortes. Não há mais textos sagrados, pois todos podem ser alvo da crítica histórica. Os artigos dedicados a assuntos bíblicos – e, de "Abraão" a "Salomão", eles são bem numerosos – atacam veementemente contradições e inconseqüências do Antigo e do Novo Testamento. A tolerância é o *Leitmotiv* desses artigos, em que a vaidade e a pretensão das múltiplas seitas são desqualificadas pelo paralelo entre seu discurso e sua prática. A evocação pitoresca dos nomes, por seu efeito propriamente poético, reforça ainda mais a ironia. Como o cristianismo diz e faz mais ou menos tudo o que sempre disseram e fizeram todas as religiões pagãs, em nome de quê pretenderia ele qualquer superioridade? Todas as religiões reveladas são humanas, demasiado humanas, e o cristianismo não constitui exceção ("E nós ousamos, depois disso, escarnecer dos lapões, dos samoiedos e dos negros!", lê-se no verbete "Convulsões").

Voltaire atém-se à religião natural, ao deísmo de Newton: "O mundo é sem dúvida uma máquina admirável; portanto, há no mundo uma admirável inteligência" (verbete "Ateísmo"). Mas não cabe à inteligência humana sondar os atributos da divindade: "Como! Não sabes o que é um espírito? Não digas nada: de que me serviria isso? Porventura me faria mais justo? Seria eu melhor marido, melhor pai, melhor senhor, melhor cidadão?" (verbete "Deus"). Como se vê, a moral prevalece, em valor, sobre a religião, que deve servi-la e que só foi instituída por ela. Essa moral ordena aos homens que vivam em paz, justiça e liberdade. Os verbetes expressamente políticos ("Igualdade", "Estados", "Governos", "Guerra", "Leis civis e eclesiásticas", "Senhor" etc.) não são os únicos a combater a tirania. Nos verbetes que tratam de assuntos aparentemente mais anódinos, aparece toda uma estratégia antidespótica: leia-se, por exemplo, o verbete "Trigo". Por fim, as preocupações estritamente judiciárias ocupam muito espaço. Voltaire prossegue sua luta contra os costumes e os regulamentos bárbaros da França nesse domínio.

O *Dicionário filosófico* é um monumento das Luzes francesas. Concentra, em algumas centenas de páginas, toda a força e a ironia acerba de um dos maiores escritores do século. Como prolongamento dessa obra, deve-se ler *Mélanges* de Voltaire, que pertence à mesma veia. Esses textos, mesmo hoje, nada perderam de sua força e de sua utilidade.

Edição brasileira: *Dicionário filosófico*, São Paulo, Nova Cultural, 1988.

Estudo: B. Groethuysen, *Philosophie de la Revolution Française*, col. "Tel", Gallimard, 1956, cap. IV: "Voltaire ou la passion de la raison".

DICIONÁRIO HISTÓRICO E CRÍTICO, *Dictionnaire historique et critique*, 1695-1697.

PIERRE BAYLE, 1647-1706.

O método de Bayle é bem particular. Ele procede por recensão de nomes próprios (de pessoas ou lugares), a respeito dos quais examina e refuta preconceitos e erros mais comumente admitidos nos outros dicionários. A primeira parte de cada verbete geralmente tem em vista evidenciar as certezas históricas nas quais é possível fiar-se quanto às personagens em questão. Contudo, bem mais numerosas são as incertezas e os erros recenseados na segunda parte. O essencial, aliás, não está nos verbetes do *Dicionário*, mas nas notas, prodigiosamente desenvolvidas, que os acompanham.

A vocação crítica de Bayle tem origem numa idéia cartesiana: o acesso à verdade é vedado pela massa de preconceitos, e não pela vacuidade do espírito. Mas, de maneira bem pouco cartesiana, Bayle faz da história objeto e meio de seu empreendimento de erradicação dos erros. A crítica histórica (principalmente a confrontação e a discussão das fontes) permitirá limpar o campo da história humana das fábulas que o cobrem. A serviço desse projeto, o autor põe seu gosto pela erudição (ele gostava de referir-se à tradição do século XVI e do Renascimento) e uma memória extraordinária.

O *Dicionário histórico e crítico* aparece assim como um imenso museu de horrores e erros humanos: embustes, ilusões, mentiras, crimes. Essa confrontação dos delitos humanos, cuja culpa cabe aos campos mais opostos, redunda no cepticismo e na incerteza. Esse cepticismo, por sua vez, fundamenta a tolerância, segundo um procedimento muito difundido em todo o século XVIII (pensamos, por exemplo, em Voltaire). Mas essa tolerância não tem raízes apenas na constatação desencantada da relatividade dos valores; baseia-se na afirmação veemente do respeito devido à consciência de cada um. Ninguém pode ser obrigado a crer. Protestante (apesar de uma breve conversão ao catolicismo), Bayle luta por uma aceitação benevolente das vacilações de cada um; a comunidade dos filósofos poderia prefigurar uma tal sociedade.

Embora Bayle não se considerasse teólogo, o que impressiona no *Dicionário* é a constância dos temas religiosos e teológicos, sobretudo o do mal. O problema da teodicéia o conduz, assim, a negar que seja possível conciliar todos os atributos de Deus (bondade, onipotência), a não ser por um ato de fé. Essa obra oferecerá a Leibniz matéria inesgotável para seus *Ensaios de teodicéia**. Por outro lado, as Santas Escrituras – tanto quanto qualquer outra fonte – também são alvo da crítica histórica (e nisso Bayle se aproxima de Spinoza).

O sucesso do *Dicionário*, apesar de seu custo elevado, foi considerável. Os mais eminentes espíritos das Luzes nele se inspiraram, quando não o plagiaram, pura e simplesmente. O século XVIII, portanto, deve muito a essa obra, que Leibniz chamava de "o mais belo dos dicionários", tanto pelo conteúdo, é claro, mas também pela forma. Tomando como modelo as notas de Bayle, a rede de remissões da *Enciclopédia**, por exemplo, representa um meio cômodo de fazer reflexões audazes.

No *Dicionário*, encontra-se uma infinidade de referências aos filósofos, da antiguidade até o século XVII; Bayle escreve, assim, a primeira história da filosofia ocidental. Mas essa história também é escrita de um ponto de vista filosófico, nitidamente crítico em relação à tradição escolástica, que o cartesianismo ainda não tinha acabado de destruir.

No entanto, seria errôneo ver nisso apenas uma prefiguração do pensamento do século seguinte. Bayle não é Voltaire nem Diderot. Longe de trabalhar pelo triunfo final da razão (como fará a *Enciclopédia*), o *Dicionário histórico e crítico* trabalha, ao contrário, para restaurar a fé como tal, contra a racionalização excessiva das afirmações religiosas, na qual Bayle vê um risco para o dogma.

Estudo: P. Rétat, *Le Dictionnaire de Bayle et la lutte philosophique au XVIIe siècle*, Les Belles Lettres, 1971.

DIDÁTICA MAGNA,

Didactica magna, 1657.
COMENIUS (Jan Amos Komensky, dito), 1592-1670.

Esse tratado de filosofia da educação – "didática" significa aqui *arte de ensinar* – baseia-se numa teoria do conhecimento. Visto que a natureza humana não vem acabada no nascimento, as escolas são "oficinas de humanidade", entendendo-se a pedagogia como arte, intervenção hábil do homem para possibilitar a ação das forças naturais, sem esquecer que o objetivo da humanidade está fora da vida terrena. Por isso, ninguém pode ser excluído: gente de alta posição e gente do povo, meninas ou meninos, inteligentes ou não, todos devem ser educados. "*Omnes, omnia, omnimo*", diz a *Didática magna*: todos devem participar da educação, todos devem ser instruídos em tudo o que é necessário para se tornarem adultos; a educação deve modelar o homem inteiro em *tudo* aquilo que o compõe.

Esse tratado, redigido em tcheco de 1627 a 1632 mas publicado em latim, deve ser entendido no contexto do aristotelismo barroco de Comenius, mas também no contexto da Reforma nascente. Essa dupla influência produz uma obra de grande originalidade, cujas propostas práticas são surpreendentemente modernas.

Edição brasileira: *Didática magna*, São Paulo, Martins Fontes, 1997.
Estudo: J. Prévot, *L'utopie educative, Comenius*, Berlim, 1981.

DIFERENÇA DE ESTRUTURA DAS LÍNGUAS HUMANAS (SOBRE A),

Über die Verschiedenheit des menschlichen Sprachbaues und ihren Einfluss auf die geistige Entwickelung des Menschengeschlechts, 1836.
HUMBOLDT (Wilhelm, baron von), 1767-1835.

Esse título original anuncia, em toda a sua extensão, um estudo acerca da influência da estrutura das línguas sobre o desenvolvimento intelectual da humanidade. Nessa publicação póstuma, possibilitada pelo zelo de seu irmão (barão Alexandre von Humboldt), o filólogo e diplomata Wilhelm von Humboldt elabora uma representação da evolução interna das línguas, levando em conta a influência dos fatores externos: à construção orgânica das línguas, ele acrescenta um outro objeto de estudo, que é o conjunto de suas transformações; considera também a elaboração interna segundo a construção. Essa obra foi reeditada em dois volumes por August F. Pott (1876) e por ele defendida contra as críticas de Heymann Steinthal. É o breviário de filologia comparativa.

Estudo: P. Tort, *Evolucionisme et linguistique*, Vrin, 1980.

DIFERENÇA E REPETIÇÃO,

Différence et répétition, 1968.
GILLES DELEUZE, nascido em 1925.

O projeto de Gilles Deleuze, nessa obra ambiciosa, passa por uma releitura da história da filosofia e de seus principais sistemas, a fim de mostrar a transformação essencial da ontologia, submetida agora às categorias de diferença e de repetição: "A diferença e a repetição tomaram o lugar do idêntico e do negativo, da identidade e da contradição." É contra Hegel e contra o primado da identidade sobre a diferença que Deleuze ressalta a inversão dos valores ontológicos testemunhado pelo mundo contemporâneo através da psicanálise, da literatura ou da estética. Pois a diferença não é a negação, não passa necessariamente pela negação, tanto quanto a repetição não se resume ao redito: basta lembrar o modelo nietzschiano de Eterno Retorno para compreender que toda afirmação do mesmo já é poder de subversão do idêntico. Deleuze procede, pois, a uma ampla exposição das situações doutrinais em que se exacerba a luta entre essas categorias: o problema da repetição na teoria freudiana será analisado sistematicamente, assim como a questão da alteridade na obra de Platão ou da individuação nas doutrinas de Spinoza e de Leibniz.

Freqüentemente acabrunhado pela vastidão e pelo domínio do saber filosófico do autor, o leitor viaja através de sistemas "colados": a história da filosofia, segundo Deleuze, assemelha-se à técnica da colagem em pintura. Essa obra marca assim o apogeu da primeira parte da obra de Gilles Deleuze, que ousaríamos qualificar de "clássica"; aliás, ele tinha lúcida consciência da virada que essa obra demarcava, pois escreveu: "Aproxima-se o tempo em que será quase impossível escrever um livro de filosofia como se faz há muito tempo: 'Ah! o velho estilo...' "

Edição brasileira: *Diferença e repetição*, Rio de Janeiro, Graal, 1988.
Estudo: Revista *L'arc*, n.º 49, número especial, Deleuze, 1972.

DIFERENÇA ENTRE A FILOSOFIA DA NATUREZA EM DEMÓCRITO E EM EPICURO,

Differenz der demokritischen und epikureischen Naturphilosophie nebst einem Anhange, 1841.
KARL MARX, 1818-1883.

A tese de doutoramento apresentada por Marx em 15 de abril de 1841 na Universidade de Iena (para evitar os professores reacionários de Berlim) é um trabalho de juventude, com conteúdo estritamente filosófico. A polêmica com Hegel (sob suspeita de não ter atinado com o alcance do materialismo antigo) está nas entrelinhas. A afirmação de um ateísmo resoluto permeia todo o texto da tese.

Edição portuguesa: *Diferença entre a filosofia da natureza em Demócrito e em Epicuro*, Lisboa, Presença, 1972.
Estudos: J. M. Gabaude, *Le jeune Marx e le materialisme antique*, Privat, 1970. F. Markovits, "Marx dans le jardin d'Epicure", in *Revue critique*, jan. 1972.

DIÓPTRICA, *La dioptrique*, 1637.
RENÉ DESCARTES, 1596-1650.
Ensaio de física e psicologia atinente à visão.

Essa obra, ao lado de *Meteoros* e *Geometria*, faz parte dos ensaios que Descartes anexou ao *Discurso do método** e que constituem aplicações práticas desse método. Mas, além das descobertas científicas que relata, esse texto vale sobretudo pela teoria da percepção que seu autor enuncia. A *Dióptrica* tem como objeto a visão e é composta por dez discursos. O primeiro trata da luz, cuja natureza é comparada por Descartes ao movimento de um corpúsculo, o que lhe permite explicar mecanicamente a reflexão e a refração (Discurso segundo). O terceiro e o quinto discursos são dedicados a um estudo fisiológico do olho. Os discursos quarto e sexto, que tratam dos sentidos e da visão, permitem que o autor defina mais precisamente o papel dos sentidos no ato da percepção. Estes, segundo ele, limitam-se a fornecer sinais para a alma; mas só ela tem a possibilidade de conhecer realmente as qualidades das coisas sensíveis. Os sentidos não passam de meios; só a alma percebe. Os últimos discursos têm um conteúdo principalmente técnico.

A função que Descartes atribui à alma no fenômeno da percepção inspirará as psicologias ulteriores.

Estudo: P. Costabel, *Demarches originales de Descartes savant*, Vrin, 1982.

DIREITO À PREGUIÇA, Refutação ao "direito ao trabalho",
Le droit à la paresse. Réfutation du "droit au travail" de 1848, publicado em 1883.
PAUL LAFARGUE, 1842-1911.

Esse panfleto, publicado inicialmente na forma de artigos na revista *L'égalité* em 1880, denuncia os vícios ocultos do pretenso "direito ao trabalho". O trabalho não constitui de modo algum um direito para a classe trabalhadora, mas na verdade um dever imposto pela burguesia, que a explora e se aproveita de sua alienação por meio do trabalho para reservar-se o privilégio da ociosidade.

Na época, essa obra foi considerada a crítica mais severa ao capitalismo desde o *Manifesto* de Marx; ainda hoje é vista como uma das obras-primas do panfleto revolucionário.

Edição brasileira: *Direito à preguiça*, São Paulo, Kairós, 1983.
Estudo: J. Varlet, *Paul Lafargue, théorique du marxisme*, Ed. Sociales Internationales, 1933.

DIREITO DA GUERRA E DA PAZ (DO),
De jure belli ac pacis, 1625.
GROTIUS (Hugo De Groot, dito), 1583-1645.

Para definir um quadro no qual a guerra fosse submetida a um direito que regesse as relações entre beligerantes, Grotius examina o fundamento do direito. Assim, mostra em seus "Prolegômenos" que o direito social não está submetido nem a um princípio positivo nem a uma prática política, e nem mesmo a uma ordem divina: é fundamentado por um direito natural. A "existência absoluta" desse direito de natureza tem origem na constituição do homem, ao mesmo tempo social e racional. A formação do pacto comunitário resulta desse direito natural: o indivíduo sente a necessidade de organizar não só os interesses pessoais, de tal sorte que eles se subordinem ao direito público, mas também as relações entre Estados, para que estas se submetam ao direito internacional.

Enriquecido com numerosos exemplos, o texto de Grotius constitui uma ponte entre antiguidade e modernidade. Ao submeter o direito à natureza, aproxima-se de Platão e de Cícero. Mas na sua tentativa de fundamentar um direito universal com base num contrato cívico, prenuncia filósofos como Rousseau ou Kant.

Estudo: M. Villey, *La formation de la pensée juridique moderne*, Montchrétien, 1975.

DIREITO DA NATUREZA E DAS GENTES, *Jus naturae et gentium octo libri*, 1672.
SAMUEL PUFENDORF, 1632-1694.

Nesse tratado sistemático de ciência política, Pufendorf pretende libertar a política da teologia e fundamentar na razão os direitos naturais do homem. Essa teoria conduz naturalmente à negação do absolutismo de direito divino e baseia-se na idéia de contrato social. Os teóricos das Luzes (Rousseau em particular) se inspirarão nessa obra.

Estudo: P. Laurent, *Pufendorf et la loi naturelle*, Vrin, 1982.

DIREITO, LEGISLAÇÃO E LIBERDADE, *Law, Legislation and Liberty*, 1973, 1976 e 1979.
FRIEDRICH AUGUST VON HAYEK, 1899-1992.

Herdeiro da tradição neoclássica e adversário resoluto dos pensamentos holistas ("totalismo cientificista"), Hayek apresenta "uma nova formulação dos princípios liberais de justiça e de economia política", propondo assim os princípios teóricos primeiros de um *liberalismo radical*. Sua teoria positiva da sociedade é inseparável de sua crítica aos princípios que sejam incompatíveis com o liberalismo por destruírem a ordem do mercado.

Hayek critica o construtivismo, segundo o qual a sociedade é um material modelável que se constitui de acordo com um projeto racionalmente concebido e realizado. Os homens, cujo saber, por natureza, é muito limitado, são impotentes e não podem organizar a sociedade segundo um plano previamente estabelecido; a ordem social não é resultado de um plano. Os fenômenos sociais são produto de ações, e não de intenções. E se ninguém pode construir a sociedade segundo um projeto deliberado, ninguém tampouco a pode dirigir segundo um tal projeto (negação categórica do *dirigismo* e do *intervencionismo*). Ao racionalismo construtivista opõe-se a tradição, elogiada por Hayek não por ter sido consagrada pelo tempo, mas porque o tempo permite melhor informação, e porque ninguém pode, voluntariamente, instituir uma tradição. Criticando o positivismo jurídico que identifica direito e lei, lei e justiça (a lei é a regra adotada em conformidade com um procedimento reconhecido como legítimo), o autor considera falso acreditar que exista um poder supremo, nem que seja democrático, que seria o *direito*, e não sofreria nenhum tipo de limitação. Essa negação de Hayek da soberania significa que nenhum poder pode organizar a sociedade como quer.

A sociedade é constituída por múltiplas interações que atingem extrema complexidade; a informação nela se dispersa necessariamente e é sempre imperfeita. Por outro lado, existe a finitude do saber humano. Nenhuma autoridade central pode conhecer todas as informações para elaborar racionalmente um plano. É impossível determinar com exatidão as conseqüências de uma decisão. O sucesso ou fracasso de uma ação dependem das circunstâncias, e estas são sempre singulares e mutáveis. As melhores decisões, portanto, são as tomadas por aqueles que conhecem melhor as circunstâncias; eles podem adaptar-se e reagir em função das informações recebidas. Por isso, a melhor solução é a liberdade individual e o melhor regime é o do mercado.

Os fenômenos sociais, complexos demais para que a razão humana possa perceber todos os seus aspectos, estão sempre em transformação. Razão e civilização evoluem em conjunto, e, como a razão não precede a civilização, não pode tê-la concebido. Por isso, Hayek propõe a existência de um *evolucionismo social*. As instituições sociais evoluem, pois os homens, quando agem, não podem conhecer nem as causas nem os efeitos de seus atos. A concorrência seleciona, ao acaso, as "regras corretas" que são as "regras de conduta" graças às quais indivíduos ou grupos se tornam mais prósperos ou mais poderosos. Por meio dessa seleção, nascem e aperfeiçoam-se certos sistemas de regras de conduta e outros são eliminados, por ineficazes. Isso significa que a História é um caos, que não tem sentido, não obedece a nenhuma lógica (superior ou imanente) e ocorre em função das práticas humanas, ou seja, de acidentes.

O autor traça assim a evolução das civilizações, da tribo primitiva, da sociedade tribal (sociedade fechada), à Grande Sociedade (sociedade aberta), distinguindo *taxis* e *cosmos*, *thesis* e *nomos*. Na sociedade fechada, existe uma forte hierarquia e uma ordem desejada, composta por indivíduos que perseguem os mesmos fins, que a organização se impõe a si mesma; a ordem fixa os direitos e os deveres de cada um. Ao *taxis* correspondem as *thesis*, ou seja, regras que se aplicam a situações por vir e a todos os indivíduos que se encontram em tais situações. Na sociedade aberta, existe uma ordem espontânea (*cosmos*) que não é criada por nenhum homem e não serve a nenhum fim preciso. Cada indivíduo fixa seus próprios objetivos e é seu único juiz; ninguém decide pelos outros. As únicas regras que prevalecem são as regras de conduta, frutos da seleção, regras universais (*nomos*) que determinam o que é um comportamento justo ou, no mais das vezes, proibições que definem o que é injusto. Por essas regras, cada indivíduo sabe que meio pode utilizar na busca de seus objetivos. Assim, respeitadas essas regras, evitam-se conflitos. Desse modo, existe uma *catalaxia*, ou seja, cada indivíduo tenta atingir seus próprios fins utilizando da melhor maneira as informações a que tem acesso. A *ordem espontânea*, cuja complexidade é excepcional, provém de uma interação em que cada indivíduo, por meio de suas ações, obtém uma posição em função de um processo aleatório (ajuste entre oferta e procura), não consciente. É uma ordem não natural e não desejada; os indivíduos se adaptam, sem querer, uns aos outros, fazendo emergir regras e instituições.

Assim, o *mercado* (e a concorrência) é o melhor dos sistemas, ou seja, o mais eficaz. Escapando à consciência e ao controle dos homens, ele é a única forma de regulação social compatível com a liberdade. O indivíduo é livre quando decide seus objetivos e utiliza seus recursos sem se submeter ao arbítrio de outros. Com o mercado, ninguém decide pelos outros, ninguém dirige; cada indivíduo tem a mesma probabilidade de ganhar. Por certo o mercado gera desigualdades (ganhadores e perdedores), mas estas não são justas nem injustas, porque não desejadas.

Portanto, essa ordem espontânea do mercado, que garante a liberdade, não deve em caso algum ser perturbada, sobretudo por políticas redistribuidoras (que ajudam os desfavorecidos) que tentem corrigir os efeitos do mercado julgados nefastos na redistribuição das riquezas. Essas políticas, pela intervenção do Estado, supõem uma idéia predeterminada de bem social e de justiça social, o que Hayek condena em absoluto. O princípio da política é a *liberdade*, e não a felicidade, o bem comum ou a justiça. A liberdade, cujos princípios são a liberdade de consciência, de reunião, de direito de propriedade etc., pode ser objeto de um acordo entre todos e não exige nenhuma visão comum do bem e da justiça. A crença na justiça social não passa de superstição ou de nostalgia da sociedade tribal (o socialismo é a "reafirmação da ética tribal" e conduz ao totalitarismo). Toda justiça social, por apegar-se a categorias particulares, é discriminadora e opõe-se à liberdade. Assim, existe uma incompatibilidade radical entre justiça social e liberdade (o mercado). A única justiça (liberal) é relativa às transações: é justa a conduta dos jogadores, e não o resultado; é justa uma ação conforme às regras de conduta, que são as regras do jogo da catalaxia.

Por fim, o autor esboça uma nova constituição em que o legislativo e o executivo seriam absolutamente separados. Na "demarquia", a maioria não teria mais o poder absoluto, a lei não seria mais expressão dessa maioria a que ela concede vantagens, mas a emanação de uma Câmara de "esclarecidos" apartidários, eleitos para um único e longo mandato. O governo seria controlado por uma outra Câmara, e seu poder de decisão seria, por lei, limitado a funções conjunturais.

Hayek vincula o funcionamento de uma economia livre à constituição política e jurídica da sociedade. Recompensado com um prêmio Nobel de economia em 1974, exerceu enorme influência sobre o pensamento contemporâneo e inspirou a política de certos governos (Ronald Reagan, Margaret Thatcher, entre outros).

Estudo: Ph. Nemo, *La société de droit selon Friedrich August von Hayek*, col. "Libre-échange", P.U.F., 1988.

DIREITO NATURAL E HISTÓRIA,

Natural Right and History, 1953.
LEO STRAUSS, 1899-1973.
Coletânea de conferências.

A filosofia começou quando o homem descobriu a natureza; mas se, para os antigos, a lei superior da Natureza fundamenta o direito, origem da ordem social, os modernos, ao contrário, criticam a possibilidade de conhecimento ou de existência do direito natural, que não passa de mito metafísico. Comparando essas duas posições, Leo Strauss descreve essa "crise do direito natural moderno": se o homem domina a natureza, e se só a História exprime a realidade humana, o direito não é mais que um momento desse processo. Mas essa perspectiva hegeliana é uma "negação da vida humana": o homem não tem "futuro significativo e indeterminado". Assim, Strauss prefere o "convencionalismo" de Platão, para quem a natureza é a norma, sendo o objetivo da cidade "a busca daquilo que é bom por natureza".

Aprovando a definição platônica do melhor regime, "contra o costume e conforme à natureza", o autor estima que o direito natural é a garantia da moralidade humana e de sua perfectibilidade. Escrito em 1949 nos Estados Unidos, para onde Strauss imigrara nos anos 30, essa coletânea de seis conferências é testemunho da atualidade das teses da *República**.

Estudo: L. Strauss e H. Meier, *Carl Schmitt, Leo Strauss et la notion de politique: un dialogue entre absents*, Julliard, 1990.

DISCERNIMENTO DO CORPO E DA ALMA EM SEIS DISCURSOS PARA SERVIR AO ESCLARECIMENTO DA FÍSICA,

Le discernement du corps et de l'âme en six discours pour servir à l'eclaircissement de la physique, 1666.
GERAUD DE CORDEMOY, 1626-1684.

Preparando o ocasionalismo de Malebranche, Cordemoy faz uma primeira sistematização dessa posição. Apresenta uma espécie de atomismo segundo o qual a matéria sutil ocupa os interstícios dos corpos. Provocará críticas de Robert Desgabets e de Malebranche, mas será aprovado por Leibniz.

Estudo: G. Rodis-Lewis, *Dictionnaire des philosophes*, P.U.F., 1984.

DISCURSO À NAÇÃO ALEMÃ,

Reden an die deutsche Nation, 1808.
JOHANN GOTTLIEB FICHTE, 1762-1814.

Esse texto de Fichte é dos mais desconcertantes, pois seu objetivo é afirmar e descrever a superioridade total da Alemanha. Em primeiro lugar, afirma-se a superioridade da língua alemã, da qual Fichte deduz a superioridade de seu pensamento: só a Alemanha é capaz, graças à sua língua, de ter acesso às verdades filosóficas. De tal modo que Fichte conclui por considerar o povo alemão como o povo eleito. A nação alemã é chamada a governar o mundo, e o instrumento necessário a esse projeto é a educação, na qual Fichte nunca deixou de refletir.

O hitlerismo utilizou o pensamento de Fichte para a consolidação do Reich e sua propaganda, mas isso não significa que o filósofo tenha sido um precursor do nazismo. Em Fichte encontra-se um pensamento rico e variado, que se insere na corrente idealista alemã.

Estudo: A. Philonenko, *Dictionnaire des philosophes*, P.U.F., 1984.

DISCURSO DA SERVIDÃO VOLUNTÁRIA, *Discours de la servitude volontaire*, ○ c. 1547.

ETIENNE DE LA BOÉTIE, 1530-1563.

"Em honra da liberdade, contra os tiranos", escreve o autor a respeito do livro. Este se propõe resolver um enigma: como se explica que os homens consintam em servir o tirano e em obedecer-lhe? Para La Boétie, a servidão é contra a natureza. Em primeiro lugar porque os homens, naturalmente iguais, não estão destinados a oprimir-se mutuamente; depois, porque a força nunca está do lado daquele que domina, mas sempre, ao contrário, do lado dos oprimidos. É verdade que o tirano está bem armado, mas bastaria que o povo não obedecesse, não desse seu consentimento, para desarmar o tirano. Estará nu o rei diante do qual o povo disser "não" e cruzar os braços.

O problema tratado por La Boétie é o mesmo tratado por Maquiavel, seu contemporâneo. Com a diferença de que Maquiavel o coloca do ponto de vista do Príncipe (como conquistar e conservar o poder?), enquanto La Boétie se põe do lado do povo. Os povos, portanto, não escolhem a desobediência. Em primeiro lugar, são disso afastados pelo costume, que acaba por fazer essa condição parecer "natural". Depois, há diversos mecanismos por meio dos quais o poder garante a passividade benevolente dos súditos: favores, intimidação pelo prestígio, insígnias de poderio. De todos esses mecanismos, o mais insidioso e eficaz é a difusão do poder em todos os escalões. A hierarquia representa uma necessidade vital para o poder, que se fortalece disseminando-se. A análise teórica do funcionamento do poder conduz o autor muito perto de uma condenação da monarquia.

O *Discurso da servidão voluntária* não é lido com grande freqüência. No entanto, propõe uma análise extremamente fina – sobretudo – das mais modernas sobre o poder. Raramente se aquilata o que lhe é devido por grande número de pensadores políticos ilustres: Pascal: "O mundo, que não sabe que certos efeitos vêm de certos costumes..."; Rousseau: "Os cidadãos só se deixam oprimir porque arrastados por ambição cega; e, olhando mais para baixo do que para cima de si mesmos, têm mais apreço pela dominação do que pela independência, e consentem em arrastar ferros para poderem impô-los por sua vez"; Alain: "O que subsiste de escravidão provém claramente do fato de o cidadão lançar também seu juízo aos pés de quem o comanda."

Edição brasileira: *Discurso da servidão voluntária*, São Paulo, Brasiliense, 1986.

Estudo: S. Goyard-Fabre, apresentação do texto na edição francesa: *Discours de la servitude volontaire*, col. G.F., Flammarion, 1983.

DISCURSO DE METAFÍSICA, *Discours de métaphysique*, 1686.

GOTTFRIED WILHELM LEIBNIZ, 1646-1716.

Nesse primeiro esboço de seu sistema, Leibniz quer explicar o Ato de Deus: a Criação. De seu entendimento totalmente livre, e por sua vontade onipotente, brota "a harmonia geral do universo". No interior desse mundo coexistem "substâncias individuais", como as almas particulares, substâncias que, em seu conjunto, compõem todo o universo. Mas uma substância constitui um ponto de vista particular do mundo, e cabe a cada um tomar consciência dessa visão. Deus é amor e quer o bem supremo para o homem: a contemplação; mas permite o pecado, necessário porque o homem sofre de um mal radical e original: sua limitação.

Destinado a Arnauld, discípulo de Descartes, o *Discurso* é pragmático, colocando ao mesmo tempo definições filosóficas (esboçadas em 1673 em sua *Confessio**) e a justificação da bondade divina (tema de seus *Ensaios de teodicéia** de 1710). Cristão, mas referindo-se também à Tradição, Leibniz será notoriamente criticado por Voltaire por seu "melhor dos mundos possíveis".

Edição brasileira: *Discurso de metafísica*, São Paulo, Abril, 1974.

Estudo: Y. Belaval, *Leibniz, initiation à sa philosophie*, Vrin, 1962.

DISCURSO DO MÉTODO PARA BEM CONDUZIR A PRÓPRIA RAZÃO E PROCURAR A VERDADE NAS CIÊNCIAS, *Discours de la méthode pour bien conduire sa raison et chercher la vérité dans les sciences*, 1637.
RENÉ DESCARTES, 1596-1650.

Esse texto, publicado em 1637 sem assinatura, é o prefácio de uma série de ensaios científicos (*Dióptrica**, *Meteoros*, *Geometria*), que só no século XIX passaram a ser publicados independentemente. Tornou-se uma das obras emblemáticas da filosofia, e sua celebridade há muito ultrapassou as fronteiras da filosofia propriamente dita. O fato de ser citado a propósito de tudo e às vezes sem propósito (por exemplo para evocar um "espírito cartesiano", supostamente francês) não deve levar a esquecer que se trata de um livro de filosofia, e das mais rigorosas que existem.

O próprio Descartes, ao apresentar o *Discurso*, distingue seis partes, que ele permite ao leitor percorrer em etapas. "Na primeira, serão encontradas diversas considerações referentes às ciências." "O bom senso" – afirma Descartes – "é a coisa mais bem repartida do mundo": essa profissão de fé na razão comum, que abre o livro, será irônica? Isso já foi discutido. Fato é que Descartes constata que o bom senso, não sendo bem servido por um método, não vai longe. A prova está na decepção que lhe causaram os estudos no Collège de La Flèche. De todas as disciplinas que lhe ensinaram, só a matemática merece seu apreço. Isso determinará seu projeto filosófico. Essa primeira parte é, pois, tanto uma autobiografia intelectual quanto um inventário – catastrófico – da ciência do tempo. Esse percurso da desilusão conduz Descartes a uma resolução: "Estudar também em mim mesmo." Trata-se de meditar.

As primeiras conseqüências dessa resolução são expostas na segunda parte. Dar às ciências um fundamento novo é uma empresa que nada tem que ver com o ceticismo, e que exige a serenidade do ócio. A dúvida metódica vai conduzir à descoberta do verdadeiro método, que pode ser extraído da matemática. Esse método resume-se em quatro preceitos:

"Nunca admitir por verdadeiro nada que eu não conheça com evidência como tal."

"Dividir cada dificuldade que examinar em tantas parcelas quantas possíveis e necessárias para a melhor resolução."

"Conduzir ordenadamente meus pensamentos, começando pelos objetos mais simples e mais fáceis de conhecer, para ir subindo aos poucos, como por degraus, até o conhecimento dos mais compostos."

"Fazer sempre enumerações completas e revisões gerais para chegar à certeza de nada ter omitido."

A dúvida tem em vista os conhecimentos teóricos, mas não pode suspender as urgências da existência. Portanto, será necessária uma moral "provisória", cujas quatro regras Descartes expõe na terceira parte:

"Obedecer às leis e aos costumes de meu país."

"Ser o mais firme e o mais resoluto possível em minhas ações."

"Tentar sempre ser vencido por mim mesmo, e não pela fortuna, e mudar eu mesmo meus desejos para que não o faça a ordem do mundo; e de modo geral [...] acostumar-me a crer que nada existe que esteja inteiramente em nosso poder a não ser os nossos pensamentos."

"Empregar toda a minha vida a cultivar a razão, a progredir o possível no conhecimento da verdade, segundo o método que me prescrevi."

Com ser provisória, essa moral nem por isso deixará de constituir o essencial da contribuição cartesiana nesse domínio. É bem evidente a influência estóica.

Na quarta parte, o autor começa a recolher os primeiros frutos do método. Os conhecimentos metafísicos permitem estabelecer solidamente os fundamentos do conhecimento futuro. É a própria dúvida, acerca da existência do mundo exterior e das verdades racionais, que desemboca na primeira certeza. O *cogito* será a rocha inabalável, capaz de suportar o novo edifício do saber: "Penso, logo sou." (Note-se que Descartes nunca escreveu: "*Cogito, ergo sum*".)

Do *cogito*, deduzo que minha alma é uma substância pensante, distinta do corpo; logo, toda a essência está em pensar. Sei também que a verdade do *cogito* está ligada a uma evidência intrínseca, que pode servir de critério universal da verdade. As provas da existência de Deus seguem dois caminhos diferentes: 1. A idéia do perfeito (sem o qual eu não teria consciência de minha imperfeição e não duvidaria) só pode vir de um ser perfeito. 2. A idéia de Deus compreende a de sua existência, pois não poderia haver perfeição sem existência; é o famoso "argumento ontológico", já utilizado por Anselmo (*Proslogion**) e que será recusado por Kant na *Crítica da razão pura**. A perfeição divina permite, enfim, conhecer que Deus não nos engana. Portanto, podemos confiar no testemunho dos sentidos quanto à existência do mundo (o que não significa que os sentidos nos oferecem a melhor via de acesso ao conhecimento do mundo). Essa quarta parte resume e prefigura de maneira bem aproximada as colocações de *Meditações metafísicas**, publicadas depois, em 1641.

A quinta parte expõe alguns resultados das pesquisas físicas de Descartes. Nela se encontra o resumo de certas teses do *Tratado do Mundo*, que Descartes desistira de publicar depois da condenação de Galileu. A criação é regida por leis mecânicas, que permitirão explicar todos os fenômenos materiais. Descartes desenvolve aí a explicação mecânica do movimento do coração, assim como sua concepção do ser vivo (a famosa teoria dos "animais-máquinas"). A espiritualidade e a imortalidade da alma fundamentam a superioridade do homem.

A sexta parte fala de tudo o que esteve em jogo na publicação do *Discurso* e do trabalho científico em geral. Descartes alude ao caso Galileu, revelando assim que adere às teses do movimento da Terra. A ciência tornará os homens "como senhores e possuidores da natureza" (o "como", freqüentemente omitido, tem importância); a finalidade do conhecimento é, pois, a felicidade (e não, como em Aristóteles, apenas a alegria da atividade intelectual). Donde a importância da medicina, pois a saúde do corpo é a primeira condição do livre exercício das faculdades do espírito. Mas o trabalho dos cientistas supõe uma cooperação em grande escala, o que faz da ciência uma obra coletiva de grande alento. O texto termina com um apelo à constituição de uma verdadeira comunidade de pesquisadores.

Essa obra inaugura a filosofia da ciência moderna. É preciso ter em mente o panorama cultural do início do século XVII para compreender que a ciência, tal qual passamos a conhecer justamente depois dessa revolução, ainda não ocorreu de verdade. O *Discurso do método* confere-lhe identidade, oferecendo-lhe os fundamentos de que ela precisa, mas que a urgência das pesquisas científicas colocou em segundo plano.

Descartes impõe a nova concepção geométrica e mecânica – a mesma de Copérnico, Galileu, Kepler, Vesálio, Harvey – como norma da positividade científica. Impõe-na contra a mixórdia escolástica acumulada havia séculos. O gênio filosófico de Descartes consiste em ter compreendido que, após a derrota de Galileu, o que importava era reformar as mentes. Por certo era preciso o choque frontal dado por Galileu (cuja missão propriamente científica mostrou-se bem mais decisiva que a contribuição dada por Descartes), mas também era necessária essa "reforma do entendimento". Cabe observar, no entanto, que, se a tradição escolástica aí começa a ser derrubada, seu texto apresenta muito do vocabulário pertencente a essa tradição.

O *Discurso do método para bem conduzir a própria razão e procurar a verdade nas ciências* é o primeiro livro da filosofia francesa escrito em francês; para Descartes essa opção demonstrava sua vontade de ampliar o público filosófico para além do círculo dos "doutos", e de escrever para "aqueles que nada utilizam além de sua razão natural pura". Em certo sentido, Descartes teve sucesso. Sua obra continua sendo uma referência viva para a filosofia mais erudita, mas também para um público mais amplo. Desde sua publicação, nunca deixou de ser referência para toda uma tradição racionalista. Por vezes, chegou mesmo a ser brandida como uma bandeira. Basta lembrar a solenidade sem precedente que cercou a celebração do seu tricentenário, em 1937; naqueles tempos de renascimento de uma nova barbárie, a figura do primeiro combatente das Luzes assumia visível importância.

Edição brasileira: *Discurso do método*, São Paulo, Martins Fontes, 1989.

Estudos: *Le discours et sa méthode* (sob a dir. de N. Grimaldi e J.-L. Madon), colóquio para o 350º aniversário, col. "Epiméthée", P.U.F., 1987. A. Chauve, *Le discours de la méthode*, col. "Univers des Lettres", Bordas, 1981.

DISCURSO PRELIMINAR DA ENCICLOPÉDIA, *Discours préliminaire de l'encyclopédie*, 1751.
D'ALEMBERT (Jean Le Rond), 1717-1783.

Publicado em 1751 com o primeiro volume da *Enciclopédia**, esse texto não é seu *Prospecto*, defesa e ilustração da obra em vias de realização. É uma reflexão filosófica sobre o conjunto dos conhecimentos e das práticas da humanidade. Pretende pensar a unidade daquilo cujo conteúdo será exposto pela *Enciclopédia*.

Uma primeira parte é dedicada à "genealogia e filiação de nossos conhecimentos, às causas que lhes devem ter dado origem e aos caracteres que os distinguem"; é uma "exposição metafísica da origem e da ligação das ciências". Para realizar essa exposição, d'Alembert não parte dos objetos, mas do sujeito humano e de suas faculdades de conhecer, assumindo assim o legado cartesiano da Primeira das *Regras para a orientação do espírito**.

A segunda parte é uma "exposição histórica da ordem na qual nossos conhecimentos se sucederam". A noção de ordem, portanto, é fundamental. De fato, ao optar pela apresentação alfabética, mais funcional, porém arbitrária, a *Enciclopédia* subverte a ordem objetiva do real. O *Discurso preliminar* serve, portanto, para restabelecer esta última. A ciência poderia ser um amontoado de conhecimentos isolados em compartimentos distintos se o universo não se apresentasse cada vez mais como totalidade contínua; esse princípio de continuidade, que devemos tanto à tradição materialista antiga (epicurista) quanto a Leibniz, será freqüentemente reafirmado nos próprios verbetes da *Enciclopédia*. Um sistema de remissões entre os verbetes permite demonstrar a unidade fundamental das coisas. À ordem alfabética e à ordem das matérias, cumpre acrescentar a ordem genealógica dos conhecimentos, que se desvenda a partir das faculdades de conhecer do sujeito humano, e, em último lugar, a ordem histórica da descoberta das ciências.

No *Discurso preliminar da Enciclopédia*, d'Alembert afirma-se como um precursor da história das ciências. É fácil aquilatar o que dele hauriram, por exemplo, as duas primeiras Lições do *Curso de filosofia positiva** de Auguste Comte.

Estudo: M. Paty, "D'Alembert et le rapport science-philosophie au XVIIe siècle", in *Revue de l'enseignement philosophique*, n.º especial "Les Lumières", ano 38, n.º 1.

DISCURSO SOBRE A HISTÓRIA UNIVERSAL, *Discours sur l'histoire universelle*, 1681.

JACQUES BENIGNE BOSSUET, 1627-1704.

Escrito para o delfim, filho de Luís XIV, e várias vezes retocado por seu autor, o *Discurso sobre a História Universal* desenvolve uma filosofia católica da história. O objetivo é nitidamente apologético, mas essa intenção não destitui a obra de interesse teórico.

A primeira parte (*Épocas*) esboça um breve quadro da história do mundo, da Criação a Carlos Magno. A segunda parte (*Seqüência da religião*) aplica-se a mostrar que a história do povo judeu, contada no Antigo Testamento, anuncia a vinda e os ensinamentos de Jesus, assim como a instituição da Igreja. A terceira parte (*Impérios*) pretende demonstrar os desígnios da Providência no destino histórico dos citas, etíopes, egípcios, assírios, medas, persas, gregos e romanos.

No âmago das colocações de Bossuet está a noção de Providência; de suas "ordens secretas" depende o curso da história humana: "Do mais alto dos céus Deus detém as rédeas de todos os reinos [...], movimenta todo o gênero humano [...] segundo as regras de sua justiça sempre infalível." Como conseqüência: "Não falamos mais de acaso ou fortuna, ou então falamos dessas coisas apenas como de um nome com o qual encobrimos nossa ignorância", pois na história não há contingência; isso seria supor que Deus é ignorante ou impotente em alguma coisa. Mas falamos de finalidade imanente ao devir histórico, pois "tudo concorre para o mesmo fim"; tudo, inclusive, é claro, as vontades individuais, seja qual for a liberdade que os agentes humanos imaginem empregar na escolha de suas ações. Há (como em Hegel) astúcia, não da razão, mas da providência divina.

O interesse propriamente histórico dessa obra é maior do que às vezes alguns se comprazem em afirmar. Nela se encontra, no mínimo, uma admirável síntese do que o Grande Século conseguia saber da Antiguidade. As páginas sobre Roma são antológicas, e não só por seu valor literário. Em Roma, Bossuet está em casa, tanto quanto Montesquieu ou Rousseau. Quanto aos períodos mais remotos da Antiguidade, o autor não podia recorrer a fontes tão seguras, e a qualidade das informações padece, evidentemente, das limitações da época em matéria de historiografia.

Por fim, Bossuet não cede à tentação de adaptar os fatos a uma concepção *a priori*, nem de recorrer – por necessidades apologéticas – a explicações sobrenaturais. Essa recusa, aliás, não é justificada apenas por considerações éticas, mas principalmente por uma tese referente à maneira como age a Providência: ainda que Deus produza seus efeitos "por meio de certos eventos extraordinários", o historiador verifica sempre que "não ocorreu nenhuma grande mudança que não encontre suas causas nos séculos precedentes". A causa primeira, e única, do devir histórico é por certo a divindade; mas esta quase sempre age através de uma causalidade puramente "natural". Bossuet não é um historiador para quem a explicação de um acontecimento qualquer se reduz à evocação da Providência. De resto, é possível que o lugar que ele lhe atribui aqui não corresponda tão-somente a uma convicção fundamental (para que de fato aconteça); a citação da Providência também tem virtudes pedagógicas: não devemos esquecer que a obra tinha em vista primordialmente a instrução e a edificação do delfim.

O *Discurso sobre a História Universal* não representa, pois, apenas a história imobilizada no estágio teológico. De resto, Auguste Comte nela verá a primeira tentativa notável de síntese histórica. E não é exagero afirmar a existência de certa continuidade entre a obra de Bossuet e a história moderna.

Nem é preciso dizer que o *Discurso* também se impõe como obra literária de primeira grandeza. Mas também nesse aspecto é preciso observar que Bossuet deixa de empregar períodos gramaticais longos, preferindo um estilo mais conciso e incisivo, prenunciando um modo de escrever que será adotado por Montesquieu e Voltaire. É bem verdade que a própria natureza do assunto tratado determinou a orientação para um estilo original.

Estudo: Th. Goyet, *L'humanisme de Bossuet*, 2 vols., Klincksieck, 1965.

DISCURSO SOBRE A ORIGEM E OS FUNDAMENTOS DA DESIGUALDADE ENTRE OS HOMENS, *Discours sur l'origine et les fondements de l'inégalité parmi les hommes*, 1755.

JEAN-JACQUES ROUSSEAU, 1712-1778.

Assim como o *Discurso sobre as ciências e as artes**, esse texto foi escrito para responder a uma questão proposta para concurso pela academia de Dijon: "Qual é a origem da desigualdade de condições entre os homens?, e se ela é autorizada pela lei natural." A desigualdade em questão sem dúvida é a social: nela se baseava fundamentalmente o Antigo Regime. É também a desigualdade que dá a alguns o poder de sujeitar outros.

Esse segundo *Discurso* tem finalidade polêmica. O autor quer criticar o método daqueles que reconstituem um estado de natureza fictício para justificar a sociedade injusta que corresponde aos seus desejos. Por exemplo, Hobbes representa o estado de natureza como um estado de guerra, porque o que lhe importa é legitimar a monarquia absoluta. Locke, por sua vez, imagina o homem natural proprietário, para fundamentar na natureza e na razão um Estado liberal de proprietários. Assim, cada um procede às avessas, pintando o estado de natureza com as cores da sociedade que se afirma ser dela oriunda. Contra essas maquinações ideológicas, Rousseau mostra que se pode perfeitamente imaginar outro estado de natureza. Na ausência de dados factuais fiáveis, não é inverossímil imaginar o homem natural com as características que tem na primeira parte do *Discurso*. O método de Rousseau para encontrar o homem verdadeiro ("o homem do homem", antes do homem artificial da sociedade), é interior: a meditação solitária nas florestas profundas deve permitir exumar a alma humana em sua verdade. Rousseau está perfeitamente consciente do caráter conjectural de sua descrição do estado de natureza; para ele, é uma hipótese verossímil (tanto quanto todas as outras, e isso basta), e não um fato histórico.

Levando vida por assim dizer animal, o homem natural tem os sentidos mais desenvolvidos que o intelecto ("o homem que medita é um animal depravado"). É feliz nesse estado em que nada lhe falta, muito menos a sociedade, para a qual nada indica que o homem tenha sido naturalmente predisposto. Está pouco exposto às doenças, cuja maioria é imputável à vida social. Suas únicas paixões nada têm de especificamente humanas; elas se reduzem ao amor de si mesmo e à piedade. Ele conhece a saciedade do instinto sexual, mas ignora o amor, fruto das comparações nascidas na vida social. O que distingue então esse homem do animal puro? A superioridade da inteligência, mesmo que esta seja embrionária; a liberdade, que emancipa da servidão dos instintos; a perfectibilidade, potencialidade que permite ao homem sair de seu estado, elevando-se ou decaindo (enquanto o animal está adstrito à sua condição).

Deve-se notar que em todas essas especulações sobre os primeiros tempos da pré-história humana, a perspectiva religiosa (bíblica) está ausente. Rousseau não fala em criação nem em pecado original.

A segunda parte imagina por qual processo a desigualdade pode ter-se imposto a uma humanidade que a ignorava em estado natural. Esse é o ponto mais delicado do discurso: como explicar uma evolução necessária, mas que nada implicava na natureza das coisas? Rousseau descreve um encadeamento funesto de circunstâncias, ao mesmo tempo naturais e humanas. Tudo começa com a propriedade, responsável pelas desigualdades de fortunas. A sociedade civil e as leis nascem do desejo dos ricos de legitimar e assim perenizar sua dominação. A partir daí, a sociedade inteira, com seu cortejo de desigualdades sociais, de hierarquias de poder, vai impor sua ordem. Os magistrados, inicialmente eleitos, tornam-se déspotas hereditários, os mesmos que reinam hoje.

A academia de Dijon, por certo assustada com a audácia dessas teses, recusou o prêmio a Rousseau. Mas, para ele, esse foi o começo da verdadeira glória. Mais ainda que no *Discurso sobre as ciências e as artes*, a eloqüência revolucionária traduz o ardor das idéias. O tema do "bom selvagem", já popularizado pelos relatos dos exploradores, é definitivamente lançado. E o que é mais fundamental, está em marcha uma revolução: o despotismo, a sociedade vigente são ilegítimos e estão condenados à extinção. Melhor ainda, a Revolução (a de 1789), que os derrubará, é criticada por antecipação: Rousseau prevê o advento da revolução burguesa, com suas justificações ideológicas da propriedade privada e dos privilégios. De antemão, ele desqualifica toda legitimação das desigualdades e dos privilégios, seja qual for sua natureza.

Edição brasileira: *Discurso sobre a origem e os fundamentos da desigualdade entre os homens*, São Paulo, Martins Fontes, 1993.

Estudo: J. Starobinski, *Jean-Jacques Rousseau, la transparence et l'obstacle*, col. "Tel", Gallimard, 1976.

DISCURSO SOBRE A RELIGIÃO, *Über die Religion, Reden an die Gebildeten unter ihren Verächtern*, 1799.

FRIEDRICH DANIEL ERNST SCHLEIERMACHER, 1768-1834.

Dirigidos contra os oponentes do movimento romântico nascente, esses *Discursos* constituem uma obra de polêmica, não desprovida de certo tom profético. Examinando o momento íntimo do homem que é o Eu, Schleiermacher descobre um duplo movimento de expansão e de concentração com que o homem pode triunfar através de Deus. Toda religião tem como fonte o "sentimento do Infinito", ou vontade de se fundir na harmonia infinita. Essas análises, publicadas em 1806 numa edição remanejada, influenciarão os pensadores da escola romântica, sobretudo Schelling.

Estudo: M. Simon, *La philosophie de la religion dans l'oeuvre de Schleiermacher*, Vrin, 1974.

DISCURSO SOBRE AS CIÊNCIAS E AS ARTES, *Discours sur les sciences et les arts*, 1750.

JEAN-JACQUES ROUSSEAU, 1712-1778.

Ao visitar Diderot, que fora aprisionado na torre de Vincennes por sua *Carta sobre os cegos**, Rousseau, lendo o *Mercure de France*, deparou com a questão em torno da qual a academia de Dijon propunha um concurso: "Se o restabelecimento das Ciências e das Artes contribuiu para depurar os costumes." "No momento em que li aquilo" – escreveu Rousseau depois –, "vi outro universo e me tornei outro homem." Decidiu então concorrer.

Esse primeiro *Discurso*, em plena época do surgimento das Luzes, sustenta um paradoxo: o desenvolvimento das ciências e das artes (por "artes" é preciso entender "técnicas") corrompeu os costumes. Para defender essa tese, Rousseau mobiliza certo número de argumentos históricos e filosóficos. A civilização abranda os costumes, ou seja, os "enerva" e "efemina", levando os povos a perder o gosto pela liberdade. A polidez e o bom-tom não passam de vil e baixa bajulação, corrupção do coração. Segundo Rousseau, todos os exemplos históricos da Grécia, de Roma, de Constantinopla, da China e da Germânia provam: a força e a virtude dos povos estão na razão inversa de seu grau de refinamento. Rousseau não está muito longe de fazer a apologia da barbárie.

A essas provas de fato juntam-se provas discursivas: nascidas do orgulho do homem, as ciências incentivam o ócio e destroem a moral. As artes estão diretamente ligadas ao luxo, que corrompe e é economicamente ruinoso.

Rousseau ganhou o prêmio da academia de Dijon. Mas apesar – ou por causa – do estilo eloqüente, a obra atrairá sobre o autor uma avalanche de refutações (o pastor Vernet, Grimm, Stanislas, rei da Polônia). Rousseau respondeu a todos com minúcias, em textos de estilo menos eloqüente, mas também mais preciso e eficaz que as longas diatribes do *Discurso*, sobre o qual essas respostas lançam luzes inestimáveis. Mas Rousseau não conseguiu evitar a marginalização, num século inteiro voltado para o ideal do progresso das Luzes. Foi visto como um autor de paradoxos, e o *Discurso sobre as ciências e as artes* deu origem a uma disputa da qual participaram Voltaire e os Enciclopedistas.

Edição brasileira: *Discurso sobre as ciências e as artes*, in *Discurso sobre a origem e os fundamentos da desigualdade entre os homens*, São Paulo, Martins Fontes, 1993.

Estudo: J. Starobinski, *Jean-Jacques Rousseau, la transparence et l'obstacle*, col. "Tel", Gallimard, 1976.

DISCURSO SOBRE AS REVOLUÇÕES DA SUPERFÍCIE DO GLOBO E SOBRE AS MUDANÇAS QUE PRODUZIRAM NO REINO ANIMAL,

Discours sur les révolutions de la surface du globe, et sur les changements qu'elles ont produits dans le règne animal, 1812.
GEORGES CUVIER, 1769-1832.

Esse texto constitui o prefácio de *Investigações sobre as ossadas fósseis de quadrúpedes**. As "revoluções do globo" de Cuvier correspondem às "épocas da natureza" de Buffon; são grandes cataclismos durante os quais desaparecem as espécies vivas. Cuvier nega a idéia transformista, segundo a qual as espécies atuais descenderiam das antigas, cujos vestígios são encontrados; prefere a noção de um renovamento periódico das formas vivas, com apoio na ausência de formas intermediárias e nos exemplares mais antigos de animais de que dispomos (múmias e pinturas egípcias, por exemplo). Paradoxalmente, os dados acumulados por Cuvier nas *Pesquisas sobre as ossadas fósseis* e em várias outras obras contribuíram muito para destruir sua própria concepção fixista e cataclísmica.

Estudo: S. Jay Gould, "Les pierres fétiches d'Oeningen", in *Quand les poules auront des dents*, col. "Points-Sciences", Le Seuil, 1984.

DISCURSO SOBRE O ESPÍRITO POSITIVO,

Discours sur l'esprit positif, 1844.
AUGUSTE COMTE, 1798-1857.

Essa é a primeira tentativa de Auguste Comte de dar ampla difusão popular à sua doutrina. Portanto, para o próprio autor, trata-se de uma obra de vulgarização.

Considerado hoje um opúsculo à parte, deve ter servido de introdução a um *Tratado filosófico de astronomia popular*. Esse tratado retomava um curso de astronomia que Comte dera a partir de 1830 (tratava-se de um ensino gratuito, aberto na administração da 3.ª circunscrição de Paris, mais particularmente destinado aos proletários);

pode ser considerado um resumo da doutrina de Comte nos anos 1840. Nele o autor expõe as vantagens do espírito positivo no domínio intelectual e para a organização social (primeira e segunda partes); indica também as "condições de estabelecimento do regime positivo" (terceira parte).

A famosa *lei dos três estados*, apresentada pela primeira vez na primeira Lição do *Curso de filosofia positiva**, é retomada aqui, com mais detalhes e precisão. Sobretudo, é exposta com clara preocupação de síntese das diversas ordens (intelectual, ideológica, social, política), e não mais apenas do ponto de vista da evolução dos conhecimentos. Comte, afirmando a superioridade do espírito positivo sobre o espírito "teológico-metafísico", reflete sobre as condições de conciliação entre ordem e progresso e sobre a necessidade de um novo "poder espiritual", já que o antigo (proveniente do modo de pensar teológico) falira.

As reflexões sobre a educação ressaltam a necessidade de fazer penetrar entre as massas o modo de pensar científico, positivo.

O *Discurso sobre o espírito positivo*, apesar da brevidade, figura entre os livros mais ricos do fundador do positivismo. Também é um dos menos mal conhecidos. Mesmo assim, não garantiu à doutrina a difusão desejada por seu autor.

Edição brasileira: *Discurso sobre o espírito positivo*, São Paulo, Martins Fontes, 1990.
Estudo: A. Kremer-Marietti, *Le concept de science positive*, Meridiens-Klincksieck, 1983.

DISCURSO VERDADEIRO, Λόγος ἀληθής, ◯ c. 118.

CELSO, século II.

Dispomos de uma centena de trechos dessa obra na refutação de Orígenes: *Contra Celso**. Opondo cristianismo e judaísmo ("Não há nada mais engraçado que a disputa entre cristãos e judeus a respeito dos judeus e de Jesus; a controvérsia deles lembra o provérbio: 'brigar pela sombra de um asno'"), Celso zombava de suas crenças. Mas ele conclama os cristãos a participar lealmente da vida da cidade.

Estudo: L. Rougier, introdução a *Contre les chrétiens* de Orígenes, J.-J. Pauvert, 1965.

DISCURSOS EM TORNO DE DUAS CIÊNCIAS NOVAS, *Discorsi e dimostrazioni matematiche intorno a due nuove scienze attenenti alla mecanica e i movimenti locali*, 1638.

GALILEU (Galileo Galilei, dito), 1564-1642.

Quando, em sua residência vigiada de Arcetri, Galileu redige essa obra, a adesão ao heliocentrismo copernicano já está feita. Filosoficamente, esse texto não está à altura do *Diálogo sobre os dois grandes sistemas do mundo**, mas seu interesse científico não é dos menores, e para o epistemólogo ou o historiador das ciências, o que se faz nos *Discorsi* permanece como modelo de revolução científica. Maurice Clavelin assim resume a sua contribuição científica: "Lançar as bases de uma inteligibilidade geométrica do movimento, ou seja, na realidade da própria natureza."

Compassado por "Jornadas", como o *Diálogo*, o texto começa com uma apresentação das duas ciências de que vai tratar: a teoria da coesão da matéria e a ciência do movimento. A primeira Jornada é dedicada à investigação das causas da coesão dos sólidos. Galileu, em sua resposta, mistura certas teses atomistas a afirmações ainda provenientes da escolástica (ele admite, por exemplo certa repugnância da natureza pelo vazio). No fim dessa primeira Jornada é elaborada, ao cabo de um prodigioso esforço teórico e experimental, a teoria da queda dos corpos. A segunda Jornada trata da resistência dos materiais; é provavelmente a parte mais envelhecida da obra.

A terceira e a quarta jornadas contêm o essencial da contribuição científica dos *Discursos*: a fundamentação da mecânica racional em bases matemáticas. Galileu desenvolve então, não sem encontrar muitos obstáculos (nem todos superáveis), a teoria do movimento inercial e do movimento dos projéteis.

O interesse despertado pelos *Discorsi*, no que se refere às duas ciências novas, reside também na compreensão sem precedentes da fecunda relação entre teoria e experiência. Esta é onipresente, e nunca permite que o raciocínio apriorístico imponha seus pontos de vista (como ocorre, por exemplo, em Descartes). Por outro lado, Galileu recusa-se a esvaziar a contribuição dos técnicos e dos artistas à pesquisa científica. Com ele começa o grande trabalho de reabilitação das técnicas que será concretizado, contra uma tradição bimilenar, pelo século das Luzes.

Edição brasileira: *Discursos em torno de duas ciências novas*, Rio de Janeiro, Museu de Astronomia, 1988.
Estudo: M. Clavelin, *La philosophie naturelle de Galilée*, col. "Philosophies pour l'âge de la science", Armand Colin, 1968.

DISCURSOS SOBRE A PRIMEIRA DÉCADA DE TITO LÍVIO, *Discorsi sopra la prima deca di Tito Livio*, 1531.
MAQUIAVEL (Niccolò Machiavelli), 1469-1527.

Na obra de Maquiavel, esses *Discursos* complementam *O príncipe**, alargando e aprofundando suas análises, sem introduzir pontos de vista novos ou diferentes. Aliás, para redigir *O príncipe* Maquiavel interrompeu a redação dos *Discursos*. Estes foram escritos, entre 1513 e 1519, por um Maquiavel em desgraça, que aproveita a inatividade forçada em que o deixara o retorno dos Medici a Florença. Para esse florentino, tal inatividade representa o momento de reflexão. Lendo Tito Lívio, Maquiavel encontra as preocupações e as interrogações da Itália da época, que são também as suas. De onde a República romana extraía seu vigor, que tanta falta faz à República florentina e à Itália do Renascimento em geral? Como ressuscitar a *virtù* dos antigos romanos? E outras questões ainda, de alcance universal: como se conquista o poder? Como o poder é conservado? Em que condições um dirigente pode pretender organizar um povo em Estado? Como se defender internamente (contra as rebeliões e as conspirações) e externamente (como fazer a guerra)?

Portanto, para Maquiavel, Roma é a referência central. Quando ele fala de seus "caros romanos", tem-se a impressão de ouvir Rousseau! Mas, ao contrário deste, ele não cultiva nostalgias. Afirma até que, em política, a nostalgia do passado é sempre estéril. O tempo está sempre a trazer o novo, e fazer política não consiste em salvaguardar o que existe ou em restaurar o que foi. A política é sempre um combate, uma luta contra um adversário, com quem será preciso usar de astúcia e rodeios, arriscando-se às vezes ao assalto frontal. Existem princípios, é verdade, e, tanto quanto em *O príncipe*, Maquiavel não defende aqui uma concepção estritamente oportunista. Mas não há valores transcendentes, absolutos (em particular religiosos) que o político deva tentar transpor para a realidade.

Embora riquíssimos (muito mais que *O príncipe*, que freqüentemente é elíptico), muito "maquiavélicos" (o pensamento do florentino apresenta-se completamente elaborado) e escritos em língua admirável, os *Discursos sobre a primeira década de Tito Lívio* nunca exerceram sobre a posteridade a fascinação de que *O príncipe* foi e continua sendo objeto.

Estudo: J.-F. Duvernoy, *Machiavel*, col. "Pour connaître la pensée de", Bordas, 1974.

DISPUTAS METAFÍSICAS, *Metaphysicarum disputationum, in quibus et universa naturalis theologia ordinate traditur et quaestiones omnes ad duodecim Aristotelis libros et pertinentes disputantur*, 1597.
FRANCISCO SUAREZ, 1548-1617.

O título original explica o assunto da obra, *Disputas metafísicas*, em que se trata por ordem freqüente toda a teologia natural e em que são discutidas todas as questões relativas aos doze livros de Aristóteles. Esse tratado comenta a filosofia de Aristóteles e propõe uma reflexão sobre a ciência da natureza e o conhecimento das verdades divinas. O autor é considerado por seus contemporâneos como um hábil dialético; pela posteridade, como um defensor da fé católica.

Estudo: L. Mahieu, *Francisco Suarez*, Desclée De Brouwer, 1921.

DISSERTAÇÃO DE 1770, *De mundi sensibilis atque intelligibilis forma et principiis*, 1770.

EMMANUEL KANT, 1724-1804.

Apresentada para a obtenção do título de "professor ordinário" da universidade de Königsberg, na obra de Kant a *Dissertação de 1770* é um texto de transição, que fecha o período pré-crítico.

O título original merece ser lido com atenção: mundo sensível e mundo inteligível têm formas e princípios diferentes. Ao contrário de Leibniz e Wolff, com quem ele rompe aqui, Kant afirma que o conhecimento do inteligível e o do sensível não poderiam ser postos no mesmo plano. As condições do conhecimento sensível, em particular o *tempo*, impedem que ele seja deduzido do inteligível, como faziam Leibniz e Wolff.

Mesmo se recusando a ver no sensível tão-somente uma forma inferior e confusa de conhecimento, Kant nem por isso segue a corrente empirista, que, na mesma época, chegava a conclusões semelhantes. Ele sustenta a possibilidade de um conhecimento metafísico ao afirmar que não se deve tomar "os limites que circunscrevem o espírito humano pelos limites que contêm a essência das coisas". Bem mais, esse texto confere à metafísica a única garantia sólida: uma nítida distinção entre o inteligível e os modos do conhecimento sensível, submetido ao tempo.

Nessa obra Kant não distingue entendimento e razão, e sustenta a possibilidade de um "uso real" das faculdades intelectuais. O conhecimento do em-si não está fechado para nós, mesmo que o autor já se recuse a reconhecer no homem uma intuição intelectual. Assim, no fim da obra, Deus é apresentado como o fundamento da harmonia entre as substâncias que compõem o mundo.

Na *Dissertação de 1770*, são elaborados vários temas que serão desenvolvidos na *Crítica da razão pura**. Mas em sua grande obra crítica, Kant saberá opor-se a várias das concepções que defendia ainda em 1770.

Estudo: A. Philonenko, *L'oeuvre de Kant*, Vrin, 1983, t. 1, cap. II, §§ 5, 6 e 7.

DISSERTAÇÃO SOBRE A DECOMPOSIÇÃO DO PENSAMENTO, *Mémoire sur la décomposition de la pensée*, 1805.

MAINE DE BIRAN (Marie François Pierre Gontier de Biran, dito), 1766-1824.

Laureado pelo Instituto em 1805 e sendo mais pessoal que a *Dissertação sobre o hábito**, esta obra é o "*Discurso do método**" de Maine de Biran. Para responder à pergunta proposta pelo Instituto ("Como se pode decompor a faculdade de pensar e quais são as faculdades elementares que devem ser reconhecidas?"), Maine de Biran opõe um método psicológico ao método metafísico de Descartes e ao método lógico de Condillac.

Contrariando o juízo que, a partir de Hume, a filosofia tinha sobre a idéia de causalidade, do ponto de vista psicológico é ela a mais certa. Para Maine de Biran, ela constitui um dado imediato da consciência. Mas o método biraniano é também o método de uma filosofia eletiva. Consiste principalmente na observação, na experimentação fisiológica (a observação é seu começo e seu fim) e sobretudo num sentimento imediato dos estados afetivos puros, com fulcro na reflexão. Esta, enquanto apercepção imediata e raciocínio, é, pois, o procedimento essencial. Na verdade, o método de Maine de Biran integra todos os procedimentos empregados por seus predecessores – procedimentos que só se constituem em fontes de erro quando usados com exclusividade.

A questão do método ocupa a primeira parte da obra. Com a segunda, entra-se por inteiro na determinação das faculdades elementares do pensamento. Em primeiro lugar, o autor retoma e enriquece a distinção feita entre atividade e passividade na *Dissertação sobre o hábito*. Distingue dois elementos primitivos básicos: afetibilidade ou sensibilidade afetiva, e motilidade voluntária ou potência de esforço, que se mesclam em proporção variável.

Seguem-se uma "análise dos sentidos considerados sob o aspecto da origem e da derivação das duas ordens de faculdades e de idéias elementares", uma classificação das diferentes sensações e uma "análise das faculdades humanas consideradas em seu caráter geral e na sua associação com signos artificiais". A imaginação sensitiva, os sentimentos e as paixões pertencem à ordem passiva. A imaginação intelectual, ao mesmo tempo espontânea e regrada, constitui o sistema intuitivo intelectual. Por fim, o sistema aperceptivo divide-se em memória, por um lado – simples prolongamento da consciência que abrevia o trabalho do espírito, sendo para a consciência o que a visão é para o tato –, e raciocínio, por outro lado, que outra coisa não é senão a memória das operações intelectuais.

Embora adote a fórmula sensacionista "*Nihil est in intellectu quin prius fuerit in sensu*", Maine de Biran afasta-se radicalmente do sensacionismo de Condillac. Esforça-se – e essa palavra deve ser tomada no sentido biraniano – por captar o pensamento sob todos os seus aspectos, em todos os seus graus de perfeição, por meios apropriados. Exerceu grande influência sobre o movimento idealista do séc. XIX e sobre o intuicionismo de Bergson, para quem "a via indicada por Maine de Biran é sem dúvida o caminho definitivo da metafísica".

Estudo: R. Vancourt, *La théorie de la connaissance chez Maine de Biran*, Aubier-Montaigne, 1944.

DISSERTAÇÃO SOBRE AS PAIXÕES,

A Dissertation on the Passions, 1757.
DAVID HUME, 1711-1776.

A maior parte da obra de David Hume consiste num remanejamento crítico de seu imponente *Tratado da natureza humana**. A *Dissertação sobre as paixões* retoma, numa análise mais condensada e pertinente, as reflexões do livro II do *Tratado*, inserindo importantes modificações filosóficas.

Hume cria um sistema em que cada paixão está destinada a transformar-se em outra paixão, segundo o sentido unilateral e invariável de ordem cíclica regida pelas leis da causalidade ou da semelhança. Tal variabilidade das paixões contesta a necessidade de elo entre a causa e o objeto de uma paixão e conduz, no plano da identidade do eu, a um cepticismo que prenuncia a crítica kantiana à substância espiritual.

Estudo: G. Deleuze, *Empirisme et subjectivité: Essai sur la nature humaine selon Hume*, col. "Épiméthée", P.U.F., 1988.

DISSERTAÇÃO SOBRE O HÁBITO,

MAINE DE BIRAN.
VER INFLUÊNCIA DO HÁBITO SOBRE A FACULDADE DE PENSAR.

DISSERTAÇÃO SOBRE OS PENSAMENTOS E OS SENTIMENTOS,

Mémoire des pensées et des sentiments, ○ entre 1718 e 1729.
JEAN MESLIER, 1664-1729.

As dissertações de Jean Meslier apresentam-se como demonstrações da falsidade da religião. Depois de criticar a religião, o autor mostra as injustiças cometidas pela hierarquia social. Por fim, desenvolve um ateísmo materialista.

A sociedade funda-se na desigualdade. Por isso, é preciso incentivar os povos a sublevar-se contra a tirania que os oprime. Essa revolta deve apoiar-se na razão. O autor sonha com um comunismo em que os homens compartilhem a terra. Esse pensamento, porém, baseia-se menos numa literatura social do que na experiência e na observação. Reflete a cólera espontânea dos camponeses contra o fiscalismo injusto. Trata-se, pois, mais de uma reflexão empírica do que de uma especulação filosófica. O cura Meslier inspira-se muito na Bíblia, em Montaigne e em Malebranche. E com certeza leu *Caracteres* de La Bruyère e *Aventuras de Telêmaco**, de Fénelon.

Embora Meslier esteja incontestavelmente à frente de seu século, sua inspiração é mais prática que teórica. Voltaire cuidará de publicar um fragmento dessa obra em 1762, mas a primeira publicação completa da dissertação só ocorrerá em 1864.

Estudo: G. Dulac, "Le testament de Jean Meslier", in *Histoire littéraire de la France*, t. III, Messidor-Éditions Sociales, 1987.

DISTINÇÃO (A), *La distinction*, 1979.

PIERRE BOURDIEU, nascido em 1930.

Sociólogo, Pierre Bourdieu também é filósofo das ciências sociais. Repensar a situação filosófica do sociólogo é, antes de mais nada, redefinir o progresso do conhecimento sociológico, insistindo nas condições desse conhecimento. É necessário analisar a lógica da teoria e da prática sociológicas, a fim de evitar os antagonismos nos quais se dilaceram comumente as ciências humanas.

O autor põe em evidência um sistema infra-reflexivo de disposições por meio do qual o sujeito incorpora sua história social; esse sistema – que Bourdieu chama de "*habitus*" – determina em seguida o conjunto das práticas do sujeito e decide a maneira como este perceberá as coisas, se as representará, conhecerá, julgará etc. Essa marca invisível do social nos esquemas de pensamento e de ação modela até nosso corpo e nossa relação com ele.

Estruturando sua análise em torno dos conceitos de *habitus*, campo, mercado e *capital simbólico*, Bourdieu busca, nessa obra, desmistificar o *fetichismo* social que permite a cada classe distinguir-se, protegendo-se assim da intrusão ilegítima de qualquer elemento estranho.

Estudo: A. Accardo, *Initiation à la sociologie. L'illusionnisme social: une lecture de Bourdieu*, Mascaret, 1991.

DISTINGUIR PARA UNIR,

ou Os graus do saber,
Distinguer pour unir, ou les Degrés du savoir, 1932.
JACQUES MARITAIN, 1882-1973.

Abordando o problema do conhecimento do ponto de vista de uma "topologia metafísica", Maritain confirma o valor do realismo tomista; nisso, está em nítida oposição ao idealismo contemporâneo, no qual censura o fato de negligenciar vários aspectos do real.

Hostil à idéia de plano único de intelecção, Maritain propõe, ao contrário, uma escala de planos diferentes, abordáveis segundo graus de abstração correspondentes a graus do ser. É por isso que o espírito humano deve evitar o imobilismo e aceitar desenvolver-se por meio de uma multidão de conceitos, de uma pluralidade de ciências e de graus do saber.

A originalidade do trabalho de Maritain está na diferenciação das abstrações que ele põe em evidência. Ele destaca uma distinção importante: enquanto as ciências da natureza multiplicam seus procedimentos de compreensão, a metafísica, por sua vez, progride para a interioridade.

Estudo: J. Daujat, *Maritain, un maître pour notre temps*, Téqui, 1978.

DIVINA COMÉDIA,

La divina commedia, 1472.
DANTE ALIGHIERI, 1265-1321.

A *Divina comédia* é a aventura espiritual da humanidade. O poeta, que representa esta última, percorre os três reinos do além: Inferno, Purgatório, Paraíso. A composição da obra, que durou de 1307 a 1321, obedece a considerações numerológicas, guiadas pelo valor simbólico do número 3 (a tríade desempenhava papel importante na aritmologia pitagórica). Três partes (ou "Cânticos"), compostas por trinta e três cantos cada uma, sucedem-se ao prólogo.

Perdido na floresta do pecado, em meio a monstros, o viajante será de lá tirado pela razão (personificada por Virgílio). Conduzido para os nove círculos do Inferno, ele assistirá ao suplício dos danados (assiste-se ao desfile de alguns grandes criminosos históricos) e poderá aquilatar o mal em todo o seu horror. Devido à imaginação delirante de que dá testemunho e à vivacidade de suas descrições, o Inferno permaneceu como a parte mais célebre da obra (às vezes publicada isoladamente). Em seguida, o poeta chega ao Purgatório, lugar de penitência, mas também de esperança (a montanha dos nove degraus). Para acabar, a descoberta do Paraíso (os nove céus do universo ptolomaico) será feita sob a orientação de Beatriz e de São Bernardo, visto que o pagão Virgílio não era mais qualificado para isso! Assim como no Inferno, encontram-se alguns ilustres: São Francisco, São Domingos, São Bento, Tomás de Aquino, Sigério de Brabante, com quem se discute teologia. A visão de Deus no Empíreo coroa a alegoria.

A *Divina comédia* é um poema, uma epopéia, mas também uma súmula, uma espécie de enciclopédia viva dos conhecimentos da época. Pertence ao tesouro das obras inexauríveis. Sua riqueza abundante, transbordante, só pode ser comparada à da *Enciclopédia** ou da *Fenomenologia do espírito** (obra com a qual apresenta muitas outras analogias). Do ponto de vista estilístico, o sucesso dessa obra está principalmente – além da pujança intrínseca dos versos de Dante – na unidade perfeita do todo e da infinita variedade de detalhes que a compõem. Cabe acrescentar que Dante, nesse texto e em alguns outros, cria a língua italiana.

Edição brasileira: *Divina comédia*, São Paulo, Cultrix, 1970.
Estudo: M. de Gandillac, *Dante*, Seghers, 1968.

DIVISÃO DA NATUREZA (DA) ou PERIPHYSEON,

De divisione naturae, ○ 867.
JOHANNES SCOTUS ERÍGENA, c. 810-c. 870.

Essa obra apresenta uma divisão quadripartite da natureza em: Natureza que cria e não é criada, Natureza que é criada e cria, Natureza que é criada e não cria, Natureza que não cria e não é criada. A primeira e a quarta divisões da Natureza nos conduzem ao Criador.

Estudo: G. H. Allard, *Index général du Periphyseon*, Vrin, 1984.

DIVISÃO DO TRABALHO SOCIAL (DA),

De la division du travail social, 1893.
ÉMILE DURKHEIM, 1858-1917.

A divisão do trabalho é o princípio de coesão das sociedades modernas: mas não será ela paradoxal e não convirá inquirir sobre seu valor moral e social? Durkheim tenta estabelecer uma lei evolutiva entre as sociedades arcaicas (em que a solidaridade é mecânica e imposta por regras repressivas) e as sociedades superiores (em que a solidariedade é orgânica porque resultante da diferenciação dos papéis exercidos pelos indivíduos). Os indivíduos nas sociedades primitivas são não-egoístas e se assemelham, enquanto as sociedades modernas multiplicam os tipos individuais, tornando assim problemática a solidariedade. Esta só pode manifestar-se no âmbito da divisão do trabalho se existir um centralismo coordenador (o direito) e a interiorização do valor da solidariedade social (a moral). É por esse preço que se evita a anomia.

Nessa obra Durkheim parece ter sido muito influenciado por Auguste Comte, mas também propõe as premissas da maioria de suas obras ulteriores.

Edição brasileira: *Da divisão do trabalho social*, São Paulo, Martins Fontes, 1995.
Estudo: B. Lacroix, *Durkheim et le politique*, Presses de la Fondation Nationale des Sciences Politiques, 1981.

DO MUNDO FECHADO AO UNIVERSO INFINITO, *From the Closed World to the Infinite Universe*, 1957.

ALEXANDRE KOYRÉ, 1892-1964.

Esse livro percorre o longo caminho que conduz o pensamento científico e filosófico ocidental (numa época em que a distinção, aliás, não tem sentido) a revolucionar a idéia que tem de espaço. Do século XVI ao XVII ocorre "a destruição do Cosmos" e "a infinitização do universo". Koyré quer restabelecer, em toda a complexidade de seu ambiente cultural, de suas implicações metafísicas e religiosas, a gênese dessa revolução, cujos principais atores foram Copérnico, Giordano Bruno, Kepler, Descartes, Galileu e Newton. Mas em caminho encontram-se outros pensadores, muitas vezes esquecidos, cuja importância é restabelecida por Koyré: Richard Bentley, Samuel Clarke, Thomas Digges, William Gilbert...

Do mundo fechado ao universo infinito é um dos exemplos mais notáveis do método histórico-crítico de Koyré em epistemologia e história das ciências.

Edição brasileira: *Do mundo fechado ao universo infinito*, Rio de Janeiro, Forense, 1979.
Estudo: R. Taton, "Alexandre Koyré, historien de la pensé cientifique", in *Revue de synthèse*, n.º 88, 1967, pp. 5-20.

DOBRE, *Glas*, 1974.

JACQUES DERRIDA, nascido em 1930.

A paginação desse livro é original: o texto é dividido em duas colunas: a da esquerda contém uma análise dos conceitos fundamentais da filosofia hegeliana, enquanto a da direita procura questionar a noção preestabelecida de texto significante. Derrida entrega-se a um trabalho de desconstrução que visa a "dobrar os sinos" para a noção – evidentíssima para Derrida – de *significação*. Este censura em Hegel a pusilanimidade de sua dialética, que, reduzindo o outro a ser apenas uma transmutação do mesmo, não atina com a natureza da diferença.

Estudo: L. Finas e col., Écarts, *Quatre essais à propos de Jacques Derrida*, Fayard, 1974.

DOENÇA ATÉ A MORTE,

SØREN AABYE KIERKEGAARD.
VER DESESPERO HUMANO.

DOIS TRATADOS SOBRE O GOVERNO,

Two Treatises of Government, 1690.
JOHN LOCKE, 1632-1704.

Há dois *Tratados sobre o governo*, que foram publicados juntamente com *Ensaio acerca do entendimento humano**.

O primeiro trava uma polêmica com Robert Filmer, autor de uma obra política que tivera alguma repercussão: *Patriarcha* (1680). Filmer, que também será atacado com violência por Rousseau, defendia o absolutismo monárquico, identificando o poder real com o poder paterno; para isso, baseava-se numa referência aos textos bíblicos. Locke, assim como mais tarde Rousseau, empenha-se em refutar essa confusão. O exercício do poder político não apresenta nenhuma analogia com a autoridade do chefe de família, e a comparação é objetivamente ilegítima. Por outro lado, nenhum dos dois poderes é transmitido por herança (segundo Locke, a herança só deve ser aplicada à propriedade). Ademais, esse primeiro tratado denuncia a utilização abusiva da autoridade da Bíblia por parte de Filmer. A lei natural não autorizaria, portanto, o poder de uma única pessoa sobre todas as outras; ao contrário, ela determina a liberdade.

O segundo tratado fundamenta o enunciado da lei natural na descrição do homem em estado natural. Segundo Locke, dois dados caracterizam esse estado: a família e a propriedade. A *família*, porque as necessidades naturais da procriação e da educação dos filhos determinam essa célula original. A *propriedade*, por sua vez, supõe uma dedução mais delicada. A natureza deu a todos os homens o que lhes é necessário para a subsistência; em estado natural, nada é de ninguém, pois tudo é de todos. É por meio do trabalho que um homem pode acrescentar algo de si às coisas tiradas da natureza (parcela de terra, semente, matéria-prima). Ele adquire assim um direito legítimo sobre o fruto de seu trabalho, ao qual ninguém mais pode ter pretensões, pelo menos enquanto não vier faltar o mínimo para a sobrevivência de todos. Embora Locke não imagine o estado natural como um estado de guerra (a exemplo do que faz Hobbes), admite que, nesse estado, não há garantia de direitos. Ademais, o aparecimento do dinheiro vai desestabilizar a harmonia entre o homem e a natureza, e tornar necessária a intervenção de uma instituição exterior a essa relação: a sociedade política.

Portanto, os homens começam a viver em sociedade para que seus direitos naturais sejam garantidos. O pacto social inicial põe nas mãos do poder soberano a autoridade que alicerçará essa garantia. A associação é livre, e só dará bases à sujeição se a autoridade satisfizer aos fins civis. Se isso não ocorrer, os contratantes se reservam o direito de romper o pacto e de destituir os governantes. Tais princípios evidentemente invalidam a monarquia absoluta, cuja essência é não depender de nenhum consentimento popular. O poder legislativo e o poder federativo (relações internacionais, guerra) cabem ao povo. O segundo tratado subordina a política à moral, recusando-se a ver a legislação positiva e o executivo como fundamentos de sua própria autoridade; o poder político permanece submetido à exigência de justiça, e estará desqualificado se a transgredir.

Os dois tratados lançam as bases do liberalismo político. O Estado não tem outra função senão garantir os direitos naturais do homem. A rigor, não *faz* nada, mas garante que se *deixe* o homem *fazer* aquilo a que ele possa pretender legitimamente em virtude da natureza. A instituição política só tem função defensiva e protetora.

A doutrina dos tratados (sobretudo do segundo, que expõe seu conteúdo positivo) terá enorme sucesso. Rousseau fará sua crítica em *Discurso sobre a origem e os fundamentos da desigualdade entre os homens**.

Edição brasileira: *Dois tratados sobre o governo*, São Paulo, Martins Fontes, 1998.

Estudo: S. Goyard-Fabre, apresentação do texto na edição francesa: *Traité du governement civil*, Col. GF, Flammarion, 1984.

DOUTA IGNORÂNCIA (DA), *De docta ignorantia*, ○1440.

NICOLAU DE CUSA (Nikolaus Krebs ou Chrypffs, dito), 1401-1464.

Essa obra, de título paradoxal, contém a visão teológica que Nicolau de Cusa teve numa espécie de revelação, em certa noite de novembro de 1437.

Sua teologia une a especulação dialética ao entusiasmo místico. Este último ponto é fundamental, por estar associado ao essencial da teologia apofática dos séculos XIV e XV. [A apófase consiste em negar que Deus tenha qualquer atributo. Ele é pura transcendência e escapa infinitamente a quaisquer nomes com os quais se tente defini-lo. Assim, negando esses nomes, permanecemos na *ignorância*. Mas essa ignorância não é passiva. Ao contrário, serve de ocasião para descobrirmos, na negação, nomes ou processos por meio dos quais se constitui a união mística com Deus (a Deidade).

Nicolau de Cusa é um dos grandes místicos herdeiros da mística renana, sobretudo de Eckhart.

Estudo: M. de Gandillac, *La philosophie de Nicolas de Cues*, Paris, 1941.

DOUTRINA DA CIÊNCIA,
Wissenschaftslehre, 1837.
BERNHARDT BOLZANO, 1781-1848.

Com essa obra, Bolzano quer renovar a lógica, a fim de torná-la capaz de fundamentar a matemática. O autor recusa qualquer concepção psicológica do enunciado lógico e propõe que ele seja considerado uma proposição "em si" (*Satz an sich*), cuja verdade não depende das particularidades do assunto.

Essa tese influenciará a crítica husserliana do psicologismo.

Estudo: R. Blanche, *La logique et son histoire*, col. "U", Armand Colin, 1970, cap., VII, 2.

DOUTRINA DA CIÊNCIA,
JOHANN GOTTLIEB FICHTE.
VER TEORIA DA CIÊNCIA.

DUAS FONTES DA MORAL E DA RELIGIÃO (AS), *Les deux sources de la morale et de la religion*, 1932.
HENRI BERGSON, 1859-1941.

Na última de suas grandes obras, Bergson aplica sua filosofia da vida criativa às questões éticas e religiosas, superando assim as teses admitidas pela sociologia francesa (Durkheim). A *obrigação*, à qual é dedicado o primeiro capítulo, é um peso que incide sobre a vontade à guisa de hábito. Ela é a forma assumida pela necessidade no domínio da vida quando, para realizar certos fins, ela exige inteligência, escolha e, por conseguinte, liberdade. Mas a obrigação pode transfigurar-se em moral completa, que é a dos heróis e dos santos. Pressão social (da moral fechada) e elã de amor (da moral aberta) são as duas manifestações da vida, que procura transfigurar-se em elã de evolução criativa.

No capítulo 2, a *religião estática* é definida como reação defensiva da natureza contra o que poderia haver de deprimente para o indivíduo e de dissolvente para a sociedade no exercício da inteligência. "A religião, por seus ritos e cerimônias, tem a função de manter a vida social." As perturbações provocadas pela inteligência (a representação de um futuro incerto, a ameaça do egoísmo individual) são compensadas e anuladas pela função fabuladora da religião natural.

A *religião dinâmica* é objeto do terceiro capítulo. Em torno da inteligência há uma orla de intuição. Conseguindo-se fixá-la, intensificá-la e completá-la em ação, obtém-se a religião dinâmica (o misticismo), "júbilo no júbilo, amor pelo que só é amor", inserida no próprio movimento do elã vital. O misticismo é a intensificação superior da intuição que subsiste em nós (ao lado da inteligência), e que nos permite ir às raízes de nosso ser. A intuição mística é participação na essência divina; sugere que a criação é um empreendimento de Deus para criar criadores, "para associar a si seres dignos de seu amor".

O quarto e último capítulo intitula-se "Observações finais. Mecânica e mística". O desenvolvimento industrial – afirma Bergson – dota-nos de um poder que será ilimitado quando a ciência souber liberar a força representada pela menor parcela condensada de matéria ponderável. Aí então caberá o apelo ao herói. Pois o homem poderá deixar de dedicar-se tanto à investigação da matéria e mais à do espírito e do psiquismo, possibilitando a propagação da intuição mística, único meio de reerguer uma humanidade que geme, "parcialmente esmagada pelo peso dos progressos que realizou".

Edição brasileira: *As duas fontes da moral e da religião*, Rio de Janeiro, Zahar, 1978.
Estudo: W. Jankelevitch, *Henri Bergson*, P.U.F., 1959.

DURAÇÃO E SIMULTANEIDADE,
Durée et simultanéité, 1922.
HENRI BERGSON, 1859-1941.

Bergson mostra aqui que as teses de Einstein sobre os Tempos múltiplos que escoam mais ou menos rapidamente, sobre as simultaneidades quando se muda de ponto de vista, só têm caráter paradoxal em decorrência de um simples mal-entendido. Ao invés de contradizerem a crença em um Tempo único e universal, elas a confirmam.

Na verdade esse livro é apenas um pretexto para que Bergson reafirme sua intuição fundamental: o tempo vivido pela consciência é distinto do tempo especializado do físico.

Estudo: P. Trottignon, *L'idée de vie chez Bergson et la critique de la métaphysique*, P.U.F., 1968.

E

ECCE HOMO, Como alguém se torna o que é, *Ecce Homo. Wie man wird was man ist*, 1908.
Friedrich Wilhelm Nietzsche, 1844-1900.

Escrita em 1888, essa obra só foi publicada em 1908. Nos manuscritos subsistem vários planos desse livro. Erich Podach constatou que na verdade não existe nenhum texto definitivo do livro, mas unicamente variantes e paralelos.

No prefácio, Nietzsche afirma com amargor: "Basta falar com o primeiro 'letrado' que chegue depois de passar pela Alta-Engadina para me convencer de que não existo..." Os capítulos I, II e III esclarecem as razões pelas quais Nietzsche é "tão sábio" (sua identidade moral), "sabe tanto" (sua educação) e "escreve tão bons livros" (seu estilo e sua psicologia).

Em seguida, Nietzsche explica as circunstâncias que cercaram o nascimento de suas diferentes obras. Termina explicando "por que [ele é] uma fatalidade": diz ser "o primeiro homem honesto", aquele que se pôs "em contradição com milhares de anos".

Por fim, para se resumir, afirma ser o "feliz mensageiro" que propõe tarefas como nunca dantes houve igual.

Edição brasileira: *Ecce homo. Como alguém se torna o que é*, São Paulo, Max Limonad, 1986.
Estudos: G. Morel, *Nietzsche, introduction à une première lecture*, Aubier-Montaigne, 1985. E. Podach, *Friedrich Nietzsches Wenke des Zusammenbruch*, Wolfgang Rothe Verlag, Heidelberg, 1961.

ECLIPSE DA RAZÃO, *Eclipse of Reason*, 1947.
Max Horkheimer, 1895-1973.

Essa obra, publicada logo depois da Segunda Guerra Mundial por um filósofo da chamada escola de Frankfurt exilado nos Estados Unidos, coloca a questão da validade dos princípios em nome dos quais foram perpetrados os sacrifícios da guerra. O aperfeiçoamento técnico, em que a filosofia das Luzes depositava tantas esperanças, parece andar de mãos dadas com certa desumanização, e o progresso pode anular o objetivo para o qual tende em princípio: a idéia de homem. "A racionalização cada vez mais avançada, do modo como é entendida e praticada em nossa civilização, parece-me tender à destruição da própria substância da razão em nome da qual se adere ao progresso", escreve Horkheimer.

Esse texto, bastante curto e agressivo, publicado no mesmo ano da *Dialética do esclarecimento** (de Horkheimer e Adorno), mostra claramente que não é o *sono da razão* que engendra monstros, mas o seu próprio exercício; sendo simples faculdade de coordenação entre os meios e os fins, não estará ela revelando mais eficácia que verdade?

Edição brasileira: *Eclipse da razão*, Rio de Janeiro, Labor do Brasil, 1976.
Estudo: T Schroyer, *Critique de la domination: origines et developpement de la théorie critique*, col. "Critique de la politique", Payot, 1980.

ECONOMIA LIBIDINAL, *Économie libidinale*, 1974.
JEAN-FRANÇOIS LYOTARD, nascido em 1924.

Querer descrever a libido, para Lyotard, com certeza não é construir uma teoria sobre esse tema; trata-se, ao contrário, de pintar os múltiplos aspectos da intensidade das pulsões eróticas. Por isso, o livro começa com uma descrição do sensualismo corporal; o corpo, no arranjo de sua unidade, exprime por mil asperezas, dobras, concavidades etc. a sexualidade dessa "imensa membrana". O corpo libidinal não tem interior nem exterior; está por inteiro entregue ao dispositivo energético das pulsões. No entanto, para captar o corpo em sua presença imediata, é preciso desligar-se da concepção monoteísta do gozo que, como em Agostinho, encerra a libido em limites estreitos, num "zero negativo" e repressivo.

Nem por isso a questão é fazer a crítica dessa concepção, pois isso equivaleria a reproduzir um funcionamento opressivo. Não, o melhor é admitir que esse *zero* também é uma figura do desejo, mas que não é o único modo de expressão da libido. "Desejamos o ateísmo da faixa libidinal, e se ele não pode ser crítico, ou seja, religioso, deve ser pagão, ou seja, afirmativo." O paganismo atribui deuses e deusas a cada objeto, a cada gesto – divindades que instauram, à maneira de uma representação cênica, a explosão de uma libido intensa. Sem preferir uma economia libidinal a outra, esse texto pretende "tornar-nos suficientemente refinados para sentirmos, na grosseria dos signos passíveis de troca, as singularidades não repetíveis das passagens de afeto".

Todo movimento manifesta um desejo libidinal. Para além de um erotismo estritamente corporal, a própria política está prenhe de intensidade sexual. O exemplo da prostituição indica que o sistema do Capital é a troca de um fantasma por moeda. E Marx não está isento de pulsão libidinal, de que dá testemunho sua busca sempre renovada de definição do Capital, como uma "proliferação totalmente pulsional".

Qualquer pessoa, inclusive o cientista ou o artista, está presa num movimento de troca. Nesse lugar imaginário do desejo, nessa "estranheza dos espaços fictícios", Lyotard erige o quadro de um erotismo que nos caberia "apreender sem ruído". Menos ensaio que depoimento, esse livro opõe um otimismo erótico à sociedade opressiva de Marx ou às pulsões mortíferas de Freud.

Estudo: C. Clement, G. Lascault, M. Dufrenne, L. Marin, "Jean-François Lyotard", *L'arc*, n.º 64, 1976.

EDUCAÇÃO (DA), *De disciplinis*, 1531.
JUAN LUIS VIVES, 1492-1540.

Nesse tratado de educação, redigido de maneira didática, Vives preconiza reformas em matéria de gramática, direito, dialética, filosofia e moral. Recomenda uma educação cristã, mas regenerada, refletida. Segundo ele, convém manter uma distância crítica em relação ao dogma aristotélico (no século XVI, Aristóteles era a única autoridade aceita), e aprender o verdadeiro método para a educação.

A educação deve ser desinteressada e não buscar outro fim senão o da formação dos jovens. Mas o próprio educador deve receber uma formação prévia para ensinar. Finalmente, Vives afirma a necessidade da educação física.

Sua obra reflete as preocupações do Renascimento, e ele pode ser considerado um precursor de Montaigne.

Estudo: V. Garcia Hoz, "J. L. Vives, pedagogue d'Occident", in *Les grands pedagogues*, P.U.F., 1980.

EDUCAÇÃO DO GÊNERO HUMANO, *Die Erziehung des Menschengeschlechts*, 1780.
GOTTHOLD EPHRAÏM LESSING, 1729-1781.

Em cem parágrafos, Lessing resume sua concepção religiosa. O autor equipara educação e revelação do ponto de vista do desenvolvimento individual. As religiões históricas não passam de fases sucessivas da educação divina do homem. Assim, o Cristo é o pedagogo da humanidade em sua adolescência.

Estudo: G. Pons, *Gotthold Ephraïm Lessing et le christianisme*, Didier, 1964.

EDUCAÇÃO E SOCIEDADE,

JOHN DEWEY.
VER ESCOLA E SOCIEDADE.

EFEITOS PERVERSOS E ORDEM SOCIAL, *Effets pervers et ordre social*, 1977.

RAYMOND BOUDON, nascido em 1934.

Nessa obra o autor analisa os efeitos perversos da ordem social, a maneira como uma causa pode engendrar um efeito indesejado. Analisa também a noção de transformação social (como a igualdade pode redundar em desigualdade). Segue-se um estudo das instituições escolares após 1968, no qual o autor se atém aos problemas das universidades e do ensino superior. Por fim, através de uma crítica de correntes sociológicas como as de Marx, Tocqueville, Merton ou Weber, Boudon examina a interação paradoxal entre "determinismos sociais" e liberdade individual. É uma obra que tenta traçar as coordenadas para a compreensão da complexidade da ordem social.

Estudo: R. Boudon e F. Bourricaud, artigo "Individualisme methodologique", in *Dictionnaire critique de la sociologie*, P.U.F., 1986.

ELEGIAS

XENÓFANES DE CÓLOFON, séculos VI-V a.C.

Xenófanes recitava suas *Elegias* em versos jâmbicos, mas pouco se sabe sobre o pensamento que neles se expressava. Contra as representações antropomórficas vulgares, Xenófanes defende um panteísmo idealista. Distingue ciência de opinião, e propõe explicações astronômicas materialistas. Em geral Xenófanes é situado num momento de transição entre a física jônica e o pensamento eleático, cujo fundador ele às vezes é considerado.

Estudo: J.-P. Dumont, apresentação dedicada a Xenófanes, na edição francesa: "Elegies", in *Présocratiques*, Bibliothèque de la Pléiade, Gallimard, 1988.

ELEMENTOS, Στοιχεῖα.

EUCLIDES, século III a.C.

A essa obra não se costuma creditar a descoberta de resultados inéditos (Eudóxio e Teeteto provavelmente já conheciam alguns desses resultados), mas tem o mérito – fundamental em matemática – de ser formalmente rigorosa. *Elementos* constituem o primeiro exemplo conhecido de construção axiomática.

A obra, talvez resultante de um trabalho coletivo, é dividida em treze livros. Trata dos seguintes assuntos: geometria plana, relações e proporções, teorias dos inteiros, irracionais algébricos, geometria espacial.

Por sua consistência lógica, pelo cuidado com que foi construída a sua axiomática, pela clareza de suas demonstrações, o tratado *Elementos* constitui o melhor exemplo da contribuição grega à matemática (com as obras de Arquimedes e Apolônio). Até o século XIX foi um paradigma para o estudo da matemática elementar.

Estudo: ver a substancial introdução de M. Caveing na edição francesa: *Elements*, col. "Bibliothèque d'histoire des sciences", P.U.F., 1990.

ELEMENTOS DE FILOSOFIA,

Elementa philosophiae.
THOMAS HOBBES, 1588-1679.

Trilogia que compreende *Do corpo** (*De corpore*), *Do homem** (*De homine*) e *Do cidadão** (*De cive*).

ELEMENTOS DE IDEOLOGIA,

Éléments d'idéologie, de 1803 a 1815.
DESTUTT DE TRACY (Antoine Louis Claude, conde), 1754-1836.

Essa obra composta por cinco partes, em que o estudo analítico dos elementos do pensamento substitui as considerações metafísicas, afirma que a "ideologia" como ciência do pensamento é uma parte da zoologia. Com efeito, a indiferença pelos fundamentos últimos caracteriza esse movimento filosófico e político, ativo durante a Revolução Francesa, que reunia certo número de pensadores sob o rótulo de "ideólogos"; nessa obra, encontra-se sua principal expressão. Partidário do sensacionismo, Destutt de Tracy chama de *ideologia* "a ciência dos meios de conhecer". Diferentemente de Condillac, o autor descreve aqui as idéias e as faculdades, mas não procura explicar sua ordem nem suas causas. Procede por "observação" (análise introspectiva), e, num primeiro momento, esforça-se por decompor as idéias e especificar as faculdades (sensibilidade, memória...), sendo estas últimas compreendidas como "fatos primitivos e inexplicáveis". Considerando o sujeito como um ser que emite signos que materializam idéias, mas negando a utopia de uma língua perfeita ou de uma língua universal, o autor estuda a combinatória desses elementos na Gramática (II parte). A esta se sucederá o estudo da dedução das idéias (Lógica), ápice da ideologia (III parte), sendo a lógica aqui concebida como "a melhor maneira de conduzir o espírito na busca da verdade".

Uma vez que os signos constituem a única materialização das idéias, servem para comunicar, mas também para combinar nossas idéias elementares e formar idéias compostas; assim, eles podem ser aperfeiçoados para se ajustarem a uma combinatória mais rigorosa.

Desprezando a metafísica, essa obra pretende ser didática; alia o gosto pelas idéias gerais à paixão pelo método e reivindica o título de herdeira francesa da lógica de Port-Royal e dos enciclopedistas. Também participa com brilho do séc. XVIII, mas será muito lida no século XIX (influenciará, em diferentes graus, Maine de Biran e Auguste Comte), uma vez que a ideologia como "teoria das teorias" é, antes de mais nada, consciência da ordem da linguagem. E também porque a vontade de unidade enciclopédica dessa obra afirma claramente a necessidade de fazer das ciências exatas e naturais o modelo da ciência do homem.

Estudo: B. W. Mead, *Ideology and Social Science, Destutt de Tracy and French Liberalism*, Nijhoff, Haia, 1985.

ELEMENTOS DE PSICOFÍSICA,

Elemente der Psychophysik, 1860.
GUSTAV THEODOR FECHNER, 1801-1887.

Fechner afirma nessa obra que os dois universos, material e espiritual, são aspectos de uma única e mesma realidade. O campo antropológico corresponde, pois, ao modelo cosmológico. Fechner enuncia a lei psicofísica com base no esquema da lei de Weber, a saber: a intensificação de uma sensação, ao invés de ser proporcional à intensificação da estimulação física, é proporcional à relação existente entre a intensificação da estimulação e a estimulação considerada no estado anterior. O princípio matemático da psicofísica está ligado a uma concepção do corpo como totalidade orgânica. Essa obra deu origem às principais pesquisas em matéria de psicologia experimental.

Mesmo que o paralelismo psicofísico não subsista como verdade científica, a psicologia experimental decorrente da psicofísica de Fechner possibilitou a psicotécnica hodierna. Fechner fundou também a estética experimental.

Estudo: M. Reuchlin, *Histoire de la psychologie*, P.U.F., 1957.

ELEMENTOS DE PSICOFISIOLOGIA,

Grundzüge der physiologischen Psychologie, 1873-1874.
WILHELM WUNDT, 1832-1920.

Filósofo, fisiologista e médico, Wundt criou o primeiro laboratório de psicologia experimental em 1879 em Leipzig, assim como o primeiro jornal de psicologia, *Philosophische Studien* (1881). Depois de Fechner, que fundou a psicofísica, Wundt foi o promotor da *psicofisiologia*: estudo das correlações entre os fatos psíquicos e os fatos fisiológicos. Será preciso esperar pelo behaviorismo para que a introspecção seja eliminada. De fato, nesse tratado de psicologia encontra-se uma filosofia dualista, que pressupõe ao mesmo tempo uma atividade interna e uma atividade externa. Se, por um lado, os reflexos têm causa externa, por outro os próprios instintos são uma causa interna que determinam o movimento voluntário. Este último depende de uma representação mental.

A obra valeu a Wundt a nomeação para a Universidade de Zurich em 1874, antes de ser nomeado em Leipzig, onde ficou até se aposentar.

Estudo: P. Fraisse, "La notion de comportement" in *Bulletin de psychologie*, n.º 254, dez. 1966.

ELEMENTOS DE TEOLOGIA, Στοιχείωσις θεολογική, PROCLO, 412-485.

Esse texto de Proclo é uma das suas duas teologias que nos chegaram; a outra é a *Teologia platônica*. Proclo é um dos grandes mestres da escola neoplatônica que contribuíram para enriquecer o sistema platônico reformulando-o a partir de elementos místicos.

A totalidade dos seres é engendrada a partir do princípio original, o Um, por um duplo movimento de processão e de conversão. Isto porque a multiplicidade sai do Um, que produz sem sair de si, e a ele retorna, pois o Um é para ela o Bem Supremo. Cada nível ontológico engendra o nível inferior, que aspirará a fundir-se de novo com o nível superior, de onde procede. O grau de afastamento em relação ao Um determina o valor de cada ser; a absoluta simplicidade é a perfeição absoluta.

Proclo enriquece o sistema neoplatônico estabelecendo a correspondência entre cada nível de realidade e uma divindade. Também o abre para o misticismo, pois é por uma faculdade irracional que a alma se une ao Um.

Estudo: P. Bastid, *Proclus et le crépuscule de la pensée grecque*, Vrin, 1969.

ELOGIO DA FILOSOFIA, *Éloge de la philosophie*, 1953.

MAURICE MERLEAU-PONTY, 1908-1961.

Esse discurso é o texto da aula inaugural que Merleau-Ponty deu no Collège de France. Não foi escrito para nos converter à vida filosófica – como o título poderia dar a entender –, mas sim para definir o papel do filósofo.

Merleau-Ponty afirma logo de início que o filósofo não deve procurar atingir o saber absoluto, mas sim oscilar, num incessante vai-e-vem, entre o saber e a ignorância: ele não será um homem de certezas, mas aquele que vive com o saber em devir. O autor confirma essa concepção de filósofo na pessoa de Louis Lavelle. Com efeito, este não concebe nosso saber do absoluto como um saber estático, mas como um saber oriundo do movimento pelo qual o filósofo sai de si mesmo para enveredar no mundo e construir na volta a sua interioridade apropriando-se desse mundo exterior. Portanto, o ser tampouco é um absoluto, mas participa de nós como nós participamos dele. Isso constituirá uma das teses principais da filosofia de Merleau-Ponty.

Este último encontra em Bergson aquela que deve ser a tarefa do verdadeiro filósofo, a saber, apreender a relação entre sentido e evento, ou seja, apreender o ser em seu devir. A filosofia não deve, pois, opor espírito a matéria, porque o espírito torna-se o que é ao investir a matéria, ou seja, ao exprimir-se. O filósofo que quiser descobrir o sentido primeiro do ser deve então afundar no ser, o que será possível pela percepção, pois ela permite que esse ser que se dá na exterioridade do mundo nos atinja de dentro. Por isso é possível comparar essa percepção do ser à célebre intuição bergsoniana, que nos revela igualmente nossa pertença ao ser.

Merleau-Ponty interessa-se pelo papel do filósofo como homem, vivendo no mundo, entre outros homens. Afirma que o filósofo deve imergir no mundo e estar em relação com os outros homens, pois é em si e com eles que descobrirá a verdade.

Edição portuguesa: *Elogio da filosofia*, Lisboa, Guimarães, 1986.
Estudo: A. Robinet, *Merleau-Ponty. Sa vie, son oeuvre avec un exposé de sa philosophie*, P.U.F., 1963.

ELOGIO DA LOUCURA,
Encomium moriae, 1511.
ERASMO DE ROTTERDAM,
c. 1469-1536.

Essa obra de Erasmo, dividida em sessenta e oito capítulos sucintos, é marcada pelo caráter profundamente individualista e inconformista de seu autor, que se esmera na arte da crítica e da sátira. Esse elogio é dedicado a Thomas More, amigo íntimo e cúmplice do autor.

A Loucura, personalizada, é posta em cena no grande teatro do mundo, seu império. Papas, filósofos ou príncipes... a todos ela ridiculariza, e compromete todas as posições. Veja-se, por exemplo, o que está escrito sobre os pregadores no capítulo 54: "Eu mesmo já ouvi certa vez um desses espantosos loucos a pregar sobre o mistério da Santíssima Trindade."

E se Erasmo faz o elogio da Senhora Loucura, é por "ser ela a mola oculta da vida"; ninguém lhe escapa, pois ela assume uma infinidade de rostos, que a vida nos revela ao longo de nossa experiência humana. Essa obra cheia de humor é, contudo, polêmica, pois em tom de brincadeira denuncia males bem reais. Por exemplo, no capítulo 54, encontra-se uma denúncia de hipocrisia: "Começareis agora a entender tudo o que me deve essa raça de monges que, com suas hipocrisias, suas parvoíces ridículas [...] exercem uma espécie de tirania sobre a opinião."

A Loucura impregna o mundo de sua grandeza irracional, e se denuncia a ingratidão dos homens "que, embora constituindo clientela sua, enrubescem em público por seu nome e com ele ousam injuriar os outros" (cap. 1), é porque "não usa arrebiques, não dissimula no rosto o que sente no coração" (cap. 1).

Compreendemos então que, se Erasmo ousa pronunciar seu elogio em oposição aos bons princípios, é por amar a verdade. Essa obra teve grande sucesso em sua época e foi traduzida no mundo inteiro; Erasmo continua atual.

Edição brasileira: *Elogio da loucura*, São Paulo, Martins Fontes, 1990.
Estudo: M. Rat, introdução à edição francesa: *Éloge de la folie*, col. GF, Flammarion, 1988.

EMÍLIO, ou Da educação,
Émile, ou De l'éducation, 1762.
JEAN-JACQUES ROUSSEAU, 1712-1778.

Essa obra, que expõe a teoria rousseauniana da educação, deve ser posta ao lado de *A nova Heloísa* (1761, teoria da família) de *O contrato social** (teoria das instituições políticas).

"Tudo é bom ao sair das mãos do autor das coisas; tudo degenera entre as mãos do homem." Assim começa *Emílio*. O programa pedagógico de Rousseau é assim traçado: dar à criança e, depois, ao adolescente uma educação negativa, que os proteja o máximo de tempo possível da influência deletéria da sociedade. O pequeno Emílio é criado no campo, longe dos homens e dos livros. A liberdade será o fim e o meio dessa educação, e a natureza o primeiro mestre. A criança se formará por sua própria experiência, sob a égide de um preceptor tão discreto quanto onipresente; pois, embora a criança não deva receber lições de ninguém, a não ser das coisas, é preciso que em torno dela, sem que ela saiba, se organize um mundo capaz de garantir a formação de seu juízo livre. Portanto, nada deverá ser deixado ao acaso.

Nenhum empreendimento educacional poderia prescindir da definição de seus fins. O que se deve formar é um homem e depois – mas só depois – um chefe de família e um cidadão. Como não se quer um "janota" capaz de brilhar nos salões e – como dizia Descartes – de "falar verossimilmente de todas as coisas", não serão cultivadas as virtudes de aparência e a instrução livresca.

Primeiro princípio: deixar a natureza agir, apenas eliminar os obstáculos para seu pleno desabrochar. Não apressar a evolução natural de um organismo e de um psiquismo. Os cinco livros da obra seguem o desenvolvimento natural de um ser, da consciência à razão, passando pela sensibilidade. Rousseau critica Locke por ter querido raciocinar cedo demais com as crianças. Ridiculariza quem ensina a essas pobres crianças fábulas de La Fontaine, que elas não entendem. Portanto, os primeiros instrutores serão a observação sensível e o contato com a coisa. *Emílio* pode ser considerado o primeiro manual dos chamados métodos "ativos", não nos esquecendo de que as atividades da criança são dirigidas pela mão invisível de um mestre que sabe em que direção ela vai. Deve-se evitar principalmente ensinar por *signos*, que as crianças não sabem interpretar ou interpretam bem demais. Nada de lições de moral em forma de sermão, mas sim as que a criança recebe *naturalmente*, como conseqüências materiais de seus atos. As crianças mentem? "Não cabe invectivar contra a mentira e punir a criança precisamente por ter mentido, mas sim mostrar que todos os efeitos maléficos da mentira, tal como não ter crédito mesmo quando ela diz a verdade ou ser acusada de um mal que não tenha cometido, mesmo quando dele se defende, caem sempre sobre sua cabeça quando ela mente." Nada de livros, ou o mais tarde possível. *Robinson Crusoé* será o primeiro. Em compensação, Emílio aprenderá um ofício manual, pois nenhum homem poderia deixar de ser útil a seus semelhantes sem danos para si mesmo e para os outros.

O livro IV trata da educação moral e religiosa. Nele se encontra a famosa *Profissão de fé do vigário saboiano*, que desencadeou contra o *Emílio* os furores da Igreja. Rousseau professa a religião natural: Deus é anunciado por um "sentimento interior" e manifesta-se "em suas obras". São violentamente criticadas as religiões reveladas, que interpõem livros, sacerdotes e ritos entre a criatura e seu Deus; "o culto essencial é o do coração". Mas a *Profissão de fé* também não poupa o materialismo e o ateísmo dos filósofos e dos enciclopedistas.

Emílio precisa de uma companheira. O livro V é dedicado à educação feminina, que "deve ser relativa aos homens". Emílio encontrará em Sofia uma jovem sensível, alegre, elegante sem afetação, coquete sem impudência. Mas o casamento terá de esperar dois anos, tempo em que Emílio aperfeiçoa sua educação viajando. Rousseau escreveu uma continuação que não publicou (*Emílio e Sofia*), mas que merece ser lida.

Emílio é o maior livro de Rousseau, aquele em que ele pôs toda a sua filosofia. Mas será também aquele que lhe valerá a perseguição mais violenta: o livro é condenado à fogueira pelo parlamento de Paris, e em Genebra Rousseau é condenado à prisão. O arcebispo de Paris, Christophe de Beaumont, inclui o livro no *Index*, o que lhe valeu uma réplica acerba e sublime: a *Carta a Christophe de Beaumont*, cuja leitura é imperativa, como complemento da *Profissão de fé do vigário saboiano*. Foi sem dúvida com essa obra que começou o longo e irreversível processo de isolamento que levou Rousseau à beira da loucura.

Edição brasileira: *Emílio, ou Da educação*, São Paulo, Martins Fontes, 1995.

Estudos: J. Chateau, *Jean-Jacques Rousseau, sa philosophie de l'éducation*, col. "L'Enfant", Vrin, 1962. G. Besse, *Jean-Jacques Rousseau, l'apprentissage de l'humanité*, Messidor-Éditions Sociales, 1988.

ENCICLOPÉDIA, ou Dicionário analítico de ciências, artes e ofícios,
Encyclopédie, ou Dictionnaire raisonné des sciences, des arts et des métiers, 1751 a 1772.
DENIS DIDEROT, 1713-1784, cercado de numerosos colaboradores, alguns ilustres (D'Alembert, Rousseau, Voltaire, Condorcet).

Diderot define assim seu projeto: "O objetivo de uma Enciclopédia é reunir os conhecimentos esparsos sobre a superfície da Terra, expor seu sistema geral aos homens com que vivemos e transmiti-lo aos homens que viverão depois de nós; a fim de que os trabalhos dos séculos passados não tenham sido trabalhos inúteis para os séculos que se sucederão; a fim de que nossos netos, tornando-se mais instruídos, se tornem também mais virtuosos e mais felizes, e que nós não venhamos a morrer sem termos merecido o gênero humano" (verbete "Enciclopédia"). A *Enciclopédia* de Diderot poderia simplesmente ser considerada a antecessora das obras atuais que ostentam esse título, não fosse por uma dimensão essencial nela presente: o esforço para depreender o sentido dos conhecimentos e das práticas descritas. Por isso, trata-se de um livro filosófico (Hegel prestará homenagem ao título, com a mesma idéia).

Apesar da diversidade de seus artigos, de sua qualidade desigual (reflexo da disparidade dos colaboradores), o projeto da obra demonstra inegável unidade. Os tesouros da cultura universal não são só descritos mas também interpretados como etapas de uma marcha para a civilização e a felicidade. Derrubar preconceitos e fazer valer os direitos da razão em todos os domínios são as aspirações dos enciclopedistas em sua prodigiosa empresa de vulgarização. Cabe notar a vontade caracterizada de reavaliar a dimensão prática e técnica da cultura humana (as "artes e ofícios"); a atenção dispensada à utilidade social do artesão nessa época tinha, evidentemente, amplitude revolucionária.

É muito difícil pintar um quadro exaustivo das posições filosóficas assumidas nessa obra. No entanto, a fé na perfectibilidade do gênero humano e na necessidade de seu progresso moral sob impulso do conhecimento (as "luzes") é onipresente. A religião é combatida em suas formas intolerantes, e o cristianismo – apesar das precauções a que a censura obrigava – não é poupado. Contudo, se ateus havia entre os colaboradores de Diderot (o próprio Diderot se tornara um), os enciclopedistas se alinhavam mais como adeptos da religião natural.

Embora os privilégios, o absolutismo e a monarquia de direito divino sejam contestados ao nome da razão, a *Enciclopédia* não se afirma revolucionária, nem sequer republicana. No conjunto, é principalmente o pensamento de Montesquieu que a inspira. É grande o espaço reservado às idéias econômicas dos fisiocratas. Como se vê, seria preciso qualificar a ideologia dos enciclopedistas mais como reformista do que revolucionária. No entanto, é também com extrema limpidez e sem nenhuma hipocrisia que são fustigados o fanatismo, a intolerância, a escravidão, a tortura e a guerra.

Com seus vinte e oito volumes (dezessete de textos, onze de estampas), seus setenta e um mil, oitocentos e dezoito verbetes, a *Enciclopédia* merece a classificação que lhe deu Voltaire: "monumento dos progressos do espírito humano". Monumental a obra não é só por suas dimensões; é também um marco na história da cultura humana, que não foi talvez um acontecimento na história da filosofia como tal, mas uma bomba cujos efeitos se prolongaram para além de seu século. É com razão que Burke, em suas *Reflexões sobre a Revolução Francesa* (1790), inculpa a "cabala filosófica" e os "homens de letras políticas". A própria Revolução não se enganou, sabendo reconhecer seu débito para com os enciclopedistas (assim como para com Rousseau).

Pode-se lamentar que hoje, na terra de Diderot e d'Alembert, o adjetivo "enciclopédico" tenha adquirido conotação pejorativa. Qualificando os saberes dispensados pela escola, associa-os a um amontoado pesado de conhecimentos passivamente ingurgitados. Quando se fustiga o "enciclopedismo" dos programas escolares, caberia lembrar que essa bela palavra significa, em grego, "círculo de educação", o que quer dizer que a única instrução verdadeira é sistemática e organizada.

Estudo: J. Proust, *Diderot et l*'Encyclopédie, Slatkine reprints, Genebra-Paris, 1982.

ENCICLOPÉDIA DAS CIÊNCIAS FILOSÓFICAS EM COMPÊNDIO,

Enzyklopädie der philosophischen Wissenschaften im Grundrisse, 1817.
GEORG WILHELM FRIEDRICH HEGEL, 1770-1831.

É modesta a definição que Hegel faz dessa obra considerável por ele redigida: a intenção era fornecer ao público um fio condutor com o qual fosse possível orientar-se nas aulas de filosofia. E é preciso convir que essa foi a maior utilização que ela teve, servindo de farol para que o leitor perdido se situasse nos meandros do sistema. Como retoma de modo condensado cada momento do sistema na ordem que o saber enciclopédico impõe necessariamente, essa obra é um resumo e um manual de toda a filosofia de Hegel.

A idéia de uma sistematicidade da filosofia, ou seja, de um modo de desenvolvimento racional e sistemático, e não de uma simples apresentação formalmente organizada, é uma opção que Hegel logo faz: já em 1802, através dos cursos que dá em Iena, é elaborada a divisão em ramos organicamente interligados, através de um primeiro momento lógico, um segundo momento orientado para uma filosofia da natureza e um terceiro voltado para uma filosofia do espírito. A exigência de sistema, aliás, está amplamente expressa no famoso Prefácio à *Fenomenologia do espírito*, através do qual Hegel traça seu programa filosófico geral, acima dessa obra particular: trata-se de tornar científica a filosofia, de transformá-la em ciência, a exemplo das ciências positivas e – melhor – torná-la ainda mais científica manifestando sua necessidade interna, enquanto as ciências só podem produzir uma necessidade extrínseca. A filosofia, na ambição científica traduzida pelo projeto de uma enciclopédia, manifesta uma preocupação com o absoluto (a mesma preocupação expressa pela religião, que Hegel situará como um momento relativo do sistema, entre outros): o absoluto, o saber absoluto, é o fim perseguido e realizado efetivamente pela ciência filosófica a partir do momento em que ela progride em sua história e em seu sistema de maneira metódica.

Mas, se a idéia da enciclopédia acode cedo, e já acabada, à mente de Hegel, sua realização, porém, foi laboriosa e fragmentária: as três partes que a constituem (*Ciência da lógica*, *Filosofia da natureza*, *Filosofia do espírito*) tiveram destinos bem diferentes, tanto em termos de elaboração quanto de importância assumida na obra final; a primeira parte do sistema, *Ciência da lógica*, foi elaborada entre 1812 e 1816. Foi em 1816, na Universidade de Heidelberg, que ele deu suas aulas sobre a *Enciclopédia das ciências filosóficas*, e o livro, eco dessas aulas, será publicado em 1817. Portanto, não deve espantar o desequilíbrio apresentado pela obra em suas diversas partes: na época de sua publicação, só a primeira parte fora objeto de um trabalho de elaboração absolutamente sistemática, enquanto as outras partes, já concebidas, ainda não tinham sido realmente desenvolvidas. Nos anos subseqüentes, através de seus cursos, Hegel se dedicará a outros objetos filosóficos (direito, estética, história), e só dez anos mais tarde, em 1827, instado sobretudo pelo fato de a primeira edição estar esgotada, ele publicará a segunda edição. O sucesso considerável da obra conduz a uma terceira edição já em 1830, na qual Hegel tenta, segundo suas próprias palavras, ser "mais claro e mais preciso".

Hegel não estava totalmente satisfeito com sua obra, pois lamentava que o detalhe ainda ocupasse espaço demasiado em comparação com a visão global do todo que a ciência filosófica constitui. Essa é exatamente a contradição inevitável de todo empreendimento enciclopédico: Hegel criticava precisamente nas diversas tentativas francesas, oriundas da grande *Enciclopédia** de Diderot e de d'Alembert, o fato de serem uma súmula de exposições independentes que nunca manifestam realmente a unidade necessária do todo. A dificuldade de conciliar a abstração de um conteúdo, inevitável num projeto de epítome, com a manifestação da necessidade interna do todo é resolvida por Hegel na prática do uso: esse livro didático, que possibilita a orientação do leitor, deve ser necessariamente completado pelo ensino oral. A *Enciclopédia das ciências filosóficas em compêndio* pode assim ser vista como um manual escolar em que os alunos fariam estudos paralelos às aulas. Hoje em dia é o guia mais precioso, ainda que muitas vezes austero e elíptico, com que pode contar todo aquele que queira banhar-se no fluxo do pensamento hegeliano.

Edição brasileira: *Enciclopédia das ciências filosóficas em compêndio*, São Paulo, Loyola, 1995.
Estudo: B. Bourgeois, apresentação da *Encyclopédie des sciences philosophiques*, t.1, Vrin, 1970.

ENCRUZILHADAS DO LABIRINTO,

Les carrefours du labyrinte, 1978, 1986 e 1990.
CORNELIUS CASTORIADIS, nascido em 1922.

Essa série de artigos e de ensaios em três volumes aborda todos os domínios do saber: psicanálise, filosofia, economia política, epistemologia das ciências humanas e exatas. Trata-se de destruir a pretensão à cientificidade das ciências humanas e de mostrar que essa destruição, ao invés de nos deixar desarmados, é condição prévia da verdadeira exigência: elucidar o mundo onde estamos, criar uma sociedade.

Edição brasileira: *Encruzilhadas do labirinto*, São Paulo, Paz e Terra, 1992.

ENÉADAS, 'Εννέαδες, ○ entre 253/254 e 269/270.

PLOTINO DE LICÓPOLIS, c. 205-269/270.
Coletânea de 54 tratados filosóficos.

Foi Porfírio de Tiro quem dividiu de modo um tanto aleatório a obra de seu mestre em seis livros de nove tratados (ou *novenas*). O conjunto da obra é sobre Deus, sua natureza, e sobre a totalidade de sua criação: o mundo físico e o homem. A multiplicidade das criaturas constitui o ponto de partida fundamental. Como todo conceito admite seu contrário, pode-se deduzir que existe uma unidade superior: Deus, infinito e perfeito, onipotente e transcendente. Sendo suficiente para si mesmo, Deus é o Um por excelência. Ninguém o pode conhecer nem descrever, porque ninguém possui suas qualidades absolutas. As únicas coisas que podem ser ditas sobre ele, em virtude dessa teologia negativa, é aquilo que ele não é.

Do Um nasce a "processão"; sendo substância diferente do Um, esta encontra o princípio de sua vida na contemplação de seu criador. A "processão" engendra, por sua vez, uma segunda substância composta de três elementos: o Ser, a Inteligência e o Mundo inteligível. Essa substância tem como qualidade ser a visão da unidade divina: ela é, ao mesmo tempo, conhecimento do mundo inteligível e conhecimento de si. A Alma universal é uma terceira substância; oriunda da Inteligência, ela é *inteli-*

gível porque contempla a Inteligência que perpetuamente a produz, e *sensível* porquanto é ela que organiza e ordena o mundo sensível (estando esses dois aspectos intimamente ligados). A Alma se reparte por todos os seres, ainda que conservando sua unicidade e permanecendo por inteiro em cada um deles. Animado pela Alma que lhe dá uma dimensão divina, o mundo é, pois, ao mesmo tempo *uno* e *múltiplo*.

Num grau inferior, há matéria, fonte de todos os males, resultantes estes da confrontação da Alma com essa mesma matéria. A Alma universal escolhe para cada alma individual um envoltório adequado: esse envoltório é o corpo. As almas para ele descem e ficam responsáveis por sua morada perecível enquanto esta tiver vida. Assim, cada uma delas tem a opção de elevar-se para o Inteligível – a solução mais bela – ou baixar para o mundo sensível – caso em que deverá pagar ulteriormente o preço de suas faltas.

O corpo, na concepção platônica, é uma *prisão*, um túmulo no qual a alma é encerrada; assim, serve de obstáculo ao estado originário de contemplação. Portanto, é preciso esforçar-se para mantê-lo a distância, separar-se dele para voltar ao estado primeiro da Alma. Plotino sugere que o homem considere o mundo como um palco de *teatro*: a Alma torna-se então testemunha do espetáculo das vicissitudes que se desenrolam diante dela – não estamos distantes da alegoria da caverna, relatada por Platão na *República**.

Para elevar-se até Deus, perfeito e belo, a Alma deve também ser bela e atingir a maior perfeição possível, mesmo que seu envoltório carnal seja feio. Para isso, existem três meios: a música, a filosofia e o amor. No entanto, é preciso superar o amor pelas belezas materiais e exalçar-se até o amor pelas coisas imateriais. Deus vive em nós como nós vivemos nele; a Alma pode, por meio do amor infinito ou pelo estudo da sabedoria, fundir-se com ele. Deus é também luz: podemos ver essa luz interior desde que esperemos em contemplação. Isto porque Deus não vem até nós; ele está sempre presente em nós, mesmo quando não o vemos. E, quando a Alma vê Deus, entra em êxtase: esquece-se de si mesma e, então, há osmose entre o contemplador e seu criador.

De formação helênica, Plotino de Licópolis foi fortemente marcado pelas filosofias de Platão e de Aristóteles. Por isso, de certa maneira nessa obra ele faz a síntese das doutrinas desses dois filósofos. Por outro lado, o autor foi criado em Alexandria, e em sua obra percebe-se a influência do pensamento oriental. Sem se opor ao rigor de sua mística racional, esse aspecto torna sua obra original, sustentada por qualidades dialéticas e apodícticas incontestáveis. As *Enéadas* exercerão influência considerável sobre o mundo pagão e também sobre o mundo cristão. Agostinho, em particular, se inspirará diretamente nela para redigir suas *Confissões**.

Estudo: E. Brehier, *La philosophie de Plotin*, Vrin, 1968.

ENERGIA ESPIRITUAL, *L'énergie spirituelle*, 1919.
HENRI BERGSON, 1859-1941.
Ensaios e conferências.

Esse livro reúne sete estudos publicados anteriormente em diversas coletâneas:

– "A Consciência e a Vida": a oposição entre consciência (liberdade) e matéria (necessidade) encontra resolução na vida definida como "liberdade que se insere na necessidade e a transforma em seu proveito". A evolução é compreendida como uma imensa corrente de vida criativa que atravessa a matéria, oscilando entre a vida vegetal e a vida animal, o instinto do inseto e a inteligência do homem. "O homem, chamado continuamente a apoiar-se na totalidade de seu passado para pesar com muito mais força sobre o futuro, é o maior êxito da vida." A alegria (sinônimo de criação) é sinal de que o destino do homem foi cumprido.

– "A Alma e o Corpo": descartando a doutrina metafísica do paralelismo entre alma e corpo (Descartes, Spinoza, Leibniz), Bergson interroga sobre a relação entre a atividade mental (a consciência) e a atividade cerebral (o cérebro). Este último, que imita a vida do espírito, é "ponto de inserção do espírito na matéria", o órgão de atenção à vida, que serve para chamar a lembrança, mas não para a conservar.

– "Fantasmas de vivos" e "investigação psíquica": embora os fenômenos estudados pela telepatia sejam do mesmo gênero dos que constituem o objeto da ciência natural (portanto suscetíveis de repetir-se indefinidamente no tempo e no espaço), o método difere. As coisas do espírito não se prestam à medição, e o cerebral não é o equivalente do mental. Por certo o cérebro desempenha toda uma série de funções úteis (funções sensoriais, órgão de atenção à vida que orienta nossos pensamentos para a ação, mascaragem de nosso passado), mas a consciência (o mental) ultrapassa o organismo (o cérebro), a tal ponto que "a sobrevivência é tão provável que o ônus da prova incumbirá a quem a negar".

– "O Sonho": as sensações interiores de visão, audição e tato são a matéria do sonho, conformado pela lembrança. O sonho, portanto, é função da lembrança e da sensação. Além disso, o sonho é a vida mental integral, menos o esforço de concentração: "O eu que sonha é um eu distraído que relaxa." E Bergson vê como tarefa da psicologia do século que se inicia a exploração do inconsciente.

– "A lembrança do presente e o falso reconhecimento": expondo, sem adotar como suas, as diferentes teorias psicológicas (Kraepelin, Janet, Fouillee etc.) sobre a *paramnésia* (ilusão de reconhecimento), Bergson estima que ela seja resultante da interação entre percepção e memória – fenômeno que ocorreria no homem são, "caso um mecanismo especial não interviesse de pronto para o anular", ou seja, se a vontade, tendendo para a ação, não impedisse o presente de se voltar para si mesmo, empurrando-o indefinidamente para o futuro. É que o presente se desdobra em dois jatos simétricos: um recai no passado (memória), enquanto o outro se lança para o futuro (percepção), com um tempo adiantado, graças ao elã que o anima. Mas se o elã se detém, a lembrança alcança a percepção, e o presente é reconhecido ao mesmo tempo em que é conhecido.

– "O esforço intelectual": o esforço é a passagem de um "plano de consciência" para outro. A rememoração consiste em converter uma representação esquemática cujos elementos se interpenetram numa representação por imagens, cujas partes se justapõem. A intelecção verdadeira é esse movimento do espírito que vai e vem entre as percepções ou as imagens, por um lado, e sua *significação*, por outro. "O esforço intelectual para interpretar, compreender, prestar atenção, é, pois, um movimento do 'esquema dinâmico' na direção da imagem que o desenvolve", e o sentimento do esforço de intelecção produz-se, assim, de um plano para outro plano, do esquema para a imagem, garantindo uma materialização crescente do imaterial.

– "O Cérebro e o Pensamento: uma ilusão filosófica": Bergson, questionando – mais uma vez – a afirmação de *paralelismo* psicofisiológico (ou seja, a equivalência entre estado psíquico e estado cerebral), sustenta que essa tese implica um artifício segundo o qual se passa sub-repticiamente de certo sistema de notação para o sistema de notação oposto. Pode-se analisar o real do ponto de vista idealista da *representação* (não há nada na realidade além do que aparece para a minha consciência), ou do ponto de vista realista das *coisas* (sob nossa representação da matéria há uma causa inacessível dessa representação). Num ou noutro desses sistemas, a tese do paralelismo é contraditória, de tal modo que, para sustentá-la, oscila-se do idealismo ao realismo, e do realismo ao idealismo, mas "tão rapidamente que se tem a impressão de estar imóvel e, de certa forma, a cavaleiro dos dois sistemas, reunidos num só".

Estudo: L. Adolphe, *La philosophie religieuse de Bergson*, P.U.F., 1946.

ENSAIO ACERCA DO ENTENDIMENTO HUMANO, *An Essay concerning Human Understanding*, 1690.

JOHN LOCKE, 1632-1704.

Essa obra é uma reflexão sobre a origem das idéias e dos conhecimentos humanos, mas também sobre os fundamentos metafísicos da racionalidade. A unidade dessas duas problemáticas é necessariamente contraditória na perspectiva do empirismo inaugurado por Locke, cujo ensaio será sempre um marco. Ademais, as interrogações lockeanas ultrapassam a dimensão metafísica ou gnoseológica: a moral, a religião, a teologia também são por ele renovadas.

O empirismo de Locke começa com uma crítica à teoria das idéias inatas, que o cartesianismo formulara elevando a um grau de perfeição dificilmente superável (livro I). Locke pretende mostrar que o novo questionamento do inatismo não destrói em absoluto o valor objetivo das idéias (em particular no campo moral). Não há idéias inatas no espírito humano: é a famosa *tabula rasa*.

O livro II expõe a gênese das idéias complexas a partir das idéias simples. Estas podem ter como origem a sensação (é o caso das qualidades sensíveis ou do espaço), a reflexão, ou a intervenção combinada das duas. No exame do valor objetivo dessas idéias, Locke distingue as qualidades *primeiras* (pertencentes realmente aos corpos) das qualidades *segundas* (que só existem no sujeito percipiente).

Passiva na recepção das idéias simples, a mente é ativa na formação das idéias complexas. Essa formação pode realizar-se segundo três modalidades de associação: combinação, junção, abstração. Daí resultam três tipos de idéias complexas: modos, relações e substâncias.

Conhecer é então perceber, entre as idéias, relações de conformidade ou de desconformidade. Locke analisa as combinações possíveis das diversas relações, assim como os graus diversos de conhecimento delas decorrentes. Por exemplo, as idéias matemáticas ou morais, como não remetem a nada senão a si mesmas, não precisam conformar-se a uma realidade exterior; o conhecimento então extrai certeza da evidência intuitiva ou da demonstração. Quanto aos conhecimentos que remetem a realidades que estão fora de nós, só a experiência pode nos dar segurança de sua objetividade.

A reflexão lockeana sobre a gênese de nossas idéias e de nossos conhecimentos redunda no exame das funções da linguagem (livro III) e no estudo crítico dos poderes do entendimento humano (livro IV). Nenhum conhecimento legítimo lhe é permitido em certos domínios: infinidade, eternidade e, por conseguinte, a divindade. A teologia está, pois, desqualificada, e também a metafísica, pois nosso entendimento não tem acesso algum à essência real das coisas. Não nos é permitido afirmar, por exemplo, que a substância espiritual é distinta da matéria; Deus pode muito bem ter dado a esta a faculdade de sentir e de pensar.

A influência do *Ensaio acerca do entendimento humano* foi imensa. Nunca será demais ressaltar a importância exercida por esse livro no Século das Luzes, que o transformou no correspondente filosófico da obra científica de Newton. Traduzido já em 1700 para o francês por Pierre Coste, exerceu influência profunda e duradoura sobre Voltaire e os Enciclopedistas. Viu-se em Locke alguém que voltava a fazer justiça à análise e à observação após um século de dominação do espírito de sistema (dos grandes metafísicos do século XVII: Descartes,

Malebranche, Spinoza, Leibniz, que, no entanto, também influenciaram o Iluminismo). Em *Novos ensaios sobre o entendimento humano**, Leibniz criticava acerbamente o empirismo lockeano. À idéia da *tabula rasa*, opunha a fórmula: "Não há nada no entendimento que preceda os sentidos, a não ser o próprio entendimento." Mas a morte de Locke dissuadiu Leibniz de publicar os *Novos ensaios*.

Edição brasileira: *Ensaio acerca do entendimento humano*, São Paulo, Abril, 1983.
Estudo: J. Bennet, *Locke, Berkeley, Hume*, Central Themes, Oxford, 1971.

ENSAIO ANALÍTICO SOBRE AS FACULDADES DA ALMA, *Essai analytique sur les facultés de l'âme*, 1760.

CHARLES BONNET, 1720-1793.

Segundo Bonnet, a chave das operações intelectuais (sensação, memória, imaginação) é a noção de fibra. A partir desse substrato fisiológico ele tenta pensar a totalidade da vida mental. Essa obra desenvolve uma concepção sensacionista e continuísta da atividade espiritual.

Estudo: É. Guyénot, *Les sciences de la vie aux XVII*[e] *et XVIII*[e] *siècles*, col. "L'Évolution de l'humanité", Albin Michel, 1941.

ENSAIO DE ALGUMAS CONSIDERAÇÕES SOBRE O OTIMISMO,

EMMANUEL KANT.

VER CONSIDERAÇÕES SOBRE O OTIMISMO.

ENSAIO DE PSICOLOGIA, *Essai de psychologie*, 1754.

CHARLES BONNET, 1720-1793.

Mais ambicioso que o título, esse ensaio trata das operações psíquicas, mas também de metafísica (liberdade, Deus), moral e educação. Bonnet desenvolve uma concepção sensacionista muito próxima da de Condillac; mas a alma é a sede de uma atividade própria, baseada no movimento mecânico de "fibras".

Estudo: É. Guyénot, *Les sciences de la vie aux XVII*[e] *et XVIII*[e] *siècles*, col. "L'Évolution de l'humanité", Albin Michel, 1941.

ENSAIO DE UMA FILOSOFIA DO ESTILO, *Essai d'une philosophie du style*, 1968.

GILLES-GASTON GRANGER, nascido em 1920.

Definindo o objeto desse ensaio como uma análise estática das obras, Granger procura determinar a relação entre forma e conteúdo como modo de trabalho. Enquanto o conhecimento científico tende a reduzir o concreto vivenciado a fim de produzir um processo de conceitualização, a criação artística tende a revelar não só uma universalidade sem conceito, mas também uma "individualidade conceitualizada". Assim, o trabalho operado pela criação artística consiste em "superar a impossibilidade de apreensão teórica do individual". O filósofo visa a realizar uma *estilística geral*, englobando uma estilística da prática científica. O estilo é estudado na construção do objeto matemático, assim como nas estruturas de linguagem. A terceira parte erige uma estilística das ciências do homem, na qual toda obra humana pode ser interpretada como uma formalização.

Estudo: E. Schward, *Dictionnaire des philosophes*, P.U.F., 1984.

ENSAIO DE UMA NOVA TEORIA DA REPRESENTAÇÃO, *Versuch einer neuen Theorie des menschlichen Vorstellungsvemögens*, 1789.

KARL LEONHARD REINHOLD, 1758-1823.

Reinhold tenta completar o criticismo introduzindo a faculdade de representação, por cuja negligência Kant é alvo de suas censuras. Ele estabelece certas distinções entre consciência, autoconsciência e conhecimento. Sua "filosofia elementar" baseia-se no princípio da consciência: a forma diz respeito ao sujeito; a matéria, ao objeto.

Estudo: A. Degange, *Dictionnaire des philosophes*, P.U.F., 1984.

ENSAIO FILOSÓFICO SOBRE AS PROBABILIDADES, *Essai philosophique sur les probabilités*, 1814.
PIERRE SIMON DE LAPLACE, 1749-1827.

O "Newton francês" era um grande matemático e cientista que dedicou a segunda parte de suas pesquisas aos resultados da aplicação e do desenvolvimento da lei da gravitação, obtidos por três gerações de ilustres matemáticos.

Sua *Teoria das probabilidades*, à qual esse *Ensaio* serve de introdução, contribui para a cosmologia de Newton com uma teoria física da formação do mundo: a *probabilidade* é definida como uma fração cujo numerador é o número dos casos favoráveis, e cujo denominador é o número de todos os casos possíveis. Laplace demonstra que o estudo das probabilidades supre as lacunas do nosso conhecimento. Ele imagina uma inteligência extra-humana, o famoso "demônio de Laplace", que teria a capacidade de conhecer não só a posição de cada partícula do universo a cada instante, como também o conjunto de forças que agem sobre ela: é a tese do *determinismo absoluto*. Além disso, Laplace aplica aos problemas sociais sua teoria das probabilidades.

Estudo: K. R. Popper, *L'univers irresolu*, Hermann, 1984.

ENSAIO PARA INTRODUZIR NA FILOSOFIA O CONCEITO DE GRANDEZA NEGATIVA,
EMMANUEL KANT.
VER CONCEITO DE GRANDEZA NEGATIVA.

ENSAIO PARA UMA NOVA TEORIA DA VISÃO, *An Essay towards a New Theory of Vision*, 1709.
GEORGE BERKELEY, 1685-1753.

Essa obra visa a desfazer uma série de ilusões relativas à percepção: distâncias, grandezas e movimentos não são vistos, no sentido próprio da palavra "ver". Berkeley rejeita a distinção tradicional, desde Aristóteles, entre qualidades sensíveis por um único sentido (*sensíveis próprias*) e qualidades acessíveis a vários sentidos (*sensíveis comuns*), negando a existência destas últimas. Utilizando uma experiência de pensamento muito comum em seu século – o cego de nascença que recupera a visão –, Berkeley considera que esta não faz parte do jogo da percepção do real. O espetáculo visual das coisas é um código de sinais cuja única relação com seu referente são as palavras da linguagem. A experiência de enxergar remete, pois, ao espírito percipiente e ao espírito divino em que vivemos, pelo menos enquanto não confundirmos os signos com uma realidade objetiva qualquer.

Estudo: M. Guéroult, *Berkeley, quatre études sur la perception et sur Dieu*, Aubier-Montaigne, 1956.

ENSAIO SOBRE A DÁDIVA, Forma e razão da troca nas sociedades arcaicas, *Essai sur le don. Forme et raison de l'échange dans les sociétés archaïques*, 1923-1924.
MARCEL MAUSS, 1872-1950.

Para abordar essa obra, é necessário certo número de noções prévias. Já de início, a 45.ª lição do *Curso de filosofia positiva** de Auguste Comte vincula o estudo dos fenômenos mentais à biologia, partindo da anatomia para a fisiologia (e não o inverso, como preconizava Franz Josef Gall). Para Comte, não há função intelectual sem substrato orgânico e sem substrato social. Além disso, no tomo I do *Sistema de política positiva**, capítulo III da "Introdução fundamental", Comte afirma a supremacia científica e mental da sociologia sobre a biologia, supremacia anunciada na 58ª lição do *Curso*. Portanto, existem dois níveis de realidade: a vida social e a vida propriamente dita. Marcel Mauss também afirmara que as mais elevadas funções humanas só podem ser estudadas dos pontos de vista sociológico e, complementarmente, biológico.

A obra de Marcel Mauss é extensa e diversificada. Sua contribuição original é a noção de "fato social total", respeitante à morfologia, à fisiologia sociais e à sociologia geral. Resulta da posição epistemológica de Mauss a concepção de homem total. Assim também, a tese do fenômeno social total permite captar as estruturas ocultas e atingir a "única realidade", a realidade social, ou seja, o melanésio ou o romano.

Essa concepção de Mauss manifesta-se com mais clareza em *Ensaio sobre a dádiva*, no qual se demonstra que os fenômenos econômicos não são dissociáveis dos outros aspectos da vida social. As trocas, sejam elas quais forem, dizem respeito à sociedade em seu conjunto e derivam todas da obrigação de dar. O *potlatch* dos indígenas da costa do Pacífico norte e o *kula* dos melanésios recobram vastos sistemas de doações recíprocas nos quais se manifesta um vínculo íntimo e mágico entre objetos e pessoas. É isso o que confere à dádiva um valor social. Estamos então diante de fenômenos totais: ao mesmo tempo religiosos, econômicos, políticos, matrimoniais e jurídicos. Essas doações entre os clãs das tribos australianas consistem em trocas de bens, de mulheres, de nomes. O princípio do *mana*, poder impessoal, permite compreender o simbolismo do rito e da prece. O sacrifício, entre outras coisas, tem o objetivo de estabelecer a comunicação entre o sagrado e o profano. Todos os ritos podem, assim, ser interpretados como linguagens simbólicas. Os ritmos variados apresentados pela morfologia social são fenômenos sociais totais, que, com formas complexas, traduzem estruturas fundamentais. Mauss toma o exemplo da sociedade esquimó, que se dispersa no verão e volta a reunir-se no inverno: vê-se com clareza que é a totalidade da estrutura da existência que muda no simbolismo da alternância das estações.

O *Ensaio sobre a dádiva* mostra como nascem os poderes mágicos explicitando certas formas de atribuição do poder. Freqüentemente, os poderes mágicos são hereditários; na maioria das vezes, são objeto de uma revelação regulada pela coletividade. À iniciação sucede um ensinamento oral. Assim como Durkheim, Mauss considera o *mana* uma força coletiva, a fonte comum da religião e da magia. A essa concepção opõe-se a de Georges Gurvitch, que vê no *mana* uma força impessoal, sobrenatural e transcendente. Por outro lado, a distinção entre religião e magia é difícil: a magia serve com freqüência a fins individuais, ao contrário da religião, que diz respeito à comunidade dos fiéis. Estudando Mauss, é possível ver com clareza essa questão, no que se refere aos "pólos" para os quais tendem religião e magia: a primeira tende para o sacrifício; a segunda, para o malefício. Onde a religião adora, a magia age. No entanto, muitas vezes as duas se misturam, como mostra Gurvitch, sendo a magia imanente, e a religião, transcendente. Nos dois casos, porém, trata-se do "numinoso", cujo domínio próprio é a religião, pela síntese entre tabu e magia. Mauss descreve esse "balé complicado de êxtases", que manifesta a força impessoal, do ancestral ou do Deus pessoal. Então a simbolização procede por dramatização. O *potlatch* é acompanhado por dança. Estabelece-se uma relação entre arte dramática e definição da pessoa. Com base no material colhido por Franz Boas sobre o *potlatch*, Mauss considera as cerimônias em que se expressam as rivalidades das partes, que ele chama de "doações totais de tipo agonístico". Georges Davy voltará a isso em *Elementos de sociologia* (1950), ao tratar da origem da soberania. De fato, Davy considera o *potlatch* como um fator de individualização na óptica agonística. O *potlatch* de desafio mostra-se com mais evidência entre os kwakiutls. Do ponto de vista econômico, o *potlatch* serve para concentrar as riquezas; do ponto de vista social, seu resultado é a concentração da soberania. O *potlatch* realiza concentração e individualização do poder nas chamadas sociedades "de *potlatch*", que são civilizações feudais e comerciais caracterizadas pela existência de confrarias hierarquizadas.

Edição portuguesa: *Ensaio sobre a dádiva*, Lisboa, Presença, 1988.
Estudo: Cl. Lévi-Strauss, apresentação do texto na edição francesa: *Essai sur le don*, in *Sociologie et anthropologie*, col. "Quadrige", P.U.F., 1989.

ENSAIO SOBRE A DESIGUALDADE DAS RAÇAS HUMANAS, *Essai sur l'inégalité des races humaines*, 1853-1855.
GOBINEAU (Joseph Arthur, conde de), 1816-1882.

Com essa obra Gobineau funda uma hierarquia das raças com base na pureza do sangue e nas alterações imputáveis à mestiçagem. Quando duas "raças" desiguais se cruzam, o que a "raça inferior" ganha não compensa a perda sofrida pela "raça superior". Gobineau vê na história a prova do papel da "pureza" racial na dominação. Na prática, decorre daí uma oposição a qualquer "mistura racial", em particular por via da colonização.

Apesar de certas alegações de Gobineau, suas teses nada devem a Darwin (que, ao contrário, mostra os perigos da consangüinidade). O racismo nazista se inspirou no *Ensaio sobre a desigualdade das raças humanas*, seduzido – e pensando seduzir – pela aparência "científica" de suas teorias. As teses de desigualdade de Gobineau, porém, não têm nenhum fundamento científico. Mesmo a noção de "raça" é hoje considerada pelos biólogos como um conceito nebuloso e pouco pertinente.

Estudo: P. Tort, "L'inégalité (Gobineau, la philosophie e les sciences)", *La pensée hiérarchique et l'évolution*, Aubier-Montaigne, 1983.

ENSAIO SOBRE A ORIGEM DAS LÍNGUAS, em que se fala sobre a melodia e a imitação musical,
Essai sur l'origine des langues, où il est parlé de la mélodie et de l'imitation musicale, 1781.
JEAN-JACQUES ROUSSEAU, 1712-1778.

Obra póstuma, publicada pela primeira vez num volume que reunia os *Tratados sobre a música* de Rousseau (1781), o *Ensaio sobre a origem das línguas* foi composto por volta de 1754. Vinte capítulos breves, dentre os quais alguns não foram redigidos, referem-se aos diferentes meios de comunicarmos nossos pensamentos (cap. 1), à invenção da fala (cap. 2), à formação das línguas meridionais e setentrionais (caps. 9 e 10), à origem da música (cap. 12), à sua degenerescência (cap. 18), à relação entre as línguas e o governo (cap. 20).

Rousseau, defensor da melodia, como muitos dos enciclopedistas, opõe-se ao músico Jean-Philippe Rameau, partidário da harmonia. Mas esse ensaio propõe principalmente, na linha de Condillac, uma teoria da linguagem – ligada a uma representação do homem (com sua hierarquia: necessidades, paixões, razão) – assim como uma visão da história (com sua sucessão: povos selvagens, bárbaros e civilizados). A linguagem não nasceu de necessidades físicas, que afastavam os homens uns dos outros, mas de paixões, que os aproximavam e "que arrancaram as primeiras vozes". Razão por que as primeiras línguas foram cantantes e apaixonadas. Na história das civilizações, a linguagem primeiro pinta os objetos (as figuras alegóricas dos egípcios), depois as palavras, com a ajuda de caracteres convencionais (a escrita chinesa); por fim, a linguagem não pinta mais a fala, porém a análise (invenção do alfabeto).

Na evolução que nos faz passar da natureza à convenção, da ordem dos sentimentos à da razão, do universo próximo do canto ao da fala, a articulação, com as consoantes a se multiplicarem, estende-se e transforma profundamente a língua. É certo que ela se torna mais exata e mais clara, porém os sons são menos variados, a diversidade dos acentos se apaga, a voz se torna monótona, mais arrastada e surda. É nessa perspectiva que se deve compreender a busca das causas físicas da distinção primitiva entre as línguas do Sul (ligadas às paixões) e as línguas do Norte (ligadas às necessidades), mais "duras e ruidosas".

Edição brasileira: *Ensaio sobre a origem das línguas no qual se fala da melodia e da imitação musical*, São Paulo, Nova Cultural, 1987 (Os pensadores).
Estudo: J. Derrida, *De la grammatologie**, Éd. de Minuit, 1967.

ENSAIO SOBRE A ORIGEM DOS CONHECIMENTOS HUMANOS,

Essai sur l'origine des connaissances humaines, 1746.
CONDILLAC (Etienne Bonnot de), 1714-1780.

Esse ensaio pode ser classificado entre as psicogonias, pois é uma tentativa de descrever o desenvolvimento da mente a partir de um dado primeiro, que seria a sensação.

Condillac considera de início a mente no momento em que recebe impressões vindas do mundo exterior. Enriquecendo-se, a sensação vai gerar o conteúdo mental, num progresso contínuo. Inicialmente, ao se tornar consciente, a sensação dá origem à percepção, pois Condillac, assim como Locke e ao contrário de Leibniz, equipara a percepção a uma sensação consciente. Essa percepção subjetiva é a sede de variações quantitativas e qualitativas: a faculdade que nos permite receber um número maior ou menor de sensações, de maneira mais ou menos distinta, é denominada por Condillac de atenção. As percepções não são nem únicas nem isoladas umas das outras, mas sim interligadas e repetitivas: da tomada de consciência dessa repetição nascem a permanência do sujeito – como sede dessa repetição – e a do objeto – como matéria dessa repetição. Ademais, adquirimos o sentimento de existir como individualidade ao percebermos a permanência de nossa consciência sob o fluxo das diversas percepções. Por fim, Condillac define as outras três faculdades do espírito que são modos mais refinados da percepção, que se produz na ausência do objeto. Em primeiro lugar está a *imaginação*, quando há percepção de uma imagem do objeto; depois, a *memória*, quando invocamos o nome ou as circunstâncias de aparecimento do objeto; por fim, a *contemplação*, que corresponde a uma percepção duradoura do objeto que acaba de desaparecer. Essas operações simples da mente serão utilizadas para produzir operações mais complexas. Condillac explica assim a ligação das idéias: à consciência de uma necessidade une-se a idéia do objeto que a satisfará, e, como as necessidades estão interligadas, cria-se assim toda uma rede de idéias simples.

Mas se a sensação é a *matéria* a partir da qual se dá o desenvolvimento da mente, a linguagem é seu *meio*. De fato, pela palavra, que permite substituir uma sensação por um conteúdo mental, a mente pode mobilizar as idéias graças às quais exerce ativamente a atenção, a memória e a imaginação. Tomando a iniciativa dessas operações, a mente passa do estágio da sensação ao da reflexão. Se a sensação fornece as idéias simples, é preciso que apareça a palavra para que se passe destas às idéias complexas. De fato, só a linguagem permite fixar e reunir as idéias. Pela linguagem formam-se as idéias matemáticas, as idéias morais e as dos corpos físicos. Condillac apóia-se em fatos para fundamentar essa teoria: uma criança selvagem da Lituânia e um jovem surdo-mudo, ambos desprovidos da linguagem, estavam privados da capacidade de raciocinar e de formar idéias abstratas. Portanto, são as palavras que possibilitam o progresso da mente, permitindo a realização de diversas operações sobre as idéias, tais como a comparação ou a composição.

Depois de definir o papel da linguagem, Condillac passa a fazer uma genealogia da linguagem. Distingue em primeiro lugar os sinais naturais, ou linguagem de ação, dos sinais convencionais, e afirma que estes saem daqueles para satisfazer às necessidades de comunicar-se, própria do homem. Os sinais são obra da imaginação e da atenção, que nos permite uni-los às idéias. Por fim, Condillac indica o método que permite utilizar bem o entendimento: em primeiro lugar, ter idéias determinadas de cada coisa e possuir sinais precisos para expressá-las; depois, só utilizar como método de raciocínio a análise, que permite ligar o que é conhecido ao que não o é ainda.

Nesse ensaio, Condillac alinha-se com Locke contra o cartesianismo, pois rejeita as construções abstratas da metafísica, em favor de um sistema em que se deduz o encadeamento dos fatos da observação da realidade. No entanto, ele adota uma posição mais radical que a de Locke, ao mostrar como a reflexão pode ser engendrada a partir da sensação, sem recorrer a nenhum poder inato da mente, cuja origem não possa ser revelada pela experiência. É, pois, nessa obra de Condillac que, pela primeira vez, a genealogia da mente é empreendida a partir da experiência apenas.

Estudo: J. Derrida, introdução à edição francesa: *Essai sur l'origine des connaissances humaines*, Galilée, 1975.

ENSAIO SOBRE A SIGNIFICAÇÃO DA MORTE, *Essai sur la signification de la mort*, 1948.

JULES VUILLEMIN, nascido em 1920.

Jules Vuillemin dissocia duas fontes de afetividade: a emoção e o sentimento. No sentimento está a origem da razão; a emoção é a fonte do conhecimento pelo entendimento, e é precisamente a morte que dá a nosso comportamento dois significados opostos. "A morte é a origem das antinomias da razão pela mesma razão por que provoca os delírios da emoção." Esse é *seu duplo significado*. Nosso sentimento primitivo é a alegria; o sentimento de tristeza não existe. A morte é a fonte comum de nossas emoções (medo, cólera).

Estudo: M. Guiomar, *Principes d'une esthétique de la mort*, José Corti, 1988.

ENSAIO SOBRE ALGUNS CARACTERES DA NOÇÃO DE ESPAÇO E DE TEMPO, *Essai sur quelques caractères des notions d'espace et de temps*, 1931.

RENÉ POIRIER, nascido em 1900.

Nessa obra, René Poirier tentou conciliar empirismo concreto com racionalismo absoluto, partindo da idéia de que o "âmbito espácio-temporal" está intimamente ligado ao mundo físico, de que lhe está "associado na reconstrução racional do mundo". Ora, a realidade da experiência é menos teórica que material: a questão é introduzir num quadro extremamente rígido uma realidade que, por definição, é instável, móvel e mutável. "Minha representação não é um império de fronteiras traçadas com exatidão, além das quais encontraríamos um nada metafísico", diz assim Poirier.

Todo o problema consistirá então em conciliar a lógica com o que é vivo. O autor conseguirá fazer isso através de uma formulação matemática – poderíamos dizer mesmo algorítmica – em que a inteligibilidade da matéria nos será dada na matematização do real.

Estudo: J. Parain-Vial, *Dictionnaire des philosophes*, P.U.F., 1984.

ENSAIO SOBRE ALGUNS PROBLEMAS REFERENTES AO NORMAL E AO PATOLÓGICO,

GEORGES CANGUILHEM.

VER NORMAL E O PATOLÓGICO (O).

ENSAIO SOBRE AS PAIXÕES, *Essai sur les passions*, 1907.

THEODULE RIBOT, 1839-1916.

Esse tratado tenta apresentar um quadro mais ou menos completo da vida afetiva. O tema das paixões ocupa posição muito importante. Trata-se de saber se existem manifestações particulares da vida humana que possam ser arroladas sob esse termo. O autor aborda sucessivamente as três etapas necessárias à resolução do problema: fixar com precisão os caracteres próprios das paixões, refazer sua genealogia, vinculando-as às tendências que lhes deram origem, procurar saber como e por que elas se extinguem.

Estudo: H. Baruk, *La psychiatrie française de Pinel à nos jours*, P.U.F., 1967.

ENSAIO SOBRE O ESPÍRITO DE ORTODOXIA, *Essai sur l'esprit d'orthodoxie*, 1938.

JEAN GRENIER, 1898-1971.

Composto em 1938, esse ensaio é um protesto contra a ortodoxia comunista e marxista. Grenier define esse termo como a rejeição intransigente de qualquer pensamento ou de qualquer doutrina que não seja aquela em que se tem fé. Ora, na época em que Grenier escreve essa obra, o marxismo parece corresponder perfeitamente a essa definição: postula a infalibilidade do chefe, a incompetência da massa proletária e o perigo da crítica.

Mas pode-se dizer do tomismo, por exemplo, o mesmo que se diz do comunismo. Basta que uma doutrina fanatize seus adeptos a tal ponto que a liberdade de pensamento não seja mais concebível para que ela se torne ortodoxa.

Ainda atual, esse ensaio pode ser lido como o testemunho de um homem que tentava ser livre com todas as suas forças.

Estudo: *Jean Grenier* (sob a direção de A. Jacques), Folle Avoine, 1990.

ENSAIO SOBRE O LIVRE-ARBÍTRIO, *De libero arbitrio diatribe sive collatio*, 1524.

ERASMO DE ROTTERDAM, c. 1469-1536.

Contra a teoria de Lutero, que nega a aptidão do homem para o bem em razão do pecado, Erasmo reafirma o livre-arbítrio e a responsabilidade humana. Defende, assim, a doutrina católica. Essa polêmica contribuiu para acentuar a cisão entre a Igreja e os protestantes.

Estudo: C. Chantraine, *Erasme et Luther, libre e serf arbitre*, Lethielleux, 1981.

ENSAIO SOBRE O LIVRE-ARBÍTRIO, *Über die Freiheit des Willens*, 1841.

ARTHUR SCHOPENHAUER, 1788-1860.

Trata-se do primeiro volume de uma coletânea de dois; foi publicado em 1841 com o título: *Os dois problemas fundamentais da ética* (o segundo era *Sobre o fundamento da moral**). O ensaio fora redigido em 1838 para responder a uma pergunta que fazia parte de um concurso promovido pela Academia Real da Noruega: "O livre-arbítrio pode ser demonstrado pelo testemunho da consciência?" Schopenhauer ganhará o prêmio.

A partir de uma série de definições rigorosamente elaboradas (as diferentes acepções da palavra "liberdade", os diferentes gêneros de necessidade, cap. 1), Schopenhauer responde negativamente à pergunta (cap. 2). Mas não se limita a isso. Aplicando o princípio de causalidade em suas diversas formas, Schopenhauer mostra que a vontade do homem é sempre determinada, e que a menor de nossas volições é um *efeito* necessário. Indo mais longe, inquire sobre as origens de nossa crença no livre-arbítrio, e avança a crítica até elaborar uma teoria do caráter, que ele afirma ser inspirada em Kant. Na verdade, o kantismo de Schopenhauer é aqui – como alhures – bem pouco ortodoxo, e sua teoria do inatismo dos vícios e das virtudes é um decalque psicológico bastante redutor da teoria kantiana do caráter inteligível (cap. 3).

O capítulo 4 apresenta uma doxografia dos autores que sustentaram a mesma posição de Schopenhauer sobre a questão do livre-arbítrio (filósofos, mas também teólogos, escritores, romancistas, poetas). O recurso ao argumento de autoridade não parece atemorizar nosso filósofo.

O quinto e último capítulo trata da questão da responsabilidade, do ponto de vista da negação do livre-arbítrio. Somos responsáveis, em conformidade com a teoria do caráter inato, por aquilo que somos; mas não diretamente pelo que fazemos, pois isso decorre apenas do que somos.

O *Ensaio sobre o livre-arbítrio* por certo não é o maior livro de Schopenhauer, nem aquilo que de mais profundo se escreveu sobre a questão, mas nem por isso esse opúsculo deixa de ter grande valor pedagógico, como primeira introdução ao problema – tão clássico – da liberdade da vontade. O estilo é límpido, e um iniciante em filosofia poderá apreciar a precisão das distinções conceituais feitas no início da obra.

Estudo: D. Raymond, *Schopenhauer*, col. "Écrivains de toujours", Le Seuil, 1979.

ENSAIO SOBRE O MAL, *Essai sur le mal*, 1955.

JEAN NABERT, 1881-1960.

Essa obra é dedicada à aporia do mal, para tentar chegar à sua solução teórica. Quanto mais rígida a norma, maior o campo do irracional, do injustificável. Donde a possibilidade do mal. A consciência é uma causalidade impura: ao respeito à lei mesclam-se o interesse, o amor próprio e a vaidade. Pecando, a alma se trai ao trair um princípio, e desespera de medir-se por seus atos; é o trágico, que se furta à consciência normativa. Pelo pecado, a alma se compraz consigo mesma. Essa cisão em relação ao outrem reduz este último a ser apenas o outro: é o ódio, a irrupção do mal. Justificar-se é realizar uma remissão, uma reintegração das faltas. Condenar-se é dar início à salvação, à conversão como certeza religiosa.

Nesse ensaio, o autor, que também se interessa pela filosofia kantiana, assume papel importante na reflexão ética de nosso tempo.

Estudo: P. Levert, *Jean Nabert ou l'exigence absolute*, Seghers, 1971.

ENSAIO SOBRE O PRINCÍPIO DE POPULAÇÃO, *An Essay on the Principle of Population*, 1798.

THOMAS ROBERT MALTHUS, 1766-1834.

Rompendo com o otimismo de William Godwin e com a crença no progresso, Malthus publica esse texto, anonimamente, em forma de panfleto no ano de 1798; depois, volta a publicá-lo em 1803, reformulado e com seu nome. Nele expõe uma teoria demográfico-econômica que expressa uma visão pessimista, triste e desoladora, que dará origem ao malthusianismo.

O *princípio de população* afirma que a população cresce segundo uma progressão geométrica, dobrando a cada vinte e cinco anos, enquanto os meios de subsistência só aumentam em progressão aritmética. A dinâmica demográfica é resultante da evolução da fertilidade, estimulada pelo desenvolvimento econômico, que favorece a nupcialidade, e pelo "instinto sexual". No que se refere aos meios de subsistência, Malthus retoma a lei do rendimento decrescente da terra, segundo a qual os recursos naturais são explorados em ordem decrescente; sob a pressão demográfica, as terras utilizadas esgotam-se, e seu rendimento diminui. Esse desequilíbrio entre população e meios de subsistência provoca pobreza, miséria, e mesmo o aniquilamento.

Para manter o nível de vida, é preciso implantar uma política de restrição à natalidade, visto que as doenças, a fome, os flagelos e a miséria não bastam para esse controle. Assim, o pastor anglicano Malthus preconiza a "coerção moral" (casamento tardio, castidade...). Além disso, ele se pronuncia contra a ajuda aos pobres; a caridade, sobretudo a praticada pelo Estado, tem efeitos negativos, pois encoraja as "relações sexuais precoces" e a natalidade, aumentando, portanto, a miséria.

Quem nada tem "está de mais no banquete da natureza". Contudo, embora liberal, Malthus é favorável a certo intervencionismo estatal em favor da agricultura; o estado pode atribuir incentivos que possibilitem a exploração de novas terras e o aumento da produção agrícola.

Malthus foi um dos primeiros economistas a vincular crescimento demográfico e crescimento econômico. É verdade que sua tese não se confirmou nos países europeus industrializados, mas apresenta certa pertinência nos países do Terceiro Mundo, onde certos governos adotaram políticas malthusianas de controle da natalidade.

Estudo: W. Petersen, *Malthus. Le premier anti-malthusien*, Dunod, 1980.

ENSAIO SOBRE OS COSTUMES E O ESPÍRITO DAS NAÇÕES, *Essai sur les moeurs et l'esprit des nations*, 1756.

VOLTAIRE (François Marie Arouet, dito), 1694-1778.

Essa obra insere-se na tradição seiscentista das grandes filosofias da história (Bossuet). Voltaire pretende elevar-se acima da contingência dos acontecimentos singulares, para encontrar o "espírito" das épocas e das nações. Assim como o *Discurso sobre a história universal** de Bossuet, o *Ensaio sobre os costumes* tem, aliás, metas pedagógicas, porque dedicado à marquesa do Châtelet, que se sentia desapontada por não encontrar sistematicidade nos conhecimentos históricos. Voltaire abordará a história como o físico (cujo modelo continua sendo Newton) aborda a natureza: para descobrir a lei oculta sob a diversidade dos fenômenos.

Voltaire representa a história como algo *unificado* por uma constante: a natureza humana. Por exemplo, embora tire proveito de longas exposições sobre a América e o Oriente para insistir em sua idéia da relatividade dos costumes e das crenças, defende também a idéia de unidade da natureza humana sob todos os climas: "tudo o que se refere intimamente à natureza humana assemelha-se de um extremo ao outro do universo". Trata-se, pois, de uma história do espírito humano, que prenuncia Condorcet. Voltaire acredita que é tempo de dar fim à história heróica, dos generais e das batalhas, escrita do ponto de vista dos príncipes. Portanto, a história voltairiana ultrapassa as dimensões do político, para englobar religião, arte, ciência, filosofia, técnicas. O quadro da história humana que se desenrola nos 197 capítulos da obra oferece um espetáculo cambiante. Os homens não brilham pela inteligência de sua conduta e, afinal, a humanidade continua sempre a mesma no tempo e no espaço; contudo, é possível observar um progresso, pois de século em século a humanidade consegue elevar-se materialmente, e assiste-se ao desabrochar das ciências, das letras e das artes.

Do ponto de vista estritamente histórico, o *Ensaio sobre os costumes* não se equipara a *O século de Luís XIV*. A documentação é menos firme, e Voltaire às vezes se mostra injusto, sobretudo em sua avaliação inflexível da Idade Média. É um exemplo das conseqüências da posição nitidamente anticristã assumida pela obra.

Estudo: E. Cassirer, *La philosophie des Lumières*, Fayard, 1983, cap. V.

ENSAIO SOBRE OS DADOS IMEDIATOS DA CONSCIÊNCIA, *Essai sur les données immédiates de la conscience*, 1889.

HENRI BERGSON, 1859-1941.

Tese de doutorado.

Ao terminar a redação de sua tese de doutorado, em fevereiro de 1888, Bergson, ex-aluno da École Normale Superieure, tem exatamente trinta anos. Como professor universitário de filosofia, dá aulas no liceu Blaise-Pascal de Clermont-Ferrand e na faculdade de letras dessa mesma cidade. A defesa de tese ocorreu em 1889, na Sorbonne, diante de uma bancada em que cumpre destacar Emile Boutroux e Jules Lachelier (a quem a obra é dedicada).

O positivismo do fim do século XIX tem como principal objetivo apresentar os fenômenos humanos e sociais como submetidos a um determinismo tão cabal quanto o que rege os fatos do mundo físico. A vida mental é reduzida à associação de elementos simples, imagens e sensações (*associacionismo*). Contra essa abordagem que estende para a vida psíquica as leis deterministas da ciência, Bergson tem o cuidado de distinguir duas ordens. Por um lado, o mundo exterior, onde se situam os objetos materiais descontínuos, expressos pela linguagem prática, que também é descontínua: é o domínio legítimo da ciência; é a ordem homogênea do espaço, da simultaneidade, da extensão e da quantidade. Por outro lado, o mundo interior da consciência, onde se situam os fatos de consciência, examinados pela psicologia. É a ordem heterogênea da duração (tempo interior), da inextensão, da qualidade. Esses dois mundos se opõem irredutivelmente. Essa distinção das duas ordens autoriza Bergson a restaurar, com a autonomia da consciência, a *liberdade*: a ordem da exterioridade (a ciência) não poderia explicar validamente a ordem da interioridade (a consciência).

A finalidade de Bergson é denunciar o erro que consiste em traduzir ilegitimamente "inextensão por extensão, qualidade por quantidade"; em outras palavras, em querer explicar o que é da ordem do interior (a consciência) pelo que é da ordem do exterior (a ciência). Donde o lugar importante atribuído à demonstração segundo a qual é errôneo representar o tempo vivido, heterogêneo (duração interior), por meio de sua projeção simbólica no espaço homogêneo (o exterior), demonstração esta que passa pela longa denunciação dos sofismas de Zenão de Eléia (a flecha, Aquiles e a tartaruga), segundo os quais Aquiles nunca alcança a tartaruga: "Dessa confusão entre o movimento e o espaço percorrido pelo móvel nasceram, em nossa opinião, os sofismas da escola de Eléia; pois o intervalo que separa dois pontos é divisível infinitamente, e se o movimento fosse composto por partes como as do próprio intervalo, este jamais seria transposto. Mas a verdade é que cada um dos passos de Aquiles é um ato simples, indivisível, e após um número determinado de seus atos, Aquiles ultrapassará a tartaruga. A ilusão dos eleatas ocorre por identificarem essa série de atos indivisíveis e *sui generis* com o espaço homogêneo que os abarca."

Concentrando-se no problema da liberdade, que "é comum à metafísica e à psicologia", Bergson indica o que caracteriza "os dados imediatos" da consciência (ou fatos psíquicos).

A consciência, em primeiro lugar, é *qualidade* pura, e se, apesar disso, somos levados a falar de "intensidade dos estados psicológicos", é apenas porque a intensidade é o "sinal" qualitativo da quantidade (a causa dos fatos psíquicos internos está no espaço exterior).

Em segundo lugar, a consciência é *duração*. Se somos levados a falar em multiplicidade dos estados de consciência, é por convenção. Pois a noção de número está ligada ao mesmo tempo à idéia de um espaço homogêneo (exterior), cujos termos são distintos uns dos outros, e de um processo (interior) de penetração, cujas unidades se somam dinamicamente.

Por fim, a consciência é *liberdade*. Ela é da ordem do fato íntimo. "Não seria possível raciocinar em torno dela sem desenvolver as condições exteriormente umas às outras, no espaço, e não mais na pura duração." Proscrever a liberdade (determinismo) ou mesmo situá-la no domínio intemporal das coisas em si (Kant) provém do mesmo mal-entendido dos antigos sofismas da escola de Eléia: "Como esses sofismas, tem origem na ilusão de se confundir sucessão com simultaneidade, duração com extensão, qualidade com quantidade"; em outras palavras, em se confundir exterioridade com interioridade.

Edição portuguesa: *Ensaio sobre os dados imediatos da consciência*, Lisboa, Edições 70, 1988.
Estudo: H. Hude, *Bergson*, 2 vols., Éditions Universitaires, 1989 e 1990.

ENSAIO SOBRE OS ELEMENTOS PRINCIPAIS DA REPRESENTAÇÃO,

Essai sur les éléments principaux de la représentation, 1907.
OCTAVE HAMELIN, 1856-1907.

A filosofia clássica constitui o arcabouço do ensaio de Hamelin. Na edição de 1925, André Darbon contribuiu com algumas notas que tornaram a obra mais inteligível. Nela, Hamelin pretende integrar todo o cognoscível no pensamento, seguindo um método rigorosamente sintético.

Estudo: F. Turlot, *Idéalisme dialectique et personnalisme, Essai sur la philosophie d'Hamelin*, Vrin, 1976.

ENSAIO SOBRE OS FUNDAMENTOS DA PSICOLOGIA E SOBRE AS RELAÇÕES DESTA COM O ESTUDO DA NATUREZA,

Essai sur les fondements de la psychologie et sur ses rapports avec l'étude de la nature, 1859.
MAINE DE BIRAN (Marie François Pierre Gontier de Biran, dito), 1766-1824.
Extraído das *Oeuvres inédites* publicadas por Ernest Naville.

Foi pequeno o número de obras que Maine de Biran publicou em vida. Foi preciso esperar a publicação de 1859, em três volumes, para que a originalidade desse filósofo pudesse tornar-se pública. Ele é visto, sucessivamente, como sensacionista, intelectualista e místico.

O *Ensaio sobre os fundamentos da psicologia* representa o estágio mais acabado de sua filosofia. Denunciando o método errôneo de Condillac, Maine de Biran segue seu próprio método, o genético, para revelar o *poder do esforço em ação* que se desenvolve na consciência e permite compreender a natureza das idéias gerais graças às quais as relações entre as coisas se nos tornam conhecidas, idéias tais como causa, poder e força. Maine de Biran recusa-se a aceitar a alma-substância absoluta de Descartes bem como, aliás, um eu impessoal ou universal. Aberto, o eu é então um *ego volo* [eu quero], e não um *ego cogito* [eu penso].

Estudo: G. Romeyer-Dhertley, *Les philosophes de l'existence*, Vrin, 1981.

ENSAIO SOBRE OS FUNDAMENTOS DE NOSSOS CONHECIMENTOS E SOBRE OS CARACTERES DA CRÍTICA FILOSÓFICA,

Essai sur les fondements de nos connaissances et sur les caractères de la critique philosophique, 1851.
ANTOINE AUGUSTIN COURNOT, 1801-1877.

Reitor da academia de Grenoble e professor da faculdade de ciências da mesma cidade, Cournot dividiu sua carreira entre os cargos administrativos e suas publicações científicas. Essa obra divide-se em vinte e cinco seções, indo de uma apresentação do conhecimento em geral à conclusão, passando pela análise das noções de acaso, indução, matéria, vida, moral. É feito um estudo da linguagem e de seus fundamentos lógicos, do discurso e sua ordem linear, da organização do direito e da coordenação dos conhecimentos humanos. O autor examina também alguns sistemas filosóficos.

Cournot apresenta a razão das coisas, em oposição à idéia de causa eficiente e de causa propriamente dita. No que se refere ao acaso, seu estudo remete às noções de possibilidade e de probabilidade. Freqüentemente são invocados juízos fundamentados em probabilidades, mas não se trata de probabilidades matemáticas. Não que o juízo indutivo se baseie legitimamente na crença na estabilidade das leis da natureza, ou na máxima segundo a qual as mesmas causas produzem sempre os mesmos efeitos. Cournot prova, ao contrário, que não é assim. Distinguindo indução e analogia, o *Ensaio* remete a Kant.

O autor vincula a probabilidade filosófica, assim como a probabilidade matemática, à noção de acaso e de independência das causas. Objetivamente, a probabilidade matemática mede a possibilidade física dos acontecimentos e sua freqüência relativa; subjetivamente, ela fornece certa medida de nossos conhecimentos atuais sobre as causas e as circunstâncias de produção dos acontecimentos. A probabilidade filosófica baseia-se numa noção geral do que as coisas devem ser, mas muda conforme o estado de nossos conhecimentos. Cournot estuda a possibilidade de aplicação da probabilidade à crítica das fontes de nossos conhecimentos. Considera os sentidos como instrumentos de conhecimento, e reflete sobre as imagens e as palavras.

Analisando cada um dos sentidos relativamente à sua utilidade para o conhecimento, ressalta que certos sentidos não interferem. No que se refere à visão, Cournot define a retina como um "quadro senciente", e constata que a eliminação da visão nos vedaria inumeráveis conhecimentos e até mesmo provocaria a cessação do desenvolvimento científico. Ademais, o emprego de imagens sensíveis permite dar corpo à idéia. A imaginação é uma faculdade criativa. Abaixo dessa faculdade brilhante encontra-se outra, que é o poder de associar imagens sensíveis para as necessidades do pensamento. Mas, para pensar um polígono de mil lados, é preciso empregar signos artificiais. Vivemos na ignorância daquilo que constitui a essência da matéria tangível.

No que se refere aos fluidos imponderáveis, tudo o que é fundamento real da idéia de matéria atinente aos corpos ponderáveis, ou ele é contrário à experiência, ou não é constatável pela experiência. Não só é preciso elaborar uma noção distinta das categorias, como também é preciso ter uma idéia justa de sua subordinação hierárquica. Os fenômenos que chamamos de moleculares ultrapassam os limites de nossa percepção; quanto a eles, só temos a possibilidade de imaginar a matéria num estado de extrema divisão. Não basta possuir os primeiros termos de uma série para captar a sua lei.

Lançando mão de terminologia comtiana, Cournot fala da simplicidade decrescente ou da complexidade crescente dos fenômenos que ele estuda numa ordem análoga à de Comte. É por isso que, da matéria, ele passa ao exame da vida. Constata que os fenômenos da natureza viva diferem essencialmente dos fenômenos do mundo inorgânico. Cournot observa que muitas idéias de ordem matemática poderiam ser atingidas por outros meios não matemáticos: as idéias de combinação, ordem, simetria, igualdade, inclusão, exclusão. Para Cournot, as idéias não são as ficções de nosso espírito, mas têm seu tipo na natureza.

Defendendo a idéia de classificação, Cournot a considera uma operação do espírito útil não só à nomenclatura, mas também às necessidades didáticas. Os grupos artificiais podem ser subdivididos em grupos subalternos ou agrupar-se para formar coleções; essas coleções podem ser consideradas unidades de ordem superior. Com os seres vivos, impõe-se a classificação através dos tipos específicos. Aliás, o mesmo ocorre com os objetos inanimados, que podem e devem ser classificados. As considerações sobre as ciências não impedem que Cournot se interesse pelas idéias morais e pelas idéias estéticas. Dando primazia às obras de arte feitas por imitação da natureza, Cournot inscreve em seguida as obras apropriadas às necessidades do homem civilizado. Conclui a obra dando destaque à sua noção central: a verdade.

Estudo: J.-P. Chrétien-Goni, *Dictionnaire des philosophes*, P.U.F., 1984.

ENSAIOS, *The Essays or Counsels, Civil and Moral*, 1597.
FRANCIS BACON, 1561-1626.

Essa coletânea de vinte e oito ensaios, ou "conselhos civis e morais", não é o livro mais original de Bacon, mas contém as reflexões de um homem culto sobre os assuntos mais diversos: estudo, conversação, cerimônias, amigos, gastos, saúde, honra, reputação, partidos, negociações. Temas aos quais se somam arrazoados sobre a verdade, a inveja, a audácia, viagens, as colônias, a usura, os jardins e a vicissitude das coisas.

Estudo: M. Castelain, introdução à edição francesa: *Essais*, col. "Bilingue", Aubier-Montaigne, 1979.

ENSAIOS, *Éssais*, 1580 e 1588.
MONTAIGNE (Michel Eyquem de), 1533-1592.

Estamos diante de uma obra "ondulante e diversa", de um gênero novo, cujos primeiros dois livros, redigidos entre 1570 e 1580, foram editados já em 1580, e o terceiro em 1588. Não se distingue nenhuma ordem evidente. É constituído por reflexões e comentários sobre os vários fatos da história passada e presente; o autor toma posição sobre questões políticas e religiosas. Assim, o assunto de *Ensaios* é antes e acima de tudo a insatisfação do autor com seu tempo, bem como uma reflexão sobre a morte; mas, através de tudo isso, o autor faz uma descrição de si mesmo: "O que descrevo sou eu mesmo. Eu sou a matéria de meu livro." De fato, Montaigne se descreve fisicamente, mas sobretudo do ponto de vista intelectual e moral: ele é letrado, "bom escriba", tem inteligência lenta mas penetrante, e uma curiosidade insaciável; odeia a coação e a estultícia; gosta de viajar e de ler; é franco, sincero, negligente, caprichoso; aprecia a ironia e os ditos picantes, mas desconfia das paixões; tem notável aptidão para a felicidade.

Para atingir a felicidade, é preciso proteger-se dos outros: "Minha opinião é que devemos emprestar-nos aos outros, mas darnos só a nós mesmos"; também é preciso afastar as paixões: "Eu não agüentaria; sou suscetível, por natureza e por hábito..." Montaigne fecha-se então em si mesmo, refugia-se em sua biblioteca. Esse fechamento interior ocorre depois da morte do amigo La Boétie; na amizade, sentimento nobre por excelência, Montaigne sabia doarse: "Na verdadeira amizade, em que sou experiente, dôo-me ao amigo mais do que o arrasto para mim"; e acrescenta: "Se instarem para que eu diga por que gostava dele, sinto que não poderia responder de outro modo senão: 'Porque era ele, porque era eu.'" Depois da morte de La Boétie, Montaigne não passa de uma sombra; mas continua encantado com o amigo, que desaparecera com estoicismo.

Influenciado por Sêneca, perturbado pela morte do amigo e por uma experiência pessoal em que conheceu a morte de perto devido a um acidente de cavalo, Montaigne reflete sobre a morte; o que devemos vencer não é a morte, porém o medo que temos dela. A morte é o "fim, mas não a finalidade da vida"; "saber morrer" é a última palavra do "saber viver". O escritor adota a tese estóica: "Filosofar é aprender a morrer." Seguindo o exemplo de La Boétie, Montaigne se torna estóico; mas não era realmente feito para essa filosofia; por isso, afasta-se dela, mesmo conservando os princípios estóicos sobre a existência: precisamos saber livrar-nos dos males para "pertencer-nos". Atravessa então uma crise céptica (*Apologia de Raymond Sebond**) antes de atingir a sabedoria mais sorridente do epicurismo. A verdadeira felicidade pode ser atingida graças à harmonia do ser com a natureza. É preciso obedecer à Mãe Natureza, divindade tutelar, submeter-se à sua ordem; é preciso exercitar-se na obtenção de um acordo, sempre efêmero, entre as exigências móveis da consciência e as exigências ainda mais móveis da natureza: "As vidas exemplares, na minha opinião, são as que seguem o modelo comum e humano, com ordem, mas sem extravagâncias." Devemos permanecer na condição que nos determina; para atingir a felicidade perfeita, devemos saber "usufruir lealmente de nosso ser", e não sermos ludibriados por nossos sonhos. A educação desempenha papel importante: é preciso formar o juízo do aluno, fortificar sua natureza sem coação; é melhor que ele tenha "a cabeça bem feita do que bem cheia".

Os *Ensaios* são um livro sem-par. São reflexo de uma vida que se realiza: "Não fiz mais meu livro do que meu livro me fez." É um "livro consubstancial com seu autor": nele se vê a evolução de um pensamento, o caminhar do espírito de um homem livre e culto. Liberdade de pensamento, mas também de estilo: Montaigne é um ser móvel como sua obra; dá-se à digressão, utiliza a metáfora, passeia o pensamento através dos meandros das frases. No entanto, essa liberdade não deixa de dissimular um rigor e uma articulação premeditada. Fiel à filosofia antiga de Sêneca e de Plotino, Montaigne representa o pensamento de seu século. Moderado, partidário do meio-termo, ele é um diletante refinado e mundano. Adepto da felicidade terrestre, simboliza o *honnête homme* por excelência.

Edição brasileira: *Os ensaios*, São Paulo, Martins Fontes, 2000.

Estudo: P. Villey, *Les essais de Montaigne*, Nizet, 1961.

ENSAIOS DE CRÍTICA GERAL,

Essais de critique générale, 1851-1864.
CHARLES RENOUVIER, 1815-1903.

Esses ensaios são divididos em quatro partes: lógica crítica, psicologia racional, princípios da natureza, introdução à filosofia da história. O objetivo da obra é instituir um neocriticismo kantiano, mesmo aceitando os fundamentos do positivismo. A doutrina de Renouvier deve ser entendida em relação com uma filosofia da liberdade.

É preciso afirmar o valor do indivíduo cuja *responsabilidade* fundamenta o conhecimento.

Estudo: R. Verneaux, *Renouvier disciple et critique de Kant*, Vrin, 1945.

ENSAIOS DE ESTÉTICA, 1991.

BENEDETTO CROCE, 1866-1952.
Seleção de textos sobre estética.

A questão da definição de arte subjaz a todas as teses do autor, que começa por inquirir sobre o que a arte não é: não é *filosofia*, porque a filosofia é uma reflexão lógica, enquanto a arte não é refletida. A arte não é *história*, que se baseia em categorias críticas, ao passo que a arte só vive de imagens puras. A arte não é *ciência*, ainda que se constate uma força construtiva e unificadora no espírito poético. Não é simples jogo da imaginação, mas preocupação séria de transformar um sentimento vago em intuição clara. A arte não é tampouco *sentimento imediato*, mas sua contemplação. Por fim, a arte não poderia ser utilizada para fins morais. Portanto, para Croce a arte é, antes de mais nada, *intuição lírica pura*. A intuição é a essência do fato estético. Contudo, não há *a priori* estético "em si", porém algo de imanente às obras singulares.

O discurso sobre a arte por excelência é a *estética*: ela reorganiza incessantemente o universo das obras. A estética é mais que aparentada à filosofia, ela é "toda filosofia", além do fato de tratar de arte. Assim, não se pode separar história da filosofia de história da estética, tanto quanto é impossível uma estética não filosófica. O autor reafirma, secundando Baumgarten – inventor do termo "estética" –, o papel primordial dessa disciplina: preencher o espaço entre as percepções confusas da vivência e as intuições claras cuja realização são as obras. Croce também acredita que a arte é fundamentalmente Una, e que qualquer classificação ou divisão é técnica, o que provoca uma confusão entre arte e técnica; esta é apenas uma ação prática para a conservação e a comunicação das obras.

A perspectiva do autor é idealista, mas não intelectualista, uma vez que se afirma a imanência do espírito na arte. Esses textos se opõem à metafísica e ao positivismo. A influência do autor, quanto às idéias e ao método, não constitui unanimidade, mas é considerável sobre o conjunto da cultura italiana.

Estudo: P. Olivier, *Croce ou l'affirmation de l'immanence absolue*, Seghers, 1975.

ENSAIOS DE FILOSOFIA RELIGIOSA, *Essais de philosophie religieuse*, 1903.

LUCIEN LABERTHONNIÈRE, 1860-1932.

O mais importante desses ensaios é o que trata da teoria da educação: *Relação entre autoridade e liberdade*. O autor aborda o problema da educação segundo uma orientação católica. Enfatiza ao mesmo tempo o respeito à liberdade do aluno e a obrigação de dirigi-lo. Por outro lado, ressalta o fato de que a verdadeira fé é inseparável de uma conversão do coração. Não é uma adesão puramente passiva, mas uma expressão ativa da verdade.

Estudo: M.-M. de Hendecourt, *Essai sur la philosophie du père Laberthonnière*, Vrin, 1947.

ENSAIOS DE LINGÜÍSTICA GERAL, 1963 e 1973.

ROMAN JAKOBSON, 1896-1982.

Coletânea de ensaios e de conferências.

Publicados em dois volumes, esses ensaios refletem os interesses extremamente diversificados de Jakobson no âmbito da reflexão sobre a linguagem. Neles são tratados os problemas fundamentais da lingüística estrutural: fonologia, gramática, semântica, retórica, poética. O interesse de Jakobson vai além da lingüística propriamente dita, estendendo-se a questões interdisciplinares (abrangendo as ciências naturais e humanas).

Estudo: E. Holenstein, *Jakobson ou Le structuralisme phénoménologique*, Seghers, 1974.

ENSAIOS DE MORAL, *Essais de morale*, 1671 a 1714.

PIERRE NICOLE, 1625-1695.

Obra principal de Nicole, esses ensaios tratam da natureza do homem, de sua relação com a divindade, dos deveres impostos ao crente na vida. Nicole parte dos dois princípios de *corrupção* total da natureza humana pelo pecado original e da ignorância dos desígnios de Deus por parte do homem. Em sua vida terrena, o homem é submetido por suas tendências egoístas à busca do prazer. Esse egoísmo pode ter vários semblantes, freqüentemente perniciosos, como no *amor-próprio* (aqui, em certas análises, Nicole se aproxima dos moralistas de seu século). Contra essas tendências, Nicole valoriza o dever de obediência aos poderes políticos e à Igreja infalível, o dever de respeitar o próximo e de amar a Deus.

Os *Ensaios de moral* não foram reconhecidos pela posteridade do modo como seu autor talvez pretendesse. Sua orientação nitidamente apologética deve ter impedido que o sucesso alcançado junto aos contemporâneos se prolongasse para além do Grande Século. La Rochefoucauld e Pascal, donos de estilos mais concisos, tiveram melhor sorte.

Estudo: J. Laporte, *La doctrine de Port-Royal, la morale*, 2 vols., Vrin, 1951 e 1952.

ENSAIOS DE TEODICÉIA SOBRE A BONDADE DE DEUS, A LIBERDADE DO HOMEM E A ORIGEM DO MAL, *Essais de théodicée sur la bonté de Dieu, la liberté de l'homme et l'origine du mal*, 1710.

GOTTFRIED WILHELM LEIBNIZ, 1646-1716.

O título dessa obra introduziu no vocabulário filosófico um substantivo comum, *teodicéia*, com o qual se designa a tentativa de eximir Deus da responsabilidade pelo mal na criação. Quando Leibniz fez isso, em 1710, a coisa era nova (Platão já dizia: Deus é inocente!), mas Leibniz pelo menos criou a palavra; sem o cuidado, aliás, de explicar seu sentido, a tal ponto que alguns de seus contemporâneos nela viram o patronímico emblemático de algum autor anônimo (pois a obra foi publicada sem nome de autor). O livro mais importante publicado por Leibniz em vida é uma obra de circunstância, destinada a abrir polêmica com Bayle, cujo *Dicionário** despertara o interesse da Europa filosófica.

A composição da obra é mais que desconcertante, pois nela nada se encontra da ordem, da estrutura esmerada que *Monadologia** ou *Discurso de metafísica** levam a admirar, mas sim – a acreditarmos no próprio Leibniz – "retalhos", "costurados para construir uma obra". Sua erudição assombrosa (somada à de Bayle, que ele critica) o conduz a digressões às vezes consideráveis; ele não recua diante da anedota pitoresca. Em suma, a obra é a imagem de Leibniz e de sua curiosidade universal: abundante, luxuriante, exuberante. Imagem de sua filosofia, em que o menor aspecto da realidade reflete a totalidade. A língua também não é indiferente. Leibniz optou por escrever esses *Ensaios* em francês, pelas mesmas razões pelas quais Descartes o fizera em *Discurso do método**: para ser lido de preferência pela Europa da gente honesta, cuja fé era sinceramente conturbada pela questão do mal, a ser lido pelos teólogos profissionais.

Após o prefácio, um *Discurso da conformidade da fé com a razão* mostra que as descobertas mais recentes da ciência (Leibniz pensa sobretudo na física e na astronomia) não contradizem os dados da revelação. Não tanto para extrair uma confirmação desta última quanto para eximir a ciência da suspeita de irreligiosidade. A obra termina com dois capítulos dedicados à crítica de obras de Hobbes e de William King.

Várias questões fundamentais de teologia e metafísica se cruzam nessa obra: o mal, a liberdade humana, sua conciliação com a providência divina e a predestinação, a natureza e a graça, a criação. No centro da problemática, a questão clássica do mal: como um Deus *onipotente* e *infinitamente bom* pode tolerar a existência do mal na sua criação? Leibniz observa que a própria existência do mal talvez seja uma condição para que possamos perceber o bem, por contraste. Mas, acima de tudo, ele distingue três espécies de mal: o mal metafísico, o mal físico e o mal moral. O primeiro tem raízes na imperfeição essencial das criaturas; estas procedem de Deus, mas, não se identificando com ele (pois a criação é necessariamente inferior ao criador), só podem estar abaixo de sua perfeição. O mal físico (dor, sofrimento) tem sentido e valor de punição ou provação.

Resta o *mal moral*, problema mais grave, porque supõe a superação de duas contradições: entre nossa liberdade e a onipotência divina, por um lado, e entre a onipotência divina e sua infinita bondade, por outro. O problema da conciliação do livre-arbítrio humano com a predestinação nos remete a um dos "dois labirintos" do pensamento humano (o outro é o do contínuo, resolvido pelo cálculo infinitesimal). Uma série de distinções conceituais sutis permite que Leibniz não renuncie nem à liberdade nem à providência. O mal que vemos no mundo por certo existe, mas Deus criou *o melhor dos mundos possíveis*; a parcela de mal que ele contém não poderia ser diminuída. Só o nosso ponto de vista limitado sobre o universo pode dar a ilusão da possibilidade de outro mundo, preferível. A *Teodicéia* teve grande repercussão, e a querela do otimismo se prolongou muito, atravessando a Europa do Iluminismo.

Estudo: J. Jalabert, *Le Dieu de Leibniz*, P.U.F., 1960.

ENSAIOS ESTÉTICOS, 1973.

DAVID HUME, 1711-1776.
Excertos de *Essays Moral, Political and Literary*, 1741-1777.

Em número de oito, esses textos tratam das belas-artes de um ponto de vista inicialmente sociológico, depois psicológico, evidenciando as relações entre arte e sociedade sob o ângulo da eloqüência, do gosto, do refinamento, ou das leis que presidem ao nascimento e ao declínio das ciências e das artes. Conhecendo um imenso sucesso em sua publicação, os *Ensaios* são escritos dentro do espírito das Luzes, tão propício à eclosão da estética como disciplina autônoma.

Estudo: O. Brunet, *Philosophie et esthétique chez David Hume*, Nizet, 1965.

ENSAIOS HERÉTICOS SOBRE A FILOSOFIA DA HISTÓRIA,

Kacirské eseje o filosofii dejin, 1975.
JAN PATOČKA, 1907-1977.

Na origem da história, encontra-se o abalo do sentido dado ou aceito, e essa história é ameaçada pela ocultação daquilo que fundamenta a relação com o ente. A problematicidade está no cerne da política e da filosofia, ao passo que a não-problematicidade é característica da pré-história, em que não ocorre nenhuma luta pelo *sentido*. Nesses *Ensaios*, lê-se a preocupação do pensador com os destinos da Europa, com o niilismo – tormento que legitima um diagnóstico dos mais negros –, como demonstram certos trechos dedicados à Guerra: "A guerra como 'vale-tudo' universal, como liberdade selvagem, invade os Estados, torna-se 'total'." Se a "guerra é a prova *ad oculos* de que o mundo já está maduro para o fim", assim mesmo Patočka ressalta a experiência do *front* de que falam Ernst Jünger e Teilhard de Chardin: "A solidariedade dos afetados pode dar-se ao luxo de dizer 'não' às medidas de mobilização que eternizam o estado de guerra." Por conseguinte, esses *Ensaios* constituem mesmo uma heresia de Patočka em relação a Heidegger, mas também a Husserl, cujo mundo pré-científico ele substitui por um mundo pré-histórico; são também um ato de fé no socratismo político.

Estudo: *Les cahiers de philosophie*, n.os 11/12 (dedicado a Patočka), 1990-1991.

ENSAIOS POLÍTICOS, 1972.

DAVID HUME, 1711-1776.
Excertos de *Essays Moral, Political and Literary*, 1741-1748.

Essa obra agrupa algumas dezenas de artigos curtos, publicados várias vezes em que o autor ainda estava vivo.

A política de Hume obedece aos princípios aplicados aos campos da moral, da estética e da religião. Nela, a razão não desempenha papel normativo, o que basta para colocar Hume numa situação de desequilíbrio em relação a todo o seu século. Hume pretende, em particular, destruir a noção de contrato social, na qual se baseia, no essencial, todo o pensamento político do Iluminismo. Em *Do contrato original*, ele se atém a mostrar que a idéia de contrato político fundador das instituições não passa de ficção. Essa ilusão, que poderia ser qualificada de ideológica, serve para dissimular a relação de forças que sempre preside a ascensão ao poder. A política nunca poderia ser nada além do equilíbrio das paixões que se defrontam em dados lugares e épocas. Esse realismo, que coloca Hume em oposição a qualquer utopia, o conduz para concepções políticas moderadas.

Estudo: G. Granel, *La force de Hume*, prefácio a *Quatre essais politiques*, T.E.R., 1981.

ENSAIOS SOBRE A TEORIA DA CIÊNCIA, 1965.

MAX WEBER, 1864-1920.
Coletânea de quatro ensaios, extraídos de *Gesammelte Aufsätze zur Wissenschaftslehre*, 1922.

A objetividade do conhecimento nas ciências sociais e na política (1904) constitui o programa da revista *Archiv für Sozialwissenschaft* de cujo conselho editorial Max Weber (com Edgard Jaffe e Werner Sombart) é membro. É preciso fazer a distinção entre o saber empírico do *cientista* (cujos argumentos estão voltados para o entendimento) e o juízo de valor do *homem de vontade* (cujos argumentos estão voltados para o sentimento). Também se encontra uma reflexão sobre o *tipo ideal*: "Obtém-se um tipo ideal acentuando unilateralmente um ou vários pontos de vista e encadeando uma multidão de fenômenos dados isoladamente, difusos e descontínuos [...] para formar um quadro de pensamento homogêneo. Em lugar algum se encontrará empiricamente um tal quadro em sua pureza conceitual: ele é uma utopia." Por fim, Weber inquire sobre "a objetividade" do conhecimento que, nas ciências sociais, não deriva da matéria empírica: o dado empírico "é constantemente alinhado sobre idéias de valor, as únicas que lhe conferem valor".

Encontra-se também a definição da noção de fenômeno "social e econômico" ao mesmo tempo como acontecimento ou instituição econômica (Bolsa, bancos etc.), como algo economicamente importante (efeitos econômicos da vida religiosa), ou ainda como algo condicionado pela economia (gosto artístico, influência da natureza sobre o meio social em que vive o público que se interessa por arte). O econômico, desse triplo ponto de vista, constitui o cerne da revista, que tem como um dos objetivos "a preocupação com a interpretação econômica da história".

Os dois *Estudos críticos para servir à lógica das ciências da cultura* (1906) são dedicados ao exame das reflexões epistemológicas do historiador alemão Edouard Meyer (1855-1930), expostas em sua *História da Antiguidade*. Para compreender a essência lógica da história, é preciso fazer a distinção entre construção de conceitos, que emprega como exemplo fatos singulares (no sentido de *tipos* representativos de um conceito abstrato e que são *meios de conhecimento*), por um lado, e integração do fato singular como elo, *razão de ser* num conjunto real, ou seja, concreto, por outro lado.

O *Ensaio sobre algumas categorias da sociologia compreensiva* (1913) foi inicialmente publicado na revista *Logos*, dirigida por Heinrich Rickert. Depois de definir a sociologia compreensiva em termos de estudo das atividades humanas explicáveis a partir de um sentido que se tem subjetivamente em vista (atividade racional por finalidade), Max Weber estabelece a relação entre a sociologia compreensiva e a psicologia (a sociologia não é ramo da psicologia), e depois entre a sociologia compreensiva e a dogmática jurídica (contrariamente ao direito, a sociologia versa sobre formas determinadas da cooperação humana, redutíveis à atividade de indivíduos isolados). Assim, a sociologia versa sobre atividades comunitárias, ligadas a atividades socializadas, que implicam, às vezes, o acordo mútuo. Também se encontra aqui uma reflexão sobre as relações entre a violência e a política: "Ao longo do desenvolvimento histórico, o uso da força física foi monopolizado de maneira crescente pela organização política. Ela foi, assim, convertida em ameaça organizada de coerção por parte dos poderosos e, finalmente, por parte de um poder que se atribui formalmente a aparência de neutralidade." Também é abordada a questão da relação entre *dominação* e *legitimidade*.

O *Ensaio sobre o sentido da neutralidade axiológica nas ciências sociológicas e econômicas* foi publicado em 1917, na revista *Logos*, como retomada de um documento destinado ao conselho diretor da Associação de Política Social. É aceitável, no ensino, destinar espaço às "avaliações práticas baseadas numa concepção ética" (uma visão do mundo), mas desde que se indique (depois de tomar consciência) o que provém da constatação empírica dos fatos e o que provém da avaliação prática, ao mesmo tempo que se concede a todas as opiniões a possibilidade de se fazer valer. Não se pode, seja qual for a ciência, subtrair-se do interesse atribuído aos valores, pois toda seleção, toda formação de objeto de uma pesquisa empírica são sempre comandados por um interesse. É também nesse texto que Max Weber distingue, pela primeira vez, os "valores do sucesso" dos "valores de convicção", em outras palavras a ética de responsabilidade (a do político e do homem de ação) da ética de convicção (a do cientista). De maneira geral (na economia, na arte etc.), as avaliações (o fato de atribuir um valor) nunca provêm do que é empírico; são, por conseguinte, irrefutáveis.

Estudo: J. Freund, *Sociologie de Max Weber*, P.U.F., 1968.

ENSAIOS SOBRE AS FACULDADES INTELECTUAIS, *Essays on the Intelectual Powers of Man*, 1785.

THOMAS REID, 1710-1796.

Esses ensaios serão completados, do ponto de vista ético, pelos *Ensaios sobre as faculdades ativas do espírito humano*, em 1788. Como as conclusões de Hume lhe parecessem condenáveis, Reid ressalta a necessidade de partir de uma base segura; é preciso tomar como verdadeiras certas assunções, usando a indução e recorrendo à experiência.

Também é preciso explicar as leis naturais do entendimento. Para que seja possível a atividade cognitiva, a pressuposição principal é a de que também existem outras mentes. A análise de Reid não deixa de lembrar a de Kant, sobretudo sua doutrina das categorias e da unidade da apercepção. De fato, em "Estética transcendental", o espaço não é um objeto, mas uma forma *a priori*, concomitante com os objetos. Essa necessidade só pode ser conferida pelo espaço, o que não pode ser feito pelos sentidos.

Pode-se notar em Reid uma inclinação a afirmar dogmaticamente seus princípios, em vez de demonstrá-los.

Estudo: S. A. Grave, *The Scottish Philosophy of Common Sense*, Oxford, 1960.

ENTRE O PASSADO E O FUTURO, *Between Past and Future*, 1954.

HANNAH ARENDT, 1906-1975.

Coletânea de artigos publicados em diferentes revistas americanas.

Especialista em filosofia política, Arendt comenta nesse texto os dados de nossa época em crise. Por um lado, assistimos à deterioração da tradição, mas, por outro, o futuro se mostra inconcebível, duvidoso, sem realidade, sem projeto. Assim, o homem atual está numa gangorra entre o passado que se foi e o futuro incerto. Portanto, o homem precisa urgentemente fazer um balanço e, principalmente, aprender de novo a pensar em seu século, não para reencontrar o passado ou inventar o futuro, mas simplesmente para aprender a mover-se em sua posição atual.

Analisando as noções de liberdade, autoridade e educação, Hannah Arendt traça as coordenadas de uma época em conflito.

Edição brasileira: *Entre o passado e o futuro*, São Paulo, Perspectiva, 1979.

Estudo: A.-M. Roviello, *Sens commun et modernité chez Hannah Arendt*, Ousia, 1988.

EPÍSTOLAS A LUCÍLIO, *Senecae ad Lucilium epistulae morales*, ○ c. 63-64.

SÊNECA (Lucius Annaeus Seneca), 4 a.C.-65 d.C.

124 cartas endereçadas a Lucílio, amigo de Sêneca.

É a última obra de Sêneca, a mais ilustre. Nela se vê o Sêneca mais humano, muito menos austero e didático que em *Da constância**, por exemplo. Isto por certo se deve ao gênero epistolar da obra (Sêneca dirige-se diretamente a um amigo, em tom de intimidade), mas também à maturidade do filósofo, que a velhice tornou mais compreensivo, talvez até mais indulgente, para com as fraquezas do homem. As *Epístolas a Lucílio* desmentem – ou pelo menos o obrigam a matizar – a censura de austera desumanidade freqüentemente feita aos estóicos.

Nesta obra se encontram todos os temas tradicionais da moral estóica: o valor da virtude, definida como soberano bem; uso da razão como meio de atingir a felicidade; invulnerabilidade e até indiferença do sábio em relação às vicissitudes da existência (tema amplamente desenvolvido em *Da constância*); desprezo pela morte (não nos esqueçamos que Sêneca se suicidou). Para Sêneca, o sábio, através do uso de sua razão, torna-se semelhante a Deus.

Mas o desenvolvimento de tais princípios constituiria apenas um tratado de uso escolar. As *Epístolas a Lucílio* caracterizam-se, ao contrário, por uma riqueza psicológica excepcional na literatura estóica. São abundantes as observações concretas e os preceitos referentes à conduta da existência cotidiana, à maneira, por exemplo, de *Da brevidade da vida*. Assim como nesta obra, Sêneca adverte para o mau uso do tempo concedido ao homem durante a vida, para a dispersão num mundo fútil e vão (espetáculos, jogos); nem mesmo a leitura tem sua mercê. Em nenhum outro autor da filosofia helenística encontra-se um quadro tão aprofundado dos vícios e das imperfeições do homem, nem exortação tão vigorosa a corrigi-los. Aí está, indiscutivelmente, a marca do profundo pessimismo de Sêneca.

As *Epístolas a Lucílio* prenunciam certos aspectos da última fase do estoicismo, de Epicteto e Marco Aurélio. Assim, Sêneca recusa-se a considerar que entre o homem livre e o escravo haja diferença essencial; uma tal audácia não era corrente em sua época.

Edição brasileira: *Epístolas a Lucílio*, São Paulo, Martins Fontes, no prelo.

Estudo: P. Grimal, *Sénèque*, col. "Que sais-je?", P.U.F., 1981.

EPÍSTOLAS E MÁXIMAS

EPICURO, c. 341-270 a.C.

Da imensa obra de Epicuro, Diógenes Laércio transcreveu três epístolas (*A Heródoto sobre a física*, *A Pítocles sobre os meteoros*, *A Meneceu sobre a moral*), e quarenta *Máximas capitais*. Oitenta máximas foram descobertas há um século num manuscrito do Vaticano. Alguns fragmentos da monumental obra de Epicuro, *Da natureza*, também estão disponíveis.

O que nos resta da sua obra é bastante consistente para termos uma idéia precisa do pensamento do filósofo do Jardim. Assim como os outros pensadores helenistas (estóicos), Epicuro articula a reflexão moral à lógica e à teoria física do cosmos. As *Epístolas e máximas* de que dispomos praticamente não tratam de lógica, conhecida pela doxografia. Mas a física é amplamente desenvolvida nas epístolas (*A Pítocles* e *A Heródoto*).

Epicuro considera que nossos sofrimentos provêm essencialmente de nossa ignorância do universo físico e da relação que temos com ele; por exemplo, na crença de que a morte é algo temível. A física deve ser cultivada por ser útil à terapêutica dos temores, e não pelo seu conhecimento em si. É por essa razão que Epicuro muitas vezes propõe várias explicações diferentes para um mesmo fenômeno.

Os princípios (encontrados na *Epístola a Heródoto*) são extraídos da tradição de Abdera (Leucipo e Demócrito). Nada nasce do nada. A natureza não é um caos sem ordem, onde tudo pode acontecer. O universo em sua totalidade – sem nada excluir do que é – é constituído por átomos e pelo vazio. Os átomos são sólidos, compactos, inacessíveis a modificações, não-engendrados, indestrutíveis. Evidentemente, os átomos não possuem, como em Demócrito, nenhuma das qualidades sensíveis que sua agregação determina nos corpos, na escala macroscópica de nossa percepção. Devido ao peso que têm, por um movimento natural, tendem para baixo. Esse movimento dos átomos é, porém, modificado por um ligeiro desvio aleatório, a declinação (παρεγκλισις, *parênklisis*, ou *clinâmen* no latim de Lucrécio), que produz o seu entrechoque. Desses choques nascem os compostos que constituem o universo. Este não deve ser confundido com a infinidade de mundos que o constituem. Enquanto o universo é eterno, os mundos só têm existência passageira, ainda que retornem ciclicamente à existência em razão da infinidade do tempo.

É impossível descrever em pormenores a astronomia, a meteorologia (*Epístola a Pítocles*), a biologia e a antropologia que decorrem dessa concepção atomista (Lucrécio desenvolverá todos esses aspectos com muito mais riqueza que seu mestre). Vale destacar apenas que o atomismo de Epicuro é exposto de maneira rigorosa e coerente, e que não recua diante de nenhuma conseqüência: o caráter corporal, portanto mortal da alma, a negação expressa de finalidades. O autor destina um lugar aos deuses, que vivem nos "intermundos", mas não lhes atribui nenhum papel criador ou providencial; sua filosofia pode ser chamada de atéia. De resto, a posteridade não se enganou a respeito disso.

A moral epicurista (*Epístola a Meneceu*) é uma moral do prazer. O prazer epicurista remete mais a um estado que a um movimento de gozo. Esse prazer catastemático (estável) resulta da plenitude dos equilíbrios vitais. Mas o hedonismo teórico de Epicuro desemboca paradoxalmente numa moral prática próxima do ascetismo (o que destrói as calúnias que durante muito tempo fizeram dele alguém voltado para o gozo, e do adjetivo "epicurista" sinônimo de *bon-vivant* ou devasso). Os prazeres são objeto de cálculo, não autorizando o sábio a sucumbir ao primeiro desejo que se apresente. O prazer mais elevado é o da amizade compartilhada.

Em moral, como em física, Epicuro não se detém diante de nenhuma conseqüência. Bastam dois exemplos para ilustrar isso.

A morte, que, por consenso quase universal, é temível para todos os homens, não é nada. Epicuro tranqüiliza Meneceu: estar morto é não ser mais, e o que não é não pode ser afetado por nada, nem para o mal nem para o bem. Lucrécio irá se esmerar em pulverizar as ilusões de quem, imaginando-se morto, acredita-se vivo (para sofrer por estar morto).

Assim também a justiça não é o valor transcendente, ideal, que Platão imaginava. O direito é apenas convenção, e seu fundamento é a utilidade recíproca (*Máximas capitais* XXXI a XXXVIII).

Mais que seus predecessores Leucipo e Demócrito, mais que seu continuador Lucrécio (que não se pode deixar de ler), Epicuro é o símbolo do materialismo tranqüilo que, já na época helenística, forjou as armas que servirão a tantos outros.

Estudo: G. Rodis-Lewis, *Epicure et son école*, Idées/ Gallimard, 1976.

EQUILÍBRIO DA NATUREZA (O), 1792.
CARL VON LINNÉ, 1707-1778.
Coletânea de textos escritos entre 1744 e 1760.

Essa obra é composta por cinco dissertações, das quais só a primeira foi seguramente escrita pela mão de Linné. As três primeiras desenvolvem o conceito fundamental dessa coletânea, o de "economia da natureza", enquanto as duas últimas tratam da história natural. Linné funda definitivamente a teoria de economia da natureza ao conceber a natureza como um todo estruturado em que o equilíbrio entre as espécies, instituído pela sabedoria divina, preexiste às relações que essas espécies mantêm entre si.

Darwin refutará essa tese, declarando que o equilíbrio entre as espécies é uma conseqüência das relações entre elas.

Estudo: K. Hagberg, *Carl von Linné, le Roi des Fleurs*, Je Sers, 1944.

EROS E CIVILIZAÇÃO, Uma contribuição a Freud, *Eros and Civilization*, 1955.
HERBERT MARCUSE, 1898-1979.

O subtítulo é explícito: tentando uma "contribuição a Freud", Marcuse deseja mostrar que as teorias psíquicas permitem analisar a sociedade contemporânea. Partindo da hipótese da existência utópica de uma sociedade não repressiva, o autor revela como Eros, Deus do amor, seria o rei de nossa realidade.

Prolongamento das teorias de Hegel, Marx e Freud, esse livro também fala da figura de Eros através da mitologia, do pensamento de Nietzsche e da poesia do século XIX.

Edição brasileira: *Eros e civilização – uma crítica ao pensamento de Freud*, Rio de Janeiro, Zahar, 1968.
Estudo: J.-M. Palmier, *Présentation de Herbert Marcuse*, col. 10/18, U.G.E., 1968.

EROTISMO, *L'érotisme*, 1957.
GEORGES BATAILLE, 1897-1962.

Já na introdução, o autor afirma que o erotismo é a aprovação da vida até na morte. Com efeito, a dissolução do individual num ser anônimo é o horizonte em relação ao qual o erotismo, cujo efeito é sempre uma perturbação, tem sentido para o homem. Assim, o erotismo se transforma no "questionamento" da existência. Essa obra influenciará grande número de pensadores contemporâneos, sobretudo Gilles Deleuze.

Edição brasileira: *Erotismo*, Porto Alegre, L&PM, 1987.
Estudo: M. Leiris, R. Queneau, M. Blanchot, M. Foucault etc., *Hommage à Georges Bataille*, Éd. de Minuit, 1991.

ERROS E DA VERDADE (DOS), *Des erreurs et de la vérité*, 1775.
LOUIS CLAUDE DE SAINT-MARTIN, 1743-1803.

Procurando explicar a Criação, o autor se refere a uma pouco inteligível ciência dos números. Sob certo aspecto, trata-se também de um manual de exercício da vontade a partir de um saber adquirido pela humanidade. Pois a espécie humana foi mais livre outrora do que é hoje.

Estudo: R. Amadou, *Trésor martiniste*, Éditions Traditionnelles, 1969.

ESBOÇO DE UM QUADRO HISTÓRICO DOS PROGRESSOS DO ESPÍRITO HUMANO, *Esquisse d'une tableau historique des progrès de l'esprit humain*, 1795.
CONDORCET (Jean Antoine Nicolas de Caritat, marquês de), 1743-1794.

Essa obra foi escrita na clandestinidade, sem nenhum documento, nos últimos meses de existência de Condorcet, perseguido pelo governo da época do Terror. Assim como Rousseau, Condorcet tem a convicção de que o homem é um ser perfectível. Mas, ao contrário daquele, acredita ver na história real da humanidade o caminhar de um progresso efetivo, tanto no plano material quanto no moral. Fundamentalmente *otimista*, a filosofia da história de Condorcet extrapola o futuro a partir de um movimento contínuo, que ela lê no passado e no presente.

A história humana é dividida em dez períodos. Os três primeiros, até a invenção da escrita, só podem ser reconstituídos fragmentariamente, e Condorcet reconhece que só pode propor conjecturas. Mas vê com certeza, nos primeiros passos da humanidade, as premissas de uma libertação (passagem progressiva e parcial do reino da necessidade para o reino da liberdade). Nessa história humana, cuja marcha pode ser reconstituída a partir do aparecimento da escrita, a invenção da imprensa ocupa posição especial: essa técnica nova permite que os conhecimentos se difundam tão maciçamente que uma verdade descoberta não corre mais o risco de ser esquecida, não pode mais ser dissimulada, seja qual for o interesse que quaisquer forças opressivas possam ter na ocultação da verdade (Sétimo período). Essa revolução técnica vai determinar a instauração definitiva da cultura científica, no século XVI. Esse novo espírito, sacudindo o jugo da autoridade (Oitavo período), vai transformar-se no espírito das Luzes e engendrar uma época de revoluções.

Um caminho de *progresso indefinido* abre-se então diante da humanidade. Essa abertura é garantida, de início, pela inexauribilidade do trabalho científico; o conhecimento matemático e as ciências da natureza nunca terão fim. A riqueza do universo estará sempre ultrapassando o poder do espírito humano. Contudo, não se deve temer que este algum dia seja superado. Pois o progresso não é um processo cumulativo, a produzir um simples amontoamento de conhecimentos. Na verdade, é o espírito humano que progride, e não apenas os resultados que ele angaria. Novos métodos e novas técnicas de ensino possibilitarão o aumento do desempenho das mentes individuais. Progresso idêntico será observado no domínio prático, técnico e moral. A moral pode até mesmo, segundo Condorcet, tornar-se científica, e escapar, por exemplo, aos dogmas religiosos.

Mas ainda é preciso que essa marcha do progresso possa vencer os obstáculos que o preconceito lança em seu caminho. Na primeira fila, figuram os preconceitos inculcados pela religião. Um sistema de educação bem construído deverá pôr a humanidade a salvo do retorno dos preconceitos e garantir a obra das Luzes. O *Esboço,* nesse ponto, é um prolongamento direto da obra de Condorcet, deputado na Assembléia Legislativa (*Cinco dissertações sobre a instrução pública, Relatório e projeto de decreto sobre a organização geral da instrução pública*). Condorcet é extremamente sensível aos efeitos de poder resultantes da difusão desigual das luzes e da instrução.

A filosofia do *Esboço* por certo não é muito original. Pertence ao Século das Luzes, e contra ela Rousseau fizera ouvir sua voz de Cassandra. Pode-se censurar em Condorcet um otimismo excessivo, uma serenidade talvez demasiado imperturbável – o que não deixa de parecer singular, sabendo-se das condições em que o texto foi escrito. O século seguinte reconsiderará profundamente essa idéia de progresso, esse "fanal obscuro", segundo expressão de Baudelaire. Verdade é que as análises contidas nessa obra nada têm que ver com uma espera ingênua e beata de qualquer idade de ouro, e merecem coisa melhor que os sarcasmos condescendentes com que é recompensada no mais das vezes. Afinal, Condorcet não está tão distante do Pascal do *Prefácio para o tratado do vazio**, nem das teses de Auguste Comte.

Edição brasileira: *Esboço de um quadro histórico dos progressos do espírito humano*, Campinas, Editora da Unicamp, 1993.

Estudo: M. e F. Hincker, apresentação do texto, col. "Les Classiques du peuple", Messidor-Editions Sociales, 1971.

ESBOÇO DE UMA FILOSOFIA PERSONALISTA, *Esquisse d'une philosophie personnaliste*, 1942.

LUCIEN LABERTHONNIÈRE, 1860-1932.

Oratoriano e diretor da revista *Annales de philosophie chrétienne*, Laberthonnière foi atacado por certos teólogos, e a revista foi condenada por um decreto do *Index*, em 1913. Ele foi então proibido de publicar seus livros, o que explica o fato de a maioria de suas obras ter sido publicada postumamente.

Na intransigência de sua filosofia, impõe-se a Laberthonnière o verdadeiro problema humano: o do conhecimento do outro, pois para ele a única metafísica é a da caridade. Amar um ser é amar todos eles. Por isso, ele destina posição privilegiada ao ser pessoal. Cada indivíduo é uma "pessoa humana", cuja origem e chegada é Deus. Em vez de explicar o homem em função do mundo, Laberthonnière recomenda explicar o mundo em função do homem. Contra a ciência que, conhecendo o objeto, ignora o sujeito, ele deseja a adoção da fórmula de Bérulle: "Deus nos deu a nós mesmos."

Estudo: M.-M. d'Hendecourt, *Essai sur la philosophie du père Laberthonnière*, Vrin, 1947.

ESBOÇO DE UMA TEORIA DAS EMOÇÕES, *Esquisse d'une théorie des émotions*, 1939.

JEAN-PAUL SARTRE, 1905-1980.

A psicologia da primeira metade deste século é uma investigação sobre fatos; ela ainda não entendeu que não se pode "atingir a essência [do homem] amontoando acidentes": as análises das emoções feitas por Janet ou James demonstram perfeito desconhecimento da realidade humana. A partir dos trabalhos de Husserl e de Heidegger, Sartre esboça uma teoria das emoções tendo em vista a constituição de uma psicologia fenomenológica.

Edição portuguesa: *Esboço de uma teoria das emoções*, Lisboa, Presença, 1972.
Estudo: F. Jeanson, Sartre par lui-même, col. "Microcosme-Ecrivains de toujours", Le Seuil, 1974.

ESBOÇO DE UMA TEORIA GERAL DA MAGIA, *Esquisse d'une théorie générale de la magie*, 1902-1903.

MARCEL MAUSS, 1872-1950.

Para Mauss, a magia é uma "função social", cujas condições individuais e coletivas de funcionamento "eficaz" ele analisa. A crença na magia não exclui certa parcela de *trapaça*. Essa crença articula-se com a noção, fundamental em Mauss, de *mana*, termo difícil de definir, que remete à idéia de "valor das coisas e das pessoas".

O autor tenta nessa obra situar a magia em relação aos outros fenômenos sociais (direito, economia, estética, linguagem, ciência, religião).

Estudo: Cl. Lévi-Strauss, introdução à edição francesa: "Esquisse d'une théorie générale de *la magie*", in *Sociologie et anthropologie*, col. "Quadrige", P.U.F., 1989.

ESBOÇOS DE CRÍTICA DA ECONOMIA POLÍTICA, *Grundrisse der Kritik der politischen Ökonomie*, ○ 1857-1858.

KARL MARX, 1818-1883.
Primeiro esboço de *O capital**.

Esse texto foi visto como uma etapa decisiva na obra econômica de Karl Marx. Desde 1843, ele estudava e criticava os trabalhos de Proudhon e de Ricardo. Foi a crise econômica de 1857 que o levou a pôr em ordem suas idéias sobre a questão econômica, em cujo cerne ele colocava sua teoria da mais-valia. Propôs-se então criticar as categorias econômicas oriundas do sistema burguês, dividindo seu trabalho em seis partes: 1. o capital; 2. a propriedade imobiliária; 3. o trabalho assalariado; 4. o Estado; 5. o comércio internacional; 6. o mercado mundial.

Esses cadernos escritos em 1857–1858 reúnem os textos de Marx referentes à relação entre produção e distribuição, câmbio, consumo e dinheiro. A questão mais importante é a seguinte: "Será possível mudar as relações de produção e distribuição transformando o instrumento e a organização da circulação?"

Estudo: R. Dangeville, prefácio à edição francesa: *Fondements de la critique de l'économie politique*, col. 10/18, U.G.E., 1968.

ESBOÇOS PIRRÔNICOS ou HIPOTIPOSES PIRRÔNICAS,

SEXTO EMPÍRICO, séculos II-III.

Esses *Esboços* são um resumo do pensamento céptico. Supõe-se que essa coletânea fosse destinada a uso pedagógico, pois em todas as escolas filosóficas gregas costumava-se pôr à disposição do iniciante um manual facilmente utilizável nas discussões com defendentes de outras escolas.

Essa obra retoma a maioria dos argumentos clássicos do cepticismo antigo. De início, a impossibilidade de estabelecer um critério de verdade, já que o conhecimento passa sempre por uma subjetividade particular. Em seguida, Sexto Empírico mostra a impossibilidade de estabelecer relações objetivas entre os fenômenos (Hume se lembrará dessa crítica). Por fim, reserva-se espaço especial para a crítica da noção de causa, articulada com uma reflexão sobre a ação da causa no tempo.

O cepticismo de Sexto Empírico é, pois, um *fenomenismo* que se recusa a anular a distância ontológica entre o ser das coisas e seu parecer. O objeto existe (Pirro chegava a duvidar disso), mas o sujeito só tem que ver com o fenômeno. No plano ético, esse cepticismo não é um *indiferentismo*. Enquanto Pirro não via razão alguma para estabelecer uma hierarquia entre os diversos comportamentos humanos, pois todas as existências se equivalem, Sexto Empírico preconiza um modo de vida "empírico", governado pelas lições da experiência.

Por serem uma compilação, os *Esboços pirrônicos* sempre constituíram uma fonte de ensinamentos sobre a filosofia antiga; mas, paradoxalmente, dão muito mais informações sobre os filósofos dogmáticos que sobre os cépticos. Só o primeiro livro faz uma exposição do pirronismo. Também é preciso situar as informações fornecidas por Sexto na perspectiva imposta por sua própria época e pela distância que o separa dos pensadores mais antigos (de Pirro, mas também dos dogmáticos que ele critica).

Estudo: J. Grenier, apresentação do texto na edição francesa: *Hypotyposes pyrnhoniennes*, Aubier-Montaigne, 1948.

ESCOLA E SOCIEDADE,

The School and Society, 1899.
JOHN DEWEY, 1859-1952.

É porque a sociedade do fim do século XIX se dividiu e a unidade social e comunitária foi fendida pela revolução industrial que a escola deve assumir uma missão nova. A sociedade agrária, pode-se dizer, não tinha necessidade de escola. Mantinha a disciplina e formava o caráter pondo a criança em contato direto com a natureza. Agora, é à escola que incumbe educar instruindo: só poderá ter sucesso – diz John Dewey – se, para a criança da era da máquina, for recriada com a sociedade e as instrumentalidades do mundo moderno a mesma continuidade que a educação tradicional conseguia estabelecer com a natureza. Portanto, a escola deverá ser um *microcosmo*, reflexo da sociedade, lugar unificador de suas divisões. Se fizer a criança participar da sociedade, a escola lhe restituirá a sociabilidade que mais tarde será um precioso fator de harmonia e solidariedade para essa mesma sociedade.

Esse texto, que coloca as bases de uma teoria sócio-educacional e holística em parte inspirada pelo hegelianismo, precede as principais obras de pedagogia escritas por Dewey.

Estudo: G. Deledalle, *La pedagogie de John Dewey*, Ed. du Scarabée, 1965.

ESCRITA DA HISTÓRIA (A),

L'écriture de l'histoire, 1975.
MICHEL DE CERTEAU, 1925-1986.

Ressaltando o fator tempo da historiografia, o autor mostra a relação entre o real e o discurso que essa disciplina instaura. A escrita põe necessariamente a distância tudo aquilo em que toca. Por isso, cabe inquirir sobre a construção do objeto em história, sobre a organização do transcurso temporal, sobre o que o relato contém e sobre aquilo que ele exclui.

Edição brasileira: *Escrita da história*, Rio de Janeiro, Forense, 1982.
Estudo: O. Hess-Dupont, *Dictionnaire des philosophes*, P.U.F., 1984.

ESCRITOS, *Écrits*, 1966.
JACQUES LACAN, 1901-1981.

A publicação desse volume de 900 páginas, que reúne os principais trabalhos de Lacan, ampliou muito o seu público fora do círculo de iniciados. Um dos temas essenciais da teoria lacaniana aqui exposta é o "estágio do espelho e a constituição do eu". Para ressaltar o caráter radical dessa descoberta, o autor esclarece que ela se opõe a qualquer "filosofia oriunda diretamente do *cogito*".

Para Lacan, o homem não é senhor da ordem do significante, e a ordem que o constitui como homem se descentraliza em favor de um mundo que lhe escapa. A afirmação segundo a qual no homem "isso fala", porquanto "o inconsciente é o discurso do Outro", parece já prefigurada nessa crítica do *cogito*.

Lacan escolheu, por outro lado, o exemplo da criança que se olha no espelho e que vai aprendendo, aos poucos, a contemplar sua imagem. Colocada diante de um espelho, uma criança de seis meses reage à visão de sua imagem por uma mímica jubilatória. Esboça toda uma série de gestos que se dirigem a essa imagem. "Ela sente" – escreve Lacan – "ludicamente a relação entre os movimentos assumidos da imagem e o seu ambiente refletido e entre esse complexo virtual e a realidade que ele reduplica, ou seja, seu próprio corpo e as pessoas, ou mesmo os objetos que a rodeiam." O autor ressalta que a experiência do estágio do espelho conserva todo o sentido até os dezoito meses de idade. Ela revela um dinamismo libidinal que não fora percebido até então. O estágio do espelho é a experiência de uma identificação fundamental e da conquista de uma imagem, a do corpo, que estrutura o "Eu" antes que o sujeito entre na dialética de identificação com outrem por meio da fala. O estágio do espelho é assim apresentado por Lacan como uma dialética temporal que estrutura fundamentalmente a história do indivíduo.

Tudo indica, portanto, que a criança não tem, primitivamente, experiência de seu corpo como totalidade unificada. Percebe-o como dispersão de todos os seus membros, donde a expressão "fantasma do corpo despedaçado". Por conseguinte, é preciso admitir que a unidade do corpo não é primordial, mas sim resultado de uma longa conquista. O que parece ser primordial é a angústia do corpo despedaçado. A função do espelho e da fase a ele ligada será pôr fim a essa dispersão pânica, integrando a criança numa dialética que a constituirá como sujeito. Assim, o estágio do espelho pode ser decomposto em três etapas.

Num primeiro tempo, a criança percebe a imagem que lhe é devolvida pelo espelho como um ser real que ela tenta agarrar ou do qual tenta aproximar-se. Reage a essa imagem através de uma mímica jubilatória, mas tudo parece indicar que essa presença do espelho, essa imagem que é a sua, é reconhecida como sendo de outro, e que, inversamente, a imagem do outro é percebida como sendo de seu próprio corpo.

Num segundo tempo, a criança vai compreender que o outro do espelho (no caso, a mãe) é apenas uma imagem, e não um ser real. Ela não procura mais agarrar a imagem, procurar o outro atrás do espelho, pois já sabe que lá não há nada.

A terceira etapa será marcada pelo reconhecimento não só do outro como imagem mas também do outro como sendo sua própria imagem. A partir daí a criança sabe que o reflexo do espelho é uma imagem, e que essa imagem é sua. É a partir dessa dialética entre ser e aparência que se efetua a conquista da identidade do sujeito por meio de uma imagem total que antecipa a unidade de seu corpo.

Outro tema que Lacan privilegia em sua obra: a *ordem do simbólico*. "O estágio do espelho dita a regra de partilha entre a imaginação e o simbólico nesse momento de captura por uma inércia histórica cujo encargo recai sobre tudo o que se arrogue por psicologia, nem que seja por caminhos que visem a dele se desvencilhar." Se o homem pensa a ordem do simbólico, é que ela está imersa em seu ser. Por isso, é suprema ilusão o indivíduo crer que ele constituiu essa ordem, pois é só por participar dela que o sujeito também pode ingressar no "desfiladeiro radical da fala". A dialética da intersubjetividade que rege todos os fenômenos, da transferência à paranóia, deve ser compreendida a partir desse momento em que o sujeito se dirige ao Outro como Absoluto, através da abertura específica da relação imaginária com o semelhante.

Edição brasileira: *Escritos*, São Paulo, Perspectiva, 1996.
Estudo: J. Dar, *Introduction à la lecture de Lacan*, Denoël, 1985.

ESCRITOS SOBRE A HISTÓRIA,

Écrits sur l'Histoire, 1969.
FERNAND BRAUDEL, 1902-1985.
Coletânea de artigos sobre epistemologia da história.

Braudel reúne aqui textos publicados a partir de 1949, ano de sua tese (*O Mediterrâneo e o mundo mediterrâneo na época de Filipe II**), cujo prefácio distingue três tempos históricos: a história quase imóvel das relações do homem com seu meio, ou *tempo geográfico*, a história lenta das economias, das civilizações, ou *tempo social*, e a história tradicional dos acontecimentos singulares, mas que só são entendidos através das evoluções mais lentas, ou *tempo individual*. Os artigos posteriores mostram que essa complexidade da história implica o recurso aos conteúdos de todas as ciências humanas (geografia, economia, sociologia, demografia), sem predomínio de nenhuma, e o empréstimo dos métodos por elas utilizados: modelização, construção de uma hipótese a partir de nexos entre os fenômenos, com um vai-e-vem do historiador entre a realidade e o modelo.

Esses artigos são uma mostra daquilo que constituiu a originalidade da escola histórica francesa contemporânea e de sua revista *Annales*.

Edição brasileira: *Escritos sobre a história*, São Paulo, Perspectiva, 1978.
Estudo: G. Bourdé e H. Martin, *Les écoles historiques*, Le Seuil, 1983.

ESCRITOS SOBRE O ABADE DE SAINT-PIERRE, *Écrits sur l'abbé de Saint-Pierre*, 1782.

JEAN-JACQUES ROUSSEAU, 1712-1778.
Fragmentos.

O abade de Saint-Pierre (1658-1743) não deve ser confundido com Bernardin de Saint-Pierre, autor de *Paulo e Virgínia* (os dois foram conhecidos de Rousseau). Essa obra é um resumo das obras do abade, que Rousseau concordou em fazer, incluindo um comentário crítico. Só o *Projeto de paz perpétua** e uma *Polysynodie* receberam esse tratamento. A crítica das teses do abade serviu de laboratório para Rousseau elaborar suas concepções políticas.

Estudo: R. Derathé, *Jean-Jacques Rousseau et la science politique de son temps*, Vrin, 1988.

ESCRITOS SOBRE O SIGNO, 1978.

CHARLES SANDERS PEIRCE, 1839-1914.
Excertos de *Collected Papers*, 1931-1958.

Continuador dos trabalhos de Boole em lógica, Peirce criou uma teoria dos signos, ou *semiótica*, ligada a três categorias faneroscópicas (fenomenológicas), cada uma delas correspondente a um tipo de representação. É a *lógica das relações*, de que ele também é fundador, que permite vincular essas categorias umas às outras.

Assim, Peirce distingue o ícone, o índice e o símbolo. A qualidade do *ícone* como coisa representativa torna-o apto a ser um representamen. A segundaridade do *índice* faz dele uma relação existencial. Quanto ao *símbolo*, uma regra determina seu interpretante, o resultado significado de um signo.

Opondo-se à intuição cartesiana, Peirce substitui-a pela ação. Só a ação decide da clareza de uma idéia. A ação constitui a "segundeidade", e o modo de ação, ou hábito, constituirá a "terceidade". Preocupado em distinguir sua filosofia do pragmatismo de William James, Peirce designou-a com o termo "pragmaticismo".

Estudo: Comentário de G. Deledalle na edição francesa: *Écrits sur le signe*, Le Seuil, 1978.

ESCRITURA E DIFERENÇA,

L'écriture et la différence, 1967.
JACQUES DERRIDA, nascido em 1930.

Sucessão de artigos e de breves ensaios, essa obra marcou os anos 70. A maioria dos textos nela reunidos é constituída por conferências ou por artigos publicados em *Critique* ou em *Tel Quel*. Derrida passa em revista questões e acontecimentos da época, tanto no campo filosófico como no literário. De início, mostra que o pensamento não se dissocia de seu *estilo*; é a força deste último que gera o sentido ou a significação: assim, o sentido do movimento estruturalista estará perdido para o futuro observador que o abordar como "objeto", e não como aquilo que ele é para Derrida, a saber, "uma aventura do olhar". Partindo da obra de Jean Rousset, o autor aborda a *História da loucura** de Michel Foucault com a seguinte pergunta: "Quem escreveu e quem deve ouvir a história da loucura?" Foucault responderá no apêndice da reedição de sua obra (1972).

Enquanto Heidegger só pensa o ser a partir do presente, Derrida, remontando para o aquém do presente, propõe chamar de "diferância" o movimento que produz as "diferenças".

Edição brasileira: *Escritura e diferença*, São Paulo, Perspectiva, 1967.
Estudo: S. Kofman, *Lectures de Derrida*, Galilée, 1984.

ESPÍRITO (DO), *De l'esprit*, 1758.

CLAUDE ADRIEN HELVETIUS, 1715-1771.

Essa obra desenvolve uma concepção materialista do homem bastante semelhante à que se encontra em *Sistema da natureza** de Holbach. Mas enquanto Holbach se interessa pelo espaço moral, Helvetius forja uma teoria do intelecto. Seu problema é o seguinte: como explicar a extrema diversidade dos espíritos, se o espírito se forma com base na sensibilidade, idêntica em todos os homens?

A resposta está na *atenção* que o sujeito é capaz de dedicar aos objetos; atenção que depende do grau de paixão determinado pela busca do prazer. Mas em suas paixões dominantes os espíritos são orientados por uma pressão social que tende a selecionar certas paixões julgadas preferíveis para a sociedade considerada. Mesmo o gênio, por exemplo, só tem valor à proporção do interesse que certa sociedade particular vê nele; ele não tem realidade independente do meio onde se desenvolve. A superioridade do filósofo está no fato de as paixões que conhece não estarem ligadas a uma sociedade particular, mas apenas ao interesse de todos; seu interesse é sempre *universal*.

"Dados nossos costumes, é assim que devemos ser": uma concepção dessas merece o nome de *materialista*. A moralidade renuncia a qualquer idéia de valor absoluto ou *a priori*. Conduzir-se bem é conformar-se a uma legislação e a normas sociais. É verdade que nem todas as legislações e nem todas as normas se equivalem; como Montesquieu, em quem se apóia, Helvetius distingue os bons governos, os bons costumes, dos maus. E, justamente, cabe ao governo melhorar os espíritos, o que pode fazer por meio da educação. Idéia que será desenvolvida em seu *Tratado do homem**.

Do espírito foi obra condenada pelo Conselho de Estado, pelo arcebispo de Paris (Christophe de Beaumont, que também atacara o *Emílio** de Rousseau), pelo Parlamento, pela Sorbonne e pelo papa; mas essa perseguição contribuiu, ao contrário, para o sucesso da obra.

Estudo: G. Besse, *Histoire littéraire de la France*, Messidor-Editions Sociales, 1987, t. III, pp. 490-6.

ESPÍRITO DA FILOSOFIA MODERNA (O), *The Spirit of Modern Philosophy*, 1892.

JOSIAH ROYCE, 1855-1916.

A primeira parte da obra visa a mostrar que o idealismo, da forma concebida por Royce, é o ponto de chegada da evolução da filosofia moderna. Esta pode dividir-se em três períodos: de Galileu a Spinoza, domina o naturalismo racionalista; o segundo período, de Locke a Kant, caracteriza-se pela volta do Espírito para si mesmo e pela análise crítica de nossas faculdades intelectuais, levando ao ceticismo. No fim desse período, manifesta-se a tendência a construir o universo *a priori*, tendência cujo apogeu se estende de Kant a nossos dias. Por fim, a filosofia contemporânea tenta conciliar naturalismo e idealismo.

A segunda parte do tratado consiste essencialmente na exposição do idealismo absoluto de Royce. A demonstração começa com a afirmação dos grandes princípios do idealismo: o mundo tal qual pode ser conhecido por nós não passa de um sistema de idéias: sendo Espíritos, podemos conceber um Espírito, mas uma existência desprovida de qualquer atributo mental nos é totalmente opaca. Assim, o mundo real ou é Espírito ou é incognoscível. Ora, o incognoscível absoluto é não-sentido, portanto necessariamente não-ser. Pois se existe um mundo fora de nós, sua essência deve ser passível de ser conhecida por algum espírito, e se assim é, é por ser de essência ideal.

Por isso, Royce é levado a distinguir dois mundos. O mundo "descritivo", que é o mundo da exterioridade e da causalidade, não é o todo do mundo real; ao lado deste, existe um mundo da "apreciação" que, não podendo ser um mundo de mônadas isoladas, exige uma conexão de sujeitos. É ele que obriga o Espírito a sair de si mesmo para pôr, fora de si, um outro Espírito. Esse mundo da apreciação é o mundo do universo interior, portanto da liberdade pura, porque escapa ao tempo e à causalidade.

As conclusões da obra suscitam vários problemas. Por que esse dualismo dentro do idealismo absoluto? Por outro lado, Royce poderia ter introduzido um terceiro mundo, intermediário entre o da objetividade e o da liberdade pura, a saber, o mundo da sensibilidade e das paixões, ainda vinculado à "apreciação" mas submetido ao tempo e à causalidade. Por fim, pode-se perguntar se uma liberdade fora do tempo tem condições de fundamentar solidamente uma moral.

Estudo: G. Deledalle, "Josiah-Royce", in *La philosophie américaine*, De Boeck-Wesmael, Bruxelas, 1987.

ESPÍRITO DA UTOPIA, *Geist der Utopie*, 1918.

ERNST BLOCH, 1885-1977.

Esse ensaio contém as premissas da concepção da forma aberta, que será desenvolvida no *Princípio esperança**. A parte principal desse trabalho, publicado em 1918 e reeditado pelo filósofo em 1923, é dedicada à filosofia da música. Nele se expressa o desejo de instaurar uma nova metodologia para a determinação das grandes correntes: trata-se de uma *antropologia da música* baseada na relação com o percebido e com a interpretação musical.

O autor rejeita o aspecto "catalográfico" representado pela sucessão dos acontecimentos históricos e sociais, e propõe uma nova interpretação da história que se situe além das pós-críticas. Sua abordagem é feita através de inúmeras percepções isoladas, elementos parcelares ou aforismos desenvolvidos, que ele agrupa sob as rubricas das grandes partes em que se divide o tratado. Encadeamento e sistematização passam pela vivência.

Estudo: G. Raulet, *Humanisation de la nature, naturalisation de l'homme, Ernst Bloch ou le projet d'une autre racionalité*, Klincksieck, 1982.

ESPÍRITO DAS LEIS (O), ou Da relação que as leis devem ter com a constituição de cada governo, com os costumes, com o clima, com a religião, com o comércio etc.,
De l'esprit des lois, ou Du rapport que les lois doivent avoir avec la constitution de chaque gouvernement, les moeurs, le climat, la religion, le commerce, etc., 1748.
MONTESQUIEU (Charles-Louis de Secondat, barão de La Brède e de), 1689-1755.

Essa obra é composta por trinta e um livros, que por sua vez são divididos em curtos capítulos nos quais são analisadas as leis existentes no século XVIII. Distinguindo logo de início as leis humanas e as leis da natureza, Montesquieu afirma que as primeiras, tanto quanto as segundas, não são fruto de acaso: "Elas são as relações necessárias que derivam da natureza das coisas." As leis dos homens são determinadas pela natureza do governo (livros I a XIII): ele pode ser despótico, monárquico ou republicano. No primeiro caso, um só homem exerce o poder, segundo sua própria fantasia; no segundo, um só homem tem o poder, mas submete-se a leis; no terceiro caso, é o povo que detém o poder. As preferências de Montesquieu são pela monarquia constitucional à inglesa, em que a nobreza poderia exercer um "poder intermediário" e temperar as decisões monárquicas; é a nobreza que faz o monarca.

A educação dos cidadãos é um ponto fundamental; é ao legislador que incumbe essa tarefa: ele deve prevenir, mais que punir, os crimes; portanto, é preciso que ele "dite os costumes" mais que os castigos ou, pior, os suplícios: com isso Montesquieu se insurge contra a tortura.

Nos governos moderados, existem leis que "formam a liberdade política". Liberdade, porém, não é sinônimo de anarquia: a liberdade termina onde começa o abuso. "É preciso que, pela disposição das coisas, o poder retenha o poder." Para evitar excessos, os poderes legislativo, executivo e judiciário devem ser divididos entre pessoas diferentes. A Inglaterra é um dos principais representantes dessa separação, que garante o melhor tipo de liberdade. A liberdade depende das leis, mas também da conduta do rei, de seus costumes: os súditos, à imagem de seu senhor, comportam-se como homens livres ou como escravos.

As leis são também determinadas pelo clima e pela natureza do solo (livros XIV a XVIII). As condições climáticas, a riqueza maior ou menor da natureza exercem efeitos sobre os comportamentos humanos: Montesquieu sustenta, por exemplo, que os habitantes dos países do Norte são mais independentes que os dos países do Sul.

O espírito da nação também desempenha um papel preponderante no que se refere às leis (livros XIX a XXVI): a religião é a base da cultura e é nela que se baseiam as tradições, os modos de pensar; na religião, então religião de Estado, está a origem de certas leis; os costumes de um país, ademais, às vezes modificam as suas leis; a moeda permite a troca de bens, o comércio; as condições demográficas participam também da elaboração das leis. As leis variam igualmente segundo as épocas. O autor termina sua obra com um estudo sobre as leis romanas, as leis feudais e as leis francesas.

Montesquieu não se satisfaz em descrever a natureza das leis; explica o que elas devem ser. Mais que a soberania da política, o autor preconiza a sabedoria da "lei": as leis devem ser adaptadas às condições gerais de um país; esse é o papel do legislador; ele deve, porém, demonstrar moderação, pois precisa conciliar a natureza das coisas com a aspiração humana à felicidade; por fim, as leis devem obedecer ao princípio de cada governo para evitar a derrocada do regime: virtude, na democracia; honra, na monarquia; medo, no despotismo.

O verdadeiro objetivo de Montesquieu é mostrar, sem a influência de qualquer preconceito, como em cada nação foram estabelecidas leis e constituições: "Estabeleci princípios e vi que os casos particulares se lhes submetem como espontaneamente, que a história de todas as nações não são mais que suas conseqüências, e que cada lei particular está ligada a uma outra lei ou depende de outra, mais geral." Essa obra foi violentamente atacada assim que publicada, e Montesquieu foi obrigado a redigir a *Defesa de "O espírito das leis"* (1750). Voltaire elogiará a obra; d'Alembert dirá, em seu elogio a Montesquieu, que a esse pensador devemos "as luzes lançadas sobre os princípios do governo". A influência da obra foi considerável: homens de Estado e historiadores do século XIX a ela se remeterão constantemente na busca de concepções e princípios novos.

Edição brasileira: *O espírito das leis*, São Paulo, Martins Fontes, 1993.
Estudos: J. Starobinski, *Montesquieu*, col. "Ecrivains de toujours", Le Seuil, 1979. L. Althusser, *Montesquieu, la politique et l'histoire*, col. "Quadrige", P.U.F., 1985.

ESPÍRITO E REALIDADE,

Esprit et réalité, 1938.
NIKOLAI ALEXANDROVITCH BERDIAEV (OU BERDIAEFF), 1874-1948.

Essa obra é sem dúvida a mais cristã de todas as de Berdiaev. Como seu título indica, fala-se do espírito e da realidade, mas sobretudo da relação entre ambos, que o filósofo tenta esclarecer.

Analisando a *objetivação* do espírito, ou seja, seu modo de ser para o mundo e no mundo, o pensamento de Berdiaev encontra inevitavelmente os problemas clássicos do mal, do tempo e do sofrimento.

Mas a originalidade do pensador russo está principalmente no seu estudo do significado da ascese, que é a opção do indivíduo pelo espírito, mas numa perspectiva cristã, e que assume ativamente o necessário sofrimento ligado a qualquer elevação e a qualquer esforço da ordem da fé.

Berdiaev é também autor de *Espírito de Dostoiévski*, escritor pelo qual foi muito influenciado.

Estudo: J. Gaith, *Nicolas Berdiaef philosophe de la liberté*, Dar el Machreq, 1968.

ESPÍRITO GEOMÉTRICO (DO),

De l'esprit géométrique, 1776.
BLAISE PASCAL, 1623-1662.

"Espírito geométrico", ou "espírito de geometria", designa em Pascal a faculdade de perceber os grandes princípios e de, a partir deles, fazer demonstrações rigorosas. Atuando na construção dos raciocínios matemáticos, só o espírito geométrico é capaz de respeitar, na exposição de suas demonstrações, "a ordem geométrica", que consiste em definir os termos pouco claros e em demonstrar as proposições que não são evidentes por si mesmas. O matemático previne assim as objeções e escapa à confusão com que é naturalmente poluída a linguagem.

No entanto, a ordem geométrica é muito inferior à "ordem absolutamente consumada" à qual certos espíritos presunçosos pretenderam ter chegado. Essa ordem consistiria em tudo definir e em tudo demonstrar, de tal modo que jamais se exigira da razão a aceitação de algo que não fosse previamente *provado* de maneira absolutamente indubitável. Ora, para Pascal, essa ordem perfeita é inacessível, "pois o que passa a geometria nos ultrapassa". De fato, se quisermos tudo definir e tudo demonstrar, precisaremos empenhar-nos numa regressão ao infinito, coisa de que nosso espírito é propriamente incapaz. Por isso, o geômetra deve renunciar a essa ordem inacessível, adotando como ponto de partida de seu raciocínio termos indefiníveis (ou *termos primitivos*) e proposições indemonstráveis (ou *axiomas*), a partir dos quais definirá os outros termos e demonstrará as outras proposições.

Mas a razão não abdica com tanta facilidade de suas prerrogativas. Por isso, os aristotélicos acreditavam ter definido o tempo quando disseram que ele é "a medida do movimento". Por que se obstinar em definir uma noção que todos empregam com tanta eficiência? – pergunta Pascal com ironia. Aliás, é preciso ser bem ingênuo para acreditar que uma tal "definição" nos dá a verdadeira natureza do tempo. Isso é confundir as definições de coisa – que desvendam a essência do objeto definido – com definições de nome, que consistem em estabelecer, de maneira convencional, uma equivalência entre um nome (o definido) e uma expressão cujos termos são perfeitamente conhecidos (a definição). Ora, em matemática, só as definições de nome são admitidas, lembra o autor. Por conseguinte, é inútil procurar definir termos primitivos como tempo, espaço, movimento, número e tudo aquilo "que o mundo entende perfeitamente". Como também seria muito presunçoso empreender a demonstração dos axiomas mais evidentes da geometria, como o princípio da dupla infinidade da natureza, segundo o qual todo número, toda duração, todo espaço, toda velocidade podem ser diminuídos ou aumentados indefinidamente, sem que se anulem ou se tornem infinitos.

Para Pascal, a impotência de nossa razão para definir tudo e demonstrar tudo deve ser considerada uma perfeição, e não uma deficiência, pois o que nos impede de definir os termos primeiros ou de demonstrar os axiomas não é sua obscuridade, mas, ao contrário, "sua extrema evidência". Ao tornar esses objetos acessíveis ao coração dos homens, a natureza supre de alguma maneira a impossibilidade em que ela os põe de ter acesso à *ordem absolutamente perfeita*, à qual, porém, a razão deles aspira.

Tradicionalmente, os editores publicam *Da arte de persuadir** como seqüência de *Espírito geométrico*, pois aquele é um opúsculo redigido mais ou menos na mesma época, por volta de 1657. Esses dois textos parecem ter sido compostos para servir de prefácio a *Elementos de geometria*, que Pascal destinava à instrução dos alunos de Port Royal. Ainda que inacabados, ambos lançam novas luzes sobre o pensamento do autor de *Provinciais**. Além das reflexões sobre a dupla infinidade da natureza, descobre-se a descrição de um sistema hipotético-dedutivo que correponde perfeitamente às exigências da axiomática contemporânea. Lembrando em várias ocasiões que as definições são "livres" em matemática, Pascal dá destaque, bem antes de nossos lógicos, ao caráter fundamentalmente convencional da ordem geométrica.

Estudo: S. Le Strat, apresentação e notas na edição francesa: "De l'esprit géométrique", in *Traités scientifiques*, col. "Les Integrales de Philo", Nathan, 1990.

ESPIRITUAL NA ARTE E NA PINTURA EM PARTICULAR (DO),

Über das Geistige in der Kunst, insbesondere in der Malerei, 1911.
Wassily Kandinsky, 1866-1944.

Essa obra, sob vários aspectos, tem o arroubo de um manifesto. O autor visa a evidenciar a dimensão espiritual da consciência artística. Em face da contestação dos valores, o artista deve voltar-se para si mesmo a fim de descobrir o caminho ascensional que leva ao inteligível. Há, certamente, o Belo exterior, mas só o Belo interior possibilita a inovação.

Essa virada espiritual aparenta-se ao "conhece-te a ti mesmo" de Sócrates. O artista deve criar segundo uma "necessidade interior" – efeito da cor sobre a subjetividade transcendental – que exige pôr-se a serviço do que de eterno há em arte. Kandinsky propõe então uma estética da intenção como único caminho para a "composição pictural": a partir daí, a escolha do objeto pintado substitui a natureza. Para ter acesso a essa beleza interior, "tudo é permitido". O autor apresenta a criação pictural como uma experiência *a priori* da forma, e confere ao artista, que é origem da obra, uma dimensão crística: este se torna o sacerdote do Belo interior.

Sabe-se que Kandinsky é um pioneiro da abstração em pintura. Tão essencial quanto sua obra pictórica, esse tratado aparece hoje como uma etapa decisiva na reflexão estética contemporânea.

Edição brasileira: *Do espiritual na arte*, São Paulo, Martins Fontes, 1996.

Estudo: D. Vallier, *L'art abstrait*, col. "Pluriel", Hachette-Pluriel, 1980.

ESSÊNCIA DA MANIFESTAÇÃO (A),

L'essence de la manifestation, 1963.

MICHEL HENRY, nascido em 1922.

O pensamento de Michel Henry constitui uma filosofia de vida. Distinguindo-se das fenomenologias do século XX, ele afirma, contradizendo Sartre, que a consciência infeliz – ou seja, o fato de a consciência nunca coincidir consigo, de estar perpetuamente dilacerada em seu ser – é superável. Para além desse dilaceramento, dessa negatividade da consciência, o homem pode encontrar a bem-aventurança na parúsia (ou presença), que é adequação total consigo mesmo. Esse estado é a felicidade.

Essa obra defende a tese de que a concepção da fenomenalidade no pensamento ocidental implica uma distância entre o objeto e o sujeito. Mas essa distância, a respeito da qual concordam quase todas as ontologias fenomenológicas do século XX, constitui um pressuposto, e não um resultado. Por isso é necessário repensar as bases dessas ontologias, única maneira de superar os impasses lógicos nos quais elas se encontram.

Michel Henry é um dos grandes professores e filósofos franceses da atualidade.

Estudo: G. Dufour-Kowalska, *Michel Henry un philosophe de la vie e de la praxis*, Vrin, 1980.

ESSÊNCIA DA VERDADE (DA),

Vom Wesen der Wahrheit, 1943.

MARTIN HEIDEGGER, 1889-1976.

Em sua vontade de romper com o idealismo tradicional, Heidegger dedica-se ao projeto de conferir a importância devida à idéia de "verdade da coisa". Por isso, descreve a operação do conhecimento. Parte do princípio de que, no processo do conhecimento, estamos "abertos" à coisa; mas essa atitude só é possível porque nosso comportamento em geral se define pela noção de "abertura". A noção de abertura confunde-se, na verdade, com a liberdade propriamente dita, que "desvela" a coisa. Ora, se a coisa é, por isso mesmo, desvelada, é porque, antes, estava velada, dissimulada, exatamente como o Ser. É assim que Heidegger nos leva a compreender qual é o papel da filosofia, e o que lhe confere valor profundo, a saber, revelar-nos, pela tomada de consciência, a dissimulação do Ser.

Assim se coloca a questão de saber o que é a verdade. A verdade é compreendida de duas maneiras. É "verdadeiro" o ouro como coisa que se encontra em conformidade com aquilo a que visamos quando pensamos em ouro. Mas também é "verdadeiro" um enunciado que signifique ou expresse a coisa que julgamos. A verdade está toda vez "em concordância": ela é "conformidade" ou justeza (*Richtigkeit*). De maneira geral, o "deixar-ser" pode ser pensado tanto como revelação quanto como dissimulação. Mas o Ser como existente total é obnubilado, oculto, não desvelado. Essa obnubilação vai impedir que a verdade se desvele. Toda a realidade humana é dominada por essa não-verdade. No entanto, não se trata de uma privação do Ser, mas do pressuposto do desvelamento, porquanto a verdade é esse desvelamento do Ser. O que significa que o horizonte da obnubilação é a condição necessária do desvelamento ou da verdade. Mas a própria dissimulação está dissimulada. É por isso que Heidegger fala do "esquecimento do Ser". Assim, a questão da verdade remete à questão do Ser. Radicalizando-se, ela se torna a "verdade da Essência", o advento do Ser no *Dasein*. O opúsculo termina com a observação de Heidegger de que o pensamento do "sentido do

Ser" ou da "verdade do Ser" não foi ali desenvolvido. Cabe lembrar que é necessário que o desacerto abarque tudo o que fazemos. Visto estar cortada a sua relação com o mistério, o desacerto é considerado pelo filósofo como a antiessência fundamental; ele é a verdade inautêntica. Contudo, esquecido, o mistério nem por isso está eliminado. Na *Introdução à metafísica**, o homem chega ao nada; resta-lhe reaprender que o nada é o véu do Ser.

Estudo: B. Rioux, *L'être et la verité chez Heidegger e Saint Thomas d'Aquin*, P.U.F., 1963.

ESSÊNCIA DO CRISTIANISMO (A),

Das Wesen des Christentums, 1841.
LUDWIG FEUERBACH, 1804-1872.

Essa obra apresenta-se como uma hermenêutica ou como uma análise genético-crítica destinada a penetrar o segredo da religião cristã.

Logo de início Feuerbach afirma que só o homem tem consciência de si e é objeto para si mesmo em nível de espécie. O homem, ao tomar consciência de si mesmo, toma também consciência de sua humanidade em geral. Ele não se sabe apenas indivíduo; reconhece também, em sua existência individual, sua participação na espécie humana em geral. Assim, quando fala de si, o homem se comunica com sua essência, que não é algo infinito, porém algo ilimitado.

Depois disso, Feuerbach passa à análise do objeto religioso. O que é Deus para o homem é sua essência, seu eu verdadeiro e objetivo. Deus é o interior do homem projetado para o exterior, revelado, expresso. Donde a cativante fórmula: a religião é o desvelamento solene dos tesouros ocultos do homem, o reconhecimento de seus pensamentos mais íntimos, a confissão pública de seus segredos de amor. Mas, apesar de a religião ser a relação do homem consigo mesmo, aparece-lhe como uma relação com alguma outra coisa. A religião cristã é, pois, "a relação do homem consigo mesmo, ou mais exatamente com sua essência, mas com sua essência como outro ser". Donde a alienação, pois "para enriquecer Deus, o homem deve empobrecer-se; para que Deus seja tudo, o homem deve ser nada". Assim, a religião nega conscientemente no homem a razão e o bem para reafirmar em Deus, mas inconscientemente, essas mesmas qualidades.

Feuerbach propõe-se levar o leitor a admitir que a oposição entre humano e divino tem origem na oposição real entre indivíduo limitado e essência humana ilimitada. A religião é sempre o mistério do homem feito Deus. A filosofia deve, portanto, deixar de ser "teologia" para tornar-se "antropologia". Ela deve inverter a teologia permutando os sujeitos: em vez de dizer "Deus é sábio e bom", deve dizer "o homem é sábio e bom". Ao afirmar que o ser humano é que é divino, Feuerbach eleva a antropologia ao nível de teologia.

Edição brasileira: *A essência do cristianismo*, Campinas, Papirus, 1988.
Estudo: H. Arvon, *Ludwig Feuerbach ou la transformation du sacré*, P.U.F., 1957.

ESSÊNCIA DO TEATRO (A),

L'essence du théâtre, 1943.
HENRI GOUHIER, nascido em 1898.

O autor propõe aqui a questão de saber se o teatro constitui um gênero literário autêntico ou se o fato de só existir na representação em cena impede-o de *consistir* de maneira autônoma. Comparando o teatro ao cinema, à literatura, à pintura ou à música, Henri Gouhier inquire sobre o próprio princípio de pureza do teatro, que deve grande parte de sua força aos cenários, à música de cena, bem como à literatura, que lhe empresta o texto.

Conclui que o teatro é de essência religiosa, desde a Antiguidade grega e o culto de Dioniso até as posições assumidas por Claudel, Ghéon ou Gabriel Marcel, que consideravam o "mistério" como fundamento mesmo da obra dramática. Se o teatro é, assim, metafísico por essência, é porque, como ressalta Gouhier, "toda atividade humana está implicitamente orientada para uma filosofia". A ambição do dramaturgo é, pois, criar "pessoas" dos pés à cabeça, mas elas nunca passam de "personagens" inventadas. Donde a ambigüidade de uma arte que deixa de atingir parcialmente seu objetivo, mas oferece ao espectador uma agradável diversão.

Estudo: J. Verdt, *Dictionnaire des philosophes*, P.U.F., 1984.

ESSÊNCIA E FORMAS DA SIMPATIA,

Wesen und Formen der Sympathie, 1923.
MAX SCHELER, 1874-1928.

O comportamento simpático, ao lado de outros fatores, é origem da coesão social de todos os agrupamentos humanos, sejam eles quais forem – da "multidão inorgânica" às formas superiores de comunidade. Max Scheler analisa as diferentes formas possíveis da simpatia. Além disso, tenta depreender sua natureza profunda, dedicando vários capítulos ao conhecimento do *eu* de outrem, assim como do *tu*, ou seja, o outro que se relaciona de forma afetiva e simpática comigo.

Estudo: M. Dupuy, *La philosophie de Max Scheler*, 2 vols., P.U.F., 1959.

ESTADO COMERCIAL FECHADO (O), *Der Geschlossene Handelsstaat*, 1880.

JOHANN GOTTLIEB FICHTE, 1762-1814.

Discípulo de Kant, vivendo numa nação financeiramente arruinada, Fichte expõe uma teoria geral que visa a instituir um regime econômico racional, em conformidade com o direito e com a moral. Fichte critica as duas doutrinas econômicas da época, a da livre troca (liberalismo econômico) e o mercantilismo, que, embora opostos, baseiam-se em princípios que "ultrajam a moral". O liberalismo econômico, ao exigir a liberdade total dos mercados e o princípio de concorrência, conduz à guerra entre os indivíduos e as nações produtoras, portanto à ruína de todos. Quanto ao mercantilismo, conduz a um sistema de monopólios, no interior, e a um sistema de conquistas e de colonização, no exterior.

Fichte propõe uma terceira via, o "Estado comercial fechado", que pode parecer-se com um socialismo de Estado, um socialismo nacional. O estado, totalidade orgânica (organizado e organizando-se), posto acima dos interesses particulares, deve orientar a produção econômica, no sentido das necessidades gerais da sociedade, e preservar os interesses de todos. A economia deve basear-se na propriedade privada, sendo esta fundamental e originária para o autor, mesmo admitindo a propriedade pública para certos meios de produção, sobretudo na indústria. Mas cabe ao estado controlar a economia (produção e comércio interior) e proibir o comércio com o exterior. Essa *autarquia* permite que a sociedade, organismo social, conheça um regime econômico racional, visto que o estado atua na planificação (divisão das forças de trabalho, fixação dos preços etc.). Fichte, pensador organicista que introduziu o socialismo na economia nacional, sobretudo por meio da planificação, prenuncia o economista alemão Friedrich List (1789-1846), que concebeu a União Aduaneira (*Zollverein*) de 1834, etapa decisiva para a unidade econômica alemã. Além disso, Fichte é considerado inspirador distante da planificação francesa – ou mesmo da planificação autoritária soviética – e precursor de uma economia nacional-socialista.

Estudo: A. Philonenko, *L'oeuvre de Fichte*, Vrin, 1984.

ESTADO E REVOLUÇÃO, 1917.

LENIN (Vladimir Ilitch Ulianov, dito), 1870-1924.

Como todas as obras teóricas de Lenin – e da tradição marxista em geral –, esta é ao mesmo tempo uma intervenção circunstancial num debate político, numa conjuntura que é preciso influenciar, repensando certos objetos teóricos. A conjuntura é a guerra imperialista de 1914 e o desenvolvimento de uma corrente socialista oportunista, disposta a sustentar as burguesias nacionais na vasta empresa de partilha do mundo, e suscetível aos temas patrióticos e "chauvinistas". O objeto teórico é o poder de Estado e o aparelho estatal.

No prefácio da primeira edição, Lenin anuncia sua finalidade: estudar a teoria marxista (e engelsiana) do Estado, para resgatá-la das deformações oportunistas; depois, criticar as concepções da II Internacional (Kautsky) a respeito do Estado; por fim, extrair "os principais ensinamentos da experiência das revoluções russas de 1905 e, principalmente, de 1917".

Lenin recorda a substância da teoria de Marx a respeito do Estado. Este último é "produto de contradições inconciliáveis de classes". É um instrumento, nas mãos da classe dominante, para oprimir a classe dominada e mantê-la na submissão. Manifesta-se seu papel principal – ainda que não exclusivo – de agente repressivo. Todo Estado é, assim, uma "ditadura de classe".

"Ditadura": um contra-senso está aí à espreita; procede da ideologia burguesa do direito. Esta reporta as noções de democracia e de ditadura (ou violência) às *formas* do Estado (ou seja, a suas características jurídicas). Para Lenin, porém, "ditadura" significa que o poder do Estado é sempre o exercício, violento em sua essência, de uma dominação que o direito "sanciona" ulteriormente, mas que não poderia fundar, pois ele não tem nenhuma realidade anterior à dominação de classe.

À luz das experiências históricas passadas (1848, a Comuna de Paris, as revoluções russas de 1905 e 1917), o autor extrai os princípios de uma estratégia revolucionária proletária. A conclusão essencial de Lenin se resume na seguinte afirmação: nenhuma revolução proletária será possível se o *aparelho de Estado* burguês não for *destruído* assim que for conquistado. Pois o aparelho não é apenas instrumento nas mãos de uma classe; ele materializa a dominação dessa classe. As instituições estatais, na multiplicidade concreta de suas disposições, não são "neutras", indiferentes ao conteúdo de classe do Estado. A "democracia burguesa" realiza, assim, a dominação de classe até em suas formas aparentemente mais "liberais" (parlamentarismo, luta partidária). Apoderar-se da máquina não basta, pois suas estruturas reconduziriam infalivelmente à dominação da classe burguesa.

Contra o oportunismo que alega ser possível fazer as instituições burguesas funcionar como estão – em particular as instituições parlamentares –, Lenin afirma que a ditadura do proletariado é a forma inevitável de exercício do poder revolucionário. Contra o anarquismo, ele nega a possibilidade de decretar o "fim do Estado". Seu desaparecimento só pode resultar da "extinção", do "definhamento" consecutivo ao desaparecimento dos conflitos de classes. Desaparecimento que só é possível no termo da exacerbação máxima desses conflitos, na luta pelo poder de Estado. A ditadura do proletariado está, assim, articulada com a perspectiva do *comunismo*. Não como ideal longínquo, como terra prometida que serviria vagamente de direção, mas como uma tendência objetiva da luta de classes no próprio seio do sistema capitalista.

Estado e Revolução é um dos textos teóricos fundamentais do marxismo, sobre a questão do Estado e da ditadura do proletariado. Por isso, não seria possível transformá-lo em coletânea de fórmulas didáticas, desligá-lo de sua conjuntura histórica e política, como fez com freqüência certa tradição que falava em nome do marxismo e do legado do próprio Lenin.

Edição brasileira: *O estado e a revolução*, São Paulo, Global, 1987.

Estudo: E. Balibar, *Sur la dictature du prolétariat*, Maspero, 1976.

ESTÉTICA, *Vorlesungen über die Aesthetik*, 1832.
GEORG WILHELM FRIEDRICH HEGEL, 1770-1831.
Aulas dadas na Universidade de Berlim.

Uma primeira compilação desse curso foi editada em 1832 em Berlim por Hermann Georg Hotho; seguiram-se outras, como a edição do Jubileu, em 1927, e a de Leipzig, em 1931.

Desejando captar os principais momentos da arte, Hegel produz uma verdadeira semiologia das artes que aborda: arte como unidade do concreto e do abstrato, arte como superação da natureza e da lógica, arte como linguagem e, por fim, a música e seus modos de expressão.

A arte, a religião e a filosofia superam a Natureza e o Espírito, pois seu objeto é um objeto absoluto; e a transcendência assim aberta dá a Hegel o ponto de vista da verdade absoluta. Na forma concreta nascida do espírito subjetivo, a imediação natural é o signo da Idéia, e a forma é a forma da beleza. Isso significa que, para Hegel, a arte medeia a beleza, mas esta se oferece como imediata através da simples significação sensível. A arte é signo da verdade ao mesmo tempo que unidade e síntese do concreto e do aspecto. Por isso, Hegel propõe a questão de se saber *como* o artista procede: objetivamente, segundo o conteúdo, ou subjetivamente, segundo o grau de civilização de sua época? Para Hegel, trata-se do problema das relações entre *interior* e *exterior*, proposto sob o aspecto de um problema puramente histórico, segundo o exercício de uma subjetividade presente que deve representar um objeto passado: ou o artista utiliza subjetivamente as condições de sua época para representar os temas do passado, ou se eleva à fidelidade objetiva na representação do passado, ou observa a verdadeira objetividade da representação dos temas do passado e dos povos estrangeiros, e dela se apropria.

Percebe-se que a noção de Ideal buscado no âmbito da obra de arte é tratada por Hegel em referência à existência histórica, pois a arte supera tanto a *natureza* quanto a *lógica*. Através da arte, é o espírito que se reconcilia com sua primeira certeza: obtém assim sua determinação concreta como realidade.

O que são as formas de arte senão as formas pelas quais os povos exprimiram suas intuições e os aspectos mais ricos da vida: conteúdos religiosos, éticos, políticos e espirituais? O fato estético não é autônomo, mas está ligado à vida do Estado no qual se produz.

Hegel estuda inicialmente a validade da estética como ciência. Ora, toda ciência revela vínculos com uma ciência antecedente, começando pelo conceito de um objeto determinado e confirmado, necessário. Hegel afirma, pois, que a arte é uma pressuposição decorrente de seu sistema filosófico; tem lugar e função no sistema que estrutura a totalidade do campo cultural, seja ela implícita ou explícita, assinada ou anônima. Ademais, a arte moraliza o homem libertando-o de si mesmo ("Chorar é ser consolado"). Por isso, Hegel rejeita a arte engraçada para distinguir uma arte significativa.

É por isso que, na fenomenologia da contemplação do belo, Hegel retoma a idéia kantiana de "recolhimento do desejo". Mas ele deve a Schelling o conceito de arte como "união íntima do geral com o particular, da liberdade com a necessidade, do espiritual com o natural".

Não será dizer que a arte é uma linguagem? A arte e a linguagem correspondem ambas à necessidade da comunicação. São, do mesmo modo, meios de representação. Transmitem o que os homens pensam, imaginam e sentem. Nessa perspectiva, um monumento mudo, como a arquitetura simbólica, desempenha para Hegel função muito significativa. Como "representação da representação humana", não será ela a arquitetura das significações, em princípio desprovidas de formas, a arquitetura das representações gerais? Através do colossal e do sagrado, suas construções gigantescas têm em vista a congregação geral dos homens.

Hegel segue o caminho do sensível, indo da arquitetura à escultura, desta à pintura, e desta à música. Da finitude maciça ao absoluto que ele indica, a trajetória hegeliana através das artes mostra a arquitetura a erigir-se como a arte mais incompleta, a escultura como algo destinado a buscar o espiritual sob o aspecto do particular, a pintura como algo que fundamenta na forma exterior a manifestação do interior. Sempre a interação entre interior e exterior.

A música permite que nos desliguemos da forma exterior e de sua visibilidade, remetendo-nos à audição, sentido mais ideal ainda, segundo Hegel, que a visão: o que o ouvido percebe é precisamente a vibração interior do corpo a revelar "uma primeira idealidade vinda da alma". Por isso, a música é uma "dupla negação da exterioridade": é a supressão do estado espacial, supressão esta que, por sua vez, é suprimida pela reação do corpo. É de se notar que a exterioridade do som é abolida assim que este aparece. O som é percebido como algo de natureza abstrata e também como a própria interioridade. Por isso a música não pode reproduzir nada, pelo menos não objetos reais. Seu papel é "fazer ressoar o eu mais íntimo, a subjetividade mais profunda, a alma ideal". Parecendo-se nisso com a arquitetura, não busca suas formas naquilo que existe, mas na "imaginação criativa". Aliás, simetria e eurritmia são características da música e da arquitetura.

Edição brasileira: *Curso de estética* (*O belo na arte* e *O sistema das artes*), São Paulo, Martins Fontes, 1996, 1997.
Estudo: G. Bras, *Hegel et l'art*, P.U.F., 1989.

"ESTRANHO" (O), *Das Unheimliche*, 1919.

SIGMUND FREUD, 1856-1939.

Publicado inicialmente no tomo V de *Imago*, esse texto inaugura a reflexão sobre a natureza da literatura, a partir de uma das hipóteses centrais da teoria freudiana, segundo a qual o adulto nunca se desfaz da criança que foi, e revive, com formas disfarçadas, suas primeiras comoções, que agora estão no inconsciente. Os relatos fantásticos produzem o sentimento de inquietação. Ou os seres mais terrificantes (o saca-olhos de Hoffmann) despertam medos muito comuns (medo de perder a visão), ou então situações banais ganham aos poucos o peso de intensa ansiedade. Esse texto apresenta as chaves da compreensão da "modernidade". O que se repete caracteriza a vida cotidiana; a novidade, fonte de prazer (descoberta, mudanças de local), pode tornar-se inquietante, "incerteza intelectual".

Estudo: P.-L. Assoun, Freud, *La philosophie et les philosophes*, P.U.F., 1976.

ESTRUTURA DAS REVOLUÇÕES CIENTÍFICAS, *The Structure of Scientific Revolutions*, 1962.

THOMAS SAMUEL KUHN, nascido em 1922.

Kuhn observa que a maioria dos historiadores das ciências ilustra ou defende a idéia de que a ciência progride por *acumulação* linear das descobertas e intenções individuais. Para o autor desse ensaio, essa visão continuísta do desenvolvimento científico só pode ser aplicada àquilo que ele chama de "ciência normal".

Durante os longos períodos em que a ciência é *normal*, o conjunto da comunidade científica (pesquisadores, mas também professores e alunos) forma corpo em torno de uma "matriz disciplinar", ou *paradigma*, que inspira. Erigidos à categoria de dogmas, esses paradigmas, a exemplo da teoria do movimento de Aristóteles ou da concepção corpuscular da luz, orientam a pesquisa e determinam o âmbito no qual seus resultados serão interpretados. Se ocorrer uma "anomalia", todos se esforçarão por reduzila, para que ela possa amoldar-se "à caixa pré-formada e inflexível fornecida pelo paradigma". Assim, a ciência normal, ao contrário do que afirma Popper em *A lógica da pesquisa científica**, quase não procede por conjecturas e refutações, mas sim pelo *acúmulo* de teorias destinadas a ratificar as bases do paradigma do momento.

No entanto, certas anomalias "resistem" aos esforços de assimilação dos cientistas. O paradigma em vigor entra então em crise, a ciência se torna extraordinária, e seus agentes são obrigados a rejeitá-lo para, depois de um período de relativa confusão, substituí-lo por um novo paradigma capaz de explicar de maneira satisfatória fenômenos julgados "anormais" no sistema anterior.

É durante essas revoluções (passagens de um paradigma a outro) que a ciência realmente progride. Pois o abandono de um velho paradigma pela comunidade científica provoca uma revisão radical de seus princípios, métodos e critérios de juízo: "O que antes da revolução era um pato para o cientista, depois dela passa a ser um coelho", escreve Kuhn com inegável senso de síntese. Para além das teorias científicas, é nossa própria visão de mundo que passa por modificações quando um paradigma é abandonado em favor de outro.

Edição brasileira: *A estrutura das revoluções científicas*, São Paulo, Perspectiva, 1996.
Estudo: I. Stengers, "La description de Kuhn et son application à la biologie contemporaine", in *Annales de l'Institut de philosophie*, Bruxelles, 1973.

ESTRUTURA DAS TEORIAS DEDUTIVAS, *Struture des théories déductives*, 1921.

LOUIS ROUGIER, 1889-1982.

Opondo-se a Edmond Goblot, para quem o raciocínio nunca é independente dos objetos sobre os quais raciocina (o que equivale a afirmar a esterilidade da lógica formal), Rougier desenvolve nessa obra a tese segundo a qual "toda teoria dedutiva é uma teoria puramente formal", um esquema lógico passível de ser aplicado aos objetos e às relações particulares mais diversas. Baseando-se nos trabalhos da escola logística (Russell, Whitehead etc.), aplica à matemática uma teoria do juízo e do raciocínio que depois estende à epistemologia.

O autor atribui grande importância àquilo que chama de *princípios formadores*, graças aos quais o matemático constrói novos sistemas de objetos ao mesmo tempo mais gerais e mais complexos. "É por meio deles que, numa teoria dedutiva, se manifesta a atividade criadora do espírito." A antinomia entre o caráter apodítico do raciocínio em geometria e o enriquecimento progressivo e indefinido dessa ciência parece-lhe assim resolvida. Ele explica, todavia, que os princípios formadores nada mais são que funções proposicionais: eles não poderiam, portanto, criar os objetos aos quais se aplicam; é preciso que os objetos sejam previamente dados para que os princípios formadores desempenhem seu papel e integrem esses objetos na teoria dedutiva. Isso é, de certo modo, admitir que o formalismo não poderia ser integral, e que não seria possível prescindir da intuição na atividade criativa da matemática.

Estudo: P. Jacob, *L'empirisme logique, ses antécédents, ses critiques*, Éd. de Minuit, 1980.

ESTRUTURA LÓGICA DO MUNDO (A), *Der logische Aufbau der Welt*, 1928.

RUDOLF CARNAP, 1891-1970.

Esse grande livro da filosofia do século XX ainda é pouco conhecido ou mesmo desconhecido pelo grande público interessado no assunto, talvez devido às suas dificuldades técnicas. O projeto, porém, é grandioso: trata-se nada mais nada menos de inferir de alguns conceitos básicos o conjunto da concepção científica do mundo, de aplicar à análise da realidade o método criado por Russell e Whitehead para a matemática, de utilizar a teoria das relações – peça-chave da lógica moderna – para explicar o dado sensível. Essa inferência é feita no modo de *constituição*, que é o reverso da redução. Reduzir um conceito a outro equivale a traduzir os enunciados que lhe dizem respeito em enunciados referentes ao conceito considerado mais primitivo ou mais "básico". Um tal projeto implica, porém, uma teoria unificada da ciência, e talvez seja isso que mais incomoda hoje o leitor.

Carnap distingue três grandes categorias de objetos: físicos, psicológicos e culturais. Um dos principais problemas que se apresentam no contexto de tal construção diz respeito à determinação dos objetos básicos. Carnap escolhe para o sistema que propõe uma base "autopsicológica", ou seja, composta de objetos psicológicos pertencentes ao mesmo sujeito. Evidentemente, ele está consciente do risco de subjetivismo implicado nessa escolha, mas acha que esse risco é afastado desde que a tônica recaia no caráter "estrutural" da ciência. A questão que se apresenta em seguida é saber que elementos escolher nessa base. A escolha de Carnap recai nas experiências elementares (que em seu sistema constituem unidades inanalisáveis) e na relação Er de "semelhança memorial" (suficiente para construir o mundo). A partir daí, reconstrói sucessivamente o mundo fenomênico, o mundo físico, o psiquismo dos outros e os objetos culturais.

A "constituição" da *Aufbau* supõe uma base fenomênica. Em sua filosofia ulterior, Carnap escolherá por comodidade uma base fisicalista: mas, devido a seu "princípio de tolerância", essa escolha diferente não provoca, segundo ele, nenhuma modificação radical; bastará adotar um "sistema de coordenadas" mais flexível.

Aufbau nem por isso deixa de ser uma obra-chave em nosso século; cumpre notar, aliás, que ela serviu de ponto de partida e de texto de referência para Nelson Goodman, cuja *Estrutura das aparências* (1951) nada mais é que o comentário crítico da obra de Carnap.

Estudo: J. Vuillemin, *La logique et le monde sensible*, Flammarion, 1971.

ESTRUTURAS ELEMENTARES DE PARENTESCO, *Les structures élémentaires de la parenté*, 1949.

CLAUDE LÉVI-STRAUSS, nascido em 1908.

Esse texto, que retoma a tese de doutorado de Lévi-Strauss, propõe uma reflexão sobre o incesto, cuja proibição é uma estrutura remanescente de todos os tipos de sociedade. Do ponto de vista etnológico, o incesto é notável por dois aspectos: sua proibição não só é universal, como também, e sobretudo, através dele se articula a passagem do natural ao cultural, em outras palavras a passagem do *parentesco* – que é um dado biológico – à união – que decorre de escolhas e diz respeito à relação com outrem.

A instauração da proibição do incesto em dada sociedade corresponde na verdade à introdução de regras que visam a permitir a gestão das mulheres da comunidade. Isto porque o interdito do incesto obriga a mulher a deixar seu meio "natural", sua própria família, para tomar esposo num meio "cultural", ou seja, constituído por homens estranhos à sua própria família. Essa trajetória rumo à cultura é mediada pelo casamento *exogâmico*, que condena definitivamente o incesto.

Ao revelar nessa obra os fundamentos sociológicos de fenômenos como o casamento, Lévi-Strauss abre novos horizontes para a etnologia: esta tende então a tornar-se a ciência da articulação entre o natural e o cultural.

Estudo: Y. Simondis, *Claude Lévi-Strauss ou la passion de l'inceste*, Flammarion, 1980.

ESTRUTURAS SINTÁTICAS, *Syntactic Structures*, 1957.

NOAM CHOMSKY, nascido em 1928.

Até a publicação desse ensaio de constituição de uma "teoria geral formalizada da estrutura lingüística", existiam dois modelos de teoria lingüística: um modelo teórico da comunicação, no qual a linguagem é concebida como um *processo de Markov* de estados finitos, que produz frases da esquerda para a direita, e um modelo sintagmático baseado na análise em constituintes imediatos.

Chomsky propõe aqui um terceiro modelo, mais eficaz, cuja noção central é a de *nível lingüístico*, ou seja, essencialmente um conjunto de mecanismos descritivos válidos para fornecer um procedimento de avaliação das gramáticas. O autor considera, assim, uma sucessão de níveis de complexidade crescente, que correspondem a modos de descrição gramatical cada vez mais estritos. Para compreender uma frase, é necessário conhecer as frases-núcleo de que ela saiu, a estrutura sintagmática (decomposição em constituintes) de cada um dos componentes elementares, bem como a história transformacional (regras de conversão de uma estrutura profunda numa estrutura de superfície) do desenvolvimento dessa frase viva a partir das frases-núcleo.

Essa concepção de interdependência dos níveis e a concepção de níveis lingüísticos concebidos como sistemas abstratos de representação, tão-somente interligados por regras gerais, produziram progressos na compreensão das numerosas correlações existentes entre a estrutura sintática e o sentido: assim, o arcabouço sintático pode "suportar" a análise semântica, mas nunca alicerçá-la.

Estudo: J.-C. Milner, *Ordres et raisons de langue*, Le Seuil, 1982.

ESTUDOS DE HISTÓRIA DO PENSAMENTO CIENTÍFICO,

Études d'histoire de la pensée scientifique, 1966.
ALEXANDRE KOYRÉ, 1892-1964.

Essa obra agrupa diversos ensaios de epistemologia e de história das ciências. Todos, ou quase todos, referentes à revolução científica ocorrida do Renascimento ao século XVII. Ao lado de "grandes nomes" da ciência clássica (Copérnico, Galileu, Pascal), são lembradas figuras menos ilustres porém não menos apaixonantes (Tartaglia, Benedetti, Cavalieri, Gassendi). O método de Koyré consiste em investigar as condições de elaboração dos saberes científicos em seu contexto cultural e ideológico.

Edição brasileira: *Estudos de história do pensamento científico*, Rio de Janeiro, Forense, 1982.
Estudo: R. Taton, "Alexandre Koyré, historien de la pensée scientifique", in *Revue de synthèse*, n.º 88, 1967, pp. 5-20.

ESTUDOS GALILEANOS, *Études galiléennes*, 1940.

ALEXANDRE KOYRÉ, 1892-1964.

Essa obra ilustra magistralmente o projeto histórico-crítico de Alexandre Koyré no domínio da epistemologia: encontrar, em seu contexto histórico, cultural e ideológico, as condições originais da produção dos saberes científicos. Bem mais que à pessoa de Galileu, Koyré atém-se à revolução científica cujo ator principal – porém não único – ele é. Como a física e a cosmologia escolásticas se eclipsam diante da astronomia e da mecânica novas? Como se faz a descoberta da lei da queda dos corpos, do princípio de inércia? Em todos esses casos trata-se de reconstituir o quebra-cabeças das trajetórias do pensamento e das experimentações possíveis; em suma, de seguir os meandros tortuosos da elaboração dos saberes científicos.

Nessa obra fala-se de Galileu, evidentemente, mas também de Descartes, Copérnico, Torricelli e outros, menos ilustres: Bonamico, Benedetti, Bruno, Tycho Brahe, Cavalieri, Gassendi.

Estudo: R. Taton, "Alexandre Koyré, historien de la pensée scientifique", in *Revue de synthèse*, n.º 88, 1967, pp. 5-20.

ESTUDOS KIERKEGAARDIANOS,

Études kierkegaardiennes, 1938.
JEAN WAHL, 1888-1974.

Volumosa, a análise de Wahl é composta em três movimentos. Em primeiro lugar, ele examina o paralelo entre a vida de Kierkegaard e seus escritos. Depois, detecta a articulação das idéias: da angústia ao pecado, do arrependimento à fé. Por fim, estuda as críticas de Kierkegaard a Hegel e sua contribuição para os existencialistas Jaspers e Heidegger.

Wahl descreve a passagem do idealismo ao existencialismo; pessoalmente, em seu *Tratado de metafísica**, defenderá o indivíduo contra os sistemas.

Estudo: E. Levinas, P. Ricoeur e X. Tilliette, *Jean Wahl e Gabriel Marcel*, Beauchesne, 1976.

ESTUDOS NEWTONIANOS,

Études newtoniennes, 1965.
ALEXANDRE KOYRÉ, 1892-1964.

Prolongamento de *Estudos galileanos**, essa obra tem como objeto a formação do conceito de gravitação universal. Newton é situado em relação a seus predecessores (Copérnico, Kepler, Descartes, Galileu) e a seus contemporâneos (Leibniz, Malebranche). Aparece como cientista, mas também como um filósofo de preocupações metafísicas.

Estudo: R. Taton, "Alexandre Koyré, historien de la pensée scientifique", in *Revue de synthèse*, nº 88, 1967, pp. 5–20.

ETAPAS DA FILOSOFIA MATEMÁTICA, *Les étapes de la philosophie mathématique*, 1912.

LEON BRUNSCHVICG, 1869-1944.

Preocupado em marcar as etapas da criação humana, Brunschvicg divide seu estudo entre "períodos de constituição" e "período moderno". Partindo dos trabalhos de etnografia, examina inicialmente as primeiras descobertas. Passa aos Antigos para indicar as primeiras formas da aritmética e da geometria, dedicando um capítulo à lógica formal de Aristóteles e outro à geometria euclidiana. Vêm em seguida os trabalhos de Fermat, de Descartes e dos cartesianos. A respeito da análise, ele retorna à Antiguidade, depois ataca a filosofia matemática de Leibniz e a análise newtoniana. Brunschvicg estuda o criticismo de Kant e o positivismo de Comte, para abordar a questão da transformação das bases científicas. Põe assim em evidência a evolução da aritmética, o movimento logístico, e explica as principais noções matemáticas de sua época.

Estudo: M. Deschoux, *Brunschvicg*, Seghers, 1969.

ETAPAS DO CAMINHO DA VIDA,

Stadier paa Livets Vei, 1845.
SØREN AABYE KIERKEGAARD, 1813-1855.

O fato de Kierkegaard utilizar vários pseudônimos dá sentido a essa coletânea: "Hilarius, encadernador" publica numa obra os textos de diversos escritores (William Afham, um esposo anônimo, Frater Taciturnus). Essa multiplicação de autores imaginários expressa a riqueza das experiências vividas; os relatos são relações do indivíduo com o amor ou com a fé. Assim, Afham ("*In vino veritas*") e o esposo ("Considerações sobre o casamento") manifestam seu apego aos sentimentos estéticos do amor bem-aventurado. Inversamente, por seu desespero ético, Irmão Taciturno ("Culpado? – Inocente?") não pode satisfazer-se com seu amor nem ter acesso à fé verdadeira.

Kierkegaard hesita entre as "três esferas da existência: estética, ética e religiosa". Sua própria vida oscila entre uma e outra, sem conseguir ter acesso ao estágio da fé (cf. *Temor e tremor**). Assim, o diário de Frater Taciturnus é o espelho do que Kierkegaard viveu com Regine Olsen: o fracasso afetivo, o sentimento de culpa. "Mas sou então culpado? Sim, pois comecei algo que não podia realizar."

Estudo: J. Wahl, *Études kierkegaardiennes**, Vrin, 1974.

ÉTICA, *Ethica*, 1665.
ARNOLD GEULINCX, 1624-1669.

A história da filosofia conserva o nome e a obra de Geulincx em primeiro lugar em razão da coincidência com Spinoza: ambos moraram na mesma cidade da Holanda no mesmo período (Leyde) e escreveram, cada um por seu lado, uma obra à qual, provavelmente sem saberem, deram o mesmo nome: *Ética**. Mas seria abusivo prosseguir nesse paralelo para além dessa coincidência, uma vez que Geulincx evidentemente não se projetou para a posteridade como seu ilustre concidadão; teve em comum com ele, porém, a consciência da inovação radical que o pensamento de Descartes introduzia na filosofia e fez-se militante de sua causa, difundindo suas idéias na Holanda. Retomou sobretudo de Descartes o princípio do *cogito* como ponto de partida do pensamento, tentando simultaneamente aprofundar a situação do sujeito que pensa no sentido da instabilidade, contra a idéia de uma substancialidade ou de um estado definido uma vez por todas. Geulincx propõe uma interpretação do cartesianismo na qual domina o princípio do ocasionalismo, o que o aproxima de Malebranche.

Estudo: A. de Lattre, *L'occasionnalisme d'Arnold Geulincx*, Éd. de Minuit, 1968.

ÉTICA (A), 1922.
PETR ALEXEIEVITCH KROPOTKINE (príncipe), 1842-1921.

Como teórico do anarquismo científico, Kropotkin desenvolve nesse texto a noção de *solidariedade*, que para ele era o primeiro elo de uma cadeia que também comporta a justiça e a moral.

Esses três elos constituem a necessidade vital da evolução humana. Será trabalhando pelo respeito a esses três elementos que os homens poderão fundar um sistema ético em harmonia com os imperativos sociais do mundo moderno. Na base da ética, há o reconhecimento da igualdade. É graças a esse princípio de igualdade que Kropotkine afirma a possibilidade de destruir todas as ilusões acumuladas pela filosofia, pela religião e por suas diferentes doutrinas.

Estudo: R. Zapata, *Dictionnaire des philosophes*, P.U.F., 1984.

ÉTICA A EUDEMO, Ἠθικὰ Εὐδήμεια,
○ entre 348 e 342 a.C.
ARISTÓTELES, 384-322 a.C.

A autenticidade desse texto foi alvo de controvérsias durante muito tempo: supõe-se, de fato, que se trate de uma compilação, feita por seu discípulo Eudemo de Rodes, do primeiro curso de moral que Aristóteles deu após sair de Atenas. Rompendo com o platonismo, negando a existência das Idéias, edificou uma nova moral em que a alma é apenas o princípio que anima o corpo, devendo, por isso, desaparecer junto com ele. Essa nova moral será completada em *Ética a Nicômaco**.

Estudo: R. A. Gauthier, *La morale d'Aristote*, P.U.F., 1973.

ÉTICA A NICÔMACO, Ἠθικὰ Νικομάχεια.
ARISTÓTELES, 384-322 a.C.

Essa obra filosófica é composta por dez livros. O título indica o assunto: "ética", do grego ἠθικός (*ethikos*), designa as concepções morais nas quais um ser humano tem fé.

Segundo o autor, o único objetivo que o homem persegue é o bem, seja lá o que ele diga ou faça. Mesmo que pareça orientar-se para fins imperfeitos, o que ele tem em vista, em última instância, é o bem supremo, fim absoluto, buscado por si mesmo.

Os homens, em sua generalidade, pensam que o bem supremo é a felicidade; esta difere segundo os gostos, os pendores de cada um; a felicidade é a realização de satisfações espirituais e eudemonistas. Assim analisada e dividida, a felicidade é da alçada da ética coletiva, da política. Aristóteles dedica-se essencialmente à virtude humana. Segundo ele, existem dois tipos de virtudes humanas: as *virtudes éticas,* que nascem do hábito, e as *virtudes dianoéticas,* que decorrem da inteligência e podem ser desenvolvidas por um ensinamento (livro I). A virtude é o tema principal do livro II: é uma qualidade potencial; ela só se realiza quando se age com justeza; é preciso ser educado; a virtude é uma qualidade que se adquire voluntariamente, mas é preciso ser justo, comedido e razoável. A virtude não é nem um dom nem uma paixão, mas um ato perfeito, εὐπραξία (*eupraxia*). Esse ato perfeito opõe-se ao mal; é principalmente seu valor mediador que interessa Aristóteles.

No livro III, o autor estuda o aspecto voluntário ou involuntário da ação. Uma ação deliberada tem origem no desejo, ὄρεξις (*orexis*), do sujeito; esse desejo pode ser racional: pode provir de uma escolha ou de uma intenção. O homem é, portanto, totalmente responsável por sua virtude, que nasce de sua intenção. Assim também, ele é responsável por seus vícios.

Aristóteles descreve no livro IV certas virtudes éticas que é necessário possuir, tais como a temperança, o pudor, a magnanimidade, a franqueza. Depois, no livro V, passa a tratar da justiça, cujos diversos tipos e relações ele estuda. As virtudes dianoéticas são objeto do livro VI; elas dizem respeito à inteligência; existem cinco: ciência, ἐπιστήμη (*episteme*), que demonstra os fatos, conduz ao conhecimento do universal; arte, τέχνη (*techne*), cujo objetivo é a criação; prudência, φρόνησις (*phronésis*), que, baseada no bom senso e na razão, leva ao caminho do bem; inteligência, νοῦς (*noûs*), detentora dos conhecimentos; e sabedoria, σοφία (*sophia*), que reúne ciência e inteligência e que é necessária para as mais elevadas ações ou reflexões.

No livro VII, Aristóteles condena os homens que utilizam o saber para objetivos nefastos; esses homens não são gente que conheça a ciência – no que concorda com Sócrates. Os livros VIII e IX, sobre a amizade e o amor, são os mais conhecidos. A amizade, designada como amor com a palavra φιλία (*philia*), é uma virtude essencial; é sobre ela que repousa de algum modo a salvação do homem ou, pelo menos, sua felicidade: a amizade poupa erros, impele a belas ações, constitui a força dos dois amigos.

O livro X versa sobre a teoria da felicidade: o exercício da virtude pode dar-se no prazer; todas as funções da alma, mesmo as mais elevadas, podem estar ligadas ao prazer: a contemplação pura da verdade eterna é a possibilidade de participar da bem-aventurança divina. Libertado de seus males terrestres, o homem atinge assim a felicidade suprema. Mas a felicidade não pode ser contínua, esteja ela voltada para Deus ou para os homens; por isso, é preciso ser virtuoso e respeitar os valores morais segundo os quais cada um foi formado.

A *Grande Moral* tinha o cunho de certo eudemonismo humanista; a *Ética a Eudemo**, em compensação, orientava-se para um intelectualismo ético. Esse tratado, que é a obra de moral mais elaborada de Aristóteles, tenta conciliar essas duas tendências; nela o autor nos dá a forma mais acabada de sua doutrina.

Edição brasileira: *Ética a Nicômaco*, São Paulo, Nova Cultural, 1987. (Os pensadores).
Estudo: R. A. Gauthier, *La morale d'Aristote*, P.U.F., 1973.

ÉTICA DA VONTADE PURA,

Ethik des renier Willens, 1904.
HERMANN COHEN, 1842-1918.

Esse discípulo de Kant fundou a escola de Marburgo, da qual participaram Cassirer e Natorp. Para Cohen, a contingência abre o caminho para o querer puro. A lei moral é método; ela produz um conteúdo, assume o papel de coisa em si. O soberano bem identifica-se com a moralidade perfeita.

Estudo: J. Vuillemin, *L'héritage kantien et la revolution copernicienne*, P.U.F., 1954.

ÉTICA E INFINITO, *Étique et infini*, 1982.

EMMANUEL LEVINAS, nascido em 1905.
Diálogos com Philippe Nemo.

Aceitando simplificar a expressão de seus argumentos, mas sem vulgarizar os grandes temas de seu pensamento, Emmanuel Levinas fala aqui dos grandes momentos de sua trajetória filosófica: de sua descoberta da Bíblia, depois dos grandes filósofos clássicos, até a revelação que foi, para ele, a fenomenologia de Husserl, da qual foi tirando aos poucos a "verdade essencial"; de sua admiração pelo Heidegger de *Ser e tempo**, que devolveu verbalidade ao ser, fazendo assim da filosofia "a ontologia fundamental", até a elaboração de seu próprio pensamento, cuja principal originalidade está em ligar tão intimamente ética e metafísica que a ética se converte na filosofia primeira.

Constituído por uma série de conversas gravadas e divulgadas por France Culture em 1981, essa obra representa o olhar que o filósofo lança, no fim da vida, ao conjunto de sua obra, mas pode também constituir uma introdução ao pensamento daquele que seu interlocutor denomina "o filósofo da ética, por certo o único moralista do pensamento contemporâneo".

Edição portuguesa: *Ética e infinito: diálogos com Philippe Nemo*, Lisboa, Edições 70, 1988.
Estudo: F. Ciarameli, *Transcendance et éthique: essai sur Levinas*, Ousia, 1989.

ÉTICA ou ÉTICA DEMONSTRADA SEGUNDO A ORDEM GEOMÉTRICA, *Ethica ordine geometrico demonstrata*, 1677.

BARUCH SPINOZA, 1632-1677.

Assim como Spinoza ficou como modelo do filósofo, a *Ética* ficou como modelo do livro de filosofia. Austera, abstrata, difícil, essa obra articula o conhecimento metafísico com uma finalidade moral: a bem-aventurança. Contém a síntese acabada do pensamento ontológico, antropológico e moral de seu autor. É dividida em cinco livros: I. *De Deus*; II. *Da natureza e da origem da alma*; III. *Da origem e da natureza das afeições*; IV. *Da servidão do homem ou das forças das afeições*; V. *Do poder do entendimento ou da liberdade do homem.*

Ética é escrito *more geometrico*, segundo uma apresentação que pode desnortear. Nela se encontram definições, axiomas, proposições e demonstrações cujo modelo é, evidentemente, a construção euclidiana. Seria insuficiente, porém, ver nessa obra apenas uma submissão exterior e formal ao modelo de rigor matemático, o que foi muito apreciado no século (pense-se em Descartes). Seria mais falso ainda acreditar que Spinoza traduz uma concepção quantitativa do mundo físico (à maneira de Galileu); Spinoza não pretende em absoluto deduzir matematicamente a totalidade do real. O *more geometrico* spinozista deve ser aproximado de seu modelo cartesiano: as *Segundas respostas às objeções* das *Meditações**; é um procedimento de exposição, e não de descoberta da verdade.

Essa obra começa com uma série de definições problemáticas, porquanto Spinoza, que retoma certos termos clássicos da ontologia e da metafísica (Deus, substância, atributos, modos), não lhes atribui necessariamente um sentido tradicional. Por exemplo, Spinoza segue Descartes (mas não Aristóteles) no que se refere à noção de substância. Em compensação, seu Deus não é em nada cartesiano; não é o Criador transcendente, mas a própria natureza; é o famoso *Deus sive natura*: Deus, ou seja, (é a mesma coisa) a natureza. Atributos e modos não são estágios de uma ontologia hierárquica, nem etapas sucessivas de uma processão ou de uma emanação (à maneira neoplatônica), mas aspectos nos quais a substância pode ser apreendida pela inteligência humana. A substância possui uma infinidade de atributos dos quais só conhecemos dois: extensão e pensamento.

Paradoxalmente, esse livro que começa com uma parte que trata "de Deus" nunca deixou de ser considerado, por seguidores ou detratores, como o breviário do ateísmo. Essa atribuição, aliás, dificilmente pode passar por traição. Pois não haveria metafísica ou teologia que pudesse reconhecer seu Deus na pura imanência da substância à natureza, naquela "ontologia naturalista e monista", segundo os termos de Robert Misrahi. Essa filosofia afasta-se de todas as representações antropomórficas da divindade: Deus não é uma providência organizadora, nem um pai amoroso, nem um monarca severo, nem um juiz vingativo. O apêndice do livro I desmonta os mecanismos dessas ficções, cujos interesses ideológicos e mesmo políticos são analisados. Juntamente com as concepções tradicionais de divindade e com a mesma acusação de antropomorfismo, Spinoza repudia a finalidade (no que se aproxima do cartesianismo mais ortodoxo). Entende-se por que foi excluído e perseguido por todas as Igrejas de seu tempo e da posteridade.

O livro II desenvolve a teoria do conhecimento, que já fora esboçada no *Tratado da reforma do entendimento**, e uma teoria das relações entre alma e corpo. Sabe-se que esse problema, resíduo do cartesianismo, alimentou não só o spinozismo mas também as grandes (e não tão grandes) metafísicas pós-cartesianas da segunda metade do século (Leibniz e Malebranche, por exemplo). Segundo Spinoza, "a ordem e o nexo das idéias são os mesmos que a ordem e o nexo das coisas"; esse é o princípio da inteligibilidade universal do ser. A alma é, pois, "a idéia do corpo". A teoria spinozista do conhecimento distingue-se por recusar-se a hipostasiar as faculdades (entendimento, vontade), como faz o cartesianismo, e a considerá-las intervenientes ativos na operação de conhecimento. Entendimento e vontade são seres de razão; só existem idéias e volições.

O livro III constrói o pilar daquilo que se pode propriamente denominar ética spinozista. A teoria do desejo arruína qualquer moralismo, ao conduzir a análise da alma humana à maneira de uma antropologia positiva, concebida de maneira estritamente determinista. A teoria spinozista dos afetos baseia-se, como a ontologia, na negação da transcendência. O que é o desejo? O *conatus*, esforço para perseverar em seu ser. Esse desejo pode ser lido no nível do corpo e no do espírito, sem que nenhuma ação causal faça de um a explicação do outro (o que o fracasso do cartesianismo em face do problema da união substancial impedia). No vazio de valores transcendentes, o desejo torna-se norma. Não desejamos uma coisa porque ela é boa; é porque a desejamos que ela é qualificada de boa. Nisso há, se quisermos, relativismo, mas não niilismo. Ao contrário, é uma ética humanista que se inaugura no livro III, contra todos os moralismos teológicos da transcendência.

Mas o que deseja o desejo? O poder; nenhuma relação com vontade de dominação: o poder é o pleno e integral desenvolvimento da atividade de um ser. Enquanto aumento meu poder, sinto alegria; e tristeza, no caso inverso. Tristeza e alegria são os afetos fundamentais dos quais decorrem todos os outros. Agir bem não é, portanto, ter em vista um ideal irreal; é realizar-se. Agir mal, ou viver mal, não é transgredir mandamentos ou normas transcendentes; é escravizar-se. Os livros IV e V examinam, por suas causas, essa servidão e essa sabedoria – ou bem-aventurança – do homem. Para Spinoza, a questão nunca é de prescrever, louvar ou censurar. Mas de compreender os mecanismos do desejo e de sua efetivação (o jogo dos afetos ou paixões). A imaginação é aqui objeto de uma crítica severa (Spinoza vai ao encontro de toda uma tradição). Meu desejo é sempre suscetível de ser determinado por fins exteriores, e de ser dirigido por afetos que desembocam na diminuição de meu poder de agir, portanto na tristeza.

O que é então ser livre? Não devemos imaginar nenhum livre-arbítrio, ao modo de Descartes. Spinoza sempre recusou que se fizesse do homem "um império num império", ou seja, uma exceção à lei universal da necessidade (o livro III tematiza essa crítica da ficção do livre-arbítrio, cujos fundamentos haviam sido encetados no apêndice ao livro I). De resto, o que se opõe à liberdade não é a necessidade, mas a coerção. Serei livre, não contra o determinismo, mas com ele e por ele, pela capacidade que me será dada pelo conhecimento de dirigir meus desejos no sentido da realização da alegria mais perfeita. Seria contrasenso acreditar que Spinoza só nos deixa a liberdade de nos sabermos escravos, o que seria sinistro e paralisante. Ao contrário, emancipando a liberdade do livre-arbítrio (o que supunha, em sua época, um esforço propriamente heróico), a *Ética* abre caminho para uma libertação pelo conhecimento adequado. Deixando de pertencer à transcendência, o ideal e a perfeição não se tornaram obrigatoriamente mais acessíveis; pelo menos não são mais definidos em relação aos sonhos da imaginação (Kant dirá que a religião consiste em representar todos os nossos deveres como mandamentos divinos; é exatamente o que Spinoza nega).

O que assim se descortina para o homem é simplesmente a eternidade. O que não deve ser entendido como imortalidade da alma, substância distinta do corpo, que sobreviveria a ele. Mas a alma humana, que compreende ao ter acesso ao conhecimento do terceiro gênero, compreende *sub specie aeternitatis* (do ponto de vista da eternidade). Pode-se então falar de bem-aventurança como "amor intelectual por Deus", desde que nisso não se veja nenhuma experiência de ordem mística. E desde que, também, não se faça dessa bem-aventurança a recompensa da virtude: ela é a própria virtude (assim como o suplício dos insensatos é a sua insensatez).

Ética é um desses livros cuja influência é impossível medir, tão grande foi. *A priori*, é tentador interpretar a acolhida que tiveram suas teses como um desmentido de seu valor. Pois, ao invés de levar seus contemporâneos a uma atitude de benevolência e tolerância, Spinoza desencadeou contra si e contra seu sistema um furacão de paixões odientas que sua morte não conseguiu extinguir, nem mesmo atenuar. Excomungado em vida, enquanto *Ética* circulava à socapa, Spinoza também foi excomungado *post-mortem* pela própria filosofia.

Todo o século XVIII leu essa obra, mesmo sendo perigoso confessar que se está falando com base no spinozismo. "Spinozista", aliás, até o século XX, será sinônimo de "materialista ateu".

Edição brasileira: *Ética*, São Paulo, Abril, 1983 (Os pensadores).

Estudos: M. Guéroult, *Spinoza*, 2 vols., Aubier-Montaigne, 1971 e 1974. Para uma breve apresentação, R. Misrahi, *Spinoza*, Seghers, 1964.

ÉTICA PROTESTANTE E O ESPÍRITO DO CAPITALISMO (A),

Die protestantische Ethik und der Geist des Kapitalismus, 1905.
MAX WEBER, 1864-1920.

Essa obra, de aproximadamente duzentas páginas, é composta por dois grandes capítulos: "O problema" (1. Confissão e estratificação social; 2. O "espírito" do capitalismo; 3. A noção de vocação em Lutero; 4. Objetivos da pesquisa) e "Ética do trabalho no protestantismo ascético" (1. Os fundamentos religiosos do ascetismo secular; 2. Ascetismo e espírito capitalista).

Segundo uma postura geral, da sociologia concebida como "ciência compreensiva", Max Weber inquire sobre o modo como certas crenças religiosas determinam o aparecimento de uma mentalidade (ἔθος, *ethos*) econômica. Que relação se estabelece entre a organização racional capitalista do trabalho livre (a do capitalismo ocidental moderno) e a ética racional do protestantismo ascético?

O *espírito do capitalismo* se reporta à idéia de um *dever moral estrito*, segundo o qual o inovador capitalista não é aventureiro nem especulador, mas um homem probo, ascético, que se recusa a usufruir de suas riquezas para sua satisfação pessoal, contentando-se com o sentimento de ter sido fiel à sua vocação (*Beruf*). Quanto à *ética protestante*, Weber a estuda em suas diferentes formas – calvinismo, pietismo, metodismo, seitas do movimento batista –, mas dando grande destaque ao ascetismo calvinista, caracterizado pela doutrina da predestinação. De fato, nessa doutrina, que condena o homem a "uma solidão interior inaudita", atinge-se o ponto final de um vasto processo de "desencantamento" (*Entzauberung*) do mundo que rejeita todos os meios mágicos (prece, sacramentos) de atingir a salvação, considerando-os superstições e sacrilégios. O calvinismo aos poucos vai "impregnando com seu método a rotina da existência" para torná-la uma vida racionalmente organizada.

Portanto, Weber acredita haver profundo parentesco entre o espírito do capitalismo e o protestantismo ascético, visto que, para este último, o trabalho como vocação temporal é, tanto para o trabalhador quanto para o empreendedor, o único meio de "manterse na plenitude da graça de Deus" e de obter dele um sinal de eleição.

Edição brasileira: *Ética protestante e o espírito do capitalismo*, São Paulo, Pioneira, 1967.
Estudo: J. A. Prades, *La sociologie de la religion chez Max Weber*, Nauwelaerts, 1969.

EU DIVIDIDO (O), *The Divided Self*, 1960.
RONALD DAVID LAING, 1927-1989.

Laing deu origem a uma reforma radical da prática psiquiátrica e dos princípios institucionais de atendimento ao doente.

Essa obra evidencia o aspecto existencial da esquizofrenia, insistindo no mal-estar profundo que a constitui, denominado por Laing *insegurança ontológica*. A ameaça pressentida pelo esquizofrênico é total; ela não tem objeto determinado ou, se quisermos, seu objeto é o próprio *ser* do doente, sua vida. Não seria possível compreender a esquizofrenia sem saber o que é desespero. Para Laing, o esquizofrênico está *petrificado* em sua existência. Esse estado permanente só pode ser esclarecido por uma abordagem existencial do desespero.

Esse ensaio, de leitura fácil, é uma das obras mais conhecidas de Laing, ao lado de *Eu e os outros* (1961) e *Razão e violência* (1964); foi escrito em colaboração com David G. Cooper.

Edição brasileira: *O eu dividido: Estudo existencial da sanidade e da loucura*, Petrópolis, Vozes, 1978.
Estudo: R. Evans, *Rencontres com Laing*, Belfond, 1979.

EU E TU, *Ich und Du*, 1923.
MARTIN BUBER, 1878-1965.

Obra mestra de Martin Buber. Esse texto inaugura a reflexão sobre o outro na tradição contemporânea.

O autor parte de uma análise do vínculo religioso. O homem está diante de Deus não como diante de um ser transcendente, mas face a face, num movimento recíproco em direção ao outro. Em oposição a certo tipo de judaísmo, Buber vê a relação com Deus como um encontro. Esse esquema constitui o princípio da reciprocidade na ordem humana. A dificuldade principal analisada por essa obra é a coisificação, operação por meio da qual eu reduzo o outro ao conjunto de suas determinações objetivas. A coisificação só é superada na conversão do movimento em direção ao outro. Na linguagem, o índice desse movimento é o tu. A relação, a reciprocidade, é fundamento da autoconsciência.

Buber elabora sobre essas bases aquilo que se poderia chamar de teoria geral do diálogo. A uma forma autêntica de diálogo, fundada na presença recíproca e na doação íntima de cada um, o autor opõe as formas aberrantes de diálogo. Os "diálogos de surdos" são instaurados no espaço do discurso técnico (em todos os lugares em que o vínculo social supõe a fala), e consistem em cálculos e ponderações que não ensejam verdadeira reciprocidade. A negociação (política, social, comercial) é exemplo concreto disso.

Segue-se um imperativo: superar o falso diálogo. Este não é intrinsecamente condenável porquanto já consiste na superação da violência nua e crua. Mas só constitui uma etapa, e é preciso ir em direção à reciprocidade autêntica e à verdadeira presença do outro. Esse imperativo e essa experiência têm também o nome de amor.

As teses expressas nesse livro não ficaram apenas como matéria teórica, pois Martin Buber foi um defensor ardente do diálogo com os árabes em Israel.

Edição brasileira: *Eu e tu*, São Paulo, Cortez Moraes, 1974.
Estudo: R. Mizrahi, *Martin Buber philosophe de la relation*, Seghers, 1968.

EUTIDEMO, ou Erística,

Εὐθύδημος, ἢ Ἐριστικός, ○ c. 385 a.C.
PLATÃO, 428/427-348/347 a.C.
Diálogo.

Em *Eutidemo* faz-se uma mescla hábil de diálogo e narração. Sócrates conta a Críton sua conversa com dois sofistas, Eutidemo e Dionisodoro, em presença do jovem Clínias. A discussão versa sobre a virtude, os meios de ensinar, a natureza do saber. Sob a saraivada das perguntas de Sócrates, os dois sofistas não param de contradizer-se: o primeiro afirma que só se pode aprender o que se sabe, enquanto o segundo demonstra que só o que se ignora pode ser aprendido. Sócrates, por fim, estabelece pelo método dialético que o Bem supremo é a sabedoria.

Durante muito tempo *Eutidemo* foi visto como simples ataque aos sofistas, mas o papel que Sócrates os leva a desempenhar no diálogo exige uma revisão desse ponto de vista.

Estudo: M. Canto, *L'intrigue philosophique, essai sur Euthydème de Platon*, Les Belles Lettres, 1987.

EUTÍFRON, ou Da piedade,

Εὐθύφρων, ἢ Περὶ ὁσίου, ○ c. 395 a.C.
PLATÃO, 428/427-348/347 a.C.
Diálogo.

Eutífron pertence à veia dos diálogos aporéticos, com os quais se realiza a investigação mencionada por Sócrates em *Apologia**. Eutífron é um "especialista" cuja ignorância é desmascarada pela ironia socrática. Por ser adivinho, ninguém está em melhor posição que ele para definir a religiosidade. No entanto, Eutífron revela-se incapaz de produzir tal definição. Depois de dizer a seu interlocutor que um exemplo particular não pode servir para definir uma noção abstrata, Sócrates critica a proposição de Eutífron: piedade é aquilo que agrada aos deuses; pois não é por agradar aos deuses que uma coisa é piedosa, mas, ao contrário, agrada aos deuses por ser piedosa. O que se deve procurar saber é o que é a piedade em si.

Poucos diálogos socráticos são tão capazes, como o *Eutífron*, de conformar o espírito às exigências da busca de uma definição abstrata.

Edição brasileira: *Diálogos*, São Paulo, Hemus, 1983.
Estudo: J.-Y. Château, *Euthyphron de Platon*, col. "Lectoguide Philosophie", Ed. Pédagogie Moderne, 1979.

EVOLUÇÃO CRIADORA, *L'évolution créatrice*, 1907.

HENRI BERGSON, 1859-1941.

Obra maior de Bergson, esse livro é fruto da crítica de uma doutrina à qual o filósofo em certo momento aderira: o evolucionismo de Spencer. Enquanto Spencer representa a vida como resultado de uma evolução puramente mecânica, Bergson vê nela uma força de natureza essencialmente psíquica, portanto livre e imprevisível.

Quando publica *Evolução criadora*, Bergson já havia formulado sua doutrina da duração. Em 1907, seu objetivo é passar da duração interior (o eu) para a duração exterior (o mundo). Essa passagem é legítima, visto que, para Bergson, a intuição da duração interior permite certo acesso ao absoluto, a despeito de seu caráter limitado. O modo de existência da natureza não é, pois, fundamentalmente diferente do modo de existência do eu; o conhecimento deste último nos permite extrapolar para a natureza inteira.

Esta, assim como o eu individual, é animada por uma "exigência de criação", um "impulso vital" que permeia todas as etapas da evolução, repartindo-se segundo os diferentes ramos da evolução. Essa perspectiva leva a interpretar o conjunto da evolução biológica como um processo orientado para a produção de espécies cada vez mais complexas e aperfeiçoadas.

Contudo, Bergson abstém-se de, pura e simplesmente, repropor o antigo finalismo, e não vê na evolução o simples desenvolvimento de um plano concebido de antemão por "uma vontade poderosa e sábia". Ocorre que o mecanismo puro, subjacente, por exemplo, ao esquema darwiniano ortodoxo, parece-lhe insuficiente. Nem providencialismo finalista nem mecanismo materialista: Bergson, segundo um procedimento que lhe é peculiar, rechaça como equivalentes doutrinas antagonistas.

O aparecimento do homem não introduz na evolução nenhuma solução de continuidade. Ao contrário, a emergência do espírito criador só foi possível porque a vida que a produziu é já, em sua essência, espiritual e criativa. Aquilo que o homem chama ao ser é também criação em formas novas, inéditas (a arte, sobretudo). O homem torna-se, assim, herdeiro do impulso vital, ao mesmo tempo que seu depositário. Não se pode negar certo parentesco – pelo menos nos resultados – com as teses teológicas de um Teilhard de Chardin (*O fenômeno humano**).

Todavia, o homem é também princípio de descontinuidade: nele emerge a individualidade, como instância da consciência criativa, e como valor. Mas o desenvolvimento humano da inteligência se faz em detrimento da intuição e hipertrofia um tipo de conhecimento em detrimento do outro. Graças à sua inteligência, o homem pode agir sobre o mundo e, em certa medida, adquirir um conhecimento eficaz sobre ele; mas, por não utilizar outros modos de acesso ao real, ele perde a essência de certos fenômenos: vivos, psíquicos, por exemplo. A tarefa é, pois, elevar o espírito humano ao modo intuitivo de conhecimento.

Bergson, portanto, representa a história da natureza como efeito de uma força de essência espiritual. No entanto, essa força deve compor com a materialidade na qual encarna. A matéria é, indissociavelmente, obstáculo e órgão do impulso vital que a permeia. Esse tema – o conflito entre espiritual e carnal – já é cristão, e de fato é a partir dessa obra que se inicia em Bergson o movimento que o conduzirá ao limiar da conversão (conversão à qual ele acabará por renunciar, para solidarizar-se com os judeus em face da onda de anti-semitismo). Deus, para Bergson, é "criação incessante, ação, liberdade".

Poder-se-ia ver nisso o ponto de chegada necessário de uma lenta trajetória para o misticismo, e reter de Bergson apenas uma vaga intuição antiintelectualista, de que a Europa logo conhecerá outros expoentes, menos brilhantes. Mas essa interpretação é insuficiente, mesmo para quem não acate as teses de *Evolução criadora*. Bergson, com base numa informação científica sólida, tenta apenas pensar a inteligência como um aspecto de uma totalidade mais vasta.

Outros o precederam ou sucederam nesse caminho, sem abdicar dos direitos da inteligência e da razão. A obra inteira de Bergson, de resto, testemunha contra a acusação de desprezo à inteligência.

Edição brasileira: *A evolução criadora*, Rio de Janeiro, Delta, 1964.
Estudo: G. Deleuze, *Le bergsonisme*, P.U.F., 1989.

EXISTÊNCIA TEMPORAL (A),

L'existence temporelle, 1949.
JEAN GUITTON, nascido em 1901.

Essa obra é, na realidade, um estudo do ser, como mostram os títulos de suas diferentes partes. A introdução anuncia as investigações sobre o ser natureza, espírito e existência. A primeira parte é dedicada à estrutura do Ser, enquanto a segunda parte estuda o desenvolvimento do Ser. Por fim, a obra termina com o significado do ser que nos é dado e que se manifesta como passagem no tempo.

Estudo: M. Reboul, J. e J. Feller, *Le temps d'une vie*, Retz–Centurion, 1980.

EXISTENCIALISMO É UM HUMANISMO (O), *L'existentialisme est un humanisme*, 1946.

JEAN-PAUL SARTRE, 1905-1980.

Neste opúsculo, Sartre quis justificar sua concepção existencialista do homem respondendo a diversas objeções, formuladas sobretudo por católicos e marxistas. Porventura ele não diz na introdução: "Gostaria de aqui defender o existencialismo"? Essa doutrina, que concebe a existência como algo preliminar à essência, é censurada pelos críticos por "estar em falta com a solidariedade humana" e por ser "estrita gratuidade", pois não é nada fora da individualidade. Também lhe é censurado o pessimismo desesperado, pois "a angústia é a essência do homem", e este não pode escapar à sua condição. Opondo-se a esses ataques, Sartre afirma que só o existencialismo possibilita a vida humana ao reconhecer valor no indivíduo. Mas, segundo ele, os críticos têm medo dessa doutrina porque ela "dá possibilidade de escolha ao homem", o que não ocorre com o pensamento idealista (para o qual a essência precede a existência) ou teológico (que concebe Deus como causa de nossa existência). Rejeitando as críticas que lhe são feitas, Sartre quer redefinir o existencialismo para mostrar seu fundamento otimista.

Para explicar sua filosofia, ele reescreve a história do pensamento existencial. No século XVII, os filósofos (Kant, Voltaire, Diderot), mesmo buscando eliminar a idéia de Deus, conservam a teoria segundo a qual a essência é anterior à existência. Nos séculos XIX e XX desenvolvem-se dois aspectos do existencialismo: um, cristão, estima que o indivíduo só se afirma na fé (Kierkegaard, Jaspers); o outro, ateu, de Heidegger e Sartre, é, segundo este último, "mais coerente", porque, recusando Deus, só reconhece a realidade subjetiva. Tal é o princípio primeiro do existencialismo: o homem é antes de tudo um sujeito, que só é o que quer ser, sendo mais digno que qualquer objeto porque tem consciência de sua existência. Por isso, não há natureza humana; o homem é responsável por cada um de seus atos pelas escolhas que faz. Mas nesse projeto que o indivíduo forma para si mesmo, manifesta-se a angústia: "Ele escolhe sozinho." Ora, a responsabilidade não é puramente individual, pois a escolha também é feita para os outros, pois escolhemos o que consideramos melhor, portanto o melhor também para os outros. Nossa consciência só pode ficar angustiada diante da responsabilidade de uma escolha que vale para a humanidade. Contudo, essa angústia existencial é a condição de toda ação, portanto de nossa liberdade. Não podendo recuar diante da escolha (recusar-se a escolher é ainda escolher), o homem "está condenado a ser livre".

Assim, em sua liberdade de agir, o homem está desamparado; "nenhuma moral geral pode indicar o que deve ser feito". O que poderia passar por individualismo desesperado mostra-se, ao contrário, otimismo humanista. Com efeito, o sujeito que descobre sua consciência percebe que o outro é também um ser consciente. Há entre os homens uma intersubjetividade que implica cada um deles no mundo. O outro "é como uma liberdade colocada diante de mim", e toda condição humana é consciência do outro. Existe, portanto, um valor universal nas escolhas individuais – pois o outro pode compreender meus projetos –, mas essa universalidade é sempre construída subjetivamente. A angústia da responsabilidade e da solidão diante da escolha não deve significar que é preciso ser expectante; ao contrário, o homem deve empreender. "O que conta é o engajamento total." A ação é necessária porque é não só condição da minha liberdade mas também da liberdade dos outros. Só o engajamento, por meio da auto-superação, permite querer a liberdade do outro enquanto buscamos a nossa; eis o que constitui a moral existencial ou ainda "o existencialismo humanista".

Esse texto é um dos primeiros em que Sartre critica os comunistas. Mas trata-se de críticas feitas mais a seus contemporâneos do que a Marx (em quem, contudo, critica o materialismo que não explica suficientemente a ação individual). Pouco técnico, esse livro é essencialmente polêmico, chegando a relatar, à guisa de conclusão, uma discussão com seus detratores, um dos quais, Pierre Naville, escrevera um opúsculo contra o existencialismo (*Holbach e a filosofia científica do século XVIII*) e se opunha politicamente a Sartre, embora sendo marxista (fundador do PSU). Entretanto, não se deve subestimar o alcance filosófico dessa obra, pois, ao tentar explicitar sua doutrina, Sartre desenvolve noções fundamentais, tais como a necessidade de engajamento ou ainda o projeto humano, temas retomados nas obras posteriores (*Questões de método**, 1957; *Crítica da razão dialética**, 1960). Situado no ponto médio de seu trajeto filosófico, *O existencialismo é um humanismo* refere-se implicitamente a seus ensaios precedentes sobre as noções de angústia, liberdade e consciência, já conceituadas em *A transcendência do ego** (1936) e *O ser e o nada** (1943).

Edição brasileira: *O existencialismo é um humanismo*, São Paulo, Abril Cultural, 1978 (Os pensadores).
Estudo: F. Jeanson, *Le problème moral et la pensée de Sartre*, Le Seuil, 1965.

EXISTENCIALISMO OU MARXISMO?, *A Polgári filozófia válsága*, 1947.
GYÖRGY LUKÁCS, 1885-1971.

Com base na luta pela "nova democracia" e considerando a filosofia sob o ângulo de ideologia ou mentalidade relativa a dado momento histórico da classe burguesa, Lukács analisa aquilo que ele considera ser "a crise da filosofia burguesa". Explica dessa perspectiva o porquê da fenomenologia, da passagem ao existencialismo, para denunciar finalmente o impasse no qual se encontra a moral existencialista. Para Lukács, a burguesia só pode ser "niilista". Por oposição, o marxista faz a apologia do socialismo futuro que encerrará a essa era de "pré-história".

Só Merleau-Ponty merece ser poupado, ainda que, segundo esse exame implacável, ele ainda esteja longe de superar o niilismo. A conclusão outra não é senão a da "atualidade ideológica do marxismo filosófico".

Edição brasileira: *Existencialismo ou marxismo?*, São Paulo, Ciências Humanas, 1979.
Estudo: "Lukács", *Europe*, n.º 600, Messidor-Temps Actuels, 1979.

EXPERIÊNCIA HUMANA E CAUSALIDADE FÍSICA, *L'expérience humaine et la causalité physique*, 1922.
LÉON BRUNSCHVICG, 1869-1944.

Nessa obra, publicada depois de *Etapas da filosofia matemática**, são confrontadas a noção de causalidade e a noção de experiência, segundo o método histórico próprio de Brunschvicg. Passando do "fracasso de Mill" ao "fracasso de Biran", o filósofo não reconhece nenhum valor dogmático no empirismo. Em seguida, estuda o período pré-científico da experiência e procede ao exame da era da mecânica, que, para ele, marca o advento de uma nova concepção de causalidade. Indo de Descartes a Newton, Brunschvicg expõe o problema da causalidade newtoniana. Voltando ao período contemporâneo, vê nas noções da física o sinal de uma nova concepção de causalidade. Desse estudo ele extrai um quadro que redesenha a evolução da noção de causalidade. Para ele, essa é a ocasião de ressaltar a contribuição de Kant, segundo o qual razão e experiência estão ligadas por intermédio da matemática. Ao longo dessa evolução da noção de causalidade, a noção de experiência se transformou. A filosofia do pensamento proposta por Brunschvicg alia o ponto de vista histórico e o ponto de vista crítico.

Estudo: M. Deschoux, *Brunschvicg*, Seghers, 1969.

EXPERIMENTUM MUNDI (EXPERIÊNCIA DO MUNDO), 1975.

ERNST BLOCH, 1885-1977.

Através dessa obra dedicada a Rosa Luxemburgo, Ernst Bloch prossegue em sua investigação sobre a utopia concreta. No entanto, dota sua última publicação de uma nova doutrina das categorias filosóficas atuantes na prática: as categorias de enquadramento, projeção da objetivação, transmissão e manifestação. O filósofo tenta ao mesmo tempo realizar uma retrospectiva de sua obra. Saindo da imediação subjetiva, segundo um método de rotação apropriado, o indivíduo adquire uma objetivação do atual que dá acesso à percepção do ainda-não, bem como à trajetória do pensamento, que Bloch, esse "polistoriador", deixa aberta para o futuro, graças ao "devir permanente".

Foi isso o que ele sempre fez, desde *Vestígios* até *Experimentum mundi*, adequando-se à idéia de "processualidade do real", que liga as formas intelectuais à possibilidade objetiva.

Estudo: A. Münster, *Dictionnaire des philosophes*, P.U.F., 1984.

EXPLICAÇÃO DAS MÁXIMAS DOS SANTOS, *L'explication des maximes des saints*, 1696.

FÉNELON (François de Salignac de la Mothe-), 1651-1715.

Fénelon redigiu essa obra para defender Madame Guyon, que o iniciara no quietismo. Essa doutrina religiosa preconiza o amor puro, ou seja, um amor desinteressado por Deus, em que o cristão não ora mais preocupado com sua salvação, mas apenas para manifestar seu amor por Deus. Para ilustrar os reais fundamentos dessa doutrina, Fénelon apóia-se na interpretação da vida dos santos. Essa obra herética será punida por um breve pontifical e violentamente condenada por Bossuet.

Estudo: F. Varillon, *Fénelon et le pur amour*, Le Seuil, 1957.

EXPRESSÃO E SIGNIFICADO, *Expression and Meaning*, 1979.

JOHN ROGER SEARLE, nascido em 1932.

Passando do direito ao fato, Searle submete aqui as exigências por ele formuladas em *Os atos de fala** à prova de três questões espinhosas de filosofia da linguagem. A propósito dos *atos indiretos de linguagem* ou *enunciações não literais*, o autor reconhece que os enunciados mais correntes da linguagem não são os atos diretos, em que o significado é facilmente estabelecido, visto que o falante quer dizer exatamente – literalmente – o que diz. O "princípio de exprimibilidade" proposto em *Atos de linguagem* adiara a questão da enunciação não literal, ao afirmar que sempre se pode dizer o que se quer dizer, que não existe resíduo inexprimível: toda intenção significante pode encontrar uma expressão exata, caso necessário enriquecendo a língua. Um discurso vago, irônico ou metafórico, portanto "indireto", é de direito explicitável numa frase que complete seu ato de linguagem. *Expressão e significado* procura aquilo que ocorre quando a enunciação deixa de ser séria, e o sentido da frase empregada não coincide exatamente com o sentido que o falante pretende dar-lhe. A análise memorável do enunciado "Pode passar-me o sal?" estabelece um "princípio de conversação" – a suspensão das "pressuposições do uso padronizado" da língua: o falante comunica ao ouvinte mais do que diz efetivamente, baseando-se num segundo plano de informações compartilhadas. Os parceiros se entendem em função das regras depreendidas para os atos diretos de linguagem: o ouvinte reage do modo esperado pelo falante porque identificou os elementos lingüísticos por meio dos quais o falante invocava as regras que regem a "força diretiva" característica de cada ato ilocucionário.

No caso da *ficção*, encontra-se essa utilização não idiomática da língua. A ficção não é um ato ilocucionário nem a propriedade intrínseca de um texto que o faça reconhecer imediatamente como ficção, mas sim uma suspensão das injunções de crenças e dos compromissos relativos à existência – suspensão nascida de uma "tomada de posição ilocucionária" do autor, que não faz asserções, mas afirma fazê-las.

O *uso metafórico da linguagem* remete, portanto, a um "contexto", conjunto de pressuposições e de informações prévias que intervêm na interpretação das frases. Assim, são os princípios gerais da comunicação que possibilitam entender uma mensagem de modo diferente daquilo que seu enunciado bruto significa. Ao contrário de Wittgenstein, para quem os tipos de frases são inumeráveis, Searle propõe um número limitado de atos ilocucionários. Enumera exatamente cinco: atos assertivos, comissivos, diretivos, expressivos e declarações. Os critérios dessa classificação são a conformidade das palavras ao mundo, do mundo às palavras, o ajuste nessas duas direções, ou em nenhuma.

Essas análises demonstraram ser fecundas, sobretudo por darem ensejo a uma concepção "dialógica" da interlocução. As conjecturas sobre a maneira como o ouvinte recebe as mensagens intervêm incessantemente na utilização da linguagem pelo falante. "Referente" e "contexto" não são noções simples; a comunicação implica aptidão para a metacomunicação. As pesquisas de Searle serão prolongadas pelo estabelecimento de uma tipologia dos diálogos e pela determinação das regras que condicionam seu sucesso ou seu malogro (trabalhos de Francis Jacques).

Edição brasileira: *Expressão e significado*, São Paulo, Martins Fontes, 1995.

Estudo: F. Jacques, *Dialogiques. Recherches logiques sur le dialogue*, P.U.F., 1979.

F

FÉ (DA), *De fide ad gratianum Augustum*, ○ entre 377 e 380.
AMBRÓSIO DE MILÃO (Aurelius Ambrosius, santo), c. 340-397.

Assim como *Do Espírito Santo*, esse tratado teológico composto de cinco livros é dedicado ao imperador Graciano. O autor, mentor espiritual do jovem imperador, propõe-se defender a divindade do Filho de Deus (livros I e II) e expor a doutrina ortodoxa sobre o Espírito Santo (livros III a V).

Santo Ambrósio começou a redação dessa obra quando o jovem imperador se preparava para enfrentar as dificuldades do combate, na guerra contra os godos.

Santo Ambrósio é um dos quatro grandes doutores da Igreja, ao lado de São Jerônimo, São Gregório e Santo Agostinho; aliás, ajudou este último a converter-se. Aliando cultura clássica e fé cristã, realiza com ambas um equilíbrio perfeito.

Estudo: G. Madec, *Saint Ambroise et la philosophie*, Études Augustiniennes, 1974.

FÉDON, ou Da alma, Φαῖδων, ἢ Περὶ ψυκῆς, ○ c. 385 a.C.
PLATÃO, 428/427-348/347 a.C.
Diálogo.

Belíssimo diálogo, importante na obra de Platão, ainda que se tenha suspeitado de sua autenticidade. *Fédon* põe em cena os últimos instantes de Sócrates. Este último está cercado de seus discípulos Apolodoro, Cebes, Críton, Fédon e Símias – além de sua mulher Xantipa (logo tirada de cena!). É esse mesmo Críton que, no diálogo que tem seu nome, tentara em vão convencer Sócrates a fugir.

A discussão versa principalmente sobre a imortalidade da alma. Elabora-se toda uma teoria sobre as relações entre alma e corpo, teoria que a filosofia ocidental conservará com o nome de dualismo. Ao corpo e à alma não correspondem os mesmos prazeres. Os prazeres da alma são os únicos capazes de fundamentar a existência moral, que se caracteriza pela busca da virtude. Esta só é atingida no termo de algo que convém chamar de ascese: um movimento através do qual a alma, desapegando-se das necessidades e dos gozos do corpo, pode pensar-se e pensar todas as coisas que estão em sua realidade.

É depois da morte, na outra vida, que a alma se possui por inteiro, pois está liberta do corpo, que é seu túmulo. Platão faz então um jogo com as palavras gregas σῶμα (*soma*, "corpo") e σῆμα (*sema*, "túmulo"). Enquanto, em *Apologia de Sócrates**, a imortalidade da alma era apresentada apenas como hipótese plausível, a teoria platônica está aqui completamente constituída (provavelmente a partir do mito que encerra *Górgias**). A imortalidade da alma é devida à sua indivisibilidade, que a torna indestrutível. Ela preexiste ao corpo, e a ele sobreviverá, contemplando diretamente as verdades. Os diálogos *Mênon** e *Fedro** descrevem demoradamente a experiência da reminiscência e suas condições de possibilidade; aprender, para a alma ligada ao corpo, é sempre relembrar-se de quando lhe foi dado contemplar as Idéias puras.

Sócrates examina e refuta finalmente as objeções sucessivas de Símias e de Cebes, que perguntam se a alma não pode realmente conhecer nenhuma espécie de corrupção (por exemplo uma espécie de desgaste, ao cabo de várias existências sucessivas).

Platão, aliás, para deixar bem clara a imortalidade da alma, não se contenta em expor razões "platônicas" (a reminiscência); menciona também a doutrina de Heráclito, dos contrários, que se sucedem um ao outro: assim como a morte deve seguir a vida, a vida deve seguir a morte, para que o curso do devir não tenha interrupção.

Conclui-se daí que um filósofo não poderia temer a morte, que é uma libertação. O suicídio seria quase a solução mais lógica, se não constituísse uma deserção.

A doutrina da imortalidade apresentada em *Fédon* é inseparável de uma moral. É o mito da reencarnação que garante essa unidade: as almas renascem, depois da morte, com formas adequadas às escolhas morais que haviam feito durante a vida.

A conversa de Sócrates com os discípulos é interrompida pela chegada do servidor dos Onze, que apresenta a cicuta ao condenado. Enquanto Sócrates termina tranqüilamente seus raciocínios metafísicos e se prepara para morrer com serenidade, seus amigos mal contêm a emoção.

Pouco importa saber se *Fédon* narra fielmente os últimos instantes de Sócrates; aliás, não há razão alguma para se suspeitar da autenticidade dos detalhes relatados. O certo é que os debates apresentados no diálogo fundamentam um questionamento essencial a toda a reflexão filosófica e metafísica ocidental.

O interesse de *Fédon* vai além da filosofia. É muito provável que tenha sido pensando no *Fédon* que Pascal escreveu: "Platon, pour disposer au christianisme" (*Pensamentos**, III, 219). O mito no qual Platão descreve o destino das almas após a morte pode prenunciar, se quisermos, o paraíso e o inferno dos cristãos, ainda que se observe uma diferença de dimensão: o destino da alma após a morte não é de modo algum apresentado como uma vingança ou uma recompensa, mas apenas como a conseqüência natural e inelutável da vida passada. Acima de tudo, *Fédon* vincula a questão do devir da alma à do curso universal do mundo; nessa obra, a moral tem dimensão escatológica.

Na cultura ocidental, o processo e a execução de Sócrates constituem um acontecimento comparável à Paixão de Cristo. Assim como esta, embora em medida bem pequena, o fim do primeiro dos filósofos inspirou numerosos artistas: David pintou, Lamartine descreveu, Erik Satie compôs uma *Morte de Sócrates*.

Edição brasileira: *Fédon*, São Paulo, Nova Cultural, 1987.

Estudo: M. Dixsaut, introdução à edição francesa: *Phédon*, col. GF, Flammarion, 1991.

FÉDON, ou Da imortalidade da alma em três diálogos,
Phädon oder Über die Unsterblichkeit der Seele in drei Gespräche, 1767, 1768 e 1769.
MOSES MENDELSSOHN, 1729-1786.
Retomada do diálogo de Platão.

Esses três diálogos retomam a problemática do *Fédon** de Platão: o primeiro segue o filósofo grego no relato da morte de Sócrates, mas Mendelssohn acrescenta uma diatribe contra o suicídio. O filósofo alemão ilustra assim o fato de se poder tratar o mesmo assunto do mesmo modo na Antiguidade e na Modernidade.

O segundo diálogo reflete também as preocupações do século XVIII: Sócrates afirma que nunca se deve odiar a razão. A forma dialogal é interrompida na terceira parte, em que Sócrates fala sozinho, como se o seu objetivo fosse popularizar a filosofia. A demonstração da imortalidade da alma é exposta à maneira de Baumgarten e de Lessing.

O racionalismo moderno que Mendelssohn atribui a Sócrates harmoniza direitos e deveres. O *Fédon* provocou uma discussão com Johann K. Lavater, e graças a ele Mendelssohn se tornou promotor da religião natural em seu país. Traduzida em muitas línguas, essa obra teve grande sucesso na Europa.

Estudo: S. Zac, *Spinoza en Alemagne. Mendelssohn, Lessing et Jacobi*, Méridiens-Klincksieck, 1989.

FEDRO, ou Da beleza,
Φαῖδρος, ἢ Περὶ καλοῦ, O c. 375-370 a.C.
PLATÃO, 428/427-348/347 a.C.
Diálogo.

Fedro trata de duas questões: amor e retórica, cujo parentesco pode não parecer evidente, mas cuja união esteja talvez justamente no centro do platonismo. Sócrates e Fedro conversam à sombra de um plátano, às margens do Ilissos; de todos os diálogos de Platão, esse é o único cujo ambiente é descrito com precisão, e um dos raros em que uma personagem (Fedro) é objeto de verdadeira caracterização psicológica.

O ponto de partida do diálogo é um discurso do retor Lísias, a quem o jovem Fedro devota desmedida admiração. A esse discurso, Sócrates opõe um arrazoado sobre o mesmo tema, a saber: valerá mais conceder favores a quem nos ama ou a quem não nos ama? (Esse diálogo, evidentemente, deve ser situado no contexto cultural grego, em que a homossexualidade desempenhava papel muito especial.) Como, em seu discurso, Lísias escolhia (paradoxalmente) a segunda resposta, Sócrates vai defender a primeira.

Mas Sócrates não poderia satisfazer-se em somar um discurso a outro discurso. Sua reflexão sobre o amor passará, portanto, por uma análise da alma humana. Aqui se encontra a célebre imagem da atrelagem alada: a alma é comparável ao conjunto formado pelo cocheiro e seus dois cavalos, um dócil e outro bravio. Essa imagem leva Platão a uma alegoria do conhecimento, da vida virtuosa, da própria filosofia. Platão explica por que nem todas as almas têm o mesmo destino: algumas, mais que outras, têm a capacidade de elevar-se para a região das essências eternas. Mas todas sentem aqui na terra o eco abafado da beleza ideal. Assim como *O banquete**, cujo prolongamento indispensável constitui, *Fedro* articula uma reflexão sobre o amor e a filosofia com a Idéia de belo.

O diálogo termina com uma crítica aos fundamentos da retórica, assim como da escrita, à qual Sócrates opõe a palavra viva.

Estudo: B. Sève, "Phédre", *de Platon*, col. "Lectoguide-Philosophie", Ed. Pédagogie Moderne, 1980.

FELICIDADE E CIVILIZAÇÃO,
Bonheur et civilisation, 1966.
JEAN CAZENEUVE, nascido em 1915.

Essa obra é uma reflexão sobre a aspiração à felicidade e sobre as "receitas" sugeridas por nossa civilização para esse fim.

Como sociólogo, Cazeneuve estuda com a mesma perfeição tanto a noção de paraíso quanto os meios técnicos ao nosso alcance, cujas contradições ele ressalta, tanto quanto sua utilidade. Quase todos os mitos desenvolvem alguma concepção de paraíso. As civilizações, particularmente a nossa, substituem essa idéia pelas noções de conforto, bem-estar, ideal.

Cazeneuve mostra a legitimidade da aspiração à felicidade, perguntando se o homem de amanhã poderá ou saberá harmonizar a técnica com seus sonhos. Essas preocupações serão novamente encontradas em *Razão de ser**.

Estudo: A. Akoun, *Dictionnaire des philosophes*, P.U.F., 1984.

FENÔMENO HUMANO (O), *L'apparition de l'homme*, 1956.
PIERRE TEILHARD DE CHARDIN, 1881-1955.

Filósofo e cientista, Teilhard de Chardin tornou-se célebre por seus trabalhos de paleontologia. Essa obra, que reúne vários textos, tenta seguir a evolução do homem a partir de seu aparecimento.

O universo é uma unidade orgânica e em perpétua evolução. Porém o mais surpreendente é que a própria matéria desse universo de alguma maneira está *orientada* para o homem. No começo, há a matéria; depois, a matéria se vitaliza, e por fim a vida se *humaniza*.

O autor vê, assim, na evolução do universo uma direção para o aparecimento do homem. Essa evolução conduz inelutavelmente à constituição crescente do sistema nervoso e, depois, do psiquismo. O que leva Teilhard de Chardin a dizer que o homem é a conclusão de um longo processo, e que ele se encontra no coração do universo.

Edição portuguesa: *O fenômeno humano*, Porto, Tavares Martins, 1970.
Estudo: C. Tresmontant, *Introduction à la pensée de Teilhard de Chardin*, Le Seuil, 1956.

FENÔMENO HUMANO (O),

Le phénomène humain, 1955.
PIERRE TEILHARD DE CHARDIN, 1881-1955.

Essa obra é a mais célebre de Teilhard de Chardin. Escrita entre 1938 e 1940, reformulada em 1947 e 1948, é a síntese de todos os seus escritos, de todas as suas reflexões de padre, filósofo e cientista. Embora Teilhard fosse religioso, não se trata de um ensaio de metafísica ou de teologia. Segundo o autor, essa obra deve ser lida como uma "dissertação científica".

O título, *O fenômeno humano*, é eloqüente, pois é sobre o Homem que giram todas as reflexões desse texto: o Homem que aparece em certo momento e de certa maneira no Universo. Ainda que Teilhard atribua a esse aparecimento uma causa criadora e divina, sua descrição da evolução do mundo, das origens da Vida até o Homem, pretende ser científica e, mais precisamente, paleontológica. Mas Teilhard, como indica a palavra "fenômeno", só se interessa pelo que aparece, pelo que apareceu e não pára de evoluir. Embora sua reflexão se articule em torno do Homem, fica claro que é à unidade orgânica do Universo que ele se vincula. O pensamento de Teilhard de Chardin está de fato impregnado da noção de *Totalidade*. O Universo não é fragmentário, disperso, mas fundamentalmente *uno*.

Por fim, o fenômeno humano não pode ser estudado sem referência contínua ao psiquismo e ao pensamento. O aparecimento do Homem corresponde ao aparecimento do sistema nervoso e da reflexão ("O Homem sabe que sabe").

Síntese original da evolução, aliada a grande rigor científico, desde que foi publicada essa obra teve enorme sucesso.

Estudo: Cl. Tresmontant, *Introduction à la pensée de Teilhard de Chardin*, Le Seuil, 1956.

FENOMENOLOGIA DA EXPERIÊNCIA ESTÉTICA,

Phénoménologie de l'expérience esthétique, 1953.
MIKEL DUFRENNE, nascido em 1910.

Nessa obra Dufrenne propõe-se aplicar o método fenomenológico à experiência estética. Será preciso partir da percepção, ou do objeto definido pela obra de arte percebida por si mesma? A pergunta formulada pelo autor não é "O que é uma obra de arte?", mas sim "Como surge o objeto estético?". Esse objeto existe fora da experiência do sujeito que o percebe, ou será apenas produto da imaginação, uma construção puramente intelectual? Situada no limite da percepção, a música não é um ser imaginário. O objeto estético é um objeto percebido, de tal maneira que sua plenitude permanece inacessível. Há, porém, um ser tanto quanto uma verdade do objeto estético. O sensível é exaltado a ponto de valer apenas pelo modo como é apresentado.

Estudo: *Vers une esthétique sans entrave: mélanges offerts à Mikel Dufrenne*, col. 10/18, U.G.E., 1975.

FENOMENOLOGIA DA PERCEPÇÃO,
Phénoménologie de la perception, 1945
MAURICE MERLEAU-PONTY, 1908-1961.

A fenomenologia husserliana abria dois caminhos possíveis: pelo primeiro, Heidegger enveredou com *Ser e tempo**, liberto da problemática da correlação sujeito/objeto; o segundo, da "fenomenologia existencial", foi o de Maurice Merleau-Ponty, pois em sua obra o "sou" teve prioridade sobre o "penso".

Retomando a seu modo o imperativo husserliano de "retorno às coisas mesmas", Merleau-Ponty entende voltar a um mundo de antes do conhecimento e a um sujeito "fadado ao mundo". Compreende-se assim a afirmação do primado da percepção, operação pela qual é atada a relação entre homem e mundo. É essa tese que leva o filósofo a retrabalhar o *cogito* cartesiano que inclinava ao idealismo, e a nele ver aquilo por meio do que o "eu" se descobre como "ser-no-mundo". Essa noção, cujo tom profundamente heideggeriano houve quem notasse, designa a existência da consciência e une em um só elemento os processos físico-fisiológicos e os processos psíquicos: a existência é esse terceiro termo entre "o psíquico e o fisiológico", entre o poder e o em-si. Seja como for, o *cogito* tácito, embutido na primeira percepção, na qual não pode apresentar-se nenhum pensamento, significa o fim do sujeito clássico e consagra a mundanidade do sujeito. O "penso" repousa no "percebo", e esse assentar do *cogito* no *percipio* põe termo no absolutismo da consciência, coloca-a no inacabado e na ambigüidade (veja-se o exemplo célebre do cubo de seis faces – cubo invisível que *nunca pode apresentar todas as faces* juntas ao olhar – idéia-limite, porém, por meio da qual exprimo a presença carnal do cubo).

Fenomenologia da percepção inaugura, portanto, uma fenomenologia do corpo graças à qual esse ensaio deve ser considerado um livro maior, tendente a transgredir os limites da fenomenologia husserliana como filosofia da consciência, perpetuando o dualismo cartesiano: a consciência está *encarnada*, e o corpo, não sendo aquilo que recebe passivamente as ações do mundo sobre uma consciência em plena posse de si mesma, é aquilo por meio do que um Mundo existe para Mim; diz ainda Merleau-Ponty que o corpo está "no mundo como o coração no organismo: mantém continuamente o espetáculo visível, anima-o e alimenta-o interiormente, forma com ele um sistema" (1.ª parte). O corpo não é, pois, um objeto; ele é meu ponto de vista sobre o mundo e, mais amplamente, a condição de possibilidade da coisa, mas também do espaço.

Retomando este último problema, verdadeiro tropeço das filosofias da consciência, Merleau-Ponty vê na espacialidade do sujeito percipiente a condição primeira da percepção: é no que é percebido como tal que se marca a espacialidade do sujeito percipiente. A carne – poderíamos dizer retomando a terminologia husserliana – é expressão conjugada de homem e natureza, sendo portanto refratária a essa ontologia devastadora do *kosmos-theoros* que apresenta um espírito absoluto em face do objeto puro. E aqui Merleau-Ponty toma a liberdade de fazer aquilo de que Husserl se abstivera: neste último, o corpo carnal só desempenha seu papel porque é animado pela intencionalidade da consciência; a intencionalidade não é, pois, corporal, e, se a consciência husserliana está inserida no mundo, fadada ao mundo, em momento algum a sensação é a via da despersonalização. Ao contrário, o "sujeito" de Merleau-Ponty pode afirmar: "algo percebe em mim".

Essa obra vai além das análises contidas em *Estrutura do comportamento* (1942) que, estando próximas da *Gestalttheorie*, propunham já a distinção entre corpo objetivo e "corpo próprio". Depois da descoberta, em 1939, dos textos inéditos do último período de Husserl, Merleau-Ponty confirma aqui sua distância em relação ao fundador da fenomenologia: sendo uma descrição da existência natural, a fenomenologia não assume mais o projeto de fundamentar ciências da natureza, mas permite superar as aporias de *Estrutura do comportamento* no que se refere à consciência em sua relação com o corpo, e esboça uma ontologia cujo ponto de partida está na evidência não discutida do Mundo. Portanto, é de se entender por que nessa exploração do ser corporal, da invasão contínua do interior pelo exterior (e vice-versa), aparecem, esboçadas, as teses de *O visível e o invisível**, e essa idéia de reversibilidade entre o que é sentido e o senciente, na qual se afirmam tanto a implicação de ambos quanto sua irredutibilidade: "A coisa nunca pode ser efetivamente em si porque suas articulações são as mesmas de nossa existência e porque ela se situa no alvo de um olhar e no termo de uma exploração que a investe de humildade."

Edição brasileira: *Fenomenologia da percepção*, São Paulo, Martins Fontes, 1994.

Estudo: Cl. Lefort, *Sur une colonne absente: écrits autour de Merleau-Ponty*, col. "Essais", Gallimard, 1978.

FENOMENOLOGIA DO ESPÍRITO,

Phänomenologie des Geistes, 1807.
GEORG WILHELM FRIEDRICH HEGEL, 1770-1831.

Obra filosófica singular, pois é pensada pelo autor como narrativa, mais precisamente como uma história, *Fenomenologia do espírito* é a história da consciência, da alma que se tornou consciência, da consciência que está sempre se tornando cada vez mais ela mesma através dos diferentes momentos ou etapas de seu desenvolvimento. Em certo sentido, não seria exagero dizer que se trata do romance da consciência, e mesmo de sua epopéia, já que Hegel se compraz em dramatizar os momentos cruciais e em recorrer a figuras muitas vezes teatrais para permitir pensar as formas muito abstratas através das quais a consciência se constitui. Somos tentados a mencionar naturalmente o calvário de Cristo, visto que o modelo trinitário é explicitamente assumido por Hegel; mas a odisséia da consciência que constitui a *Fenomenologia do espírito* assemelha-se a todo romance iniciático; há também algo de Dom Quixote nos desgarramentos através dos quais a consciência não cessa de perder-se e reencontrar-se. Finalmente, por trás das personagens conceptuais que Hegel nos apresenta como figuras universais da consciência, não é ilícito reconhecer momentos, etapas de sua própria formação. Sem chegar a afirmar que nessa obra há uma autobiografia, não é de se duvidar que a singularidade da vida de Hegel, como as diversas fases do despertar de sua própria consciência, serviram de trama para a obra universal. Aliás, porventura a história para Hegel não é aquilo que permite destacar o momento particular, realçar a singularidade de uma vida individual inserindo-a no devir universal?

História da filosofia, história do saber absoluto, história da razão: devires compostos da história de todas as consciências singulares que foram os homens, que repetem cada vez a humanidade inteira e o advir de cada um. Por certo Hegel se defende de ser a personagem principal de seu romance: "O que é sobre mim em meus livros é falso." Essa rejeição do ponto de vista subjetivo, lançado desse modo na obra, não invalida a idéia da necessária mediação por si mesmo para encontrar a humanidade inteira. A universalidade da consciência de si passa pela compreensão da irredutibilidade a nós mesmos de nossa própria consciência. E essa consciência aguda de si mesmo que Hegel tem encontra-se na obra que descreve a gênese da consciência universal.

De modo mais amplo, a obra de Hegel convida o leitor a uma experiência explícita: a do auto-reconhecimento através das figuras da consciência e do pensamento objetivadas por intermédio da reflexão: cada um de nós é ao mesmo tempo totalidade das formas do pensamento e um momento particular dessa totalidade; em vista disso, trata-se de nos reconhecermos, de tomarmos consciência de que somos, e de fundamentar o pensamento reflexivo a partir dessa consciência. O paradoxo da obra de Hegel é manter o leitor a distância devido à dificuldade dos conceitos e ao peso da máquina sistemática que os expõe, ao mesmo tempo em que convida cada um, explicitamente, a reconhecer-se neles, a ler sua própria experiência intelectual através das figuras apresentadas. *Fenomenologia do espírito* não pode deixar-nos indiferentes, pois, apesar da dificuldade, é fácil entender que é de nós que se trata; é nossa própria história que está em jogo.

A figura da via-crúcis, do "calvário" pelo qual o próprio Hegel envereda para definir o progresso da consciência em se tornando Espírito, pode ser retomada aqui para caracterizar as oito "estações" propostas à guisa de plano: I. Certeza sensível; II. Percepção; III. Força e Entendimento; IV. Verdade da Certeza de si mesmo; V. Certeza e Verdade da Razão; VI. Espírito; VII. Religião; VIII. Saber absoluto.

O famoso Prefácio, intitulado "Do conhecimento científico", pode e até deve ser lido separadamente: redigido por Hegel depois da redação do corpo da obra, ele não serve exatamente para introduzi-la, mas principalmente para elucidar o conjunto do sistema hegeliano. Ou melhor, ele redefine o lugar que Hegel atribui a essa obra no conjunto de seu sistema: o lugar de começo por onde é preciso passar mas que também é preciso ultrapassar, ou seja, renegar; não que Hegel tenha realmente renegado a *Fenomenologia*, mas, tanto por sua forma quanto por seu conteúdo, parece que mais tarde ela lhe pareceu de fato "ultrapassada" pelo restante de sua obra. Aliás, *Fenomenologia do espírito* é bem a exposição do começo: na história da consciência, Hegel consegue isolar o primeiro momento, que é o da *consciência imediata*, o da consciência sensível que nem conseguiu ainda darse um objeto. Mal sendo consciência de seja lá o que for, ela mal é consciência: não pensa propriamente, não visa a nada de preciso, e nem sequer está em face do nada, ou seja, em face do negativo a partir do qual poderia determinar-se.

O ponto de partida de Hegel é o imediato: ele não tem história prévia, nenhum passado do qual seria oriundo; a consciência apresenta, em sua origem, a contradição de nunca surgir do nada e ao mesmo tempo não levar em conta seu passado para começar a determinar-se. O que vai determinar a consciência está em devir através dela: são as mediações que ela contém em si e que ela manifesta pela história. Donde a posição às vezes ambígua da história, em especial da história da filosofia: *Fenomenologia do espírito* é um afresco ao longo do qual as grandes correntes do pensamento ocidental são convocadas para ilustrar um momento preciso da vida do Espírito; é assim que Hegel vai invocando, sucessivamente, a tragicidade dos gregos, a contradição em Roma entre a subjetividade pessoal e a objetividade universal, o ascetismo da Idade Média, o Renascimento, o Iluminismo, a Revolução Francesa, o Terror, o romantismo alemão: momentos históricos que compõem ao mesmo tempo o quadro do mundo em sua universalidade e a conquista do Espírito, da Razão através da história.

Em face dessa obra, Hegel não é um simples espectador desinteressado: a história é orientada, tem uma finalidade, um objetivo que deve atingir; se o trabalho do historiador se limita a manifestar o autodesenvolvimento da consciência através da história, o do filósofo é contribuir para o avanço efetivo dessa história. O objetivo da história é, evidentemente, o mesmo a que visa a *Fenomenologia do espírito*: é o Saber absoluto que fecha o ciclo iniciado pela consciência em seus primórdios, no divórcio que a separa de si mesma. A finalidade da história é também o fechamento do sistema, o retorno ao ponto de partida na forma de reconciliação do mesmo com o outro. Enquanto a consciência, de início, e o Espírito, em seguida, não cessarem de buscar-se – ou seja, de perder-se e reencontrar-se – através das falsas eventualidades de um destino inexorável, o Saber absoluto marcará o momento do retorno a si, da identidade finalmente encontrada, reconhecida e assumida. Pois toda a história foi a história da *alienação*, ou seja, da ida para fora de si, cuja primeira vítima foi a consciência: é por meio da infelicidade e do tormento que a consciência sai do conforto aprazível porém estéril em que era mantida pela simples identidade consigo mesma. É em virtude da menção a esses momentos dramáticos ao longo dos quais a consciência se dilacera que Hegel rompe o rigor conceptual do estilo e oferece aos leitores a ilustração mundana, ou simplesmente fenomenológica, de sua teoria.

Esta é, de fato, uma das características da obra: ser entremeada por trechos teóricos brilhantes, alguns dos quais antológicos: é o caso da famosíssima "dialética do senhor e do escravo", por meio da qual Hegel expõe o conflito interno de cada sujeito entre o desejo por si mesmo e o desejo pelo outro, como necessidade de reconhecimento inerente a todo ser humano, em virtude do qual cada eu aspira a ser reconhecido por outrem assim como também aspira à sua destruição. A história da filosofia, sobretudo por intermédio de Kojève, contribuiu para alçar esse trecho do senhor e do escravo a um âmbito universal que Hegel por certo não havia previsto; mas esse exemplo é sintomático da forma e da estrutura da obra em que se entrelaçam a exposição doutrinal e a referência mundana. O que favorece o recurso a esses trechos mais "fáceis" na obra é com certeza a posição que Hegel atribui à experiência; aliás, num primeiro momento ele havia pensado em dar à obra o título de *Ciência da experiência da consciência*. E é efetivamente a odisséia dessa experiência, graças à qual a consciência se forma, que a obra delineia, não negligenciando nunca o recurso às "vivências" da consciência que a fenomenologia husserliana saberá retomar mais tarde.

A estrutura através da qual a consciência progride na história e em sua história é dialética: é o negativo como negação da primeira afirmação que provoca o primeiro movimento. Enquanto se ficar na identidade formal e abstrata da falsa consciência de si, no simples "eu = eu", ainda não houve começo. A história se inicia com a negatividade que, juntamente com a alteridade, se opõe à consciência, e é o confronto da consciência com seu outro, do sujeito com o objeto, que constitui o movimento da dialética: é negando-nos que nos determinamos e adquirimos conteúdo positivo. Assim, a história progride através da celebérrima estrutura ternária graças à qual o elemento primeiro é negado por seu oposto, para que os dois sejam finalmente superados e reconciliados no terceiro momento, que é sua verdade. A dialética da consciência se traduz numa progressão que acaba levando à verdade. Mas essa história nunca termina, pois recomeça sempre para cada consciência (cada vida revive à sua maneira a *Fenomenologia do espírito*) e enriquece-se com todas essas histórias que a compõem. A pretensão declarada por essa obra, de ser toda a história do mundo, de esgotar todas as figuras possíveis da experiência humana, não deve ser mal-entendida: é nesses princípios que ela realiza essa universalidade, e não por essas figuras particulares.

Até 1806, data em que terminou o manuscrito, Hegel só compusera obras que, se não podem ser chamadas de menores, pelo menos podem ser qualificadas como obras de "juventude". É a *Fenomenologia do espírito* que marca o verdadeiro ingresso no sistema, ainda que, devido à forma, ao caráter simultaneamente estruturado e desalinhavado, ao rigor dos encadeamentos e à exuberância barroca de certos trechos, ela seja uma obra singular se comparada às outras. Se, ao ser publicada, Goethe reconheceu seu justo valor, essa foi uma exceção, e seria preciso esperar muito tempo para que ela fosse considerada a obra maior do filósofo; as preferências se voltariam para o rigor conceptual da *Enciclopédia** ou para as diversas *Lições** que seriam publicadas a partir de aulas dadas. Na Alemanha mesmo, embora a reputação de Hegel só tenha crescido ao longo de sua carreira, para culminar em 1830 em Berlim, a *Fenomenologia*, por sua vez, continuou sendo subestimada.

Globalmente, a obra inteira de Hegel demorará a ser conhecida na França por razões não só técnicas (ausência de tradução e dificuldades da linguagem usada por Hegel), mas sobretudo filosóficas: foi graças àquilo que preparou na história da filosofia – marxismo, existencialismo e humanismo cristão – que o sistema de Hegel foi introduzido *a posteriori* na vida filosófica francesa. Victor Cousin tentou algumas traduções e algumas adaptações da doutrina hegeliana no século XIX, mas essas tentativas não tiveram sucesso: só em 1929, com a obra de Jean Wahl, *Le malheur de la conscience dans la philosophie de Hegel*, foi que se deu a primeira introdução séria nessa filosofia, especialmente na *Fenomenologia do espírito*, mas assim mesmo com a tradução de algumas páginas à guisa de apoio à tese do autor. A primeira tradução francesa, feita por Jean Hyppolite, será publicada em 1939-1941, servindo de testemunho, após a obra de Jean Wahl, do interesse crescente pelo pensamento de Hegel, também manifestado pelo seminário dado por Alexandre Kojève de 1933 a 1939: neste, ele comentava essencialmente a *Fenomenologia*, imprimindo-lhe certa interpretação que deveria marcar por muito tempo o panorama filosófico francês do pós-guerra. Sua *Introdução à leitura de Hegel**, publicada em 1947, reúne todo esse trabalho. Mas foi só em 1991 que Jean-Pierre Lefebvre realizou uma segunda tradução da obra, ou seja, meio século após a primeira tradução.

Edição brasileira: *Fenomenologia do espírito*, Petrópolis, Vozes, 1992.

Estudos: A. Kojève, *Introduction à la lecture de Hegel*, Gallimard, 1979. G. Lebrun, *La patience du concept: essai sur le discours hégélien*, Gallimard, 1972.

FILEBO, ou Do prazer,

Φίληβος, ἢ Περὶ ἡδονῆς, ○ c. 350 a.C.
PLATÃO, 428/427-348/347 a.C.
Diálogo, provavelmente um dos últimos de Platão.

A questão do *Filebo* é a do soberano Bem: está este no prazer ou na sabedoria? Sem rejeitar o primeiro, Sócrates coloca-o sob a hegemonia da razão e da ciência. Platão opõe-se assim às teorias hedonistas – em voga na época – de Aristipo de Cirene e de Eudóxio. O método utilizado em *Filebo* não apresenta menos interesse que sua conclusão: Platão aplica rigorosamente seu método de divisão e de análise sucessiva dos elementos constituintes dos objetos estudados. Encontram-se assim em *Filebo* belas análises psicológicas e morais sobre o prazer e a sabedoria.

Estudo: V. Brochard, "La-morale-de-Platon", in *Études de philosophie ancienne et de philosophie moderne*, Vrin, 1974.

FILOSOFIA COMO CIÊNCIA RIGOROSA, *Philosophie als strenge Wissenschaft*, 1911.

EDMUND HUSSERL, 1859-1938.

Nesse artigo, Husserl refuta o naturalismo científico e o historicismo diltheyanos; propõe a necessidade de uma filosofia que, assim como a ciência, tenha como objeto a validade objetiva.

Esse texto restabelece a idéia original (portanto platônica) de filosofia; manifesta o interesse crescente de Husserl pela objetividade numa perspectiva intencional e prenuncia assim as *Idéias para uma fenomenologia e uma filosofia fenomenológica puras**.

Estudo: Q. Lauer, *Phénoménologie de Husserl. Esse sur la génèse de l'intentionnalité*, P.U.F., 1955.

FILOSOFIA DA ARTE,

Philosophie de l'art, 1882.
HIPPOLYTE TAINE, 1828-1893.
Aulas dadas na Escola de Belas-Artes de 1865 a 1869.

Nessa obra manifesta-se o desejo de compreender a arte através da história. Raça, meio e época são perspectivas e molduras que esclarecem o seu desenvolvimento. A busca das características expressivas domina o estudo da produção da obra de arte. A história contribui então para o conhecimento dos homens.

Estudo: C. Evans, *Taine, essai de biographie interieure*, Nizet, 1976.

FILOSOFIA DA IMAGEM,

Philosophie de l'image, 1984.
FRANÇOIS DAGOGNET, nascido em 1924.

A partir de Platão e de sua célebre crítica à mimese, a imagem não deixou de ser desvalorizada pelos filósofos, que a consideram enganadora e perigosa. Nos nossos dias, graças principalmente ao desenvolvimento da imagem digital ou sintética, assiste-se a uma verdadeira explosão de imagens. A tecnologia reabilitou a imagem e a libertou, e isso ocorreu a partir do nascimento da fotografia no último século. De que modo, agora, separar o verdadeiro do falso nessa verdadeira invasão da imitação, do plágio, da fraude e da trucagem? "As velhas fronteiras perdem a nitidez", constata o autor. Fazer a filosofia (que até agora esteve reticente) enveredar nessa revolução é a finalidade de François Dagognet.

Conferindo à palavra "imagem" um sentido muito extenso (ela é definida como aquilo que permite a manifestação do não-visto), à luz de três questões maiores – a da representação, a do problema da repetibilidade indefinida e da fidelidade incontestável da imagem e a da posição de nosso sensorial e de nosso olhar em face dela –, o autor examina o papel da imagem em campos tão diferentes quanto a geomorfia, a medicina, a estética e a sociologia. Distingue sobretudo a imagem supostamente "objetiva", fornecida pela mídia, da imagem "subjetiva", a nossa, que nos vê mais do que vê o exterior.

Estudo: G. Deleuze, *Cinéma*, 2 vols., col. "Critique", Éd. de Minuit, 1985.

FILOSOFIA DA LIBERDADE,

La philosophie de la liberté, 1848 e 1849.
CHARLES SECRÉTAN, 1815-1895.

Secrétan procura aqui as condições da liberdade humana, demonstrada pela obrigação moral. Encontra essas condições em Deus, vontade sumamente livre e amorável que cria um mundo contingente. Compete à criatura humana haurir no amor a Deus a força de elevar-se acima dos interesses particulares e de promover a solidariedade.

Secrétan empenha-se em pôr sua existência a serviço desse ideal de caridade e justiça.

Estudo: É. Boutroux, "La philosophie de Charles Secrétan", in *Nouvelles études d'histoire de la philosophie*, 1927.

FILOSOFIA DA LÓGICA,

Philosophy of Logic, 1970.
WILLARD VAN ORMAN QUINE, nascido em 1908.

Essa reflexão sobre a lógica articula-se em torno da questão do *status* das verdades lógicas. Elas continuam verdadeiras ao longo de todas as substituições lexicais. Têm, portanto, dois componentes: a gramática e a verdade (como caso-limite de satisfação). As verdades da lógica são óbvias, e pode-se supor que sejam revisáveis.

A abolição da distinção entre analítica e sintética subjaz às análises de Quine.

Edição brasileira: *Filosofia da lógica*, Rio de Janeiro, Zahar, 1912.

Estudo: P. Gochet, *Quine en perspective: essai de philosophie comparée*, Flammarion, 1978.

FILOSOFIA DA MISÉRIA ou SISTEMA DAS CONTRADIÇÕES ECONÔMICAS, *Philosophie de la misère ou Système des contradictions économiques*, 1846. PIERRE JOSEPH PROUDHON, 1809-1865.

O *Sistema das contradições econômicas* ou *Filosofia da miséria*, como o título indica, é uma análise das contradições inerentes às principais noções da economia política e, segundo Proudhon, uma "crítica geral da economia política do ponto de vista das antinomias sociais". Insurgindo-se ao mesmo tempo contra economistas e socialistas, contra o capitalismo e o comunismo, Proudhon considera que uma mesma noção comporta dois aspectos, um bom e outro ruim, e que convém conservar esse dualismo a fim de eliminar o lado ruim.

No prólogo, anuncia seu método: evidenciar a tese e a antítese, depois a conclusão por síntese dos opostos. Proudhon não lera Hegel, mas fora iniciado em sua filosofia por K. Grün. No entanto, embora aplique o método dialético à economia política, não afirma ser discípulo de Hegel. Ao contrário, acha que o método hegeliano é um caso particular de seu próprio método, e que a filosofia é a expressão teórica e abstrata da economia política, que constitui sozinha toda a enciclopédia humana: "Todas as altas questões da filosofia fazem parte integrante da ciência, que afinal nada mais é que a realização exterior. Bem mais que isso, a ciência econômica foi para nós ao mesmo tempo ontologia, lógica, psicologia, teologia, política, estética, simbólica e moral..."

As antinomias constituem a própria lei da vida, a condição do progresso e o princípio do movimento universal e perpétuo. Segundo Proudhon, a fórmula dessa equação resume-se numa teoria da mutualidade e numa lei das trocas. Como, para ele, "a economia política é a metafísica em ação", é como filósofo que Proudhon aborda as contradições econômicas. Por isso não deve causar espécie vê-lo dedicar no prefácio um longo desenvolvimento à hipótese da existência de Deus, nem, no oitavo capítulo – entre o sétimo, que trata da polícia e do imposto, e o nono, dedicado à noção de balança comercial –, vê-lo tratar da responsabilidade humana e de Deus, e apresentar uma solução para o problema da providência.

O capítulo II propõe uma nova definição de valor, pedra angular da economia política. Para Proudhon, o valor de uma coisa é igual à quantidade de tempo necessário para produzi-la. O capítulo III trata da divisão do trabalho (sem propor remédios); o capítulo IV, das máquinas, da origem do capital e do salário; o capítulo V, da concorrência; o capítulo VI, do monopólio. O décimo capítulo cuida do problema do crédito, mas não é nele que Proudhon propõe – como fará mais tarde – a criação de um banco de câmbio que garantisse o crédito gratuito. O décimo primeiro capítulo, dedicado à propriedade, ilustra bem o método de Proudhon: a propriedade é ao mesmo tempo o prêmio do trabalho (para os economistas) e a negação do trabalho (para os comunistas), uma instituição de justiça mas também um roubo, um produto espontâneo da sociedade mas também agente da dissolução dessa mesma sociedade. Os dois últimos capítulos tratam da comunidade e da população.

A conclusão resume esse verdadeiro sistema no qual cada noção funciona como uma categoria e no qual tudo se encadeia necessariamente. Nele Proudhon também explica sua posição diante dos economistas e dos socialistas: "O socialismo tem razão de protestar contra a economia política e de dizer-lhe: você não passa de uma rotina que não se entende a si mesma. E a economia política tem razão de dizer ao socialismo: você não passa de utopia sem realidade nem aplicação possível. Mas como ambos negam – o socialismo nega a experiência da humanidade, e a economia política nega a razão da humanidade –, ambos carecem das condições essenciais da verdade humana", posição que ele expõe com mais clareza numa carta a seu editor em 1846: "Se eu pudesse levar todos a bater-se, obteria justamente o resultado que me propus: a reconciliação universal por meio da contradição universal."

Em 1847, Marx, que se sentira seduzido pela obra de Proudhon *O que é a propriedade?**, redige à guisa de resposta à *Filosofia da miséria* um panfleto intitulado *Miséria da filosofia**, no qual não poupa Proudhon, o que põe fim à amizade que unia os dois. Segundo Marx, Proudhon não só é um economista medíocre, como também nada entendeu da filosofia alemã, o que o leva a cometer graves contra-sensos.

Assim, Marx não vê na *Filosofia da miséria* mais que um "galimatias pretensioso e especulativo; Proudhon quis plantar como homem de ciência acima dos burgueses e dos proletários. Não passa do pequeno burguês que oscila constantemente entre o capital e o trabalho, entre a economia política e o comunismo".

Estudo: P. Haubtmann, *Proudhon, Marx et la pensée alemande*, Presses Universitaires de Grenoble, 1981.

FILOSOFIA DA MODERNIDADE,

Philosophie de la modernité,
Excertos de obras de filosofia social e de filosofia da arte (*Philosophische Kultur e Zur Philosophie der Kunst*), 1914-1922.
GEORG SIMMEL, 1858-1918.

Essa série de estudos é dedicada a uma análise da vida cotidiana e a considerações sobre a arte, mas integrando-as num projeto de reflexão macrossociológica.

É o individualismo e o conflito que aparecem como fios condutores da modernidade. Eles são encontrados na oposição entre homem e mulher e nos estilos de vida ligados ao fenômeno da "grande cidade". O objetivo de Simmel nessa obra é depreender, através dos comportamentos próprios à vida moderna, as formas do conflito que talvez só a arte ou a religião permita superar (2º vol.). O estilo de vida imposto pelas grandes metrópoles despersonaliza o indivíduo e engendra nele, ao mesmo tempo, o desejo de distinguir-se violentamente; esse estilo intelectualiza a vida, mas enseja a indiferença. Essa cidade ritmada pelo tempo dos relógios, em que as relações humanas são superficiais, onde a liberdade é imensa e o conformismo é profundo, nem por isso deixa de ter uma alma ou uma aura que ultrapassa em muito sua existência material.

Essa escolha de textos bem articulados em torno da temática simmeliana do individualismo moderno constitui uma boa introdução à obra do filósofo.

Estudo: F. Léger, *La pensée de Georg Simmel: contribution à l'histoire des idées au début du XXe siècle*, Kimé, 1989.

FILOSOFIA DA NOVA MÚSICA,

Philosophie der neuen Musik, 1949.
THEODOR WIESENGRUND ADORNO, 1903-1969.

A abordagem sociológica que Adorno faz da música, do material musical e da própria textura da composição rompe com os pontos de vista segundo os quais a música é tradicionalmente examinada.

Nessa obra, Adorno reuniu dois estudos, um sobre Schönberg e outro sobre Stravinski. No primeiro, a música nos interpela no que há de mais profundo, as dissonâncias nos amedrontam, nos falam de nossa própria condição. No segundo, um mito original nos tranqüiliza. Schönberg contra Stravinski é o progresso contra a reação. Adorno também demonstra grandes intuições a respeito de Mahler, Alban Berg e Wagner.

Se no estudo sobre o expressionista Schönberg as reflexões se desenvolvem no plano da objetividade musical, em compensação o estudo dedicado a Stravinski propõe a questão do sujeito mutilado, em torno do qual a obra de Stravinski é talhada. Aparece assim um motivo de ordem dialética.

Edição brasileira: *Filosofia da nova música*, São Paulo, Perspectiva, 1974.
Estudo: M. Jimenez, *Adorno e la modernité: vers une esthétique négative*, Klincksieck, 1986.

FILOSOFIA DA PRÁTICA,

Economia e ética,
Filosofia della pratica. Economica ed etica, 1908.
BENEDETTO CROCE, 1866-1952.

Ultrapassando a metafísica, Croce quer-se ultrametafísico: isto porque o círculo do ser e da vida é formado pelo pensamento e pela ação. As questões propostas por Croce dizem respeito à liberdade no ato volitivo, assim como o ser do bem e do mal. Embora o bem possa ser determinado filosoficamente, a vontade é sempre livre.

Estudo: P. Olivier, *Croce ou l'affirmation de l'immanence absolute*, Seghers, 1975.

FILOSOFIA DA TRAGÉDIA, ou

Dostoiévski e Nietzsche, 1903.
LÉON CHESTOV, 1866-1938.

Chestov insere-se aqui na linha de Kierkegaard e insurge-se contra a ciência e a filosofia do conhecimento, criticando seu autocratismo e suas limitações teóricas. Isto porque, além das instituições científicas ou filosóficas, existe um mundo proibido e infinito, ao qual temos acesso contrariando nossas convicções, num despojamento radical de todos os bens materiais e intelectuais. Só a experiência do desespero, tal qual Dostoiévski e Nietzsche conheceram, abre as portas desse universo não delimitável do qual desapareceram valores e referenciais. Esse mundo absoluto é o da liberdade absoluta: "Quem se introduz nele começa a pensar, a sentir, a desejar de maneira diferente dos outros [...] não há outra saída [...] É preciso que ele avance, para um futuro desconhecido e sempre terrível."

Estudo: R. Bespaloff, *Cheminements et carrefours*, Vrin, 1938.

FILOSOFIA DAS FORMAS SIMBÓLICAS (A), *Die Philosophie der symbolischen Formen*, 1923, 1925 e 1929.

ERNST CASSIRER, 1874-1945.

A inspiração de Cassirer quer-se "crítica" no sentido kantiano; seu objetivo é mostrar como o homem constrói um mundo sobre o qual se destacam objetos e nexos entre esses objetos. Mas o que Kant fez com a ciência Cassirer tenta fazer com todos os modos da "função simbólica", ou seja, com tudo aquilo por meio do que o homem se destaca da diversidade das aparências sensíveis para enchê-la de sentido através de um ponto de vista unificador – a linguagem, o mito, a percepção e o conceito.

O tomo I considera o mito, origem da religião e da arte, como aquilo graças a que o homem se comporta em função de representações que não são dadas, mas constituídas pela consciência. E o mito forja então a idéia de causa nas cosmogonias, que constituem uma organização do espaço em que cada ser recebe um lugar, um pensamento do tempo: a idéia de ciclos que sempre recomeçam é já um modo de organizar o mundo. Mas ao mesmo tempo que ressalta o modo como o mito informa o mundo, Cassirer não o confunde com a razão; ele propõe uma causalidade, mas por associação das impressões sensíveis (*depois disto*, ou *ao lado disto*, logo *por causa disto*), enquanto a explicação científica decompõe as associações nascidas das contigüidades temporais e espaciais. E o espaço mítico não é o espaço geométrico, pois nele cada direção tem um valor diferente: o Leste é fonte de vida, e o Oeste é região dos mortos, em função de nossa experiência afetiva com a luz e as trevas. O tempo mítico não é tampouco um contínuo homogêneo, mas é dividido em tempos sagrados e tempos profanos; e se é circular, isso se deve à imagem do ciclo da vegetação, que morre e renasce, ritmo vital para o homem. Em suma, o que caracteriza o mundo mítico é que, no sentimento de onipotência do pensamento, como no de ser possuído, o eu não capta os limites entre os objetos e ele mesmo, assim como o totemismo não capta os limites entre o animal e o homem: "O mito exprime a totalidade do ser natural na linguagem do ser humano e social, e a totalidade do ser humano e social na linguagem do ser natural." Será preciso uma dialética da consciência mítica para que daí surja a religião que distinga eu e não-eu, espiritual e sensível, ainda que tudo seja a metáfora do espiritual.

O tomo II delineia a história das concepções da linguagem desde o realismo mágico, em que a palavra é poder sobre a coisa porque participa dela, para chegar a mostrar que, ao invés de ser a réplica da coisa em si, a linguagem reparte os objetos perceptivos no fluxo sensível, e a palavra "açúcar", por exemplo, realiza a síntese de diversas aparências (visuais, gustativas): "a fome de palavras" da criancinha é uma "fome de formas", dirá ele no tomo III. Mais ainda, há uma constituição lingüística das classes, quando a palavra isola um aspecto "vermelho" de um todo concreto, a flor.

O tomo III é uma fenomenologia do conhecimento, a partir da percepção, pois esta já tem uma "pregnância simbólica". Toda vivência remete a um ou a vários sentidos: uma linha ondulada pode ser percebida como rasto de animal, ou ornamento estético, ou expressão de humor, ou símbolo matemático. Cassirer cita Husserl – "visar a algum sentido" é o caráter primeiro de toda consciência – e o comenta: Não há percepção consciente que se reduza a puro "datum"; toda percepção encerra certo "caráter de direção". Mas embora, com a ajuda da linguagem, a percepção identifique um objeto sob diversos fenômenos, ela não sabe formular a lei de vinculação que utiliza; esse é o papel que vai ser desempenhado pelo conceito, definido como consciência de uma regra de transformação que permita visar a todos os casos possíveis, mesmo não vivenciados: o conceito de triângulo apresenta todas as formas possíveis de triângulo como variáveis unidas por uma regra que possibilite (ou exclua) tais ou tais transformações. Desse modo, contrariando Berkeley, Cassirer distingue conceito e *idéia geral*, agrupamento de semelhanças entre alguns reais. Os conceitos físicos de gás perfeito, de corpo incompressível e de ponto material são "passagens no limite", que estão além de qualquer valor empírico.

Não é possível esgotar a precisão e a amplitude dessa obra, em que a filosofia crítica desemboca ora na etnologia (ele antecipa Lévi-Strauss e seus códigos míticos indiferentemente humanos e naturais), ora na psicologia genética (prenuncia Piaget e se alinha com Goldstein quanto ao problema da afasia), ora na crise dos fundamentos em matemática.

Edição brasileira: *A filosofia das formas simbólicas*, São Paulo, Martins Fontes, no prelo.

Estudo: *Ernst Cassirer: de Marbourg à New York, l'itinéraire philosophique* (a cargo de J. Seidengart), Le Cerf, 1990.

FILOSOFIA DO AMOR, *Philosophie de l'amour*, série de artigos de sociologia e de psicologia social de épocas diversas, 1988.

GEORG SIMMEL, 1858-1918.

Nessa coletânea de artigos encontram-se todos os temas favoritos de Simmel: relações de oposição e de reciprocidade entre os sexos, papel do dinheiro, descrição dos comportamentos cotidianos. A prostituição, a família, a "cultura feminina" são também analisadas, mas a obra também apresenta raros aforismos sobre o amor (jamais publicados em vida do autor), em que se delineia nitidamente a utopia de um Eros que uniria, sem uniformizar, essas duas singularidades qualitativamente irredutíveis que são o homem e a mulher.

Edição brasileira: *Filosofia do amor*, São Paulo, Martins Fontes, 1993.

Estudo: *Georg Simmel: la sociologie e l'experience du monde moderne* (sob a dir. de P. Watier), Méridiens-Klincksieck, 1986.

FILOSOFIA DO DINHEIRO,

Philosophie des Geldes, 1900.
GEORG SIMMEL, 1858-1918.

Essa é a obra central de Simmel, livro que ignora as fronteiras entre filosofia, economia e sociologia, e que tem a finalidade de responder a uma pergunta fundamental: quais são as conseqüências da invenção e da generalização do dinheiro como modo de pagamento?

No âmbito de uma crítica romântica ao capitalismo, Simmel denuncia a subordinação da qualidade à quantidade, a transformação dos valores em mercadorias – efeitos da dominação do dinheiro na vida social. Para Simmel, o "fetichismo da mercadoria" descrito por Marx não passa de um caso particular da "tragédia da cultura", na qual os homens e os valores cedem lugar aos objetos. Como a essência da moeda é precisamente a indiferença a qualquer valor, o dinheiro se tornou modelo de encadeamento de meios e fins, e possibilitou, indiretamente, o abandono do qualitativo que está na origem da ciência moderna.

Essa obra ambiciosa é em primeiro lugar uma reflexão filosófica sobre a cultura, reflexão em que está presente a nostalgia dos valores e da presença viva das coisas.

Estudo: F. Léger, *La pensée de Georg Simmel: contribution à l'histoire des idées au début du XXe siècle*, Kimé, 1989.

FILOSOFIA DO ILUMINISMO,

Die Philosophie der Aufklärung, 1932.
ERNST CASSIRER, 1874-1945.

Ernst Cassirer reflete nessa obra sobre a unidade da *Aufklärung*, depreendendo, sinteticamente, seu significado. São considerados seus principais aspectos ao longo de capítulos dedicados à Natureza, à teoria do conhecimento, à religião, à história, à política e à estética. Embora toda a obra seja permeada de grande erudição, Cassirer não se dedica à exposição exaustiva de todos os desenvolvimentos daquele momento do pensamento filosófico; prefere tentar compreender "o espírito do Século das Luzes", para depreender o que ele chama de "energia interna".

Filosofia do Iluminismo é a última obra publicada por Cassirer na Alemanha, antes do exílio devido ao advento do hitlerismo. O assunto do livro, aliás, não deixa de ter relação com a situação histórica – a ascensão de uma nova barbárie obscurantista –, o que leva Pierre Quillet, tradutor francês da obra, a dizer que "Cassirer é um *Aufklärer*". Seu livro continua sendo uma referência indiscutível sobre o assunto.

Edição brasileira: *Filosofia do Iluminismo*, Campinas, Unicamp, 1992.

Estudo: P. Quillet, apresentação do texto na edição francesa: *La philosophie des Lumières*, Agora, 1986.

FILOSOFIA DO "NÃO" (A), Ensaio de uma filosofia do novo espírito científico,

La philosophie du non. Essai d'une philosophie du nouvel esprit scientifique, 1940.
GASTON BACHELARD, 1884-1962.

Nem negativismo nem niilismo: o "não" da *Filosofia do "não"* designa a superação, por generalização dialética, de toda filosofia da ciência fechada em sistemas de axiomas, bem como a essencial abertura do pensamento científico, especialmente em três campos: química, física e lógica.

Bachelard começa com a crítica da noção clássica de substância: entre os dois pólos – realismo e kantismo –, o racionalismo dialético da noção de substância permite desenvolver uma filosofia de realização das matérias e de relativização das categorias. O substancialismo é assim condenado por seus próprios pressupostos.

Bachelard critica em seguida a noção clássica de intuição: a partir de um exemplo extraído da microfísica, o da conexão espacial linear, o filósofo demonstra que a intuição primeira ou "natural" deve ceder lugar à intuição trabalhada, se quisermos compreender certas propriedades paradoxais da organização fenomênica. As incertezas complementares de Heisenberg são assim confirmadas pela concepção de propagação de Adolphe Buhl.

Por fim, o autor faz a crítica da dominação exclusiva da lógica aristotélica. Em ligação com as teorias físicas de sua época, em particular a de Heisenberg, Bachelard ressalta a pertinência da observação de lógicas não aristotélicas, como por exemplo de três valores. Qualifica de "degenerescência" (em ciência, "degenerescência" significa extinção de uma possibilidade de estrutura) a passagem de uma lógica de três valores para a lógica aristotélica bivalente.

Pelo estudo desses três campos – química, física e lógica –, Bachelard mostra o caráter incitativo da filosofia indutiva e sintética, que ele reúne sob o título "filosofia do 'não' ". Esta serve de fundamento a um *supra-racionalismo*, que determina as propriedades de um supra-objeto, "resultado" de uma objetividade que do objeto só retém aquilo que nele criticou (o átomo, definido como soma das críticas sucessivas às quais foi submetida sua imagem primeira, constitui exemplo disso na microfísica contemporânea).

Edição brasileira: *A filosofia do "não"*, São Paulo, Abril, 1984.
Estudo: G. Canguilhem, "Dialectique et philosophie du non chez Gaston Bachelard", in *Études d'histoire et de philosophie des sciences*, Vrin, 1983.

FILOSOFIA DO VALOR, *La philosophie de la valeur*, 1952.

RAYMOND RUYER, 1902-1987.

Conhecida pelo público graças ao movimento romântico e a Nietzsche, a noção de valor existe na verdade desde o século XVIII. Tomou o lugar do Bem, do Soberano Bem e da Perfeição. Ruyer, baseando-se nas obras "de uma multidão de espíritos distintos", examina inicialmente os diversos caracteres do valor e dos valores, para expor e classificar em seguida as diversas teorias do valor.

Estudo: J. Forain-Vial, *Dictionnaire des philosophes*, P.U.F., 1984.

FILOSOFIA E FILOSOFIA ESPONTÂNEA DOS CIENTISTAS,

Philosophie et philosophie spontanée des savants, 1974.

LOUIS ALTHUSSER, 1918-1990.

Essa obra, que durante muito tempo circulou na forma mimeografada, retoma sete anos depois o texto de um "curso de filosofia para cientistas" dado por Althusser em 1967 na École Normale Supérieure, inaugurando uma série de conferências sobre epistemologia, proferidas depois por Macherey, Balibar, Régnault, Pécheux, Fichant, Badiou (algumas dessas conferências foram também editadas por Maspero).

Vinte e cinco teses estabelecem uma distinção entre filosofia, ciência e ideologia. A filosofia não tem objeto – ao contrário da ciência, que o tem –, mas sim questões; a filosofia não produz conhecimentos, mas anuncia *teses* ("a filosofia é feita de palavras organizadas em proposições dogmáticas chamadas Teses"), que são produtoras de *categorias* filosóficas (e não de conceitos científicos), e que são interligadas para formar um *sistema*. Como as teses filosóficas não podem ser objeto de demonstrações ou de provas científicas, não podem ser designadas "verdadeiras" (em relação a uma teoria), mas podem ser designadas "justas" (no sentido de justeza e em relação a uma prática). Por fim, a filosofia como intervenção tem como função maior traçar uma *linha de demarcação* entre o ideológico das ideologias e o científico das ciências.

Baseando-se nessas teses, Althusser conclui pelo caráter profundamente ideológico das tendências interdisciplinares da época; mostra também "que em todo cientista há um filósofo adormecido", ou, em outras palavras, que todo cientista é afetado por uma ideologia (de que ele não tem necessariamente consciência), por uma "filosofia espontânea de cientista", que se revela mais particularmente no caso de crises das ciências, como aquela a que se assistiu no fim do século XIX, quando se falou de uma desaparição da matéria! O exemplo refere-se a textos do bioquímico Jacques Monod, nos quais Althusser depreende a presença contraditória de uma tendência materialista oriunda de sua prática científica e de uma tendência idealista oriunda de suas posições ideológicas.

Edição portuguesa: *Filosofia e filosofia espontânea dos cientistas*, Lisboa, Presença, 1976.
Estudo: L. Althusser, *Positions*, Messidor-Éditions Sociales, 1982.

FILOSOFIA E RELIGIÃO, *Philosophie und Religion*, 1804.

FRIEDRICH WILHELM JOSEPH VON SCHELLING, 1775-1854.

Dirigido contra Adolph C. A. Eschenmayer, esse ensaio responde ao problema da criação. Schelling recorre aos princípios platônicos para explicar a origem do mundo como uma queda das Idéias engendradas a partir do Absoluto. A liberdade está na possibilidade que têm essas Idéias de ser independentes.

Estudo: B. Gilson, apresentação do texto na edição francesa: *Philosophie et religion*, Vrin, 1988.

FILOSOFIA MATEMÁTICA, *Philosophie mathématique*, 1962.

JEAN CAVAILLÈS, 1903-1944.

Essa obra, publicada em 1962 pelos Amigos de Jean Cavaillès, é constituída na realidade por três estudos com uma finalidade comum: explicar a história da teoria dos conjuntos.

O primeiro estudo, *Observações sobre a formação da teoria abstrata dos conjuntos*, fora publicado em 1938 por Cavaillès: a preocupação histórica do autor é temperada por uma reflexão sobre a essência da matemática e de seu devir; através da história problemática do nascimento, do desenvolvimento e da crise da teoria dos conjuntos, o que Cavaillès nos propõe é um exemplo particularmente rico em "inflexões inesperadas do devir matemático".

Na seqüência desse primeiro trabalho, e como para ilustrá-lo, é publicada a correspondência trocada por Cantor e Dedekind entre 1872 e 1899, que Cavaillès traduziu com a matemática alemã Emmy Noether e que foi por ambos publicada em 1937.

Finalmente, o último estudo, *Transfinito e contínuo*, completa a história da teoria dos conjuntos comentando um teorema de Gödel de 1939.

Estudo: G. Ferrières, *Jean Cavaillès, un philosophe dans la guerre*, Le Seuil, 1982.

FILOSOFIA MORAL, *Philosophie morale*, 1961.

ÉRIC WEIL, 1904-1977.

Como nada existe que possa limitar a filosofia, e como, nesse sentido, ela é infinita, toda filosofia é obrigada a justificar-se. Para isso, exige de si mesma diferentes atitudes que expõem a todos, ao mesmo tempo que pressupõem certas condições lógicas, históricas e sociais. Desse modo é traçado o âmbito de uma reflexão moral que se quer diferente daquilo que pode ser produzido pela moral concreta, e que requer o universal como superação do particular histórico. Que objetivo é atribuído a essa reflexão moral? Em primeiro lugar, o de reencontrar a certeza perdida na cotidianidade da moral concreta, acima da qual essa reflexão se eleva.

É sobre essas bases que Éric Weil analisa o conceito de moral e o conteúdo da moral, interrogando-se ao mesmo tempo sobre a vida moral e sua relação com a filosofia enquanto tal.

Estudo: G. Kirscher, *Figures de la violence e de la modernité: essais sur la philosophie d'Éric Weil*, Presses Universitaires de Lille, 1992.

FILOSOFIA NA ALCOVA (A),

La philosophie dans le boudoir, 1795.
SADE (Donatien Alphonse François, marquês de), 1740-1814.

Esse texto é conhecido sobretudo pelo panfleto do quinto diálogo: "*Franceses, um esforço a mais e seremos republicanos*" (a Revolução mal terminara). Segundo Sade, um novo governo exige que a revolução se estenda à religião, às leis e aos costumes: "Meu objetivo é provar que devemos apressar-nos para mudar esses costumes se quisermos conservar o governo adotado." Sade obstina-se desde logo a demonstrar que "o teísmo não convém a um governo republicano". A existência de Deus é "uma quimera"; "é preciso ter perdido a razão para acreditar nisso". A religião natural não ajuda em nada a compreender a natureza: "Vossa quimera deífica esclarece alguma coisa? [...] E como quereis que eu admita, como causa daquilo que não compreendo, algo que compreendo menos ainda?" A crítica à religião revelada não recua diante de nenhuma blasfêmia: "Como o homem *fode*, quis que Deus *fodesse* também [...] Foi no regaço de uma puta judia, no meio de um curral de porcos, que se anunciou o Deus que vinha para salvar a terra!"

De que leis a república precisa? Sade observa de início que "na verdade só há o criminoso que a lei reprova; pois como a natureza nos dita tanto vícios quanto virtudes, em razão de nossa organização ou – mais filosoficamente ainda – em razão da necessidade que ela tem de ambos, o que nos é inspirado pela natureza se transformaria em medida muito incerta para determinar com precisão o que é bem e o que é mal". O autor aplica-se em seguida a destruir o antigo edifício moral, que repousava sobre a santa trindade dos deveres: para com Deus, para com o próximo e para consigo mesmo. Defende um arsenal jurídico reduzido ao mínimo. Não haveria como punir legitimamente a calúnia, o roubo, os delitos de libertinagem (prostituição, adultério, incesto, estupro, sodomia...) e o próprio assassinato. A legislação, ao contrário, teria o maior interesse em incentivá-los!

É de estarrecer o uso orgiástico (cabe aqui dizer) de raciocínios filosóficos mobilizados para se chegar a essas conclusões. No entanto, seria errôneo acreditar que o interesse de tais discursos hoje seja apenas pitoresco. Sade põe seu século diante de problemas e às vezes diante de temíveis contradições. Basta pensar no uso imoderado que os Iluministas fizeram da idéia de Natureza.

Edição brasileira: *A filosofia na alcova ou os preceptores imorais*, Salvador, Ágalma, 1995.
Estudo: J. Deprun, "Sade et le rationalisme des Lumières", in *Raison présente*, abril/junho de 1980.

FILOSOFIA NA IDADE MÉDIA (A),

La philosophie au Moyen Âge, 1922.
ETIENNE GILSON, 1884-1978.

Nessa obra didática, Gilson estuda a evolução da filosofia, desde os Padres da Igreja até o século XIV. Abrange os diferentes sistemas especulativos e os pensamentos místicos.

No entanto, a finalidade de Gilson não é unicamente histórica: a filosofia na Idade Média insere-se num contexto cultural e intelectual preciso, que deve ser levado em conta por quem quiser compreender as múltiplas correntes de pensamento da época. Por fim, Gilson propõe sua própria tese: a filosofia medieval começou no início de nossa era e não só na Idade Média propriamente dita. Constitui-se graças ao encontro da religião cristã com o pensamento helênico, e o objetivo que os Padres da Igreja têm em vista é conciliar fé e filosofia.

Independentemente do ponto de vista de Gilson, essa obra é ainda hoje vista como um trabalho magistral sobre a história da filosofia.

Edição brasileira: *A filosofia na Idade Média*, São Paulo, Martins Fontes, 1998.
Estudo: *Mélanges offerts à Étienne Gilson*, Vrin, 1959.

FILOSOFIA NA IDADE TRÁGICA DOS GREGOS (A), *Die Philosophie im tragischen Zeitalter der Griechen*, 1903.
FRIEDRICH WILHELM NIETZSCHE, 1844-1900.
Texto e fragmentos póstumos sobre os pré-socráticos.

Se "todos os sistemas filosóficos estão superados" é porque a filosofia não se deixa reduzir a conceitos, mas deve exprimir as vontades contraditórias e instintivas do homem: o conhecimento e a vida. O "gênio do povo grego" foi unir suas interrogações sobre a Natureza à sua maneira de abordar a vida. A origem do "espírito filosófico" descobre-se nos pré-socráticos e nos trágicos gregos: "Tudo o que aprendiam queriam logo viver." Comentando os textos de Tales, Heráclito ou Anaximandro, Nietzsche considera que todos exprimem a realidade do mundo, sua atividade intensa, seu eterno devir. Ao contrário, Platão constitui "o primeiro grande híbrido", pois reúne e sistematiza os pensamentos de seus predecessores; com ele começa a decadência da filosofia.

Escrita em 1873, essa obra desenvolve explicitamente os temas abordados em *Nascimento da tragédia** (1872). No entanto, o pensamento do autor já evoluiu, em especial com relação a Sócrates: considerado o tipo do herói em 1872, aqui não passa de "plebeu inculto", ainda que continue sendo "o último sábio"; em suas obras posteriores (*Crepúsculo dos ídolos**, 1889), Nietzsche o estigmatizará como o primeiro decadente da história da filosofia.

Edição brasileira: *A filosofia na idade trágica dos gregos*, Rio de Janeiro/Lisboa, Elfos/Edições 70, 1995.
Estudo: G. Deleuze, *Nietzsche et la philosophie*, P.U.F., 1988.

FILOSOFIA OCULTA (DA), *De occulta philosophia*, 1531-1533.
HEINRICH CORNELIUS AGRIPPA VON NETTESHEIM, 1486-1535.

"Filósofo" num tempo em que essa palavra significava em primeiro lugar "alquimista", Agrippa expõe nesse texto, que constitui sua obra maior, os elementos da alquimia. Esta se baseia na concepção monista de matéria animada por forças vivas.

Acusado de feitiçaria, Agrippa foi preso e processado.

Estudo: A. Frost, *Les sciences e les arts occultes ao XVIe siècle: Corneille Agrippa, sa vie e ses oeuvres*, De Graaf, 1965.

FILOSOFIA ZOOLÓGICA, *Philosophie zoologique*, 1809.
LAMARCK (Jean-Baptiste de Monet, cavaleiro de), 1744-1829.

Lamarck expõe aqui a primeira tentativa de elaboração de uma teoria sistemática de evolução dos organismos vivos. Imagina o aparecimento dos primeiros seres vivos (infusórios) por geração espontânea. Não devemos esquecer que, antes da apresentação das experiências de Pasteur, essa hipótese permitia prescindir da criação divina. A partir das formas primitivas, a vida desenvolve-se ganhando complexidade. Esse processo evolutivo, que impele o conjunto dos seres para um grau superior de perfeição, obedece a duas grandes causas.

Primeiramente, Lamarck admite uma tendência espontânea da matéria viva a evoluir em direção a uma perfeição maior. Em seguida, atribui certa influência às circunstâncias exteriores. O nexo entre esses dois tipos de causas é, aliás, contraditório, uma vez que as influências exteriores vêm perturbar a tendência espontânea da natureza à regularidade. A necessidade que os seres têm de adaptar-se a seu meio leva-os a adotar novos hábitos comportamentais. Esses hábitos determinam, por sua vez, modificações morfológicas, pois um órgão se desenvolve, se atrofia e até se desloca ou desaparece proporcionalmente ao uso que dele é feito. Vale citar o exemplo dos peixes achatados: "Seus hábitos de vida os obrigam a nadar sobre as faces achatadas [...]. Nessa situação, recebendo mais luz em cima do que embaixo, e precisando estar sempre atentos ao que está acima deles, um de seus olhos é forçado a sofrer um deslocamento e assumir uma situação muito singular, que todos conhecem: são os olhos dos linguados, dos rodovalhos etc." Naturalmente, esse conjunto de hipóteses supõe a hereditariedade dos caracteres adquiridos. Esta é experimentalmente mais desmentida que confirmada, e o transformismo científico hoje em dia não se baseia em nenhum esquema lamarckiano, mas na teoria darwiniana. Alguns biólogos encontram, porém, na *Filosofia zoológica* um interesse que não é exclusivamente histórico.

Estudo: *Lamarck et son temps, Lamarck et notre temps*, Actes du Colloque International de Chantilly, Vrin, 1982.

FÍSICA, Φυσικὰ ἢ Φυσικῆς ἀκροάσεως,
○ entre 335 e 332 a.C.
ARISTÓTELES, 384-322 a.C.

Nessa obra composta de oito livros, Aristóteles estuda a realidade natural. No primeiro livro, o autor define aquilo em que consiste a física e o seu objetivo: a física é o estudo dos *princípios* da natureza e das coisas. No ponto de partida, há três princípios: matéria, forma e privação. No que se refere à matéria, as coisas existem, são tangíveis e, ademais, estão em movimento. Assim, o objeto da física é o estudo da forma inserida na matéria.

O livro II expõe e analisa as diversas causas, que são quatro. Já encontramos a matéria e a forma; a essas duas primeiras causas acrescentam-se outras duas: a causa eficiente (causa primeira) e a causa final. Para ilustrar essa teoria, Aristóteles toma o exemplo da criação artística. O criador é a causa eficiente ou causa primeira; a forma, modelo que o criador tem em mente, é a segunda causa; a matéria, sem a qual a criação não pode existir, é a terceira; por fim, a causa final é o resultado: a criação potencial tornou-se real; passou da potência ao ato. Quatro causas ou etapas estão na origem de todas as mudanças físicas.

No livro III, Aristóteles aborda o tema do movimento. O movimento é a mudança, a evolução de um ser ou de uma coisa. Todos os seres que nascem crescem, pois toda criança ou filhote é um adulto potencial. O movimento resulta, pois, de uma tensão em direção ao estado ao qual se está destinado; trata-se, acima de tudo, de um processo dinâmico.

Na segunda parte do livro III e no livro IV Aristóteles parte do fato de que a transformação ocorre no espaço, e que está necessariamente ligada ao tempo e ao vazio; introduz assim a noção de infinito. O autor analisa, portanto, essas noções; define o tempo, o infinito espacial e o infinito temporal. O tempo é o *número* do movimento: é contínuo como ele, e um não pode ser dissociado do outro. O infinito é uma noção mais complexa: pode ser um espaço impossível de percorrer, um espaço sem limite ou um espaço privado de matéria; em todos os casos, se é, é em potência, e não em ato. Aristóteles afasta-se assim da concepção platônica segundo a qual o infinito é uma coisa em si.

Após essa digressão o autor volta ao movimento, nos livros V e VI. Só há movimento porque existem contrários, que, de algum modo, são pontos de partida e de chegada do movimento; haverá portanto tantos movimentos quantos contrários. Esses movimentos podem ser divididos em três gêneros: os primeiros são de ordem qualitativa; os segundos, de ordem quantitativa; os terceiros, de ordem local. Pelo movimento, vai-se da privação de uma quantidade à posse de outra; há transformação em bem ou em mal. De qualquer modo, benéfica ou não, essa alteração se produz necessariamente. Por outro lado, o autor constata que o movimento é divisível, e estuda essa divisibilidade.

Nos livros VII e VIII, Aristóteles prova a existência de um motor primeiro sem o qual o movimento e a dinâmica seriam impossíveis. Esse primeiro motor é imóvel, e um primeiro móbil depende dele. Esse primeiro motor, graças ao qual tudo se move de modo circular, é o princípio primeiro do movimento; é contínuo, eterno, infinito e perfeito. É uno e é pensamento puro: em uma palavra, é Deus.

A obra trata sobretudo da teoria dinâmica da transformação, da realidade potencial das coisas ou dos seres, da realização dessas coisas ou desses seres que, de abstratos, se tornam concretos e existem enfim: é a passagem da potência ao ato; as quatro causas do movimento natural (infinito, espaço, vazio e tempo) são tratadas pelo autor, assim como os diferentes elementos do universo.

A *Física* faz parte das obras científicas de Aristóteles. Tendo por objeto a realidade natural, situa-se entre o *Organon**, que a prenuncia, e a *Metafísica**, que trata da realidade primeira.

Estudo: L. Couloubaritsis, *L'avènement de la science physique: essai sur la physique d'Aristote*, Ousia, 1981.

FÍSICA E FILOSOFIA, Revolução na ciência moderna, *Physics and Philosophy, the Revolution in Modern Science*, 1958.

WERNER KARL HEISENBERG, 1901-1976.

Essa obra interessa ao filósofo pela exposição límpida do desenvolvimento histórico da teoria dos quanta (Planck, Einstein e o próprio Heisenberg, que minimiza, aliás, a importância de sua própria contribuição).

Física e filosofia tira ademais certas conclusões – mais em sentido positivista – a respeito das noções de matéria e de determinismo.

Edição brasileira: *Física e filosofia*, Brasília, UnB, 1987.

Estudo: L. de Broglie, *Les incertitudes d'Heisenberg e l'interprétation probabiliste de la mecanique ondulatoire*, Gauthier-Villars, 1982.

FONTES E SENTIDO DO COMUNISMO RUSSO, *Les sources et le sens du communisme russe*, 1939.

NIKOLAI ALEXANDROVITCH BERDIAEV (ou BERDIAEFF), 1874-1948.

Berdiaev distingue aqui três abordagens possíveis do fenômeno revolucionário: histórica ou objetiva, política ou polêmica, e religiosa ou apocalíptica. É este último ponto de vista que ele adota para definir o comunismo russo como "uma deformação da velha idéia messiânica russa". Na concepção absolutista (mas também mística e teocrática) do poder temporal na Rússia o autor vê elementos pré-marxistas, e, nos espíritos rígidos e intolerantes que constituíam a *intelligentsia* russa do século XIX, vê precursores dos bolcheviques. Para ele, a revolução exprime a antiga busca do reino da justiça, mas "concebida na atmosfera da guerra e da mais horrível decomposição".

Berdiaev propõe, portanto, uma análise totalmente original e interessante das relações do marxismo com o bolchevismo, que, sendo uma síntese de Ivã, o Terrível, com Marx, pouco deve de seu caráter totalitário a Marx, "que se abeberava em fontes humanistas".

Estudo: A. Klimov, *Nicolas Berdiaev ou la révolte contre l'objectivation*, col. "Philosophes de tous les temps", Seghers, 1967.

FORÇA E MATÉRIA, *Kraft und Stoff*, 1855.

LUDWIG BÜCHNER, 1824-1899.

O monismo dessa obra pode ser resumido na seguinte fórmula: "a força e a matéria são fundamentalmente a mesma coisa, considerada de dois pontos de vista diferentes". A matéria é eterna e incriada. O homem é um aspecto da natureza, e sua consciência é "um modo específico do movimento natural". O livro de Büchner teve grande sucesso e influenciou profundamente o desenvolvimento do materialismo.

Edição portuguesa: *Força e matéria*, Porto, Chardron, 1911.

Estudo: O. Bloch, *Le materialisme*, col. "Que sais-je?", P.U.F., 1985, cap. II, 4.

FORMAÇÃO DO CONCEITO DE REFLEXO NOS SÉCULOS XVII E XVIII, *La formation du concept de réflexe aux XVIIe et XVIIIe siècles*, 1955.

GEORGES CANGUILHEM, nascido em 1904.

Com a análise da história do movimento reflexo do século XVII ao XIX, Canguilhem contribui para a constituição de uma história recorrente das ciências na área da biologia, ou seja, de uma "história elucidada pela finalidade do presente", segundo expressão de Bachelard. De fato, nela se apresenta o exemplo de uma dessas inversões de conceito e de explicação de que a história da biologia, com lógica e não sem humor, é capaz, se não especialista: a descentralização das funções de coordenação sensório-motora, representada pela ação reflexa, é "mais bem" evidenciada e "explicada" por doutrinas biológicas e médicas de inspiração clínica e vital do que por condicionamentos de origem mecânica. Descartes ocultava Willis. Por trás de uma lógica de filiação linear e com homogeneidade de ajustamento oculta-se uma lógica de *adequação por distância*, sensível à busca de um sentido de verdade, ou seja, de um sentido de coerência lógica de um conceito com outros. Quando, no século XIX, o conceito de movimento involuntário adquiria valor de fundamento para uma fisiologia de tipo mecanicista, dissimulava-se que ele tinha raízes nos séculos XVII e XVIII, numa fisiologia e numa psicologia de inspiração contrária. São as condições de aparecimento e determinação de um conceito que definem a natureza do problema dele derivado, e não o inverso. Canguilhem extrai daí uma conclusão de ordem mais geral, concernente à história das ciências: a busca das continuidades, ainda que apareça como lógica, não tem validade científica *a priori*. Aquilo que é contemporâneo segundo a sociedade civil raramente o é em relação à comunidade científica; as divergências no interior de uma mesma geração de pesquisadores muitas vezes são mais instrutivas que as afinidades entre gerações diferentes.

Estudo: P. Macherey, "La philosophie de la science de Georges Canguilhem", in *La Pensée*, n.º 113, fevereiro de 1964.

FORMAÇÃO DO ESPÍRITO CIENTÍFICO, Contribuição a uma psicanálise do conhecimento objetivo, *Formation de l'esprit scientifique. Contribution à une psychanalyse de la connaissance objective*, 1938.

GASTON BACHELARD, 1884-1962.

O subtítulo é explícito: Bachelard quer dar sua "contribuição a uma psicanálise do conhecimento objetivo". Psicanálise significa aqui que a mente, para chegar à cientificidade, deve de início desprender-se de seu passado de imagens e de sua adesão espontânea ao imediato: o espírito científico é resultado de uma subtração, porquanto ele mesmo se desembaraça de suas adesões e de seus impulsos naturais. Correlativamente, a objetividade é afirmada como elemento de um processo de objetivação, e não como submissão a um objeto, que, ao contrário, ela começaria por negar.

Para ter acesso à ciência, a mente deve começar com uma *rejeição*, em cuja base ela conceberá um *projeto* do qual resultará o *objeto* científico. Este é residual. O sentido do vetor científico é pois: Rejeição-Projeto-Objeto. O progresso científico não segue a linha cumulativa da soma de conhecimentos, mas a linha redutiva da subtração de imagens e de preconceitos obstrutivos e indevidamente valorativos. As mentes que partem do objeto são desprovidas do sentido do problema, assim como quem acredita poder apoiar-se no real para atingir o racional está no reino da opinião, e não no da ciência.

A verdade científica não é um começo, é um resultado: ao fim de uma perspectiva de erros corrigidos, ela mostra, retrospectivamente, todo começo como uma ilusão. A ciência não é prolongamento do conhecimento comum: ela o contradiz. O real não deve ser confundido com o imediato: ele nunca é aquilo em que se poderia acreditar, mas é sempre aquilo em que se deveria ter pensado. É preciso de início destruir a opinião, que se situa na mente como um obstáculo epistemológico, para ter acesso às questões que esta se propõe a respeito do real: sem indagações, não há conhecimento científico: "Nada é óbvio. Nada é dado. Tudo é construído."

Essa noção de *obstáculo epistemológico* é importante. Designa tudo aquilo que, *na* mente, a impede de se colocar na perspectiva do pensamento, ou seja, da construção racional. Em sentido próprio, é um contrapensamento. A mente chega já velha à ciência, pois tem a idade de seus contrapensamentos. A mutação brusca que ela deve realizar para conhecer cientificamente é o que Bachelard chama de "ruptura epistemológica": é uma espécie de cesura especificamente ligada ao conhecimento, mas que não invalida em nada a idéia de continuidade, principalmente no campo da matemática, ainda que se tenha tornado superdeterminada, sobretudo em conseqüência das intervenções dos althusserianos; tem conseqüências simultâneas em vários campos: atividades de aplicação tecnológica e de ensino, que não são separáveis da atividade científica *stricto sensu*. Donde a idéia de que, para Bachelard, o que caracteriza o pensamento científico não é a abstração, porém, ao contrário, a sua realização no concreto, a produção de objetos técnicos, de "abstratos concretos", de fenômenos que são "fenomenotécnicos": todo instrumento científico é realização, encarnação de uma idéia ou de uma teoria.

Assim, superar os obstáculos epistemológicos, sempre recorrentes, é pôr a cultura científica em estado de mobilização permanente, substituir o saber fechado e estático por um conhecimento aberto e dinâmico. Entre a orgia de imagens que a observação oferece e a calma objetividade da experimentação, há descontinuidade, ruptura. Bachelard descreve certo número desses obstáculos: experiência primeira, generalidade, redução de uma explicação *apenas* à imagem (esponja), desejo de unidade e preocupação com a utilidade, substancialismo (interiorização de fenômenos em substâncias), realismo, animismo, mito da digestão associado ao princípio de identidade e ao sentimento de que "tudo se come", libido (apetite no decurso do tempo), quantidade. Depois de dedicar um capítulo à análise e à redução de cada tipo de obstáculo, Bachelard demonstra que a passagem do espírito filosófico para o espírito científico ocorre inteiramente sob o signo da *redução*. Ainda que tudo seja imaginável e mesmo concebível, nem tudo é possível na cultura científica, mas só aquilo cuja possibilidade foi demonstrada. Existe um direito, que é preciso reivindicar como científico, de negligenciar o que é negligenciável (direito que se encontra na base do cálculo diferencial, com a noção de limite). A retificação discursiva é o processo fundamental do conhecimento objetivo. E existem mais afinidades reais do que se pensa entre *retificar* e *eliminar*. Como explicar que a ciência tenha como objeto objetos que não são dados, mas apenas possíveis, ou seja, criados pela teoria, e que tenha, ao mesmo tempo, vocação para demonstrar que nem tudo é realmente possível? Quanto a isso, a matemática, que procede por construção de conceitos, e a química, que raciocina sobre corpos mais postulados que observados, são um exemplo do que é o movimento da ciência. É em parte à elucidação desse paradoxo, segundo o qual o artificial sustenta o natural, e o abstrato sustenta o concreto (em termos leibnizianos), que essa obra é dedicada.

Edição brasileira: *Formação do espírito científico*, Rio de Janeiro, Contraponto, 1996.
Estudo: D. Lecourf, *L'épistemologie historique de Gaston Bachelard*, Vrin, 1969.

FORMALISMO NA ÉTICA E A ÉTICA MATERIAL DOS VALORES (O):

Tentativa de fundamentar um personalismo ético, *Der Fomalismus in der Ethik und die materiale Wertethik: Versuch der Grundlegung eines ethischen Personalismus*, 1916.
MAX SCHELER, 1874-1928.

Esse texto pode ser considerado uma das obras maiores de Max Scheler, pois nela é anunciada uma tese original que questiona os fundamentos tradicionais da ética. Segundo Max Scheler, é preciso conceber a existência de valores objetivos, e não mais unicamente formais. Desse modo, ele se opõe à concepção kantiana da moral, que associa ao formalismo da lei moral o verdadeiro valor: para Kant, só conta a forma da regra de conduta pela qual a vontade é determinada. Scheler, que aplica à moral o método fenomenológico, sustenta que existe uma objetividade do valor fundamentada e apreendida pela emoção, e esse momento da apreensão constitui o verdadeiro *momento ético*.

Scheler abre assim novas perspectivas para a moral, ao afirmar que os valores podem ser objeto de uma intuição imediata que se nos ofereceria pela inesperada via da emoção.

Estudo: H. Buczynska-Garewicz, *La phénoménologie du sentiment de Max Scheler*, Wroclaw, 1975.

FORMAS ELEMENTARES DA VIDA RELIGIOSA (AS), *Les formes élémentaires de la vie religieuse*, 1912.

ÉMILE DURKHEIM, 1858-1917.

Embora Durkheim esteja convencido de que a religião tradicional deve desaparecer diante da ciência, nem por isso deixa de estar convencido da importância social das crenças coletivas. O que ele quer elucidar é a natureza e a forma dessa espécie de autoridade moral inerente a tudo o que é religioso, ao mesmo tempo em que se aplica a mostrar que nossas categorias mentais, das mais simples às mais complexas, são de origem religiosa.

Para esse estudo, opta por examinar aquela que, segundo ele, seria a religião mais simples (o sistema totêmico australiano), com o objetivo de compreender a gênese das categorias fundamentais do pensamento e a natureza da autoridade. A religião é considerada como um fenômeno social universal que não se define pela crença numa transcendência, mas pela oposição entre *sagrado* e *profano*. O totemismo vê no totem uma força impessoal e anônima, exterior ao indivíduo e cujos símbolos são considerados sagrados. Essa força é a única que supera os indivíduos, mas na verdade é a própria sociedade que assim exprime, indiretamente, seu domínio sobre eles.

Edição brasileira: *As formas elementares da vida religiosa*, São Paulo, Martins Fontes, 1996.
Estudo: J. A. Prades, *Persistance et métaphore du sacré: actualiser Durkheim*, col. "Sociologie d'aujourd'hui", P.U.F., 1987.

FRAGMENTOS.

ANAXÁGORAS DE CLAZÔMENA, c. 500-c. 428 a.C.

De Anaxágoras restaram cerca de vinte fragmentos que versam sobre questões físicas e metafísicas. O autor procura conciliar o eleatismo com a pluralidade e o movimento. O devir não é absoluto, mas supõe uma pluralidade de substâncias primitivas determinadas, divisíveis infinitamente (assim, tudo está em tudo). Anaxágoras não aceita o vazio. Para organizar um mundo composto dessas substâncias primeiras, é preciso um espírito, νοῦς (*nous*), que as estruture e anime, mas que não é uma providência, no sentido estóico. Portanto, a única explicação é mecanicista, excluindo-se qualquer finalidade, o que decepcionará

Sócrates no pensamento de Anaxágoras (ver *Fédon**, 97b). Em compensação, Hegel – sempre à cata de precursores – verá no *nous* de Anaxágoras uma prefiguração da idéia de racionalidade do real.

Edição brasileira: *Pré-socráticos*, José C. de Souza (sel.), São Paulo, Nova Cultural, 1989 (Os pensadores).

Estudo: J.-P. Dumont, apresentação dedicada a Anaxágoras na edição francesa: *Les présocratiques*, Bibliothèque de la Pléiade, Gallimard, 1988.

FRAGMENTOS.

DEMÓCRITO DE ABDERA, c. 460-c. 370 a.C.

A figura de Demócrito, que mal se distingue da de Leucipo, situa-se no primeiro plano dos pensadores "pré-socráticos". Restaram-nos pouquíssimos fragmentos (sobre física, ética e educação) de uma obra que provavelmente foi imensa; no entanto, como sua doxografia é abundante, podemos ter uma idéia relativamente precisa de seu pensamento.

Assim como outros filósofos pré-socráticos (Anaxágoras), Demócrito busca a conciliação entre a filosofia eleática (Parmênides), que recusa o movimento, e a realidade empírica deste último. A resposta é o *atomismo*, pensamento físico e cosmológico extremamente forte e coerente que, com Epicuro e Lucrécio, teve um futuro fecundo. De Parmênides, Demócrito fica com a negação intransigente da criação *ex nihilo*: nada vem do nada, nada se perde. Os *átomos*, fisicamente indivisíveis e indestrutíveis, são todos compostos da mesma matéria, mas diferem na forma, na grandeza, na ordem e na posição recíprocas. Em número infinito, deslocam-se num vazio eterno. Um tal vazio deve existir, sem o qual o movimento seria impossível. Assim se formam os corpos e os mundos, agregados perecíveis de átomos turbilhonantes. Esses mundos devem ser distinguidos do universo, que é a totalidade que os engloba, eterno como os átomos e o vazio de que é composto. Esse princípio explicativo também se aplica aos fenômenos orgânicos e psíquicos; em nenhum momento o autor estabelece fronteiras nítidas na natureza; ao contrário, ele professa um continuísmo que será adotado pelo materialismo durante muito tempo depois dele (mesmo nas formas não atomistas).

A própria alma não foge aos princípios materialistas da explicação atomista: o pensamento é um movimento corpóreo em sua realidade. A sensação é contato, e todos os sentidos provêm em última análise do tato, mesmo os que possibilitam percepção a distância, como a visão e a audição. Imagina-se que uma explicação mecanicista como essa exclua radicalmente qualquer espécie de finalismo ou de princípio providencial. E se Demócrito imagina uma substância mais perfeita e mais sutil, o divino, difundida por todo o universo, esta não remete a um Deus pessoal. Em compensação, encontra-se no autor um pensamento sobre a religião. O atomismo propõe uma explicação "científica" universal das coisas. Mas cumpre explicar racionalmente as crenças humanas, e Demócrito propõe explicações bastante sutis, que interpretam as representações religiosas em termos de *simulacros*.

Embora, com Epicuro e Lucrécio, o atomismo de Demócrito tenha adquirido desdobramentos morais, não parece que o próprio Demócrito estivesse muito preocupado em pensar a ética em relação à física. Além do fato de ter sido contestada a autenticidade dos fragmentos concernentes à ética, seus preceitos morais não se organizam num sistema coerente. Ademais, parecem veicular com grande freqüência um conformismo chão. É certo que podem ser encontradas, em certas máximas, inspirações amplamente desenvolvidas pelo atomismo helenístico (por exemplo, o cálculo dos prazeres), mas seria inútil procurar aqui a antecipação dos grandes pensamentos morais de Epicuro e Lucrécio. O parentesco mais claro com esses ilustres descendentes talvez esteja na recusa de fundamentar a moral humana em qualquer transcendência. Na verdade, Demócrito se insere no grande movimento naturalista "físico" do pensamento pré-socrático. Nas questões que coloca, está muito próximo das investigações dos milésios.

Não se pode negar a importância de Demócrito no desenvolvimento ulterior do pensamento filosófico. Dizem que Platão, que o considerava um perigoso materialista, teria desejado que todas as suas obras fossem queimadas! O atomismo materialista estava assim fadado a longa perseguição, por parte de sistemas filosóficos ideologicamente mais poderosos. Porém é certo que, mais que o próprio Demócrito, foram Epicuro e Lucrécio que assumiram o desenvolvimento da doutrina e sua transmissão para a posteridade.

Edição brasileira: *Pré-socráticos*, São Paulo, Nova Cultural, 1989 (Os pensadores).

Estudo: J.-P. Dumont, apresentação dedicada a Demócrito na edição francesa: *Les présocratiques*, Bibliothèque de la Pléiade, Gallimard, 1988.

FRAGMENTOS.

DIÓGENES, O CÍNICO, c. 413-c. 327 a.C.
Fragmentos coligidos por Diógenes Laércio e Díon de Prusa.

Pelo que se sabe, o cinismo de Diógenes consistiu mais numa conduta prática – ironia, provocações – que em especulações teóricas. Seus ditos agudos ("Sai do meu sol" – teria ele respondido a Alexandre, que lhe perguntara o que queria) contam tanto quanto os fragmentos que lhe são atribuídos. Segundo Diógenes, a libertação, obra individual, passa pelo uso voluntarista da razão. No domínio da existência prática, ele preconiza um ascetismo anti-hedonista.

Estudo: M. Onfray, *Cynismes, portrait du philosophe en chien*, col. "Figures", Grasset, 1990.

FRAGMENTOS.

EMPÉDOCLES DE AGRIGENTO, c. 490-c. 435 a.C.

Chegaram até nós cerca de 450 versos dos dois poemas de Empédocles: *Da natureza* (Περὶ φύσεως) e *As purificações* (Καθαρμοί). *Da natureza*, poema fortemente imagético, apresenta-se como uma revelação, de caráter quase esotérico, sobre a origem de todas as coisas. Estas têm "quatro raízes" (Schopenhauer se lembraria disso? Não é impossível, tal foi a fascinação exercida por Empédocles até a época contemporânea). O termo "raiz" é de origem nitidamente pitagórica; para Pitágoras, os números eram as raízes de todas as coisas. Em Empédocles, essas raízes são os quatro elementos, que já estão presentes no pensamento "físico" pré-socrático e serão retomados por Aristóteles: fogo, ar, água, terra. Embora nada seja indubitável nesse campo, parece que Empédocles inventou essa teoria dos quatro elementos, que será muito utilizada pelo pensamento antigo (e ulterior). Nada é realmente criado, mas composto – como um quadro com cores – a partir desses quatro elementos, que também são incriados. Portanto, nascimento e morte não passam de ilusões puramente humanas. Ao contrário do que é admitido pelo atomismo de Leucipo e Demócrito, não há vazio.

A composição e a decomposição dos corpos não ocorrem aleatoriamente. Assim como Anaxágoras (com o *nous*), Empédocles admite um princípio de ordem na natureza. Mas esse princípio não é de natureza espiritual, mas sim o conflito entre Amor e Ódio, respectivamente poderes de união e de divisão. Nessa luta, Amor e Ódio predominam alternadamente, animando todas as coisas com o movimento indefinido de seu conflito. A sexualidade é um exemplo típico dessa guerra, marcada pela predominância do Ódio, sucedendo a um estado de androginia.

Como é muito freqüente nos sistemas de pensamento pré-socráticos, temos aí uma resposta às dificuldades teóricas nascidas do eleatismo: como conciliar a impossibilidade teórica do movimento com sua evidência empírica? Empédocles nega categoricamente o imobilismo absoluto dos eleatas, considerando-o contrário ao que mostra a experiência. Dono de um espírito científico indagador e confiante na força do saber, ele se recusa a considerar que o sensível seja enganador. O Amor e o Ódio explicam assim a conciliação entre o Um e o Múltiplo.

O autor constrói a partir desses elementos uma cosmogonia complexa, feita de metamorfoses, pois a metamorfose, cujo reverso é a morte, é a realidade última de todas as coisas. Uma fisiologia muito detalhada prolonga os aspectos puramente físicos da doutrina. Assim como Anaxágoras e os atomistas (Leucipo, Demócrito), Empédocles exclui a causalidade final. Seu mecanicismo é rigoroso. Pode-se até falar em materialismo; aliás, os atomistas partidários de Demócrito de Abdera devotavam grande admiração a Empédocles.

A concepção que Empédocles tem do mundo e das coisas é, como vimos, de inspiração nitidamente pitagórica. Essa influência (na qual também se distinguem vestígios de orfismo) é identificada no segundo poema seu. *As purificações* (ou *Catharmes*) constituem um poema escatológico sobre a metempsicose, ou transmigração das almas, apresentada como maldição para o homem, que é culpado pelo mal. Empédocles afirma ter passado por essas transformações e delas se lembrar (Pitágoras dizia a mesma coisa). A vida humana apresenta-se, assim, como um exílio doloroso.

O pensamento de Empédocles teve grande difusão no pensamento ocidental. Ao que parece, menos pela importância filosófica de sua influência na história das doutrinas do que em razão da fascinação eterna exercida pelos temas de seu pensamento: cosmogonia, confronto entre amor e ódio, significado existencial de suas exposições sobre a metempsicose. Empédocles despertou o interesse de filósofos como Nietzsche, mas também de pensadores como Freud, ou de poetas românticos (Hölderlin). O estilo dos *Fragmentos*, vigoroso e às vezes enigmático, aliado à personalidade misteriosa do autor, contribuiu muito para aumentar sua notoriedade.

Edição brasileira: *Pré-socráticos*, São Paulo, Nova Cultural, 1989 (Os pensadores).

Estudo: J.-P. Dumont, apresentação dedicada a Empédocles na edição *Les présocratiques*, Bibliotèque de la Pléiade, Gallimard, 198.

FRAGMENTOS.

HERÁCLITO DE ÉFESO, c. 567-c. 480 a.C.

Trata-se de fragmentos esparsos – pouco mais de cem – de um *Da natureza* (Περὶ φύσεως). Transmitidos por tradição oral, para nós mal chegam a constituir um "texto", no sentido próprio do termo. Constituídos – mais que reconstituídos – com a ajuda da história, da filologia e da crítica semântica, compõem mais o texto de um enigma do que uma base sólida para o conhecimento de um autor. Já alcunhado de "o obscuro" pelos doxógrafos da Antiguidade, Heráclito será objeto de leituras recorrentes durante séculos. Para citar apenas um exemplo desse tipo de dificuldade, podemos falar da incerteza que paira sobre o sentido dado por Heráclito à palavra *logos* (λόγος). Mesmo o estilo do autor, reputado brilhante e imagético, deve ser considerado com prudência pelo leitor.

Panta rheï (Πάντα ῥεῖ), "tudo flui", "Nunca nos banhamos duas vezes no mesmo rio", são as fórmulas com as quais muitas vezes se acredita resumir o pensamento de Heráclito de Éfeso. A imagem do rio serve aqui para exprimir a oposição clássica entre o uno e o múltiplo, o mesmo e outro. O rio, com seu fluir, mostra a cada instante a imagem da permanência e da mudança; é o *mesmo* rio, e ao mesmo tempo torna-se *outro*. Hegel, percorrendo as montanhas de Valais, se lembrará de Heráclito; contemplando as cascatas, em seu movimento imóvel, vai opô-las às montanhas, imagens de morte que só inspiram o pensamento: "assim é" (*Diário de viagem aos Alpes berneses*, 1907).

O pensamento físico e cosmogônico de Heráclito é de inspiração milésia; essa influência é observada especialmente na explicação dos fenômenos astronômicos e meteorológicos. Traduz-se também por uma preocupação "naturalista" evidente: não se recorre a nenhuma divindade para explicar os fenômenos naturais. Mas enquanto Tales, por exemplo, atribuía preeminência à água, Heráclito faz do fogo, natureza sutil e o menos corpórea possível, o princípio último de todas as coisas. Essa substância ígnea primordial é garantia da unidade do real, capital para Heráclito. É também força e vida (e não só meio, receptáculo, como a água de Tales). Ocorre uma troca perpétua de matéria entre os corpos celestes e terrestres, e com essa troca se explica a formação dos seres que compõem o mundo. Mas cada coisa evolui invariavelmente para seu contrário, e *a oposição dos contrários*, condição do devir, é uma lei universal na natureza.

Está aí um tema fundamental de Heráclito, que terá enorme repercussão: o conflito – a guerra (πόλεμος, *polemos*) – é pai de todas as coisas e até mesmo princípio de harmonia: só há equilíbrio como resultado da tensão entre forças que se compensam, no espaço ou no tempo. O fim da discórdia significaria a morte do universo. Mas é uma discórdia regulada pela justiça (δίκη, *dike*). Não se pode dizer que essas concepções gerais tenham grande fecundidade em termos de progresso do conhecimento positivo: a cosmologia de Heráclito mal consegue desvencilhar-se da mitologia.

O pensamento de Heráclito, embora transmitido nas condições excessivamente desfavoráveis de que falamos, terá grande repercussão, mesmo em épocas recentes. Não é difícil perceber ecos de temas seus no pensamento antigo, no fogo-*logos* dos estóicos por exemplo. Mesmo não se podendo ter certeza de que a idéia do eterno retorno da conflagração universal seja mais justamente estóica que originalmente heraclitiana. Mais próximo de nós, uma tradição "dialética" (hegeliana e marxista) acreditou reconhecer, na idéia da luta fecunda dos contrários, a prefiguração das teorias modernas da contradição.

A riqueza e a diversidade dessas interpretações – dessas recuperações? – bastam para mostrar que Heráclito continua merecendo a alcunha de "obscuro", que a tradição lhe atribuiu.

Edição brasileira: *Pré-socráticos*, São Paulo, Nova Cultural, 1989, (Os pensadores).

Estudo: J.-P. Dumont, apresentação dedicada a Heráclito na edição francesa: *Les présocratiques*, Bibliothèque de la Pléiade, Gallimard, 1988.

FRAGMENTOS.

MILÉSIOS (Tales, Anaximandro, Anaxímenes, ditos Os), séculos VII-VI a.C.

Não há obras: nada de autêntico nos chegou dos três pensadores de Mileto; só os conhecemos pela doxografia, que sempre deve ser vista com cautela.

Mileto foi o berço daquilo que se costuma chamar de "milagre grego". Desde sempre os historiadores discutiram as causas do fenômeno. Devemos satisfazer-nos em observar que Tales, Anaximandro e Anaximenes viveram numa cidade situada no centro de inumeráveis influências culturais muito diferenciadas.

Aqui, interessa-nos mais estudar o que há de comum entre os três grandes milésios do que repartir devidamente o que deve ser atribuído a cada um deles. O que parece nascer, nos séculos VII e VI, nas costas da Ásia Menor, é a vontade de fugir à explicação mítica dos fenômenos naturais. Pois o objeto dos milésios é a natureza (φύσις, *physis*), motivo pelo qual são chamados de "físicos" (sem que sua atuação possa ser seriamente comparada à de nossos "pesquisadores" contemporâneos). A explicação tentou evitar qualquer imagem antropomórfica; não é mais uma *genealogia* que, como ocorria nas narrativas da antiga mitologia, descreve os nascimentos sucessivos a partir de seres sobrenaturais. É certo que as influências míticas são ainda legíveis – o *apeiron* de Anaximandro, por exemplo, assemelha-se muito ao caos das cosmogonias míticas –, e a expressão poética pode parecer pouco apropriada à transmissão de uma mensagem racional. Mas o que se evidencia é uma ordem racional da natureza em que atuam forças, e não mais vontades.

Tales (c. 625-c. 545 a.C.), personagem lendária – embora sua existência histórica seja indubitável –, provavelmente nada escreveu. Era considerado tanto um "sábio" (um dos "sete sábios" da Grécia), com a conotação moral que esse termo supõe, quanto um "sapiente". Infelizmente, a lenda é mais rica em anedotas sobre sua vida do que em informações sobre seu pensamento. Seus talentos em matemática e astronomia (é-lhe atribuída a previsão de um eclipse) provavelmente foram exagerados. Ele parece, porém, ter proposto uma explicação unitária para os fenômenos naturais, a partir de um princípio universal de engendramento: a *água* (melhor seria dizer: a umidade, para marcar o valor de princípio universal da noção). Vida e força de vida, a água é origem e destinação de todas as coisas. Portanto, tudo é vivo. É nesse sentido – mais que como profissão de fé religiosa – que se deve entender sua afirmação: "Tudo está cheio de deuses."

Assim como Tales, Anaximandro (c. 610-c. 546 a.C.) procura conhecer a origem única de todas as coisas. Mas recusa-se a atribuir essa origem a um elemento único, escolhido entre os observáveis, no mundo sensível. O princípio sintético de todos os seres sensíveis não é sensível. É o *apeiron* (ἄπειρον), o indeterminado, massa matricial do universo, que se forma em seu seio mais ou menos como o embrião que se desenvolve diferenciando-se progressivamente. A concepção de Anaximandro, portanto, é mais "evolucionista": ele admite uma transformação das espécies, a conquista do meio terrestre pelos animais aquáticos e a origem animal do homem. Essa evolução diz respeito mesmo ao cosmo em sua totalidade, pois Anaximandro admite uma sucessão de ciclos pelos quais o universo morre e renasce indefinidamente.

Discípulo de Anaximandro, Anaximenes (c. 586-c. 526 a.C.) aprofunda e amplia as intuições de Tales. Assim como o segundo milésio, ele concebe a origem de todas as coisas como indeterminada, mas volta à idéia de Tales: situar esse princípio no mundo da experiência. Para distinguir a essência desse princípio universal de vida, Anaximenes forja uma analogia que terá longa carreira: a vida é respiração, sopro. O ar será, pois, essa força universal que anima todas as coisas. Rarefação e condensação explicarão os fenômenos observados. Em todas essas explicações, Anaximenes parece ter demonstrado certa preocupação com a fidelidade à experiência.

Não é possível, e talvez nem sequer útil, reconstruir com fidelidade a doutrina desses iniciadores do espírito científico e filosófico; simplesmente porque, naquela época, as noções mesmas de doutrina ou de sistema filosófico provavelmente estavam longe de possuir a consistência que têm hoje. Isso não impede que esses pensadores exerçam uma influência indiscutível (pense-se em Nietzsche e Heidegger), que é enriquecida, se assim se pode dizer, pela parcela de mistério que decorre inevitavelmente da raridade das fontes sobre eles.

Estudo: J.-P. Dumont, apresentação dedicada aos milésios na edição *Les présocratiques*, Bibliothèque de la Pléiade, Gallimard, 1988.

FRAGMENTOS.

PROTÁGORAS DE ABDERA, c. 485-c. 411 a.C.

Os fragmentos da abundante obra de Protágoras reduzem-se a pouca coisa, mas Platão é uma fonte bastante rica de informações.

Primeiro dos "sofistas", Protágoras professa um relativismo sem ceticismo, o que Eugène Dupréel chamava – não sem algum anacronismo – de "convencionalismo sociológico".

"O homem é a medida de todas as coisas." Levar essa fórmula a sério é aplicá-la a ela mesma e observar que seu sentido não poderia ser absolutamente determinado fora de interpretações subjetivas. Platão segue a pista dessa contradição interna para refutar o relativismo de Protágoras, mostrando que, em sendo verdadeira a fórmula, então também se tem o direito de dizer que ela é falsa. "O homem é a medida de todas as coisas": isso significa que nada há que não seja pelo homem, ou seja, que tudo é artificial ou, se preferirmos, convencional. Não há valores em si, mas apenas por decisão humana, social. Não há universalidade, mas apenas comunidades.

Protágoras enfrentou problemas por ter escrito certo livro *Sobre os Deuses*. Condenado à morte, fugiu para a Sicília e morreu num naufrágio. No entanto, seus fragmentos não parecem professar diretamente um ateísmo radical, porém mais um agnosticismo: "Sobre os Deuses nada posso dizer, nem que existem nem que não existem." Nisso havia, pelo menos em germe, a negação *a priori* de qualquer referência a uma transcendência capaz de fundamentar valores. O agnosticismo teórico de Protágoras equivale, na prática, a um ateísmo.

É preciso dizer algumas palavras sobre o famoso "Mito de Protágoras", relatado por Platão no diálogo que tem o mesmo nome. Nele se descreve o homem como um pobre animal nu, lançado no mundo sem ter o direito ao menor favorecimento por parte da natureza. Essa antropologia redunda numa apologia à organização social, à técnica e ao meio de sua transmissão: a educação – únicas armas de que o homem dispõe nessa luta desigual contra a natureza. Assim se fundamenta a tarefa que o sofista se atribui: educar os homens em conformidade com as convenções criadas pela sociedade na qual eles vivem.

Edição brasileira: *Pré-socráticos*, São Paulo, Nova Cultural, 1989 (Os pensadores).

Estudo: J.-P. Dumont, apresentação dedicada a Protágoras na edição *Les présocratiques*, Bibliothèque de la Pléiade, Gallimard, 1988.

FRAGMENTOS.

ZENÃO DE CÍCIO, c. 335-c. 264 a.C.

Nos *Fragmentos* dos antigos estóicos, setenta páginas são dedicadas a Zenão de Cício, fundador do estoicismo. Nelas são compilados fragmentos referentes à sua vida (devidos, principalmente, a Diógenes Laércio) e fragmentos de obras em grego (cerca de cinqüenta) reclassificadas segundo a divisão tradicional em Lógica, Física e Ética (citações de Cícero, Plutarco etc.).

O mundo é um organismo nascido do fogo primitivo (λόγος, *logos*), a partir do qual têm origem o ar, a água e a terra. Num processo de renovação, o fogo criador assimila os elementos até o abrasamento final (ἐκπύρωσις, *ekpyrosis*). Depois de quatro milhões de anos (o Grande Ano), o ciclo recomeça. A alma universal é incorruptível; é dela que procede a alma humana corruptível (composta de ar e fogo). O homem, para ser sábio, deve viver em conformidade com a natureza e a razão (que são uma coisa só), portanto libertar-se das paixões (*apatia*), ser senhor de si mesmo (*ataraxia*). Vivendo em conformidade com a natureza, o homem atinge a felicidade no reencontro da unidade.

Edição brasileira: *Pré-socráticos*, São Paulo, Nova Cultural, 1989 (Os pensadores).

Estudo: A. Jagu, *Zénon de Citium: son rôle dans l'établissement de la morale stoïcienne*, Vrin, 1946.

FRAGMENTOS.

ZENÃO DE ELÉIA, século V a.C.

Os fragmentos de um tratado de Zenão, *Da natureza*, citados por Simplício não bastam para confirmar a contribuição do filósofo do modo como foi transmitida pela tradição. O testemunho de Aristóteles, que nos dá a conhecer os famosos paradoxos, nesse aspecto é decisivo, não sendo, aliás, sempre fácil distingui-lo daquilo que deve ser realmente atribuído a Zenão. São conhecidos os argumentos da flecha, de Aquiles, do estádio... Para defender Parmênides dos ataques de que era alvo e refutar o descontinuísmo pitagórico, Zenão de Eléia reflete sobre o infinito, ou o ilimitado: tal é o um, divisível infinitamente; pode-se de fato dividi-lo indefinidamente em dois (dicotomia). Mas a divisibilidade do um implica a existência dos termos da divisão, que por sua vez são indivisíveis (átomos). Isso significava abrir a perspectiva para novas soluções das dificuldades do pensamento eleático, soluções exploradas pelos abderitanos. Por fim, cumpre notar que se atribui a Zenão a invenção da dialética, arte de refutar um interlocutor partindo de suas próprias premissas.

Edição brasileira: *Pré-socráticos*, São Paulo, Nova Cultural, 1989 (Os pensadores).

Estudo: M. Caveing, *Zénon de Elée, prolégomènes aux doctrines do continu*, CNRS, Vrin, 1982.

FRAGMENTOS FILOSÓFICOS,

Fragments philosophiques, 1826.
VICTOR COUSIN, 1792-1867.

Essa obra mostra a fusão das diversas influências sofridas por Victor Cousin. Embora pouco conhecida, ela representa o essencial de sua doutrina filosófica (mais que seu curso sobre a verdade, o belo e o bem, tantas vezes citado). Na segunda edição (1833), o autor homenageia Pierre Laromiguière e Maine de Biran.

Estudo: J. Lefranc, *Diccionaire des philosophes*, P.U.F., 1984.

FUNÇÃO DA RAZÃO (A), *The Function of Reason*, 1929.

ALFRED NORTH WHITEHEAD, 1861-1947.

Segundo Whitehead, há duas direções da razão: a especulação e a ação; essas duas direções são simbolizadas pelas figuras gregas de Platão e Ulisses. Se a função essencial da razão é de ordem biológica, ou seja, adaptação ao mundo ("a função da razão é a arte de viver"), é preciso inquirir sobre a natureza da vida. Para Whitehead, a teoria darwiniana da seleção dos mais aptos é uma tautologia. Isto porque a vida se manifesta essencialmente pela diferenciação, em oposição a três tipos de repetições: o que ele chama de "via sem saída", ou movimento para a entropia, a "transição efêmera", que é a lei da hereditariedade, substituição do velho pelo jovem idêntico, e enfim "ritmo", em que repetição e diferença se unem, e a diferença é objeto de repetição; o interesse do ritmo é que ele admite todas as variações possíveis segundo um processo recursivo: ciclos de ciclos etc. É nesse movimento para a diferenciação, que define a vida, que emergem a inteligência e a razão como especulação desinteressada. De tal modo que "a fadiga é a antítese da razão".

A história nasce com o advento da razão desinteressada: a razão especulativa é o sol que se ergue na Grécia.

Edição brasileira: *Função da razão: pensamento científico*, Brasília, UnB, 1985.

Estudo: E. Laszlo, *La métaphysique de Whitehead: recherches sur les prolongements anthropologiques*, Haia, Nijhoff, 1970.

FUNÇÕES MENTAIS NAS SOCIEDADES INFERIORES,

Les fonctions mentales dans les sociétés inférieures, 1910.
LUCIEN LÉVY-BRUHL, 1857-1939.

Lévy-Bruhl redigiu esse texto para enunciar e demonstrar uma tese que romperia com os pressupostos da sociologia contemporânea, a saber, a radical heterogeneidade entre as mentalidades primitiva e moderna. A mentalidade primitiva não passa de estágio inferior da mentalidade moderna; é outro tipo de pensamento que, em lugar dos fundamentos lógicos de nossa reflexão, utiliza potências irracionais e mágicas, sendo a característica comum desses pensamentos primitivos a importância considerável atribuída aos mitos coletivos.

Estudo: J. Cazeneuve, *Lucien Lévy-Bruhl, sa vie, son oeuvre, avec un exposé de sa philosophie*, P.U.F., 1963.

FUNDAMENTAÇÃO DA METAFÍSICA DOS COSTUMES,

Grundlegung zur Metaphysik der Sitten, 1785.
EMMANUEL KANT, 1724-1804.

Essa é a primeira obra especificamente dedicada por Kant à moral. Nesse domínio, não constitui um primeiro "ensaio" que seria aperfeiçoado por *Crítica da razão prática** e *Metafísica dos costumes* (1796-1797), mas o alicerce sobre o qual se ergue o resto do edifício. Também não é separável do restante do criticismo.

O prefácio expõe a posição que deve ser ocupada pela moral na filosofia; Kant justifica sua iniciativa com considerações teóricas e imperativos éticos.

A primeira seção realiza a "Passagem do conhecimento racional comum da moralidade ao conhecimento filosófico". Kant parte da moralidade tal qual existe, para deduzir suas características abstratas. E, para começar, que apenas a *boa vontade* fundamente o valor moral de uma ação. Uma vontade boa é uma vontade isenta de determinações sensíveis, uma vontade desinteressada. Agir moralmente é agir *por* dever, o que não tem o mesmo valor de agir *conforme* ao dever; por exemplo, posso pagar minhas dívidas para ter mais crédito, ou evitar mentir para que sempre acreditem em mim; mas nesses dois casos, não ajo moralmente. O dever é a necessidade de realizar uma ação unicamente por respeito à lei moral.

Mas em que consiste a lei? Em outros termos: que devo querer? Nada além dela mesma, ou seja, sua forma, que é a universalidade. A pergunta que o sujeito moral faz é: Posso desejar que minha regra de conduta se torne lei universal? Nisso nada há que suponha um grau elevado de ciência; como dizia Rousseau: "Podemos ser homens sem sermos doutos."

A segunda seção realiza a "Passagem da filosofia moral popular para a metafísica dos costumes". A lei moral impõe-se de maneira absoluta, e nada permite dizer que uma só ação tenha sido realizada exclusivamente por dever. A lei, portanto, não tem outro fundamento senão a razão, e Kant se insurge veementemente contra a idéia de fundamentá-la em exemplos. Ao contrário, são os exemplos que extraem valor da lei. A metafísica dos costumes é distinta da antropologia.

A lei só nos pode ser representada na forma de imperativo. Imperativo categórico, pois ordena incondicionalmente. A questão de saber como um imperativo categórico – sintético *a priori* – é possível será objeto da *Crítica da razão prática*. Por ora, só podem ser propostas algumas fórmulas, que são bem conhecidas:

"Age unicamente segundo uma regra de conduta que possas querer transformar em lei universal."

"Age como se a tua regra de conduta devesse ser erigida por tua vontade em lei universal da natureza."

"Age de tal sorte que trates a humanidade, tanto em tua pessoa quanto na de outrem, sempre como fim, e jamais apenas como meio."

O *reino dos fins*, que une os seres racionais sob uma legislação comum, é a verdadeira comunidade humana. A *pessoa* tem um valor e uma dignidade, e não apenas um preço, como as coisas materiais. Kant acrescenta aí um estudo das morais errôneas, baseadas na heteronomia da vontade (morais do prazer e da felicidade).

A terceira seção realiza a "Passagem da metafísica dos costumes para a crítica da razão pura prática". A liberdade é a chave de abóbada de todo o sistema. Ela consiste na ausência de determinações coercitivas estranhas, mas não na ausência de lei. Kant retoma aqui a lição dada por Rousseau em

*O contrato social**: "A obediência à lei que nos prescrevemos é liberdade." Para fundamentar a possibilidade da liberdade, Kant retoma, em nível popularizado, a distinção crítica entre fenômenos e númenos. Se a liberdade não é compatível com a ordem da natureza, é pelo menos possível na ordem numênica. A moral não prova liberdade, mas exige-a, e a *Crítica da razão pura** deixava aberta essa possibilidade. O homem pode assim conceber-se sob dois pontos de vista: como ser natural sensível, submetido ao determinismo, e como ser inteligível, livre.

Numa nota da *Crítica da razão prática*, Kant justifica-se contra a acusação de nada haver introduzido de novo na moralidade ao escrever a *Fundamentação da metafísica dos costumes*. Aceita perfeitamente essa acusação: só fez retomar a moral comum. Mas ressalta o interesse que pode haver em pensar essa moralidade e em formulá-la em toda a sua pureza.

Edição portuguesa: *Fundamentação da metafísica dos costumes*, Lisboa, Edições 70, 1964.
Estudos: F. Alquié, *La morale de Kant*, Centre de Documentation Universitaire, 1974. Ver também a apresentação do texto por A. Philonenko na edição francesa: *Fondaments de la métaphisique des moeurs*, Vrin, 1980.

FUNDAMENTO DA INDUÇÃO (DO),
Du fondement de l'induction, 1871.
JULES LACHELIER, 1832-1918.

Enquanto Stuart Mill reduz a indução à busca da causa, Lachelier acredita que a indução implica o princípio de causalidade; estabelece, aliás, a validade dessa posição referindo-se a Aristóteles, num movimento mental que vai de Aristóteles à ciência moderna e desta a Aristóteles. No entanto, René Poirier (1931) criticou o fato de Lachelier ter vinculado as condições da indução a princípios decorrentes de uma concepção demasiado estreita da ciência moderna. A doutrina de Lachelier pressupõe a possibilidade de uma teoria física perfeita, o que é colocado mais como indagação que como certeza.

O autor também vincula a indução a um princípio de hierarquia, com a idéia de *persistência das essências*, pois supõe que a essência é percebida através do particular. De maneira geral, para Lachelier, o mundo dos fenômenos forma um sistema caracterizado pela unidade.

Outro crítico de Lachelier, Maurice Boudot, escreveu (1972): "Quem pode afirmar que [...] os princípios enunciados por Lachelier validam uma inferência de alguns para todos?"

Estudo: L. Millet, *Le symbolisme dans la philosophie de Lachelier*, P.U.F., 1959.

FUNDAMENTO DA MORAL (SOBRE O), *Über die Grundlage der Moral*, 1841.
ARTHUR SCHOPENHAUER, 1788-1860.

Trata-se do segundo de dois volumes de uma coletânea publicada em 1841 com o título *Os dois problemas fundamentais da ética*, sendo o primeiro o *Ensaio sobre o livre-arbítrio**. Assim como o *Ensaio*, o *Fundamento da moral* foi redigido para responder a uma pergunta que fazia parte de um concurso. A pergunta proposta pela Sociedade Real de Copenhague era a seguinte: "A origem e o fundamento da moral deverão ser buscados na idéia de moralidade fornecida diretamente pela consciência (psicológica ou moral) e nas outras noções primeiras que derivam dessa idéia ou em algum outro princípio do conhecimento?" A Schopenhauer ocorreu a mesma desventura que ocorrera a Rousseau: depois de um primeiro sucesso, o prêmio lhe foi recusado. Mesmo sendo o único candidato, não foi considerado digno do prêmio.

A introdução, como em toda dissertação que se preze, apresenta o problema, expõe seu significado e implicações, indica os possíveis caminhos para estudá-lo. Mas já no começo Schopenhauer insiste na necessidade de uma crítica a Kant.

Essa crítica à filosofia kantiana da moralidade ocupa todo o segundo capítulo. Mesmo reconhecendo méritos, Schopenhauer censura em Kant ter aplicado no campo moral a noção de *apriorismo*, tão fecunda na esfera teórica, mas inoperante na prática, porque puramente formal: o *a priori* não poderia constituir um móbil. Sobretudo, Schopenhauer não perdoa o fato de Kant ter ressuscitado – com a noção de respeito e com os postulados da razão prática – as antigas morais teológicas: o imperativo categórico é um disfarce dos mandamentos judaicos. Finalmente, Kant baseia a moral no egoísmo ao aceitar o enunciado: "Não faças a outrem..."

É com base na *compaixão* que Schopenhauer escolhe edificar a moral (cap. 3). A compaixão permite-me sair de minha individualidade fenomênica para fundir-me no todo. Mais que em Rousseau, é no legado oriental (tradições budistas e bramânicas) que Schopenhauer se fundamenta.

Apesar dos evidentes pontos fracos (a crítica a Kant baseia-se em contra-sensos inaceitáveis mesmo num estudante), *Fundamento da moral* é uma boa introdução ao problema estudado.

Edição brasileira: *Sobre o fundamento da moral*, São Paulo, Martins Fontes, 1995.

FUNDAMENTO DO DIREITO NATURAL SEGUNDO OS PRINCÍPIOS DA DOUTRINA DA CIÊNCIA, *Grundlage des Naturrechts nach Principien der Wissenschaftslehre*, 1796-1797. JOHANN GOTTLIEB FICHTE, 1762-1814.

A doutrina do direito ocupa posição central no sistema fichteano, pois tem por finalidade realizar a mediação entre a filosofia teórica e a filosofia prática. Portanto, deve conservar autonomia em relação aos fins da natureza e aos princípios da moralidade.

A filosofia teórica, como gênese transcendental da consciência, conclui-se numa teoria do direito, pois, se a intersubjetividade – relação do eu com um outro eu – é a condição da subjetividade, o direito é a condição da intersubjetividade como reconhecimento recíproco das liberdades. Outrossim, o restabelecimento de uma constituição em conformidade com o direito redunda na ética, ao favorecer a educação moral pela submissão à lei.

Na primeira parte da obra, Fichte evidencia a antinomia à qual parece condenada a política: ou a teoria liberal, inspirada em Locke, minimiza o papel do Estado, que se reduz a exigir respeito à esfera das liberdades em que se dá a ação dos indivíduos, ou a tese absolutista, oriunda de Hobbes, reforça o poder do Estado, cujo papel essencial é de exigir respeito à lei e garantir o reino do direito. Em cada um dos casos há um risco: ou enfraquecer o Estado, portanto ameaçar a realização do direito, ou favorecer o despotismo. Essa antinomia só pode ser superada por uma síntese democrática inspirada em Rousseau e pela idéia de *vontade geral*, em que cada um continua livre mesmo obedecendo à lei.

Na segunda parte – ou *Direito natural aplicado* – Fichte propõe as modalidades concretas dessa síntese teórica. Opondo-se ao modelo organicista de Rousseau, para o qual os cidadãos são membros inseparáveis do corpo social, ele propõe o modelo da árvore, cujas partes são autônomas, como demonstra o enxerto. Estabelece a soberania do povo – exercida por meio do sufrágio universal – cujos representantes detêm ao mesmo tempo o poder executivo e o poder legislativo. Por fim, admite um controle desses representantes por um poder de impedimento (*ephorat*), exercido pelo povo.

Fichte atribui posição preponderante aos direitos imprescritíveis do indivíduo, mas também aos direitos sociais, como o direito ao trabalho. Opõe-se, assim, à concepção absolutista do Estado, de Hegel. É nesse sentido que Fichte dá sua contribuição filosófica à fundação de um ideal republicano.

Estudo: A. Philonenko, *L'oeuvre de Fichte*, Vrin, 1984.

FUNDAMENTOS DA ARITMÉTICA, Investigação lógico-matemática sobre o conceito de número, *Die Grundlagen der Arithmetik, eine logisch-mathematische Untersuchung über den Begriff der Zahl*, 1884.
GOTTLOB FREGE, 1848-1925.

Cumpre atribuir a essa obra uma posição especialíssima na história da filosofia da matemática e da lógica. Após uma crítica das doutrinas segundo as quais o número é uma propriedade das coisas do mundo, uma realidade subjetiva ou uma coleção, o autor apresenta sua própria teoria, segundo a qual dar um número é enunciar algo de um conceito.

Essa obra desenvolve uma teoria logicista (redução da aritmética à lógica) e platonista da matemática.

Edição brasileira: *Os fundamentos da aritmética*, São Paulo, Abril Cultural, 1974. (Os pensadores).
Estudos: Cl. Imberf, prefácio à edição francesa: *Les fondements de l'arithmétique*, Le Seuil, 1969. J. Largeault, *Logique et philosophie chez Frege*, Nauwelaerts, 1970.

FUNDAMENTOS DAS PENAS E DAS RECOMPENSAS, *Rationale of Punishments and Rewards*, 1811.
JEREMY BENTHAM, 1748-1832.

Esse tratado de filosofia política empenha-se em inferir conseqüências do princípio de utilidade na legislação penal. As sanções penais têm a função de harmonizar os interesses particulares com o interesse geral, sempre que, acidentalmente, entrem em conflito.

Inspirado em Beccaria, do qual extrai a idéia de *proporcionalidade* entre delito e pena, esse tratado desenvolve também uma reflexão sobre o encarceramento: este não deve tornar o prisioneiro mais nocivo à sociedade do que ele já era antes de submetido à pena: a prisão deve educar o delinqüente no sentido de que a repressão deve levá-lo a "calcular" melhor a relação de seus atos com outros atos, que são sanções positivas ou negativas. A justiça também tem função social: não se baseia em princípios divinos nem em nenhuma lei natural ou razão absoluta, mas na apreciação das necessidades objetivas das relações humanas, sendo o tribunal o lugar em que ocorre um intercâmbio concebido segundo o modelo econômico.

Estudo: M. El Shakankri, *La philosophie juridique de Jeremy Bentham*, Librairie Générale du Droit et de la Jurisprudence, 1970.

FUNDAMENTOS FILOSÓFICOS DA FÍSICA, *Philosophical foundations of Physics*, 1966.
RUDOLF CARNAP, 1891-1970.

Este livro, extraído de um seminário realizado na Universidade da Califórnia no fim dos anos cinqüenta, aborda as questões mais importantes da epistemologia da física. Se o Carnap do Círculo de Viena precisou flexibilizar consideravelmente suas posições para dar conta do "teórico" da ciência, nem por isso suas análises estão menos marcadas pelo empirismo, pelo indutivismo e pela importância atribuída à linguagem. Sua distinção entre leis empíricas (sobre os observáveis) e leis teóricas (sobre os não-observáveis) é uma ilustração disso.

Estudo: J. Proust, *Questions de forme: logique et proposition analytique de Kant à Carnap*, Fayard, 1986.

FUNDAMENTOS LÓGICOS DAS CIÊNCIAS EXATAS, *Die logischen Grundlagen der exakten Wissenschaften*, 1910.
PAUL NATORP, 1854-1924.

Opondo-se a Frege e a Dedekind, que consideram a matemática como uma divisão da lógica, Natorp ressalta que a matemática não é a ciência da lógica. A confusão entre lógica e matemática provém do fato de se ter durante muito tempo negligenciado a síntese *a priori*. Natorp deduz as leis do desenvolvimento a partir das categorias.

Estudo: J. Vuillemin, *L'heritage kantien et la revolution copernicienne*, P.U.F., 1954.

FUTURO DA CIÊNCIA (O),

L'avenir de la science, 1848, publicado em 1890.
ERNEST RENAN, 1823-1892.

Esse é o primeiro livro marcante de Ernest Renan (cuja celebridade será devida principalmente a uma *Vida de Jesus*, que teve grande repercussão). Só foi publicado muito tempo depois de redigido, como indica o subtítulo, porque alguns amigos do autor desaconselharam-lhe a publicação, em razão das audácias que continha.

Essa obra é uma profissão de fé positivista (desde que se tome esse adjetivo sem nenhuma conotação pejorativa); "fé na ciência", diz Renan, e nisso se aproxima de Comte, seu contemporâneo, e do químico Marcelin Berthelot, seu amigo. Assim como Comte, Renan acredita que "o indivíduo não é nada; a humanidade é tudo"; assim como Comte, ele quer substituir a religião pela ciência, tanto por uma ciência histórica e filológica, quanto por uma ciência natural. Os progressos da física e da química ilustram o valor do conhecimento desinteressado, valor que contrasta com a esclerose dos dogmas religiosos. E o autor esforça-se por mostrar que o cientificismo não conduz de modo algum a um materialismo triste e seco. Mas, segundo ele, é a história que detém a chave dos segredos humanos. Renan vê na história muito mais que um simples relato do passado: ela pode reconstituir o espírito dos tempos antigos e anunciar a lei do devir (Hegel não está muito longe). O autor defende, assim, um historicismo relativista. *O futuro da ciência* desperta o interesse e tem as limitações de uma obra de juventude: tom inflamado e fervoroso, às vezes poético, mas muitas vezes arrogante e peremptório. Mas, no que se refere ao conteúdo de seu pensamento, Renan não mudará fundamentalmente suas convicções cientificistas. Essa palavra designa hoje uma doutrina desacreditada, e pronunciá-la com referência a um pensador ou a suas idéias tem valor de injúria (como "positivista"). Evidentemente, há excelentes razões para isso, mas resta a figura de Renan: seria uma injustiça para com ele e uma perda para nós precipitá-lo nos abismos do esquecimento. Seu *Futuro da ciência* merece mais que a amnésia condescendente que lhe dedicam hoje em dia.

Estudo: H. Peyre, *Renan*, col. "Sup. Philosophes", P.U.F., 1950.

FUTURO DE UMA ILUSÃO (O),

Die Zukunft einer Illusion, 1927.
SIGMUND FREUD, 1856-1939.

Para Freud, o sentimento religioso procede de uma ilusão que se enraíza nos desejos inconscientes do homem. A função primordial da religião é de consolo diante da "dureza da vida". O homem está condenado a enfrentar a angústia e o sofrimento, a contar com a própria morte; por isso, procura o apoio de uma ilusão que o ajude a sobreviver.

Na origem da ilusão religiosa encontram-se os desejos mais arcaicos do homem. A religião oferece-lhe a possibilidade de realizar esses desejos inconscientes que remetem ao estado de desamparo e carência que caracteriza a infância (desejos de amor e proteção). O reconforto oferecido pelas idéias religiosas supõe, portanto, a reativação da figura protetora e consoladora por excelência, a figura do pai, já que o adulto nunca consegue superar totalmente a criança que já foi: "Essas idéias, professadas como dogmas, [...] são ilusões, realização dos desejos mais antigos, mais fortes, mais prementes da humanidade; o segredo de sua força é a força desses desejos. Já sabemos: a impressão terrificante de desamparo infantil despertara a necessidade de proteção – proteção com amor –, necessidade à qual o pai satisfez." O homem, ao longo de toda a sua vida, continua em poder desse desejo de ser protegido por uma figura poderosa e benevolente; por isso, forja deuses à imagem do pai. Por meio da ilusão religiosa, ele tenta substituir a tragicidade da existência por uma reconciliação imaginária com sua condição. Além disso, a civilização exige que o homem renuncie à satisfação de certos desejos sexuais e agressivos, incompatíveis com a ordem social. A proibição do incesto e do assassinato, como se sabe, são universais. Assim, as diversas renúncias implicadas na civilização condenam o homem à insatisfação permanente. A religião, mais uma vez, compensa essa insatisfação: ao magnificar o sentimento de frustração, alivia o desamparo dos homens e confere sentido nobre à renúncia. Por acaso ela não afirma que o fim último da vida não está na Terra, e que as múltiplas privações são sofridas pelo amor de um Deus bondoso, que saberá dar as recompensas no momento certo?

Freud faz uma clara distinção entre ilusão e erro. O *erro* depende da lógica, ao passo que *ilusão* se refere à afetividade. Ao contrário da ilusão, o erro não supõe ruptura com o real. Se o erro pode ser corrigido, a ilusão, que, como o sonho, realiza um desejo inconsciente, permanece indiferente à realidade. Por isso, nunca é desmentida. A ilusão obedece a uma necessidade de ordem afetiva: "Assim, chamamos uma crença de ilusão quando, em sua motivação, prevalece a realização de um desejo, sem consideração da relação entre essa crença e a realidade, assim como a própria ilusão renuncia à confirmação pelo real."

Analisando as observâncias e as práticas religiosas, Freud faz uma analogia entre a religião e a neurose obsessiva. Essa neurose caracteriza-se por sintomas compulsivos. A noção de *compulsão* designa um tipo de conduta que o sujeito é obrigado a seguir para lutar contra sua própria angústia. Essas condutas são repetitivas e se impõem ao sujeito como verdadeiros ritos conjuratórios. Assim, é possível fazer um paralelo entre o cerimonial obsessivo e o cerimonial religioso. Nos dois casos, o executante exorciza sua angústia. "Em virtude dessa concordância" – escreve Freud – "poderíamos conceber a neurose obsessiva como contrapartida patológica da formação das religiões, e qualificar a neurose como religiosidade individual, e a religião como neurose obsessiva da humanidade." Freud observa, enfim, que, ao contrário do que a opinião pública acredita, a religião praticamente não contribuiu para melhorar o homem. Efetivamente, uma vez que se enraíza nos desejos inconscientes dos homens, a religião parece estar em situação difícil para pretender constituir o sustentáculo da moralidade.

Edição brasileira: *O futuro de uma ilusão*, Rio de Janeiro, Imago, 1997.

Estudo: E. Jones, *Théorie et pratique de la psychanalyse*, Payot, 1969.

FUTURO DO HOMEM (O), *L'avenir de l'homme*, 1959.

PIERRE TEILHARD DE CHARDIN, 1881-1955.

Esse conjunto de textos está associado a *O fenômeno humano**. Nessa coletânea de ensaios redigidos entre 1920 e 1952, o autor tenta conceber o futuro como paleontólogo, considerando não o homem social ou histórico, mas o homem como espécie biológica. Afirma a necessidade de incluir na pesquisa científica a preocupação com o futuro. Mesmo não sendo possível prever o futuro biológico da espécie humana com precisão matemática, é verdade, porém, que está em formação uma ciência do futuro, e que ela não vai parar de desenvolver-se e refinar-se.

O pensamento de Teilhard de Chardin é original no sentido de aliar a fé do sacerdote ao rigor do cientista.

Estudo: C. Tresmontant, *Introduction à la pensée de Teilhard de Chardin*, Le Seuil, 1959.

G

GAIA CIÊNCIA, *Die fröhliche Wissenschaft, "la gaya scienza"*, 1883 e 1887.
FRIEDRICH WILHELM NIETZSCHE, 1844-1900.

Cinco livros que têm, como prólogo, "Zombaria, ardil e vingança", e, como apêndice, "Canções do príncipe fora-da-lei"; retomam, segundo um fluxo e um refluxo próprios do autor, os principais temas de Nietzsche.

O primeiro livro discute o "objetivo da existência" com seus " doutores" e o que é "nobre" e "vil", em face dos "deveres absolutos". Mas, além da "consciência intelectual" e da "consciência" pura e simples, coloca-se ainda o problema dos "objetivos da ciência". Nietzsche procede a uma análise dos sentimentos de "poder", "altivez antiga" e distinção, bem como a uma análise das paixões, como generosidade, nobreza e sofrimento.

O segundo livro põe em cena a realidade da criação artística e compara "arte e natureza", como faziam os gregos, aos quais serão feitas várias menções respeitosas. As mulheres são questionadas em termos de castidade ou maternidade. Ética e estética são confrontadas através do exemplo dos músicos e dos filólogos.

O terceiro livro aventura-se pelo imenso campo do conhecimento, que é "mais que um meio", mergulhando o leitor em sua "origem" e na origem da lógica, mas também em seus efeitos patéticos ("o lamento do cognoscente"). É por isso que o "pecado" não está distante, e Nietzsche faz um elogio ao politeísmo, que era um bem inspirado, para sempre banido de nossa cultura.

O quarto livro, *Sanctus Januarius*, começa com o "ano novo" e a "Providência pessoal", que possibilita a "fé em si mesmo". Por isso, Nietzsche fala das "altas tonalidades da alma", que ele sente, e do "delírio dos contemplativos", que ele conhece. Fala também da felicidade e do "autodomínio", da "sabedoria na dor" e da "grandeza".

O quinto livro, *Nós outros homens sem temor*, sobe mais um tom, atingindo, se não a jactância, pelo menos uma crença original na transcendência, com uma religiosidade particular e sobretudo um "grande ponto de interrogação": "O último termo seria o niilismo; mas o primeiro não seria porventura também... o niilismo?" As flutuações do pensamento ou a aplicação do espírito nos conduzem a problemas referentes à origem: a dos doutos, mas também a das religiões, a da noção mesma de conhecimento. Perdemo-nos então num "novo infinito".

Edição portuguesa: *Gaia Ciência*, Lisboa, Guimarães, 1977.
Estudo: G. Deleuze, *Nietzsche et la philosophie*, P.U.F., 1962.

GÂTHÂ (HINOS).
ZOROASTRO OU ZARATUSTRA, c. 660-c. 583 a.C.
Aforismos e preceitos metafísico-religiosos de datação incerta.

Esses textos – atribuídos a Zoroastro, cuja existência tornou-se mítica – constituem uma série de cantos em prosa ritmada, ora invocações, ora máximas e parábolas que têm sua fonte na tradição védica. Os *Gâthâ* constituem a parte mais antiga do *Avesta*, a "bíblia" do "masdeísmo", corrente filosófica e religiosa iniciada por Zoroastro.

Mais que uma religião – a do culto de Ahura Masda, Deus único, criador de todas as coisas, que representa a luz do universo e o bem absoluto –, o que Zoroastro propõe é uma visão nova do mundo. Uma visão dualista na qual as forças do mal se opõem às potências positivas, às entidades divinas, com que Masda garante a ordem universal. Sendo o bem e o mal os princípios antagonistas consubstanciais ao mundo, o homem está colocado diante de uma escolha decisiva na perspectiva do apocalipse predito por Zoroastro. Pois seu papel é ativo: escolher o bem, a conduta justa, é contribuir para o triunfo das forças do bem sobre as do mal e, no fim, ser recompensado com o ingresso no "espaço bem-aventurado da luz" e com a fusão em Deus.

Vê-se assim que já no século VII a.C. está presente a idéia de paraíso para os eleitos – os que manifestaram devoção a Deus e mereceram sua benevolência. Esse conceito de Deus único com atributos de justiça e de espírito santo é a primeira das originalidades do sistema de Zoroastro, em reação ao politeísmo então dominante. A sabedoria consiste em agir segundo a ordem do mundo, que é o bem original, inutilmente perturbada pela influência das potências negativas. Considerado ao mesmo tempo como profecia e reforma religiosa, o pensamento de Zoroastro é também uma filosofia, no sentido de que sua visão, em sendo busca das causas primeiras e dos princípios primeiros, é um sistema metafísico.

Sabe-se que essa doutrina se difundiu amplamente no Irã – a tal ponto que, durante certo tempo, foi sua religião oficial – e na Índia. Platão e Aristóteles tiveram conhecimento dela. Mani, o fundador do maniqueísmo, inspirou-se muito na metafísica de Zoroastro. Mas será preciso esperar até o século XVIII para que o Ocidente se interesse pelas crenças do masdeísmo, que Voltaire qualifica de "mixórdia". Nietzsche, no século XIX, imortalizará a personagem mítica de Zaratustra, mas sem retomar sua doutrina.

Estudo: J. Varenne, *Zarathustra et la tradition mazdeenne*, col. "Mitres spirituels", Le Seuil, 1977.

GENEALOGIA DA MORAL,

Obra de polêmica,
Zur Genealogie der Moral: ein Streitschrift, 1887.
FRIEDRICH WILHELM NIETZSCHE, 1844-1900.

Composta de três dissertações, essa obra indica a vontade de voltar às fontes, à origem, ao nascimento dos valores morais (o bem e o mal), para ressaltar a inversão que eles sofreram sob a influência tenaz e subreptícia dos pequenos ardis. Essa gênese é hipotética, e não histórica: a origem não é o começo. Ademais, essa genealogia é crítica, não no sentido reativo, mas sim no elemento de afirmação em que se move o pensamento de Nietzsche. Por fim, essa genealogia já é de início diferenciativa; não se trata de lamentar a perda de uma Unidade Referencial, um Deus que ordenaria o movimento da gênese, mas de afirmar a diferença originária entre forças ativas e forças reativas, tal qual anuncia o Eterno Retorno.

A distância entre os substantivos "bem" e "mal" e os adjetivos – simples atributos – "bons" e "maus" é fictícia; é simplesmente devida a um artifício de linguagem; mascara a identidade sem distância entre pensar e agir, entre o sujeito substancial e seus atos. Uma vez compreendida a essência da linguagem, a filosofia restitui dignidade à linguagem.

A crítica à psicologia inglesa, empirista, que puxa o homem para baixo, alinha-se com as teses comuns ao fim do século XIX. "Hábito", "associação de idéias" são hipóteses da psicologia inglesa da época. Mas, para Nietzsche, pouco importa o "conteúdo" desses comentários psicologizantes que puxam o homem para a passividade mineral do comum majoritário; o que merece "interesse" é que, nesses homens com pretensões científicas, realiza-se e exprime-se a Vontade de Potência na forma mais reativa já encontrada. Como apreender valor e finalidade humanas por meio de uma pretensa ciência, fascinada pela busca das "causas" para não ficar devendo nada às suas irmãs mais velhas, a Física e a Química? Nietzsche utiliza a polêmica, o riso.

O autor realiza uma inversão dos valores desonestamente deformados pelas forças reativas. A "história" invocada já é filosofia da história, com sua opção pela forma do tempo. Decadência? Retorno cíclico do mesmo? Nietzsche acusa as forças reativas de terem deliberadamente construído uma "origem" da moral que só faz servir à natureza delas mesmas, transcrever os desejos nascidos de seu temperamento medíocre. Esses fracos, esses psicólogos reativos só conseguem pensar em relação a outrem; seu pensamento, incapaz de afirmação, só pode referir-se ao outro: é bom o que o homem achou útil para si, vindo do outro. É bom aquele que se sabe diferente da massa. A utilidade mesquinha, a referência a outrem para pensar e agir, essa origem marcada da inércia vacilante ou do hábito insosso, tudo isso está muito longe do potente autêntico. O não-egoísmo apregoado por esses fracos reativos provém do desejo que eles têm da força que não têm; tentam por todos os meios culpar os fortes ativos, enfraquecê-los, deixá-los doentes. E conseguem.

O dualismo forças ativas/forças reativas está fora do tempo histórico; é metafísico, poder-se-ia dizer eterno. O Eterno Retorno é da ordem da inteligibilidade metafísica: não pode esposar uma aparência temporal, o que faria dele uma absurda simplicidade.

A origem é referencial e atemporal. Cada um tende para valores em função de seu temperamento e de sua sensibilidade ativa ou reativa. A origem é ontológica, e a moral nasceu com uma transformação (declínio ou progresso) dessa origem fundamental. O fenômeno de transformação torna-se necessário. Assim também, Nietzsche pode ser levado a condenar o simbolismo reativo, que consiste em criar uma distância entre a palavra e a realidade, distância perigosa quando desonestamente manipulada: pode acarretar a sensaboria "romântica", um excesso de "imaginação" doentia, porque "hostil à ação". Para inverter esse processo, convém penetrar no elemento simbólico e, a marteladas, efetuar sua própria depuração. A Vontade deve querer-se a si mesma, é a Vontade de Potência que convoca e impõe sua realização, pois ela nada tem que ver com uma vontade psicológica aleatória que recai empiricamente sobre este ou aquele objeto particular.

O alcance desse texto será considerável, tanto para os moralistas quanto para os filósofos abertos para a política (Heidegger, Deleuze etc.).

Edição brasileira: *Genealogia da moral*, São Paulo, Brasiliense, 1988.

Estudo: G. Deleuze, *Nietzsche et la philosophie*, P.U.F., 1973.

GERAÇÃO DOS ANIMAIS (DA),

Περὶ ζῴων γένεσεως, ○ entre 330 e 322 a.C.
ARISTÓTELES, 384-322 a.C.

No *corpus* biológico de Aristóteles, esse tratado se situa como prolongamento de *História dos animais**, pois estuda as modalidades de um fenômeno que este último apenas descrevia: a reprodução. Aristóteles examina os órgãos genitais, descreve seu funcionamento durante o acasalamento e a fecundação. Estuda o nascimento e o crescimento dos filhotes. Para isso, apóia-se na observação de todas as espécies animais conhecidas em sua época.

Estudo: M. Marquat, *Aristote naturaliste*, Vrin, 1932.

GERAÇÃO E DA CORRUPÇÃO (DA),

Περὶ γενέσεως καὶ φθορᾶς, O c. 334-330 a.C.
ARISTÓTELES, 384-322 a.C.

Esse texto pode ser considerado um apêndice que complementa o que Aristóteles expusera em seu *Tratado do céu**; de fato, cada um dos dois livros termina com considerações cosmológicas. Aristóteles neles define a *geração* como movimento que vai do que não é para o que é. Aborda também o problema da imobilidade do Primeiro Motor e o da permutação recíproca dos elementos.

Estudo: A. Mansion, *Introduction à la physique Aristotélicienne*, Paris-Lovaina, 1913.

GESTO E PALAVRA, *Le geste et la parole*,

1964 e 1965.
ANDRÉ LEROI-GOURHAN, 1911-1986.

Essa obra em dois volumes indaga sobre as origens do pensamento e das representações do homem, em relação com seu corpo e suas técnicas.

Em *Técnica e linguagem*, Leroi-Gourhan examina as representações que o homem faz de sua própria origem, bem como a questão dos critérios da humanidade. Depois, articula isso com os dados da paleontologia, da anatomia e da neurofisiologia, para refletir sobre a maneira como o cérebro, a mão, a linguagem e o pensamento conceptual puderam produzir-se reciprocamente.

Memória e ritmos examina as relações entre técnica e memória. Esse segundo volume descreve a evolução das formas sociais e estéticas da percepção, em sua relação com o desenvolvimento da máquina humana. A reflexão de André Leroi-Gourhan amplia-se até a indagação sobre o futuro da espécie *homo* que se tornou *sapiens*.

Estudo: *André Leroi-Gourhan ou les voies de l'homme*, Atas do colóquio organizado pelo CNRS (março de 1987), Albin Michel, 1988.

GNOSE DE PRINCETON,

Cientista à procura de uma religião,
La gnose de Princeton, Des savants à la recherche d'une religion, 1974.
RAYMOND RUYER, 1902-1987.

O movimento gnóstico nasceu nos anos 60 nos meios científicos de Pasadena e de Princeton, nos Estados Unidos. Foi principalmente influenciado pelas especulações cosmológicas de Einstein e pela presença crescente de físicos japoneses e chineses budistas em seus laboratórios. Começou com brincadeiras ao telefone, nas quais os cientistas propunham enigmas uns aos outros. Depois, veio uma fase "antiparadoxos" e, finalmente, uma fase de "cosmologia básica", por volta de 1970.

Gnose significa salvação pelo conhecimento ou ciência, mas essa palavra designa mais luz que visão. O movimento assemelha-se às escolas estóicas e epicuristas que "expunham regras de vida que eram apresentadas como deduzidas da ciência e oriundas da meditação sobre as grandes leis do universo". Os novos gnósticos opõem a ciência ou o conhecimento "não subordinado à utilidade prática" à ação e ao poder. "Recusam-se a opor espírito a matéria, subjetivo a objetivo, consciência a coisa. Recusam-se a acreditar nessa dualidade, nessa 'bifurcação' da natureza." Contemplam a totalidade, e é nesse sentido que sua cosmologia é básica. Ao contrário dos positivistas, os gnósticos são apolíticos e não pregam nenhuma revolução ou reforma, mas assumem o papel de sábios, como nas escolas antigas. Sua posição relativamente às Igrejas e aos Estados pode ser qualificada de cínica. São panteístas e não têm nenhuma doutrina social ou política. "Deus, para eles, está no cosmo, em cada ser e na unidade dos seres, na história geral dos seres e de seus progressos biológicos; não está na história dos povos."

Se o movimento é razoavelmente aristocrático – há apenas alguns milhares de gnósticos declarados no mundo –, é por fundamentar-se basicamente nas ciências. Seu acesso é ainda mais limitado pelo fato de recusar publicidade e rituais. "O movimento, embora não seja secreto, quer-se discreto." Essa é uma das razões por que Ruyer não dá o nome dos indivíduos que constituem o movimento e não discute suas idéias, mas prefere examinar as diferentes influências e teorias científicas que permeiam a escola gnóstica.

Estudo: J. Parain-Vial, *Dictionnaire des philosophes*, P.U.F., 1984.

GÓRGIAS, ou Da retórica,
Γοργίας, ἢ Περὶ ῥητορικῆς, O c. 387 a.C.
PLATÃO, 428/427-348/347 a.C.
Diálogo.

Górgias é, indiscutivelmente, um dos "grandes" diálogos de Platão, e não só por sua extensão. A importância das questões tratadas deve ser relacionada com sua data de composição; Platão o redigiu, com muita probabilidade, num momento decisivo de sua vida, o da conversão à filosofia, relatada na *Carta VII**. É também dessa época que data sua primeira viagem à Sicília. Tudo leva a crer que *Górgias*, no entender de Platão, tenha sido a justificação teórica de sua renúncia à política ativa e de seu engajamento na trilha da filosofia.

Nesse diálogo, Platão põe em cena um dos sofistas mais afamados do mundo grego (e também um dos mais ricos). Apresentado por Cálicles a Górgias, Sócrates questiona o ilustre sofista sobre a natureza de sua arte: a retórica. Não basta defini-la como desejo de persuadir, pois todas as ciências têm esse objetivo. A retórica cria um tipo particular de persuasão, que prescinde do conhecimento; é a arte do verossímil. A Górgias, que queria mostrar que o conhecimento do justo e do injusto é apenas um dos meios utilizados pelo retórico, Sócrates objeta que não seria possível conhecer o justo sem o desejar.

Instado por Polos a dizer, afinal, o que pensa dessa arte, Sócrates confessa que nela só vê rotina e bajulação: a retórica é para a alma o que a cozinha (em contraste com a medicina) é para o corpo. A Polos, que crê na onipotência da retórica, Sócrates mostra que o poder não está onde ele acredita estar. Não se pode falar de poder (nem de felicidade) em relação ao tirano que pode matar, espoliar, exilar quem bem lhe aprouver. Pois não há verdadeiro *poder* a não ser quando se têm em mira fins conformes à razão e ao bem. O tirano é impotente e infeliz, pois é injusto, e não há nada de mais contrário a seu próprio bem que a injustiça que ele comete. E Sócrates demonstra que, de todos os males, o pior é cometer injustiça e não ser punido por isso. Eis então para que pode servir – a rigor – a retórica: acusar-se diante do juiz para receber o justo castigo por seu delito!

Isso é demais para Cálicles, que explode, literalmente, numa das mais magníficas tiradas que Platão já colocou na boca de um adversário. Cálicles, a par das teorias sofísticas, lança contra Sócrates a famosa distinção entre natureza e lei, e acusa o filósofo de semear deliberadamente a confusão, de remeter sistematicamente da natureza à lei, e vice-versa. A natureza, diz Cálicles, fala claro: mostra por toda parte que cabe ao forte dominar o fraco. Quanto à lei, não passa de estratagema dos fracos, único meio que encontraram para proteger-se da dominação – perfeitamente natural, conforme à ordem e legítima! – dos fortes. Logicamente, Cálicles não vê felicidade a não ser na satisfação sem limites das paixões mais desbragadas. A réplica de Sócrates baseia-se na distinção entre agradável e bom. Pois é justamente o ponto fraco da retórica – sobre a qual as audácias de Cálicles dizem a verdade – ocupar-se apenas do prazer. Cabe, pois, ao orador ter em vista um único objetivo: melhorar o povo. Foi por não ter feito isso que Péricles e tantos outros estadistas se arruinaram. Sócrates, porém, faz isso; Platão, aliás, atribui-lhe algumas afirmações premonitórias sobre seu processo e sua condenação próxima.

Górgias, como *República**, termina com um mito escatológico. Platão descreve o destino das almas após a morte. As almas dos justos recebem a recompensa nas Ilhas Afortunadas, enquanto os maus naufragam no Tártaro (as almas consideradas recuperáveis têm uma estada destinada à sua melhoria).

A riqueza, a diversidade e a importância dos temas que se cruzam em Górgias são dimensionadas na sua relação com o conjunto do platonismo. Mas o eixo principal é a crítica à retórica. Nesse aspecto, esse diálogo dá a impressão de ser um acerto de contas. A severidade do julgamento feito a respeito dos retóricos poderia ser explicada pelo curto período que separa a redação do diálogo da condenação de Sócrates. Mas o principal é que, em *Górgias*, o platonismo nascente (a Academia acaba de ser fundada) apresenta-se como oposição.

Esse diálogo é, pois, um manifesto. Nunca deixou de suscitar comentários, desde a Antiguidade. A força nele adquirida pela afirmação moral só encontra equivalente em *A República*.

Mas a descendência filosófica de *Górgias* não pertence apenas a Sócrates e Platão. Cálicles também teria razões para a reivindicar. Como não reconhecer, em certas páginas de Sade ou de Nietzsche, até mesmo o estilo veemente do interlocutor de Sócrates?

Edição brasileira: *Górgias ou a oratória*, São Paulo, Difel, 1970.
Estudo: M. Canto, apresentação do texto na edição francesa *Gorgias*, col. GF, Flammarion, 1987.

GRAMÁTICA FILOSÓFICA,

Philosophische Grammatik, 1969.
LUDWIG JOSEF WITTGENSTEIN, 1889-1951.

Nesse texto constituído a partir de notas redigidas entre 1930 e 1933, Wittgenstein continua marcado pelos problemas do *Tractatus**, sobretudo os referentes à forma geral da proposição e à relação entre linguagem e realidade. A tônica recai no fato de que essa relação pode ser esclarecida pela noção de regra, e ele introduz a idéia de que a determinação das regras de utilização de uma palavra em proposições dotadas de sentido constitui a "gramática" dessa palavra. Essa concepção está por trás das análises que ele faz da matemática, na segunda parte da obra.

Estudo: G.-G. Granger, *Invitation à la lecture de Wittgenstein*, Alinea, 1990.

GRAMÁTICA GERAL E ANALÍTICA,

contendo os fundamentos da arte de falar, explicados de maneira clara e natural; as razões do que é comum a todas as línguas e das principais diferenças nelas encontradas etc.,
Grammaire générale et raisonnée, contenant les fondements de l'art de parler, expliqués d'une manière claire et naturelle; les raisons de ce qui est commun à toutes les langues, et des principales différences qui s'y rencontrent, etc., 1660.
ANTOINE ARNAULD, 1612-1694, e CLAUDE LANCELOT, 1615-1695.

Deve-se notar que essa gramática geral e analítica é concebida como algo que contém os "fundamentos da arte de falar"; é seguida por *Observações de Duclos* (1704-1772), que é também autor de uma gramática geral (1754). A obra de Arnauld e Lancelot faz parte da iniciativa pedagógica de Port-Royal: sua finalidade, como o título indica, é elucidar as "razões do que é comum a todas as línguas e das principais diferenças que nelas se encontram". Para Michel Foucault, que redigiu uma introdução a essa chamada *Gramática de Port-Royal*, esta se antecipou ao trabalho da lingüística como ciência da linguagem. Se pusermos entre parênteses o episódio filosófico que vai de Bopp a Meillet, veremos que tanto uma como outra se referem a uma teoria dos signos "em que a análise da língua não passará de caso particular".

Essa gramática tem o mérito de explicitar os fundamentos da arte de falar ou de explicar com signos, tendo em vista levar à compreensão clara destes. Propõe, entre outras coisas, uma "nova maneira para aprender a ler facilmente em todos os tipos de línguas".

Estudo: M. Foucault, introdução à edição francesa: *Grammaire générale e raisonnée*, Reduplication Paulet, 1969.

GRAMATOLOGIA (DA),

De la grammatologie, 1967.
JACQUES DERRIDA, nascido em 1930.

Nessa obra, Derrida prossegue o debate iniciado com uma tradição filosófica que privilegia o *logos* e é chamada de "logocentrismo". Há três milênios a metafísica faz do *logos* a base de toda a verdade e ostenta um flagrante fonocentrismo; mencionando os textos de Platão, mas também os de Aristóteles, por quem os sons são definidos como "símbolos dos estados d'alma", Derrida vê nisso a identificação sistemática da escrita com um significante derivado, ou seja, um "suplemento da fala" (Rousseau). A filosofia teria, pois, rechaçado a escrita como queda na exterioridade do sentido – depreciação que se estende até a criação de oposições conceptuais bem conhecidas (entre significante e significado, exterior e interior). Contudo, essa crítica que orienta quase toda a obra não deve levar a esquecer sua parte diretamente exegética, pois a Saussure, a Lévi-Strauss e, principalmente, a Rousseau são dedicadas longas análises.

A análise do *Ensaio sobre a origem das línguas**, de Rousseau, é mais que uma aplicação da matriz teórica da primeira parte: sem romper com a tradição que via nele a afirmação da prioridade do oral sobre o escrito, Derrida afirma que, de fato, Rousseau "havia sentido a esquivança na própria palavra falada, na miragem de sua imediação". A vontade derridiana de se desprender de uma ontologia que vê a escrita como auxiliar leva à adoção de uma nova maneira de ler os textos, de um método de leitura que se liberte das categorias clássicas da história das idéias e que se prive da presença última do texto: escrutando essa "diferância", pela qual o texto excede sua situação logocêntrica, Derrida "desconstrói" o enunciado temático com o enunciado implícito.

Nesse sentido, *Gramatologia* é uma obra representativa da leitura derridiana dos filósofos nos anos 60: essa prática da desconstrução também era aplicada a outras formas de expressão, como demonstra *Escritura e diferença**. Mas, com essas duas obras, Derrida formaliza a problemática da escrita – temática obsessiva, já presente em sua *Introdução* a *A origem da geometria** – e começa a afastar-se dos trabalhos de Husserl.

Edição brasileira: *Gramatologia*, São Paulo, Perspectiva, 1973.
Estudo: G. Benington e J. Derrida, *Jacques Derrida*, Le Seuil, 1991.

GRANDE COSMOLOGIA,

Μέγας διάκοσμος.
LEUCIPO, século V a.C.

Dessa obra, que Teofrasto atribuía a Leucipo (mas outros a Demócrito), praticamente não sobrou nada além de alguns pedaços esparsos de fragmentos. Como ocorre freqüentemente com os pré-socráticos, Leucipo é mais conhecido graças a seus comentadores.

Os textos de Leucipo fundam o atomismo materialista antigo, desenvolvido por Demócrito, depois por Epicuro e Lucrécio. A doutrina atomista constitui uma tentativa de superar as dificuldades decorrentes do eleatismo (Parmênides); sua gênese é mais conceitual e racional do que propriamente baseada na observação dos fenômenos. A originalidade principal de Leucipo parece ter consistido na introdução do vazio para pensar o universo. Nesse vazio, não-ser sendo, evoluem átomos absolutamente plenos, cujos movimentos e combinações são responsáveis pela integridade do observável.

A força da intuição de Leucipo parece ter residido na idéia de que o visível deve ser explicado pelo invisível isento de todas as qualidades sensíveis. (Consultar verbete sobre *Fragmentos** de Demócrito.)

Estudo: J.-P. Dumont, apresentação dedicada a Leucipo na edição francesa: *Les présocratiques*, Bibliothèque de la Pléiade, Gallimard, 1988.

GRAVIDADE E A GRAÇA (A),
La pesanteur et la grâce, 1947.
SIMONE WEIL, 1909-1943.

Coletânea de textos políticos, filosóficos e religiosos, esse livro é marcado pelo misticismo cristão de Simone Weil e por seu interesse pelo pensamento grego. Nele, ela desenvolve sua concepção de Homem e de seus deveres, pecados e ilusões. Para sua salvação, preconiza ascese e privação totais, único caminho para a verdade e o bem.

Obra póstuma, composta de excertos tirados dos onze primeiros cadernos de Weil e reunidos por Gustave Thibon, nem por isso essas reflexões deixam de ter grande unidade: o homem é sofrimento (opressão marxista) e ignorância (caverna platônica), mas também é amor divino, dilacerado entre "a gravidade e a graça".

Edição brasileira: *A gravidade e a graça*, São Paulo, Martins Fontes, 1993.
Estudo: M. Vetö, *La métaphysique religieuse de Simone Weil*, Vrin, 1971.

GUERRA (DA), *Vom Kriege*, 1833.
CARL VON CLAUSEWITZ, 1780-1831.

A obra maior de Clausewitz foi objeto de reformulações constantes e nunca foi publicada em vida do autor.

É a obra de um teórico e estrategista. A finalidade é *pensar* a guerra. Pensá-la como um processo passível de conhecimento, porque obediente a uma lógica e a leis, e não como algo irracional, absolutamente refratário à teorização. Pensar a guerra como processo domável e compreender sua lógica devem possibilitar a melhor condução da guerra e a obtenção de seus objetivos. Assim como Auguste Comte na mesma época, Clausewitz acredita que o conhecimento teórico deve conferir, a quem o detém, poder sobre o curso das coisas. Afirmando que "a filosofia [ou seja, a teoria] e a experiência [...] nunca devem excluir-se mutuamente", Clausewitz elabora um conhecimento empírico da guerra. A obra é rica em experiências militares do autor: as guerras revolucionárias ("Soldados do ano II"), as conquistas de Napoleão e as derrotas deste na Espanha e na Rússia. Do livro, todos se lembram da famosa fórmula: "A guerra é a continuação da política por outros meios." E nisso não há cinismo, porém a lembrança de uma verdade universal: não se faz a guerra *pela guerra*; toda guerra visa a objetivos que lhe são estranhos, que não são militares, mas políticos (em sentido amplo). Todavia, o modo como a guerra deve ser conduzida obedece, sim, a imperativos militares. E estes podem ser resumidos de maneira simples: aniquilar o inimigo; não o exterminar, porém privá-lo de toda a sua capacidade ofensiva e defensiva (assim como Rousseau, Clausewitz faz a distinção entre o homem e o soldado combatente).

É o mesmo que dizer que a guerra só tem como lei a relação de forças. A questão ética de um *direito* da guerra não é colocada. E a obra só trata de estratégia. A guerra, uma vez iniciada, deve ser ganha. E ganha de um adversário cujas escolhas imprevisíveis, porque livres, devem ser integradas à estratégia. Nesse aspecto, *Da guerra* herda uma problemática já elaborada por Maquiavel (*Da arte da guerra**).

Clausewitz discerne uma tendência que lhe parece essencial a toda guerra. O conflito armado evolui naturalmente, por sua própria lógica, para a situação de "guerra absoluta", que exclui qualquer consideração ética ou humanitária capaz de interferir no jogo de forças. Não há outra saída para as forças em questão senão a tendência a evoluir para a exaltação máxima. Isso não significa que a guerra deva ter como objetivo a destruição total de tudo o que esteja em solo adversário (por exemplo, populações civis), mas sim que, no teatro de operações, a violência máxima é a lei.

Visto que não constitui um *fim em si*, a guerra não poderia ser um estado permanente ou original (Clausewitz não é Hobbes). O autor fala, portanto, não só da possibilidade, mas da necessidade de um retorno à paz. Não porque os beligerantes tenham atingido o equilíbrio – Clausewitz considera essa situação impossível –, mas porque a continuação das hostilidades nem sempre é desejável, já que a própria evolução do conflito cria situações em que não se vê mais vantagem em prosseguir no duelo. A saída, então, conforma-se à necessidade original do confronto armado, que é – cabe lembrar – política. Quando os objetivos militares estão fora de alcance, a guerra termina em diplomacia.

Da guerra influenciou profundamente o pensamento militar contemporâneo, e bem além das estratégias do ofício. Os comandantes das guerras de descolonização (China, Vietnã) se lembrarão, em particular, das lições que Clausewitz extraíra das guerras revolucionárias da França – a guerra é assunto de toda a nação (idéia que já se encontrava em Maquiavel) – e do fracasso de Napoleão na Espanha e na Rússia – o poder de um povo que faz guerrilha em seu próprio território pode impor-se a um exército mais bem equipado e mais "moderno". Por outro lado, essa obra suscitou estudos e comentários, bem como novas análises sobre conflitos contemporâneos, entre os quais cumpre mencionar a obra monumental de Raymond Aron.

Edição brasileira: *Da guerra*, São Paulo, Martins Fontes, 1979.

Estudos: R. Aron, *Penser la guerre, Clausewitz*, 2 vols., Gallimard, 1976, e *Sur Clausewitz*, Éd. Complexe, Bruxelas, 1987.

GUERRA E A PAZ (A), *La guerre et la paix*, 1861.

PIERRE JOSEPH PROUDHON, 1809-1865.

Por trás dos fenômenos de guerra e paz, Proudhon busca os princípios que determinam os acontecimentos. Descobre que a guerra procede do direito da força. Assim como a religião ou a justiça, ela é produto da consciência, e é eterna. Mais ainda, é o sinal da grandeza do homem, a revelação do ideal, uma disciplina necessária à humanidade. Provém de um direito; é um direito e produz o direito. Mas, embora "sublime em sua missão confessa de justiceira, a guerra é infame na causa secreta que a produz". Essa causa não é a pobreza, que em si é boa, mas "a pobreza anormal que age de modo subversivo", ou seja, o pauperismo, origem de todas as guerras civis e de todas as revoluções. A paz é um conceito essencialmente negativo; é apenas a guerra em repouso. "A idéia de paz é negativa, inorgânica por natureza, sinônimo de inércia e de nada [...] se a guerra é vida, a paz perpétua seria morte; por isso nunca passa de sonho."

Proudhon propõe uma paz positiva, ativa e dinâmica, que seria resultado da transferência do espírito guerreiro e do direito heróico para o trabalho e para todas as formas de atividade criativa. Só uma transformação – e não uma abolição – da guerra é possível. A paz deve ser fundada sobre o fenômeno permanente e irredutível da guerra transformada, e Proudhon tinha a convicção íntima de que essa revolução já estava em marcha, e de que a paz seria "a obra do século XIX".

Estudo: P. Bécat, *L'anarchiste Proudhon*, Nouvelles Éditions Latines, 1971.

GUERRAS DO SENHOR (AS), 1560.
GERSONIDE (Levi ben Gerson, dito), 1288-1344.

Nascido em Bagnols-sur-Cèze, no Languedoc, Levi ben Gerson, que viveu em Avignon e Orange, é considerado um dos homens mais doutos da Idade Média.

Essa obra, redigida de 1317 a 1329, compreende um tratado de astronomia que foi traduzido para o latim em 1342 a pedido do papa Clemente VI. Mas o interesse propriamente filosófico desse texto reside na refutação das teses de Maimônides ou de Averróis sobre os atributos divinos, a criação do mundo e a natureza do intelecto humano. Assim, para Gersonide, pode-se afirmar, sem contradição, a onisciência de Deus e a liberdade do homem. Outrossim, o intelecto humano, enriquecido por todos os conhecimentos adquiridos em vida, conserva sua individualidade após a morte do corpo.

Estudo: Ch. Touati, *La pensée philosophique et theologique de Gersonide*, Éd. de Minuit, 1973.

GUIA DOS DESGARRADOS ou GUIA DOS PERPLEXOS.
MAIMÔNIDES (Rabbi Moise ben Maimon, dito), c. 1138-1204.

Essa obra contém o pensamento teológico e místico de Maimônides. Elucida todos os seus trabalhos anteriores. Seu projeto principal é conciliar o ensinamento do Torah e a filosofia.

O autor ensina o que era o estado primitivo do homem, expõe a semelhança do homem com Deus. Também trata do poder e dos limites do intelecto humano, da liberdade, da crença, do universo.

O *Guia dos desgarrados* é o testamento filosófico do pensador. Nele, o leitor encontra tanto um ensinamento original quanto uma exposição sintética das correntes místicas judaicas.

Estudo: L. Strauss, *Maïmonide*, col. "Épimétée", P.U.F., 1988.

H

HÁBITO (DO), *De l'habitude*, 1894.
RAVAISSON-MOLLIEN (Félix Lacher), 1813-1900.
Tese defendida em 1838.

Ravaisson recusa-se a considerar o hábito apenas sob o aspecto negativo. Não mobilizando a consciência, o hábito libera o homem para tarefas menos materiais. O hábito é bem uma "segunda natureza", mas é também um comportamento inteligente (embora não consciente). Ravaisson não coloca uma ruptura brutal entre o reino da matéria e o da liberdade. Rejeita a confusão cartesiana entre mecanicismo e vida. Para ele, a natureza é já desejo e anima o ser, sem se reduzir a uma potência cega e mecânica.

Estudo: D. Janicaud, *Une genealogie du spiritualisme français. Aux sources du bergsonisme: Ravaisson et la métaphysique*, Nijhoff, Haia, 1969.

HERÁCLITO E A FILOSOFIA, ou a Primeira apreensão do ser em devir da totalidade, *Héraclite et la philosophie, ou la Première saisie de l'être en devenir de la totalité*, 1962.
KOSTAS AXELOS, nascido em 1924.

Nessa obra, Kostas Axelos tenta reunificar os fragmentos enigmáticos do pensamento heraclitiano que, mesmo não sendo ainda metafísico, simboliza a pujança originária da eclosão do *logos*. Heráclito de Éfeso, pré-socrático, "foi o primeiro a pensar o *logos* do ser do devir total".

O projeto de Axelos é "reencontrar-se" com o pensamento de Heráclito, para atualizar a sabedoria poética e filosófica de seus escritos sem os desvirtuar: "Tentaremos expor a filosofia de Heráclito segundo o movimento de suas esferas concêntricas; esferas que se fundem e fusionam." Efetivamente, trata-se de um pensamento ao mesmo tempo global e sintético, que contém em potência os pensamentos que lhe sucederão (Nietzsche e Heidegger, por exemplo), e permite, por antecipação, aprofundar a compreensão destes.

Estudo: H. Lefebvre, *Le Jeu de Kostas Axelos*, Fata Morgana, 1973.

HERMES, *Hermès*, 1969-1980.
MICHEL SERRES, nascido em 1930.

Essa obra contém cinco volumes: *Comunicação* (1969), *Interferência* (1972), *Tradução* (1976), *Distribuição* (1977) e *Passagem do Noroeste* (1980). Michel Serres está à procura de um novo "novo espírito científico". Opondo-se a Bachelard e a Comte, ele preconiza uma epistemologia pluralista e opõe-se à noção de rainha das ciências, como aparece em diferentes correntes científicas e filosóficas de pensamento. Para ele, a filosofia deve, com toda necessidade, impregnar-se das ciências, e não apropriar-se delas.

Cada vez mais, as ciências se explicam por si mesmas, transformam-se em sua própria referência. Portanto, é importante que o epistemólogo pluralista, esse novo "novo espírito científico", se sinta no dever de analisar os termos. É esse o objetivo desses cinco volumes, publicados durante um período de onze anos.

Serres explora novos espaços, novos horizontes. Trata-se realmente de uma busca, no sentido de que nenhum resultado é dado de antemão. O domínio no qual ele se aventura é virgem, ou, se alguém já o visitou, foram poucos.

Estudo: F. Armengaud, *Dictionnaire des philosophes*, P.U.F., 1984.

HIERARQUIA CELESTE, Περὶ τῆς οὐρανίας ἱεραρχίας,

PSEUDO-DIONÍSIO, séculos V-VI

Esse tratado de teologia mística, escrito mais ou menos no fim do século V, apresenta a hierarquia celeste como dividida em três classes; nele são expostos o papel dos anjos e sua intervenção nos assuntos humanos, assim como a unicidade da Providência; por fim, cuida-se do simbolismo da religião católica. A classificação dos espíritos foi retomada pelos teólogos e exposta no *Paraíso* de Dante (ver *Divina comédia**).

Estudo: R. Roques, *L'univers dionysien: structure hierarchique du monde selon le Pseudo-Denys*, Le Cerf, 1983.

HINO A ZEUS.

CLEANTES, c. 312-c. 232 a.C.
Poema filosófico.

Esse poema é uma invocação à divindade onipotente, providência ordenadora do universo na doutrina estóica. O gênero do texto é ao mesmo tempo poético e especulativo. Embora pertencendo ao estoicismo antigo, esse texto já relaciona claramente física, teologia e moral. É uma teodicéia, pois nele se propõe a questão do mal e de sua possibilidade num mundo ordenado pela divindade.

Estudo: P.-M. Schuhl, apresentação do texto na edição francesa: "Hymne à Zeus", in *Les Stoïciens*, Bibliothèque de la Pléiade, Gallimard, 1962, pp. 3-6.

HÍPIAS MAIOR, ou Do belo, Ἱππίας μείζων, ἢ Περὶ τοῦ καλοῦ,

PLATÃO, 428/427-348/347 a.C.
Diálogo.

Pondo em cena Hípias de Élis, mais uma vez (com Protágoras ou Górgias) Platão ataca uma figura de proa da sofística. Mas, enquanto tinha o cuidado de ressaltar a dimensão intelectual dos sofistas de Abdera ou de Leôncio, Platão imputa ao pobre Hípias todos os defeitos: arrogante, pedante, ingênuo, alguém que nunca renuncia ao tom de grande senhor nem ao desprezo soberano à verdade, e, principalmente, alguém que é incapaz de encontrar o caminho da *Idéia*.

Hípias maior, porém, é bem mais que um pretexto para atacar os sofistas. Seu tema tem grande importância: o que é a beleza? É preciso lembrar que, para um grego, o belo não é apenas um valor estético; a beleza possui uma dimensão *moral*. Entre o belo e o bem, o grego não distingue, como nós, dois universos. O que é o belo? As definições propostas por Hípias logo se distinguem pela parvoíce: Sócrates tem grande dificuldade para levá-lo a compreender a necessidade de formular uma definição universal (não se define o belo com um exemplo particular: uma bela jovem ou o ouro). Mas, mesmo depois de entender sofrivelmente a necessidade de alçar-se ao nível da abstração, Hípias perde-se em confusões. O útil, o vantajoso e o agradável não são o belo. Não se pode tampouco definir a beleza em relação aos sentidos da visão ou da audição, pois belas leis não causam prazer algum dessa espécie.

A cada observação crítica de Sócrates, Hípias tenta esquivar-se, manifestando indiferença em relação à verdade. Se Sócrates lhe mostra que é preciso fazer a distinção entre belo e agradável, Hípias responde que a diferença talvez escape a um interlocutor medianamente vigilante ou exigente. Em suma, como bom sofista, Hípias só conhece uma exigência: a força persuasiva do discurso, a eficácia, que possibilita não ser contradito.

O diálogo termina com uma aporia; o fim apresenta um exemplo muito elaborado de ironia socrática.

Ao interesse propriamente filosófico de *Hípias maior* – esse diálogo prenuncia as problemáticas de *Banquete** – deve-se somar a verve literária incomum. Com o recurso a uma terceira personagem, que outra não é senão um duplo de Sócrates, Platão obtém efeitos cômicos sem-par.

Edição portuguesa: *Hípias maior*, INIC, Coimbra, 1985.
Estudo: P.-M. Schuhl, *L'oeuvre de Platon*, Vrin, 1971.

HÍPIAS MENOR, ou Da mentira,
'Ιππίας ἐλάττων, ἢ Περὶ τοῦ ψεύδους,
○ c. 399 a.C.
PLATÃO, 428/427-348/347 a.C.
Diálogo.

Como todos os chamados diálogos "socráticos", *Hípias menor* é uma discussão dialética, entre Sócrates e o ilustre sofista Hípias de Élis (ver *Hípias maior**). O ponto de partida da discussão é a questão da mentira, mas o principal objetivo de Platão é fundamentar a idéia socrática capital, de que só se pode cometer o mal por ignorância.

Edição portuguesa: *Hípias menor*, Coimbra, INIC, 1990.
Estudo: E. Chambri, apresentação da obra na edição francesa: "Hippias mineur", in *Premiers dialogues*, col. GF, Flammarion, 1967.

HIPOTIPOSES PIRRÔNICAS.
SEXTO EMPÍRICO
VER ESBOÇOS PIRRÔNICOS.

HISTÓRIA DA LOUCURA NA IDADE CLÁSSICA, *Histoire de la folie à l'âge classique*, 1961.
MICHEL FOUCAULT, 1926-1984.

Essa tese de doutorado não é, como parece indicar o título, uma história da psiquiatria, mas uma história das atitudes de segregação e de exclusão da loucura na Europa ocidental.

A primeira parte da obra analisa o fenômeno do internamento e as diversas significações dessa prática. Foucault mostra que, embora a lepra desapareça do mundo ocidental no fim da Idade Média, sendo sucedida pela loucura, é só depois de mais ou menos dois séculos que esse novo tormento provoca reações de segregação, exclusão, purificação. A loucura só será disciplinada em meados do século XVII, quando o grande confinamento a subtrai à liberdade imaginária que lhe permitia fervilhar ainda sob os céus do Renascimento e a condena ao silêncio.

O classicismo inventou o *internamento*, mais ou menos como a Idade Média inventara a segregação dos leprosos. Confinam-se os loucos, mas também os pobres, os desocupados, os ociosos, os homossexuais, os libertinos.

Ao anexar ao campo da desrazão, ao lado da loucura, as proibições sexuais, os interditos religiosos, as liberdades de pensamento e sentimento, o período clássico formava "uma experiência moral da desrazão", que constitui o alicerce de nosso conhecimento "científico" sobre a doença mental.

A segunda parte da obra é dedicada ao problema do reconhecimento e do conhecimento da loucura no período clássico.

Foucault mostra que, se de um lado a loucura é sentida como desrazão – ou seja, como negatividade vazia da razão –, por outro a análise médica vai tentar conferir-lhe uma determinação positiva. Configura-se um grande trabalho de classificação, animado por uma metáfora constante que tem a amplitude e a obstinação do mito: é a transferência das desordens da doença para a ordem da vegetação. É preciso organizar e ordenar as doenças mentais em classes, gêneros e espécies, com o mesmo cuidado e a mesma exatidão com que os botânicos fizeram o *Tratado das plantas*. O louco encontra-se, assim, no jardim das espécies. Ao mesmo tempo, alguma coisa que logo se transformará em clínica está começando a inaugurar-se. Organizam-se tratamentos voltados para a unidade indissociável de corpo e alma. Procura-se fortificar, vivificar as fibras nervosas, as membranas, todos os elementos do organismo considerados capazes de estabelecer a comunicação entre corpo e alma (uso do ferro, em especial). Sonha-se com a purificação total: uso de mel, fuligem de chaminé, açafrão, tatuzinhos e pó de patas de lagostim como dissolventes de todas as fermentações que, formadas no corpo, determinam a loucura. Apela-se para a imersão: duchas, tratamento por banhos. Nesses tratamentos, estabelece-se entre o médico e o doente um confronto que vai possibilitar a psiquiatria de observação.

Na terceira parte, Foucault analisa o duplo movimento de libertação e alienação da loucura pela medicina mental moderna. No século XVIII, o pavor diante da desrazão é acompanhado por um medo específico da loucura. Esta é agora percebida como sinal da precariedade de uma razão que pode vacilar a todo instante. A partir daí, os loucos se apartam, como por iniciativa própria, e ocupam um lugar que lhes pertence propriamente. Aparecem os primeiros asilos, que de início despertam curiosidade, depois compaixão e por fim, no século XIX, o humanitarismo e a solicitude social. É o grande movimento de reforma promovido por Pinel e Tuke: inquérito dos comissários, constituição de grandes hospitais. E logo vem a época de Esquirol e da "ciência" médica da loucura.

Mas se a loucura teve finalmente reconhecidos os seus direitos, foi para ser imediatamente reinserida nas normas sociais da burguesia. Pinel e seus seguidores, em vez de libertarem o louco, tornaram-no definitivamente alienado. A coação física foi substituída pela coerção moral exercida pelo médico. Quanto à ciência psiquiátrica, aboliu qualquer expressão própria da loucura e conferiu ao louco a posição de puro objeto.

Em conclusão, Foucault mostra que a psiquiatria, ao querer domesticar a loucura, na verdade impediu-se de compreendê-la. Esta se manifesta com todo o seu vigor criativo em Nerval, Nietzsche, Van Gogh, Artaud... Ardil e novo triunfo da loucura, que escapa a medidas e justificações por parte da psicologia.

História da loucura consagra uma nova abordagem do poder e da política. Foucault mostra a razão como uma das figuras do poder, que funciona como um modelo de exclusão e permite a dominação do homem pelo homem. Essa obra também teve influências práticas. Contribuiu para acelerar a crise do movimento psiquiátrico e reforçou a posição de antipsiquiatras como Laing e Cooper.

Edição brasileira: *História da loucura na idade clássica*, São Paulo, Perspectiva, 1972.
Estudo: H. Dreyfus e P. Rabinow, *Michel Foucault, un parcours philosophique*, Gallimard, 1984.

HISTÓRIA DA SEXUALIDADE,

Histoire de la sexualité, 1976-1984.
MICHEL FOUCAULT, 1926-1984.

No primeiro tomo dessa história da sexualidade, *Vontade de saber*, Foucault parte da constatação de que aprendemos a ver a sexualidade "como a crônica da repressão crescente". Como conciliar essa idéia de sexo reprimido com a proliferação dos discursos sobre sexo a partir do fim do século XVI?

De certa maneira, foi deixando *para trás* a hipótese repressiva e dos fatos da proibição (ou de exclusão) que Foucault chegou à descoberta dos grandes conjuntos estratégicos relativos ao sexo que desenvolvem dispositivos específicos de saber e poder. Para começar, a "histerização" do corpo da mulher: processo pelo qual o corpo da mulher é analisado como corpo saturado de sexualidade, integrado no campo médico, posto em comunicação com o corpo social, com o espaço familiar e com a vida dos filhos. Depois, a "pedagogização" do sexo da criança: afirmação de que todas as crianças se entregam a uma atividade sexual indevida, ao mesmo tempo "natural" e "contrária à natureza", cuja responsabilidade deve ser assumida pelas famílias, por educadores, psicólogos e médicos. Por fim, a "psiquiatrização" do prazer perverso: foi feita a análise clínica das formas de anomalias sexuais e procurou-se produzir uma tecnologia corretiva. Nessas estratégias, não se trata de controlar ou reprimir a sexualidade, mas, ao contrário, de produzir cada vez mais sexo.

Em *Uso dos prazeres*, em vez de recensear as interdições básicas que se dissimulam ou se manifestam nas exigências de austeridade sexual, Foucault estuda a maneira como o comportamento sexual foi refletido pelo pensamento grego clássico, as formas com as quais ele foi problematizado, tornando-se assim objeto de preocupação moral. Descobre, então, algumas grandes figuras da austeridade sexual, que se tornariam recorrentes em torno de quatro grandes eixos da experiência: a relação com o corpo, com a questão da saúde; a relação com o outro sexo, com a questão da esposa e da instituição familiar; a relação com seu próprio sexo, com a questão dos parceiros que podem ser escolhidos; a relação com os rapazes e com a verdade. A austeridade recomendada pelo pensamento grego não se apresenta na forma de lei universal à qual cada um deveria submeter-se, mas como um princípio de estilização da conduta para aqueles que quisessem viver da maneira mais bela e perfeita possível...

Em *Cuidado de si*, Foucault analisa os textos dos dois primeiros séculos de nossa era. Os temas de austeridade, ao mesmo tempo em que são reforçados, sofrem uma inflexão dominada pelo cuidado de si. Trata-se de uma arte que afirma a necessidade de submeter a atividade sexual a uma forma universal pela qual todos os seres humanos estariam ligados. Também evidencia todas as práticas e todos os exercícios por meio dos quais se pode manter o autocontrole e chegar, afinal, à pura autofruição.

Edição brasileira: *História da sexualidade*, 3 vols., Rio de Janeiro, Graal, 1980.

Estudo: J.-G. Merquior, *Foucault ou le nihilisme de la chaire*, P.U.F., 1986.

HISTÓRIA DOS ANIMAIS,

Τῶν περὶ τὰ ζῷα ἱστοριῶν, ○ c. 345 a.C.
ARISTÓTELES, 384-322 a.C.

Parece que esse tratado foi o primeiro dos escritos biológicos de Aristóteles, redigido durante seu exílio na Ásia Menor, quando teve tempo para dedicar-se à zoologia. A primeira parte (livros I a IV) expõe os modos de classificação dos seres vivos e estuda sua anatomia, a começar pelo homem, por ser o mais fácil de conhecer. A segunda parte (livros V a VII) mostra as diferentes maneiras como os seres vivos se reproduzem, terminando com a reprodução do homem, que é a mais complexa (a totalidade do livro VII é dedicada a isso). Por fim, nos livros VIII e IX, Aristóteles descreve o modo como os animais vivem: nutrição, costumes, doenças, caracteres e hábitos. O livro X (*Sobre a esterilidade*) inicialmente não fazia parte da obra, mas foi-lhe anexado ulteriormente.

Esse tratado é apenas descritivo: apresenta uma vasta classificação do reino animal. Por isso servirá de matéria para outros escritos biológicos de Aristóteles, nos quais será explicado aquilo que aqui só foi descrito.

Estudo: M. Marquat, *Aristote naturaliste*, Vrin, 1932.

HISTÓRIA DOS ORÁCULOS,

Histoire des oracles, 1686.
FONTENELLE (Bernard Le Bovier de), 1657-1757.

Fontenelle passa em revista prodígios e fábulas (por exemplo, a história do "dente de ouro"), e procura saber como os povos puderam explicar por meio de intervenções sobrenaturais fenômenos passíveis de explicação racional. Seu método é o mesmo que foi comum ao Iluminismo: falar das superstições pagãs e deixar que o leitor faça generalizações em relação ao cristianismo, que não é protegido contra tais comparações.

Estudo: J. Bergier, apresentação do texto, Marabout Université, 1973.

HISTÓRIA E CONSCIÊNCIA DE CLASSE, *Geschichte und Klassenbewusstsein*, 1923.

GYORGY LUKÁCS, 1885-1971.
Coletânea de ensaios de filosofia da história.

Essa obra foi violentamente combatida, tanto pelos comunistas ortodoxos quanto pela socialdemocracia, depois foi renegada pelo próprio autor, mas nem por isso deixou de exercer grande influência, em particular sobre seus contraditores, como Heidegger ou Ernst Bloch.

Para entender bem seu valor teórico, convém abordá-la sem dar demasiada atenção aos debates internos e externos ao marxismo. Esses ensaios opõem-se à separação – fundamental em toda a história da filosofia – entre sujeito e objeto, e à definição realista da verdade como concordância entre a representação e os objetos que estão fora dela. O conceito maior é o de "reificação", que retoma e precisa as idéias marxistas de alienação e fetichismo da mercadoria; ele é definido como aquilo que transforma os seres e os objetos em *res* e materializa tudo o que é, em "pseudo-objetividade" racionalista ou em "pseudo-subjetividade" idealista, obliterando a mediação com a práxis social como totalidade, tornando hostis e estranhos os fenômenos.

Esse livro permite ver em Lukács o comentador de Marx mais influente do século XX.

Edição brasileira: *História e consciência de classe*, São Paulo, Martins Fontes, no prelo.

Estudo: L. Goldmann, *Lukács et Heidegger*, Denoël, 1973.

HISTÓRIA E UTOPIA, *Histoire et utopie*, 1960.

EMIL MICHEL CIORAN, nascido em 1911.

Incapazes de viver no "eterno presente", os homens, cuja natureza é o mal, devido à "nódoa inicial", precisam criar ficções, paraísos passados (para os homens antigos), ou futuros (para os homens modernos). Animais históricos por sua agressividade (fonte do desenvolvimento da humanidade), fascinados pelo impossível, evitam assim a ruína da sociedade. A ideologia, expressão vulgar da utopia, desenvolve uma idéia da felicidade, uma felicidade imaginada, que é origem do fanatismo.

A tirania tem certa vitalidade, ao passo que a democracia – *tirania de opereta* – é o signo da debilidade.

Visionário lúcido, portanto pessimista, Cioran é um cínico cuja ambição é perceber o real em sua pureza (o Mal). A história não produz nada além de utopias que propagam o Mal, a tirania e a escravidão.

Estudo: S. Jaudeau, *Cioran ou le dernier homme*, Jose Corfi, 1990.

HISTÓRIA E VERDADE, *Histoire et vérité*, 1955.

PAUL RICOEUR, nascido em 1913.

Procurando entender a história sem ceder à concepção de filosofia da história, Paul Ricoeur propõe questões acerca do ofício de historiador. Qual é a verdade no conhecimento da história? Propõe perspectivas, ora críticas, ora teológicas, e procura descobrir o que é a verdade na ação histórica, distinguindo *discurso* e *práxis*, interrogando sobre a posição do homem não violento na história vivida, discernindo, enfim, o "paradoxo político". Só uma "retrospecção" pode dar sentido ao ato político. O poder revela, finalmente, a verdadeira natureza do pecado: não o prazer, mas o orgulho da força no ter e no poder. No cerne do ato político, coloca-se o problema central da liberdade, seja ela fundamentada pela racionalidade do Estado, seja ela limitadora das paixões do poder. Está aberta a questão da criatividade de uma civilização.

Edição brasileira: *História e verdade*, Rio de Janeiro, Forense, 1968.
Estudo: M. Philiberf, *Paul Ricoeur*, Seghers, 1971.

HISTÓRIA GERAL DA NATUREZA E TEORIA DO CÉU, *Allgemeine Naturgeschichte und Theorie des Himmels*, 1755.

EMMANUEL KANT, 1724-1804.

O objetivo de Kant, nessa obra, é redigir uma cosmologia que utilize unicamente o método mecanicista. Nela fará a primeira descrição correta da Via-Láctea, de disco achatado.

Na primeira parte, descreve a constituição geral de nosso sistema solar (seis planetas e dez satélites), e amplia essa ordem, de pequena escala, para todo o Universo, em virtude do alcance universal dos princípios da física newtoniana que põem em ação duas forças opostas, atração e repulsão.

Na segunda parte, ele apresenta sua cosmogonia, descrevendo a formação do Universo a partir das simples leis da mecânica. Essa formação é resultante da aplicação das forças de repulsão e atração sobre uma matéria-prima não uniformemente densa. Por atração, ocorre a constituição de massas de matéria onde a densidade é mais forte. São atraídas por um núcleo central, mas seu trajeto é obstado por forças de repulsão; elas se transformam então em turbilhões cuja densidade mais forte se encontra no núcleo central. As mesmas forças agem de novo em cada turbilhão, e é assim que se formam os planetas, que são outros tantos núcleos centrais. A criação do mundo nunca estará acabada, pois progride continuamente com a formação de mundos novos que aos poucos se encaminham para a ordem. Por fim, Kant aborda a possibilidade de outros mundos serem habitados. Como todos os planetas do Universo são formados de acordo com as mesmas leis, por que não seriam habitados por outros seres vivos?

Nessa obra, Kant completa o sistema de Newton, pois explica mecanicamente a primeira colisão, que este considerava inexplicável. No entanto, abstém-se de entrar nos domínios da religião, porquanto o nada primitivo e a causa da organização do Universo não podem ter explicações científicas. Por fim, Kant afirma que é possível provar a existência de Deus a partir da ordem e da beleza do Universo, concepção à qual voltará depois.

Estudo: J. Seidengarf, introdução à edição francesa: *Histoire de la nature et théories du Ciel*, Vrin, 1984.

HISTÓRIA NATURAL DA ALMA, *Histoire naturelle de l'âme*, 1745.

JULIEN OFFRAY DE LA METTRIE, 1709-1751.

Esse tratado ilustra o materialismo fisiologista do século XVIII. Trata-se de compreender o pensamento a partir da substância corpórea. Mas nessa obra La Mettrie rejeita o mecanicismo puro. Admite, como Descartes, a inércia da matéria, mas afirma também sua sensibilidade. Essa crítica ao cartesianismo conduz o autor a reintroduzir *formas substanciais*, à maneira dos "Antigos" (ou seja, dos filósofos aristotélicos).

La Mettrie retomará essa obra na edição completa de suas *Obras filosóficas* de 1751, com o título de *Tratado da alma*.

Estudo: M. Tisserand, apresentação da coletânea de *Textos Escolhidos*, col. "Les Classiques du peuple", Messidor-Éditions Sociales, 1974.

HISTÓRIA NATURAL DO HOMEM, *Histoire naturelle de l'homme*, 1749.

BUFFON (Georges Louis Leclerc, conde de), 1707-1788.

Na grande obra de Buffon, *História natural*, a *História do homem* sucede à *Teoria* *da Terra*. Cabe lembrar que a palavra "história" não tem aqui significado cronológico; não designa a exposição do percurso de um devir, mas – conforme a etimologia grega – uma investigação (à maneira da *História dos animais** de Aristóteles).

Conhecer o homem, esse é o projeto de Buffon, que adota a avaliação de Rousseau: "O mais útil e menos avançado de todos os conhecimentos humanos parece-me ser o do homem." Esse conhecimento Buffon pretende elaborar com toda a independência em relação aos dados da revelação (a *Teoria da Terra* lhe valera alguns desentendimentos com a faculdade de teologia).

Preocupado – como sempre – com a exatidão factual, Buffon apóia sua investigação antropológica nas observações dos anatomistas, dos médicos e dos viajantes de seu tempo. Mas a rejeição às teorias especulativas *a priori* não implica adesão a afirmações materialistas: Buffon afirma, por exemplo, a distinção entre alma e corpo. Adota um transformismo limitado, que lhe possibilita não renunciar à separação entre homem e animal: "O homem não é um simples animal, [...] sua natureza é superior à dos animais." Ele está destinado a reinar sobre as outras espécies, e Buffon nunca vê nesse estado de coisas as premissas de uma catástrofe: a cultura constitui o prolongamento da natureza, nunca ruptura, como crê Rousseau. O homem, aliás, é determinado por instinto natural à vida em sociedade ("tudo concorreu para tornar o homem sociável"); esse ponto distingue as teses de *História natural do homem* das idéias expostas por Rousseau na mesma época.

Como toda a *História natural*, a *História do homem* marcou profundamente seu século. A beleza dos volumes, a riqueza das ilustrações não deixaram de contribuir para o sucesso da obra. Também é preciso falar do estilo, ao qual Buffon atribuía importância particular. O próprio Rousseau via em Buffon "a mais bela pluma de seu século".

Estudo: M. Duchet, "L'anthropologie de Buffon", in *Anthropologie e histoire ao Siècle des Lumières*, Flammarion, 1978.

HISTÓRIA ou INVESTIGAÇÕES,

'Ιστοριῶν λόγοι.

HERÓDOTO DE HALICARNASSO, c. 484-425 a.C.

Essa obra, composta de nove livros, trata das guerras que opuseram gregos e bárbaros da época de Creso até a de Xerxes. Heródoto é testemunha da vitória decisiva dos gregos sobre os bárbaros: para explicar os acontecimentos recentes, parece-lhe necessário remontar às origens. A obra começa com uma exposição dos caracteres que distinguem os povos da Ásia dos da Europa. O autor relata de início a derrota do rei dos lídios, Creso, em 546 a.C., na guerra travada contra Ciro, rei dos persas; fica-se sabendo como Ciro submeteu os medas e os assírios, como Cambises empreendeu a conquista do Egito para aumentar as conquistas de seu pai, Ciro. Com a morte de Cambises, Dario tomou o poder e reorganizou o império: dividiu-o em satrapias, governadas por sátrapas. Em seguida, Dario se voltou contra os citas e apoderou-se do lado europeu do Helesponto; a partir de 499, os gregos lhe opuseram resistência; ele foi vencido na batalha de Maratona, em 490. Durante o reinado de Xerxes ocorreram várias batalhas (Termópilas, Salamina, em 480), que livraram a Grécia do jugo persa.

História descreve o nascimento e a evolução do despotismo persa, que uma nação corajosa, orgulhosa e livre acaba por destruir. A primeira parte contém numerosas digressões anedóticas ou míticas, que conferem um cunho pitoresco à obra, escrita, outrossim, num estilo que tem a fluidez do conto; a parte referente a Xerxes é mais dramática; nela se percebe uma profunda admiração da Jônia pelo patriotismo de Atenas.

Heródoto é considerado o "pai da História": é o primeiro a passar da especulação mítica à *investigação*; seu estudo trata da época contemporânea à sua. Pode-se criticar nele a fé ingênua na mitologia, a falta de senso crítico, os erros, a pouca educação científica, mas não se pode ficar insensível à sua honestidade, à sua sinceridade.

Estudo: A. Barguet, introdução à edição francesa *L'enquête*, 2 vols., col. "Folio", Gallimard, 1985 e 1990.

HOMEM (DO), *De homine*, 1658.

THOMAS HOBBES, 1588-1679.

Esse tratado é a segunda parte de uma obra de Thomas Hobbes intitulada *Elementos de filosofia* (*Elementa philosophiae*), cuja terceira parte é constituída pelo célebre tratado que tem por título *Do cidadão** (*De cive*). O tratado *Do homem* retoma, de maneira mais desenvolvida e menos sistemática, os temas que Hobbes já abordara numa obra datada de 1650, *Da natureza humana** (*Human Nature*).

Como o título indica, esse tratado é dedicado ao estudo do ser humano, mais particularmente ao da alma humana, pois o estudo físico do corpo é muito sucinto. De fato, o autor contenta-se em lembrar o princípio fundamental que orienta toda a sua teoria fisiológica, a saber, a identidade entre vida e movimento, sendo o movimento do coração o próprio princípio da vida. Todavia, o autor expõe dilatadamente sua teoria da visão, por um lado porque já formulou seus grandes princípios num esboço de *Dióptrica*, e por outro porque isso lhe permite introduzir o estudo da alma pelas vias da imaginação.

Depois de demonstrar a origem das ilusões de óptica, Hobbes abandona definitivamente o campo da fisiologia para dedicar-se ao estudo de noções espirituais, como a linguagem, a ciência e as paixões, a lei e a religião. O filósofo concebe a linguagem como uma criação artificial do homem, pela qual este une uma palavra arbitrária à coisa que ele designa. Quanto à ciência, Hobbes a identifica com o conhecimento da causa, e só há ciência quando se pode demonstrar, a partir do princípio, as conseqüências decorrentes. Por isso, a física não é uma ciência, pois só faz constatar fenômenos e relacioná-los posteriormente com sua causa. As paixões são os movimentos pelos quais nos dirigimos para certas coisas e qualificamos de bom o que satisfaz nosso desejo. O autor afirma que a lei só tem valor moral quando se dirige ao cidadão que há em cada homem. Por fim, ele define a fé e o culto, que abrangem uma só e mesma realidade – a religião –, conforme seja uma manifestação individual ou coletiva.

Hobbes propõe nessa obra uma concepção das relações entre o homem e a sociedade que está próxima daquela que ele define no *Leviatã**: o estudo fisiológico e biológico do indivíduo tomado isoladamente permite descobrir seu comportamento na coletividade.

Estudo: P. Naville, *Thomas Hobbes*, Plon, 1988.

HOMEM DE DESEJO, *L'homme de désir*, 1790.

LOUIS CLAUDE DE SAINT-MARTIN, 1743-1803.

Próximo de Swedenborg, Saint-Martin inspira-se, em algumas de suas teorias, no filósofo espanhol Martinez de Pasqualis. *Homem de desejo* é uma coletânea de hinos à glória da reintegração em Deus. Prisioneiro da matéria, o homem exprime sua alienação e sua separação. Note-se nisso uma crítica ao sensacionismo.

Estudo: R. Amadou, *Trésor martiniste*, Éditions Traditionnelles, 1969.

HOMEM DE PALAVRAS,

Contribuição lingüística às ciências humanas, *L'homme de paroles*, 1985.

CLAUDE HAGEGE, nascido em 1936.

Unicidade de espécie e pluralidade de línguas: na comunicação humana intervêm certos mecanismos cerebrais. O metacircuito do signo é o traçado neurológico daquilo que é a significação no campo da lingüística. Hagege elabora um quadro para o estudo das línguas na realidade de sua manifestação.

HOMEM, DE SUAS FACULDADES INTELECTUAIS E DE SUA EDUCAÇÃO (DO), *De l'homme, de ses facultés intellectuelles et de son éducation*, 1772.

CLAUDE ADRIEN HELVÉTIUS, 1715-1771.

Essa obra é continuação de *Do espírito**, desenvolvendo suas teses e inferindo suas conseqüências. Essas conseqüências se manifestam principalmente no domínio da educação, que Helvétius considera onipotente na formação dos espíritos: "A educação pode tudo"; "Nada é impossível para a educação; ela faz um urso dançar." Pois o autor de *O espírito* não acredita na eficácia de um determinismo interno, de tipo fisiológico; para ele, a mente não é um "dom da natureza", mas "um efeito da educação".

Deve-se a Diderot uma refutação muito coerente dessa obra. Ele critica, em nome da natureza dos seres, a fé absoluta de Helvétius na onipotência da educação: "Ninguém dá nariz ao cão de caça." Rousseau também o admoesta, desta vez por seu materialismo, em *Profissão de fé do vigário saboiano* (livro IV de *Emílio**).

Estudo: G. Besse, *Histoire littéraire de la France*, Messidor-Editions Sociales, 1987, t. III, pp. 490-6.

HOMEM E A TÉCNICA (O), *Der mensch und die Technik*, 1931.

OSWALD SPENGLER, 1880-1936.

O olho, determinando o olhar, organiza o mundo e inspira o desejo de dominar; é ele que determina o que é verdadeiro. A mão, que distingue o homem do animal, permite apoderar-se do mundo e, por meio dos instrumentos e das armas, dominá-lo. A técnica é, assim, um produto da consciência e uma tática que tem em vista utilizar e dominar o mundo. O homem prometéico, substituindo a natureza, torna-se criador.

Rejeitando a espontaneidade da vida, o Ocidente moderno rompeu os laços entre história e natureza, e possibilitou que a técnica se impusesse. Quem domina não são mais os filósofos, os sacerdotes e os cientistas (o olho), mas os comerciantes, os políticos e os militares (a mão). Com a tecnocracia que acompanha o socialismo, o cálculo substitui o pensamento, e o homem passa a ser submetido pela produção. Assim, o Ocidente se exaure vital e espiritualmente.

Profeta do declínio, mas também pensador da técnica, Spengler prenuncia nessa obra certas análises da escola de Frankfurt.

Edição brasileira: *O homem e a técnica*, Porto Alegre, Edições Meridiano, 1941.

Estudo: H. S. Hugues, *Oswald Spengler. A Critical Estimate*, Nova York-Londres, 1952.

HOMEM E O SAGRADO (O), *L'homme et le sacré*, 1939.

ROGER CAILLOIS, 1913-1978.

Discípulo de Marcel Mauss, Roger Caillois elabora uma "psicologia do sagrado", descrevendo seus diferentes aspectos, analisando os mecanismos sociais que o fundamentam e suas funções sociais.

O sagrado, cuja antítese e complementaridade são o profano, apresenta bipolaridade ao se manifestar nos ritos com dois aspectos opostos: por um lado, nos tabus, as proibições e as leis que impõem uma ordem imutável e preservam a unidade do grupo; por outro lado, em ritos de transgressão, sobretudo nas festas e nas orgias. Assim, Caillois distingue um "sagrado respeitoso" (teoria das proibições) e um "sagrado transgressor" (teoria da festa).

A guerra apresenta um caráter sagrado, visto que uma de suas funções essenciais é a da festa, da orgia ritual. Nas sociedades contemporâneas, que perdem o sentido da festa e dos ritos, as guerras cristalizam em vastos transes coletivos todas as forças do sagrado, e tornam-se cada vez mais freqüentes e apaixonadas.

Estudo: J. Worms, *Entretiens*, Éd. de la Différence, 1991.

HOMEM-MÁQUINA (O),

L'homme-machine, 1747.
JULIEN OFFRAY DE LA METTRIE, 1709-1751.
Publicado sem nome de autor.

Essa obra é por certo o exemplo mais radical daquilo que o século XVIII produziu em matéria de explicação mecanicista e materialista do homem.

La Mettrie representa a matéria como algo dotado de uma tendência essencial ao movimento. Para admitir esse princípio, baseia-se nas experiências dos biólogos seus contemporâneos: Trembley, Reaumur, Haller. A noção de "irritabilidade", em particular, parece-lhe fundamental. A matéria de La Mettrie não é mais a substância extensa inerte de Descartes.

A essa tendência ao movimento soma-se uma tendência não menos essencial à organização espontânea. O que evita recorrer a uma providência organizadora (a filosofia de *O homem-máquina* é decididamente atéia), ou ao acaso. O corpo humano, escreve La Mettrie, "é uma máquina que monta, ela mesma, o mecanismo que a faz funcionar: imagem viva do movimento perpétuo". Animismo, finalismo e providencialismo são descartados.

Uma tal matéria, indestrutível, incriada, auto-organizada, torna caduca a idéia de alma. O que designará esta palavra, se é que fazemos questão de lhe atribuir algum conteúdo? Nada além do que aquilo que pensa dentro de nós, ou seja, o órgão cerebral. A constituição desse órgão explica suas capacidades particulares.

O projeto dessa obra é, pois, de inspiração cartesiana, com a diferença, evidentemente capital, de que, enquanto Descartes estabelecia uma ruptura entre o animal (máquina) e o homem (união substancial de alma e corpo), La Mettrie adota o esquema cartesiano de animal para estendê-lo ao homem. Do animal ao homem, passa-se então por gradações, e não por uma ruptura de essência. O autor extrai disso conseqüências audaciosas, sobre a possibilidade de educar os primatas, cuja anatomia comparada estabelece a semelhança com o homem. Por que os grandes primatas não aprenderiam a falar?

A essa continuidade do mundo vivo corresponde a unidade físico-moral no homem, o que se opõe ao dualismo cartesiano. Aqui é o La Mettrie médico que fala, indo ao encontro de Helvétius: o que sentimos, pensamos, queremos ou acreditamos deve ser explicado a partir de nossa organização corpórea. Na idiossincrasia fisiológica está a chave da psicologia do indivíduo.

A moral da obra evidentemente acompanha o diapasão de seu materialismo mecanicista. É inevitável a negação do livre-arbítrio: o que queremos decorre da disposição dos órgãos do corpo. Embora considere Spinoza "metafísico" demais, nesse aspecto La Mettrie se alinha com ele. Não existe valor moral absoluto, transcendente. A ética só pode fundar-se na natureza e na sociedade. Esta, respaldada pela religião, pretende atribuir valor absoluto a fins que propõe – e impõe – aos indivíduos apenas pela utilidade social que representam. Portanto, a sociedade recompensa e pune em função do interesse que vê neste ou naquele comportamento. As concepções de La Mettrie são, neste ponto, muito próximas daquilo que se encontra em Spinoza: a hierarquia dos valores não é recusada, tampouco o sistema de sanções, mas seu significado é subvertido.

À moral social, o autor opõe a moral baseada na natureza e nas imposições da razão. Moral do prazer e da busca da felicidade, o que dá na mesma, pois para La Mettrie a felicidade consiste em sensações agradáveis. E a obra empenha-se em cortar todos os elos entre virtude e felicidade: "Em relação à felicidade, bem e mal são, em si, totalmente indiferentes."

Essa obra foi mal recebida. Chegou a provocar furor nos meios clericais. O fisiologista Haller precisou renegar alto e bom som a dedicatória na qual La Mettrie, em *O homem-máquina*, se declarava seu discípulo. O caso levou Frederico, o Grande, a oferecer ao filósofo uma hospitalidade que veio acompanhada por uma pensão régia. A repercussão da obra, porém, não passou dos limites de seu tempo. E embora numerosos filósofos (Hegel, Marx) se tenham interessado mais tarde pelos materialistas ateus do Século das Luzes, a influência dessa obra sobre a história das doutrinas foi sempre modesta. Mas essa não é uma razão para apresentar uma imagem exageradamente simplificadora das teses de *O homem-máquina*, como se faz com freqüência.

Estudo: P.-L. Assoun, apresentação da edição francesa: *L'homme-machine*, col. "Mediation", Gonthier-Denoël, 1981.

HOMEM NEURONAL (O),

L'homme neuronal, 1983.
JEAN-PIERRE CHANGEUX, nascido em 1936.

Essa obra foi escrita para tentar afirmar que "o homem pensa com seu cérebro"; afirmação que pode ensejar um acordo bastante amplo, desde que não se lhe atribua um sentido mais preciso. Para Changeux, trata-se de mostrar que nada mais há no psiquismo humano além da atividade material dos neurônios do cérebro. "Qualquer comportamento é explicado pela mobilização interna de um conjunto topologicamente definido de células nervosas." A tese é filosófica, à medida que implica um esvaziamento do "espírito": "A partir disso, de que serve falar de espírito? Não há mais que dois 'aspectos' de um só e mesmo acontecimento que poderá ser descrito com termos tomados à linguagem da psicologia (ou da introspecção), ou da neurobiologia."

Essa posição filosófica não impede que *O homem neuronal* faça uma nítida distinção entre a exposição dos dados de experiência e as conclusões ideológicas ou metafísicas que deles possam ser inferidas.

Estudo: A. Comte-Sponville, "Le Demon de Changeux", in *Une education philosophique*, col. "Perspectives critiques", P.U.F., 1990 (2ª ed.).

HOMEM REVOLTADO (O),

L'homme revolté, 1951.
ALBERT CAMUS, 1913-1960.

Toda a obra de Camus é permeada pela presença do absurdo e da revolta. Mas aquilo que não passava de ensaio literário (*Núpcias*, *O verão*, *O mito de Sísifo**, *O estrangeiro*), em *O homem revoltado* passa a ser interrogação filosófica. A revolta é total: contra a morte, a doença, a miséria, contra todas as formas de sabedoria (cf. *Calígula*). Mas quando se observa sua natureza íntima, por trás da revolta vê-se a sede de absoluto, o gosto pelo sagrado, pela permanência. Mas Camus reconhece que essa sede permanece insaciada para sempre.

Depois de examinar a obra de Proust e a de Nietzsche, depois de analisar a literatura russa em seu aspecto niilista e revolucionário, Albert Camus chega a um relativismo que pretende ser apaziguante, mas no qual não se deixa de sentir uma desilusão total. Em face a seu desejo de absoluto, o homem é inerme. A única maneira de viver é aceitar nossa humanidade tal qual é, ou seja, fragmentária e atormentada em seu ser.

O homem revoltado é a obra mais refletida de Camus: é resultado de toda a sua experiência de filósofo, escritor e homem.

Edição brasileira: *O homem revoltado*, Rio de Janeiro, Record, 1997.
Estudo: P. Ginestier, *Camus*, col. "Pour connaître la pensée de", Bordas, 1979 (3ª ed.).

HOMEM UNIDIMENSIONAL (O),

Ensaio sobre a ideologia da sociedade industrial avançada,
One-Dimensional Man, 1964.
HERBERT MARCUSE, 1898-1979.

Ao analisar os diversos aspectos do capitalismo americano, Marcuse descobre uma sociedade repressiva, que aprisiona a existência individual em nome de um pretenso "interesse geral". Fala de uma sociedade brutal, tanto em sua expansão neocolonialista quanto no "controle total" que ela exerce sobre a liberdade através dos avanços técnicos e das suas produções. Os políticos dominam "uma sociedade sem oposição", graças, principalmente, a um discurso que se diz liberal, mas que não passa de um discurso hermético, muito próximo da nova língua de Orwell. "A sociedade contemporânea parece capaz de impedir qualquer transformação social", continuando a dar algumas parcelas de conforto. Restará ainda alguma esperança de transformar essa sociedade e de suprimir seus valores repressivos? Ela parece tão bem organizada... Mas, apesar de tudo, traz em si mesma as contradições, e pode-se imaginar que a juventude se revolte enfim. Mas não seria preciso que, ao mesmo tempo, os cientistas, engenheiros, técnicos etc., aqueles que dominam as técnicas, se unissem à causa revolucionária? Isso "constituiria um milagre", pois eles são beneficiários do sistema. O que se vê, definitivamente, é que só as forças oriundas das contradições do capitalismo podem romper as cadeias.

Para Marcuse, o objetivo desse livro é determinar qual dessas duas hipóteses se realizará: ou a sociedade poderá impedir as transformações, impondo-se a repressão de uma vez por todas, ou um "contramovimento internacional e global" poderá levar a sociedade a explodir. Ora, no século XX, até agora, os avanços técnicos sempre serviram à repressão. Basta citar o exemplo da bomba atômica; é aceita pela população, que a considera um meio de defesa contra o perigo. Na verdade, a ameaça de explosão de uma bomba atômica "preserva as próprias forças que produzem esse perigo". A aparência de perigo constitui um meio de repressão eficaz, visto que a sociedade "nem por isso deixa de enriquecer". Infelizmente, a bomba não é o único exemplo de opressão: esta é generalizada. Todos os sistemas de produção estão voltados para o poder, todas as máquinas são seus instrumentos. "A sociedade contemporânea tende para o totalitarismo", que se manifesta pela uniformização política e técnico-econômica. Todos os tipos de consumo são apresentados como liberdades econômicas, mas satisfazem falsas necessidades. Pela "eficácia dos controles sociais", a imprensa se autocensura, e a liberdade se reduz a "optar entre marcas e aparelhos".

Resta uma esperança. A derrota na guerra do Vietnã indica que os pobres às vezes podem ganhar dos ricos. Ora, numa sociedade que se apresenta como *racional* (porque produz mais conforto, mais eficácia...), os sinais de *irracionalidade* se tornam cada dia mais manifestos. A sua obrigação de produzir sempre maior progresso tende a fazer que, no fim, o indivíduo não possa mais ser submetido à alienação pelo trabalho, pois este se tornará marginal, graças precisamente ao progresso técnico, ao maquinismo. O funcionamento e o fundamento da sociedade industrial conduzirão à sua ruptura. Do mesmo modo, a sociedade repressiva deve canalizar as energias sexuais e artísticas, o que Marcuse chama de "dessublimação repressiva". Para organizar essa atrofia, ela oferece um pouco mais de sexo (por meio da pornografia ou da supressão de tabus) e de arte (comercializando-a). Mas porventura não se assiste, paralelamente, ao desenvolvimento de uma agressividade, de uma frustração cada vez maior? Hoje o homem é *unidimensional*: é um homem que perdeu uma dimensão, a da autonomia, da personalidade, do humanismo, em suma a dimensão dos valores idealistas e românticos. Mas, como a sociedade unidimensional tende à ruptura, não é impossível que esse homem volte a encontrar um dia a sua bidimensionalidade, a sua liberdade.

"É dos que não têm mais esperança que nos chega a esperança." Marcuse, terminando seu texto com essa frase de Walter Benjamin, quer acreditar ainda numa possível revolução. Das duas hipóteses do livro, ele diz que não pode determinar qual se concretizará; a teoria crítica da sociedade não permite conhecer o futuro. Autoriza, no máximo, o otimismo, pois afirma que sempre é possível formar uma crítica. Razão pela qual Marcuse quer acreditar na utopia de uma revolução; que, em não se realizando, pode sempre ser imaginada. Se o homem é muito reprimido, é também profundamente livre para imaginar e pensar.

Sendo o texto mais célebre de Marcuse, *O homem unidimensional* desenvolve temas já presentes em seus escritos anteriores sobre a imaginação e sua faculdade de sublimação (*Eros e civilização**), em torno das teses de Freud, ou sobre o pensamento negativo a partir das teorias de Hegel (*Razão e revolução**). Mas esse livro é o primeiro em que, atuando como sociólogo, Marcuse abandona as filosofias marxista, psicanalítica e idealista para buscar o homem no próprio seio da sociedade.

Edição brasileira: *Ideologia da sociedade industrial*, Rio de Janeiro, Zahar, 1982.
Estudo: J.-M. Palmier, *Apresentação de Herbert Marcuse*, col. 10/18, U.G.E., 1968.

HOMO VIATOR, *Homo viator*, 1944.

GABRIEL MARCEL, 1889-1973.

Essa obra apresenta-se como esboço de uma metafísica da esperança. É composta de onze ensaios, sendo os dois últimos dedicados a Rilke e a *O homem revoltado** de Camus. Marcel trata da intersubjetividade, que é a relação existencial de duas consciências singulares; trata também da fidelidade, concebida como elo incondicional ou primordial, e da família. Além disso, faz uma crítica a *O ser e o nada**, de Sartre, na qual se afirma sua oposição total ao pensamento existencialista do autor de *A náusea*.

Essa obra é um dos nove grandes textos de Marcel, ao lado do *Diário metafísico** e *Ser e ter**. Seu autor é uma das grandes figuras do chamado existencialismo cristão. A esperança marceliana está ligada ao amor, à fé, à alegria e à salvação. Baseia-se numa relação viva com o próximo; nisso, está ligada à intersubjetividade. Distingue-se do desejo, que tende para a posse. Por fim, Marcel escreverá que a esperança é esperança do além, ou da salvação.

Estudo: M.-M. Davy, *Un philosophe itinerant: Gabriel Marcel*, Flammarion, 1959.

HORAS (AS), 'Ωραί.

PRÓDICO DE CEOS, 2ª metade do século V a.C.
Apologia a Héracles, fragmento.

Reproduzido por Xenofonte em *Memoráveis**, essa narrativa expõe as dúvidas do jovem Héracles quanto a suas escolhas morais: duas mulheres se lhe apresentam; uma personifica o Vício, a outra, a Virtude. Cada uma gaba seus méritos, mas a Virtude convence finalmente Héracles dos malefícios do Vício e de seus próprios benefícios.

Pródico louva a vida do mítico Héracles; mas afirma também a predominância dos valores morais e retóricos.

Estudo: J. Voilquin, comentários, na edição francesa: "Les heures", in *Les penseurs grecs avant Socrate*, col. GF, Flammarion, 1964.

HUMANISMO (SOBRE O), *Über den Humanismus*, 1949.

MARTIN HEIDEGGER, 1889-1976.
Carta a Jean Beaufret.

Em 1945 tem início um diálogo entre Jean Beaufret e Heidegger que prosseguirá até a morte deste. Foi em resposta a uma das cartas de Beaufret, cujos artigos sobre o existencialismo lera, que Heidegger redigiu em 1947 esse texto no qual respondia mais particularmente à pergunta: "Como restituir sentido à palavra 'humanismo'?" Aqui se lê uma feroz oposição do autor de *Ser e tempo** aos humanismos que, desde a Roma antiga, presupõem a essência do homem como evidente, sem observar que a definição de homem como animal racional é uma interpretação metafísica que não leva em conta a dignidade própria do homem. A metafísica não vê que a especificidade da maneira de ser do homem é que ele ex-siste. Deve-se entender por "ex-sistência" não a realização de uma essência, mas o fato de "manter-se na clareira do Ser". Voltando a tratar da leitura ético-existencial de *Sein und Zeit*, para explicar o que entendia por "ex-sistência" ou por *Dasein*, Heidegger lembra que o *Dasein* é esse domínio de abertura para o Ser, esse campo de manifestação do Ser que torna o homem capaz de uma compreensão do Ser: ele é "pastor do Ser", ou seja, aquilo por meio do que os outros entes podem ter acesso ao Ser.

Mas o que é o Ser? Heidegger não responde a essa pergunta, vendo aí sobretudo uma tarefa do pensamento. A verdade do Ser permanece impensada. O Ser destina-se a nós, dá-se na e como história, mas recusa-se ao mesmo tempo – pois não é ente: a história do Ser (história da metafísica) é também a história do esquecimento do Ser. O homem deve, pois, descobrir a verdade do Ser que o chama a salvaguardar sua verdade. O pensamento de Heidegger, que se erige contra qualquer humanismo anterior, nada tem, portanto, de glorificação do inumano: é um humanismo que pensa o homem em sua proximidade com o Ser.

Com esse texto essencial, que teve grande repercussão na França, Heidegger rompia o silêncio de escritor que se seguiu a suas breves relações com o nazismo e a seu afastamento da Universidade. Desse modo resolvia os mal-entendidos ocasionados pela descoberta de suas obras: a acusação de irracionalismo, que equiparava apressadamente qualquer crítica da "lógica" a niilismo, a censura que lhe fora feita de renegar os "valores", a acusação de ateísmo; por fim, dissipava a confusão freqüente, naquele pós-guerra, entre o existencialismo vigente e uma ontologia que pretendia superar a metafísica.

Edição brasileira: *Cartas sobre o humanismo*, São Paulo, Moraes, 1991.
Estudo: E. Levinas, *En découvrant l'existence avec Husserl et Heidegger*, Vrin, 1974.

HUMANISMO DO OUTRO HOMEM,

L'humanisme de l'autre homme, 1972.
EMMANUEL LEVINAS, nascido em 1905.

Depois do repúdio estruturalista do homem, esses textos, ancorados nas fraturas do século (aberrações nazistas), propõem a restauração de uma ética digna do homem. Esse é, em particular, o sentido de numerosos trechos dedicados ao Outro. Só existo como sujeito, afirma Levinas, em virtude de um outro que me protege e que eu devo proteger. Assim cada um é, enquanto responsável por Outro.

Nisso se percebe a influência de Husserl e Heidegger, mas também da Bíblia e do Talmud, já presente em *Totalidade e infinito**.

Edição brasileira: *Humanismo do outro homem*, Petrópolis, Vozes, 1993.
Estudo: S. Malka, *Lire Levinas*, Le Cerf, 1984.

HUMANISMO E TERROR,

Ensaio sobre o problema comunista,
Humanisme et terreur, Essai sur le problème communiste, 1947.
MAURICE MERLEAU-PONTY, 1908-1961.

Publicado inicialmente em partes na revista *Temps modernes*, em 1946 e 1947, esse ensaio foi considerado uma apologia aos processos de Moscou, no imediato pós-guerra. Mesmo constituindo um simples "ensaio", revela a fascinação que a União Soviética exercia sobre os intelectuais de então, inclusive sobre os pensadores mais autenticamente filosóficos.

Merleau-Ponty explicou depois as razões que o levaram a escrever esse texto: em primeiro lugar, o mundo todo ignorava, na época, a repressão que existia na União Soviética; em segundo lugar, esse grande império não aparecia como imperialista; por fim, a fascinação por aquela potência era reforçada pela vitória dos russos sobre a Alemanha hitlerista.

Edição brasileira: *Humanismo e terror*, Rio de Janeiro, Tempo Brasileiro, 1968.
Estudo: A. Robinet, *Merleau-Ponty*, P.U.F., 1970.

HUMANISMO INTEGRAL, *Humanisme intégral*, 1936.

JACQUES MARITAIN, 1882-1973.

Maritain, filósofo católico e neotomista, propõe nessa obra célebre dar ao termo "humanismo" uma significação nova, elucidada pelos pensamentos de Aristóteles e de Tomás de Aquino.

Em 1936, o humanismo era socialista ou não era. Maritain rejeita esse humanismo em voga, ainda que nele reconheça o mérito de propor questões essenciais. Todavia, visto que o aristotelismo e o tomismo afirmam a primazia do espírito no homem, é necessário regenerar a noção de humanismo, atribuindo o maior quinhão àquilo que, na ordem do humano, ultrapassa o humano ou, em todo caso, não se reduz a ele: seu *espírito*. O humanismo deve ter fonte e alcance espirituais, se não quisermos ver o homem afundar no biológico (Freud) ou no social (Marx). Mas também deve desenvolver uma filosofia prática, ou seja, princípios de *ação*.

O humanismo de Maritain é cristão. Concebe a ação do homem numa perspectiva espiritual, e não materialista, como fazia o socialismo.

Estudo: J. Daujat, *Maritain, un maître pour notre temps*, Tequi, 1978.

HUMANO, DEMASIADO HUMANO,

Um livro para espíritos livres, *Menschliches, Allzumenschliches. Ein Buch für freie Geister*, 1878 e 1886.

FRIEDRICH WILHELM NIETZSCHE, 1844-1900.

O primeiro volume de *Humano, demasiado humano* foi publicado em homenagem a Voltaire, "um dos maiores libertadores do espírito", por ocasião do centésimo aniversário de sua morte, ocorrida em 30 de maio de 1778. Trata-se de uma coletânea de aforismos mais ou menos longos, sobre a vida moral ("Dos Princípios e dos fins"), a vida religiosa, a ética artística, a vida em sociedade, a vida cívica e política ("Vista d'olhos no Estado"), a filosofia existencial do homem "só consigo mesmo". Uma importante parte do volume é escrita "para servir à história dos sentimentos morais" e trata da origem da justiça, da justiça distributiva, da legítima defesa, da vingança. A análise se diz permanentemente "profunda": "Homens profundos", "Relações com o Eu superior". O epílogo desenrola-se "entre amigos", numa comunhão silenciosa.

Os dois textos que compõem o segundo volume, escritos também em forma de aforismos – no conjunto, mais curtos que os do primeiro volume –, foram de início publicados separadamente: *Miscelânea de opiniões e sentenças*, em 1879, e *O viajante e sua sombra*, em 1880. Nietzsche autorizou a edição conjunta dos dois textos em 1886, com o título *Humano, demasiado humano II*. O prefácio do segundo volume estabelece um encadeamento com *Humano, demasiado humano I* através do silêncio e da palavra: "Só deve falar quem não pode calar."

O aforismo 171 de *Miscelânea de opiniões e sentenças* desenvolve em duas páginas uma filosofia da música concebida como lei interior de uma civilização determinada. Vários aforismos do mesmo ensaio falam sobre o legado grego da civilização ocidental, que deve ser conservado como o lugar de comunicação da cultura de hoje. O longo aforismo 33 do *Viajante e sua sombra* trata dos "Elementos da vingança"; o tema da vingança reaparece de novo com o aforismo 259: "Há tantas variedades sublimes da vingança!" Vários aforismos desse ensaio desenvolvem ainda idéias de estética musical e de ética existencial.

Estudo: G. Deleuze, *Nietzsche et la philosophie*, P.U.F., 1973.

I

IDADES DO MUNDO (AS),
Die Weltalter, 1811, 1813 e 1815.
FRIEDRICH WILHELM JOSEPH VON SCHELING, 1775-1854.

Esse tratado teológico, que deveria comportar três épocas (mas só conterá a primeira), desenvolve teses que provocaram vivas controvérsias. Haverá três versões diferentes.

Para Schelling, a intuição é capaz de nos dar o absoluto: pelo menos nos momentos de sua autoformação. Schelling trata daquilo que poderia ser o drama divino do qual participam a natureza e a humanidade. Na introdução, diz-se que o passado é conhecido, o presente é constatado e o futuro é pressentido: pode-se então contar, expor e profetizar.

Para mostrar como se constrói a idéia total de Deus, o filósofo distingue liberdade e necessidade em Deus. Maculada pela contradição, a natureza original vai tentar atingir a unidade. Pela contradição, a vida vai entrar na primeira natureza necessária. Como o começo não é o que deve ser, há uma negação original: o não-Existente, que não é o nada. O negar-se a si mesmo constitui o poder de Deus. O esboço de uma futura unidade é possível porque o dia é ocultado pela noite. Essa unidade é cindida em dois. O terceiro poder necessário é a essencialidade por excelência. O verdadeiro começo encontra-se na base de uma progressão ininterrupta. A natureza visível é uma imagem do movimento incessante de sístole e diástole, que se auto-renova. O primeiro princípio nunca chega ao ser. Mas a liberdade está acima do ser: a essência de Deus tem a liberdade como elemento constitutivo. O necessário e o livre estão aí estreitamente associados. Só o que é livre de oposição pode aproximar-se do que é isento de contradições. Por suas raízes, a natureza se liga a Deus, àquilo que Ele tem de mais obscuro. O poder de afirmação depende do poder de negação.

Os três elementos são, respectivamente: o fundamento da natureza, o mundo dos espíritos e a alma universal que anima o cosmos. Para Schelling, o passado eterno de Deus não constitui uma dificuldade lógica: o conceito total de Deus permite pensá-lo. O divino em si não é nem o existente nem o não-existente. A verdadeira eternidade é o tempo superado e passado. Deus não deve ser concebido como um ser-consciente eterno, mas como um devir-consciente eterno. O espírito eterno domina a natureza: o estado presente do mundo material não é um estado primitivo. No processo, produz-se uma analogia entre os fenômenos que formam o mundo e as forças da vida interior. A alma universal é imanente à natureza e ao mundo; ela permite a circulação da sensibilidade entre o mais baixo e o mais alto. A divindade pura se desdobra em seu comportamento. O eterno rigor e a eterna necessidade encontram-se postos como o começo da revelação própria de Deus.

O tempo coexiste com a eternidade; é o movimento pelo qual a eterna natureza se eleva ao supremo para descer de novo e recomeçar sua ascensão. De acordo com esse movimento de relojoaria, Deus calcula e mede os momentos da incessante repetição da eternidade. A eternidade anterior ao mundo é reduzida a um único instante. Mas Deus decidiu revelar seu Eu mais sublime. Como o tempo está ausente de Deus, seria preciso que houvesse um tempo exterior a ele. Assim, Deus não é real, torna-se real. O Eterno só existe por sua vontade. Todo desdobramento supõe um dobramento. Os tempos primitivos supõem trevas e involução. Ao contrário, estamos agora trilhando a via dos tempos, em que algo está ligado à natureza, algo que não estava ligado à natureza na origem. A própria vida não passa de alternância incessante de contradição e expansão.

A unidade das forças nasce da variedade da natureza. Descartes sacrificou a unidade à dualidade; Spinoza fez o inverso, mas para chegar a uma unidade morta.

Estudo: J.-F. Marquet, *Dictionnaire des philosophes*, P.U.F., 1984.

IDEALIDADES MATEMÁTICAS,
Pesquisas epistemológicas sobre
o desenvolvimento da teoria das funções
de variáveis reais,
Les idéalités mathématiques, Recherches épistémologiques sur le développement de la théorie des fonctions de variables réelles, 1968.
JEAN TOUSSAINT DESANTI, nascido em 1914.

O objetivo dessa obra, indicado no subtítulo, é analisar o modo de existência e de produção de algumas teorias matemáticas. Nessa perspectiva, o autor se situa numa linha de epistemólogos que vai de Bachelard a Cavaillès. De onde fala o matemático? Onde mora a matemática, se não no Céu nem na Terra? E como é produzida? A questão não é elaborar uma filosofia da matemática a partir de fora, mas situar-se no cerne do discurso matemático para assistir ao desenvolvimento dos nexos entre conceitos matemáticos, portanto patentear o sistema de relações não expressas que sustentam e fundamentam a matemática escrita. Método reflexivo por excelência, mas também atitude fenomenológica, pois é feita a tentativa de explicitar as relações que se entretecem por trás do encadeamento das operações imediatamente perceptíveis.

Desanti define previamente o seu campo de estudo: aquilo que os matemáticos chamam de *teoria das funções de variáveis reais*, ou seja, a análise real, que vai de Cauchy a Bourbaki. A partir daí, ele aborda a topologia que estrutura os espaços de funções e a teoria dos conjuntos desde Cantor, bem como as diferentes teorias da integração, as séries de Fourier e as diversas representações das funções.

Opta por descrever a evolução histórica de dois conceitos fundamentais, sempre encontrados: o de *número real* e o de *conjunto de pontos*, "núcleos operatórios" a partir dos quais ele analisa e desenvolve a teoria central de seu livro: "Situação de objeto e consciência de objeto." Um objeto como *c*, conjunto dado de pontos, sempre comporta "um espectro de idealidade" que não é, por sua vez, um objeto em um ponto determinado do campo de consciência, mas que pode ser explicitado em idealidades distintas.

É assim que Desanti pode explicar os nexos engendrados pelo matemático, exibir suas descobertas, reencontrar o gesto do matemático criador.

Estudo: F. Dosse, *Histoire du structuralisme*, t. I, La Découverte, 1991.

IDÉIA DE LEI NATURAL NA CIÊNCIA E NA FILOSOFIA CONTEMPORÂNEAS, *L'idée de loi naturelle dans la science et la philosophie contemporaines*, 1895.
ÉMILE BOUTROUX, 1845-1921.

Essa obra completa a tese de Émile Boutroux *Da contingência das leis da nature-*

*za**, cujas idéias fundamentais retoma, tentando mostrar que "as leis da natureza não se bastam e têm razão de ser em causas que as dominam: de tal sorte que o ponto de vista do entendimento não seria o ponto de vista definitivo do conhecimento das coisas".

Estudo: J. Wahl, *Tableau de la philosophie française*, Idées/Gallimard, 1962.

IDÉIA DE PRINCÍPIO EM LEIBNIZ E EVOLUÇÃO DA TEORIA DEDUTIVA,

La idea de principio en Leibniz y la evolución de la teoría deductiva, 1958.
JOSÉ ORTEGA Y GASSET, 1883-1955.

Essa obra póstuma e inacabada apresenta o conjunto mais sistemático da crítica da racionalidade positiva em que diligenciou o autor que promoveu um "raciovitalismo" – propondo como princípio fundamental de explicação do universo "minha vida", e a razão "vital" como única capaz de analisar esta última, para além de quaisquer formas de razão puramente lógica e positivista. Aluno do neokantiano Hermann Cohen em Marburgo, Ortega y Gasset rompe com essa orientação em 1914 e deixa de pensar a realidade como um sistema de relações. Dedica-se então – à maneira de Husserl, mas em outras bases – à resolução da "crise da racionalidade ocidental" e descobre a vida como "realidade radical". Seu autor predileto é Leibniz, e seu antimodelo Aristóteles. E explica de que maneira, com o matematismo leibniziano, o modo de pensar moderno deu um salto decisivo à frente. Compara-o ao aristotelismo, tomado como síntese dos modos de pensamento antigo e medieval, caracterizados, segundo ele, por um sensacionismo básico (Aristóteles fundamenta tudo na sensação e pensa os dois "*nous*" conforme o modelo da matéria), pelo dogmatismo dos princípios (Aristóteles se compraz com as evidências não demonstradas, como por exemplo o princípio de não-contradição), e por um ontologismo permeado de contradições internas que deteve o conhecimento. O autor pretende destruir a idéia de que o aristotelismo seja um espiritualismo, como sua posteridade tomista tende a fazer crer; nele, vê mais um empirismo integral. Com "a hiperlucidez extra-humana" de Leibniz, eliminam-se os últimos resíduos pré-críticos, antecipando a época contemporânea. É verdade que Leibniz enunciou um número excessivo de princípios, mas não é "principialista": insiste na necessidade de provar os princípios, e os emprega de maneira flexível e operatória.

No Apêndice, Ortega analisa o "otimismo" leibniziano, que convém a seu gosto de filosofia "jovial", de tom confiante. Estuda-o em relação ao "princípio do melhor" mostrando que difere em tudo e por tudo do princípio da *philosophia perennis*: Leibniz não afirma que o mundo é bom, mas que é o menos mau possível; inaugura, na verdade, o pessimismo moderno!

É no capítulo IX ("O nível de nosso próprio radicalismo") que o autor depreende os pontos fundamentais de sua própria perspectiva, situando-se em relação ao neokantismo, a Dilthey e a Heidegger, à fenomenologia e ao existencialismo.

Estudo: A. Guy, *Ortega y Gasset*, col. "Philosophes de tous les temps", Seghers, 1969.

IDÉIA DE UMA HISTÓRIA UNIVERSAL DE UM PONTO DE VISTA COSMOPOLITA,

Idee zu einer allgemeinen Geschichte in weltbürgerlicher Absicht, 1784.
EMMANUEL KANT, 1724-1804.

Esse artigo, publicado em *Berlinische Monatsschrift* de novembro de 1784, compreende uma introdução (será possível encontrar para a espécie humana um fio condutor de uma história que se realiza segundo um plano determinado da natureza?) e nove proposições.

Se todas as disposições naturais de uma criatura estão destinadas a explicitar-se um dia de maneira exaustiva (1), no homem as disposições naturais (que visam ao uso da razão) só devem desenvolver-se plenamente na espécie (2), já que o homem só extrai tudo e si mesmo e por sua própria razão (3). Para isso, a natureza utiliza a insociável sociabilidade dos homens (4), o que redunda na constituição de uma sociedade civil que administra universalmente o direito (5). Esse é o problema que a espécie humana resolverá por último (6). Implica uma Sociedade das Nações a forjar um estado de paz (7). Essa constituição política perfeita realiza assim a situação na qual a natureza desenvolve todas as suas disposições na humanidade; ela corresponde ao plano oculto da natureza (8). Por fim, à guisa de conclusão, Kant justifica sua tentativa (9).

Edição brasileira: *Idéia de uma história universal de um ponto de vista cosmopolita*, São Paulo, Brasiliense, 1986.
Estudo: A. Philonenko, *La théorie kantienne de l'histoire*, Vrin, 1970.

IDÉIA DO BEM EM TOLSTOI E NIETZSCHE, Filosofia e pregação, 1900.

Idée de bien chez Tolstoi et Nietzsche, Philosophie et prédication, 1900.
LÉON CHESTOV (Lev Issaakovitch Chvartsman, dito) 1866-1938.

Chestov, pensador russo cuja densidade da obra demonstra a primazia da vida interior, interessa-se nesta obra pela essência do pensamento em Tolstoi e Nietzsche, de onde haure inspiração. Anti-racionalista, a concepção de Chestov é que o Bem ou a Verdade podem ser atingidos aquém do princípio de relação, e procura além da experiência aquilo que pressente como inesgotável.

O autor interroga-se sobre as concepções aparentemente antagônicas de Tolstoi e de Nietzsche – sendo Nietzsche "responsável por uma falsa concepção de arte" para Tolstoi –, mas observa que a leitura de Tolstoi o leva às questões primordiais formuladas por Nietzsche.

Tolstoi concebe o Bem para o homem na exteriorização sã de instintos vitais e condena irredutivelmente a submissão ao destino, a virtude ou a tirania do dever. As qualidades de abnegação ou renúncia são desconsideradas, bem como a observância "mentirosa" de prescrições divinas. Suas personagens refletem a idéia que ele tem do Bem, e seu trabalho em *Anna Karenina* ou em *Guerra e paz* é a imagem dos questionamentos íntimos de Tolstoi e de suas incertezas. Para Tolstoi, o Bem é Levine, contra Anna e Vronski, que não servem ao verdadeiro Bem. Levine, por sua vez, "abre para si um caminho determinado na vida, que lhe é apropriado, [...] e, ainda que não procure o Bem, chega à convicção de que sua vida tem o sentido incontestável do Bem", precisamente porque, para Chestov, ele não o busca. Tolstoi não se compadece na infelicidade alheia e opõe uma severidade rigorosa à fraqueza humana.

Encontramos em Nietzsche a mesma tendência à afirmação vital à depreciação da insipidez... O autor exalta Nietzsche, em quem o problema do bem está diretamente ligado ao destino.

Chestov vê nesses autores uma riqueza de pensamento que serve para abrir caminho para o que está para além do Bem: Deus.

Estudo: R. Bespaloll, *Cheminements et carrefours*, Vrin, 1938.

IDÉIAS E AS ERAS (AS), *Les idées et les âges*, 1927.

ALAIN (Emile Auguste Chartier, dito), 1868-1951.

Ainda que pouco lida, essa obra em dois volumes, que faz parte dos "grandes" livros de Alain, é menos difícil que *Os deuses** ou *Entretiens au bord de la mer* [Conversas à beira-mar]. Nele, Alain expõe sua filosofia do homem, que é uma filosofia do juízo assim como uma filosofia da liberdade. A obra é dividida em nove livros: Sono, Sonhos, Contos, Jogos, Signos, Amores, Ofícios, Culto, Naturezas. Nisso se reconhecem os temas recorrentes da obra de Alain.

Alain define o assunto de seu livro: "A natureza pensante, desde que esses dois termos possam ser unidos!" Estranho programa quando se sabe que Alain, cartesiano fiel, separa absolutamente o reino da natureza mecânica do reino do espírito, e que essa separação condiciona a liberdade. *As idéias e as eras* são uma tentativa de deduzir a concepção de homem a partir da "imaginação disciplinada".

Estudo: O. Reboul, *L'homme et ses passions d'après Alain*, P.U.F., 1968.

IDÉIAS PARA UMA FENOMENOLOGIA E UMA FILOSOFIA FENOMENOLÓGICA PURAS, *Ideen zu einer reinen Phaenomenologie und phaenomenologischen Philosophie*, 1913.

EDMUND HUSSERL, 1859-1938.

Entre *Investigações lógicas** e *Ideen I*, a fenomenologia abre uma nova dimensão para a consciência. Então professor em Göttingen, onde descobre seus primeiros discípulos, Husserl publica em 1907 seus primeiros escritos sobre o tema da redução fenomenológica (*Idéia da fenomenologia*), mas é em 1913, com *Ideen I*, que enceta a publicação de um vasto trabalho sobre a "fenomenologia pura", ciência nova porquanto "suas características essenciais a tornam estranha ao pensamento natural" (introdução). A especificidade dessa ciência já fora ressaltada por Husserl em sua relação com a psicologia e o psicologismo – a fenomenologia de *logische Untersuchungen* opunha-se à dedução das verdades lógicas a partir dos processos psíquicos. Se a fenomenologia se distingue fundamentalmente da psicologia, é por não atingir realidades naturais, mas sim essências, por não se interessar pelo real mundano (*Reales*), mas pelo irreal (*Nicht Reales*): Husserl expunha em 1913 os grandes princípios de uma fenomenologia concebida como ciência das essências, ou seja, como ciência eidética – εἶδος (*eidos*), em grego, "essência", "forma", "estrutura fundamental". Contudo, o termo essência designa aqui uma realidade diferente das que Platão e Leibniz, mas também os empiristas, tinham em vista. A essência, distinta do "fato", o qual Husserl remete à contingência da realidade espácio-temporal de um indivíduo, designa, ao contrário, sua necessidade, ou seja, o "feixe permanente de predicados" que lhe sobrevém necessariamente: cada coisa possui uma especificação eidética própria e, no ápice, a especificação geral de "coisa material em geral". É operando no objeto uma variação imaginária que obedece apenas às exigências do "posso" ou "não posso" que faço aparecer esse *eidos* ou invariante da coisa: esta última implica a temporalidade, a espacialidade, as relações de causalidade que mantém com outras coisas, sejam quais forem as particularidades que a distinguem delas.

Portanto, embora a fenomenologia, assim como o empirismo, seja um "retorno às coisas mesmas", difere deste por remontar, para além da experiência, até as essências, nessa intuição originária que é a "visão das essências" (*Wesenschau*). É assim que podem formar-se diversas essências, objetos de diferentes eidéticas "regionais" (por exemplo: região "coisa", região "consciência"), coroadas pela ontologia formal consagrada à essência de objeto em geral. Nesse estágio da análise, cada ciência empírica ou "ciência de fatos" depende, portanto, de uma ciência eidética. A fenomenologia, eidética da região "consciência", constitui o fundamento essencial da psicologia e das ciências do espírito.

Essa região da consciência deve ser compreendida em sua estrita oposição à região "natureza"; trata-se de dois modos de ser diferentes, e Husserl designa como "intencionalidade" essa propriedade notável que a consciência tem de ser consciência de alguma coisa, ou seja, de ser explosão para fora de si mesma: perceber uma árvore à frente não é ter uma reprodução em miniatura dessa árvore no espírito, mas ter em mira o próprio objeto. Não só o ser como consciência se distingue do ser como objeto, como também o mundo natural é relativo à consciência de que ele é correlato. A segunda seção de *Ideen I*, que propõe a redução (ou ἐποχή, *epoché*) da tese ou posição natural do mundo, isola a consciência como resíduo fenomenológico e fundamento: retrabalhando aí a hipótese cartesiana do gênio maligno, Husserl formula em pensamento a nadificação do mundo. O ser da consciência é necessário e absoluto; em contrapartida, cabe ressaltar a contingência ou relatividade do mundo das *res* (coisas) transcendentes. É lícito aqui falar de um idealismo husserliano que faz do ser transcendente um ser *para* a consciência, ou seja, que transforma a unidade contingente e destrutível em pensamento de uma diversidade de aparências que, sem fazer do mundo uma ilusão subjetiva (idealismo berkeleyano), recusa-se a fazer dele, ingenuamente, um absoluto. Os limites dessa desvinculação estendem-se (seção II, cap. 4) à transcendência de Deus e à lógica pura enquanto *Mathesis Universalis* – o que é importante especificar, pois Husserl parece atribuir à própria lógica uma origem transcendental na subjetividade.

No entanto, a redução fenomenológica é apenas o inverso dessa fase positiva que é a constituição da objetividade, e que o autor de *Ideen I* aborda pela noção de "noema" e de "noese", constituindo a correlação noético-noemática. Há no sujeito não só o ato intencional, mas também o objeto visado desse ato – o *cogitatum* –, pólo objetivo da intencionalidade; quer se trate de percepção, lembrança ou mesmo juízo, descobre-se em cada um desses casos um correlato noemático, ou seja, o "sentido": o percebido, o lembrado, o julgado como tais, que residem no vivenciado da percepção, da lembrança, do juízo. A consciência não é, portanto, apenas uma vivência, mas uma vivência que tem um sentido, um "sentido noético". Toda análise intencional compreenderá, portanto, a descrição fenomenológica dos caracteres do objeto visado (ou noema da consciência como meta). Essa relação noético-noemática é completada pela relação da μορφή (*morphé*, "forma") e da ὕλη (*hilé*, "matéria"), cuja complementaridade designa – no ato perceptivo sobretudo – a complementaridade entre a doação do mundo exterior (receptividade) e a atividade intencional da consciência que opera a síntese do objeto.

Esse rápido percurso da obra basta para ressaltar seu caráter inovador: é verdade que os termos aqui utilizados por Husserl lembram os da psicologia descritiva de Karl Stumpf e, bem mais ainda, os de Brentano (de quem fora aluno), que introduziu o termo *intencionalidade*. Mas enquanto Brentano fala de uma "inclusão intencional" do objeto e faz da consciência uma relação com o objeto que lhe é imanente, Husserl afasta a perspectiva psicológica, rompe com a idéia de consciência concebida como interioridade e explica que a inclusão do mundo na consciência não é real (como a árvore no jardim), mas intencional: essa relação nos impede de conceber a relação entre a consciência e a coisa como relação de um dentro com um fora. "Quando a consciência" – diz Sartre – "tenta voltar-se para si, coincidir enfim consigo mesma, recolher-se e fechar-se, ela se anula. Essa necessidade que tem a consciência de existir como consciência de outra coisa que não seja ela mesma é chamada por Husserl de "intencionalidade" (*Situações I*). Pondo fim à "filosofia amena da imanência", Husserl propunha a consciência como consciência do fenômeno.

Portanto, nesse sentido, pode-se ler em *Ideen I* a tentativa de superar a contradição clássica entre realismo e idealismo: são rejeitados tanto os preconceitos naturalistas que vêem a consciência como uma *res* entre outras quanto um idealismo de tipo berkeleyano ou kantiano. Se pudermos – como faz o próprio Husserl – ainda falar de *idealismo*, será preciso entender com isso um *idealismo transcendental*, dedicado à tematização da subjetividade. A redução fenomenológica é essa primeira atitude do *ego* que reflete e se descobre como fundamento originário e indubitável: a transcendência das coisas funda-se nisso. A redução, ao nos oferecer a análise intencional, leva-nos, portanto, a encarar o problema da *constituição* da coisa, instituição de que a *epoché* era apenas, por assim dizer, o negativo, e à qual deveriam ser dedicadas as *Ideen II*.

Isto porque, inicialmente, *Ideen I* fazia parte de um conjunto de três volumes. A última parte desse "tríptico" – *Ideen III* – deveria ser dedicada à *Idéia da fenomenologia*; quanto a *Ideen II*, em que Paul Ricoeur deposita seu maior interesse (*Revue de métaphysique et de morale*, n.º 4, 1951; n.º 1, 1952), na França foi preciso esperar uma publicação tardia para descobrir a aplicação do método de análise "intencional", apresentado em *Ideen I*, a propósito da constituição da coisa e do eu psicofisiológico. O acesso ao texto, portanto, é relativamente difícil, principalmente porque as análises desenvolvidas em *Ideen I* estão indissociavelmente ligadas às de *Investigações lógicas* (1900-1901), cujo segundo tomo nos introduzia numa problemática da correlação. Embora essa deva ser considerada uma das obras essenciais de Husserl, não foi através dela que o público francês ficou conhecendo o filósofo, mas sim graças às conferências dadas em Londres e na Sorbonne em 1922-1929 (*Meditações cartesianas**).

A redução fenomenológica, não sendo de modo algum – como às vezes se diz – a expressão de um idealismo subjetivista, é antes uma filosofia do ser-no-mundo: "A reflexão não se retira do mundo rumo à unidade da consciência como fundamento do mundo, mas toma distância para ver brotar as transcendências." (*Fenomenologia da percepção**.) Para ver o mundo e surpreender-se com ele, é preciso realizar uma ruptura com ele. Em certo sentido, o *in der Welt sein* (o ser-no-mundo) heideggeriano só pode mostrar-se sobre fundo de *epoché*. São discerníveis aqui as palavras de Merleau-Ponty, que soube orientar os famosos temas husserlianos da descrição fenomenológica e da intencionalidade para o de um "sujeito atado ao mundo".

Estudo: E. Levinas, *En découvrant l'existence avec Husserl et Heidegger*, Vrin, 1974.

IDÉIAS PARA UMA FILOSOFIA DA NATUREZA, *Ideen zu einer Philosophie der Natur*, 1797.

FRIEDRICH WILHELM JOSEPH VON SCHELLING, 1775-1854.

Opondo-se ao idealismo de Fichte, Schelling identifica uma consistência na natureza. Todavia, sua concepção da atmosfera é errônea. É no segundo livro que aparece a parte teórica, ponto central da obra.

O filósofo afirma o caráter de síntese do conceito de matéria, enquanto, em Kant, esta é uma coisa em si. Para Schelling, as leis gerais do processo químico dependem da dinâmica. Encontra-se aí o eco das grandes descobertas do século XVIII. A finalidade da obra fora definida logo no início: determinar filosoficamente a ciência da natureza. A filosofia destina-se a discernir o que é *a priori* daquilo que depende da investigação experimental.

O dinamismo de Schelling opõe-se às teorias mecanicistas e faz prevalecer uma interpretação finalista da natureza.

Estudo: M. Veto, *Le fondement selon Schelling*, Beauchesne, 1977.

IDENTIDADE E REALIDADE, *Identité et réalité*, 1908.

ÉMILE MEYERSON, 1859-1933.

Um dos primeiros a utilizar o termo "epistemologia" para designar aquilo que até então era chamado de "filosofia das ciências", Meyerson opõe-se ao mesmo tempo ao convencionalismo e ao positivismo, pois considera que a ciência realiza uma "racionalização do real". Como concebe todo um processo de identificação, Meyerson interpreta a causalidade como uma forma de identidade. Por isso, mesmo se colocando como crítico de Auguste Comte, privilegia, como este, a noção de lei relativamente à noção de causa. Meyerson chega a escrever: "A causa de um fenômeno é a lei", apoiando-se, aliás, nas teses de Hermann von Helmholtz, para quem o princípio de causalidade é "a suposição de que todos os fenômenos da natureza estão submetidos à lei".

Meyerson também equipara hipóteses a leis ao mesmo tempo em que ressalta o valor heurístico do "como se".

Por outro lado, dedica um capítulo ao irracional e outro ao bom senso. Passando em revista os conceitos da física, Meyerson estuda o mecanicismo e as teorias não mecanicistas.

Estudo: L. de Broglie, "À la mémoire d'Émile Meyerson", in *Matière et lumière*, Albin Michel, 1937.

IDEOLOGIA ALEMÃ (A), *Die deutsche Ideologie*, 1932.

KARL MARX, 1818-1883, e FRIEDRICH ENGELS, 1820-1895.

Quinze anos depois da redação da obra (maio de 1845-fim de 1846), no Prefácio à *Contribuição à crítica da economia política* (1859) Marx expõe as razões que o levaram (com Engels, que acaba de ir ter com ele em seu exílio em Bruxelas) a redigir a *Ideologia alemã*: "Resolvemos trabalhar em comum para mostrar o antagonismo entre nossa maneira de ver e a concepção ideológica da filosofia alemã, no que se refere a um acerto de contas com a nossa antiga consciência filosófica de outrora." Esse objetivo foi realizado na forma de crítica da filosofia pós-hegeliana. Mas as circunstâncias não possibilitarão a edição do manuscrito e – prossegue Marx – "abandonamos [...] o manuscrito à crítica roedora dos ratos". Só em 1932 os manuscritos integrais serão retirados dos arquivos e publicados ao mesmo tempo em Leipzig e Moscou (ed. Mega). A edição completa (cerca de seiscentas páginas) comporta uma divisão em dois tomos: tomo 1, *Crítica da filosofia alemã mais recente na pessoa de seus representantes Feuerbach, B. Bauer e Stirner*; tomo 2, *Crítica do socialismo alemão na pessoa de seus diferentes profetas*. Assim, a obra prevista é – como *A Sagrada Família** – fortemente polêmica e totalmente alusiva às disputas filosóficas nas quais os jovens hegelianos se digladiavam. Mas é habitual pôr de lado a primeira parte intitulada "Feuerbach" (fragmento que, provavelmente, foi redigido em último lugar) porque nele Marx e Engels fazem a primeira exposição do "materialismo histórico".

Ideologia, em geral, "é a crença de que o mundo real é produto do mundo ideal". Por isso, em toda ideologia, "os homens e suas relações nos parecem colocados de cabeça para baixo, como numa câmara escura". A ideologia alemã em particular, oriunda da decomposição do hegelianismo, com os velhos hegelianos – ou hegelianos de direita – e depois com os jovens hegelianos (Feuerbach, Bruno Bauer, Stirner) – ou hegelianos de esquerda –, acredita "no mundo existente, no reino da religião, dos conceitos e do Universal". Ao contrário, Marx e Engels afirmam que não é a consciência que determina a vida, mas sim a vida que determina a consciência. "Partimos dos indivíduos reais e vivos, e consideramos a consciência unicamente como consciência deles." A partir daí, só há uma ciência, a da história, e "quase toda a ideologia se reduz a uma concepção falsa da história, ou então à sua total abstração".

Ora, o que os homens são aparece tanto no que eles produzem quanto na maneira como produzem. A história dos homens confunde-se, portanto, com a história das diferentes formas que seu comércio assumiu ao longo do tempo. Desse modo, na busca tateante de um novo vocabulário, são valorizadas noções de força produtiva (ou modo de produção) e de relação de produção (forma das relações humanas ligada à divisão do trabalho): "Essa soma de forças produtivas, capitais, formas de relações sociais que cada indivíduo e cada geração encontram como dados existentes é a base concreta daquilo que os filósofos conceberam como 'substância e essência do homem'." Nos maços de papel rabiscados e amarelados que compõem os cadernos de rascunho quase indecifráveis de que dispomos, esboça-se uma descrição da história da humanidade, ligada à divisão do trabalho (com ênfase na divisão do trabalho material e intelectual associada à separação entre cidade e campo) e às formas da propriedade (tribal, comunal, feudal).

Ao contrário do que Hegel afirma, não são as formas jurídicas e o Estado que constituem a explicação última da história; a base é o desenvolvimento do processo real de produção, e é "a sociedade civil em seus diferentes estágios" que fundamenta toda a história, o que consiste em representá-la em sua ação como Estado.

A *alienação* é definida não mais em termos filosóficos, como nos *Manuscritos de 1844*, mas como força produtiva, decuplicada graças à cooperação dos indivíduos na divisão do trabalho, mostrando-se aos homens como "poder estranho, situado fora deles, que eles não conseguem mais dominar" e que, na verdade, dirige a vontade e a marcha da humanidade. A contradição entre as forças produtivas e as relações de produção ("Chega um estágio em que nascem forças produtivas e meios de circulação que só podem ser nefastos no quadro das relações existentes") provoca o movimento prático de sua resolução (a revolução), graças à luta de classes ("Nasce uma classe que, forçosamente, se encontra na mais franca oposição a todas as outras classes"). O comunismo é então concebido como "o movimento real que abole o estado atual" ("Para nós, o comunismo não é nem um estado que deve ser criado nem um ideal pelo qual a realidade deva ser regida").

Edição brasileira: *A ideologia alemã*, São Paulo, Martins Fontes, 1989.

Estudo: L. Sève, *Une introduction à la philosophie marxiste*, Messidor-Editions Sociales, 1980.

IDEOLOGIA E RACIONALIDADE NA HISTÓRIA DAS CIÊNCIAS DA VIDA,

Idéologie et rationalité dans l'histoire des sciences de la vie, 1977.

GEORGES CANGUILHEM, nascido em 1904.

Essa obra reúne estudos, relatórios e conferências, apresentados entre 1970 e 1977, cujo tema central é a ideologia científica: não a da ciência, mas a que, na ciência, a impede de ser uma construção linear de resultados e fatos verdadeiros. A história da verdade simplesmente é uma história ilusória.

Na continuidade da descontinuidade bachelardiana e analisando as inversões epistemológicas, as transposições de conceitos, as transformações de modelos, Canguilhem demonstra que a história de uma ciência é a história da maneira como, por uma sucessão de impasses e recomeços, esta vai constituindo o que será seu objeto e distanciando-se de seu passado. E esse passado muitas vezes está presente na forma de convicções afetivas, superstições, falsas ciências, ou seja, de disciplinas que não conhecem o falso. A ciência do passado não pode ser confundida com o passado da ciência atual, e a história das ciências espera da epistemologia "uma ética da liberdade de movimento regressivo no plano imaginário do passado integral". As normas do juízo sobre a validade de um conteúdo científico não são as mesmas que governaram sua elaboração.

Nessas condições, a história das ciências deve incluir, em algum de seus capítulos, uma história das ideologias científicas, cuja constituição epistemológica Canguilhem propõe e constrói.

É significativo que essa coletânea, iniciada por um exame das intrincadas relações entre epistemologia e história das ciências, termine com uma interrogação sobre a normalidade em biologia: nos dois casos, são a norma, a ordem e o erro que definem a margem de tolerância dos desvios de que é capaz a história das ciências, a exemplo da vida.

Edição portuguesa: *Ideologia e racionalidade na história das ciências da vida*, Lisboa, Edições 70, 1977.
Estudos: *Revue de métaphysique et de morale*, n.º 1, "Canguilhem", Armand Colin, 1985. Bibliothèque du Collège international de philosophie, *Georges Canguilhem: philosophe, historien des sciences*, Albin Michel, 1993.

IDEOLOGIA OU ORIGEM DAS IDÉIAS ACEITAS, *L'idéologie ou origine des idées reçues*, 1986.

RAYMOND BOUDON, nascido em 1934.

Raymond Boudon propõe uma história crítica da noção de ideologia. No século XVIII, esse termo designava a ciência da gênese das idéias, ao passo que hoje em dia significa a dominação da idéia. Também é concebida como um conjunto de idéias constituído para dar sustentação lógica a uma ação social.

Boudon analisa o conteúdo atual desse conceito. Analisa também, nessa perspectiva, a origem das idéias aceitas, o modo como acatamos idéias falsas. Na realidade, não seria possível opor radicalmente ideologia e ciência, visto que a primeira comporta uma infinidade de mecanismos sutis que nos impedem de qualificá-la pura e simplesmente de irracional.

Edição: *L'idéologie ou l'origine des idées reçues*, Fayard, 1986.

IMAGEM DA NATUREZA NA FÍSICA CONTEMPORÂNEA (A),

Das Naturbild in der heutigen Physik, 1955.
WERNER KARL HEISENBERG, 1901-1976.

Nessa obra Heisenberg infere as conseqüências dos progressos da física, para os quais ele mesmo contribuiu; expõe a nova concepção da natureza – relativista e quântica – decorrente deles. Interroga também sobre o valor cultural do conhecimento físico. O livro termina com alguns estudos históricos sobre grandes físicos, de Kepler a de Broglie.

Edição portuguesa: *A imagem da natureza na física contemporânea*, Lisboa, Edição Livros do Brasil, 1980.
Estudo: L. de Broglie, *Les incertitudes de Heisenberg, et l'interpretation probabiliste de la mecanique ondulatoire*, Gauthier-Villars, 1982.

IMAGINAÇÃO (A), *L'imagination*, 1936.

JEAN-PAUL SARTRE, 1905-1980.

Sartre aborda aqui a problemática da consciência, pelo lado da percepção-imaginação. Como em *A transcendência do ego**, a consciência é definida como consciência de alguma coisa. "A imagem é um certo tipo de consciência; [...] [ela] é consciência de alguma coisa." Examinando as posições dos clássicos e as dos psicólogos modernos, o autor introduz a descrição fenomenológica da estrutura "imagem".

Edição brasileira: *A imaginação*, São Paulo, Nova Cultural, 1987 (Os pensadores).
Estudo: F. Jeanson, *Sartre*, col. "Ecrivains de toujours", Le Seuil, 1974.

IMAGINÁRIO (O), *L'imaginaire*, 1940.

JEAN-PAUL SARTRE, 1905-1980.

O autor trata do poder que tem a consciência de criar o irreal e daquilo que disso resulta: o imaginário. Com postura fenomenológica, é evidenciada a "estrutura intencional" da imagem: criar o irreal é uma intenção da consciência imaginante. A imagem é uma relação da consciência com o objeto. As propriedades do objeto são, nesse contexto, idênticas às da imagem. Há três tipos de consciência: a percepção, que "apreende" o objeto, o pensamento, que não o apreende, e a imagem, que tem mais de pensamento que de percepção.

A consciência imaginante não precede seu objeto. No ato que a constitui, ela o coloca como um nada: ele é imaginário. Reage-se ao objeto como se ele existisse. Na imagem ativa, há uma distância entre imagem percebida e imagem criada. O objeto é representado pelo retrato, pela caricatura ou pela imagem simples. É determinado literalmente, por imitação ou esquematismo. A consciência imaginante está, pois, associada a um procedimento psíquico que funciona como equivalente do objeto. É o "análogon", que o autor diz não poder circunscrever completamente; assim, esse estudo é colocado por Sartre sob o signo do provável. De que é feito então o análogon? De um "saber" (para constituir-se, a imagem precisa de um conhecimento do objeto, de uma intenção "afetiva" também, que a imagem une ao saber; de uma "impressão cinestésica" ou movimento formador da imagem; por fim, da própria palavra, que designa o objeto.

Afora o problema do análogon, a imagem desempenha um papel importante na vida psíquica. Ela tem função simbólica, ou "presentificadora" (que faz o objeto aparecer por compreensão simbólica). Ela engendra uma vida imaginária, em que os objetos irreais formam um "antimundo". Cinde o eu (real/imaginário), e pode ter também conseqüências patológicas, na alucinação e na obsessão. Mas, por outro lado, faz sonhar e permite a criação artística. Em definitivo, a imagem conduz Sartre a uma "tese de irrealidade".

Nesse estudo, o autor tira proveito da influência exercida pela fenomenologia husserliana sobre sua obra e de suas descrições da consciência transcendental. A problemática do imaginário, ao mostrar uma faculdade transcendente da consciência, reforça duas idéias mestras do existencialismo sartriano: o distanciamento em relação ao real e seu corolário, a liberdade, teses com as quais o autor marcou seu século.

Estudo: F. Jeanson, *Sartre*, col. "Ecrivains de toujours", Le Seuil, 1974.

IMPERIALISMO, FASE SUPERIOR DO CAPITALISMO, 1916.

LENIN (Vladimir Ilitch Ulianov, dito), 1870-1924.

Lenin escreve essa obra para pensar uma situação histórica que a teoria de Marx não permitia entender, e para agir sobre ela; trata-se do desenvolvimento de novas formas do modo de produção capitalista. Essa análise das transformações do capitalismo fora, aliás, feita por teóricos totalmente estranhos ao marxismo (por exemplo Hobson, já em 1902). Segundo Lenin, o imperialismo é um estágio específico de desenvolvimento do capitalismo.

Essa particularidade inicialmente se define pela substituição da concorrência pelo monopólio; essa é a essência do imperialismo: concentração em cartéis e *trusts*, monopólios financeiros, açambarcamento das fontes de matérias-primas por esses monopólios, partilha econômica do mundo, que, segundo Lenin, termina na época em que ele está escrevendo. O imperialismo caracteriza-se em seguida pelo desenvolvimento de formas parasitárias (pessoas que vivem de rendas, capitalistas que vivem da "messe dos lucros", da venalidade e da corrupção).

Uma das formas principais desse parasitismo são os gravames impostos pelas nações ricas aos países colonizados. Disso resulta também que um segmento privilegiado do proletariado das potências imperialistas vive às expensas de centenas de milhões de homens que vivem em nações proletárias. Essa "aristocracia operária" percebe então uma coincidência parcial, mas real, de seus interesses com os da classe dominante de seu próprio país. As condições da luta de classes são então profundamente modificadas, e o estágio imperialista subverte, em particular, o conceito de *internacionalismo*.

O imperialismo mostra-se, pois, como um sistema mundializado de produção, caracterizado em todos os níveis pela desigualdade das condições de trocas. Finalmente, segundo Lenin, é a fase derradeira do modo de produção capitalista – o capitalismo agonizante – que marca o período de transição para o socialismo. Isto porque o estágio imperialista realiza, em escala mundial, uma tendência que Marx discernia, de modo geral, no modo de produção capitalista: a socialização da produção.

Edição brasileira: *Imperialismo, fase superior do capitalismo*.
Estudo: J. Freymond, *Lenine et l'imperialisme*, Droz, Genebra, 1951.

IMPÉRIO DOS SIGNOS,

L'empire des signes, 1970.
ROLAND BARTHES, 1915-1980.

Estudando nessa obra a noção de *signo* no Japão, Roland Barthes se distingue inegavelmente dos filósofos contemporâneos. Mas seu interesse não é etnológico. Trata-se de uma pesquisa num país onde o conceito de signo está infinitamente distante da visão ocidental. O Ocidente é *semiocrático* – escreve Barthes –, ou seja, nele o signo é racionalizado, erigido em norma absoluta, e possui uma espécie de poder oculto.

O Japão, ao contrário, está livre dessa *ditadura do signo*. Este não é racionalizado no sentido com que o ocidental o entende. Ali há certa ligeireza do signo, que não se refere a Deus algum, a verdade alguma, a moral alguma. Este se desenrola num espaço puro, liberto das noções de *significante* e *significado* que constituem nossa civilização. O autor analisa as múltiplas manifestações do signo, por meio de exemplos de grande simplicidade: o signo na cidade, no jardim, na loja etc.

Esse ensaio, agradavelmente ilustrado na edição de bolso, mostra a originalidade e a sutileza do pensamento de Barthes.

Estudo: J.-B. Fages, *Comprendre Roland Barthes*, Privat, 1979.

IMUTABILIDADE DE DEUS (A),

Quod Deus sit immutabilis.
FÍLON DE ALEXANDRIA, c. 20 a.C.-c. 45 d.C.

Esse tratado, originalmente redigido em grego, é um comentário dos versículos do *Gênese*. Fílon aborda o sacrifício de Isaac, a cólera de Deus, a fonte do Mal, a misericórdia de Deus. Vários parágrafos são dedicados a Noé. Esse tratado termina com o tema do caminho glorioso, que deve ser trilhado pelo homem justo. O *Gênese* não é apenas o relato da criação, mas indica o caminho para cada alma particular, que é imagem de Deus.

Mas Fílon não se limita a isso: é necessário que esse caminho receba um fundamento metafísico e teológico. Tal é o propósito de Quod Deus.

Estudo: *Philon d'Alexandrie*, Actes du Colloque de Lyon (1966), CNRS, 1967.

INCOERÊNCIA DA FILOSOFIA,

O entre 1091 e 1095.
AL-GHAZALI, 1058-1111.

Célebre e virulento ataque contra os filósofos, o *Tahafut al-Falasifa* é mais particularmente dirigido contra Avicena, refletindo a preocupação dos filósofos árabes da época com a difusão do peripatetismo no Islam. Al-Ghazali expõe as linhas gerais do peripatetismo e depois as refuta metodicamente. Sua objeção principal, a negação da causalidade, que ele vai buscar nos asharitas, permite-lhe refutar a idéia aviceniana segundo a qual a necessidade do primeiro princípio é a razão de ser dos possíveis. Nega a tese da criação do mundo *ab aeterno*, a concepção de um tempo e de um movimento eternos, a de Deus como existência pura, e, opondo-se aos filósofos, afirma a verdade da ressurreição dos corpos e a realidade do paraíso e do inferno.

Como ressaltará magistralmente Averróis em *Incoerência da incoerência** (*Tahafut al-Tahafut*), numa réplica a al-Ghazali, a posição deste é tão paradoxal que se autodestrói. Isto porque é com as próprias armas da filosofia que diligencia mostrar sua ineficácia; é por meio da dialética e da demonstração filosófica que ele demonstra que elas nada demonstram. Com objetivos essencialmente polêmicos, esse texto não reflete o conjunto da obra de Ghazali, místico obcecado pelo problema da possibilidade de uma certeza intelectual, e deve sua celebridade principalmente à posteridade: prenuncia a crítica humiana da causalidade.

Estudos: A. J. Wensick, *La pensée de Ghazali*, Maisonneuve, 1940. F. Jabre, *La notion de certitude selon Ghazali dans ses origines psychologiques e historiques*, Vrin, 1958.

INCOERÊNCIA DA INCOERÊNCIA ou DESTRUIÇÃO DA DESTRUIÇÃO,

○ c. 1174-1180.
AVERRÓIS (ibn Ruchd), 1126-1198.

Em sua violenta crítica à filosofia (*Tahafut al-Falasifa*, *Incoerência da filosofia**), al-Ghazali atacava os filósofos em vinte pontos principais. Averróis, em sua réplica, segue passo a passo o texto de Ghazali e, com exceção dos dois últimos, de que faz um exame mais rápido, refuta-o ponto por ponto. O primeiro, provavelmente o mais importante, pois a ele é dedicado um quarto do livro, é a crítica feita por Ghazali às provas filosóficas da eternidade do mundo. Averróis aproveita a oportunidade para ressaltar o caráter não sistemático da posição de Ghazali. De acordo com Averróis, ele deveria ter começado sua crítica com uma refutação da prova da existência de Deus, pois de Deus, o primeiro princípio, tudo se deduz. Ghazali afirma que a idéia de criação eterna é contraditória. Se a relação entre Deus e o movimento eterno é considerada uma relação causal, então nenhum movimento poderia ser a causa de um movimento posterior; em outras palavras, Deus não seria a causa primeira, porém a única causa. Esse é o argumento fundamental de Ghazali, de que lançará mão adiante para refutar a prova aviceniana da existência de Deus, baseada no conceito aristotélico segundo o qual é necessário o que é causa de si.

A essa crítica da eternidade do mundo, Averróis responde que não há sentido algum em conceber um começo do mundo. Isso implica que, antes desse começo, o tempo teria sido um tempo vazio. Ora, num tempo vazio não haveria motivo algum para um começo, portanto nenhum motivo para Deus criar. Encontra-se esse argumento em Aristóteles, evidentemente, mas também em Parmênides. Averróis, na verdade, concilia a concepção aristotélica do primeiro motor imóvel com a idéia corânica de criação, e explica a criação eterna por meio da atualização eterna da potência em ato. Ademais, ele julga que o argumento de Ghazali implica imputar-se a Deus uma vontade humana. “Motivo”, assim como “desejo” e “vontade”, são termos que só têm sentido para um ser vivo animado por necessidades. Se falarmos de vontade de Deus, deverá ser com outro sentido completamente diferente do que ela tem para o ser humano. Para o ser perfeito, não há necessidades nem escolhas, pois ele só pode agir perfeitamente. Conforme Aristóteles, sua ação é uma eterna autocontemplação. Ademais, um ser onisciente não pode agir nem decidir. Ora, a perfeição de Deus implica sua onisciência. Para ele, o futuro é tão irremediável quanto o passado. Como observa Simon Van den Berg em sua introdução à tradução inglesa, “paradoxalmente, o onipotente é impotente”. Para os aristotélicos, o devir é a atualização do que está em potência, e Ghazali, como os megáricos e os asharitas, nega a potência.

Diante do problema da incorruptibilidade do mundo, Ghazali opõe as mesmas teses empregadas diante do problema da eternidade. Averróis as refuta, portanto, da mesma maneira. Mas é à crítica da causalidade que Ghazali deve sua celebridade, por prenunciar Hume. De acordo com ele, os termos *ato* e *agente* são indevidamente aplicados a Deus. Como os asharitas, ele não concebe nenhuma causalidade no mundo. O que se acredita ser fruto de uma relação causal não passa de resultado de uma *consecução*. Averróis mostra que Ghazali se contradiz quando afirma que só existe uma causa extramundana, que é Deus. Não terá ele restringido a ação apenas à pessoa humana? Diante da crítica à tese da emanação do mundo, Averróis é evasivo. Contenta-se em defender a idéia fundamental dos filósofos (segundo a qual todos os múltiplos necessitam de um princípio comum), e escandaliza-se quando Ghazali, prosaicamente, se pergunta por que o movimento circular uniforme é privilegiado por Aristóteles, e se o repouso eterno não seria também concebível e mais apropriado.

À crítica à espiritualidade, bem como à auto-subsistência e, sobretudo, à imortalidade da alma, Averróis opõe um ponto de vista aristotélico mesclado da escatologia dos últimos autores gregos. Como os filósofos em geral, ele rejeita a ressurreição da carne, mas admite para a alma dos mortos um corpo "pneumático" que evoluiria na esfera da Lua. Aceita a teoria dos Djinns, equivalentes dos "*daimones*" gregos. No último capítulo, Averróis resume seu ponto de vista diante da religião e da teologia, que são defendidas por Ghazali contra a filosofia. Esse ponto de vista situa-se entre o ceticismo dos racionalistas gregos, que transformam a religião em "ópio do povo", e a própria teologia, segundo a qual a religião exprime a verdade absoluta. Para Averróis, os conceitos religiosos são os símbolos de uma verdade filosófica superior que os não-filósofos tomam por realidades em si. Nele, está sempre presente a fé na razão. Ele acredita na capacidade da razão de atingir um conhecimento absoluto. Censura em Ghazali o fato de não se interessar tanto pela verdade quanto por Deus e pela religião, e nos teólogos em geral o fato de fazerem de Deus, que é um princípio desumanizado, um homem imortal.

Averróis concorda que o avicenismo deve ser criticado, mas por procedimentos estritamente demonstrativos. Os de Ghazali são, de acordo com ele, puramente dialéticos. Ele põe em evidência o paradoxo da posição de Ghazali, que emprega a dialética para denunciar a impotência da filosofia em atingir a verdade. Para ele, Ghazali é um "renegado da filosofia, ingrato que hauriu todo o seu saber dos escritos filosóficos e agora assesta contra os filósofos armas que eles mesmos lhe deram". *Incoerência da incoerência* mostra que a filosofia se recupera do golpe dado por Ghazali, golpe que muitos acreditaram ser fatal.

Estudo: R. Arnaldez, "La pensée religieuse d'Averroès", in *Studia islamica*, n.os 7, 8 (1957) e 9 (1959).

INDIVÍDUO CONTRA O ESTADO (O),

The Man versus the State, 1884.
HERBERT SPENCER, 1820-1903.

Militarismo e industrialismo são aqui mostrados em contradição. Privilegiando o industrialismo, Spencer deposita nele grandes esperanças sociais, ao mesmo tempo em que maldiz o militarismo, para ele a ingerência exagerada do Estado, nivelador e invasivo.

O filósofo recusa-se a reconhecer as pretensões deste de impor-se como benfeitor, legislador ou educador. Ao contrário, o industrialismo, auxiliar do Estado, aparece-lhe como garantia de progresso para o futuro da sociedade liberal.

Estudo: J. Cazeneuve, "Societé industrial et societé militaire selon Spencer", in *Revue française de sociologie*, vol. II, n.º 2, 1961.

INFINITO MATEMÁTICO (DO), *De l'infinit matématique*, 1896.
LOUIS COUTURAT, 1868-1914.

Em sua tese de doutorado, Louis Couturat defende (como Cantor) a idéia de um infinito matemático atual, ou seja, matematicamente real e existente, não se reduzindo a uma virtualidade potencial. Segundo Couturat, a existência dos números infinitos deve ser admitida, tanto quanto a dos irracionais ou dos imaginários, apesar das oposições que essa teoria suscita.

Estudo: A. Lalande, *L'oeuvre de Louis Couturat*, in *Revue de méthaphysique*, vol. 22, 1914.

INFINITO UNIVERSO E DOS MUNDOS (DO), *De l'infinito universo, e mundi*, 1584.
GIORDANO BRUNO, 1548-1600.

Esse terceiro diálogo metafísico escrito em Londres complementa a cosmologia de Bruno. Depois de mostrar, em *Ceia de cinzas**, que o universo é infinito e povoado por uma infinidade de mundos e, em *A causa, o princípio e o uno**, que a difusão infinita do universo é expressão de Deus, ou melhor, sua "explicação", aqui ele expõe, por intermédio de seu duplo, Filoteo, o que liga o infinito divino ao infinito do universo, em outras palavras, o que liga o uno ao múltiplo. Para isso, Bruno deve fazer uma crítica de certos conceitos aristotélicos, em particular os de vazio, lugar e movimento.

É efetivamente a partir da definição de movimento como transporte de um lugar para outro que Aristóteles, em *Física** (III, 206b), conclui pela impossibilidade de um infinito em ato. Para Bruno, Aristóteles usa critérios do finito para julgar do infinito, enquanto a idéia mesma de infinito exclui lugar, vazio e movimento. O infinito está em toda parte, é o pleno, é imóvel. Existe segundo dois modos: "o infinito-infinito, ou seja, o infinito intensivo que não age nem sofre ação, e o infinito-finito, ou seja, o infinito extensivo que age e sofre ação". Pode-se perguntar então o que liga o infinito-finito, ou universo, ao infinito-infinito, Deus. (Pode-se também observar que essa distinção prenuncia a distinção espinozista entre natureza-naturada e natureza-naturante.) Para responder a essa pergunta de modo coerente, Bruno desvencilha-se de um dos três princípios fundamentais que regiam o pensamento filosófico desde a lógica de Aristóteles, ou seja, o princípio de não-contradição, e invoca a tese da coincidência dos contrários, de Nicolau de Cusa. Pela coincidência dos opostos, é possível passar da infinidade de Deus à de sua "explicação", o universo. Superando-se, o finito do infinito-finito tem acesso ao infinito do infinito-infinito. É ele, então, que, por sua existência, justifica seu contrário ao mesmo tempo em que o exprime. O infinito, desprezado pelos gregos porque imperfeito, só adquiriu o prestígio da perfeição com a tradição cristã para esquivar-se melhor à racionalidade. Em Giordano Bruno, a necessidade da existência do infinito tem bases racionais (desde que, evidentemente, a teoria da coincidência dos contrários seja previamente admitida).

O infinito é também duplo de uma outra maneira: *qualitativamente*, sua grandeza não tem limite; e *quantitativamente*, o poder divino não limitou sua obra apenas a um mundo finito, mas criou uma infinidade deles. Portanto, há uma infinidade de mundos num universo infinito. Infinidade, porém, significa diversidade. Todos os mundos são compostos da mesma matéria e são todos regidos como nosso sistema solar. Os inumeráveis mundos estão, pois, sob o jugo de uma unidade ontológica e cósmica. Os sóis são discos metálicos brilhantes não passíveis de liqüefação e extremamente quentes; dão vida aos planetas, que são astros frios nos quais, como na Terra, predomina a água. Mas essas são as raras explicações que Bruno dá sobre esses outros mundos e seus eventuais habitantes. De fato, toda essa cosmologia não se baseia em nenhuma experimentação. Foi logicamente deduzida. Às vésperas do nascimento do experimentalismo, a validade do discurso de Bruno só está em sua coerência interna.

Rejeitando a linguagem matemática de seu tempo e não precisando submeter-se à verificação experimental, Bruno baseia toda a argumentação em sua filosofia. Esta é, em primeiro lugar, uma crítica ao aristotelismo e ao modelo cosmológico ptolomaico. O filósofo pretende sair à procura do alimento da alma e da cultura do espírito, embrenhar-se no labirinto dos caracteres intelectuais e definir o domínio da natureza. Em face da concepção geocentrista dos aristotélicos e da Igreja, que ele considera obscurantista, declara que a nova filosofia por ele proposta esclarece os sentidos, satisfaz o espírito, eleva a inteligência e conduz o homem à verdadeira bem-aventurança. Condenado à morte por heresia e queimado vivo depois de oito anos de prisão, Bruno foi vítima de um odioso mal-entendido. Apesar de sua oposição à Igreja, de sua resistência à Inquisição e da modernidade de suas concepções, ele era favorável ao diálogo aberto entre filósofos e teólogos, e sempre optou por uma posição religiosa tolerante. Inspirando-se no infinitismo dos pré-socráticos e em *A natureza das coisas** de Lucrécio, tinha esperança de que de seu sistema surgisse uma verdadeira unidade religiosa, unidade resultante do conhecimento que essa religião – ou mesmo essa gnose – propicia ao homem, conhecimento do fato de que "Deus está perto dele, com ele e mais dentro dele do que ele mesmo pode estar".

Com essa trilogia, e mais particularmente com *Do infinito universo e dos mundos*, Giordano Bruno abre caminho para Kepler, Newton e a toda a ciência moderna. Sua visão de uma infinidade de mundos foi recentemente reabilitada pela descoberta de bilhões de galáxias. Ademais, o modelo einsteiniano de um mundo finito mas ilimitado não parece ser mais satisfatório.

Estudo: P.-H. Michel, *La cosmologie de Giordano Bruno*, Hermann, 1962.

INFLUÊNCIA DO HÁBITO SOBRE A FACULDADE DE PENSAR, *Influence de l'habitude sur la faculté de penser, ou Mémoire sur l'habitude*, 1802.

MAINE DE BIRAN (Marie François Pierre Gontier de Biran, dito), 1766-1824.

Mais conhecido em francês com o seu segundo nome, esse ensaio é a segunda versão da contribuição de Maine de Biran ao concurso proposto pelo *Institut* em 1801 sobre o tema: "Determinar a influência do hábito sobre a faculdade de pensar." Seu manuscrito chama a atenção do júri, mas este lhe pede que o modifique, e reformula a questão. Em 1802, Maine de Biran ganha o primeiro prêmio, depois publica seu livro.

Desde que Hume propôs uma solução para o problema da causalidade com base numa psicologia do hábito, esta passou a ser uma noção muito importante em filosofia. Condillac situa a questão da repetição no cerne de suas análises. Os ideólogos (Destutt de Tracy, Cabanis) fazem dela um estudo positivo. Em Maine de Biran, o hábito ocupa posição central e duplamente reveladora. Isto porque foi a reflexão sobre o hábito que abriu para Maine de Biran o caminho de seu pensamento próprio, mais precisamente de uma de suas idéias fundamentais: a oposição entre atividade e passividade no sujeito.

O mais importante, porém, é que o próprio hábito revela essa oposição fundamental. É o revelador psíquico que permite distinguir o que em nós provém da percepção e pertence ao ego (atividade) daquilo que provém da sensação, signo de empobrecimento do eu (passividade). Com a repetição de uma impressão, o que provém da sensação em si se embota e diminui, ao passo que o que provém da percepção se aclara. A repetição opera uma dialética seletiva do passivo e do ativo, por meio da qual ela desata o eu e o eu-mesmo. O hábito aperfeiçoa o exercício da ação. Mas, embora a percepção seja princípio de apercepção, a repetição não aumenta seu caráter consciente, ao contrário. O hábito, por diminuir o esforço necessário à realização da ação, provoca "esse grau de aperfeiçoamento, por um lado, e de enceguecimento no seu exercício, por outro", o que caracteriza o automatismo. Para Maine de Biran, o automatismo, eficaz porém passivo, é uma desforra da passividade sobre a atividade que ela imita detruindo. Se o indivíduo quiser reabilitar em si a apercepção, "precisará estar determinado a refazer com atenção tudo o que fez antes por hábito".

O campo em que essa atenção se faz mais necessária é a linguagem, visto que a decadência do sentido das palavras abandonadas pelo pensamento era, para Maine de Biran, das mais perigosas. Isto porque o hábito tem o efeito de matar o espírito e de levá-lo a esquecer que o mata. A facilitação motora, o mecanismo e os automatismos são, portanto, esquecimento do pensamento realmente ativo, e esquecimento desse esquecimento. Por isso, Maine de Biran não deixou de escrever e reescrever, tentando reiterar o esforço inicial que movera seu pensamento.

Embora o pensamento biraniano ainda não tenha atingido alto grau de maestria nessa obra, já contém vários temas essenciais. A oposição entre atividade e passividade, por exemplo, será retomada e enriquecida no trabalho *Dissertação sobre a decomposição do pensamento**.

Estudo: D. Voutsinas, *La psychologie de Maine de Biran*, S.I.P.E., 1964.

INICIAÇÃO À VIDA BEM-AVENTURADA,

ou Doutrina da religião,
Die Anweisung zum seligen Leben, Oder auch die Religionslehre, 1806.
JOHANN GOTTLIEB FICHTE, 1762-1814.

Ponto culminante da trilogia de que constam também *Da essência do saber* (1805) e *Características do tempo presente* (1804-1805), esse ensaio expressa em linguagem "popular" a última faceta da filosofia religiosa de Fichte. É uma réplica a *Filosofia e religião**, de Schelling (1804), e o título, aliás, retoma uma expressão de Schelling nessa obra. Fichte opõe-se à anexação da religião pela filosofia e pretende defender os direitos da crença contra as pretensões especulativas, e os da religião popular contra a iniciação reservada a uma elite.

Formada de onze conferências proferidas em Berlim em 1806, essa obra, após uma justificação do caráter popular do método empregado (conf. 1 e 2), examina o que há de especulativo no problema do ser e de seu conhecimento, e depois identifica essa ontologia com a do cristianismo (conf. 3 a 6). O amor e a bem-aventurança constituem aquilo que, nesse problema, se refere ao vivenciado (conf. 7 a 9); mas, do ponto de vista supremo, há identificação entre o especulativo e o vivenciado (conf. 10 e 11).

A separação entre especulativo e vivenciado, aliás, é apenas a transposição da divisão outrora realizada entre teoria e prática. Fichte opõe ao espírito aristocrático da filosofia schellingiana o espírito popular da filosofia kantiana. Isso o leva a aproximar-se das teses de Jacobi, ao afirmar o valor próprio e a primazia do coração sobre a razão. Mas Fichte também pretende evitar o escolho do irracionalismo romântico, para com o qual Schelling parece ser de uma indulgência paradoxal. Fichte chega então a um meio-termo que lhe permite salvar ao mesmo tempo a absoluta autonomia da razão, com sua plena racionalidade, e a noção de um pensamento de natureza especulativa cuja fonte está no coração.

A tese propriamente especulativa subjacente a essa obra popular é a da síntese quíntupla que, desde 1801, desempenha papel central na filosofia de Fichte. A vida do ser divide-se em dois pólos, um objetivo e outro subjetivo, que, por sua vez, se dividem em ser e pensamento, por um lado, e amor e objeto por outro. Mas ser e pensamento unem-se no saber absoluto, e amor e objeto do amor, na bem-aventurança. O saber absoluto e a bem-aventurança confundem-se, enfim, por se identificarem com a vida, quinto termo e consumação da síntese quíntupla.

Schelling, por sua vez, replicará a Fichte, em *Exposição sobre a verdadeira relação entre a filosofia da natureza e a filosofia melhorada de Fichte*, ressaltando a contradição entre os termos conciliatórios de *Iniciação à vida bem-aventurada* e a obra *Doutrina da ciência*, de 1801, que condenava de antemão qualquer doutrina que erigisse em absoluto um ponto de vista no qual subsistisse uma contradição entre o ato e a palavra.

Estudos: M. Guéroult, *Études sur Fichte*, Aubier-Montaigne, 1977. D. Julia, *La question de l'homme et le fondement de la philosophie*, Aubier-Montaigne, 1965.

INSTITUIÇÃO DA RELIGIÃO CRISTÃ, *Institution de la religion chrétienne*, 1560.

JOÃO CALVINO, 1509-1564.

Essa obra é apresentada como um manual de instrução cristã, destinado à formação do fiel. Para fins de ensino, contém uma parte doutrinal. A primeira edição de 1536, em latim, tinha apenas seis capítulos; na edição francesa de 1560, são dezessete. A introdução trata do conhecimento de Deus e do homem, do Decálogo, do Credo e do Pater, em suma do que constituía os antigos catecismos católicos. Calvino prega o inatismo da idéia de Deus. Ainda que a observação do mundo mostre a existência da Providência, não resta dúvida de que a revelação interior é indispensável.

Calvino exorta o homem à humildade, e para atingi-la o autoconhecimento é bom e útil. Exista ou não liberdade, o homem deve agir em tudo pela glória de Deus. A questão do livre-arbítrio é complexa. Calvino o admite, mas explica que a vontade é corrompida pelo pecado. Por isso, é necessário que o livre-arbítrio seja sustentado pela graça: esse é o único remédio. Calvino trata em seguida da fé, da penitência, de Jesus Cristo.

O ensinamento fundamental de Calvino é de ordem prática. A vida cristã consiste em cada um carregar sua cruz, mas o homem deve meditar sobre a vida futura. Ainda que possa fazer uso dos bens deste mundo, o cristão tem o dever de não se apegar a eles. Por fim, a felicidade do cristão consiste em conformar-se à vocação pessoal que recebeu de Deus.

Não se trata de uma obra de especulação teológica; limita-se a esclarecer grandes questões, sempre numa perspectiva de ensinamento e edificação.

Estudo: F. Wendel, *Calvin: sources et evolution de sa pensée religieuse*, Labor e Fides, 1985.

INSTITUIÇÃO DO PRÍNCIPE (DA), *De l'institution du prince*, 1547.

GUILLAUME BUDÉ, 1467-1540.

O manuscrito redigido por volta de 1519 não tinha título, que lhe foi acrescentado em 1547, com as seguintes variações segundo o editor: *Testemunho do tempo*, ou *Ensinamentos e exortações para a instituição do Príncipe* (ed. de Guillaume Cazeau), *Da Instituição do Príncipe* (ed. de Jean de Luxembourg), *Livro da institução do Príncipe ao cristianíssimo rei Francisco Primeiro desse nome* (ed. de Jehan Foucher). Como este último título indica, a obra é dirigida ao rei Francisco I. Nela, Budé define as modalidades do poder real apelando para o fortalecimento do absolutismo real: o poder do Príncipe não deve ser partilhado; o povo e a nobreza não têm papel político nenhum para desempenhar. Budé também traça o retrato do Príncipe ideal, que deve reunir em si tanto as qualidades físicas que imponham respeito aos súditos quanto uma força intelectual íntegra, concentrada na arte política. É assim que o Príncipe aparecerá como um ser superior, dotado de uma superioridade de direito e de fato, fundamentada nessa superioridade física e espiritual.

O Príncipe reinará só; a riqueza do Estado – que garante a estabilidade interior e exterior – é seu precioso auxiliar.

Esse texto de Budé reflete a atração exercida sobre os pensadores políticos do início do século XVI pela possibilidade do absolutismo real, e Budé é o mais radical de todos, pois não concebe limite algum para esse poder.

Estudo: L. Delaruelle, *Guillaume Budé: les origines, les débuts, les idées maîtresses*, Slatkine, 1970.

INSTITUIÇÃO IMAGINÁRIA DA SOCIEDADE (A), *L'institution imaginaire de la société*, 1975.

CORNÉLIUS CASTORIADIS, nascido em 1922.

Desde a Antiguidade o pensamento político deixou de tratar o social-histórico como imaginário, em favor de uma teoria da essência da sociedade e da história. Esse ensaio mostra que não há bases racionais para a sociedade, e que o fundo "conjuntista-identitário", próprio do pensamento ocidental desde Platão e Aristóteles, nunca deixou de ocultar o essencial.

A primeira parte do livro critica Marx porque este teria sufocado os aspectos inovadores de seu próprio pensamento. Superando Marx, a proposta é conceber a história como uma *poiésis*, uma criação do imaginário social. A segunda parte define a criação contínua com que a sociedade *se* faz ser, e a instituição é criada no tempo dos indivíduos, das coisas e da sociedade a partir de uma nebulosa de significações imaginárias.

Obra maior de Castoriadis, esse livro importante, oriundo de um retorno às fontes marxistas, rejeita a concepção racionalista de sociedade e propõe pensar a sociedade e a história como autocriação.

Edição brasileira: *A instituição imaginária da sociedade*, Rio de Janeiro, Paz e Terra, 1982.

Estudo: *Autonomie et auto-transformation de la société. La philosophie militante de Castoriadis* (obra coletiva), Droz, Genebra, 1990.

INTELIGÊNCIA (DA), *De l'intelligence*, 1870.

HIPPOLYTE TAINE, 1828-1893.

Meditada desde os anos 1850, essa obra, dedicada ao estudo do entendimento ou da faculdade de conhecer, contribuiu amplamente para a vulgarização da psicologia experimental.

O livro primeiro da primeira parte trata dos signos. Um signo é "uma experiência presente que nos sugere a idéia de uma experiência possível". O livro II trata das imagens. Imagem é "uma sensação espontaneamente renascente". A esses primeiros elementos do conhecimento somam-se as sensações (1. III), a propósito das quais se faz referência aos principais trabalhos da época em matéria de psicologia experimental (1. IV).

Composta, como a primeira parte, de quatro livros, a segunda parte aborda o princípio geral do conhecimento, assim como o conhecimento dos corpos, dos espíritos e das coisas em geral.

Taine expõe leis referentes às coisas reais, e ressalta o nexo entre as características gerais da razão explicativa das coisas. Também explicita métodos para encontrar "o intermediário explicativo".

Estudo: C. Evans, *Taine: essai de biographie intérieure*, Nizet, 1976.

INTELIGÊNCIA E DO INTELIGÍVEL (DA).

AL-FARABI, 872-950.

Como grande comentador de Aristóteles, al-Farabi parte da noção de intelecto tal como ela foi definida em *Da alma** (livro III). Assim como em Aristóteles, as dificuldades apresentadas pelo problema da qüididade e da passagem da inteligência em potência ao ato (passagem que, de acordo com o teorema fundamental da metafísica de Aristóteles, só pode ser obra de um ser já em ato), são resolvidas pela posição de um intelecto eternamente em ato que, pensando-se, produz todos os outros pensamentos. Mas é na tradição neoplatônica que al-Farabi vai buscar sua teoria da processão das inteligências separadas (involuntariamente e por intermédio de dois tratados falsamente atribuídos a Aristóteles: *Das causas*, que contém excertos de *Elementos de teologia** de Proclo, e a pseudo Teologia de Aristóteles, que na verdade não passa da tradução, feita por volta de 840, de uma seleção de excertos das *Enéadas** de Plotino).

Assim como em Plotino, e de acordo com o princípio "*ex uno non fit nisi unum*", do Uno nasce um ser único e eterno: o intelecto-agente, do qual procedem três intelectos que são os três modos segundo os quais o intelecto-agente se apreende. O intelecto em potência é o conhecimento que o intelecto-agente tem de si mesmo enquanto matéria (sendo a matéria o ser em potência), o intelecto em ato enquanto forma ou essência. O intelecto adquirido, por fim, criado pelo intelecto-agente para reunir o que teve de ser dividido, é o conhecimento que ele tem de si mesmo como princípio. O movimento do conhecimento é exatamente o inverso do da processão.

Os diferentes intelectos são apenas os diferentes momentos do retorno à unidade que é o conhecimento humano. O intelecto em potência, ou capacidade de abstrair de sua matéria as formas ou qüididades, é ao mesmo tempo, e por essa mesma razão, aquilo pelo que os inteligíveis em potência na matéria se tornam inteligíveis em ato. O intelecto em ato é a realização efetiva dessa abstração. O intelecto adquirido é seu princípio. Sua inteligibilidade nada mais é que a inteligibilidade de todos os inteligíveis. É com uma analogia totalmente plotiniana que al-Farabi ilustra essa processão das inteligências: "A inteligência-agente é para o intelecto possível do homem o que o sol é para o olho, que permanece como visão em potência enquanto está nas trevas." Astros-deuses em Aristóteles, inteligências separadas em al-Farabi, essas primeiras essências divinas se tornarão Anjos na filosofia de Avicena.

Estudo: R. Walzer, verbete "al-Farabi", na *Encyclopédie de l'Islam*, t. II, Maisonneuve et Larose, 1977.

INTENCIONALIDADE, *Intencionality, An Essay in the Philosophy of Mind*, 1983.

John Roger Searle, nascido em 1932.

Searle pretende apresentar nessa obra um "fundamento" para *Os atos de fala** e *Expressão e significado**, elaborando uma "teoria da Intencionalidade". O termo, que ele foi buscar na escolástica, onde designava a propriedade que tem o pensamento de ser sempre pensamento de um objeto diferente de si mesmo, e reatualizado por Brentano e pela fenomenologia de Husserl, é redefinido por Searle, que o desvincula do sentido corrente de "intenção" através do uso da maiúscula. De fato, o termo intenção não tem o sentido que lhe seria dado por uma filosofia que colocasse o sujeito na origem de seus conteúdos de consciência; Searle está distante de qualquer tese subjetivista ou personalista. Por "Intencionalidade", ele tem em vista "a capacidade biológica fundamental do espírito de pôr o organismo em relação com o mundo". Ora, essa propriedade é comum aos estados mentais e aos atos de linguagem. O problema do sentido deve, pois, ser formulado a partir da comparação destes – partindo dos esclarecimentos oferecidos pelas obras precedentes e referentes à noção de "sentido de um enunciado".

No caso dos estados mentais, a questão do sentido, segundo o autor, não tem razão de ser: na verdade, a Intencionalidade de um desejo e de uma crença é intrínseca; sua capacidade representativa lhe pertence. "Tem-se" um desejo, uma crença. É bem diferente o caso de um ato de linguagem: uma frase – sons que saem de uma boca ou são marcados no papel – é um objeto do mundo físico como outro; sua capacidade a representar alguma coisa não lhe é intrínseca, ela não é intrinsecamente Intencional. Sua Intencionalidade deriva da Intencionalidade da mente (*mind*): uma frase é utilizada para afirmar ou questionar, ao passo que ninguém utiliza um desejo ou uma crença (mas os tem). Uma única semelhança entre estados mentais e objetos sintáticos: são chamados de "verdadeiros", "felizes", "apropriados", se – e somente se – forem preenchidas as condições de satisfação já determinadas pelo conteúdo Intencional. O problema do sentido consiste em se perguntar "como os seres humanos impõem Intencionalidade a entidades que não são intrinsecamente Intencionais, como tornam objetos puros e simples aptos a representar". Se a Intencionalidade do estado mental é intrínseca, enquanto a da enunciação é derivada, *quais são as condições de possibilidade dessa derivação*? A hipótese fundamental de Searle é que a filosofia da linguagem é um ramo da filosofia da mente. "A capacidade que têm os atos de linguagem de representar objetos e estados de coisas do mundo é uma extensão das capacidades biologicamente mais fundamentais que tem a mente (ou o cérebro) de pôr o organismo em relação com o mundo por meio de estados mentais tais como a crença ou o desejo, e em particular através da ação e da percepção." Por isso, se quisermos dar uma explicação completa da fala e da linguagem, será preciso esclarecer a maneira como a mente-cérebro põe o organismo em relação com a realidade.

O autor analisa aqui a Intencionalidade dos estados mentais (cap. l), a Intencionalidade da percepção (cap. 2), a Intencionalidade da ação (cap. 3), a causalidade Intencional, necessária para compreender percepção e ação (cap. 4). O capítulo 5 afirma que a Intencionalidade, em todas as suas formas, só funciona sobre um pano de fundo (*back-ground*) de capacidades mentais não representativas. O capítulo 6 trata do objetivo inicial: explicar as relações entre formas mentais e formas lingüísticas da Intencionalidade. O capítulo 7 trata das relações entre Intencionalidade (propriedade dos estados mentais) e a intensionalidade (*intensionality*, ou propriedade das frases): distinção importante para que não mais se confundam as propriedades ontológicas dos objetos Intencionais com as propriedades lógicas dos termos intensionais. Os capítulos 8 e 9 criticam certas correntes dominantes no que se refere a sentido e referência. O capítulo 10 propõe uma "dissolução" do "pretenso problema 'mente-corpo' ou 'mente-cérebro' ". Não se trata de negar a realidade dos fenômenos mentais, porém de apreciar corretamente a natureza biológica e a especificidade "mental". A obra termina com um utilíssimo léxico.

Essa filosofia da mente e da linguagem fala em nome de um ponto de vista "naturalista" sobre os fenômenos Intencionais. Searle pretende distinguir-se também das formas de dualismo de origem cartesiana e de antimentalismo contemporâneo, oposto ao dualismo. Para ele, os fenômenos mentais têm bases biológicas: são causados pelos mecanismos cerebrais e realizados na estrutura do cérebro. Consciência e Intencionalidade pertencem à biologia humana tanto quanto a digestão ou a circulação. "É um fato *objetivo* do mundo a existência de certos sistemas – os cérebros – que são munidos de estados mentais *subjetivos*, e é físico o fato de sistemas semelhantes possuírem traços mentais". Esse naturalismo afasta Searle de seus precedentes fenomenológicos tanto quanto de Frege, sua primeira fonte.

Edição brasileira: *Intencionalidade*, São Paulo, Martins Fontes, 1995.

Estudo: F. Recanati, *Les enoncés performatifs*, Éd. de Minuit, 1983.

INTERPRETAÇÃO (DA),

Ensaio sobre Freud,
De l'interprétation, Essai sur Freud, 1965.
PAUL RICOEUR, nascido em 1913.

Produto de três conferências dadas na universidade de Yale em 1961, com o título "Terry Lectures", esse ensaio trata dos problemas filosóficos apresentados pela psicanálise. A psicanálise pretende oferecer uma interpretação global da cultura e, por essa razão, entra em conflito com qualquer outra interpretação do fenômeno humano.

A investigação de Ricoeur consiste em interrogar o discurso freudiano. Investigação de ordem epistemológica, que se limita a formular as seguintes perguntas: o que é interpretar, em psicanálise, e como a interpretação dos signos da psique se articula com a explicação econômica que visa à raiz do desejo? O segundo problema abordado por Ricoeur diz respeito à filosofia reflexiva: de que nova compreensão de si procedem suas interpretações e o que assim se vem a compreender? Finalmente, o autor propõe o problema dialético da interpretação freudiana: ela exclui ou não qualquer outra?

Edição brasileira: *Da interpretação*, Rio de Janeiro, Imago, 1977.
Estudo: Paul Ricoeur: *Les métamorphoses de la raison herméneutique* (sob a direcção de J. Greisch e R. Kearney), Le Cerf, 1991.

INTERPRETAÇÃO (DA).

ARISTÓTELES.
VER ORGANON.

INTERPRETAÇÃO DOS SONHOS (A),

Über den Traum, 1901.
SIGMUND FREUD, 1856-1939.

Freud considera o sonho como "o caminho por excelência que nos leva ao inconsciente". Essa breve obra começa fazendo uma relação das diferentes teorias, propostas sucessivamente para explicar o sonho. Os antigos o interpretavam como uma mensagem divina à qual atribuíam valor premonitório. Para a fisiologia ele não passa de simples desregramento das funções psíquicas. Freud afirma aqui que o sonho, não sendo de modo algum um fenômeno absurdo e sem importância, tem, sim, *sentido*, mas esse sentido não pode ser descoberto da forma pretendida pela sabedoria popular, por simples tradução de símbolos. O sonho deve ser entendido como *realização simbólica de desejos recalcados* no inconsciente durante a vida diurna.

Para explicar o caráter aparentemente absurdo do sonho, Freud introduz a distinção entre *conteúdo latente* e *conteúdo manifesto*. O conteúdo latente designa o próprio desejo que conseguiu exprimir-se simbolicamente nas imagens do sonho (conteúdo manifesto). O sonho aparece então como o *compromisso* entre a vontade do sujeito, que quer dormir, e o desejo que procura escapar à censura para realizar-se. Por isso, Freud diz que o sonho é "o guardião do sono".

Por "trabalho do sonho" designam-se os diferentes mecanismos postos em ação pela censura para tornar irreconhecível o desejo recalcado. Entre esses mecanismos de disfarce do conteúdo latente do sonho, distinguem-se a simbolização, a transformação em seu contrário, o deslocamento, o recalque, a condensação.

O estudo dos sonhos é de importância primordial na prática analítica. São os sonhos que desvendam os conflitos inconscientes e permitem encontrar sua origem infantil. Freud mesmo reconheceu que devia as maiores descobertas da psicanálise à análise de seus próprios sonhos.

Edição brasileira: *Interpretação dos sonhos*, Rio de Janeiro, Imago, 1988.
Estudo: M. Robert, *La révolution psychanalytique: la vie et l'oeuvre de Freud*, Petite Bibliothèque Payot, 1989.

INTERSUBJETIVIDADE E ONTOLOGIA, *Intersubjectivité et ontologie*, 1974.

MAURICE NÉDONCELLE, 1905-1976.

Maurice Nédoncelle manifestara uma espécie de antiontologismo em *Pessoa humana e natureza*, de 1944. Perguntava como uma ontologia, ou seja, uma metafísica do ser, pode atingir a pessoa e propunha uma psicologia da pessoa. Formada por diferentes artigos, essa obra marca a reconciliação – já delineada em 1970 em *Explorações personalistas*, mas aqui sistematizada – entre as duas noções e a formação de uma ontologia personalista da intersubjetividade. Para Nédoncelle, a relação intersubjetiva só atinge perfeição e pureza, ou seja, transparência, no amor. O amor é uma promoção mútua do eu, uma confissão mútua graças à qual o outro não mais significa não-eu, mas transparência recíproca.

Essa ontologia do amor reflete a importância dos principais valores cristãos entre os personalistas.

Estudo: J. Lacroix, *Le personnalisme*, Chronique Sociale, 1981.

INTRODUÇÃO À EPISTEMOLOGIA GENÉTICA, *Introduction à l'épistémologie génétique*, 1950.

JEAN PIAGET, 1896-1980.

Dividido em três volumes, cada um correspondente a uma etapa do desenvolvimento do *pensamento científico* (I. *Pensamento matemático*; II. *Pensamento físico*; III. *Pensamento biológico, psicológico e sociológico*), essa obra ressalta e ilustra a importância da experimentação para as teorias referentes à psicologia aplicada.

O mérito de Piaget é ter situado a epistemologia no terreno da experiência científica. Observando que "existem múltiplas formas de conhecimento, e que cada uma delas suscita um número infinito de questões específicas", Piaget renuncia a estudar o que é conhecimento ou a tomar partido sobre a natureza do espírito, formulando de início uma pergunta plural: "Como crescem os conhecimentos?" Desse modo ele se situa não só no nível interdisciplinar como também no nível genético. "A teoria dos mecanismos comuns a esses diversos crescimentos, estudados indutivamente à guisa de fatos que se somam a outros fatos, constituiria uma disciplina que se estaria esforçando por tornar-se científica através de diferenciações sucessivas." Como explica Piaget, "método genético significa estudar os conhecimentos em função de sua construção real ou psicológica, e em considerar que todo conhecimento é relativo a certo nível desse mecanismo de construção".

Portanto, se a epistemologia tradicional só conhece estados superiores do conhecimento, a epistemologia genética, para remontar às fontes, deve apreender a gênese do conhecimento, visto que não há conhecimento predeterminado nem nas estruturas do sujeito (pois elas são resultado de uma construção efetiva e contínua), nem nos "caracteres preexistentes do objeto" (pois eles só são conhecidos pela mediação dessas estruturas).

É no contexto da interação entre o sujeito e o objeto que se situa a problemática. "Assim, é próprio da epistemologia genética buscar depreender as raízes das diversas variedades de conhecimento desde suas formas mais elementares e seguir seu desenvolvimento nos níveis ulteriores até o pensamento científico inclusive." Portanto, o problema da epistemologia genética, que é o do crescimento dos conhecimentos, tanto na criança quanto no adulto, é também o "da passagem de um conhecimento não tão bom, ou mais pobre, a um saber mais rico", e, desse modo, nada mais é que o problema da conquista da objetividade científica.

Estudo: *Psychologie et épistémologie génétique* (obra coletiva), Dunod, 1966.

INTRODUÇÃO À FILOSOFIA, *Einführung in die Philosophie*, 1950.

KARL JASPERS, 1883-1969.

Essa obra, que é das mais conhecidas de Karl Jaspers, condensa em forma muito acessível a experiência filosófica adquirida pelo autor no exercício da psiquiatria e na reflexão crítica sobre o pensamento de Descartes, de Husserl, de Wilhelm Dilthey e sobretudo de Kierkegaard e de Nietzsche, aos quais dedicou várias obras.

Interrogando-se sobre a natureza da filosofia, Jaspers dá uma primeira resposta: ao contrário do conhecimento científico, que é o mesmo para todo entendimento, a filosofia brota da fonte original do eu. Só a experiência pessoal permite ter acesso a ele. Mas ela comporta também a exigência da comunicação de homem a homem. Para Jaspers, a filosofia não pode ser negada nem demonstrada, mas apenas comunicada.

Os sistemas filosóficos históricos, quer se trate de materialismo, idealismo ou seus compostos, fazem do ser uma realidade exterior ao sujeito. Sempre há, na vida pensada, uma cisão sujeito-objeto. O que essa cisão revela é a realidade suprema de um "englobante" que, por sua vez, não é nem objeto nem sujeito. Por esse conceito designa-se o ser em totalidade, surgindo o eu como seu sujeito, totalidade em cujo âmago a consciência desmembra objetos. O pensamento realiza, pois, dois rasgos no ser. O místico procura atingir o próprio englobante cortando todos os elos com os objetos e com o sujeito. Mas essa tentativa de abrir-se para o absoluto é incomunicável.

As grandes metafísicas milenares expressam o absoluto de Deus, mas através de uma linguagem cifrada. A reflexão filosófica, por sua vez, deve abster-se de tomar o símbolo da realidade por realidade tangível. Isso seria cair no dogmatismo ou na superstição. Deus é objeto de decisão e de fé. Fundamento de minha existência e de minha ação, ele permanecerá sempre como Deus oculto e indemonstrável para meu entendimento.

O pensamento de Jaspers será essencial na abordagem filosófica de Martin Heidegger.

Estudo: A. Kremer-Marietti, *Jaspers et la scission de l'être*, Seghers, 1974.

INTRODUÇÃO À FILOSOFIA DA HISTÓRIA, Sobre os limites da objetividade histórica,
Introduction à la philosophie de l'histoire. Sur les limites de l'objectivité historique, 1938.
RAYMOND ARON, 1905-1983.

Como indica o subtítulo, essa tese versa "sobre os limites da objetividade histórica": a ciência histórica poderá ser universal? É cumulativa, ou cada sociedade recria um novo passado para si?

Qual é o objeto da história? O passado. Mas haverá uma história da natureza – do Céu, da Terra, das espécies vivas – que seria prolongada pela história humana, ou haverá uma ruptura entre elas? Caberá aceitar Cournot, para quem só é objeto de história o fato oriundo do acaso, no sentido de encontro de diversos "sistemas" ou séries independentes de causas, encontro que não se pode prever, mas só constatar? Sem dúvida esses encontros também criam evoluções naturais, mas Aron procura o que distingue a história humana: a evolução dos seres vivos é passagem de uma espécie a outra, enquanto a espécie humana tem uma história interna, pois se transforma por suas próprias criações, conservadas, retomadas e conscientemente julgadas.

Se o próprio sujeito que faz a ciência histórica é um ser histórico, como pode conhecer-se? Utilizando a "compreensão", definida por Dilthey como apreensão de significações vividas, o sujeito se choca com as dificuldades do conhecimento de si mesmo e de outrem (reconstrução dos móbeis e motivos, de elementos em que sempre falta a unidade do todo), dificuldades essas multiplicadas pelos pontos de vista ulteriores; uma época socialista, em que a economia é presença constante, cria uma história socialista da Revolução Francesa, uma história econômica da Antiguidade: "Cada época escolhe um passado para si." Não se pode reconstituir outra visão do mundo, a não ser por contraste com a nossa e nela enxergando uma etapa de uma evolução orientada para o presente.

Mas se duvidarmos do progresso, será possível dizer que uma série de histórias independentes, sem orientação, ainda configura uma *história*? Se nos voltarmos para a explicação causal, colidiremos com o problema do determinismo histórico: quando não é possível a experimentação daquilo que não se repete, como verificar as causas de um fato único, e fazer a distinção entre uma relação necessária e uma sucessão contingente? Não chegamos a leis, mas a probabilidades retrospectivas se imaginarmos o que teria acontecido se tal causa não tivesse existido. Caberá a dedução de que há acidentes em história – esses acasos que Cournot opõe aos sistemas oriundos de uma série de causas? Isso depende da definição que se der à palavra "série": embora a guerra de 1914 tenha sido fruto do encontro do pan-eslavismo com as diversas diplomacias dos Impérios, também se pode ver aí o sistema peculiar da política européia. A partir disso, não será melhor limitar o acaso à intervenção das catástrofes naturais? Não se pode concluir, pois "a ilusão retrospectiva de fatalidade contradiz a impressão contemporânea de contingência".

Para chegar a leis, apesar de tudo isso, não seria melhor apelar para os sociólogos? Estes, se recorrerem a causas naturais, terão apenas condições negativas, e não uma explicação integral: a Inglaterra não foi sempre uma potência marítima. E isso prova que o fato de ser ilha não é condição suficiente; é preciso somar-lhe a iniciativa dos homens. E uma causa social, como uma desvalorização da moeda, produz efeitos diferentes, dependendo das condutas humanas de adaptação ao fato. E por unir a necessidade da relação causal à sua generalidade, Aron exclui a explicação necessária da totalidade de um fato histórico, e só admite um determinismo fragmentário daquilo que nele se repete; esses limites de explicação constituem os limites da objetividade; pois cada explicação parcial está associada a outras normas, combina maior ou menor grau de compreensão e de causalidade, em função do presente do historiador, que tende para o futuro: seria assim possível fazer uma história das historiografias.

O homem, pois, não pode descobrir uma verdade total enquanto durar a história. O tempo e a finitude implicam um caminhar indefinido, ainda que, para o homem, o tempo não seja destruidor, mas criador.

Esse livro denso reage contra as certezas do positivismo histórico, da sociologia francesa (Durkheim, François Simiand) e contra o marxismo, com base nos filósofos e sociólogos alemães (Dilthey, Weber). Determinou uma guinada na reflexão dos historiadores, mesmo quando defendem a validade da história (Henri-Irenée Marrou) mais que o próprio Aron. Ao mesmo tempo, é uma última saudação à filosofia, que ele deixará em favor do jornalismo político e da sociologia contemporânea.

Estudo: G. Fessard, *La philosophie historique de Raymond Aron*, Julliard, 1980.

INTRODUÇÃO À FILOSOFIA MATEMÁTICA, *Introduction to Mathematical Philosophy*, 1919.

BERTRAND RUSSELL, 1872-1970.

Essa introdução aos grandes problemas da filosofia matemática tem a marca da filosofia de Russell. Nela se expõe a célebre teoria das descrições, introduz-se o axioma do infinito e, principalmente, define-se o número como o que representa o número de uma classe (sendo este a classe de todas as classes que lhe são semelhantes).

Edição brasileira: *Introdução à filosofia da matemática*, Rio de Janeiro, Zahar, 1966.
Estudo: D. Vernant, *La philosophie mathématique de Bertrand Russell*, Vrin, 1992.

INTRODUÇÃO À LEITURA DE HEGEL, *Introduction à la lecture de Hegel*, 1947.

ALEXANDRE KOJÈVE, 1902-1968.

Esse livro, editado em 1947 por iniciativa de Raymond Queneau e, de novo, em

1968, reúne as anotações feitas de janeiro de 1933 a maio de 1939 no curso ministrado por Kojève na École pratique des hautes études (hoje École des hautes études en sciences sociales), seção de ciências religiosas, ao qual assistiram personalidades como Bataille, Pierre Klossowski, Queneau e o jovem Sartre.

O ensino ministrado é apresentado como um prolongamento do curso de Koyré sobre a filosofia religiosa de Hegel, mas na realidade versa sobre os oito capítulos da *Fenomenologia do espírito** (da certeza sensível até a figura do saber absoluto) que é lida e comentada, muitas vezes página por página e, às vezes, até parágrafo por parágrafo.

Vincent Descombes mostrou a influência desses cursos, que interpretam Hegel de um ponto de vista existencialista e resgatam o prestígio da dialética: "Foi em parte graças a Kojève que em 1945 Hegel se transformou no ponto mais alto da filosofia clássica e origem de tudo o que se faz de mais moderno."

Estudo: V. Descombes, *Le même et l'autre*, Éd. de Minuit, 1979.

INTRODUÇÃO À METAFÍSICA,

Einführung in die Metaphysik, 1953.
MARTIN HEIDEGGER, 1889-1976.

Como indica o título alemão, esse escrito destina-se menos a iniciar na metafísica do que a percorrê-la de maneira natural, para levar o leitor a um percurso especulativo. A trajetória proposta pelo autor no interior da metafísica tem ponto de partida na seguinte pergunta: "Por que existe o ente, em vez do nada?" Essa é a "questão fundamental da metafísica", pois é a pergunta que todos se fazem; e é uma questão que diz respeito à Criação inteira. Por ser filosófica, essa pergunta não deverá ter uma resposta de tipo religioso e, por isso, vai até a raiz do problema: a transcendência. Pratica uma abertura para o inatual, o radical. O objeto da obra é, pois, o ser na totalidade, "predominância daquilo que se desenvolve". Mas por que surge essa pergunta? Porque o Homem não compreende mais o ser. A pergunta fundamental revela, então, a decadência da filosofia ocidental: por acaso, com Nietzsche, o ser não é mais que um "vapor", uma evanescência, ou continuará representando o destino espiritual do Ocidente? Para responder, o autor empenha-se em resgatar o sentido do ser.

Tomando como referência a gramática e a a etimologia, Heidegger mostra que, no início, o ser era um verbo, e que depois se transformou em substantivo. De determinada que era, a significação do verbo resvalou para a indeterminação: é a *evanescência*. Quanto à etimologia, revela que, de acordo com as raízes grega, latina e sânscrita, "ser" significava concretamente "viver", "desabrochar", "permanecer". Desses significados, só ficou a dimensão abstrata do ser. Em face desse desgaste do sentido, convém perguntar: afinal, "o que aconteceu com a palavra *ser*?". Essa é a "pergunta preliminar" da pergunta fundamental. Confirma que o ser é o que há de mais digno de interrogação; é o que se expõe à nossa compreensão, porque o Homem é aquele que "diz" o ser (é o "dizedor" do ser). Sair da indeterminação é considerar a palavra "é". Seu uso numa frase é determinado por aquilo que ela designa, em todos os casos de figura. Portanto, ao dizermos o ser nós o determinamos, e assim o delimitamos, recuperamos seu sentido. A inversão de perspectiva permite que o autor confronte o ser com seu outro, dizendo o que ele não é. O ser não é o devir. Referindo-se a Parmênides, o autor fala do ser "unido", "unidor", "presente", o que não pode equipará-lo ao devir. Interpretando Heráclito e seu aforismo "Tudo flui", ele mostra que o ser é o "recolher" de todos os antagonismos, e não os próprios antagonismos. O ser tampouco é aparência. Ainda que tenham a mesma origem (o ser parece), opõem-se de fato: o ser é latência, origem; a aparência é uma queda, um resultado. A filosofia começa com a distinção entre ser, parecer e não-ser. Em terceiro lugar, o ser não é o pensamento no sentido lógico. Com Platão, a filosofia substituiu o ser pela *idéia do ser*; foi esse o nascimento da lógica como instrumento da verdade ou discurso adequado "sobre alguma coisa". Heidegger preconiza a superação da lógica em favor de um pensar mais originário no ser, um pensar que "reúne": um Logos. O sentido primeiro de Logos é "o recolher-se do próprio ente". Esse sentido desvela a essência do Homem: "Ser homem é assumir o recolhimento, a apreensão recolhedora do ser do ente, a exploração da aparência pelo saber, e assim gerar a não-latência, preservá-la da latência e da violação." Finalmente, ser não é dever: o dever é o modelo de acordo com a idéia, e não segundo o ser. No dever, o ser não é mais quem dá as medidas; ele é recoberto pelo valor.

Heidegger foi discípulo de Husserl. Sua obra traz a marca da fenomenologia, parcialmente aplicada ao problema central do pensamento do autor: o ser e seu esquecimento pelo pensamento ocidental. A esse respeito, essa obra está no cerne do questionamento heideggeriano e insere-se numa abordagem filosófica propriamente contemporânea, dissociando irredutivelmente ser e ente. A garantia dessa diferença está na linguagem, verdadeiro poema original, "morada do ser", e que (como mostra o uso da etimologia) proclama a origem grega da filosofia. Heidegger restaura e continua os pensadores gregos; essa especificidade faz dele uma personalidade tão essencial quanto original na filosofia do século XX.

Edição brasileira: *Introdução à metafísica*, Rio de Janeiro, Tempo Brasileiro, 1987.
Estudo: M. Haar, *Heidegger et l'essence de l'homme*, Millon, 1990.

INTRODUÇÃO À PSICANÁLISE,

Vorlesungen zur Einführung in die Psychoanalyse, 1917.
SIGMUND FREUD, 1856-1939.
Aulas ministradas de 1915 a 1917.

Se, precisamente nessa obra, o autor dedica mais da metade dos capítulos (quinze em vinte) a uma psicanálise do homem normal, é porque precisa combater muitos preconceitos, em particular a opinião de que só para a conduta dos anormais e dos desequilibrados cabe uma explicação pelo inconsciente. Essa obra contém uma série de aulas proferidas por Freud durante os anos de 1915, 1916 e 1917 "diante de um auditório composto por médicos e leigos dos dois sexos" (Nota à primeira edição), com duração de duas horas cada uma. Freud tem o cuidado de não expor todas as suas conclusões de uma só vez; prefere ir levando seu auditório a assimilar progressivamente os termos psicanalíticos.

Freud descobriu dois domínios: o inconsciente e a sexualidade. Todo pensamento reside inicialmente no inconsciente. O inconsciente inclui o consciente assim como um círculo maior inclui um menor. Freud descreve o aparelho psíquico conforme o seguinte esquema (primeiro tópico): consciente/pré-consciente/inconsciente, e depois mostra a importância não só do aspecto descritivo mas também "dinâmico": o inconsciente é o que se recalca. Esses elementos recalcados exercem pressão contínua em direção ao consciente.

Isso supõe por parte do indivíduo um dispêndio constante de energia para manter o equilíbrio. Para concretizar o mecanismo do recalcamento, Freud supõe uma instância de controle, a censura, que ele também chama de *superego*. A censura permite ou impede a passagem desta ou daquela representação vinda do inconsciente. A luta para manter no inconsciente o que está recalcado é tão difícil, no neurótico, que absorve a maior parte de sua energia e paralisa sua atividade exterior. Contudo, os desejos recalcados acabam encontrando outros meios de chegar à satisfação: obtêm satisfações substitutivas, indiretas e simbólicas, sem a participação da consciência. É o que Freud chama de "retorno do recalcado". É esse retorno que se traduz em atos falhos, sonhos e sintomas neuróticos.

Por outro lado, junto ao estudo do inconsciente, Freud investiga o prazer sexual. "O que se entende por sexualidade fora da psicanálise é uma sexualidade muito restrita", diz Freud. De fato, habitualmente o sexual é limitado às condutas que tendem ao ato sexual. Mas Freud modificará a noção de sexualidade, alargando sua definição. Demonstra no cap. 5 que a vida sexual do homem não aparece de repente, pronta, depois da puberdade, mas começa já na primeira infância, nos lactentes. Por outro lado, ela não se limita aos órgãos sexuais, mas investe o corpo humano todo.

As zonas erógenas, ou seja, capazes de excitar o desejo sexual, não se limitam às regiões genitais; outras zonas podem ser investidas de maneira erógena, segundo a evolução individual. A energia que está na base dessas pulsões é denominada por Freud *libido*. A libido é plástica e móvel; seu recalque é a mais freqüente causa de distúrbios psíquicos. Sua *sublimação*, ou seja, o direcionamento do objetivo sexual para finalidades ideais, segundo Freud, explica a maioria das produções culturais, sociais e artísticas.

O que incontestavelmente escandalizou é um dos temas mais importantes da psicanálise, ou seja, a descoberta de que as crianças têm vida sexual. Freud define a sexualidade infantil como "perversa". A perversão (que deve ser distinguida da perversidade) rejeita o objetivo normal da sexualidade. A criança encontra prazer *sexual* fora do ato sexual. Sua sexualidade está em formação, em evolução; por isso, a criança vai passando sucessivamente por vários tipos de sexualidade: inicialmente o prazer ligado a tudo o que ela pode pegar e tocar com a boca, depois o prazer que sentirá por via das funções de excreção (cap. 5). Esses comportamentos perversos, em particular o auto-erotismo, devem ser recalcados para que a sexualidade se torne normal. As primeiras impressões da infância, o modo como a criança foi tratada e amada, os primeiros conflitos com os pais, suas primeiras angústias diante da solidão, a perda eventual das afeições, todos esses acontecimentos, tornando-se inconscientes, tornam-se indeléveis e acabam por conferir tonalidade especial a nossa experiência futura, podendo-se dizer que a afeiçoam a seu molde. Pois é peculiar ao inconsciente nada esquecer e tudo conservar. O inconsciente se define como o *recalcado* e o *infantil*. Mas será também o sexual?

O inconsciente é regido pelo *princípio de prazer*. Portanto, deve ser continuamente recalcado, mas também utilizado e canalizado, pois constitui a fonte da energia psíquica que possuímos, em proveito de um outro princípio, o *princípio de realidade*.

Essa obra comporta duas grandes partes: a primeira, que trata dos *atos falhos* e dos *sonhos*, diz respeito ao homem normal; a segunda diz respeito às *neuroses*. Mas a unidade da obra baseia-se na demonstração de Freud de que todos esses fenômenos são significativos de uma intenção do inconsciente.

Por "atos falhos", Freud indica os pequenos "fiascos" da vida diária, tais como as distrações, os erros involuntários, os lapsos. Assim também, os sonhos têm um sentido, e esse sentido é uma intenção, um desejo recalcado. Mas o método de decifração dos sonhos é delicado, porque, segundo Freud, o sonho realiza um sutilíssimo trabalho de transformação dos elementos inconscientes.

"*Todo sonho é a realização de um desejo*." Mas esse desejo é sempre mais ou menos disfarçado. O sonho revela que o inconsciente, com a ajuda do pré-consciente, é capaz de operações de transposição e de disfarce muitas vezes extremamente complexas. Por isso, o sonho constitui para Freud o caminho de acesso por excelência ao conhecimento dos mecanismos do inconsciente e à prova irrefutável de sua existência. Por outro lado, a produção dos sonhos e dos sintomas neuróticos baseia-se nos mesmos processos inconscientes; por isso, a interpretação dos sonhos servirá de ponto de apoio para desvendar o sentido das neuroses. Interpretar um sonho (cap. 4) consistirá em remontar do *conteúdo manifesto* às *idéias latentes*. Assim, Freud descobre o simbolismo do sonho. Traz à tona os mecanismos essenciais do disfarce: o sonho *condensa* vários acontecimentos num só, *desloca* a carga emocional de uma idéia para outra. A decifração do sonho parece-se com a decifração de uma língua. Decompõe-se o relato em seus diferentes elementos constitutivos, e depois procuram-se lembranças, idéias, representações e comparações que se associem livremente com cada termo do sonho. É a técnica das *associações livres*.

Outro ponto abordado por Freud é o das neuroses. O que é uma neurose? É uma doença psíquica cujos sintomas podem ser físicos. Segundo Freud, os neuróticos sofrem com o recalcamento. Seus distúrbios servem para criar uma situação de *compromisso*: protegem dos efeitos do recalque ao mesmo tempo em que mantêm o recalque. Pois uma das características essenciais da neurose é que o sujeito não conhece o que recalca, ou seja, desconhece os desejos ocultos de seu inconsciente. Freud toma o caso de uma neurose obsessiva. Todos os detalhes do cerimonial do neurótico são simbólicos, o que significa que eles representam de modo figurado, imaginado, seus conflitos e desejos inconscientes. Freud mostra certo número de características gerais válidas para qualquer neurose:

– A fixação num fragmento do passado constitui característica comum a todas as neuroses; todo neurótico permanece ligado por sua afetividade profunda a um momento do passado, em geral vinculado à primeira infância.

– O sentido dos sintomas e seu valor simbólico são desconhecidos pelo paciente. Ele não consegue estabelecer um vínculo entre o acontecimento do passado e o ato presente.

– Assim que os processos inconscientes são levados à consciência pela troca que ocorre entre o analisado e o analista, os sintomas desaparecem: desde que o primeiro chegue a compreender o sentido destes, não só intelectualmente, mas por sua vivência (cap. 7).

– Observa-se também em todos os neuróticos uma perturbação mais ou menos grande da memória, enquanto os trechos da história individual que são assim "esquecidos" desempenham um papel determinante na formação dos sintomas. Esse "esquecimento" não é uma lacuna provisória e momentânea da memória: não se situa no nível pré-consciente; na verdade, diz respeito aos fatos ou às situações que o neurótico quer esconder de si mesmo.

Freud será levado a revisar a doutrina aqui exposta, depois de 1920. Contudo, essa obra é capital para a psicanálise e os psicanalistas.

Estudo: J.-B. Pontalis, *Après Freud*, Idées/Gallimard, 1971.

INTRODUÇÃO À SEMÂNTICA,

Introduction to Semantics, 1942.
RUDOLF CARNAP, 1891-1970.

Essa introdução à semântica constitui o primeiro volume de *Studies in Semantics* e marca uma nova guinada na evolução do pensamento de Carnap. Este, reconhecendo sua dívida para com Alfred Tarski, decide completar com uma semântica rigorosa os estudos de sintaxe formal em que se especializara.

Ao contrário de Tarski, porém, ele mantém uma fronteira nítida entre semântica e sintaxe e, na semântica, entre verdade factual e verdade lógica – isso na linha de suas orientações filosóficas fundamentais.

Estudo: J. Vuillemin, *La logique et le monde sensible*, Flammarion, 1971.

INTRODUÇÃO AO CONHECIMENTO DO ESPÍRITO HUMANO, Seguida de reflexões e máximas sobre diversos assuntos, *Introduction à la connaissance de l'esprit humain, Suivie de réflexions et de maximes sur divers sujets*, 1745.
VAUVENARGUES (Luc de Clapiers, marquês de), 1715-1747.

Menos conhecida que *Máximas*, essa obra é uma tentativa de sistematizar os ensinamentos contidos nestas últimas. O autor propõe-se estudar os diferentes tipos de espíritos e separar o intelecto do coração; reconhece-se nisso a influência de Pascal. O coração domina a inteligência, mas Vauvenargues não considera um determinismo estrito do afetivo sobre o intelectual. O que mais lhe importa é a qualidade das paixões, que ele se recusa a confundir na indistinção do elogio ou da reprovação. Interessante é a teoria do gênio por ele proposta: o gênio não é uma aptidão especial, mas a rara associação de qualidades num âmbito particular de atividade.

A segunda edição (1746) da obra levava em conta as sugestões de Voltaire; duzentas máximas foram retiradas.

Estudo: A. Hof, *Histoire litteraire de la France*, Messidor-Éditions Sociales, 1987, t. III, pp. 276 ss.

INTRODUÇÃO AO ESTUDO DA MEDICINA EXPERIMENTAL, *Introduction à l'étude de la médecine expérimentale*, 1865.
CLAUDE BERNARD, 1813-1878.

A originalidade desse livro consistia em, além de definir os requisitos e as condições de aplicação do método experimental aos seres vivos, levar a medicina a passar da pré-história à história: o empirismo baseado na observação passiva e não crítica dos fatos deveria ceder lugar ao racionalismo crítico, distanciado dos sistemas filosóficos mas não da busca racional das causas próximas dos fenômenos da vida, tanto no estado fisiológico quanto no patológico.

Uma dificuldade preliminar não foi suficientemente notada: a de saber em que medida a experimentação pode ser aplicada à vida; permitirão a codificação e a classificação dos procedimentos experimentais, portanto artificiais, concluir que são adequados aos fenômenos naturais assim representados? A resposta não se encontra na instituição do protocolo, mas na especificidade do objeto que, ao mesmo tempo, *confirma* e *perturba* o protocolo: a obediência da natureza a leis, ao determinismo, aplica-se a uma parte da natureza – os organismos vivos – que, por sua vez, vem modificar as regras de investigação iniciais. A *especificidade* das formas vivas, que não são matemáticas, sua *variabilidade*, a necessidade de considerar o organismo como uma *totalidade* que não seja a soma de suas partes, a *irreversibilidade* do devir dos fenômenos vitais, essas características relegam a física e a química a um papel de ciências adjuvantes, assim como a anatomia em relação à fisiologia: para saber alguma coisa das funções da vida, é preciso estudá-las *in vivo*. Esses quatro caracteres permitem *especificar* os fenômenos vitais no interior do determinismo universal: *vida é criação*.

De fato, o que caracteriza a máquina viva não é a natureza de suas propriedades físico-químicas, por mais complexas que sejam – explica Claude Bernard; a criação dessa máquina que se desenvolve sob nossos olhos em condições que lhe são próprias e de acordo com uma idéia definida exprime a natureza do ser vivo e a essência da vida. Não se deve entender o termo "idéia" no sentido metafísico, mas sim como um princípio regulador e organizador que garante o desenvolvimento de cada organismo em interação com o meio, mas também independentemente dele: o *meio interior* é essa noção que permite compreender o organismo vivo como resultado de um processo autônomo que, por um determinismo circular, encontra na sua necessidade a causa de sua realização. A fixidez do meio interior não é uma noção metafísica nem sistemática: ela não se vincula nem a uma harmonia preestabelecida nem a um pretenso princípio vital; é fruto de um mecanismo regulador que é condição da autonomia do ser vivo.

Essa noção é um conceito básico em fisiologia; ela faz a medicina passar do estágio de ciência conjectural ao de ciência. Como ciência, a medicina deve necessariamente estabelecer leis precisas e determinadas que derivem do critério experimental, exposto na primeira parte do livro: mescla da dúvida filosófica e do determinismo nos fenômenos da natureza. Mas a precisão dessas leis não alija o indeterminismo que existe em todas as ciências, sem o que o homem não existiria.

É importante observar aqui que, ao contrário da apresentação escolar ou tradicional que prevaleceu durante muito tempo, a *Introdução ao estudo da medicina experimental* vale menos pela exposição do método que pelos limites e pelas restrições que Claude Bernard impõe às considerações gerais sobre os postulados e as técnicas de experimentação. Tudo ocorre como se o objeto – a própria vida – desmentisse permanentemente o protocolo experimental, protocolo a que, no entanto, se visava nessa descrição e que se acreditava encerrá-la. Em vez de ser sinal de decepção, é sinal de riqueza. *Uma filosofia implícita de uso provisório, que se regula por inovações*, é o que se depreende da própria definição de causalidade nos seres vivos. É prova suplementar de que a vida, em sua evolução, mesmo submetendo-se a leis, é levada a modificar-se e até a contradizer-se. O principal obstáculo epistemológico à vida é a própria vida.

Depois de Bergson, passou-se a ter o hábito de considerar *Introdução ao estudo da medicina experimental* como equivalente, nas ciências da vida, ao *Discurso do método** (1637) de Descartes nas ciências abstratas da matéria: um tratado de metodologia de destinação didática. Depois de Canguilhem e Dagognet, em particular, as atenções filosóficas voltaram-se para o conhecimento do ser vivo. Hoje, o interesse principal do livro parece estar nessa filosofia implícita de improvisação e regulagem inventiva que refuta qualquer sistema filosófico assim como qualquer ciência excessivamente segura de si.

Pelos limites que propõe àquilo que descreve e pelas restrições que impõe ao que propõe, esse livro está muito mais próximo ainda da atitude científica contemporânea, na qual diálogo, incerteza e regulação-refutação são os principais fatores do progresso e das descobertas.

Estudo: J. Michel, *La nécessité de Claude Bernard*, col. "Épistémologie", Meridiens-Klincksieck, 1991.

INTRODUÇÃO AO ESTUDO DAS CIÊNCIAS HUMANAS, *Einleitung in die Geisteswissenschafter*, 1883.
WILHELM DILTHEY, 1833-1911.

Esse livro estava destinado a resolver o problema do fundamento filosófico que deveria ser dado às ciências humanas. O filósofo propõe-se aqui estudar a realidade histórica e social, bem como as ciências que têm por objeto essa realidade. As "ciências do espírito" constituem para Dilthey um conjunto em si mesmo, que se opõe às "ciências da natureza". As ciências do espírito não podem fundamentar-se na metafísica: é o que o autor irá expor na segunda parte de seu trabalho. A parte crítica é a mais extensa. A conclusão acaba por mostrar ser impossível o ideal da metafísica de desvendar *a priori* a ordem lógica do mundo; posição já superada, pois a ordem do mundo não pode ser positivamente demonstrada. Quanto à primeira parte da obra, chamada "Livro primeiro", dá um quadro de conjunto das ciências humanas particulares e demonstra a necessidade de uma ciência humana fundamental.

Qual é o objetivo dessa iniciação às ciências humanas? É dar ao político, ao jurista, ao teólogo, ao pedagogo um instrumento que lhes permita trabalhar melhor pela sociedade. O todo dessas ciências estará em relação com o todo das ciências da natureza. O homem é, pois, determinado segundo duas relações. As ciências particulares do espírito se depreendem da realidade histórica e social. Opondo-se à escola da abstração e à histórica, Dilthey quer ligar essas ciências ao todo das ciências humanas. Quanto às ciências do indivíduo, são elementos dessa realidade nova.

Em relação às ciências da história e da sociedade, é preciso ter em vista outras classes de ciências particulares, que tratem de arte, ciência, Estado, religião etc. Portanto, é preciso aceitar considerar como objeto os diversos sistemas de civilização. O direito é um dado de fato; é também uma comunhão de fins, baseada na consciência jurídica, enquanto dado psicológico ativo. Do mesmo modo, o sistema da moralidade se compõe de um grupo de fatos de consciência e dos atos que dependem desses fatos. Dilthey insiste, pois, nos fundamentos psicológicos das ciências da organização exterior da sociedade; esta última é um dado histórico que cabe expor teoricamente. Mas a filosofia da história e a sociologia não são verdadeiras ciências, pois se baseiam em abstrações.

A realidade da história forma um todo complexo ao qual é preciso aplicar um método apropriado. Ademais, as ciências particulares do espírito sempre dizem respeito a fatos novos. Por isso, cumpre explicitar uma teoria do conhecimento capaz de fundamentar as ciências particulares do espírito. Dilthey assume a tarefa de considerar a realidade histórica e social no conjunto por ela formado. Condenando tanto o empirismo (que ele declara igualmente "abstrato") quanto a especulação, Dilthey demonstra que as teorias anteriores não atingiram o objetivo por ele definido. A metafísica inspirava os teóricos; ora, ela mesma é um dos objetos de estudo para Dilthey, por ter inspirado as representações coletivas. A decomposição da metafísica permitiu o advento das ciências particulares.

Quanto aos fenômenos psíquicos que se tornam objeto de uma ciência – que também proveio da metafísica –, está claro que não podem ser estudados segundo o método natural: exigem um método que lhes seja adequado. A unidade lógica desejada pelo ideal da metafísica não é possível, pois a realidade está em contradição com esse ideal. O princípio de razão suficiente não desempenha nas ciências do espírito o mesmo papel que desempenha nas ciências da natureza. O intelecto não pode determinar os elos que conferem ao mundo unidade metafísica.

Em documentos inéditos, referindo-se a *Introdução ao estudo das ciências humanas*, Dilthey confirma sua posição original: a proposta de um método inteiramente novo. Dilthey considera que, até agora, tudo provinha da especulação: tanto os conceitos quanto os objetos e mesmo a pretensa realidade. Sua meta, portanto, é elevar-se a uma consciência histórica capaz de esclarecer o problema colocado. Seu método exige a constante confirmação pelos fatos. Dilthey quer utilizar meios tais como personalidade, estilo, forma interior no projeto das ciências humanas, tendo em vista obter um conhecimento objetivo.

Estudo: A. Kremer-Marietti, *Wilhelm Dilthey et l'anthropologie historique*, Seghers, 1972.

INTRODUÇÃO AOS EXISTENCIALISMOS,

Introduction aux existentialismes, 1946.
EMMANUEL MOUNIER, 1905-1950.

Embora defina existencialismo "como reação da filosofia do homem contra o excesso de filosofia das idéias e de filosofia das coisas", Emmanuel Mounier – como indica o título da obra – não concebe apenas um, mas vários existencialismos. Ele pergunta o que a filosofia de Sartre ("mistura de existencialismo e inexistencialismo") tem em comum com os fundadores da filosofia moderna da existência, que, para Mounier, são Pascal, Maine de Biran e, evidentemente, Kierkegaard, pois, "originando-se em Heidegger, constituiu-se em oposição radical a estes últimos". Porque é a partir de Kierkegaard que o tronco do existencialismo se divide em dois ramos. Um, ateu e iniciado pela fenomenologia, desemboca em Sartre. O outro, cristão e muito mais copioso, constitui a origem das filosofias de Bergson, Gabriel Marcel, Jaspers e Chestov, mas também do pensamento de Charles Péguy e de Martin Buber. É à luz dessa genealogia do existencialismo que Mounier examina seus temas fundamentais (contingência, alienação, fragilidade e solidão existencial) e suas noções básicas (nada, engajamento, o outro...), tentando compreender por que, apesar das divergências doutrinais, "o diálogo entre as mais opostas dessas tradições existencialistas é sempre mais fácil do que entre elas todas e os tipos de pensamento estranhos às suas suposições comuns".

Embora o próprio Emmanuel Mounier situe o personalismo no cerne do ramo cristão, é importante não perder de vista que, quando vê no caráter global do existencialismo "a marca de um retorno ao religioso", sua análise, por mais clara e sintética que seja, é uma análise feita a partir de dentro.

Estudo: *Le personnalisme d'Emmanuel Mounier*, Actes du colloque organisé par l'Association des amis d'Emmanuel Mounier, Le Seuil, 1985.

INTRODUÇÃO AOS PRINCÍPIOS DA MORAL E DA LEGISLAÇÃO,

An Introduction to the Principles of Morals and Legislation, 1789.
JEREMY BENTHAM, 1748-1832.

Essa obra é central na construção do utilitarismo e permite dimensionar seu alcance político: do princípio de "utilidade" são deduzidas uma concepção de direito e uma teoria dos governos. Sendo o bem-estar (a felicidade) o fim último do homem, a busca do prazer e a recusa da dor constituem os motivos das ações. Inspirando-se em Helvétius, para quem a "lei moral de interesse" é análoga às leis do movimento no universo físico, Bentham desenvolve, a partir do princípio de utilidade, uma severa crítica ao direito natural. Se a utilidade é o princípio da legislação, só o cálculo dos efeitos e a experiência permitem fixar a lei. As leis positivas determinam as condições de bem-estar da maioria e variam segundo os tempos, os lugares e os costumes, sem que nenhuma "lei justa" possa valer de modo absoluto e universal.

Essa obra, etapa decisiva para o positivismo jurídico, entra diretamente em conflito com os defensores dos Direitos do Homem e será seguida por uma crítica feita por Bentham às declarações americana e francesa.

Edição brasileira: *Introdução aos princípios da moral e da legislação*, São Paulo, Abril Cultural, 1984 (Os pensadores).
Estudo: M. El Shakankri, *La philosophie juridique de Jeremy Bentham*, Librairie Générale de Droit et de Jurisprudence, 1970.

INVENÇÃO DEMOCRÁTICA (A),

L'invention démocratique, 1981.
CLAUDE LEFORT, nascido em 1924.

Nessa série de artigos dedicados ao estudo da democracia, Lefort observa que, ao contrário das sociedades totalitárias que afirmam sem dificuldade a própria identidade, a sociedade democrática baseia-se na heterogeneidade dos comportamentos sociais e na convicção de que no âmbito do poder político não há mais fundamento último do que no âmbito do conhecimento. A sociedade democrática compartilha com a psicanálise a admissão da indeterminação em seu seio; assim, ela não constituiria uma forma de regime político, mas uma invenção, um processo contínuo cujos sinais de extinção o autor enxerga, principalmente nos países do leste.

Edição brasileira: *A invenção democrática*, São Paulo, Brasiliense, 1983.

INVESTIGAÇÃO METAFÍSICA,

Disquisitio metaphysica adversus Cartesium, 1644.
PIERRE GASSENDI, 1592-1655.

Disquisitio metaphysica contém as objeções de Gassendi às *Meditações metafísicas** de Descartes. Nominalismo, ceticismo e materialismo permitem que Gassendi conteste o método cartesiano, sua pretensão a conhecer as essências por meio do pensamento puro, a afirmação da espiritualidade da alma. As provas da existência de Deus são aqui recusadas: a idéia de infinito não tem realidade positiva, a inferência da essência divina a sua existência não são válidas.

Estudo: O. R. Bloch, *La philosophie de Gassendi. Nominalisme, matérialisme et métaphysique*, Nijhoff, Haia, 1971.

INVESTIGAÇÃO SOBRE A NATUREZA E AS CAUSAS DA RIQUEZA DAS NAÇÕES,

An Inquiry into the Nature and Causes of the Wealth of Nations, 1776.
ADAM SMITH, 1723-1790.

Essa obra comporta cinco livros, mas é no primeiro que está exposto o essencial dos princípios teóricos nos quais Adam Smith se baseia. A tese fundamental de Smith versa sobre a origem da riqueza ou, se preferirmos, do valor. É o trabalho humano, e não a terra nem as trocas, que realmente produz bens úteis. Smith ataca nessa obra o pensamento dos fisiocratas: retoma parcialmente o legado deles, mas situa-se no universo do capitalismo manufatureiro, e não do capitalismo agrário. Uma economia preocupada com a produtividade deve, portanto, garantir a liberdade e a divisão do trabalho. É preciso distinguir valor, criado pelo trabalho, de preço, determinado pela combinação de salários, lucros e rendas. O segundo livro trata do capital; o terceiro, da organização econômica das nações. No quarto livro, são desenvolvidas as principais teorias econômicas. O quinto e último livro retoma – e considera do ponto de vista do Estado – todas as questões ventiladas nos livros anteriores.

Costuma-se ver em *Riqueza das nações* um texto fundador do liberalismo econômico. De fato é nesse livro que Smith formula a famosa doutrina do "*laissez faire, laissez passer*". A fórmula caracteriza bem a sua hostilidade às medidas regulamentares, aos controles impostos pelo Estado aos agentes econômicos. Segundo Smith, o bem comum e o interesse público resultam naturalmente da livre ação dos móbeis egoístas na esfera econômica. Evidentemente, cada um visa apenas ao seu interesse particular, mas desse modo, sem querer e até mesmo sem saber, estará concorrendo para a saúde do todo. É a famosa teoria da "mão invisível", providência que guia os egoísmos particulares em direção ao interesse comum: alguns vestígios dessa idéia serão encontrados na "insociável sociabilidade" de Kant, ou na "astúcia da razão" de Hegel. Evidentemente, essa lei só tem valor estatístico, na escala da sociedade em seu conjunto. Smith considera utópica e ineficaz a pretensão de organizar e planificar a sociedade em função de uma idéia preliminar de felicidade comum. Cada sujeito social dispõe de uma vontade livre, o que impede de considerá-lo como "uma peça sobre um tabuleiro de xadrez".

Importa, pois, que o Estado se abstenha de qualquer espécie de intervenção no campo econômico. A tirania econômica está fadada, cedo ou tarde, a descambar para a tirania política. Nenhum dos três poderes – que, conforme reafirma Smith de passagem, devem ficar separados – pode interferir no jogo econômico. O papel do Estado é, assim, puramente negativo; limita-se a permitir o livre desenvolvimento dos mecanismos econômicos. Aliás, não se deve acreditar que isso leve Smith a nutrir a menor ilusão quanto ao papel real do Estado: "Todo governo civil é na realidade instituído para defender o rico contra o pobre." Nos temas anteriormente desenvolvidos, é fácil reconhecer a matéria de debates ideológicos ainda atuais. Adam Smith definiu os contextos e estabeleceu os termos de uma discussão que está longe de terminar. Certas contradições, aliás, estão presentes na própria obra. Por exemplo, quando examina as possíveis conseqüências da divisão do trabalho, Smith hesita entre duas perspectivas: uma utópica (essa divisão criará condições para o entendimento e a cooperação fraterna entre os homens) e outra realista (a dispersão do trabalho levará os trabalhadores às portas do embrutecimento psíquico). Além disso, é preciso creditar a essa obra certo número de descobertas econômicas. A ela devemos, em especial, a importante noção de "produto nacional". Também se encontram em Smith conceitos dos quais a economia (mesmo não liberal) tirou grande proveito, como a distinção entre trabalho produtivo e trabalho não produtivo, mas sobre a qual se pode dizer, no mínimo, que é muito discutível.

Essa obra com certeza contribuiu para a fundamentação da economia política clássica, como disciplina independente (da moral, em particular). É também em torno desse texto que será feita a crítica aos fundamentos dessa disciplina, por exemplo na obra de Karl Marx.

Edição brasileira: *A riqueza das nações*, São Paulo, Martins Fontes, no prelo.

Estudo: J. Mathiot, *Adam Smith, philosophie et économie: de la sympathie à l'échange*, col. "Philosophies", P.U.F., 1990.

INVESTIGAÇÃO SOBRE O ENTENDIMENTO HUMANO, *An Inquiry concerning Human Understanding*, 1748.

DAVID HUME, 1711-1776.

A publicação, em 1739, do *Tratado da natureza humana** encontrara indiferença por parte do público. Decepcionado com essa acolhida, Hume decide retomar o conteúdo do *Tratado*, dando-lhe uma forma menos austera, mais popular. Dividida em doze "Seções", a *Investigação* dedica-se a determinar os poderes do entendimento humano e os limites de sua aplicação legítima. Hume inventaria os materiais sobre os quais o entendimento trabalha, a maneira como este organiza esses materiais e as dificuldades desse trabalho.

Os materiais são as *percepções* (as impressões e as idéias, estas cópias daquelas). Toda idéia se resolve numa combinação de elementos simples; não existem idéias inatas, mas só idéias derivadas (2.ª Seção). Essas idéias se associam segundo três mecanismos: semelhança, contigüidade (no tempo ou no espaço), causalidade (3.ª Seção). Este último ponto mobiliza toda a atenção de Hume desde o *Tratado*. Aqui ele retoma suas célebres análises: a relação de causa a efeito não poderia de modo algum ser percebida nem demonstrada *a priori*. Ela só pode, portanto, fundar-se na experiência.

A questão é então a seguinte: o que garante o valor das conclusões extraídas da experiência? Há princípios do conhecimento do real que nos permitem *prever* o futuro a partir do passado? O que nos permite saber, por exemplo, que o Sol nascerá amanhã? Segundo Hume, é o hábito que nos conduz a esperar o que já se apresentou com freqüência à experiência. A conjunção determina o hábito, que, por sua vez, baseia a crença na ordem do mundo. Acrescentemos que essa crença é útil, pois estrutura nossa relação prática com o mundo e permite nossa conservação (5.ª Seção). O autor tira então dessas análises várias conclusões referentes a certas noções filosóficas, morais e religiosas. Em particular, nega a existência de uma *necessidade natural* objetiva (7.ª Seção), assim como a ficção de uma *liberdade de indiferença*: não há ato sem motivo determinante (8.ª Seção).

A questão do milagre dá ensejo a uma crítica cerrada ao valor dos testemunhos. Esse é um trecho do livro que ganhou celebridade justa. Nele Hume mostra que nosso espírito só aquiesce em crer no fato prodigioso desde que seu caráter sobrenatural (portanto inacreditável) seja compensado pelo valor do testemunho. A confiabilidade do testemunho contrabalança mais ou menos a dificuldade que temos em admitir um fato que contradiga a ordem habitual. Assim, a 10.ª Seção desenvolve uma física dos *motivos de crer*. O resultado é, aliás, que nunca se encontra um milagre sustentado por um testemunho cuja confiabilidade possa contrabalançar a reticência de nosso espírito em aceitá-lo.

A idéia de *providência* sofre uma crítica também violenta: ela só resulta de uma analogia ilegítima entre a natureza e os produtos da arte humana (11.ª Seção); esse tema será amplamente desenvolvido em *Diálogos sobre a religião natural**.

A 12.ª e última Seção propõe algumas reflexões sobre a situação dos grandes problemas da filosofia, sobre a natureza e a função do cepticismo. Ao pirronismo extremado, portanto insustentável, Hume opõe um cepticismo moderado que não diria respeito às faculdades, mas a seu uso.

A *Investigação sobre o entendimento humano* obteve o resultado desejado por Hume. Juntamente com outros textos, deu certa popularidade à sua doutrina. Sabe-se, por exemplo, qual foi a influência da leitura de Hume na gênese da filosofia crítica de Kant (ainda que estudos recentes levem a relativizar esse papel). Sem dúvida a popularidade dessa obra advém em grande parte do estilo, mais feliz que o do *Tratado*.

Edição portuguesa: *Investigação sobre o entedimento humano*, Lisboa, Edições 70, 1989.

Estudo: Y. Michaud, *Hume et la fin de la philosophie*, P.U.F., 1983.

INVESTIGAÇÃO SOBRE O ENTENDIMENTO HUMANO SEGUNDO OS PRINCÍPIOS DO SENSO COMUM, *An Inquiry into the Human Mind on the Principles of Common Sense*, 1764.

THOMAS REID, 1710-1796.

Essa obra retoma as discussões ocorridas em torno das especulações de Hume na Sociedade Filosófica de Aberdeen, de que Reid fazia parte e onde lera vários de seus textos. Reid analisa a maneira como percebemos pelos sentidos e conclui pela validade das crenças do senso comum.

Estudo: S. A. Grave, *The Scottish Philosophy of Common Sense*, Clarendon Press, Oxford, 1960.

INVESTIGAÇÃO SOBRE OS PRINCÍPIOS DA MORAL, *An Inquiry concerning the Principles of Morals*, 1751.

DAVID HUME, 1711-1776.

Essa nova investigação é uma reformulação do terceiro livro do *Tratado da natureza humana**. A filosofia moral nele expressa obedece aos princípios gerais do empirismo de Hume. A *Investigação sobre os princípios da moral* derruba a idéia de uma razão moral que ditaria as regras da ação (são atacados o francês Malebranche e o inglês Clarke). A razão nunca dita senão as regras para julgar a adaptação dos meios aos fins; ela não julga o valor dos fins, sobre o qual só o *sentimento* pode decidir. A universalidade do juízo moral, que, no entanto, é um fato, resulta da aprovação de outrem que julgue nossos atos, aprovação esta que decorre do prazer.

Como se vê, fundar a moral no sentimento não leva Hume, aqui, a anular as pretensões desta ao valor universal.

Estudo: J.-P. Clero, *La philosophie des passions chez David Hume*, col. "Philosophia", Klincksieck, 1985.

INVESTIGAÇÃO SOBRE OS PRINCÍPIOS DO CONHECIMENTO NATURAL, *An Enquiry concerning the Principles of Natural Knowledge*, 1919.

ALFRED NORTH WHITEHEAD, 1861-1947.

A idéia central de Whitehead está na distinção entre evento e objeto. O *evento* constitui a entidade básica de sua epistemologia. O momento e a energia são seus componentes vetoriais. O evento só existe em relação com seu antecedente, seu concomitante e seu conseqüente, e a percepção supõe um *percipient event*, um sujeito que é evento. O espaço-tempo, ao qual é dedicada a primeira parte da obra, designa então o *continuum* desse evento. Os *objetos*, ao contrário, são entidades que obtemos buscando termos capazes de ser "reconhecidos", de ser considerados permanentes e idênticos a si mesmos. Mas nem por isso são essências platônicas. Embora fora do tempo e do espaço, permanecem imanentes à representação, pois são apenas as formas e as propriedades recorrentes dos eventos, cujo caráter remanescente de certo modo exprimem. Para Whitehead, nossa experiência fundamental é a experiência de uma natureza em devir, em que tudo se modifica sem cessar, em que os eventos se produzem e se sobrepõem.

Essa distinção entre eventos e objetos é tratada essencialmente na parte II da obra. A terceira parte expõe o método de "abstração extensiva". Esta define as abstrações geométricas (por exemplo o ponto) como noções-limite que obtemos a partir dos dados do espaço concreto. A última parte propõe uma teoria da matéria, da causalidade e do ritmo, que corresponde ao "evento-vida", cuja peculiaridade é de repassar por fases semelhantes. A obra reflete o esforço notável de Whitehead para, a partir das noções originais por ele elaboradas, reconstituir de forma lógica os conceitos geométricos e mecânicos fundamentais.

Estudo: J.-C. Dumoncel, *Le système de Whitehead et la philosophie analytique, thèse de doctorat*, Nantes, 1987.

INVESTIGAÇÕES.

HERÓDOTO DE HALICARNASSO.

VER HISTÓRIA.

INVESTIGAÇÕES FILOSÓFICAS, *Philosophischen Untersuchungen*, 1953.

LUDWIG JOSEF WITTGENSTEIN, 1889-1951.

Em 1945, Wittgenstein decide publicar o resultado de pesquisas feitas durante mais de dezesseis anos, ou seja, a partir do breve texto intitulado *Some Remarks on Logical Form*, que marca uma guinada em sua filosofia. Essas investigações são apresentadas na forma de análises mais ou menos curtas, de fragmentos que ele mesmo apresenta como espécies de esboços e propostas. O livro projetado não passa – diz ele – de "um álbum de esboços". Os principais temas abordados são a significação, a compreensão, a linguagem, o pensamento, a lógica, a questão da "linguagem privada" e a análise dos estados de consciência.

Wittgenstein quer publicar esse texto juntamente com uma nova edição do *Tractatus logico-philosophicus** para que, segundo diz ele, apareça melhor o contraste entre sua nova filosofia e a que ele defendia na época do *Tractatus*. Um dos grandes problemas é saber se Wittgenstein não terá deliberadamente acentuado demais o contraste entre suas antigas concepções e as novas. Na verdade, do *Tractatus* às *Investigações filosóficas*, ele é movido por uma mesma preocupação: rejeitar qualquer forma de "platonismo", recusar o absoluto, a forma geral. Mas se, na época do *Tractatus*, ele ainda buscava "a forma geral da proposição", a partir de 1929 ele toma consciência de que não há uma forma paradigmática de proposições elementares, mas que há tantos tipos de proposições elementares quantos são os tipos de fatos, e isso abala suas primeiras convicções. Além disso, sua pesquisa se estenderá em outra direção, que implica o abandono do recurso à lógica formal; assim, inegavelmente, aparece um novo "estilo" de filosofia, ainda que a mesma motivação esteja por trás de toda a sua pesquisa.

"A significação de uma palavra é seu uso na linguagem", afirma várias vezes o Wittgenstein de *Investigações filosóficas*. Ela não deve mais ser buscada do lado da denotação. Wittgenstein pôs de lado uma teoria da representação em favor de uma teoria pragmática da linguagem. Uma mesma palavra pode ser utilizada em frases diferentes e em contextos diversos. Só se pode compreender uma palavra, uma expressão, uma frase fazendo-se referência ao papel por ela desempenhado naquilo que Wittgenstein chama de "jogo de linguagem" e que se apresenta como um tipo de fala correspondente a uma atividade simples, bem definida, como por exemplo mandar, descrever, interpretar uma peça, traduzir uma língua para outra, formular uma hipótese, resolver um problema, cumprimentar etc. (§ 23). O jogo de linguagem, por sua vez, só ganha significação quando ligado a uma "forma de vida", que aparece como aquilo que dá consistência à linguagem. Toda filosofia da linguagem sempre quis ancorar a linguagem na realidade, mas, na maioria das vezes, a realidade é vista como composta de coisas, de substâncias; a novidade aqui é a realidade ser vista como um conjunto de comportamentos, hábitos e práticas. O problema da referência é formulado em termos novos. O verdadeiro e o falso não remetem mais a uma *res* e não são mais propostos em termos de adequação entre a *res* e o *intellectus*, mas remetem à vida de quem fala: "É verdadeiro e falso o que os homens dizem ser verdadeiro e falso, e eles entram em acordo na linguagem que empregam. Isso não é uma conformidade de opinião, mas de forma de vida" (§ 24).

Mas a noção de "forma de vida" logo se mostra insuficiente para explicar esse meio ambiente cuja apreensão é necessária à compreensão da linguagem, e Wittgenstein não hesita em afirmar que a compreensão da cultura de quem fala é necessária à compreensão daquilo que é dito. Toda a concepção que Wittgenstein tinha de análise é modificada. Enquanto, na época do *Tractatus*, a análise consistia numa decomposição da proposição em proposições atômicas, e sua tarefa era evidenciar constituintes últimos, nas *Investigações filosóficas* a análise assume a forma de uma descrição de contextos ampliados, nos quais é proferida uma enunciação. Com certeza é nesse aspecto que a autocrítica de Wittgenstein mais se justifica e evidencia.

Rejeita-se qualquer busca de um núcleo invariante, de uma essência comum. Disso decorre uma crítica do conceito que pode mostrar-se perigosa para a filosofia – pelo menos do modo como ela é tradicionalmente vista. Na verdade, Wittgenstein introduz certa fluidez no uso dos conceitos e, recusando qualquer busca de um elemento comum a diversas instâncias, ressalta a necessidade de desfazer a sobreposição de similitudes, desatar a complexa rede de analogias entre instâncias, para depreender o que chama de "ar familiar". Essas análises constituem uma contribuição importante ao estudo do "problema dos universais".

A obra desenvolve também uma argumentação já clássica contra a idéia de "linguagem privada" e apresenta excelentes exemplos de análises dos "processos psíquicos" e dos "estados de consciência" – não sendo, aliás, de menor importância o fato de nos propor uma concepção original da filosofia, apresentada como atividade, como "luta contra o enfeitiçamento de nosso entendimento pelos nossos meios de linguagem".

Assim como o *Tractatus*, as *Investigações filosóficas* exerceram imensa influência sobre a filosofia contemporânea, mas, também como ele, muitas vezes deram ensejo a mal-entendidos e a erros de interpretação. Ver nela apenas a bíblia da filosofia da linguagem ordinária certamente seria reduzir sua importância. Na verdade, o que emerge dessas análises desconcertantes é toda uma concepção da filosofia como rearranjo jamais concluído do saber, como abalo perpértuo de nossas certezas e de nossos dogmas.

Edição brasileira: *Investigações filosóficas*, São Paulo, Abril Cultural, 1984.
Estudo: J. Bouveresse, *Le mythe de l'interiorité*, Éd. de Minuit, 1987.

INVESTIGAÇÕES FILOSÓFICAS SOBRE A ESSÊNCIA DA LIBERDADE HUMANA E ASSUNTOS CORRELATOS, *Philosophische Untersuchungen über das Wesen der menschlischen Freiheit und die damit zusammenhangenden Gegenstände*, 1809.

FRIEDRICH WILHELM JOSEPH VON SCHELLING, 1775-1854.

Último grande ensaio publicado por Schelling em vida, essa obra marca uma guinada em seu itinerário filosófico. Reflete ao mesmo tempo a influência de Jacob Boehme e a decisão de abordar a filosofia do espírito propriamente dita.

Embora o assunto seja a liberdade humana, a obra examina também as grandes questões metafísicas: Deus, a criação do mundo, o bem e o mal. A posição de Schelling é anti-racionalista. Ele adota um "realismo vivo", ou filosofia da natureza, no qual a liberdade é concebida como uma escolha entre o bem e o mal. O mal, na forma de pecado, é necessário à humanidade para que ela se purifique. É permitido por Deus por se autocriar desdobrando o *Urgrund*, ou fundo indiferenciado anterior a essa criação, em natureza e espírito. Mas é esse mesmo desdobramento que possibilita o triunfo do bem sobre o mal.

A luta do bem contra o mal é obra da liberdade humana. Esta não é incompatível com uma total necessidade, visto que, para Schelling, todos os seres se encontram na inteira dependência de Deus. Mas esse panteísmo, ao contrário do de Spinoza, inclui a possibilidade de liberdade das criaturas e do próprio mundo. Na verdade, Schelling estende ao universo inteiro a noção de liberdade, que ele considera limitada demais em Kant e Fichte.

Essa concepção "realista" da liberdade abrirá caminho para a "utopia metafísica", que caracteriza certas correntes antiestatais e antiautoritárias do século XIX.

Estudo: M. Heidegger, *Schelling: le traité de 1800 sur l'essence de la liberté humaine*, Gallimard, 1977.

INVESTIGAÇÕES LÓGICAS, *Logische Untersuchungen*, 1918, 1923 e 1969.

GOTTLOB FREGE, 1848-1925.

As duas primeiras investigações, publicadas em 1918, versam, respectivamente, sobre o pensamento e sobre a negação. A terceira, sobre a composição dos pensamentos, foi publicada em 1923. Uma quarta, que deveria tratar da generalidade, foi publicada postumamente em 1969. Esses textos têm seu lugar na história da constituição do cálculo das proposições, e em muitos pontos Frege atua como pioneiro.

Estudo: Cl. Imbert, introdução à edição francesa: "Recherches logiques", in *Écrits logiques e philosophiques*, Le Seuil, 1971.

INVESTIGAÇÕES LÓGICAS, *Logische Untersuchungen*, 1900-1901.

EDMUND HUSSERL, 1859-1938.

A atividade de Husserl em Göttingen foi marcada pela redação de *Investigações lógicas*; essa obra compreende duas partes cuja unidade é problemática: em *Prolegômenos à lógica pura* (1900), Husserl pretende preservar os sistemas formais de qualquer influência psicologizante; o segundo tomo (1901), por sua vez, é uma exposição das *Investigações sobre a fenomenologia e a teoria do conhecimento.*

As *Investigações*, portanto, demonstram o enraizamento da fenomenologia na reflexão sobre a lógica, depositária tradicional da idéia de verdade, e, sobretudo, a tentativa husserliana de elucidar a natureza da subjetividade porquanto a verdade se dá a ela como um em-si – orientação que se afasta do objetivismo ou do psicologismo. A subjetividade que se apropria das "idealidades" nada tem do sujeito psicológico: ela é caracterizada pelos atos ou pelas vivências intencionais que constituem essas mesmas idealidades; haverá quem veja na descoberta de tal correlação subjetivo-objetivo o caminho de acesso para uma nova ciência. Essa correlação está diretamente implicada na noção de evidência (*Einsicht*): a lógica é considerada normativa no sentido de poder atualizar-se na evidência que a apresenta como "dado originário": aí está a condição da idealidade de sua forma e aquilo pelo que se estabelece a conexão essencial entre vivência de verdade e verdade.

Essa compreensão da evidência conduz a uma teoria da verdade em geral, ou seja, à fenomenologia – interrogando o terreno originário das objetivações pelas quais nossa consciência enveredou, a vivência que pressupõem; isso leva Husserl a inquirições que, para nós, seriam da alçada de coisas bem diferentes da lógica, e que são dedicadas à matemática, à linguagem, à noção de significação sobretudo.

Exprime-se aí a preocupação, presente já em *Filosofia da aritmética* (1891), de pensar a unidade da consciência e da ciência, descartando qualquer positivismo bem como o empiriocriticismo de Avenarius e de Mach. Por fim, esses elementos de uma fenomenologia descritiva – a problemática da correlação em especial – terão expressão mais ampla em *Idéias para uma fenomenologia**.

Edição brasileira: *Investigações lógicas*, São Paulo, Abril, 1975 (Os pensadores).
Estudo: R. Schérer, *La phénoménologie des recherches logiques de Husserl*, col. "Épiméthée", P.U.F., 1967.

INVESTIGAÇÕES SOBRE A NATUREZA E AS FUNÇÕES DA LINGUAGEM, *Recherches sur la nature et les fonctions du langage*, 1942.

BRICE PARAIN, 1897-1971.

Esse texto analisa a noção de linguagem segundo três eixos principais. Em primeiro lugar, faz-se um histórico da linguagem. Brice Parain começa por enfatizar a necessidade de conhecer, insistindo na relação entre pensamento e fala. Em seguida, é feita uma retrospectiva da evolução da dialética, dos gregos até Hegel. Por fim, o autor examina as diferentes concepções de linguagem em Descartes, Leibniz e Pascal.

Brice Parain empenha-se essencialmente em conceber uma filosofia da linguagem. Nesse sentido, compôs uma obra original, em que ressalta que a filosofia não pode prescindir de uma reflexão sobre a linguagem.

Estudo: "Hommage à Brice Farain", *Nouvelle revue française*, n.º 223, 1971.

INVESTIGAÇÕES SOBRE AS OSSADAS FÓSSEIS DE QUADRÚPEDES, em que se restabelecem as características de várias espécies de animais que as revoluções do globo parecem ter destruído, *Recherches sur les ossements fossiles des quadrupèdes, où l'on rétablit les caractères de plusieurs espèces d'animaux que les révolutions du globe paraissent avoir détruites*, 1812.

GEORGES CUVIER, 1769-1832.

Essa obra funda a paleontologia. Nela Cuvier aplica os princípios da subordinação dos órgãos e da correlação das formas para reconstituir a configuração dos animais desaparecidos. Esses princípios permitem extrair, a partir de fragmentos fósseis do esqueleto, conclusões quanto às partes faltantes. Graças a esse método, Cuvier conseguiu descrever cerca de 160 espécies desaparecidas.

Estudo: S. Jay Gould, "Les pierres fétiches d'Oeningen", in *Quand les poules auront des dents*, col. "Points-Sciences", Le Seuil, 1984.

ÍON, ou *Sobre a Ilíada*,
Ἴων, ἢ Περὶ Ἰλιάδος, ○ c. 399-390 a.C.
PLATÃO, 428/427-348/347 a.C.
Diálogo.

Sócrates, apoiando-se em seu célebre método, a maiêutica, interroga o rapsodo Ion sobre sua arte. Naquela época, o rapsodo era uma espécie de ator que declamava os poemas dos outros; Sócrates, aliás, utiliza indiferentemente dois termos próximos: ῥαψῳδός (*rhapsodos*, "rapsodo") e ὑποκριτής (*hypocrites*, "ator"). Ion gaba-se de ter talento e comentar Homero melhor que ninguém; mas Sócrates, embora reconheça a virtuosidade do ator, não reconhece no rapsodo a qualidade de exegeta; o discurso do ator não passa de paráfrase elogiosa sem alcance filosófico. Sócrates demonstra que esses comentários não se fundamentam numa τέχνη (*techne*), num conjunto de regras baseadas num conhecimento científico (ἐπιστήμη, *episteme*). Senão, por que Ion só saberia comentar Homero? Na verdade, ao exercer sua arte, o rapsodo está sob influência divina: um Deus desce nele, e leva-o a perder momentaneamente a razão; é o *entusiasmo*.

Mas Sócrates não se detém nos rapsodos; o verdadeiro assunto do diálogo é a poesia. Os bons poetas só criam no delírio divino que lhes arrebata a razão; não são senhores de sua criação e só são excelentes na área para a qual a Musa os impele: podem então até falar do que não conhecem. A poesia não é dom natural nem saber adquirido; é um privilégio divino.

Sócrates mostra nesse diálogo a pouca estima que nutre pela poesia: o poeta, como o rapsodo, nada sabe; sua única qualidade, limitada e precária, é o entusiasmo; incapaz de julgar por si mesmo, não passa de intérprete dos deuses junto aos homens. É um dos elos de uma cadeia, assim como o rapsodo, elo graças ao qual os deuses podem falar com os homens. Essa teoria da inspiração divina será retomada pelos poetas românticos, que insistirão no papel mediador que desempenham, papel essencial que nunca deixarão de glorificar.

Estudo: F. Châtelet, *Platon*, col. "Folio-Essais", Gallimard, 1989

IRONIA (A), *L'ironie*, 1936.
VLADIMIR JANKÉLÉVITCH, 1903-1985.
Obra de análise ontológica.

A ironia é um movimento de consciência que relaxa a seriedade. O presente é provisório e encarado com desenvoltura. Em sua forma, a ironia é alegórica, é uma "pseudologia". A ironia socrática é litote, convite a conhecer. Mais trágica que cômica, a ironia é também uma cilada: não tem limites e quer dominar o possível. Em definitivo, não existe.

Representativo de seu tempo, esse ensaio interroga a atitude filosófica e seus prolongamentos.

Estudo: "Vladimir Jankélévitch", *Critique* n.os 500/501, Éd. de Minuit, 1989.

ISAGOGE (INTRODUÇÃO), Εἰσαγωγή, ○ c. 267-270.
PORFÍRIO DE TIRO, 234-c. 305.
Introdução às *Categorias* de Aristóteles.

Essa obra, redigida na Sicília a pedido de Crisório, discípulo de Porfírio, não tem outra ambição além de servir de introdução à leitura do tratado das *Categorias* de Aristóteles.

Os cinco capítulos que a compõem são sucessivamente dedicados aos cinco conceitos fundamentais estudados por Aristóteles: Gênero, Espécie, Diferença específica, Diferença própria, Acidente. Depois de dar uma definição de cada uma dessas noções, o autor estuda as relações de similitude ou de diferença existentes entre elas. Contudo, não oferece nenhuma verdadeira solução ao problema da realidade ou da abstração desses conceitos.

Boécio, que fez a tradução e o comentário dessa obra e da obra de Aristóteles, retomou as soluções de Platão e de Aristóteles: para o primeiro, os "universais" são idéias separadas; para o segundo, são sentidos como semelhantes.

Obra de referência até o fim do século XII, *Isagoge* provocou uma disputa interminável em torno do valor cognitivo dos "universais".

Estudo: P. Hadot, *Porphyre et Victorinus*, Études Augustiniennes, 1968.

J

JUSTIÇA NA REVOLUÇÃO E NA IGREJA (DA), *De la justice dans la révolution et dans l'Église*, 1858.
PIERRE JOSEPH PROUDHON, 1809-1865.

Nessa polpuda exposição de seu ideal revolucionário (1600 páginas), Proudhon faz oposição sistemática aos ideais religiosos investidos por autoridades institucionais, pedagógicas, morais ou políticas. A partir de uma teoria da justiça, lugar de equilíbrio das forças sociais, "coisa real porque repousa sobre realidades", Proudhon estabelece uma oposição inicial inflexível entre a justiça transcendente da religião, que põe o princípio jurídico numa autoridade exterior e superior ao homem (Deus, Igreja, Estado), e a justiça revolucionária, cujo princípio reside no homem – justiça imanente cuja revelação só se encontra na consciência.

É na perspectiva dessa oposição entre a transcendência religiosa e a imanência revolucionária que se constituem os doze estudos que compõem a obra: uma justiça instaurada pelo Estado ou pela Igreja é sem realidade; é puramente nocional ou irracional como um ato de fé; daí resulta uma imoralidade social que enseja a arbitrariedade econômica e a imoralidade política.

Essa obra inspirou as teorias modernas de autogestão, mas foi sobretudo no campo pedagógico ("Da educação", estudo 7) que se fez sentir a influência de Proudhon, com o ensinamento do igualitarismo.

Estudo: P. Haubtmann, *Pierre Joseph Proudhon: sa vie et sa pensée*, 2 vols., Desclée De Brouwer, 1988.

JUSTIÇA UNIVERSAL (DA), *Exemplum tractatus de justitia universali sive de fontibus*, 1622.
FRANCIS BACON, 1561-1626.

Trata-se de um conjunto de "leis sobre leis". Nas fontes da injustiça, Bacon reconhece a força nua e crua, o engodo e a própria lei. Esmiúça o nascimento do direito a partir da formação do grupo humano. O direito privado provém da luta entre um princípio conservador, a lei, e um princípio destruidor, a força.

Estudo: A. Kremer-Marietti introdução à edição francesa: *Essai d'un traité sur la justice universelle*, Meridiens-Klincksieck, 1986.

JUSTINE OU OS INFORTÚNIOS DA VIRTUDE, *Justine ou les malheurs de la vertu*, 1791.
SADE (Donatien Alphonse François, marquês de), 1740-1814.

"Mostrar em toda parte o Vício triunfante e a Virtude vítima de seus sacrifícios" é, segundo o autor, "o objetivo desse romance"; e Sade acrescenta: "não tão romance quanto parece". Sade nunca foi um grande romancista. As personagens de *Justine* são psicologicamente pobres; portanto, interessam muito menos que as dissertações filosóficas que fazem durante as inevitáveis pausas de suas orgias. O conde de Bressac, o monge Clément, o doutor Rodin são cansativos em suas proezas supliciantes, mas cativantes quando expõem, diante do olhar atônito de suas vítimas ou de seus cúmplices, todas as conseqüências teóricas do materialismo ateu mais audacioso do século.

Não há Deus, não há absoluto, não há além; só há natureza. De suas leis, tudo decorre. Portanto, é em vão que as religiões ("malandrices") e as leis humanas tentam convencer de que há bem e mal neste mundo, e que há um outro mundo. Nada do que a natureza faz é um mal, e as distinções morais só existem graças às convenções sociais. Só ousamos condenar aquilo que podemos reprimir materialmente: o assassino, o estuprador, o torturador. Mas teríamos como aprisionar ou encarcerar a peste e a fome? E aquele que não se comporta como o comum dos homens por que deve ser censurado? De que é culpado? De ter atendido à natureza seguindo os pendores que ela lhe inspirava. E depois, porventura escolhemos o que somos? A singularidade daquele que qualificamos de criminoso "é resultado de seus órgãos".

A pretensa distinção entre virtude e vício, que é puramente convencional, não pode nem sequer basear-se na utilidade social (fundamento materialista tradicional da moralidade), pois recebo sempre menos do que sacrifico, e, portanto, faço "um mau negócio".

A crítica das imposturas da religião não hesita diante da blasfêmia. Cristo? Um "charlatão", "um judeu leproso". Os apóstolos? "Satélites medíocres [que] se juntaram esse patife". A Virgem Maria? Uma "dissoluta".

Sade pergunta a seu século: de que adianta o materialismo, a referência à natureza, se eles levam ao encontro dos preceitos de uma religião e de uma moralidade ilusórias?

Edição brasileira: *Justine ou os infortúnios da virtude*, Rio de Janeiro, Saga, 1967.
Estudo: J. Deprun, "Sade et le racionalisme des Lumières", in *Raison présente*, abril/junho de 1980.

JUVENTUDE DE AUGUSTE COMTE E A FORMAÇÃO DO POSITIVISMO (A),

La jeunesse d'Auguste Comte et la formation du positivisme, 1933, 1936 e 1941.
HENRI GOUHIER, nascido em 1898.

Henri Gouhier publicou grande número de obras de história da filosofia. Uma das mais importantes foi dedicada ao pensamento comtiano, de sua gênese até a elaboração definitiva de seu sistema.

A originalidade do autor provém do método empregado. Buscando as fontes de criação entre suas leituras e até nos textos mais inesperados, Henri Gouhier conseguiu descobrir os fundamentos do positivismo ao mesmo tempo nos filósofos franceses do século XVIII e nos precursores alemães do início do século XIX. O rigor excepcional de sua erudição nunca o impede de captar a dinâmica do pensamento de Comte numa visão panorâmica. Por isso, ele é um dos poucos autores que, num retrato do fundador do positivismo, souberam aliar análise e síntese.

Estudo: J. Verdt, *Dictionnaire des philosophes*, P.U.F., 1984.

K

KANT E O PROBLEMA DA METAFÍSICA, *Kant und das Problem der Metaphysik*, 1929.
MARTIN HEIDEGGER, 1889-1976.

Através de uma interpretação rigorosa dos problemas apresentados pela *Crítica da razão pura** de Kant, o autor empenha-se em mostrar de que modo Kant fundamentou propriamente a metafísica ao examiná-la. Ultrapassando a definição tradicional de metafísica como "conhecimento do ente como tal em totalidade", Kant orienta-se para um pensamento mais radical. Antes da relação com o ente, há sua condição de possibilidade: a compreensão prévia da constituição do ser, que é um conhecimento de ordem ontológica. A ontologia não tem por objetivo primeiro a instauração das ciências positivas. Um interesse superior, transcendente, dá sentido àquilo que se chama de "revolução copernicana" em filosofia: o conhecimento não é ôntico (psicológico); o ontológico tem direito de precedência, e o projeto crítico kantiano inscreve-se nessa perspectiva. Visa a determinar a essência da razão pura, restringi-la em relação àquilo que ela não é. O problema da transcendência não desemboca numa teoria do conhecimento: Kant interroga sobre a possibilidade intrínseca da ontologia.

A primeira *Crítica* afirma que conhecer é antes de tudo intuir. O conhecimento é irredutível ao juízo: o pensamento serve à intuição, está ligado a esta pela representação em geral. O poder de conhecer é finito, porque a intuição é particular, *intuitus derivatus*, em oposição ao *intuitus originarius*, ou conhecimento divino. No princípio, há a imaginação pura. Isso revela que a transcendência é uma atitude. O ente não se apresenta fora de sua relação com o homem. A intuição, finita, é não criativa, ainda que a apreensão do fenômeno tenha uma dimensão criativa. Com a intuição pura, Kant evita o escolho do sensacionismo, ao mesmo tempo que preserva a sensibilidade. O conhecimento do ente diz respeito em seguida à "síntese apriorística", que consiste em conhecer sem a experiência, e em emitir juízos por conceitos. Se sensibilidade pura e entendimento puro estão ligados, sua origem comum é desconhecida; a partir dessa obscuridade, Kant fundamenta filosoficamente a metafísica. O conceito do juízo sintético *a priori* é o "um" comum ao fenômeno. Na perspectiva da finitude, Kant coloca o obstáculo da coisa em si (o fenômeno considerado do ponto de vista do conhecimento divino) e a unidade sintética do conhecimento puro (no capítulo "Analítica dos conceitos"). Para esta última, a lógica tem primazia sobre a intuição, que, no entanto, é o elemento primeiro; o entendimento, definido como "poder das regras", é a instância suprema; Kant esquece sua finitude.

O cerne da primeira *Crítica* é o esquematismo, ou processo de formação das imagens. Heidegger considera três tipos de imagens: decalque que reproduz um ente, modelo que projeta um ente por ser criado, visão em geral. A regra de aparecimento do objeto é o desenho, ou representação conceitual, mas também representação da própria ação reguladora. O esquema, apresentação do processo de apresentação do objeto, é a transposição sensível que se efetua na imaginação. Inscreve-se no conhecimento finito, constrói o objeto como invariável no tempo.

O fundamento do conhecimento ontológico é a imaginação pura. Ela intui a ausência e cria um objeto possível. Enraíza-se no tempo; mais ainda, é o tempo original, situada na fonte da problemática do esquematismo transcendental. Em compensação, sua origem é desconhecida: Kant recua diante do abismo que revela que a constituição original da essência do homem está enraizada na imaginação transcendental. De faculdade, a imaginação foi relegada ao nível de simples função do entendimento: Heidegger observa um deslizamento de sentido da 1.ª para a 2.ª edição da *Crítica*: o poder conferido à imaginação transcendental é tal que poderia levar Kant a desviar-se de seu projeto crítico.

Segundo Heidegger, a instauração kantiana da metafísica desvenda "a subjetividade do sujeito humano". A razão assegura-se de sua finitude e nela fica. No debate filosófico de seu tempo, Kant dá supremacia ao entendimento. Depois de Husserl, Heidegger estuda o uso do *cogito* por Kant num sistema que leva em conta os poderes do conhecimento. Visto que a análise revela ser o projeto crítico kantiano apenas uma modalidade do conhecimento ontológico, a interpretação heideggeriana é feita no espírito de retorno às fontes da metafísica e de sua superação: o abismo e a latência de onde proveio o poder de conhecer abrem caminho para a meditação sobre o ser.

Estudo: M. Haar, *Heidegger et l'essence de l'homme*, Millon, 1990.

L

LAQUES, ou Sobre a coragem,
Λάχης, ἢ Περὶ ἀνδρείας, ○ c. 388 a.C.
PLATÃO, 428/427-348/347 a.C.
Diálogo.

Laques é decerto um dos mais elaborados dos chamados diálogos "socráticos". Encontramo-nos no centro de uma indagação feita por Sócrates aos "especialistas" da cidade, indagação de que ele fala em *Apologia**. Nícias e Laques são militares, portanto deveriam estar em boa posição para decidir do valor educativo da esgrima. Mas acontece que expõem teses diametralmente opostas sobre a questão. Sócrates os conduz de volta ao essencial: o objetivo é saber que virtude se pretende formar através do aprendizado da esgrima. E como se trata de coragem, é a essência da coragem que cumprirá buscar.

Percebemos que os dois militares têm mais dificuldade para abordar a definição abstrata de coragem do que para gabar os méritos da esgrima ou para denegri-la! Aos poucos, Nícias e Laques assistem à dissipação da certeza que tinham de conhecer aquilo de que falam quando empregam a palavra coragem. O diálogo termina com uma aporia.

Estudo: F. Châtelet, *Platon**, col. "Folio-Essais", Gallimard, 1989.

LASCAUX OU O NASCIMENTO DA ARTE, *Lascaux ou la naissance de l'art*, 1955.
GEORGES BATAILLE, 1897-1962.

Bataille, partindo em busca das primeiras obras da inteligência humana, descobre-as na eclosão primitiva do fenômeno artístico. Fascinado pelo mistério das pinturas pré-históricas da caverna de Lascaux, explica como aqueles afrescos inalterados pelo tempo constituem a origem do pensamento e da comunicação entre os homens. Efetivamente, encontramos nessas cavernas os traçados originários do signo e da imagem, arquétipos emocionais de nossas origens que continuam ainda hoje a nos relatar a história do homem: pois lá está um berço de conhecimentos puros, que se dão e se perdem ao sabor das eras, mas nunca deixam de nos intrigar.

Estudo: A. Arnaud, G. Escollon-Lafarge, *Bataille*, col. "Ecrivains de toujours", Le Seuil, 1978.

LEIS, ou Sobre a legislação,
Νόμοι, ἢ Περὶ νομοθεσίας, ○ c. 357-347 a.C.
PLATÃO, 428/427-348/347 a.C.
Diálogo.

*A república** descrevera a cidade ideal, enquanto em *Leis* tenta-se imaginar (com grande número de pormenores) uma cidade possível, ou seja, um meio-termo entre as exigências da Idéia e a realidade humana. Platão distingue, entre os fatores de estabilidade política, os resultantes das condições naturais – sobre os quais os homens não têm domínio – e os elementos que o legislador pode modelar. A estabilidade reside no equilíbrio das tendências, que atua como freio (as transformações são sempre más), jamais como fator de progresso, noção desprovida de sentido em Platão. Importância especial é atribuída às condições subjetivas da obediência às leis; por exemplo, no livro X, o ateísmo é condenado por seus efeitos anti-sociais (assim como, mais tarde, em Rousseau). Platão morreu escrevendo *Leis*, a mais longa de suas obras.

Estudo: P.-M. Schuhl, *L'oeuvre de Platon*, Vrin, 1971, livro IV, cap. II.

LEIS (DAS), *De legibus*, ○ c. 50 a.C.

CÍCERO (Marcus Tullius Cicero), 106-43 a.C.

Escrito em forma de diálogo, esse tratado político em três livros, publicado *post mortem*, põe em cena três personagens: o próprio Cícero, Quinto, seu irmão, e Ático, um de seus amigos íntimos.

Os interlocutores discutem sobre a necessidade que tem a natureza humana de elaborar leis, quando submetida à complexidade de uma estrutura social. Depois falam da hipótese de uma legislação perfeita que se basearia numa mistura equilibrada de profano e sacro, como acontecia com as leis antigas das Doze Tábuas.

Depois de Platão e Cícero, a legislação inspirará Montesquieu, que escreverá *O espírito das leis**.

Edição brasileira: *Das leis*, São Paulo, Cultrix, 1967.
Estudo: P. Grimal, *Ciceron*, Fayard, 1986.

LEIS DA IMITAÇÃO (AS), *Les lois de l'imitation*, 1890.

GABRIEL DE TARDE, 1843-1904.

Para estudar os desvios, Tarde é levado a especializar-se no estudo dos fenômenos sociais. Representando a escola do meio social, em oposição à escola biológica, ele concentra seus trabalhos no conceito de imitação, o que lhe valeu críticas de Durkheim e dos sociólogos.

Segundo Tarde, assim como segundo Bourdieu hoje, a sociedade visa a reproduzir-se na semelhança. Mais que através da força, é através do exemplo interiorizado que se dá a educação. Na imitação enraíza-se certo número de processos sociais, como os da repetição, da oposição e da adaptação. A invenção é feita por um indivíduo em cada cem, e é nela que assenta o progresso. Ora, as invenções são imitadas de diversas maneiras: essas diferenças podem ser estudadas por graus ou por tipos; essa multiplicidade da imitação é o que provoca a oposição, a partir da qual se torna possível a adaptação que, por sua vez, é invenção.

Tarde influenciou Hobson e Veblen com sua *Psicologia econômica* (1902).

Estudo: R. Boudon, apresentação da edição francesa: *Les lois d'imitation*, Slatkine, 1979.

LEIS FUNDAMENTAIS DA ARITMÉTICA, *Grundgesetze der Arithmetik*, 1893 e 1903.

GOTTLOB FREGE, 1848-1925.

Trata-se da grande obra de Frege. Visa a realizar um projeto concebido já em *Begriffsschrift* (1879) e esboçado em *Fundamentos da aritmética** (1884). Decepcionado com a fria acolhida ao primeiro tomo, publicado em 1893, Frege esperará dez anos para publicar o segundo (1903) e acabará desistindo de terminar a obra, que deveria comportar um terceiro volume; essa desistência se deve em grande parte às críticas muito pertinentes de Russell.

O projeto é logicista. Trata-se de deduzir as leis fundamentais da aritmética por meios exclusivamente lógicos. Por outro lado, no segundo volume, Frege emprega grande parte de seu talento a criticar as concepções formalistas. Para ele, as leis da aritmética não são as regras formais de um jogo; tampouco a matemática é um jogo que possa ser conduzido segundo regras arbitrárias com elementos que não possuam nenhum significado intrínseco. Ao contrário, é uma ciência real, cujo objetivo é a verdade. Na aplicabilidade da matemática à experiência, Frege enxerga a prova de que ela não se reduz a um jogo.

Essa obra é escrita num simbolismo cuja complexidade por certo impediu que ela fosse realmente lida. Russell, mesmo reconhecendo a importância dessa apresentação lógica, preferiu adotar o simbolismo de Giuseppe Peano. Mas foi principalmente a descoberta pelo mesmo Russell de um paradoxo na teoria das classes de Frege que desencorajou este último e o levou a abandonar seu projeto logicista depois de tentar salvá-lo propondo uma emenda técnica ao Axioma V, alvo da acusação. Apesar disso, não resta dúvida de que a obra é de importância capital para a filosofia da lógica.

Estudo: Frege, número especial da *Revue internationale de philosophie*, n.º 130, P.U.F., 1980.

LÊNIN E A FILOSOFIA,

Lénine et la philosophie, 1969.
LOUIS ALTHUSSER, 1918-1990.

Nesse texto de uma "comunicação" apresentada à Sociedade Francesa de Filosofia em fevereiro de 1968, são retomadas as distinções entre *ciência* (como sistema de conceitos científicos) e *filosofia* (que, utilizando categorias, é o "caminho dos caminhos que não levam a parte alguma"), e entre *problemas* (relacionados ao conhecimento científico) e *questões* (relacionadas à "ruminação" filosófica), entre produção de *conhecimentos* (científicos) e enunciados de *teses* (filosóficas).

Partindo do texto da *XI Tese sobre Feuerbach*, de Marx ("Os filósofos só fizeram interpretar o mundo; cumpre transformá-lo"), Althusser propõe a *tese* – ponto essencial de todos os seus ensaios filosóficos – segundo a qual Marx fundou uma ciência nova: o materialismo histórico.

*A ideologia alemã** (redigida em 1846) constitui a "ruptura-epistemológica" entre as obras de juventude de Marx e o restante de sua obra. Rompendo com toda filosofia interpretativa, ela anuncia uma ciência nova: a ciência da história, constituindo, depois do continente matemático (Tales) e do continente físico (Galileu), a abertura de um terceiro continente (Marx), até então ocupado por concepções ideológicas, religiosas, morais ou jurídicas. Essa descoberta científica enseja uma reavaliação da filosofia percebida por Lênin em *Materialismo e empiriocriticismo** (1908) e retomada por Althusser na forma de teses: a filosofia não é ciência; a matéria é uma *categoria* filosófica cuja única e constante propriedade é ser uma realidade objetiva (o que não deve ser confundido com os conteúdos mutáveis dos *conceitos* científicos de matéria); existe um vínculo privilegiado entre a filosofia e as ciências (esse vínculo é representado pela tese materialista da objetividade); a história da filosofia é a luta entre idealismo e materialismo (ao contrário da ciência, a filosofia não tem história nem objeto).

Toda filosofia consiste em traçar uma linha de demarcação maior, por meio da qual ela rejeita as noções ideológicas das filosofias que representam uma tendência oposta à sua, e com a qual ela defende a prática científica. A história *na* filosofia é a história do deslocamento desse traçado.

Estudo: S. Karsz, *Théorie et politique: Louis Althusser*, Fayard, 1974.

LER "O CAPITAL", *Lire "Le capital"*, 1965.

LOUIS ALTHUSSER, 1918-1990.

Essa obra reúne seis conferências proferidas na Escola Normal, sendo as duas primeiras por Louis Althusser e as seguintes, respectivamente, por Jacques Rancière, Pierre Macherey, Étienne Balibar e Roger Establet. Althusser dedica suas conferências a definir uma nova abordagem do texto de *O capital**: propõe-se fazer uma leitura não de economista ou historiador, mas de filósofo. Procura, assim, deixar clara a especificidade do objeto desse texto assim como a especificidade de sua relação com seu objeto, o que equivale a indagar da natureza do discurso constitutivo de *O capital*.

Essa interrogação leva então Louis Althusser a perguntar se devemos ver essa obra como pertencente ao campo da economia política ou como o discurso fundador de uma nova ciência, que seria a teoria da história.

Depois de comentar longamente a *Introdução de 57* e o capítulo XIX de *O capital*, Althusser encerra sua exposição formulando a questão fundamental por ele levantada, a saber: a especificidade do discurso científico. *Ler "O capital"* oferece aos leitores dos textos de Marx esclarecimentos capazes de dar uma nova dimensão à sua abordagem.

Edição brasileira: *Ler "O capital"*, Rio de Janeiro, Zahar, 1975.

Estudo: S. Karsz, *Théorie et politique: Louis Althusser*, Fayard, 1974.

LEVIATÃ, ou Matéria, Forma e Poder de um Estado eclesiástico e civil,
Leviathan, or the Matter, Form and Power of Commonwealth, ecclesiastic and civil, 1651.
THOMAS HOBBES, 1588-1679.

Quadro completo da filosofia de Hobbes, versando sobre todos os problemas filosóficos que se lhe apresentavam, essa obra propõe ao mesmo tempo uma teoria do conhecimento, uma teoria jurídica, uma teoria política e uma teologia. A primeira parte trata "Do Homem"; a segunda, "Da República"; a terceira, "Da Religião Cristã"; a quarta, "Do Reino das Trevas".

Os primeiros capítulos expõem uma teoria do conhecimento que faz uma retrospectiva analítica do desenvolvimento da consciência desde a sensação até as diversas ciências, passando pelas noções de signo e linguagem; assim, a primeira parte trata tanto da virtude e da moral quanto das leis naturais.

Mas qual é a causa da sensação? É o corpo exterior, segundo Hobbes. O órgão é sensibilizado por esse corpo ou objeto, e a pressão se propaga para o interior. Os nervos garantem a transmissão da sensação até o cérebro. Essa reconstituição da recepção de uma informação é muito interessante: indica o trajeto de um elemento informativo do exterior para o centro, ou do sistema periférico até o central.

Depois da sensação intervém a imaginação: assistimos ao funcionamento do sistema cognitivo concebido por Hobbes. Entre a visão e a lembrança, a imaginação mantém a sensação ainda viva, começando a degradar-se. Os sonhos apresentam grande interesse para Hobbes; são "imaginações concebidas pelos homens adormecidos". A falta de coerência ou de constância é o que distingue o sonho do estado de vigília. Hobbes fica impressionado, tanto quanto Descartes, com a origem física de certos sonhos. A imagem é útil para o conhecimento, pois ela é suscitada pelas palavras ou por outros signos voluntários. É o que Hobbes chama de "compreensão". Em seguida, é estudada a consecução das imaginações. Hobbes faz referência ao "discurso mental", que é uma seqüência de pensamentos ou imagens. Dois tipos de encadeamentos são estudados por Hobbes: um que não é guiado, outro que é guiado. A rememoração desempenha seu papel. Hobbes dá importância especial aos signos. Define o signo como "acontecimento que antecede o acontecimento consecutivo" ou vice-versa.

A fala tem a finalidade de transformar nosso discurso mental em discurso verbal. Por um lado, possibilita o pensamento propriamente dito na consecução de seus elementos; por outro lado, permite a comunicação dos pensamentos entre os homens. As palavras são então *signos*. Comunicar é também dar a conhecer as vontades. Por fim, é possível usar signos pelo prazer de divertir-se com as palavras. O que equivale a quatro usos da fala, o que constitui uma oportunidade para cometer quatro abusos, observados por Hobbes, ligados a quatro defeitos: incorreção do registro dos pensamentos, uso metafórico das palavras, embuste pelas palavras, agressão pelas palavras. Em seguida, Hobbes estuda o princípio das denominações – próprias, comuns, universais – e a necessidade das definições. Critica as denominações "flutuantes". Finalmente, depois dessas preliminares indispensáveis, aborda a razão e a ciência. O que é razão? Hobbes dá a seguinte definição: "É o cálculo das conseqüências das denominações gerais em torno das quais fizemos convenções para anotar e significar nossos pensamentos." Assim, há causas para os absurdos nos quais podemos incidir. Hobbes relaciona sete e as estuda uma a uma. A razão, não sendo inata como a sensação ou a imaginação, é adquirida com a atividade, segundo um jogo de denominações corretas. É o uso da fala que constitui a base da razão. Assim, nem todos os signos da ciência são exatos.

Depois dessa teoria do conhecimento vem a teoria da vontade, com o estudo das paixões úteis ou não ao homem em sua vida cotidiana. Os discursos "redundam" no sucesso ou no abandono. Hobbes vê a filosofia do ponto de vista de sua eficiência, ligada a sua utilidade pragmática.

A segunda parte do *Leviatã* opõe, portanto, às paixões humanas – "naturais" – as "leis naturais" que são as primeiras "leis morais" (eqüidade, justiça, gratidão, assim como as virtudes que lhes são conexas), mas às quais os homens nem sempre estão dispostos a obedecer. Por isso, as "convenções" sustentadas pelo *gládio* são necessárias à sobrevivência da comunidade. Por isso, a República tem como primeira vocação a garantia da segurança. Pois só um poder *comum* pode conter as vontades e dirigir as ações para o proveito *comum*. Para Hobbes, só o princípio político é capaz de produzir como efeito a reunião das forças diversas em um único homem e uma única assembléia, e as vontades particulares numa única vontade. Na perspectiva de desfazer os conflitos que surgem constantemente entre os homens, devido mesmo à sua igualdade natural, Hobbes submete a vontade e o juízo do conjunto dos particulares à vontade e ao juízo de um homem ou de uma assembléia que assume então a personalidade de todos. É a instituição da República que permite assim estabelecer os direitos e as prerrogativas do homem ou dos homens aos quais o poder é conferido pelo "consenso do povo reunido". Aquele que é assim investido do poder soberano faz uma convenção com "a multidão inteira", e não pode ser deposto.

Visando a sofrear o desejo de poder que vê no coração dos homens e a irrupção da violência que observa ao seu redor, Hobbes mobiliza a força política, amoldando-a à forma de governo que se chamou de "absolutismo". Tendo como pano de fundo uma *teoria das paixões*, o recurso à unidade política parece-lhe dever ser a única maneira de possibilitar que a humanidade sem freios sobreviva a seus próprios desregramentos. Pois, uma vez instituído o soberano pela multidão, o efeito do pacto é o de uma elevação: o soberano é aquele que encarna a força de coesão apta a transformar a multidão num povo consciente. É por isso que Hobbes atribui ao soberano o direito e o dever de ser juiz permanente: tanto daquilo que é necessário à manutenção da paz quanto no que se refere ao ensino de doutrinas, à decisão acerca de guerras, enfim de tudo o que diz respeito a recompensas e punições.

Qual então o lugar da liberdade dos súditos? Hobbes considera que toda ação do soberano é simultaneamente também a ação de todo súdito, que pode, por conseguinte, ser considerado seu autor. A tal ponto que a liberdade sempre é a liberdade da República: em outros termos, nenhuma ação escapa à ordem política, que é a única detentora da liberdade à qual os homens aspiram. Na verdade, a maior parte da "verdadeira" liberdade individual do súdito reside no "silêncio da lei", que o deixa decidir por si mesmo. Por isso, essa mesma segunda parte do *Leviatã* é essencialmente jurídica, estatuindo sobre os direitos dos soberanos, sobre as organizações políticas e particulares, sobre os ministérios públicos, sobre as leis civis e penais.

Formando um "díptico" constituído pela "realeza natural de Deus" e o poder do soberano dependente de um pacto, Hobbes aborda, na terceira parte da obra, a noção de República Cristã. Depois de extrair os elementos constituintes da República tanto da "natureza dos homens" quanto das "definições das palavras essenciais", Hobbes prossegue seu discurso apoiando-se agora na "palavra natural de Deus" e em "sua palavra profética". Por meio da análise de expressões como "vida eterna", "inferno", "salvação", "mundo futuro", "redenção", Hobbes mostra a existência de uma República que extrapola a "sociedade civil". Na mesma perspectiva, empenha-se em enunciar os "direitos do reino de Deus" e em delimitar o "poder eclesiástico".

Em contrapartida, o reino das trevas é objeto da quarta e última divisão do *Leviatã*, na qual Hobbes critica a interpretação da Escritura, denunciando uma "vã filosofia" e "tradições fabulosas".

Edição brasileira: *Leviatã*, São Paulo, Abril Cultural, 1974 (Os pensadores).
Estudo: P. Naville, *Thomas Hobbes*, Plon, 1988.

LIBERDADE (SOBRE A), *On Liberty*, 1859.

JOHN STUART MILL, 1806-1873.

Obra de referência para o liberalismo político inglês, *Da liberdade* indaga sobre a liberdade concreta do indivíduo numa sociedade democrática. Mill limita a aplicação do princípio de soberania absoluta dos indivíduos e o respeito à sua liberdade interior aos homens que possuem "maturidade de suas faculdades". Essa maturidade caracteriza-se pela capacidade para a discussão igualitária. Matizando as teses utilitaristas ao mesmo tempo em que demonstra grande otimismo racionalista, esse livro afirma que a soberania do indivíduo é compatível com sua participação no debate social, em virtude do critério da razão responsável, condição da liberdade individual e coletiva.

Essa obra, que defende a liberdade de pensamento e discussão, valoriza o pluralismo e a diversidade. A democracia representativa mantém o equilíbrio entre a participação do povo e a competência das elites, além de desempenhar papel educativo: pelo voto, o indivíduo aprende a superar seu interesse pessoal para ater-se ao interesse geral.

Edição brasileira: *Sobre a liberdade*, São Paulo, Martins Fontes, no prelo.
Estudo: J. C. Rees, *John Stuart Mill's "On Liberty"*, Clarendon Press, Oxford, 1985.

LIBERDADE DE ESCOLHA (DA),

De libertate arbitrii, ○ entre 1080 e 1085.
ANSELMO DE CANTUÁRIA (santo), 1033-1109.
Tratado dedicado ao estudo das Sagradas Escrituras.

Esse diálogo, que opõe mestre e discípulo, é constituído por catorze capítulos.

São feitas duas perguntas primordiais, com base na constatação da incompatibilidade entre a graça e o livre-arbítrio: o que é a liberdade de escolha? Nós ainda a temos (caps. I-II)? A originalidade do tratado está em logo dar as respostas (caps. III-IV).

A liberdade é um poder: a vontade que não tem o poder de pecar é mais livre, portanto mais forte que aquela que tem; nem mesmo Deus pode obrigá-la a abandonar a retidão (caps. V a IX). Depois de estudar a servidão do pecado (caps. X a XII), o autor estende a definição da livre escolha para Deus (caps. XIII-XIV).

Muitas vezes considerado precursor do pensamento tomista, o autor dá uma nova interpretação à problemática da liberdade.

Estudo: A. Koyré, *L'idée de Dieu dans la philosophie de saint Anselme*, Vrin, 1984.

LIÇÕES DE ESTÉTICA, *Vorlesungen über die Aesthetik*, 1843.
FRIEDRICH DANIEL ERNST SCHLEIERMACHER, 1768-1834.

O propósito de Schleiermacher em todas essas lições dadas em Berlim entre 1819 e 1832 é minimizar a realização material e exterior que constitui a objetividade da obra de arte em favor do momento espiritual de sua criação. De fato, nesse momento, exprime-se plenamente a natureza constitutiva da criação artística, que é manifestar a absoluta independência de nossa consciência durante sua trajetória criadora.

Estudo: *L'estetica dell'idealismo (l'Estetica de F. Schleiermacher)*, C.E.D.A.M., Pádua, 1950.

LIÇÕES E FRAGMENTOS CÉLEBRES, *Célèbres leçons et fragments*, 1950.
JULES LAGNEAU, 1851-1894.

Essa coletânea constitui os registros de um ensinamento oral que marcou profundamente certos alunos de Lagneau, como Alain. Analisando o juízo, a percepção, a evidência e a certeza, Lagneau quer "encontrar todo o pensamento no menor de nossos pensamentos"; desenvolve uma filosofia reflexiva, ao mesmo tempo espiritualista e voluntarista. A célebre lição sobre Deus identifica a divindade à liberdade, na conciliação suprema da moralidade e da natureza.

Estudo: Alain, "Souvenirs concernant Jules Lagneau", in *Les passions et la sagesse*, Bibliothèque de la Pléiade, Gallimard, 1960.

LIÇÕES PARA UMA FENOMENOLOGIA DA CONSCIÊNCIA INTERNA DO TEMPO, *Vorlesungen zur Phänomenologie des inneren Zeitbewusstseins*, 1928.
EDMUND HUSSERL, 1859-1938.

O que é decisivo neste trabalho é ressaltar o caráter intencional da consciência e [...] a clareza crescente que recebe a intencionalidade de seu "princípio", diz Heidegger. Qual é a origem da intencionalidade? É a essa interrogação que essas Lições respondem – a da origem do tempo, da possibilidade de uma experiência do tempo como forma pura do fluxo do vivido e de toda experiência. Essa análise supõe a exclusão do tempo objetivo, pois a questão é ver como se constitui o "tempo que aparece". Assim, as *Lições* fazem do tempo a estrutura intencional que sempre acompanha o vivido: por essência, o vivido é orientado "retencionalmente" para seu passado, na espera (*potention*) de seu futuro.

Husserl também toma como ponto de partida os trabalhos de Brentano, do qual extrai esse *datum* que é "a unidade da consciência que abarca presente e passado", mas critica sua tese das "associações originárias" e propõe o "fluxo constitutivo do tempo como subjetividade absoluta". Esses textos abrem o caminho para *Sein und Zeit* (*Ser e tempo**).

Estudo: G. Granel, *Le sens du temps et de la perception chez Edmund Husserl*, Gallimard, 1969.

LIÇÕES SOBRE A FILOSOFIA DA HISTÓRIA, *Vorlesungen über die Philosophie der Weltgeschichte*, 1837.
GEORG WILHELM FRIEDRICH HEGEL, 1770-1831.
Aulas dadas de 1822 a 1831.

Assim como as *Lições sobre a filosofia da religião**, esse texto, publicado depois da morte de Hegel, foi organizado a partir dos manuscritos deixados pelo autor e de anotações de aulas feitas por seus alunos.

A história humana é aqui considerada segundo o ponto de vista do sistema acabado. Uma introdução célebre (conhecida com o título de "A Razão na história") expõe o método, distinguindo em especial vários modos de historiografia e o objeto do conhecimento filosófico da história. Do Iluminismo (Condorcet), Hegel fica com a necessidade de buscar um progresso na história. Mas esse progresso não é o da perfectibilidade, mas sim testemunha do desenvolvimento de um germe presente desde o início do processo: o Espírito. Encontram-se os grandes projetos da história apologética (Agostinho, Bossuet), com a diferença de que não se distingue mais uma história profana de uma história sagrada. Hegel reúne o Céu e a Terra; a história humana inteira é sacralizada como processo de advento do Espírito.

Os triunfos sucessivos (e efêmeros) dos Estados que estiveram alternadamente no centro da cena histórica representam as vitórias de cada um dos "princípios espirituais" que esses Estados encarnaram. Em cada época, um Estado assume assim a tarefa de expressar o mais alto grau de desenvolvimento do Espírito universal: o despotismo oriental, a Grécia e Roma, a França revolucionária, a germanidade cristã.

São assim negadas as contingências e as ilusões da iniciativa livre dos indivíduos. Por meio daquilo que Hegel chama de "astúcia da Razão", o indivíduo ambicioso (César transpondo o Rubicão) serve ao advento do novo. Semelhante perspectiva esvazia a história de juízo moral. A história humana aparenta-se assim a uma teodicéia.

Edição brasileira: *Filosofia da história*, Brasília, UnB, 1995.

Estudo: J. de Hondt, *Hegel, philosophe de l'histoire vivante*, col. "Épiméthée", P.U.F., 1966.

LIÇÕES SOBRE A FILOSOFIA DA RELIGIÃO, *Vorlesungen über die Philosophie der Religion*, 1832.

GEORG WILHELM FRIEDRICH HEGEL, 1770-1831.
Aulas dadas de 1821 a 1831.

As *Lições* de Hegel não são textos redigidos de próprio punho, mas a publicação de notas suas e de seus alunos a respeito de seu ensinamento. Aqui se realiza o projeto hegeliano de compreensão filosófica total da realidade.

Assim como a filosofia, a religião tem vocação para exprimir o absoluto. Mas, ao contrário da filosofia, que o faz pela mediação do conceito, a religião tem acesso ao absoluto pela representação e pelo sentimento. Isso coloca logo de saída a filosofia em posição superior, permitindo-lhe pensar a religião em sua verdade.

A religião é o estágio superior ao político: à reunião ainda exterior dos indivíduos no Estado sucede a comunidade espiritual. Na Igreja, o individual funde-se com o absoluto. Com a religião, o Espírito está nele enfim. Todas as manifestações desse Espírito (a arte e a filosofia não são exceção) são compreendidas como essencialmente religiosas e susceptíveis de interpretação religiosa.

As religiões particulares (assim como as formas políticas, estéticas ou filosóficas) encadeiam-se num processo de advento do absoluto. Também aqui há uma história durante a qual as formas sucessivas da cultura vão tomando consciência de si mesmas como etapas necessárias. Uma religião é, pois, muito mais que uma "crença"; ela é o momento no qual a humanidade se descobre como entidade espiritual. Para o autor, a religião absoluta é o cristianismo, em sua forma luterana.

A filosofia hegeliana da religião suscitou em grande número de discípulos (David Strauss, Bruno Bauer, Feuerbach) interpretações variadas, que os conduziram às fronteiras do ateísmo.

Estudo: Ch. Buci-Glucksmann, "Hegel et la religion", in *Philosophie et religion* (C.E.R.M.), Messidor-Éditions Sociales, 1974.

LIÇÕES SOBRE A HISTÓRIA DA FILOSOFIA, *Vorlesungen über die Geschichte der Philosophie*, de 1833 a 1836.

GEORG WILHELM FRIEDRICH HEGEL, 1770-1831.
Aulas dadas de 1819 a 1828.

Nas *Lições* de Hegel (sobre a história da filosofia, sobre a filosofia da história, sobre a religião, sobre a estética) expõe-se e realiza-se a intenção fundamental do sistema: a inteligência integral da totalidade do real. A filosofia, enquanto elemento do real, não escapa ao imperativo (que é também uma necessidade, no sentido filosófico da palavra) de pensar a si mesma. Não se trata de um texto redigido de cabo a rabo por Hegel e publicado por ele, mas de páginas escritas para cursos, ou de anotações feitas pelos alunos. No entanto, isso não deve levar a suspeitar da autenticidade do pensamento apresentado nas *Lições*, que mostram tratar-se de um Hegel "de verdade".

Pensar filosoficamente a pluralidade e a unidade das filosofias na filosofia: tal é o projeto hegeliano, exposto na volumosa introdução ("Sistema e história da filosofia"). Pois, concretamente, a filosofia apresenta-se de início como a sucessão histórica de um grande número de autores que se contradizem mutuamente. Isso não significa de modo algum – apesar do título – que se esteja diante de uma "história da filosofia" que trate das diversas doutrinas como manifestações passadas – e ultrapassadas – da cultura humana. Nada é mais estranho a Hegel do que a idéia de tratar o passado como algo morto.

Hegel considera a filosofia como a forma de consciência mais elevada que o Espírito possa ter de si mesmo, acima da religião e da arte. A conscientização filosófica enraíza-se na história real, pois a filosofia é sempre "a consciência filosófica de cada época".

O leitor assiste nessa obra à elaboração progressiva do absoluto através da sucessão dos grandes sistemas filosóficos. O que interessa a Hegel não são os filósofos (não há biografias), mas sim as filosofias, consideradas como momentos de um processo. Cada um desses momentos tem papel e missão histórica precisamente definidos, assim como limites determinados.

Isso supõe, evidentemente, uma unidade profunda do processo que a história da filosofia constitui. Essa unidade não é induzida por Hegel a partir da observação dos sistemas particulares; para ele, ela é um postulado que justifica a totalidade de sua reconstrução racional do processo.

A filosofia verdadeira não é uma dessas filosofias particulares, muito menos alguma outra filosofia que se construísse com todas as peças, tomando-se em cada uma o que há de verdadeiro deixando de lado o que é falso. O ecletismo não se faz presente.

A filosofia verdadeira é o conjunto do processo, enquanto ele conduz à síntese hegeliana, ao saber absoluto. Todas as filosofias são a filosofia, e nenhuma o é. Todas as filosofias são igualmente necessárias, e necessárias suas refutações sucessivas, refutações que nem por isso levam ao desaparecimento de nenhuma delas. O próprio hegelianismo não é uma filosofia a mais (a boa, por fim!); é a consumação do processo pela tomada de consciência de si mesma.

A ambição hegeliana – fazer de cada pensamento e de cada pensador um momento da construção do saber absoluto – conduz às vezes a interpretações discutíveis nos pormenores. Sobre o cepticismo, as filosofias helenistas, Spinoza, Kant e outros, podem-se encontrar *Lições* incompletas, parciais (nos dois sentidos) ou redutoras. Alguns dirão falsas, por quererem promover, a qualquer custo, uma integração na perspectiva do sistema; e provavelmente têm razão. Mas aí talvez não esteja o essencial. Nenhuma contestação da perspectiva hegeliana poderia apoiar-se apenas em pormenores de suas análises. Só podemos nos colocar fora do próprio hegelianismo, com o qual as *Lições* estão totalmente vinculadas. É o que Marx, por exemplo, faz. Em *A ideologia alemã**, aquele que foi um "jovem hegeliano" contesta a própria idéia de história autônoma da filosofia, considerando-a uma forma de consciência ideológica, ligada a certo estágio de desenvolvimento do modo de produção. Mas de modo muito hegeliano, ultrapassando a concepção das *Lições*, Marx conserva delas uma idéia essencial: toda filosofia é a filosofia de seu tempo.

Edição brasileira: *Introdução à história da filosofia*, São Paulo, Hemus, 1983.
Estudo: F. Châtelet, *Hegel*, col. "Écrivains de toujours", Le Seuil, 1978.

LINGUAGEM (A), *Language*, 1933.
LEONARD BLOOMFIELD, 1887-1949.

Quadro completo e sistemático das origens da lingüística estrutural e dos seus anos de vida, essa obra tem duplo valor: científico e pedagógico. Em termos de conteúdo, a análise lingüística de Bloomfield não se distingue da dos fonólogos de Praga. É por exemplo em Sapir que ele vai buscar a noção de linguagem como produto social. A obra serviu de referência aos lingüistas americanos que, a partir de Bloomfield, passaram a definir as relações sintáticas de subordinação, coordenação e construção exocêntrica identificando-as com as três funções da glossemática: seleção, combinação e solidariedade. É preciso dizer que devemos a Bloomfield a definição da palavra como "forma livre mínima". Esse critério funciona negativamente para classificar as unidades ligadas. Trata-se na verdade de uma definição puramente lingüística.

A base do ensinamento de Bloomfield é a observação. Para ele, a linguagem é o que coordena o grupo social. Em conclusão, ele espera que a lingüística permita compreender melhor as sociedades humanas.

Estudo: F. Francois, prefácio à edição francesa: *Le langage*, Payot, 1970.

LINGUAGEM (A), *Language, an Introduction to the Study of Speech*, 1921.
EDWARD SAPIR, 1884-1939.

Sapir aplica o espírito de síntese aos fatos lingüísticos, ao mesmo tempo que estuda os principais aspectos da "forma lingüística".

Independentemente de Saussure – cujos trabalhos ignora –, ele descobre a noção de fonema e distingue fonologia e fonética, em outros termos, abordagem formal e abordagem funcional dos sons da linguagem.

Estudo: B. L. Whort, "The Relation of Habitual Thought and Behavior to Language", in *Language, Culture and Personality Essays in Memory of Edward Sapir*, Sapir Memorial Fundation, Menasha, Wisconsin, 1941.

LINGUAGEM DA PERCEPÇÃO, *Sense et sensibilia*, 1962.
JOHN LANGSHAW AUSTIN, 1911-1960.

Essa obra póstuma foi editada em 1962 pelo filósofo britânico Geoffrey J. Wamock, a partir das notas das aulas dadas por Austin na Universidade de Oxford e em universidades americanas (no período 1947-1959).

Trata-se de uma reflexão polêmica em relação aos livros de Ayer (*Fundamentos do conhecimento empírico*, 1940), de Henry H. Price (*Percepção*, 1932) e de Wamoek (*Berkeley*, 1953), que, segundo Austin, baseiam-se na tese filosófica errônea de que nunca percebemos diretamente objetos (ou coisas) materiais, mas apenas dados sensíveis (*sense data*).

Para o autor, não devemos procurar saber que tipo de coisas percebemos, mas sim nos desfazer do "argumento de ilusão" proposto por Berkeley (caps. 3 a 6) e estudar com mais atenção certas palavras como "real" (caps. 7, 8) e "perceber" (cap. 9).

Estudo: F. Recanati, *Les énoncés performatifs*, Éd. de Minuit, 1981.

LINGUAGEM E MENTE, *Language and Mind*, 1968.
NOAM CHOMSKY, nascido em 1928.

Não deixa de ser paradoxal que o capítulo 3 dessa obra, intitulado "O Futuro" [estudos sobre a geração da linguagem], que reexamina em novas bases o antigo problema das relações entre pensamento e linguagem, apareça hoje como pertencente ao presente ou ao passado da lingüística.

Contudo, a questão colocada não é exatamente a questão da linguagem, mas sim do processo de aquisição e utilização da competência lingüística, mais precisamente dos fundamentos inatos dessa aquisição. O que Chomsky chama de *competência* designa uma capacidade de linguagem geneticamente determinada, uma combinatória de regras recursivas subjacentes que definem uma gramática universal e permitem que um indivíduo adquira uma língua. Chomsky a opõe à *performance*, que remete às estratégias empregadas para chegar a essa aquisição e também está associada a uma estrutura inata que determina sua expressão.

A competência lingüística – o conhecimento de uma língua – deve ser considerada como um sistema abstrato que serve de base à *performance*, sistema constituído por leis que concorrem para determinar a forma e o sentido intrínseco de um número potencialmente infinito de frases. Um tal sistema, chamado de "gramática gerativa", define as propriedades formais de toda língua humana possível. "Uma gramática gerativa é um sistema composto por várias centenas de leis de tipos diferentes, organizadas segundo certos princípios fixos de ordem e de aplicabilidade, contendo uma infra-estrutura fixa que, do mesmo modo que os princípios gerais de organização, é comum a todas as línguas." A distinção *operacional* entre estrutura superficial e estrutura profunda permite ter acesso à compreensão dessa organização subjacente. As línguas variam pouco em suas estruturas profundas, ao passo que pode existir grande variabilidade nas manifestações de superfície. As operações *transformacionais* ligam as duas.

Por conseguinte, uma pessoa que conheça uma língua específica possui uma gramática que *gera* – ou seja, caracteriza – o conjunto infinito de estruturas profundas potenciais, traçando seu mapa sobre o fundo das estruturas superficiais associadas e determinando as interpretações semântica e fonética desses objetos abstratos, embora a primeira (semântica) pareça regulada pela estrutura profunda, e a segunda (fonética), pela estrutura superficial. Nessas condições, a criança não pode saber, ao nascer, que língua aprenderá, mas deve saber que sua gramática tem uma forma predeterminada que exclui muitas línguas imagináveis: essa restrição inata constitui uma pré-condição, no sentido kantiano, para a experiência lingüística.

Estudo: J.-C. Milner, *Introduction à une science du langage*, Le Seuil, 1989.

LINGUAGEM E PENSAMENTO,

Le langage et la pensée, 1930.
HENRI DELACROIX, 1873-1937.

Como ponto de partida dessa obra, encontra-se a distinção saussuriana entre língua e fala. Mas Delacroix apura essa distinção, mostrando diferenças entre a linguagem (função humana), a língua (instituição lingüística), a fala (fenômeno físico) e o falar (uso individual da língua). Essas distinções, nas quais o autor se vale de vários dados da lingüística, constituem hoje a base de toda reflexão sobre a linguagem.

Delacroix interessa-se também pelas condições sociais da linguagem, assim como por sua origem, na qual ele admite uma intervenção combinada de fatores afetivos e intelectuais. Situação da língua, fonética, aquisição da linguagem constituem preâmbulos à reflexão sobre as relações entre linguagem e pensamento.

Ao mesmo tempo em que admite um pensamento pré-lingüístico (assim como a experiência do inefável), o autor afirma aqui o papel essencial da linguagem na formação do pensamento conceitual.

Estudo: A. Palau, *Dictionnaire des philosophes*, P.U.F., 1984.

LINGUAGEM, VERDADE E LÓGICA,

Language, Truth and Logic, 1936.
ALFRED JULES AYER (sir), 1910-1989.

Esse livro é considerado o manifesto do positivismo inglês. Nele, Ayer retoma as teses do Círculo de Viena sobre o critério de verificação, sobre a distinção entre enunciados empíricos e enunciados lógicos, sobre a eliminação da metafísica, sobre o caráter puramente subjetivo e emocional dos enunciados de ética e estética etc.

O autor tem o cuidado de situar essas teses numa tradição empirista, e admite uma abordagem analítica como a de Moore – únicas aberturas nesse texto "radical", das quais ele se distanciará em seguida.

Estudo: J. Urmson, *Philosophical Analysis*, Oxford University Press, 1956.

LINGUAGENS DA ARTE,

Languages of Art, 1968.
NELSON GOODMAN, nascido em 1906.

Já no início da obra, Nelson Goodman anuncia que não vai falar de estética. Mas poderá a filosofia analítica impor-se em matéria de arte, se ela renega, por um lado, o legado estético continental e, por outro, a percepção estética propriamente dita?

O ponto de vista "semântico" adotado pelo autor descobre as concordâncias de uma variedade simbólica, o "lugar" lógico no qual a obra funciona; por isso, lembra a visão relativista de "verdade". Mas já se sabia que o refazer da realidade não é a cópia do mundo real, que a atitude (psicológica?) na arte nunca se cansa de experiências novas, e que a expressão liga o símbolo a um rótulo que o denota metaforicamente.

Para Goodman, as concepções de mundo não repousam em *méthaphores racines*, pois os mundos são criados fora dos processos verbais e não verbais.

Estudo: *Nelson Goodman et les langages de l'art* (org. D. Soutif), Cahiers du Musée National d'Art Moderne, nº 41, Ed. do Centre Pompidou, 1992.

LINGUAGENS TOTALITÁRIAS:

Crítica da razão (e) da economia narrativa,
Langages totalitaires: Critique de la raison (et) de l'économie narrative, 1972.
JEAN-PIERRE FAYE, nascido em 1925.

Essa obra não é apenas uma análise histórica combinada com ensaio lingüístico, mas um primeiro passo rumo a uma nova *Crítica*, que ultrapasse as críticas da razão física e de economia política. Essa "crítica da narração" arrasta seu autor para um exame atento dos enunciados que fazem e que contam a história. Pois a história tem a particularidade de ser ao mesmo tempo "História que se faz" (ou seqüência de acontecimentos do passado) e "história" dessa História (ou narrativa dos acontecimentos do passado, por parte daqueles que foram seus atores ou testemunhas).

Aqui, a questão-chave não é como o nazismo "fala" uma vez tomado o poder, mas o que é dito por ele, contra ele e sobre ele que torne aceitável seu domínio do poder de Estado. Tomando como fio condutor a fórmula do *Stato totalitaro* e a do *totale Staat*, Faye consegue redesenhar a topografia da ideologia da extrema direita italiana e alemã entre as duas guerras. Desse modo, mostra o temível poder da linguagem que, contendo uma ideologia subjacente, vai tornando progressivamente aceitável o inaceitável e dando, àqueles que acreditam estar apenas se comunicando por palavras, armas capazes de servir aos crimes mais hediondos.

Estudo: J.-P. Faye, *Théorie du recit. Introduction aux Langages totalitaires*, Hermann, 1972.

LINGÜÍSTICA CARTESIANA,

Cartesian Linguistics, 1966.
NOAM CHOMSKY, nascido em 1928.

Essa obra analisa o parentesco existente entre as regularidades recursivas e ocultas que estão por trás de uma variedade de superfície, na *Gramática** de Arnauld e Lancelot, e as descrições da gramática gerativa.

O cerne daquilo que Chomsky agrupa com o nome de "lingüística cartesiana" é constituído pela descoberta de condições universais que prescrevem a forma geral de toda linguagem humana. Essas condições não são aprendidas; ao contrário, são princípios de organização que permitem aprender uma língua; disso decorre que o falante dessa língua pode saber sem aprendizagem. Também possibilitam a utilização infinita dos meios finitos que expõem.

Ora, a gramática gerativa é definida como o estudo da competência tácita de um falante-ouvinte, competência sobre a qual repousa sua *performance* efetiva na produção e na percepção do discurso. A conjunção de um sistema básico, composto por regras que geram relações gramaticais subjacentes segundo uma ordem abstrata, com um sistema transformacional que os aplica em estruturas mutáveis de superfície produz a configuração da sintaxe de uma língua. O compartilhamento, pelo falante e o ouvinte, de um tal sistema subjacente de regras gerativas remete à uniformidade da natureza humana, aos universais lingüísticos e às propriedades inatas do espírito na constituição do saber humano. O autor põe assim em evidência aquilo que aproxima os pressupostos da gramática de Port-Royal aos princípios da gramática gerativa, que "reativam" os da gramática universal clássica.

Edição brasileira: *Lingüística cartesiana*, Petrópolis, Vozes, 1972.
Estudo: J. Bouveresse, "La linguistique cartésienne, grandeur et décadence d'un mythe", in *Critique*, n.º 384, 1979.

LÍSIS, ou Da amizade,

Λύσις, ἢ Περὶ φιλίας, ○ entre 392 e 388 a.C.
PLATÃO, 428/427-348/347 a.C.
Diálogo.

O tema dessa obra é a amizade, mas a φιλία (*philia*) grega não distingue claramente amizade e amor, em particular o amor homossexual. Sócrates examina e critica sucessivamente as concepções populares e filosóficas de amizade (Empédocles, Heráclito). Buscando um fundamento metafísico para a φιλία, Sócrates esboça uma problemática das Idéias que servirá de base para a teoria do amor em *O banquete**.

Edição brasileira: *Lísis*, Brasília, UnB, 1995.
Estudo: L. Robin, *La théorie platonicienne de l'amour*, P.U.F., 1964, §§ 3 a 10.

LITÍGIO (O), *Le différend*, 1983.

JEAN-FRANÇOIS LYOTARD, nascido em 1924.

Tomando como exemplo certo número de litígios (entre Protágoras e seu aluno, entre Faurisson e as vítimas dos nazistas), Lyotard analisa as estruturas dos discursos de uma parte diante da outra. Estabelece-se um litígio quando há confronto entre duas argumentações sobre um mesmo assunto, e os interlocutores não podem entrar em acordo por falta de uma linguagem comum.

A finalidade desse texto, complemento das teses de *A condição pós-moderna** (1979), é convencer o leitor que tudo no homem é frase.

Estudo: C. Clement, G. Lascault, M. Dufrenne, L. Morin, "Jean-François Lyotard", in *L'arc*, n.º 64, 1976.

LIVRE-ARBÍTRIO (DO),

De libero arbitrio, ○ entre 388 e 395.
AGOSTINHO (Aurelius Augustinus, santo), 354-430.

Esse diálogo teológico, redigido em Roma e depois em Hipona entre 388 e 395, é composto por três livros que transcrevem os colóquios entre o autor e seu amigo Evódio. A conversação trata inicialmente do mal: O que é o mal? Existe um mal em si? Em que medida se pode dizer que uma ação é má ou não? Não é por ser proibido que um ato é mau; é por ser mau que é proibido, afirma Agostinho. Cabe ao homem, com o apoio da razão, escolher entre o bem e o mal, entre a virtude e a paixão. Isso significa que o homem é responsável por seus atos: se ele enveredar pelo caminho do bem, será recompensado e levará vida feliz; se enveredar pelo caminho do pecado, se afastará de Deus e sofrerá a punição merecida.

O livre-arbítrio existe; como todo bem, vem de Deus; o homem pode, porém, utilizá-lo de maneira nefasta. Pode-se então perguntar por que Deus, que conhece o futuro, não retira dos pecadores o livre-arbítrio; essa atitude parece um tanto paradoxal. Agostinho esclarece que na verdade são dois elementos distintos: Deus não é responsável pelos pecados dos homens; sua grandeza está precisamente em deixar que os homens pequem livremente. O pecado é necessário à perfeição do universo; é justo que o pecador seja punido pelo mal que cometeu; o castigo pode, então, ser considerado um bem. A alma aspira a um bem e deve agir de tal modo que a ele tenha acesso; a vida bem-aventurada é a recompensa suprema.

Interessante nessa obra de juventude é a exposição das doutrinas do autor sobre a graça, a predestinação e o pecado original, que ele desenvolverá em suas obras ulteriores. Sente-se que Agostinho nem sempre está seguro; mas suas teorias para conciliar as diversas doutrinas católicas são originais, e sua linguagem é incontestavelmente nova.

Edição brasileira: *O livre-arbítrio*, São Paulo, Paulus, 1994.
Estudo: E. Gilson, *Introduction à l'étude de Saint Augustin*, Vrin, 1982.

LIVRO DA CONSOLAÇÃO DIVINA,

Benedictus Deus, ○ 1308 ou 1313.
JOÃO ECKHART, c. 1260-c. 1327.

Essa obra, que se destinava à rainha da Hungria, pertence à tradição dos livros de consolação.

Nele Eckhart explica o nascimento do homem novo, libertado de suas máculas por efeito da graça. A Sabedoria, que é também Bondade, Verdade e Justiça, regenera metafisicamente o homem. O único caminho por seguir na aflição é o de Deus. "Se quiseres ser libertado de todas as tribulações e de todos os sofrimentos, apega-te a Deus, volta-te pura e unicamente para Deus. Eckhart é considerado um dos maiores místicos, e esse livro é o mais conhecido de sua obra. Ele influenciou profundamente os místicos dos séculos posteriores, em especial Henrique Suso e João Tauler.

Estudo: J. Ancelet-Hustache, *Maître Eckhart et la mystique rhénane*, col. "Microcosme", Le Seuil, 1978.

LIVRO DA CURA,

AVICENA (ibn Sina), 980-1037.
Enciclopédia.

Obra enciclopédica do filósofo e médico iraniano, o *Livro da cura* [das almas] é concebido como simétrico ao *Cânon da medicina** (*Qanum fi'l-Tibb*), que trata da cura dos corpos, sistematizando suas observações terapêuticas, farmacológicas, psicológicas e deontológicas numa filosofia original do conhecimento. Retomando a divisão das ciências filosóficas segundo uma ordem classificatória ascendente herdada de Aristóteles, Avicena expõe sua filosofia em uma lógica, uma física, uma matemática e uma metafísica – ciência suprema.

O pensamento metafísico de Avicena faz a separação ontológica entre existente, ser concreto e primeiro objeto do intelecto, e essência, modo do conhecer, noção universal que é objeto da lógica. É a partir da necessidade e da universalidade lógica que se constitui uma linha conceitual fundadora de uma física do indivíduo concreto e de uma metafísica do ser necessário.

A influência desse ensinamento serve de base à prática física até o século XVI; sua argumentação lógica e metafísica marcou profundamente a teologia católica do tomismo e a filosofia de Duns Scot.

Estudo: A.-M. Goichon, *La philosophie d'Avicenne*, Maisonneuve J., 1981.

LIVRO DO CÉU E DO MUNDO.

NICOLA DE ORESME.
VER TRATADO DO CÉU E DO MUNDO.

LIVRO DO FILÓSOFO (O),

Das Philosophenbuch, ○ 1872-1875.
FRIEDRICH WILHELM NIETZSCHE, 1844-1900.

Na esteira de *Nascimento da tragédia**, Nietzsche propunha-se escrever e terminar *O livro do filósofo*, que acabou ficando constituído, em sua maior parte, por aforismos, esboços e planos, formas que se repetem numerosas vezes na obra completa de Nietzsche. O interesse principal desses textos perspicazes sobre a cultura e a civilização está no seu modo de focalizar os problemas da verdade e da linguagem, que o autor apresenta como ponto de partida na qualidade de filólogo-filósofo que reflete sobre as origens do pensamento e da linguagem.

Ao longo de toda a sua carreira de filósofo, Nietzsche continuará tratando da relação entre linguagem e verdade. Para ele, a linguagem é de essência retórica, e a verdade, que passa através da rede da linguagem, é também retórica. Segundo ele, há uma noção destinada a desempenhar papel importante no desenvolvimento humano, que é a noção de impossível; pois o impossível é o "corretivo do homem".

Edição brasileira: *O livro do filósofo*, São Paulo, Moraes, 1987.
Estudo: A. Kremer-Marietti, introdução à edição francesa: *Le livre du philosophe*, col. GF, Flammarion, 1991.

LIVRO DO NOVO MUNDO MORAL,

A Book of the New Moral World, 1836-1844.
ROBERT OWEN, 1771-1858.

Essa obra de Owen corresponde à segunda fase de sua ação que, iniciada em 1834, será dedicada à divulgação das teorias econômicas por ele formuladas a partir de suas experiências de industrial e fundador de uma comunidade operária autônoma. Esse texto foi publicado por partes entre 1836 e 1844, tornando-se depois o texto de referência dos owenistas. Nele Owen condena a sociedade industrial florescente, que predestina a maior parte dos trabalhadores à degradação, e apela para o advento de um outro tipo de sociedade, baseada no trabalho cooperativo. No entanto, rejeita a idéia de revolução violenta engendrada pela luta de classes, defendendo uma reforma social cujos primeiros núcleos seriam as comunidades por ele fundadas. Owen pode ser comparado aos socialistas utópicos pela sua crença na possibilidade de estabelecer uma sociedade ideal.

Estudo: S. Dupuis, *Robert Owen ou la pensée et l'action d'un socialiste utopique, 1771-1858*, Atelier National de Reproduction des Thèses de l'Université de Lille III, 1989.

LIVRO DO SÁBIO.

CARLOS DE BOVELLES.
VER SÁBIO (DO).

LIVRO SOBRE O MESTRE,

De magistro liber, ○ 389.
AGOSTINHO (Aurelius Augustinus, santo), 354-430.

Esse diálogo didático entre o autor e seu filho, Adeodato, foi escrito depois do batismo dos dois, em 389.

Utilizando o método de Sócrates, Agostinho demonstra a seu filho, falecido dois anos depois, que não são as palavras do mestre que ensinam a verdade: elas podem ser mal interpretadas; são apenas um meio para exprimir a verdade que está em nós. Para julgar a veracidade das palavras do mestre, é preciso voltar-se para a verdade interior inspirada em Deus. Cada homem é assim habitado por essa palavra divina, na qual deve reconhecer seu único e verdadeiro mestre.

Agostinho deu prosseguimento a esse estudo em *Como catequizar os iletrados*: abordará o tema do amor, gerador da comunhão de espírito que une o mestre e o discípulo; o primeiro se supera pondo-se no nível de seu aluno, e este acaba por alçar-se ao nível do primeiro; forma-se assim uma espécie de osmose entre ambos.

Edição brasileira: *De magistro*, São Paulo, Nova Cultural, 1984 (Os pensadores).
Estudo: A. Mardouze, *Saint Augustin: l'aventure de la raison et de la grâce*, Études Augustiniennes, 1968.

LÓGICA, *Logik*, 1800.
EMMANUEL KANT, 1724-1804.

Essa obra é fruto da organização feita por um antigo aluno (Jasche) das anotações pessoais utilizadas pelo filósofo para ensinar. O propósito da obra ultrapassa o que entendemos hoje por "lógica", ou seja, uma disciplina formal. Nela se trata da lógica, mas também da filosofia e, de maneira geral, do conhecimento (conceitos, juízos, raciocínios, método). A teoria dos raciocínios retoma a divisão kantiana das faculdades: entendimento, razão, faculdade de julgar.

Edição brasileira: *Lógica*, Rio de Janeiro, Tempo Brasileiro, s.d.
Estudo: A. Philonenko, *L'oeuvre de Kant*, t. II, Vrin, 1988.

LÓGICA, ou Morfologia do conhecimento, *Logic, or Morphology of Knowledge*, 1888.
BERNARD BOSANQUET, 1848-1923.

Esse tratado de lógica situa-se no âmbito do neo-hegelianismo inglês, chamado de "monismo absolutista", ou "idealismo absoluto".

A verdade, sendo o Todo, exprime-se no ato do juízo com que uma consciência individual coloca seu pensamento como válido para o mundo inteiro. Uma palavra só vale por sua "significação"; uma única palavra tende, pois, a recompor todo o real numa estrutura coerente. A realidade sensível, para o homem, não passa do conjunto de qualificações que o espírito lhe foi atribuindo progressivamente através de seus juízos, ao longo de suas experiências. A verdade é a totalidade coerente da experiência, e a lógica – norma dos juízos verdadeiros – é a vida mesma do pensamento em sua construção do real por meio de juízos. Assim construído, o "mundo real" é obra da consciência individual, concebida pelo autor como um ato de juízo único, constante e inclusivo. O verdadeiro sujeito dos juízos que produzimos é esse "mundo real", o mundo mesmo com que lidamos na percepção sensível. O pensamento parte do concreto sensível e, pela reflexão abstrata, redunda num sistema organizado de experiências, um concreto sistematizado.

Bosanquet visa exatamente à noção hegeliana de Universal concreto, mas a concebe como uma estrutura puramente lógica, que o pensamento se esforça incessantemente por construir. Propõe, assim, as bases lógicas de um monismo metafísico personificado por Francis H. Bradley – chamado de "absolutista" porque pretende chegar até o objeto último da especulação filosófica e porque se opõe ao empirismo pluralista que no fundo das coisas vê descontinuidade, alteração e imprevisibilidade (doutrina representada pelo pragmatismo de William James). Todo o real é assim reduzido à unidade de leis lógicas. As diversas "formas" de juízo são compreendidas como etapas para a totalização lógica da realidade, com base no modelo de formas biológicas, de tipos morfológicos que se adaptam cada vez mais ao real.

A segunda edição ampliada (1911) pertence a uma segunda época do itinerário do autor, marcada pela publicação de *Aparência e realidade** de Bradley. Bosanquet alinha-se com o idealismo absoluto deste último contra os ataques de James. Embora até então considerasse a realidade como o termo ideal para o qual tende o conhecimento, a partir daí a transforma num absoluto que preenche todas as necessidades humanas em todos os planos (moral, religioso etc.). Desse modo, é levado a interpretar o pensamento de uma maneira mais ampla que seu mestre – no sentido da *Vernunft* hegeliana, faculdade do Universal concreto –, como uma atividade imanente à vida afetiva e à ação, aspirando à harmonia interna e possibilitando uma dialética da experiência: "princípio imanente e ativo de não-contradição ou de individualidade". A consciência afirma-se na expansão, e não no malogro. As experiências mais significantes do homem são as marcadas pelo máximo de expansividade, de poder, de harmonia.

Houve quem opusesse o caráter sorridente de Bosanquet ao humor sombrio de Bradley. Assim, a confiança do primeiro numa Presença universal em nós serve para contrabalançar a destruição de todos os elos relacionais operados pelo monismo no segundo, que permanece fechado em si mesmo e assombrado pelo Absoluto – dizia James – como por um inimigo estrangeiro.

Os últimos capítulos mostram que a filosofia do Absoluto é o desabrochar da lógica, e não uma pressuposição arbitrária que a precede. O autor critica de maneira aprofundada a lógica simbólica e o pragmatismo.

Essa obra ocupa uma posição estratégica de grande importância, a exemplo da obra de Bradley: na verdade, é em torno desses autores que se articula uma parte das origens do empirismo lógico. Durante certo tempo Russell foi tentado pelo "tudo é espírito" do monismo dos dois "Dioscuros", antes de seguir George Moore no caminho da defesa do senso comum. Houve quem dissesse que, com esses monumentos lógicos, o idealismo absoluto morria esplendidamente, depois de dar o melhor de si mesmo (Jean Pucelle).

Estudo: F. Houang, *Le néo-hégélianisme en Angleterre: la philosophie de Bernard Bosanquet*, Vrin, 1954.

LÓGICA, ou Primeiros desenvolvimentos da arte de pensar,
La logique, ou Les premier développements de l'art de penser, 1780.
CONDILLAC (Etienne Bonnot de), 1714-1780.

Nesse tratado, redigido em 1777, Condillac define o que é bem pensar. Bem pensar é pensar em conformidade com o que a natureza nos ensina por meio do prazer e da dor, é pensar utilizando a mais natural das faculdades do espírito, a análise, que nos leva do conhecido ao desconhecido. A lógica de Condillac não é, pois, uma teoria das proposições, mas uma arte da análise que introduz na arte dos sistemas.

Estudo: R. Lefèvre, *Condillac*, Seghers, 1976.

LÓGICA: Teoria da inquirição,
Logic: The Theory of Inquiry, 1938.
JOHN DEWEY, 1859-1952.

Não se trata de lógica clássica nem de lógica moderna, mas o autor se propõe estudar a natureza da lógica na perspectiva aberta por seus livros anteriores: *Estudos de lógica teórica* (1903), *Ensaios de lógica experimental* (1916) e *Como pensamos* (1910). Dewey apresenta de início a "matriz da inquirição" a partir do biológico e do cultural; em seguida, faz uma distinção entre a inquirição do senso comum e a inquirição científica.

A segunda parte da obra é dedicada à constituição da inquirição (estrutura e juízos); a terceira parte diz respeito às proposições e aos termos; a quarta parte explicita a lógica do método científico. Por fim, uma tabela analítica retoma o movimento de pensamento do tratado em seu conjunto.

A lógica pela qual o autor se interessa aqui é uma lógica da inquirição, diferente da lógica de Peirce. O que é inquirição? "Inquirição é a transformação controlada ou dirigida de uma situação indeterminada numa situação que é tão determinada em suas distinções e relações construtivas que converte os elementos da situação original em um todo unificado." Tal é o esquema da inquirição, cuja vocação é formular o problema instituindo-o.

Dewey estabelece assim as bases de uma epistemologia de tipo processual, em conformidade com a que Ian Hacking propõe hoje.

Estudo: G. Deledalle, *L'idée d'expérience dans la philosophie de John Dewey*, P.U.F., 1967.

LÓGICA DA FILOSOFIA,
Logique de la philosophie, 1950.
ERIC WEIL, 1904-1977.

Na obra de Eric Weil, esse ensaio ocupa posição central por ser uma reflexão da filosofia sobre si mesma, como tentativa de compreensão sistemática dessa compreensão sistemática que é a filosofia. É uma lógica porque é um sistema e se interroga sobre seu próprio pressuposto; é a filosofia mesma porque, para Eric Weil, "a filosofia é científica"; ela contém o discurso filosófico total, ou seja, a razão e seu outro. Embora sistemática, a filosofia continua "aberta" para o seu outro, e esse outro é o que Eric Weil chama de violência, que ela compreende em si mesma e revela por meio de seu malogro em reduzir. Em Hegel, ele vai buscar a vontade de compreender tudo do discurso sistemático, de compreender como a razão pode encontrar no interior de si mesma a negatividade absoluta; em Kant, vai buscar a vontade de compreender essa vontade de compreender, bem como o caráter irredutível da antinomia razão-violência.

O que caracteriza a abertura do discurso weiliano é que, apesar de sistemático e coerente, abriga o afastamento e a separação de si; continua aberto para a realidade exterior que o contradiz sem superar a exterioridade radical da violência e da razão numa dialética de tipo hegeliano. Para Eric Weil, a dialética mais revela do que supera a contradição. Ele pretende manter uma relação com Hegel, mas superando-o. Sua dialética é uma oposição entre atitudes e categorias; sua lógica é uma lógica das atitudes e das categorias filosóficas numa estrutura complexa de retomadas, por meio das quais o discurso vai se abrindo e se fechando em si mesmo. Consciente de sua finitude, o ser finito quer compreender a totalidade do real, portanto compreender-se no infinito do discurso.

Essa obra reflete, talvez mais que todas as outras, a originalidade do pensamento de Eric Weil, considerado com demasiada freqüência um simples comentador de Hegel.

Estudo: G. Kirscher, *La philosophie de Eric Weil: systématicité et ouverture*, col. Philosophes d'aujourd hui, P.U.F., 1989.

LÓGICA DA PESQUISA CIENTÍFICA (A), *Logik der Forschung: Zur Erkenntnistheorie der modernen Naturwissenschaft*, 1934.
KARL RAIMUND POPPER, nascido em 1902.

A questão que se encontra no ponto de partida dessa monumental obra nunca deixou de mobilizar os filósofos, desde Bacon e seu *Novum organum**: existirá um critério que permita fazer a distinção entre a verdadeira ciência e a metafísica ou as pseudociências (alquimia, astrologia)? Popper considera crucial essa questão sobretudo porque, quando era jovem e estudante, tinha grande interesse pelas três correntes revolucionárias de pensamento que agitavam a Viena dos anos vinte: a teoria da relatividade de Einstein, a psicanálise de Freud e a teoria da história de Marx. Ainda que fascinado pela pujança destas duas últimas doutrinas, Popper não podia abster-se de questionar a legitimidade de sua pretensão à cientificidade. Acaba mesmo por convencer-se de que elas não têm nem sequer o *status* da teoria da relatividade, a cujo estudo se dedicava então, donde sua busca de um "critério de demarcação" capaz de estabelecer de maneira concludente a natureza ou o *status* científico de uma teoria.

A tese mais amplamente aceita na época afirmava que a ciência se distingue das outras disciplinas pelo caráter *empírico* de seu método. A partir de um grande número de observações ou de experiências, o cientista se achava no direito de extrair – em virtude do famoso *princípio de indução* – leis que considerava universalmente válidas. Ora, como ressalta Popper, ninguém (nem mesmo Kant) conseguiu justificar racionalmente a inferência indutiva. Uma multidão de casos particulares não nos permite em caso algum inferir uma regra universal: "Pouco importa o número de cisnes brancos que tenhamos observado: isso não justifica a conclusão de que *todos* os cisnes são brancos." Por isso, Popper prefere orientar-se para um método dedutivo baseado numa "comprovação" das teorias. Convém *deduzir* da teoria examinada enunciados singulares, ou "previsões", passíveis de ser facilmente testadas na experimentação. Se a teoria não resistir aos testes, será chamada de *falsificada*, ou refutada pela experiência. Se, ao contrário, ela passar nos testes, será considerada "comprovada" – entenda-se provisoriamente –, pois nada impede que ela fracasse em testes ulteriores ou que seja substituída por uma teoria mais vantajosa. Esse "dedutivismo" conduz Popper naturalmente a formular um critério de demarcação que não deriva da lógica indutiva. Pois, até então, uma teoria parecia tanto mais segura quanto mais confirmada por um grande número de observações. Critério inaceitável para Popper, visto que o acúmulo de verificações empíricas não pode estabelecer definitivamente a validade de uma teoria. É, ao contrário, a "falsificabilidade", ou a possibilidade de ser *falsificada* pela experiência, que nos permitirá fazer a triagem entre os enunciados que são científicos e os que não o são: "Um sistema que faça parte da ciência empírica deve poder ser refutado pela experiência." Assim, um enunciado como "Todos os cisnes são brancos" é falsificável, pois assume o risco de ser refutado, por exemplo, pela observação de um cisne negro. Em compensação, um enunciado como "Pode chover ou não chover amanhã" é infalsificável e, por essa razão, não *empírico*: nenhuma experiência é capaz de o invalidar.

Imediatamente, o marxismo e a psicanálise, sobre os quais recaíam as suspeitas do jovem Popper, se nos mostram sob novas luzes. Se considerarmos essas teorias do ponto de vista da lógica indutiva, forçoso será constatar que elas são em alto grau *confirmadas* pelos fatos. Ou melhor, seu poder de interpretação parece infinito: sejam quais forem os acontecimentos, sempre encontrarão uma explicação no âmbito dessas teorias. Ora, como dirá mais tarde o autor, para as teorias que se afirmam científicas, a irrefutabilidade não é virtude, porém defeito. O marxismo e a psicanálise estão fora da ciência, precisamente porque esses *discursos totalizantes* não excluem nenhum fato possível, podendo explicar a totalidade dos fenômenos que ocorrem no seu domínio de atribuição. O mesmo acontece com a astrologia, cujas predições são tão vagas que nunca podem ser infirmadas pelos fatos.

A formulação de uma hipótese científica está, pois, longe de corresponder ao registro passivo de dados experimentais; ela é mais da ordem da conjectura. Uma hipótese que resiste hoje às provas nem por isso está confirmada de maneira definitiva; está apenas provisoriamente comprovada. Nesse sentido, nenhuma teoria, nem mesmo a mais perfeitamente consagrada na comunidade científica, está a salvo de uma eventual refutação ulterior. Assim, a ciência procede – e progride – por tentativas e erros, por conjecturas e refutações; seu modo de agir consiste em propor conjecturas audaciosas, em envidar todos os esforços para demonstrar que são errôneas e depois aderir a ela provisoriamente, pelo tempo em que sobreviverem às provas destinadas a invalidá-las.

Obra mestra de Popper, a *Lógica da pesquisa científica* logo teve imenso sucesso nos países anglo-saxões e de língua alemã. Curiosamente, será preciso esperar mais de quarenta anos para que a obra seja publicada na França. É verdade que seu autor não está ligado a nenhuma escola, e que seu pensamento eclético, que permite incursões nos campos da filosofia política, da sociologia ou da antropologia, tem motivos de sobra para colidir com o sectarismo dos círculos e das academias. Contudo, Popper renovou de maneira decisiva a abordagem e o método das ciências empíricas, a tal ponto que nenhum cientista, como afirma Jacques Monod em seu prefácio à edição francesa, pode hoje ignorar a existência de seu critério de falsificabilidade. Alguns chegam até a ver no racionalismo crítico de Popper uma "alternativa" intelectual plausível numa época em que todos os grandes sistemas parecem estar ruindo.

Edição brasileira: *Lógica da pesquisa científica*, São Paulo, Cultrix, 1975.
Estudo: R. Bouveresse, *Karl Popper*, Vrin, 1981.

LÓGICA DO CONHECIMENTO PURO, *Logik der reiner Erkenntnis*, 1902.

HERMANN COHEN, 1842-1918.

Assim como em Kant, trata-se de "lógica transcendental", ou seja, para Cohen, da lógica da origem do pensamento científico. No princípio coloca-se a identidade entre pensamento e ser. O que implica que a forma fundamental do pensamento ou do ser não é a forma fundamental do conceito, mas a do juízo.

Estudo: J. Vuillemin, *L'héritage kantien et la revolution copernicienne*, P.U.F., 1954.

LÓGICA DO SENTIDO,

Logique du sens, 1969.
GILLES DELEUZE, nascido em 1925.

O conjunto dessa obra está sob a égide de Lewis Carroll (cuja análise da obra servirá de fio condutor para a continuidade do livro) e dos estóicos, nos quais o autor vai buscar a oposição entre corpo e incorporais. A implicação dessa releitura da história da filosofia e dos campos de conhecimento associados – pois Deleuze recorre a referências tão diversas quanto Carroll, Artaud, Freud, Klossowski, Zola ou Tournier – é a inversão da lógica da profundeza, inaugurada por Platão, em favor de uma lógica do sentido, ou melhor, da superfície.

O que interessa ao autor é a topologia do pensamento: como a linguagem não exprime apenas idéias, mas agencia tantos acontecimentos quantas são as proposições existentes. O próprio corpo torna-se o lugar dessa oposição entre o geográfico e o arqueológico: os estágios de sua evolução contam sua história, mas as zonas expressam sua superfície. É na superfície que se deve ir buscar a verdade e, por conseguinte, é preciso encontrar uma forma de discurso que não afunde, que não aprofunde, mas que percorra. Donde o recurso aos paradoxos, figuras de estilo breves, muitas vezes acompanhadas de humor, que Deleuze opõe à ironia, assim como Sócrates se opõe aos estóicos.

Pela referência constante à psicanálise, Deleuze prepara nesse livro as teses essenciais que desenvolverá em *Anti-Édipo**.

Edição brasileira: *Lógica do sentido*, São Paulo, Perspectiva, 1974.
Estudo: M. Foucault, "Theatrum philosophicum", in *Critique*, nº 282, nov. 1970.

LÓGICA DO SER VIVO (A),

Uma história da hereditariedade,
La logique du vivant, 1970.
FRANÇOIS JACOB, nascido em 1920.

Michel Foucault dizia: "A mais notável história da biologia que já foi escrita." História da biologia, e não apenas, como indica o subtítulo, uma história da hereditariedade.

François Jacob estuda a maneira como os saberes biológicos se constituem desde o Renascimento: o conhecimento do ser vivo progride elevando-se à compreensão de "níveis" sucessivos na estrutura dos organismos. As "estruturas visíveis" são explicadas pela organização interna (cujo último elemento é a célula), "os cromossomos e os genes, estrutura de ordem três oculta no coração da célula", são responsáveis pela organização. Por fim, "a molécula de ácido nucléico, estrutura de ordem quatro, determina hoje a conformação de todo organismo, suas propriedades, sua permanência ao longo das gerações". A consideração desses níveis sucessivos de integração tem como conseqüências a afirmação da unidade profunda do mundo vivo, a rejeição a qualquer reducionismo e uma atenção particular à dimensão histórica. A "lógica do ser vivo" é, pois, integradora e diacrônica.

Mas o conhecimento dessa lógica é um processo lento e complexo, pois não poderia haver "uma história linear das idéias".

Uma época só pode elaborar seus modelos científicos no interior de uma concepção geral do mundo, concepção que pode obstar o conhecimento. Sente-se nisso a influência de Bachelard e Foucault.

Pela inteligência epistemológica de suas análises e por sua erudição, a *Lógica do ser vivo* marcou época na história e na filosofia das ciências biológicas. A notoriedade de seu autor, professor no Collège de France, prêmio Nobel de medicina em 1965 com André Lwoff e Jacques Monod, contribuiu para fazer desse livro a grande obra de referência. Foi publicado no mesmo ano que *Acaso e necessidade**, de Jacques Monod, que explora problemáticas vizinhas, mas diferentes. François Jacob é também autor de numerosos artigos e de dois outros livros: *Jogo dos possíveis* (1981), que é um "Ensaio sobre a diversidade do ser vivo", e *Estátua interior* (1986), que propõe uma autobiografia do homem e do cientista.

Estudo: F. Jacob, *La statue interieur*, col. "Folio", Gallimard, 1990.

LÓGICA DO SOCIAL (A),

Introdução à análise sociológica,
La logique du social, Introduction à l'analyse sociologique, 1979.
RAYMOND BOUDON, nascido em 1934.

Essa obra pretende ser uma introdução à análise sociológica. Contra todos os sociologismos, que fazem do indivíduo o joguete das estruturas sociais, Boudon faz questão de reafirmar a natureza e os princípios da sociologia, que considera o ator social como fundamentalmente racional, ainda que nem sempre veja seu interesse com clareza. É assim evidenciado o paradoxo segundo o qual o homem é livre e consciente de seus atos individuais, ao mesmo tempo que é inconsciente dos efeitos coletivos engendrados pela coesão social dos indivíduos.

O autor analisa as teses de Weber, Durkheim ou Tocqueville, assim como certos sistemas do pensamento sociológico atuais.

Estudos: R. Boudon e F. Bourricaud, verbetes "Action" e "Action collective", in *Dictionnaire critique de la sociologie*, P.U.F., 1982.

LÓGICA DOS SENTIMENTOS,

La logique des sentiments, 1905.
THÉODULE RIBOT, 1839-1916.

Uma vez ultrapassado o conhecimento imediato das sensações e iniciada a aventura para além da experiência, o homem só dispõe de dois procedimentos: raciocinar e imaginar. Na origem, os dois se confundem. Depois, estabelece-se uma separação entre a lógica natural e a lógica dos sentimentos. Esta é governada por suas próprias regras. A "lógica dos sentimentos" fora esboçada por Auguste Comte, depois por Stuart Mill. É uma questão de psicologia ao mesmo tempo individual e coletiva.

Estudo: H. Baruk, *La psychiatrie française de Pinel à nos jours*, P.U.F., 1967.

LÓGICA E A TEORIA DA CIÊNCIA (SOBRE A), *Sur la logique et la théorie de la science*, 1947.

JEAN CAVAILLÈS, 1903-1944.

Cavaillès reflete filosoficamente num momento de crise do pensamento matemático; ao mesmo tempo, essa crise é um extraordinário fermento, tanto para o desenvolvimento da matemática quanto para o pensamento filosófico. A origem dessa crise é a teoria dos conjuntos; de fato, ao mesmo tempo em que está em condições de impor-se como uma necessidade no devir matemático, a teoria dos conjuntos é acompanhada por dificuldades, paradoxos tais que chegamos a perguntar se o saber humano não ganharia mais se passasse ao largo dessa teoria.

Cavaillès apodera-se irresistivelmente desse problema, abandonando o trabalho que Brunschvicg lhe havia sugerido – o estudo das probabilidades e seus efeitos na filosofia do século XIX. Contemporâneo da revolução que a matemática está vivendo,

Cavaillès, por ser filósofo, percebe imediatamente a importância e as implicações de coisas para as quais certos matemáticos ainda estão cegos.

Esse projeto tem duas ambições: do ponto de vista imediato, compreender quais são os momentos de ruptura no pensamento de Cantor que engendram paradoxos e aporias, e como essas dificuldades só podem encontrar solução na reformulação da doutrina da ciência; de um ponto de vista geral, fundar uma nova teoria da ciência, cujas bases, para não dizer fundamentos, Cavaillès vê na obra de Bolzano.

A consciência da necessidade dessa nova teoria da ciência, ou seja, de uma filosofia do pensamento científico adequado à revolução por que passa a matemática, superando ao mesmo tempo os modelos kantiano e husserliano (e em particular este último no sentido de pretender ser precisamente a solução filosófica para a crise da teoria dos conjuntos), foi expressa por Cavaillès através da obstinação que demonstrou em conceber e redigir esta última obra, escrita essencialmente na prisão ou durante os raros momentos de reflexão teórica de que o chefe da resistência pudera usufruir. Por ironia, em 1942, Cavaillès escrevera a Leon Brunschvicg, a propósito desse livro, que queria "tentar uma velha disputa contra a lógica transcendental, especialmente a de Husserl..."; na realidade, ninguém pode duvidar que Cavaillès conhecesse a importância e as implicações dessa "disputa": nada menos que uma nova teoria da ciência em cujo bojo seria feita a crítica das soluções logicistas, formalistas e intuicionistas, e em que prevaleceria o modelo da *dialética do conceito*. A dificuldade intrínseca dessa obra, as condições de urgência de sua composição (Cavaillès não teve tempo de fazer a revisão nem de incluir as notas) e a morte trágica e heróica de seu autor por certo contribuíram para que seu alcance fosse subestimado ou para que se evitasse comentá-la. De tal modo que seu significado imanente só pode aparecer quando se leva em conta o quadro geral da obra de seu autor.

Cavaillès formula a questão da ontologia matemática, ou seja, a questão da natureza, da realidade e da manifestação dos seres matemáticos. Essa não é uma questão colocada por um filósofo a propósito da matemática, acerca da matemática, ou seja, numa relação de exterioridade com a matemática; é historicamente uma questão que opera a partir do interior da matemática, sendo, portanto, uma questão que os matemáticos de certa maneira nunca deixaram de formular, e que está no cerne da grande crise do pensamento matemático aberta pela teoria dos conjuntos.

A teoria dos conjuntos tem como objetivo explícito eliminar o geométrico da análise e, por via de conseqüência, redefinir os seres matemáticos até então colocados como simples existentes. Mas Cavaillès mostrou até que ponto esse entusiasmo precisou diminuir e de que modo a teoria dos conjuntos foi constantemente trabalhada pela noção geral de existência no que se refere aos objetos matemáticos.

Algumas vezes Cavaillès foi censurado por ter rigorosamente exposto os problemas e as diversas possibilidades de solução sem marcar com clareza para que solução se inclinava: isto porque não foi bem lido, pois Cavaillès propõe claramente uma teoria da definição de existência dos objetos matemáticos. A começar pela rejeição de qualquer absoluto *a priori* só apreendido pela intuição, mas que esta só apreende de modo imediato através da dissimulação e do esquecimento do processo real por meio do qual há construção do objeto: "Não há absoluto como ponto de partida: o que dizer do ponto, do contínuo, do número inteiro senão que são elementos e origens de encadeamentos onde ganham sentido, encadeamentos que os superam?", constata o autor.

O recurso à definição kantiana de matemática como algo que procede por "construção de conceitos" parece então tentador. Pois o que Kant permitiu esclarecer é o lugar onde se situa a questão da efetuação do objeto matemático, a saber a relação entre a intuição e a construção. O que deve ser pensado, segundo Cavaillès, é a justa relação entre intuição e construção, e isso passa por uma revisão fundamental da noção de intuição. Há em matemática um dado intuitivo preexistente à construção nova no qual seria desejável que se inscrevessem as novas noções: e vem-se a negar a noções como a de número negativo o direito de cidadania matemática porque ela não se encaixa na zona intuitiva precedente, que era considerada eterna e imutável. Assim, para Cavaillès, cumpre restaurar a dinâmica dialética da conceituação, fixando precisamente o papel da intuição e do esquematismo transcendental dentro desse processo.

É desse modo que Cavaillès chega a uma teoria geral da ciência proveniente da leitura da obra de Bolzano: "Em outras palavras, a teoria da ciência é um *a priori*, não anterior à ciência mas alma da ciência, algo que não tem requisitos exteriores, mas que exige a ciência. Duas dificuldades da solução bolzaniana: embora evite a subordinação a um existente histórico ou ao absoluto da consciência, ela mesma deve apresentar a totalidade do que atinge, para em seguida fazer a distinção, se puder, entre o elemento essencial permanente e o que é móvel." Ao mesmo tempo que é solução por ter conseguido excluir qualquer fundamento exterior e, em particular, qualquer consciência tética, a teoria da ciência continua atormentada pela contradição entre sua posição principial e o conteúdo que gera. Para essa dificuldade Cavaillès propõe uma solução que, a seu ver, precisaria ser aprofundada: a dialética do conceito.

Estudo: J. T. Desanti, *Les idealités mathématiques**, Le Seuil, 1968.

LÓGICA E O MUNDO SENSÍVEL (A),

Estudos sobre as teorias contemporâneas da abstração,
La logique et le monde sensible. Études sur les théories contemporaines de l'abstraction, 1971.
JULES VUILLEMIN, nascido em 1920.

A teoria da abstração está vinculada à lógica. Mas, por um lado, extrai idéias das filosofias do passado, sobretudo da filosofia de Hume. O autor expõe de início a teoria aristotélica da lógica, para estudar em seguida a natureza da abstração matemática.

Surgem problemas: o da exatidão dos conceitos científicos ou o da elaboração necessária dos dados sensíveis (*sense data*). Em seguida, a abstração é estudada do ponto de vista das categorias do mundo sensível. Trata-se da *constituição*, nos termos de Carnap, ou da *estrutura das aparências*, nos termos de Goodman.

Esses diversos exames possibilitam depreender as dificuldades encontradas pelas teorias contemporâneas. A análise das aparências permite a subsistência de uma inexatidão de princípio que afeta todo conhecimento empírico. O problema que se coloca é o seguinte: as figuras geométricas serão "ideais" ou "abstratas"? A generalização ou abstração operada pela teoria dos conjuntos e a abstração propriamente dita se distinguem, mas ambas apresentam caráter arbitrário.

Estudo: F. Armengaud, *Dictionnaire des philosophes*, P.U.F., 1984.

LÓGICA FORMAL E LÓGICA TRANSCENDENTAL, Ensaio de crítica da razão lógica,

Formale und transzendentale Logik. Versuch einer Kritik der logischen Vernunft, 1929.
EDMUND HUSSERL, 1859-1938.

Se a ciência se transformou em técnica teórica, a lógica é cúmplice dessa situação, pois deixou de se colocar como "doutrina pura e universal da ciência". Por isso, Husserl nos convida para uma transformação radical, para uma renovação do "fundamento platônico da lógica", a fim de chegarmos a uma explicitação intencional do sentido da lógica formal. Norma das ciências, ela deve, por sua vez, ser fundamentada como tal e basear-se numa lógica "transcendental", verdadeiro conhecimento do conhecimento por si mesmo, que vê no sujeito a significação de todo conhecimento.

Assim como *Meditações cartesianas**, esse texto marca uma nova orientação de Husserl: atribui importância mínima ao princípio do retorno às coisas mesmas, envereda pelo caminho do transcendentalismo ao interrogar-se sobre o sentido da lógica.

Estudo: S. Bachelard, *La logique de Husserl*, P.U.F., 1957.

LÓGICA OU ARTE DE PENSAR (A),

La logique ou l'art de penser, 1662.
ANTOINE ARNAULD, 1612-1694, e PIERRE NICOLE, 1625-1695.

Arnauld e Nicole escreveram sua *Lógica*, chamada "de Port-Royal", para a instrução do jovem duque de Chevreuse. O intuito principal era tornar rapidamente acessível uma disciplina que a Escola sobrecarregara de sutilezas excessivas.

Quatro partes tratam sucessivamente das idéias, do juízo, do raciocínio e do método. A teoria das idéias e do juízo baseia-se num intelectualismo de inspiração cartesiana, mas retrabalha a distinção aristotélica entre definições nominal e real. As exposições dedicadas ao raciocínio visam sobretudo a tornar acessíveis as regras complexas da silogística. Na parte dedicada ao método, a influência cartesiana se faz de novo sentir, e a análise (método da descoberta) se opõe à síntese (procedimento de exposição). Essa síntese permanente entre as inspirações antiga (escolástica) e moderna (cartesiana) é certamente a característica mais original da obra.

Arnauld e Nicole não consideram a lógica como uma ciência que possua objeto próprio (o raciocínio formal), mas como uma *arte prática*, do bem-pensar. Donde o uso permanente de exemplos tomados em raciocínios de todos os campos do conhecimento. Daí também a preferência sistematicamente dada ao juízo da "luz natural", que sempre sobrepuja a aplicação mecânica das regras: a verdadeira lógica escarnece da lógica! Assim concebida, a lógica escapa ao formalismo, pondo de lado, por exemplo, o uso das variáveis. Ela insiste no papel do método (última parte), em que o juízo encontra o melhor modo de ser exercido.

Obra publicada anonimamente, a Lógica de Port-Royal teve grande sucesso durante dois séculos a fio, tanto na França quanto em outros países; contam-se mais de cinqüenta edições francesas, além de numerosas traduções. Isso certamente se deve a suas virtudes pedagógicas e à preocupação com a clareza, mas não se pode afirmar que essa obra tenha realmente revolucionado a história da lógica.

Estudo: R. Blanche, *La logique et son histoire*, col. "U", Armand Colin, 1970, cap. VII, 2.

LUDWIG FEUERBACH E O FIM DA FILOSOFIA CLÁSSICA ALEMÃ,

Ludwig Feuerbach und der Ausgang der klassischen deutschen Philosophie, 1886.
FRIEDRICH ENGELS, 1820-1895.

Por ocasião da publicação de um *Ludwig Feuerbach* (Stuttgart, 1885) pelo filósofo dinamarquês Carl N. Starcke, Engels redige um texto (publicado em abril e maio de 1886 na revista socialdemocrata *Neue Zeit*) em que examina o vínculo que une a filosofia clássica (Hegel) e o movimento operário alemães, e em que expõe a concepção marxista de história.

A filosofia de Hegel (a cujo caráter revolucionário Engels dá destaque) é ao mesmo tempo sistema (idealista) e método (dialético). Depois da exaltação (1830-1840), vem a desagregação. *A essência do cristianismo** de Feuerbach aparece como o livro-ruptura dessa época: "O entusiasmo foi geral: éramos todos feuerbachianos."

Para Engels, a questão fundamental de toda filosofia é a da relação entre pensamento e ser: o idealismo afirma o primado do espírito sobre a natureza; o materialismo, o da natureza sobre o espírito. O materialismo mecanicista do século XVIII era incapaz de conceber o mundo como um processo. Quanto ao materialismo de Feuerbach, não soube incorporar as descobertas de seu tempo (célula, transformação da energia, evolucionismo darwiniano) nem se aplicar à ciência da sociedade.

É verdade que Feuerbach demonstra que Deus é apenas o reflexo fantástico do homem, mas, apesar disso, continua um idealista – em tudo inferior ao Hegel de *Princípios da filosofia do direito**, cuja forma é idealista, mas cujo conteúdo (moral, direito, economia, política) é realista. "Em Feuerbach é o contrário: do ponto de vista da forma ele é realista, toma como ponto de partida o homem; mas do mundo em que vive esse homem nem se fala." Marx também saiu da desagregação do hegelianismo. Mas parte do aspecto revolucionário da dialética, invertendo seu sentido. Se tudo na natureza é processo, isso também deve ser aplicado à história da sociedade. Todas as lutas políticas são lutas de classes que visam à emancipação econômica. Ao contrário do que pensava Hegel, é a sociedade civil (domínio das relações econômicas), e não o Estado, que constitui o elemento determinante da história.

Estudo: G. Labica, *Karl Marx, les thèses sur Feuerbach*, P.U.F., 1987.

M

MAL-ESTAR NA CIVILIZAÇÃO,
Das Unbehagen in der Kultur, 1929.
SIGMUND FREUD, 1856-1939.

Pode-se considerar essa obra como uma espécie de defesa da hipótese – que Freud qualificava, aliás, de "especulativa" – do famoso dualismo Eros-Tanatos. Mas Tanatos nunca é colocado na obra como tal; o cerne do livro está na *agressividade*, junção das pulsões eróticas com pulsões de morte. Assim, a cultura, entendida como soma das instituições oriundas do processo de civilização (casamento, religião, moral, política etc.), é dominada por um *mal-estar* profundo e permanente, efeito da repressão social das pulsões. Para Freud, é o próprio processo de civilização que traz em si os germes desse mal-estar. Pois a civilização transforma as pulsões dos homens em aspirações (sociais, culturais, intelectuais) que ela tampouco permite satisfazer, donde o sentimento de frustração, decepção e desajuste, comum a todos os homens.

Essa obra exercerá grande influência sobre o pensamento do século XX. Marcuse se inspirará diretamente nela para redigir *Eros e civilização**.

Edição brasileira: *Mal-estar na civilização*, Rio de Janeiro, Imago, 1974.
Estudo: O. Mannoni, *Freud*, col. "Ecrivains de toujours", Le Seuil, 1977.

MANIFESTO DO PARTIDO COMUNISTA, *Manifest der kommunistischen Partei*, 1848.
KARL MARX, 1818-1883, e FRIEDRICH ENGELS, 1820-1895.

Esse texto, publicado anonimamente em alemão em algumas centenas de exemplares, constitui o programa da Liga dos comunistas, votado num congresso realizado em Londres, do qual Engels participara ativamente. Começando com estas palavras: "Um espectro ronda a Europa, o espectro do comunismo", o manifesto propõe o princípio diretor segundo o qual "a história de toda sociedade é a história das lutas de classes". É, hoje, a história dos proletários contra a burguesia. O objetivo dos comunistas é a constituição do proletariado em classe, a destruição da dominação da burguesia, a conquista do poder político pelo proletariado. Depois de uma comparação entre os diferentes tipos de socialismo e da exposição da posição dos comunistas em relação aos diferentes partidos de oposição, o texto termina com a seguinte palavra de ordem que ficou célebre: "Proletários de todo o mundo, uni-vos!" Texto fundador, o *Manifesto* contém algumas das "pedras angulares" do marxismo e, por essa razão, é uma das obras mais editadas em todo o mundo.

Edição brasileira: *Manifesto do Partido Comunista*, Petrópolis, Vozes, 1968.
Estudo: F. Claudin, *Marx, Engels et la revolution de 1848*, Maspero, 1980.

MANUAL, 'Εγχειρίδιον, ○ c. 130.
EPICTETO, c. 50-c. 125.

Cinqüenta e três máximas relacionadas com a vida cotidiana – banhos, mercado, refeições, estádio – formam o texto atribuído a Epicteto e recomposto depois de sua morte por um discípulo: Flávio Arriano, já redator dos *Colóquios** (cujo resumo seria o *Manual*). Destinado a "aspirantes" a filósofos, o *Enquirídion* (traduzido por "manual" ou "punhal") foi comparado por Simplício (século VI) a "um punhal que é preciso ter sempre à mão, e que todos quantos queiram bem viver precisam estar sempre prontos a usar".

O ponto de partida da obra é a distinção feita por Zenão de Cício entre *as coisas que dependem de nós* (nossos juízos, nossas tendências, nossos desejos, nossas aversões) e *as coisas que não dependem de nós* (nosso corpo, a riqueza, a celebridade, o poder). A infelicidade dos homens deve-se ao fato de confundirem estas com aquelas. Assim, não são as próprias coisas (doença, morte) que devem ser temidas, mas o juízo errôneo que fazemos sobre elas. Em compensação, a liberdade é adquirida por aquele que não sente "atração nem repulsão por nada do que dependa dos outros".

Adaptado pelos eremitas cristãos do monte Sinai, o *Manual* voltou a ser posto em uso no século XVI pelos protestantes e depois pelos católicos.

Estudo: G. Rodis-Lewis, *La morale stoïcienne*, P.U.F., 1970.

MARTE OU A GUERRA EM JULGAMENTO, *Mars ou la guerra jugée*, 1921.

ALAIN (Emile Auguste Chartier, dito), 1868-1951.

Essa obra, composta de 93 capítulos, é o prolongamento de *Lembranças de guerra*; além disso, grande número das suas *Considerações** fazem eco ao texto de *Marte*. A guerra foi de início uma experiência para Alain: ele se alistou com cerca de cinqüenta anos de idade para lutar como soldado raso nas trincheiras; não por fanatismo patriótico, mas por achar que em tempos como aqueles só ali estava a verdade – e um filósofo não tem outra paixão. A guerra foi também uma preocupação, e até uma obsessão, no pensamento de Alain.

O título não tem rodeios: Alain brande contra a guerra a única arma que lhe parece capaz de um dia extirpar essa calamidade: o *julgamento*. De saída, não respeitar, não adorar, mas examinar. E, para começar, examinar a própria guerra, tal qual é, e não como é imaginada, nas choupanas ou nos palácios. A guerra, naufrágio da humanidade (em todos os sentidos da palavra), da justiça, do direito. A guerra, em que o homem não passa de instrumento, de meio para que os poderosos exerçam seu poder despótico; em que, por seu próprio consentimento, o homem se degrada por entusiasmo, fanatismo, admiração. Guerra, enfim, em que o poder se mostra tal qual é, ou seja, exigente e corruptor das mais belas almas.

Examinar, em seguida, as causas da infelicidade. Alain não dá grande crédito às explicações econômicas ("a guerra não é em absoluto conflito de interesses"). Ele professa um materialismo de outro tipo, vinculando a guerra à "máquina" do homem, a suas paixões (medo, em primeiro lugar), sendo então mais cartesiano do que nunca. Depois de julgada a guerra como cumpre, só nos resta – digamos – querer. Compete ao que há de "soberano" em nós, ou seja, ao espírito livre que há em cada um de nós, não se resignar a ela. Resistir a esse movimento irracional graças ao qual uma multidão acaba por se convencer – depois de abdicar à responsabilidade individual – de que não há outro caminho, senão o inaceitável.

Alguns capítulos de *Marte* figuram entre as mais belas páginas da obra de Alain e de toda a literatura filosófica francesa.

Estudo: De quelques-unes des causes réelles de la guerre entre nations civiliseés, *Cahier Alain*, n.º 2, Institut Alain, 1988.

MARX ESTÁ MORTO, *Marx est mort*, 1970.

JEAN-MARIE BENOIST, 1942-1990.

Filósofo original da linguagem, marcado pelo estruturalismo (desconstruir para pensar de outro modo), Benoist constata, após os acontecimentos de maio de 68, a morte de Marx como ídolo, profeta, e isso devido ao uso "religioso" dos signos e à totemização dos significantes. Assim como Louis Althusser, ele reivindica o direito de ler Marx como tal, fora de tudo o que o nega (leninismo, stalinismo, maoísmo...), em oposição às palavras que oprimem e confiscam Marx, esse Marx que tem lugar próprio na metafísica ocidental tradicional.

Estudo: S. Bouscasse e D. Bourgeois, *Faut-il brûler les nouveaux philosophes?*, Nouvelles Editions Oswald, 1978.

MATÉRIA E MEMÓRIA, Ensaio sobre a relação entre corpo e espírito,

Matière et mémoire, Essai sur la relation du corps à l'esprit, 1896.
HENRI BERGSON, 1859-1941.

O subtítulo da obra indica que Bergson aborda nesse livro um dos problemas essenciais da filosofia. Para examinar essa relação, segundo confessa o próprio Bergson, a memória não passa de exemplo privilegiado. A pretensão do autor é superar as dificuldades clássicas do dualismo, sem porém incidir nas dificuldades de um monismo simplificador. Como faz com freqüência, Bergson põe no mesmo plano duas doutrinas antagonistas, rejeitando-as como igualmente insuficientes.

Para Bergson, a matéria não é uma entidade misteriosa, situada no "além" de nossas representações, produzindo-as, mas uma "imagem". O próprio cérebro – órgão material – não escapa a esse *status* de imagem.

O autor distingue em seguida duas espécies de memória, que ele relaciona com os dois domínios do ser: a "memória pura", atividade espiritual, e a "memória-hábito", de essência mecânica e material. Essa memória-hábito tem vocação prática e instrumental (adaptar nossas reações ao ambiente), enquanto a memória pura não está a serviço da consciência; ela é essa consciência, como acúmulo do passado. O cérebro não é – de modo simplista – o órgão da memória; em primeiro lugar porque não existe *a* memória (existem duas), e em segundo lugar porque Bergson acha inválida uma teoria das localizações. O papel do cérebro é selecionar, entre as lembranças (de essência espiritual), tudo o que possa servir à ação útil.

A distinção feita por Bergson entre "duas memórias" não impede a afirmação de que elas se interpenetram. Mas permite resolver o problema do esquecimento, importantíssimo para toda teoria filosófica da memória. Além disso, leva a uma nova concepção da relação entre espírito e matéria. Enquanto esta última é por essência repetição eterna, o espírito é novidade e criação: "um prolongamento do passado no presente, um progresso, uma genuína evolução". A matéria é definida como memória "pressentida". A partir daí, a memória passa a ser o princípio diretor de uma hierarquia dos seres, classificados segundo o grau de memória ou de liberdade (o que dá na mesma).

É, pois, aí que ganha corpo uma das teses mais fortes do bergsonismo: o espírito e a matéria não devem simplesmente ser postos em paralelo (a crítica desse paralelismo filosófico é um *leitmotiv* de *Energia espiritual**). Ao contrário, o espírito extravasa o corpo, e especialmente a parte do corpo com a qual ele mais se relaciona: o cérebro. Há mais no espírito do que na atividade cerebral que a ele corresponde, pois esta última só retém aquilo que, de um ponto de vista prático, pode servir para a ação. Segue-se que a idéia de autonomia do espiritual em relação ao corporal, sobretudo após a morte, se não é fundada filosoficamente, pelo menos é possível.

A obra contém uma crítica radical das teses biologistas ou associacionistas, em voga no tempo de Bergson. Aliás, só uma informação científica extremamente precisa e rigorosa permite que Bergson combata teses que tinham grande respaldo científico, e no próprio terreno delas; por exemplo, o estudo das afasias, no fim do século XIX, parecia confirmar a hipótese das localizações cerebrais. Em *Energia espiritual* ("Alma e corpo" em particular), Bergson voltará a falar das conclusões que o filósofo pode extrair disso.

Pode parecer estranho o apelo feito por Bergson àquilo que ele chama de "intuição", vendo-se nisso uma renúncia à inteligência. "A filosofia" – afirma Bergson já nas primeiras páginas – "é apenas um retorno consciente aos dados da intuição." Esse problema não poderia ser resolvido em algumas linhas, mas é preciso compreender que a intuição presente nas análises de *Matéria e memória* não é uma faculdade suplementar, como aquela de que o místico se possa prevalecer (toda a obra de Bergson, aliás, é testemunho disso). A intuição, outra forma de inteligência, é uma tentativa de dar fim à dominação absoluta daquilo que Bergson também chamava de "raciocínio", e que, para ele, não é mais que uma forma particular da compreensão.

Edição brasileira: *Matéria e memória*, São Paulo, Martins Fontes, 1990.
Estudo: G. Deleuze, *Le bergsonisme*, P.U.F., 1989.

MATERIALISMO E EMPIRIOCRITICISMO, 1908.

LÊNIN (Vladimir Ilitch Ulianov, dito), 1870-1924.

Se nos ativermos a critérios tradicionais, poderemos dizer que essa é a obra filosófica de Lênin. De fato, seu objeto é dos mais clássicos: a teoria do conhecimento. Mas assim como acontece com todos os livros de Lênin – e em geral com as obras filosóficas de tradição marxista – trata-se de uma intervenção militante num debate teórico amplamente marcado pela conjuntura. É preciso, pois, dizer algo sobre essa conjuntura para evidenciar as implicações de *Materialismo e empiriocriticismo*.

Nos últimos anos do século XIX o filósofo e físico austríaco Ernst Mach havia desenvolvido uma filosofia positivista do conhecimento. Com o nome de "empiriocriticismo", ele propunha substituir a noção de "objeto físico" pela de "complexo de sensações", e declarava metafísica a questão da origem dos dados sensíveis.

Ora, nos anos 1900, uma corrente do partido bolchevique ("bolchevistas de esquerda"), encabeçada por Bogdanov, pretende atualizar a filosofia marxista à luz das mais recentes descobertas científicas (em física sobretudo). Com o nome de "empiriomonismo", o "empiriocriticismo" de Mach se tornaria assim a nova filosofia do marxismo.

Materialismo e empiriocriticismo é uma reação a essa filosofia marxista renovada, que Lênin considera inseparável das posições políticas de seus preconizadores. Já na introdução, Lênin equipara a filosofia dos "discípulos russos de Mach" ao idealismo imaterialista de Berkeley e os acusa de professar um solipsismo insustentável.

Contrariando as teses positivistas de Mach e Bogdanov ("o mundo físico é a experiência socialmente organizada"), Lênin afirma que existe uma realidade objetiva e que é possível ter dela um conhecimento aproximado, mas adequado. Recusa-se a extrair das ciências contemporâneas a conclusão de que "a matéria desaparece", conclusão essa que, segundo ele, oculta o desejo mal disfarçado dos empiriocriticistas de que o materialismo desapareça. O autor propõe uma definição materialista da matéria, que escape às críticas do positivismo: "A única propriedade da matéria, reconhecida pelo materialismo filosófico, é a de ser uma realidade objetiva, de existir fora de nossa consciência." Segundo o autor, a nova filosofia empiriocriticista resulta de uma crise de crescimento das ciências, explorada por forças exteriores à filosofia, forças políticas em última análise. Lênin situa, pois, sua intervenção nesse debate a partir de suas posições políticas. Segundo as expressões de Althusser (*Lênin e a filosofia**), a filosofia torna-se "prática filosófica", "tomada de posição" dentro de uma conjuntura teórica em que se confrontam as duas grandes tendências da filosofia: materialismo e idealismo.

Apesar de citada com grande freqüência na literatura marxista e interminavelmente vulgarizada e simplificada na tradição stalinista e pós-stalinista, essa obra não é a ninharia filosófica com que os universitários gostam de brincar. No entanto, os defeitos do livro são manifestos: para o leitor de hoje, está cheio de polêmicas intermináveis com autores completamente esquecidos. Cientificamente, Lênin recua diante de certas hipóteses das quais logo sairá a teoria da relatividade. Filosoficamente, sua teoria do conhecimento como reflexo mostra-se problemática e até insuficiente para numerosos materialistas, que nela vêem uma ressurgência do sensacionismo das Luzes.

Estudos: L. Althusser, *Lénine et la philosophie*, "Petite Collecção Maspero", La Découverte, 1972. D. Lecourt, *Une crise et son enjeu*, col. "Théorie", Maspero, 1973.

MATERIALISMO RACIONAL,
Le matérialisme rationnel, 1953.
GASTON BACHELARD, 1884-1962.

Nessa obra, Bachelard faz incursões no campo da química moderna e traz à tona a fervilhante variedade de devires da matéria. Sua intenção é estudar um materialismo da matéria, ao lado do materialismo sem matéria dos filósofos – ou mesmo *em oposição* a este –, orientado por um racionalismo ativo e até ativista, além de pluralista: é esse o materialismo que serve de base à filosofia química moderna, principal objeto de análise dessas reflexões.

O exame fenomenológico dos problemas do materialismo organizado permite revelar um intermaterialismo, que é a própria essência da ciência química. Ele marcou, filosoficamente, uma *derrota total do imediato*.

A heterogeneidade química que aparece por trás da homogeneidade física, o dinâmico que designa e domina o geométrico, a energia que afeta e mobiliza a densidade do ser, tudo converge no mesmo sentido: o estado real é apenas um plano realizado entre uma multiplicidade de estados possíveis. O possível domina o real. Bachelard cita o químico Auguste Laurent: "A química de hoje se transformou na ciência dos corpos que não existem." Trazer à existência corpos que não existem, ou refazer os que existem, é essa a tarefa do materialismo racional.

Assim também a história de uma noção deverá ser integrada à determinação de seu conteúdo, se quisermos evitar as simplificações filosóficas: o exemplo da história do peso atômico ilustra bem a história da influência do devir epistemológico sobre o conceito.

O *recebido* é substituído pelo *trabalhado*. O trabalho das matérias repercute num trabalho das noções.

A conclusão do livro reativa o debate sobre a descontinuidade do conhecimento científico em relação ao conhecimento comum. O *apesar* da ruptura abala o *porquê* da continuidade nas lendas do naturalismo. Para além do racionalismo da identidade, é preciso perceber e *compreender* a racionalidade do múltiplo.

Edição portuguesa: *Materialismo racional*, Lisboa, Edições 70, 1990.
Estudo: P. Ginestier, *Bachelard*, col. "Pour connaître la pensée de", Bordas, 1987.

MATERIALISMO, VITALISMO E RACIONALISMO, Estudo sobre o uso dos dados da ciência em filosofia,
Matérialisme, vitalisme, rationalisme, Étude sur l'emploi des données de la science en philosophie, 1875.
ANTOINE AUGUSTIN COURNOT, 1801-1877.

Cournot surpreendeu pela estabilidade de suas referências durante mais de vinte anos, pela constância de suas remissões internas e de suas retomadas. Mas, pela primeira vez, Auguste Comte é mencionado por Cournot e discutido. Os grandes problemas se eclipsarão aos poucos sob o império do desenvolvimento das ciências e da indústria.

Estudo: C. Salomon-Bayet, comentários na edição *Matérialisme, vitalisme, racionalisme*, Vrin, 1979.

MEDITAÇÕES, (Escritos para mim mesmo) Τὰ εἰς ἑαυτόν, O de 170 a 180.
MARCO AURÉLIO, 121-180.

Marco Aurélio foi redigindo *Meditações* dia após dia, às vezes muito próximo do calor da ação. No entanto, não se trata de um diário íntimo, porém mais de uma síntese regular de um exame de consciência. As circunstâncias da redação explicam sua composição bastante livre, muito distante de qualquer preocupação didática.

Assumindo o legado estóico clássico, Marco Aurélio, último representante da escola do Pórtico, desenvolve seu pensamento quase exclusivamente no domínio da moral. Com lógica quase não se preocupa. Em física, acata sobretudo os fundamentos da idéia de uma providência a governar o mundo. Distingue-se, porém, pela afirmação de que existe uma essência própria à inteligência humana, distinta da alma material, sede das paixões.

É a moral que interessa a Marco Aurélio, homem de ação em confronto com as vicissitudes da existência e do poder, sempre envolvido no trato com seus semelhantes. A humildade do filósofo (Marco Aurélio não se enquadra na acusação de orgulho comumente feita aos estóicos) contrasta com sua situação em relação ao poder: ninguém melhor que o imperador Marco Aurélio para afirmar a igualdade básica de todos os homens, depositários da razão divina e cidadãos do mundo. Houve quem visse nessa afirmação de princípio, de igualdade dos homens, uma prefiguração da idéia cristã. Estranha maneira de ler a história ao inverso, que condena as mais altas inteligências da humanidade ao *status* de precursores tateantes! Por que, em vez disso, não reconhecer que, embora tenha sido grande a contribuição do cristianismo para a idéia de igualdade, ele não foi seu inventor?

O autor qualifica-se como alguém que está "avançando", a caminho da sabedoria. Demonstra assim uma lucidez sem complacência em relação a si mesmo, e faz um exame de consciência severo. O livro começa com um longuíssimo inventário daquilo que o imperador reconhece dever a outras pessoas. Essencialmente, retoma os preceitos morais de Epicteto, o escravo. Viver segundo a natureza, nos dois sentidos da palavra: conformar-se com as leis do cosmo; obedecer ao próprio gênio, ser autêntico, assumir seu papel. Nada que constitua uma contribuição original para a doutrina de seus predecessores. Tentemos delimitar os elementos que definem a contribuição específica de Marco-Aurélio.

Os subsídios de *Meditações* à moral estóica parecem ter cunho principalmente técnico. Falando em termos kantianos, a questão é de ordem pragmática: como aplicar na vida concreta os princípios gerais enunciados pelos mestres? Para nos tornar capazes de só desejar o que depende de nós, o autor preconiza a desmistificação sistemática do mundo, dos ídolos e das ilusões, convidando-nos a considerar as coisas pelo que são, e mais nada, reduzindo-as a seus elementos constitutivos. A boa mesa? Os prazeres do amor? A morte? Não nos privaria ela de coisas bem medíocres? De todos os estóicos, Marco Aurélio é o mais atento ao tema da ordem do mundo e da providência. Daí extrai um argumento em forma de dilema. Se este mundo não é regido por ordem alguma, por que amá-lo, por que lamentar deixá-lo? Se é verdade que existe uma providência, não deveríamos ter confiança nela?

A atenção dada à dignidade da pessoa humana, depositária da razão universal, fundamenta a exigência de respeito e de justiça, mas também o dever de fazer o bem e de cuidar dos assuntos da cidade.

Em conclusão, nas *Meditações* talvez encontremos o estóico mais *simpático* – não no sentido vulgar da palavra – que já existiu e escreveu. Em nenhum ponto se pode desconfiar que Marco Aurélio tenha praticado o estoicismo como um ideal estético da existência. Menos didático que Epicteto, menos austero que Sêneca, ele encarna a figura do sábio consciente de suas fraquezas, mas também de sua dignidade, que tenta viver sua condição humana pensando-a, e não se achando dispensado de vivê-la porque a pensa.

Meditações de Marco Aurélio são um fanal, não só do estoicismo e da filosofia helenística, mas também do pensamento ocidental. A influência de Marco Aurélio estendeu-se sem interrupção até a época contemporânea, e agiu sobre os maiores pensadores.

Estudo: Ch. Forain, *Marc-Aurèle*, Éd. Complexe, Bruxelas, 1982.

MEDITAÇÕES CARTESIANAS E CONFERÊNCIAS DE PARIS,

Cartesianische Meditationen und pariser Vorträge, 1931.
EDMUND HUSSERL, 1859-1938.

Husserl deu quatro conferências em alemão nos dias 23 e 25 de fevereiro de 1929, a convite do Instituto de Estudos Germânicos e da Sociedade Francesa de Filosofia; essa obra é resultado direto disso. Tomando as *Meditações** de Descartes como protótipo do retorno filosófico para si mesmo, Husserl reconhece a necessidade de um recomeço radical em filosofia. Propondo-se meditar à maneira cartesiana, Husserl se encaminha para o *ego* transcendental: tema da primeira das cinco meditações, que trata essencialmente da evidência em suas diferenciações. Como o "eu sou" tem uma evidência apodítica, há motivo para se distinguir o eu psicológico do eu transcendental: pois Descartes não se ateve à orientação transcendental que se impõe desde que se atente para a redução do eu humano natural ao eu transcendental, domínio da experiência interna transcendental e fenomenológica. Ora, esse eu reduzido não é uma parte do mundo e, inversamente, o mundo não é uma parte do eu.

A segunda meditação assume aspecto novo com a idéia de fundamento transcendental do conhecimento. Duas etapas serão necessárias à fenomenologia. A primeira permitirá percorrer toda a experiência transcendental do eu; a segunda terá como objeto a crítica da experiência transcendental, assim como a do conhecimento transcendental em geral. Desse modo, abordamos uma ciência nova, não mais objetiva, porém subjetiva, independentemente da existência do mundo. O ego pode então explicitar-se, o que Descartes não previra. A atenção vai dirigir-se para as *cogitationes*, e não para o *ego cogito*. O objeto intencional dá destaque à regra estrutural do eu transcendental.

A terceira meditação apresenta problemas constitutivos: os da análise intencional. Restam as grandes tarefas de auto-explicação transcendental.

A quarta meditação trata dos problemas constitutivos do próprio *ego* transcendental e existente para si mesmo. A forma universal de toda gênese egológica é o tempo; com o tempo reaparecem os problemas da coisa e do número no sentido de problemas intencionais.

A quinta meditação determina o domínio transcendental como intersubjetividade.

Estudo: E. Levinas, *Théorie de l'intuition dans la phénoménologie de Husserl*, Vrin, 1978.

MEDITAÇÕES CRISTÃS E METAFÍSICAS, *Méditations chrétiennes et métaphysiques*, 1683.

NICOLAS MALEBRANCHE, 1638-1715.

É nessa obra de Malebranche que se sente realmente a inspiração cristã que alimenta todo o seu pensamento. Nela, Malebranche, por meio da meditação, entra em contato com o Verbo Divino que constitui sua interioridade. É por essa seqüência de vinte meditações ou preces que Malebranche expõe os princípios de sua filosofia, única verdadeira, porque revelada por esse Mestre interior que sabe fazer-se ouvir quando nos esforçamos por estar atentos.

As quatro primeiras meditações são dedicadas ao Verbo Divino. As cinco meditações seguintes afirmam que só Deus é causa, pois só ele age quando pensamos e agimos. As meditações seguintes tratam dos deveres do homem para com Deus. Por fim, as oito últimas meditações abordam o problema da graça, que deve ajudar o homem a cumprir seus deveres, seja ela a graça de luz, que nos ajuda a conhecer esses deveres, seja a graça de sentimento, que, limitando nossa atração pelo prazer, permite-nos cumpri-los.

Nessa obra, princípios filosóficos provenientes do cartesianismo mesclam-se a um cristocentrismo inspirado pelo cardeal de Berulle.

Estudo: F. Alquié, *Le cartésianisme de Malebranche*, Vrin, 1974.

MEDITAÇÕES METAFÍSICAS em torno da filosofia primeira nas quais a existência de Deus e a distinção real entre a alma e o corpo do homem são demonstradas,

Meditationes de prima philosophia, in quibus Dei existentia et animae humanae a corpore distinctio demonstrantur, 1641.
RENÉ DESCARTES, 1596-1650.

Menos conhecidas pelo grande público do que o *Discurso do método**, para os filósofos, porém, *Meditações metafísicas* constituem a obra mestra de Descartes, livro em torno do qual se articulam todos os outros textos. E mais: um pilar e um eixo para toda a história da filosofia.

As *Meditações* devem ser lidas por si mesmas, sem referência histórica ou erudita. Não que não tenham história, como qualquer outro texto, mas porque traçam num presente eterno a trajetória de um pensamento que decidiu apoiar-se apenas em si mesmo, contar apenas com suas próprias forças, para ter acesso à verdade.

Seis meditações, seis jornadas em que a reflexão se desenvolve e progride segundo uma "ordem das razões", ordem analítica da descoberta, que, se subvertida, destruiria a obra. Martial Guéroult mostrou isso de maneira luminosa, em seu comentário magistral (ver "Estudos", no fim do verbete).

Antes de tentar reconstituir seu movimento, é preciso acrescentar que as meditações não se separam da série de objeções e respostas que as acompanham. Essas objeções, formuladas por contemporâneos de Descartes, dividem-se em sete séries. Nem todas têm o mesmo valor, e Descartes muitas vezes precisa ser repetitivo em vista dos leitores que não são de sua classe. Mas, em certos trechos, lançam sobre o texto original uma luz insubstituível. Por fim, cabe ressaltar que a tradução francesa foi revista pelo próprio Descartes.

Primeira meditação: a dúvida. É preciso desfazer-se de todas as antigas opiniões, consideradas duvidosas. Não por desespero cético, mas como meio de buscar a verdade, que, não há dúvida, será encontrada. Os argumentos dos sentidos enganadores e do sonho arruínam o conhecimento que meus sentidos me dão do mundo exterior, assim como a certeza que tenho de sua existência (o que abala todas as ciências do real). A essas razões naturais para duvidar, soma-se a hipótese de um Deus enganador, que põe em perigo o edifício das verdades racionais (matemáticas). A famosa hipótese do gênio maligno (*malin génie*) permite universalizar a dúvida.

Uma vez que façamos tábua rasa, nada mais é certo, salvo o seguinte: ainda que não saiamos desse estado, ficaremos com a certeza de que não estamos sendo enganados, pois pelo menos estamos conscientes da incerteza de todos os conhecimentos.

Segunda meditação: é a própria perseverança na dúvida que conduz à primeira certeza: "*sou, existo*"; o gênio maligno pode me enganar quanto quiser, não seria possível duvidar sem ser.

A certeza de minha existência é acompanhada por uma clara consciência de minha natureza de existente; por ora nada mais sei além disto: sou "uma coisa que pensa".

A análise do pedaço de cera, que, contra nossa expectativa, nos leva para o universo das coisas, visa a estabelecer definitivamente a inanidade da certeza sensível, que ainda crê serem as coisas exteriores mais conhecidas. Descartes mostra que a apreensão sensível da cera supõe já uma "inspeção do espírito".

Terceira meditação: a *Meditação* precedente redundou no solipsismo. Uma reflexão sobre as idéias permitirá sair dele. Com efeito, há em mim uma idéia (a palavra não tem significado platônico algum, e não é escrita com maiúscula) cujo autor não posso ser. É a idéia de infinito. A experiência da dúvida me faz conhecer minha finitude e minha imperfeição. Portanto, a idéia de infinito corresponde necessariamente, fora de mim, a uma realidade que possui pelo menos tanta perfeição quanto a idéia que a representa: Deus. Outrossim, sou um ser imperfeito que no entanto possui a idéia do perfeito; logo, não posso ser autor de minha própria existência: segunda prova da existência de Deus.

A existência de Deus está, portanto, provada. Por ser perfeito, não pode querer enganar-me. A veracidade divina permite enfrentar com serenidade a tarefa do conhecimento.

Quarta meditação: Deus garante as idéias claras e distintas, mas eu estou sujeito ao erro. Como isso é possível? Descartes inocenta as faculdades. O entendimento é são, ainda que finito, pois só faz propor representações. A vontade, por si mesma, não é responsável pelo erro. Mas, ao afirmar uma idéia que não está perfeitamente clara e distinta, faço mau uso de minha faculdade de querer, portanto sou responsável pelo erro.

Quinta meditação: a existência das coisas exteriores continua duvidosa; em compensação, a verdade das essências, que se me tornam conhecidas pelas idéias claras e distintas, foi garantida na terceira *Meditação*. Aqui surge uma terceira prova da existência de Deus. Essa prova é bem conhecida com o nome (devido a Kant) de "argumento ontológico", e já fora utilizada por Anselmo em *Proslogion**, mas Descartes lhe dá uma forma matemática inédita. A existência de Deus pode ser deduzida de sua essência, exatamente como extraímos da essência de uma figura geométrica as propriedades a ela pertencentes.

Pois é próprio da natureza de Deus ser perfeito, e, se a existência não lhe pertencesse, faltar-lhe-ia uma perfeição. À prova da terceira *Meditação*, que remontava de um efeito contingente à sua causa necessária, a prova ontológica acrescenta a demonstração geométrica, apenas pelo raciocínio. Note-se que essa prova geométrica só é possível porque estamos certos da veracidade divina; ela exige, pois – a ordem das razões exige! – as provas precedentes.

Sexta meditação: resta a questão da existência das coisas exteriores, à qual está presa – o que não é pouco – a possibilidade das ciências que tratam do mundo. É a experiência da imaginação que me inclina a pensar que fora de mim existem corpos que meu espírito se aplica a considerar. Seria preciso que Deus fosse enganador para que fosse falsa a fortíssima inclinação que temos de atribuir nossas impressões a corpos. No entanto, Descartes nega que os sentidos possam ser um meio seguro de formar algum conhecimento sobre o mundo objetivo. Falta considerar a união entre alma (substância espiritual) e corpo (substância material); quanto a isso, Descartes permanece fiel ao ensinamento escolástico, opondo-se ao dualismo platônico. Todavia, essa questão constituirá uma das principais dificuldades do cartesianismo: como conciliar a união substancial e a distinção real das duas essências, a espiritual e a corporal? Esse problema servirá de matéria para a correspondência com a princesa Elisabeth, envenenará as relações do mestre com certos discípulos (Regius), e engendrará, por fim, os grandes sistemas metafísicos que, oriundos do cartesianismo, acabarão por se insurgir contra ele: os de Malebranche, Leibniz e Spinoza.

A respeito de *Meditações*, seria errôneo estabelecer uma separação entre a metafísica e os trabalhos do cientista que foi Descartes – geometria analítica, óptica –, e a grande revolução científica de que ele foi testemunha e ator ao mesmo tempo. A metafísica que se expõe nas seis *Meditações* não é a escória de uma época ultrapassada em meio ao Iluminismo nascente. Descartes compreende essa revolução, talvez mais até que aqueles que para ela contribuíram em maior grau; confere à nova física as bases de que ela precisa, instituindo a distinção entre um mundo material, submetido às puras leis mecânicas, e um espírito pensante, capaz de conhecer a verdade.

Alain dizia que "Ninguém chegou mais perto de si mesmo pelo pensamento." Os contemporâneos do filósofo com certeza não estavam preparados para receber um feito tão audacioso. Basta ler a série de *Objeções e respostas* para perceber que o racionalismo cartesiano não era a ideologia dominante da Europa da época. Mas não foi preciso muito tempo para que essa obra se impusesse como o texto de referência da metafísica cartesiana; o próprio Descartes, pouco propenso a polêmicas e ainda menos a repetir-se, a ela remetia invariavelmente seus interlocutores reticentes.

Mas as *Meditações metafísicas* não valem apenas como referência absoluta do cartesianismo. Na tradição filosófica, elas inauguram a preeminência do sujeito e o próprio idealismo. Hegel, que confundia justamente filosofia com idealismo, escreveu: "A ação desse homem sobre seu século e sobre os tempos novos nunca será suficientemente exaltada." Numerosos são os pensadores que, depois dele, falaram em nome do seu legado; basta citar Husserl, que, com suas *Meditações cartesianas**, colocou o empreendimento fenomenológico sob a égide de Descartes, como prolongamento de seu texto mais insigne.

Edição brasileira: *Meditações metafísicas*, São Paulo, Nova Cultural, 1984 (Os pensadores).
Estudos: M. Guéroult, *Descartes selon l'ordre des raisons*, 2 vols., Aubier, 1968. Apresentação e breve comentário: A. Vergez, *Méditations métaphysiques de Descartes*, col. "Les Intégrales de philo", Nathan, 1984.

MEDITERRÂNEO E O MUNDO MEDITERRÂNEO NA ÉPOCA DE FILIPE II (O), *La Méditérranée et le monde méditerranéen à l'époque de Philippe II*, 1949.

FERNAND BRAUDEL, 1902-1985.
Tese de doutorado.

Essa obra é o mais célebre exemplo do espírito dos *Annales*, corrente inovadora que deu as costas à tradição positivista e à história "historicizante".

Braudel tenta uma nova abordagem do Mediterrâneo, deixando de lado o episódico em proveito da longa duração: abordagem que não é mais apenas política, mas "geo-histórica", introduzindo o espaço na história. O autor distingue três tempos: um tempo geográfico, eterno (o tempo do meio natural, do clima), um tempo social, cíclico (o tempo dos agrupamentos, dos mercados, dos eixos de comunicação), e o breve tempo do acontecimento e do indivíduo.

A escola dos *Annales* constitui a origem imediata da "nova história", corrente que, nos anos 70, preconizava uma história total, na convergência de todas as ciências humanas.

Estudo: G. Bourde e H. Martin, *Les écoles historiques*, Le Seuil, 1983.

MEMORÁVEIS, Ἀπομνημονεύματα Σωκράτους, O c. 369-366 a.C.

XENOFONTE, c. 430-após 355 a.C.

Trata-se, de alguma forma, da biografia de Sócrates: baseando-se em lembranças pessoais já antigas e, por certo, nos diálogos de Platão, Xenofonte tinha o objetivo de descrever o verdadeiro Sócrates através de seus atos e de suas palavras. Xenofonte diz: "Para mim, ele era tal qual o pintei"; o título original realmente significa *Lembranças*.

A obra começa com a reabilitação de Sócrates. Este foi acusado de irreligiosidade, de não reconhecer os deuses do Estado e de introduzir idéias religiosas novas. Xenofonte assume sua defesa: Sócrates fazia sacrifícios tanto privadamente como em público, e recorria à adivinhação. Afirmava apenas receber advertências de seu "demônio"; nunca proferiu uma impiedade nem cometeu sacrilégio. Sócrates também foi acusado de corromper a juventude, mas na verdade incitava os jovens à prática da virtude.

O plano da obra não é muito claro, mas é possível depreender suas grandes linhas: definição das virtudes do indivíduo num primeiro momento, das virtudes dos grupos (família, Estado) depois. Ao longo da obra os temas da temperança e da piedade são retomados na forma de diálogos; a questão da Providência também é citada com freqüência.

As conversações reais ou imaginárias relatadas por Xenofonte abordam grande variedade de assuntos; com Aristarco, amigo que se sentia infeliz, Sócrates fala da felicidade e demonstra que não há relação entre esta e a riqueza e os prazeres; a um homem que já fora rico, ele declara que o trabalho (destinado apenas aos escravos na democracia ateniense) honra o homem livre; em outro diálogo, afirma que o esporte é necessário à saúde de todos e à cidade, ou ainda que a amizade é a virtude das almas nobres; a um futuro general, diz que o comandante militar deve ser um mestre da tática e da estratégia, bem como cuidar de manter o moral das tropas; quando Péricles é nomeado estrategista, Sócrates dá-lhe conselhos sobre política: esta exige conhecimentos humanos e técnicos; o filósofo também dá conselhos sobre a Providência: para ele, as criaturas foram criadas por um poder divino.

Dessa variedade de interlocutores e de conversações brotam um retrato de Sócrates e o esboço de seu método e de seu caráter: Sócrates utiliza a *maiêutica*, arte de "parir idéias", levando o interlocutor, por meio de perguntas precisas, a descobrir a verdade que ele já conhece sem saber. A dialética de Sócrates conduz assim o interlocutor a reencontrar um saber que ele não sabia possuir. Além disso, o filósofo gosta de partir de definições precisas e de basear suas demonstrações em comparações com coisas da vida cotidiana. A isso se soma sua ironia incomum.

A dialética de Xenofonte, ao contrário da de Platão, não é um meio de chegar à Idéia; é de algum modo um método que permite resolver problemas cotidianos; essa obra poderia até ser chamada de manual, mas um manual em que se descobrem belos pensamentos.

Xenofonte parece substituir o ideal de Sócrates (ao menos o que encontramos em Platão) pelo seu. E quem poderá dizer qual era o verdadeiro Sócrates? Platão, o discípulo, não teria superado e idealizado o mestre em suas obras? Será que ele pinta um retrato autêntico de Sócrates ou um retrato voluntariamente lisonjeiro? É difícil responder a essas perguntas. A verdade é que a imagem que Platão nos passa de seu mestre é tão impressionante e admirável que, ao lado dela, a imagem proposta por Xenofonte acaba parecendo bem pálida e medíocre. Acresce que Platão nunca interrompeu os estudos filosóficos, e que redigiu suas obras pouco depois da morte de Sócrates. Xenofonte, ao contrário, oriundo de um meio social abastado, ligou-se a Sócrates depois de freqüentar os sofistas, que davam aulas de eloqüência e raciocínio; a seguir, fez carreira militar, para só depois levar a vida familiar e tranqüila de aristocrata que lhe permitiu dedicar-se à arte de escrever. Embora a influência do mestre ainda se faça sentir e o autor afirme que lhe deve muito, suas lembranças são distantes e devem ter sido reavivadas pela leitura das obras de Platão.

Essa obra é um testemunho comovente; seu objetivo é reabilitar Sócrates, mas pode-se deplorar a banalidade de seu estilo e a falta de poesia, apesar do encanto de certos trechos. No entanto, continua sendo um documento essencial sobre Sócrates.

Estudo: J. Luccioni, *Xenophon et le socratisme*, P.U.F., 1953.

MENEXENO, ou Oração fúnebre,
Μενέξενος, ἢ Ἐπιτάφιος ἠθικός, ○ c. 386 a.C.
PLATÃO, 428/427-348/347 a.C.
Diálogo.

Menexeno repreende Sócrates por estar sempre a escarnecer dos oradores, cuja arte, porém, é difícil! Porventura Sócrates saberia improvisar um discurso bem composto sobre qualquer assunto? Sócrates aceita o desafio e constrói assim um discurso completo, segundo as regras da arte, em duas partes: elogio aos mortos, exortação aos vivos.

Menexeno é a contrapartida de *Górgias** (assim como *Eutidemo** o é de *Protágoras**): contribui para denunciar em forma de paródia a arte dos oradores e dos sofistas, que bajulavam os atenienses, atribuindo-lhes qualidades extraordinárias.

Estudo: R. Clavaud, *Le Ménexène de Platon et la rhétorique de son temps*, Les Belles Lettres, 1980.

MÊNON, ou Sobre a virtude,
Μένων, ἢ Περὶ ἀρετῆς, ○ c. 387 a.C.
PLATÃO, 428/427-348/347 a.C.
Diálogo.

O que é a virtude? Pode ser ensinada? É essa segunda pergunta que Mênon propõe a Sócrates, que – como de hábito – responde com a primeira pergunta: antes é preciso chegar a um acordo quanto à definição geral de virtude. Mênon não consegue defini-la, mas propõe um "enxame de virtudes": do homem, da mulher, do velho; mas, assim como ocorre com a maioria dos interlocutores de Sócrates, Mênon carece de universalidade e dispersa seus esforços de definição no particular. Vexado com sua própria incapacidade, Mênon compara Sócrates à tremelga, peixe que paralisa quem o toca.

É preciso incentivar Mênon, provar-lhe que pode encontrar essa definição; ou melhor: que já a conhece. É aí que se apresenta um episódio decisivo do diálogo e mesmo de toda a obra de Platão. Interrogando um escravo ignorante, Sócrates leva-o a encontrar sozinho uma solução de geometria (problema da duplicação do quadrado). Essa solução não foi dada ao escravo por Sócrates, mas este possibilitou que ele se recordasse dela. É a famosa teoria da reminiscência (particularmente desenvolvida em *Fedro**).

Contudo, Mênon não chegará à definição buscada, e continuará obstinado em sua primeira interrogação: a virtude pode ser ensinada? Concordando em, apesar de tudo, examinar a questão, Sócrates parece dirigir seus interlocutores para uma resposta afirmativa: sendo a virtude um saber, pode ser transmitida. No entanto, é paradoxal que, sendo a virtude uma ciência, nenhum dos autodenominados mestres de virtude estejam de acordo com seus colegas quanto à sua natureza; e, se ela pode ser transmitida, é também paradoxal que os homens mais virtuosos (Péricles) não tenham levado seus próprios filhos a tirar proveito dela.

A conclusão parece impor-se: a virtude não é saber, mas sim reta opinião. Na verdade, nenhuma resposta às perguntas formuladas no começo do *Mênon* satisfaz o leitor. *Mênon* é um diálogo aporético.

Do ponto de vista do platonismo, *Mênon* marca uma mudança: introduz a teoria da reminiscência, e matiza o juízo expresso em *Górgias** a respeito dos políticos e dos sofistas.

Edição brasileira: *Diálogos*, Rio de Janeiro, Globo, 1962.

Estudo: R. Brague, *Le restant. Supplément aux commentaires du Ménon de Platon*, Vrin, 1978.

MENTALIDADE PRIMITIVA (A),

La mentalité primitive, 1922.

LUCIEN LÉVY-BRUHL, 1857-1939.

A partir de uma documentação etnográfica abundante e díspar, essa obra tenta mostrar que nada há de "pré-racionalista" na maneira de pensar das populações primitivas.

Os primitivos têm um sistema de pensamento que difere absolutamente do racionalismo e que pode ser qualificado de místico ou de "pré-lógico". Aparentemente violam nossas regras, não utilizam o princípio de não-contradição, mas são sensíveis a uma outra coerência e outra forma de contradição; sonhos, presságios divinatórios e ordálios fazem parte de um sistema de pensamento que parece ser comum a todas as sociedades sem escrita, sociedades que essa obra tenta descrever; esse sistema estaria organizado em torno do princípio de "participação", sem que em parte alguma se manifeste qualquer diferença entre natural e sobrenatural.

Não se deve esquecer que, apesar da precariedade das fontes, nesse livro ocorre uma verdadeira "revolução copernicana", pois nele é proclamado o "ponto de vista do outro", sem que autor recorra à hipótese de carência ou da "razão deficiente".

Estudo: J. Cazeneuve, *Lévy-Bruhl, sa vie, son oeuvre*, P.U.F., 1963.

MESTRES PENSADORES (OS),

Les maîtres penseurs, 1977.

ANDRÉ GLUCKSMANN, nascido em 1937.

Como indica o título, que é uma paródia da ópera de Wagner (*Os mestres cantores*), esse ensaio é uma denúncia virulenta das ciladas contidas nos discursos filosóficos alemães do século XIX. Dando prosseguimento à sua teorização do fenômeno totalitário, Glucksmann vê aqueles que se autodenominam mestres libertadores da humanidade (Fichte, Hegel, Marx e Nietzsche) como os pensadores que puseram a consciência européia no caminho do Mal, o dos campos de extermínio e do Gulag.

Essa obra consagrava o surgimento de uma "nova filosofia" (após maio de 68), que estaria determinada a analisar a realidade do poder. Inicialmente defensor da corrente maoísta, Glucksmann, que, em *La cuisinière et le mangeur d'hommes* (1975), vira no capitalismo e no marxismo a mesma vontade de poder, anunciava o crepúsculo dos ídolos antes de nos convidar a pautar nossa conduta de acordo com a evidência do Mal (*Cynisme et passion*, 1981).

Estudo: G. Schivvy, *Les nouveaux philosophes*, col. "Médiations", Denoël, 1979.

METAFÍSICA, Τὰ μετὰ τὰ φυσικά.

ARISTÓTELES, 384-322 a.C.

Constituído por quatorze livros, essa coletânea de tratados filosóficos e científicos reúne a totalidade dos conhecimentos de Aristóteles em matéria de "filosofia primeira".

O que é a filosofia primeira? É o estudo do Ser enquanto ser.

No livro A (Alfa), Aristóteles define os diversos tipos de conhecimento antes de abordar a ciência que realmente lhe interessa, a metafísica. Nesse aspecto, estuda as conclusões das filosofias anteriores, particularmente a de Platão, que, segundo ele, errou ao estabelecer um dualismo entre o mundo das Idéias, invariante e eterno, e o mundo transitório, o nosso, que na realidade procede do primeiro; ademais, esse sistema filosófico, demasiado estático, não pode explicar o motor dinâmico de nosso mundo.

O autor apresenta novas definições dos diferentes níveis de conhecimento: começa pelo "saber empírico". Esse tipo de saber baseia-se na experiência; os dados que ele nos fornece podem servir de ponto de partida à pesquisa abstrata; o segundo tipo de conhecimento é a τέχνη (*techné*) que, como o nome indica, diz respeito à faculdade técnica; é o conhecimento das causas que produzem as coisas. O terceiro tipo de saber é a ciência; é ela que estuda o conjunto da matéria e define seus diferentes elementos. Por fim, há a metafísica: essa ciência é uma investigação racional cujo objeto é o conhecimento de Deus, Ser absoluto, o das causas do universo e dos princípios primeiros do conhecimento. Trata-se, pois, de definir a essência de Deus, da natureza, do espírito e da matéria, e de elucidar a que tipo de causa é devida a forma de todas as coisas, ou a matéria de que são feitas. O que é a causa motriz (origem do movimento) ou a causa final (para a qual tende o movimento) cabe à metafísica descobrir, visto ser ela a "ciência mestra", superior a todas as outras ciências.

O livro α (alfa minúsculo) é apócrifo: é provável que tenha sido composto por um sobrinho de Eudemo, Pásicles de Rodes, a partir de notas tomadas durante as aulas de Aristóteles. Nesse livro, demonstra-se que, graças a um método filosófico adaptado ao nível dos discípulos, estes podem conhecer a verdade das causas primeiras: estas realmente têm um fim que o intelecto pode compreender.

No livro B (Beta), Aristóteles formula uma série de indagações quanto ao método que deve ser adotado. Em primeiro lugar, é necessário saber o que é realmente a metafísica: trata-se de estudar unicamente as causas? Caberá integrar nesse estudo o estudo dos princípios lógicos? E o que são esses princípios? Gêneros? Elementos constitutivos das coisas? Quais são os gêneros pertinentes ao Princípio? O que pode ser considerado como princípio, além da matéria e da forma? Todos os princípios terão as mesmas qualidades? Serão eles universais ou individuais, eternos ou corruptíveis? O que são as substâncias e os acidentes?

O Ser é o verdadeiro tema do conhecimento filosófico, como que provam os axiomas indemonstráveis, base de todo processo de raciocínio. Aristóteles afirma isso no livro Γ (Gama): o primeiro e o mais firme deles é o princípio de não-contradição: "É impossível que o mesmo atributo pertença e não pertença, ao mesmo tempo, ao mesmo sujeito e na mesma relação." Desse princípio, deduz-se o princípio do terceiro excluído: ou o atributo pertence ao sujeito, ou não lhe pertence, mas não há terceira possibilidade. Depois, no livro Δ (Delta), Aristóteles define o Ser, assim como certo número de noções fundamentais da *Metafísica*.

É apenas no livro E (Épsilon) que o autor trata propriamente do problema da metafísica. Aristóteles define em primeiro lugar o papel das diversas ciências; estas três: a πρᾶξις (*práxis*) designa as ciências práticas que têm relação com a ação do sujeito; a ποίησις (*poiésis*), ou ciências poéticas, diz respeito à criação de uma obra, e não ao sujeito; por fim, as ciências teológicas, físicas e matemáticas propiciam o conhecimento dos princípios e das causas, e são chamadas de ciências teoréticas. Entre estas últimas, a mais importante é a teologia, que trata de Deus, motor primeiro do universo.

Os livros Z (Dzeta) e H (Eta) são dedicados ao exame da substância, que é de três tipos: tem-se em primeiro lugar a matéria, ou ὕλη (*hylê*); depois a forma, ou εἶδος (*eidos*), que organiza essa matéria, desenvolve-a e determina seu devir; por fim, a substância individualizada, ou σύνολον (*synolon*). A síntese desses três tipos de substância dá origem a todas as "categorias".

No livro Θ (Teta), Aristóteles trata do movimento. Todo efeito tem uma causa; há, pois, uma evolução de todo ato. Toda coisa, toda pessoa, antes de ser, deve existir potencialmente. Também deve existir um ponto de partida, um motor primeiro: esse motor é imóvel e corruptível, não eterno; permite passar da potência ao ato. O motor do pensamento, porém, é perfeito.

Nos livros I (Iota) e K (Capa), Aristóteles fala do Uno e do Múltiplo; depois, após um breve resumo do que já disse nos livros anteriores, aborda de novo o problema do infinito que se renova sem cessar, que não pode existir em ato, pois o ato é um elemento finito, acabado, por conseguinte corruptível.

A existência de um "Motor primeiro" é necessária; é o que Aristóteles afirma no livro Λ (Lambda). Esse "Motor primeiro" é na verdade "Causa primeira"; é um elemento imóvel que gera o movimento, esférico ou outro; esse "Motor" é origem das causas primeiras, materiais, que constroem o mundo dando forma aos corpos. Princípio do mundo do qual estão suspensos o céu e a natureza, esse "Motor primeiro" é perfeito; "é eterno, substância e ato puro"; é Deus mesmo, que é a Inteligência suprema.

Nos livros M (Mi) e N (Ni), os dois últimos da obra, trata-se das Idéias e dos números; Aristóteles retoma a célebre teoria platônica, mas para criticá-la. Segundo essa teoria, levada ao extremo pelos acadêmicos, as Idéias-números são os princípios sobre os quais o real é constituído. Aristóteles, que já não admite a existência das Idéias platônicas, recusa-se a tomar os Números ideais por elementos básicos da matéria, do real; para ele, o número existe potencialmente na matéria, e o pensamento pode extraí-lo dela. A teoria do número, segundo Aristóteles, opõe-se em tudo à visão pitagórica e acadêmica. Esses dois livros, compostos num período bastante longo, provavelmente foram reformulados e remanejados freqüentemente pelo autor.

A maior parte dessa obra foi composta por Aristóteles. Mas certos livros foram redigidos pelos discípulos do filósofo, que se basearam em aulas dadas por Aristóteles ou nas próprias obras deste. É possível que o título original fosse: Μετὰ τὰ φυσικὰ βιβλία (*Meta ta physika biblia*): "Livros escritos depois dos da *Física*"; essa hipótese, porém, priva o título de toda a sua dimensão filosófica: na verdade, nessa obra trata-se do Ser supremo, de Deus, daquilo que está *além* da física.

A vontade do autor de exprimir a transcendência divina, aliás, é mostrada pelo ritmo e pelo vigor com que a obra é conduzida: ao longo dela, revela-se um poder didático e apodítico; o estilo é variado, talvez em parte devido à intervenção dos discípulos de Aristóteles na redação, e em parte ao próprio Aristóteles, que, ao tratar de um assunto divino, parece estar sob a influência de uma inspiração quase divina. *Metafísica* é uma das obras filosóficas essenciais de Aristóteles; exerceu influência fundamental sobre o pensamento de sua época e continua sendo uma obra de referência para a filosofia. Cumpre notar que, no lugar do termo "metafísica", Descartes prefere empregar, em suas *Meditações**, a expressão "filosofia primeira"; o mesmo ocorre com Leibniz, que afirma realizar a reforma da "filosofia primeira", "Rainha das ciências", ao reformar a noção de substância.

Estudos: P. Aubenque, *Le problème de l'être chez Aristote*, P.U.F., 1990. O. Hamelin, *Le système d'Aristote*, Vrin, 1985.

METAFÍSICA, Τὰ μετὰ τὰ φυσικά.
TEOFRASTO, c. 372-c. 285 a.C.

Essa obra é uma coletânea diaporética, pois reúne os problemas propostos pelos sistemas de Platão e de Aristóteles.

O primeiro capítulo é dedicado ao estudo dos princípios: sua natureza e seus limites, bem como suas relações com o que deles deriva. O segundo capítulo levanta os problemas propostos pela cosmologia aristotélica, e o terceiro capítulo, os problemas propostos pelo método dedutivo. O capítulo quatro trata da determinação dos princípios, enquanto o cinco é dedicado à questão de sua imobilidade. O capítulo seis aborda o problema da união entre forma e matéria nos entes, e o sétimo interroga sobre a existência dos contrários. O capítulo oito analisa a estrutura do saber; o capítulo nove tende a limitar o alcance da noção de *causa final*.

Teofrasto formula nessa obra certo número de problemas, não por espírito crítico, mas para melhorar nossa compreensão de Platão e de Aristóteles.

Estudo: W. D. Ross, introdução e comentário à edição inglesa: *Theophrastus Metaphysics*, Clarendon Press, Oxford, 1929.

METAFÍSICA E PSICOLOGIA, 1976.

AUROBINDO GHOSH (*Sri*), 1872-1950.

É com esse título que o grande orientalista Jean Herbert, discípulo e tradutor de Aurobindo, reuniu os excertos mais significativos do pensamento filosófico de um dos mestres espirituais do hinduísmo contemporâneo.

Como ocorre com todas as filosofias orientais, há uma interpenetração entre concepção metafísica de universo e psicologia, sendo qualquer atitude mental condicionada pelas crenças nos princípios que regem o universo.

Aurobindo situa-se na tradição dos Vedas, textos sagrados da Índia: no alto está o Uno, princípio único do universo, Brahman. É ele também a fonte das aparências, da multiplicidade. É o infinito, o absoluto, a Verdade suprema, presentes no espírito humano. A questão fundamental é a da posição e do papel do homem na evolução.

Aurobindo distingue sete princípios da existência, correspondentes a planos sucessivos. Os planos inferiores são o material, o vital e o mental. Os planos superiores são a existência, a força-consciência e a bem-aventurança. O "supramental" é o princípio que, num movimento ascendente-descendente, liga os diversos planos, fornece-lhes energia. O homem situa-se no estágio essencial da evolução, entre o material e o supramental. Para ter acesso ao absoluto, a Brahman, portanto à Verdade, ele dispõe de um mental superficial submetido às ilusões das aparências, que deve ser suprimido por meio do exercício espiritual, e de um mental subliminal que ele precisa descobrir por meio da experiência interior, a fim de chegar ao conhecimento.

A metafísica que Aurobindo tenta pôr ao alcance de seus contemporâneos abebera-se na fonte do hinduísmo tradicional. Sua psicologia do ser enquanto ser é uma construção original inspirada no platonismo, mas também na psicologia moderna e mesmo na psicanálise. O trajeto espiritual do indivíduo é essencial: quanto mais ele se eleva na escala dos níveis de consciência, mais possibilidades tem de atingir a verdade.

Sendo ao mesmo tempo pensador extremamente fecundo, comentador védico original, ecumênico e tolerante, Aurobindo é também um guru que atraiu para seu *ashram*, perto de Calcutá, grande número de discípulos ocidentais. Não deixou uma obra puramente doutrinal e um sistema fechado: seu pensamento evolui em função de suas experiências espirituais e de seu despertar para o conhecimento, cujo caminho procura transmitir. A classificação temática desse livro, que retoma um pensamento filosófico disseminado no conjunto de sua obra (*Vida divina*, comentários aos *Vedas*, cartas, colóquios e conferências, principalmente), facilita o acesso a um sistema de conceitos complexo e freqüentemente místico.

Estudo: J. Herbert, introdução à edição francesa: *Métaphysique et psychologie*, Albin Michel, 1988.

METÁFORA VIVA, *La métaphore vive*, 1975.
PAUL RICOEUR, nascido em 1913.

Figura de discurso, em uma palavra, a metáfora é um tropo por semelhança. Os dois primeiros estudos correspondem a esse primeiro nível na referência a Aristóteles. A retórica impõe-se à classificação e à taxionomia como deslocamento em relação ao uso codificado.

O segundo nível de abordagem não diz respeito à denominação desviante, mas à predicação impertinente: ponto de vista dos três estudos seguintes. O estudo mais importante é o dedicado à metáfora e à semântica do discurso, quando se diz que a semântica envelopa a semiótica, sendo a criação de sentido vista como essencial a isso.

A "nova retórica" estende para as figuras do discurso as regras de segmentação, identificação e combinação próprias às entidades fonológicas e lexicais. Ricoeur critica-lhe o fato de restringir-se a confirmar o primado da metáfora-palavra em detrimento da teoria da metáfora-enunciado.

Edição portuguesa: *A metáfora viva*, Porto, Rés, 1983.
Estudo: J. Greisch e R. Kearney, *Paul Ricoeur ou les metamorphoses de la raison herméneutique*, Le Cerf, 1991.

METEOROLÓGICAS, Μετεωρολογικά, ○ c. 334 a.C.
ARISTÓTELES, 384-322 a.C.

Nesse tratado científico, Aristóteles estuda aquilo que ainda não havia examinado em nenhum de seus tratados físicos ou cosmológicos, a saber os fenômenos meteorológicos.

É composto por quatro livros, dos quais os três primeiros formam um conjunto homogêneo dedicado aos fenômenos atmosféricos resultantes das relações entre os quatro elementos fundamentais que são o fogo, o ar, a água e a terra. O quarto livro, a respeito do qual há problemas de atribuição, ocupa um lugar nesse tratado que se poderia dizer de transição, no *corpus* aristotélico, entre os escritos dedicados à matéria e os dedicados ao ser vivo.

A principal contribuição desse tratado é a descoberta feita por Aristóteles da dupla exalação seco/úmido (ἀναθυμίασις, *anathumiasis*) que permite explicar os fenômenos atmosféricos. Isto porque estes devem ser explicados pelas mudanças que ocorrem entre os quatro elementos. Quando o calor do sol aquece a terra, a água e o ar, é produzida uma exalação seca, mas também uma exalação úmida, que dará origem às brumas e à cerração.

Estudo: G. G. Granger, *La théorie aristotélienne de la science*, Aubier-Montaigne, 1976.

MÉTODO (O), *La méthode*, 1977 a 1991.
EDGAR MORIN, nascido em 1921.

O método cartesiano deveria permitir que o homem "conduzisse bem sua razão e procurasse a verdade nas ciências". Edgar Morin, ao redigir esse *Método* monumental, não tinha outra ambição. A não ser pelo fato de que sua dúvida, ao contrário da dúvida cartesiana, duvida de si mesma; a não ser pelo fato de que a verdade perseguida por Morin não se confina a "idéias claras e distintivas". O método que ele elabora aqui não teme apreender a complexidade do real, ou seja, o fato de o homem ser ao mesmo tempo indivíduo biológico e ator social; de, na natureza, a ordem poder nascer da desordem, e vice-versa; de aquilo que limita o conhecimento ser também aquilo que o possibilita; de todo objeto de conhecimento, como bem vira Kant, trazer a marca do sujeito que o conhece, e, inversamente, todo sujeito cognoscente trazer a marca do mundo exterior dos objetos cognoscíveis.

Como é fácil entender, um plano desses dificilmente se acomoda a um método redutor e simplificador, que tenda a isolar os fenômenos do ambiente em que estão, a eliminar da observação o observador, a excluir da ciência tudo "o que não entra no esquema linear" usado como modelo por Descartes: o aleatório, o incerto, o complicado, o contraditório, o anormal. Trata-se ao contrário de adotar um "paradigma de complexidade" que permita conceber como interligado o que até então era considerado desligado. E Morin propõe-se derrubar as compartimentações e as alternativas que a história da filosofia erigiu em verdadeiros dogmas: dualismos homem-natureza, matéria-espírito, sujeito-objeto, causa-efeito, sentimento-razão, um-múltiplo...

O método adotado pelo autor baseia-se em três princípios, que, por sua vez, estão em interação mútua: o *princípio dialógico*, que é definido como "associação complexa de instâncias, todas necessárias à existência, ao funcionamento e ao desenvolvimento de um fenômeno organizado"; o *princípio recursivo*, que dá conta dos processos "em que os efeitos ou produtos são ao mesmo tempo causadores e produtores no próprio processo, e em que os estados finais são necessários à geração dos estados iniciais"; e o *princípio hologramático*, segundo o qual "o todo está de certo modo incluído (engramado) na parte que está inclusa no todo".

No último volume de *O método* (*Idéias: habitat, vida, costumes e organização*), Morin explora o mundo constituído pelas coisas do espírito: representações, linguagens, símbolos, mitos, crenças, noções, teorias. Como nascem, vivem e morrem as idéias que povoam a *noosfera* (seu meio próprio)? Qual é sua organização? Como uma religião consegue expulsar um mito? Como uma ideologia age para fazer desaparecer uma religião? Para o autor, estamos hoje na "pré-história do espírito humano"; é urgente "civilizar as teorias", ou seja, torná-las abertas, complexas, autocríticas, reflexivas, aptas a auto-reformar-se e a dialogar umas com as outras sem dogmatismos ou doutrinarismos.

Edição portuguesa: *O método*, Lisboa, Europa-América, 1977.
Estudo: E. Morin, *Introduction à la pansée complexe*, E.S.F., 1990.

MÉTODO AXIOMÁTICO E FORMALISMO. Ensaio sobre o problema do fundamento da matemática,
Méthode axiomatique et formalisme. Essai sur le problème du fondement des mathématiques, 1938.
JEAN CAVAILLÈS, 1903-1944.

Tomando conhecimento da crise iniciada pela teoria dos conjuntos de Cantor e dos remanejamentos que ela implica nos fundamentos da matemática, Cavaillès dedica-se, num primeiro momento, a relatar a história dessa descoberta e dessa crise; desse modo, é levado a remontar às raízes do problema, em Descartes, Leibniz e Kant. Mas examina principalmente as diferentes soluções propostas após Cantor, mostrando a cada vez as implicações do ponto de vista da teoria do conhecimento. Depois de expor o intuicionismo de Luitzen E. J. Brouwer, analisa o método axiomático de David Hilbert, mostrando sua continuidade em relação aos trabalhos de Frege e de Russell.

Entre essas diferentes soluções, Cavaillès não toma partido abertamente, mas tende a diminuir a importância dessa crise epistemológica que foi aberta pela teoria dos conjuntos e se deve essencialmente à mistura "de especulação filosófica com raciocínios matemáticos".

Estudo: G. Ferrieres, *Jean Cavaillès, un philosophe dans la guerre*, Le Seuil, 1982.

MICRÔMEGA, Conto filosófico,
Micromégas, Histoire philosophique, 1752.
VOLTAIRE (François Marie Arouet, dito), 1694-1778.

Habitante de Sirius, Micrômega – "nome que convém perfeitamente a todos os grandes" conhece um Saturniano, gigante menos imenso. Ambos vêm para a Terra, "monte de lama", onde descobrem "os pequenos seres que por aqui rastejam". Sendo tão pequenos, terão alma os homens? Claro que sim, mas já no início da discussão, nenhum cientista humano consegue defini-la direito, ocorrendo o mesmo quanto à matéria. Pois justamente um deles chega a afirmar que o homem é o centro do universo! "Os infinitamente pequenos têm um orgulho quase infinitamente grande." Micrômega lhes dá o livro do universo... está em branco.

O que sabemos da alma? Voltaire reduz cada filósofo (Leibniz, Aristóteles, Tomás de Aquino...) a quimeras. Esse panfleto contra os sistemas filosóficos recoloca o homem no universo: um grão de areia. Criticando os orgulhos desmedidos, os fanatismos, o absurdo das guerras, Voltaire elogia também as "prodigiosas diferenças que a natureza pôs em todos os seres". A humildade não será o começo da "tolerância universal" (*Tratado sobre a tolerância**)?

Estudo: R. Pomeau, *La religion de Voltaire*, Nizet, 1974.

MIGALHAS FILOSÓFICAS,

ou Um pouco de filosofia,
Philosophiske Smuler eller Em Smule Philosophi, 1844.
SØREN AABYE KIERKEGAARD, 1813-1855.
Ensaio publicado sob o pseudônimo Johannes Climacus

Considerada pelo próprio Kierkegaard como uma brochura e publicada sob o pseudônimo Johannes Climacus, essa obra relativamente difícil só foi de fato esclarecida e arrematada por *Post-scriptum definitivo e não científico às Migalhas filosóficas** (1846).

Essa obra aborda o problema da comunicação, tema essencial do pensamento kierkegaardiano. A comunicação *direta* transmite um saber. A comunicação *indireta* dirige-se, ao contrário, à subjetividade profunda, à interioridade, e sua tarefa é despertar no indivíduo a consciência do existencial, do eterno, do dever.

Este último tipo de comunicação está exonerado de qualquer transmissão de saber, em razão do caráter intransmissível do "objeto" que ele comunica: não seria possível comunicar ao homem o interesse de sua existência e de sua interioridade. A comunicação indireta deve suscitar questões essenciais para o desenrolar da vida. Traz à tona dificuldades sempre que o saber preciso e conciliador demais age como sedativo. É por isso essa comunicação inquieta, remetendo o sujeito à consciência aguda de sua situação no mundo e em face de Deus.

O adversário filosófico de Kierkegaard aqui é Hegel, que, considerando o homem como simples instrumento pelo qual a Idéia lógica (Deus) se realiza na Natureza, elimina desse modo seu caráter *pessoal* e *subjetivo*. Hegel afirma a conciliação dos contrários; Kierkegaard insiste em sua ruptura radical.

A outra figura central da obra é Sócrates. Diante do sistema hegeliano, que explica tudo e defende a tese do saber absoluto, Sócrates é o indivíduo que, através de perguntas temíveis e de sua ironia implacável, abre uma brecha no edifício especulativo de Hegel. Sócrates privilegia a relação pessoal. Intriga e desorienta. É o praticante, por excelência, da comunicação indireta.

Kierkegaard aborda por fim a figura de Cristo, que constitui o paradoxo: como o eterno pode revelar-se ao homem no tempo? Kierkegaard vê nisso um dos conflitos mais profundos entre cristianismo e razão humana.

Estudo: L. Chestov, *Kierkegaard et la philosophie existentielle*, Vrin, 1972.

MIL PLATÔS,

GILLES DELEUZE e PIERRE FELIX GUATTARI.
VER CAPITALISMO E ESQUIZOFRENIA.

MINHA CRENÇA, *Ce que je crois*, 1981.

RAYMOND-LEOPOLD BRUCKBERGER, nascido em 1907.

Para o Pe. Bruckberger, o cientificismo está falido; tornou-se incompatível com as descobertas modernas e com os progressos da própria ciência em que ele pretendia fundamentar-se. Assim, o autor recomenda não mudar a substância da fé, mas, ao contrário, expressar essa fé tradicional sem deixar de levar em conta as perspectivas novas que a ciência abriu sobre a estrutura do universo, os imperativos da vida em todos os níveis, a natureza do homem e as origens de seu destino.

Esse dominicano manifesta uma fé sincera em sua ordem, na religião católica, no papa e em sua nação, a França, à qual presta vibrante homenagem. Corajosamente, exorta seus correligionários a deixarem de envergonhar-se de sua religião: não deveria haver "católicos envergonhados" como não deve haver "judeus envergonhados". O Pe. Bruckberger eleva o homem quando o convida a pensar melhor.

MINIMA MORALIA, Reflexões a partir da vida danificada,
Minima moralia. Reflexionen aus dem beschädigten Leben, 1951.
THEODOR WIESENGRUND ADORNO, 1903-1969.

Essa obra, que reúne 153 aforismos, é dividida em três partes, sucessivamente datadas de 1944, 1945 e 1946-1947. O autor apresenta essas "pequenas morais" como "reflexões a partir da vida danificada", na qual o indivíduo é atomizado: a polidez cede lugar a relações utilitárias. São abordados a mentira, a cólera, a adesão partidária, o genocídio, a alienação do homem.

Edição brasileira: *Minima moralia: reflexões a partir da vida danificada*, São Paulo, Ática, 1993.
Estudo: M. Jimenez, *Adorno et la modernité: vers une esthétique négative*, Klincksieck, 1986.

MISÉRIA DA FILOSOFIA, *Misère de la philosophie*, 1847.
KARL MARX, 1818-1883.

"O senhor Proudhon tem a infelicidade de ser singularmente mal conhecido na Europa. Na França, tem o direito de ser mau economista porque passa por bom filósofo alemão. Na Alemanha, tem o direito de ser mau filósofo porque passa por economista francês dos mais influentes. Nós, na qualidade de alemão e de economista ao mesmo tempo, quisemos protestar contra esses dois erros": tal é o objetivo desse panfleto escrito em francês por Marx em 1847, um ano depois da publicação de *Filosofia da miséria**, por Proudhon. Esta é, de acordo com Marx, uma "obra informe e presunçosa". Seu autor pratica um "hegelianismo fraco para apresentar-se como espírito forte", "vê na história uma série de desenvolvimentos sociais, encontra o progresso realizado na história", e do movimento real da história oferece uma fantasmagoria que tem a pretensão de ser dialética. Na realidade, é incapaz de compreender os desenvolvimentos econômicos e sociais.

As categorias econômicas de Proudhon não passam de abstrações – por ele divinizadas e eternizadas – das relações reais. Ao contrário, são os homens que produzem as relações sociais, as idéias e as categorias. As categorias econômicas são expressões teóricas de relações históricas de produção que correspondem a certo grau do desenvolvimento da produção material. Por isso, Proudhon exprime, indiretamente, a posição dos economistas pequeno-burgueses, e afirma implicitamente que a vida burguesa é uma realidade eterna. Segundo Marx, o modo de vida da burguesia só é uma verdade intemporal para os próprios burgueses! Proudhon não entendeu que "as formas econômicas nas quais os homens produzem, consomem e trocam são *transitórias* e *históricas*". O estado político decorre da sociedade civil, que por sua vez decorre das instituições sociais, da organização da família, das ordens e das classes, dependendo estas, por sua vez, das formas de comércio e de consumo que decorrem diretamente do estado de desenvolvimento das faculdades produtivas. Portanto, as forças produtivas constituem a base de toda a história das sociedades, e as relações materiais entre os homens constituem a base de todas as suas relações, uma vez que constituem as formas nas quais a atividade deles se realiza.

O sistema de Proudhon não é "uma história profana (dos homens), é uma história sagrada (das idéias)". Para Marx, a visão proudhoniana de jogo eterno das contradições segundo princípios econômicos invariantes condiz com a ilusão metafísica ou com a ficção mística. "Sua explicação é de uma ingenuidade sublime." A única ação não ilusória é, para Marx, a ação revolucionária baseada na luta de classes. Ao contrário de Proudhon, ele afirma o direito à união e à greve, e considera que a divisão do trabalho é uma etapa necessária do desenvolvimento capitalista. Proudhon só tem idéias falsas, vagas e parciais sobre o valor de troca, que no entanto é o fundamento de toda a economia. Transforma as máquinas numa categoria econômica, assim como a divisão do trabalho, a concorrência ou o crédito, o que para Marx é um absurdo. As máquinas não resultam, como afirma Proudhon, da divisão do trabalho. Proudhon, aliás, divinizou a divisão do trabalho e transformou-a numa categoria tão abstrata que só pode ser compreendida quando diretamente ligada à separação entre cidade e campo que ocorreu na Alemanha do século IX ao XII. "A conexão entre a divisão do trabalho e as máquinas é de cunho totalmente místico em M. Proudhon."

Através da crítica à obra de Proudhon, Marx insurge-se também contra os economistas e os socialistas, ou "utopistas", que Proudhon acreditava ter superado ao rejeitá-los em seu *Sistema das contradições econômicas**. Os economistas, assim como os teólogos, baseiam a verdade de suas opiniões numa pretensa revelação. As teorias opostas não passam então de puras hipóteses, invenções dos homens. Assim, eles consideram que o feudalismo é algo artificial e antinatural, mas que as instituições burguesas são naturais. No que diz respeito aos socialistas, Marx compartilha com Proudhon a aversão por sua "pieguice". Esses "utopistas que, para obviar às necessidades das classes oprimidas, improvisam sistemas e correm atrás de uma ciência regeneradora" contentam-se em constatar a miséria e em denunciá-la, sem ver que ela constitui o elemento subversivo motor da revolução. Mas Proudhon, como os utopistas, recorre a uma pretensa dialética, exterior à realidade da miséria, e tenta dela extrair uma fórmula *a priori* para resolver as contradições sociais, "em vez de haurir a ciência no conhecimento crítico do movimento histórico, movimento que produz as condições materiais da emancipação".

Proudhon não só chega a absurdos e contra-sensos ao se referir à filosofia alemã, que ele desconhece totalmente, como também, ao desejar resolver as contradições a qualquer custo, expressa em definitivo o ponto de vista do "pequeno-burguês, sempre indeciso entre o Capital e o Trabalho, entre a economia política e o comunismo". Ele gostaria de ser a síntese dos dois pontos de vista, situar-se acima deles como homem de ciência, mas é apenas um "erro composto". Sua tentativa de estabelecer o sistema das categorias econômicas por meio da dialética na verdade só o levou à sofística.

Por trás da crítica do sistema e do método de Proudhon, através da crítica aos economistas e socialistas, esboça-se a teoria marxista do valor. Embora o vocabulário não seja ainda o de *O capital** (ainda não se fala em "forças de trabalho"), essa obra já contém a idéia mestra do *Manifesto do Partido Comunista**, que será publicado um ano depois. A antinomia, o antagonismo entre a burguesia e o proletariado já são considerados fundamentais, inerentes ao capitalismo, e sobretudo vistos como germes da aniquilação do capitalismo em seu próprio coração.

Edição brasileira: *Miséria da filosofia*, São Paulo, Mandacaru, 1990.
Estudo: E. Mandel, *La formation de la pensée économique de Karl Marx*, La Découverte, 1982.

MISÉRIA DO HISTORICISMO,

The Poverty of Historicism, 1957.
KARL RAIMUND POPPER, nascido em 1902.

Publicada pela primeira vez na forma de artigos na revista *Economica* de 1944 a 1945, essa obra, que Popper considera sua "contribuição ao esforço de guerra", visa a refutar o historicismo. Por historicismo o autor entende a doutrina segundo a qual as ciências sociais teriam por missão descobrir as leis gerais do desenvolvimento histórico, leis que lhes permitiriam prever com exatidão o curso futuro da história humana.

O título da obra não deixa de lembrar o de um livro de Marx, *Miséria da filosofia**, que, por sua vez, era a contrapartida de *Filosofia da miséria** de Proudhon. Não é por acaso: nessa obra Popper ataca Marx, o comunismo e, de modo mais geral, todas as teorias que pretendam enunciar as "leis inexoráveis do destino histórico". Pois essas teorias, por mais sedutoras que sejam, pressupõem que toda sociedade evolui de maneira predeterminada, passando por uma sucessão de "períodos" (ou correntes históricas) que obedecem às suas próprias leis. Assim, para os defensores da abordagem historicista, as leis econômicas do período feudal não poderiam ser aplicadas ao período da revolução industrial. Popper vê nisso grave contradição, cujos termos se baseiam em grande parte no desconhecimento dos verdadeiros métodos aos quais as ciências da natureza recorrem. Isto porque o historicismo combina teses "antinaturalistas" (ao contrário das leis universais que regem o mundo físico, as leis sociológicas variam em função do período considerado) com teses "pró-naturalistas" (as leis do desenvolvimento histórico permitem, assim como as leis da natureza, prever a evolução futura de toda sociedade), ambas inválidas.

Para o autor, o historicismo, tanto em sua versão antinaturalista quanto em sua versão pró-naturalista, não tem direito algum ao *status* de ciência; está associado a um método pobre que mal consegue dissimular a inspiração fundamentalmente utopista de seus defensores. Essa análise será continuada por Popper em *Sociedade aberta e seus inimigos* (1945).

Edição brasileira: *Miséria do historicismo*, São Paulo, Cultrix, 1980.
Estudo: E. Fleischmann, "Popperismo e ciências sociais", in *Archives européennes de sociologie*, n.º XVII, 1976.

MISTÉRIOS DO EGITO (OS),

ou Resposta de mestre Abamon à carta de Porfírio a Anebon e solução das dificuldades que nela se encontram,
De mysteriis Aegyptiorum.
JÂMBLICO, c. 250-c. 330.

Essa obra do neoplatônico Jâmblico é dividida em dez livros e constitui uma resposta à carta de Porfírio a Anebon. Nela são tratados assuntos filosóficos diversos, numa referência freqüente aos textos de Heráclites, Plotino ou Platão. A temática central é uma defesa da teurgia: Jâmblico expõe a eficácia dessas práticas e desses rituais mágicos, graças aos quais se instaura um comércio com as divindades superiores. Estamos predispostos a receber a virtude radiante dos deuses, e o autor se faz apologista dos mistérios do helenismo ou do Egito, que são contestados por Porfírio.

Percebe-se a influência de Jâmblico sobre as artes, por um lado, e por outro lado sobre o imperador Juliano, Proclo, Damáscio e Simplício; ele também influenciará o Renascimento italiano dos séculos XV e XIV.

Estudo: J. Trouillard, "Le néo-platonisme", in *Histoire de la philosophie*, t. 1, Encyclopédie de la Pléiade, Gallimard, 1969.

MITO DE SÍSIFO (O), Ensaio sobre o absurdo,
Le mythe de sisyphe. Essai sur l'absurde, 1942.
ALBERT CAMUS, 1913-1960.

Essa obra pode ser vista como o ensaio filosófico central da obra de Camus, pois nela se encontra exposta a "filosofia do absurdo", em torno da qual se organizam todos os outros temas do pensamento e da ação de Camus (por exemplo, o tema da revolta).

Nessa obra, a questão do suicídio é decisiva. Não moralmente (Camus não pergunta, como Kant, se temos o direito de nos matar), mas porque dá ensejo a outra questão, a do *sentido* da existência. A morte voluntária não será a saída para aquele que entendeu a falta de sentido da vida?

A experiência camusiana do absurdo lembra a náusea sartriana: uma "lassidão mesclada de fastio" diante da banal e maquinal repetição dos momentos da existência. A perspectiva da morte, a necessidade de submeter-se à irracionalidade no mundo, tudo isso contribui para tornar mais precisa a noção de absurdo. Não é que o mundo, em si, seja absurdo; tampouco o homem. O absurdo nasce da confrontação desse mundo com o desejo humano de clareza e racionalidade.

Não se pode fugir dessa antinomia através do suicídio, que anula a consciência, ou da religião, que confere à existência um sentido extramundano. Mesmo o existencialismo (Kierkegaard, Jaspers) parece a Camus um "suicídio filosófico" por absolutizar o irracional. Não é possível contentar-se com comentar o absurdo.

Ao contrário, *O mito de Sísifo* convida a enfrentar a conscientização do absurdo: "Trata-se de viver." "Extraio assim do absurdo três conseqüências, que são minha revolta, minha liberdade, minha paixão."

A revolta. Uma vez que se tenha tomado consciência do absurdo, não fugir dele é adstringir-se a olhá-lo na cara. Constituí-lo em objeto de um incessante desafio: "Viver é fazer viver o absurdo." Nunca se resignar. Não se trata de buscar consolo em sabe-se lá que esperança, mas de lutar e de conferir assim à existência um valor que ela não tem, e que, portanto, é preciso dar-lhe.

A liberdade. Seria melhor falar de libertação. Esta é uma conseqüência direta da conscientização do absurdo. Ou melhor, ela é essa mesma conscientização, através da qual se institui uma lucidez fundamentalmente vitoriosa em minha relação com o mundo. Essa liberdade novamente adquirida é o negativo da falsa liberdade daquele cuja vida é conduzida apenas pelo hábito maquinal.

A paixão. Em uma palavra: viver. E aqui o que é mais também será melhor: "Estar em face do mundo o máximo possível." Multiplicar as experiências.

Camus desenha figuras possíveis daqueles que "encenam o absurdo": Don Juan, o comediante, o conquistador. A "mais absurda das personagens" é ainda o criador, que, com sua obra, quer "viver duas vezes". Criar, para o artista, é conjurar o absurdo, e não dispensá-lo – o que seria impossível –, mas "respirar com ele". A obra de arte "nasce da renúncia da inteligência a raciocinar o concreto"; "se o mundo fosse claro, a arte não existiria".

Isso equivale a dizer que o sentimento do absurdo, seja qual for a conduta que inspire, está tão distante quanto possível do modo de existência espontâneo do homem comum. Sísifo, rolando seu bloco de pedra, por certo não é um super-homem (no sentido nietzschiano), mas é sem dúvida um herói.

Esse sentimento do absurdo tampouco desemboca numa negação dos valores. É certo que não existe nenhum princípio unificador do mundo, e é preciso repetir a fala de Ivan Karamazov: "Tudo é permitido." Mas isso não livra do absurdo; ao contrário, o absurdo "não autoriza todos os atos". Um humanismo, e não o niilismo, é o que está na ponta da experiência do absurdo: "O homem é seu próprio fim. E ele é seu único fim." Sabe-se que Camus, partindo da revolta individual, levará bem longe esse pensamento, em direção à afirmação da fraternidade humana contra o mal e o sofrimento.

Sísifo rola pois o seu rochedo, mas está consciente; "conhece toda a extensão de sua miserável condição". Desse modo, seu destino é superado: "É preciso imaginar Sísifo feliz."

A pessoa de Camus é hoje tida em alta estima, mas a filosofia de *O mito de Sísifo* nem por isso deixa de ser vista com certa condescendência ("filosofia para estudantes": tão pouco amável tanto para o ensino da filosofia quanto para Camus!). No entanto, é difícil dizer se nos debates que se seguiram à Segunda Guerra Mundial o filósofo do absurdo foi o menos clarividente.

Edição brasileira: *O mito de Sísifo: ensaio sobre o absurdo*, Rio de Janeiro, Guanabara, 1989.
Estudo: P. Ginestier, *Camus*, col. "Pour connaître la pensée de", Bordas, 1981.

MITO DO ETERNO RETORNO (O),

Arquétipos e repetição,
Le mythe de l'éternel retour. Archétypes et répétition, 1949.
MIRCEA ELIADE, 1907-1986.

Nessa "introdução a uma filosofia da história", Eliade analisa a natureza das sociedades arcaicas, às quais se opõe a sociedade moderna. Se o homem das sociedades primitivas recusa o tempo (profano) histórico e vive em conformidade com arquétipos (modelos extra-humanos), acreditando no retorno periódico a uma origem mítica, o homem moderno quer-se criador porque histórico ("Tudo lhe é recusado, salvo a liberdade de fazer história fazendo-se a si mesmo").

Edição portuguesa: *O mito do eterno retorno*, Lisboa, Edições 70, 1993.
Estudo: Cahier de l'Herne (dirigido por C. Tacou), *Mircea Eliade*, col. "Biblio-Essais", Le Livre de Poche, L.G.F., 1990.

MITO E EPOPÉIA, *Mythe et épopée*, 1968, 1971 e 1973.

GEORGES DUMÉZIL, 1898-1986.

O indo-europeu, salvo exceção, está na origem das línguas da Europa e da Ásia. Isso supõe que as civilizações dos povos indo-europeus têm semelhanças, tanto em plano intelectual, espiritual e religioso quanto nos planos material e técnico.

O papel do estudo comparativo da mitologia é evidenciar esses pontos comuns. Esse estudo respalda-se no *Mahabharata*, obra épica da Índia, na história mítica de Roma e na lenda dos nartos do norte da Caucásia, por sua vez descendentes dos citas. Dessas comparações, o autor depreende uma "ideologia tripartite", ou seja, uma estrutura comum de três "funções"; essas funções são hierarquizadas do seguinte modo: soberania mágica e jurídica, força física e guerreira, abundância tranqüila e fecunda.

Esse esquema, aplicado aos deuses nas mitologias indiana e escandinava, aplica-se também aos homens que fundaram Roma e à sua sociedade, numa história que, por outro lado, é mais da alçada do mito que da realidade.

Georges Dumézil é um inovador em matéria de estudo comparativo da mitologia; na verdade, ultrapassou o estágio do simples estudo lingüístico. Esse gênero de estudo não é, porém, desprezível (a língua indo-européia não deixou de veicular numerosas idéias e tradições através do espaço e do tempo), mas nem sempre chega a resultados satisfatórios. Dumézil, graças a seu trabalho e a suas descobertas, essenciais para a seqüência de estudos em ciências humanas, abre novos horizontes; seu trabalho é fruto de trinta anos de pesquisas, e constitui uma das obras maiores do século XX.

Estudo: P. Smith e D. Sperber, "Mythologiques de Georges Dumezil", in *Annales*, n.º XXVI, 1971.

MITO E METAFÍSICA,

Introdução à filosofia,
Mythe et métaphysique. Introduction à la philosophie, 1953.
GEORGES GUSDORF, nascido em 1912.

O projeto de Gusdorf é dar sentido à filosofia de nosso tempo, descobrir uma origem e uma significação para as interrogações filosóficas fundamentais, tais como podem ser percebidas na análise dos mitos primitivos.

Segundo o autor, os mitos contêm uma sabedoria que permitiu que a humanidade nascente subsistisse. Cumpre pensar o que esses mitos nos ensinam e ver neles uma metafísica que possibilitou que os primitivos se adaptassem ao seu tempo. Gusdorf propõe assim que o filósofo se preocupe mais em compreender a existência real à luz da história da humanidade, em vez de conceber a filosofia como um simples arranjo de conceitos. Nesse sentido, a noção de mito nos ensina a primazia da vivência.

Gusdorf é também autor de um *Tratado da existência moral* (1949), e de um *Tratado de metafísica* (1956).

Estudo: P. Clavet, *Les mythes fondateurs des sciences sociales*, P.U.F., 1980.

MITO E O HOMEM (O),

Le mythe et l'homme, 1938.
ROGER CAILLOIS, 1913-1978.

Influenciado pelo surrealismo de André Breton e por Georges Dumézil e Marcel Mauss, Caillois elabora "uma fenomenologia geral da imaginação" que possibilita um estudo global das múltiplas formas adotadas pelos "procedimentos da imaginação". Assim, não mais se opõem, porém se articulam em sua interdependência dentro de uma totalidade orgânica, o poético e o mágico, a magia e a mística, a religião e a magia: o mito, cuja natureza e função Caillois estuda, é uma das manifestações privilegiadas da vida imaginativa.

Edição portuguesa: *O mito e o homem*, Lisboa, Edições 70, 1978.

Estudo: D. Autie, *Approches de Roger Caillois*, Privat, 1983.

MITOLOGIAS, *Mythologies*, 1957.

ROLAND BARTHES, 1915-1980.

Com uma série de cinqüenta e três artigos sobre temas da atualidade, Barthes tenta decifrar a posição e o papel do mito em nossa sociedade. Partindo do princípio de que "o mito é uma linguagem" (hipótese demonstrada na segunda parte), ele analisa as notícias de nosso cotidiano como signos de um real mistificado. Isso acontece com os espetáculos e a publicidade, em que os valores morais transparecem sempre através dos *slogans* ou dos gestos: tal detergente "extermina a sujeira" (mito purificador), tal gângster mata com um simples olhar (movimento da cabeça ou do dedo ao cúmplice que executa) – mito da eficácia pura, em que nada precisa ser dito, pois tudo é ato realizado. Do mesmo modo, o retrato de um ator e a imagem de uma celebridade podem exprimir o mito do herói, do semideus...

Essa lista não é exaustiva: toda expressão do real, todo objeto do discurso pode constituir uma falsificação, uma mistificação cuja origem Barthes desvenda: a ideologia pequeno-burguesa. A crítica à pseudo-evidência ("o-que-nem-precisa-dizer") é acompanhada por um panfleto social cínico contra os representantes da ordem: escritores, críticos, juristas, aristocratas... Todos querem preservar suas crenças numa pseudonatureza reveladora – por esses objetos cotidianos – de verdades morais. É Carlitos (Chaplin), cego e mistificado, alienado nas mãos dos patrões, o melhor exemplo de abuso dessa ordem moral, mas que oferece ao mesmo tempo a solução social: o ato de revolução.

Além de seu ataque virulento contra os pequeno-burgueses, em virtude do quê há uma continuidade de pensamento com Marx e Sartre, Barthes quer reabilitar o real tornando-o compreensível, depurado dos mitos que o sobrecarregam inutilmente. Essa temática do mito lembra a utilização que Platão fazia das alegorias (a da Caverna, a das almas aladas...). Em vez de se oporem, ambos têm a mesma perspectiva: explicar uma linguagem que expressa o mundo real.

É o sentido dessa semiologia do mito, análise lingüística – a partir dos trabalhos de Saussure –, que constitui a segunda parte de *Mitologias*. Um de seus últimos textos, *Fragmentos de um discurso amoroso* (1977), retomará essa questão da difícil adequação da linguagem à realidade, porque os signos são ininteligíveis ou mistificantes.

Edição brasileira: *Mitologias*, São Paulo, Difel, 1989.
Estudo: L.-J. Calvet, *Roland Barthes, un regard politique sur le signe*, Payot, 1973.

MITOLÓGICAS, *Mythologiques*, 1964, 1967, 1968 e 1971.

CLAUDE LÉVI-STRAUSS, nascido em 1908.

Lévi-Strauss entrega-se nessa obra a uma análise dos mitos para mostrar que, por trás da exteriorização aparentemente livre e espontaneamente criadora do espírito, há na escolha das imagens e em sua associação uma organização específica que, se não é racional em sentido estrito, nem por isso é irracional. Assim, os mitos aparecem como verdadeiros jogos de variantes lógicas baseados em relações de oposição, de transformação e de inversão (cf. o triângulo culinário cru, cozido e podre). A relação entre os diferentes títulos de *Mitológicas* com a alimentação ressalta os nexos entre o homem, seu corpo e o mundo. Lévi-Strauss parte de um mito para ampliar sua investigação a sociedades cada vez mais distantes: "Trata-se de uma excursão através das mitologias indígenas do Novo Mundo que começa no coração da América tropical e que nos levará até a América do Norte." Os mitos dos índios bororos da região central do Brasil servirão de fio condutor nesse projeto de conhecimento científico dos mitos, ainda que "jamais venha a existir população cujos mitos e cuja etnografia sejam objeto de um conhecimento exaustivo", pois cada progresso implica uma nova dificuldade a impedir o fechamento do saber. A análise dos mitos é difícil porque "as teses se desdobram ao infinito", e o mito, existente no interior de uma significação multiforme, surda para nossa consciência, não conhece a unidade: "Assim como os ritos, os mitos são intermináveis."

Lévi-Strauss depreende também o caráter comum do mito e da obra musical: ambos transcendem a linguagem usual. Segundo Lévi-Strauss, "a unidade do mito é projetada sobre um foco virtual que está além da percepção", e sua pujança reside em sua secreta significação.

Estudo: Lévi-Strauss, revista *L'arc*, Duponchelle, 1990.

MODO DE EXISTÊNCIA DOS OBJETOS TÉCNICOS (DO),

Du mode d'existence des objets techniques, 1958.
GILBERT SIMONDON, 1924-1989.

O conhecimento do objeto técnico é necessário, caso contrário ele se tornará sagrado: idolatrado ou amaldiçoado. A evolução técnica, após o instrumento portado pelo homem, que prolonga seus órgãos, faz surgir o indivíduo técnico, unidade de elementos com causalidade *recorrente* de ações, objeto "concreto" que tende para a coerência interna, caráter dos seres vivos. Disso resultam duas situações do objeto técnico: sua minoridade social, quando é manejado pelo saber implícito do hábito, e sua maioridade social, quando exige conhecimento de suas interações internas. Mas o século XX recria uma alienação, porque a máquina não prolonga mais o esquema corporal, e seu funcionamento só é conhecido por especialistas. No entanto, há uma relação entre o homem com o indivíduo técnico, não só em sua invenção, mas quando, juntos, realizam melhor uma função reguladora do que realizaria cada um isoladamente: porque o homem seleciona formas em função de seu passado, e pode modificar os problemas que precisam de solução por recorrência do futuro sobre o presente; a máquina, por sua vez, só reage ao já dado; precisa, pois, do homem para ser programada.

É preciso situar a essência da técnica no interior dos diversos nexos humanos com o mundo: a partir da unidade mágica primitiva, a técnica fragmenta o mundo em objetos; a religião, em sujeitos. O objeto estético visa a manter a unidade mágica, apresentando uma totalidade que exige minha participação; assim, técnica e religião se desdobram em práticas e teorias, cujas distâncias são mediadas pela ética e pelas ciências.

A conclusão põe em xeque o desconhecimento da técnica por Marx e sua definição do trabalho, por Aristóteles e sua distinção entre matéria e forma (pois a ignorância da operação técnica que os faz coincidir é alienação), por Platão, que opõe ação sobre o devir e contemplação do eterno, e por Bergson, que inverte essa oposição em contemplação da duração e trabalho sobre o estático.

Esse estudo conseguiu superar os discursos fáceis e a ideologia laudativa ou denegridora, para explorar de um modo denso, preciso e original a essência da técnica, desde os instrumentos simples até as máquinas mais complexas.

Estudo: Gilbert Simondon, número especial de *Cahiers philosophiques*, n.º 43, CNDP, 1990.

MOISÉS E A RELIGIÃO MONOTEÍSTA, *Moses und die monotheistische Religion*, 1939.

SIGMUND FREUD, 1856-1939.

Essa coletânea de três ensaios ("Moisés, um egípcio"; "Se Moisés é egípcio..."; "Moisés, seu povo e a religião monoteísta") é o último texto de Freud. Constitui uma estranha mescla do método antropológico inaugurado em *Totem e tabu** com os princípios do romance histórico e as regras fundamentais da psicanálise. O conjunto dos três ensaios põe em prática uma dialética entre individual e coletivo: o coletivo nasce de processos individuais (indivíduos, acontecimentos isolados e primitivos), enquanto o individual tem origem nos processos coletivos, tais como a religião que assume e sublima a culpa individual.

Os dois primeiros ensaios formulam e justificam uma hipótese básica: Moisés, fundador da religião e da identidade judaicas, seria egípcio. Além desses dois breves pontos, Freud desenvolve a afirmação última e essencial da obra: Moisés é uma figura emblemática da humanidade, não por ser divinizado, mas por ser "humano, demasiado humano", e essa humanidade de Moisés é testemunho da humanidade da religião que ele fundou. A religião é menos uma doutrina que uma tentativa de assumir ou resgatar o assassinato primitivo do pai da horda (ou da religião), adorando-o. O próprio Moisés proveio desse drama primitivo, única e perpetuamente repetido na história da humanidade, da cultura e do espírito.

O sentido desse último livro de Freud não é, pois, realmente histórico nem espiritual; é *trágico* por descrever um homem prisioneiro do drama original que marca sua história.

Edição portuguesa: *Moisés e a religião monoteísta*, Lisboa, Guimarães, 1990.

Estudo: D. Bakan, *Freud et la tradition mystique juive*, Payot, 1977.

MONADOLOGIA, *La monadologie*, 1721.

GOTTFRIED WILHELM LEIBNIZ, 1646-1716.

Para explicitar seu sistema filosófico, Leibniz expõe sua teoria por um novo ângulo, o da Mônada. Essa noção aparece já então como o cerne de sua doutrina; é seu ponto de partida e também de chegada. Isto porque, num primeiro momento, ele define a Mônada como uma "substância simples", ou seja, uma unidade (do grego μόνας, *monas*) primeira, da qual todos os objetos seriam compostos. Essa simplicidade é por definição sem partes, remetendo portanto ao caráter único e absoluto de toda existência; inversamente, a realidade concreta e fenomênica do mundo só existe na forma de compostos de várias mônadas. Em outras palavras, essas substâncias simples constituem "os Elementos das coisas, [...] os verdadeiros Átomos da Natureza". Indivisíveis, elas não participam de nada que esteja fora de si mesmas; são, portanto, incorporais, imutáveis, inalteráveis, imortais, e "só poderiam começar por criação e acabar por aniquilação" de Deus. Por isso, cada mônada é diferente qualitativamente de cada outra mônada; é preciso então aceitar que essas unidades contêm em si princípios de mudança que permitem distingui-las, princípios internos, pois nada as afeta de fora. Essa mudança natural é, aliás, necessária em si, pois só Deus não contém em seu Ser graus de evolução.

Mas quais são as características desse movimento interno? Por que Leibniz recorre a essa concepção "substancial" do universo? Para o autor, essas substâncias são "Enteléquias", ou seja, realizações que tendem à perfeição. Elas são o elo entre um Deus perfeito e todas as criaturas perfectíveis. Ora, é preciso compreender essa "apetição", esse desejo de perfeição, como princípio interno de evolução da mônada, no sentido de tendência a uma percepção do mundo cada vez mais distinta. Isto porque os múltiplos estados da evolução de uma mônada são percepções novas: cada ser de nosso mundo recebe uma infinidade de percepções; mas se o animal não se lembra da percepção precedente e só tem conhecimento confuso e inconsciente (motivo pelo qual o autor fala do "aturdimento" de uma "mônada nua"), o homem, pelo caráter de sua alma – detentora de memória –, é capaz de associar suas diversas percepções. Assim, a alma humana, que é uma mônada enquanto substância indivisível, tende a realizar esse desejo de perfeição. Tal é, aliás, o papel da razão que permite que o homem tenha consciência de si, portanto que se conheça e reconheça seu desejo pelo perfeito.

Assim, o espírito, que percebe de maneira inata a existência de verdades eternas, deve admitir a necessidade da existência de um Ser superior e perfeito, cuja representação e expressão em nosso mundo são as mônadas. Pensando Deus, devemos admitir, por um lado, que ele existe (pois se ele é perfeito, contém em si a existência, que é uma perfeição), e por outro lado que ele constitui a "Razão suficiente" da existência de qualquer coisa. Ele é sábio (conhece as Idéias eternas), bom (escolhendo o melhor dos mundos possíveis) e poderoso (dando-lhe existência). Por isso, cada mônada é reveladora do universo harmonioso criado por Deus.

Para o homem, então, compreender seu lugar na "Cidade de Deus" é perceber o universo através de sua substância individual, sua mônada, que é sua alma racional. Pois se cada mônada tem um lugar determinado, percebendo, portanto, o mundo de um "ponto de vista particular", todas estão interligadas por "séries" que "se encontram em virtude da harmonia preestabelecida". Por exemplo, a alma e o corpo são duas séries totalmente distintas que se cruzam, permitindo que o homem conheça sua finalidade; o corpo, "olho da alma", descobre para a razão a beleza da "República Universal", e dá ao homem o sentido de seu lugar no mundo: amar a Deus admirando sua criação.

Escrita em 1714, ou seja, dois anos antes da morte do autor, mas publicada bem mais tarde (em 1721 a tradução latina; em 1840 a versão original francesa), *Monadologia* certamente mostra ser a obra mais bem-sucedida de Leibniz. Ao contrário das intenções que animam os textos anteriores, sua preocupação maior não é mais justificar a bondade divina e a necessidade de o homem fazer o bem (temas de *Ensaios de teodicéia**, de 1710), nem mesmo provar que a criação de Deus constitui "o melhor dos mundos possíveis" (em especial em *Sobre a origem radical das coisas**, de 1697). Seu projeto nessa obra lembra os primeiros textos, nos quais Leibniz tentava explicar a organização do mundo, tanto do ponto de vista mecânico quanto do metafísico. Mas não se pode negar que nos primeiros ensaios seu sistema estava ainda na fase de esboço (ainda que, em seu *Discurso de metafísica**, de 1686, ele já mencionasse a noção de "substância"), e não se distinguia nitidamente das teorias de Descartes, assim como não se pode negar que esse texto, em sua tecnicidade, constitui a obra maior da metafísica leibniziana, na qual é possível encontrar alguns aspectos não muito distantes das filosofias de Plotino e Spinoza.

Edição brasileira: *Monadologia; discurso de metafísica e outros textos*, São Paulo, Abril, 1983 (Os pensadores).

Estudo: Y. Belaval, *Leibniz, initiation à sa philosophie*, Vrin, 1975.

MONARQUIA (DA), *De monarchia*, 1559.

DANTE ALIGHIERI, 1265-1321.

Esse tratado de filosofia política, redigido por volta de 1310, foi impresso pela primeira vez em Basiléia no ano de 1559.

O fundo histórico da obra é a luta travada em Florença entre guelfos, fiéis ao papado, e gibelinos, defensores do Estado monárquico moderno, aos quais Dante se aliara. Não é essa obra um tratado faccioso, mas um trabalho teórico nitidamente centrado na história romana e numa metafísica de inspiração aristotélica.

O princípio imperial (monárquico) é garantia de unidade, portanto de paz; visto que a independência dos dois poderes (Igreja e Império) se baseia na dualidade da natureza humana, é necessário que haja duas instituições (uma celeste e outra terrena, dirigidas separadamente pelo papa e pelo imperador); mas isso não exclui a necessidade última de um princípio dominante: o imperador como mediador de Deus na Terra e garantia de unidade social, sendo o papa a figura de um poder espiritual só pertencente a Deus.

Traçando talvez a primeira figura de um espaço político próprio, legitimando sua unidade e sua universalidade, Dante prepara caminho para Bodin e para os teóricos modernos da política.

Estudo: E. Gilson, *Dante et la philosophie*, Vrin, reed. 1972.

MONOLOGION (SOLILÓQUIO),

O c. 1075.

ANSELMO DE CANTUÁRIA (santo), 1033-1109.

O assunto dessa obra é a "essência divina". O autor apresenta as provas ontológicas da existência de Deus. Existem essências supremas (o Bem em si, o Grande em si, o Ser em si), e delas o homem só percebe manifestações sensíveis imperfeitas. Essa perfeição a que a alma humana aspira obriga-nos a admitir a existência de Deus. Essa obra trata do problema da trindade: Deus é "uno" por natureza e "triplo" em sua pessoa; é o "Verbo": é eterno e procede de si mesmo; é o Espírito Santo: o Amor consubstancial que procede do Pai e do Filho pela "espiração".

Nesse tratado, que pretende demonstrar as verdades essenciais da fé, sente-se a influência de Agostinho. Tomás de Aquino retomará e aprofundará esse tipo de reflexão.

Estudo: J. Moreau, *Pour ou contre l'insensé: essai sur la preuve anselmienne*, Vrin, 1967.

MORAL E A CIÊNCIA DOS COSTUMES (A), *La morale et la science des moeurs*, 1903.

LUCIEN LÉVY-BRUHL, 1857-1939.

Essa obra esforça-se por demonstrar que todas as morais teóricas são vãs, e propõe a constituição de uma ciência positiva que teria como tarefa estudar os costumes, a fim de determinar a natureza das leis de regulação dos comportamentos, sem procurar propor prescrições fundamentadas absolutamente, como geralmente faz a filosofia moral desde a Antiguidade.

Isso porque toda moral parece ser relativa a um contexto sociológico ou histórico dado. O que tenderia a confirmar a tese, essencial para Lévy-Bruhl, de que não existe natureza humana universal e definível abstratamente. Nessa obra são então propostas as bases do relativismo que, responsável pela celebridade de Lévy-Bruhl, provocou numerosos debates quando ele pôs em xeque (em *A mentalidade primitiva** especialmente) a universalidade das regras do raciocínio lógico.

A moral e ciência dos costumes é uma obra que está um tanto esquecida, embora não lhe falte audácia quando afirma não só que os espíritos formados por culturas diferentes são irredutíveis, mas ainda que não existe hierarquia entre costumes "primitivos" e costumes "civilizados".

Estudo: J. Cazeneuve, *Lévy-Bruhl*, P.U.F., 1963.

MORTE (A), *La mort*, 1966.

VLADIMIR JANKÉLÉVITCH, 1903-1985.

Essa é a obra mais vasta e influente do autor. Nela o filósofo apresenta a síntese de sua reflexão. A morte é um fenômeno natural e um mistério, como tudo o que sobrevém ao homem. É um "quase-nada" e um "não-sei-quê". Jankélévich não admite o "absurdo" da sobrevida nem o da "niilização". Meditando uma vez mais sobre os heróis de Tolstoi, o filósofo descobre um imperecível "simples como bom-dia e boa-noite": o que foi está salvo para a eternidade da inexistência eterna.

O caráter desconcertante e mesmo vertiginoso da morte provém da seguinte contradição: por um lado um mistério que tem dimensões metempíricas – ou seja, infinitas, ou melhor, não tem dimensão alguma – e por outro lado um acontecimento conhecido que às vezes ocorre diante de nossos olhos.

Por que a morte do outro é sempre uma espécie de escândalo? Por que esse acontecimento tão normal desperta em quem o presencia tanta curiosidade e horror? Por que nos espantamos cada vez que um ser vivo desaparece, como se tal acontecimento se desse pela primeira vez? Essa mescla de familiaridade e de estranheza é a marca da morte – insólita e no entanto familiar para todo ser humano –, tal é essa naturalidade contra a natureza, tal é essa sobrenatureza natural da morte.

Lucrécio quer provar a tranqüilizadora legalidade física da dissolução mortal e faz tudo o que pode para nos convencer disso, provavelmente para convencer-se a si mesmo: negligencia a profunda e irredutível *estranheza* de um fato quase tão natural quanto a queda dos corpos graves e no entanto tão misterioso em seu fundo. A aniquilação definitiva de uma pessoa será simplesmente obediência às leis de alguma gravidade metafísica? A tragédia da morte pessoal impugna as consolações do atomismo. Enquanto Deus está absolutamente distante, a morte está ao mesmo tempo distante e próxima. É por certo essa extrema proximidade que explica a tentação do candidato ao suicídio diante do instrumento de seu perecimento: entre o ser vivo e os grandes segredos do Além, não haveria por acaso apenas a espessura do objeto de suicídio?

Por outro lado, Jankélévich conjuga a morte em todas as pessoas. A existência para si que caracteriza o Eu é da ordem do insubstituível e do incomparável; quando essa existência está em perigo, a afetação de serenidade não pode mais enganar. Minha própria morte é um outro modo de encarar a morte: ela é uma morte que conturba o mundo, uma morte inimitável que não tem semelhante.

A morte na terceira pessoa é a morte-em-geral, a morte abstrata e anônima, ou então a morte-própria, encarada esta de maneira impessoal e conceptual, do modo como um médico encara sua própria doença; para um médico-doente em quem o doente se submete ao médico, a tragédia é fenômeno. A morte em terceira pessoa é problemática: é um objeto como outro, um objeto que se descreve ou que se analisa do ponto de vista médico, biológico, social ou demográfico, e que representa o cúmulo da objetividade não trágica. O Eu, nesse contexto, torna-se sujeito anônimo de uma morte indiferente, sujeito que não teve sorte e que foi sorteado para morrer.

A morte em segunda pessoa ("Tu") representa o primeiro Outro, o outro imediatamente outro e o não-eu em seu ponto de tangência com o eu, o limite próximo da alteridade. Por isso, a morte de um ser querido é quase a nossa, quase tão dilacerante quanto a nossa: é o inconsolável a chorar o insubstituível. No compadecimento e na tristeza dilacerante que o desaparecimento do ser amado nos inspira, vivemos a morte do próximo como nossa morte-própria, mas, reciprocamente, essa proximidade sem coincidência, essa vizinhança familiar sem identificação nos permitem pensar a morte de outrem como uma morte estranha. A distância entre o Eu e o Tu representa a distância mínima aquém da qual passamos a ser capazes de projetar o objeto de conhecimento.

A primeira pessoa do singular só pode conjugar "morrer" no futuro; inversamente, o presente e os pretéritos do indicativo só são conjugados na segunda e na terceira pessoas. Quem diz "Eu morro" está vivo, pois, se acredita morrer, desmente-se a si mesmo. Dizer "Eu morro" é uma aporia, pois isso só pode ser dito de si mesmo no futuro; no passado e no presente, só pode ser dito dos outros. A primeira pessoa só pode contar com uma conjugação defectiva, sem passado nem presente.

Estudo: Jankélévitch, revista *L'arc*, n.º 75, 1979.

MORTE E O PENSAMENTO (A),

La mort et la pensée, 1973.

MARCEL CONCHE, nascido em 1922.

Em sua obra, Marcel Conche, professor de filosofia e metafísico, reconhece o elo ontológico fundamental existente entre o pensamento e a morte e critica a concepção comum segundo a qual o melhor é afastarmos a morte de nosso pensamento para sermos felizes; ressalta o caráter ilusório dessa idéia que, se fosse concebível, implicaria a ausência total de consciência e pensamento. "Só deixamos de pensar na morte quando deixamos de pensar." O pensamento está, portanto, intimamente interessado na morte; e "para o pensamento a morte não é algo alheio; ao contrário, de certa maneira, ele se encontra em si mesmo".

Todo pensamento é, portanto, pensamento da morte; e, partindo de idéias comumente aceitas, o autor faz surgir dialeticamente a profundidade inegável dessa relação.

Estudo: M. Conche, *Vivre et philosopher, réponses aux questions de Lucile Laveggi*, P.U.F., 1992.

MUDANÇA ESTRUTURAL DA ESFERA PÚBLICA, *Strukturwandel der Öffentlichkeit*, 1962.

JÜRGEN HABERMAS, nascido em 1929.

Redigida como tese de sociologia junto à universidade de Marburgo (1961), essa obra foi publicada na Alemanha em 1962 e traduzida para o francês em 1978.

Habermas faz aqui uma *arqueologia* da esfera pública, entendendo essa expressão como aquilo que é *público* em oposição ao que é *privado*, como a atividade que confere *publicidade* (por oposição ao que é *secreto*); é aquilo que, para se constituir, precisa de um público: a publicidade nasce no mundo da Grécia antiga com uma distinção entre esfera privada (οἶκος, *oikos*), pertencente ao mundo doméstico, e esfera pública (πόλις, *pólis*), que se manifesta na ágora. A publicidade é também uma *dimensão constitutiva* da burguesia quando, nos séculos XVII e XVIII, com os salões, cafés, sociedades de leitura, começa "a existir uma esfera pública que faz uso público de sua razão" e quando ocorre aos poucos a passagem de uma esfera pública *literária* para uma esfera pública mais especificamente *política*.

Habermas traça o histórico dessa noção de espaço público (e de sua configuração mutável no sistema social), passando em revista o mundo grego, o mundo feudal (em que a esfera pública é estruturada pela representação), a monarquia, a sociedade burguesa (em que existe uma verdadeira opinião pública feita para discutir) e, por fim, o mundo contemporâneo (com uma opinião "não pública", visto que o público só é feito para aclamar).

É deliberadamente o modelo "liberal" de opinião pública que se expõe, cujos sujeitos são das camadas "cultas", e não sua variante plebéia (cuja história, por exemplo com Robespierre, é momentaneamente investida pelo "povo" inculto); tanto quanto sua variante plebiscitária e aclamativa, dos regimes ditatoriais das sociedades industriais avançadas. No entanto, Habermas estuda também a transformação desse modelo liberal, quando o estado constitucional liberal é aos poucos substituído pelo Estado social. A partir daí, assiste-se a uma espécie de "refeudalização", e a publicidade se torna demonstrativa e manipuladora para garantir o assentimento plebiscitário de um público avassalado.

Edição brasileira: *Mudança estrutural da esfera pública*, Rio de Janeiro, Tempo Brasileiro, 1584.

Estudo: J.-M. Ferry, *Habermas, l'étique de la communication*, P.U.F., 1987.

MUNDO COMO VONTADE E REPRESENTAÇÃO (O),

Die Welt als Wille und Vorstellung, 1818.
ARTHUR SCHOPENHAUER, 1788-1860.

Já nas primeiras linhas do prefácio à primeira edição, Schopenhauer ressalta a diferença entre um sistema de pensamentos e um pensamento único: "Um sistema de pensamentos deve sempre ter alguma interligação arquitetônica, de tal modo que uma parte sustente a outra, mas não inversamente; o fundamento sustenta o resto mas não é sustentado por ele, e o ápice é sustentado mas nada sustenta. Ao contrário, um pensamento único, por mais vasto que seja, deve conservar a mais perfeita unidade." Ainda que, para maior comodidade da exposição, sejamos obrigados a dividir esse pensamento em partes, deve-se cuidar para que cada uma dessas partes "sustente o todo enquanto é sustentada por ele, que nenhuma seja a primeira e nenhuma a última; que, por meio de cada uma, o todo se torne mais distinto, mas que a menor delas não possa ser plenamente entendida sem que o todo seja antes compreendido". No homem "de um único pensamento", com o qual se identifica o autor, toda observação, toda reflexão remete à sua idéia como a um centro fixo. Nada há de mais variado, heterogêneo e díspar que os temas de Schopenhauer (arte, estilo, mulheres, jogo, segunda visão, telepatia, música), mas, aprofundando-se em cada um desses assuntos, ele tem certeza de encontrar "o único pensamento".

A filosofia schopenhaueriana é uma sucessão de "ataques doutos". O primeiro prolonga o idealismo kantiano ao afirmar que o mundo, tal como nós o conhecemos, é apenas nossa representação, e não tem realidade em si; é apenas um "sonho de nosso cérebro", um sonho bem conexo, mas que não tem mais realidade substancial que os do sono. Segundo ataque: o idealismo kantiano permite-nos não ser enganados por este mundo; mas leva-nos a perguntar "se este mundo nada mais será que representação; e nesse caso deveria passar diante de nós como um sonho sem substância, ou como um fantasma aéreo, indigno de valor; ou então indagaríamos se ele não é alguma outra coisa"; a necessidade "metafísica" de uma realidade e o assombro diante da existência nos levam a ver neste mundo um enigma que deve ser decifrado.

É a experiência interior que começa a nos esclarecer; ela nos leva a conhecer-nos como indivíduos que têm tendências, necessidades, aspirações; em sentido amplo, uma vontade (*Wille*); ademais, ela nos faz ver essa vontade tão estreitamente ligada a nosso corpo que toda tendência ou desejo se traduz imediatamente em movimento corporal. O corpo, que é um objeto entre outros, aparece como expressão de uma vontade; bem mais, como uma vontade mesma. Ele é a vontade conhecida pelo exterior, como representação: "A vontade é o conhecimento *a priori* do corpo, e o corpo é o conhecimento *a posteriori* da vontade, [...] meu corpo é a objetividade de minha vontade."

Por outro lado, a raiz do mal inerente à existência é o *querer-viver*, absurdo, sem razão e sem finalidade, que engendra sempre novas necessidades e, com elas, novas dores. Toda a experiência humana se esclarece; compreende-se então o amor sexual e seu furor; seu ciúme e seu poder ignoram a razão; sua seriedade trágica dá incessantemente origem a novos seres para novos sofrimentos; nunca terminam os malefícios do "gênio da espécie". Donde as célebres diatribes de Schopenhauer contra as mulheres, cuja pretensa beleza é o engodo que nos é oferecido pelo gênio da espécie. E quando o homem finalmente satisfez seus desejos começa o *tédio*, mal que ele teme tanto quanto o sofrimento, e que pode levá-lo ao desespero. Não se deve esperar progresso nenhum para a humanidade, pois os mesmos males – doença, crime, guerra – renascem sem cessar. Não se pode opor a esse pessimismo a existência do prazer: pois a dor que nasce do querer-viver é a única realidade positiva, e o prazer só é sentido no momento fugaz em que cessa a dor.

Quanto à arte e à moral, são revelações diretas da essência das coisas, verdadeiras gnoses que por si sós têm o efeito de acalmar a vontade, sem que sejamos forçados a passar pelo crivo da filosofia. O filósofo só tem então de refletir sobre as experiências do artista e sobre os atos com valor moral; encontrará no gênio e no asceta um conhecimento direto da essência do mundo, mas ao mesmo tempo uma libertação da ação nociva da vontade: esse terceiro e esse quarto ataques, ao mesmo tempo que desvelam a vontade, tornam-na inofensiva. É a imensa influência dessas duas últimas partes que fez de Schopenhauer, segundo Nietzsche, o "educador" da geração seguinte.

Edição brasileira: *O mundo como vontade e representação*, São Paulo, Nova Cultural, 1991.

Estudo: A. Philonenko, *Schopenhauer, une philosophie de la tragedie*, Vrin, 1980.

MUNDO DO ESPÍRITO (O),

Die geistige Welt, 1926.
WILHELM DILTHEY, 1833-1911.

Dilthey investiga a especificidade das ciências do espírito, por oposição às ciências da natureza. O volume reúne ensaios sobre o fundamento das ciências morais: história das ciências humanas e sociais, crença na realidade do mundo exterior, gnosiologia, hermenêutica, psicologia comparada.

Estudo: A. Kremer-Marietti, *Wilhelm Dilthey et l'anthropologie historique*, Seghers, 1971.

MUNDO DOS VALORES (O),

Le monde des valeurs, 1948.
RAYMOND RUYER, 1902-1987.

Mais que uma discussão sobre a posição dos valores, Ruyer propõe um estudo sobre os próprios valores. Submete a exame sistemático os diferentes temas do mundo dos valores, baseando-se nos escritos de Kierkegaard, Bergson e Kant. Mas, em vez de ressaltar suas incompatibilidades, aplica-se, ao contrário, a conciliá-los, com a preocupação constante de evitar qualquer dogmatismo.

Estudo: J. Parain-Vial, *Dictionnaire des philosophes*, P.U.F., 1984.

MUNDO E O INDIVÍDUO (O),

The World and the Individual, 1900 e 1901.
JOSIAH ROYCE, 1855-1916.
Coletânea de conferências.

Essa coletânea reúne duas séries de conferências sobre o idealismo absoluto, proferidas em 1899-1900.

A primeira série – a mais importante – tem como subtítulo *Quatro concepções históricas do ser*. Seu objetivo é descobrir a natureza do ser; como este só pode ser apreendido no ato de conhecer, não há ontologia sem teoria do conhecimento. Royce começa por rejeitar realismo, misticismo e criticismo, pelo menos parcialmente. A originalidade de seu idealismo reside num *voluntarismo absoluto*: para o indivíduo, ser é *ser livre*. O sujeito é então um sujeito individual, e não universal, que, por assim querer, tende para a realização de seu ser no objeto. A relação entre idéia e objeto é, portanto, uma relação teleológica: a idéia corresponde ao objeto porque tende para ele, e, em última instância, a *meta* absoluta é a realidade absoluta. Ademais, esse voluntarismo é um pragmatismo, pois a idéia enquanto *meta* constitui um plano de ação.

A segunda série de conferências é a aplicação dessa concepção do ser à natureza, ao homem e à ordem moral. Royce sofreu inicialmente a influência de Ralph W. Emerson, que havia introduzido o idealismo kantiano nos Estados Unidos, e depois a de William James, que o orientou para a filosofia. Seu idealismo absoluto começa resistindo ao pragmatismo, mas incorpora-o depois de modo original. É graças a esse pragmatismo – cujo verdadeiro inspirador é Charles S. Peirce – que o idealismo de Royce é tipicamente americano; mas caracteriza-se também pela dimensão lógica que lhe será conferida em *Ensaios lógicos* (1951).

Estudo: G. Bourrique, *La philosophie de Josiah Royce*, Vrin, 1988.

N

NÃO-SEI-QUÊ E O QUASE-NADA (O),
Le je-ne-sais-quoi et le presque-rien, 1957.
VLADIMIR JANKÉLÉVTICH, 1903-1985.

Tentar pensar o Ser já é de saída colocar um paradoxo: ele se mostra inexprimível, indizível, portanto indemonstrável. Essa "totalidade espiritual" é precisamente aquilo que tem a existência mais incerta. Mas se o Ser não passa de um "não-sei-quê", há no parecer um "alguma-coisa" que o manifesta. A parecença revela o Ser. Nem aparência nem discurso; o Ser não é tampouco devir. No entanto, o tempo é a essência de um Ser expresso no devir. Assim, quando queremos agir, o ato está, como já lá, implicado em nossa vontade de fazê-lo ser. Isso significa que o ato, sempre no devir, está perpetuamente por ser feito. Falta um "quase-nada" para completá-lo, que seria o instante em que o Ser apareceria; mas esse instante é já um "quase-nada de duração".

Esse ato que está por ser feito, único que pode completar nossa carência de ser, foi explicitado por Jankélévich em seu *Tratado das virtudes** de 1949: é ato virtuoso de amor, o instante, a ocasião em que "a benevolência é o encanto da beneficência". Só o amor pode exprimir uma "certeza infalível" quanto ao Ser de nosso dever-fazer.

Estudo: *Écrit pour Vladimir Jankélévich* (vários autores), Flammarion, 1978.

NASCIMENTO DA TRAGÉDIA,
Die Geburt der Tragöedie aus dem Geiste der Musik, 1872.
FRIEDRICH WILHELM NIETZSCHE, 1844-1900.

A primeira obra publicada de Nietzsche resolve o difícil problema da origem da tragédia, que, segundo ele, nasceu do espírito da música. Mas a verdadeira questão do livro está além disso: o problema filológico é substituído pelo problema da "psicologia das profundezas", pois a tragédia representa para Nietzsche o verdadeiro "labirinto" da psique humana.

A própria obra contém uma estrutura labiríntica com três níveis: uma entrada no plano superior, dando acesso à pirâmide da ciência, tão apreciada por Sócrates; a travessia, pelo plano médio, do mundo intermediário dos deuses olímpicos, acima dos quais reina Apolo, guardião da medida e do sonho; e a descida infinita para o plano inferior de Dioniso, que, tal como Minotauro, detém o descomedimento e a embriaguez.

A partir daí e até o fim de seu pensamento, Nietzsche distinguirá um conhecimento desesperado, assim como se tornará o conhecimento científico, e um conhecimento trágico, que ele mesmo propõe com base na verdade profunda do homem.

Edição brasileira: *O nascimento da tragédia ou helenismo e pessimismo*, São Paulo, Companhia das Letras, 1992.
Estudo: A. Kremer-Marietti, *L'homme et ses labyrinthes. Essai sur Friedrich Nietzsche*, col. 10/18, U.G.E., 1972.

NATUREZA (DA), Περὶ φύσεως,
PARMÊNIDES DE ELÉIA, c. século V a.C.

Esse poema de que possuímos apenas o começo não tem muito que ver com a simplicidade do estilo prosaico jônico (o dos milésios), nem com as poderosas imagens de Heráclito. O tom da obra, sobretudo em seu início, é decididamente esotérico. A mensagem apresenta-se como um rito iniciático, por meio do qual o poeta, conduzido num carro pelas filhas do Sol, chega às portas do dia, guardadas pela Justiça; esta, abrindo as portas, entrega ao poeta a mensagem de verdade.

Em sua forma, essa narrativa deve provavelmente muito à literatura escatológica do orfismo. O exame do conteúdo filosófico do poema deixa transparecer muitas influências (pitagóricas, entre outras), que os historiadores da filosofia e os filólogos tentaram identificar, sem chegarem a resultados absolutamente indiscutíveis. O próprio texto do poema não está formalmente assentado, sendo possível que tenham circulado várias edições, inclusive em versões não autenticadas.

Seria errôneo reduzir à sua forma místico-poética a mensagem do filósofo de Eléia. Na verdade, a prioridade é dada ao raciocínio lógico mais implacável, uma vez transpostas as portas da Verdade.

Parmênides apresenta-se como uma espécie de anti-Heráclito: devir, nascimento, morte, separação e engendramento recíproco das coisas, geração e corrupção, essas são coisas de que é proibido falar. Para Parmênides, tudo isso é da alçada da opinião, escrava das aparências sensíveis. Para ter acesso à verdade, é preciso, ao contrário, raciocinar.

Tal é sem dúvida a originalidade fundamental de Parmênides, sua força e também sua fraqueza: confiar tudo ao raciocínio, nada admitir que não seja estabelecido pela razão, ainda que a evidência sensível pareça impor-se com grande força.

Portanto, raciocinemos. Sobre o ser o que se pode dizer? O que se deve dizer? Isto, só isto: que é. Falar de devir e engendramento a partir de elementos primitivos (como fazem, por exemplo, os jônicos) é incidir em erro, pior, em erro lógico. Pois o que significa afirmar: "Isto se torna aquilo", "Isto engendra aquilo"? É simplesmente dizer que isto *deixa de ser* isto, *não é mais* isto (para tornar-se outra coisa), e que, por conseguinte, isto não é isto, ao mesmo tempo que é, pois ao lhe atribuirmos o devir, continuamos a fazer disto o sujeito desse devir! Falar de devir, de geração e de corrupção é, portanto, alojar o não-ser no próprio âmago do ser, atribuir o nada, como uma propriedade, ao ser. O que é contraditório, portanto irracional.

O ser é. O não-ser não é. Tal é o texto da filosofia. Poderíamos achar que isso é um tanto lacônico. Mas quem disse que a verdade deveria apresentar as cores vistosas do sensível?

Fisicamente, todo movimento está naturalmente – ou seja, logicamente – excluído.

Pois o que é dizer que um ser se move, ou se desloca? É dizer que está e não está ao mesmo tempo aqui. Zenão de Eléia extrairá conhecidos paradoxos dessa contradição. E que ninguém tente, como Diógenes – que se levantava em meio à conferência para percorrer a sala – provar o movimento andando. Pois isso é afirmar implicitamente que escolhemos a experiência sensível contra o raciocínio, o que deveria ainda ser justificado. O eleatismo parmenidiano é, pois, um imobilismo.

Portanto, uma única realidade pode ser pensada: a esfera perfeita, fisicamente contínua, isótropa e homogênea, finita, incriada – ou melhor, eterna –, imóvel. Tal é a via da verdade, o que não impede de modo algum que seja seguida a da opinião (o que Parmênides não se abstém de fazer no domínio das especulações cosmológicas), desde que se saiba que não se trata de ciência.

A influência de Parmênides foi imensa. Não é exagero dizer que, depois dele, todas as especulações metafísicas precisarão enfrentar o problema por ele levantado. Cerca de vinte e cinco séculos após o poema de Parmênides, Bergson discute os paradoxos oriundos do eleatismo. Mas, acima de tudo, Parmênides inaugura uma tradição racionalista que atravessa toda a história da filosofia e que, de certa maneira, é a própria filosofia... e a ciência também, sem dúvida. Para melhor, mas também – dirão alguns – para pior; "isso não é pensável segundo a razão, portanto não pode ser": um tal princípio – que assenta no desprezo pela experiência – produziu alguns frutos amargos; pense-se, por exemplo, na obstinação da física escolástica contra a ciência moderna, ou mesmo na obstinação de um Descartes contra a mecânica experimental de Galileu!

Estudo: J.-P. Dumont, apresentação dedicada a Parmênides, na edição francesa: "De la nature", in *Les présocratiques*, Gallimard, 1988.

NATUREZA (DA),
EMPÉDOCLES DE AGRIGENTO.
VER FRAGMENTOS.

NATUREZA (DA), HERÁCLITO DE ÉFESO.
VER FRAGMENTOS.

NATUREZA DAS COISAS (A),
De natura rerum.
LUCRÉCIO (TITUS LUCRETIUS CARUS), c. 98-55 a.C.

Esse grande poema é a obra única de Lucrécio. O estabelecimento do texto apresenta inúmeros problemas, que os filólogos discutem desde o Renascimento, sem chegarem a uma solução.

Lucrécio afirma ser tradutor de Epicuro e intérprete de seu pensamento numa cultura latina que conhece mal o materialismo grego. A forma poética da obra (que não teria necessariamente agradado a Epicuro) é justificada por considerações pedagógicas. Esse poema, como indica o título, privilegia a perspectiva da física. A lógica e, sobretudo, a moral estão porém constantemente presentes. A obra é dividida em seis cantos, mas provavelmente está inacabada.

O primeiro canto começa com uma invocação a Vênus, mãe de tudo o que é bom: hino à natureza, ao prazer, à paz (Marte é vencido pelo amor). Segue-se um elogio a Epicuro, o que, em Lucrécio, não é mera formalidade; o poeta latino, prestando homenagem ao papel prometéico de seu mestre, quita uma dívida pessoal: sentia dever à filosofia epicurista sua cura e sua salvação pessoal.

Depois, Lucrécio expõe os princípios fundamentais da física epicurista: os átomos, o vazio, a infinidade do universo, não sem atacar outros "físicos" gregos anteriores (Heráclito, Empédocles, Aristóteles e os estóicos). A exposição lucreciana da física atomista é notável pela abundância e pela vivacidade das imagens que o poeta põe a serviço da teoria.

O canto II começa com preocupações mais morais (o famoso *Suave mari magno*...), e o autor lembra os fundamentos da ética epicurista – terapêutica dos temores pela ausência de dor para o corpo e ataraxia da alma –, para voltar em seguida à física e, mais especialmente, às propriedades do movimento dos átomos. Aqui é introduzida a famosa noção de *clinamen*, ligeiro desvio dos átomos em relação à sua trajetória vertical, que explicaria seus choques e a constituição dos corpos compostos. O *clinamen* suscitou inúmeras discussões teóricas entre os comentadores do materialismo antigo.

Lucrécio empenha-se também em mostrar como as propriedades macroscópicas dos corpos podem ser explicadas pela combinação de corpúsculos elementares (os átomos) que, individualmente, não possuem tais propriedades.

Esse canto termina com uma explicação da gênese e da degenerescência dos mundos no universo eterno e infinito.

Uma vez dissipados os temores religiosos pelo verdadeiro conhecimento da natureza, o canto III ataca outro terror vão do homem: a morte. É aí que se encontra a exposição da doutrina lucreciana da alma. Esta é corpórea, constituída por átomos, não podendo, portanto, sobreviver à morte do corpo, ao qual está ligada (a união da alma ao corpo é objeto de análises e de explicações particularmente precisas nesse canto). No que se refere à morte, retoma-se o essencial da *Carta a Meneceu* de Epicuro (ver *Epístolas e máximas**); mas Lucrécio esmera-se em descrições psicológicas do homem entregue aos pavores criados pelo vão temor da morte.

O início do canto IV trata da percepção, e expõe a teoria dos "simulacros". Sonho e imaginação também são explicados por mecanismos de essência material. O fim do canto IV, menos estruturado, critica o conhecimento por meio das causas finais. Aí também se encontra uma célebre acusação ao amor e às servidões do estado passional.

O canto V expõe a história do mundo – o nosso, pois há uma infinidade de outros –, história na qual Lucrécio nega qualquer papel à providência. A história da humanidade e de suas conquistas progressivas (vida social, linguagem, técnica, organização política etc.) deixa uma impressão ambígua: visão otimista de marcha para o progresso, ou quadro pessimista de um processo de decadência?

O canto VI trata dos meteoros e termina com uma terrível descrição da peste que assolou Atenas no tempo das guerras do Peloponeso – fonte de inspirações múltiplas na literatura.

O poema de Lucrécio ocupa o primeiríssimo plano entre os escritos do pensamento ocidental. O interesse teórico nada perde para o valor poético. *Da natureza* exerceu imensa influência sobre o pensamento filosófico: como um parâmetro que, nas mãos dos idealistas, serviu para transformar a referência a Epicuro e a Lucrécio em algo assustador, e como referencial insuperável para todo o materialismo (Gassendi, Spinoza, Marx e outros).

Edição portuguesa: *A natureza das coisas*, Lisboa, Jorge Ferreira Matto, 1851.

Estudo: M. Conche, *Lucrèce et l'experience*, Éd. de Mégare, 1981.

NATUREZA DOS DEUSES (DA),

De natura deorum, ○ de 45 a 44 a.C.
CÍCERO (Marcus Tullius Cicero), 106-43 a.C.

Composto por três livros, esse tratado relata uma conversação que se teria desenrolado em 77 a.C. entre três personagens: o epicurista Veleio, o estóico Balbo e o intérprete do autor, Aurélio Cota.

Nesse diálogo, Veleio expõe a doutrina epicurista: os deuses existem, mas vivem bem-aventurados em completa autarcia e, por conseguinte, não intervêm nos assuntos humanos; portanto, não se deve esperar deles castigo ou favor. Balbo expõe, por sua vez, a doutrina estóica: os deuses existem e desempenham um papel providencial tomando parte do desenrolar da vida e dos acontecimentos humanos.

Essas duas teorias, segundo Cícero, são extremas e inaceitáveis. Intervém então um terceiro interlocutor, Cota, que exprime seu próprio pensamento. Depois de refutar a teoria do epicurista, Cota condena o politeísmo bem como qualquer visão antropomórfica dos deuses. Deus não é um ser concreto: é espírito.

Esse tratado, redigido pouco tempo depois do assassinato de César, é dedicado a Brutus, seu assassino; é um tríptico dialético; na verdade são expostas três teorias: epicurismo, estoicismo e o neoplatonismo.

Ao mesmo tempo que critica as posições religiosas das duas primeiras doutrinas, Cícero mantém-se neutro. Entre esses dois extremos, escolhe, por intermédio de seu duplo Cota, uma via do meio, comedida e equilibrada.

Essa obra não contém nenhuma teoria nova ou original; não apresenta soluções pessoais, mas, no que se refere à teologia antiga, constitui o testemunho de um homem cansado e decepcionado pelos acontecimentos sociais e ideológicos que o afastaram da cena política.

Estudo: P. Grimal, *Cícero*, Fayard, 1986.

NATUREZA E FUNÇÃO DO SACRIFÍCIO, *Nature et fonction du sacrifice*, 1909.

MARCEL MAUSS, 1872-1950.

Mauss analisa o sacrifício como consagração, promoção do profano no nível do sagrado. Apoiando-se mais particularmente no exemplo do ritual védico, Mauss examina as modalidades do sacrifício expiatório ou propiciatório, em especial a necessidade de destruição da vítima. O sacrifício tem valor social uma vez que erige a renúncia em modelo.

Estudo: J. Cazeneuve, *Sociologie de Marcel Mauss*, col. "Le Sociologue", P.U.F., 1968.

NATUREZA HUMANA (DA),

ou Elementos fundamentais da política,
Human Nature, or the Fundamental Elements of Policy, 1650.
THOMAS HOBBES, 1588-1679.
Primeira parte de *Elementos do direito natural e político*.

Nessa obra, Hobbes estuda a natureza do homem – e mais especificamente suas paixões –, tendo em vista estabelecer as condições de sua sobrevivência em comunidade. Para evitar que reine a guerra de todos contra todos, os homens devem renunciar ao direito natural sobre todas as coisas e obrigar-se para sempre a obedecer o príncipe, que, em contrapartida, garantirá a segurança deles. É preciso fazer um paralelo entre esse tratado e um outro texto de Thomas Hobbes, o tratado *Do homem**, que apresenta o mesmo conteúdo de maneira menos organizada.

Estudo: P. Naville, *Thomas Hobbes*, Plon, 1988.

NATUREZA OU DO NÃO-SER (DA)

Περὶ φύσεως ἢ Περὶ τοῦ μὴ ὄντος,
O c. 440 a.C.
GÓRGIAS DE LEÔNCIO, c. 487-c. 380 a.C.

Existem duas versões dessa obra, a de Sexto Empírico e a do pseudo-Aristóteles. Górgias esforça-se por mostrar que nenhum ser existe, por meio de raciocínios que visam tanto ao ser quanto ao discurso. Em Górgias, a ontologia não é separável da arte retórica que o tornou célebre. Antes que de ontologia, caberia falar – em Górgias – de "rejeição a qualquer problemática ontológica" (Jean-Louis Poirier). A argumentação do tratado articula-se em etapas rigorosamente sucessivas, segundo o modo regressivo do "mesmo que" (argumento *a fortiori*): o ser não existe; mesmo que existisse, não poderia ser pensado; e mesmo que pudesse ser pensado, a linguagem não poderia exprimi-lo. A possibilidade da retórica (ver o diálogo de Platão que tem o nome de *Górgias**) baseia-se assim numa ruptura entre os domínios do ser e da linguagem.

Estudo: J.-L. Poirier, apresentação dedicada a Górgias de Leôncio, na edição francesa: "De la nature ou du non-être", in *Les présocratiques*, Bibliotèque de la Pléiade, Gallimard, 1988.

NECESSIDADE OU CONTINGÊNCIA:

Aporia de Diodoro e os sistemas filosóficos,
Nécessité a contingence: Aporie de Diodore et les systèmes philosophiques, 1984.
JULES VUILLEMIN, nascido em 1920.

Para sair do dilema entre necessidade e contingência, é preciso poder resolver a aporia de Diodoro Cronos (século IV a.C.), que Vuillemin reconstrói ressaltando que os antigos só conseguiam "salvar" a liberdade eliminando um dos quatro princípios a seguir expostos (princípios aparentemente "evidentes", mas, infelizmente, nem todos compatíveis entre si): o passado é irrevogável; um possível não pode ser conseqüência de um impossível; há um possível cuja realização nunca se dá, nem no presente nem no futuro; o que é, é necessariamente em que é.

As soluções elaboradas na Antiguidade são mutuamente exclusivas; elas eliminaram toda vez um axioma julgado incoerente, para conservar os considerados inatacáveis. Vuillemin extrai daí um procedimento que permite compreender os diferentes sistemas filosóficos e classificá-los.

Estudo: A. Kremer-Marietti, *L'éthique*, col. "Que sais-je?", P.U.F., 1987.

NIETZSCHE CONTRA WAGNER.

FRIEDRICH WILHELM NIETZSCHE.
VER CREPÚSCULO DOS ÍDOLOS.

NOÇÃO DE POLÍTICA (A),

Der Begriff des Politischen, 1932.
CARL SCHMITT, 1888-1985.

Discípulo de Max Weber, Carl Schmitt distingue política e Estado ("o conceito de Estado pressupõe o conceito de política"), e toda vida em sociedade – com ou sem Estado (fenômeno histórico) – implica o político.

Conceptualizando a noção de política, Schmitt a separa rigorosamente da economia, do direito, do social e da moral. O critério, o caráter distintivo da política é "a discriminação entre amigo e inimigo"; isso não é uma definição (política não pode ser reduzida à relação amigo/inimigo) mas, através de uma relação existencial, é um princípio, um signo de identificação. O inimigo político é sempre público (*hostis*), e não privado (*inimicus*), e define-se como "uma comunidade de interesses e de ação" que afronta, no mínimo virtualmente, um grupo de mesma natureza. Em economia, não existem inimigo e amigo, pois só há concorrentes e parceiros (o liberalismo, ao recusar o inimigo, nega o político). Um povo tem uma existência política e é politicamente livre quando pode designar o inimigo, quando tem a capacidade de fazer essa discriminação.

A configuração política em que se revela a lógica última que opõe amigo a inimigo é a guerra. Está claro que política não se dá na guerra em si, mas na eventualidade efetiva dessa situação excepcional, desse momento decisivo em que o inimigo é designado. A decisão política, que é própria da autoridade soberana, consiste nessa designação. É soberano aquele que decide politicamente, fora de normas, e que dispõe da vida física dos homens. O sentido de guerra, situação anormal, é que ela é dirigida contra um inimigo, e não travada em virtude de um ideal ou de um direito (a guerra não é justa nem injusta; *é necessária*).

Ainda que o conflito possa constituir um objeto de estudo, a teoria schmittiana não é conflitualista. O eixo central do pensamento de Carl Schmitt é sempre constituído pela questão da ordem, da coesão, da homogeneidade, da unidade política; sua teoria é integracionista. Assim, a atividade normal de um Estado é suprimir em seu interior o caráter absoluto dos conflitos (caso contrário, é a guerra civil, situação excepcional); o amigo remete sempre à homogeneidade, a uma forma de pertença.

O decisionismo de Carl Schmitt, ao qual se opõe radicalmente o normativismo de Hans Kelsen, é uma das teorias mais importantes do século XX, e inspirou numerosos teóricos, como os franceses René Capitant e Julien Freund. Contudo Carl Schmitt é ainda considerado "maldito", em razão das funções que ocupou no III Reich.

Estudo: H. Meier, *Carl Schmitt, Léo Strauss et la notion de politique*, col. "Commentaire", Julliard, 1990.

NOITES DE SÃO PETERSBURGO,

ou Colóquios sobre o governo temporal da Providência,
Les soirées de Saint-Pétersbourg, ou Entretiens sur le gouvernement temporel de la Providence, 1821.
JOSEPH DE MAISTRE, 1753-1821.

Publicada alguns meses após a morte do autor, essa obra desenvolve uma filosofia da Providência que contém poucas referências diretas ao campo político. Na forma de seqüência de conversas entre um senador russo, um cavaleiro e um conde franceses, Maistre faz considerações sobre os problemas morais e religiosos, sobre "o governo temporal da Providência".

A Providência domina e determina os destinos humanos; por isso, não há crime pior que negar a onipotência de Deus: esse pecado exige castigo exemplar, até a erradicação total do mal. No entanto, o mundo pode ser purificado do mal pela guerra – divina porque "lei do mundo" a exprimir a vontade de Deus –, guerra que possibilita a expiação dos pecados.

Franco-maçom, combatente obstinado do racionalismo e do otimismo das Luzes, Maistre é um dos mestres do pensamento contra-revolucionário e tradicionalista.

Estudo: R. Triomphe, *Joseph de Maistre. Étude sur la vie et la doctrine d'un matérialiste mystique*, Droz, Genebra, 1968.

NORMAL E O PATOLÓGICO (O),

Le normal et le pathologique, 1966.
GEORGES CANGUILHEM, nascido em 1904.

Essa obra começa com *Ensaio sobre alguns problemas referentes ao normal e ao patológico*, tese de medicina de Canguilhem, defendida em Clermont-Ferrand em 1943.

Sensível, como médico e filósofo, aos sinais de inversão apresentados pelos fenômenos e pelos problemas, Canguilhem não pode deixar de se perguntar se é possível aplicar alguma racionalidade ao ser vivo, e o que isso significa, tanto para o ser vivo quanto para a racionalidade. Se obstáculo à ciência e objeto da ciência são uma coisa só, a causalidade e a individualidade não são mais opostas, porém aliadas. A vida oferece ao indivíduo os valores do ser vivo, e define seus limites que ela amplia ao infinito; a normalidade, que não pode ser descrita de modo absoluto, mas sempre de modo relativo (pois haure sentido numa relação entre o organismo e seu meio), é o sinal de uma singularidade sempre falível, uma vez que a auto-regulação que ela supõe pode ser posta em xeque por acidentes que afetem o indivíduo.

O normal e o patológico servem então de fio condutor para levar a compreender que a especificidade da vida não se reduz a um simples equilíbrio nem à autoconservação por auto-regulação.

Através da análise das concepções de Auguste Comte, François Broussais, Claude Bernard, René Leriche, Marie François Xavier Bichat etc., Canguilhem demonstra que o normal não se confunde com o estado de higidez, assim como o patológico não se confunde com o de morbidez. Se existem normas biológicas, é porque a vida é criação de seu meio, e não submissão a ele: a vida sadia é normativa antes de (e ao invés de) ser normal. E o patológico é normal visto exprimir uma relação com a normatividade da vida. A doença é sempre um certo modo de viver, ainda que traduza uma restrição e uma limitação das exigências do ser vivo. A superação de suas próprias normas traduz, ao contrário, a força propulsora de um organismo que só se mantém hígido porque, depois de ter ficado doente, se não consegue reencontrar seus antigos valores, consegue encontrar outros novos, às vezes superiores.

Nesse contexto, a medicina encontra sentido no "esforço espontâneo do ser vivo para dominar o meio e organizá-lo segundo seus valores de ser vivo". Em primeiro lugar, é porque os homens se sentem doentes que existe medicina. É apenas secundariamente que eles sabem do que estão doentes, porque existe medicina.

Ao distinguir *anômalo* e *anormal*, variedade biológica e valor vital negativo, Canguilhem só faz delegar ao ser vivo, considerado em sua polaridade dinâmica, o cuidado de detectar a doença. O indivíduo é o juiz das transformações capazes de afetá-lo, pois é ele que com elas sofre ao sentir-se inferior às tarefas que o novo meio lhe propõe. Essa concepção está afastada das de Comte ou de Claude Bernard, pois a doença se torna uma experiência de inovação do ser vivo em vez de ser, como para estes, um fato diminutivo ou multiplicativo, que diz respeito, portanto, a diferenças quantitativas.

As análises de Canguilhem têm prolongamentos e implicações que concernem à racionalidade médica: esta não pode contentar-se em ser puramente crítica; em virtude de sua rejeição de princípio a qualquer essencialismo ou a qualquer naturalismo, ela deve poder integrar tudo o que se lhe opõe, e fazer de um obstáculo seu *objeto*.

Essa racionalidade médica apresenta três características principais: tolera a contradição, pois o próprio organismo realiza a inversão da proteção em ataque; não é constrangida pelas regras da aritmética elementar, pois o princípio de ordem prevalece sobre o princípio quantitativo; renuncia à concepção de determinismo confirmado pela identidade universal de suas injunções: quando se trata da vida, a flexibilidade impõe-se à obrigatoriedade, e as margens de tolerância, à rigidez mecânica do meio.

Com essas três características, a racionalidade médica poderia ser qualificada de não bernardiana porquanto fundamenta o que a outra nunca conseguiu integrar, a individualidade biológica, constantemente – mas o que é uma constante? – considerada como infidelidade ao tipo.

Em *Novas reflexões sobre o normal e o patológico* (1963-1966), obra que completa esse ensaio, Canguilhem compara as normas sociais e as normas orgânicas para demonstrar que, apesar das aparências e das analogias, elas se opõem mais do que se assemelham: as primeiras são exteriores e legislativas, as segundas são interiores e reguladoras; e mesmo que nos dois casos se trate de inventar, e não de observar, a sabedoria do corpo não é resultado de um cálculo, mas a resultante de um sistema de regulações internas ao organismo; a sabedoria de uma sociedade, ao contrário, é o resultado sempre precário de um cálculo e de uma política que procuram regular, por técnicas apropriadas, o que não pode regular-se espontaneamente.

Mas as reflexões mais novas e interessantes sem dúvida dizem respeito ao conceito de erro em patologia. Canguilhem mostra que a introdução do erro pelo próprio organismo, na forma, por exemplo, de erro inato do metabolismo, revoluciona a própria concepção de doença e saúde: agora, estar doente "é ser ruim, não como um garoto ruim, mas como um terreno ruim". A ruindade não se delineia mais por trás da imperfeição. Logo, a doença não é mais um caso de responsabilidade individual.

Edição brasileira: *O normal e o patológico*, Rio de Janeiro, Forense, 1995.

Estudo: Canguilhem, *Revue de métaphysique et de morale*, n.º 1, Armand Colin, 1985.

NOSSO CONHECIMENTO DO MUNDO EXTERIOR,

Our Knowledge of the External World as a Field for Scientific Method in Philosophy, 1914.
BERTRAND RUSSELL, 1872-1970.

As construções mais sofisticadas da física matemática finalmente explicam um mundo apreendido em forma de dados sensoriais. Assim como os empiristas, Russell dá ênfase à origem sensível do conhecimento, mas, ao contrário deles, não acredita que a concepção do mundo físico seja simplesmente fruto de uma inferência. Ela é resultado de uma construção cujo método é analisado nessa obra.

Edição brasileira: *Nosso conhecimento do mundo exterior: estabelecimento de um campo para estudos sobre o método científico em filosofia*, São Paulo, Nacional, 1966.

Estudo: P. Devaux, *Bertrand Russell ou la paix dans la vérité*, Seghers, 1967.

NOSTALGIA DO SER (A),

La nostalgie de l'être, 1950.
FERDINAND ALQUIÉ, 1906-1985.

Como anuncia o autor em seu preâmbulo, "esse estudo não propõe nenhuma filosofia nova, mas tenta reencontrar, na história da filosofia, um modo de pensar que acredita eterno".

Refletindo sobre a história da filosofia sem fazer filosofia, Alquié esforça-se por depreender um movimento indicativo do nexo eterno entre consciência e Ser. Fica claro então que a certeza do Ser é, antes de mais nada, certeza de sua ausência, e que a filosofia é totalmente animada pelo desejo do Ser. "Nesse sentido, nossa consciência é nostalgia do Ser, indissolúvel união de certeza e querer." Essa condição poderá ser superada? Para Alquié, "o saber propriamente filosófico [...] explicita uma experiência fundamental, uma presença não conceptual do Ser na consciência".

Essa concepção da consciência como nostalgia e desejo do Ser é reencontrada em *Desejo de eternidade** e *A consciência afetiva**, obras com as quais *Nostalgia do ser* forma o tríptico filosófico de Alquié.

Estudo: *La passion de la raison, hommage à Ferdinand Alquié* (sob a dir. de J.-L. Marlon), col. "Épiméthée", P.U.F., 1983.

NOVA ALIANÇA (A),

La nouvelle alliance, 1979.
ILYA PRIGOGINE, nascido em 1917,
e ISABELLE STENGERS, nascida em 1949.

Em *Acaso e necessidade** (1970), Jacques Monod tirava a seguinte lição dos progressos da biologia molecular: "A antiga aliança se rompeu; o homem sabe, enfim, que está só na imensidade indiferente do Universo, de onde emergiu por acaso." Para os autores de *A nova aliança*, essa visão de um homem estranho ao mundo que descreve caracteriza acima de tudo "a ciência clássica", cujo apogeu se deu com o triunfo do mecanicismo newtoniano. Ora, apesar de seu enorme sucesso, esta se constituiu *contra a natureza*. Não terá ela postulado e descoberto, no diálogo experimental, uma natureza morta e passiva, submetida a um pequeno número de leis simples e imutáveis? Um mundo transparente, perfeitamente previsível, do qual estavam ausentes o devir e a complexidade? A física clássica, que parte da idéia de que a natureza se comporta como um "autômato submisso", ficou cega àquilo que esta oferece de instável, irreversível e não reproduzível. Ela não viu que a vela não podia "desqueimar", que o animal não podia rejuvenescer e que o açúcar não podia "desdissolver-se" na xícara! Assim, "a ciência parecia concluir pela burrice da natureza".

Contestando a possibilidade de o homem adotar um ponto de vista objetivo, exterior à natureza e indiferente a suas obras, os autores desse ensaio anunciam a reconciliação da ciência com a natureza. O cientista agora está imerso no mundo que descreve; dessa imersão nasce um novo diálogo, no qual cada um reconhece a liberdade, a espontaneidade e a história do outro. Assim, a ciência e a cultura estão em constante interação: as perguntas que o cientista faz à natureza estão tão ligadas ao contexto cultural no qual elas ganham sentido quanto as respostas que ele recebe. Chegou portanto o momento de "novas alianças, desde sempre firmadas, por muito tempo mal conhecidas, entre a história dos homens, de suas sociedades, de seus saberes e a aventura exploratória da natureza".

Edição brasileira: *Nova aliança: metamorfose da ciência*, Brasília, UnB, 1997.
Estudo: I. Prigogine e I. Stengers, *Entre le temps et l'eternité*, Fayard, 1988.

NOVA ATLÂNTIDA, *New Atlantis*, 1627.

FRANCIS BACON, 1561-1626.
Romance utópico.

Uma viagem imaginária (mas não fantástica), que tem valor de metáfora, termina na descoberta de uma ilha do Pacífico, chamada Bensalém, na qual há um Colégio dedicado à busca do conhecimento e ao estudo de suas aplicações; em outras palavras, na qual está instaurado, com todo o respeito que lhe é devido, um Instituto de Ciências e Técnicas. Isto porque, para Bacon, a filosofia teórica só tem interesse se acompanhada por uma filosofia prática; assim também, para ele, a reforma do entendimento passa pela reforma da sociedade.

O texto pode ter sido redigido em 1621 e depois abandonado, para ser retomado em 1623. Já em 1620, Bacon fizera o esboço de um *Modelo de história natural*, e na seqüência dessa obra ele gostaria de publicar *Nova Atlântida*, que seria uma proposta de aplicação da obra teórica e também a sua explicação. Em 1609, aliás, Bacon construíra uma teoria do mito, atribuindo ao imaginário um *status* histórico e, do ponto de vista do sentido, um valor igualmente filosófico. Assim como acontece com as "mitologias" que Platão inventa para impor o *logos*, o mito de Bacon é dotado de um sentido que justifica o recurso à ficção para fazer valer a "verdade", no caso junto aos doutos e aos reis.

O objeto dessa utopia é múltiplo: é ao mesmo tempo a ética, a estética e a sociologia de um projeto de reforma das ciências. Percebe-se também por que esse romance é um anexo à obra maior de Francis Bacon, a *Grande restauração das ciências* (ver *Novum organum**). Do estrito ponto de vista da pesquisa científica proposta aqui, Bacon sugere qual pode ser a parcela de elementos não racionais a intervir no trabalho racional do pesquisador. Sugestão que será silenciada com o desenvolvimento da ciência moderna (que se quis objetiva por excelência), mas que reaparece hoje em dia como algo que deve ser considerado.

A nota de Rawley, editor póstumo desse romance utópico, adverte sobre a intenção de seu autor. Ali se diz que aquela "fábula" foi concebida para "apresentar um modelo ou uma descrição de um colégio que seria fundado com vista à interpretação da natureza e da produção de grandes e maravilhosas obras para o bem de todo o gênero humano": prolongar a vida, mitigar a dor etc.

Edição brasileira: *Nova Atlântida*, São Paulo, Abril, 1984 (Os pensadores).

Estudo: prefácio de M. Le Doeuff e M. Llasera na edição francesa *La nouvele Atlantide*, Payot, 1983.

NOVECENTAS CONCLUSÕES,

Conclusiones DCCCC, philosophicae, cabalisticae et theologicae quas olim Romae disputandas exibuit, 1486.
GIOVANNI PICO DELLA MIRANDOLA, 1463-1494.

Pico della Mirandola propôs-se expor 900 teses extraídas dos pensadores gregos, árabes, hebreus e latinos, e compôs para essa ocasião sua famosa *Oratio* sobre a dignidade do homem (1486). Afirmava que todo judeu cabalista acredita inevitavelmente na Trindade.

Suas teses foram quase todas declaradas heréticas (algumas, apesar de tudo, foram julgadas "católicas"), e sua discussão foi proibida pelo papa Inocêncio VIII. Pico della Mirandola tentou então defendê-las numa *Apologia* (1487), mas precisou ficar refugiado por algum tempo na França, antes de ser de novo autorizado a permanecer em Florença. Em 1493, foi finalmente absolvido da acusação de heresia pelo papa Alexandre VI.

Em 1600, um monge chamado Archangelus Pozzo de Burgonovo publicou em Basiléia *Conclusiones cabalisticae*, nas quais retomava, uma a uma, setenta e uma das teses de Pico della Mirandola, com o fim de justificá-las.

Estudo: H. de Lubac, *Pic de la Mirandole*, Aubier-Montaigne, 1974.

NOVO CRISTIANISMO (O),

Le nouveau christianisme, 1825.
SAINT-SIMON (Claude Henri de Rouvroy, conde de), 1760-1825.

Essa obra, que ficou inacabada, será publicada pouco depois da morte de Saint-Simon por seu discípulo Olinde Rodrigues, que relata assim as últimas palavras de Saint-Simon agonizante: "A última parte de meus trabalhos, o *O novo cristianismo*, não será entendida imediatamente. Quem achou que o sistema religioso desapareceria porque ficou provada a caducidade do sistema católico enganou-se. A religião não pode desaparecer; ela só faz transformar-se." Portanto, esse texto breve, espécie de manifesto, é também um testamento; conclama reis e povos à caridade, à fraternidade, ao verdadeiro espírito do cristianismo: "Melhorar a sorte da classe mais pobre e tornar os homens felizes, seja qual for sua posição." O cristianismo será assim superado; a Igreja deverá desaparecer, e a teologia será substituída pela ciência; Saint-Simon não hesita em escrever: "Acuso o papa e sua Igreja de heresia." Marx, Comte e Durkheim lerão apaixonadamente Saint-Simon. *O novo cristianismo*, manifesto por uma religião laicizada e milenarista (trata-se de realizar o paraíso sobre a terra), constitui uma boa introdução à obra de Saint-Simon.

Estudo: P. Benichou, *Le temps des prophètes*, Gallimard, 1977.

NOVO ESPÍRITO ARTÍSTICO (O),

Le nouvel esprit artistique, 1970.
NICOLAS SCHÖFFER, 1912-1992.
Coletânea de textos e de manifestos dedicados à estética.

Tomando como modelo a concepção bachelardiana do "novo espírito científico", o escultor Nicolas Schöffer apresenta-se aqui como o promotor do "novo espírito artístico", capaz de marcar uma nova etapa tanto na produção das obras artísticas como na evolução de nossas concepções estéticas. A arte que ele ambiciona é total e fundamentalmente "aberta": integrando materiais ainda inexplorados, como o espaço, a luz ou o tempo, a arte total está em perpétua anamorfose, programada para oscilar incessantemente entre a ordem e a desordem, sem jamais se neutralizar num ou noutro desses estados. Assim, o papel do artista não é mais criar uma ou várias obras, mas, segundo os próprios termos do autor, "criar a criação".

Para descrever essa arte nova, Schöffer forja novos conceitos: *espácio-dinamismo* (montagem no espaço de elementos plásticos móveis e coloridos), *lúmino-dinamismo* (introdução da luz e da música) e *cronodinamismo* (utilização do material tempo). Para ilustrar isso, ele realiza numerosas obras, entre as quais as famosas "torres cibernéticas", esculturas abstratas que, no coração das cidades, oferecem aos transeuntes um espetáculo audiovisual em constante mutação.

O advento desse novo espírito artístico corresponde, para Schöffer, à aspiração mais atual do homem: melhorar a organização e o domínio de seu ambiente.

Estudo: J.-L. Delpech, "Cybernetique et art", in *Encyclopaedia universalis*, vol. 5, 1988.

NOVO ESPÍRITO CIENTÍFICO (O),

Le nouvel esprit scientifique, 1934.
GASTON BACHELARD, 1884-1962.

"É no momento em que um conceito muda de sentido que ele tem mais sentido": e quando a ciência muda de orientação e de organização conceituais o seu sentido deve ser determinado por uma filosofia que aceite, ela também, voltar a discutir seus principais conceitos, buscar *novos fundamentos*, *reformulando*-se. Tal é a filosofia que *O novo espírito científico* promove e realiza, pois, agora, realização é a característica científica mais importante da realidade, à qual ela se substitui. Bachelard aplica de algum modo o princípio de exclusão de Pauli à filosofia que ele constitui: a exclusão sistemática do *mesmo*, o apelo ao *outro*.

Uma das condições dessa filosofia é, pelo lado do sujeito, a existência e a manutenção de uma dúvida recorrente a respeito do passado de conhecimentos seguros; pelo lado do objeto, o reconhecimento da idéia de complexidade nos fenômenos elementares da microfísica contemporânea: não se trata tanto de procurar, como Descartes, *explicar* o mundo, porém mais de *complicar* a experiência. A molécula não é uma simples justaposição de átomos; ela possui propriedades que só pertencem ao conjunto: "Ao invés de o ser ilustrar a relação, é a relação que ilumina o ser." Para a consciência da ciência contemporânea, a noção mesma de "noção básica" aparece como algo que deve ser questionado; é sempre preciso *inferir*, e não *descobrir*, as bases do real. É nisso que essa epistemologia não cartesiana se opõe não a Descartes, mas a suas "naturezas simples". Visto que aplicação é complicação, a filosofia aplicada à ciência contemporânea que daí se depreende é uma filosofia dualística: no diálogo que instaura entre experimentação e razão, os ensinamentos da realidade só valem à medida que sugerem realizações racionais. O sentido do *vetor* epistemológico da ciência que se faz é claro: vai do racional ao real, e não do real ao racional, ou do real ao geral.

O que nesse contexto caracteriza a noção científica é seu grau de resistência, medido pela capacidade de deformação, transformação e correspondência que a extensão de sua aplicação revela. É pelo aumento do pluralismo aberto que a ciência "progride" em sua tarefa de objetivação. Eis por que a filosofia a ela correspondente está em estado de crise permanente; para ela, estar em crise equivale a ser sempre jovem, a transformar-se reconstruindo a razão de suas razões.

Edição brasileira: *O novo espírito científico*, Rio de Janeiro, Tempo Brasileiro, 1985.

Estudo: P. Ginestier, *Bachelard*, col. "Pour connaître la pensée de", Bordas, 1987.

NOVO MUNDO AMOROSO (O),

Le nouveau monde amoureux.

CHARLES FOURIER, 1772-1837.

Texto que ficou inédito até 1967. Essa obra foi elaborada num projeto de reforma radical da organização econômica e social, mas também com um objetivo de transformação do entendimento humano. Fourier empenha-se em evidenciar o fundo passional da humanidade, que, segundo ele, representa o motor verdadeiro e inconsciente de toda sociedade. Reconhece, portanto, no desejo uma potência motriz essencial, e suas descobertas psicológicas servirão à ambição permanente de harmonia geral.

Apesar de geralmente qualificado de utopista, Fourier soube aliar a libertação do desejo com uma organização rigorosa do sistema social. Houve quem aderisse à sua tese, como Victor Considérant ou Just Muiron; outros a puseram diretamente em prática, em numerosos falanstérios que surgiram a partir de 1835.

Estudo: S. Debout, *L'utopie de Charles Fourier*, Payot, 1979.

NOVO MUNDO INDUSTRIAL E SOCIETÁRIO,

ou Invenção do processo industrial e natural, distribuído em série apaixonada,

Le nouveau monde industriel et sociétaire, ou Invention du procédé d'industrie attrayante et naturelle, distribuée en série passionnée, 1829.

CHARLES FOURIER, 1772-1837.

Esse livro contém a exposição mais acessível do pensamento de Fourier; é graças a essa obra que ele exercerá influência considerável no século XIX. Ela mostra bem "a íntima aliança entre poesia e matemática" (Raymond Queneau) que caracteriza Fourier, e mistura audácia de proposições sem provas nem verossimilhança – que seduzirão André Breton e Roland Barthes – com uma minuciosa descrição das composições amorosas e domésticas.

Sumamente irreverente em relação ao pensamento político, crítico em relação a seus confrades do "socialismo utópico" (Owen e Saint-Simon), Fourier aplica-se nessa obra a dissipar as ameaças que as paixões humanas fazem pesar sobre a vida social, compondo "séries", equilíbrios, harmonizando antipatias. Quando a sociedade deixar de se opor às paixões, quando, ao contrário, for um dispositivo passional, haverá grande prosperidade industrial.

Próxima do iluminismo romântico, essa obra apresenta um grande número de prescrições precisas no campo do comércio amoroso e dá mostras de um feminismo muito original.

Edição portuguesa: *Novo mundo industrial e dialético e outros textos*, Porto, H. A. Carneiro, 1973.
Estudo: S. Debout, *L'utopie de Charles Fourier*, Payot, 1979.

NOVOS ENSAIOS SOBRE O ENTENDIMENTO HUMANO,

Nouveaux essais sur l'entendement humain, 1765.
GOTTFRIED WILHELM LEIBNIZ, 1646-1716.

Escritos em francês em 1703-1704, esses ensaios só foram publicados em 1765. Deviam ter sido publicados antes, mas a morte de Locke, ocorrida em 1704, levou Leibniz a mudar de idéia. Na verdade, trata-se de uma crítica ao *Ensaio acerca do entendimento humano** de Locke, publicado em 1690, em que o autor inglês criticava o inatismo de Descartes e concebia a alma como uma tábula rasa que é inicialmente afetada pela experiência, e na qual a reflexão desenvolve depois as idéias. Dessa concepção decorria a dúvida sobre a existência de Deus, sobre a espiritualidade da alma, sobre a natureza da matéria e, principalmente, sobre a extensão do poder do conhecimento humano. De acordo com Locke, "nosso conhecimento nunca atingirá tudo o que gostaríamos de saber a respeito das idéias que temos". Para Leibniz, porém, "há em Locke certos detalhes que não estão mal expostos, mas em suma ele seguiu um caminho errado e não entendeu a natureza do espírito e da verdade". Os *Novos ensaios* apresentam-se na forma de diálogo entre Filaleto, que expõe o pensamento de Locke, e Teófilo, porta-voz de Leibniz. O prefácio da obra é muito importante, pois contém uma explicação minuciosa da célebre teoria das pequenas percepções. Leibniz diz ser preciso saber "se a alma em si mesma é vazia inteiramente como tábulas nas quais ainda nada foi escrito (*tabula rasa*), segundo Aristóteles e o autor de *Essay*, e se tudo o que nela é traçado vem unicamente dos sentidos e da experiência, ou se a alma contém originariamente os princípios de várias noções e doutrinas que os objetos externos despertam apenas em certas ocasiões", como ele acredita, acompanhando Platão.

A interpretação psicológica das idéias inatas por Leibniz é realmente muito influenciada pela teoria platônica da reminiscência. "Há sempre em nós uma infinidade de percepções, mas sem apercepção e sem reflexão, ou seja, há na própria alma mudanças de que não nos apercebemos, porque as impressões ou são demasiado pequenas ou em número demasiado grande ou excessivamente unidas." Assim, as impressões que temos nos parecem claras em seu conjunto, mas elas são na verdade constituídas por uma infinidade de pequenas percepções que é impossível apreender isoladamente. "Pode-se até dizer que, em conseqüência dessas pequenas percepções, o presente está prenhe do futuro e carregado do passado, e que na menor das substâncias algum olhar penetrante, como o de Deus, poderia ler toda a seqüência das coisas do universo". Por exemplo, quando percebemos o rumor das vagas, essa percepção é a soma de cada um dos pequeníssimos rumores, "pois de outro modo não teríamos a [percepção] de cem mil vagas, pois cem mil nadas não produziriam coisa alguma". Assim como nos habituamos a um ruído quando ele atinge sempre nossos órgãos, mas a impressão, destituída dos atrativos da novidade, é fraca demais para chamar nossa atenção e atrair nossa memória, também só somos despertados por um grande ruído por termos percebido o seu fraco início, pois "nunca dormimos tão profundamente que não tenhamos algum sentimento débil e confuso". Assim, as pequenas percepções são percepções dotadas de um grau infinitesimal de consciência (o que em linguagem moderna se chama de "subconsciente"), e a atenção, desenvolvendo-as, torna-as claras e distintas. "Ao estabelecer a conexão com seu estado presente", essas percepções insensíveis formam o indivíduo. Graças a elas também, duas mônadas só diferem porque são duas; em outras palavras, cada mônada é única. Elas explicam também a harmonia preestabelecida entre alma e corpo, e o fato de a morte não poder ser simplesmente equiparada ao sono.

O livro I é dedicado às noções inatas (Leibniz segue o *Ensaio* ponto por ponto, e refuta cada um de seus livros e de seus capítulos). Para Locke, nada há de virtual no espírito humano. Para Leibniz, ao contrário, "as idéias e as verdades são inatas, como inclinações, disposições, hábitos ou virtualidades naturais, e não como ações". A alma não é uma tábula rasa. Ela é inata nela mesma, e tudo vem de seu próprio fundo. A alma não é um bloco informe; tem suas aptidões, suas predisposições, um desígnio interior. Os sentidos e a experiência despertam suas potências latentes. Refletir, para a alma, significa atentar para o que ocorre dentro de si mesma. À célebre fórmula dos aristotélicos: "Nada do que está no espírito não esteve antes nos sentidos" (que Locke adota), Leibniz acrescenta: "a não ser o próprio entendimento". Ademais, se as idéias são inatas, elas são também universais e necessárias, o que Locke nega. Como mostrou Platão em *Mênon**, a geometria e a aritmética são inatas nas crianças.

O livro II trata das idéias, e o livro III, das palavras que são os nomes das idéias. Negando o inatismo, Locke reduz a seus antecedentes cronológicos as idéias de tempo, espaço, substância, infinito. Para Locke, a idéia de substância é a mais obscura que existe; para Leibniz, a mais rica. "A identidade do homem consiste na duração da substância simples ou imaterial que está nele", diz Leibniz. A consciência e a memória atestam a identidade do homem, mas não a constituem, ao contrário do que Locke afirma. É a permanência da substância que constitui o fundamento da identidade e da individualidade. Locke confunde a idéia de espaço com a idéia de extensão. Para Leibniz, que prenuncia assim a estética transcendental kantiana, o espaço e o tempo não têm realidade. São apenas puras abstrações.

O capítulo que trata dos modos do prazer e da dor dá-lhe ensejo para o célebre desenvolvimento sobre a *inquietude*. "Chama-se *Unruhe* em alemão, ou seja, inquietude, o pêndulo do relógio. Pode-se dizer que o mesmo acontece em nosso corpo, que nunca conseguiria acomodar-se perfeitamente." Para Leibniz, a inquietude é a condição do prazer e o motor da ação. "A inquietude é o principal, para não dizer o único, aguilhão que incita a indústria e a atividade dos homens." No que se refere à liberdade, Locke confunde liberdade e poder de execução. Para Leibniz, a liberdade cartesiana de indiferença não existe. Nossa escolha é sempre motivada por pequenas percepções, sem que a liberdade seja por isso afetada. Opondo-se a Locke, Leibniz afirma que a alma sempre pensa. Há dois tipos de idéia: as idéias simples, que vêm por sensação e por reflexão, e as idéias complexas, que vêm do trabalho do espírito sobre os dados da sensação e da reflexão.

O livro IV, *Do conhecimento*, constitui uma verdadeira reabilitação do conhecimento humano, que o empirismo e a prudência positivista de Locke haviam comprometido. Já de início, a teoria das pequenas percepções autoriza Leibniz a atribuir valor cognitivo ao conhecimento confuso ou obscuro. Assim como cada mônada reflete o universo inteiro, "cada alma conhece o infinito, conhece tudo, mas confusamente". Entre o mais baixo grau do conhecimento e o mais alto, há apenas uma diferença de grau, e cada grau possui uma perfeição própria. De maneira geral, o conhecimento é a representação sensível e intelectual das idéias. O conhecimento puro é a percepção dos nexos que ligam várias idéias ou proposições. À prudência de Locke em matéria de gnosiologia (para Locke, a sabedoria do homem reside em sua humildade perante o Criador, humildade que lhe aconselha renunciar a conhecer o mundo como Deus conhece, para contentar-se em constatar), Leibniz opõe sua teoria do conhecimento, que decorre naturalmente do sistema uma vez que se admitam a teoria das pequenas percepções, das idéias inatas e o fato de que a mônada é a única realidade, e que ela reflete todo o universo, ainda que não tenha portas nem janelas. "Nossos sentidos nunca nos dão mais que exemplos, ou seja, verdades particulares ou individuais", e nem todos os exemplos do mundo seriam suficientes para estabelecer a necessidade universal de uma verdade geral. Sem princípios inatos "cuja prova não dependa dos exemplos", não há verdades necessárias. Leibniz distingue as verdades primitivas, imediatas ou intuitivas, das verdades derivadas, deduzidas das verdades primitivas e extraídas da experiência dos sentidos. Ambas podem ser "de razão", quando o predicado está contido no sujeito, ou "de fato", quando a conexão entre o predicado e o sujeito não é imediatamente explícita. A intuição que temos de nossa existência individual é uma verdade "de fato". Para Leibniz, "a ligação dos fenômenos, que garante as verdades de fato em relação às coisas sensíveis fora de nós, é verificada por meio das verdades de razão, assim como as aparências da óptica são verificadas pela geometria".

Assim como cada mônada, porém no mais alto grau possível a uma criatura, o espírito humano exprime todo o universo, e essa expressão é naturalmente objetiva. Locke impedia que o entendimento humano fosse posto em algum ponto de vista de onde pudesse mostrar-se a si mesmo como um objeto entre outros. Para Leibniz, o espírito se conhece objetivamente como parte de um todo que ele conhece, e cujos princípios e leis conhece. Locke atinha-se prudentemente aos dados dos sentidos; Leibniz, com as pequenas percepções, revela o aquém do dado. Locke só atribuía valor ao particular e ao múltiplo; Leibniz, para quem "tudo o que não é *um* ser não é um *ser*", vincula ontologicamente universalidade e unidade.

É provável que *Novos ensaios* reflitam a vontade que Leibniz tinha de se corresponder com Locke – vontade frustrada, pois este só respondeu com silêncio às cartas de Leibniz. A leitura do *Ensaio acerca do entendimento humano* provocou efetivamente em Leibniz o desejo de refutá-lo com a ajuda de todo o seu sistema, então já perfeitamente fechado e coerente. Ao contrário de Descartes, cuja influência foi constitutiva do sistema leibniziano, Locke interpela Leibniz no momento em que seu pensamento está suficientemente maduro e completo para sofrer todos os ataques sem se autoquestionar. Os *Novos ensaios* "respaldam-se" no sistema elaborado em *Discurso de metafísica** e em *Monadologia**; "não são propriamente uma exposição dele", observa J. Brunschwig, para quem "é preciso ler os *Novos ensaios* como uma espécie de prova pelas conseqüências: o pensamento leibniziano prova a si mesmo seu poder de ampliar sem limites a extensão de sua jurisdição".

Edição brasileira: *Novos ensaios sobre o entendimento humano*, São Paulo, Abril, 1984 (Os pensadores).

Estudo: Y. Belaval, *Leibniz, initiation à sa philosophie*, Vrin, 1975.

NOVOS PRINCÍPIOS DE ECONOMIA POLÍTICA, ou Da riqueza em sua relação com a população,

Nouveaux principes d'economie politique, ou *De la richesse dans ses rapports avec la population*, 1819.
JEAN CHARLES LEONARD SISMONDI, 1773-1842.

Sismondi critica nessa obra a tradição liberal da economia inglesa, encarnada em particular por Adam Smith. A teoria deste último ("*laissez faire, laissez passer*"), segundo o autor, está na origem da desigualdade crescente na divisão das riquezas. Contra o "liberalismo selvagem", Sismondi preconiza uma intervenção do Estado, em particular no campo social (sistema de assistência contra o desemprego, caixas de aposentadoria financiadas pelos empregadores). Karl Marx, que o qualifica de "economista romântico", censura-o por idealizar a ordem econômica antiga, e por só ver salvação no retorno à pequena produção individual. Mesmo assim, deve muito à crítica de Sismondi ao liberalismo.

Estudo: J. de Salis, *Sismondi: la vie et l'oeuvre d'un cosmopolite philosophe*, Slatkine, 1973.

NOVUM ORGANUM (NOVO INSTRUMENTO), 1620.

FRANCIS BACON, 1561-1626.

O sistema inacabado de Francis Bacon, a *Grande restauração das ciências* (*Instauratio magna*), foi concebido por seu autor para apresentar a súmula e a situação das ciências e para promover seu projeto de reforma radical dos processos cognitivos. No vasto panorama das ciências traçado por Bacon e no sistema de classificação dos conhecimentos que ele elabora, cumpre ver uma primeira abordagem original e inovadora que possibilitará a produção da *Enciclopédia** de Diderot e d'Alembert, bem como a obra de Auguste Comte, cuja síntese se referirá constantemente aos trabalhos de Bacon, Galileu e Descartes.

O projeto de Francis Bacon era constituído por partes distintas que foram publicadas separadamente. A primeira parte dessa grande obra é constituída pela obra intitulada *Da dignidade e do crescimento das ciências*, em nove livros (1605); a segunda parte é o próprio texto do *Novum organum* em dois livros e um Prefácio (1620); quanto à terceira, que ficou incompleta, só nos chegaram fragmentos: materiais referentes à história natural, publicados a título póstumo por Rawley, com o título *Sylva sylvarum*, na seqüência de *Nova Atlântida** (1627).

O Prefácio com o qual Francis Bacon introduz *Grande restauração das ciências* expõe as principais idéias que são desenvolvidas no livro primeiro do *Novum organum*. Pouco satisfeito com o estado das ciências e com seu avanço insuficiente, Francis Bacon acredita ser necessário descobrir um novo método para conduzir a inteligência humana por novos caminhos, capazes de fazê-la progredir. Investe então contra obstáculos de ordem psicológica ou ideológica, afirmando que os homens *ignoram* suas forças ou *se presumem de* suas riquezas. É com uma exortação a envidar mais esforços para a obtenção de conhecimento, ultrapassando certa força de inércia ou uma presunçosa indiferença, que Bacon começa *Instauratio*, o que será ampliado depois, em *Novum organum*.

O que contêm os livros comumente considerados "científicos"? Numerosas repetições, em verdade! E, como Montaigne, que escarnecia das eternas glosas sobre glosas mais antigas que via exibidas em todos os livros, Bacon denuncia o fato de que, de um livro ao outro, os autores se copiam mutuamente sem que com isso os conhecimentos do século avancem sequer um passo. Isso acontece em particular com a filosofia, que Bacon vê imobilizada. Ao contrário, as artes mecânicas se aperfeiçoam visivelmente. Há necessidade, de acordo com Bacon, de encontrar "uma maneira mais segura e mais perfeita de pôr em ação o entendimento humano". Além de um novo método de invenção, é preciso um novo método de exposição.

Também cumpre não mais separar, porém "casar" o método empírico e o método racional. E todas essas coisas humanas não devem prejudicar as coisas divinas. Por fim, uma importante recomendação de Francis Bacon diz respeito à maneira de usar o conhecimento: que ele não sirva ao interesse, ao poder, à reputação, à glória de uns ou ao desprezo de outros, mas que seja aplicado utilmente aos "usos da vida".

Quanto ao método para a interpretação da natureza apresentado em *Novum organum*, visa ao melhor uso da razão. Por "interpretação da natureza", Bacon entende uma lógica da ciência (não a lógica formal), os próprios princípios e as indicações de probabilidades. A indução é um meio de raciocinar que convém empregar, ao contrário do silogismo, que Bacon rejeita por ser "composto de proposições, e as proposições, de palavras, sendo palavras signos e como que rótulos das noções"; além disso, as proposições médias do silogismo são estéreis, totalmente distantes da prática. Ao contrário, a indução é uma forma de raciocínio, próxima da natureza e da prática, mas que põe os sentidos ao abrigo do erro. Ora, os erros dos sentidos preocupam Francis Bacon, que propõe então uma marcha gradual, capaz de levar os axiomas a "germinar", num caminhar progressivo rumo aos princípios gerais. Mas ele rejeita uma indução que não passe de simples enumeração. A indução de que a ciência precisa deve ser capaz de analisar a experiência e permitir a conclusão excluindo o que não convém.

Edição brasileira: *Novum organum ou verdadeiras inovações acerca da interpretação da natureza*, São Paulo, Abril, 1984 (Os pensadores).
Estudo: *Francis Bacon, science et méthode* (sob a dir. de M. Malherbe e J.-M. Pousseur), Vrin, 1985.

NUVENS (AS), Νεφέλαι

ARISTÓFANES, c. 445-c. 380 a.C.
Comédia representada em 423 a.C.

Nessa peça Aristófanes põe seu gênio cômico a serviço de uma corrente de pensamento muito poderosa na Atenas do século V: a crítica à educação nova, a dos sofistas, acusados de destruir os valores morais e religiosos tradicionais, e de vender – caro – os discursos capazes de levar à vitória qualquer causa, fosse ela justa ou injusta.

O autor desencadeia a sátira contra Sócrates, que seus contemporâneos não deviam distinguir com grande nitidez dos sofistas. Sócrates é ridicularizado: é mostrado a descer das nuvens num cesto, pois ali havia subido "para bem penetrar as coisas celestes". Aristófanes conclama, em termos mal velados, ao incêndio da "oficina do pensamento" de Sócrates.

Um quarto de século separa a representação de *As nuvens* do processo de Sócrates. Nada impede, porém, de pensar que Aristófanes talvez tenha contribuído para insurgir a opinião ateniense contra a pessoa do filósofo, confundindo-o deliberadamente com os sofistas. Em todo caso, é isso o que Platão afirma em sua *Apologia de Sócrates**.

Edição brasileira: *As nuvens*, in *Sócrates*, São Paulo, Nova Cultural, 1987 (Os pensadores).
Estudo: F. Châtelet, *Platon**, col. "Folio-Essais", Gallimard, 1989, cap. 1, "Le philosophe assassiné".

O

O QUE É A FENOMENOLOGIA?,

Was ist Phänomenologie?, 1965-1985.
JAN PATOČKA, 1907-1977.

Composta de sete artigos, o último dos quais dá título ao livro, depois de mostrar o subjetivismo da fenomenologia de Husserl essa obra tenta comprovar a necessidade de uma fenomenologia assubjetiva. O primeiro texto propõe uma concepção nova do espaço: "espaço íntimo, estrutura do 'eu-tu-isso' ", concepção associada a uma fenomenologia dos pronomes pessoais. O segundo texto, depois de uma introdução à fenomenologia de Husserl, ressalta que "a presença do outro em mim é assubjetiva". A presença do outro é coextensiva ao mundo, o que leva Jan Patočka a dar, no terceiro texto, prioridade originária ao mundo, como lugar de um senso comum fenomenológico. O quarto e o quinto textos afirmam que a fenomenologia assubjetiva não só é possível como também necessária, visto que o *sum* do *cogito* é originariamente assubjetivo. O autor pretende de fato libertar-se do caráter fechado da representação na concepção husserliana.

No sexto texto, ele radicaliza a *epochê,* chegando a concebê-la como suspensão das representações e dos pensamentos, mas também do *ego* que parece portá-los. Essa radicalização impede qualquer teoria do subjetivo, por dissipar a ilusão subjetiva, que se revela então ilusão transcendental da reflexividade absoluta. "A *epochê* assim levada à sua conclusão [...] conduz a um *a priori* [...] que possibilita a relação consigo mesmo, estrutura ontológica sem a qual nenhum aparecer seria possível." Para Jan Patočka a "egoidade" só é central enquanto centro de organização do mundo. Nesses termos, o mundo é subjetivo, sendo "aquilo a que o sujeito se relaciona como ao horizonte de sua compreensão". O sétimo texto toma essa radicalização da *epochê* distinguindo-a da redução a uma esfera de imanência, num confronto com Husserl e Heidegger. Se a *epochê* for interpretada, segundo uma óptica heideggeriana, como desvio do olhar, que do ente passa para o ser, então abrirá para o ser de todo ente, inclusive o do sujeito.

Jan Patočka pertence à segunda geração dos fenomenologistas que leram e comentaram Husserl, às vezes à luz das análises de Heidegger. Sua obra, apesar de fragmentária e dispersa, oferece bem mais que uma exegese de Husserl e de Heidegger: uma verdadeira interrogação e uma trajetória genuína no sentido de uma práxis fenomenológica, que na genealogia do movimento fenomenológico lhe conferem papel complexo e posição original.

Estudo: Jan Patočka, número especial de *Études phénoménologiques*, n.º 1, Ousia, 1985.

O QUE É A PROPRIEDADE?,

ou Investigações sobre o princípio
do direito e do governo,
Qu'est-ce que la propriété? ou *Recherches sur le principe du droit et du gouvernement*, 1840.
PIERRE JOSEPH PROUDHON, 1809-1865

Esse primeiro trabalho sobre a propriedade, dedicado à Académie de Besançon (que o renega) provoca grande escândalo. Com suas fórmulas contundentes ("O que é a propriedade? Um roubo"), Proudhon ataca as teses dos juristas e dos economistas de seu tempo, que justificavam a propriedade – instituição essencial do capitalismo – apresentando-a como fundamento da ordem e da prosperidade, direito absoluto e sagrado. Essa crítica radical prenuncia uma teoria do valor, do salário e da apropriação capitalista. O capitalista apropria-se da "força coletiva", ou seja, da riqueza criada pelo trabalho coletivamente organizado. É verdade que retribui a cada operário um salário que lhe permita atender à sua subsistência, mas rouba o que a coletividade dos trabalhadores criou. Assim, os operários explorados são desapossados dos valores que produzem, e estes são acumulados pelos capitalistas.

Para Proudhon, só haverá ordem se a igualdade for garantida. A propriedade, que é um roubo econômico, engendra a violência social e destrói, portanto, qualquer sociabilidade. Contra a propriedade, "suicídio da sociedade", Proudhon preconiza a posse (por ele não definida). Essa obra, saudada na época por Karl Marx, inspirou tanto os socialistas libertários quanto certos contra-revolucionários, sobretudo os adeptos de Charles Maurras.

Estudo: P. Ansart, *Proudhon*, col. "Textes et débats", Le Livre de Poche, L.G.F., 1984.

O QUE É FILOSOFIA?,

Qu'est-ce que la philosophie?, 1991.
GILLES DELEUZE, nascido em 1925, e PIERRE FÉLIX GUATTARI, 1930-1992.

A tese inicial dessa obra é a retomada de uma tese já amplamente defendida por Gilles Deleuze: a filosofia é produção e criação de conceitos. Cada filósofo cria um conceito e às vezes vários, que se articulam entre si segundo as modalidades que o livro pretende explicar. A definição de filosofia como criação de conceitos permite que os autores a distingam das ciências e das artes: "Das frases ou de um equivalente, a filosofia extrai *conceitos* [...] enquanto a ciência extrai *prospectos*; [...] e a arte extrai *perceptos* e *afetos*." Toda a segunda parte do livro será dedicada à determinação dessa distinção filosofia/ciência/arte a partir da distinção conceito/prospecto [perspectiva]/afeto [*concept/prospect/affect*].

Na primeira parte, estuda-se a filosofia em si mesma, a começar do estudo do conceito, em particular do *cogito* cartesiano tomado como modelo conceptual. A invenção conceptual de Descartes – pois todo filósofo inventa ao menos um conceito que leve a pensar de modo diferente dos filósofos que o precederam ou dos que são seus contemporâneos – é o *cogito*, e todo o seu sistema de pensamento é a partir daí remanejado por esse novo conceito. O que se deve pensar então é a inter-relação dos conceitos, seja num mesmo sistema, seja entre diferentes sistemas: e para pensar essa figura topológica, os autores recorrem à metáfora do "ponto móvel", que pode ser ao mesmo tempo cruzamento, desvio, beco sem saída etc. Há comunicação interconceptual, mas os modos como ela ocorre são aleatórios e não dependem apenas da vontade do autor do conceito. Assim como um motorista nem sempre tem certeza de que chegará diretamente a seu objetivo, também o filósofo, no jogo dos conceitos, nunca está certo de que não será joguete deles, enveredando por caminhos de que não suspeitava. Por esse motivo a filosofia não é uma rodovia inteiramente orientada para o progresso, mas freqüentemente se assemelha a transversais: "...a filosofia está em estado de perpétua digressão ou digressividade". A partir daí, os autores passam a pensar o cenário no qual os conceitos, transformados em "personagens conceituais", serão representados e representarão: a figura da personagem conceitual é fértil e ambígua: todo conceito maior é personificado na história da filosofia (o *cogito* cartesiano, o *espaço/tempo* kantiano, o *esforço* de Maine de Biran etc.), mas há também personagens que são conceitos em si mesmas: Cálicles por exemplo.

Essa peça possui uma unidade de lugar que será chamada de "plano de imanência", para insistir na ausência de influência determinante do exterior: é de si mesmo que o filósofo extrai a necessidade de criar novos conceitos, e é da reorganização interna de seu próprio pensamento que ele extrai essa substância. Assim, a filosofia nasce efetivamente na Antiguidade, na Grécia, mas esse quadro histórico, social e cultural não passa de prévia para a constituição do plano de imanência, espécie de fundo urdido por esses atores-encenadores que são os filósofos, à frente do qual o teatro conceitual é representado. "Para que a filosofia nascesse, foi preciso um encontro entre o meio grego e o plano de imanência do pensamento." Motivo pelo qual, se for preciso escolher entre a história e sua razão determinante e a geografia e sua razão contingente, Deleuze e Guattari optam por esta última, e explicam o nascimento da filosofia, o que os leva a construir uma "geofilosofia". O filósofo-geógrafo visitará assim os territórios da filosofia, não para procurar a Razão na história, como fazia Hegel (*Lições sobre a filosofia da história**), mas como o viajante que Nietzsche propunha constituir o duplo ou a sombra do filósofo (*O viajante e sua sombra*).

Já na introdução, os autores mesclam o tom grave daqueles que chegaram a certa idade da vida em que é possível enfrentar as questões mais audaciosas (e a pergunta "o que é filosofia?" é uma diante da qual todo filósofo tende a fugir) com o tom sereno e tranqüilo de quem faz da amizade o único contexto possível para os verdadeiros filósofos. O objeto desse livro em certo sentido não é novo: ele sempre esteve presente nas obras anteriores de Deleuze, inicialmente, e de Deleuze e Guattari depois; aqui os autores decidem desvendá-lo e expô-lo de modo direto. Alternando o discurso didático e de tese com exemplos e casos mais ilustrativos na história da filosofia, o livro, difícil e exigente, apresenta um primeiro nível de leitura agradável mas ilusório, pois leva a crer em certa facilidade. Essa aparência e o efeito da publicidade que antecedeu seu lançamento explicam em parte o grande sucesso que essa obra teve a partir de sua publicação (dez mil exemplares vendidos em uma semana!).

Edição brasileira: *O que é filosofia?*, Rio de Janeiro, Ed. 34, 1992.

O QUE FALAR QUER DIZER:

Economia das trocas lingüísticas,
Ce que parler veut dire: l'économie des echanges linguistiques, 1982.
PIERRE BOURDIEU, nascido em 1930.

A obra de Pierre Bourdieu apresenta-se como uma pesquisa sociológica, com tendência filosófica. Essa obra constitui, como indica seu título, uma reflexão sobre o uso da fala e sobre o poder que pode conferir uma frase ao ser enunciada, segundo a forma que adquire. O autor escreve: "O valor de um discurso depende da relação de força que se estabelece concretamente entre as competências lingüísticas dos falantes"; em outras palavras, depende da possibilidade que se tenha (por exemplo na apresentação de um produto) de impor certos critérios de apreciação. "Instrumento de comunicação, a língua é também um sinal exterior de riqueza e um instrumento de poder." Para Bourdieu, a eficácia do discurso é essencialmente relativa ao contexto social.

Edição brasileira: *Economia das provas lingüísticas: o que falar quer dizer*, São Paulo, Edusp, 1986.
Estudo: A. Accardo, *Initiation à la sociologie, l'illusionnisme social: une lecture de Bourdieu*, Mascaret, 1991.

O QUE SIGNIFICA ORIENTAR-SE NO PENSAMENTO?,

Was heisst: sich im Denken orientieren?, 1786.
EMMANUEL KANT, 1724-1804.

Esse opúsculo dedicado à liberdade de pensamento continua defendendo as mesmas posições de "Dialética" da primeira *Crítica** e as do ensaio dedicado ao Iluminismo (*O que é Iluminismo?*, 1784). Uma vez que "pensar por si mesmo" é libertar-se dos "entraves de um estado de tutela permanente", o pensamento precisa de referenciais para orientar-se. E sendo a razão uma "necessidade de pensar", ou seja, uma capacidade de começar, não deverá orientar-se segundo regras exteriores, mas segundo princípios subjetivos. São os da *publicidade*: o exercício da razão é livre no sentido de que a publicidade tem em vista o respeito à segunda máxima do senso comum: é preciso poder pensar no lugar de cada um.

Em 1786 Kant intervinha na polêmica que opunha Mendelssohn a Jacobi na defesa do *Aufklärung*; esse texto breve foi importante para o reconhecimento de Kant pelo público alemão.

Estudo: A. Philonenko, *L'oeuvre de Kant: la philosophie critique*, 2 vols., Vrin, 1988-1989.

O QUE SIGNIFICA PENSAR?,

Was heisst Denken?, 1954.
MARTIN HEIDEGGER, 1889-1976.

Essa obra retoma o texto de dois cursos dados em 1951-1952. Através de uma reflexão sobre a tradução (*Übersetzen*), Heidegger afirma a urgência de se reaprender a pensar, numa época em que a ciência e a técnica mataram o pensamento.

A passagem de uma língua para outra, permitida pela tradução, não é uma passagem comum: é passagem para o Ser do ente. Portanto, é a partir do Ser do ente que aprenderemos a pensar a tradução, assim como tudo o que houver para pensar. É necessário traduzir as palavras para poder entendê-las e, reciprocamente, é preciso entendê-las para poder traduzi-las. Pois o que as palavras dizem só é dito *em sua própria língua*.

Todo pensamento, para Heidegger, é necessariamente tradução. Assim, a pergunta original: "O que significa pensar?" transforma-se em "O que é Isso que nos conclama a pensar?" O que está em jogo a partir daí é a dignidade da questão do Ser do ente. Ora, como estas duas últimas palavras hoje em dia não passam de "vocábulos vazios", o autor deve voltar às origens do pensamento ocidental para reconduzir o pensamento ao estado mítico de que saiu.

Estudo: M. Haar (sob a direção de) Martin Heidegger, *Cahiers de L'Herne*, n.º 45, L'Herne, 1983.

OBRA DE ARTE NA ERA DE SUA REPRODUTIBILIDADE TÉCNICA (A),

Das Kunstwerk im Zeitalter seiner technischen Reproduzierbarkeit, 1936.
WALTER BENJAMIN, 1892-1940.

Essa obra foi publicada pela primeira vez em 1936, com o título *L'oeuvre d'art à l'époque de sa reproduction mécanisée* [*A obra de arte na época de sua reprodução mecanizada*], com tradução francesa do escritor Pierre Klossowski, em *Zeitschrift für Sozialforschung* (Revista de pesquisas em ciências sociais) que, dirigida por Max Horkheimer (e editada durante certo tempo por Félix Alcan), era o órgão da escola de Frankfurt então no exílio. Em quinze pontos, precedidos por um breve preâmbulo e seguidos por um epílogo que refutava o estetismo da guerra preconizado no manifesto futurista do italiano Marinetti, Walter Benjamin – baseando-se tanto em Hegel, Marx, Paul Valéry, Bertolt Brecht e André Breton quanto no fotógrafo Eugène Atget, no cineasta Abel Gance e no ensaísta Georges Duhamel – examina de que modo a possibilidade da reprodução industrial da obra de arte (concomitante à intervenção das massas na história) vem subverter a noção tradicional de obra de arte.

Na origem, a obra de arte está inteiramente a serviço de um ritual mágico e depois religioso. Caracteriza-se por sua aura, que é definida como "a única aparição de um longínquo" ("Repousando no verão, ao meio-dia, seguir no horizonte a linha duma cadeia de montanhas ou um galho a lançar sombra sobre quem repousa é respirar a aura daquelas montanhas ou daquele galho"). A obra de arte autêntica caracteriza-se por seu aqui e seu agora, pela "unicidade de sua presença no lugar em que se encontra". Hoje a obra de arte, do modo como é produzida pela fotografia e, mais ainda, pelo cinema, não assenta mais no ritual, e sua aura declina; ela é múltipla e próxima. A partir daí, tudo muda: tanto o *status* do criador quanto as condições de recepção das obras pelo público, que Benjamin analisa em minúcias.

Enquadrando sua reflexão na linha marxista ("A proletarização crescente do homem contemporâneo e a importância cada vez maior das massas são dois aspectos do mesmo processo histórico"), Walter Benjamin dirige suas próprias teses contra o fascismo, ao mesmo tempo em que as considera utilizáveis para as exigências revolucionárias na política da arte: enquanto o fascismo visa à estetização da política, a resposta do comunismo está na politização da arte.

Edição brasileira: "A obra de arte na era de sua reprodutibilidade técnica" in: W. Benjamin, *Magia e técnica, arte e política*, São Paulo, Brasiliense, 1994.
Estudo: B. Witle, *Walter Benjamin, une biographie*, Le Cerf, 1988.

OBRAS DE PIEDADE,

Oeuvres de piété, ○ entre 1597 e 1629.
Pierre de Bérulle, 1575-1629.
Coletânea de textos espirituais.

O cardeal de Bérulle, fundador do Oratório de Jesus Cristo em 1611 (ordem dos oratorianos), é um dos pais da espiritualidade francesa do século XVII que, renovando o pensamento religioso, influencia o pensamento filosófico, pois está então no cerne da reflexão filosófica. Essa obra é marcada pelo misticismo que Bérulle descobriu junto aos místicos espanhóis e renoflamengos, misticismo que modifica as posições respectivas então atribuídas ao homem e a Deus: recusa-se a atribuir o primeiro lugar ao homem, opondo a grandeza de Deus ao nada do homem.

A noção de nada está no cerne do pensamento berulliano, pois é pela abnegação interior que se atinge Deus. Bérulle distingue três tipos de nada: o nada de antes da Criação, o pecado que aniquila, destruindo, a obra de Deus, e a anulação, pela qual nossa vontade se inclina diante do Todo divino.

Seu pensamento influenciou fortemente o filósofo Malebranche, que viveu no Oratório a partir de 1660.

Estudo: J. Orcibal, *Le cardinal de Bérulle. Évolution d'une spiritualité*, Le Cerf, 1965.

OBRAS MORAIS, Ἠθικά.

Plutarco de Queronéia, c. 46-c. 120.
Coletânea de diálogos e de tratados filosóficos.

Essa obra de formato díspar aborda assuntos religiosos, políticos, literários e científicos. Nela se encontram diatribes, diálogos nos quais Plutarco se põe em cena fazendo longos discursos a seus interlocutores.

Alguns desses tratados visam a defender o platonismo contra os estóicos e os epicuristas. Entre eles, mencionaremos *Contradições dos estóicos*, *Demônio de Sócrates* ou ainda o diálogo intitulado *Que nem sequer é possível viver agradavelmente seguindo Epicuro*. O amor pelo Belo e pelo Bem domina toda a obra. Plutarco, que fazia parte da Academia, considerava-se um discípulo de Platão.

Estudo: R. Flacelière, *Sagesse de Plutarque*, P.U.F., 1964.

OBSERVAÇÕES SOBRE O SENTIMENTO DO BELO E DO SUBLIME, *Beobachtungen über das Gefühl des Schönen und des Erhabenen*, 1764.
EMMANUEL KANT, 1724-1804.

Nessa obra Kant abandona as grandes preocupações metafísicas e críticas, para entregar-se a análises mais psicológicas. Sente-se a influência dos moralistas, ingleses em particular. Como nota Kant, quem está atuando é mais o "observador" que o "filósofo". Sem dúvida ele está em busca de uma moral, e as grandes análises da *Crítica do juízo** já se encontram em gestação, mas prevalecem a antropologia e a psicologia.

Em *Observações* encontram-se alguns reparos sutis e outros nem tanto. Os primeiros justificam que a obra, além da simples curiosidade histórica, seja lida como um marco na obra do filósofo. Mas, como em *Antropologia**, Kant arrisca juízos no mínimo audaciosos sobre as características psicológicas respectivas dos dois sexos, ou dos diversos povos.

Edição brasileira: *Observações sobre o sentimento do belo e do sublime*, Campinas, Papirus, 1993.
Estudo: M. David-Ménard, apresentação do texto na edição francesa: *Observations sur le sentiment du beau et du sublime*, col. GF, Flammarion, 1990.

OBSTÁCULO E VALOR, *Obstacle et valeur*, 1934.
RENÉ LE SENNE, 1882-1954.

No ato de julgar, o Eu universal aparece como Valor e, desse modo, autoriza a objetividade do juízo. A consciência deve distinguir um eu da determinação e um eu do valor. A experiência do juízo manifesta, portanto, a participação da consciência no Absoluto, apreendido sob o aspecto do valor. O espírito irradia valor. O valor é o espírito a agir em nós, mas só se revela a quem se esforça por valer. É o fundo metafísico do real. Os valores determinados resultam da difração do valor uno e infinito. Mas aos valores positivos opõem-se valores negativos. Contudo, o valor só pode ser o próprio Absoluto. Em nós, valor e liberdade estão ligados.

Estudo: A. A. Devaux, *Le Senne*, col. "Philosophes de tous les temps", Seghers, 1968.

OLHO E O ESPÍRITO (O), *L'oeil et l'esprit*, 1964.
MAURICE MERLEAU-PONTY, 1908-1961.

Como diz Paul Klee, o pintor é um "filósofo sem saber", pois a pintura é uma reflexão desprovida de idéias: mais próxima por isso do sentido espontâneo do ser no mundo, ela é "uma apresentação sem conceito do ser universal". Merleau-Ponty vê no gesto do pintor a expressão de nossa relação com o ser, a manifestação dessa "gênese secreta e febril das coisas em nosso corpo".

A obra é, pois, a coisa visível a ver-se, ou a visão a fazer-se visível: ela é *reflexão*. A pintura não é, portanto, a cópia de algo que preexista a ela, pois o Ser não é nada a não ser estilhaçamento; ela é aquilo através do que se exprimem "as vozes do silêncio", o *logos* do mundo mudo que é "a centelha do senciente-sensível".

Segundo Sartre, esse texto "diz tudo desde que saibamos decifrá-lo". Obra difícil, portanto, que antecipa e lembra, mais que explicita, os futuros temas de *O visível e o invisível**.

Estudo: X. Tilliette, *Merleau-Ponty*, Seghers, 1970.

OPUS OXONIENSE, ○ entre 1303 e 1306.
JOHN DUNS SCOT, 1266-1308.
Aulas dadas em Oxford.

Entre os textos da coletânea, é preciso notar o *Comentário* de Duns Scot sobre as *Sentenças** de Pedro Lombardo, que deve ser considerado uma obra teológica do franciscano inglês.

As bases científicas e matemáticas de seus trabalhos filosóficos constituem a originalidade do autor; ele se recusa a atribuir posição de ciência à teologia.

Estudo: C. Bérubé, *De l'homme à Dieu selon Duns Scot, Henri de Gand e Olivi*, Istituto Storico Cappucino, Roma, 1983.

OPUS TERTIUM, 1268.

ROGER BACON, c. 1214-1294.

Seqüência de *Opus majus* e *Opus minus*, *Opus tertium* trata de ciências naturais e de filosofia moral; uma parte da obra é autobiográfica.

O autor propõe uma teoria da predicação que ele desejaria fundamentada numa ciência sólida: seria de seu agrado ver a aplicação dos resultados das ciências experimentais às Santas Escrituras. Aliás, ele propõe para a experimentação um método próprio que permitira determinar os princípios de explicação racional dos fatos. Acreditava ser possível reduzir a princípios matemáticos a totalidade das ações recíprocas dos corpos e dos agentes naturais. *Opus tertium* é dirigido ao papa Clemente IV, ao qual Roger Bacon solicitava uma reforma do calendário e uma revisão da Bíblia, na qual ele encontrara grande número de erros. Aquele que era chamado de "Doutor admirável" tinha em vista um projeto enciclopédico dividido em quatro domínios: gramática; matemática, astronomia e música; ciências naturais; metafísica e moral.

Estudo: C. Bérubé, *De la philosophie à la sagesse chez saint Bonaventure et Roger Bacon*, Istituto Storico Cappucino, Roma, 1976.

ORGANON, Ὄργανον.

ARISTÓTELES, 384-322 a.C.

Essa obra, dedicada à lógica formal, compreende seis partes: *Categorias*, *Da interpretação*, *Primeiros analíticos*, *Segundos analíticos*, *Tópicos* e *Refutações sofísticas*; tem o nome de *Organon*, que significa "utensílio, instrumento". Isto porque Aristóteles considera a lógica formal como o meio que, à disposição do espírito, permite-lhe raciocinar e exprimir-se em conformidade com a verdade.

Aristóteles dedica *Categorias* ao estudo da predicação – o verbo grego κατηγορεῖν (*kategorein*) significa "atribuir um predicado a um sujeito". O autor apresenta no primeiro capítulo a definição dos termos "homônimo" – são chamadas homônimas coisas que só têm o nome em comum – e "sinônimo" – são chamadas sinônimas as coisas que têm em comum o nome e o conceito, como por exemplo homem e boi, que podem ser ambos chamados de "animal" e partilhar o conceito de animal. No segundo capítulo, ele faz a distinção entre os nomes – nome comum, verbo, grupo, atributo – e as proposições, que são uma ligação (συμπλοκή, *symploké*) de nomes.

Depois de definir atributo (cap. III), Aristóteles distingue as diferentes significações da predicação (cap. IV). Assim, o atributo pode significar a substância (οὐσία, *ousia*) quando responde à pergunta "O que é?", mas pode significar também quantidade, qualidade, relação, lugar, tempo, posição, posse, ação e paixão. Aristóteles define a substância primeira (cap. V) como o que não é afirmado de um sujeito nem num sujeito – é portanto o indivíduo –, e a substância segunda, como o gênero e o espaço aos quais pertencem o indivíduo. Os capítulos VI a IX são dedicados ao estudo detalhado das outras categorias ou modos de predicação. Por fim, o capítulo X estuda os opostos; o capítulo XI, os contrários; o capítulo XII, o anterior; o capítulo XIII, o simultâneo; e o capítulo XIV, o movimento. O capítulo XV encerra o tratado com o estudo da categoria da posse.

Os catorze capítulos do tratado *Da interpretação* são dedicados ao estudo das proposições que são definidas como um discurso no qual reside o verdadeiro ou o falso. Essas proposições são classificadas em afirmativas e negativas, universais, particulares ou singulares, segundo o sujeito da proposição seja predicado por "todos", por "alguns", ou seja constituído por um nome próprio. Aristóteles estuda também as diferentes oposições das proposições, a saber a contradição e a contrariedade. Um capítulo desse tratado é dedicado ao estudo da oposição das proposições modais (capítulo XII), enquanto o capítulo IX trata da célebre questão dos *futuros contingentes*.

Depois de examinar a construção das proposições, Aristóteles vai dedicar os *Analíticos* a unir essas proposições para formar raciocínios. Os *Primeiros analíticos* são dedicados ao estudo dos silogismos – ligação dedutiva de três proposições. Servem para construir demonstrações do tipo "A é B; ora B é C; logo A é C": em que a primeira proposição é chamada de maior, a segunda é chamada de menor, e a terceira é a conclusão. O predicado da conclusão é denominado termo maior; o sujeito, termo menor; e termo médio é o termo que os relaciona. Os silogismos são classificados em três tipos, segundo a posição ocupada pelo termo médio, mas só o primeiro tipo é demonstrado diretamente.

Depois de estudar o silogismo do ponto de vista formal, Aristóteles dedica *Segundos analíticos* à aplicação prática deste. Diz que podemos afirmar conhecer uma coisa quando conhecemos sua causa, constituindo esta o termo médio do silogismo. Afirma, por outro lado, que os princípios do conhecimento nos são dados pela indução, que permite a passagem do particular ao universal. É a intuição intelectual (νόησις, *noésis*) que apreenderá esse universal.

Os *Tópicos* são dedicados ao exame do silogismo dialético cujas premissas são apenas prováveis. Aristóteles arrola todos os procedimentos que possibilitam convencer, sem se preocupar com o valor de verdade do discurso.

Refutações sofísticas, por fim, são dirigidas contra os sofistas: Aristóteles examina e refuta os argumentos que estes opõem aos adversários.

Esses tratados de lógica formal foram muito comentados durante a Idade Média e utilizados até o advento da lógica moderna.

Edição portuguesa: *Organon*, Lisboa, Guimarães, 1987.
Estudo: *Concepts et catégories dans la pensée antique* (sob a dir. de P. Aubenque), Vrin, 1981.

ORIGEM DA FAMÍLIA, DA PROPRIEDADE PRIVADA E DO ESTADO (A),

Der Ursprung der Familie, des Privateigentums und des Staats, 1884.
FRIEDRICH ENGELS, 1820-1895.

A partir de notas inéditas de Marx e baseado nos trabalhos do etnólogo evolucionista americano Lewis Morgan e sua tripartição da história em selvageria, barbárie e civilização (*A sociedade primitiva*, 1877), Engels expõe as diferentes formas originais da família e dos sistemas de parentesco, mostrando que a *gens* iroquesa é a forma original da *gens* (grupo de consangüíneos que forma uma linhagem) que é encontrada depois entre os gregos, os romanos, os celtas e os germanos. Ele analisa a gênese do Estado em Atenas e entre os germanos como dissolução da organização baseada na *gens*.

Dessa forma, o Estado não existiu sempre, e não é indubitável que sempre existirá: "A sociedade que reorganizar a produção com base numa associação livre e igualitária dos produtores relegará toda a máquina do Estado ao lugar que passará a ser o seu: ao museu das antigüidades, ao lado da roca e do machado de bronze."

Edição brasileira: *A origem da família, da propriedade privada e do Estado*, São Paulo, Global, 1984.
Estudo: Ch. Forain, *Ethnologie e histoire*, Messidor-Éditions Sociales, 1975.

ORIGEM DA GEOMETRIA (A),

Die Frage nach dem Ursprung der Geomettie als intentional Problem, 1936.
EDMUND HUSSERL, 1859-1938.

Encontra-se nessa obra uma reflexão sobre a produção dos objetos ideais da geometria por idealização a partir de materiais perceptíveis do mundo-da-vida. Husserl propõe a questão da *origem* e restabelece a "passagem-ao-limite" do prestamento idealizante: as coisas do mundo concreto situam-se na oscilação em torno de um tipo puro, pólo inacessível de aproximação infinita; o pensamento puro passa imediatamente ao limite de um movimento inacabado nos fatos, e faz assim surgir uma essência. O *eidos* matemático, produzido a partir do mundo real, tem uma história, uma historicidade, mas esta não autoriza nenhum ceticismo em relação a ela, pois a objetidade matemática conserva independência normativa em relação à história-dos-fatos, o que explica, aliás, a indiferença de Husserl para com qualquer origem factícia.

Percebe-se nisso a originalidade do pensamento husserliano, que não se permite ver no "Reino das puras formas-limites" realidades inteligíveis preexistentes a qualquer prestamento idealizador. O olhar volta-se para a produção, portanto para a historicidade originária das essências, que, a partir daí, não pertencerão mais à história-dos-fatos. Essa radical oposição ao platonismo e à ingenuidade objetivista é acompanhada pela denúncia do historicismo. A historicidade das objetidades ideais (sua origem, sua tradição) não diz respeito ao simples encadeamento dos fatos, mas convida a considerar um "sentido" da história em geral. Se a tradição é esquecimento das origens, a fenomenologia deve reativar o sentido oculto sob as sedimentações, sentido que surgiu pela primeira vez na Grécia, com a passagem da agrimensura à geometria pura.

Nesse texto, o *eidos* matemático, já estudado em *Filosofia da aritmética* (1890-1901), é novamente objeto privilegiado da reflexão husserliana, mas o que diferencia os dois textos é o aparecimento – na época de *Krisis* – da história como objeto da fenomenologia. *Origem da geometria*, publicada inicialmente como anexo de *Krisis*, realiza um "retroquestionamento" da intenção originária e final transmitida pela tradição, o que Galileu deixara de fazer em sua "negligência fatal". Portanto, ao contrário do que afirma Merleau-Ponty (em *Signos**), Husserl, em sua fase final, pretendia bem menos "entrar para a escola dos fatos" do que permanecer fiel à busca de um *a priori* histórico.

Estudo: M. Richir, *La crise du sens et la phénoménologie*, Milão, 1990.

ORIGEM DA TRAGÉDIA.

FRIEDRICH WILHELM NIETZSCHE.

VER NASCIMENTO DA TRAGÉDIA.

ORIGEM DAS ESPÉCIES POR MEIO DA SELEÇÃO NATURAL (DA),

ou A luta pela existência na natureza,
On the Origin of the Species by Means of Natural Selection, or The Preservation of Favoured Races in the Struggle for Life, 1859.
CHARLES ROBERT DARWIN, 1809-1882.

As espécies não foram criadas independentemente umas das outras, mas nascem umas das outras. Essa é a hipótese que nessa obra se quer demonstrar.

A idéia de transformação das espécies já fora defendida especialmente por Lamarck, mas este buscava a razão para isso no uso ou no não-uso dos órgãos. Darwin, ao contrário, que fala de descendência com modificação, mais que de evolução, é sensível às variações, e à seleção daquelas que, na luta pela existência, são as mais favoráveis à espécie. Essa luta é o resultado inevitável da rapidez com que todos os seres organizados tendem a multiplicar-se. A vida não é concebível independentemente de um meio. Ora, em Darwin, o conceito de meio é menos comparável a um conjunto de condições físicas exteriores, como o clima ou a alimentação, do que a um tribunal diante do qual se desenrola um verdadeiro processo.

Darwin atribui o aparecimento de formas novas à conjunção de dois mecanismos: a variação, que é um mecanismo de produção de diferenças, e a seleção, que é um mecanismo de redução e de crítica dessas diferenças.

Para Lamarck, o meio era o conjunto de "circunstâncias influentes" às quais o organismo é obrigado a adaptar-se. Darwin concebe o meio como um ambiente de seres vivos que, em relação a um ser vivo determinado, são inimigos ou aliados, presas ou predadores. Entre estes estabelecem-se relações de utilização, destruição e defesa: a competição é lei. Nesse mundo de luta, aparecem variações acidentais de ordem morfológica num indivíduo, atuando em seu proveito ou para sua desvantagem. Os indivíduos mais aptos, graças a variações úteis, terão uma descendência mais numerosa; os outros, ao contrário, produzirão menos descendentes. "Dei o nome de *seleção natural* [...] a essa conservação das diferenças e das variações individuais favoráveis e a essa eliminação das variações nocivas." A natureza desempenha então um *papel crítico*: serve de crivo que retém certas variações (as que se apresentam como vantagem) e rejeita outras (as que constituem desvantagem). Mas foi cometido um contra-senso na noção de seleção natural: não é ela que produz a variabilidade; ela implica apenas a conservação das variações acidentalmente produzidas, quando são vantajosas para o indivíduo nas condições de existência em que ele está posto. O que são essas variações? São em primeiro lugar ligeiríssimas diferenças morfológicas por meio das quais um descendente não se assemelha exatamente a seus ascendentes; só o acúmulo gradual delas leva a modificações notáveis. Assim, quando se considera o conjunto de todos os seres organizados que se sucederam ao longo do tempo, pode-se observar entre eles uma gradação imperceptível. A natureza "progride" por graus, e não dá saltos. A evolução nada mais é que uma modificação das espécies, lenta e gradual, devida à seleção realizada sobre as variações.

A finalidade de Darwin foi muitas vezes desviada de seu significado inicial e deformada por interpretações ideológicas: por excluir a revelação de uma ordem oculta da natureza, bem como qualquer tipo de providencialismo, o darwinismo foi apresentado como uma "doutrina imoral e anticristã". Por outro lado, transposto abusivamente para o terreno etnológico ou sociológico, foi rapidamente equiparado a um reducionismo simplificador que justifica o esmagamento do inferior pelo superior. Isso é esquecer, por um lado, que, ao mudar de domínio, a transposição deve também mudar de critérios, e, por outro lado, que o homem não está mais bem adaptado a seu meio que este ou aquele animal "inferior". Sua adaptação apenas põe em jogo mecanismos mais complexos. A noção de progresso, em biologia como em qualquer outra área, deve ser utilizada com a maior prudência. Por exemplo, a vantagem seletiva que as asas dos insetos começaram por lhes propiciar não consistia em possibilitar que eles voassem, mas sim em garantir a ventilação do animal, favorecendo as trocas térmicas. O vôo teria sido uma vantagem secundária de seu desenvolvimento.

Por outro lado, a representação clássica da natureza, concebida como um conjunto ordenado e finalista, é destruída: a contingência é seu grande arquiteto. E o tempo adquire novo *status*: não é mais a moldura imutável e reversível da física clássica; é a própria matéria da evolução. E também convém relativizar sua ação: "Apenas o passar do tempo nada pode por si só, nem a favor nem contra a seleção natural [...]. O transcorrer do tempo só é importante por apresentar mais oportunidades para o aparecimento de variações vantajosas, porquanto permite que elas se acumulem e se fixem depois de terem sido objeto de seleção." Para Darwin, como observa Canguilhem, viver é submeter ao julgamento do conjunto dos seres vivos uma diferença individual, por mais ínfima que seja. Esse julgamento só admite dois veredictos: ou morrer ou fazer parte do júri durante algum tempo. Mas quem vive está sempre sendo juiz e julgado.

Edição brasileira: *A origem das espécies*, Brasília, UnB, 1982.

Estudo: S. J. Gould, *Darwin et les grandes énigmes de la vie*, col. "Points", Le Seuil, 1984.

ORIGEM DOS SENTIMENTOS MORAIS, *Der Ursprung der moralischen Empfindungen*, 1877.

PAUL RÉE, 1849-1901.

A postura de Rée é materialista: rejeitar as justificações metafísicas da ética e estudar a gênese histórica dos sentimentos morais. Rée rejeita a problemática do fundamento, a cisão idealista entre ser e valor, e baseia-se nas ciências (biologia) para estudar a moralidade como um fato de condicionamento, negando o livre-arbítrio.

Nietzsche deverá muito à crítica de Rée, mas acabará por afastar-se dele.

Estudo: Y. Quiniou, "Rée et la morale, un paradigme matérialiste", in *Problèmes du matérialisme*, col. "Philosophie", Klincksieck, 1987.

ORIGEM RADICAL DAS COISAS (SOBRE A), *De rerum originatione radicali*, 1697.

GOTTFRIED WILHELM LEIBNIZ, 1646-1716.

O universo não é um caos. Mas como compreender a ordem que se desvela na existência do mundo? Nossa razão de ser não está em nós; é preciso remontar ao original para compreender "a unidade dominante do universo": Deus é o princípio de todas as coisas, a razão última e suficiente de nossa existência. O fato de "existir algo, em vez de nada", mostra que a essência do mundo (concebida em Deus) tende a fazê-lo ser. O mundo é, portanto, necessário, não para Deus, que poderia não tê-lo criado (pois ele é onipotente), mas porque em sua essência mesma há uma pretensão a ser. Necessidade física, e não metafísica, o universo é o melhor possível, pois é segundo "as leis das verdades eternas" que estão em Deus, que é, assim, absolvido do mal.

Ao mesmo tempo em que retoma em Descartes a prova *a posteriori* da existência divina (só um ser perfeito pode ser causa de coisas menos perfeitas), Leibniz desenvolve sua própria concepção de "República Universal". Mas será só em 1714, em *Monadologia**, que ele explicará como essas coisas existentes, as "mônadas", são "expressões de Deus".

Estudo: Y. Bélaval, *Leibniz, initiation à sa philosophie*, Vrin, 1975.

ORIGENS DA HERMENÊUTICA, *Les origines de l'herméneutique*, 1988.

GEORGES GUSDORF, nascido em 1912.

Hermenêutica é o trabalho de interpretação, pesquisa sobre o sentido ou a significação de um texto. O estudo de Gusdorf tem alcance histórico, pois, embora seja relativamente fácil interpretar textos recentes, isso não acontece com textos antigos, distantes de nós no tempo e devido à mentalidade daqueles que os escreveram outrora.

Nenhum texto, portanto, tem sentido imediato: o sentido não se dá diretamente. A interpretação mostra-se então necessária para conservar o patrimônio e a memória viva da humanidade.

O texto antigo, transmitido, copiado, apesar de preservado através dos séculos, em especial por monges, não chega até nós em sua limpidez original. Cabe-nos então aprender a *ler*, a *regenerar* o sentido.

Gusdorf é autor de numerosas obras dedicadas às ciências humanas, entre as quais: *O homem romântico* (1984) e *Saber romântico da natureza* (1985).

ORIGENS DO TOTALITARISMO (AS), *The Origins of Totalitarism*, 1951.

HANNAH ARENDT, 1906-1975.

É errôneo pensar "que foi por acidente que a ideologia nazista se cristalizou em torno do anti-semitismo". Para Arendt, tentar compreender o horror que foi a organização da "solução final" é, em primeiro lugar, interrogar sobre os vínculos entre a ideologia nazista e a origem do anti-semitismo. Nem por isso se deve acreditar que o totalitarismo se baseie no racismo ou no anti-semitismo: "A única conseqüência direta e sem mescla dos movimentos anti-semitas do século XIX não é o nazismo, mas o sionismo." Em contrapartida, é possível perceber nas primeiras manifestações anti-semitas as razões políticas que, cinqüenta anos mais tarde, provocarão a subida de Hitler ao poder. Assim, por meio de uma minuciosa análise da posição dos judeus na história moderna, Arendt fixa quatro fases de desenvolvimento das relações entre a ordem política e os judeus, fases que conduzem finalmente à rejeição anti-semita.

Se, graças a seus aportes financeiros, nos séculos XVII e XVIII os "judeus da corte" já eram influentes junto à monarquia, os "Estados-Nações" que surgem depois da Revolução Francesa têm ainda mais necessidade de capitais; em troca de seus empréstimos, são ampliados os direitos dos judeus. Contudo, no fim do século XIX, com o nascimento do imperialismo, os homens de negócios são levados a envolver-se politicamente; os judeus, que não participam das colonizações, vêem sua influência diminuir. Por fim, no século XX, tanto a comunidade judia quanto o Estado-Nação se desintegram, e os judeus passam a ser alvo de ódio. Mas também nesse caso é preciso desconfiar das idéias preconcebidas: não é a sociedade que segrega progressivamente os judeus; eles mesmos, desde o fim do século XVI, afastam-se dos grupos sociais e rejeitam a integração em nome de uma eleição superior (e mítica) do povo judeu. E quando, no século XIX, os primeiros partidos anti-semitas denunciam uma pseudo-"sociedade secreta judia" que desejaria tomar o poder, já é tarde demais.

"É preciso recolocar o anti-semitismo moderno no quadro mais geral do desenvolvimento do Estado-Nação", analisando ao mesmo tempo as relações que se estabeleceram entre os judeus e o "populacho" que permitiu a ascensão dos chefes nazistas ao poder. Será preciso mais ainda entender as razões da queda dos Estados-Nações em favor da burguesia capitalista. Ora, a causa dessa substituição deve ser buscada nos movimentos imperialistas das nações européias do último século. No fim do século XVIII, "o Estado-Nação concluiu o seu desenvolvimento e proclamou-se acima de todas as classes", mas foi severamente prejudicado quando "se mostrou inadequado para permitir que a economia capitalista prosseguisse sua expansão". Os estadistas – Clemenceau e Bismarck – foram acusados de sustentar a causa dos judeus opondo-se aos burgueses expansionistas, enquanto esses homens desejavam simplesmente conservar a integridade de territórios nacionais esmagados pela enormidade das terras conquistadas.

Opondo-se aos homens de negócios, os chefes políticos também discrepavam da sociedade, dando ao povo a impressão de não mais poderem gerir os avanços da revolução industrial. "A expansão mostrava-se como uma tábua de salvação", e a violência colonizadora como o instrumento desse novo poder. Por sua vez, os movimentos imperialistas declararam-se acima dos partidos, em nome do interesse superior da Nação. "Em teoria, um abismo separa o nacionalismo do imperialismo; na prática, esse abismo pôde ser e foi transposto pelo nacionalismo tribal e pelo racismo brutal." A partir daí era lógico que os judeus se transformassem no alvo dos "imperialistas nacionais". Isto porque havia dois séculos os judeus vinham sendo os elos financeiros e diplomáticos entre os Estados, aparecendo assim como fiadores de uma ordem política ultrapassada. Uma vez que os interesses das massas se associou ao dos demagogos totalitários, o século XX só poderia dar nos sistemas nazista e comunista, necessariamente violentos, porque profundamente imperialistas.

Atuando como historiadora, Hannah Arendt desmonta a máquina implacável do totalitarismo para "tentar dizer e compreender o que aconteceu" nessa história recente que aparece justamente como indizível e incompreensível, seja a da Alemanha dos anos 30, seja a da Rússia do pós-guerra. Mas a crítica da autora às massas e à burguesia não isenta os judeus de suas responsabilidades para com uma crise de que eles também foram atores. Judia de origem alemã, refugiada na França a partir de 1933 e depois expatriada para os Estados Unidos a partir de 1941, Arendt declara-se intransigente em face das partes que tiveram algum interesse num sistema que destruiu a sociedade.

Escrito de 1945 a 1949, esse importante trabalho na obra de Arendt mostra-se pessimista quanto ao caráter inelutável do totalitarismo. Foi só com *A condição humana** que ela recobrou a esperança nas soluções que o homem pode propor para os defeitos que as sociedades trazem em seu bojo; o que leva Paul Ricoeur a dizer, em prefácio a essa obra, de 1958, que esse é "o livro da resistência e da reconstrução".

Edição brasileira: *As origens do totalitarismo*, Rio de Janeiro, Documentário, 1976.

Estudo: A. Enegren, *La pensée politique de Hannah Arendt*, P.U.F., 1984.

OU... OU...

SØREN AABYE KIERKEGAARD, 1813-1855.

VER ALTERNATIVA (A).

P

PAIXÕES DA ALMA (AS), ou TRATADO DAS PAIXÕES, *Passions de l'âme*, ou *Traité des passions*, 1649.
RENÉ DESCARTES, 1596-1650.

Depois de ter demonstrado, nas *Meditações**, a distinção real entre alma e corpo, Descartes deve pensar em sua união substancial. É esse o papel atribuído ao *Tratado das paixões*. Esse livro não pode ser lido independentemente da correspondência com a princesa Elisabeth, que em parte o incitou, e que não deixa de esclarecê-lo. Para Descartes, não há contradição alguma entre distinção e união: a primeira é pensada, a segunda é sentida.

Aqui, o termo "paixões" deve ser entendido em seu sentido clássico: todos os fenômenos nos quais a alma padece, ou seja, sofre uma ação vinda do corpo. Essa ação é exercida num lugar particular do corpo: a "glândula pineal", onde ocorre o contato com os "espíritos animais", que são realidades inteiramente corporais. A glândula pineal evidentemente é, da mesma maneira, o local onde se dá a ação da alma sobre o corpo: a alma põe o corpo em movimento enviando pelos nervos um fluxo dos mesmos espíritos animais. Toda a primeira parte do tratado é, assim, dedicado à descrição desses mecanismos fisiológicos, que dão ensejo a análises muito detalhadas.

É portanto – segundo seus próprios termos – como "físico" que Descartes trata das paixões da alma. Em termos modernos, diríamos que se trata da primeira tentativa de compreensão materialista do fenômeno das paixões, ou seja, de todas as interações entre corpo e espírito (Descartes pode ser considerado um precursor da noção de "psicossomatismo").

Compreender as paixões é explicá-las (fisiologicamente), mas também perceber seu sentido. Para isso, a obra propõe uma nomenclatura minuciosa e sistemática das paixões, que derivam todas, por composição, de seis paixões primitivas: admiração, amor, ódio, desejo, alegria, tristeza. Mas o projeto de Descartes é moral, e ele não se limita à simples descrição.

O *Tratado das paixões* desenvolve uma teoria do domínio das paixões. Trata-se de um tema clássico na reflexão filosófica, mas que Descartes renova completamente, sobretudo em relação ao estoicismo, no qual, porém, ele se inspirou ao escrever o *Discurso do método** (III parte, terceira máxima da moral por provisão); convém lembrar, aliás, que o *Discurso* continha também uma alusão depreciativa a respeito dos estóicos. É que nada é mais estranho ao cartesianismo que a condenação das paixões. "Elas são todas boas por natureza", e não nos cabe desfazer-nos delas. E ele escreve: "Não sou da opinião [...] de que nos devemos isentar de ter paixões"; aliás, isso não seria nem sequer possível – pois elas são o preço da união substancial – nem desejável – pois elas permitem propriamente que ela viva. Há apenas um bom uso das paixões, que consiste em orientá-las no sentido que nos seja mais vantajoso. Pois uma paixão nunca tem uma causa que não seja um fenômeno puramente material, que nossa alma não tem o poder de impedir, mas cuja interação com nossos pensamentos podemos modificar. As paixões não serão erradicadas, porém domesticadas, ou seja, submetidas à razão.

O ideal cartesiano tem um nome: "generosidade", palavra que não é mais usada no sentido de Descartes, em quem ela designa o conhecimento da própria liberdade, bem como a "firme e constante resolução de bem usá-la". O sábio "sabe que nada verdadeiramente lhe pertence senão essa livre disposição de suas vontades": virtude e felicidade ignoram aqui o conflito no qual serão encerradas pelo kantismo.

A abordagem cartesiana às paixões não é apenas física; é médica. A saúde foi sempre uma preocupação primordial de Descartes, que vê nela um dos bens mais preciosos. O Tratado desenha os contornos de uma higiene das paixões que nossa época, apaixonada pela "forma" e pela arte de "viver bem o corpo", teria motivos para meditar.

Pouco importa que o aparato científico sobre o qual se baseiam *As paixões da alma* esteja hoje ultrapassado. A sabedoria cartesiana e o ideal de generosidade não inspiraram apenas a figura do herói corneliano; pode-se dizer que o *Tratado* está na origem do grande movimento de reabilitação das paixões empreendido pelo século XVIII. O legado cartesiano continua vivo na filosofia moral, até a época contemporânea. Alain dizia: "Não acredito que, sobre essa difícil questão da relação entre nosso corpo e nossos pensamentos, se possa encontrar ainda hoje um mestre melhor que Descartes, e nada mais apropriado a reconduzir o espírito para o bom caminho."

Edição brasileira: *As paixões da alma*, São Paulo, Martins Fontes, 1998.

Estudo: G. Rodis-Lewis, *La morale de Descartes*, P.U.F., 1970.

PALAVRA E OBJETO,

Word and Object, 1960.

WILLARD VAN ORMAN QUINE, nascido em 1908.

Essa obra, a mais célebre de Quine, propõe uma visão sintética das posições adotadas pelo filósofo e lógico americano desde seus primeiros artigos. Em muitos aspectos, Quine ulteriormente corrigiu algumas de suas posições, mas sem questionar fundamentalmente a filosofia geral desenvolvida nessa obra.

Incontestavelmente, Quine vincula-se à corrente empirista. Reconhece que, em última instância, o material de nosso conhecimento é fornecido pelas estimulações sensoriais. Mas rompe com o empirismo tradicional porquanto insiste na mediação da linguagem e no papel das teorias. Para ele, não há conhecimento direto que nos ponha em "relação íntima" com objetos. Por isso, ele só pode criticar o empirismo lógico e rejeitar o critério verificacionista da significação. Não é possível referir-se diretamente, pela observação ou pela experiência, a um objeto que seja "portador" da significação e que permita constituir de alguma maneira um "núcleo" de significação traduzível em línguas diferentes por palavras diferentes.

Se, assim como o senso comum, a filosofia deve começar pelas coisas comuns, é precisamente porque as coisas, que não são os dados sensoriais do empirismo, são apreendidas, conhecidas e reconhecidas graças à mediação da linguagem. Para Quine, uma frase só tem significação no interior de uma linguagem, ou mesmo de uma teoria, a menos que seja diretamente condicionada por uma estimulação sensorial.

Daí decorre que o problema da tradução deve ser posto em toda a sua amplitude. Devido à mediação teórica acima citada, há uma "inescrutabilidade da referência" que se traduz em subdeterminação da tradução. Toda tradução, devido à sua indeterminação, está suspensa a hipóteses. Quine afirma que os estudos sobre a semântica da referência só ganham sentido na linguagem. Donde a modéstia de propósitos: não se trata de elaborar um novo esquema conceptual, mas sim de tentar entender as implicações do esquema conceptual estudado. É nessa perspectiva que se deve apreciar o recurso a uma notação canônica universal ligada à lógica da quantificação de primeira ordem. Não cumpre retraduzir os enunciados de uma linguagem qualquer em linguagem formal, na esperança de encontrar uma formulação verdadeira e de livrar a linguagem comum de suas imperfeições e ambigüidades. Trata-se simplesmente de utilizar o poderoso instrumento da lógica para elucidar os compromissos ontológicos de uma teoria ou de uma linguagem. Não há uma ontologia mais verdadeira que outra, mas sim ontologias rivais que demandam ser traduzidas numa ontologia de segundo plano.

Todo o propósito dos procedimentos de paráfrase estudados no capítulo V, intitulado "Recrutamento", é obter estruturas mais claras, economizar construções inúteis – sendo o único veto pronunciado contrariamente à quantificação em contextos opacos. No capítulo VI, intitulado "Fuga às intensões", Quine manifesta sua desconfiança em relação aos objetos intensionais de todas as naturezas e categorias. Disso decorre sua desconfiança em relação às lógicas modal, epistêmica, cronológica etc. Sobre essas questões, o autor de *Palavra e objeto* mostra-se conservador. Partidário resoluto da lógica bivalente e da rejeição a qualquer quantificação em contextos opacos, defende uma concepção muito tradicional de lógica.

A concepção referencial da quantificação à qual ele adere apela para um universo de objetos e veda qualquer quantificação sobre as variáveis de função. Atendo-se a uma quantificação sobre as variáveis de indivíduo, Quine parece caminhar no sentido de um nominalismo bastante severo. Sua preocupação em explicar a matemática leva-o, porém, a admitir as classes em sua ontologia, o que se traduz finalmente por um platonismo matizado. Compreende-se por que todo o último capítulo seja dedicado às implicações ontológicas da teoria da quantificação e proponha uma solução para a versão reatualizada do velho problema dos universais. O debate entre o nominalismo e o platonismo se concentra de fato sobre a questão de saber se é ou não preciso admitir as classes e, para um autor como Quine, essa questão só pode ser resolvida em relação a considerações de ordem pragmática.

A relatividade da ontologia, contudo, nada tem de relativismo, e Quine manifesta a preocupação com uma reflexão sobre as categorias mais gerais e mais abstratas – apanágio da filosofia.

Estudo: P. Gochet, *Quine en perspective*, Flammarion, 1978.

PALAVRAS E AS COISAS (AS),

Uma arqueologia das ciências humanas,
Les mots et les choses. Une archéologie des sciences humaines, 1966.
MICHEL FOUCAULT, 1926-1984.

Essa obra é para as ciências humanas o que foi a *Crítica da razão pura** de Kant para a filosofia: uma empreitada de exame crítico da maneira como objetos possíveis de saber se tornam objetos de conhecimento e, reciprocamente, das regras graças às quais o sujeito pode tornar-se, enquanto sujeito, objeto de saber. *As palavras e as coisas* de Foucault são uma história crítica da gênese, da extensão e dos limites das ciências humanas.

Com Kant inaugurava-se a modernidade. Com Foucault inaugura-se a questão da perspectivação dessa modernidade: interrompe-se a correspondência entre o homem e o mundo, o homem e ele mesmo, o homem e seus saberes. A própria função representativa das faculdades de conhecer torna-se problemática. O sujeito representante, para enxergar claro na representação, deve transformar-se em objeto e tomar consciência de sua existência, como de uma existência ao mesmo tempo autônoma e finita, precária e determinada. Sua auto-reflexão, que se tornara o fundamento único das certezas últimas, é uma autolimitação que se torna fundamento de incerteza e precariedade: a figura do Homem, visto ter nascido nesse terreno, nele também pode desaparecer. Essa auto-reflexão tem tudo para ser uma auto-supressão.

Na apresentação que Foucault fez desse livro para sua candidatura ao Collège de France, descreveu-o como experiência inversa à de sua *História da loucura no período clássico**. A intenção é sempre determinar domínios de saber que não sejam exatamente ciências nem hábitos mentais. Mas o projeto de *As palavras e as coisas* é neutralizar todo o aspecto prático e institucional – ao contrário do que fora feito na primeira obra – e estudar, numa época dada, vários desses domínios de saber: classificações naturais, gramática geral, análise das riquezas, nos séculos XVII e XVIII, ou seja, o sujeito que vive, fala e trabalha. Pela análise do tipo de problema que cada um desses domínios apresenta e dos conceitos que põem em jogo, aparecem entre eles identidades, analogias e conjuntos de diferenças. Desenha-se uma configuração global que organiza de modo coerente toda uma região do conhecimento empírico. Essas relações sistemáticas na arquitetura própria de cada domínio, se não bastam para caracterizar o espírito clássico em geral, pelo menos definem um método: a arqueologia interna de cada um tomado individualmente. O subtítulo do livro é *Uma arqueologia das ciências humanas*.

Isto porque cada época se caracteriza por uma configuração subterrânea que, juntamente com seus problemas, produz uma grade do saber que possibilita o discurso científico. Esse "*a priori* histórico" é chamado de *episteme* por Foucault: bases do saber que delimitam o que uma época pode pensar assim como o que ela não pode deixar de pensar. Toda ciência se desenvolve no interior desse quadro, e o mesmo acontece com as outras ciências que lhe são contemporâneas. Os três domínios de conhecimento da *episteme* clássica – gramática geral, análise das riquezas e história natural – cederam espaço no século XIX a três outros domínios que encontram lugar de formação na nova grade de saber que se instaura nessa época: filologia, economia política e biologia. A figura do homem como objeto de conhecimento vem alojar-se nessa formação. Nessa redistribuição global da *episteme*, nascem as ciências humanas. Mas essa proximidade excessiva com sua *episteme* as priva do *status* de ciências, pois só a situação de vizinhança com a biologia, a economia e a filologia as possibilita: elas não passam de projeções destas. No entanto, seu enraizamento arqueológico na *episteme* moderna obriga-as a pretender ser ciências: "A cultura ocidental constituiu, com o nome de homem, um ser que, por um único e mesmo jogo de razões, deve ser domínio positivo do saber e não pode ser objeto de ciência."

As palavras e as coisas são o relato dessa contradição de princípio. Nesse questionamento generalizado das ciências humanas que coincide com um pôr-no-mundo, psicanálise e etnologia têm um lugar à parte: elas "dissolvem" o homem. Como são a contracorrente, têm um *status* de "contraciências".

Uma terceira disciplina agita o campo constituído das ciências humanas: a lingüística. Ao falar do homem que fala, ela mata a fala e o homem; ela não fala mais do que a psicanálise ou a etnologia a respeito do homem mesmo.

Assim, o homem é reconduzido rumo à noite de seu nascimento, o que é uma outra maneira de dizer que ele é conduzido para a sua morte. O advento do homem no saber coincide com o fim da episteme que marca o desaparecimento do homem sem o saber: "O homem é uma invenção cuja data recente é facilmente mostrada pela arqueologia de nosso pensamento. Que talvez também mostre seu fim próximo." Em 1966, esse livro libertou o pensamento das garras fenomenológicas (Sartre, Husserl, Merleau-Ponty) assim como de um dogmatismo epistemológico de que só eram capazes cientistas incapazes de ser ao mesmo tempo historiadores e críticos.

Edição brasileira: *As palavras e as coisas*, São Paulo, Martins Fontes, 1995.
Estudo: A. Kremer-Marietti, *Michel Foucault. Archéologie e généalogie*, col. "Biblio-Essais", Le Livre de Poche, L.G.F., 1985.

PARA UMA CRÍTICA DA ECONOMIA POLÍTICA DO SIGNO, *Pour une critique de l'économie politique du signe*, 1972.

JEAN BAUDRILLARD, nascido em 1929.

Teoria sobre o objeto-signo, com *status* funcional, a semiologia de Baudrillard é uma crítica da lógica de classe, uma demonstração da gênese ideológica das necessidades e do fetichismo daí decorrente. A obra de arte não escapa à redução semiológica realizada em todos os seus objetos pela sociedade contemporânea.

Edição brasileira: *Para uma crítica da economia política do signo*.
Estudo: R. Hess, *Dictionnaire des philosophes*, P.U.F., 1984.

PARÁBOLAS E CATÁSTROFES,

Colóquios sobre matemática, ciência e filosofia, *Paraboles et catastrophes. Entretiens sur les mathématiques, la science et la philosophie*, 1983.
RENÉ THOM, nascido em 1923.

O pai da "teoria das catástrofes", que em 1958 ganhou a medalha Fields por trabalhos em topologia, elucida ao longo desses colóquios os procedimentos hermenêuticos (ou "parábolas") que possibilitam tornar inteligíveis os fenômenos de descontinuidade (ou "catástrofes") que aparecem de maneira brutal e imprevisível em sistemas aparentemente estáveis (queda de uma falésia, erupção de um vulcão, craque da Bolsa etc.). Extremamente reservado em relação às metodologias reducionistas, o autor propõe uma abordagem continuísta que ele não aplica apenas à matemática e à física, mas também à psicologia, à biologia, à economia e à embriologia.

Através de um retorno original a Aristóteles (a matéria aspira à forma), Thom empenha-se em reintroduzir arquétipos de natureza abstrata para explicar o real, privilegiando assim o *qualitativo* sobre o *quantitativo*. E é Heráclito que ele "redescobre" ao cabo desses colóquios, na afirmação de que toda morfologia resulta do conflito entre duas ou mais forças antagonistas.

Estudo: *La querelle du déterminisme* (contém o famoso artigo de R. Thom: "Halte au hasard, silence au bruit" e as respostas de E. Morin, A. Atlan e I. Prigogine), Le Débat-Gallimard, 1990.

PARERGA E PARALIPÔMENA,

Parerga und Paralipomena, 1851.
ARTHUR SCHOPENHAUER, 1788-1860.

Essa obra, cujo título significa literalmente "suplementos e omissões", reúne em dois volumes numerosos ensaios. O primeiro volume trata de moral, psicologia e metafísica. O título do segundo indica seu caráter essencialmente díspar: *Pensamentos isolados mas organizados numa ordem sistemática sobre grande variedade de assuntos* (a bondade dos animais, a burrice das mulheres e dos universitários, o espiritismo e o magnetismo etc.). Essa obra deu a Schopenhauer uma celebridade que sua grande obra – *O mundo como vontade e representação** – não lhe havia dado.

Edições brasileira: *Parerga e paralipômena*, São Paulo, Nova Cultural, 1991.
Estudo: Cl. Rosser, *Schopenhauer philosophe de l'absurde*, col. "Quadrige", P.U.F., 1989.

PARMÊNIDES, ou *Sobre as idéias*,

Παρμενίδης, ἢ Περὶ Ἰδεῶν, O c. 367 a.C.
PLATÃO, 428/427-348/347 a.C.
Diálogo.

Parmênides é um diálogo difícil, provavelmente o mais árduo de todos os que foram escritos por Platão. É um diálogo muito técnico, em que se leva ao extremo o estudo das dificuldades teóricas do platonismo. Pode-se até considerar que em *Parmênides* (em particular na primeira parte), se expressa uma verdadeira crise do pensamento platônico. Como para acentuar mais ainda a impressão de estranheza, Platão cria a repetição do colóquio por um homem, Céfalo, que teria tomado conhecimento das palavras ali relatadas por meio de dois intermediários sucessivos, e com mais de cinqüenta anos de distância!

Sócrates – ainda jovem – conversa com Parmênides e Zenão sobre as Idéias. O diálogo compreende duas partes. A primeira (a mais decisiva do ponto de vista do platonismo, embora a menos extensa) expõe certo número de objeções importantes contra a teoria das Idéias. Aí se encontram essencialmente as críticas que serão formuladas por Aristóteles (que nessa época entra na Academia de Platão). Na segunda parte, Parmênides expõe seu método ao jovem Aristóteles.

Dando a palavra a Parmênides, Platão não põe em cena um simples contracenante de Sócrates. Uma passagem do *Teeteto** mostra que Platão devotava grande respeito a Parmênides. Escolhendo o método dialético, presta também homenagem ao outro expoente da corrente eleática: Zenão.

As críticas de Parmênides contra a teoria das Idéias têm em mira um ponto que já fora abordado em *Fédon**, mas sem verdadeiro exame: a relação entre as Idéias e as coisas, entre o inteligível e o sensível. Antístenes, o Cínico, contestava a legitimidade dessa noção de Idéia ("Vejo cavalos, não vejo a cavalinidade"). Todos conhecem o famoso argumento "do terceiro homem": visto ser preciso recorrer à Idéia de homem para reconhecer a unidade na diversidade dos homens concretos, não seria preciso mais um termo de ordem superior para garantir a unidade da Idéia por um lado e do conjunto dos seres humanos, por outro lado? O que essas críticas implicam é, pois, a "participação" das Idéias no sensível que elas coroam.

Em suma, o que está em questão nada mais é que o problema da relação entre o Uno e o múltiplo. A noção de Idéia encarna a exigência de unidade; mas, para satisfazer essa exigência, a própria Idéia não estará condenada a multiplicar-se, ou seja, a perder-se como Idéia? Por outro lado, o jovem Sócrates é forçado a admitir que tem dificuldades para conceber uma Idéia para coisas vis: o pêlo, a sujeira. A noção de Idéia teria limites?

A segunda parte do diálogo é um exemplo do método de Parmênides; nele são examinadas as conseqüências lógicas da hipótese eleática (*o Uno é*) e depois as conseqüências da negação dessa hipótese (*o Uno não é*). O jovem Aristóteles dá a réplica a Parmênides. Procurando as condições de legitimidade da atribuição de um predicado a um sujeito qualquer, Platão chega às fronteiras de uma teoria das categorias. Mas, sobretudo, estabelece – ao término de um exercício dialético extremamente abstrato e sutil – que as hipóteses contraditórias iniciais têm conseqüências idênticas. Essas contradições colocarão os comentadores (neoplatônicos em particular) diante de temíveis dificuldades, e levarão a "leituras" freqüentemente muito audaciosas. Haverá quem hesite, em especial, sobre a questão de saber se convém atribuir alcance ontológico ao "exercício dialético" (Émile Bréhier) do *Parmênides*, ou se é preciso limitar estritamente seu interesse ao domínio da lógica. Parece que Platão procurou, antes de mais nada, estabelecer a impossibilidade de um eleatismo radical. Como o caminho proposto pelos defensores do mobilismo universal (Heráclito) é também impraticável, fica evidente que o caminho das Idéias é, em definitivo, o único viável.

Essa segunda parte do *Parmênides* assemelha-se, portanto, a um livre jogo de hipóteses puramente intelectuais, a um "laboratório de metafísica", segundo a expressão de Pierre-Maxime Schuhl, no qual são elaboradas as interrogações da filosofia ocidental eterna. Embora seja um dos diálogos menos lidos de Platão, em razão de sua dificuldade, o *Parmênides* é um dos mais comentados. Entre os comentários contemporâneos, o estudo de Jean Wahl é uma referência.

Estudo: J. Wahl, *Étude sur le "Parménide" de Platon*, Vrin, 1930.

PARTE MALDITA (A), Ensaio de economia geral,

La part maudite, Essai d'économie générale, 1949.
GEORGES BATAILLE, 1897-1962.

Se todos os livros de economia reiteram pouco ou muito a ideologia econômica dominante, mesmo quando afirmam combater o sistema existente, essa obra de economia política, que se segue a *Noção de dispêndio* (1933), marca uma verdadeira ruptura. Nele, Bataille subverte os dogmas básicos da economia: raridade, culto à técnica, produtivismo, utilitarismo. Pensando a totalidade para estabelecer uma representação do mundo – visto que a ordem econômica se integra num conjunto mais vasto, em especial a cultura (a de uma sociedade industrial) –, Bataille adota como ponto de partida um fato cósmico: o excedente de energia solar, fonte do crescimento.

Sendo a noção fundamental a de excesso, de dispêndio, e não de raridade, a sociedade só sobrevive por gastos improdutivos: luxo, guerras, lutos, espetáculos, grandes obras, artes não utilitárias etc.

Inspirando-se nos trabalhos de Marcel Mauss sobre o *potlatch* (ver *Ensaio sobre a dádiva**, 1923-1924), Bataille analisa a troca como uma perda, um processo de dispêndio que dá origem a um processo de aquisição. A função essencial do homem é – de acordo com o mundo – a "consumição", ou seja, o desperdício, o consumo em pura perda, analisando-se o acúmulo não como posse, mas como dispêndio. Ignorando a noção termodinâmica de *entropia*, Bataille afirma que o problema do excesso é o seu limite: é preciso, por diversos meios, estar sempre a destruir o excedente, para evitar a catástrofe.

Assim, a guerra é interpretada como um dispêndio catastrófico da energia excedente, uma espécie de imenso *potlatch*.

Teórico da dádiva na economia moderna, Georges Bataille inverte a lógica capitalista, cujo motor não é mais a busca do lucro, porém o desejo pela dádiva gratuita. Seu pensamento não teve repercussão alguma entre os economistas, com exceção dos trabalhos de François Perroux.

Edição brasileira: *A parte maldita*, Rio de Janeiro, Imago, 1975.
Estudo: F. Marmande, *Georges Bataille politique*, Presses Universitaires de Lyon, 1985.

PARTES DOS ANIMAIS (DAS),

Περὶ ζῴων μορίων, ○ c. 330 a.C.
ARISTÓTELES, 384-322 a.C.

Esse tratado de biologia situa-se, cronologicamente, depois de *História dos animais**; nele Aristóteles enuncia as causas dos fenômenos que havia apenas descrito e classificado neste último. Chega a estabelecer uma das leis que regem a formação dos seres vivos ao descobrir que a natureza age respeitando o princípio de equilíbrio: a melhora de certos órgãos implica o empobrecimento de outros.

Estudo: P. Pellegrin, *La classification des animaux chez Aristote*, Les Belles Lettres, 1983.

PAZ E GUERRA ENTRE AS NAÇÕES,

Paix et guerre entre les nations, 1962.
RAYMOND ARON, 1905-1983.

Dividida entre teoria, sociologia e praxiologia, essa obra é resultado da meditação ativa de seu autor durante sete anos, reflexão que lhe permite compreender, em níveis diferentes de conceptualização, a textura inteligível de um universo social, presente mas não diretamente ligado à atualidade.

Edição brasileira: *Paz e guerra entre as nações*, UnB, 1979.

Estudo: G. Fessard, *La philosphie historique de Raymond Aron*, Julliard, 1980.

PEDAGOGIA (SOBRE A),

Über Pädagogik, 1803.
EMMANUEL KANT, 1724-1804.
Coletânea de notas.

Esse texto não constitui um livro propriamente dito, mas sim uma compilação de notas do filósofo para aulas que seriam dadas na Universidade de Königsberg de 1776 a 1787. Nele não se encontram a ordem e a arquitetura habituais das obras de Kant. Por isso, o título que às vezes lhe é dado – *Tratado de pedagogia* – não convém.

A atenção dada pelo autor ao problema da educação é comum a todo o seu século. Kant, grande leitor de Rousseau, acredita que "é no fundo da educação que jaz o grande segredo do aperfeiçoamento da natureza humana". Por outro lado, esse interesse era aumentado pelo estado deplorável das instituições de ensino na Alemanha do fim do século XVIII.

A introdução expõe as implicações da questão pedagógica para a reflexão sobre o homem. Nela Kant articula a liberdade, como fim último da educação, com a necessária disciplina que toda educação comporta. Apesar de muito atento às injunções práticas que pesam sobre todo empreendimento educacional – em particular sobre o ensino público –, Kant se recusa a reduzir as finalidades da educação às dimensões daquilo que existe. Se a educação é aquilo através do que a humanidade pode atingir sua verdadeira destinação, inacessível ao indivíduo, então deve, necessariamente, ser regida por um ideal.

Toda a parte destinada à educação física inspira-se muito nas idéias de Rousseau. Kant, de fato, fora leitor atento de *Emílio**.

No que se refere à educação do espírito, Kant distingue o aspecto intelectual do aspecto moral. Insiste em particular na necessidade de um trabalho intelectual no contexto escolar; é preciso distinguir com nitidez os momentos de trabalho e de lazer.

A educação moral baseia-se nas distinções clássicas da moral kantiana: habilidade e moralidade não devem ser confundidas na educação, que deverá formar o caráter e despertar para os deveres para consigo mesmo.

Essa obra não exerceu grande influência, comparável à de Locke ou de Rousseau. Mas nossos especialistas contemporâneos da pedagogia nela poderiam encontrar grande número de conselhos judiciosos e sobretudo esta idéia: não há educação digna desse nome que não seja orientada para finalidades humanistas.

Estudo: L. Vicenti, *Éducation et liberté – Kant et Fichte*, col. "Philosophies", P.U.F., 1992.

PEDAGOGO (O), Παιδαγωγός.

CLEMENTE DE ALEXANDRIA, c. 140-c. 220.

Essa é a segunda obra de um tríptico dedicado à descrição da obra do Verbo Divino, o *Logos*, na vida de um cristão. Enquanto em *Protréptico** o autor exortava à conversão, em *O pedagogo* ele se dirige a cristãos batizados, para a confirmação da fé. O pedagogo tem o dever de preparar o cristão para receber o ensinamento do mestre, terceira e última etapa (βαθμός, *bathmos*) da ação do *Logos*, que conduz à Gnose, conhecimento perfeito. O pedagogo ministra um ensino voltado para a vida ativa (πρακτικός, *praktikos*) e para a formação moral (ἠθοποία, *ethopoia*), para curar a alma de suas paixões e fraquezas.

Mostrando aos fiéis como ser verdadeiro cristão, o autor tem em vista um objetivo pedagógico; a isso se soma uma intenção polêmica: a severa luta contra o gnosticismo.

Estudo: P.-Th. Camelot, *Foi et gnose. Introduction à l'étude de la connaissance mystique chez Clement d'Alexandrie*, Vrin, 1945.

PENSAMENTO E O MOVENTE (O),

La pensée et le mouvant, 1934.
HENRI BERGSON, 1859-1941.

Embora suceda cronologicamente às *As duas fontes da moral e da religião** na obra de Bergson, esse livro visa a completar *Energia espiritual**; esses dois títulos constituem na realidade dois volumes de uma mesma obra. Trata-se aqui de outra coletânea de ensaios, artigos e conferências reunidos por Bergson para esclarecer o trabalho realizado nas obras maiores. Enquanto *Energia espiritual* expõe, segundo palavras de Bergson, "os resultados de alguns de nossos trabalhos", os textos de *O pensamento e o movente* "versam principalmente sobre o método que acreditamos dever recomendar ao filósofo". Bergson considerava que, se a filosofia lhe devia algo, tratava-se mais de uma nova maneira de apreender as coisas e os seres do que propriamente de resultados positivos, que viriam mais tarde, depois dele. Bergson prossegue: "Remontar à origem desse método e definir a direção que ele imprime à pesquisa constituem, de modo mais particular, o objeto dos dois ensaios que compõem a introdução."

O primeiro desses ensaios ("Crescimento da verdade. Movimento retrógrado do verdadeiro") é um ataque aos sistemas em filosofia; Bergson censura neles a falta de "precisão" por negligenciarem a questão do tempo. Cumpre, portanto, "reintegrar as considerações sobre a duração", a fim de melhor formular, e talvez solucionar, os grandes problemas metafísicos.

O segundo ensaio ("Da posição dos problemas") compara os modos de conhecimento intuitivo e intelectual. Sem os opor radicalmente nem desqualificar um deles em favor do outro, Bergson mostra que eles geram "duas espécies de clareza". Essa nova perspectiva abre caminho para uma colaboração entre metafísica e ciência, com base na redefinição de seus objetos respectivos: "à ciência, a matéria; à metafísica, o espírito". A partir de uma análise do velho problema das "idéias gerais", Bergson retoma sua afirmação fundamental: "Cabe reformar e às vezes descartar o pensamento conceptual em favor de uma filosofia mais intuitiva." Essa reforma do pensamento filosófico terá o mérito, entre outras conseqüências salutares, de dissipar alguns "falsos problemas" filosóficos: Por que existe alguma coisa em vez de nada? Por que a realidade é ordenada? Bergson defende o princípio dessa reforma contra a acusação de antiintelectualismo; ao invés de querer destruir a ciência, quer, ao contrário, que a filosofia se submeta à sua verificação. O que supõe que cada um fique em seu lugar: "Só pedimos à ciência que continue científica, e que não se revista de uma metafísica inconsciente." Bergson faz um apelo à "metafísica verdadeira", que será "ciência do espírito", e ao desenvolvimento (em especial nos métodos pedagógicos da escola) do modo de pensar próprio a apreender as coisas do pensamento.

Seguem-se alguns ensaios, artigos e conferências que retomam, mais ou menos diretamente, os temas citados nos dois ensaios introdutórios.

"O Possível e o Real" denuncia a ilusão segundo a qual a inteligência acha que o real preexiste a si mesmo, na forma de virtualidade, de possível, cuja efetivação ele seria. Dessa ilusão decorrem falsos problemas metafísicos, que só são possíveis por se confundir a criação com uma espécie de fabricação.

"Intuição filosófica", "Percepção da mudança" e "Introdução à metafísica" voltam ao modo particular de conhecimento que Bergson considera apropriado à metafísica.

A coletânea termina com três ensaios dedicados a mestres do pensamento filosófico que exerceram forte influência sobre Bergson e sua doutrina: Claude Bernard, William James, Félix Ravaisson. No estudo dedicado a Ravaisson, por exemplo, encontram-se várias páginas que tratam do papel desempenhado por ele na reforma do ensino público de desenho. A relação entre reforma escolar e intuição bergsoniana não é evidente *a priori*, mas nesse campo se encontra matéria de reflexão sobre uma fonte viva do método de nosso autor.

Estudo: G. Deleuze, *Le bergsonisme*, P.U.F., 1989.

PENSAMENTO FORMAL E CIÊNCIAS DO HOMEM,

Pensée formelle et sciences de l'homme, 1960.
GILLES-GASTON GRANGER, nascido em 1920.

Granger analisa aqui o papel das formas ou estruturas na prática científica. A química traz à tona a estrutura dos corpos por meio de sua nomenclatura ou por um simbolismo espacial. A álgebra, evidenciando formas de operação sobre conteúdos variáveis, patenteia relações sintáxicas. É desse modo que as ciências humanas transformam vivência em conceitos: Lévi-Strauss, a partir das relações entre tio e sobrinho, depreende estruturas de parentesco. A lingüística interessa-se pelas estruturas da língua, independentemente do sentido. Em suma, as qualidades, modos imediatos do objeto, são pensadas em sistemas de oposição. Assim, as ciências do homem criam modelos estruturais que permitem pensar o caso clínico, o acontecimento histórico, e que assim possibilitam o conhecimento do individual.

Esse livro se insere num esforço de "epistemologia comparativa"; contestando a exigência de que toda ciência seja quantificativa (conforme o modelo das ciências naturais), o autor mostra que a estruturação do qualitativo fundamenta as ciências do homem, numa abordagem orientada para a prática.

Edição portuguesa: *Pensamento formal e ciências do homem*, Lisboa, Presença, 1975.
Estudo: J. Proust e E. Schwartz, *La philosophie de Gilles Gaston Granger*, P.U.F., 1983.

PENSAMENTO MODERNO E CATOLICISMO, *La pensée moderne et le catholicisme*, 1926-1947.

JEAN GUITTON, nascido em 1901.

Nesse conjunto de nove volumes, Jean Guitton propõe a exposição de uma "visão sintética que seja capaz de harmonizar o cristianismo católico com as exigências e os desenvolvimentos legítimos do pensamento". A primeira parte, em quatro livros, apresenta uma confrontação entre religião e inteligência: o pensamento pode levar ao cepticismo, mas a descoberta do além é uma realização da inteligência. A segunda parte (três livros) é uma reflexão sobre o problema de Jesus, ou a doutrina católica no crivo dos fatos; é precisamente a partir de fatos prodigiosos porém reais (milagres) que uma religião pode nascer e aclarar, retroativamente, esses mesmos fatos. Em último lugar, a própria instituição católica é questionada e confrontada com o Evangelho numa reflexão sobre "o dever de sinceridade" de cada um e a humildade em face dos dogmas aceitos.

Estudo: M. Reboul e J. Feller, *Le temps d'une vie*, Retz-Centurion, 1980.

PENSAMENTO SELVAGEM (O),

La pensée sauvage, 1962.
CLAUDE LÉVI-STRAUSS, nascido em 1908.

Esse livro, estreitamente vinculado a *O totemismo hoje** ("O primeiro constitui uma espécie de introdução histórica e crítica ao segundo"), é dedicado ao estudo do modo de pensar dos indígenas, no intuito de reabilitar o mundo selvagem.

Ao invés de falar em pensamento primitivo – em pensamento "de selvagens" –, o autor descobre nesses povos sem escrita um "apetite de conhecimento objetivo, aspecto dos mais negligenciados do pensamento daqueles que chamamos de primitivos". O selvagem não é, portanto, motivado apenas por suas necessidades. Assim, como diz Günter Tessmann, cujos termos Lévi-Strauss retoma, "O negrito está completamente integrado em seu meio, e estuda sem parar tudo o que o cerca". Verifica-se, efetivamente, o desenvolvimento de um saber sistemático que não está exclusivamente orientado para um fim prático. Esse conhecimento é rico e preciso, e, segundo F. G. Speck, os índios do nordeste dos Estados Unidos "elaboraram uma verdadeira herpetografia, com termos distintos para cada tipo de réptil".

Lévi-Strauss interessa-se também pelo aspecto mágico e simbólico do pensamento selvagem, que é um modo de conhecimento "bem articulado" e coerente. Há, pois, uma lógica do pensamento selvagem.

Edição brasileira: *O pensamento selvagem*, São Paulo, Edusp, 1970.
Estudo: C. Clemente, *Claude Lévi-Strauss ou la structure du malheur*, col. "Biblio-Essais", Le Livre de Poche, L.G.F., 1985.

PENSAMENTOS, *Pensées*, 1670.

BLAISE PASCAL, 1623-1662.
Coletânea de fragmentos e de aforismos, reunidos e publicados por amigos de Pascal.

Embora seja verdade que nosso interesse por essa obra se deve em grande parte ao fato de alguns dos *Pensamentos* estarem inacabados – o que nos permite saboreá-los no frescor de sua eclosão, sem nos privarmos das admiráveis seqüências inteiramente redigidas, em que se afirma o gênio do escritor –, infelizmente também é verdade que estamos condenados a nunca saber qual seria a obra que Pascal teria realmente intenção de escrever. De fato, se considerarmos as diversas interpretações às quais deram ensejo esses fragmentos póstumos, bem como as várias maneiras como eles foram classificados e publicados, não nos veremos diante de uma obra, mas de muitas. Por isso, há três séculos, os eruditos discutem – sem poderem apoiar suas diversas opiniões em argumentos definitivos – a importância respectiva das provas que Pascal pretendia apresentar da religião cristã.

Em vez de fundamentar em razão a verdade da religião cristã, como já antes dele haviam feito outros apologistas, em especial Descartes, Pascal encontra as provas na própria fraqueza do homem, transviado pelo amor-próprio e pela concupiscência, fraqueza que só poderia ser explicada pelo pecado original. Sendo o homem incompreensível sem Deus, é a partir da natureza humana que seremos levados a admitir as verdades divinas.

É esse o método adotado por Pascal para reconduzir à fé cépticos e libertinos. Mas o que valeu excepcional sucesso a *Pensamentos* por certo não foi sua força demonstrativa nem seu valor apologético. Ao contrário, se essa obra exerceu e continua exercendo tal fascínio sobre os mais diversos espíritos, isso se deve ao espetáculo que ela oferece do homem: criatura quimérica desgarrada num universo ininteligível, dilacerado por suas próprias contradições, que, privado de pontos de referência, segundo a expressão do autor, "busca gemendo".

Portanto, não é expondo de maneira dogmática o que pensa ser a verdade que Pascal nos obriga a refletir sobre nossa própria condição, mas mostrando-nos, por meio de exemplos que falam por si mesmos, por serem expostos em sua mais concreta e perturbadora evidência, que para o homem o homem é um mistério, e que Deus se lhe oculta desesperadamente.

Alguns fragmentos são simples anotação de uma idéia que, não tendo sido desenvolvida, permanece obscura; outros são expressão de um pensamento mais elaborado, porém igualmente intrigante. Num desses longos desenvolvimentos, Pascal ressalta a importância do "espírito penetrante", único capaz de abarcar com um só olhar fenômenos complexos e delicados. É ele que nos permite conhecer o homem na perspectiva de sua miséria e de sua grandeza, estando uma indissoluvelmente vinculada à outra. Pois embora o homem seja miserável, esteja "perdido neste recanto do universo sem saber quem aqui o pôs" nem "a que veio", ele também é o único ser da criação que, graças ao pensamento, conhece sua miséria: "O homem não passa de um caniço, o mais frágil da natureza; mas é um caniço pensante. [...] Uma exalação, uma gota d'água bastam para matá-lo. Mas, conquanto o universo o esmagasse, o homem seria ainda mais nobre do que aquilo que o matasse, pois sabe que morre, e da vantagem que tem sobre ele o universo nada sabe." O pensamento, que constitui a grandeza do homem, está, porém, cheio de fraquezas. Assim, em relação a infinitos de grandeza e pequenez, só pode conceber "uma aparência do meio-termo das coisas". Essa idéia, desenvolvida no célebre fragmento sobre a "Desproporção do homem", inspira no homem, suspenso entre os dois infinitos, a vertigem de sua condição: ele é "um nada em comparação com o infinito, um tudo em comparação com o nada, um meio-termo entre nada e tudo". E seu pensamento, que deveria fazer dele um ser privilegiado, não pode atingir certeza alguma, por ser constantemente iludido pelos "poderes enganadores" dos sentidos e da imaginação.

Pascal dá vários exemplos de ilusões nas quais somos mantidos pela imaginação, "essa mestra do erro e da falsidade": quem já não empalideceu e suou ao pensar imaginar-se em segurança sobre tábua larga... posta acima de um precipício? Mas é principalmente na imaginação que se apóiam os poderes temporais; encontra-se aí o rigor jansenista que pretende despojar o homem de todos os prestígios que lhe são conferidos por nascimento, riqueza, glória, honrarias. Se o homem é vítima da imaginação, também o é do costume, que ele confunde com natureza.

O aspecto fragmentário de *Pensamentos* é incontestavelmente a imagem do mundo estilhaçado que Pascal retrata. Seja lá o que se pense dessa descrição e do lugar que ela reserva para o homem, não se pode ficar insensível à angústia e à dor que brotam de cada um desses fragmentos. Todos os representantes da corrente existencialista, bem além de Kierkegaard, reivindicam uma inspiração pascaliana.

Edição brasileira: *Pensamentos*, São Paulo, Martins Fontes, 2000.

Estudos: L. Brunschvicg, *Blaise Pascal*, Vrin, 1953. A. Gouhier, *Blaise Pascal, Commentaires*, Vrin, 1966.

PENSAMENTOS DIVERSOS ESCRITOS A UM DOUTOR DA SORBONNE POR OCASIÃO DE UM COMETA QUE APARECEU NO MÊS DE DEZEMBRO DE 1680, ou PENSAMENTOS DIVERSOS SOBRE O COMETA, *Pensées diverses écrites à un docteur de Sorbonne à l'occasion de la comète qui parut au mois de décembre 1680, ou Pensées diverses sur la comète*, 1683. PIERRE BAYLE, 1647-1706.

O cometa de 1680 não passa de pretexto para essa obra, inteiramente dedicada a combater as superstições mais diversas. Sem dúvida nela se fala desse fenômeno celeste, mostrando-se, à guisa de informar e tranqüilizar as "pessoas curiosas e alarmadas", que ele é totalmente natural. Um raciocínio freqüentemente cerrado permite afirmar que os cometas não são sinais nem causas de acontecimentos catastróficos.

Como muitas vezes se vê em Bayle, o essencial se encontra nas digressões. Estas têm abundantes argumentos, longamente desenvolvidos, contra os preconceitos, a superstição, a credulidade, a autoridade abusiva da tradição e a religião que nesta se apóia. O ateísmo é reabilitado, refutando-se a tradicional acusação feita pela religião, de que um ateu não poderia ser moral. Em 1705 foi publicada uma *Continuação dos Pensamentos diversos ou Resposta a várias dificuldades que o senhor X... propôs ao autor.*

Estudo: P. Retat, *Le dictionnaire de Bayle et la lutte philosophique ao XVIIIe siècle*, Les Belles Lettres, 1971.

PENSAMENTOS SOBRE A INTERPRETAÇÃO DA NATUREZA,

Pensées sur l'interprétation de la nature, 1753.
DENIS DIDEROT, 1713-1784.

Esse livro, contemporâneo do tomo III da *Enciclopédia**, está bem no estilo de Diderot: rico, luxuriante, obscuro, desorganizado às vezes ("eu deixaria que os pensamentos se sucedessem sob minha pena, na mesma ordem em que os objetos se oferecessem à minha reflexão"). Também reflete a concepção que o século XVIII francês tinha da natureza; não se trata de um tratado sistemático (ainda que a obra afirme nitidamente a unidade fundamental da natureza), mas de uma série de enfoques de problemas particulares.

Os verbetes I a XXXI tratam de questões tão diversas quanto a posição da matemática e sua utilidade para o conhecimento experimental (o ataque a d'Alembert era patente, e este último logo depois começará a romper com os Enciclopedistas), as relações entre teoria e experiência, e entre conhecimento e artes, e procedimentos heurísticos em ciência.

Os verbetes XXXII a XXXVIII propõem sete séries de conjecturas em torno de assuntos bem diversos: obstetrícia, eletricidade, magnetismo, mecânica, metalurgia. A seqüência, muito desorganizada, contribuiu para confundir os leitores. Fala-se novamente de protocolo de pesquisa e experimentação científicas; discutem-se as teorias de Maupertuis. O último parágrafo (LVIII) faz algumas interrogações: estrutura elementar da matéria, unidade e estabilidade do mundo material, evolução dos organismos, a vida (o que a distingue da matéria inerte?), relações entre vida e movimento.

Essa obra marca uma etapa na carreira de Diderot. Pela primeira vez, do material inesgotável oferecido pela Enciclopédia, ele extrai princípios gerais referentes ao método científico (até então, ele se interessara sobretudo pelos resultados), a tal ponto que houve quem visse nessa obra o *Discurso do método** do Século das Luzes.

Estudo: J. Varloot, apresentação de *Pensées sur l'interprétation de la nature*, col. "Les Classiques du peuple", Messidor-Éditions Sociales, 1971.

PERIPHYSEON, JOHANNES SCOTUS (Erígena)

VER DIVISÃO DA NATUREZA (DA).

PERSPECTIVA COMO FORMA SIMBÓLICA, *Die Perspektive als symbolische Form*, 1924-1925.

ERWIN PANOFSKY, 1892-1968.

À luz das teorias de Cassirer, de quem foi aluno em Hamburgo, Panofsky mostra nessa obra a diferença de natureza entre espaço matemático e espaço da experiência perspectiva. Segundo ele, o espaço matemático moderno coincide com a concepção de espaço simbolizado na construção perspectiva do Renascimento, que admite um ponto de fuga único. Ele realiza uma relativização histórica da noção de perspectiva, e nega-se a considerar a concepção renascentista como modelo imutável de perspectiva. Ao contrário, em cada época e para cada cultura, ela é uma forma simbólica das concepções científicas e filosóficas de espaço.

De simples instrumento técnico, com Panofsky a perspectiva se transforma em fenômeno estilístico e cultural maior. Ele admite a hipótese de um método específico da pintura antiga para representar a perspectiva, a de projeção sobre superfície curva. O espaço moderno teria nascido com

Johannes Kepler, que, quebrando a supremacia do círculo, substitui-a pela da elipse. É a mudança de perspectiva que produz a mudança de forma. A elipse é a primeira "forma simbólica", no sentido que Cassirer dá a essa palavra, ou seja, o símbolo de uma cultura.

Essa concepção do caráter simbólico do espaço perspectivo determinou os rumos do desenvolvimento ulterior da história da arte. James White confirmou a hipótese da teorização e do emprego de uma perspectiva curva no mundo clássico. Pierre Francastel, em *Pintura e sociedade**, renovou-a à luz de uma interpretação psicossociológica do espaço figurativo. Em contrapartida, Dleid Gioseffi a recusa, e mantém o caráter imutável do sistema perspectivo do Renascimento.

Estudo: A. Flocon e R. Taton, *La perspective, son histoire e ses aspects techniques*, col. "Que sais-je?", P.U.F., 1990.

PHILOSOPHIA CHRISTIANA (FILOSOFIA CRISTÃ), 1671.

AMBROSIUS VICTOR (chamado André Martin), 1621-1695.

Esse tratado de teologia é reedição e reformulação de três obras anteriores: *Sanctus Agostinus de existentia et de veritate dei* (1653), *De anima* (1656), *De philosophia morali* (1658).

Foi através dessa obra, antes mesmo das edições de Descartes publicadas por Clerselier, que se deu a primeira divulgação do cartesianismo. Comentando textos esparsos da obra de Agostinho, essa suma filosófica é um surpreende mosaico que às vezes leva a crer ter Agostinho sustentado, antecipadamente, teorias que na realidade são cartesianas. Aqui se defende mais a física (uma física sem formas substanciais, e compatível com a teologia agostiniana) do que a filosofia de Descartes, visto que a filosofia é conhecimento de Deus e amor a Deus.

Como a teoria do corpo-máquina e dos animais-máquinas aqui desenvolvida é parte essencial do sistema de Descartes, essa obra será alvo de grande publicidade por parte dos cartesianos, principalmente porque o poder régio, em sua perseguição, confundirá cartesianismo e agostinismo (Jansenismo).

Essa obra que, por antiaristotelismo, anexa certas teses da filosofia cartesiana, desempenha papel importante na história do ensino da filosofia e na da teologia positiva.

Estudo: A. Gouhier, *Cartésianisme e augustinisme au XVIIe siècle*, Vrin, 1978.

PINTURA E SOCIEDADE, *Peinture et société*, 1951.

PIERRE FRANCASTEL, 1900-1970.

A percepção do espaço, forma *a priori* da sensibilidade desde Kant, será imutável ou, ao contrário, essencialmente mutável? Para Francastel, a sensibilidade nunca é pura; é sempre socializada, porque em diálogo permanente com o mundo. Assim, ao invés de ser uma atividade gratuita, a arte se apresenta como uma das funções do corpo social ao qual pertence. Os três movimentos da obra ("Nascimento de um espaço", "Destruição de um espaço plástico", "Rumo a um novo espaço") mostram como a linha, dominando a pintura do Renascimento, fundiu-se no impressionismo, para renascer transfigurada com o cubismo.

Pierre Francastel introduziu na França o pensamento de Erwin Panofsky.

Edição brasileira: *Pintura e sociedade*, São Paulo, Martins Fontes, 1990.
Estudo: J. Duvignaud, *Sociologie de l'art*, P.U.F., 1984.

PLATÃO, *Platon*, 1965.

FRANÇOIS CHÂTELET, 1925-1985.

Trata-se da obra de um grande professor e filósofo. Constitui uma "introdução" (no melhor sentido do termo) à leitura dos diálogos do primeiro dos filósofos. Châtelet opta pelo ângulo político para deduzir as implicações da "virada" platônica. Articula a compreensão da metafísica das Idéias em torno de uma reflexão sobre a situação do discurso político na cidade grega.

São poucas as introduções a um grande filósofo que sejam ao mesmo tempo tão vivas e rigorosas quanto esta.

Estudo: G. Deleuze, *Périclès et Verdi: la philosophie de François Châtelet*, Éd. de Minuit, 1988.

POÉTICA, Περὶ ποιητικῆς, O c. 344 a.C.

ARISTÓTELES, 384-322 a.C.

Só chegou até nós um fragmento desse ensaio sobre a arte literária. Consiste numa introdução geral seguida por um estudo sobre a tragédia e a epopéia. O segundo livro, dedicado à comédia, perdeu-se (esse é o livro que está no cerne da intriga do romance de Umberto Eco: *O nome da rosa*). A obra apresenta-se mais como o caderno de aulas de um professor do que como um tratado.

"Poética" vem do verbo grego ποιεῖν (*poiein*), que significa "arranjar, compor, fazer", mas também "criar com todas as peças, inventar"; esse termo supõe todo um trabalho de organização. Assim como Platão, Aristóteles considera que toda arte é imitação da realidade sensível. O poeta representa de maneira conforme à verossimilhança aquilo que deveria ser, moralmente. Essa imitação, a μίμησις (*mimésis*), tem como objeto a vida humana; a *mimésis* nos encanta por sua exatidão, sua verdade, mas isso nada subtrai a seu valor espiritual: este último é da alçada do aspecto formal da arte. Platão condenava a poesia em nome da verdade e da moral. Apesar de inspirar-se nele, Aristóteles opõe-se a essa teoria com sua doutrina da κάθαρσις (*kathársis*): a tragédia, através do medo e da piedade, efetua a "purificação" das paixões.

Na *Poética*, Aristóteles insiste também na lei da "unidade", em que se inspiraram os teóricos do século XVI para estabelecer a regra das três unidades no teatro. A coerência é necessária à ação poética, que diz respeito ao geral e põe tipos, caracteres, em cena.

A *Poética* de Aristóteles inspirou a *Arte poética* de Horácio e influenciou a tragédia clássica francesa dos séculos XVI e XVII. Embora diferente, a *Arte poética* de Boileau também sofreu sua influência. No século XX, pode-se dizer que o problema da catarse está na base do teatro da crueldade de Antonin Artaud.

Edição brasileira: *Poética*, Imprensa Nacional/Casa da Moeda, 1990.

Estudo: P. Somville, *Essai sur la "Poétique" d'Aristote et sur quelques aspects de sa posterité*, Vrin, 1975.

POLÍTICA, Πολιτικά,

ARISTÓTELES, 384-322 a.C.

Esse tratado político em oito livros chegou até nós em estado fragmentar e desorganizado.

O termo "política" é essencial. Vem do grego πόλις (*pólis*), "cidade", ou ainda "Estado". "Política" é a possibilidade de civilizar, abrandar os costumes do Estado através de instituições, da cultura. O Estado é sem dúvida a forma mais elaborada da sociedade: só ele tem por finalidade a "vida bem-aventurada" dos homens livres. Verdadeiro "animal político", o homem não pode, sozinho ou no seio de uma família ou de uma aldeia, assumir ou realizar seus desejos e aspirações de modo satisfatório; também não pode atingir essa perfeição à qual chega o Estado: este vale em si mesmo e por si mesmo.

Componente essencial e primeiro do Estado, a família é constituída por um grupo de pessoas que têm relações mútuas diferentes e que obedecem a uma hierarquia estrita. O pai, chefe de família, dirige a casa; manda em todos: mulher, filhos, escravos. A escravidão é um dos elementos motores da sociedade grega antiga; é a dinâmica da economia: sem escravos, nenhum trabalho pode ser realizado, pois as atividades técnicas, para Aristóteles, requerem ao mesmo tempo instrumentos inanimados e instrumentos animados – estes últimos (os escravos) ativam os primeiros. A sociedade está, pois, dividida em duas categorias: os que mandam, homens livres, e os que obedecem, escravos.

Para Aristóteles, alguém é senhor ou escravo *por natureza*, e a condição respectiva de ambos e suas diferenças sociais nada têm de ilegítimas. A fronteira entre condição livre e escravidão é, porém, fácil de transpor em períodos de conturbações e guerras – o próprio Platão, nascido numa família da antiga nobreza, foi reduzido por certo tempo à escravidão em Siracusa por Dionísio, o Velho, a quem desagradara. Portanto, é preciso distinguir o escravo por natureza do escravo de fato.

Em escala diferente, a família é a imagem do Estado. O poder exercido pelo Estado sobre os homens livres é o mesmo exercido pelo senhor, não sobre seus escravos, mas sobre os membros livres de sua família: a mulher e os filhos. O senhor comporta-se como *republicano* com sua mulher: a harmonia e o entendimento baseiam-se num consenso; comporta-se como *monarca* com os filhos: a educação baseia-se na aquisição de certos princípios. O verdadeiro cidadão é também aquele que participa da ação do Estado: isso requer tempo e educação; o cidadão deve saber obedecer, mas também comandar e tomar decisões.

À frente do Estado pode haver três tipos de governo: monarquia, aristocracia e república, ou seja, governo de um homem só, de alguns homens ou de grande número de homens. Não se pode dizer qual é o melhor desses três governos: eles são justos e sábios e todos distinguem os poderes executivo, judiciário e legislativo. No entanto, é preciso cuidar para que esses governos não degenerem em tirania, em oligarquia ou em democracia, o que os tornaria insuportáveis.

Assim como há senhores e escravos, há Estados senhores e Estados escravos. Aristóteles legitima assim o imperialismo de países que, por natureza, lhe parecem superiores, como a Grécia, e que se valem de autoridade sobre os chamados povos bárbaros. A teoria do Estado exposta por Aristóteles é bastante original; opõe-se à idéia defendida pelos sofistas, de que o Estado é conseqüência de um acordo feito entre os homens; resultado de estudos aprofundados sobre as constituições dos povos da Grécia, essa teoria é realista, e nela não se encontram as quimeras e o comunismo de Platão. Este último, na *República**, preconizava a necessidade de estabelecer a comunidade dos bens, das mulheres e das crianças. Aristóteles, aliás, critica com bastante violência essas idéias utópicas. Embora sua concepção da escravidão possa espantar hoje em dia, sua preferência por um regime moderado em que o homem conheça um justo equilíbrio de fortuna, de mérito e de liberdade, continua sendo atual.

Edição brasileira: *A política*, São Paulo, Martins Fontes, 1991.

Estudo: R. Weil, *"La politique" d'Aristote. Entretiens sur l'Antiquité classique*, t. XI, Fondation Hardt, Vandoeuvres-Genéve, 1965.

POLÍTICO (O), ou Sobre a realeza,
Πολιτικὸς, ἢ Περὶ βασιλείας, ○ c. 360 a.C.
PLATÃO, 428/427-348/347 a.C.
Diálogo.

O diálogo *O político* é um prolongamento imediato de *O sofista** (um outro diálogo, *O filósofo*, talvez formasse uma trilogia com esses dois, mas nunca foi encontrado). É difícil dizer se Platão escreveu *O político* para expor suas reflexões sobre o governo da cidade, ou para oferecer aos alunos da Academia um exemplo de investigação dialética. Isto porque utiliza o método das dicotomias sucessivas, que, apresentado em *O sofista*, é aqui explicitamente proposto como modelo. Desse modo, a arte de governar é em primeiro lugar distinguida da arte de conduzir um rebanho (o rei cuida de seu rebanho, mas não o alimenta), pois é definida com base naquilo que a distingue de todas as artes que lhe são aparentadas, de perto ou de longe (economia, estratégia, retórica, sofística).

A doutrina política exposta no diálogo prolonga as reflexões da *República**. Platão retoma a idéia de governo científico, ao qual chega a conferir poderes bastante exorbitantes. Todavia, a preocupação com o realismo manifestado em *O político* também prenuncia *Leis**.

Edição brasileira: *Político*, São Paulo, Nova Cultural, 1987.
Estudo: A. Petit, comentário a *Le politique*, col. "Oeuvres et opuscule philosophiques", Hachette, 1980.

POSIÇÃO DO HOMEM NO COSMO,

Die Stellung des Menschen im Kosmos, 1928.
MAX SCHELER, 1874-1928.

Esse ensaio de antropologia filosófica pode ser considerado uma nova contribuição à definição da noção de homem. Para Scheler, nem o naturalismo nem o racionalismo dualista são capazes de explicar o ser próprio do homem. É só na espiritualidade que este tem acesso verdadeiro à existência individual.

Pode-se ainda sentir nesse texto a influência da fenomenologia de Husserl, mas também a afirmação panteísta da realização de Deus pelo homem.

Estudo: M. Dupuy, *La philosophie de Max Scheler*, 2 vols., P.U.F., 1959.

POST-SCRIPTUM DEFINITIVO E NÃO CIENTÍFICO ÀS *MIGALHAS FILOSÓFICAS*,

Afsluttende uvidenskabelig Efterskrift til de "Philosophiske smuler", 1846.
SØREN AABYE KIERKEGAARD, 1813-1855.

Essa obra é fundamental no pensamento kierkegaardiano. Na seqüência de *Migalhas filosóficas**, ele aborda diretamente questões que até então haviam ficado como esboços. Kierkegaard expõe longamente sua célebre tese do devir subjetivo. Rejeitando todos os sistemas lógicos que pretendem levar a existência para dentro do universo do discurso especulativo, Kierkegaard dá destaque, com virulência e ironia, ao drama da existência humana, à sua trajetória dolorosa, à sua queda sempre possível no desespero.

É em *Post-scriptum* que Kierkegaard desenvolve o termo "existencial". Essa palavra aparece em seu diário, mas é aí que assume sentido radical e de algum modo ofensivo. Os filósofos, a exemplo de Hegel, identificam a verdade com a certeza baseada em razão. Kierkegaard, ao contrário, deixa-a desdobrar-se no existencial, ou seja, nas profundezas da subjetividade do pensador. "A subjetividade é a verdade", fórmula célebre do filósofo, ressalta claramente a relatividade e por fim a esterilidade do saber objetivo. A verdade não é um sistema lógico, mas um itinerário existencial constituído pelo paradoxo, pelo absurdo e pela incerteza. A verdade, como a filosofia, vive-se. Não é ensinada, é sentida.

Esse longo ensaio é, por conseguinte, orientado em grande parte contra os hegelianos e, sobretudo, contra certos representantes da Igreja dinamarquesa que, na época de Kierkegaard, contava com grande número de partidários de Hegel.

Para o pensador dinamarquês, o que importa é a apropriação da verdade subjetiva, a saber, a afirmação da irredutibilidade de *cada* homem e de *cada* consciência. Mas isso não poderia ocorrer sem um face-a-face com Deus. O "devir subjetivo" é também um devir cristão.

Post-scriptum é fundamental para a filosofia contemporânea. Exerceu profunda influência sobre os pensamentos de Jaspers, Heidegger, Marcel e Sartre, a tal ponto que seu autor é considerado, segundo fórmula consagrada, "o pai do existencialismo".

Estudo: J. Wahl, *Études kierkegaardiennes**, Vrin, 1974 (4ª ed.).

PRAGMATISMO, *Pragmatism: a New Name for Some old Ways of Thinking. Popular Lectures on Philosophy*, 1907.
WILLIAM JAMES, 1842-1910.
Coletânea de conferências.

William James adota o célebre princípio de Charles Sanders Peirce, segundo o qual a concepção completa do objeto é a concepção de todos os efeitos práticos que acreditamos poder ser produzidos por ele. Mas interpreta esse princípio no contexto de uma teoria da verdade, e não no de uma teoria da significação, como faz Peirce. Para este último, o pragmatismo não tem o objetivo de determinar a verdade das coisas; o que lhe importa é um método para experimentar na prática o sentido das palavras. James, ao contrário, põe a verdade e sua relação com a realidade no cerne de sua reflexão. A verdade não é espelho da realidade, pela simples razão de não haver espelho diante da realidade. Tanto na ordem material quanto na ordem moral, há ações, instrumentos, idéias abstratas que exprimem possibilidades de agir. "O verdadeiro é o que serve", o que estende nossa ação sobre as coisas. Uma idéia não é verdadeira em princípio; ela se torna verdadeira quando suscita em nós uma crença capaz de dirigir eficazmente nossa ação.

O pragmatismo generalizado não passa de extensão do pragmatismo científico de Poincaré (para quem a verdade é apreciada segundo o critério de comodidade). Assim, por exemplo, a salvação não é indubitável nem impossível; é uma partida que vai ser jogada, e a hipótese de Deus deve ser aceita como verdadeira se essa crença nos propiciar benefício moral. A concepção segundo a qual a verdade deve *ser feita* permite assim harmonizar em James o ponto de vista da ciência com as aspirações religiosas e morais.

Por trás do pragmatismo de James, como de todo o pragmatismo americano, está um "empirismo radical", tanto no domínio científico e moral quanto no religioso. Ele intervém em dois níveis:

– É por percebermos certas verdades intuitivamente (por exemplo a iluminação interior em religião) que nos satisfazemos apenas com o critério de seu valor prático.

– Mas o empirismo intervém não só no ponto de partida, mas também como verificação de uma hipótese.

Toda idéia, seja do homem comum, seja do cientista, é "experimental", ou seja, é um plano de ação, e o espírito pragmatista é um espírito experimentalista.

Edição brasileira: *Pragmatismo e outros textos*, São Paulo, Abril, 1979.
Estudo: É. Callot, *William James et le pragmatisme*, Champion-Slatkine, Paris-Genebra, 1985.

PREDESTINAÇÃO (DA),
De divina praedestinatione, ○ 851.
JOHANNES SCOTUS ERÍGENA, c. 810-c. 878.

Escrito em 851 atendendo a pedido dos bispos de Reims e de Laon, esse tratado discute a tese de Godescalco de Orbais, segundo a qual há duas predestinações: a dos condenados e a dos eleitos. Erígena afirma a inconsistência ontológica e lógica dessa tese. Além disso, identifica a verdadeira filosofia com a verdadeira religião, o que não deixa de desagradar os contemporâneos. Na realidade, ele se limita nessa obra em citar um tratado de Agostinho: *De vera religione*.

A composição do *De divina praedestinatione* indica claramente que Erígena reduz filosofia a dialética.

Estudo: G. Madec, *Jean Scot et ses auteurs: annotations érigéniennes*, Études Augustiniennes, 1988.

PREFÁCIO PARA O TRATADO DO VAZIO, *Préface pour le Traité du vide*, 1663.
BLAISE PASCAL, 1623-1662.

Por volta de 1651, Pascal, definitivamente convencido da existência da gravidade, decide redigir um grande *Tratado do vazio*, no qual demonstraria que os efeitos até então atribuídos ao "horror ao vazio" não passavam de casos particulares da lei universal de "equilíbrio dos liquores", ou estática dos fluidos. Desse tratado, que ele provavelmente nunca conseguiu terminar, resta apenas um projeto de prefácio, publicado em 1663 por Florin Périer.

Ao contrário do que o título levaria a crer, o *Prefácio para o Tratado do vazio* aborda pouquíssimo e de maneira elíptica o problema do vazio. Na realidade, seu objetivo é outro, e seu alcance é bem maior que a simples elucidação de um problema que Pascal já debateu exaustivamente. Trata-se, antes, de um vigoroso manifesto a favor do método experimental. Em nenhum outro texto o autor é tão claro: as experiências são "os únicos princípios da física". É à natureza, e não ao puro pensamento especulativo, que cabe, em última instância, confirmar ou invalidar nossas hipóteses. Assim, Pascal afirma, contrariando Descartes, a autofundamentação do discurso científico, que determina livremente as regras às quais obedece, assim como os conceitos a partir dos quais é construído.

Partindo daí, Pascal inaugura uma distinção radical entre duas ordens de conhecimento: as disciplinas que, como a física, se apóiam no raciocínio e na experiência, e as que, como a teologia ou a história, se fundamentam na autoridade dos textos e na fé. Embora estas últimas não possam conhecer novos desenvolvimentos, estando tão "limitadas [...] quanto os livros nos quais estão contidas", as ciências experimentais, em compensação, estão abertas para a era indefinida do *progresso*. E Pascal conclui: "De tal sorte que toda a seqüência dos homens, ao longo de tantos séculos, deve ser considerada como um mesmo homem a subsistir sempre e a aprender continuamente." Como se pode ver, esse texto denso e corajoso prenuncia diretamente algumas das teses mais importantes do positivismo de Auguste Comte.

Estudo: P. Guenancia, *Du vide à Deus. Essai sur la physique de Pascal*, col. "Algorithme", Maspero, 1976.

PRIMEIROS ANALÍTICOS.

ARISTÓTELES.
VER ORGANON.

PRIMEIROS PRINCÍPIOS,

First Principles, 1862.
HERBERT SPENCER, 1820-1903.

Obra mestra de Spencer, esse texto situa-se como fundamento de uma série que compreende: *Princípios de biologia**, *Princípios de psicologia**, *Princípios de sociologia** e *Princípios de ética*.

A obra divide-se em duas partes: o incognoscível e o cognoscível. A primeira parte faz uma distinção nítida entre o domínio da ciência e o da religião; a segunda propõe o problema da filosofia, que o autor define como "o conhecimento de grau mais elevado". Se a filosofia se afirma como "o conhecimento completamente unificado", a ciência só pode ser "o conhecimento parcialmente unificado". O objeto de *Primeiros princípios*, portanto, é a filosofia geral, enquanto os volumes seguintes terão como objeto a filosofia especial, dividida em partes determinadas pela natureza dos fenômenos estudados. À indagação sobre o caminho que a filosofia deve seguir, Spencer responde categoricamente: as leis da natureza devem ser provisoriamente consideradas verdadeiras, até que sua incontestabilidade seja determinada pelos resultados. Os modos de ser não podem ser conhecidos em si mesmos; todavia, Spencer considera verdadeiro certo número de noções: indestrutibilidade da matéria, continuidade do movimento, persistência da força, persistência das relações entre as forças, transformação e equivalência das forças, leis de direção dos movimentos. Spencer desemboca na questão do *ritmo do movimento*, o que, no ápice de sua trajetória pelo conhecimento científico, o levará para caminhos diversos, inclusive o da estética, pois o ritmo se manifesta em todas as formas de movimento: "A cadência de uma dança é produzida pela alternância de contrações musculares fortes com outras mais fracas [...] A poesia é uma forma de discurso na qual a ênfase volta regularmente, ou seja, na qual o esforço muscular da pronúncia tem períodos definidos de maior e de menor intensidade, períodos que são complicados por outros que correspondem à sucessão de versos." A lei que Spencer depreende nessa filosofia geral fundamentada no conhecimento científico diz respeito à evolução e à dissolução: tudo vem do imperceptível para desaparecer de novo no imperceptível. Assim, para o homem, toda existência está delimitada entre essas duas zonas do imperceptível, que a fazem ser e depois desaparecer. Spencer explicita essa lei: "Por conseguinte, a lei universal da redistribuição da matéria e do movimento deve dizer que as transformações ocorridas vão do estado difuso imperceptível a um estado concentrado perceptível e, daí, voltam a um estado difuso imperceptível; essa lei serve à unificação dos grupos de transformações de aparência dessemelhante tanto quanto à unificação da trajetória toda de cada grupo." A partir daí podem ser concebidas uma evolução simples e uma evolução composta.

À lei de evolução são dedicados quatro capítulos do livro; essa lei consiste, essencialmente, em afirmar que a evolução é, "em seu aspecto primário, a passagem de uma forma menos coerente para uma forma mais coerente por seqüência de dissipação do movimento e integração da matéria". Ela conduz, assim, a especificar que "a matéria passa de uma homogeneidade relativamente indefinida e incoerente a uma heterogeneidade relativamente definida e coerente".

Spencer pode ser vinculado à corrente positivista da filosofia e situado entre Auguste Comte – por sua distribuição dos objetos de estudo – e Henri Bergson – pelas análises dedicadas à noção de evolução.

Estudo: A. Lalande, *Les ilusions évolutionnistes*, Alcan, 1930.

PRIMEIROS PRINCÍPIOS METAFÍSICOS DA CIÊNCIA DA NATUREZA, *Metaphysische Anfangsgründe der Naturwissenschaft*, 1786.

EMMANUEL KANT, 1724-1804.

Trata-se da primeira parte de uma obra que Kant desejaria mais vasta, uma metafísica completa da natureza. Os *Primeiros princípios* apresentam uma teoria geral da matéria, concebida como movimento resultante de duas forças antagonistas e primitivas: a atração e a repulsão. Essa concepção dinâmica da matéria (oriunda de Leibniz e oposta ao atomismo) admite a existência de um espaço vazio, conceito que designa, porém, uma realidade incognoscível.

Edição portuguesa: *Primeiros princípios metafísicos da ciência da natureza*, Lisboa, Edições 70, 1990.
Estudo: J. Vuillemin, *Physique et métaphysique kantiennes*, P.U.F., 1987.

PRÍNCIPE (O), *Il principe*, 1532.

MAQUIAVEL (Niccolò Machiavelli), 1469-1527.

O príncipe, como tantas obras-primas destinadas à imortalidade, teve criação fulgurante. Algumas semanas bastaram para que Maquiavel endereçasse a Lorenzo de Medici, neto do "Magnífico" e também "Magnífico", esse opúsculo sobre a arte de governar.

A obra contém vinte e seis capítulos, cuja estrutura se mostra com nitidez, ainda que a composição não seja a de um "tratado", em forma estrita. Depois de classificar os Estados segundo o tipo (cap. I), Maquiavel examina a maneira como eles podem ser conquistados e conservados (caps. II a XI). Os capítulos XII a XIV são dedicados a questões militares (Maquiavel declara-se oponente do mercenarismo e preconiza a conscrição nacional). É nos capítulos XV a XXIII que se encontra o essencial daquilo que a posteridade guardou com o nome de "maquiavelismo": os conselhos ao político para a conservação do poder. Os três últimos capítulos (XXIII a XXVI) contêm um apelo à libertação e à unificação da Itália.

O príncipe é um tratado do poder político. Mas ao contrário das numerosas obras que tratam desse assunto na mesma época (Erasmo, Budd), não visa à edificação do futuro soberano. A política não é apresentada como aplicação de normas morais, de valores transcendentes, e o político não é considerado o representante terreno do poder divino. Muito esclarecedores, por exemplo, são os conselhos sobre a atitude que o Príncipe deve adotar diante da religião: ele não deve submeter a política à religião; ao contrário, deve esforçar-se por manipular em proveito próprio as crenças do povo, sem se preocupar com a "verdade" intrínseca que possam conter.

O príncipe não deve, portanto, instaurar (ou restaurar) uma ordem ideal em conformidade com valores absolutos. A política é sempre exercida a partir de uma realidade concreta singular, sobre a qual age para a transformar. Contrariando qualquer utopia (o visado aqui é Platão), Maquiavel restabelece "a verdade efetiva da coisa". E a verdade é que a política é, acima de tudo, *conflito*. Se há – em certo sentido – uma ordem por instaurar, é sempre contra uma desordem primeira, desordem resultante do confronto de forças antagonistas. Nesses conflitos, o político (esteja ele no poder ou lutando para chegar ao poder) ocupa certa situação, na qual dispõe de certa margem para agir. Mas *agir* é produzir efeitos que levarão o adversário a *reagir*, segundo modalidades nunca totalmente previsíveis. Cabe ao político gerar essa parcela aleatória que Maquiavel chama de "fortuna". Só a *virtù* do político é capaz disso, e César Borgia é a encarnação dificilmente superável dessa *virtù*.

Isso não significa que, para Maquiavel, todos os combates se equivalham, nem que a eficácia apenas confere valor à prática política. Há bons e maus combates, e o autor esforça-se justamente por designar e reforçar o bom campo. Mas aquele que, em política, desdenhar a eficácia, que quiser manter as mãos limpas e alma pura, não sabe o que quer. A vontade de manter a moral a qualquer preço (não mentir, não se desdizer, abster-se do uso da violência) pode levar – e de fato quase sempre leva – a resultados históricos catastróficos do ponto de vista da própria moral: mais violência, mais sangue.

Em suma, Maquiavel não é alguém para quem não haja diferença alguma entre bem e mal; e seria baldado procurar no *Príncipe* qualquer apologia da força. Mas a guerra é a verdade da política. Se a liberdade e o direito devem existir, é preciso criá-los com grande autoridade.

Foi discutido à saciedade o significado atribuído pelo próprio Maquiavel a esse livrinho: será um manual para uso dos tiranos? Ou estaremos diante de um pensador que "dá o serviço" e revela para os povos os segredos de seus opressores (essa era a opinião de Diderot e de Rousseau)? O certo é que poucas obras desencadearam tantas paixões como essa. Basta ver o número de refutações que provocou (de se notar *Anti-Maquiavel* de Frederico II). Os pensadores políticos que nela se inspiram (Montesquieu, Spinoza) quase não citam seu nome. Nunca, em todo caso, deixou de escandalizar, de conturbar. Aí está pelo menos uma obra que resistiu a todas as tentativas de enfraquecimento ou de assimilação.

Edição brasileira: *O príncipe*, São Paulo, Martins Fontes, 1990.

Estudos: para uma breve introdução, P. Dupouey, apresentação e notas na edição francesa: *Le prince*, col. "Les intégrales de philo", Nathan, 1982. Cl. Lefort, *Le travail de l'oeuvre, Machiavel*, col. "Tel", Gallimard, 1986.

PRINCIPIA ETHICA (PRINCÍPIOS ÉTICOS), 1903.

GEORGE EDWARD MOORE, 1873-1958.

Recebido pela juventude de Cambridge como uma verdadeira lei, e pelos filósofos como a crítica ao naturalismo, esse tratado de Moore marcou época por denunciar o desejo de analisar o inanalisável. Não é por acaso que contém a epígrafe: "Cada coisa é aquilo que é, e nada mais." E o prefácio volta à mesma advertência, ou seja, a maioria das dificuldades provém do fato de se tentar responder a perguntas que ninguém vê o que estão perguntando.

O predicado "bom" (e seu contrário "mau") é objeto da ética; aplica-se tanto à conduta quanto às outras coisas. É preciso procurar saber o que está universalmente ligado ao "bem" e, sobretudo, o que é esse predicado. A resposta à última pergunta é que o bem, enquanto predicado, é *indefinível*.

Moore denuncia o sofismo (falácia) naturalista que levou a acreditar que o objeto denotado pelo termo "bem" poderia identificar-se com alguma outra coisa. Ora, as proposições éticas não devem ser confundidas com leis da natureza nem com imperativos: depois de debater o que é "bom" em si e coisas que são boas em si mesmas, é preciso poder descobrir qual a conduta que permite obter o bem como resultado. Na verdade, isso é essencial, pois a ética não visa ao que deve ser, mas ao que nós deveríamos fazer.

Estudo: F. Armengaud, *Paradoxe et sens commun: George Edward Moore et la génèse de la philosophie analytique*, Méridiens Klincksiec, 1985.

PRINCIPIA MATHEMATICA (PRINCÍPIOS MATEMÁTICOS),

1910, 1912 e 1913.
BERTRAND RUSSELL, 1872-1970, e ALFRED NORTH WHITEHEAD, 1861-1947.

Produto de prolongada colaboração entre Russell e Whitehead, essa obra é composta por três volumes, publicados respectivamente em 1910, 1912 e 1913. Um quarto volume, que deveria ser dedicado à geometria e à teoria do espaço, nunca veio a lume, pois cada um dos autores decidira publicar seus próprios trabalhos sobre a questão.

Principia mathematica faz parte do projeto logicista de fundamentação da matemática, ou seja, tem como finalidade principal reduzir a matemática à lógica. Depois de uma introdução que apresenta as principais noções e desenvolve teorias que são, acima de tudo, específicas de Russell, a primeira parte da obra contém uma magistral apresentação da lógica matemática, antes de passar às partes seguintes, em que é tentada a redução da aritmética à lógica. A lógica matemática elaborada inspira-se de fato na de Frege, mas deve muito também a Giuseppe Peano, no que se refere ao formalismo adotado. Ela põe em primeiro plano a noção de função proposicional, desenvolve uma teoria chamada de "teoria sem classes" ("*no-class theory*") que não corresponde a seus objetivos nominalistas e elimina as classes em proveito dos atributos, e não em proveito dos indivíduos, e insiste sobretudo nas relações.

Na seqüência da obra, em que é elaborada uma aritmética das relações (que Russell lamentará ter passado relativamente despercebida), a realização do programa logicista é levada às últimas conseqüências. Graças à amplitude e ao vigor dessa realização, *Principia mathematica* é uma das obras-primas de nosso tempo, ainda que as dificuldades e os limites da empreitada logo se tenham mostrado.

O programa logicista requer a definição dos conceitos matemáticos a partir de conceitos lógicos (e, principalmente no que se refere ao número, Russell e Whitehead vão adotar uma posição próxima da de Frege, que foi quem primeiro fez isso), a apresentação das proposições matemáticas em termos puramente lógicos (elas são justamente definidas como implicações formais entre funções proposicionais) e a demonstração de que todos os teoremas da matemática podem ser derivados de axiomas lógicos. Este último ponto confere caráter axiomático ao empreendimento, e, quando a incompletude de todo o sistema formal tiver sido evidenciada por Kurt Gödel (1931), todos concluirão – talvez cedo demais – que o logicismo ruiu para sempre.

Se Russell e Whitehead podem avançar tanto na realização do programa logicista, é porque compartilham uma concepção bastante ampla da lógica, que inclui os sistemas de segunda ordem e os sistemas de ordem superior, e porque admitem os conjuntos. Isso não impediu que logo surgissem dificuldades. Isto porque Russell e Whitehead admitem em *Principia mathematica* o *axioma do infinito*, segundo o qual para cada número natural há um número natural maior, e o *axioma de escolha* (chamado também "axioma multiplicativo"), segundo o qual, para cada conjunto de conjuntos disjuntos não vazios, há pelo menos um conjunto que tem exatamente um elemento em comum com cada um dos conjuntos especificados. Russell admite que o axioma do infinito pode ser aceito ou rejeitado com base em considerações puramente empíricas, e que esse axioma, assim como o axioma de escolha, é "existencial", e não "lógico". A admissão desses axiomas apresenta uma primeira limitação ao logicismo, mas é principalmente a propósito da admissão do chamado axioma "de redutibilidade" que serão opostas as mais graves objeções a Russell e a Whitehead.

O *axioma de redutibilidade* está associado à teoria dos tipos. Um dos grandes problemas da lógica e da matemática no início do século fora o dos paradoxos. Já em 1903, no Apêndice B de *Principles of Mathematics*, Russell propusera, com o nome de "doutrina dos tipos", sua solução para os paradoxos. Depurada, esta se tornaria a "teoria dos tipos", cujo princípio é que cada predicado pertence a um tipo determinado e só pode ser introduzido sem riscos de contra-senso em expressões do tipo imediatamente inferior. Essa estratificação dos níveis do discurso não deixava de apresentar problemas, sobretudo quanto à existência de uma variável universal. Mas Russell não ficou nisso e introduziu ordens no interior dos tipos, na "teoria ramificada dos tipos" que aparece em *Principia mathematica*. Para evitar outras dificuldades, é obrigado a introduzir um axioma, chamado "de redutibilidade", que equivale a permitir só considerar a ordem mínima num tipo dado. Esse axioma não é lógico e será objeto de severa crítica por parte de Wittgenstein. Na segunda edição da obra, em 1927, Russell abandonará, aliás, o axioma de redutibilidade, mas conservará a teoria ramificada dos tipos.

Expressão máxima do logicismo, *Principia mathematica* compartilharia seu destino, e hoje muitos consideram essa obra ultrapassada, uma vez que o logicismo foi minado, o que, aliás, talvez se deva dizer de qualquer tentativa de dar uma resposta única ao problema do fundamento da matemática. Frank P. Ramsey, Carnap e Quine, só para citar os mais importantes, sempre firmaram posições em relação a *Principia mathematica*, avaliando suas implicações e propondo correções a esta ou àquela tese de Russell e Whitehead – haverá maneira melhor de prestar uma homenagem a esse monumento do pensamento humano?

Estudo: J. Vuillemin, *Leçons sur la première philosophie de Russell*, Armand Colin, 1968.

PRINCÍPIO DE CRUELDADE (O),

Le principe de cruauté, 1988.
CLÉMENT ROSSET, nascido em 1939.

Partindo da idéia de que a realidade é "cruel" (dura, desumana, indigesta), Rosset propõe os dois princípios de uma "ética da crueldade": o *princípio de realidade suficiente* e o *princípio de incerteza*.

Toda filosofia é uma teoria do real, um olhar interpretativo e criativo para a realidade tomada em sua totalidade. Contra a filosofia ocidental, que é um pensamento da insuficiência do real (a realidade só pode ser filosoficamente considerada recorrendo-se a um princípio exterior à realidade),

Rosset, na tradição de Lucrécio, Spinoza e Nietzsche, sustenta o princípio de *realidade suficiente*, segundo o qual só o real importa e se basta, rejeitando assim a ilusão de outro mundo. Certamente a realidade é "cruel" quando despojada de tudo o que não é ela; é então trágica e dolorosa, única e sem apelação. Essa suficiência do real ultrapassa a faculdade humana de compreender e de aceitar.

Segundo o *princípio de incerteza*, é da natureza da verdade ser duvidosa. O filósofo enuncia uma verdade sabendo que ela é eminentemente incerta, senão não é um filósofo. Toda verdade filosófica tem uma "virtude negativa": elimina idéias muito mais falsas que a verdade que enuncia *a contrario*.

Opondo pensamento moral e pensamento trágico, Rosset opõe dois tipos de filósofos: o "filósofo curandeiro", compadecido e ineficaz, que, com seus falsos remédios, possibilita que o homem sobreviva sem ver a crueldade da realidade, e o "filósofo médico", impiedoso e eficaz, que, com o único remédio verdadeiro (a administração da verdade), reconforta as naturezas sãs e elimina as malsãs. Rosset, "filósofo médico", é um pensador solitário e original que, em nome da unicidade da realidade, critica a filosofia ocidental, considerada alienante, e defende uma visão trágica do mundo.

PRINCÍPIO ESPERANÇA,
Das Prinzip Hoffnung, 1959.
ERNST BLOCH, 1885-1977.

O filósofo da utopia evolui para uma ontologia do não-ainda-ser. Na constituição de uma fenomenologia da consciência antecipadora, na seqüência de uma teoria das pulsões (abstração feita das pulsões sexuais) que ele desenvolve no tomo I, dedicado ao estudo do pré-consciente, o tomo II de *Princípio esperança*, redigido de 1938 a 1947 e revisto em 1953 e 1959, é um fecho de ouro da obra.

Ernst Bloch trata, sucessivamente, das particularidades conceptuais das utopias médicas, arquitetônicas, geográficas e sociais. Traçando assim o vasto panorama das realizações e das esperanças da vontade humana, ele reconstitui a história a partir das representações daquilo que ele chama de "paisagem do desejo". O tomo III denunciará a razão técnica, defendendo um princípio de transcendência ligado a uma consciência das funções sagradas da teologia.

Estudo: A. Münster, *Figura de l'utopie dans la pensée d'Ernst Bloch*, Aubier-Montaigne, 1985.

PRINCÍPIOS DA FILOSOFIA DO DIREITO, ou Direito natural e ciência do Estado resumidos,
Grundlinien der Philosophie des Rechts, oder Naturrecht und Staatswissenschaft im Grundrisse, 1821.
GEORG WILHELM FRIEDRICH HEGEL, 1770-1831.

Esse texto é compilação de aulas de Hegel. Ao contrário do que aconteceu com outras aulas (estética, religião e filosofia), Hegel redigiu e publicou pessoalmente as que versavam sobre a filosofia do direito. Em *Princípios da filosofia do direito* há o intuito de unificar duas perspectivas que a filosofia kantiana havia separado: por um lado o direito e a ordem jurídica (em que as vontades são obrigadas a partir do exterior) e a moral (ordem ética em que a consideração do dever determina a vontade a partir do interior). A unificação de subjetivo e objetivo será realizada pela noção de "moralidade objetiva" (*Sittlichkeit*).

O prefácio é célebre: nele Hegel caracteriza a filosofia como conhecimento daquilo que é; não dirá ela o que o mundo "deve ser": "A coruja de Minerva só alça vôo quando cai a noite." Pensar o que são sociedade e Estado na ordem da vida ética e jurídica, tal é o objetivo dessa obra. Não há de julgar tal ou tal forma, este ou aquele aspecto do direito, da vida social, da política nacional ou internacional, mas sim de compreender a totalidade dessas formas, em toda a riqueza de suas manifestações concretas.

A "vida ética" articula-se nos três momentos sucessivos que são família, sociedade civil e Estado. A família é a forma imediata – diríamos hoje "natural" – da vida social. A "sociedade civil" é o nível das relações sociais entre pessoas que buscam atender interesses particulares; as pessoas, os proprietários, assumem relações contratuais que constituem a base da vida jurídica (direito civil e direito penal, sistema de penalidades).

O aspecto político introduz uma ruptura, pois Hegel recusa-se a considerar o Estado como instituição jurídica, apêndice da sociedade civil. No Estado encarna-se a mais elevada forma de moralidade objetiva, o racional realizado, "o divino na Terra". A vida do Estado prolonga-se na política exterior, nas relações internacionais, enfim na história mundial. Assim como ocorria no século XVIII, Hegel vê na moral e nas instituições jurídicas e políticas a expressão da razão ("Tudo o que é real é racional; tudo o que é racional é real") e a expressão da liberdade. Mas essa liberdade, em Hegel, não é a satisfação dos interesses egoístas. O Estado não é instrumento da satisfação dos interesses; é sua superação.

O Estado é a mediação do universal, porquanto o indivíduo não tem acesso a essa dimensão do universal por meio da moralidade abstrata. Hegel não rejeita o sujeito moral kantiano, mas só vê nele um momento num processo mais elevado, que deve culminar no Estado. Também é preciso que se encarne a idéia de liberdade realizada no Estado. O príncipe de Hegel, "lei viva", é feito à imagem dos soberanos de que está cheia a Europa do início do século XIX: Francisco II da Áustria, Ferdinando VII da Espanha, Frederico-Guilherme da Prússia. Como cada Estado está em relação aos outros na situação em que se encontra uma pessoa diante de outras, as relações internacionais baseiam-se necessariamente na violência e na guerra. O que leva Hegel, em nome de um realismo bastante maquiavélico, a destruir os sonhos do século anterior na instauração de um estado de paz permanente entre as nações (*Projetos** do abade de Saint-Pierre e de Kant).

Essa obra contribuiu muito para a instauração da imagem de um Hegel conservador e até reacionário: a do filósofo oficial, antiliberal, da restauração prussiana. Uma leitura mais atenta do texto, que foi submetido (como todas as publicações de Hegel) aos tormentos da censura, revela uma imagem bem menos dura, até oposta. Hegel – que, é verdade, opta pela monarquia constitucional – expressa aqui opiniões muito audaciosas e razoavelmente liberais.

Edição brasileira: *Princípios da filosofia do direito*, São Paulo, Martins Fontes, 1997.
Estudo: É. Weil, *Hegel et l'État. Cinq conférences*, Vrin, 1985.

PRINCÍPIOS DA FILOSOFIA DA HISTÓRIA. GIAMBATTISTA VICO.
VER PRINCÍPIOS DE UMA CIÊNCIA NOVA ACERCA DA NATUREZA DAS NAÇÕES.

PRINCÍPIOS DA FILOSOFIA DO FUTURO, *Grundsätse der Philosophie der Zukunft*, 1843.
LUDWIG FEUERBACH, 1804-1872.

*A essência do cristianismo** (1841) é completada por *Teses provisórias para a reforma da filosofia* (1842) e por *Princípios da filosofia do futuro* (1843), obras que são publicadas por Julius Fröbel em Zurique.

Feuerbach esboça aqui um universo sensacionista (o pensamento é produto da apreensão do real pelos sentidos) e altruísta (o homem é compreendido por sua relação com outrem). *Princípios*, em sessenta e cinco pontos publicados em forma de uma brochura, têm a missão de "deduzir da filosofia do absoluto, ou seja, da teologia, a necessidade da filosofia do homem, ou seja, da antropologia".

O além da religião é o aqui da filosofia, o que faz da filosofia especulativa a teologia conseqüente e racional. A filosofia de Hegel é a realização plena da filosofia moderna, de tal modo que a filosofia do futuro passa, antes de mais nada, por uma crítica a Hegel. Por isso, é preciso pensar o ser tal qual ele é, por nós que somos não só seres pensantes como também seres realmente existentes: o ser, como objeto de conhecimento por outrem, é o ser dos sentidos, da intuição, do sentimento e do amor.

Enquanto a antiga filosofia (Hegel) diz que "só o racional é verdadeiro e real", a filosofia do futuro (Feuerbach) proclama que "só o humano é verdadeiro e real", pois só o humano é racional. Não se apóia numa razão sem ser, sem cor, sem nome, mas na razão impregnada do sangue do homem.

A essência do homem reside unicamente na *comunidade*, na unidade do homem com o homem que repousa na distinção entre mim e ti. É aí que se encontra a verdadeira dialética (o diálogo entre mim e ti), o princípio supremo (a unidade do homem com o homem). Até então, havia uma verdade para si mesma (a filosofia) e uma verdade para o homem (a religião); a filosofia nova assume o lugar da religião. Isso explica por que a tarefa filosófica dos tempos modernos é a resolução da teologia em antropologia; ela tem por missão "trazer a filosofia de volta do reino" das almas mortas "para o reino das almas vivas; fazê-la descer da beatitude do pensamento divino e sem carências para a miséria humana".

Edição portuguesa: *Princípios da filosofia do futuro e outros escritos*, Lisboa, Edições 70, 1988.
Estudo: A. Arvon, *Feuerbach, sa vie, son oeuvre*, P.U.F., 1964.

PRINCÍPIOS DA NATUREZA E DA GRAÇA FUNDADOS NA RAZÃO, ou

Teses redigidas em favor do príncipe Eugênio, *Principes de la nature et de la grâce fondés en raison*, ou *Thèses rédigées en faveur du prince Eugène*, 1718.
GOTTFRIED WILHELM LEIBNIZ, 1646-1716.

Esta obra é uma exposição breve e sintética da filosofia de Leibniz, para uso do príncipe Eugênio de Savóia.

Em dezoito parágrafos, Leibniz desenvolve os conceitos fundamentais de sua metafísica, de sua física e de sua moral: mônadas, mundo pleno, vida universal, teoria da percepção e da consciência. Fala-se da diferença entre homem e animal, a partir da noção de alma racional, que permite perceber verdades às quais os animais não têm acesso. Encontra-se uma formulação límpida da prova de existência de Deus a partir da contingência do mundo (prova que será criticada por Kant com o nome de "argumento cosmológico").

Leibniz retoma aqui as teses de *Ensaios de teodicéia** sobre o melhor dos mundos possíveis e a harmonia das substâncias, e termina com uma exposição dos princípios da moral.

Em vista de sua densidade e de seu caráter extremamente sintético, esse texto mais seria um apanhado geral para uso de bons conhecedores da doutrina do que propriamente uma introdução a ela.

Estudo: Y. Belaval, *Leibniz, initiation à sa philosophie*, Vrin, 1975.

PRINCÍPIOS DA TEORIA DAS RIQUEZAS, *Principes de la théorie des richesses*, 1863.

ANTOINE AUGUSTIN COURNOT, 1801-1877.

Esse texto, composto em 1863, insere-se num contexto econômico que opunha os partidários do livre câmbio aos doutrinadores socialistas.

Cournot analisa o conflito existente, segundo ele, entre Direito e Economia, assim como a oposição entre vitalismo e materialismo. Esse estudo permite-lhe definir a Economia e afirmar que a teoria das riquezas, que constitui uma de suas partes, é apenas matematizável. Refere-se, nesse aspecto, à sua obra anterior: *Investigações sobre os princípios matemáticos da teoria das riquezas* (1838).

No entanto, essa matematização é limitada, pois a teoria das riquezas contém um fundo vital que só a teoria das forças produtivas pode explicar.

O autor examina, sucessivamente, as moedas e a noção de sistema econômico, e esclarece sua oposição ao socialismo. De leitura acessível, embora especializada, a obra de Cournot é representativa da corrente liberal.

Estudo: C. Ménard, *La formation d'une rationalité économique: Antoine Augustin Cournot*, Flammarion, 1978.

PRINCÍPIOS DE BIOLOGIA,

Principles of Biology, 1864-1867.
HERBERT SPENCER, 1820-1903.

O conceito fundamental da obra é o de adaptação. Para Spencer, a vida realiza uma adaptação contínua das relações internas às relações externas às quais está submetida. Há interação incessante entre o ambiente e o organismo. As variações astronômicas, geológicas e meteorológicas têm como correlatos modificações orgânicas. Se não a palavra, pelo menos a idéia de "biosfera" já está presente nesse quadro em que plantas e animais compartilham um circuito de trocas recíprocas, dentro de um elemento comum. Assim, fatores externos e fatores internos se correspondem. Donde uma análise da transformação, que rompe o equilíbrio e obriga o organismo a reconstituir não só um equilíbrio indispensável como também uma nova estrutura.

Spencer, que não era aluno de Darwin, com sua "hipótese do desenvolvimento", pode ser considerado o precursor da tese evolucionista.

Estudo: P. Tort, *Spencer et le système des sciences: naissance de l'évolutionnisme libéral*, P.U.F., 1987.

PRINCÍPIOS DE ECONOMIA POLÍTICA, *Principles of Political Economy*, 1848.

JOHN STUART MILL, 1806-1873.

Último grande representante da economia clássica, Mill reformula, numa elucidação perfeita, as leis e os princípios enunciados por Adam Smith, David Ricardo, Jean Baptiste Say... Apesar de liberal, de ser ardente defensor da propriedade privada e da concorrência, e de considerar que o *laisser-faire* deve ser a regra, e que o socialismo (igualitarismo) é tirânico, Mill admite alguma intervenção do Estado, que deve desempenhar um papel pedagógico e incitativo.

Isto porque, embora em princípio não seja desejável, a intervenção estatal pode vir a ser necessária. Por um lado, os indivíduos nem sempre estão aptos a julgar e a agir por si mesmos; por outro lado, os mecanismos do mercado não podem resolver automaticamente todos os problemas, como os da pobreza ou das condições de trabalho. Para legitimar essa intervenção, Mill distingue a *produção*, submetida às leis naturais, e a *distribuição*, submetida às leis positivas (humanas).

Assim, progresso econômico não se reduz a crescimento (produção, criação de riquezas), mas exige também melhor distribuição das riquezas tendo em vista a melhoria das condições de vida. Além disso, o progresso social, que deve ser distinguido do progresso econômico, exige que as relações sociais sejam mais igualitárias e que os indivíduos gozem de maior independência. Contudo, a igualdade total não é desejável, visto que a liberdade é sempre preferível à igualdade.

A fim de minimizar os problemas (pauperismo, crises comerciais...) engendrados pelo capitalismo – cujas vantagens são indubitáveis –, Mill propõe vários remédios destinados a garantir o progresso social: limitação do crescimento demográfico, que permite o aumento do nível de vida (Mill é um malthusiano otimista e não puritano); associação de interesses, baseada em relações de independência e desenvolvida entre diferentes grupos sociais, em especial entre operários e empresários, através de cooperativas; igualdade social entre homens e mulheres.

Escrita por um dos maiores representantes do utilitarismo liberal, essa obra será o livro-guia da economia clássica, até que tal posição passasse a ser ocupada por *Princípios de economia política* de Alfred Marshall (1890-1907).

Edição brasileira: *Princípios de economia política*, São Paulo, Abril, 1983.

Estudo: M.-M. Salort e Y. Katan, *Les économistes classiques: d'Adam Smith à Ricardo, de Stuart Mill à Karl Marx*, Hatier, 1988.

PRINCÍPIOS DE ECONOMIA POLÍTICA E TRIBUTAÇÃO (DOS),

On the Principles of Political Economy and Taxation, 1817.
DAVID RICARDO, 1772-1823.

Essa é a obra principal de David Ricardo, que nela expõe sua teoria do *homo aeconomicus*, ou seja, ele se empenha na produção de uma teoria dos fenômenos econômicos que só leve em conta os móbeis econômicos dos agentes. Para Ricardo – e é nisso que consistem o interesse e a originalidade de sua obra – o universo econômico é suscetível de compreensão racional, em razão da racionalidade imanente ao funcionamento do sistema.

O autor propõe uma teoria do valor inspirada em Adam Smith. O valor de uma mercadoria depende da quantidade de trabalho necessário à sua fabricação. Esse trabalho é um trabalho médio, correspondente a certo estado das técnicas. Sabe-se o que Marx extrairá das análises de Ricardo para sua teoria do valor de troca das mercadorias. A passagem do valor para o preço se dá através da moeda.

O valor da mercadoria-trabalho é determinado por aquilo que é necessário para que o trabalhador reproduza sua capacidade de produção e perpetue a descendência de outros trabalhadores. O salário é o preço dessa mercadoria-trabalho. Nesse aspecto, também, a influência de Ricardo sobre as análises de Marx é clara.

No que se refere à renda dos bens de raiz, o autor desenvolve uma teoria mais próxima de Malthus que de Smith (renda diferencial, em relação com a fertilidade dos solos).

Com base nisso, Ricardo constrói uma teoria da evolução da sociedade capitalista que não prevê subemprego nem crises estruturais. O sucesso de *Princípios de economia política e tributação* foi extremamente rápido. Aliás, Ricardo logo teve oportunidade de pôr em prática as teorias liberais defendidas na obra, dois anos depois de sua publicação, pois foi eleito para o Parlamento, onde defendeu os interesses dos setores industriais. O texto foi modificado nas edições seguintes, em conseqüência de observações de Jean-Baptiste Say, com quem Ricardo mantinha correspondência. Hoje, essa obra é considerada o texto inaugural da economia liberal.

Edição brasileira: *Princípios de economia política e tributação*, São Paulo, Nova Cultural, 1988.

Estudo: K. Marx, *Théories sur la plus-value*, t. II e III (trad. G. Badia *et alii*), Messidor-Éditions Sociales, 1976.

PRINCÍPIOS DE FILOSOFIA,

Principia philosophiae, 1644.
RENÉ DESCARTES, 1596-1650.

Depois da publicação de *Meditações metafísicas**, Descartes decidiu trazer a lume uma exposição sistemática de sua filosofia, tanto no plano da metafísica quanto no da física. O projeto dos *Princípios* atendia a dois desejos. Por um lado, Descartes queria apresentar o conjunto de seu sistema, do qual o público só conhecia a parte metafísica (*Meditações*); a física só fora revelada parcialmente (nos ensaios científicos que serviam de seqüência ao *Discurso do método**), e o *Tratado do mundo* ficara engavetado em razão do caso Galileu. Por outro lado – e sobretudo –, Descartes queria que sua filosofia figurasse num livro capaz de servir ao ensino. Por isso, *Princípios da filosofia* adotam a forma canônica dos tratados didáticos: breves artigos numerados, precedidos de um título. Pela mesma razão, a obra foi publicada em latim; mas Descartes reviu e corrigiu a tradução francesa do abade Picot.

Não se deve deixar de ler a carta-prefácio ao tradutor, que contém uma reflexão sobre a natureza da filosofia, esclarecendo o título da obra. Nela, a filosofia é definida como estudo "de todas as coisas que o homem pode saber, tanto para condução de sua vida quanto para a conservação de sua saúde e a invenção de todas as artes". É nessa carta que se encontra a famosa imagem da árvore: "Toda a filosofia é como uma árvore, cujas raízes são a metafísica, o tronco é a física, e os ramos que saem do tronco são todas as outras ciências, que se reduzem a três principais, a saber, medicina, mecânica e moral." A vocação prática da filosofia é nitidamente afirmada.

A primeira parte, intitulada "Dos princípios do conhecimento humano", é uma exposição da metafísica cartesiana (as raízes da árvore). O conteúdo das *Meditações* é retomado, mas é muito interessante pôr em paralelo a apresentação respectiva de cada um dos dois textos. A ordem é diferente: nas *Meditações*, é a da descoberta, a ordem analítica; nos *Princípios*, é a ordem das matérias, dogmática. Essas comparações foram alvo de acerbas discussões entre os comentadores do cartesianismo.

A segunda parte ("Dos princípios das coisas materiais") é um traço de união entre a metafísica e a física cartesianas. Apresenta os fundamentos da física, expondo de modo sistemático os princípios do mecanicismo. Nela são elucidadas as noções de corpo, extensão, matéria, tempo e movimento. Nela Descartes também trata das leis do choque, campo da física em que ele não foi dos mais felizes.

A terceira parte ("Do mundo visível") assume particular importância por ser dedicada à astronomia, disciplina em plena revolução na época de Descartes. Nela se trata do movimento dos planetas, da formação do mundo material (os famosos "turbilhões"), das manchas solares e dos cometas. Nessa obra, aceita-se a idéia do movimento da Terra (Descartes está no campo de Galileu), mas as hipóteses apresentadas para explicá-lo são originais.

A quarta parte ("Da terra"), mais complexa, trata da formação do globo terrestre e dos elementos (Descartes retoma as categorias antigas: terra, água, ar, fogo), de diversos problemas físicos específicos (ímã), assim como das modalidades do conhecimento científico.

Seria de se acreditar que com *Princípios da filosofia*, "antimanual" à moda didática, Descartes cedesse à tentação dogmática. O que é, ao mesmo tempo, verdadeiro e falso. Por um lado, cai no erro que ele mesmo denunciara (sobretudo no fim do colóquio com Burman): elaborar uma física imaginária. Pois é incontestável que foram as explicações físicas que mais envelheceram, e pior. Basta considerar as leis do choque: com exceção da primeira, são todas falsas. Pascal, Leibniz e Newton censuraram o bastante esses devaneios do infeliz Descartes!

Mas, por outro lado, convém ler as últimas linhas da obra: "Peço aos leitores que não dêem fé a tudo o que se encontra aqui escrito, mas que examinem e que só aceitem aquilo em que a força e a evidência da razão puder obrigá-los a acreditar." Descartes, como se vê, não pretende restaurar a seu favor o princípio de autoridade. Em *Princípios da filosofia* ele não abdicou da exigência crítica.

Edição portuguesa: *Princípios de filosofia*, Lisboa, Guimarães, 1989.

Estudo: F. Alquié, *Descartes, l'homme et l'oeuvre*, col. "Profil philosophie", Hatier, 1988.

PRINCÍPIOS DE LÓGICA,

Principles of Logic, 1883.
FRANCIS HERBERT BRADLEY, 1846-1924.

Em reação contra a teoria associacionista e na esteira de Hegel, Bradley aborda nessa obra o estudo do juízo, do raciocínio e, mais particularmente, da inferência. Mostra-se original na análise do juízo: no ato de julgar, o predicado é uma propriedade atribuída à realidade, enquanto o sujeito é a própria realidade. "O que a coisa é" opõe-se ao "isto". Bradley faz uma classificação dos juízos, distinguindo juízos negativos e juízos disjuntivos. Quanto ao raciocínio, explicita seus tipos gerais e indica o princípio do raciocínio que deve substituir o silogismo.

O autor também faz um estudo das relações entre realidade e verdade. O pensamento procura qualificar a realidade graças aos predicados do juízo. Assim, a verdade só pode ser ideal. A realidade constitui uma alteridade sempre renascente, que só pode ser resolvida por uma experiência integral.

No horizonte da obra, o Absoluto incognoscível parece impor-se.

Estudo: J. Wahl, verbete "Bradley", *Encyclopaedia universalis*, 1972.

PRINCÍPIOS DE PSICOLOGIA,

The Principles of Psicology, 1890.
WILLIAM JAMES, 1842-1910.

Não se pode deixar de ressaltar a espantosa afinidade intelectual que une William James ao autor do *Ensaio sobre os dados imediatos da consciência**, quando este último ainda era desconhecido pelo psicólogo americano. Assim como Bergson, James apóia-se em numerosas experiências de psicofisiologia e interessa-se pelo nexo obscuro que une os estados de consciência e a atividade cerebral. Ambos são aproximados pela mesma concepção antielementarista e pela crítica ao associacionismo. Mas o essencial da obra de James consiste numa teoria da consciência cujo parentesco com a concepção bergsoniana de duração é evidente.

Para James, consciência é um fluxo de estados móveis que se interpenetram e fundem: como não há estado distinto, não poderia haver associação desses Estados. Essa corrente de consciência apresenta um conjunto de características que o autor enumera:

– os estados de consciência estão em perpétua transformação e se renovam incessantemente, oferecendo uma continuidade indivisa;

– a consciência é *intencional*: visa a objetos independentes de si;

– ela é seletiva: é a lei geral da *utilidade* que constitui o princípio diretor dessa psicologia.

Simultaneamente, James reafirma a auto-observação como método psicológico. É por falta de introspeção que o associacionismo reconstruiu a consciência a partir de estados elementares.

A célebre teoria da emoção, muito controversa, combina menos com o resto de sua psicologia. Para James, a emoção tem origem periférica, e não central. Ela seria a consciência que tomamos de nossas reações viscerais, circulatórias e motoras: *choro, logo estou triste*. Só se pode compreender a especificidade da emoção em James a partir de uma perspectiva evolucionista segundo a qual as manifestações orgânicas foram outrora ligadas na história da espécie a movimentos úteis, precedendo, portanto, a consciência emocional.

O caráter díspar e até paradoxal que com freqüência se apontou nessa obra não passa de resultado indesejável do fervilhamento das intuições nela presentes e da riqueza de uma reflexão que nada quer sacrificar. Um simples exemplo testemunha isso: o behaviorismo se constituirá contra a definição de psicologia como ciência da vida mental, contra o método introspectivo. Mas, paradoxalmente, pode-se afirmar também que é através de seu funcionalismo que James lhe abre caminho.

Estudo: A. J. Reck, *William James*, Seghers, 1967.

PRINCÍPIOS DE PSICOLOGIA,

Principles of Psychology, 1855.
HERBERT SPENCER, 1820-1903.

Esse tratado constitui a terceira parte do sistema evolucionista de Spencer, que recebeu nova redação entre 1870 e 1872. A psicologia é dividida em duas grandes partes: psicologia *subjetiva* e psicologia *objetiva*.

A psicologia subjetiva examina as operações da vida intelectual; o raciocínio consciente pode ser reduzido a intuições de igualdade. Partindo das manifestações mais elevadas, a psicologia subjetiva termina por reduzi-las aos elementos mais simples.

A psicologia objetiva tem como objeto de estudo a evolução do espírito em si, que se destaca da vida física e passa continuamente para o nível dos seres superiores. Assim, os dois aspectos – subjetivo e objetivo – da psicologia se reúnem e se reforçam, conciliando empirismo e apriorismo.

Discernindo nos animais a capacidade de evoluir semelhanças e diferenças, Spencer vê o domínio da mesma lei segundo a qual toda atividade psíquica diferencia e integra estados de consciência. O autor traça por fim a evolução das atividades psíquicas e afetivas graças às quais os homens podem trabalhar juntos em sociedade.

Estudo: A. Lalande, *Les illusions evolutionnistes*, Alcan, 1930.

PRINCÍPIOS DE SOCIOLOGIA,

Principles of Sociology, 1876-1896.
HERBERT SPENCER, 1820-1903.

Quarto livro do sistema evolucionista de Spencer; esse tratado mostra que a evolução da humanidade obedece às mesmas leis que regem o devir do mundo. Compõe-se de vários ensaios, entre os quais *Instituições políticas* (1882), *Instituições eclesiásticas* (1885) e *Instituições profissionais* (1895).

Em suma, para Spencer a evolução social está vinculada à evolução física universal. Organismos sociais e organismos individuais têm a mesma estrutura, indo do simples ao complexo. Os elos de interdependência das partes no todo vão crescendo, e o todo tem maior longevidade que os elementos que o compõem.

Spencer ressalta assim certo número de analogias entre os indivíduos e as sociedades, mas também certo número de diferenças localizadas; por exemplo, enquanto, no corpo animal, só certos tecidos se caracterizam pela sensibilidade, no corpo social todas as unidades são sensíveis.

Essa diferenciação permite que o filósofo conclua que não se deve sacrificar o bem-estar dos cidadãos aos interesses do Estado. Mas, assim como a humanidade pôde adaptar-se às condições da vida, pode-se imaginar que o indivíduo possa adaptar-se às condições da vida social. É nesse postulado que Spencer se apoiará para expor, em *Princípios da ética* (1884-1893), sua moral evolucionista.

Estudo: A. Fouillée, *Le mouvement positiviste e la conception sociologique du monde*, Alcan, 1896.

PRINCÍPIOS DE UMA CIÊNCIA NOVA ACERCA DA NATUREZA DAS NAÇÕES ou PRINCÍPIOS DA FILOSOFIA DA HISTÓRIA,

Principi di una scienza nuova intorno alla natura delle nazione, 1725.
GIAMBATTISTA VICO, 1668-1744.

Essa obra é às vezes mencionada com o título dado por Michelet à adaptação que fez dela, publicada em 1827: *Princípios da filosofia da história*.

Vico pretende aplicar ao campo da história humana os princípios que utilizara antes para refletir sobre o direito (*Visão geral do direito universal*, 1720).

A leitura da *Scienza nuova* é desconcertante em razão da riqueza de estilo (graças à qual Vico é um escritor e poeta, além de filósofo), mas também à sua composição. Essa relativa obscuridade decorre do próprio pensamento de Vico, que não acredita que a clareza e a distinção cartesianas permitam penetrar grandes segredos.

A obra começa com uma "Idéia da obra", explicação de uma gravura em que são apresentados, simbolicamente, os temas principais. O livro I (*Determinação dos princípios*) constitui um desenvolvimento cronológico do material histórico ao qual vai ser aplicado o pensamento de Vico (do Dilúvio à primeira guerra púnica); depois o autor anuncia, em forma axiomática, os princípios *a priori* de sua "ciência nova" da história e do mundo humano (Elementos, Princípios, Métodos).

O livro II (*Sabedoria poética*) ocupa espaço considerável na obra. É preciso entender "poética" no sentido etimológico (da palavra grega ποιεῖν, *poiein*, que significa "criar"): a idéia é que os primeiros homens *criam* as condições humanas de sua existência, saindo da animalidade graças à sua própria obra. A "sabedoria poética" é, se quisermos, a ideologia desses primeiros tempos, com suas manifestações religiosas e sociais cuja característica distintiva é a ausência de forma abstrata, reflexiva, racional. Esse ponto é capital, pois Vico considera indubitável que a racionalidade não é o único fator de comunhão na humanidade; as nações também têm em comum um patrimônio oriundo das faculdades não racionais. As mesmas idéias, as mesmas crenças irracionais puderam assim aparecer de modo isolado, porém simultâneo, em culturas apartadas umas das outras. Para reencontrar essas mentalidades antigas, Vico utiliza os ensinamentos da filologia, mas também os das tradições poéticas e mitológicas.

O livro III (*Descoberta do verdadeiro Homero*) reinterpreta os poemas homéricos a partir dos princípios da sabedoria poética enunciados no livro anterior.

O livro IV (*Do curso seguido pelas nações*) contém os elementos daquilo que se poderia considerar uma filosofia da história. Esta é compreendida a partir da evolução segundo um esquema ternário, calcado nas três faculdades humanas, que são sensibilidade, imaginação e razão. A essas três faculdades correspondem três eras: deuses, heróis e homens; essas três eras determinam também (como mais tarde em Comte) três formas de vida social distintas, cada uma com uma forma particular de direito.

O quinto e último livro versa sobre o *Curso novo das coisas humanas no renascimento das nações*. Vico analisa a evolução das sociedades como uma saída da "barbárie da sensação" para entrar na civilização.

A *Scienza nuova* pode ser considerada uma tentativa sem precedente de pensar racionalmente o devir da história humana. Vico admite a concepção cristã de história (Agostinho, Bossuet), mas procura determinar suas causas naturais. Ademais, insere-se numa concepção platônica idealista: a história é vista como o devir cíclico de uma idéia única que é encarnada, sucessivamente, pelas nações (e aí estamos muito próximos tanto de Aristóteles e dos estóicos quanto daquilo que será, mais tarde, a idéia hegeliana). Mas o método de Vico, apesar dessas influências, é já positivo, visto que ele se abstém de fixar princípios *a priori*, preferindo seguir a humanidade em seu devir.

A influência da *Scienza nuova* foi grande, mas a posteridade nem sempre fez justiça a seu autor. Sucederam-se "interpretações", "leituras" e até assimilações puras e simples. Muitos, preocupadíssimos em apontar Vico como precursor de seu próprio pensamento, ignoram sua originalidade filosófica. No século XIX (Johann Gottfried Herder, Comte, Michelet, Marx) foi visto como um filósofo romântico da história, enquanto seus compatriotas italianos do começo do século XX vêem em sua filosofia características hegelianas (Croce, Gentile).

Edição brasileira: *Princípios de uma ciência nova acerca da natureza das nações*, São Paulo, Abril, 1984.
Estudo: J. Chaix-Ruy, *La formation de la pensée philosophique de Vico*, Gap, 1943.

PRINCÍPIOS DO CONHECIMENTO HUMANO, George Berkeley.

Ver TRATADO DOS PRINCÍPIOS DO CONHECIMENTO HUMANO.

PRINCÍPIOS DO DIREITO DA NATUREZA E DAS GENTES,

Tradução francesa e adaptação de J. Formey de excertos de *Jus naturae* e *Jus gentium* (1740-1749, 9 vols.), 1758.
Christian Wolff, 1679-1754.

Essa obra é a melhor apresentação em francês da filosofia wolffiana do direito, que exerceu considerável influência até o início do século XIX, pois marcou o pensamento jurídico dos enciclopedistas franceses e formou Johann Gottfried Herder, Kant, Goethe e Hegel; os códigos dos soberanos esclarecidos da Europa nela se inspiraram, e o *Jus gentium* foi utilizado no século XIX como fonte do direito positivo diplomático e consular.

Em *Jus naturae*, é exatamente a filosofia jurídica do absolutismo esclarecido que está presente; o Príncipe, segundo Wolff, deve reconhecer uma moral e um direito fundados em razão, fora dos poderes temporais. E cabe à psicologia (de que Wolff é um dos iniciadores) a tarefa de explicar as necessidades do homem e de definir seus direitos imprescritíveis. Sobre esses alicerces, Wolff tenta construir cientificamente o direito positivo, aplicando a esse domínio particular o rigor lógico que Kant e Hegel tanto admiraram em sua obra.

Essa obra, que não só antecipa a idéia de direitos do homem como também propõe uma prefiguração da sociedade das nações e do direito internacional, constitui uma referência essencial em filosofia do direito.

Estudo: M. Thomann, *Christian Wolff. Aspects de sa pensée morale et juridique* (tese em 2 vols.), Estrasburgo, 1963.

PRINCÍPIOS ELEMENTARES DE FILOSOFIA, *Principes élémentaires de la philosophie*, 1946.

Georges Politzer, 1903-1942.

Esse livro é um manual – no sentido próprio do termo – de filosofia marxista. O texto (expurgado ao longo das reedições) reproduz a anotação de um aluno da Universidade Operária no ano 1935-1936. Politzer desenvolve os elementos do "materialismo dialético" e do "materialismo histórico" marxistas (sobretudo em suas formulações engelsiana e leninista).

Edição portuguesa: *Princípios elementares de filosofia*, Lisboa, Prelo, 1979.
Estudo: J. Milhau, "Georges Politzer ou le retour philosophique", in *La pensée*, junho de 1979.

PRINCÍPIOS MATEMÁTICOS DA FILOSOFIA NATURAL,

Philosophiae naturalis principia mathematica, 1687.
Isaac Newton (sir), 1642-1727.

Essa obra conclui a unificação entre física terrestre e física celeste. Constitui o coroamento de uma revolução científica iniciada por Copérnico e prosseguida por Kepler e Galileu.

Principia mathematica é a obra de um físico, e não (como *Princípios de filosofia** de Descartes) de um filósofo que tira conclusões *a priori* sobre o universo. Newton aplica com grande precisão a matemática ao conhecimento dos fenômenos naturais (donde o título da obra), o que lhe é permitido pelo novíssimo instrumento matemático com que ele acaba de dotar a mecânica: o cálculo das fluxões (cálculo infinitesimal). A invenção desse cálculo será, aliás, objeto de uma disputa de prioridade com Leibniz.

A mecânica celeste de Newton exclui (também ao contrário da mecânica de Descartes) qualquer cosmogonia. Em primeiro lugar, em virtude do princípio em nome do qual Newton se abstém de especular sobre o que a experiência não nos revela: é o famoso "Hypotheses non fingo" ("Não invento hipótese"). Em segundo lugar, porque as condições iniciais não são matematicamente dedutíveis.

Isso não impede que Newton emita um juízo a propósito da formação do sistema solar: como o acaso não poderia ter presidido à organização do sistema, cumpre admitir um ser inteligente, ordenador do mundo. Foi ele que colocou o Sol e os planetas a uma distância tal que a gravidade não os precipita uns sobre os outros. Foi também ele que, por intervenções periódicas, mantém a estabilidade do sistema, evitando que as pequenas perturbações induzidas pelas trajetórias dos planetas acabem por desarranjá-lo (essa idéia de Deus criador a intervir em sua criação para corrigir suas imperfeições escandalizará Leibniz).

A física newtoniana desemboca, portanto, numa teologia natural, que alicerça o deísmo. Esse aspecto é, mais especialmente, objeto do "escólio geral" e terá grande sucesso, pois engendrará o deísmo característico do Iluminismo. Assim, Voltaire fundará sua religião natural na teleologia newtoniana ("O universo me intriga, e não posso entender/Que haja um tal relógio sem relojoeiro haver").

No entanto uma corrente filosófica e científica pós-newtoniana se recusará a seguir o mestre nessa direção e buscará, ao contrário, explicar naturalmente todos os efeitos constatados. Kant e Laplace, por exemplo, farão conjecturas sobre a gênese do sistema solar. Ao segundo, em especial, parecerá que a aplicação fiel do método newtoniano conduziria à não-aceitação da explicação pelas causas finais. É o famoso episódio em que Laplace, a quem Napoleão perguntava onde estava Deus em seu sistema, respondeu: "Majestade, não tive necessidade dessa hipótese."

A mecânica newtoniana impôs-se rapidamente pela força explicativa e pelas confirmações experimentais que recebia. As *Cartas filosóficas** de Voltaire são testemunho do entusiasmo despertado pelas teorias newtonianas do outro lado da Mancha. No entanto, na França, essas teorias encontraram fortes resistências. A obra *Princípios matemáticos da filosofia natural* havia sido traduzida em 1756 pela marquesa de Châtelet, mas toda a retaguarda dos cartesianos, encabeçada por Fontenelle, mobilizou-se contra a gravitação. Nela se enxergava um retorno às forças ocultas da escolástica e um retrocesso em relação ao mecanicismo puro e duro do cartesianismo. Foi preciso o entusiasmo de Maupertuis e de Voltaire para impor a atração universal em oposição aos turbilhões.

Essa obra exerceu imensa influência sobre todo o pensamento do Iluminismo. O rigor e a força da teoria que expunha seduziram a todos, respaldando a rejeição aos sistemas ultrapassados da metafísica. "Hypotheses non fingo": todos queriam inspirar-se na prudência experimental de Newton. Buscava-se até na atração um princípio de inteligibilidade universal, aplicável fora do campo físico (por exemplo, com Hume, na psicologia). Ao mesmo tempo, os *Principia mathematica* de Newton davam respaldo científico indiscutível à religião natural e ao deísmo, que o cartesianismo, afinal, estava abalando. Mas, paralelamente, os ateus se acomodavam muito bem na nova física, da qual extraíam outras conclusões: se a matéria revelava novas propriedades (atração), por que não supor outras (sensibilidade e até pensamento)? Seja como for, os *Princípios matemáticos da filosofia na-*

tural inauguraram uma época durante a qual era muito difícil alguém deixar de se declarar newtoniano.

Estudo: A. Koyré, *Études newtoniennes**, col. "Bibliothèque des Idées", Gallimard, 1968.

PROBLEMA DE DEUS (O),
Le problème de Dieu, 1929.
ÉDOUARD LE ROY, 1870-1954.

Nesse texto, Le Roy afirma ser impossível chegar a compreender Deus por meio de algum raciocínio abstrato. Segundo ele, é preciso partir da fé em Deus, que reside na ação, no pensamento, na vida. Assim pode ser resolvida a aparente contradição entre filosofia e fé.

Essa obra deve ser vinculada a um primeiro ensaio: *O que é dogma?* (1907); sua conclusão também se encontra na introdução ao estudo do problema religioso, publicado posteriormente em 1944.

Estudo: D. Parodi, *La philosophie contemporaine en France*, Alcan, 1919.

PROBLEMAS DE LINGÜÍSTICA GERAL, *Problèmes de linguistique générale*,
1966 e 1974.
ÉMILE BENVENISTE, 1902-1976.
Coletânea de artigos publicados entre 1939 e 1974.

Nessa coletânea, alternam-se ensaios gerais sobre linguagem ou comunicação e análises cujo objeto é mais restrito mas cujo alcance não é menos universal.

Exemplo da primeira categoria, por exemplo, é o notável artigo sobre a natureza do signo lingüístico, no qual Benveniste redefine a arbitrariedade do signo saussuriano (II, 4, 49); à segunda categoria pertencem as análises sobre a marca do homem na linguagem, definida por Benveniste como *dêixis*, ou conjunto de referenciais que inscrevem o enunciado numa situação particular (graças às categorias de pessoa, pronomes e tempos verbais).

Também aí, quando estuda o funcionamento da língua por um ato individual de utilização, Benveniste afirma-se herdeiro crítico de um Saussure que só se preocupava com a fala. Alinha-se assim com os trabalhos de Jakobson sobre os embreantes (*shifters*: signos cujo sentido varia com a situação) e formula distinções fundamentais para a lingüística atual da enunciação: pessoa e não-pessoa, discurso e história, por exemplo. A atualidade e o alcance do pensamento de Benveniste certamente se devem ao fato de ter sido ele um dos primeiros a propor uma teoria da enunciação.

Edição brasileira: *Problemas de lingüística geral*, Campinas, Pontes, 1988.
Estudo: *Émile Benveniste aujourd'hui*, Actes du colloque international du CNRS (Tours, 1983), 2 vols., Éd. Peeters, 1984.

PROCEDIMENTO (O), *Procedure, Extent and Limits of Human Understanding*, 1728.
PETER BROWNE, c. 1664-1735.

Nomeado doutor em teologia em 1699, Browne lidera uma corrente da filosofia irlandesa do século XVIII: o representacionalismo teológico. Essa é a sua obra mais conhecida, pois é também uma das mais claras: nela Browne enuncia nossa incapacidade de compreender as noções divinas e, por conseguinte, a natureza ininteligível de Deus.

Isto porque, como todas as nossas idéias só têm uma única origem – os sentidos –, as noções propriamente espirituais nos são totalmente inacessíveis. Browne, opondo-se a Locke, não atribui à faculdade mental de reflexão papel algum na aquisição do conhecimento.

Berkeley, que terá oportunidade de conhecer Browne, dedicará seus próprios trabalhos a meditar e, depois, a refutar as teses de Browne sobre a natureza do conhecimento humano.

Estudo: P. Grenet, *L'analogie des noms divins dans la pensée irlandaise du début du XVIII*[e] *siècle*, thèse de Lettres, 1949.

PROJETO DE PAZ PERPÉTUA,
Projet de paix perpétuelle, 1713.
SAINT-PIERRE (Charles-Irénée Castel, abade de), 1658-1743.

Esse texto constitui o essencial daquilo que a posteridade reteve da obra volumosa do abade de Saint-Pierre; provém de um *Mémoire pour rendre la paix perpétuelle en Europe*, que o abade redigira na época em que participava das negociações de paz de Utrecht.

Apesar do juízo de Leibniz nesse sentido, o *Projeto de paz perpétua* não deve ser confundido com os devaneios utópicos produzidos abundantemente nos séculos anteriores. Trata-se de um projeto maduro de um jurista que se pergunta em que condições seria possível garantir a paz na Europa por meio da ação de instituições estáveis. O abade de Saint-Pierre constata que o equilíbrio sempre precário das forças políticas não garante a coexistência pacífica.

Propõe então a constituição de um "Corpo europeu": alianças entre Estados e a arbitragem de uma assembléia ("Senado Europeu") deveriam possibilitar prevenir os conflitos e garantir a "felicidade pública". Na verdade o abade de Saint-Pierre é um humanista cujo objetivo último é a felicidade dos homens.

Em sua época essa obra teve uma celebridade que contrasta com o esquecimento no qual se encontra hoje. Como muitos outros, o abade de Saint-Pierre goza do privilégio ambíguo de ter suscitado a crítica dos maiores nomes da filosofia, sem os quais estaria totalmente esquecido. Rousseau escreveu um *Resumo* e uma *Apreciação* do *Projeto de paz perpétua*. Johann Gottfried Herder criticou-o em suas *Cartas para o progresso da humanidade* (1793-1797). Kant, por fim, inspirou-se nele para compor uma obra que tem o mesmo título, mas que, sendo menos ambiciosa, não tem em vista a felicidade total e definitiva da humanidade. No momento em que nossos governantes procuram os caminhos para uma "nova ordem mundial" (isto é, o caminho que permita sair da desordem), o *Projeto de paz perpétua* por certo merece uma nova leitura.

Estudo: S. Goyard-Fabre, apresentação do texto na edição *Projet de paix perpétuelle*, col. "Les Classiques de la Politique", Garnier, 1981.

PROJETO DE PAZ PERPÉTUA,
Esboço filosófico,
Zum ewigen Frieden, Ein philosophischer Entwurf, 1795.
EMMANUEL KANT, 1724-1804.

Composto com alguma ironia "à maneira de...", o opúsculo de Kant insere-se numa longa tradição de que também faz parte o *Projeto de paz perpétua** do abade de Saint-Pierre. Essa obra apresenta-se como um tratado diplomático: uma primeira seção reúne seis artigos preliminares, todos redigidos no modo proibitivo; uma segunda seção expõe os três artigos definitivos do tratado de paz que os Estados deverão firmar conjuntamente para garantir paz duradoura: 1. A constituição civil de cada Estado deve ser republicana (combinando liberdade dos membros da sociedade enquanto seres humanos, submissão de todos enquanto sujeitos a uma legislação comum, igualdade dos cidadãos); 2. É preciso que o direito dos povos se baseie numa federação de Estados livres; 3. O direito cosmopolítico deve limitar-se às condições de uma hospitalidade universal.

Dois suplementos e um apêndice completam esse texto que conclui por uma fórmula transcendental (*a priori*) do direito público: "Todas as ações relativas ao direito de outrem, cuja máxima não seja passível de publicidade, são injustas." A paz perpétua é o reino porvindouro do direito público onde se reconciliarão moral e política.

Estudo: M. Castillo, *Kant et l'avenir de la culture*, P.U.F., 1990.

PROLEGÔMENOS, 1377.
IBN KHALDUN, 1332-1406.
Afresco histórico.

Enquanto o projeto geral das mil páginas de *Kitab al-Ibar* ("Livro dos exemplos", conhecido com o título *Discurso sobre a história universal*) é recolher fatos instrutivos e narrativas referentes à história dos árabes, dos povos estrangeiros e dos berberes – no âmbito de uma reflexão sobre a passagem da civilização nômade para a urbana –, a obra *Muqaddimah* (no sentido próprio, "Introdução", título traduzido enfaticamente por *Prolegômenos*) reúne a advertência, a introdução e a primeira parte do *Discurso sobre a história universal*, e constitui principalmente uma reflexão sobre a história e o trabalho do historiador: "A história [...] consiste em conhecer a fundo o porquê e o como dos acontecimentos. Enraíza-se, portanto, na filosofia, devendo ser considerada um de seus ramos."

Estudo: Y. Lacoste, *Ibn Khaldoun: naissance de l'histoire, passé du tiers monde*, col. "Fondations", La Découverte, 1981.

PROLEGÔMENOS A TODA METAFÍSICA FUTURA QUE POSSA APRESENTAR-SE COMO CIÊNCIA,
Prolegomena zu einer jeden künftigen Metaphysik die als Wissenschaft wird auftreten können, 1783.
EMMANUEL KANT, 1724-1804.

Essa obra foi redigida por Kant pouco depois da primeira edição da *Crítica da razão pura**, com o objetivo de dar ao público uma exposição mais "popular" de sua filosofia. Isto porque a obra primeira tivera uma recepção muito fria; era considerada árida e abstrusa, e quem afirmava ter entendido alguma coisa da *Crítica* atribuía-lhe grande número de contra-sensos; muitos, por exemplo, confundiam o idealismo de Kant com o imaterialismo de Berkeley. Kant ficou decepcionado ("Não esperava ouvir de um filósofo queixas sobre falta de popularidade, de interesse e de leitura agradável") e decidiu reagir.

A introdução expõe o objeto dos *Prolegômenos*: possibilitar que o leitor um tanto preguiçoso para ler a *Crítica da razão pura* compreenda o sentido e o alcance do empreendimento crítico. Kant também faz algumas confidências sobre a evolução de seu próprio pensamento e aquilo que deve a Hume (estudos recentes mostram, porém, que essa história foi em grande parte reconstruída *a posteriori*).

Em relação à primeira edição da *Crítica da razão pura*, nada há de novo. As modificações que aparecerão na segunda edição ainda não amadureceram. Depois de expor o problema geral do conhecimento metafísico – como são possíveis juízos sintéticos *a priori*? –, Kant passa em revista as diversas ciências consolidadas, para examinar suas condições de possibilidade *a priori*.

A matemática é objeto de uma construção por intuição pura, com base nas formas *a priori* da sensibilidade: espaço e tempo. A respeito do espaço e do tempo, Kant esforça-se por responder de passagem a algumas objeções de que o criticismo é um tipo de idealismo.

A reflexão sobre a física permite expor as tabelas de juízos, categorias e princípios. A metafísica é criticada em sua pretensão de ser conhecimento racional da alma (psicologia), do mundo (cosmologia) e de Deus (teologia). A obra termina com uma definição dos limites da razão pura em seu uso legítimo.

Mas Kant não atingiu seu objetivo: os *Prolegômenos a toda metafísica futura...* contribuirão muito pouco para tornar o criticismo mais acessível ao público.

Edição portuguesa: *Prolegômenos a toda metafísica futura que queira apresentar-se como ciência*, Lisboa, Edições 70, 1989.

Estudo: A. Philonenko, *L'oeuvre de Kant*, t. II, Vrin, 1988.

PROLEGÔMENOS A UMA TEORIA DA LINGUAGEM, *Omkrings sprogteoriens grundlaeggelse*, 1943.

LOUIS HJELMSLEV, 1899-1965.

Procurando discernir a estrutura específica da linguagem, Hjelmslev ressalta a importância da função mútua contraída pelo processo e pelo sistema a ele subjacente. Mas é impossível descrever um processo sem recorrer à análise, única que postula o conhecimento do sistema que o alicerça.

Estudo: R. Lindekens, *Louis Hjelmslev. Prolégomènes à une théorie du langage*, col. "Sophos", Hatier, 1975.

PROPEDÊUTICA FILOSÓFICA, *Philosophische Propädeutik*, 1840.

GEORG WILHELM FRIEDRICH HEGEL, 1770-1831.
Coletânea de aulas dadas por Hegel.

Publicada postumamente por Rosenkranz, essa obra reúne as anotações dos alunos durante suas aulas no ginásio de Nüremberg, em 1809, anotações que foram corrigidas pelo próprio Hegel. Segundo Maurice de Gandillac (tradutor da versão francesa publicada em 1963), essa coletânea constitui um "condensado de toda a filosofia hegeliana, escrito ou revisto pelo autor e destinado à iniciação pré-universitária". A extrema secura da redação é explicada pelo desejo, claramente expresso por Hegel, de evitar dois escolhos: "a arbitrariedade" e "a fortuidade", mas acima de tudo uma concepção "edificante" da filosofia, o que é muito nocivo ao ensino universitário. Como diz a von Raumer numa carta de 2 de agosto de 1816, através da "precisão de conceitos", Hegel se esforçara por seguir uma "ordem lógica e metódica" e por rejeitar o "sentimento", "a imaginação" e os "conceitos vagos". Por isso, *Propedêutica filosófica* não contém a história da filosofia nem a gênese histórica da consciência. Ademais, a exigência do saber absoluto também obsta ao uso da demonstração matemática, considerada do âmbito do sensível.

A primeira série de aulas intitula-se "Doutrina do direito, dos deveres e da religião"; a segunda, "Fenomenologia do espírito e lógica"; a terceira, "Doutrina do conceito e Enciclopédia filosófica". A "Fenomenologia do Espírito" (1807) ocupa, portanto, posição central e desempenha o papel de eixo. Pode-se, porém, notar o desaparecimento total das análises da consciência infeliz, assim como uma apresentação muito sucinta da dialética do mestre e do escravo, muito propícia, graças ao grande poder evocativo, à compreensão da dialética geral da obra. Em compensação, a lógica está presente na segunda série, como "saber do pensamento em sua verdade", e na terceira, sucessivamente como "doutrina do conceito" e na forma da primeira seção de sua *Enciclopédia**. Hegel, a partir de Kant, considera a metafísica como parte da lógica.

Essencialmente didática, a *Propedêutica filosófica* expõe o essencial da filosofia de Hegel em sua forma mais concisa.

Estudo: J. d'Honet, *Hegel et l'hégélianisme*, col. "Que sais-je?", P.U.F., 1986.

PROSA DO MUNDO (A), *La prose du monde*, 1969.

MAURICE MERLEAU-PONTY, 1908-1961.
Obra incabada.

Dialogando com Malraux, Paulhan ou Saussure, Merleau-Ponty aplica nesta obra uma filosofia da expressão, conceito que lhe permite abordar a lingüística e a estética, que são constantemente postas em paralelo. Assim, a fala, como a pintura, é instituição: é instituída, pois estamos numa comunidade lingüística, mas é também instituidora, pois as significações disponíveis sofrem uma "deformação coerente" em virtude da qual as palavras dizem o que nunca disseram. Mas é a história em seu conjunto que aqui se considera, à luz da noção de instituição – termo que lembra a *Fundierung* (fundação) husserliana.

Na origem, esse texto constituía a primeira parte de um díptico que erigiria uma "teoria concreta do espírito", em que mostraria o espírito "numa relação de troca com os instrumentos que utiliza": nas reflexões sobre a "linguagem indireta", encontram-se os primeiros sinais da "ontologia indireta" de Merleau-Ponty (*O visível e o invisível**).

Estudo: X. Tilliette, *Merleau-Ponty ou la Mesure de l'homme*, Seghers, 1970.

PROSLOGION, *Fides Quaerens Intellectum id est Proslogion*, ○ c. 1078.
ANSELMO DE CANTUÁRIA (santo), 1033-1109.

Proslogion (em latim, "alocução") corresponde, segundo Anselmo, a um desejo de unidade: "Comecei a procurar saber se era possível encontrar por acaso um argumento único que não precisasse de nenhum outro para ser provado e que, sozinho, bastasse para garantir que Deus existe verdadeiramente, que ele é o supremo bem que não precisa de nenhum outro mas de que todos precisam para ser e ser bem." Compondo a obra em vinte e seis capítulos breves e dialogando, na tensão da fé, diretamente com Deus ("Por isso, Senhor, Tu que dás a inteligência da fé, dá-me..."), Anselmo define Deus ao mesmo tempo como algo maior do quê nada existe que possa ser pensado, grandeza suprema (*summum omnium*), e como aquilo que é "maior que o maior que se possa pensar" (*majus quam cogitari possit*).

Dessa obra é costume considerar, a partir de Kant, apenas o que se chama de *argumento ontológico*: "És algo maior do quê nada pode ser pensado [...]. Mas certamente esse algo maior do quê nada pode ser pensado não pode estar apenas na inteligência. Isto porque, se estiver ao menos apenas na inteligência, pode-se pensar que esteja também na realidade, o que é maior. Então, se aquilo maior do quê não se pode pensar está apenas na inteligência, aquilo maior do quê não se pode pensar é aquilo maior do quê pode ser pensado. Mas certamente isso não pode ser. Alguma coisa maior do quê não pode ser pensado existe portanto, sem a menor dúvida, na inteligência e na realidade [*et in intellectu e in re*]." O opúsculo é completado pelo texto de Gaunilon, monge da abadia de Marmoutier (fim século X-c. 1083), *Liber pro insipiente* [Livro em favor do insipiente], segundo o qual é impossível passar da definição à existência, e pela resposta de Anselmo (*Apologia de Anselmo contra Gaunilon respondendo pelo insipiente*).

O sucesso de *Proslogion* foi considerável. Segundo Alexandre Koyré, os sistemas filosóficos podem ser classificados em dois campos: "os que o aceitam e os que o lamentam". Boaventura, Duns Scot, Descartes (*Meditações metafísicas V**) e Leibniz retomam o argumento. Gaunilon, Tomás de Aquino, Kant (*Crítica da razão pura**: "Da impossibilidade de uma prova ontológica da existência de Deus") o refutam.

Estudo: A. Koyré, *L'idée de Dieu dans la philosophie de saint Anselme*, Vrin, 1984.

PROTÁGORAS, ou Os sofistas, Πρωταγόρας, ἢ Σοφισταί, ○ c. 388 a.C.
PLATÃO, 428/427-348/347 a.C.
Diálogo.

Figurando entre as obras maiores de Platão, Protágoras apresenta uma variedade de estilos (diálogo, exposição, mito, comentário) e de personagens (Sócrates, um amigo dele, Hipócrates, Alcibíades, Crítias, Cálias, Pródico, Hípias e Protágoras), o que confere extrema riqueza a esse texto, tanto em termos de conteúdo quanto de forma. Essa diversidade se encontra na encenação, bastante teatral, pois há três atos para três momentos diferentes: Sócrates, no começo do diálogo, relata a um amigo o seu encontro com "o mais sábio dos homens destes tempos", o sofista Protágoras (primeiro tempo); Hipócrates tinha ido vê-lo já ao alvorecer (segundo tempo) para que ele o apresentasse ao sofista, pois queria tornar-se seu discípulo. Mas a ciência ensinada por Protágoras, a arte de falar, é boa ou má para a alma? Vão todos à casa de Cálias, anfitrião dos sofistas, onde Sócrates e Protágoras encetam a discussão sobre a questão essencial do diálogo: a virtude pode ser ensinada (terceiro tempo)? Protágoras afirma que ensina as pessoas a tornar-se melhores, e que, uma vez adquirida essa ciência – a arte da prudência – o discípulo pode governar tanto seu lar quanto a cidade. Mas, para Sócrates, a virtude política não é um saber transmissível. Com opiniões diferentes, ambos vão tentar, cada um por sua vez, definir o que é virtude.

Para responder a Sócrates, Protágoras propõe-se contar uma fábula sobre a criação dos homens pelos Deuses. Nesse mito, embora todas as criaturas sejam dotadas das qualidades necessárias à sobrevivência (velocidade, garras etc.), o homem permanece nu, esquecido por Epimeteu; seu irmão Prometeu rouba então de outros Deuses "o conhecimento das artes com o fogo", para que o homem possa proteger-se, e Zeus lhe dá os meios de organizar-se: a ciência política. Desse modo, "a justiça, a temperança, a santidade e, para exprimir com uma só palavra uma coisa única, a virtude" são igualmente divididas entre todos, e cada um deve empenhar-se em "fazer a virtude avançar". Tal é o papel atribuído precisamente por Protágoras a si mesmo. Mas Sócrates, ainda que louvando a verve do sofista, volta à questão inicial. Começa então o verdadeiro diálogo socrático (e não mais um simples monólogo), no qual Sócrates interroga Protágoras sobre sua concepção de virtude: ela é una ou múltipla? Em que sentido a justiça, a temperança e as outras qualidades que o homem deve demonstrar pertencem à virtude? Para Protágoras, elas são semelhantes às partes do rosto, sendo cada membro diferente do outro, mas formando todos uma unidade. Mas Sócrates refuta essa posição, pois procura a essência da virtude única, e não a soma de suas qualidades.

Na seqüência dessa primeira aporia, Sócrates, achando que Protágoras recusa-se de má-fé a responder às suas perguntas, manifesta o desejo de ir embora. Convencido pelos presentes a ficar, pede a Protágoras que responda de forma sucinta e clara às suas perguntas. Mas, para dar exemplo, Sócrates responderá antes às perguntas do sofista. Este o interroga sobre um poema de Simônides, em que o autor parece contradizer-se, pois afirma ao mesmo tempo que é difícil tornar-se virtuoso e que, por outro lado, Pítaco está errado ao afirmar que "é difícil ser homem de bem". Para Sócrates, o paradoxo é apenas aparente. Isto porque tornar-se virtuoso exige esforço permanente, pois ninguém, nem mesmo o sábio, pode abster-se de cometer atos irracionais e injustos. No entanto, *ser* virtuoso, permanecer virtuoso, não é "difícil", mas absolutamente impossível. Por isso, Sócrates entende a posição de Simônides como tentativa de encontrar um "meio-termo". Por fim, Sócrates retoma o questionamento sobre as diferentes partes da virtude, e, mostrando a Protágoras que ele comete erros de juízo sobre a coragem ou sobre o prazer, expõe sua concepção de ciência. Para ele, a virtude verdadeira encontra-se na "ciência das medidas" (que permite distinguir o bem do mal), e, "quando se peca, peca-se por falta de ciência". Mas então, se a virtude é uma ciência, ela pode ser ensinada (na forma de ensinamento geral, e não de arte, como afirmava Protágoras). Sócrates demonstrou o que queria a Protágoras, ao passo que as posições dos dois eram contrárias no princípio.

Assim, o diálogo termina com uma nova aporia, e nem Sócrates nem Protágoras puderam defender suas teses de partida. Apesar disso, esse texto aborda as questões essenciais do pensamento platônico, através das noções de bem, virtude, ciência, política e retórica. Pois, embora os diálogos anteriores de Platão, *Laques** e *Lísis**, não forneçam respostas aos problemas propostos (um sobre a coragem, o outro sobre a amizade), *Protágoras* em compensação é o mais elaborado – e o último – dos diálogos de juventude de Platão. Nesses termos, prenuncia os grandes textos, que serão *Górgias** sobre a retórica, *Mênon** sobre a virtude e *A república** sobre a justiça, obras nas quais o sistema platônico prevalece sobre o questionamento socrático. Mas o mais notável nesse diálogo é que, pintando sua época, Platão presta uma homenagem clara (ainda que às vezes irônica) aos sofistas (Hípias, Pródico) e a seu mestre Protágoras, embora sua filosofia vise acima de tudo a combatê-los.

Estudo: F. Châtelet, *Platon**, col. "Folio-Essais", Gallimard, 1989.

PROTRÉPTICO, Προτρεπτικός,

○ c. 353 a.C.
Aristóteles, 384-322 a.C.

Aristóteles redigiu esse tratado para incentivar os atenienses cultos a interessar-se por filosofia: trata-se, pois, de um elogio à vida filosófica. Esse texto pertence à fase idealista de Aristóteles: ainda discípulo de Platão, ele expõe uma moral consonante com a teoria platônica das Idéias e a crença na imortalidade da alma (que se assemelha a essas Idéias). É o mais antigo dos tratados de moral de Aristóteles.

Estudo: R.-A. Gauthier, *La morale d'Aristote*, P.U.F., 1973.

PROTRÉPTICO, Λόγος προτρεπτικὸς πρὸς τοὺς Ἕλληνας.

Clemente de Alexandria, c. 140-c. 220.

Esse tratado de exortação faz parte de uma grande obra apologética. Destina-se a demonstrar a falsidade das lendas e dos mitos gregos. Atacando os mistérios e os deuses, ressalta a importância e a superioridade da filosofia cristã, única capaz de trazer a verdadeira paz.

Estudo: Cl. Mondésert, introdução à edição francesa: *Protreptique*, Le Cerf, 1980.

PROVAS DA EXISTÊNCIA DE DEUS, ou CONFERÊNCIAS SOBRE AS PROVAS DA EXISTÊNCIA DE DEUS,

Vorlesungen über die Beweise vom Dasein Gottes, 1840.
Georg Wilhelm Friedrich Hegel, 1770-1831.

A matéria principal da obra de Hegel – que por razões de comodidade editorial é designada *Provas da existência de Deus* – é constituída por uma série de dezesseis conferências cujo manuscrito foi redigido por Hegel para o curso que ele deveria dar na Universidade de Berlim em 1829, mas que ele nunca publicou em vida. Na edição francesa, foram acrescentados três textos do mesmo período: "Da crítica kantiana da prova cosmológica", "Exposição da prova teleológica" e "Exposição da prova ontológica". No espírito de Hegel, esses textos não versam exclusivamente sobre religião ou filosofia da religião; são também textos de lógica que propõem a questão da demonstração.

As duas primeiras conferências, intituladas "Fé e conhecimento", tratam essencialmente do exame da possibilidade racional de uma prova de tipo lógico aplicada a um problema como o da existência de Deus. As duas conferências seguintes referem-se à questão da fé e do valor do sentimento que ela propicia do ponto de vista do saber. A quinta conferência dá destaque à possibilidade de conhecimento real de Deus, enquanto a sexta mostra como a existência de Deus é demonstrada por provas metafísicas, e não históricas.

É a partir da sétima conferência, "O conceito especulativo", que Hegel introduz em sua exposição os principais conceitos oriundos de sua própria lógica, aplicando-os ao exame das provas tradicionais da existência de Deus. A finalidade geral de Hegel através das conferências seguintes é manifestar o movimento de pensamento por meio do qual o espírito se eleva a Deus, movimento cujo caráter dialético ele ressalta. Hegel afirma, por fim, na última conferência, a superioridade de seu sistema sobre os sistemas filosóficos panteístas ou "da substancialidade", principalmente sobre o de Spinoza.

Estudo: G. Fessard, *Hegel, le christianisme et l'histoire*, P.U.F., 1990.

PROVIDÊNCIA (DA),

De providentia, ○ c. 41-49.
SÊNECA (Lucius Annaeus Seneca), 4 a.C.-65 d.C.

Esse tratado, dedicado a Lucilius, provavelmente foi redigido por Sêneca durante seu exílio na Córsega, para responder a uma objeção teórica fundamental à doutrina estóica, cujos representantes mais ilustres em Roma são Sêneca e Cícero: por que os homens de bem não são isentados dos males pela Providência que dirige o mundo? A questão – não menos problemática que a teodicéia – implica integralmente o estoicismo (física, teologia, moral); o que está em jogo é a coerência lógica da doutrina.

O tratado, cuja ordem não é muito equilibrada, oscila entre duas teses sem se pronunciar em favor de nenhuma: 1. É na adversidade que o homem virtuoso encontra com mais certeza oportunidade de exercer sua sabedoria; os males permitem também que o sábio revele a força de sua alma. 2. As pretensas desditas de que é vítima o homem de bem na realidade nem sequer são males; não afetando a capacidade do homem de se governar pela vontade, de mal só têm o nome.

Estudo: P. Grimal, *Sénèque*, col. "Que sais-je?", P.U.F., 1981.

PROVINCIAIS ou CARTAS ESCRITAS A UM PROVINCIAL POR UM DE SEUS AMIGOS A RESPEITO DAS PRESENTES DISPUTAS DA SORBONNE,

Les provinciales, ou *Lettres écrites à un provincial par un de ses amis, sur le sujet des disputes présentes de la Sorbonne*, 1656-1657.
BLAISE PASCAL, 1623-1662.

As dezoito cartas conhecidas com o nome de *Provinciais* são testemunho da intervenção de Pascal no debate teológico relativo à questão da graça. Foram publicadas com o pseudônimo de Louis de Montalte, clandestinamente, ou seja, sem autorização, motivo pelo qual seu autor foi procurado pela polícia. O sucesso foi imediato.

Sabe-se que os jansenistas pretendiam voltar à doutrina de Agostinho no referente à questão da graça, doutrina que Tomás de Aquino já havia atenuado bastante, e que Molina (autor da *Concordância do livre-arbítrio com o dom da graça**) havia abandonado em favor de uma perspectiva mais otimista. Com sua posição, os jansenistas se aproximavam da severa doutrina da predestinação de Calvino.

A questão da graça é tratada diretamente nas cartas I a IV, XVII e XVIII. Pascal justifica a doutrina de Jansenius contra a acusação de heresia, mostrando que ela é a única fiel ao ensinamento de Agostinho, que é a doutrina oficial da Igreja. Evidencia as distinções conceptuais nas quais se baseia o debate ("poder próximo", "graça suficiente") e mostra que as confusões fomentadas pelos jesuítas falseiam a discussão, que poderia terminar num acordo entre jansenistas e tomistas, contra os molinistas.

A carta V e as seguintes tratam da moral e denunciam a casuística dos jesuítas e seu laxismo moral. O tom é contundente. Trata-se de uma resposta ao jesuitismo sobre esse ponto particular, mas o objetivo também é ir desacreditando, gradualmente, todo o seu discurso, a partir de suas posições mais frágeis.

O sucesso imediato de *Provinciais* explica-se pelas qualidades polêmicas e literárias da obra. Manipulando a arte dialética, a ironia e a eloqüência como ninguém, Pascal ganha facilmente o leitor para a sua causa, e consegue até tornar divertido um debate teológico *a priori* austero. Ele poderá ser censurado por não adotar uma atitude imparcial no debate; é preciso reconhecer que em certos momentos prevalece a parcialidade. Mas é justamente esse engajamento do autor em sua causa que constitui todo o valor dessas cartas.

Estudo: A. Adam, apresentação e guia de leitura do texto, na edição: *Lettres écrites à un provincial*, col. GF, Flammarion, 1967.

PSICANÁLISE DO FOGO (A),

La psychanalyse du feu, 1938.
GASTON BACHELARD, 1884-1962.

Convencido de que nossa apreensão de um objeto é necessariamente subjetiva e marcada por crenças, Bachelard procede a uma "psicanálise do fogo", através da qual se propõe romper com a percepção imediata do objeto "fogo", depurando-o dos preconceitos, mitos ou "complexos" que lhe são tradicionalmente vinculados.

O fogo é o exemplo típico de um objeto sempre expresso por características antropomórficas. O fogo é um jogo de contrários: é ao mesmo tempo vício e virtude, bem e mal, brilho do paraíso e ardor do inferno. O fogo é mais que natural; é ser social, interdito parental ("não se deve brincar com fogo"). Como tal, nós o desejamos como objeto de nosso saber ("quero dominar o fogo"): o complexo de Prometeu, que roubou o fogo de Hefesto para dá-lo aos homens, manifesta "todas as tendências que nos impelem a saber tanto quanto nossos pais".

Mas o fogo é também vida e destruição. Nosso destino é semelhante ao fiapo de palha que só se anima e abrasa para morrer; é esse o complexo de Empédocles, que se imolou pelo fogo. Ele é também calor, tanto em seu abrasamento quanto na crença da descoberta do fogo por atrito de dois pedaços de pau, imaginário sexualizado de dois corpos que se aquecem num amor fusional. O complexo de Novalis sintetiza essa crença num fogo gerador, substancial, reprodutor. "Fogo é vida; a vida é um fogo", expressão de uma força viril (cujo calor íntimo é manifestado pelo álcool – mito de Hoffmann). "O fogo é uma pessoa", motivo pelo qual – complexo de Pantagruel – "o fogo se alimenta como um ser vivo". "Filho do homem", o fogo revela "profundeza e devir".

É impossível enumerar aqui todos os atributos dados ao fogo, mas a intenção de Bachelard é clara: "é preciso que cada um destrua, mais que suas fobias, as suas 'filias', sua complacência pelas intuições primeiras". Mas não se trata de desvalorizar esses complexos, e sim de reencontrar seu sentido metafórico, poético, não científico. Esse livro, ilustração das teses de *Formação do espírito científico** (1938), explicita o procedimento que deve ser adotado pelo filósofo: conciliar ciência e poesia trazendo à tona aquilo que, em cada objeto, corresponde a que domínio.

Edição brasileira: *A psicanálise do fogo*, São Paulo, Martins Fontes, 1994.
Estudo: P. Quillet, *Bachelard*, Seghers, 1964.

PSICANÁLISE DOS CONTOS DE FADAS, *The Uses of Enchantment: the Meaning and Importance of Fairy Tales*, 1977.

BRUNO BETTELHEIM, 1903-1990.

Essa obra, cujo título poderia ter sido traduzido como "Do bom uso do maravilhoso", propõe-se estudar o papel desempenhado pela leitura dos contos de fadas no desenvolvimento afetivo e intelectual da criança.

Os contos não só enriquecem a criança, estimulando sua imaginação graças ao caráter maravilhoso da narrativa, como também a preparam para sua futura vida adulta, ao não esconderem as dificuldades que ela encontrará e a maldade com a qual deverá inevitavelmente defrontar-se. Melhor ainda, os contos permitem que a criança afirme sua personalidade e entre em contato com seu próprio inconsciente (mágoas narcísicas, dilemas edípicos, rivalidades fraternas). Assim, ao invés de alienar as crianças, os contos de fadas contribuem para socializá-las e inculcar-lhes os valores segundo os quais deverão mais tarde orientar sua conduta.

Edição brasileira: *Psicanálise dos contos de fadas*, Rio de Janeiro, Paz e Terra, 1986.
Estudo: G. Bersihand, *Bettelheim*, Robert Jauze, 1986.

PSICOLOGIA COMO CIÊNCIA BASEADA NA EXPERIÊNCIA, NA METAFÍSICA E NA MATEMÁTICA,

Psychologie als Wissenschaft neu gegründet auf Erfahrung, Metaphysik und Mathematik, 1824-1825.
JOHANN FRIEDRICH HERBART, 1776-1841.

Esse tratado baseia-se numa concepção metafísica da psique. Esta é considerada simples e imutável, portanto desprovida de multiplicidade em seus estados. Existe assim certo número de estados psíquicos elementares, ou representações, que interagem em virtude de uma mecânica da qual resulta a unidade do eu.

Essa teoria do "desenvolvimento psicológico" antecipa a concepção freudiana de aparelho psíquico.

Estudo: F. Träger, *Herbarts realistisches Denken. Ein Abriss*, Rodopi – Königshausen & Neumann, Amsterdam/Wurtzburg, 1982.

PSICOLOGIA DA INTELIGÊNCIA,

La psychologie de l'intelligence, 1947.
JEAN PIAGET, 1896-1980.

Esse livro, que retoma o conteúdo de um curso dado no Collège de France em 1942, constitui a síntese das pesquisas psicogenéticas de Piaget sobre a inteligência.

Definida em sentido bem amplo como aptidão para construir estruturas móveis e reversíveis, para o autor inteligência é apenas um termo genérico que designa os diversos "agrupamentos" de operações lógicas que o homem é capaz de realizar, da simples percepção de um objeto (que é já construção) ao cálculo proporcional, passando pelas operações de classificação, emparelhamento, substituição, abstração etc. Piaget afirma, em oposição à escola alemã da "psicologia do pensamento" (*Denkpsychologie*), que a lógica é "o espelho do pensamento", e não o inverso. Assim, a inteligência é concebida como um estado de equilíbrio do pensamento a que o homem chega no termo de uma longa evolução cujas diferentes etapas o autor cuida de delinear. Da inteligência pré-verbal ao pensamento oratório, observam-se mudanças cada vez mais complexas e distantes entre o sujeito e os objetos por ele apreendidos. Se o *ritmo* caracteriza as condutas instintivas ou reflexos (comer, beber, reproduzir-se) e se o pensamento intuitivo e a inteligência sensório-motora são marcados pela *regulação*, é o *agrupamento* que define a inteligência operatória, "forma" de equilíbrio final para a qual tendem todos os processos cognitivos.

Edição brasileira: *Psicologia da inteligência*, Rio de Janeiro, Fundo de Cultura, 1967.
Estudo: J.-J. Ducret, *Jean Piaget, biographie et parcours intellectuel*, Delachaux et Niestlé, 1990.

PSICOLOGIA DAS MULTIDÕES,

Psychologie des foules, 1895.
GUSTAVE LE BON, 1841-1931.

Partidário do determinismo biológico e psicológico, hostil ao individualismo racionalista, Le Bon considera as coletividades humanas como conjuntos históricos, biológicos e raciais que têm uma "alma". Tenta assim explicar os fenômenos sociais a partir de mecanismos psicológicos.

A multidão, superior à soma dos indivíduos que a compõem, não tendo estes nenhum valor em si mesmos, constitui uma unidade mental de dominante emotiva. Ela é essencialmente conduzida por um inconsciente coletivo – a alma das multidões –, determinado pela raça concebida como acúmulo hereditário de características semelhantes. Dominada pelo inconsciente, e não pela razão, a multidão não é apta à reflexão e ao raciocínio, mas à ação; ela age, não a partir de idéias, mas em função de imagens. Por isso, Le Bon a considera "feminina", ilógica, irresponsável, excessiva, crédula, imprevisível.

Esse livro, que foi um dos maiores sucessos científicos de todos os tempos, influenciou ou inspirou pensadores tão diferentes quanto Sigmund Freud, Maurice Barrès, Georges Sorel ou Henri Bergson, ainda que Le Bon tenha sido desacreditado por sua "aliança" com o fascismo italiano.

Estudo: C. Rouvier, *Les idées politiques de Gustave Le Bon*, P.U.F., 1986.

PSICOLOGIA DE MASSAS DO FASCISMO, *Die Massenpsychologie des Faschismus*, 1933.

WILHELM REICH, 1897-1957.

Nessa obra, Reich rejeita as análises redutoras às quais se recorreu para explicar a emergência do fascismo: primeiro o esquema "marxista" simplificador, que só vê no triunfo dos regimes fascistas o fruto de um "engodo" das massas (estas, seduzidas por um programa de aparência anticapitalista, se teriam precipitado nos braços de seus próprios carrascos). Uma explicação puramente local, segundo a qual o fascismo seria um fenômeno estritamente alemão ou italiano, tampouco tem muito valor.

Reich, que é marxista, não recusa a legitimidade de uma eventual explicação materialista para o fenômeno fascista, mas quer somar ao aspecto histórico uma dimensão psicológica, que considera determinante. Segundo ele, há uma dimensão universal do fascismo, que assenta na estrutura psíquica do homem reprimido, aquele que Reich, em outros textos, designa "Zé-ninguém" (*Escute, Zé-ninguém*). "Em sua forma pura, o fascismo é a soma de todas as reações caracteriais irracionais do homem médio." O fascismo é, portanto, a forma política assumida por uma estrutura reproduzida nos indivíduos em milhões de exemplares, estrutura criada pela repressão sexual e pela moral a serviço da ordem estabelecida.

Logo, é um erro acreditar que o fascismo seja imposto por uma coerção absoluta sobre as massas. Há, ao contrário, um desejo profundo de fascismo, que se traduz pelo culto dos chefes.

Disso advém que o fascismo não é um fenômeno historicamente localizado, circunscrito, mas que está presente em forma latente em toda sociedade. A configuração psíquica a ele subjacente está sempre "pronta para servir" aos fins políticos que poderão apropriar-se dela. A famosa frase de Brecht: – "Ainda é fecundo o ventre de onde saiu a besta imunda" – sem dúvida teria recebido a aprovação de Reich.

De todos os livros escritos por Wilhelm Reich, *Psicologia de massas do fascismo* é ainda hoje o mais vivo. Inspirou grande número de análises e influenciou a prática de movimentos de contestação e luta contra o fascismo. A noção corrente em 1968, de "fascismo cotidiano", por exemplo, está diretamente ligada a ele.

Edição brasileira: *Psicologia de massas do fascismo*, São Paulo, Martins Fontes, 1988.
Estudo: C. Sinelnikoff, *L'oeuvre de Wilhelm Reich*, Maspero, 1970.

PSICOLOGIA DO PONTO DE VISTA DE UM BEHAVIORISTA, *Psychology from the Standpoint of a Behaviorist*, 1919.

JOHN BROADUS WATSON, 1878-1958.

Querendo fazer da psicologia um "ramo puramente experimental das ciências naturais", John B. Watson restringiu seu estudo às relações entre os acontecimentos ambientais (estímulos) e o comportamento dos animais e dos homens (suas reações, respostas aos estímulos). Nessa obra, sistematiza esse ponto de vista, que se tornara público através de sua obra de 1914, *Comportamento: uma introdução à psicologia comparada*.

O exame incide sobre as ações observáveis nos organismos. O organismo "responde" às solicitações dos estímulos ambientais. Enquanto a ciência da consciência só era acessível por meio do método introspectivo, a psicologia do comportamento é uma ciência dotada de um método objetivo que lida com dados acessíveis a vários observadores.

Watson foi a figura dominante do behaviorismo clássico. Já em 1930 tem início o neobehaviorismo com Clark L. Hull, que dá mais ênfase a uma teoria do comportamento de adaptação.

Estudo: B. Demers, *Le behaviorisme: principes et bases*, Décarie, Montréal, 1984.

PSICOLOGIA DO PONTO DE VISTA EMPÍRICO, *Psychologie vom empirischen Standpunkt*, 1874.

FRANZ BRENTANO, 1838-1917.

Como diz o título, Brentano adota um ponto de vista empírico. A psicologia, primeiramente definida como ciência da alma, depois como ciência dos fenômenos psíquicos, baseia-se na experiência, assim como as ciências da natureza. Mas a determinação indutiva das propriedades mais gerais não pressupõe o conhecimento dos casos particulares.

Estudo: L. Gilson, *La psychologie descriptive selon Franz Brentano*, Vrin, 1955.

PSICOLOGIA DOS SENTIMENTOS, *La psychologie des sentiments*, 1896.

THÉODULE RIBOT, 1839-1916.

O estudo dos sentimentos, para Ribot, é incompatível com as exigências cartesianas de clareza e precisão. Isto porque se baseia na observação interior. Rejeitando a teoria intelectualista, a obra adota a tese fisiológica. Segundo essa tese, os sentimentos se enraízam no mais profundo do indivíduo. Por isso, é impossível reduzir os estados afetivos a idéias claras.

A primeira parte da obra estuda as manifestações mais gerais; a segunda trata das emoções particulares. Partidário de uma psicologia evolucionista, Ribot mostra que nossa vida afetiva passa por uma série de transformações, no sentido de uma complexidade cada vez maior dos sentimentos e das emoções.

Estudo: A. Baruk, *La psychiatrie française de Pinel à nos jours*, P.U.F., 1967.

PSICOLOGIA E ALQUIMIA, *Psychologie und Alchemie*, 1944.

CARL GUSTAV JUNG, 1875-1961.

Essa obra retoma o texto (reorganizado e ampliado pelo autor) de duas conferências proferidas em 1935-1936. O paralelo feito por Jung entre psicologia e alquimia nasceu do confronto entre sua experiência clínica de psicanalista e o estudo longo e minucioso dos símbolos e das práticas a que recorriam os alquimistas. Assim, o autor esforça-se por mostrar que através da alquimia o homem não só enfrentou os enigmas da matéria como também os enigmas – mais candentes – de seu próprio espírito.

Edição brasileira: *Psicologia e alquimia*, Petrópolis, Vozes, 1991.

Estudo: É. Perrot, *La voie de la transformation d'après Carl Gustav Jung et l'alchimie*, La Fontaine de Pierre, 1980.

PSICOPATOLOGIA DA VIDA COTIDIANA, *Zur Psychopathologie des Alltagslebens*, 1901.

SIGMUND FREUD, 1856-1939.

Nesse ensaio, Freud mostra que os atos falhos, os lapsos, não são simplesmente resultado de um funcionamento defeituoso do aparelho psíquico, mas que são atos psíquicos à parte, cujo estudo pode ter profundo alcance. O autor interpreta os atos falhos como um meio-termo resultante da oposição de duas tendências ou intenções concorrentes, uma manifesta e outra latente. Através do ato falho, o indivíduo resolve esse conflito, exprimindo a tendência latente com aspecto deformado.

Edição brasileira: *Psicopatologia da vida cotidiana*, Rio de Janeiro, Zahar, 1969.
Estudo: P.-L. Assoun, *Le freudisme*, col. "Que sais-je?", P.U.F., 1990.

PSICOPATOLOGIA GERAL,

Allgemeine Psychopathologie, 1913.
KARL JASPERS, 1883-1969.

Motivado pelo desejo de conhecer o homem, Jaspers, antes de ensinar filosofia na universidade (1922), foi doutor em medicina e se especializou em psicologia. Em sua *Psicopatologia geral*, inventaria e estuda de maneira sistemática os diferentes tipos de doenças mentais. Sua idéia é expor nessa obra o conjunto das teorias vigentes, com a intenção de alcançar uma visão geral dos conhecimentos empíricos da época, sem se deixar delimitar por esta ou aquela corrente.

No intuito de elucidar de maneira rigorosa a psicopatologia, os conceitos e as técnicas de exploração são objeto de um exame crítico severo. Assim, não há em Jaspers indução arbitrária do particular ao geral, e do estudo de um caso específico não se conclui pela realidade necessária de uma lei universal. Jaspers ressalta o caráter irredutível de todo ser humano, mesmo que doente, bem como seu caráter fundamentalmente inesgotável.

Por isso, à prioridade da razão na investigação médica ele soube aliar uma concepção profundamente respeitosa do homem e de seu mistério. Portanto, Jaspers tem seu lugar entre os filósofos, em virtude da objetividade inegável de sua reflexão. Aliás, certo dia, num círculo médico, ele se expressou com as seguintes palavras: "Os psicólogos precisam aprender a pensar."

Edição brasileira: *Psicopatologia geral*, Rio de Janeiro, Atheneu, 1985.
Estudo: M. Dufrenne e P. Riccor, *Karl Jaspers et la philosophie de l'existence*, Le Seuil, 1947.

PSIQUIATRIA E ANTIPSIQUIATRIA,

Psychiatry and Anti-Psychiatry, 1967.
DAVID GRAHAM COOPER, 1931-1986.

O doutor David Cooper é um dos principais instigadores (com seu confrade Ronald D. Laing) da antipsiquiatria, que, por usar um método novo de investigação do comportamento humano, se opõe à psiquiatria tradicional e contesta seus princípios.

Enquanto esta considera "clinicamente" o doente, ou seja, numa relação direta com sua doença, a antipsiquiatria propõe uma ampliação das pesquisas médicas para o contexto humano e social do indivíduo. A família e a sociedade seriam a fonte dos conflitos inconscientes do esquizofrênico: "A família constitui-se como mediadora da alienação social."

Por fim, o autor analisa a violência perniciosa que existe no cerne da esquizofrenia, violência imposta sutilmente pelos que cercam o paciente. A prática psiquiátrica de Cooper, de tipo existencial, contribuiu para a compreensão mais humana da loucura.

A iniciativa de Cooper foi seguida no mundo inteiro por um grande número de psiquiatras.

Edição brasileira: *Psiquiatria e antipsiquiatria*, São Paulo, Perspectiva, 1973.
Estudo: Ch. Delacampagne, *Anti-psychiatrie*, col. "Figures", Grasset, 1974.

PURIFICAÇÕES (AS).

EMPÉDOCLES DE AGRIGENTO.
VER FRAGMENTOS.

Q

QUADRO ECONÔMICO,

Tableau économique, 1758.
FRANÇOIS QUESNAY, 1694-1774.

Médico de Madame de Pompadour, Quesnay foi o mestre da Escola Fisiocrática (que também reuniu Dupont de Nemours, Mirabeau, Mercier de la Rivière, Baudeau etc.), primeira grande escola econômica francesa.

O "divino Doutor" concebe a economia como um circuito em que os bens e a moeda circulam de maneira contínua entre as diferentes categorias sociais, animando a vida econômica, assim como a circulação do sangue (descoberta em 1628 por William Harvey) anima a vida humana. Desse modo, a economia, obedecendo a um movimento contínuo e cíclico, funciona como um organismo vivo, e as leis econômicas derivam das leis da natureza. Por isso, Quesnay defende a liberdade econômica e a propriedade privada, opondo-se ao intervencionismo do Estado (colbertismo, mercantilismo) e preconizando a supressão da regulamentação do comércio e da agricultura.

Analisando as interações econômicas entre as diferentes categorias sociais, distingue as três classes de cidadãos que constituem a nação: a "classe produtiva" (agricultores), a "classe dos proprietários" (o soberano, os donos de terras, os dizimeiros), a "classe estéril" (artesãos, manufatureiros, comerciantes). Para Quesnay, a riqueza não reside na posse de metais preciosos, mas na terra; só a classe produtiva cria riqueza na forma de excedente (produto líquido) que ela não consome inteiramente e que, por conseguinte, aproveita às outras classes. Assim, Quesnay mostra como ocorre a divisão da renda proveniente da agricultura entre as diversas classes. Para isso, cria um exemplo numérico (aritmético, mas não algébrico) que ilustra sua teoria da origem e da circulação do valor.

Quesnay exerce imensa influência em sua época, principalmente sobre o governo monárquico e mais particularmente sobre Turgot, encarregado do controle geral das finanças. Embora desprezando a indústria e o comércio em favor da agricultura, prenuncia os economistas clássicos e as políticas econômicas do "laissez-faire". Além disso, sua análise em termos de circuito macroeconômico prefigura as contabilidades nacionais e algumas das teses que serão defendidas pelos keynesianos.

Estudo: H. Denis, *Histoire de la pensée économique*, col. "Thémis – Sciences économiques", P.U.F., 1990.

QUADROS SOCIAIS DA MEMÓRIA,

Les cadres sociaux de la mémoire, 1925.
MAURICE HALBWACHS, 1877-1945.

O pensamento de Halbwachs articula-se em torno da idéia de consciência social. A memória coletiva explica essa consciência social, embora exista a memória individual. Mas esta última é inteiramente tributária dos quadros sociais.

Halbwachs acredita que só a memória coletiva é criadora, no sentido de não reter apenas o passado coletivo, mas de o reconstruir, graças aos vestígios que ele deixou (psicológicos, tradicionais, rituais etc.). Assim, o passado é reconstruído com a ajuda do presente. Halbwachs é também autor de um estudo sobre Leibniz (1928).

Estudo: G. Namer, *Mémoire et société*, Meridiens-Klincksieck, 1987.

QUATRO ENSAIOS FILOSÓFICOS,
1966.
MAO TSE-TUNG, 1893-1976.

Com esse título estão reunidos os textos de quatro conferências proferidas por Mao num intervalo de vinte e seis anos: *Da prática* (1937), *Da contradição* (1937), *Da justa solução das contradições no seio do povo* (1957) e *De onde vêm as idéias justas?* (1963).

Os escritos filosóficos de Mao Tse-tung não são separáveis da conjuntura e da ação políticas. Mao é revolucionário comunista antes de ser teórico, e só escreve para esclarecer e orientar a prática revolucionária. A afirmação do primado da prática é justamente o tema do primeiro ensaio: *Da prática*. Essa afirmação não significa adesão ao empirismo; exprime sobretudo a recusa de justificar a teoria por normas puramente internas. Só a ação e a transformação da realidade são garantias da verdade da teoria e, principalmente, de sua fecundidade.

Da contradição é sem dúvida o mais interessante desses textos, pela contribuição que Mao Tse-tung dá à filosofia marxista. Esse ensaio desenvolve noções novas, como as de contradições principal e secundária, ou ainda de contradições antagonista e não antagonista.

Os dois últimos ensaios situam-se no prolongamento dos primeiros; analisam as condições de exercício da ação revolucionária, do ponto de vista do dirigente, e não mais do ponto de vista do militante. Seu interesse filosófico é menor.

Estudo: J. Golfin, *La pensée de Mao Tsé-toung*, col. "Pensée", Privat, 1971.

QUESTÃO SOBRE A COISA,
Die Frage nach dem Ding. Zu Kants Lehre von den transzendentalen Grundsätzen, 1962.
MARTIN HEIDEGGER, 1889-1976.

Essa obra retoma o texto de um curso dado na Universidade de Friburgo-em-Brisgau nos anos 1935-1936, com o título: "Questões fundamentais de metafísica".

Partindo da pergunta "O que é coisa?", Heidegger mostra que em filosofia, ao contrário do que ocorre nas ciências, é impossível ter acesso imediato à questão. A palavra "coisa", de fato, pode ser entendida de múltiplas maneiras. Em que limites fixaremos o significado da palavra? De que *coisa* estamos falando? Se quisermos falar das coisas que nos cercam, talvez as ciências tenham mais condições de dizer o que são. Assim, "a mineralogia e a química nos dizem melhor e mais depressa o que é uma pedra". Mas persiste o problema de saber o que determina a *coisidade*, "aquilo que, de uma coisa como tal, faz precisamente uma coisa".

Esse novo questionamento leva Heidegger a examinar na segunda parte do texto a interrogação kantiana sobre coisa, tal qual está exposta em *Análise transcendental* da *Crítica da razão pura**. Em Kant, a pergunta "O que é coisa?" equivale, afinal, à pergunta "Quem é o homem?". Isso significa que é preciso entender o homem como "aquele que, desde sempre, se sobressai acima das coisas" – coisas que se lhe oferecem ao mesmo tempo em que o remetem para trás de si mesmo.

Estudo: M. Haar (sob a direção de), *Martin Heidegger, Cahiers de l'Herne*, n.º 45, Herne, 1983.

QUESTÕES DE MÉTODO,
Questions de méthode, 1957.
JEAN-PAUL SARTRE, 1905-1980.

Toda filosofia viva deve expressar a práxis humana. Ora, o sistema totalizante de Hegel não descreve a realidade social, e o existencialismo de Kierkegaard esquece a realidade histórica; só o materialismo de Marx "permanece como filosofia de nosso tempo", pois explica a História real como alienação do homem naquilo que ele produz. Examinar tanto o projeto humano (com a ajuda das ciências humanas) quanto o campo social, é esse o método proposto aqui por Sartre para compreender o homem em sua realidade concreta. "O homem é ao mesmo tempo produto de seu próprio produto e agente histórico." O método existencial é "regressivo-progressivo": regressivo por negar o Todo Objetivo para descobrir o indivíduo; progressivo por negar essa negação pela "objetivação" da realidade.

Por meio de numerosos exemplos, Sartre deseja reabilitar o método marxista, acrescentando-lhe o existencialismo. Mas o elogio não é isento de violenta crítica aos "marxistas contemporâneos" e ao stalinismo. Esse texto constitui a primeira parte (publicada na Polônia) da *Crítica da razão dialética**.

Edição brasileira: *Questão de método*, São Paulo, Nova Cultural, 1987 (Os pensadores).

Estudo: F. Jeanson, *Le problème moral et la pensée de Sartre*, Le Seuil, 1966.

QUESTÕES DISPUTADAS,

Quaestiones disputatae,
TOMÁS DE AQUINO (santo), c. 1225-1274.

Trata-se de uma coletânea de reflexões filosóficas e teológicas à qual o mestre voltou em diferentes épocas de sua vida.

O tema central da obra é o da verdade. Em torno desse tema gravitam as questões relativas ao conhecimento em geral e ao conhecimento de Deus em particular. Outros assuntos também são abordados, como o livre-arbítrio, a espiritualidade e a imortalidade da alma, a virtude e o apetite no homem.

Estudo: M. Plain, *Philosophie et théologie chez Saint Thomas d'Aquin*, Klincksieck, 1983.

QUESTÕES I e II, 1968 e 1970.

MARTIN HEIDEGGER, 1889-1976.
Coletânea de textos escritos entre 1929 e 1962.

Com o título *Questões I* estão reunidos os textos mais teóricos de Heidegger sobre a questão fundamental da essência e da verdade do ser. Essa questão é a do desvelamento como tal, e não um problema de filosofia do conhecimento. Distingue-se da questão da metafísica tradicional, a do ser do ente.

O que é metafísica? (1929) não é um discurso sobre a metafísica, mas, segundo o próprio autor, "o desenvolvimento de uma interrogação metafísica". Aí o *Dasein* é revelado como sentinela do nada, nada que a angústia revela. *O que faz o ser essencial de um fundamento ou "razão"* (1929) aborda a questão do fundamento no âmbito da transcendência entendida como "liberdade para fundar". *Da essência da verdade** (1943) realiza uma revolução da interrogação sobre a verdade que não é mais concebida como conformidade mas como liberdade ek-sistente, depois como dissimulação e errância. *Contribuição à questão do ser* (1956), escrito em homenagem a Ernst Jünger, esforça-se por situar o ser como ser. *Identidade e diferença* (1957), em que Heidegger se pergunta como a diferença procede da essência da identidade, é uma transição para a segunda coletânea, que contém opúsculos mais técnicos.

Com o título *Questões II* são reunidos textos de história da filosofia. *O que é filosofia?* (1956) define a filosofia como reflexão sobre o ser do ente. *Hegel e os gregos* (1958) opõe a *alethéia* grega à exigência hegeliana de saber absoluto. *Tese de Kant sobre o ser* (1962) considera a definição kantiana de ser como pura posição, como um ápice. *Doutrina platônica da verdade* (1940) examina, a partir da alegoria da caverna, de que modo, com Platão, a noção de verdade se fixou de maneira definitiva no pensamento filosófico. *Sobre a essência e o conceito de* physis

(1940) propõe uma nova leitura da *Física** de Aristóteles.

Compreendendo os textos escritos entre 1929 e 1962, *Questões I* e *II* reúnem os escritos de Heidegger sobre a filosofia, a metafísica, o pensamento em geral e sua relação com a questão fundamental: o ser.

Estudo: M. Haar (sob a direção de), *Martin Heidegger, Cahiers de L'Herne*, n.º 45, Herne, 1983.

QUESTÕES III E IV, 1966 e 1976.

MARTIN HEIDEGGER, 1889-1976.
Coletânea de textos escritos entre 1946 e 1969.

Questões III inauguram uma tentativa de filosofia poetizada, a exemplo dos dois textos que iniciam a coletânea, em particular *Experiência do pensamento* (1947), que alterna verdadeiras estrofes poéticas e breves locuções filosóficas. Esse conjunto de cinco textos é organizado em torno de *Sobre o humanismo**, texto fundamental que retoma as grandes reflexões heideggerianas sobre "o homem pastor do ser", esclarece suas relações em face dos existencialistas franceses e marca sua oposição em relação ao historicismo marxista. Extremamente densa, a *Carta sobre o humanismo* é uma verdadeira introdução ao conjunto do pensamento de Heidegger.

O cerne de *Questões III* é uma reflexão sobre o homem, sobre sua posição mediadora, lugar de acesso das coisas ao ser. A noção corrente de *humanismo*, que dá título ao texto central da coletânea, nunca é, porém, abordada diretamente: ela subjaz à crítica heideggeriana à finalidade necessária do devir histórico, da forma concebida por Hegel e Marx. O humanismo é, pois, o centro negativo da problemática de Heidegger. É a partir da finitude essencial do homem que o autor concebe um outro humanismo, não histórico: o homem é reivindicado pelo ser e o homem se deixa reivindicar pelo ser. Essa dialética nunca é uma identidade: a possibilidade de esquecimento do ser está sempre presente.

As *Questões IV* reúnem oito textos; o mais importante deles, *Tempo e Ser* (1962), inicia a coletânea. Outros textos, como *Meu caminho de pensamento e a fenomenologia* (1963), contêm as raras indicações autobiográficas da obra heideggeriana. O conjunto dos textos volta a tratar da problemática da temporalidade do ser; trata-se de uma releitura de sua obra fundamental de 1927, *Ser e Tempo**, uma investigação filosófica nova das categorias (existência, projeto, mundo), não mais a partir do ser-aí (*Dasein*), mas a partir do ser como poder original de descobrimento.

Essas duas coletâneas esclarecem a obra de Heidegger segundo dois pólos extremos: *Questões III* constituem uma reflexão introdutória a *Ser e tempo*, enquanto *Questões IV* aparecem como uma reflexão retrospectiva sobre essa mesma problemática da temporalidade do ser.

Estudo: F. Dastur, *Heidegger et la question du temps*, col. "Philosophies", P.U.F., 1990.

QUESTÕES INAUDITAS: QUESTÕES HARMÔNICAS, QUESTÕES TEOLÓGICAS, AS MECÂNICAS DE GALILEU, OS PRELÚDIOS DA HARMONIA UNIVERSAL,

Questions inouïes: questions harmoniques, questions théologiques, les mécaniques de Galilée, les préludes de l'harmonie universelle, 1634.
MARIN MERSENNE (abade), 1588-1648.

Mersenne destinava essa obra, que precede em dois anos *Harmonia universal* (1636), aos teólogos, aos astrólogos, aos médicos e aos filósofos. Com essas questões, ele esperava instruí-los acerca do que chamava "prelúdios da ciência", ao mesmo tempo em que afirmava opor-se à astrologia, particularmente a astrologia mundana. As questões versam, em sua maioria, sobre música e sobre as bases da harmonia.

Estudo: R. Lenoble, *Mersenne ou la Naissance du mécanisme*, Vrin, 1971.

QUESTÕES NATURAIS,

Naturales quaestiones, O c. 62.
Sêneca (Lucius Annaeus Seneca),
4 a.C.-65 d.C.

Esse tratado em sete livros, que Sêneca redigiu no fim da vida, é sobretudo uma compilação. Tentando explicar certos fenômenos físicos (meteorológicos principalmente), Sêneca inspira-se muito em Asclepiodoto de Nicéia, aluno de Posidônio. As preocupações morais não estão ausentes desse tratado de física. O caráter bastante díspar dessa obra, que tem pouco em comum com as obras morais de Sêneca, demonstra o caráter secundário de suas preocupações propriamente científicas.

Estudo: P. Aubenque e J.-M. André, *Sénèque*, Seghers, 1964.

R

RACIONALISMO APLICADO (O),

Le rationalisme appliqué, 1949.
GASTON BACHELARD, 1884-1962.

Na expressão "racionalismo aplicado", *aplicado* designa a estrutura dialogada da razão nas ciências, o caráter de *duplicidade* psicológico-transcendental apresentado por todo conhecimento científico. Este se desdobra necessariamente num pensamento assertórico e num pensamento apodítico. Esse pensamento dual dá ensejo a uma ontologia distribuída em vários níveis de ser: o racionalismo geral, que obedece ao princípio de identidade, "estilhaça-se" em racionalismos regionais; as relações prevalecem sobre as individualidades. É só assim que o racionalismo é encetado, continuado. As regiões do saber científico não são determinadas pelas da experiência comum, mas por um *trabalho* do pensamento que multiplica, diferencia e refina estruturas; esse trabalho expressa-se como uma determinação da possibilidade de múltiplas axiomáticas para fazer frente à multiplicação das experiências. Uma das novidades da epistemologia contemporânea reside no fato de que "as diferentes abordagens experimentais da realidade mostram-se unidas a uma modificação axiomática das organizações teóricas". Essa união entre numenal e fenomênico alicerça outra união: a dos trabalhadores da demonstração, que constituem uma grande cidade científica, e que do racionalismo fazem um co-racionalismo. Regionalizar o espírito não é restringi-lo: é restituir-lhe seu ar de transcendência.

Bachelard apresenta nesse livro dois exemplos de racionalismos regionais: um diz respeito à ciência da eletricidade, o outro, à mecânica clássica, que só pode ser compreendida a partir de um ponto de vista externo ao mecanicismo. Por conseguinte, a filosofia que se depreende dessas análises é uma filosofia funcional, ou seja, de operadores; ao contrário de uma filosofia existencial, ela só começa a existir quando estabelece relações.

Na conclusão, generalizando a partir da experiência da cultura científica, Bachelard mostra que o mundo onde vivemos não é o mundo onde pensamos; mas é preciso ressaltar que este último é o mais tranqüilizador. As facilidades do primeiro perturbam; as dificuldades do segundo tranqüilizam. O mundo *retificado*, intermediário entre o mundo destruído e o mundo construído, é também um mundo pacificado.

Estudo: P. Ginestier, *Bachelard*, col. "Pour connaître la pensée de", Bordas, 1987.

RAIZ QUÁDRUPLA DO PRINCÍPIO DE RAZÃO SUFICIENTE (DA),

Über die vierfache Wurzel des satzes vom zureichenden Grunde, 1813.
ARTHUR SCHOPENHAUER, 1788-1860.

Ao contrário do que acreditava a mãe de Schopenhauer, *Raiz quádrupla* não é uma tese de odontologia! Trata-se da dissertação de doutorado defendida pelo jovem filósofo em Berlim, no ano de 1813. O *princípio de razão suficiente* é conhecido desde a Antiguidade de acordo com seu enunciado clássico: "Nada há que seja sem razão de ser" (cap. 1). Esse princípio é da mais alta importância para o espírito humano, pois alicerça a possibilidade de ciência. Mas Schopenhauer considera que, apesar das numerosas análises de que já foi objeto (dos antigos a Kant), esse princípio não foi entendido em toda a sua amplitude. A *Raiz quádrupla* critica, portanto, essas interpretações (cap. 2), mostra sua fraqueza e termina com uma "exposição nova" do princípio de razão suficiente (cap. 3).

Assim, Schopenhauer demonstra que o princípio de razão suficiente "é uma expressão comum que designa quatro nexos totalmente diferentes". Esses quatro nexos são determinados pelas quatro classes de objetos possíveis aos quais se pode vincular "nossa faculdade de representação". Trata-se, sucessivamente, das "representações intuitivas, completas, empíricas" (cap. 4), dos "conceitos, ou seja, [das] representações abstratas" (cap. 5), das "intuições dadas *a priori* das formas do sentido externo e do sentido interno, do espaço e do tempo (cap. 6), e, por fim, do "objeto imediato do sentido interno, o sujeito do querer" (cap. 7). A despeito dessas especificações, o princípio de razão suficiente é sempre absolutamente *a priori*, o que leva Schopenhauer a atribuir-lhe, finalmente, uma raiz única "na nossa inteligência" (cap. 8).

O ponto de vista kantiano defendido nessa primeira obra termina em conclusões críticas, sempre no sentido kantiano do termo; Schopenhauer diz que uma teoria só pode evocar o princípio de razão e utilizá-lo como prova desde que sempre explique minuciosamente em que sentido toma seu enunciado. Não se pode emitir à toa palavras como causa, razão, princípio, conseqüência.

Schopenhauer considerava a *Raiz quádrupla do princípio de razão suficiente* como "o alicerce de todo o [seu] sistema". E exige o seu conhecimento prévio como limiar para sua grande obra: *O mundo como vontade e representação**.

Estudo: Cl. Rosser, *Schopenhauer philosophe de l'absurde*, col. "Quadrige", P.U.F., 1989.

RAÍZES, Prelúdio a uma declaração dos deveres para com o ser humano, *L'enracinement, Prélude à une déclaration des devoirs envers l'être humain*, 1949, SIMONE WEIL, 1909-1943.

Nesse ensaio redigido em Londres entre 1942 e 1943, Simone Weil faz a síntese de sua experiência política e religiosa. O subtítulo abre para uma perspectiva moral sobre o futuro. A cidade nova que ela imagina não se dará sem uma revolução, não política, mas espiritual.

Estudo: M. Veto, *La métaphysique religieuse de Simone Weil*, Vrin, 1971.

RAZÃO DE SER, *La raison d'être*, 1981. JEAN CAZENEUVE, nascido em 1915.

Esse ensaio é dedicado ao estudo de uma corrente filosófica que teve público certo no século XIX, o espiritualismo. Os representantes dessa corrente, entre os quais está Léon Ollé-Laprune, Victor Cousin e Félix Ravaisson, afirmavam a preeminência do espiritual sobre o material, ou seja, sobre o dado da existência humana. É o superior, ou o espírito, que orienta e determina o caminhar da humanidade. Os "espiritualistas" combatiam tanto o materialismo, que reduz o superior ao inferior, quanto o idealismo alemão, que se perde na especulação em detrimento da realidade viva da humanidade.

Para Cazeneuve, o espiritualismo tem de justo o fato de apresentar o homem e a humanidade como "devir-consciência" ou o "devir-moralidade" da natureza.

Há, portanto, um progresso, sendo falso acreditar que o espiritualismo recuse a idéia. Observando-se o desenvolvimento da humanidade, nota Cazeneuve, percebe-se que ela vai dar numa "fé irracional" na felicidade. Essa fé constitui ao mesmo tempo o impulso e o pano de fundo de tudo aquilo que o homem empreende.

RAZÃO E REVOLUÇÃO,

Hegel e o surgimento da teoria social,
Reason and Revolution. Hegel and the Rise of Social Theory, 1941.
HERBERT MARCUSE, 1898-1979.

Como indica o subtítulo, nessa obra Marcuse procura reconstituir o vínculo histórico que permitiu passar de Hegel ao nascimento da teoria social. Analisando a obra de Hegel, o autor repõe a filosofia alemã em seu contexto histórico: a Revolução Francesa é a origem do advento da Razão, porque pela primeira vez "o homem confiou em seu espírito". O espírito revolucionário, ou espírito de contradição, é o motor do sistema hegeliano, depois de ter dado origem às filosofias de Kant, Fichte e Schelling. Para Hegel, o mundo objetivo constitui-se a partir da subjetividade; o movimento dialético situa a realização do sujeito dentro da realidade objetiva e dá origem ao Sistema no qual "o indivíduo se torna universal". Mas esse "pensamento dialético é necessariamente destruidor", pois, ao se afirmar, o homem dissolve o mundo para fazê-lo seu. A "negação", categoria central em Hegel, alicerça o conhecimento. "A liberdade é essencialmente negativa; e a existência é ao mesmo tempo a alienação e o processo através do qual o sujeito volta para si compreendendo e dominando a alienação." Mas, segundo Marcuse, o sistema de Hegel não está concluído: ainda é preciso aplicá-lo à realidade social. Marx repara essa deficiência e, retomando os conceitos de *alienação* e *negação*, mostra que a organização capitalista, devido às suas leis de produção, é alienante. Ora, para o indivíduo o trabalho constitui o meio de desenvolver "sua essência universal"; por isso, deve tornar-se uma "atividade livre e consciente". A coerção nega a própria essência do homem. "A negatividade da sociedade capitalista reside na alienação do trabalho; a negação dessa negatividade virá com a eliminação do trabalho alienado."

Escrito em 1939, esse livro procura responder ao fascismo, denunciando todos os totalitarismos (entre os quais o autor inclui o positivismo de Comte). De origem judaico-alemã, Marcuse fugira do nazismo já em 1934, indo morar nos Estados Unidos. Mas esse texto constitui também um primeiro esboço do pensamento de Marcuse sobre a sociedade contemporânea (apóia-se na descoberta da sociologia). Retomando as análises de sua tese (orientada por Heidegger) sobre Hegel (1932), a tentativa que se encontra em *Razão e revolução* de realizar uma "filosofia concreta" só dará resultados em 1964, com *O homem unidimensional**, verdadeira revolta contra as instituições opressivas.

Edição brasileira: *Razão e Revolução: Hegel e o advento da teoria social*, Rio de Janeiro, Paz e Terra, 1978.
Estudo: J.-M. Palmier, *Herbert Marcuse et la nouvelle gauche*, Belfond, 1973.

RAZÃO NA HISTÓRIA (A).

GEORGE WILHELM FRIEDRICH HEGEL.
VER LIÇÕES SOBRE A FILOSOFIA DA HISTÓRIA.

REALIDADE (A): Tratado da idiotia,

Le réel. Traité de l'idiotie, 1977.
CLEMENTE ROSSET, nascido em 1939.

Etimologicamente, é "idiota" o que é único, singular, sem duplo nem reflexo. Assim, toda existência, por ser única, é "idiota". E a realidade, ou seja, o conjunto daquilo que existe singularmente, não passa de "pura idiotia". Mas os homens – e sobretudo os filósofos – dificilmente suportam as coisas tais quais são: precisam de espelhos e de duplos. Portanto, pela interpretação, o real é duplicado.

Contra essa filosofia que distancia, recusa, transforma e nega a realidade, Clemente Rosset reabilita a idiotia, a singularidade fundamental da realidade, fazendo do real o objeto da filosofia.

Estudo: P. Mengue, "Clément Rosset: de la pensée du simple à l'allégresse", in *Critique*, n.os 409-410, Éd. de Minuit, 1981.

REALIDADE DA ALMA (A),

Wirklichkeit der Seele, 1934.
Carl Gustav Jung, 1875-1961.

Um dos horizontes essenciais abertos pela leitura dessa obra é o das *projeções*. A projeção é o fenômeno segundo o qual um indivíduo imprime num sujeito ou num objeto do mundo que o cerca uma tonalidade psíquica que é um dos traços de sua vida interior.

O ser humano está duplamente ligado ao mundo em que vive: pela percepção e pela projeção. A projeção é o que o indivíduo investe no mundo, são as miragens, as quimeras do espírito com que ele recobre o objeto, o que freqüentemente lhe impede a percepção do mesmo. A projeção embota, modifica, mascara a percepção; pode até apagá-la, para ocupar seu lugar. Essas projeções são tenacíssimas porque têm como origem o inconsciente.

Uma outra noção estudada nesse texto é a de *arquétipo*, ou seja, uma estrutura mental inata. É uma espécie de *Gestalt* (forma), uma espécie de imagem do instinto. Esses arquétipos formam a arquitetura mental básica do indivíduo. Mas o plano arquetípico do ser não é imutável. É um plano vivo, que evolui com a idade.

Estudo: F. Fordham, *Introduction à la psychologie de Jung*, Imago, 1985.

REBELIÃO DAS MASSAS (A),

La rebelión de las masas, 1930.
José Ortega y Gasset, 1883-1955.

É preciso chegar ao último capítulo dessa obra moral e política para se encontrar a enunciação da tese do autor: "A Europa ficou sem moral." Pois "o homem-massa" não gosta de se submeter a nenhuma moral: só está em busca do prazer e negligencia todos os deveres.

A obra ressalta as vantagens proporcionadas pela civilização européia, como o aumento da expectativa de vida, que hoje, porém, a ameaçam. O maior perigo está no Estado, ainda que, por dá cá aquela palha, as massas intervenham do único modo como sabem, ou seja, violentamente. Uma pergunta fundamental é feita no fim do exame: "De que insuficiências radicais a cultura européia está sofrendo?" E se o mundo não está andando como deveria, *quem* é o responsável? Em outras palavras: "Quem governa o mundo?"

Esse livro lúcido e inovador é animado por um espírito vivificante.

Edição brasileira: *A rebelião das massas*, São Paulo, Martins Fontes, 1987.
Estudo: A. Guy, *Ortega y Gasset*, Seghers, 1969.

RECIPROCIDADE DAS CONSCIÊNCIAS (A),

Ensaio sobre a natureza da pessoa,
La réciprocité des consciences, Essai sur la nature de la personne, 1942.
Maurice Nédoncelle, 1905-1976.

A reflexão de Nédoncelle baseia-se na noção ambígua de "pessoa": ao mesmo tempo fundamento e presença. Como fundamento, para Nédoncelle, ela é garantia de liberdade; como presença, significa, numa perspectiva personalista, a presença para si do sujeito, realizada na comunicação profunda com outrem. Assim, a identidade pessoal se constrói no encontro e na reciprocidade espiritual com pessoas individualizadas e heterogêneas; essa comunhão de duas identidades conduz à emergência de uma identidade nova chamada "identidade heterogênea".

É numa perspectiva cristã que Nédoncelle descobre a necessidade da relação das consciências em que outrem, criatura de Deus, torna-se um eu ideal.

Estudo: J. Lacroix, *Le personnalisme comme anti-idéologie*, P.U.F., 1972.

RECORDAÇÃO DE INFÂNCIA DE LEONARDO DA VINCI (UMA),

Eine Kindheitserinnerung des Leonardo da Vinci, 1910.
SIGMUND FREUD, 1856-1939.

Nas *Cinco lições sobre psicanálise** (1909), Freud lembrava que a interpretação psicanalítica se aplica tanto aos sonhos e aos atos falhos quanto ao processo de criação artística. É essa tese que ele se empenha em ilustrar aqui, a partir do exame atento de um quadro de Leonardo da Vinci, *A Virgem, o Menino Jesus e Santa Ana*. O psicanalista vê nessa obra toda uma série de símbolos, pelos quais se exprimiria, de maneira disfarçada e sublimada, a libido homossexual do artista. Seriam constatadas, assim, relações variáveis entre a criação, a perversão e a neurose, segundo a eficácia com que os desejos recalcados são sublimados.

Estudo: P.-L. Assoun, *Introduction à l'épistémologie freudienne*, Payot, 1990.

REFLEXÕES SOBRE A VIOLÊNCIA,

Réflexions sur la violence, 1908.
GEORGES SOREL, 1847-1922.

Para agir sobre o devir social, Georges Sorel recomenda insuflar crenças fortes na sociedade. O autor, que via na classe operária o instrumento da regeneração da humanidade, é aqui apologista da violência proletária, que, em sua opinião, é a única capaz de levar ao triunfo a causa do socialismo em todo o mundo.

Edição brasileira: *Reflexões sobre a violência*, São Paulo, Martins Fontes, 1992.
Estudo: R. Vivarelli, *Georges Sorel et son temps*, Le Seuil, 1985.

REFLEXÕES SOBRE AS CAUSAS DA LIBERDADE E DA OPRESSÃO SOCIAL,

Réflexions sur les causes de la liberté et de l'oppression sociale, 1955.
SIMONE WEIL, 1909-1943.

A elaboração desse trabalho baseia-se ao mesmo tempo na crítica veemente e no elogio a Marx: a análise histórica e o método materialista do autor de *O capital** são pertinentes, mas ele se enganou quanto às perspectivas da revolução operária e do progresso técnico, pois esses movimentos só redundam em maior opressão social. A democracia operária de Marx continua sendo uma utopia desprezada pelo socialismo soviético: a palavra *revolução* esvaziou-se de sentido. Resta uma opressão cada vez mais poderosa, comum a todas as coletividades, sejam elas capitalistas ou comunistas. Essa opressão manifesta o próprio modo de funcionamento social, a saber: para que haja produção há necessidade de que o homem domine o homem. "O poder encerra uma espécie de fatalidade que pesa implacavelmente tanto sobre quem comanda quanto sobre quem é comandado", mas é inelutável na tentativa de se obter o bem-estar social – pelo progresso técnico –, bem-estar que, por isso mesmo, está cada vez mais distante.

Contudo, o homem pensa e, pensando, sonha com uma liberdade sem limite. Ora, o único contrapeso possível à sociedade opressora é esse pensamento, que não pode ser constrangido. "Nisso, o indivíduo supera a coletividade." A sociedade ideal (utópica) seria aquela em que os homens, só agindo a partir da razão, se sentissem livres e iguais, graças à cultura e à ciência comuns, a "uma mesma razão". Mas a realidade é o oposto desse sonho: nela tudo é desequilíbrio, luta pelo poder. Cada grupo social teme o outro, e "a ausência de pensamento livre" produz totalitarismo e fascismo.

Discípula de Alain, Simone Weil deseja nessa obra construir um método de análise da história social que ultrapasse o método marxista, insuficiente, analisando as relações entre ação e razão (assim como Sartre irá propor o método existencialista, em 1957, em *Questões de método**). Mas esse texto, escrito em 1934, na verdade é um libelo contra a sociedade contemporânea, com todos os riscos que ela comporta, sobretudo o da guerra, que nasce da vontade de poder. Esse livro, considerado maior na obra de Weil, é tão realista quanto visionário. Também prenuncia as preocupações da própria autora nos anos 40: a reflexão sobre Deus e sua conversão do judaísmo ao catolicismo (*A gravidade e a graça**, 1947).

Estudo: M. Veto, *La métaphysique religieuse de Simone Weil*, Vrin, 1971.

REFUTAÇÕES SOFÍSTICAS,

ARISTÓTELES.
VER ORGANON.

REGRAS DO MÉTODO SOCIOLÓGICO (AS), *Les règles de la méthode sociologique*, 1895.

ÉMILE DURKHEIM, 1858-1917.

Esse livro, cujo título lembra duas obras de Descartes, descreve a especificidade da sociologia e define o método próprio a essa disciplina. É um manifesto destinado a fundar a ciência nova pela primeira vez sobre alicerces seguros e claros.

Segundo as *Regras*, longe de ter acesso ao autoconhecimento, o indivíduo seria dado ao mundo anteriormente e fora de qualquer experiência de si mesmo, e de forma estritamente dependente da sociedade à qual pertence. A intenção de Durkheim é fazer assim duas críticas: uma ao inatismo cartesiano e ao método de introspecção, aos quais continua vinculada a filosofia do conhecimento, e a outra ao idealismo moral cujos princípios se baseiam na autonomia do sujeito. Seria preciso então assumir que a sociedade precede o indivíduo, que o contrato social é uma teoria sem fundamento e que o todo não é redutível à soma de suas partes.

Por conseguinte, convém prescrever ao sociólogo que assuma em relação aos fatos sociais a mesma atitude mental do cientista que pratica as ciências exatas e que renuncie à idéia de que os fatos sociais podem ser diretamente inteligíveis para o observador. A célebre proposição que está no cerne dessa obra, segundo a qual é preciso "considerar os fatos sociais como coisas" nem sempre foi bem compreendida, e hoje ainda dá ensejo a contra-sensos. Ao afirmar que os "fatos sociais" têm existência objetiva, Durkheim pretende mostrar que a sociologia atende às características de todas as ciências, por ser efetivamente dotada de um objeto de estudo próprio com que não contam a biologia, a psicologia, a história e ainda menos a filosofia.

No entanto, é inegável a ambigüidade – e a riqueza – de *As regras do método sociológico*; na verdade, Durkheim não propõe apenas a idéia da determinação do indivíduo pelo social, nem a simples concepção da sociologia como ciência exata. A relação indivíduo/sociedade é entendida de maneira complexa. Com certeza o indivíduo não é o centro nem a fonte da realidade, mas os grupos e as sociedades nem por isso deixam de ser formados por indivíduos que são ao mesmo tempo portadores e avalistas da sociedade, sendo legítimo pensar, como Georges Davy, que "a sociedade pode muito bem ser exterior aos indivíduos e distinta deles em certo sentido, assim como também só pode existir graças a eles". Por outro lado, na linha de Auguste Comte, Durkheim não concebe a sociologia como pura descrição: conforme a imagem da biologia médica, ela lhe parece em condições de distinguir entre saúde e doença das sociedades. A ciência social poderia então "servir à orientação da conduta", o que equivale a dizer que ela não é estranha à moral.

Com esse livro, que levanta questões filosóficas e epistemológicas consideráveis, Durkheim não obteve sucesso fácil: às regras metodológicas nele expostas não faltou quem opusesse o espiritualismo presente em algumas de suas outras obras.

Edição brasileira: *As regras do método sociológico*, São Paulo, Martins Fontes, 1995.

Estudo: J.-A. Prades, *Durkheim*, col. "Que sais-je?", P.U.F., 1990.

REGRAS PARA A ORIENTAÇÃO DO ESPÍRITO, *Regulae ad directionem ingenii*, 1701.

RENÉ DESCARTES, 1596-1650.

Escrito em 1628, esse tratado, que ficou inacabado, só será publicado em 1701; no entanto, sendo encontrado quando da morte de Descartes nos papéis de Estocolmo, logo foi conhecido por Leibniz, Nicole e Arnauld, sendo retomado na segunda edição da *Lógica** de Port-Royal. A obra compreende uma exposição geral do método cartesiano, assim como considerações muito precisas sobre álgebra e análise: convém portanto, com referência a esse trabalho, propor o problema da relação entre a matemática e o método. Sabe-se que Descartes afirma a universalidade de seu método, a possibilidade de aplicá-lo a todas as questões, inclusive as da alçada da metafísica. Mas, nesse texto, o elo entre o método cartesiano e uma ciência particular – a matemática – parece extremamente estreito, e é possível perguntar se esse método não passa de simples generalização da matemática. O que prevalece, de fato, é a idéia de uma ordem única, análoga à ordem matemática.

Seja qual for o problema encontrado, será preciso decompor as proposições obscuras nas proposições simples de que são compostas. Por isso, examinaremos o enunciado do problema para "enumerar" seus diferentes termos, a fim de separar os conhecidos dos desconhecidos. Em seguida, poremos esses termos em ordem, tentando descobrir a razão de sua série. Por fim, serão dispostos de tal modo que, conhecendo o primeiro termo e a razão da série, poderemos reconstituir a série inteira; é o caso da série de uma progressão aritmética ou geométrica em que faltem certos termos: eles podem ser facilmente descobertos graças à razão da série, a partir dos termos conhecidos.

O que essa obra pretende estender a todas as ciências não é tanto o método matemático quanto a sua certeza. Ora, Descartes só encontra certeza na matemática.

Edição brasileira: *Regras para a orientação do espírito*, São Paulo, Martins Fontes, 1999.

Estudo: N. Grimaldi, *L'expérience de la pensée dans la philosophie de Descartes*, Vrin, 1978.

RELAÇÃO ENTRE O EU E O INCONSCIENTE (A), *Die Beziehungen wischen dem ich und dem Unbewussten*, 1928.

CARL GUSTAV JUNG, 1875-1961.

Esse livro compreende duas partes importantes. A primeira tem como título *Dos efeitos do inconsciente sobre o consciente*, e a segunda, *Individuação*.

Nessa obra essencial, Jung desenvolve sua teoria do inconsciente coletivo, que comporta fatores impessoais e coletivos na forma de categorias herdadas e arquétipos. Por outro lado, Jung define a *persona* como fragmento da psique coletiva cuja realização muitas vezes representa grandes esforços. Esse termo latino expressa com grande felicidade o que deve significar, pois, na origem, *persona* designava a máscara usada pelo comediante, indicando o papel que ele desempenhava em cena. Assim, a *persona* não passa de máscara, que ao mesmo tempo dissimula uma parte da psique coletiva de que é constituída e dá a ilusão de individualidade; uma máscara que leva os outros e ela mesma a pensar que o ser em questão é individual, ao passo que, no fundo, está simplesmente desempenhando um *papel* através do qual se exprimem dados e imperativos da psique coletiva.

Na segunda parte, Jung faz a distinção entre *anima* e *animus*.

Anima, na psicologia analítica de Jung, designa a parte inconsciente da personalidade masculina constituída por qualidades femininas. Quanto mais um homem é viril, mais sua *anima* é feminina, o que o levará a mostrar-se sensível ao sexo oposto. Essa bissexualidade psíquica é reflexo da bissexualidade dos seres humanos. De mesma forma, *animus*, na terminologia jungiana, é a personificação da natureza masculina de uma parte do inconsciente da mulher. O *animus* manifesta-se nos sonhos e nas fantasias individuais na forma do amante ideal. Assim, cada mulher traz em si uma imagem de homem que ela projeta inconscientemente na pessoa amada.

Outro ponto desenvolvido por Jung nessa obra é a personalidade *mana* dotada de um poder potencial oculto – precisamente o *mana* –, que confere forças e conhecimentos mágicos. Jung evidencia a interação dinâmica que ocorre entre o Eu e o inconsciente, à imagem de fluxo e refluxo da vida.

Edição brasileira: *O eu e o inconsciente*, Petrópolis, Vozes, 1984.
Estudo: F. Fordham, *Introduction à la psychologie de Jung*, Imago, 1979.

RELAÇÕES ENTRE O FÍSICO E O MORAL NO HOMEM, *Rapports du physique et du moral de l'homme*, 1802.

PIERRE-JEAN-GEORGES CABANIS, 1757-1808.

A obra principal de Cabanis, representante da corrente dos "Ideólogos", retoma a inspiração sensacionista de Condillac, acrescentando-lhe uma dimensão: a sensibilidade interior (Condillac só se preocupava com as sensações vindas de fora). Desse modo, essa obra deduz o conhecimento da parte "moral" do homem (intelecto, vontade) a partir de considerações "fisiológicas".

Estudo: G. Gusdorf, *La conscience révolutionnaire, les Idéologues*, Payot, 1978.

RELATIVIDADE DA ONTOLOGIA E OUTROS ENSAIOS, *Ontological Relativity and other Essays*, 1969.

WILLARD VAN ORMAN QUINE, nascido em 1908.

Publicada com outros ensaios importantes, entre os quais *Epistemologia que se tornou natural* e *Existência e quantificação*, *Relatividade da ontologia* afirma que, tomadas em absoluto, as questões de ontologia não têm sentido. Uma teoria é sempre interpretada em função de uma teoria de segundo plano. A relatividade da ontologia caminha, assim, ao lado da impossibilidade de perscrutar a referência.

Estudo: P. Gochet, *Quine en perspective. Essai de philosophie comparée*, Flammarion, 1978.

RELIGIÃO, CONSIDERADA EM SUA FONTE, SUAS FORMAS E SEU DESENVOLVIMENTO (DA), *La religion, considérée dans sa source, ses formes et son développement (de la)*, 1824-1831.

BENJAMIN CONSTANT DE REBECQUE, 1767-1830.

Para Constant, o fato religioso é universal e corresponde a "uma lei fundamental" da natureza humana. É tão inútil procurar a origem da religião quanto a da sociedade ou da língua. O autor rejeita a idéia de religião imposta como engodo a espíritos fracos, mas faz a distinção entre as formas históricas e geográficas da religião (as diversas religiões positivas) e o "sentimento religioso".

Este último é um "grito da alma", "impulso para o desconhecido, para o infinito". "O sentimento religioso nasce da necessidade que o homem tem de entrar em comunicação com os poderes invisíveis. A forma nasce da necessidade que ele sente de tornar regulares e permanentes os meios de comunicação que acredita ter descoberto." Por isso, Constant é levado a propor uma teoria do movimento histórico das formas religiosas.

Com base no sentimento religioso, que é permanente, constroem-se formas adequadas a uma época em particular, correspondente a certo nível de desenvolvimento da inteligência. Quando, com o progresso da inteligência, as formas da religião se tornam ultrapassadas, tem início uma época de crise. O sentimento procura novas formas. Não as encontrando, ele se refugia na incredulidade ou nas superstições mais vis. Isso até que seja encontrada uma forma nova "que a inteligência aperfeiçoada possa admitir. Aparecendo essa forma, [...] tudo volta à ordem".

Decorre dessas análises uma tipologia das religiões. As formas sacerdotais fixas apresentam franco caráter opressivo (Egito antigo). Ao contrário, as formas abertas acolhem mais facilmente os progressos da inteligência (Grécia). Em arrazoados que prenunciam os de Auguste Comte, Constant analisa a passagem do fetichismo ao politeísmo, e deste ao monoteísmo, como a marcha irreversível da humanidade rumo ao progresso. Na época de Constant, passava-se por um estágio em que o caráter excessivamente sacerdotal do teísmo era abalado pela incredulidade. Essa teoria das religiões, defendida por alguém que falava em nome do protestantismo, não teve muito sucesso. No entanto, para o leitor contemporâneo, trata-se de uma obra muito sugestiva. É escrita por um dos mais ilustres prosadores franceses de seu século.

Estudo: P. Deguise, *Benjamin Constant méconnu. Le livre "De la religion"*, Droz, Genebra-Paris, 1966.

RELIGIÃO CRISTÃ (DA),

De christiana religione, 1476.
MARSILIO FICINO, 1433-1499.

Fundador da Academia Platônica Florentina, Marsilio Ficino expõe nesse livro sua posição espiritual. Professa uma religião natural em relação com a teologia cristã. Para Ficino, existe um Deus universal que é venerado por todos os crentes, seja qual for a crença.

Estudo: R. Marcel, *Marsile Ficin*, Les Belles Lettres, 1958.

RELIGIÃO E CIÊNCIA,

Religion and Science, 1935.
BERTRAND RUSSELL, 1872-1970.

Para Russell, a ciência sempre esteve em guerra com a religião, mesmo que os cientistas não participem diretamente desse combate.

Em aspectos delicados como a astronomia, a evolução das espécies ou a medicina, o método científico acabou com as superstições de ordem religiosa. A difusão da mentalidade científica não só permitiu que nos aproximássemos cada vez mais da verdade, como também contribuiu para melhorar as condições de vida dos homens. Por isso, o autor faz um apelo ao "espírito científico", para que ele lute eficazmente contra a religião e os diversos fanatismos que ela engendra.

Estudo: A. Wood, *Bertrand Russell: le sceptique passionné*, Payot, 1965.

RELIGIÃO NOS LIMITES DA SIMPLES RAZÃO (A), *Die Religion innerhalb der Grenzen der blossen Vernunft*, 1793.

EMMANUEL KANT, 1724-1804.

Esse livro pertence à veia "popular" da obra de Kant. Destina-se ao grande público, que acabava de ler *Crítica de toda revelação* (1792), de Fichte. Nem por isso é de leitura muito fácil.

Para entendê-lo, é preciso partir da definição que Kant propõe de religião: "o conhecimento de todos os nossos deveres como mandamentos divinos". A religião é assim explicitamente subordinada à moral, e Kant se alinha entre os inumeráveis pensadores que, na época do Iluminismo, eram adeptos de uma religião natural (com a ressalva de que ele não propõe nenhuma prova da existência de Deus). Na verdade, Kant dificilmente consegue conciliar seu vínculo – pelo menos verbal – ao luteranismo com sua fidelidade ao espírito da *Aufklärung*. Pois o deísmo kantiano, muito orientado para a esperança, não se adapta perfeitamente às imagens terrificantes ou pessimistas do dogma: Deus vingador, pecado original. Este último é substituído pela idéia de um "mal radical", decorrente da natureza sensitiva do homem, natureza que o expõe à tentação de infringir seu dever; mas esse mal radical não é uma danação: ao contrário, estimula a vida moral. À Igreja da revelação Kant prefere a comunidade dos homens de boa vontade. Fiel ao espírito das Luzes, Kant nega que as Igrejas tenham verdadeira autoridade; nada pode exigir que a razão se incline.

A lei moral tem primazia absoluta. É em relação a ela que as grandes figuras religiosas adquirem valor. Para Kant, por exemplo, Cristo é um "professor de moral"; considerando todos os aspectos, ele era apenas um "homem agradável a Deus". Imagine-se o alcance de tais formulações! Delas seria possível concluir, um tanto apressadamente, que a religião para Kant não passa de "serva da moral": mas convém entender que a religião permitiu que a humanidade aprendesse mais depressa lições que a razão teria levado mais tempo para ensinar-lhe.

O estilo da obra, às vezes bem pesado, poderá desconcertar o leitor. Nela não se encontra a clareza dos belos períodos latinos das *Críticas**.

Edição portuguesa: *A religião nos limites da simples razão*, Lisboa, Edições 70, 1992.

Estudo: J.-L. Bruch, *La philosophie religieuse de Kant*, Aubier-Montaigne, 1968.

REPETIÇÃO (A),

Ensaio de experiência psicológica,
Gjentagelsen, Et Forsøg i den experimenterende Psychologi, 1843.
SØREN AABYE KIERKEGAARD, 1813-1855.

Intimamente ligada ao noivado rompido de Kierkegaard, esta obra apresenta-se mais como uma narrativa romanceada ou um romance epistolar do que como um estudo conceitual. Nela, Kierkegaard desenvolve a noção de "repetição" (*Gjentagelsen*), subentendendo-se: do noivado. Mas além desse aspecto autobiográfico, Kierkegaard procura esboçar toda uma concepção do tempo e da existência humana.

A repetição é "experimental", como indica o subtítulo da obra. É a reapropriação do que foi vivido. Mas o alcance dessa experiência, em Kierkegaard, é religioso. Isto porque o instante não é mais considerado um átomo do tempo que se escoa e desvanece, mas o átomo de uma eternidade sem corrupção. O instante possibilita que nos instalemos no que permanece. A repetição não é, pois, saudade do passado para o qual tenderiam nossos desejos, mas, ao contrário, um ímpeto rumo ao além do tempo. Convém ver no que o homem faz, diz ou pensa aquilo que o empenha para sempre. A repetição é a permanência eterna do que foi e sempre será. Ela nos responsabiliza diante da comunidade dos homens e diante de Deus.

A concepção de tempo proposta por Kierkegaard está bem distante da concepção de Kant e de seus sucessores e marcou nitidamente a corrente existencialista, tanto atéia quanto cristã.

Estudo: H.-B. Vergote, *Sens et répétition, essai sur l'ironie kierkegaardienne*, 2 vols., Le Cerf, 1982.

REPRODUÇÃO (A), Elementos de uma teoria do sistema de ensino,

La reproduction, Éléments d'une théorie du système d'enseignement, 1970.
PIERRE BOURDIEU, nascido em 1930,
e JEAN-CLAUDE PASSERON, nascido em 1930.

Essa obra propõe uma crítica da instituição escolar, que é denunciada como um aparelho de *reprodução* das desigualdades e segregações sociais. Todo o sistema escolar e universitário funciona como uma máquina de afastar do sucesso escolar as crianças das classes dominadas. O maior instrumento dessa seleção é a língua, usada de modo muito desigual pelas crianças oriundas de categorias sociais diferentes. Para ter acesso às fileiras da excelência é preciso dominar um "capital lingüístico rentável do ponto de vista escolar", capital de que dispõem os "herdeiros" (ver o livro de Bourdieu e Passeron com esse título). O *habitus* dos atores sociais do sistema permite que este funcione contrariamente às suas convicções ideológicas (os docentes são majoritariamente "de esquerda"). A educação escolar aparece assim como uma violência simbólica e institucional. Juntamente com as desigualdades, a escola reproduz os esquemas ideológicos que as justificam.

Edição brasileira: *A reprodução: elementos para uma teoria do sistema de ensino*, Rio de Janeiro, Francisco Alves, 1982.
Estudo: P. Ansart, *Les sociologies contemporaines*, Le Seuil, 1990.

REPÚBLICA (A), ou Sobre a justiça,
Πολιτεία, ἢ Περὶ δικαίου,
○ entre 385 e 370 a.C.
PLATÃO, 428/427-348/347 a.C.
Diálogo.

A divisão tradicional da obra magna de Platão em dez livros não corresponde a nenhuma divisão desejada pelo autor nem à ordem cronológica de sua composição. O texto apresenta-se originalmente na forma de colóquio contínuo entre Sócrates e um pequeno número de discípulos e amigos sobre a natureza da política.

O livro I procura definir a justiça: será ela dar a cada um o que lhe é devido? Fazer o bem aos amigos e mal aos inimigos? Isso seria piorá-los! A justiça não pode produzir injustiça. Trasímaco protesta: justo é o que é útil ao mais forte, aos governantes que fazem as leis em seu interesse. Mas toda arte, e a política assim como a medicina, não agirá no interesse de seus sujeitos? Aqui Trasímaco tira a máscara louvando a injustiça. A discussão passa então a girar em torno da discórdia e da impossibilidade de agir, oriundas da injustiça, em seus aspectos individual e social. Ora, um ser só pode atingir a felicidade cumprindo a função que lhe é própria: não estaria aí já a definição da justiça?

No livro II, a felicidade do justo sofre os ataques de Glauco: a justiça não passa de máscara útil; quem possuísse o anel de Giges, que torna a vontade invisível, poderia parecer justo sem ser. Para provar que a justiça é um bem em si, Sócrates decide examinar sua natureza na escala da cidade, e não mais do indivíduo. Descreve primeiro a gênese da cidade, nascida das necessidades e da divisão do trabalho, depois o surgimento dos requintes, e por fim as conquistas e as guerras, que tornam necessária a manutenção de guerreiros, ou guardiães. Aí começa a descrição de um ideal político: o guardião deve ter dons naturais e receber uma educação baseada no valor exemplar dos modelos oferecidos à criança; Platão exclui as fábulas que apresentem deuses imorais, assim como no livro III exclui a música, dolente e debilitante. Do mesmo modo, a ginástica deve desenvolver a força moral, mais que a força física. Os comandantes desses guardiães serão escolhidos entre os mais velhos, os mais ilustrados e que mais amem a cidade. Para que não defendam seu bem pessoal mais que o bem comum, deverão crer que têm por mãe a terra de sua cidade, e que esta produziu três classes de homens, respectivamente de ouro, prata e ferro: chefes, guerreiros, artesãos e trabalhadores: os guardiães não terão nenhum bem próprio, mas serão alimentados e alojados em comunidade pela cidade.

No livro IV é formulada a questão do bem-estar dos guardiães. Mas o que conta é a felicidade da cidade inteira, e não a de alguns. Dar aos guardiães bens próprios criaria duas cidades opostas: a dos ricos e a dos pobres. Ora, é a unidade da cidade que faz sua força. Mas terá ela justiça? A sabedoria está na ciência dos dirigentes, a coragem está nos guerreiros, a temperança na obediência aos que devem comandar, e a justiça existe porque cada classe cumpre sua função sem usurpar a das outras. Isso pode ser aplicado à definição de justiça no plano individual, se a alma tem três partes assim como a cidade tem três classes. Ora, quando no homem existem um desejo e alguma coisa que o retém, esses dois efeitos contrários só podem provir de duas partes distintas: uma racional e outra desiderante, às quais é preciso acrescentar uma parte irascível, distinta das duas primeiras, pois pode dar sustentação a uma ou a outra. Essa tripartição da alma permite aplicar-lhe a definição de justiça: que a razão auxiliada pela cólera comande o desejo, e cada parte cumprirá sua função, realizando a harmonia interior. Sendo a injustiça o conflito interno da alma, está resolvida a questão da felicidade do justo.

No livro V Platão enfrenta três "vagas" de ridículo que podem vencê-lo. Elucidando o ideal de vida comum dos guardiães, preconiza em primeiro lugar a mesma educação para os homens e as mulheres: suas diferenças não importam para a função de guardião. Essas mulheres – e essa é a segunda vaga – não serão propriedade deste ou daquele homem, mas serão comuns a todos, e as crianças também. Os guardiães, unidos pela comunhão de alegrias e tristezas, viverão na concórdia: finalmente, a felicidade deles não será mais negligenciada que a felicidade da cidade. Mas uma tal cidade será exeqüível? Trata-se de um modelo de que é preciso aproximar-se o máximo possível – o que prenuncia os ideais de segundo plano de *O político** e *Leis**. Para fundar uma cidade próxima do modelo, é preciso que os filósofos se tornem reis, ou reis-filósofos, e essa é a terceira vaga. Mas é preciso distinguir os filósofos dos simples curiosos, que confundem ser imutável com multidão das coisas mutáveis.

A política desemboca então na metafísica, o que é confirmado no livro VI: a multidão perverte em grandes vícios as grandes qualidades do homem dotado, privando-o de seu alimento próprio: a prova dos perigos e dos prazeres, e a prova de um grande número de ciências, até o acesso final à Idéia de Bem, cuja imagem no mundo sensível é o Sol. O conhecimento do Bem possibilita a ciência das essências, assim como o Sol permite ver o visível; o Bem dá ser às essências, assim como o Sol permite a geração do sensível. Mas, assim como o Sol não é geração, o Bem não é essência, porém está acima de toda essência "em dignidade e poder". Não devemos confundir Idéia do Bem e Deus pessoal: o Bem é o princípio de todo ser, mas um princípio que não fala, que não se revela, e não é objeto de fé, mas de inteligência.

A imagem de uma linha permite distinguir os gêneros de realidades: seus dois segmentos representam, respectivamente, o visível e o inteligível. O visível se subdivide em imagens (sombras, reflexos na água ou nos espelhos) e em objetos visíveis que dão essas imagens; a relação entre a imagem e o objeto é a mesma que há entre opinião e ciência. O inteligível compreende em primeiro lugar os objetos matemáticos que a alma atinge utilizando figuras visíveis como imagens e inferindo suas propriedades a partir de hipóteses claras, mas não demonstradas; a segunda divisão do inteligível, feita das essências, é conhecida pela dialética, que vai das hipóteses a seus princípios, utilizando apenas o raciocínio. Assim, distinguem-se quatro tipos de conhecimentos cada vez menos verdadeiros: inteligência, ciência discursiva, crença e conjectura.

O livro VII mostra homens acorrentados, com o rosto voltado para o fundo de uma caverna, onde só enxergam sombras projetadas pelo fogo que há atrás deles, sombras que eles interpretam como as únicas realidades existentes. Se um deles sair da caverna, primeiramente ficará ofuscado e precisará ser constrangido pelo hábito a ver as sombras, depois os objetos e depois o próprio Sol: se voltar para a caverna, não distinguirá mais nada, e os prisioneiros rirão dele e poderão até matá-lo. É uma alegoria das relações entre o homem e os objetos da linha: nós somos esses prisioneiros; a caverna é o mundo sensível; o fogo que projeta as sombras é o sol; a saída da caverna é a ascensão para o inteligível: o homem liberto, ao voltar para a caverna, é a imagem do filósofo, escarnecido pelos ignorantes. A educação é essa ascensão da alma, à qual a cidade deve levar os mais dotados, não para a felicidade deles, mas para que desçam de novo a fim de governar a cidade; essa educação compreende aritmética, geometria, astronomia – não como ciência dos movimentos visíveis dos astros, mas como conhecimento dos modelos matemáticos de que eles se aproximam: essas ciências são um prelúdio à dialética. Essa educação supõe um espírito sintético e idade madura, para que a dialética não se transforme em jogo estéril: pois o homem indigno da filosofia a desacredita; mas o homem que pôde contemplar o Bem o utilizará "como modelo para governar a cidade".

A esse governo perfeito o livro VIII opõe os governos oriundos da corrupção de costumes dos cidadãos, pois "tudo o que nasce está sujeito à corrupção", mesmo uma cidade bem constituída. Primeiramente, na *timocracia*, guardiães menos dotados compartilham os bens comuns e submetem as outras classes: neles domina a parte irascível da alma, o amor pelo poder e pelas honras. Na *oligarquia*, a cidade se divide em ricos e pobres; o homem não é mais ambicioso, porém avaro. Quando os pobres se revoltam, cai-se na democracia, reino da licença, em que o homem não distingue mais desejos necessários e desejos supérfluos. E do excesso de liberdade surge o excesso de servidão, a *tirania*, em que um demagogo se torna senhor de escravos.

Por isso, no livro IX, o homem tirânico é descrito como o homem de desejos desregrados, os que aparecem nos sonhos. Esse homem injusto é feliz? Platão responde com três argumentos: compara a cidade tirânica, infeliz porque escrava do tirano, e o tirano, infeliz porque escravo de seus desejos: cada parte da alma tem seus prazeres, mas só o filósofo conhece todos e pode julgar, preferindo os prazeres do sábio aos do tirano; por fim, opõe a simples cessação da dor aos prazeres reais, oriundos apenas do ser imutável.

O livro X retoma a crítica aos artistas: eles praticam a imitação afastada do real, pois o marceneiro imita a Idéia do leito, e o pintor imita essa imitação; assim também, um poeta trágico só cria fantasmas e, além disso, perturba a alma ao imitar sobretudo sua parte irascível. Por fim, que recompensa se deve esperar da prática da virtude? A maior delas se situa na vida imortal da alma; uma prova disso é que, visto que um mal que lhe é próprio, a injustiça, não provoca a sua morte, muito menos o faria um mal do corpo que lhe seja estranho. *A república* termina com o mito de Er, descrevendo o julgamento e a reencarnação das almas segundo a escolha delas, que depende da vida passada; a filosofia é, portanto, necessária para que não haja enganos.

Obra da maturidade de Platão, *A república* abrange quase toda a sua filosofia, da ética à política e à metafísica: dá origem à maioria das problemáticas filosóficas nesses âmbitos.

Edição brasileira: *A república*, São Paulo, Martins Fontes, no prelo.
Estudo: A. Diès, introdução na edição francesa: *La république* (trad. É. Chambry), 3 vols., Les Belles Lettres, 1967-1989.

REPÚBLICA (DA),

De re publica, c. 51 a.C.
CÍCERO (MARCUS TULLIUS CICERO), 106-43 a.C.

Essa obra foi composta de 54 a 51, entre *De oratore* [*Do orador*] – que Cícero considerava a primeira de suas obras filosóficas – e *De legibus* [*Das leis**], com os quais forma uma trilogia. Já em 59 Cícero decidira dedicar-se à filosofia; reuniu então um bom número de livros gregos e latinos, entre o quais o célebre *A república** de Platão, que serve de modelo a *De re publica*. Em 55, escreveu um discurso, *Pro Sestio* (*Em favor de Séstio*), no qual apresenta já um programa político ideal, que será retomado e desenvolvido em *Da república* e, depois, em *De legibus*.

Esse tratado é escrito na forma de diálogo: trata-se de uma conversa fictícia entre nove personagens históricas, que se desenrola nos jardins de Cipião, nos arredores de Roma, no mês de fevereiro ou março do ano 129 a.C.

Entre esses nove interlocutores, a palavra é dada mais particularmente a Cipião, que conduz a discussão entre seu sobrinho, Tuberão, seus dois genros e alguns amigos. Todos se interessam pela arte militar, por política e pela cultura greco-latina.

Escrito numa época conturbada, o diálogo se atém aos problemas apresentados pela organização do Estado e às soluções possíveis para melhorar a política. A questão é saber como restituir a unidade ao poder.

Cipião, chefe do partido aristocrático, é convidado a propor uma definição da melhor Constituição. Para responder, baseia-se no modelo romano. A república é a "coisa do povo" (do latim *re*, "coisa", e *publica*, "do povo"). O povo é constituído por homens associados pelo direito a partir de interesses que lhes são comuns.

Segundo as diferentes Constituições possíveis, a direção do Estado pode ser assumida por um homem, um grupo ou pelo próprio povo: trata-se, respectivamente, da monarquia, da aristocracia e da democracia. Mas cada um desses regimes pode provocar dissensões ou mesmo disfunções, que fragilizam o equilíbrio do poder. É preciso, sobretudo, evitar que esses regimes degenerem em tirania, oligarquia ou oclocracia (tirania do povo). Por isso, Cipião prefere um "gênero misto", a fim de assegurar relativa estabilidade do poder.

Entre as qualidades necessárias ao exercício do poder, além da força moral, da saúde física e da inteligência, o dirigente deverá demonstrar previdência (*providentia*), sabedoria (*consilium*) e perspicácia (*prudentia*). Para que a cidade seja justa e honesta, é indispensável educar tanto o dirigente quanto o povo. Essas virtudes políticas não deixam de lembrar a idéia do filósofo-rei, definida na *República* de Platão. Pode-se também fazer um paralelo entre o "sonho de Cipião" e o mito de Er, citado pelo filósofo grego no fim da *República*. Nesse sonho, Cipião, transportado para os céus, reencontra o pai, Paulo Emílio, e o avô adotivo, Cipião, o africano. Este último mostra a Cipião a vaidade da glória terrena e o exorta a optar pela virtude verdadeira. Ao contrário do corpo, a alma é imortal e divina; exercitando a alma nas mais elevadas atividades, o cidadão contribui para salvar a pátria, pelo que será recompensado na vida eterna.

Esse ideal é o de Cícero, que, como Cipião, vivia numa sociedade que passava por conturbações políticas graves.

O *De re publica* teve imenso sucesso, nunca desmentido até o final do século XIX, como demonstra a influência exercida por esse diálogo nos campos político, filosófico e intelectual. Esse tratado inspirou a ideologia imperial romana: o ideal político que ele defende será realizado, segundo Plínio, o Jovem, no reinado de Trajano. Embora Sêneca atribua à obra um interesse mais filosófico, Tácito faz dela uma leitura política.

No entanto, ainda que continue sendo lida até o século V, é muito criticada pelos autores cristãos. Assim, Agostinho, em *Cidade de Deus**, nega que Roma tenha sido um Estado de direito. A obra, por razões políticas ou religiosas, ficou desaparecida durante muitos anos, mas o "Sonho de Cipião", separado do restante, teve sucesso ininterrupto até o Renascimento, graças a seu conteúdo platônico-pitagórico e à sua religiosidade.

Edição brasileira: *Da república*, São Paulo, Abril, 1973.

Estudo: P. Grimal, *Cicéron*, Fayard, 1986.

RESSENTIMENTO NA CONSTRUÇÃO DA MORAL (O),

Das Ressentiment im Aufbau der Moralen, 1923.
MAX SCHELER, 1874-1928.

Esse importante ensaio é uma crítica aos valores e à moral cristãos observados por Scheler no início do século. Escrutando seu tema à maneira de um fenomenologista, ele analisa o ressentimento de um modo que não deixa de lembrar Nietzsche (cf. *Genealogia da moral**). Considera o ressentimento um veneno psicológico que provoca uma deformação mais ou menos permanente dos valores. Ademais, sua origem mais importante é o desejo de *vingança*. Max Scheler, que apesar de tudo é católico, propõe uma moral cristã *depurada*, desembaraçada desse ressentimento que muitas vezes atormenta a consciência religiosa.

Scheler influenciou muito pensadores tão diversos quanto Heidegger, Gabriel Marcel, Sartre, Merleau-Ponty e Ricoeur.

Estudo: M. Dupuy, *La philosophie de Max Scheler*, 2 vols., col. "Épiméthée", P.U.F., 1959.

RETÓRICA, Τέχνη ῥητορική,

○ entre 329 e 323 a.C.
ARISTÓTELES, 384-322 a.C.

Essa obra de Aristóteles compõe-se de três livros: os dois primeiros são dedicados à matéria do discurso, ou seja, à argumentação, enquanto o terceiro trata da forma do discurso.

O primeiro livro propõe uma análise da argumentação produzida pelo orador. Aristóteles distingue dois tipos de argumentação na arte oratória: o entimema (ἐνθύμημα, *enthimema*) e o exemplo (παράδειγμα, *paradeigma*). Define o primeiro como o "silogismo da retórica", pois tem a particularidade de que suas premissas são simplesmente verossimilhantes. Quanto ao exemplo, Aristóteles o compara à indução, pois permite atingir o geral a partir de casos individuais. Em seguida o autor classifica os discursos em três gêneros (γένη, *gené*), segundo a função do ouvinte. Se o ouvinte julga o futuro, estamos diante de um discurso *deliberativo*; se ele julga o passado, trata-se de um discurso *judicativo*. Em compensação, se estiver presente apenas na qualidade de ouvinte, como pode ocorrer numa representação teatral, o discurso é de tipo *epidítico*: é um discurso de aparato. Aristóteles voltará a essas considerações objetivas nos capítulos 18 a 26 do segundo livro.

O terceiro livro é dedicado a argumentações que não se baseiam na validade formal do discurso, mas sim na dimensão psicológica própria a todo discurso, a saber, a disposição do espírito do ouvinte, a credibilidade do orador e as paixões que podem animar o auditório. É assim que Aristóteles dedica os dezessete primeiros capítulos do livro II ao estudo da confiança que o orador deve inspirar (capítulo 1), às diferentes paixões que animam os homens (capítulo 2 a capítulo 11), ao caráter do ouvinte conforme seja ele jovem ou idoso, rico ou não (capítulo 12 a capítulo 17). Por fim, Aristóteles termina esse livro com o estudo dos lugares (τόποι, *topoi*) do discurso, ou dos traços comuns a todos os gêneros de discurso. São assim distinguidos, por exemplo, o discurso que versa sobre o possível e o que versa sobre o impossível.

O último livro é formado por duas partes: uma é dedicada ao estilo do discurso, a outra, à ordem das partes do discurso.

Edição brasileira: *Retórica*, São Paulo, Nova Cultural, 1986 (Os pensadores).

Estudo: A. Wartelle, *Lexique de la rhétorique d'Aristote*, Les Belles Lettres, 1982.

REVELAÇÕES DE MECA,

de 1201 a 1231.
IBN ARABI, 1165-1240.

Essa obra representa o testamento espiritual de Ibn Arabi. Nela ele expõe, etapa por etapa e em conjunto com sua vivência pessoal e seus estudos religiosos, a concepção que tem de vida mística, sua percepção do mundo e sua doutrina do universo.

O mundo é composto por uma substância única da qual procede toda a criação, inclusive o homem: cada elemento do universo é uma parcela divina. Deus é uno e indivisível; tudo parte dele e para ele volta. Aqui são retomadas as idéias metafísicas que Ibn Arabi expusera em *Livro das teofanias*, ensaio de juventude que inspirou todo o seu pensamento filosófico e iniciou a missão que ele se impusera: livrar a fé das contingências materiais e reconfortar o crente quanto ao amor de Deus. As *Revelações* são também um hino ao amor: amor de Deus por suas criaturas, amor do homem a Deus, que o criou para receber e irradiar a luz divina, amor universal que sustenta o mundo e permite o desabrochar individual. O livro, concebido como um guia espiritual para os muçulmanos, é uma das jóias da filosofia islâmica em geral e da mística sufi em particular.

Ibn Arabi, contemporâneo de Averróis, é considerado um dos mestres espirituais do islamismo, embora seu pensamento, que desenvolve o paradoxo e a contradição, tenha provocado muitas polêmicas entre os doutores da Lei corânica.

Estudo: M. Chodkiewicz, *Le sceau des saints. Prophétie et sainteté dans la doctrine d'Ibn'Arabi*, Gallimard, 1986.

REVOLUÇÃO (DA), *On Revolution*, 1963.

HANNAH ARENDT, 1906-1975.

Essa obra analisa e compara as revoluções americana e francesa, e avalia suas respectivas repercussões sobre a evolução do mundo contemporâneo. O objetivo é mostrar que a única revolução bem-sucedida é a americana, enquanto se deve atribuir à Revolução Francesa o desvio sofrido pela história moderna.

Entre as noções de liberdade e igualdade, os revolucionários franceses sempre preferiram a segunda, enquanto os americanos optaram pela liberdade. O princípio de liberdade é, outrossim, o que anima a Constituição atual dos Estados Unidos.

Filósofa e crítica política, Arendt tem ainda hoje um grande público.

Edição brasileira: *Da revolução*, Ática/UnB, São Paulo/Brasília, 1988.
Estudo: A. Enegren, *La pensée politique de Hannah Arendt*, P.U.F., 1984.

REVOLUÇÃO PERMANENTE (A),

1928-1931.
TROTSKI (Lev Davidovitch Bronstein, dito Leon), 1879-1941.

Os pontos essenciais da tese dessa obra foram formulados por Trotski, segundo suas leituras de Marx, antes de 1905, dando rapidamente origem a divergências entre os bolcheviques e os mencheviques. "Revolução permanente" designa uma revolução que é democrática antes de ser socialista, e que, por seu internacionalismo, se opõe ao socialismo nacional, que permanece isolado. Freqüentemente atacado por Stalin e Lênin em seus escritos, Trotski ficou escandalizado diante da falsificação de suas idéias e da história em geral. Mas foi mais especificamente uma obra de Radek, qualificada por Trotski de "degringolada ideológica", que o levou a escrever esse livro. Nele, Trotski reexamina seus antigos textos para responder a todas essas falsificações e críticas e examinar seus próprios erros, ao mesmo tempo em que se vincula à atualidade, fazendo observações sobre o Oriente e a revolução espanhola.

Edição brasileira: *Revolução permanente*, São Paulo, Ed. Ciências Humanas, 1979.
Estudo: A. Brossat, *Aux origines de la révolution permanente. La pensée politique du jeune Trotski*, Maspero, 1973.

REVOLUÇÃO SEXUAL (A),

The Sexual Revolution, 1945.
WILHELM REICH, 1897-1957.

Essa obra se situa na confluência do marxismo com a psicanálise. É mesmo o início da corrente que, chamada de freudomarxismo, terá certa celebridade (sobretudo com Marcuse).

Reich, médico comunista, expõe as conseqüências da "miséria sexual das massas", em particular da juventude. O autoritarismo burguês e a moral religiosa dão origem a uma infinidade de interditos, tabus e repressões referentes à sexualidade: prazer, masturbação, sexualidade pré-conjugal dos adolescentes e até sexualidade não procriativa. A interiorização desses tabus e a dissociação entre amor "respeitável" (em suas formas nobres, idealizadas, platônicas) e sexualidade puramente física terminam na frustração das massas, de conseqüências desastrosas. No primeiro plano dessas conseqüências, encontram-se os distúrbios da sexualidade e do orgasmo, seguidos pelas diversas formas de desvio da sexualidade (pornografia, violação real ou fantasiada, prostituição...).

Essas frustrações sexuais também têm efeito no plano social: revigoramento e generalização do sentimento de culpa, medo da liberdade, tendência à resignação – efeitos explorados por todos os poderes repressivos. Ao mesmo tempo que o espírito de liberdade é cerceado, desenvolve-se a mentalidade recalcada do "Zé-ninguém", descrita em outro texto por Reich (*Escute, Zé-ninguém*): mentalidade violenta daquele que tenta resolver suas contradições psíquicas na ação e no culto ao chefe (ver também *Psicologia de massas do fascismo**).

Reich vê na revolução comunista a condição necessária da libertação sexual. Mas ressalta ao mesmo tempo que esta última é indispensável ao sucesso da primeira. Pois, se não for favorecido o desabrochar de uma sexualidade e de caracteres mais sadios, as estruturas psíquicas do recalcamento conduzirão infalivelmente ao autoritarismo. Foi o que levou Reich a aprovar e a defender as medidas progressistas dos primórdios da revolução soviética em matéria de sexualidade, família e costumes.

Edição brasileira: *A revolução sexual*, Rio de Janeiro, Guanabara, 1988.
Estudo: C. Sinelnikoft, *L'oeuvre de Wilhelm Reich*, Maspero, 1970.

RISO (O),

Ensaio sobre a significação do cômico,
Le rire. Essai sur la signification du comique, 1900.
HENRI BERGSON, 1859-1941.

Bergson aplica-se nessa obra a determinar os "procedimentos de fabricação do cômico". A noção central é a de *automatismo*: é cômico aquilo que faz referência a um processo mecânico. Por outro lado, o riso cria uma situação de cumplicidade, o que faz dele um gesto social: através da ironia, permite trazer de volta à realidade aqueles que se entregam aos hábitos e ao orgulho.

Há o cômico de situação (automatismo), o cômico verbal, em que uma idéia sugere um sentimento, e o cômico de caráter, observado nas personagens de comédias.

Análise conceitual, esse estudo também é respeitado no campo literário.

Edição brasileira: *O riso*, São Paulo, Martins Fontes, no prelo.
Estudo: G. Deleuze, *Le bergsonisme*, col. "Le Philosophe", P.U.F., 1989.

RITOS E A CONDIÇÃO HUMANA (OS),

Les rites et la condition humaine, 1957.
JEAN CAZENEUVE, nascido em 1915.

Essa obra não propõe um conjunto de princípios etnológicos, mas uma tese original, segundo a qual o estudo dos povos afastados de nós (no caso as sociedades indígenas do Novo México) pode nos ajudar a compreender a condição humana, as raízes da humanidade.

O rito tem a função de organizar as relações da ordem humana com aquilo que a supera: o religioso ou o espiritual. Cazeneuve chama esta última ordem de *numinosa,* ou potência sobrenatural. É o ritual que preserva o grupo humano e garante sua identidade.

Estudo: A. Akoun, *Dictionnaire des philosophes*, P.U.F., 1984.

ROMA, O LIVRO DAS FUNDAÇÕES,

Rome, le livre des fondations, 1983.
MICHEL SERRES, nascido em 1930.

Atenas ou Roma, qual a origem de nossa civilização? Haverá uma ordem, um princípio fundador que explique o súbito desenvolvimento de nossa sociedade? Para Michel Serres, a lei fundadora, a lei de ordem, nada mais é que ódio e destruição. No entanto, a construção original assemelha-se à de pacíficas bolas de argila – as cidades –, parecidas com as que são depositadas pelos cupins, bolas esparsas, sem unidade. Mas em algum lugar o cupinzeiro é construído, como Roma ou a torre de Babel, onde se amontoam várias dessas bolas. "A bola latina absorve a Grécia", Roma arrasa Alba e Cartago.

Essa é a fundação, hegemônica e violenta. E como ela ocorre? Da forma descrita pela lenda: Rômulo funda Roma e mata o irmão Remo; o assassinato é a origem, comparável a uma "caixa-preta", em que nada seria explicado. Mas a fundação é também uma "caixa-branca": a de Alba (do latim *alba*, alva), a da Grécia, que é luz (origem da verdade, da explicação), a dos mitos (expressões dos deuses). "No começo é a caixa-preta, o desconhecimento, nosso zero de informação. No começo é o branco, todos os mundos possíveis." Alba, a branca, constitui a origem dos lugares, a matriz principial, "onde o tempo não começou". Ela é a cera sobre a qual Roma imprime seu sinete. A fundação se torna real no ponto de encontro entre o negativo e o positivo (como, em fotografia, o claro-escuro). E se "o homem é o lobo do homem", segundo Hobbes, ele é também sagrado para o homem, segundo Spinoza; amar contém odiar. Finalmente, é o homem da multidão que funda a civilização; a multidão é uma multiplicidade que se unifica: ela é ao mesmo tempo preta e branca.

A intenção de Serres é dupla: mostrar que há um sentido que precede todo fundamento, mas que não pode explicitar o instante em que o branco se torna negro, em que a fundação é realmente fundada. A única coisa que sabemos dessa conversão é que ela se estabelece sobre um assassinato. E essa é a outra razão dessa investigação: "nós não suportamos mais a tanatocracia" (poder de morte): trazê-la à tona é tentar libertar-se dela. Ao mesmo tempo que se refere à tradição – Platão, Leibniz, Demócrito, Newton –, o autor contrapõe-se à concepção clássica da origem de nossa civilização: a onipotência não é mais a Grécia ou o Egito, mas Roma. Esse livro é a peça central de uma trilogia sobre as fundações cujas duas outras são *Gênese* (1982) e *Estátuas* (1987).

Estudo: A. Crahay, Michel Serres, *La mutation du cogito, genèse du transcendantal objectif*, De Boeck-Wesmael/Éd. Universitaires, 1988.

ROUSSEAU JUIZ DE JEAN-JACQUES. DIÁLOGOS,

Rousseau juge de Jean-Jacques. Dialogues, 1782.
JEAN-JACQUES ROUSSEAU, 1712-1778.

Composta de 1772 a 1776, entre *Confissões* e *Devaneios de um caminhante solitário*, essa obra se situa no esforço de justificação de Rousseau perante a posteridade.

Em três diálogos entre "um francês" e ele, Rousseau esforça-se por responder à pergunta "Quem sou eu?", e apela para as gerações futuras. Esses *Diálogos* não chegam a ser tão sublimes quanto os *Devaneios*; no entanto, servem de preparação para estes, possibilitando a sua realização: nesta obra alguns acreditaram discernir os sinais da "loucura" (delírio paranóico) de Rousseau.

Estudo: J. Starobinski, *Jean-Jacques Rousseau. La transparence et l'obstacle*, col. "Tel", Gallimard, 1976.

S

SABEDORIA DOS PROFETAS (A),

○ 1229.

IBN ARABI, 1165-1240.

Ibn Arabi é considerado um dos mestres do sufismo, doutrina esotérica islâmica. Foi a ele que coube teorizar o monismo ontológico que caracteriza essa doutrina. *A sabedoria dos profetas*, nesse sentido, é a quintessência do pensamento religioso do filósofo.

A obra trata da natureza imutável da sabedoria divina tal qual nos é revelada pelos diferentes profetas. O autor insiste na especificidade desses profetas que, ao mesmo tempo, são os receptáculos da sabedoria divina e estão contidos no verbo divino. Ibn Arabi tenta assim pôr em evidência a característica principal da revelação divina, que é desposar a natureza do homem que a recebe e anuncia, ou seja, o profeta. Os 27 capítulos desse livro são dedicados a definir o tipo de revelação própria a cada um dos 27 profetas do Alcorão, de Adão a Maomé.

Estudo: M. Chodkiewicz, *Le sceau des saints: prophétie et sainteté dans la doctrine d'Ibn 'Arabi*, Gallimard, 1986.

SÁBIO (DO), *De sapiente*, 1510-1511.

CHARLES DE BOVELLES OU DE BOUELLES (Carolus Bovillus), c. 1475-após 1553.

O autor elabora nessa obra um humanismo cristão baseado no conceito de Trindade. Para ele, o mundo se compõe de insipientes e de sapientes: o insipiente é um ser incompleto e imperfeito; o sapiente, em compensação, é o único que reúne as três qualidades essenciais para agir como homem livre: razão, imaginação e sentidos. Influenciado pelos autores cristãos (em particular por Agostinho) e pelos humanistas, o autor elabora uma teoria original, realçada por um estilo cheio de imagens e por um tom estranho e inesperado.

Estudo: *Charles de Bovelles et son cinquième centenaire, 1479-1979*, Actes du Colloque de Noyon, Éd. de la Maisnie, 1982.

SAGRADA FAMÍLIA OU CRÍTICA DA CRÍTICA CRÍTICA (A).

Contra Bruno Bauer e consortes,

Die heilige Familie oder Kritik der kritischen Kritik. Gegen Bruno Bauer und Konsorten, 1845.

KARL MARX, 1818-1883, e FRIEDRICH ENGELS, 1820-1895.

Essa obra de caráter polêmico é o primeiro texto comum de Marx e Engels. A "Sagrada Família" que esse panfleto tem em vista designa o jovem hegeliano Bruno Bauer e seus partidários. Marx denuncia a sua crítica idealista e espiritualista da política, que, segundo ele, faz parte de uma abstração filosófica nefasta à prática revolucionária.

Embora os adversários refutados por Marx nessa obra não tenham marcado a história das idéias, *Sagrada Família* contém as premissas do materialismo histórico marxista.

Estudo: D. McLellan, *Les jeunes hégéliens et Karl Marx*, Payot, 1972.

SAGRADO E O PROFANO (O),

Le sacré et le profane, 1956.
MIRCEA ELIADE, 1907-1986.

Essa obra pretende ser uma introdução geral ao estudo fenomenológico e histórico dos fatos religiosos. Partindo da oposição entre profano e sagrado, o autor mostra que a manifestação do sagrado – ou *hierofania* – constitui a experiência fundamental do *homo religiosus*. O objeto, o espaço e o tempo sagrados manifestam uma transcendência ontológica, uma superioridade qualitativa que os torna radicalmente diferentes dos objetos, espaços ou tempos profanos. No sagrado mostra-se algo de "totalmente diferente", que não diz mais respeito à realidade finita e ordinária, mas a uma realidade sobrenatural "em que desabrocha a perfeita plenitude do ser".

Enquanto o espaço profano, por exemplo, apresenta perfeita homogeneidade, o espaço sagrado, em todas as religiões, constitui-se a partir de um Centro, de um "ponto fixo" que funda o Mundo e lhe confere estrutura. Assim também, ao tempo profano, que é contínuo e linear, opõe-se o tempo sagrado, tempo cíclico marcado pelas festas e pelos ritos.

Embora o sagrado e o profano constituam dois modos inconciliáveis de ser-no-mundo, Eliade observa que o homem arreligioso das sociedades modernas se comporta ainda religiosamente, sem saber. Nas festas que acompanham o ano novo, o casamento ou o nascimento de uma criança, em seus tabus e superstições, nos roteiros iniciáticos que marcam a entrada na escola ou no exército, a maioria dos homens perpetua, inconscientemente e de forma degradada, práticas cuja origem e cujo significado são religiosos.

Edição brasileira: *O sagrado e o profano*, São Paulo, Martins Fontes, 1992.

Estudo: D. Allen, *Mircea Eliade et le phénomène religieux*, Payot, 1982.

SEGUNDO SEXO (O),

Le deuxième sexe, 1949.
SIMONE DE BEAUVOIR, 1908-1986.

Esse livro de aproximadamente mil páginas sobre a condição das mulheres gira em torno da temática existencialista própria das obras de Simone de Beauvoir; a análise teórica nele contida é alimentada pela investigação intelectual e por conhecimentos precisos. O objetivo é entender e explicar a situação da mulher na sociedade, bem como revelar o que é *ser mulher*: "Tentaremos mostrar como é constituída a 'realidade feminina', por que a mulher foi definida como Outro..."

Dois tomos são dedicados a esse Estudo: o primeiro volume, *Fatos e mitos*, rejeita a idéia de que existiria uma feminilidade originária, pois não há essência ou arquétipo da mulher: "Não somos mulheres, tornamo-nos mulheres", escreve a autora numa frase que resume toda a obra. Em outras palavras, será preciso reconhecer que ser mulher decorre antes de mais nada de um condicionamento social.

O segundo volume, *Experiência vivida*, revela sem hipocrisias a alienação das mulheres; e a autora explica por que a mulher foi definida como o Outro, e "por que ela é o inessencial diante do essencial", uma vez que o homem sempre foi reconhecido como o sujeito ou o absoluto.

Simone de Beauvoir "reumaniza" a mulher de pleno direito, lembrando o caráter ontológico de sua condição, que a iguala ao homem.

Edição brasileira: *O segundo sexo*, São Paulo, Difel, 1960.

Estudo: S. de Beauvoir, *Le deuxième sexe*, análise crítica, col. "Profil d'une oeuvre", Hatier, 1977.

SEGUNDOS ANALÍTICOS.

ARISTÓTELES.
VER ORGANON.

SEIS LIVROS DA REPÚBLICA (OS),
Les six livres de la république, 1576.
JEAN BODIN, c. 1530-1596.

No século XVI, a palavra "República" não designava um Estado de soberania popular, mas a instituição estatal em geral. Essa obra tem em vista defender a monarquia francesa, ameaçada de fora por seus vizinhos e de dentro pelas reivindicações dos parlamentos. Bodin demonstra preocupações políticas realistas, preferindo uma análise do funcionamento das instituições à utopia. Pelo nível de elaboração, sua teoria da soberania não tem precedentes na literatura política. Sua tipologia dos regimes insere-se no legado da *Política** de Aristóteles. Bodin mostra-se partidário da monarquia, mas não em sua forma absolutista.

Esvaziando a religião da problemática política e privilegiando a perspectiva histórica e "sociológica", *Os seis livros da república* constituem uma etapa importante no movimento de secularização do pensamento político.

Estudo: P. Mesnard, *L'essor de la philosophie politique au XVIe siècle*, Vrin, 1969.

SEMINÁRIO (O), *Le séminaire*, 1973-1991.
JACQUES LACAN, 1901-1981.
Coletânea de conferências.

Jacques Lacan ganhou celebridade com suas conferências, às quais o público parisiense afluía. De seu abundante ensino, que teve início em 1953 e prosseguiu até sua morte, os editores extraíram a matéria de cerca de vinte volumes, reunidos com um título genérico: *O seminário.* Trata-se na realidade dos textos de diferentes seminários dedicados a temas sempre mais ou menos vinculados à psicanálise. Assim, o primeiro seminário trata dos "Escritos técnicos de Freud"; o segundo examina o "Ego"; o terceiro, as "Psicoses". São abordados outros assuntos, como "A ética da psicanálise" (seminário VII), "A transferência" (seminário VIII) ou "O reverso da psicanálise" (seminário XVII). Apesar da grande diversidade de temas, a pesquisa lacaniana persegue um objetivo único e sempre reafirmado: encontrar a expressão freudiana, voltar "ao sentido de Freud". Isto porque, para Lacan, os psicanalistas contemporâneos – divididos em inúmeras escolas, correntes e igrejinhas – desconhecem os textos mesmos de Freud; isso quando simplesmente não pretendem superá-lo! Assim, teriam reincidido numa psicologia pré-freudiana, ao atribuírem uma realidade objetiva a certas noções – tais como o *id*, o *ego*, o *superego*, ou ainda as *pulsões* – que para Freud só tinham valor de símbolos.

Segundo Lacan, a psicanálise é uma disciplina que versa sobre a linguagem do inconsciente, e não sobre manifestações biológicas ou psicológicas observáveis. Conseqüentemente, a tarefa do analista consiste essencialmente em decifrar essa linguagem, para trazer à tona desejos que só existem como *representações*. Por isso, é lógico que a prática analítica estude os diversos "significantes" (imagens dos sonhos, lapsos, atos falhos) através dos quais o inconsciente se exprime. Ao afirmar precisamente que este é "estruturado como linguagem", Lacan quis pôr em evidência o elo estreito que une psicanálise e lingüística.

Estudo: J. Dor, *Introduction à la lecture de Lacan: l'inconscient structuré comme un langage*, Denoël, 1985.

SEMIÓTICA E FILOSOFIA DA LINGUAGEM, *Semiotica e filosofia del linguaggio*, 1984.
UMBERTO ECO, nascido em 1932.

Essa obra tem por vocação unificar o campo diversificado da semiótica graças às duas teses seguintes: a semiótica geral deve ser considerada uma filosofia da linguagem; mas a semiótica atravessa uma crise que só pode ser superada por meio de uma reconstrução histórica. Além disso, Eco propõe a elaboração de uma pesquisa semiótica baseada no "paradigma enciclopédico", assim como a transformação do "signo como equivalência" em um "signo como inferência".

Edição brasileira: *Semiótica e filosofia da linguagem*, São Paulo, Ática, 1991.

SENTENÇAS, *Liber quatuor sententiarum*,

○ 1148-1152.
PEDRO LOMBARDO, c. 1100-1160.
Suma teológica.

Base da especulação filosófica medieval, os quatro livros de *Sentenças* tratam do mistério da Trindade, do problema da criação e da situação das criaturas, da Encarnação, da ação do Espírito Santo, dos sacramentos. Essa suma, que ensejou inúmeros comentários, será superada, na tradição, pela *Suma teológica** de Tomás de Aquino.

Estudo: J. Annat, "Pierre Lombard et ses sources patristiques", in *Bulletin de littérature ecclésiastique*, 1906.

SENTIDO DA BELEZA (O),

The Sense of Beauty, 1896.
GEORGE SANTAYANA, 1863-1952.
Coletânea de aulas sobre estética.

Nessa obra de juventude, o autor se interroga sobre as condições nas quais se manifesta a beleza, as exigências às quais um objeto deve satisfazer para ser considerado belo e a natureza das atitudes psicológicas que nos permitem apreender a beleza. Para Santayana, a arte visa antes de mais nada a criar uma harmonia entre nossa personalidade e nossa experiência.

Essa obra manifesta um antidogmatismo e uma abertura mental que se traduzem numa visão estética do universo que atingirá forma mais acabada em *A vida da razão**.

Estudo: J. Duron, *La pensée de George Santayana: Santayana en Amérique*, Nizet, 1950.

SENTIDO DO SOFRIMENTO (O),

Vom Sinn des Leides, 1936.
MAX SCHELER, 1874-1928.
Coletânea de três ensaios.

Essa obra reúne três ensaios: *O sentido do sofrimento*, que dá título ao livro, *Arrependimento e renascimento* e *Amor e conhecimento*.

O fato de o sofrimento ser um estado que nos abala e nos toca mais que qualquer outro leva a pensar que ele tem um significado secreto que nos escapa por "estarmos sempre absorvidos por ele e pelos esforços que fazemos para dele nos livrarmos". Não devemos remediar o sofrimento, porém penetrar sua natureza íntima. Assim, Scheler acredita que o sofrimento está ligado ao *sacrifício* daquilo que tem valor inferior por algo que tem valor superior. Da mesma maneira, ele está ligado à morte e ao amor. "O sofrimento" – afirma o autor – "obriga-nos a subordinar nossa vida sensível a uma atividade espiritual cada vez mais elevada." Scheler defende aí uma concepção cristã do sofrimento, segundo a qual este é aceitação – e não resignação –, oportunidade de elevação sem amargor.

Estudo: M. Dupuy, *La philosophie de Max Scheler. Son évolution et son unité*, 2 vols., P.U.F., 1959.

SENTIMENTO TRÁGICO DA VIDA NOS HOMENS E NOS POVOS (DO),

Del sentimiento trágico de la vida en los hombres y en los pueblos, 1913.
MIGUEL DE UNAMUNO, 1864-1936.

A obra maior do filósofo espanhol não pertence a nenhuma categoria filosófica determinada, mas, por matizes existencialistas, está vinculada à inspiração de Kierkegaard, Nietzsche ou Heinrich von Kleist – homens mais apaixonados pela sabedoria do que pela ciência racional.

Para o autor, o sentimento que temos da vida é absolutamente primário; irredutível à racionalidade, é dele que decorre toda filosofia, toda concepção do mundo e até mesmo todo pensamento. Assim, esse sentimento, ao invés de provir de certas idéias, determina-as. Comum a todos os homens e a todos os povos, o "sentimento trágico da vida" exprime nossa "sede de imortalidade", sede que a ciência – esse "cemitério de idéias mortas" – é impotente para estancar.

Unamuno questiona o dualismo entre coração e razão, postulado pelos racionalistas, que só consideram e admitem o que diz respeito à pura abstração. O autor está, ao contrário, convencido de que a verdadeira raiz das idéias reside no coração dos homens. Por isso, é grave erro querer pôr a lógica a serviço da teologia. Basta acreditar para que Deus exista, e nem todas as provas do mundo mudarão coisa alguma.

Essa obra é essencialmente uma meditação sobre o sentido da existência e sobre a realidade do homem, "sendo o homem concreto o sujeito e o supremo objeto da filosofia..." A dialética fundamental da filosofia unamuniana diz respeito à relação do homem com Deus, da existência com a eternidade. Só valem aqui na Terra "as razões que o coração sente".

Unamuno provocou uma verdadeira renovação da filosofia na Espanha; sua influência estende-se à Itália e à Alemanha, bem como à Inglaterra e à Rússia.

Edição brasileira: *Do sentimento trágico da vida*, São Paulo, Martins Fontes, 1996.

Estudo: A. Guy, *Unamuno et la soif d'éternité*, Seghers, 1964.

SER E DA ESSÊNCIA (DO),

De ente et essentia, ○ antes de 1254.
Tomás de Aquino (santo), c. 1225-1274.

O objetivo dessa obra é definir o "ser" e a "essência". O "ser" abrange coisas ou palavras que não têm necessariamente realidade; "essência", em compensação, designa elementos que têm realidade, que existem. Entre esses elementos, há substâncias simples que são formadas por uma única coisa (forma ou matéria), e substâncias compostas, que aliam várias coisas (forma, matéria e acidente). As criaturas angélicas pertencem ao primeiro grupo; as humanas, ao segundo. Por isso, as substâncias simples, superiores, são menos acessíveis a nosso intelecto que as outras.

O autor, que se reporta a Aristóteles, Avicena e Averróis, rompe aqui com o platonismo cristão: prova a existência de Deus, forma pura e perfeita, na qual essência e existência se identificam. Deus, portanto, está ao mesmo tempo no ápice da existência e da essência.

Estudo: É. Gilson, *Le thomisme. Introduction à la philosophie de Saint Thomas d'Aquin*, Vrin, 1983.

SER E DO UNO (DO),

De ente e uno, 1496.
Giovanni Pico della Mirandola, 1463-1494.

Nessa obra é colocada a questão do dever do filósofo: não será ela a busca da unidade e da concórdia? Platão e Aristóteles são conciliados na identificação do Ser com o Uno. Santo Agostinho vai mais longe ainda ao identificar o Ser com a Verdade e o Bem. Assim, o mal e o falso são o nada: o filósofo opõe-se aos maniqueístas.

Estudo: H. de Lubac, *Pic de la Mirandole*, Aubier-Montaigne, 1974.

SER E ESSÊNCIA, *L'être et l'essence*, 1948.

Étienne Gilson, 1884-1978.

A complexidade do problema do ser e da existência provém das confusões existentes em filosofia acerca da palavra "ser", desde Kant até nossos dias, sobretudo da impossibilidade de distinguir claramente o modo como um objeto existe como conceito e a existência real do objeto (o conceito de mesa não é a mesa real). A existência é um atributo, uma qualidade do objeto existente? Gilson responde negativamente: para ele, a maneira como o pensamento moderno relaciona o ser com a existência, e reciprocamente, é origem dos paradoxos que impedem "qualquer uso filosófico da noção de ser". *Ser e essência*, publicado em 1948, ou seja, cinco anos depois de *O ser e o nada**, de Sartre, propõe uma nova visão do ser, em particular do ser tal qual concebido por Tomás de Aquino. Rompe com a tradição idealista e fenomenológica para recuperar, além dos discursos dialéticos, uma visão mais pura e sã do ser.

Estudo: *Étienne Gilson et nous, Actes du colloque sur l'actualité de la pensée d'Etienne Gilson* (Paris, 1979), Vrin, 1980.

SER E O NADA (O),

Ensaio de ontologia fenomenológica,
L'être et le néant, Essai d'ontologie phénoménologique, 1943.
JEAN-PAUL SARTRE, 1905-1980.

Em 1943 foi publicada a primeira edição dessa obra, a mais célebre de seu ilustre autor: Jean-Paul Sartre. Chega a ser considerada o marco inicial de toda a história do existencialismo francês: ela é o ponto de partida do existencialismo ateu, visto que o existencialismo cristão teria nascido em 1927 com o *Diário metafísico** de Gabriel Marcel; os dois livros, aliás, foram publicados pela mesma editora (Gallimard) e na mesma coleção: a "Bibliothèque des Idées".

A idéia diretriz da obra de Sartre vem de Husserl: "Toda consciência é consciência de algo." Para Sartre não existe propriamente inconsciente. O homem deve sempre estar consciente de alguma coisa, a começar de si mesmo. Enquanto a matéria "resiste", o objeto "consiste", o animal "subsiste", só o homem existe realmente: sempre tem consciência de ser. É o que Sartre chama de "ser para si", em oposição à matéria ou aos animais, que constituem o "ser em si". O homem que se recusa a tomar consciência de seu ser enreda-se naquilo que Sartre chama de "má-fé" e num universo de "porcos". A má-fé, em Sartre, consiste em recusar-se a tomar consciência de si mesmo, sobretudo de sua liberdade. Pois, para Sartre, existência e liberdade andam juntas: existir, para um homem, é ser livre. O homem sempre tem a escolha de seus atos: é totalmente responsável por eles. Assim, diz Sartre: "O homem nasce livre, responsável e sem desculpas." Aquele que se refugia em vãs justificativas, sob pretexto de não ter podido agir de outro modo, é um mentiroso, um enganador, um trapaceiro. "Recusar-se a escolher é escolher não escolher"!

Portanto, o homem tem sempre a possibilidade, ou mesmo a necessidade, de escolher o caminho que será seu, de escolher os *Caminhos da liberdade* que se abrem diante dele e que ele aceitará ou não trilhar, segundo tenha a coragem de assumir suas responsabilidades ou prefira refugiar-se na má-fé do determinismo. Num exemplo célebre, Sartre cita o caso de um garçom que exerce seu ofício fazendo a mímica que deve fazer, com presteza e agilidade notáveis. Segundo Sartre, toda a sua conduta parece uma representação cênica. Mas o que ele está representando? "O papel de *ser* garçom. [...] O garçom imita a sua condição para a realizar", e Sartre compara então a atitude do garçom com a dos outros comerciantes. "A condição deles é uma cerimônia; o público exige que eles a realizem como uma cerimônia: há a dança do merceeiro, do alfaiate, do leiloeiro, com as quais eles se esforçam por convencer a clientela de que não passam de merceeiro, leiloeiro, alfaiate. Um merceeiro que sonhe é ofensivo para o comprador, porque não é mais completamente merceeiro." O garçom e os três comerciantes se "coisificam": tornam-se coisas em si, encerrados na má-fé, incapazes de assumir sua existência, seu "ser para si".

Sartre cita também a má-fé da jovem mulher cortejada por um homem cujas intenções ela intui perfeitamente: "Ela se apega apenas àquilo que de respeitoso e discreto há na atitude de seu parceiro. Não interpreta essa conduta como uma tentativa de realizar o que se costuma chamar de 'relação íntima' [...]. Destitui [esse comportamento] de seu fundo sexual, atribui à conversa e à conduta de seu interlocutor significados imediatos que ela encara como qualidades objetivas" congelando-os "numa permanência coisista". "O homem que está falando com ela parece-lhe sincero e respeitoso assim como a mesa é redonda ou quadrada [...]. É porque ela não está ciente do que deseja: ela é profundamente sensível ao desejo que inspira, mas o desejo nu e cru a humilharia, horrorizaria." Portanto, ela toma seu próprio corpo e a conduta de seu parceiro como *coisas*. São seres em si. Não resta lugar algum para a consciência de si mesma (o para-si), nem para as possibilidades de seu livre-arbítrio, nem para a consciência de sua liberdade. É mais forte que ela: ela não pode agir de outra maneira. Não tem a liberdade – portanto a responsabilidade – de agir como gostaria. "A recusa da liberdade só pode ser concebida como tentativa de se ver como ser em si."

Tudo ocorre como se o ser estivesse cercado por uma espécie de "invólucro de nada", nada que constitui as diversas possibilidades – ou seja, a liberdade – do homem. O existencialismo sartriano consiste, pois, em opor o ser livre, cuja existência e liberdade se confundem, ao ser – coisa em si – para quem tudo está determinado de antemão e que não possui margem alguma, domínio algum de libertação possível. A esses dois níveis de seres vai suceder, em Sartre, um terceiro grau, "o ser por outro". O homem não vive solitário, num mundo de que os outros teriam sido eliminados. Não pode fechar-se como Montaigne em sua biblioteca, nem como Robinson numa ilha deserta. A existência dos outros, portanto, vai obrigá-lo a uma segunda superação. Ele deve transcender o "em-si" para elevá-lo ao "para-si". Deverá superar-se de novo, até mesmo ultrapassar-se, para atingir a atitude do "para outro". Cerca de um terço da obra é dedicado ao problema da existência do outro, partindo do solipsismo clássico e opondo-lhe as atitudes de Husserl, Hegel e Heidegger. Na realidade, para Descartes ou Spinoza, só há conhecimento de si, por si e para si. A mônada não tem portas nem janelas, segundo Leibniz, e portanto só podemos comunicar-nos uns com os outros numa perspectiva muito superficial. Malebranche, falando de outrem, reporta desdenhosamente a sua compreensão ao simples "conhecimento por conjectura". Até o século XIX, nenhum filósofo realmente acreditou na existência metafísica do outro. É por isso que Sartre dá um passo importante ao afirmar que "só posso definir-me em relação ao outro". O "para-si" é apenas uma etapa: é preciso chegar ao "para outro". O homem vai definir-se progressivamente pela história de suas relações com o outro. Mas Sartre não acredita numa verdadeira relação de simpatia entre os seres. Ele propende mais para uma espécie de apatia preliminar que faria dos seres inimigos fundamentais e permanentes. Todos sabem: o amor é cego. Mas o ódio permite ver com mais clareza. Ninguém nos conhece melhor que nosso pior inimigo!

O conhecimento do outro vai, pois, permitir que eu me defina por aproximações sucessivas: "Assim, posso aparecer para mim como qualidade transcendente a que se referem os atos e as intenções do outro; mas, como a objetividade do outro destrói minha objetividade para ele, é como sujeito internado que me apreendo como aquilo a que se referem suas intenções e seus atos. Coloco-me, pois, opondo-me ao outro, e realizo o que pode ser o 'para outro' mirando-me em sua própria imagem." Até mesmo nossa ação só pode realizar-se na nossa relação e por nossa relação com o outro. Sartre é, antes de tudo, um pragmatista, o "fazer" é muito mais essencial que o "pensar" ou o "dizer". É por isso que pôde afirmar: "Fazer, fazendo-se fazer, e não ser nada mais que aquilo que se faz."

A repercussão dessa obra foi considerável. Foram vendidos milhares de exemplares de 1943 a 1946, e a escola existencialista desenvolveu-se a partir de sua publicação. Testemunho disso foi o sucesso do lançamento de *Temps modernes*, cujo primeiro número, que saiu em outubro de 1945, conseguira reunir, além dos dois discípulos mais fiéis de Sartre (Simone de Beauvoir, a quem é dedicado *O ser e o nada*, e Merleau-Ponty), pensadores tão diferentes como Albert Camus, Raymond Aron, Jean Wahl, Michel Leiris, Maurice de Gandillac, Georges Bataille, Emmanuel Levinas etc. Não é exagero dizer que, de 1943 a 1970, *O ser e o nada* foi o livro mais cultuado, a obra de referência por excelência, o texto mais citado pelos jovens filósofos que se situaram na esfera de influência do existencialismo. A partir de 1970, o movimento estruturalista de certa forma enfraqueceu a repercussão desse grande livro, que hoje já não exerce a mesma influência junto aos estudantes de filosofia. Mas sem dúvida sua importância histórica foi considerável, e sua posição no movimento das idéias do século XX situa Sartre como um dos "mestres" das gerações que se sucederam de 1940 a 1990, ou seja, por meio século de pensamento ocidental. Não erraríamos se disséssemos que nos Estados Unidos essa obra continua exercendo uma influência mais forte que na Europa, e que lá Sartre é considerado o Voltaire do século XX.

Edição brasileira: *O ser e o nada*, Petrópolis, Vozes, 1997.
Estudos: M. Contat e M. Rybalka, *Les écrits de Sartre*, Gallimard, 1970. A. Cohen-Solal, *Sartre*, Gallimard, 1985.

SER E OS SERES (O),

Ensaio de ontologia concreta e integral,
L'être et les êtres. Essai d'ontologie concrète et intégrale, 1935.
MAURICE BLONDEL, 1861-1949.

Esse ensaio de ontologia propõe, numa inquietação metafísica, o problema dos seres e do Absoluto – problemática da multiplicidade existencial em relação ao Uno. Como tornar compatíveis o Ser necessário (Deus) e os seres contingentes?

O Ser subsiste por sua própria auto-suficiência, enquanto os existentes só perduram graças à sua sustentação ontológica; o conjunto dos seres pode igualar-se à noção de ser, pois esta contém em si a noção de Infinito incomensurável. Há, pois, uma diferença de natureza evidente entre o ser imaterial e os seres finitos. No entanto, Maurice Blondel eleva os seres a essa noção de infinito, dá um sentido à sua existência e os reunifica ao descobrir uma "lógica dos seres"; esta afirma a unidade do universo em sua multiplicidade: o homem participa [simultaneamente] de Deus e da matéria pela encarnação. Traz em si uma exigência sobrenatural que é sua verdade e que o impele a agir, mas sem que ele jamais possa reencontrar-se. Só a fé pode levá-lo a Deus, e ele já pressente, em sua própria existência, essa possibilidade de unificação.

Maurice Blondel, em sua trajetória rumo ao Ser, soube aliar, sem reduções, religião e filosofia.

Estudo: *L'itinéraire philosophique de Maurice Blondel* (entrevista a F. Lefèvre), Ed. Spes, 1928.

SER E TEMPO, *Sein und Zeit*, 1927.

MARTIN HEIDEGGER, 1889-1976.

Nessa obra inacabada, que trata apenas do *Dasein* (realidade humana), o Ser é visto através do homem. Ademais, o tempo não é a antítese do Ser. O Ser é já devir. A questão do Ser é uma questão tradicional. Conhecer é interpretar o que está além das aparências. Todavia, ainda que a existência dê acesso ao Ser, o problema heideggeriano do Ser na verdade é o problema da essência da verdade. Assim, desde o início, anuncia-se a questão sobre o sentido do Ser. O Ser em questão suscita outra questão: a do esquecimento do sentido do Ser. É a aporia essencial. Mas, na matéria, não se pode declarar a contingência subjetiva nem a transcendência objetiva do Ser. A existência define-se na relação com o Ser.

Ao mesmo tempo Ser em geral e Ser em particular, o Ser interrogado pelo *Dasein* (ou existência, realidade humana) é o Ser do *Dasein*. Segundo se interprete essa obra a partir de uma obra ulterior ou de qualquer outra pertencente à imensa produção de Heidegger, a perspectiva diferente confere um sentido diferente. Mas a obra em si diz o quê de si mesma? Essa deveria ser a pergunta. A totalidade original da realidade humana deve ser interpretada. Esse é o fundamento ou o sentido ontológico do cuidar que implica a temporalidade. As investigações orientam-se, portanto, para a interrogação dos fundamentos do Ser. Se o *Dasein* é compreensão, isso significa que ele é cuidar na temporalidade? A analítica do *Dasein* é puramente ontológica. Elaboração da questão do Ser, essa obra é também *interpretação* enquanto *elaboração*. Do instrumento à historicidade, cumpre interpretar seguindo a busca de uma ontologia. Quer se trate de angústia, cuidado, morte, cotidianidade ou decadência, é preciso um sentido existencial ontológico. A mesma coisa é válida para a decadência ou o cuidar. "Existencial" não é sinônimo de "ontológico". Mas existir é ter em seu Ser relação com o Ser.

E para Heidegger as análises existenciais têm alcance ontológico. A hermenêutica do *Dasein* diz respeito à análise do Ser preocupado no mundo. Se o ente é preliminar, é porque o tema da busca é, precisamente, o Ser. Portanto, após a evidência da necessidade, da estrutura e da prioridade da questão do Ser, passa-se à dupla tarefa de elaboração da questão do Ser segundo um método apropriado. A interpretação da existência relativamente à temporalidade e à explicação do tempo como horizonte transcendente permitirão elucidar a questão. É para isso que a análise fundamental do *Dasein* vai preparar.

A analítica do *Dasein* não pode ser confundida com antropologia nem com psicologia ou biologia. A constituição fundamental do *Dasein* se nos apresenta como Ser no mundo. O mundo é necessariamente provido de "mundanidade". Mas que mundo é esse? Que horizonte é esse ao qual é sempre preciso voltar? Por certo é a contextura das referências constitutivas da compreensão do Ser, no *Dasein*. A estrutura do mundo permite descobrir a condição de possibilidade de um ente intramundano. Instrumento e espaço, através de sua análise, conferem a evidência da estrutura do mundo. Essa estrutura leva a compreender o mundo em sua relação com a existência. O *Dasein* e o mundo estão em interdependência. Ao mesmo tempo, pode-se deduzir uma separação entre *Dasein* e mundo. Poder-se-ia também observar que o *Dasein* é no mundo. Ele tem um Ser no mundo analisável.

Compreender é projetar: o projeto do *Dasein* é o lugar do desenvolvimento de uma potência efetiva própria do *Dasein*. O Ser-no-mundo e sua compreensão têm estrutura circular. E uma vez que o *Dasein* é no mundo, o logos também será no mundo. O logos do *Dasein* cotidiano deve ser escutado. O *Dasein* refugia-se na cotidianidade: foge porque se angustia. Do que a angústia se angustia? A ameaça permeia o *Dasein*. É o Ser-no-mundo que gera a angústia. Trata-se de pouca coisa, mas é a solidão do *Dasein*. É também o próprio poder do *Dasein*, que se beneficia de um Ser. Pois o *Dasein* chega assim à transparência que lhe é revelada pelo Ser. Ou seja, o Cuidado. Lançado no mundo, o *Dasein* está na dependência do mundo. Com ele, verifica-se a estrutura de um questionamento do Ser. O mundo, o estado intramundano e o Ser se descobrem com o *Dasein* que os revela. O *Dasein* no mundo vê seu modo de Ser constituído pela compreensão interrogativa na qual o Ser do *Dasein* é a possibilidade do questionamento do Ser. Por conseguinte, nada há de mais ontológico que o *Dasein*.

Recapitulemos. Na primeira parte, vimos como se preparava a análise fundamental da existência como *Dasein*, assim como Ser-no-mundo, mundanidade do mundo, Ser-no-mundo como Ser-com e Ser-próprio. Vem em seguida o Ser-em como tal. É o que vamos examinar agora. O fato de estar aí como Ser-aí é onticamente a coisa mais conhecida. Sobretudo no modo da dor como modo de estar. É o que Heidegger designa como Ser cotidiano e Cuidado, como Ser do *Dasein*. Por isso, a realidade aparece como problema ontológico: ela é "resistência" e mesmo essência da resistência.

A segunda parte trata do *Dasein* e da temporalidade com base no resultado da análise fundamental do *Dasein* e em face do dever de proceder a uma interpretação existencial original desse ente. Mas a temporalidade do *Dasein* não é um ente: ela temporaliza suas modalidades. Eis por que a finitude e a morte são possibilidades autênticas do projeto ontológico. A temporalidade do *Dasein* fundamenta a apreensão do Ser por vir. Pois a temporalidade comporta um caráter extático. Ela possibilita o projeto do *Dasein* como questionador do Ser. O projeto do Ser está perpetuamente recebendo a questão do Ser. E o Ser "compreende", desde que "repetidas" as estruturas evidentes. A articulação temporal torna presentes essas estruturas que são as do *Dasein*. A temporalidade nada mais faz senão articular as possibilidades de sua unidade extática. Se aparecem estruturas não autênticas, é porque também elas são temporalizadas através do *Dasein*. A continuidade e a constância na ipseidade correm o risco de cair na banalidade de um modo inautêntico.

A experiência da morte do Outro possibilita a apreensão de um *Dasein* em sua totalidade. Há no *Dasein* uma resolução antecipadora da morte, que no-lo dá em sua autenticidade. A preocupação mundana quer-se temporal. A estrutura temporal da mundanidade do *Dasein* revela-se na dificuldade que o *Dasein* tem para superar seu projeto. A transcendência extática, fundada na temporalidade, é transgressão. Os horizontes são intransponíveis. É na finitude que o *Dasein* elabora a questão do Ser. Existência e transcendência são da ordem da efetividade, ou mesmo da ordem da "facticidade". Mundo e *Dasein* revelam-se idênticos. Ao constituir temporalmente o cotidiano, o *Dasein* exprime o "como" da existência. Ora, ele é essencialmente "histórico". A historicidade do *Dasein* manifesta-se no modo da temporalidade e no da cotidianidade. A historicidade é construída existencialmente. É na visão prévia da morte que o Dasein é lançado em sua totalidade. É nessa apropriação do Ser-lançado-na-morte que o *Dasein* constitui sua historicidade. Voltamos à idéia de temporalidade extática e devemos qualificá-la de "finita": o mundo histórico precisa-se no horizonte da temporalidade extática do *Dasein*, que é, pois, "histórica". O Ser passado é repetido ou retomado na historicidade autêntica. A revelação na qual consiste em grande parte a ciência histórica nada mais significa que a reapresentação do passado. A história como ciência revela, pois, as possibilidades passadas do *Dasein*. Portanto, quem diz "historicidade" diz constituição temporal do *Dasein* enquanto no mundo no qual ele se constrói.

Voltemos então à questão ontológica. A historicidade permite que o *Dasein* se identifique concretamente com a questão e, sobretudo, com o modo de questionamento ontológico. Nas perspectivas da ontologia, o que se constitui totalmente é a cotidianidade histórica concreta. Essa total concreção permite interpretar o *Dasein* cotidiano. A preocupação do tempo acrescenta a evidência de uma estrutura existencial temporal. Lançado no mundo, finalmente, o *Dasein* faz falta a si mesmo. A intratemporalidade caracteriza o tempo público, ou o uso do relógio. A medida do tempo da preocupação do *Dasein* se temporaliza na leitura do tempo. E o tempo do mundo é temporalizado pela temporalidade extática do *Dasein*.

Edição brasileira: *Ser e tempo*, Petrópolis, Vozes, 1988.
Estudo: A. Chapal, *L'ontologie phénoménologique de Heidegger*, Éditions Universitaires, 1962.

SER E TER, *Être et avoir*, 1935.
GABRIEL MARCEL, 1889-1973.

Essa obra é dividida em duas partes. A primeira, intitulada "Ser e Ter", constitui a seqüência do *Diário metafísico**, com o "Esboço de uma fenomenologia do Ter". A segunda contém três estudos sobre o tema "Fé e Realidade". A distinção entre o Ser e o Ter aparece no *Diário metafísico* (16 de março de 1923). Ter é poder dispor de, ou possuir um poder sobre, mas esse modo de ter implica a interposição do corpo. Ademais, Marcel destaca a *tensão* que opõe a interioridade à exterioridade no fato de ter. Tensão entre o *tenho* e *a coisa que tenho*. Mas essa tensão se manifesta também no que o filósofo chama de tragédia do Ter. Isto porque o corpo é o ponto de referência do Ter, mas o que possuo faz, de algum modo, parte de mim, ao mesmo tempo que não faz realmente parte, pois posso perder o que tenho, mas nem por isso deixar de existir. Há, pois, uma ambigüidade fundamental no cerne da noção de Ter. Assim, Marcel liga o Ter à ansiedade, ao desejo, ao sofrimento, à escravidão, à morte.

Contudo, é possível sublimar o Ter em Ser, pois convém considerar o Ter não como exterior ao Ser, mas como constituinte de uma maneira de existir. Assim, essa sublimação do Ter em Ser é possível modificando-se essa maneira de existir. Da posse bruta e maciça, pode-se passar para uma espécie de criação pessoal. Uma coisa à qual estamos *vitalmente* ligados transforma-se em "matéria perpetuamente renovada de uma criação pessoal". Marcel toma o exemplo do jardim para quem o cultiva, ou do instrumento musical para o intérprete. Aí, o objeto não é mais apenas possuído; ele é como sublimado em ser. Torna-se prolongamento da interioridade. "Onde houver criação pura, o ter como tal será transcendido ou ainda volatilizado no bojo dessa criação."

Essa obra é essencial para a compreensão do pensamento de Marcel. Contém uma tentativa de explicitação do tema fundamental do pensamento do filósofo.

Estudo: M.-M. Davy, *Un philosophe itinerant: Gabriel Marcel*, Flammarion, 1959.

SERVO-ARBÍTRIO (DO),
De servo arbitrio, 1525.
MARTINHO LUTERO, 1483-1546.

Esse tratado é orientado contra o *Ensaio sobre o livre-arbítrio** de Erasmo. Lutero nega a noção de livre-arbítrio afirmando que a razão, que "possui alguma coisa de divino", é uma "prostituta" (*sic*) porque abandona seu próprio terreno para tentar conhecer o que diz respeito exclusivamente a Deus e à fé. Essa tese, ilustrada já em *Disputação sobre o homem*, é retomada em *De servo arbitrio*.

Lutero trata nessa obra da vontade do homem, que é tão impotente quanto sua razão. O determinismo teológico opõe-se ao livre-arbítrio. É Deus que ordena e produz tudo por sua vontade: essa onipotência não deixa espaço algum para o livre-arbítrio. Professá-lo é cometer uma injúria em relação a Deus. Mas se o livre-arbítrio é ilusório, segue-se que os méritos baseados nas obras do homem também o são, pois não há obras livres. Portanto, não poderia haver esperança de salvação devido a algum mérito. Lutero ressalta que a própria idéia de justificação pelas obras não leva em conta a profundidade da corrupção da natureza humana. Com efeito, acreditar que um homem pode resgatar-se por meio de boas ações implica conceber o pecado como um fato acidental que o pecador poderia, de algum modo, compensar por meio de atos louváveis. Na realidade, só a fé pode transformar o homem.

Lutero, reformador da Igreja, deu origem à corrente protestante. Sua influência foi e continua sendo tão grande que hoje em dia se estende a milhões de fiéis.

Estudo: J. Boisset, *Érasme et Luther libre ou serf arbitre?*, P.U.F., 1962.

SETE UPANIXADES,

○ entre os séculos XI e III a.C.
ANÔNIMO.
Antologia de textos védicos.

Essa coletânea reúne excertos de sete textos indianos considerados sagrados. Redigidos em sânscrito, todos tratam da noção de ser, da co-naturalidade do *âtman* e do *brahman*, ou seja, do ego pessoal e do Eu universal.

Os *Upanixades* são em grande parte cosmogonias ou cosmologias. A principal delas, a *Chandogyaupanishad*, afirma a identidade de natureza entre o eu interior e o ser do universo. A natureza "material" é ilusão (*maya*). Esses são os principais textos sagrados da Índia, e dão uma visão geral das filosofias indianas.

Estudo: J. Varenne, *Cosmogonies védiques*, Les Belles Lettres, 1982.

SIGNIFICADO E NECESSIDADE,

Meaning and Necessity, 1947.
RUDOLF CARNAP, 1891-1970.
Terceira parte de *Studies in Semantics*, 1942-1947.

O principal objetivo dessa obra é vincular conceitos modais a conceitos semânticos. Nela Carnap propõe uma análise semântica do significado, a partir de um método chamado de *extensão* e de *intensão* [de intensidade], que rompe com os métodos clássicos baseados na denominação. É esse novo método que ele tenta aplicar à lógica modal.

Esse texto é particularmente importante para a compreensão do debate que ocorreu entre Carnap e Quine.

Estudo: J. Proust, *Questions de forme: logique et proposition analytique de Kant à Carnap*, Fayard, 1986.

SIGNIFICADO E VERDADE,

An Inquiry into Meaning and Truth, 1940.
BERTRAND RUSSELL, 1872-1970.

Obra mestra de sua filosofia de última fase, *Significado e verdade* demonstra a preocupação de Russell em abordar os problemas do conhecimento dos pontos de vista psicológico e lógico, ao mesmo tempo. As principais questões nela examinadas – a possibilidade de eliminar os "particulares-egocêntricos", existência de uma linguagem-objeto e de uma hierarquia de linguagens, definição de verdade – permitem que Russell sustente teses originais na matéria.

Estudo: J. Vuillemin, *La logique et le monde sensible*, Flammarion, 1971.

SIGNOS, *Signes*, 1960.

MAURICE MERLEAU-PONTY, 1908-1961.
Coletânea de ensaios filosóficos e de artigos políticos.

À primeira vista parece complicado falar de uma obra à qual faltam manifestamente características essenciais como unidade e coerência. Mas Merleau-Ponty, ao prefaciar *Signos* em 1960, não estava nada preocupado com a diversidade desses ensaios; só temia "ter falado alto demais", sobretudo em política.

Em suas várias menções ao problema comunista (Indochina, 13 de maio de 1958, o pós-guerra europeu entusiasmado com o pensamento marxista), o filósofo reconhecerá seus "erros de prognóstico", e o prefácio de *Signos*, verdadeiro testamento do autor de *Fenomenologia da percepção**, é uma oportunidade para expor uma nova visão da história. Esta não mais se mostra lógica, porém caprichosa, sem remorsos; "nunca se confessa", e, embora lhe façamos perguntas completas, as respostas que ela dá são lacunares e duvidosas. Portanto, Merleau-Ponty parece renunciar à filosofia da história: contra as doutrinas que oneravam a história com o peso da razão, de um projeto sob o qual ela acabava por desaparecer, ele parece propor – como confirmam *Résumés de cours* (1968) – a contingência da história diante de sua lógica.

São porém os artigos filosóficos que constituem o essencial da obra: daremos destaque aos que Merleau-Ponty dedica a seus "mestres": Maquiavel, por um lado, e Husserl por outro, que, com sua fenomenologia da linguagem e, sobretudo, com *A origem da geometria**, influenciou consideravelmente a filosofia da expressão de Merleau-Ponty.

O artigo intitulado "A linguagem indireta e as vozes do silêncio" faz um apanhado bastante substancial disso. Esse "ensaio", cujo texto, depois de reformulado, foi retomado em *A prosa do mundo**, e no qual se percebe o eco explícito do texto de Malraux (*Vozes do silêncio*, 1951), apresenta uma fenomenologia da fala, gesto de expressão criativa que, tanto quanto a pintura, revela o *logos* silencioso das coisas. Esse paralelo constante, entre a fala que só diz sobre o fundo de silêncio e a pintura que fala sendo muda, é a oportunidade em que Merleau-Ponty amplia seu campo de investigações e compreende o sentido da história cultural que reúne num único movimento todos os esforços de expressão: à história empírica, "historicidade de morte", ele opõe a historicidade secreta, pudica, não deliberada, involuntária, viva.

Por conseguinte, *Signos* parece abrir para o leitor as duas perspectivas que foram do pensador. A da política primeiramente, pois, sendo bem mais que um editorialista comum, Merleau-Ponty nunca se contentou em pensar a atualidade política: ele a viveu dolorosamente e assistiu ao abalo das esperanças marxistas: em *Aventuras da dialética* (1955), ele voltaria a falar dessas dolorosas rupturas. A filosofia, como pensamento de nossa relação com o Ser, constitui, evidentemente, a segunda dessas orientações, e nela toma forma uma nova ontologia.

Edição brasileira: *Signos*, São Paulo, Martins Fontes, 1991.

Estudo: X. Tilliette, *Merleau-Ponty*, col. "Philosophes de tous les temps", Seghers, 1970.

SINTAXE LÓGICA DA LINGUAGEM,

Logische Syntax der Sprache, 1934.
RUDOLF CARNAP, 1891-1970.

Essa obra marca uma guinada importante na evolução do pensamento de Carnap. Este abandona a idéia de linguagem formal ideal em favor da construção de linguagens formais capazes de corresponder a propósitos diferentes (por exemplo: L1, satisfatória para a matemática intuicionista; L2, necessária à matemática clássica).

Carnap também formula nesse livro seu *princípio de tolerância* (em lógica não há moral) e introduz sua célebre distinção entre modo *material* e modo *formal* do discurso. A abordagem é ainda puramente sintática. As objeções de Tarski levarão Carnap a adotar um ponto de vista semântico alguns anos mais tarde, sobretudo em sua *Introdução à semântica**.

Estudo: J. Vuillemin, *La logique et le monde sensible*, Flammarion, 1971.

SÍNTESE SUBJETIVA, ou Sistema universal das concepções próprias ao estado normal da humanidade,

Synthése subjective, ou *Système universel des conceptions propres à l'état normal de l'humanité,* 1856.
AUGUSTE COMTE, 1798-1857.

Síntese subjetiva é a última obra do fundador do positivismo. Trata-se de uma obra desconcertante e difícil, de que Auguste Comte só teve tempo de publicar o primeiro tomo: *Sistema de lógica positiva*, ou *Tratado de filosofia matemática*.

A introdução do *Tratado* expõe as convergências que Comte acredita ter detectado entre o positivismo e o fetichismo, primeiro estágio do estado teológico. Ele apresenta também a "trindade" positivista: o "Grande Ser" (humanidade), o "Grande Fetiche" (planeta Terra) e o "Grande Meio" (o espaço matemático).

As convenções de redação excessivamente estranhas que o autor adota refletem a orientação esotérica da doutrina de Comte em seu último período.

Estudo: P. Arnaud, *Le nouveau Dieu. Préliminaires à la politique positive*, Vrin, 1973.

SISTEMA DA ÉTICA SEGUNDO OS PRINCÍPIOS DA DOUTRINA DA CIÊNCIA, *System der Sittenlehre nach Principien der Wissenschaftslehre*, 1798.

JOHANN GOTTLIEB FICHTE, 1762-1814.

No texto programático de 1794, *Sobre o conceito da doutrina da ciência*, Fichte mostrava que, para ser uma ciência, a filosofia deve ter a forma circular do sistema, ou seja, reencontrar no fim o que foi posto no começo. *Sistema da ética* propõe-se, assim, encontrar o princípio fundador, o Eu absoluto como Idéia, tal como foi depreendido pela *Doutrina da ciência*.

Enquanto *Fundamento do direito natural segundo os princípios da doutrina da ciência** é o elemento mediador entre a filosofia teórica e a filosofia prática, estando, por conseguinte, no centro do sistema, a ética, por sua vez, deve permitir que a forma circular do sistema encontre o ponto preciso em que se fecha.

O encadeamento das proposições que permite remontar ao princípio fundador é de grande rigor: Fichte afirma primeiramente que a moralidade reside na unidade das consciências. O direito possibilitou a comunidade, que, por sua vez, é exigida pela realidade da ordem moral.

O imperativo categórico, visto exprimir o dever absoluto de todos os homens, não tem como único objetivo a submissão dos pendores à lei moral; em outras palavras, não visa apenas ao aperfeiçoamento do indivíduo: "quem se isola renuncia a seu destino", pois se desinteressa do progresso moral. Ora, cumpre trabalhar para realizar a moral fora de si, "na sociedade". O imperativo categórico supremo torna-se dever para com os outros, "dever social". É por isso que cumpre superar o dualismo kantiano natureza/razão. A originalidade e o modernismo de Fichte residem na seguinte exigência: que o corpo não seja mais obstáculo, porém meio. É preciso integrar a natureza à liberdade; esse é o objetivo da educação. A ação moral tem como objeto "a comunidade dos espíritos" que, na unidade da razão prática, supera a separação das consciências finitas e reconstitui a identidade do Eu consigo mesmo (Eu = Eu). A idéia de Eu absoluto, ponto de partida do sistema, também é seu ponto de chegada. Por fim, no termo da *Ética*, Fichte encontra o divino, não postulado pela razão prática como em Kant, mas posto como "ideal moral do mundo".

Assim, Fichte realiza o superação do formalismo, e pode-se ver nessa obra o esboço de uma moral concreta que integraria a dimensão histórica, a idéia de um progresso indefinido da humanidade em direção à unidade das consciências. Se a verdadeira religião admite que a crença na ordem divina não passa de adesão à ordem moral, pode-se concluir que o sistema fichteano de moral termina numa religião dentro dos limites da razão.

Estudo: A. Philonenko, *L'oeuvre de Fichte*, Vrin, 1984.

SISTEMA DA NATUREZA, *Dissertatio inauguralis metaphysica de universali naturae systemate*, 1756.

MAUPERTUIS (Pierre-Louis Moreau de), 1698-1759.

Publicada primeiramente em latim com um pseudônimo (Doutor Baumann), essa obra expõe os princípios de um materialismo físico próximo do que se observa em Diderot (*Pensamentos sobre a interpretação da natureza**). De um modo bastante spinozista, Maupertuis recusa-se a considerar o pensamento e a extensão como substâncias. Segundo ele, podem ser propriedades de uma substância única cuja natureza nos é desconhecida. Inspirando-se também em Leibniz, Maupertuis não se opõe à idéia de atribuir pensamento à matéria; simplesmente, cabe não reduzir o pensamento ao que dele conhecemos por nosso intelecto. É preciso considerá-lo na infinita variedade de seus graus. Por isso, pode-se qualificar de materialismo *hilozoísta* o sistema de Maupertuis.

As visões materialistas de *Sistema da natureza* de Maupertuis não terão a mesma repercussão de algumas outras publicações dos seus contemporâneos, com o que Rousseau se mostrará indignado em *Profissão de fé do vigário saboiano* (livro IV de *Emílio**). Maupertuis deve sua celebridade principalmente a seus trabalhos científicos.

Estudo: *Actes de la journée Maupertuis* (sob a dir. de O. Bloch), Vrin, 1975.

SISTEMA DA NATUREZA, ou Das leis do mundo físico e do mundo moral,
Système de la nature, ou *Des lois du monde physique et du monde moral*, 1770.
HOLBACH (Paul-Henri Dietrich, barão de), 1723-1789.

Essa obra foi publicada com o nome do acadêmico Jean-Baptiste de Mirabaud. É possível que Diderot tenha colaborado.

Com ela Holbach se inscreve numa tradição materialista próxima do sensacionismo. Sua crítica às idéias inatas inspira-se em Hobbes, Locke e Condillac. Para Holbach, se é que existe uma natureza, não é no sentido cartesiano de matéria extensa não pensante. Holbach imagina a matéria dotada de movimento e de certa "faculdade de pensar". Portanto, não se trata de um materialismo mecanicista, do tipo de materialismo desenvolvido por La Mettrie; em *Sistema da natureza*, os elementos primeiros das coisas têm propriedades específicas, e as combinações entre esses elementos são explicadas por "simpatias" e "antipatias".

A atribuição de mobilidade essencial à matéria dispensa, evidentemente, o recurso a qualquer causa sobrenatural, como fazem o deísmo ou a religião natural. A matéria não precisa ser animada de fora. Cada coisa, em seu âmago, tende a perseverar em seu ser (tema de inspiração spinozista).

Por outro lado, Holbach atribui importância especial à crítica do livre-arbítrio. Essa noção, que supõe no homem o poder miraculoso de se subtrair às leis naturais, é aqui veementemente refutada. Daí decorre uma moral atéia, baseada na busca da felicidade. Essa moral será respaldada por um sistema de educação e de sanções, e não mais pelo terror inspirado por castigos no além. A religião, que só existe graças ao nosso desejo de sermos libertos do mal, é portanto severamente combatida.

Sistema da natureza teve grande sucesso e deu ensejo a várias críticas e refutações. Goethe dirá que é um livro "tão pálido, tenebroso e cadavérico que nos custava fixar nele o olhar, causando-nos tanto horror quanto um fantasma". Toda uma tradição materialista (marxista em especial) continua, porém, a fazer referência a Holbach como precursor, não sem reconhecer seus limites.

Estudo: A. Negri, , in *Épistémologie et matérialisme* (sob a dir. de O. Bloch), col. "Épistémologie", Méridiens-Klincksieck, 1986.

SISTEMA DA NATUREZA,
ou Os três reinos da natureza apresentados de modo sistemático por classes, ordens, gêneros e espécies, *Systema naturae, sive regna tria naturae systematice proposita per classes, ordines, genera et species*, 1735.
CARL VON LINNÉ, 1707-1778.

Essa obra considerável, que teve onze reedições entre 1740 e 1768, pretende fazer o recenseamento exaustivo dos três reinos: mineral, vegetal e animal. No entanto, seu valor não está tanto na soma dos elementos recenseados quanto no sistema de classificação a que Linné recorreu. Isto porque cada reino é classificado em função de elementos facilmente reconhecíveis, como estames e pistilos para os vegetais, mas sobretudo cada organismo é identificado por dois parâmetros: o nome da espécie a que pertence esse organismo e o nome do gênero ao qual a espécie pertence. Linné aplica, assim, a célebre teoria aristotélica da definição como discurso que enuncia o gênero e a "diferença específica" – o homem é então definido como um "animal racional".

Mas além do valor das descrições propostas pelo autor e do interesse prático de sua classificação, essa obra vale pelo que revela sobre a estrutura da natureza, a saber o perfeito conhecimento que podemos ter dela. Kant, em *Crítica do juízo**, citará esses trabalhos para pôr em evidência a possibilidade de um conhecimento organizado da natureza, apesar da radical heterogeneidade das individualidades que a compõem. Para explicar a possibilidade da classificação de Linné, recorrerá ao princípio da "finalidade da natureza em suas produções", graças ao qual nossa faculdade de julgar equipara a natureza a um mecanismo cujas produções obedecem a regras e se organizam, por isso, em classes que podem ser determinadas pela dupla designação do gênero e da espécie.

Estudo: K. Hagberg, *Carl von Linné, Le roi des fleurs*, Je Sers, 1944.

SISTEMA DAS CONTRADIÇÕES ECONÔMICAS ou FILOSOFIA DA MISÉRIA.

PIERRE JOSEPH PROUDHON.

VER FILOSOFIA DA MISÉRIA.

SISTEMA DE BELAS-ARTES,

Système des beaux-arts, 1920.

ALAIN (Emile Auguste Chartier, dito), 1868-1951.

"Meditadas e redigidas na tarimba militar", as exposições contidas nessa obra cumprem a promessa do título. Trata-se de uma exposição sistemática do conjunto das produções estéticas humanas. Pode-se acreditar que a intenção explícita de criar um sistema se inspire em Hegel, cujo projeto o livro de Alain retoma de certa forma – salvo pelo fato de que, no seu caso, a reflexão não é estruturada por uma perspectiva histórica, mas sim por uma teoria da imaginação. Esta é objeto do primeiro livro. Os nove livros seguintes são dedicados, sucessivamente, a: dança e adereços, poesia e eloqüência, música, teatro, arquitetura, escultura, pintura, desenho e prosa.

A arte surge no momento em que o pensamento, liberto da necessidade, se reassume. A noção de cerimônia é central: a arte nasce da necessidade social de ver as paixões dominadas. Hegel, portanto, tem razão ao dizer que a arte é o lugar onde as paixões se exprimem, mas Alain acrescenta que a arte é o único meio que o homem encontrou para que suas paixões se exprimissem sem que a ordem humana fosse ameaçada. Pois a arte lhes dá uma regra: "a expressão composta". Nesse sentido, a arte é uma disciplina.

A arte também é *imitação*, visto que o homem sempre imita. Isso ocorre, em essência, com a dança, que consiste na imitação recíproca de um movimento idêntico pelos dançarinos. O fato de a imitação estar no âmago da arte é provado também por seu papel na própria criação: os criadores mais originais começam pela imitação dos mestres.

A arte é também linguagem, desde que não se acredite encontrar-se a beleza no conteúdo da idéia expressa, que é sempre banal; o belo está na própria obra, à medida que esta dá corpo à idéia.

Alain retoma também de Hegel a idéia de que a arte exprime o espírito da época;

pintura e escultura egípcias significam "o costume imóvel e apenas a resolução de continuar", enquanto o perfil grego exprime "a alma reconciliada".

Este breve apanhado dá somente uma pálida idéia da estética de Alain. É preciso entrar nas ricas minúcias das análises, que refletem uma relação viva com as obras. Também é preciso ler *Vinte lições sobre as belas-artes*, bem como os textos que Alain dedicou a certas artes particulares (*Entretiens chez le sculpteur*) e aos escritores (Balzac, Dickens, Stendhal).

Estudo: G. Pascal, *Alain*, col. "Pour connaître la pensée de", Bordas, 1957.

SISTEMA DE LEIBNIZ E SEUS MODELOS MATEMÁTICOS (O),

Le système de Leibniz et ses modèles mathématiques, 1958.
MICHEL SERRES, nascido em 1930.

Na obra de Michel Serres, a filosofia de Leibniz é uma referência onipresente. Por isso, a enciclopédia, no sentido leibniziano de "sistema de sistemas", nunca deixou de ser uma tentação para ele. Não estaria na hora de reconciliar os saberes e de lançar pontes, de estabelecer correspondências entre disciplinas que até agora se recusaram a intercomunicar-se? É precisamente em Leibniz que o autor encontra essa *ars inveniendi*, ou método de invenção ligado à arte de comunicar.

Essa primeira obra de Serres, que constitui o texto de sua tese de doutorado, prenuncia a célebre série de *Hermes**.

Estudo: *Michel Serres*, n.º especial da revista *Critique* (n.º 350), Éd. de Minuit, janeiro de 1979.

SISTEMA DE POLÍTICA POSITIVA,

ou Tratado de sociologia que institui a religião da humanidade,
Système de politique positive, ou *Traité de sociologie instituant la religion de l'humanité*, 1851-1854.
AUGUSTE COMTE, 1798-1857.

Publicada em quatro tomos, essa obra começa com um "Discurso preliminar sobre o conjunto do positivismo" (introdução à religião da humanidade), seguido por uma "Introdução fundamental", destinada a explicitar o *fundamento* científico (cosmológico e biológico) dessa religião. Os tomos II e III expõem, respectivamente, a estática e a dinâmica sociais, que correspondem à filosofia da história de Auguste Comte. O quarto e último tomo contém um "Quadro sintético do futuro humano".

Sistema de política positiva realiza um projeto concebido pelo autor já em seus anos de juventude: propor um plano de reorganização social pensado a partir de uma compreensão global do devir da humanidade (esta última palavra, em Comte, designaria um ser realmente existente). O objetivo é conciliar ordem e progresso, ou, em outros termos, reunir as vantagens políticas do sistema teológico (ordem) e a superioridade intelectual da ciência (progresso).

Segundo Comte, o acesso das ciências à era da positividade (ver seu *Curso de filosofia positiva**) inaugura uma idade da sociologia positiva. Esta vale para toda a humanidade, considerada como o "Grande-Ser": é pela humanidade, conjunto de homens vivos e mortos, que cada indivíduo existe material, intelectual e moralmente. A religião adequada à era positiva, portanto, não será mais uma religião de Deus (teologia), mas uma *religião da humanidade*. Nela se conciliarão a unidade intelectual do politeísmo grego, a unidade política do politeísmo romano e a unidade moral do monoteísmo cristão. Cabe ao poder espiritual, ou sacerdócio, estabelecer e ensinar o dogma, a saber, o conteúdo da religião positiva, resultado da síntese das ciências. Mas essa síntese é "subjetiva": ela não se efetua do ponto de vista "objetivo" das diferentes ciências, mas do ponto de vista da humanidade.

O poder espiritual é distinto do poder temporal, que regula as relações gerais do homem com a natureza e com a sociedade. Essa distinção não era possível no reino teológico (católico em particular), porque o dogma não suportava o livre exame da razão. Foi isso mesmo que levou à crítica destrutiva do século XVIII. Mas, visto que o espírito positivo se apóia na ciência, o conflito não ocorre mais, e a separação se torna possível.

Ao lado da inteligência (objeto primeiro de seus trabalhos anteriores), Comte atribui nesta obra um papel especial ao sentimento, em outras palavras ao coração. O "altruísmo" (essa palavra é um neologismo forjado pelo próprio Comte) é um pendor natural no homem. Esse pendor, segundo Comte, deve desenvolver-se acima de tudo no seio da família, que seria consolidada por instituições como a proibição do divórcio e o direito de primogenitura. Mais especialmente, Auguste Comte vê na mulher o fermento verdadeiro da influência espiritual benéfica do positivismo e o mais firme sustentáculo do culto da humanidade.

Sistema de política positiva é sem dúvida, de todas as obras de Comte, a que mais sofreu influência dos acontecimentos de sua vida particular; foi de fato seu amor por Clotilde de Vaux que levou Comte a ressaltar o papel do sentimento no aperfeiçoamento da humanidade. A religião comtiana da humanidade chegará a incluir um culto à virgem-mãe, análogo ao do catolicismo.

Essa reavaliação do sentimento enseja a introdução de uma ciência – situada, na classificação comtiana, acima da sociologia – que foi ignorada pelo *Curso de filosofia positiva*: a moral. Essa ciência torna-se o foco vivo de todas as outras, porquanto procede realmente, segundo a postura subjetiva, da própria humanidade: assim, as outras ciências não passam de "ramos da moral". O capítulo III da Introdução, aliás, havia preparado esse advento da moral por meio de um exame extremamente aprofundado das junções cerebrais.

Sistema de política positiva quase não é lido hoje, pois o *Curso de filosofia positiva* (reduzido às duas primeiras lições) é visto como tudo o que a filosofia positivista produziu de interessante. No entanto, não deveriam ser ignoradas as vigorosas análises da estática e da dinâmica sociais (de se notar a teoria da linguagem humana). Há algo de injusto no descrédito em que caiu essa obra quando pensamos no sucesso de que continua gozando a filosofia hegeliana da história.

Estudo: R. Aron, *Les étapes de la pensée sociologique*, col. "Tel", Gallimard, 1987, pp. 77 a 140.

SISTEMA DO IDEALISMO TRANSCENDENTAL,

System des tranzendantalen Idealismus, 1800.
FRIEDRICH WILHELM JOSEPH VON SCHELLING, 1775-1854.

Essa obra, a mais importante de Schelling, marca o fecho da filosofia de sua primeira fase, que coincide também com seu período fichteano. Sua postura não é mais didática (como é a de Fichte), mas, sob a influência de Jacob Boehme, tornou-se histórica.

A "filosofia transcendental" propõe a primazia e a absolutez da subjetividade, que constitui o momento natural do qual deriva o momento da objetividade. O instrumento dessa filosofia é a intuição transcendental, ou a faculdade de ao mesmo tempo apreender e produzir os atos do espírito; o eu é seu objeto, e a autoconsciência é seu princípio supremo. O eu efetua a síntese de seus dois aspectos, prático e teórico, a fim de ganhar acesso à autodeterminação do entendimento (faculdade de abstrair e de criar categorias) e sobretudo à vontade absoluta. A transformação da realidade pela ação ocorre graças à imaginação, segundo as leis da intuição.

A revelação do absoluto que é a história ocorre em três tempos. No primeiro período, chamado "trágico", o absoluto aparece como destino. No segundo, o da lei natural, dominam a arbitrariedade e a violência. O terceiro período é o da providência. O eu só se torna consciente da identidade entre subjetivo e objetivo quando esta se manifesta num produto "teleológico", mas sem finalidade, pelo qual a liberdade e a necessidade são conciliadas na natureza. "A natureza é um poema misterioso, cujo enigma, se nos fosse revelado, contaria a Odisséia do espírito que foge de si a buscar-se." É no próprio âmago da natureza que reside a intuição graças à qual – confundindo-se consciente e inconsciente – o eu toma consciência da identidade de ambos. Trata-se da *intuição artística*, instrumento único, verdadeiro e eterno, e ao mesmo tempo testemunho da filosofia. É portanto a arte que, para Schelling, pode pretender atingir o absoluto, e não a filosofia – como afirmará Hegel, que inverterá a concepção schellingiana na *Fenomenologia do espírito**.

Essa obra é considerada uma das mais significativas do movimento romântico alemão.

Estudo: X. Tilliette, *Schelling, une philosophie en devenir*, 2 vols., Vrin, 1970.

SISTEMA DO MUNDO,

História das doutrinas cosmológicas. De Platão a Copérnico,
Le système du monde. Histoire des doctrines cosmologiques. De Platon à Copernic,
1913-1959.
PIERRE DUHEM, 1861-1916.

Essa monumental obra de história das ciências, que ficou inacabada, descreve em dez volumes a elaboração do "sistema do mundo", da Antiguidade ao século XVII, de Platão a Copérnico. A obra ilustra as teorias epistemológicas de seu autor: nela se mesclam estreitamente o cientista, o teórico e o historiador das ciências.

Duhem refuta a idéia de gênese radical da pesquisa científica: todo elemento, todo sistema científico é tributário daquele que o precedeu e solidário daquele que lhe é contemporâneo.

Estudo: P. Brouzeng, "L'épistémologie de Pierre Duhem", in nº especial de *Études philosophiques* (nº 4), 1967.

SISTEMA DOS OBJETOS,

Le système des objets, 1968.
JEAN BAUDRILLARD, nascido em 1929.

Nessa obra, o autor propõe-se analisar, de um ponto de vista sistemático, a relação dos homens com os objetos na sociedade de consumo. Trata-se de circunscrever um "plano de racionalidade do objeto", pois este último tem uma estrutura que lhe é própria e da qual resulta certa função, que põe em evidência uma significação independente do uso que se pode fazer do objeto. Nesses termos, a análise do autor assume a dimensão de uma "tecnologia estrutural".

A questão formulada é: como um sistema "tecnologicamente coerente" deixa de sê-lo concretamente? A resposta traz à tona vários aspectos de uma mesma realidade: o sistema é, por um lado, funcional e objetivo; arrumamos os móveis segundo uma disposição nascida das convenções burguesas, mas das quais desapareceram o gosto e a teatralidade; a posse de uma mobília produzida em série e o domínio técnico do objeto evidentemente fazem abstração das origens. Assim também, a "estrutura ambiental" cria uma atmosfera funcional, tanto pela cor reduzida a simples cálculo quanto pelo uso do vidro, matéria ambígua, na fronteira entre a comunicação e seu contrário. É um homem funcional que nasce desse universo doméstico convertido em espetáculo, presa dos mitos de eficiência funcional. Essa mutação marca o fim da dimensão simbólica: o homem é rebaixado à contemplação de seu próprio poder; nos fatos, ele se torna "disfuncional".

Por outro lado, o sistema é também não funcional e subjetivo: ao objeto moderno opõe-se o antigo, histórico, figura do originário. Numa sociedade que abstrai o passado, o anacronismo do móvel antigo denota uma falha do sistema; o último grau é o objeto de coleção, por meio do qual nos colecionamos nós mesmos. O sistema é também metafuncional (portanto disfuncional): a renovação dos objetos esgota-se numa estagnação contra a qual os únicos remédios são o "eletroeletrônico" e a automação; o consumidor torna-se irresponsável (o "eletroeletrônico" é "esquizo-funcional"), há risco de involução. Por fim, o sistema é socioeconômico: baseado numa ideologia da série, que recusa o original, alimenta-se principalmente do crédito – que antecipa o gozo do objeto e torna o consumidor irresponsável – mas também da publicidade, que é desproporcional e frustrante e sugere uma reciprocidade enganosa. Em conclusão, o autor apresenta a sociedade de consumo como uma manipulação pletórica de signos, como um sistema cuja incoerência nasce da própria frustração que ele engendra.

Crítico e sem complacência, Baudrillard está preocupado em rediscutir o sentido mesmo do universo social, em face das profundas modificações das estruturas mentais de seu tempo.

Estudo: R. Hess, *Dictionnaire des philosophes*, P.U.F., 1984.

SISTEMA INDUSTRIAL (DO),

Du système industriel, 1821.
SAINT-SIMON (Claude Henri de Rouvroy, conde de), 1760-1825.

Nessa obra de cunho econômico e político, Saint-Simon afirma – de modo premonitório – que a Europa deverá logo entrar num sistema industrial que será comum a todos os Estados-membros. Em face das conturbações econômicas anunciadas, ele defende o direito ao trabalho e preconiza uma série de grandes obras, destinadas a garantir a subsistência da mão-de-obra, mas também a melhorar a vida social por meio de arroteamentos, drenagens e construções de todos os tipos.

Estudo: P. Ansart, *Sociologie de Saint-Simon*, col. "Le Sociologue", P.U.F., 1970.

SISTEMAS PÓS-KANTIANOS,

Tomo III de *Das Erkenntnisproblem in der Philosophie und Wissenschaft der neueren Zeit*, 1920.
ERNST CASSIRER, 1874-1945.

Nesse terceiro tomo de *Problema do conhecimento*, Cassirer examina os grandes sistemas do idealismo alemão, de Friedrich Heinrich Jacobi a Jacob Friedrich Fries.

Embora Kant tenha concluído pela impossibilidade de qualquer conhecimento em metafísica, o autor mostra que essa aporia foi resolvida nos diferentes sistemas que lhe sucederam. Depois de elucidar a passagem da filosofia crítica ao idealismo alemão propriamente dito – com Jacobi, Reinhold, Beck e Maïmon –, ele expõe os sistemas de Fichte, Schelling, Hegel, Herbart, Schopenhauer e Fries.

Ao contrário de Richard Kroner, que em *Von Kant bis Hegel* interpreta a passagem de uma filosofia para outra como resultado de um encadeamento linear e progressivo, Cassirer estuda cada um desses sistemas em sua singularidade, dando ênfase àquilo que os distingue.

Estudo: *Cassirer*, nº especial de *Revue internationale de philosophie* (nº 110), 1974.

SOCIEDADE CONTRA O ESTADO (A),

Estudos de antropologia política,
La société contre l'État, Recherches d'anthropologie politique, 1974.
PIERRE CLASTRES, 1934-1977.

O propósito de Clastres articula-se em torno da confrontação, no que se refere ao problema do poder, entre nossas sociedades históricas e certas sociedades sem história, também chamadas de "sociedades primitivas". Essa análise comparativa leva o autor a afirmar que economia e política evoluem em razão inversa uma da outra.

Assim, quanto mais rudimentar é a economia, menos coercitivo é o poder. Reciprocamente, o Estado todo-poderoso e a sociedade dividida em classes estão associados a uma lógica de produção orientada para a rentabilidade máxima.

Essa constatação é complementada por um exame atento do processo de alienação.

Estudo: M. Abensour (sob a dir. de), *L'esprit des lois sauvages: Pierre Clastres ou une nouvelle anthropologie politique*, Le Seuil, 1987.

SOFIA, *La Sophia*, 1876.

VLADIMIR SERGUIEVITCH SOLOVIEV, 1853-1900.
Diálogo.

Essa obra, que Soloviev define como "místico-teosófico-filosófico-teúrgico-política" (*sic*), contém o essencial do pensamento místico e metafísico do autor. Abordá-la exige um conhecimento prévio de certos temas da Cabala, visto que o filósofo elabora sua reflexão em torno de várias teses gnósticas, donde o hermetismo evidente da obra numa primeira leitura.

Houve quem dissesse que esse texto contém as bases da filosofia soloviana. O fato é que o próprio filósofo nunca as negou.

Estudo: A. Kojevnikoft, "La métaphysique religieuse de Vladimir Soloviev", in *Revue d'histoire et de philosophie religieuses*, n.os 14 e 15, 1934-1935.

SOFISTA, ou Do ser, Σοφιστὴς, ἢ Περὶ τοῦ ὄντος, O c. 365 a.C.

PLATÃO, 428/427-348/347 a.C.
Diálogo.

Esse diálogo examina o valor das teses eleatas e constrói uma crítica metódica da filosofia imobilista do grande Parmênides (aliás, *Sofista* prolonga as análises de *Parmênides**). Platão critica a solução dos materialistas (os "filhos da terra"), que identificam o nada com o vazio e o ser em sua plenitude com os átomos. A esse materialismo – de Demócrito – ele opõe a filosofia dos "amigos das Idéias" (talvez os próprios platônicos), que se recusam a afirmar que tudo é corpóreo.

Analisando o Ser e o não-ser, Sócrates os identifica com o Mesmo e o Outro. Por meio de raciocínios muito sutis, que tornam *Sofista* um diálogo difícil, Platão trata da possibilidade de se atribuir certa realidade ao não-ser.

Edição brasileira: *Sofista*, São Paulo, Nova Cultural, 1987 (Os pensadores).

Estudo: J.-F. Mattéi, *L'étranger et le simulacre: essai sur la fondation de l'ontologie platonicienne*, col. "Epiméthée", P.U.F., 1983.

SOMBRA DE DEUS (A), *L'ombre de Dieu*, 1955.

ÉTIENNE SOURIAU, 1892-1979.

Nessa obra o esteta se interroga sobre as perspectivas segundo as quais se apresentam os problemas da natureza, do valor e da existência de Deus no início da segunda metade do século XX. Retomando a análise da "aposta" de Pascal, Souriau mostra que esse texto extraído de *Pensamentos** é a obra de uma "sabedoria unificadora" que, segundo ele, é insuficiente: seria preciso somar à experiência daquilo que unifica "a experiência daquilo que institui as distâncias". Para Souriau, só se pode ter acesso ao conhecimento de Deus *no* e *pelo* amor racional. Toda a nossa existência, em que se efetua concretamente nosso esforço, em seu decurso temporal e histórico, aparece como "o avesso da tapeçaria", com nós, rugosidades e pontas de fios. "Mas a trama não é absolutamente opaca", diz Souriau. "Misteriosamente por ela transitam sombras e luzes, que às vezes a tornam bastante translúcida para que possamos, de modo fugaz, entrever em transparência a coisa ofuscante que está do outro lado." E o homem que está em busca de espiritualidade deve dedicar-se à compreensão dessa dimensão supra-existencial do real.

Estudo: L. de Vitry-Maubrey, *La pensée cosmologique d'Étienne Souriau*, Klincksieck, 1974.

SONHO DE D'ALEMBERT,

Rêve de d'Alembert, 1831.
Denis Diderot, 1713-1784.
Diálogo.

"Não é possível ser mais profundo nem mais louco", escrevia Diderot sobre essa obra. *Sonho de d'Alembert* é na verdade o segundo de uma série de três diálogos redigidos em 1769: o primeiro é um *Colóquio entre d'Alembert e Diderot*; o último, uma *Seqüência do colóquio*.

Os três diálogos nasceram do crescente interesse de Diderot pelas questões biológicas e pela questão da relação entre espírito e matéria. Alimentaram-se de informações muito ricas: as leituras de Diderot sobre essas questões eram numerosas, e ele se mantinha sempre a par dos trabalhos de seus contemporâneos: Haller, Buffon, Maupertuis, os médicos Bordeu, Tronchin, Petit, Roux (aliás, Bordeu aparece no *Sonho*, com Mlle. de Lespinasse). Contra o cartesianismo e todos os dualismos em geral, Diderot defende a idéia de matéria única, universalmente sensível, se bem que de formas diversas. O continuísmo de Diderot terá conseqüências sobre a biologia, porém irá muito além, até a antropologia, a moral e a metafísica.

Suas teses nunca assumem a forma de um desenvolvimento sistemático. Ao contrário, Diderot as expõe na forma mais desconexa possível, pois está em cena um d'Alembert delirante. Esse é um procedimento graças ao qual o autor pode apresentar as idéias mais audaciosas: "Há certa astúcia em pôr as idéias na boca de um homem que está sonhando: muitas vezes é preciso dar um ar de loucura à sabedoria, para angariar lhe acolhida."

Enquanto o *Colóquio entre d'Alembert e Diderot* tentava elucidar a relação entre inerte e vivo, o *Sonho de d'Alembert* expõe uma teoria da passagem do ser sensível ao ser pensante. A explicação é inteiramente materialista, mas jamais mecânica no sentido cartesiano. Por exemplo, a memória resulta da vibração de uma corda sensível que continua ressoando depois de pinçada. A associação de idéias procede da comunicação da vibração de uma corda sensível às suas vizinhas. Esse esquema fisiológico permite que Diderot explique as faculdades psíquicas a partir de considerações estritamente materialistas.

Mas o que está em jogo nesse texto não é apenas a compreensão dos mecanismos corporais ou psíquicos. A situação do homem na criação também é afetada por isso. Pois, se o ser humano consiste apenas num agregado de fibras dotadas de sensibilidade devido à sua organização, então a situação dele no universo material não é mais privilegiada. O homem não passa de estágio particular no grande movimento determinista da matéria: "O que não passa de efeito comum." Não resta dúvida de que Diderot retoma aqui a tese evolucionista que já havia desenvolvido amplamente em *Carta sobre os cegos**. Opondo-se à evidência imediata, que leva a crer na fixidez das espécies vivas, Diderot declara: só nos falta a visão da imensidade dos tempos para compreendermos as transformações.

Os próprios valores morais não saem incólumes. Pois a noção de pessoa humana se desvanece com o indivíduo, afogada na totalidade cósmica da qual ele emerge provisoriamente: a moral, portanto, não tem mais sentido em relação a esses seres puramente fictícios que são o indivíduo e a pessoa, mas apenas relativamente à espécie, cujo interesse determina o bem e o mal. Estamos bem próximos das reflexões de Sade, mas as conseqüências morais nunca irão tão longe. O delírio de d'Alembert não é apenas uma oportunidade para que Diderot suspenda qualquer censura. É também pretexto para uma prosa filosófica mais lírica, mais pitoresca que nunca. Se o materialismo fisiologista dessa obra teve numerosos discípulos e continuadores no século seguinte, seu estilo, em compensação, não encontrou sucessores na literatura filosófica francesa.

Estudo: É. de Fontenay, *Diderot ou le matérialisme enchanté*, col. "Biblio-Essais", Le Livre de Poche, L.G.F., 1984.

SONHOS DE UM VISIONÁRIO EXPLICADOS PELOS SONHOS DA METAFÍSICA,

Träume eines Geistersehers erläutert durch Träume der Metaphysik, 1766.
EMMANUEL KANT, 1724-1804.

Kant deve ter sentido algum constrangimento em confessar publicamemente seu interesse pelas teses do visionário sueco Swedenborg, pois publicou esse texto sem nome de autor.

A obra critica as pretensões de Swedenborg, que afirma utilizar um "sentido" especial para entrar em contato com os espíritos. Kant chega a fazer um paralelo entre as "histórias de espíritos" do fundador da teosofia e os "sonhos" da metafísica.

Estudo: M. David-Ménard, *La folie dans la raison pure: Kant lecteur de Swedenborg*, Vrin, 1990.

STROMATES, Τῶν κατὰ τὴν ἀληθὴ φιλοσοφίαν γνωστικῶν ὑπομνημάτων στρωμάτεις, ○ c. 179.

CLEMENTE DE ALEXANDRIA, c. 140-c. 220.

Nos oito livros que compõem essa obra, Clemente reuniu "sementes de gnose" que versam sobre o cristianismo e sobre as diversas doutrinas filosóficas da Antiguidade.

O autor reconhece que a leitura dos gregos é útil para os cristãos, mas afirma ao mesmo tempo que o pensamento grego deve muito às Escrituras, que são ainda mais antigas. Numerosas questões de teologia são abordadas nessa obra, como a continência, a perfeição, o martírio, a ascese e a fé.

Estudo: Cl. Mondésert, introdução à edição francesa: *Stromates*, 8 vols., Le Cerf, 1949-1981.

SUICÍDIO (O), *Le suicide*, 1897.

ÉMILE DURKHEIM, 1858-1917.

Nesse estudo de sociologia que se baseia em grande número de dados estatísticos, Durkheim mostrou de forma admirável que o índice de suicídios constitui um indicador objetivo do grau de anomia de uma sociedade ou de um grupo social. Por "anomia" ele entendia o desregramento moral da sociedade, em virtude do qual os indivíduos não sabem mais que normas seguir. De fato, o índice de suicídio em dada sociedade varia na razão inversa do grau de integração dos indivíduos nas estruturas familiares, religiosas e políticas dessa sociedade. Ora, toda crise social comporta um risco de anomia, ainda que sua origem esteja no brusco crescimento de poder ou de riqueza.

Impressionado com os altos índices de suicídio verificados na indústria e no comércio na época do desenvolvimento industrial, o autor concluiu que a sociedade tradicional estava imunizada devido à sua estabilidade. A evolução ulterior mostrou que, com o progresso da industrialização, os índices de suicídio nas cidades baixava, enquanto era possível observar índices superiores nas regiões rurais.

Edição brasileira: *O suicídio*, São Paulo, Martins Fontes, 2000.
Estudo: J. Duvignaud, *Durkheim, sa vie, son oeuvre, avec un exposé de sa philosophie*, P.U.F., 1965.

SUMA ATEOLÓGICA,

Summa ateológica, 1954 e 1961.
GEORGES BATAILLE, 1897-1962.

Composta de *Experience intérieure* [Experiência interior] (1943), *Le coupable* [O culpado] (1945) e *Sur Nietzsche* [Sobre Nietzsche] (1945), a que se somam *Alleluiah* e *Méthode de méditation* [Método de meditação] (1947), *Suma ateológica* devia conter, originalmente, dois outros escritos, *Le perturbateur* [O perturbador] e *Système inachevé du non-savoir* [Sistema inacabado do não-saber], que nunca foram publicados.

Essa obra é testemunho da experiência interior de Georges Bataille. A forma é jornalística: contém fragmentos, notas e poemas breves, mas o tom adotado pelo autor não é bem o tom característico das confissões. Essa "experiência interior", cujas modalidades são o êxtase, a angústia, o saber e o não-saber, designa a experiência dos limites encontrados por quem, tendo deixado de querer ser Tudo, entende que é só imperfeição, incompletude e desespero, e encontra nessa finitude o sinal de sua grandeza e de sua salvação. "Deus não é o limite do homem, mas o limite do homem é divino" (*Le coupable*).

Com *Suma ateológica*, Bataille inaugura um novo gênero literário: a *Experiência interior*, embora alimentada pela intimidade do autor, atinge o rigor abstrato da verdade objetiva. Ela está para a atividade criadora como o ensaio está para a obra. Fortemente marcado pela leitura de Pascal e de Nietzsche, Bataille atraiu as críticas dos surrealistas, dos existencialistas ("O senhor Bataille sobrevive à morte de Deus", ironizou Sartre) e dos cristãos (para Gabriel Marcel, Bataille não tem a sinceridade que fazia de Nietzsche um místico).

Estudo: J.-C. Renard, *L'expérience intérieure de Georges Bataille ou La négation du mystère*, Le Seuil, 1987.

SUMA CONTRA OS GENTIOS,

Summa contra Gentiles, ○ entre 1255 e 1264.
TOMÁS DE AQUINO (santo), c. 1225-1274.

Obra teológica fundamental do autor, o tema essencial da *Suma contra os gentios* é a essência de Deus e o conhecimento que dele tem o homem. Como simples mortal, imperfeito, pode o homem conceber um ser perfeito e eterno? Como pode explicá-lo? Esse é o grande problema que Tomás de Aquino enfrenta aqui.

Há dois pontos de partida: Deus pode ser apreendido apenas pela razão e ser aceito por ela, mesmo que essa visão seja passível de erro; a outra imagem que temos de Deus é a que nos é dada pelas Escrituras.

Graças à razão humana, a existência de Deus pode ser demonstrada e provada. Se partirmos do princípio de que todo efeito tem uma causa, o risco de remontar ao infinito na cadeia das causas e dos efeitos nos obriga a reconhecer como absolutamente necessária a existência de uma causa primeira e absoluta: é o que já preconizava o axioma aristotélico. Essa idéia também se encontra nas Escrituras: Deus cria o mundo *ex nihilo*; na concepção cristã, a matéria não pode preexistir a Deus. É preciso também tomar como ponto de apoio a essência humana para mostrar de que natureza é a essência de Deus. O homem é um ser imperfeito; ora, como nada existe sem seu contrário, existe necessariamente um ser perfeito, que é Deus. Ao contrário do homem, Deus é eterno; não tem começo nem fim; é Ato puro, no sentido de que está sempre em ato, nunca em potência; é onipotente, mas separado da matéria; é inteligência e vontade, bondade e felicidade.

Deus está no começo de todas as coisas, de todo ser vivo; foi ele que concebeu o mundo e suas criaturas. Por isso, criou inteligências puras, separadas da matéria, como os anjos, que habitam as esferas celestes; também criou as inteligências humanas, que estão unidas a um corpo. O fato de a alma humana estar estreitamente ligada ao corpo é essencial: a alma é um ato do corpo, ou uma das formas deste.

O corpo, por intermédio de nossos sentidos, é, pois, origem de nosso entendimento, de nossas idéias e, em especial, da concepção que temos de Deus. Enquanto o corpo, receptáculo mortal, cumpre seu objetivo supremo na ressurreição da carne, a alma eterna e incorruptível só pode atingir seu fim aproximando-se de Deus. A morte de seu envoltório carnal nem por isso dá ao homem a visão perfeita de Deus, visto que o entendimento humano continua limitado. Essa graça pode, porém, ser-lhe concedida por Deus, mas isso é excepcional. A graça divina vem completar e aperfeiçoar a ordem da criação: é um bem. Do mesmo modo, o amor ao bem e o ódio ao mal, que Deus inspira no homem, não constituem entrave à sua liberdade.

Portanto, o homem só pode atingir a visão de Deus no além. A contemplação da essência divina está, de fato, distante demais dos problemas e das preocupações do homem durante sua vida terrena. Mas existe uma verdade superior: a dos dogmas. A razão humana pode *entender* esses dogmas que são impostos aos homens pela revelação divina: são eles a Trindade, o Sacramento e a Encarnação. No entanto, esses dogmas não podem ser *provados*: é preciso aceitá-los por um ato de fé.

Ao lado da *Suma teológica**, *Suma contra os gentios* é uma das obras fundamentais de Tomás de Aquino. Nela o autor expõe os princípios básicos de sua filosofia, que mais tarde será chamada de "filosofia tomista". Ao estudo da essência divina soma-se uma violenta crítica aos filósofos árabes e judeus (os "gentios", ou seja, os pagãos) que, segundo Tomás de Aquino, interpretam mal o cristianismo. Essa obra polêmica é também uma defesa ousada do catolicismo.

Estudo: M. Plain, *Philosophie et théologie chez Saint Thomas d'Aquin*, Klincksieck, 1983.

SUMA DE TEOLOGIA,

Summa theologiae, ○ c. 1276.
ALBERTO MAGNO (santo), c. 1193-1280.

Essa *Suma*, que ficou inacabada, expõe e tenta conciliar as teorias aristotélicas – sobre as quais versava então o ensino escolástico – e a contribuição de Agostinho. Em se tratando da alma, portanto, Alberto Magno tenta sintetizar duas doutrinas extremamente diferentes. Estabelece-se, assim, um equilíbrio entre razão e revelação – equilíbrio que prenuncia a grande síntese de Tomás de Aquino, discípulo de Alberto Magno.

Estudo: A. de Libera, *Albert le Grand et la philosophie*, Vrin, 1990.

SUMA DE TODA LÓGICA,

Summa totius logicae, 1488.
GUILHERME DE OCKHAM (ou OCCAM), c. 1285-c. 1347.

O autor expõe aí sua interpretação nominalista – ou terminista – da lógica em suas diversas formas. Analisa primeiramente a *logica antiqua* (*Organon** de Aristóteles e seus *Comentários* feitos por Porfírio e Boécio), depois a *logica modernorum*, ou seja, os acréscimos à lógica antiga feitos nos séculos XII e XIII, em particular por parte de Pedro de Espanha (c. 1220-1277): realista moderado, ele completou e reorganizou o *Organon* com base numa semântica dos "termos".

Em Ockham, o nominalismo se acentua: não só os universais (gêneros, espécies, diferenças) não têm existência real (*in re*) – isso Tomás de Aquino já ensinava –, como também mesmo as idéias individuais não têm realidade. A partir daí, as palavras são abstrações convencionais que não implicam nenhuma essência da coisa. O autor rompe assim com o idealismo tomista e aristotélico, para o qual um intermediário inteligível entre a coisa e o pensamento é necessário a qualquer compreensão intelectual; questiona assim todo o edifício de abstração que, no século XIII, assentava na relação aristotélica entre *intelecto agente* e *espécie inteligível*.

Para Ockham, não há existência real que não seja a dos indivíduos como tais, em sua pluralidade de fato insuperável. Isso não quer dizer que nada há de inteligível: as palavras têm um sentido, mas porquanto estabelecem um nexo com coisas *reais*. O inteligível, por outro lado, só está na atividade da alma, ou do entendimento. Pois se a alma é uma substância, não poderia haver nela outras substâncias. O autor ridiculariza aí a proliferação de "distinções formais", de entidades fictícias postuladas pelos *Doutores* do século XIII. O conhecimento tem interesse, ao contrário, em apartar qualquer conceito supérfluo. A posteridade imortalizou o princípio de economia, característico do espírito rigoroso que se recusa a fazer afirmações sem provas, com a metáfora da "navalha de Ockham".

O nominalismo propõe assim as bases da autonomia da razão humana, cujos poderes convida a delimitar com cuidado. As verdades sobrenaturais deixam de ser objeto do conhecimento racional, e o saber se separa da fé, ameaçando o edifício da teologia natural e dos poderes temporais que esteava então. Houve quem visse na pujança crítica do pensamento de Ockham os prenúncios do empirismo e da racionalidade laica.

Estudo: G. de Lagarde, *La naissance de l'esprit laïque au déclin du Moyen Âge*, tomos IV e V, Nauwelaerts, Paris-Lovain, 1962-1963.

SUMA TEOLÓGICA,

Summa theologiae, ○ de 1266 a 1274.
TOMÁS DE AQUINO (santo), c. 1225-1274.

Essa obra é composta de três partes. Iniciada em Roma, a redação da primeira parte (que trata de Deus) foi terminada em Viterbo em 1266. O autor estuda inicialmente a essência divina: a natureza de Deus, o que ele é, como é e de que modo o homem pode conhecê-lo e falar dele; depois, interroga-se sobre a obra de Deus, causa e fim de todas as coisas.

Existem várias demonstrações possíveis da existência de Deus. A primeira é *cosmológica*. Todo movimento, no universo, é comandado por um movimento anterior, cujo efeito ele é. Assim, a mudança nasce do encadeamento das causas e dos efeitos que, em princípio, podem remontar ao infinito. Mas como é preciso parar em algum lugar, deve-se admitir a hipótese de um *primeiro motor*, ou causa primeira, de que resultariam todos os movimentos ulteriores. Deus é essa causa primeira e absolutamente necessária, e todas as causas dele decorrentes são apenas contingentes.

Uma segunda prova da existência de Deus é *teológica*. Todas as causas têm um grau maior ou menor de perfeição e bem: cabe deduzir que, ao lado disso, existe uma perfeição e um bem absolutos. Por outro lado, o homem é mortal; como tudo o que é criado, tende para um fim. Como cada coisa tem um contrário, Deus, infinito e eterno, existe necessariamente. É o soberano bem; só a luz divina permite que o homem apreenda Deus em sua essência: o entendimento apenas não conseguiria.

Tomás aborda em seguida o problema da Trindade: Deus, que criou o Verbo, é ao mesmo tempo uno e triplo; o Pai, o Filho e o Espírito Santo são os três elementos indivisíveis de Deus. Por fim, fala-se da Criação que procede de Deus: nela, o homem ocupa um lugar privilegiado: seu corpo, mortal, está intimamente ligado à sua alma, imortal. Concordando nisso com Aristóteles, Tomás considera que a alma imaterial transcende o corpo que habita. O entendimento da alma é *passivo* porque se baseia em conhecimentos particulares, mas é ativo por seu poder de abstração. Ainda que tenha diversas funções e embora haja tantos entendimentos quantas são as almas humanas, o entendimento é fundamentalmente uno.

Na segunda parte, terminada em Paris em 1272, o autor trata do movimento das criaturas racionais em direção a Deus. O problema da *ética* é aqui abordado. Deus criou o mundo: é, portanto, lógico que seja responsável por ele e que o governe. É também responsável pelas criaturas que criou; de todas essas criaturas, o homem é a única dotada de razão, e esta pode levá-lo a voltar-se para Deus, mas o homem está também submetido a paixões que o desviam da razão. Assim, o homem, cuja vontade é livre, pode livremente optar entre razão e paixões; a *sindérese*, ordem íntima de sua consciência, prescreve-lhe fazer o bem, e não o mal; mas só a virtude natural da razão, o *habitus*, permite-lhe escolher o bom caminho. *Habitus* é a disposição moral que não se desmente; é a voz da consciência reconhecida como voz de Deus. É essa virtude que indica ao homem o que é bem e o que é mal. O homem pode, em sua alma e consciência, obedecer à razão ou a suas paixões. Mas a razão representa a verdade de Deus e a fé eterna: portanto, é erro não se submeter a ela. O homem comete esse pecado perante Deus; no entanto, a graça pode trazer-lhe um socorro precioso.

A composição da terceira parte da obra, iniciada em Nápoles depois de 1272, foi interrompida pela morte do autor. Essa parte é dedicada a Cristo salvador. A intervenção de Cristo, Deus feito homem, foi necessária para salvar o homem de seus pecados e, em particular, do pecado original. Cristo é aquele que leva a Deus. A obra termina com a descrição dos Sacramentos, que garantem a salvação. O tema da Ressurreição, com o qual a obra deveria encerrar-se, não pôde ser tratado.

Com *Suma contra os gentios**, a *Suma teológica* é uma das obras fundamentais de Tomás de Aquino. Sua meta pedagógica é indicada por uma organização rigorosa e pela riqueza das questões abordadas. Sabe-se que Tomás queria fazer da filosofia uma serva da teologia. Empenha-se aqui em mostrar que a teologia é uma ciência autônoma: embora fundamentada em verdades que só se nos tornam conhecidas pela luz divina, nem por isso deixa de ser uma ciência especulativa e prática, sem a qual o homem não poderia garantir a salvação de sua alma.

Estudo: M.-D. Chenu, *Saint Thomas d'Aquin et la théologie*, col. "Microcosme", Le Seuil, 1977.

SUPLEMENTO À VIAGEM DE BOUGAINVILLE,

Supplément au voyage de Bougainville, 1796.
DENIS DIDEROT, 1713-1784.
Diálogo.

Em 1771, era publicada em Paris *Viagem ao redor do mundo*, narrativa do périplo do explorador Louis Antoine de Bougainville. Este fascinara a corte e toda Paris ao mostrar Aotoru, o "bom selvagem" trazido de Taiti. Seguiu-se então forte onda de adesão aos costumes taitianos, entre os quais os contemporâneos davam maior destaque à liberdade sexual. Nada daquilo era indiferente a Diderot, que havia muito travava uma batalha contra a futilidade dos preconceitos morais e da legislação em matéria sexual e conjugal.

A obra, redigida em 1772, apresenta-se na forma de diálogo entre duas personagens, dissimuladas pelas iniciais A e B; esta última expõe as teses morais do autor. Mas é a primeira personagem que lê para a segunda um pretenso "Suplemento" à narrativa de Bougainville. Dois habitantes do Taiti, o velho e Oru (há então um diálogo dentro do diálogo), descrevem com minúcias as modalidades de liberdade sexual dos taitianos. Em *Sonho de d'Alembert**, Diderot afeiçoava seu pensamento ao delírio de um doente; aqui, é da ingenuidade natural dos "selvagens" que surge a verdade. As desventuras humanas derivam do fato de que a sociedade impõe vários códigos morais (civil, religioso) que se contradizem e contradizem o código natural. Portanto, é preciso dar novo fundamento, não religioso, à moral, e baseá-la "em relações eternas que subsistam entre os homens".

Contudo, não se deve acreditar que essa obra retoma as teses de Rousseau. Diderot não acreditava na bondade fundamental dos "selvagens"; ao contrário, irritava-se com as referências de Rousseau à bondade do homem natural. Apesar disso, constata que nas sociedades não ocidentais a incoerência dos códigos morais e religiosos artificiais não comprometeu o exercício mais livre e mais harmonioso das relações entre os homens.

Suplemento à viagem de Bougainville, portanto, é menos um panegírico dos "bons selvagens" do que crítica acerba de nossos costumes e preconceitos.

Estudo: P. Hermand, *Les idées morales de Diderot*, Olms G., Hildesheim, 1972.

T

TAO-TE KING (LIVRO DO CAMINHO E DA VIRTUDE),
○ século VI a.C.
LAO TSE, c. 570 a.C.-490 a.C.

As sentenças, os poemas e os aforismos reunidos no *Tao-te king* expõem ao mesmo tempo a doutrina mística e filosófica do taoísmo – antípoda dos modos de pensamento ocidentais – e apresentam conselhos e preceitos que deverão levar à realização do *Tao*.

Para Lao Tse, o cosmo é regido por um princípio supremo e transcendente que dá origem a todas as coisas e que não tem começo nem fim: o *Tao*. Essa noção nos leva de imediato para a abstração pura: o *Tao*, embora fundador, não é um deus, e sua soberania sobre o universo não é ativa, mas puramente passiva. Ele *é,* e não podemos explicá-lo, muito menos chegar até ele pelo conhecimento racional. Por isso, o único objetivo do homem é encontrar a "Via", o caminho do *Tao*, para realizar uma fusão mística com ele. Toda a filosofia taoísta se baseia nessa finalidade.

Para encontrar a Via, há um só meio: criar o vazio para unir-se à vacuidade do *Tao*, renunciar à ação para reunir-se ao não-ar do *Tao*, não interferir no curso natural das coisas iniciadas pelo *Tao*, renunciar a qualquer desejo e a qualquer necessidade para atingir a simplicidade original. Só o Sábio – ou o "Santo" – pode atingir – por meio da meditação, do exercício espiritual intenso e da prática da virtude individual – essa perfeição do vazio que permite "conformar o pensamento à natureza profunda do Tao".

Lao Tse, ao lado de Confúcio, é o maior filósofo chinês da Antiguidade, mas, ao contrário do confucionismo, a filosofia taoísta não se preocupa em absoluto com a moral prática, o civismo ou a organização social. As únicas observações políticas dizem respeito à atitude do Príncipe adepto do *Tao*, que deve aplicar também o "não agir" a seu papel de Príncipe, se quiser atingir a virtude. Pois o taoísmo é acima de tudo um pensamento individualista que valoriza a busca espiritual do indivíduo, sua capacidade de renúncia, de recolhimento e de despojamento interior. O taoísmo é uma filosofia do vazio, cujos principais expoentes são Lao Tse e Tchuang.

É generalizado o costume de citar Lao Tse por quase tudo, atribuindo-lhe máximas, provérbios ou ditados que são mais fruto da sabedoria popular que da filosofia: esses adágios muitas vezes são inventados, e seria inútil procurá-los na obra de Lao Tse. No entanto, essa notoriedade indica que, para os chineses, Lao Tse – cuja vida é quase lendária (teria vivido cerca de 150 a 200 anos) – representa o sábio por excelência. Este conhece a virtude do silêncio e, se fala, nunca é para dizer coisa sem importância, mas para proferir uma verdade universal.

A doutrina do *Tao* faz parte da tradição e da civilização chinesas: difundiu-se por todo o Oriente e inspirou as práticas *zen* na China e no Japão. Mas o taoísmo seduz também o Ocidente em busca de espiritualidade; ainda hoje algumas escolas místicas preconizam exercícios de meditação que, por meio do vazio mental, visam a obter o conhecimento último dos princípios do universo.

Estudo: M. Kaltenmark, *Lao Tseu et le taoïsme*, col. "Microcosme-Maîtres spirituels", Le Seuil, 1976.

TÉCNICA (A), *La technique*, 1954.

JACQUES ELLUL, nascido em 1912.

Sem recorrer a uma descrição detalhada da evolução das técnicas ou do estado atual dos diversos instrumentos técnicos, Jacques Ellul propõe-se examinar as relações que se estabeleceram entre a técnica contemporânea e as diferentes instâncias sociais e políticas, entre as necessidades técnicas e as necessidades naturais.

Esse ensaio crítico descreve a evolução de uma técnica que foi inicialmente concebida como instrumento, e que se impõe hoje como um meio autônomo, hostil ao homem e à ordem política; esse movimento só pode redundar no aparecimento de uma "técnica da técnica", de onde a liberdade e o pensamento serão banidos.

TÉCNICA E CIÊNCIA COMO "IDEOLOGIA", *Technik und Wissenschaft als "Ideologie"*, 1958.

JURGEN HABERMAS, nascido em 1929.

Escrito em homenagem a Marcuse (em seu septuagésimo aniversário), esse texto retoma sua crítica ao conceito weberiano de *racionalidade*.

Marcuse mostrou, especialmente em *Razão e revolução**, que a racionalidade (definida como atividade racional visando a um fim) tem em sua essência uma dimensão política: é sempre em nome da racionalidade que se exerce a dominação do homem pelo homem. Mas a idéia mesma de razão é ideológica; ao nos convidar a acatar os progressos científicos de nossa época, ela nos submete à técnica, que é, em si, *dominação*.

Habermas complementa essas análises à luz da distinção entre *trabalho* (como atividade instrumental baseada em escolhas racionais) e *interação* (como atividade comunicacional com vistas a estabelecer relações mediadas pela linguagem).

Estudo: J.-M. Ferry, *Habermas, l'éthique de la communication*, P.U.F., 1987.

TEETETO, ou Sobre a ciência,

Θεαίτητος, ἢ Περὶ ἐπιστήμης, ○ 358 a.C.

PLATÃO, 428/427-348/347 a.C.

Diálogo.

Teeteto é o nome de um matemático morto prematuramente na guerra, a quem Sócrates predissera brilhante futuro em sua especialidade. O diálogo – que reúne Sócrates, Teeteto e Teodoro (também matemático) – é transcrito por certo Euclides (que nada tem que ver com o célebre matemático grego).

O objeto desse diálogo é o conhecimento. Como ocorre com freqüência, o problema é formulado a partir do ensinamento dos sofistas. Sabe-se que Protágoras, por exemplo, preconizava um relativismo sensacionista por ele resumido na seguinte fórmula: "o homem é a medida de todas as coisas". *Teeteto* tematiza a crítica a esse relativismo, afirmando que a fórmula de Protágoras é logicamente contraditória; supô-la verdadeira é dar a cada um direito – em nome do próprio princípio! – de declará-la falsa. Mas sabe-se também que o relativismo sofístico se baseava num discurso sensacionista e mobilista, o de Heráclito, que pretendia extrair do escoar perpétuo de todas as coisas uma prova da impossibilidade de conhecer a realidade. É também esse ceticismo físico, já mencionado em *Crátilo**, que Platão ataca aqui. No entanto, ele não se contenta com uma vaga denegação das teses sofísticas e heraclitianas; ao contrário, preocupado em conferir força total a essas teses, Platão as expõe detalhadamente e chega a dar a palavra à figura de Protágoras em pessoa. Ademais, parece mesmo que Platão vota tanto respeito a Heráclito quanto o que ele reconhece (em *Sofista**) dever a Parmênides (dois filósofos que, no entanto, combatia); empenha-se com efeito em distinguir as teses de Heráclito das de seus seguidores, que da doutrina só extraem conseqüências negativas.

Outrossim, a problemática de *Teeteto* não se limita ao campo estritamente teórico; as implicações éticas do problema do conhecimento são igualmente evidenciadas: não seria possível fundar a justiça na utilidade, e o pragmatismo dos sofistas em matéria de moral é tão insustentável quanto seu relativismo gnosiológico. *Teeteto*, portanto, enquadra-se fielmente na linha dos grandes diálogos morais: *A república**, *Górgias**, *Fédon**.

A crítica a Protágoras e a Heráclito permitiu, pois, afirmar que a sensação não poderia servir de fundamento último à ciência. Na obra de Platão, essa crítica é a contrapartida da crítica simétrica a Parmênides e às teses da corrente eleata; nesse aspecto, *Teeteto* complementa *Sofista*.

Num segundo momento, Platão vai mostrar que o mesmo se deve dizer da opinião verdadeira. Esta pode muito bem possuir, fortuitamente, aparências de ciência, mas só as possui de modo contingente, instável, fugaz. O que os estóicos repetirão: o louco que, em plena luz do dia, diz que é dia, está dizendo algo verdadeiro; no entanto, está privado da verdade, pois poderia perfeitamente ter dito que é noite. Bachelard formulará isso da seguinte maneira: "A opinião, *por direito*, está sempre errada." Inegável, porém, que os sentidos têm um papel por desempenhar no conhecimento, e Platão analisa perspicazmente as condições da percepção, o trabalho de síntese que nela atua. Reconhece, assim, na alma uma autêntica atividade, na síntese dos dados sensíveis. *Teeteto* propõe quase um esboço de tábua das categorias (ser e não-ser, identidade e diferença, unidade e multiplicidade...). Apresenta também aquilo que talvez constitua a primeira análise filosófica consistente do *erro*. A crítica do valor da opinião verdadeira supõe de fato que se descubram as condições de possibilidade da opinião falsa (problema já entrevisto em *Eutidemo**). Percorrendo as comparações sucessivas propostas pelo jovem Teeteto, Sócrates analisa as condições do falso reconhecimento.

Por fim, é analisada a tese segundo a qual a ciência é "a opinião verdadeira acompanhada de razão". Não é fácil saber que sentido exatamente se deve atribuir a essa definição, nem que pensadores Platão está atacando quando a critica; talvez pense em Antístenes ou nos megáricos.

Percebe-se que *Teeteto* apresenta grande profusão de teses essenciais à reflexão filosófica. É com certeza um dos diálogos mais ricos e profundos de Platão. Também cabe ressaltar que ele dá a conhecer admiravelmente a figura de Sócrates, parteiro dos espíritos (que fala da figura de Fenareta, sua mãe, que era parteira): Sócrates aparece ora inflamado pela verdade, ora condescendente e afável, mas sempre fiel ao Sócrates que Platão pôs em cena nos outros diálogos.

Estudo: A. Koyré, *Introduction à la lecture de Platon*, Gallimard, 1987.

TELLIAMED, ou Colóquios de um filósofo indiano com um missionário francês sobre a diminuição do mar, a formação da Terra, a origem do homem, etc.,

Telliamed, ou *Entretiens d'un philosophe indien avec un missionaire français sur la diminution de la mer, la formation de la Terre, l'origine de l'homme, etc.*, 1748.
BENOÎT DE MAILLET, 1656-1738.

Embora essa obra só tenha sido publicada dez anos após a morte de seu autor, algumas cópias suas manuscritas circulavam clandestinamente desde 1720.

Telliamed (anagrama do nomo do autor) é uma obra muito original, que expõe, à maneira de Buffon, uma teoria geral da Terra e dos seres vivos. Nela, Maillet afirma a origem marinha de todas as criaturas vivas, origem atestada pelos fósseis marinhos, que são encontrados em todos os pontos do globo.

Notáveis intuições evolucionistas coexistem com conjecturas altamente fantasiosas.

Estudo: M. Benitez, "Benoît de Maillet et l'origine de la vie dans la mer: conjecture amusante ou hypothèse scientifique?", in *Revue de synthèse*, janeiro-junho de 1984.

TEMA DE NOSSO TEMPO (O),

El tema de nuestro tiempo, 1923.
JOSÉ ORTEGA Y GASSET, 1883-1955.

Adotando primeiramente como mestre o neokantiano Hermann Cohen, Ortega y Gasset evolui depois para uma filosofia mais pessoal, cujo objeto é a vida como "realidade radical". Assim, rompendo definitivamente com seu primeiro inspirador, dedica-se nessa obra a uma crítica da razão formal à qual opõe a "razão vital", única que nos permite analisar esse princípio fundamental que é a vida compreendida em sua radicalidade. Sem esse princípio, seria impossível explicar o universo em sua totalidade. Mas "razão vital" é aqui sinônimo de "razão histórica": uma não existe sem a outra. Através delas, tornam-se-nos verossímeis todas as vidas dos humanos: donde a necessidade de determinar a possibilidade e os limites da compreensão alheia. É essa tarefa que deve ser assumida por qualquer epistemologia das ciências sociais que se queira conseqüente.

É reconhecível nesse filósofo espanhol a influência de Nietzsche, mas também de Simmel, Scheler e Dilthey.

Estudo: A. Guy, *Ortega y Gasset ou la raison vitale e historique*, Seghers, 1969.

TEMOR E TREMOR,

Frygt og Boeven, 1843.
SØREN AABYE KIERKEGAARD, 1813-1855.

Publicada sob o pseudônimo de Johannes de Silentio, essa obra descreve o que é a fé através da exegese da história de Abraão. No *Gênese*, Deus dá a Abraão um filho, Isaac, mas em seguida pede-lhe que o sacrifique. Ora, durante o holocausto, Deus poupa Isaac, substituindo-o por um carneiro. Abraão é "pai da fé", porquanto se resigna ao sacrifício graças à confiança que tem na palavra de Deus (que lhe promete que seu filho reinará sobre nações), ainda que essa confiança seja absurda, pois ele deve sacrificá-lo. Desse ato de fé depreendem-se dois movimentos. O primeiro é a resignação diante da ordem de Deus: Abraão duvida e estremece de angústia por seu filho, "aquele que ele ama", mas resigna-se porque ama e teme Deus acima de tudo. Mas ao mesmo tempo – segundo movimento –, porque ama a Deus acima de tudo, Abraão tem confiança e sabe que Isaac lhe será devolvido. Assim, o paradoxo da fé se expressa para além da razão: quando "a esperança se tornou absurda, Abraão acreditou".

Esse duplo movimento dialético permite compreender a relação do Indivíduo com a moral. Quando se resigna, o Indivíduo só faz colocar-se sob a ordem de valores morais gerais: "A resignação infinita comporta o consolo na dor", pois a crença em Deus permite esperar uma eternidade melhor, e a resignação é o reconhecimento da primazia do Geral sobre o Indivíduo. Assim, o herói trágico racionaliza sua dor expressando-a para os outros, que a entendem e se compadecem. Inversamente, Abraão fica sozinho, sem mediação em seu combate, mas salva Isaac graças à sua fé. Superando a ética e a estética do Geral, ele se afirma como Indivíduo superior à razão moral "numa relação absoluta com o absoluto", que faz dele "o cavaleiro da fé".

"Quando começo a refletir sobre Abraão,

sinto-me como aniquilado." Kierkegaard exprime assim sua impotência tanto para compreender o paradoxo da fé quanto para colocá-lo em prática na sua vida pessoal: noivo de Regine Olsen, ele rompe – resigna-se – mas não consegue reavê-la (como Abraão recupera Isaac). Permanece na angústia, primeiro movimento, o praticado pelos filósofos: Descartes (a dúvida), Sócrates (a ignorância). Censura Hegel por não ter visto que, para além da Razão, há o ato de fé, e a Igreja para não compreender Abraão, mas ele mesmo não pode explicar como ter acesso à fé (o que Jaspers tenta em sua *Introdução à filosofia**).

Edição portuguesa: *Temor e tremor*, Lisboa, Guimarães, s.d.

Estudo: J. Wahl, *Études kierkegaardiennes**, Vrin, 1974.

TEMPO E DESTINO,

Temps et destin, 1980.
MARCEL CONCHE, nascido em 1922.

Marcel Conche, metafísico e historiador da filosofia, interroga-se sobre a concepção tradicional de tempo. Opondo-se particularmente à teoria estóica do *destino*, atribui a esse termo um significado especial, que lhe permite conciliar a noção de potência fatal com a de liberdade individual. Isto porque, para Conche, o ponto de vista estóico redunda na "negação do tempo, por redução do futuro ao passado", que equivale a negar o próprio destino. Quando os estóicos afirmam que tudo o que deve acontecer já está inscrito no passado, nada mais fazem que reduzir o futuro ao passado, defendendo assim uma tese maximalista do destino, que destrói a própria noção de *futuro*.

Portanto, é essencial, para o autor, distinguir a noção de *necessidade* da noção de *destino*; esta última implica a realidade do futuro como tal, ou seja, a abertura do presente para uma multiplicidade de *possíveis*. Graças a essa distinção, a liberdade humana é preservada e pode, sem contradição, coexistir com o destino. Mas Conche afirma que alguns acontecimentos ocorrem unicamente sob efeito do destino; só um deles é ao mesmo tempo universal e fatal: a morte.

Essa obra se articula, portanto, em torno de um questionamento sobre nossa faculdade de pensar o tempo em sua relação com o irredutível.

Estudo: M. Conche, *Vivre et philosopher. Réponses aux questions de Lucile Laveggi*, P.U.F., 1992.

TEMPO E NARRATIVA,

Temps et récit, 1983, 1984 e 1985.
PAUL RICOEUR, nascido em 1913.

Nos três volumes desta obra, Ricoeur prossegue a elaboração, iniciada com *Metáfora viva**, de uma hermenêutica da narrativa. Para ele, a inovação semântica se enquadra antes de mais nada na invenção de uma intriga. Outrossim, é a "síntese do heterogêneo" que aproxima a narrativa da metáfora. A função mimética da narrativa é aqui interpretada como uma aplicação particular da referência metafórica à esfera do agir humano.

Estudo: Ch. Bouchindhomme e R. Rochlitz (sob a direção de), *"Temps et récit" de Paul Ricoeur en débat*, Le Cerf, 1990.

TENTAÇÃO DE EXISTIR (A),

La tentation d'exister, 1956.
EMIL MICHEL CIORAN, nascido em 1911.

Lúcido a ponto de rejeitar um niilismo que não pode ser assumido, Cioran convida os homens a recriar as ilusões que tornam a existência suportável, e reafirma a necessidade vital da mentira. É verdade que a dúvida nos permite viver juntos, mas, insidiosamente, arruína a sociedade porque a desvitaliza. Quando se desfaz a fé que fundamenta as civilizações, surgem a liberdade e a tolerância, começando então o irreversível processo de decadência.

O homem que rompeu com suas raízes, exilado solitário prestes a negar-se e a renegar-se, só pode encher o universo do vazio com aquilo que é seu símbolo: a palavra. Só a poesia, ilusão aceita, pode justificar nossa "tentação de existir". Assim, àquele que está em busca da unidade perdida, só resta a "aventura do estilo".

Estudo: R.-M. Pereda, "Cioran l'étranger", in *Le magazine littéraire*, nº 204, fevereiro de 1984, pp. 80-4.

TEODICÉIA, GOTTFRIED WILHELM LEIBNIZ.

VER ENSAIOS DE TEODICÉIA SOBRE A BONDADE DE DEUS, A LIBERDADE DO HOMEM E A ORIGEM DO MAL.

TEOGONIA, Θεογονία.

HESÍODO, fim do século VIII-começo do século VII a.C.
Poema mitológico.

Vasto afresco mitológico, a *Teogonia* é também uma cosmogonia: a partir da longa genealogia dos deuses (cada um deles personifica uma força natural), Hesíodo conta de que modo o mundo organizado, o *cosmo*, emergiu do caos primitivo. Saindo vitorioso de todos os combates, Zeus, pilar da ordem universal, acaba por estender sua soberania a tudo o que existe.

Embora de cunho fortemente religioso, *Teogonia* prenuncia os trabalhos dos pré-socráticos sobre a formação do cosmos.

Estudo: J.-P. Vernant, *Mythe et pensée chez les grecs*. La Découverte, 1985.

TEOLOGIA MÍSTICA,

Περὶ μυστικῆς θεολογίας,
PSEUDO-DIONÍSIO, século V-VI.

Atribuído inicialmente a Dionísio, o Areopagita, esse tratado místico original e inesperado não louva a luz de Deus, mas suas trevas. Podemo-nos unir a Deus graças à negação de tudo e de nós mesmos, baseando-nos no silêncio perfeito da ignorância: é o *êxtase* místico, experimentado pelos contemplativos que se unem assim a Deus.

Estudo: R. Roques, *L'univers dionysien*, Le Cerf, 1983.

TEOLOGIA NATURAL

ou Livro das criaturas,
Theologia naturalis seu Liber creaturarum, 1487.
RAYMOND SEBOND (Ramón Sibiuda, dito), c. 1385-1436.

Foi graças a Montaigne que essa obra se tornou célebre: ele a traduziu em 1569 e dedicou-lhe uma *Apologia de Raymond Sebond**. Nessa *Teologia natural*, Sebond põe a tradição racionalista medieval a dialogar com as novas perspectivas humanistas. Em nome da razão, ele nega o princípio de autoridade e situa o homem no interior de uma hierarquia dos seres cujo princípio de organização não é a divindade.

Estudo: F. Stegmüller, apresentação do texto na edição: *Theologia naturalis seu Liber creaturarum*, reimpressão fotomecânica da edição de Sulzbach (1852), Bad Cannstatt, Stuttgart, 1966.

TEOLOGIA PLATÔNICA,

Theologia platonica, 1482,
MARSILIO FICINO, 1433-1499.

Quando, na esteira de Proclo, Marsilio Ficino escreve *Teologia platônica*, seu objetivo é "que na divindade mesma da inteligência criada como num espelho colocado a igual distância dos extremos, por um lado vejamos a obra do próprio Criador e, por outro, contemplemos e honremos sua inteligência". Teologia no sentido estrito – pois nela se fala da imortalidade da alma –, essa obra é característica do ideal do Renascimento: estabelecer os fundamentos de uma religião natural que alie civilização clássica e tradição cristã. Pois separar filosofia e religião é como separar amor e sabedoria. Ora, para Marsilio Ficino, filosofia não é a de Aristóteles, que ele considera materialista demais e quase panteísta (ainda que na época tenha muitos adeptos, sobretudo em sua versão averroísta), mas a de Platão.

Fundar o conhecimento da imortalidade da alma e de seu destino em "razões platônicas [...] é tudo o que mais deseja o Deus onipotente, é o que exige a natureza humana e que outrora foi realizado pelo celeste Platão com a ajuda de Deus". É isso também o que propõe Marsilio Ficino, convencido de que "com algumas mudanças, os platônicos seriam cristãos". Desse modo, ele visa a conferir bases inabaláveis à dignidade do homem.

A primeira parte da obra expõe a hierarquia dos seres segundo uma dialética que, de abstração em abstração, vai da matéria a Deus. No grau mais baixo está a "massa preguiçosa dos corpos", depois vem a qualidade eficaz ou potência. Sempre submetida à transformação, mas não dividida num corpo, vem em seguida a forma ou alma. Por fim, no alto da escala se encontram, indivisíveis e imutáveis, o espírito angélico e o sol divino.

A segunda parte expõe os grandes princípios da atividade humana, inteiramente movida pela busca da perfeição e da verdade, busca que, no termo de uma ascensão contemplativa e unitiva, vai dar na descoberta da natureza divina.

Marsilio Ficino é, sem dúvida, o filósofo mais influente do Renascimento, não só na Itália, mas em toda a Europa.

Estudo: R. Marcel, *Marsile Ficin: 1433-1499*, Les Belles Lettres, 1958.

TEORIA DA AÇÃO COMUNICATIVA,

Theorie des kommunikativen Handelns, 1981.
JURGEN HABERMAS, nascido em 1929.

Composta de 1977 a 1981, essa polpuda obra de mil páginas divide-se em dois tomos, respectivamente intitulados *Racionalidade da ação e racionalização da sociedade* e *Por uma crítica da razão funcionalista*.

O primeiro tomo apresenta a problemática da racionalidade, retoma a teoria da racionalização de Max Weber, articula as noções de *ação social*, de *atividade finalista* e de *comunicação*, passando a analisar, por fim, a crítica à tese weberiana da racionalização feita por Lukács, assim como a crítica à razão instrumental feita por Adorno. O segundo tomo indica os paradigmas da obra em Mead e Durkheim, distingue "sistema" de "mundo da vida", analisa os problemas de construção de uma teoria da sociedade em Talcott Parsons e, terminando com uma "consideração final", retoma ao mesmo tempo a crítica à teoria weberiana da modernidade e a tese da colonização interior de Marx, para expor as tarefas atuais de uma teoria crítica da sociedade. A noção de ação comunicativa só pode ser compreendida no interior de uma construção tipológica que cruze *ações* (orientadas para o sucesso ou para a intercompreensão) com *situações* (não sociais ou sociais). O que permite a Habermas distinguir três tipos de atividades: a atividade instrumental, que cruza ações orientadas para o sucesso com situações não sociais; a atividade estratégica, que cruza ações orientadas para o sucesso com situações sociais, e a ação comunicativa, que cruza ações orientadas para a intercompreensão com situações sociais.

Por atividade instrumental é preciso entender, na esteira de Weber, ações orientadas para o sucesso, conduzidas segundo regras técnicas de ação. Pode-se avaliar seu grau de eficiência pela sua intervenção num contexto dado de estados de coisas. As atividades estratégicas também são ações orientadas para o sucesso, mas consideradas, dessa vez, sob o aspecto da busca de regras racionais de escolha. Pode-se avaliar seu grau de eficiência pela influência que exercem sobre as decisões de um parceiro racional. A *ação comunicativa* não visa a exercer influência: é, ao contrário, uma atividade em que há procura, em primeiro lugar, de entender-se com outros, para em conjunto interpretar situações e entrar em acordo sobre planos de ação.

As ações humanas (quando orientadas para o sucesso) têm como mediação o dinheiro (economia) e o poder (Estado). Mas o universo da intercompreensão tem como mediação os "atos de fala". Donde a importância de uma reavaliação crítica não só de Weber (que negligenciou o universo de intercompreensão), como também das pistas abertas por Austin (em *Como fazer coisas com palavras**) com sua abordagem dos atos de fala e sua distinção, já clássica, entre os atos *ilocucionários* (agir dizendo algo) e *perlocucionários* (provocar algo por ter agido dizendo alguma coisa). A ação comunicativa remete às interações mediadas pela linguagem, em que, retomando a expressão de Habermas, "todos os participantes, por ações de linguagem, perseguem objetivos ilocucionários (e só eles) para obterem um acordo que propicie fundamento para uma coordenação consensual dos planos de ação perseguidos individualmente".

Habermas mostra bem a complexidade da comunicação. A *ação comunicativa* é a coordenação consensual dos planos de ação das partes individuais participantes, coordenação que possibilita o *processo de intercompreensão*. Mas, nesse processo, é preciso reconhecer que, com cada ato de fala, os participantes da comunicação se referem simultaneamente a alguma coisa que é da ordem do mundo subjetivo, cujo pressuposto é a veracidade; do mundo social, cujo pressuposto é a justeza; e do mundo objetivo, cujo pressuposto é a verdade. Por fim, em toda comunicação, há referência a "saberes de fundo", dos mundos da vida, a partir dos quais os participantes da interação alimentam sua interpretação.

Pertencendo, em termos de projeto teórico, ao âmbito do pensamento pós-metafísico proveniente de Hegel, Habermas enquadra sua teoria da sociedade num empreendimento quádruplo: radicalizar a guinada lógicolingüística dada por Frege, pôr a razão em situação – o que já fora feito por Dilthey, Heidegger, Sartre e Merleau-Ponty (mas aqui a razão se encarna no agir comunicacional) –, abandonar o logocentrismo próprio à tradição ocidental, descartar a visão totalizante da filosofia da reflexão (Kant, Hegel).

Edição brasileira: *Teoria da ação comunicativa*, São Paulo, Martins Fontes, no prelo.
Estudo: J.-M. Ferry, *Habermas, l'éthique de la communication*, P.U.F., 1987.

TEORIA DA ARTE MODERNA, 1964.

PAUL KLEE, 1879-1940.
Coletânea de ensaios estéticos.

Para o autor, a modernidade em arte deve orientar-se para as formas inéditas do eu; assim, o criador deve chegar ao "eu divino" (*a priori*). O artista moderno desloca o centro de gravidade da matéria e a considera sob um novo ângulo. Se o desenho é a arte de eliminar, a cor, por outro lado, contém tudo. A percepção do artista é *movimento*, assim como a obra, que se inscreve necessariamente no tempo. Criar é dialogar com a natureza; pois há leis comuns à natureza e à arte. A forma criadora "funciona" na criação; o pintor deve buscar essa função, e não a forma acabada.

Embora contemporâneo de Kandinsky, além da vontade comum aos dois de inovar, ambos não têm a mesma visão. Enquanto Kandinsky busca a forma *a priori* em sua dimensão absoluta, Klee se concentra no caráter operatório da forma. Desse modo, traz à tona uma outra atitude da consciência criadora transcendental.

Estudo: J.-L. Ferrier, *Paul Klee, les années vingt*, Denoël, 1971.

TEORIA DA CIÊNCIA ou DOUTRINA DA CIÊNCIA,

Die Wissenschaftslehre, 1834.
JOHANN GOTTLIEB FICHTE, 1762-1814.
Exposição feita em 1804.

São conhecidas oito versões diferentes da *Doutrina da ciência* de Fichte, além de numerosos resumos e introduções diretamente relacionados com ela. A exposição de 1804 não é tão conhecida quanto a de 1794, porém é mais acabada; tampouco oferece uma teoria unificada dos mundos sensível e inteligível (como a de 1801), mas desenvolve uma teoria do saber filosófico que torna essa exposição bem superior às anteriores. Na verdade, trata-se de simples notas de aulas cujo objeto e cuja matéria infelizmente foram desacreditados pela iniciativa de Hegel (ao publicar *A ciência da lógica**, de 1812 a 1816, este dispensava teoricamente seus leitores de se manterem informados sobre as "doutrinas da ciência" posteriores a 1794).

O texto compreende duas partes principais: a primeira desenvolve uma teoria da razão e da verdade; a segunda, uma fenomenologia e certo número de pontos de vista da reflexão. A primeira parte expõe os prolegômenos, ou seja, uma descrição do fato do absoluto, chamado também "fato ontológico do saber", bem como uma lógica da história da filosofia que vai até o *saber absoluto*. Na segunda parte, Fichte propõe uma analítica das condições e do sentido da realização do saber absoluto, que desemboca na compreensão absoluta do saber absoluto. Distribuído em vinte e oito conferências sem título, o texto começa considerando o caráter "histórico e simbólico" – e não real – da vida na mentalidade da época. Mas o elemento importante da vida é o *pensamento*: este assume a forma de filosofia quando expõe a verdade, ou seja, a unidade absoluta ou a imutabilidade da opinião. A questão é saber o que *é* doutrina da ciência. Mas não pode haver *ser* sem pensamento, e aliás, segundo a filosofia de Kant, existe um elo absoluto (A, por *Absolut*) entre o ser (S, por *Sein*) e o pensamento (D, por *Denken*). Donde a revisão das três *Críticas** kantianas realizada por Fichte nesse ponto exato da exposição. A, existente, cinde-se primeiro em S e D, e depois em *x*, *y* e *z* (ou seja, os mundos sensível, inteligível e estético); essas duas cisões não são conhecidas imediatamente. O saber permanece igual a si mesmo, apesar da mudança dos objetos. O objeto designa o saber absoluto apresentado na primeira lição e é acompanhado pela representação.

Evidenciado, o saber é existente para si, independentemente de qualquer variedade: é uma unidade igual a si mesma e fechada para si. Nas ciências reais, os princípios são *facticiamente* evidentes: por isso, a presente teoria procura introduzir uma evidência absolutamente genética, que, por derivação, produza essas evidências factícias. Em conclusão, fica claro que a "sujet-objectivité" é inseparável da mudança. Embora a teoria da ciência se mantenha no *ponto* A (e não diretamente em A, que é algo morto), o ponto de vista da teoria não é uma síntese *post factum*. A unidade da teoria é mais precisamente a unidade orgânica interna dos dois. E a teoria apreende intelectualmente a consciência comum, que nunca pode ser construída na realidade. Por um lado, raciocinamos; por outro, investigamos como raciocinamos: tentamos assim responder à pergunta sobre a *gênese*. Toda filosofia tem a tarefa de reduzir a diversidade à unidade: na verdade, não devemos ficar na unidade nem na diversidade, mas entre as duas. É assim que atingiremos os princípios genéticos. Chegamos então ao centro da exposição: Fichte pode afirmar que a disjunção originária da luz se produz entre o ser e o pensamento. E aquilo que, através da forma, considerávamos luz originária transforma-se em simples visão e sucedâneo da luz.

Começa então uma nova investigação, mais profunda. O conceito, ou o fato geral do saber, não reside na luz nem na visão, mas entre as duas. A questão se aplica ao procedimento que nos é próprio: "Como chegamos ao ponto superior de precisarmos abandonar o que era suposto?" Não é deslocando o já conhecido que o problema poderá ser resolvido. Se intuímos o aniquilamento, se pensamos o em-si, resta-nos descobrir como chegamos até aí. Fazendo referência ao sistema da identidade de Schelling, Fichte observa que este último só fez "copiar" a síntese da teoria sem a realizar: disse, mas não fez. No fim desse percurso, a via original da razão parece consistir no fato de fundamentar sua própria existência numa objetividade que lhe pertence. Ora, o saber absoluto pressupõe já o saber ordinário. E a própria razão, na *vida* do fazer, se cinde em *ser* e em *fazer*.

Estudo: M. Guéroult, *L'évolution et la structure de la doctrine de la science chez Fichte*, Olms G., Hildesheim, 1982.

TEORIA DA JUSTIÇA (UMA),

A Theory of Justice, 1971.
JOHN RAWLS, nascido em 1921.

Filósofo liberal, Rawls tenta nessa obra dar sentido à noção de *justiça*. Para isso, retoma a filosofia do contrato social, contrato que constitui a "base moral" de uma sociedade democrática. A sociedade, a que ninguém tem a obrigação de aderir, é definida como um sistema eqüitativo e voluntário de cooperação entre vários indivíduos.

A teoria do contrato social baseia-se numa "posição original", posição hipotética em que os indivíduos atuam em ignorância e são racionalmente animados por seus próprios interesses. Esses indivíduos devem entrar em acordo sobre um sistema de cooperação. Mas, ignorando o lugar que ocupará nesse sistema, cada um deles considera a possibilidade do pior, ou seja, o caso em que ocupará uma posição inferior. A partir daí cada um adota a "estratégia do máximo" (estratégia inspirada na teoria dos jogos), segundo a qual para o jogador que não tem certeza de ganhar a melhor estratégia consiste em assegurar-se de que o pior resultado será o melhor possível; ele minimiza, assim, suas perdas máximas, ou ainda, maximiza suas perdas mínimas.

Na posição original e em virtude da estratégia do máximo, os indivíduos escolhem dois princípios distintos; o primeiro (liberdade) é prioritário em relação ao segundo (diferença). Segundo o *princípio de liberdade*, os indivíduos empenham-se em instituir o âmbito de liberdade mais vasto possível, que seja ao mesmo tempo compatível com uma liberdade semelhante para todos. Cada um irá dispor assim da maior liberdade compatível com a liberdade alheia. É o *princípio de diferença* que justifica as desigualdades. Rawls critica a teoria neoclássica e utilitarista que ignora as desigualdades, confunde justiça com maximização do bem-estar social e admite, assim, que o sacrifício de um indivíduo pode aumentar o bem-estar de todos. Para Rawls, ninguém é um meio com vistas a servir a sociedade, e as liberdades civis são sempre superiores à economia. Mas as desigualdades não são necessariamente injustiças. Elas podem ser admitidas com duas condições: primeiro, é preciso uma "justa igualdade de oportunidades": em outras palavras, que as situações capazes de oferecer vantagens sejam acessíveis a todos; depois, a sociedade deve poder tornar os menos ricos tão ricos quanto seja possível ser, ou seja, chegar a um ponto ótimo na distribuição da renda. Assim, as únicas desigualdades admissíveis são as que dêem vantagens aos menos favorecidos, visto que a desigualdade injusta não oferece vantagens a todos.

Influenciado por Kant, Rawls desenvolve nessa obra uma teoria sistemática da justiça que se baseia em princípios racionais (a razão prática). É grande sua influência tanto sobre as teorias quanto sobre as políticas econômicas, no mundo anglo-saxão e na Europa continental, principalmente junto aos liberais e aos progressistas. Uma vez que o pensamento igualitarista, que identifica justiça com igualdade econômica, perde pertinência, a teoria rawlsiana tende a justificar as desigualdades, e isso em nome da justiça.

Edição brasileira: *Uma teoria da justiça*, São Paulo, Martins Fontes, 1997.
Estudo: *Individu et justice sociale. Autour de John Rawls* (obra coletiva), Le Seuil, 1988.

TEORIA DO OBJETO (SOBRE A),

Über Gegenstandstheorie, 1904.
ALEXIUS MEINONG, 1853-1920.

Com base numa investigação referente ao nexo cognitivo entre sujeito pensante e mundo pensado, Meinong concebeu, sucessivamente, três tipos fundamentais de teoria: teoria da relação em 1882, teoria do valor em 1894, e teoria do objeto em 1903.

Antes de chegar à terceira teoria, Meinong determinara a situação dos objetos "de ordem superior", num tratado publicado em 1899 (*Sobre os objetos de ordem superior e sua relação com a percepção interior*). Uma outra publicação, em 1902, orienta-o definitivamente para a teoria do objeto (*Sobre as assunções*).

Partindo da doutrina de Hume sobre as relações que unem os diversos elementos do conhecido, de uma concepção de psicologia do ponto de vista empírico, próxima daquela que Brentano formulara em 1874, e da noção de "qualidades da forma" introduzida por Christian von Ehrenfels – concepções às quais ele acrescenta a de Kazimierz Twardowski sobre objetos de pensamento que podem não "existir" concretamente –, Meinong distingue objeto da representação e objeto do juízo. O que equivale precisamente a distinguir *conteúdo* psíquico de *atividade* psíquica. Por isso, ele é levado a discernir uma nova espécie de fatos psíquicos, situados entre a representação e o juízo: a suposição ou *assunção* (*Annahme*). Assim como o objeto do juízo, o objeto da assunção difere do objeto da representação.

Sobre a teoria do objeto contém cerca de cinqüenta páginas e doze parágrafos, sendo o título do primeiro "A pergunta", em que o autor de fato pergunta se, entre as ciências oficiais, existirá alguma referente ao "tratamento teórico do objeto enquanto tal". Pois ele considera necessário tratar do objeto como tal, ou seja, do que é "objetivo" propriamente dito, independentemente do fato ser "verdadeiro" ou "falso", "existir" ou "não existir". A "teoria do objeto" de Meinong é portanto essa ciência à qual ele atribui a função de tratar do que é "dado" ("*mit dem Gegebenen*"), sem levar em conta seu "ser" mesmo, e tendo como única finalidade o conhecimento de seu "ser-assim".

Se pudermos supor pelo menos a natureza intencional da abordagem do "objetivo" em questão, o que predomina durante a operação constituída por essa consideração do objeto é o "ser-assim" do objeto mirado e fixado. Portanto, é preciso ter em mente o caráter essencialmente objetivista da operação postulada pela teoria do objeto aqui proposta. Meinong ressaltou justamente que leva em conta um princípio de independência do *ser-assim* relativamente ao ser. Pois o objeto puro é exterior ao ser. Por isso, o autor apresenta sua teoria do objeto como destinada a tornar-se a teoria geral dos "objetos de conhecimento", e mesmo como sendo já uma teoria do conhecimento, uma lógica pura, ou ainda uma ciência propriamente dita. O objetivo captado pelo ato de conhecimento que lhe é apropriado pode ser um "ser" ou um "ser-assim": pouco importa. O que importa é que o objeto visado é um *referente objetivo* de modo nenhum constituído pelo ato de consciência: é tudo o que se pode conceber de um objeto em razão de sua natureza. Da forma como foi estabelecida por Meinong, a distinção pode subsistir entre a apreensão do objeto e a consideração do objeto em si.

A intencionalidade e o recurso a um sujeito transcendental por Husserl, bem como a riqueza das análises husserlianas causaram certo esquecimento dessa teoria estrita do objeto. Em 1905, Russell a citou, para criticá-la, num artigo sobre a denotação

("On denoting"), no qual expunha sua teoria das descrições, que refutava a independência do ser-assim em relação ao ser.

Estudo: L. Linsky, *Le problème de la référence*, Le Seuil, 1974. Ver sobretudo o capítulo II: "La théorie des objets".

TEORIA DOS SENTIMENTOS MORAIS, *The Theory of Moral Sentiments*, or *An Essay towards the analysis of the principles by which men naturally judge concerning the conduct and character first of their neighbours, and afterwards of themselves*, 1759.
ADAM SMITH, 1723-1790.

Essa obra retoma o texto de um curso de ética que Adam Smith deu na Universidade de Glasgow, onde ensinava desde 1751. O filósofo se propõe aqui retrabalhar um dos problemas filosóficos mais clássicos do Século das Luzes. Trata-se, como o título indica claramente, de compreender a natureza e a origem do "sentimento moral", ao qual se atribuía no mais das vezes – até Kant – a responsabilidade de nossos juízos éticos.

Smith admite uma simpatia humana, que torna os indivíduos capazes de superar sua dimensão propriamente egoísta, para se tornarem sensíveis ao sofrimento alheio. Observa (como fará Kant) que a compaixão, ou piedade, também é da alçada do egoísmo. Mas a compaixão não age sozinha, pois "por mais egoísta que se suponha ser um homem qualquer, há evidentemente alguns princípios em sua natureza que o levam a ter interesse pela boa sorte dos outros, e que tornam a felicidade dos outros necessária para ele". Assim, o sentimento moral do homem é organizado segundo sua natureza própria, mas também segundo a natureza inteira e segundo a comunidade humana. Assim como os moralistas empiristas e utilitaristas – seus compatriotas na maioria –, Smith acredita que o homem está destinado a manter com seus semelhantes relações de solidariedade e ajuda mútua, únicas capazes de promover a felicidade de todos. Essa idéia de felicidade possível é determinante. A tal ponto que leva Smith a uma afirmação um tanto paradoxal, que será contestada por Kant: o autor observa que nosso juízo moral nunca diz respeito unicamente a intenções que tenham orientado uma ação, mas integra sempre ao mesmo tempo os resultados, as conseqüências (sucesso ou malogro) dessa ação.

Para Smith está bem claro que o sentimento moral do homem não é ditado pelo interesse; se assim fosse, não seria possível entender por que ele nos sugere aprovar ações que nos são individualmente nocivas, e desaprovar outras, mesmo que nos sirvam. A razão disso também não é o fundamento. Isto porque as regras não precedem um juízo moral que deduziríamos da aplicação de normas universais. Ao contrário, extraímos as regras gerais, por indução, do conhecimento dos casos particulares. Assim, a vida moral é feita tão-somente de uma infinidade de situações singulares, sempre diferentes. Mas, ao contrário de outros moralistas (como o irlandês Francis Hutcheson), Smith recusa-se a admitir um "sentido moral", que se somaria aos sentidos por meio dos quais nos é dada a percepção do mundo exterior. Isto porque, segundo a *Teoria dos sentimentos morais*, nossos juízos morais têm uma infinidade de matizes, incompatíveis com a hipótese de um sentido moral único.

Embora Smith, que é deísta, pronuncie o mínimo possível o nome de Deus, o papel da providência está presente a cada página do livro. Nele se percebe um finalismo permanente.

O privilégio e mesmo a exclusividade atribuída ao sentimento na conduta moral leva Smith a terminar seu ensaio com críticas duras à casuística, cujas obras "procuram em vão determinar de maneira precisa o que só pode ser graças ao sentimento; como será possível encontrar regras invariáveis que fixem o ponto no qual, em cada caso particular, o sentimento delicado da justiça não passa de escrúpulo frívolo: que mostrem o instante exato em que a reserva e a discrição degeneram em dissimulação?"

Teoria dos sentimentos morais exerceu certa influência sobre as concepções morais do Iluminismo. Insere-se no grande movimento empirista, naturalista e deísta que está presente na reflexão ética – principalmente na Grã-Bretanha – durante o século XVIII.

Edição brasileira: *Teoria dos sentimentos morais*, São Paulo, Martins Fontes, 1999.

Estudo: J. Mathiot, *Adam Smith, philosophie et économie: de la sympathie à l'échange*, col. "Philosophies", P.U.F., 1990.

TEORIA E HISTÓRIA DA HISTORIOGRAFIA, *Teoria e storia della storiografia*, 1912.

BENEDETTO CROCE, 1866-1952.

A história constitui o quarto domínio (depois da estética, da lógica e da prática) a que Croce aplica sua reflexão filosófica; ele conclui assim a elaboração de um sistema teórico – a *Filosofia dello spirito* – que se abre para uma importante atividade de erudição crítica e historiográfica.

Baseada em sua filosofia da imanência, a história, segundo Croce, é uma "história viva": necessariamente contemporânea, ela "é sobretudo um ato de pensamento". Ao contrário do positivismo e do romantismo, Croce identifica o fato histórico com sua elaboração conceitual: a realidade é o *espírito a coincidir com o mundo*.

Estudo: P. Olivier, *Croce, ou l'affirmation de l'immanence absolue*, Seghers, 1975.

TEORIA E PRÁTICA. Estudos de filosofia social,

Theorie und Praxis. Sozial philosophische Studien, 1963.

JUGEN HABERMAS, nascido em 1929.

Coletânea de ensaios.

A obra reúne onze ensaios redigidos entre 1960 e 1963. Embora os primeiros textos sejam dedicados à reflexão política de Aristóteles, Maquiavel, Hobbes, Hegel, Schelling e alguns outros, o sexto ensaio versa sobre o marxismo, mais especialmente o "marxismo como crítica"; isso se repete no ensaio seguinte, que explicita as "tarefas críticas" da sociologia. O oitavo texto ("Teoria e prática numa civilização cientificada"), que dá título à coletânea, denuncia as pretensões da racionalidade tecnológica a estender-se para todos os campos da prática. Para Habermas, a razão deve, ao contrário, trabalhar pela emancipação dos homens, assim como está em ação em toda situação de comunicação que se baseie numa discussão racional. No nono ensaio, o autor retoma e aprofunda a tese de Marcuse, segundo a qual a dominação política agora assumiu a forma de manipulação técnica. Os últimos textos analisam as relações entre a política científica e a formação universitária.

Partindo da distinção aristotélica entre a prática (*praxis*), que diz respeito à ação moral e política, e a técnica (*techné*), que se refere à ação racional orientada para um fim, Habermas preconiza nessa obra a crítica, que busca a realização da emancipação, ao contrário da filosofia (exclusivamente voltada para a contemplação) e da ciência (que exclui de seu campo de visão o contexto de sua constituição). Donde a posição privilegiada que o autor atribui ao marxismo como filosofia crítica que tem em vista pôr fim em todas as dominações.

Estudo: P.-L. Assoun e G. Raulet, *Marxisme et théorie critique*, Payot, 1978.

TEORIA ESTÉTICA, *Aesthetische Theorie*, 1970.

THEODOR WIESENGRUND ADORNO, 1903-1969.

Nessa obra que ficou inacabada, o autor propõe a questão do *status* da arte moderna: ela não é óbvia, nem em si mesma, nem em seu direito à existência, nem em sua relação com a sociedade. A ampliação das possibilidades de criação provoca, de modo inverso, um estreitamento de seus efeitos sobre as obras. A irrupção do "novo" em arte apagou até a noção mesma de *tradição*. A arte moderna é feita à imagem da ruína; exprime um desamparo cujo arquétipo é Rimbaud, que acabou por abandonar a escrita. A emancipação da arte teria minado as condições de possibilidade de criação?

O autor constata, outrossim, que a arte moderna se identifica com a sociedade de consumo do Ocidente capitalista, mas para opor-se a ela. Sua função original é, pois, questionada: outrora, a obra de arte prometia um mundo melhor. Essa intenção objetiva era e continua sendo, teoricamente, o "conteúdo de verdade" da obra, que pode ser trazido à tona pela reflexão filosófica (pois, ao se desenvolver, o *conteúdo* se torna *conceito* filosófico). Assim, o conteúdo de verdade luta contra o sofrimento e a morte, veiculando assim a promessa de um outro mundo. Mas a arte moderna esqueceu o sofrimento; não cumpriu a promessa: não estará por acaso assinando a sentença de morte da arte? No entanto, a natureza fundamentalmente contestadora (negativa) da obra poderia tirar a arte desse beco sem saída. Nem tudo desapareceu após a superação da beleza formal; o sublime sobreviveu, intimamente ligado ao poder que a obra tem de dizer "não". Adorno é defensor de uma estética do juízo de valor, que seria o critério de compreensão da arte. É essa atitude crítica que o leva a formular a aporia da arte moderna. *Teoria estética* gira em torno dessa aporia e, com uma orientação formalista, desenvolve uma estética do objeto. Esse livro se insere num projeto global de origem marxista, segundo o qual a forma da obra de arte é seu critério de perfeição. Ademais, essa orientação de pensamento postula a superação do sistema capitalista. É nessa esteira que se situa a escola de Frankfurt, de que Adorno é um dos principais representantes. *Teoria estética* ilustra o mal-estar de toda uma época diante de uma arte que subverte até seus pressupostos, e as questões levantadas pelo autor ainda hoje não deixaram de ser atuais.

Estudo: M. Jimenez, *Adorno et la modernité: vers une esthétique négative*, Klincksieck, 1986.

TEORIA GERAL DO CONHECIMENTO,

Allgemeine Erkenntnislehre, 1918.
MORITZ SCHLICK, 1882-1936.

Moritz Schlick é um dos fundadores do Círculo de Viena (1929). Depois de estudar física, voltou-se para a filosofia e, em 1922, assumiu a cadeira de filosofia das ciências indutivas na Universidade de Viena. A epistemologia rigorosa por ele criada inspira-se em Mach, von Helmholtz e Poincaré e opõe-se ao neokantismo.

Teoria geral do conhecimento é uma obra fundamental que impõe a aproximação entre filosofia e ciências da natureza, pois, para Schlick, em cada uma das ciências está oculto um elemento filosófico. O autor não considera os conceitos como representações de ordem psíquica dotadas de certo conteúdo, porém mais como "ficções" que pensamos em lugar das "representações providas de um conteúdo determinado". É o cálculo, organização de uma coerência por meio de conceitos e de símbolos, que permite fundamentar a experiência científica. A partir daí o papel da filosofia é dar o significado exato da obra científica.

Assim como a maioria dos positivistas, Schlick rejeita a metafísica, cujos enunciados ele considera desprovidos de sentido.

Estudo: P. Jacob, *L'empirisme logique, ses antécédents, ses critiques*, Éd. de Minuit, 1980.

TEORIA GERAL DO ESPÍRITO COMO ATO PURO, *Teoria generale dello Spirito come atto puro*, 1916.

GIOVANNI GENTILE, 1875-1944.

A acreditar-se em Gentile, os grandes idealismos pecaram por falta de audácia. Uma vez posto o princípio da idealidade da realidade, Platão, Berkeley ou Kant não desenvolvem suas conseqüências radicais. Restringindo assim a aplicação de seus próprios princípios, essas doutrinas acabam por "coisificar" o pensamento e por objetivar o eu pensante: nisso seguem a tendência comum do pensamento abstrato de propor entidades. O autor adere ao esquema hegeliano da dialética e à relação por ele estabelecida entre pensamento e realidade, mas também aí quer ir mais longe, e dá primazia à atividade espiritual como tal, como "ato", ou devir nunca acabado e sempre singular. "Não existe a natureza nem a história, mas tal natureza, tal história, em tal ato espiritual." O idealismo destrói assim todo resíduo de transcendência: a realidade não é "resultado" do pensamento, mas *o pensar em ato*. "O espírito é uma realidade que se realiza pela consciência que tem de si mesma." Gentile chama de *atualismo* o empreendimento filosófico que assume a tarefa de pensar a unidade e a infinidade do eu ou do sujeito absoluto.

Esse idealismo absoluto se reconhece monista, mas nada místico: resolve as distinções sem as apagar; pretende pensar as diferenças tanto quanto as identidades. Por isso, o autor acredita atingir a verdade profunda do cristianismo: a realidade atualizada como espírito puro não é de *negar* (como nas filosofias da Índia) nem de se *conhecer* (como na filosofia grega), mas de se *construir*: ela é amor e vontade, esforço interior do "homem que se eleva acima da humanidade e se faz Deus", aquilo que o homem quer que ele seja – o mundo concebido pelo cristão.

O atualismo terminava em estatismo, pois a História, advento da intersubjetividade concreta como Estado, entrega ao homem o segredo de sua perpétua revolução e regeneração. O imanentismo levou Gentile a reconhecer em Mussolini o grande Renovador e a aderir ao fascismo. Também morreu por isso, executado por antifascistas, e seu fim é como a ilustração da incapacidade desse imanentismo de fornecer a seus adeptos um critério concreto de orientação, nas próprias situações cuja singularidade ele promovera com tanta veemência.

Estudo: P. P. Druet, "La 'politisation' de la métaphysique idéaliste: le cas Gentile", in *Revue philosophique de Louvain*, nº 21, fevereiro de 1976.

TEORIA PURA DO DIREITO,

Reine Rechtslehre, 1934.
HANS KELSEN, 1881-1973.

Chefe da Escola de Viena, ou Escola Normativa, Kelsen tenta constituir nessa obra uma teoria *pura* do direito, eliminando da ciência do direito todos os elementos metajurídicos extraídos de disciplinas próximas (moral, política, ciência etc.). Neokantiano, o autor deriva essa teoria da razão pura e fundamenta-a em noções *a priori*, esvaziando assim os dados da experiência. O direito deve ser estudado em sua essência, como é, e não como se gostaria que fosse. Assim, só há direito se *positivo*, e o direito natural provém da moral. Distinguindo o "dever-ser" (*sollen*) do "ser" (*Sein*), Kelsen opõe as ciências *normativas* (enunciadas no imperativo para comandar) às ciências *explicativas* (enunciadas no indicativo para descrever). Assim como a moral, o direito é uma ciência normativa, uma ciência cujo objeto é um conjunto de normas (regras) de conduta que indicam o que deve ser, e não o que é. Mas enquanto a norma moral é um imperativo categórico e autônomo, que comanda sem condição, a norma jurídica é um imperativo hipotético e heterônomo, cujo respeito exige a força coercitiva do Estado. Donde a identificação entre Estado e direito, *Rechtsstaat* e *Staatsrecht*, visto que uma regra de direito corresponde sempre a uma norma condicional de coerção estatal.

Num Estado, todas as regras jurídicas devem relacionar-se com uma norma jurídica fundamental (*Grundnorm*) que institua o primeiro órgão de criação do direito e se situe no vértice da pirâmide jurídica; esse é o princípio da ordem jurídica por graus. A partir daí, Kelsen dá origem ao controle de constitucionalidade, cujo exemplo perfeito é o Conselho Constitucional, criado pela Constituição Francesa de 1958.

Redator da Constituição Austríaca de 1920, amigo de Sigmund Freud e adversário de Carl Schmitt, Kelsen terá numerosos adeptos entre os juristas, como demonstra hoje o grande número de "kelsenianos" (como Charles Eisenmann). O kelsenianismo continua a caracterizar-se pelo positivismo e pela oposição ao jusnaturalismo.

Edição brasileira: *Teoria pura do direito*, São Paulo, Martins Fontes, 1985.
Estudo: *Kelsen et le positivisme juridique* (obra coletiva), *Revue internationale de philosophie*, n.º 138, P.U.F., 1982.

TERRA NÃO SE MOVE (A), 1940 e 1946.
EDMUND HUSSERL, 1859-1938.

Essa obra reúne três manuscritos póstumos de Husserl, dedicados à origem da espacialidade e à constituição do espaço e do mundo ambiente.

No primeiro artigo, intitulado "Investigações fundamentais sobre a origem fenomenológica da espacialidade da natureza" (*Grundlegende Untersuchungen zum phänomenologischen Ursprung der Räumlichkeit der Natur*), Husserl empreende uma "redução" da doutrina copernicana e mostra como pressuposição transcendental a certeza de que a Terra é o sol originário anterior à objetivação científica: é o "corpo-substrato" em relação ao qual o movimento ou o repouso dos outros corpos ganha sentido, mas, em si mesmo, "não se move nem está em repouso". Esse retorno a um *Urboden* é uma prévia às "Notas para a constituição do espaço" (*Notizen zur Räumkonstitution*), texto que considera a constituição do espaço a partir do sistema cinestético. Por fim, "Presente vivo (*Lebendige Gegenwart*) e a constituição do mundo ambiente exterior à carne" trata da constituição do mundo objetivo privilegiando o corpo, ao mesmo tempo *Körper* e *Leib* (carne).

Esses esboços alimentarão as reflexões feitas em *Crise das ciências européias** e em *A origem da geometria**, mas também o pensamento de Merleau-Ponty a respeito da carne.

Estudo: *Husserl*, revista *Philosophie*, n.º 29, Éd. de Minuit, 1989.

TEXTOS FUNDAMENTAIS DE SEMIÓTICA, Excertos de *Collected Papers*, 1932 a 1954.
Textes fondamentaux de sémiotique, 1978.
CHARLES SANDERS PEIRCE, 1839-1914.

Nesses quatro artigos escritos em 1867 e 1868, Peirce expõe os fundamentos metafísicos de uma filosofia semiótica a que permanecerá fiel.

O primeiro artigo, "De uma nova lista de categorias", ilustra a teoria segundo a qual "as concepções têm por função reduzir o múltiplo das impressões à unidade". O autor concebe as concepções universais numa disposição em gradação: se uma concepção unifica o múltiplo do sensível, uma segunda concepção unificará a primeira e o múltiplo ao qual ela se aplica, e assim por diante. Ora, existem três categorias essenciais à representação; predicadas pela substância, elas unem esta última ao ser. Se, nisso, Peirce continua fiel a Aristóteles e a Kant, opõe-se porém a Descartes nos dois artigos seguintes, intitulados "Questões referentes a certas faculdades atribuídas ao homem" e "De algumas conseqüências de quatro incapacidades".

Por fim, com "Fundamentos da validade das leis da lógica: outras conseqüências de quatro incapacidades", Peirce põe a descoberto a origem da validade das leis da lógica, ficando claro que, por "lógica", Peirce compreende tanto a teoria da dedução quanto as teorias da indução e da hipótese científicas. Pois, para o autor, a *semiose* é a base do método científico.

A originalidade desses ensaios – aos quais é preciso acrescentar *Escritos sobre o signo** – é tal que Peirce é hoje considerado o pai da semiótica.

Estudo: D. Savan, introdução da edição francesa: *Textes fondamentaux de sémiotique*, Méridiens-Klincksieck, 1987.

TIMEU, ou Sobre a natureza,
Τίμαιος, ἢ Περὶ φύσεως.
PLATÃO, 428/427-348/347 a.C.
Diálogo.

Timeu, que pertence ao último período da obra de Platão, contém sua filosofia da natureza ou, se preferirmos, sua física.

O diálogo começa com uma evocação do Estado ideal – cuja descrição se encontra em *A república** –, de que a Atenas primitiva seria, segundo Crítias, uma imagem relativamente fiel. Assim, de acordo com o mito da Atlântida, os primeiros atenienses teriam detido os invasores vindos da ilha Atlântida e libertado de seu jugo os povos vizinhos, antes que esta fosse engolida pelas águas.

Ao relato do mito se sucede uma exposição da cosmologia platônica, cujo fundamento é constituído pela teoria das idéias. Estas, segundo *Timeu*, serviram de modelos para que o demiurgo construísse o mundo, cuja unidade geométrica fundamental é o triângulo. A teoria da alma do mundo reflete uma inspiração nitidamente pitagórica. O tempo é aqui definido como "imagem móvel da eternidade". *Timeu* prossegue com uma exposição da "biologia" de Platão, a partir da teoria dos quatro elementos. As mulheres e os animais são reencarnações de homens de alma vil.

A conclusão essencial do diálogo está na idéia de que a natureza – reflexo degradado das essências eternas – não poderia ser objeto de um conhecimento perfeito; sobre ela só é possível fazer conjecturas prováveis.

Estudo: L. Brisson, *Le même et l'autre dans la structure ontologique du Timée de Platon*, Klincksieck, 1974.

TOMISMO (O), Introdução à filosofia de Santo Tomás de Aquino,
Le thomisme, Introduction à la philosophie de saint Thomas d'Aquin, 1921.
ETIENNE GILSON, 1884-1978.

Gilson propõe aí uma leitura filosófica da obra de Tomás de Aquino destinada a, numa atitude de respeito escrupuloso aos textos, esclarecer seu pensamento sobre o ser, a existência e Deus. Depreende-se assim uma "filosofia cristã" que, não estando de modo nenhum ultrapassada hoje em dia, tem condições de salvar a filosofia contemporânea de grande número de impasses racionais ou morais.

Estudo: *Mélanges offerts à Étienne Gilson* (obra coletiva), Vrin, 1959.

TÓPICOS.
ARISTÓTELES.
VER ORGANON.

TOTALIDADE E INFINITO.
Ensaio sobre a exterioridade,
Totalité et infini. Essai sur l'extériorité, 1961.
EMMANUEL LEVINAS, nascido em 1905.

Essa obra desenvolve uma crítica da *totalidade*, ou seja, da exigência de saber absoluto na filosofia ocidental (cujo auge é Hegel) e da visão totalizante que caracteriza todos os grandes sistemas filosóficos. Para Levinas, a experiência essencial não está na síntese, mas na relação intersubjetiva, o face-a-face dos seres humanos, a sociabilidade, a relação ética. "Este livro se apresenta como uma defesa da subjetividade, mas ele não a captará no nível de seu protesto puramente egoísta contra a totalidade, nem em sua angústia diante da morte, mas como fundada na idéia do infinito" – anuncia Levinas no prefácio. A idéia de *totalidade* deve ser distinguida da idéia de *infinito*. O infinito *se produz* na relação do mesmo com o outro – o termo "produção" deve ser entendido como efetuação do ser, exposição ou elucidação do ser. O lugar dessa "produção" é a subjetividade, que é a acolhida de outrem, hospitalidade. "Nela se consuma a idéia de infinito."

O saber como intencionalidade não é, para Levinas, adequação ao objeto, mas, ao contrário, inadequação por excelência. Todo saber supõe a idéia de infinito porquanto é capacidade de conter o infinito. Saber não significa abarcar a realidade em sua totalidade, mas poder a qualquer momento exceder os limites de um conteúdo pensado, "galgar as barreiras da imanência". A idéia de infinito move a consciência. Ela não é representação do infinito, mas contém a própria atividade; ela é a fonte comum da atividade e da teoria.

A lucidez filosófica e ética consiste em entrever a possibilidade da guerra. A guerra não manifesta a exterioridade e o outro como outro; ela "destrói a identidade do mesmo". E a paz não restabelece essa identidade perdida na alienação. É preciso instituir, conforme Levinas, "uma relação originária com o ser". Ora, é o rosto da guerra que "se fixa no conceito de totalidade que domina a filosofia ocidental". A *escatologia*, ao contrário, instaura com o ser uma relação que se situa além da totalidade da história. Em Levinas, a paz não toma lugar no fim da história. "Da paz só pode haver escatologia." A totalidade objetiva não preenche a verdadeira medida do ser. É o conceito de infinito que exprime essa transcendência em relação à *realidade*, "não englobável numa totalidade e tão originária quanto a totalidade". Nos filósofos, a experiência e a evidência são antes de tudo experiência da guerra. A filosofia é uma tentativa de viver, começando na evidência, mas, para Levinas, "a evidência filosófica remete a uma situação que não pode mais se dizer em termos de totalidade". O que equivale a afirmar que a escatologia não substitui a filosofia, mas a prolonga.

A situação em que a totalidade se rompe é o face-a-face. O rosto do outro é estilhaço da exterioridade e da transcendência. O acesso ao rosto é ético de saída. O rosto é significação, e significação sem contexto. Ele é o que não pode tornar-se conteúdo, o que o pensamento não pode abarcar totalmente, o incontenível e o infinito que nos levam além. A visão é busca de adequação. Ora, o rosto é aquilo que não pode ser visto, o que não se reduz à percepção que dele temos. Há no rosto uma fragilidade e uma pobreza essenciais (o rosto fica exposto, nu), mas também uma primeira fala a enunciar uma ordem: "Não matarás." O outro é ao mesmo tempo aquele contra quem posso tudo e a quem devo tudo. No acesso ao rosto, há acesso à idéia de Deus, à idéia de infinito que, como em Descartes, excede o pensamento. Mas para Levinas, a relação com o infinito não é um saber, porém um desejo, sendo o desejo concebido como "um pensamento que pensa mais que pensa ou que pensa mais do que aquilo que pensa". A idéia de infinito é a condição de toda verdade e de toda objetividade: "É o espírito antes de se oferecer à distinção daquilo que ele descobre por si mesmo e daquilo que recebe da opinião."

Se entendermos por experiência a relação com o absolutamente outro, a relação do pensamento com o infinito – esse transbordamento no qual se produz "a infinição" do infinito – será então a *experiência* por excelência. Opor infinito a totalidade, para o autor, é opor respeito ao ser a apropriação do ser, ética a saber. E apresentar a exterioridade do ser como essencial é conceber o infinito como desejo de infinito, e, assim, apresentar a metafísica como desejo, e produção do ser como ser-para-outro, e não mais como negação do eu. O eu se conserva em sua bondade e seu respeito pelo ser.

O pensamento de Levinas, nessa que é sua obra mais importante, foi amplamente influenciado pela filosofia israelita, sobretudo pelos trabalhos de Franz Rozensweig, que foi o primeiro a insurgir-se contra as "totalizações" da filosofia ocidental.

Estudo: F. Poirié, *Emmanuel Levinas*, col. "Qui êtes-vous?", La Manufacture, 1987.

TOTEM E TABU, *Totem und Tabu*, 1913.
SIGMUND FREUD, 1856-1939.

Pela primeira vez, Freud tenta nessa obra aplicar os dados da psicanálise ao campo da cultura e da religião. Sua idéia, mais precisamente, é que existem numerosas analogias entre o comportamento dos "povos primitivos", do modo descrito pelos etnólogos, e a vida psíquica dos neuróticos.

Assim, o autor vê no totem – animal ou objeto no qual o clã reconhece ao mesmo tempo o ancestral e o gênio tutelar – a persistência do "medo do incesto", que no neurótico se transforma em verdadeira fobia. Todo sistema totêmico, de fato, proíbe que os membros de um mesmo grupo se casem entre si (lei da exogamia). Também é possível fazer um paralelo entre o tabu, que inspira um "terror sagrado" nos polinésios, e as proibições de origem sexual que o neurótico obsessivo se impõe.

Mas é pelo trecho do "assassinato do pai" que a obra é mais conhecida. Freud extrai de Darwin a hipótese da horda primitiva – forma espontânea de associação – em que o pai, violento e ciumento, possui todas as mulheres e expulsa os filhos quando estes crescem. Um dia, supõe Freud, os irmãos banidos se reúnem, matam e comem o pai, instaurando, por meio dessa "refeição totêmica", a sociedade que conhecemos hoje, com suas organizações sociais, suas restrições morais e suas religiões. Mas, com remorsos, os filhos parricidas proíbem o assassinato do totem (que simboliza o pai) e renunciam a unir-se às mulheres do clã, que eles libertaram.

Nas manifestações desse sentimento de *culpa*, Freud encontra os dois desejos reprimidos do *complexo de Édipo*: matar o genitor do mesmo sexo e possuir o do sexo oposto. Para o autor, esse sentimento ambivalente em relação ao pai da horda (medo misturado a admiração) perpetuou-se através de todas as religiões. Por isso, ele considera o primeiro parricídio como "o grande acontecimento através do qual a civilização começou, e que, desde então, não deixou de atormentar a humanidade".

Edição brasileira: *Totem e tabu*, Rio de Janeiro, Imago, 1974.

Estudo: M. Robert, *D'Oedipe à Moïse*, Calmann-Lévy, 1974.

TOTEMISMO HOJE (O),
Le totémisme aujourd'hui, 1962.
CLAUDE LÉVI-STRAUSS, nascido em 1908.

Retomando um tema já tratado por numerosos autores (Freud, Frazer, Durkheim), Lévi-Strauss interroga sobre a significação e o valor da organização social construída em torno do totem, ou *totemismo*.

O totem designa geralmente um animal ou uma planta que o clã investe de poder sobrenatural, por representar seu ancestral e seu gênio protetor. Ao invés de considerar essa crença irracional, infantil ou "primitiva", o autor mostra que o culto totêmico manifesta uma *homologia* entre o clã constituído e o ser natural que lhe serve de totem. A afirmação desse profundo parentesco entre o reino da sociedade e o da natureza permite que o clã aplique a si mesmo as categorias e as combinações através das quais apreende a natureza. Portanto, estamos diante de um pensamento lógico, e não, como afirma Freud em *Totem e tabu**, de um pensamento neurótico, de um pensamento doentio.

Estudo: C. Clément, *Claude Lévi-Strauss ou la Structure du malheur*, col."Biblio-Essais" , Le Livre de Poche, L.G.F., 1985.

TRABALHO ASSALARIADO E CAPITAL, *Lohnarbeit und Kapital*, 1849.
KARL MARX, 1818-1883.
Coletânea de conferências.

Estão reunidas, com esse título, as conferências proferidas por Marx em abril de 1849 em Bruxelas, diante da Associação dos Operários Alemães, e depois publicadas na *Nova Gazeta Renana* (*Neue Rheinische Zeitung*). Na ordem especificamente econômica do edifício marxista, esses textos não atingem o apuro da reflexão contida em *O capital**. No entanto, elucidam as principais noções do materialismo histórico.

Prosseguindo sua crítica às análises de Proudhon, Marx proscreve o conceito de leis necessárias, universais e eternas da economia. Essa denúncia do caráter incondicionado dos conflitos e das soluções leva Marx a uma concepção essencialmente histórica das realidades econômicas e a uma concepção materialista da descontinuidade da história. Toda ordem econômica e social é determinada pelas condições materiais de produção: "As relações de produção formam aquilo que se chama de relações sociais, a sociedade, e uma sociedade em um estágio de desenvolvimento histórico determinado, uma sociedade de caráter distintivo e original." O materialismo histórico de Marx tende a minar o modelo hegeliano de metafísica da História; a realidade histórica não é mais conceitualizada segundo a transcendência e a universalidade da Idéia, mas segundo a especificidade material das sociedades.

O trabalho assalariado e a concentração do capital constituem as determinações materiais da sociedade capitalista que, por sua vez, é um momento histórico, transitório porque condicionado materialmente. O que Marx põe em jogo no que há de fundamental em sua filosofia econômica e política é a realidade social dos povos como forças produtivas, agentes decisivos do dinamismo da história. Cada momento histórico é determinado por essas relações sociais que outras não seriam senão relações de produção, de tal sorte que toda transformação social está ligada à ação das forças produtivas sobre os modos de produção. O tema explícito dessa coletânea é o antagonismo entre o trabalho assalariado e o lucro do capital; ora, esse antagonismo dissimula uma interação mútua: "O capital supõe então o trabalho assalariado; o trabalho assalariado supõe o capital. Eles são condição um do outro, criam-se mutuamente." Há assim, entre salário e capital, um conflito irredutível, profundo e radicalizado pelo próprio fato da interdependência.

Esses textos apresentam as grandes opções econômicas de Marx, bem como suas conseqüências políticas. A densidade e a limpidez que os caracteriza fazem deles uma excelente introdução a *O capital*.

Estudo: L. Althusser, *Pour Marx*, La Découverte, 1986.

TRABALHO DA OBRA, MAQUIAVEL (O),

Le travail de l'oeuvre, Maquiavel, 1972.
CLAUDE LEFORT, nascido em 1924.

Súmula e referência para os estudos sobre Maquiavel hoje, essa obra propõe-se estudar o pensamento do autor de *O príncipe** a partir da história de seu tempo. O objetivo é menos depreender a coerência formal da doutrina do florentino do que compreendê-la como lugar de interrogação, de um pensamento extraído dos debates de sua época, ao mesmo tempo que das diversas "leituras" de que já foi objeto.

Estudo: R. Hess, *Dictionnaire des philosophes*, P.U.F., 1984.

TRACTATUS LOGICO-PHILOSOPHICUS,

Logisch-philosophische Abhandlung, 1921.
LUDWIG JOSEF WITTGENSTEIN, 1889-1951.

Escritos em cadernos de campanha durante a Primeira Guerra Mundial, o *Tractatus* (cujas versões anteriores são reunidas por um *Prototractatus*) é publicado primeiro na Alemanha, na revista *Annalen der Naturphilosophie* (1921), e depois, graças ao apoio de Bertrand Russell, na Inglaterra, numa edição bilíngüe (alemão-inglês), em 1922.

Segundo Wittgenstein, "seria possível resumir todo o sentido do livro nas seguintes palavras: tudo o que pode ser dito pode ser dito claramente; e aquilo de que não se puder falar deverá ser calado". Ou então podemos repetir a frase com a qual ele tenta explicar, em atenção a Russell, a mensagem exata de seu livro: "O ponto principal é a teoria daquilo que pode ser dito em proposições – ou seja, pela linguagem – (e, o que dá no mesmo, do que pode ser *pensado*) e do que não pode ser dito em proposições, mas apenas *mostrado*: e este, acredito, é o problema principal da filosofia."

A obra é apresentada na forma de 527 parágrafos distribuídos em torno de sete proposições fundamentais: 1) "O mundo é tudo o que acontece"; 2) "O que acontece, o fato, é a existência de estados de coisas"; 3) "O quadro lógico dos fatos constitui o pensamento"; 4) "Pensamento é a proposição que tem sentido"; 5) "A proposição é uma função de verdade das proposições elementares" 6) "A forma geral da função de verdade é $[(\overline{p}, \xi, N(\xi)]$"; 7) "Aquilo de que não se pode falar deve ser calado". O conjunto forma um tecido disposto numa ordem total (ou seja, linear e não ramificada), materializado por uma numeração geométrica do tipo 1., 1.1, 1.11, 1.12, 1.13, 1.2, 1.21 etc., inspirada no sistema já empregado em *Principia mathematica** de Russell e Whitehead.

A finalidade de Wittgenstein é repensar a correlação entre linguagem e mundo. O mundo é definido como a totalidade dos fatos; o fato, por sua vez, é definido como coexistência de estados de coisas, os quais são combinações de objetos. Dado que as proposições elementares da linguagem são combinações de nomes, e que "o nome *significa* o objeto" (§ 3.203), pode-se concluir que a forma lógica da linguagem é a forma mesma do mundo. Assim, só os enunciados das ciências da natureza são dotados de sentido; as proposições da matemática ou da filosofia são desprovidas de sentido, de tal modo que a única tarefa que Wittgenstein atribui à filosofia consiste numa "clarificação lógica do pensamento" (§ 4.112). A filosofia, ao querer mostrar as ciladas da linguagem, condena-se em última instância ao silêncio.

Estudo: G.-G. Granger, *Invitation à la lecture de Wittgenstein*, Alinéa, 1990.

TRAIÇÃO DOS INTELECTUAIS (A),

La trahison des clercs, 1927.
JULIEN BENDA, 1867-1956.

Benda nessa obra fala do intelectual que, distante das vicissitudes da história, se dedica à vida espiritual pura. Sócrates, por exemplo, não tem grande preocupação de mudar o curso dos destinos humanos, mas, em nome dos valores, protesta contra seu aviltamento. Benda acusa os intelectuais de seu tempo de trair essa missão, em proveito da fama ou do conforto, que são ilusórios. Nessa omissão, a Alemanha (romântica, antiintelectualista, estatal) de antes da guerra tem pesada responsabilidade.

Estudo: *Autour de la Trahison des clercs de Julien Benda* (obra coletiva), *Entretiens parisiens*, janeiro-fevereiro de 1928.

TRANSCENDÊNCIA DO EGO (A),

Esboço de uma descrição fenomenológica,
La transcendance de l'ego, 1936-1937.
JEAN-PAUL SARTRE, 1905-1980.

Sartre, nesse primeiro ensaio, interroga-se sobre os elos entre consciência, "Eu" ("*Je*"), eu (*moi*) e ego. A hipótese – kantiana – é que há desdobramento da consciência: se nossa consciência acompanha nossas representações, deve necessariamente haver uma consciência transcendental para afirmar essa consciência empírica.

"Ser consciência é ser consciência de alguma coisa", segundo o princípio fenomenológico proposto por Husserl. Há portanto, além de nossa consciência reflexiva, uma consciência irrefletida. Quando pego uma cadeira, *sei* que estou pegando uma cadeira (consciência interior e reflexiva), mas antes mesmo dessa consciência, *há* a cadeira: consciência irrefletida do objeto exterior, que não se toma a si mesma por objeto, mas que traz à existência a consciência de todo objeto. Essa "consciência de consciência" é impessoal, desprovida do Eu. "Assim, a consciência que diz 'Eu penso' não é precisamente essa consciência." Há, pois, três graus de consciência: a consciência irrefletida, a consciência reflexiva e o ato que une esse desdobramento. Nesse terceiro grau – que Husserl denomina "redução fenomenológica" (ἐποχή, *epoché*), porque reduz o transcendental ao empírico – aparece o Eu, não concreto mas existente, real. Esse Eu do *cogito* dá-se como transcendente, pois é o princípio unitário de nossas ações. Corresponde-lhe o eu, material, formado do conjunto de nossos sentimentos (estados ou qualidades). Ambos constituem aquilo que Sartre chama de ego (a personalidade), incognoscível porque íntimo, mas princípio de unidade de todas as nossas produções. Ele é o objeto que a consciência reflexiva descobre: "O ego está para os objetos psíquicos como o mundo está para as coisas."

Em 1934 Sartre estudou fenomenologia – Heidegger e Husserl – em Berlim, e a divulgou na França através desse breve tratado publicado dois anos mais tarde. Haurindo seus fundamentos nos pensamentos cartesiano e spinozista, esse ensaio pretende também ser uma resposta aos idealistas: não há um Todo superior à consciência, do qual esta dependeria; a consciência é autônoma e intencional. Essa teoria da consciência fundamenta aquilo que será chamado de "existencialismo sartriano", cuja formulação mais acabada está em *O ser e o nada**.

Estudo: F. Jeanson, *Le problème moral et la pensée de Sartre*, Le Seuil, 1966.

TRATADO DA ALMA.

JULIEN OFFRAY DE LA METTRIE.

VER HISTÓRIA NATURAL DA ALMA.

TRATADO DA EXISTÊNCIA E DOS ATRIBUTOS DE DEUS,

Traité de l'existence et des attributs de Dieu, 1718.

FÉNELON (François de Salignac da Mothe-) 1651-1715.

Essa obra na verdade reúne dois tratados que Fénelon compôs com alguns anos de intervalo: *Demonstração da existência de Deus extraída do conhecimento da natureza e proporcional à fraca inteligência dos mais simples*, e *Demonstração da existência e dos atributos de Deus extraída das idéias intelectuais*. O autor, influenciado por Agostinho e Tomás de Aquino, propõe provas metafísicas e teleológicas da existência de Deus. A idéia – defendida na primeira demonstração – de que o espetáculo maravilhoso da natureza basta para nos revelar a mão do Criador será retomada pelos filósofos do século XVIII.

Estudo: H. Gouhier, *Fénelon philosophe*, Vrin, 1977.

TRATADO DA IMORTALIDADE DA ALMA,

Tractatus de immortalitate animae, 1516.

PIETRO POMPONAZZI, 1462-1525.

Esse tratado provocou vivas controvérsias entre os tomistas ortodoxos da Igreja Católica, os averroístas dirigidos por Agostino Nifo e a chamada Escola Alexandrista. A polêmica não durou menos de dois séculos. Na verdade, Pomponazzi punha em dúvida a imortalidade da alma, se não do ponto de vista cristão (segundo a fé), pelo menos do ponto de vista filosófico (segundo a razão): a distinção introduzida era nova. Portanto, Pomponazzi não negava a moralidade de quem achasse que a alma é mortal. O filósofo precisou justificar-se por meio de dois ensaios, *Apologia* (1518) e *Defensorum sive responsiones* (1519). Apesar disso, o tratado foi queimado em Veneza.

Até a época de Pomponazzi, o dogma da igreja baseava-se na filosofia de Aristóteles, interpretada por Tomás de Aquino. Pomponazzi exigia o direito de estudar Aristóteles por si mesmo: propôs então uma nova leitura de *De anima* (*Da alma**) para mostrar que Tomás de Aquino se enganara em sua interpretação de Aristóteles.

Estudo: É. Gilson, in *Archives d'histoire doctrinale e littéraire du Moyen Âge*, Vrin, 1962.

TRATADO DA NATUREZA E DA GRAÇA,

Traité de la nature et de la grâce, 1580.
NICOLAS MALEBRANCHE, 1638-1715.

O século XVII é o século das disputas religiosas, e se for correto dizer que estas alimentam a reflexão filosófica, será preciso acrescentar que a noção de graça, cerne dessas controvérsias, deve ser vista como um conceito de primeira ordem. As teses teológicas que Malebranche defende no *Tratado da natureza e da graça* são muito audaciosas para o pensamento religioso da época, o que valerá a essa obra a inclusão no *Index* em maio de 1690. Esse tratado apresenta uma nova formulação das relações que devem ser estabelecidas entre Cristo e a Criação, por um lado, e entre a liberdade do homem e a graça que Deus lhe concede, por outro lado.

Sob a influência do pensamento do cardeal de Bérulle, com quem ele se familiarizara durante a estada no Oratório, Malebranche concentra sua reflexão na pessoa de Cristo – que concilia as naturezas divina e humana – e constrói um sistema cristocêntrico em que Cristo será o supremo mediador entre o homem e Deus. Malebranche considera primeiramente Deus, enquanto Criador do mundo. Criou o mundo e o governa segundo a "lei da simplicidade dos caminhos". Seu divino poder lhe permite aliar a máxima simplicidade de ação com a máxima fecundidade dos resultados. A simplicidade de Deus se manifesta também no fato de que ele age sempre segundo o geral – podendo então toda vontade particular ser considerada um sinal da prescrição de Deus – e com constância – podendo toda modificação do querer divino ser também interpretada como um sinal de prescrição.

Todas essas teses têm fundamento último na idéia de Ordem Suprema, com a qual toda lei de Deus poderia ser identificada. Isto porque Deus age segundo leis necessárias e eternas, que são manifestações da Ordem que lhe é consubstancial. Essas leis divinas regem a concordância entre alma e corpo, entre as diferentes almas, entre as almas e Deus e entre a natureza e a graça, ou seja, entre a ordem natural e a ordem sobrenatural. É essa lei da graça que permite a Malebranche pensar de modo inovador as relações entre a Encarnação e a Criação, por um lado, e as relações entre a liberdade do homem e a ação de Deus, por outro lado. Porque a ordem divina não se manifesta apenas na imutabilidade das leis físicas, mas também nas leis que regem o dom divino da graça.

A graça é essa dádiva de Deus por meio da qual o homem, liberto do pecado, tem acesso a uma vida de fé e de caridade, que lhe permite ter esperança na glorificação, ou seja, na contemplação eterna de Deus. Para Malebranche, Deus só pode agir de acordo com a *simplicidade*, a *constância* e a *regularidade*: portanto, só pode querer salvar todos os homens concedendo a graça a cada um. Mas é preciso distinguir Deus Pai, que é o criador do mundo, de Deus feito homem, ou seja, Cristo. Porque, embora o dom de Deus seja universal, é necessária a intervenção do Filho para que ele seja efetivo. Ora, Jesus Cristo, antes de ser o Redentor de todos os homens, é o Deus feito homem, o mediador entre Deus e o homem, pois nele estão reunidas as duas naturezas, divina e humana. Esse Cristo mediador tem um papel duplo na economia do sistema de Malebranche; em primeiro lugar, é quem, unindo-se ao mundo, o diviniza, contribuindo, assim, para Glória de Deus criador do mundo; por isso se pode dizer que, nesse sistema, a Encarnação justifica a Criação. Ademais, é por reunir em si a ordem da natureza e a ordem da graça que Cristo vai permitir que o homem tenha acesso à graça divina. Pois Deus quer salvar todos os homens, e faz isso concedendo-lhes a graça do Criador, que possibilita a cada homem ter uma idéia clara da Ordem, que lhe revelará que o pecado é um desvio do movimento de amor que nos leva para Deus.

Mas a ordem da graça obedece também ao ocasionalismo, que nos obriga a conceber Jesus Cristo como a causa ocasional da *graça de sentimento*, única que permite que a *graça de luz* seja exercida, limitando nossa atração pelo prazer e possibilitando assim que estejamos atentos a Deus. Jesus Cristo é a causa ocasional da graça de sentimento, pois, se só Deus é causa da graça, é por *ocasião* de um pedido de Cristo que Deus concede ao homem a graça de sentimento. Malebranche não nega a liberdade do homem, pois a graça de sentimento não implica nosso consentimento para a vida segundo a Ordem: ela é apenas determinante, e não necessitante.

Essa concepção da graça deu origem à polêmica que opôs Malebranche a Bossuet, por um lado, e a Arnauld, Quesnel e Nicole, por outro lado. Isto porque os jansenistas só conseguem conceber uma graça irresistível, que implique o consentimento total da alma para o Bem.

Estudo: P. Ducassé, *Malebranche, sa vie, son oeuvre*, P.U.F., 1968.

TRATADO DA NATUREZA HUMANA,

A Treatise of Human Nature, 1739-1740.
DAVID HUME, 1711-1776.

O *Tratado da natureza humana* é bem um “tratado”, na forma didática do gênero. Nitidamente estruturado em três livros, que por sua vez são subdivididos em partes e seções, corresponde ao desejo expresso por Hume de “introduzir o método experimental de raciocínio nos assuntos morais”.

O livro I, dividido em três partes, tem como objeto a teoria do entendimento. A primeira parte trata das idéias de relação, de modo e de substância, mas também da associação de idéias e das idéias abstratas (Hume retoma a crítica desenvolvida por Berkeley no *Tratado dos princípios do conhecimento humano**). A segunda parte versa sobre o espaço, o tempo e a existência; a terceira, sobre o conhecimento e a probabilidade.

Hume faz distinção entre *impressões* e *idéias*; estas são cópias das impressões. Toda idéia é uma combinação de impressões ou de outras idéias. Assim como Locke, Hume rejeita qualquer forma de idéia inata: o incondicionado, a base do espírito, é a impressão. Segue-se uma teoria da conexão das idéias. Estas se associam por semelhança, por contigüidade espacial ou temporal e por causalidade. Essas leis, em termos de pensamento, são análogas à lei de atração na física newtoniana.

O *Tratado* interessa-se em seguida pelo conhecimento, e propõe uma teoria das inferências, que repousam na relação entre causa e efeito. Hume recusa-se absolutamente a ver nessa relação um nexo percebido *a priori*, como um nexo matemático. Usando linguagem kantiana, ele afirma que o juízo referente ao nexo causal não é “analítico”. A questão não consiste, como em Malebranche ou Berkeley, em saber onde reside a eficácia da causa, mas em saber por que acreditamos na necessidade do nexo causal. Essa crença só tem uma origem, o hábito (*custom*), que nos faz prever o acontecimento futuro a partir das observações repetidas. É por ilusão que atribuímos às próprias coisas essa propriedade que decorre do sentimento do hábito. No entanto, a causalidade não é destruída por essa crítica, pois a reflexão é impotente para prevalecer contra a crença espontânea. A crença na causalidade baseia-se inteiramente na imaginação.

O mesmo método é utilizado por Hume para resolver três grandes problemas da metafísica: a existência do mundo exterior, a imaterialidade da alma, a identidade pessoal. Nenhuma dessas teses se funda em razão. O ceticismo mostra que só a imaginação as garante, ainda que a razão tenha construído muitos sistemas dogmáticos para lhes conferir aparência de fundamento. Naturalmente, a crítica da idéia de imortalidade da alma não deixa intactas as afirmações religiosas. Hume prosseguirá essa crítica em diversos opúsculos sobre a religião, em especial nos seus *Diálogos sobre a religião natural**.

O livro II trata das paixões. Não se deve acreditar que o objeto desse livro seja apenas psicológico, embora ele possa realmente determinar o interesse na leitura do *Tratado*. Nele se fala de uma "ciência do homem".

A moral, que é objeto do terceiro e último livro, obedece aos princípios gerais do Tratado. O autor opõe-se ao racionalismo moral de Clarke, para quem a razão nos instrui diretamente sobre o bem e o mal. Os valores, segundo Hume, só têm realidade relativamente a um consenso sobre a aprovação ou a desaprovação merecida por uma ação. Só o sentimento de prazer fundamenta a aprovação moral.

O *Tratado da natureza humana* é hoje considerado a obra máxima de Hume, mas com certeza não era a que mais o satisfazia. O público, aliás, a considerara um tanto indigesta, dando-lhe uma acolhida fria. A decepção de não ser bem compreendido (Hume fora acusado de pirronismo e de ateísmo) levou-o a publicar versões mais acessíveis de sua filosofia, na forma de *Ensaios** e de *Investigações** que lhe garantiram notoriedade definitiva.

Estudo: Y. Michaud, *Hume et la fin de la philosophie*, col. "Philosophie d'aujourd'hui", P.U.F., 1983.

TRATADO DA ORIGEM, DA NATUREZA, DOS DIREITOS E DAS MUTAÇÕES DAS MOEDAS,

De origine, natura, jure et mutationibus monetarum, c. 1361.
NICOLA DE ORESME, c. 1325-1382.

O próprio Oresme traduzirá essa obra para o francês antigo e a publicará alguns anos depois da edição latina, com o título *Tratado da primeira invenção das moedas*.

Ao longo dos vinte e três capítulos que compõem esse tratado, o autor elabora uma teoria da moeda. Puro produto da civilização, o dinheiro é um meio de troca e um sinal de riqueza. Para evitar abusos, o dever de cunhar a moeda cabe ao Príncipe. Mas este não deve, em caso algum, usar esse privilégio para lesar o povo em cujo interesse a moeda foi cunhada. Por isso, qualquer modificação, ou "mutação" das moedas, deve ser motivo de acordo e só ocorrer em caso de extrema necessidade.

Vivendo numa terra arruinada pelas guerras e pelos gastos da corte, Oresme dá a seu aluno, Carlos V, o Sábio, uma lição de economia política de um modernismo surpreendente. Sua obra, capital para a história econômica francesa, terá repercussões em toda a Europa; o célebre economista Adam Smith acatará em vários pontos a teoria desse normando genial.

Estudo: Ch. Perez, *Monnaie du pouvoir, pouvoir de la monnaie; une pratique discursive originale, le discours figuratif monétaire*, Les Belles Lettres, 1986.

TRATADO DA REFORMA DO ENTENDIMENTO,

Tractatus de intellectus emendatione, 1677.
BARUCH SPINOZA, 1632-1677.

Essa obra de juventude, provavelmente composta entre 1657 e 1661, articula-se diretamente em torno da questão dos fins últimos do homem. Spinoza decidira-se a buscar "um bem verdadeiro, capaz de ser comunicado, e [...] cuja descoberta e posse tivessem como fruto uma eternidade de alegria contínua e soberana". Essa busca é totalmente representativa da inspiração mais fundamental do spinozismo.

O plano da obra é bastante complexo, pois, à medida que vai redigindo, Spinoza vai fazendo modificações. Além disso, o texto ficou inacabado. Tudo isso confere ao *Tratado da reforma do entendimento* uma forma pouco condizente com o estilo habitual das grandes obras do filósofo holandês.

Esse tratado é posto sob o signo de um desígnio moral que é explicitado por seus oito primeiros parágrafos: trata-se de empreender uma "reforma do entendimento". Mas a palavra "reforma" constitui uma tradução imperfeita do latim *emendatio*, que mais significa "purificação". A vocação do *Tratado* é de fato catártica.

A exposição hierárquica dos diferentes modos possíveis de conhecimento e de seus valores respectivos (§§ 9 a 25) não é, portanto, uma descrição dos mecanismos passivos do entendimento; ao contrário, é um apelo à reflexão autônoma. Spinoza distingue três gêneros de conhecimento: conhecimento vago, empírico, ou por ouvir dizer; conhecimento racional discursivo; e conhecimento intuitivo – embora racional –, ou apercepção imediata dos nexos racionais. Sobre esse "terceiro gênero" de conhecimento já muito se escreveu; é preciso, pelo menos, não ver nele uma experiência mística. Por fim, convém notar que, do primeiro gênero de conhecimento aos modos racionais, não há transição progressiva possível: no conhecimento intelectual só é possível entrar de chofre.

Os parágrafos 26 a 31 são dedicados à questão do método (o que muitas vezes levou a comparar o *Tratado* ao célebre *Discurso** de Descartes). Segundo Spinoza, o método de acesso à verdade não deve ser buscado previamente; ao contrário, é preciso estar na posse de uma idéia verdadeira (sendo a verdade seu próprio critério: *verum index sui et falsi*) para dela extrair, reflexivamente, os princípios de um método. O que constitui a verdade ou a falsidade de uma idéia não é sua correspondência ideal com um objeto que lhe seja exterior, mas o fato de ela ser completa e adequada (ou seja, total), ou, ao contrário, mutilada e parcial.

A partir do parágrafo 32, Spinoza desenvolve os imperativos do método. Cumpre distinguir ficções (§§ 34 a 39) e idéias falsas (§§ 40 a 42) ou duvidosas (§ 43). O parágrafo 44 é dedicado a uma análise da memória; os parágrafos 45 a 48, à distinção entre entendimento e imaginação. Em seguida (§§ 49 a 56), encontra-se uma teoria da definição. Nos parágrafos 57 a 60, Spinoza organiza o conhecimento dos seres, começando pelo das coisas eternas porque incriadas. Mas esse conhecimento supõe o do entendimento, que se torna assim (§ 61) objeto da investigação. O *Tratado da reforma do entendimento* é interrompido depois de uma investigação sobre a natureza do entendimento a partir de suas propriedades (§§ 62 a 72).

O fato de o *Tratado da reforma do entendimento* não ter sido acabado deu margem a numerosas hipóteses. Os discípulos de Spinoza, ao publicarem a obra, alegaram falta de tempo. Também é possível que o filósofo tenha abandonado a obra quando percebeu, conforme ensina o próprio *Tratado*, que um método prévio era inútil, ou que ele se confundia com o próprio exercício do pensamento filosófico (que será desenvolvido no *Breve tratado** e em *Ética**): é a hipótese de Alexandre Koyré, que traduziu a obra.

O *Tratado da reforma do entendimento* nem de longe teve o mesmo sucesso de *Ética* ou do *Tratado teológico-político**, o que por certo se deve ao fato de não estar acabado e de ter uma construção díspar. Esse texto contém, no entanto, todos os elementos do spinozismo definitivo.

Estudo: B. Huisman, apresentação e notas na edição francesa: *Traité de la réforme de l'entendement*, col. "Les Intégrales de Philo", Nathan, 1987.

TRATADO DAS PAIXÕES,

RENÉ DESCARTES.
VER PAIXÕES DA ALMA.

TRATADO DAS SENSAÇÕES,

Traité des sensations, 1754.
CONDILLAC (Étienne Bonnot de), 1714-1780.

Condillac dedica esse tratado a mostrar que não só a totalidade das funções do espírito como também a garantia da existência do mundo exterior podem ser deduzidas apenas das *sensações*. Estas são estudadas em sua especificidade, depois são inter-relacionadas, com o fim de descobrir de que modo o nosso espírito toma consciência da existência do mundo exterior.

Para isso, Condillac constrói a ficção de uma estátua que, animando-se, descobriria o mundo aos poucos. Reconstituindo o modo como se estabelece o contato entre o espírito e o mundo, essa ficção permite-lhe recriar artificialmente a gênese do espírito a partir da sensação. O autor toma como ponto de partida o olfato e a atitude da estátua enquanto aspira o odor de uma rosa. Visto que toda a atividade do espírito se resume ao ato de sentir, a consciência se identifica com esse perfume de rosa.

A partir desse exemplo, Condillac empenha-se em mostrar como as três funções da personalidade, que são o entendimento, a afetividade e a ação, se desenvolvem simultaneamente, interagindo. O *entendimento* encerra as faculdades da atenção, da memória e do juízo, assim como a consciência da duração. A esfera da *afetividade* compreenderá o sentimento de interesse, a faculdade de sentir prazer ou dor, o desejo do qual nascem as paixões. Assim, a faculdade do entendimento dirigida para a *ação* será, por exemplo, a vontade, que nasce da soma do interesse que temos em fazer uma coisa (esfera da afetividade) com o poder que temos para realizá-la (esfera da atividade). Do mesmo modo, se a estátua passar de um odor agradável para um desagradável (esfera da afetividade), terá uma surpresa, o que estimulará seu juízo (esfera do entendimento).

Depois de mostrar como o funcionamento do espírito pode desenvolver-se a partir apenas do olfato, Condillac empenha-se em mostrar como o conteúdo do espírito – idéias – também dele deriva. Desse modo, a idéia de *duração* é engendrada pela sensação da sucessão dos estados que afetam a estátua, como, por exemplo, a passagem de um estado agradável a um estado desagradável. Da distinção desses estados nascerá a idéia de *número*. Cada um dos outros sentidos – visão, audição, paladar – teria a possibilidade de engendrar o pensamento a partir da sensação aferente, mas Condillac descreve principalmente o enriquecimento do espírito pela soma desses sentidos, ou *sinestesia*. Assim, um odor pode lembrar um som e contribuir para o desenvolvimento da memória.

A novidade desse texto é que não é mais pela visão que descobrimos o espaço do mundo exterior: porque esta não dá à estátua o sentimento de que o mundo lhe é exterior, mas permite-lhe apenas percebê-lo como uma superfície colorida. É necessário o surgimento do tato para que a estátua conceba a noção de *extensão* e tome consciência da existência do mundo exterior. Isto porque, passando a mão por seu próprio corpo, ela descobre a exterioridade recíproca do corpo e do espaço exterior e também o fato de se tratar de uma mesma unidade corporal; fazendo isso ela descobre a propriedade dos corpos, que é a extensão.

Em seguida, à sensação de seu corpo no espaço, ela acrescentará o sentimento de realidade do mundo exterior, experimentando a resistência dos outros corpos através do tato. Condillac consegue assim não introduzir na gênese do espírito nenhuma ruptura entre aquilo que provém do tato e o que provém dos outros sentidos, atendo-se a mostrar a interação de todos os sentidos. Porque, educando os outros sentidos, o tato permite que o espírito identifique o que ele sente – por exemplo, odor da rosa – a uma qualidade desse corpo exterior, visto que a estátua, ao tocar a rosa, ao aproximá-la mais ou menos de seu nariz, une o odor da rosa a essa flor que lhe é exterior. O mesmo ocorrerá com a audição, o paladar e a visão, pois é o tato que ensinará ao olho a distância, o formato, o tamanho e o movimento dos corpos.

Assim armada, a estátua pode enfrentar o mundo e nele desenvolver seus conhecimentos, que serão *práticos* – pois calcados em nossas necessidades – antes de se tornarem *teóricos*, com o aparecimento da linguagem. A principal contribuição desse tratado diz respeito aos respectivos papéis do tato e da visão no desenvolvimento do conhecimento do mundo exterior. Enquanto em 1746, no *Ensaio sobre a origem dos conhecimentos humanos**, a percepção do espaço era atribuída à visão, Condillac, depois de refletir sobre as condições de aparecimento do mundo exterior, acaba por concluir, assim como Locke, que é o tato que ensina o espaço à visão.

Estudo: J.-B. Mérian, *Sur le problème de Molyneux; Diderot, Mérian et l'aveugle*, Flammarion, 1984.

TRATADO DAS VIRTUDES,

Traité des vertus, 1949.
VLADIMIR JANKÉLÉVITCH, 1903-1985.

O homem é prazer por natureza, mas este só vale desde que o homem tenha dele consciência. Qual seria o atrativo de um prazer sem consciência? Mais ainda, o prazer deve ser acompanhado por um desprazer: "a dor é o tempero do prazer". Tomar consciência do prazer é ao mesmo tempo tomar consciência do amargor, de uma aliança entre doçura e sofrimento.

No entanto a dor, ao invés de ser negativa, é a mediação que permite ultrapassar um regozijo puramente instintivo para se ter acesso ao eudemonismo. Nesse reconhecimento do prazer, "a consciência acaba de nos revelar a passagem da dor suportada ao sofrimento assumido". Mas para chegar à virtude – e tal é o objetivo de um eudemonismo desenvolvido – é indispensável que nossa consciência se liberte de um sofrimento puramente egoísta. A dor não pode constituir um fim em si; ela é apenas "a semente de nossa salvação". Por isso, nossa autoconsciência, nosso ego deve querer superar seu egoísmo e desejar o altruísmo, o *alter ego*. A vontade de ser virtuoso exige a purificação de um egoísmo original: "Há nos deveres da consciência para com sua volúpia uma exigência de esforço catártico."

Ora, essa vontade do ego altruísta não se reduz a simples boa consciência; como nossa vontade é livre, estamos na obrigação de fazer tudo o que esteja em nosso alcance para que o outro participe do prazer. A boa intenção não basta; o dever-fazer é sempre exigível. Não há essência prévia do bem ou do mal; há só um bem-agir ou um mal-agir. O ato virtuoso está sempre por ser feito. Mas o que é precisamente esse ato para o outro? É a troca, o ato de amor. Querer o prazer do outro é dar-lhe amor; a consciência egoísta se dissolve no ato realizado por amor ao outro. A virtude amorosa, no instante da boa ação, exprime esse "algo divino" no homem.

Jankélévich refere-se aos filósofos clássicos: Platão, Aristóteles ou Kant. De fato, o ato virtuoso está muito próximo daquilo que Kant exige para a razão prática: "atos por dever em vez de atos conformes ao dever" (*Fundamentos da metafísica dos costumes**). Mas o pensamento de Jankélévich também se situa em certa continuidade com os modernos: Bergson, Husserl, Sartre; para ele também, "a existência precede a essência".

Estudo: *Écrits pour Vladimir Jankélévitch* (obra coletiva), Flammarion, 1978.

TRATADO DE CARACTEROLOGIA,

Traité de caractérologie, 1945.
RENÉ LE SENNE, 1882-1954.

Essa obra é fruto das pesquisas que Le Senne dedicou ao estudo do caráter humano. Empreendimento ambicioso, pois o que está em jogo é constituir a caracterologia como ciência autônoma, com seus próprios objetos e seu próprio método.

A partir da antiga classificação baseada na *emotividade*, na *atividade* e na *secundaridade* (ou seja, repercussão de nossas impressões sobre nossa maneira de pensar ou de agir), o autor cria sua própria tipologia, que, segundo ele, permite explicar todos os caracteres existentes e, sobretudo, compreendê-los.

Estudo: J. Pirlot, *Destinée et valeur: la philosophie de René Le Senne*, Presses Universitaires de Namur, 1953.

TRATADO DE METAFÍSICA,

Traité de métaphysique, 1953.
JEAN WAHL, 1888-1974.
Compilação de aulas.

Uma vez que o pensamento de Wahl se afirma essencialmente anti-sistemático, o *Tratado de metafísica*, sua obra fundamental, compilação de aulas dadas na Sorbonne, não poderia ser um tratado dogmático. Embora ele afirme que o realismo, a fenomenologia e, em geral, a própria filosofia supõem uma dialética, esta é vista como um caminho; é "o processo incessante do espírito a examinar-se e a examinar o que pensa", mas "não é a explicação final, e só é explicação por ser, ela mesma, explicada por um termo diferente de si, que é a realidade" – o absoluto e o transcendente nos quais desemboca a metafísica, pontos extremos e limites do pensamento, que permanecem "inefáveis". A dialética implica uma distância entre a consciência e seu objeto. Nisso está o melhor da consciência. No início e no fim da dialética, há identidade entre sujeito e objeto, mas essa realidade fica na inconsciência. Jean Wahl concebe que a "viagem através dos conceitos filosóficos" se efetua sob o impulso dc uma negatividade de tipo hegeliano, mas ele a radicaliza em uma "mais essencial negatividade, realmente destrutiva, [...] imanente ao real", que se confunde com a plenitude do real. Para compreender essa realidade, é preciso mudar os conceitos filosóficos? Se sim, como? O autor nega as idéias de substância, essência, forma e ser tais quais são concebidas pela filosofia clássica, ou seja, intelectualmente. De modo geral, rejeita as teses que, como a de Aristóteles, separam a substância do acidente, teses que, como o racionalismo e o empirismo, isolam as relações das coisas, e as teses que fazem do nada um ser, substantivando assim a negatividade. Em face das noções cartesianas e newtonianas de espaço e de tempo, ele opõe um tempo e um espaço *qualitativos*, e não mais *quantitativos*, induzindo assim uma "visão mística da matéria".

Do ponto de vista do conhecimento, Wahl afirma a "realidade ontológica do sentimento, união primitiva entre o homem e as coisas". Para ele, a filosofia é uma "arte-de-conhecer-no-mundo"; ela nega o caráter sistemático das coisas e o caráter dedutivo de um conhecimento universal. O único acesso verdadeiro ao ser das coisas nos é dado pelo sentimento, numa plenitude resultante da abolição da oposição entre sujeito e objeto, e que o autor chama de "êxtase" ou "silêncio". E enquanto considera "erros novos" a distinção sartriana entre o em-si e o para-si e a identificação heideggeriana entre verdade e ser, Wahl vai buscar em Maine de Biran a idéia de caráter imediato de nosso conhecimento primário do mundo sensível e de nós mesmos, graças ao sentimento que temos do ser.

Estudo: P. Ricoeur, "La métaphysique de Jean Wahl", in *Esprit*, março de 1957.

TRATADO DE MORAL,

Traité de morale, 1684.
NICOLAS MALEBRANCHE, 1638-1715.

Publicado no auge da polêmica que opôs Malebranche a Arnauld desde que o primeiro publicou o *Tratado da natureza e da graça** em 1680, o *Tratado de moral*, afastado dessas controvérsias teológicas, expõe serenamente a moral de Malebranche. Divide-se em duas partes (a primeira é dedicada à virtude; a segunda, aos deveres), que derivam de um mesmo princípio, a saber, que o amor à Ordem deve ser a fonte de todo ato moral.

A Ordem é constituída pela hierarquia dos valores: é respeitada por Deus, que se submete às leis por ele mesmo instituídas, e é acessível às criaturas, que têm assim a possibilidade de pensar como Deus pensa – a Ordem pode ser vista no Verbo divino – e de querer como Deus quer, pois nossa vontade outra coisa não é senão uma ação constante de Deus sobre nossa alma. Serão qualificadas de virtudes as qualidades espirituais que nos permitirão ter acesso a essa Ordem, a saber, a *força de espírito*, que aumenta a atenção que temos por Deus, e a *liberdade*, que, dando-nos a faculdade de dirigir nossa alma, oferece-nos a possibilidade de voltá-la inteiramente para Deus.

Depois de expor essas qualidades que devem permitir-nos atingir Deus dando-nos acesso à Ordem, Malebranche enumera os deveres aos quais essas qualidades nos submetem, ou seja, nossos deveres para Deus, para a sociedade dos homens e para nós mesmos. Ele põe em primeiro plano as obrigações que temos para com Deus: a moral de fato nos manda agir em conformidade com a Ordem, que é consubstancial com Deus. A moral também mandará respeitar no homem a criatura divina e fazer nossa felicidade, ou seja, amar a Deus.

Esse tratado revela a importância do amor a Deus na moral de Malebranche, pois a totalidade desta decorre deste único mandamento: "Amai o Senhor, vosso mestre." E ao afirmar que nossa alma pode ter claro conhecimento da Ordem, Malebranche escapa ao pessimismo dos jansenistas, para os quais todo ato virtuoso precisa da intervenção da graça divina. O *Tratado de moral* será condenado pela comissão do *Index* em 1714.

Estudo: P. Ducassé, *Malebranche, sa vie, son oeuvre*, P.U.F., 1968.

TRATADO DO AMOR A DEUS,

Traité de l'amour de Dieu, 1697.
NICOLAS MALEBRANCHE, 1638-1715.

Malebranche redigiu esse tratado em resposta ao teólogo François Lamy, que o questionara numa obra havia pouco publicada, *La connaissance de soi même*. Nela, o beneditino cita Malebranche para justificar a doutrina dos quietistas. Estes, cujos principais representantes são Madame Guyon e Fénelon, preconizam uma religião de inspiração mística que louve a teoria do "amor puro", ou seja, de um amor desinteressado a Deus, que não leve em conta nossa busca de felicidade e nosso desejo de obter a salvação. Assim, o homem deve anular-se e deixar que Deus tome a iniciativa; para Malebranche, essa passividade não passa de desvio da espiritualidade.

Fortemente influenciado pelo cristocentrismo do Oratório, Malebranche concorda com o quietismo em que o centro para o homem não deve ser ele mesmo, porém Deus. No entanto, ao descentramento cego dos quietistas, Malebranche opõe um descentramento em Deus que leve em conta a nossa natureza, ou seja, nosso desejo de ser feliz. Para isso, Malebranche distingue duas espécies de amor: o amor de benevolência e o amor de comprazimento. Com o primeiro, amamos a Deus e nisso encontramos regozijo, pois sabemos que esse amor a Deus nos levará à suprema felicidade. Em compensação, o amor de comprazimento nos leva a amar a Deus tendo em vista nós mesmos, por cálculo – Malebranche falará de "amor mercenário", ou seja, de um amor que se vende. O amor que temos por Deus nunca é, portanto, desinteressado, ao contrário do que pensavam os quietistas. Ou seja: amamos a Deus porque nisso encontramos prazer.

Esse tratado permitiu que Malebranche se reconciliasse com Bossuet, que o atacara na época da publicação do *Tratado da natureza e da graça**. Na verdade, ambos acreditam que um cristão não pode negligenciar sua salvação, e por isso deve praticar a prece e a meditação em vez de se entregar cegamente à vontade divina.

Estudo: Y. de Montcheuil, *Malebranche et le quiétisme*, Desdée De Brouwer, 1947.

TRATADO DO CARÁTER,

Traité du caractère, 1946.
EMMANUEL MOUNIER, 1905-1950.

Mounier é um filósofo personalista; isso significa acima de tudo que ele distingue indivíduo e pessoa. O indivíduo é, de algum modo, uma entidade numérica; não tem, a rigor, as características existenciais da pessoa. Uma pessoa é uma realidade viva, um homem, um fim em si. Só à pessoa pertencem as noções de direito, respeito, liberdade humana, trabalho, fraternidade.

Essa obra volumosa, segundo o próprio Mounier, constitui uma abordagem "combativa" do problema da pessoa considerada do ponto de vista psicológico. O autor analisa a complexidade psicológica do homem num meio dado (família, sociedade, história), estuda a noção de corpo e depois tenta identificar as dificuldades da relação pessoa/mundo exterior. São assim analisadas a rejeição à realidade, a emoção, a intersubjetividade (ou relação entre duas consciências singulares) e a ação.

A finalidade desse tratado não é estabelecer uma classificação caracterológica: ao contrário, insurgindo-se contra as várias caracterologias e psicologias em voga na sua época (Berger, Le Senne), Mounier visa a devolver dignidade à pessoa humana, graças a uma abordagem sadia e não redutora de sua complexidade psicológica e espiritual.

Estudo: J.-M. Domenach, *Emmanuel Mounier*, col. "Microcosme-Écrivains de Toujours", Le Seuil, 1972.

TRATADO DO CÉU,

Περὶ οὐρανοῦ.
ARISTÓTELES, 384-322 a.C.

Esse tratado em quatro livros expõe a cosmologia aristotélica. O universo é cindido em duas regiões: a região sublunar e a região supralunar. A primeira, constituída pelos quatro elementos (terra, água, ar e fogo), é o lugar da transformação perpétua, engendrada pela combinação desses elementos (geração e corrupção). Os astros, ao contrário, são incorruptíveis, porque constituídos por uma quinta substância: o éter (a quintessência dos escolásticos). O mundo supralunar só conhece o movimento circular uniforme, imagem da perfeição; ele participa da essência divina. Percebe-se então que a imagem do mundo proposta por essa obra está intimamente ligada à *Física** do estagirita.

O *Tratado do céu* serviu de referência à cosmologia escolástica medieval. Essa será a estrutura geocêntrica atingida pela revolução científica do período clássico (sobretudo por Galileu), impondo-se o heliocentrismo de Copérnico. No entanto, é preciso não atribuir a Aristóteles e ao *Tratado do céu* teses que só foram elaboradas bem mais tarde, pela cosmologia e pela física escolásticas.

Estudo: M. Clavelin, *La philosophie naturelle de Galilée*, Armand Colin, 1968, cap. 1: "Aristote et le mouvement local".

TRATADO DO CÉU E DO MUNDO, ou LIVRO DO CÉU E DO MUNDO,

Traité du ciel et du monde, ou *Le livre du ciel et du monde*, 1377.
NICOLA DE ORESME, c. 1325-1382.

Nicola de Oresme teve o grande mérito de fazer as primeiras traduções de Aristóteles em língua francesa, não a partir do grego, mas sim da tradução latina do texto árabe feita por um monge dominicano.

Já em 1370, num escrito sobre as adivinhações, ele se insurgia contra as superstições de seu século, em particular contra a astrologia, que rejeitava opondo-lhe o estudo científico da astronomia. Entre as traduções francesas que fez das obras de Aristóteles, figura uma, que ficou inédita, do *Tratado do céu**. Em seu próprio *Tratado do céu e do mundo*, Oresme expõe suas concepções cosmológicas e mostra-se como precursor de Copérnico, pois afirma que o movimento, a gravitação e as direções do espaço têm um sentido relativo; por isso mesmo, nega a existência do centro fixo do universo, ao qual Aristóteles vinculava todos os movimentos celestes.

Estudo: P. Duhem, *Le système du monde**, tomo VII, Hermann, 1959.

TRATADO DO CONHECIMENTO,

Traité de la connaissance, 1955.
LOUIS ROUGIER, 1889-1982.

Esse tratado em quatro livros expõe as teses do empirismo lógico a partir de uma crítica radical das doutrinas contrárias. O livro I tem, essencialmente, como objeto o exame do método dedutivo: os princípios da axiomatização e da formalização, valor e limites desses princípios. O livro II trata do método experimental: estabelecimento dos enunciados de fatos, análise das leis e das teorias. Apresenta também o ponto de vista da pluralidade das lógicas (lógica de *n* valores, lógica quântica etc.). O livro III expõe a filosofia da linguagem a partir da oposição sentido/não-sentido. É explicando a regra do uso das palavras que estas adquirem significado; é mostrando o modo de demonstrar ou de verificar as proposições que estas ganham sentido. O livro IV aplica os resultados dessas análises, em particular das que dizem respeito às condições do significado, à crítica dos pseudoproblemas da teoria clássica do conhecimento. Aqui o autor propõe uma nova teoria do conhecimento que ele fundamenta em "uma concepção evolutiva e funcional da razão".

Rougier discorda do Círculo de Viena em dois pontos: por um lado, opõe a riqueza infinita da realidade à idéia de uma teoria unitária da ciência; por outro lado, faz questão de distinguir os problemas insolúveis dos falsos problemas. Sua concepção de "razão evolutiva" está bem próxima da idéia brunschvicgiana de progresso da razão, ou da idéia bachelardiana de devir dialético da razão. Considerando o empirismo lógico como o estado definitivo da epistemologia, ele expõe de um modo ligeiramente dogmático que, no entanto, compõe uma análise rigorosa e clara.

Estudo: G.-G. Granger, "Le traité de la connaissance de M. Louis Rougier", in *Études philosophiques*, nº 11, 1956.

TRATADO DO DESESPERO E DA BEATITUDE,

Traité du désespoir et de la béatitude, 1984 e 1988.
ANDRÉ COMTE-SPONVILLE, nascido em 1952.

Comte-Sponville nega que a filosofia só tenha que escolher entre a erudição estéril da história da filosofia e a tagarelice da mídia. Adota a definição epicurista: "Filosofia é uma atividade que, por meio de discursos e raciocínios, torna a nossa vida feliz." O objeto do livro é o seguinte: "saber ser uma filosofia materialista é possível hoje, filosofia que fosse fiel à sua definição antiga de amor pela sabedoria". A escolha materialista pretende ser radical, na tradição de Epicuro e de Lucrécio. Spinoza é também citado, por sua rejeição à transcendência.

Ora, materialismo implica desespero, que não é tristeza, mas o começo da sabedoria (o desespero não é uma decepção, é uma desilusão). Isto porque sabedoria é incompatível com esperança, que é sempre devida à nossa ignorância e à nossa impotência. Contra a esperança – e o medo, que é apenas seu reverso – é preciso querer e agir; é a lição do estoicismo (ainda que como quer o materialismo – a vontade não seja um livre-arbítrio). Esse é o preço para se entrever a bem-aventurança, que não está no fim do caminho, mas – como Spinoza dissera (e o budismo antes dele) – é o próprio caminho: compreender e agir, compreender para agir.

Em todo idealismo a salvação vem sempre do alto, de um céu dos valores: revelação, assunção. O idealismo é um pensamento da queda. O materialismo, por sua vez, é *ascendente*. Comte-Sponville lembra-se de Marx (em *A ideologia alemã**): "É da terra ao céu que se sobe aqui." A terra é o desejo, que assume todo o peso da legitimação dos valores (Epicuro e Spinoza sempre); disso não se segue nenhum niilismo subjetivista, pois a universalidade racional continua valendo; nenhuma transcendência a fundamenta, mas apenas – e isso basta – sua eficácia superior na realização dos desejos humanos.

A afirmação materialista fundamental desdobra suas conseqüências em direções múltiplas: crítica às ilusões do eu, política, estética, moral, questão do sentido. Essas problemáticas são clássicas e, de resto, o autor não tem pretensão à originalidade.

O *Tratado do desespero e da beatitude* é animado pela preocupação de ser acessível ao filósofo não profissional; este saberá apreciar a luz projetada pelas análises de Comte-Sponville sobre o pensamento dos grandes autores. Na verdade, não é proposta nenhuma "leitura" nova deles, mas o fato é que eles adquirem vida, o que também faz desse livro uma das melhores obras de vulgarização filosófica já escritas.

Edição brasileira: *Tratado do desespero e da beatitude*, São Paulo, Martins Fontes, 1997.

Estudo: A. Comte-Sponville, *Une éducation philosophique*, col. "Perspectives Critiques", P.U.F., 1990, pp. 9-47.

TRATADO DO ENCADEAMENTO DAS IDÉIAS FUNDAMENTAIS NAS CIÊNCIAS E NA HISTÓRIA,

Traité de l'enchaînement des idées fondamentales dans les sciences et dans l'histoire, 1861.
ANTOINE AUGUSTIN COURNOT, 1801-1877.

Nessa obra Cournot distingue: a lógica e a matemática, que se baseiam na *ordem* e na *forma*; as ciências físicas, que se baseiam na *força* e na *matéria*; e as ciências naturais, que têm como princípios a vida e o organismo. O que não o impede de reafirmar a preeminência da matemática, em que a razão e o cálculo dão a primeira e a última explicação das coisas.

Quanto às sociedades humanas, o autor propõe-se estudá-las do modo como são estudados os fenômenos naturais. Por isso, lança as bases de uma "física social" na qual o cálculo seria sempre possível.

Estudo: J. Brun et A. Robinet, *Études pour le centenaire de la mort de Cournot*, Vrin, 1978.

TRATADO DO HOMEM,

Traité de l'homme, 1662.
RENÉ DESCARTES, 1596-1650.

Esse tratado, não publicado em vida de Descartes, é o segundo de uma obra que também incluía *O mundo*. Redigido no início dos anos 1630, numa época em que Descartes ainda não está de posse de seu sistema acabado, essa obra propõe os fundamentos do mecanicismo. *O mundo* tem o objetivo de destruir os conceitos fundamentais da física escolástica, de que Descartes, porém, conserva muitas afirmações. O *Tratado do homem* extrai as conseqüências do mecanicismo para a compreensão dos fenômenos biológicos, do corpo humano em particular. As funções corporais (circulação, respiração, motricidade) e as faculdades mentais (imaginação, memória) são explicadas de modo rigorosamente mecanicista.

Esse *Tratado* prenuncia assim o materialismo fisiológico do século seguinte (La Mettrie, Diderot, Sade), mas também a obra de médicos e filósofos do século XIX (Cabanis, Broussais). No entanto, é certo que, ao escrever *O homem-máquina**, La Mettrie já não é mais um cartesiano ortodoxo. Esses aspectos inovadores não devem levar a esquecer que o *Tratado do homem* também repete grande número de afirmações da escolástica, em especial a idéia de que o coração seria o órgão mais quente do corpo humano.

Estudo: F. Alquié, apresentação do texto na edição francesa: *Traité de l'homme*, in *Oeuvres philosophiques de Ducartes*, t. I, col. "Classiques Garnier", Garnier, 1988, pp. 307 -13.

TRATADO DO PRIMEIRO PRINCÍPIO, *Tractatus de primo rerum omnium principio*, c. 1305.

JOHN DUNS SCOT, 1266-1308.

Esse tratado é considerado o canto do cisne do "Doutor sutil". Escrito pelo franciscano inglês no fim da vida, constitui uma síntese definitiva de sua teologia filosófica. Uma grande parte do tratado provém diretamente das Distinções 2, 3 e 8 do primeiro livro de *Ordinatio*. Dispersa na *Ordinatio*, a metafísica de Scot é apresentada em seus elementos essenciais e de maneira mais sistemática em *Tratado do primeiro princípio*. As duas primeiras partes apresentam todos os elementos necessários à demonstração da existência de Deus como primeiro princípio. A terceira demonstra sua tripla preeminência: elevação, perfeição, causa final e eficiente. Por fim, na quarta parte, o tratado culmina com a demonstração da simplicidade do primeiro princípio, de sua inteligência e, sobretudo, de sua infinidade. Como se vê, os diferentes momentos da concepção scotista de Deus continuam bem tradicionais.

Como observa Ruedi Imbach, a originalidade e o modernismo surpreendente dessa obra estão na tônica dada a certos elementos. Duns Scot insiste na liberdade de Deus. É um modo de protestar contra o determinismo integral, forma exacerbada do necessitarismo greco-árabe. Dessa ênfase na liberdade decorrem o primado da vontade sobre o entendimento, uma nova apreciação da contingência e uma nova concepção do indivíduo. Opondo-se ao tomismo, Duns Scot prenuncia a teoria cartesiana da livre criação das verdades eternas. Sua teoria da esseidade atribui ao indivíduo inteligibilidade (reservada à espécie pelos aristotélicos) e realidade positiva distinta da espécie, além de propor o problema de um conhecimento verdadeiramente intelectual – e não apenas sensível – do indivíduo. Por fim, com sua demonstração da infinidade de Deus, Duns Scot, segundo Ruedi Imbach, "supera o horror aristotélico pelo infinito e abre um novo espaço de pensamento sem o qual o pensamento moderno é inconcebível".

O extremo rigor de sua filosofia, o método quase axiomático que utiliza e o intuito de conciliar necessidade científica com experiência fazem do *Tratado do primeiro princípio* uma etapa capital da história da teologia filosófica, em sua tentativa de demonstração do ser do primeiro princípio ou da existência de Deus.

Estudo: É. Gilson, *Jean Duns Scot: introduction à ses positions fondamentales*, Vrin, 1952.

TRATADO DOS ANIMAIS, *Traité des animaux*, 1755.

CONDILLAC (Étienne Bonnot de), 1714-1780.

Esse texto visa a provar que o comportamento animal não depende do automatismo da matéria, mas é guiado pelo espírito. Isto porque os animais são dotados de *sensação*, que é a operação primeira do espírito: portanto, pode-se fazer uma aproximação entre a alma do animal e a do homem. Mas a razão do homem é superior ao instinto do animal, pois conhece a invenção e as idéias gerais, e pode formar a idéia de

Deus como causa primeira. Ademais, a alma humana, que Deus se empenha em conservar, é de natureza imortal.

Assim, em oposição ao espiritualismo de Descartes, Condillac afirma que os animais têm alma, e que não podem ser reduzidos aos famosos "animais-máquinas" daquele. Mas também se opõe ao materialismo de Buffon, que considera o instinto uma propriedade da matéria. Assim, mostrando que existe uma continuidade entre o espírito do homem e o do animal, Condillac vê confirmada sua teoria segundo a qual o espírito do homem é construído a partir da sensação.

Estudo: François Dagognet, introdução ao texto na edição *Traité des animaux*, Vrin, 1987.

TRATADO DOS PRINCÍPIOS,

Περὶ ἀρχῶν.
ORÍGENES DE ALEXANDRIA, c. 185-c. 251.

Orígenes de Alexandria, teólogo cristão mas também filósofo impregnado de tradição grega, dedica esse tratado ao estudo das Sagradas Escrituras, com o objetivo de esclarecer a condição do homem "para aqueles que buscam em nossa fé uma razão para crer, e para aqueles que travam contra nós lutas heréticas".

Essa obra, que mais tarde provocará inúmeras controvérsias, originalmente é dirigida a cristãos filósofos. Divide-se em quatro tomos, que não correspondem necessariamente a uma divisão desejada pelo autor. Partindo da Revelação, ele tenta conciliar a reflexão filosófica com a afirmação dos principais dogmas cristãos, como a unidade de Deus ou a liberdade humana. Acima de tudo, porém, Orígenes propõe-se destruir as diferentes formas de heresia que ameaçam o cristianismo e negam a palavra de Deus. Assim, em virtude da tese da absoluta *incorporeidade* de Deus, ele combate aqueles que atribuem corpo à divindade. Não pode aceitar também as interpretações ingênuas do antropomorfismo bíblico.

Por fim, em sua tentativa de constituir um corpo doutrinário único e coerente, Orígenes acaba por sustentar teses audaciosas – sobretudo em relação à preexistência das almas e a situação da matéria – o que lhe valerá também a acusação de heresia.

Esse tratado não deixa de ser uma das primeiras "sumas teológicas" conhecidas pela cristandade.

Estudo: H. Crouzel, *Origène et la philosophie*, col. "Théologie", Desclée De Brouwer, 1962.

TRATADO DOS PRINCÍPIOS DO CONHECIMENTO HUMANO,

A Treatise concerning the Principles of Human Knowledge, 1710.
GEORGE BERKELEY, 1685-1753.

A obra começa com uma das mais acerbas críticas à linguagem e às idéias abstratas que a filosofia já produziu. É que, nas ilusões da linguagem, enraíza-se a crença contra a qual Berkeley declara guerra: a afirmação da existência de uma realidade objetiva, material, independente do espírito percipiente.

Berkeley rejeita a noção de idéia *abstrata*, produzida por um espírito que isolaria o conteúdo comum a uma pluralidade de objetos particulares. A idéia de um homem que não seja alto nem baixo, branco nem negro, moreno nem loiro é uma ficção vazia de sentido. Ficção inútil, de que a matemática – contrariando um preconceito muito difundido – pode perfeitamente prescindir, assim como a linguagem; falar não é encadear idéias gerais abstratas, mas dar vida a relações entre signos.

A existência de uma realidade independente da percepção é justamente uma dessas idéias abstratas. Como alguma coisa poderia existir fora dos espíritos percipientes e daquilo que eles percebem? Representar uma realidade (um *ideato*), de que a idéia seria a cópia, é desafiar o bom senso: uma idéia não poderia manter relação alguma de semelhança com outra coisa que não fosse uma idéia.

A rejeição à idéia abstrata derruba, evidentemente, a distinção clássica (lockeana) entre qualidades segundas e qualidades primeiras. Nenhuma delas existe fora do espírito que as percebe. Apenas o fato de o calor, os odores e os sabores determinarem em nós impressões agradáveis ou desagradáveis foi que nos levou a situá-los ao lado da subjetividade. A idéia de matéria é, pois, um *flatus vocis*. Existir é ser percebido: "*esse est percipi*".

O fato de não existir matéria não prejudica em nada a existência da natureza. Isto porque Berkeley entende por natureza o conjunto das idéias cuja apresentação se impõe à minha vontade e obedece a certas regras de ordem e de coerência. O que então – visto que as coisas não são mais que idéias – garante a permanência do mundo das coisas (a natureza não se anula a partir do momento em que não a observo mais)? Nada mais que um espírito universal, absoluto de algum modo: Deus. As ciências da natureza são, portanto, possíveis. Mas a causalidade adquire uma situação especial, análoga à que lhe é conferida pelo ocasionalismo de Malebranche: as idéias, intrinsecamente passivas, só poderiam ser produzidas por espíritos. Deus, agente universal e absoluto da produção de idéias, é, pois, o objeto último que a ciência da realidade nos dá a conhecer. A natureza nada mais é que a linguagem na qual Deus nos fala. A posição da matemática, porém, continua problemática. A dificuldade no caso era de monta, visto que a matemática sustentava todo o edifício da mecânica triunfante a partir de Newton (cuja obra científica principal tinha o título de *Princípios matemáticos da filosofia natural**). Em *Princípios do conhecimento humano*, Berkeley resolve a questão sem sair do âmbito de um empirismo rigoroso: as grandezas matemáticas (grandezas algébricas e geométricas) só têm existência enquanto correspondem a um objeto perceptível. A noção de infinito não pode, evidentemente, sobreviver a tal concepção.

Como se percebe, na época do triunfo de Newton e da física matemática, semelhantes teses não podiam ser convincentes. A obra teve acolhida desfavorável, e seu autor foi visto como um homem de paradoxos. Se o mundo exterior não existe, por que ter o trabalho de convencê-lo? Aliás, foi o sentimento de não ser compreendido que levou Berkeley a publicar uma versão mais acessível de suas teses: *Três diálogos entre Hilas e Filonous** (assim como fizeram Hume e Kant, pois sabe-se que o primeiro precisou acrescentar *Investigação sobre o entendimento humano** ao seu *Tratado**, e o segundo precisou somar os *Prolegômenos** à *Crítica da razão pura**). Os *Diálogos* por certo aumentaram a popularidade do autor, mas não bastaram para salvá-lo junto à posteridade.

Poucas filosofias souberam, como a dos *Princípios do conhecimento humano*, atrair para si o fogo cruzado das refutações. Muitas vezes até, quando a questão é o imaterialismo, a refutação filosófica dá lugar ao sarcasmo ou ao tom escandalizado. Diderot falava de um "sistema extravagante que só podia [...] ter nascido de cegos; sistema que, para vergonha do espírito humano e da filosofia, é o mais difícil de combater, embora seja o mais absurdo de todos".

O nominalismo da Introdução e a concepção da ciência exposta ao longo da obra preparam, porém, certas análises positivistas. Por isso, os *Princípios do conhecimento humano* não podem mais ser vistos hoje como uma simples curiosidade no *corpus* das obras filosóficas.

Estudo: G. Brykman, *Berkeley: philosophie et apologétique*, 2 vols., Vrin, 1984.

TRATADO DOS SISTEMAS,

Traité des systèmes, 1749.
CONDILLAC (Étienne Bonnot de), 1714-1780.

Esse tratado é dedicado à descrição dos verdadeiros sistemas, aqueles em que o nexo dos fatos é observável. Para o autor, existem sistemas em política, mecânica e belas-artes, mas os únicos perfeitos são os da ciência, em que múltiplas observações revelam o encadeamento dos fatos. Portanto, nessa obra Condillac valoriza o método experimental, de que se encontra brilhante ilustração no sistema de Newton.

Estudo: R. Lefèvre, *Condillac*, Seghers, 1976.

TRATADO POLÍTICO,

Tractatus politicus, 1677.
BARUCH SPINOZA, 1632-1677.

Publicado alguns meses depois da morte de Spinoza, com *Ética** e o *Tratado da reforma do entendimento**, o *Tratado político* ficou como obra teórica inacabada que retoma certos temas do *Tratado teológico-político**; a preocupação primeira do autor continua sendo a liberdade.

Spinoza procede em duas etapas. Primeiramente, elabora um método e introduz noções gerais de ciência política que lhe permitirão, adiante, analisar as realidades singulares que são os Estados determinados historicamente. Depois de dizer que o problema central diz respeito às condições de conservação de um regime político, o autor examina a questão para cada tipo de regime político: monarquia, aristocracia, democracia.

Ora, a democracia aparece como o melhor regime. Quanto mais a soberania coincide com o povo, mais o regime é forte e estável, portanto capaz de preservar a paz e a liberdade. O Estado conserva-se conservando aqueles que o compõem, ou seja, garantindo sua segurança, da qual dependerá a lealdade e a obediência. O regime melhor, mais estável, portanto, é aquele em que a segurança dos indivíduos é mais garantida, em que os homens vivem em concórdia uma "verdadeira vida do espírito", uma vida humana definida pela razão.

Estudo: J. Preposiet, *Spinoza et la liberté des hommes*, Gallimard, 1967.

TRATADO SOBRE A TOLERÂNCIA,

Traité sur la tolérance, 1763.
VOLTAIRE (François Marie Arouet, dito), 1694-1778.

Os vinte e cinco capítulos desse tratado extraem ensinamentos dos processos em que Voltaire esteve envolvido na luta pela justiça, em especial o caso Calas. A reabilitação do protestante Calas, que foi injustamente acusado do assassinato de seu filho e supliciado na roda, exigira três anos de esforços por parte de Voltaire.

Os dois primeiros capítulos falam do caso Calas e dos horrores do fanatismo. Voltaire preconiza outra atitude em relação aos protestantes.

A seguir ele expõe uma história da tolerância, considerada do ponto de vista de seu valor moral e de sua coerência com os princípios da religião cristã. As atrocidades dos conflitos religiosos são descritas sem complacência, e o exemplo de Jesus Cristo é invocado contra qualquer pretensão cristã a impor o dogma pela força e a violência.

Voltaire insiste especialmente (como em seu *Dicionário filosófico**) na contradição existente em sustentar, por medidas de perseguição violenta, um dogma cujos princípios são a tal ponto incertos e discutíveis. E o autor estigmatiza o orgulho dos homens que compartilham a ilusão de que uma única religião, a sua, é verdadeira e abençoada pelo único e verdadeiro Deus, o seu. Exalta a fraternidade: "Digo-vos que é preciso olhar todos os homens como nossos irmãos. – O quê! Um turco meu irmão? Um chinês meu irmão? Um judeu? Um siamês? – Sim, claro: não somos todos filhos do mesmo pai, e criaturas do mesmo Deus?" Além das posições de princípio sobre a tolerância religiosa, essa obra marca uma etapa na luta de Voltaire pela reforma da justiça penal. Essa luta, que só acabará com sua morte, tem prolongamentos em inúmeros outros textos.

O *Tratado sobre a tolerância* teve imenso sucesso, facilmente explicável: a nobreza da causa defendida, a elevação filosófica e literária do texto, sua variedade de tom: Voltaire dizia: "Há trechos que emocionam e outros que fazem estourar de rir, pois, graças a Deus, a intolerância é tão absurda quanto horrível."

Edição brasileira: *Tratado sobre a tolerância*, São Paulo, Martins Fontes, 1993.

Estudo: B. Groethuysen, *Philosophie de la Révolution Française*, col. "Tel", Gallimard, 1982, cap. IV: "Voltaire ou la passion de la raison".

TRATADO TEOLÓGICO-POLÍTICO,

Tractatus theologico-politicus, 1670.
Baruch Spinoza, 1632-1677.

Única obra publicada em vida de Spinoza (mas anonimamente, e com um nome falso de editor), o *Tractatus theologico-politicus* apresenta-se globalmente como uma defesa da liberdade de pensar, um elogio da tolerância e uma apologia da democracia. O autor critica a teologia quando esta estende seu poder para fora de seus domínios: ele elabora uma teoria nova do poder político e submete a narrativa bíblica, como qualquer outro livro, à crítica histórica, desenvolvendo um método "natural" de interpretação.

A Bíblia não pode dar o sentido da Natureza, mas sua interpretação depende da Natureza, pois a Bíblia é uma parte integrante dela. Assim, o método de interpretação da Bíblia é o mesmo da Natureza: os livros sagrados são tratados como coisas da Natureza, e os fatos bíblicos são vistos como fatos da Natureza. Graças a essa leitura racional, não há necessidade de luzes sobrenaturais.

Assim, atacando esse fundamento essencial da teologia, Spinoza funda simultaneamente um novo saber da história e uma nova teoria política. Distingue o terreno da *fé* (teologia) do terreno da *razão* (filosofia), distinção que determina a separação entre teologia e política. A razão visa à *verdade*, enquanto a fé visa à *piedade* pela obediência e pela submissão. Enquanto a análise racional da narrativa bíblica pode ensinar certas coisas (como o amor ao próximo) e nos levar a amar a Deus, a fé na revelação nos obriga a obedecer-lhe.

Contra a intolerância dos teólogos e dos dogmáticos, de que ele mesmo será vítima, Spinoza defende a liberdade de pensar. Donde sua crítica à teologia, que, mesmo não sendo um verdadeiro saber, nem por isso deixa de ser um poder que pretende exercer autoridade intelectual fora de seus domínios. As igrejas constituídas (católica, judaica, protestante) devem renunciar às suas pretensões temporais e submeter-se ao poder civil, único soberano. Assim, a autoridade teológica torna-se complementar da autoridade política (soberana) ao possibilitar, através da crença viva, uma vida social baseada no desprendimento de cada um.

O Estado (enquanto *res publica*, "coisa-pública") é, por definição, *soberano*; não está submetido a lei alguma, e é fonte de toda lei, de todo direito. Todos os indivíduos lhe devem obediência. No entanto, para se manter, o Estado deve conceder aos indivíduos total liberdade de pensamento e expressão. Spinoza concilia, portanto, a soberania (absoluta) do Estado com a liberdade individual. Para sair do estado natural, que é um estado de insegurança, os homens se associaram, constituindo assim um corpo político. Por esse pacto que institui o Estado, os indivíduos renunciaram ao direito de agir, mas não ao direito de pensar. Esse pacto, que permite a cada um viver em segurança, exigia que para o futuro a conduta de cada um fosse determinada pela razão. No entanto, o indivíduo não pode renunciar totalmente a seu direito natural, sendo este determinado pelo desejo e o poder, e não pela razão. Por fim, a finalidade do Estado é a *segurança* graças à qual cada um pode usar sua razão com toda a liberdade. Se o Estado suprimir toda a liberdade, provocará uma reação violenta que o destruirá. O regime político mais natural, o mais fundado em razão, é a *democracia*, "nascida da união dos homens que, enquanto grupo organizado, gozam de um soberano sobre tudo o que está em seu poder". Em tal regime, o indivíduo dispõe da liberdade de pensar. No entanto, todo governo de forma coletiva, tal como uma aristocracia, é aceitável se respeitar essa liberdade.

Submetendo a Bíblia a uma crítica histórica e a uma leitura racional, atacando o poder dos teólogos, Spinoza provocou enorme escândalo. Ele afirmava que a liberdade de filosofar só pode ser exercida fora da teologia, e que a liberdade de pensar e de expressar-se só alcança plenitude na democracia.

Estudo: L. Mugnier-Follet, *La philosophie politique de Spinoza*, Vrin, 1976.

TRAUMA DO NASCIMENTO (O),

Das Trauma der Geburt, 1924.
OTTO RANK (Otto Rosenfeld, dito), 1884-1939.

Nessa obra Rank questiona o papel central do complexo de Édipo na neurose. Para ele, a fonte da angústia neurótica estaria mais no "trauma do nascimento". Este não representa apenas um choque fisiológico, mas também uma situação excepcionalmente dolorosa no plano psicológico.

Ao nascer, a criança passa repentinamente de um estado de segurança total, em que as tensões estão reduzidas ao mínimo – pois suas necessidades estão satisfeitas –, para um estado de desamparo intenso, que passará a reproduzir-se sempre que as pessoas que a cercam demorarem a correr para darlhe ajuda. Assim, a angústia sentida nessa situação vai ser reativada nas experiências ulteriores de separação, tais como o desmame, mas também quando a criança temer perder o pênis; a própria angústia da castração então deveria ser relacionada com a angústia sentida no nascimento.

O ato sexual, segundo Rank, realizaria simbolicamente uma reunião com a mãe ardentemente desejada, mas tudo ocorre como se o retorno para a mãe implicasse uma libertação ao inverso da situação traumatizante do nascimento.

Estudo: E. J. Lieberman, *Actes de la volonté: la vie et l'oeuvre d'Otto Rank*, P.U.F., 1991.

TRÊS DIÁLOGOS ENTRE HILAS E FILONOUS, *Three Dialogues between Hylas and Philonous*, 1713.

GEORGE BERKELEY, 1685-1753.

A publicação desses diálogos obedece a uma necessidade bastante freqüente na história das obras filosóficas. Berkeley propusera, em 1710, uma obra que continha o essencial de sua doutrina, na forma de exposição sistemática: *Tratado dos princípios do conhecimento humano**. Mas como ela foi acolhida com frieza pelo público, o autor decidiu redigir uma versão mais pedagógica, mais acessível (é de se lembrar que Hume e Kant tiveram o mesmo desapontamento com o *Tratado da natureza humana** (o primeiro) e a *Crítica da razão pura** (o segundo), o que os levou a publicar, respectivamente, *Investigação sobre o entendimento humano** e *Prolegômenos a toda metafísica futura**). Cumpre dizer que, graças às teses imaterialistas que defendera, Berkeley fora acusado de extravagância e ceticismo por seus contemporâneos.

O conteúdo doutrinal dos *Três diálogos* retoma, sem modificação, a lição do *Tratado dos princípios* (consultar verbete dessa obra). Mas a técnica difere, e o estilo se torna mais amplo, menos denso, menos seco. O autor faz questão de mostrar que, renunciando à ilusão da matéria, ou seja, à existência de uma substância material independente do espírito que a percebe, não perdemos o mundo, sua riqueza, sua beleza. Os diálogos, aliás, se desenrolam ao ar livre, em jardins, em suma na presença da realidade *sensível* – poderíamos quase dizer sensual – do mundo das coisas. Adivinha-se, pelas raízes gregas dos nomes dos protagonistas, que Hilas (de ὕλη, *hylê*: "matéria") defende a substância material, enquanto Filonous (de φίλος, *philos*, e νοῦς, *nous*: "amigo do espírito") defende o ponto de vista berkeleyiano. Ao longo dos *Diálogos*, o pobre Hilas será obrigado a recuar sempre diante da crítica implacável de seu interlocutor; em sua defesa da matéria, esta última noção irá assumindo, sucessivamente, as formas e os significados mais diversos, até se reduzir a um que – devemos admitir – não corresponde a nenhuma significação inteligível.

Em comparação com o *Tratado*, os *Diálogos* dão maior espaço à crítica das qualidades, sem medo de recorrer amplamente a antigos argumentos céticos (como quando, por exemplo, se questiona a validade do conhecimento pelos sentidos). Em compensação, não desenvolvem de modo tão sistemático a crítica às idéias gerais abstratas; esta aparece sobretudo no fim, quando Filonous se aplica a mostrar que nossa crença na substância material não passa de preconceito oriundo das armadilhas da linguagem. Acima de tudo, Berkeley esforça-se por reverter a acusação de ceticismo que lhe fora feita quando da publicação do *Tratado*; Filonous não cansa de dizer a Hilas que ele, sim, duvida da realidade do mundo das coisas, porque situa toda a realidade numa substância inacessível, desconhecida, e não vê nas qualidades sensíveis mais que aparências, em suma, ilusões. Uma vez que a matéria é um *flatus vocis*, que realidade restará ao mundo, que é por ela constituído? Berkeley não pode aceitar a idéia de que os sentidos nos enganam; e nisso está um dos pontos fundamentais de desacordo com Malebranche (que defende também a existência de um mundo objetivo e acredita no valor das idéias abstratas).

Nos *Três diálogos* também se encontra uma exposição mais viva da idéia berkeleyiana de divindade. A intenção apologética aparece assim muito mais nítida do que no *Tratado*, mesmo porque Filonous emprega todo o seu ardor na defesa de Deus. Explica, por uma analogia, que o espírito divino cria as idéias (ou seja, para nós, as coisas) do mesmo modo como nosso espírito humano tem capacidade de formar idéias na imaginação. Essa tese não está muito distante das idéias de Malebranche (a visão em Deus). De resto, os dois homens se encontrarão: chega-se a dizer que foi das seqüelas desse diálogo que Malebranche teria sucumbido! Esses diálogos com certeza constituem um dos mais belos exemplos de literatura filosófica escrita com essa forma. Não seria possível dizer que nada de mais belo foi escrito depois de Platão sem cometer injustiça com Malebranche, mas é verdade que a limpidez do estilo e a precisão das exposições fazem deles um monumento da escrita filosófica com vocação "popular". E podemos dizer como Jean Pucelle: "Seria muito bom para um jovem filósofo que essa fosse sua primeira grande leitura."

Estudo: G. Brykman, *Berkeley: philosophie et apologétique*, 2 vols., Vrin, 1984.

TRÊS ENSAIOS SOBRE A TEORIA DA SEXUALIDADE,

Drei Abhandlungen zur Sexualtheorie, 1905.
SIGMUND FREUD, 1856-1939.

O primeiro desses ensaios é dedicado às "aberrações sexuais". Visto que a pulsão sexual se caracteriza ao mesmo tempo por seu objetivo (o ato sexual) e por seu objeto (o meio pelo qual chegará à satisfação), as perversões sexuais são explicadas por um deslocamento do objetivo (voyeurismo, exibicionismo) ou pela substituição do objeto normal da pulsão por um objeto "aberrante" (bestialidade, pedofilia, fetichismo).

O segundo ensaio, que afirma a existência de uma "sexualidade infantil", despertou vivas polêmicas. Para Freud, a atividade sexual do homem não aparece com a puberdade, mas sim nos primeiros meses após o nascimento. Trata-se de uma sexualidade *pré-genital*, dominada por "pulsões parciais" que são satisfeitas pela excitação apropriada de alguma zona erógena. A criança atravessaria assim certo número de *estágios* (oral, anal, fálico), cuja evolução, mais ou menos feliz, contribuiria para determinar sua sexualidade futura.

A essa sexualidade infantil sucede, portanto, uma "segunda sexualidade", estritamente genital: é a ela que Freud dedica o último ensaio da obra, a partir do estudo das "transformações da puberdade".

Estudo: M. Robert, *La révolution psychanalytique: la vie et l'oeuvre de Freud*, Payot, 1989.

TRINDADE (DA),

De Trinitate, ○ de 399 a 419.
AGOSTINHO (Aurelius Agostinus, santo), 354-430.

Agostinho empenha-se nessa obra em reafirmar para os céticos a verdade dos mistérios revelados pelas Sagradas Escrituras. Assim, o mistério da Trindade (que postula uma e uma só natureza divina a subsistir em três pessoas) deve ser admitido por todos, mesmo que a razão humana seja impotente para concebê-lo. E será que ela é mesmo impotente? Nas múltiplas tríades apresentadas pela natureza (medida/número/peso), pelo homem (espírito/conhecimento/amor) ou pela filosofia (física/lógica/ética), o autor enxerga vestígios da estrutura trinitária de Deus, graças aos quais nossa razão pode entender alguma coisa do mistério divino.

Mas é também na noção de caridade que se pode, mais facilmente, entender a natureza de Deus: aquele que ama, aquele que é amado e o amor constituem uma unidade.

Estudo: I. Hochet, *Saint Augustin et le désir de Dieu*, Études Augustiniennes, 1986.

TRIPITAKA (TRÊS CESTOS).

BUDA (Siddhartha Gautama, "O Desperto"), c. 560 a.C.-480 a.C.
Textos canônicos do budismo.

Compostos por três coletâneas consideradas livros sagrados do budismo, os *Tripitaka* são os textos mais antigos dessa imensa corrente do pensamento metafísico-religioso iniciado por Buda, o Buda histórico, Siddhartha Gautama. A primeira coletânea enuncia as regras da vida monástica; a segunda (*Sûtra Pitaka*) é a transcrição das palavras, dos discursos e dos sermões de Buda, feita por seus discípulos; a terceira coletânea propõe uma síntese explicativa de seus ensinamentos.

O que diz Buda? Que tudo é dor na vida terrena: doença, velhice e degradação física, sofrimento diante da morte, perda do que se ama, união com o que se detesta. Essa dor permanente está ligada às paixões, ao apego do homem aos bens materiais, a seus desejos e a suas necessidades. Ele está ofuscado pela ilusão criada por seus sentidos e sentimentos. Por isso, deve renunciar a todo apego ao mundo material para pôr fim à dor e ao sofrimento. Principalmente porque a morte não é libertação; ao contrário, um ciclo infernal de renascimentos prende o homem a seu carma, ou seja, à contabilidade de seus atos e de seus pensamentos, que totaliza uma carga mais ou menos negativa. É essa carga que determina a sorte da alma, condenada a errar depois da morte até uma reencarnação mais ou menos feliz. Então recomeçará a dor terrena.

O objetivo da existência, para Buda, é portanto pôr fim a essa sucessão. Para isso, só há um caminho: a meditação, a renúncia às coisas deste mundo, a ascese e a vitória do espírito sobre a matéria, que podem levar à iluminação, ao Despertar, ou seja, ao nirvana. O nirvana – que não é apenas o "paraíso" dos budistas, como se pensa por analogia com as religiões cristãs – designa a felicidade suprema, a libertação e a fusão do indivíduo com a entidade cósmica que deu origem ao mundo.

O ensinamento de Buda é um sistema de pensamento que propõe uma metafísica –

uma reflexão sobre o funcionamento do universo e a posição nele ocupada pelo homem –, uma moral prática, com um conjunto de preceitos e de diretrizes para encontrar o caminho da purificação do espírito, assim como uma psicologia que analisa os mecanismos da percepção, das sensações e dos sentimentos humanos. Portanto, é natural pensar o budismo em termos de filosofia, mais que em termos de "religião". Os *Tripitaka* não são obras de teologia, ainda que, visto ser o budismo um pensamento baseado na tradição do hinduísmo, nele estejam presentes os deuses da Índia antiga e seus avatares, canalizando a aspiração pelo absoluto.

É conhecida a evolução do budismo, que se difundiu pela Índia e por todo o Oriente. No Ocidente também houve quem acatasse esse pensamento, oposto ao racionalismo, mas ainda hoje nossa filosofia tende a excluir de seu campo o budismo e suas ramificações. Existe, porém, uma literatura imensa sobre esse pensamento, embora seus textos básicos, como os *Tripitaka*, ainda não tenham sido traduzidos integralmente para muitas das línguas ocidentais mais importantes.

Estudo: M. Percheron, *Le Bouddha et le bouddhisme*, col. "Microcosme-Mitres Spirituels", Le Seuil, 1974.

TRISTES TRÓPICOS,

Tristes tropiques, 1955.
CLAUDE LÉVI-STRAUSS, nascido em 1908.
Autobiografia intelectual.

Essa obra, que se inicia com uma afirmação paradoxal "Odeio viagens e exploradores", conta a história das diferentes expedições que o etnólogo fez junto a quatro tribos indígenas do Brasil: cadiueus, bororos, nhambiquaras e tupis-cavaíbas.

Com evidente preocupação de autenticidade, o autor fala de suas surpresas, suas descobertas, suas impressões. Cada uma dessas tribos é estudada sob os diversos aspectos de organização social, modos de subsistência, costumes, crenças e ritos. Lévi-Strauss está convencido de que a descrição dessas sociedades, tão distantes de nós quanto é possível imaginar, pode ajudar-nos a compreender os princípios comuns a todas as sociedades humanas, "a conhecer bem um estado que não existe mais[...] e sobre o qual é preciso ter noções justas para bem julgar nosso estado atual" (frase de Rousseau, que Lévi-Strauss retoma). Portanto, convém reencontrar o homem natural, arquetípico, sem o qual nenhuma sociedade seria concebível, pois, segundo o autor, "as forças que animaram nossos longínquos ancestrais estão também presentes em nós".

Estudo: M. Henaff, *Claude Lévi-Strauss*, Belfond, 1991.

TROCA SIMBÓLICA E MORTE,

L'échange symbolique et la mort, 1976.
JEAN BAUDRILLARD, nascido em 1929.

Jean Baudrillard parte da seguinte constatação: "Não há mais troca simbólica no nível das formações sociais modernas, não mais como forma organizadora." As formas sociais só conhecem o simbólico na forma de simulacro, e sua exigência é "sempre barrada pela lei do valor".

Três acontecimentos teóricos são de importância capital: os anagramas de Saussure, a troca-doação de Mauss e a pulsão de morte de Freud. "Vê-se a configuração de uma mesma grande forma [...] que equipara economia política e economia libidinal [...] desenhando aqui e agora um além do valor." Resta, pois, o esquema de uma relação social baseada no extermínio do valor, mas ocultada pelas interpretações freudiana e marxista que, ao invés de exterminarem a lei, prolongam-na com a forma de lei do Pai, por um lado, e de lei da Revolução, por outro. Portanto, Baudrillard mantém a proposta freudiana de pulsão de morte, mas "com a condição de radicalizá-la contra o próprio Freud". Faz o mesmo com

Saussure e Mauss, ou seja, numa violência teórica, insurge-os contra si mesmos. Esse princípio de reversibilidade, único que pode pôr fim à ordem do código na qual vivíamos, opondo-se ao princípio de simulação que o rege, e que para nós assume a forma de extermínio e morte, é a própria forma do simbólico.

Ao antigo sistema que dominava o princípio de realidade sucedeu a indeterminação de uma ordem hiper-real em que os simulacros substituíram as ideologias. Não será tentando, na nostalgia do real, ressuscitar os antigos valores que, por sua vez, não passavam de simulacros da segunda ordem, nem opondo novos simulacros aos simulacros da terceira ordem, que será possível fazer irrupção no código. Só a morte pode, pois sua reversibilidade é de uma ordem superior à do código. O que caracteriza a ordem do código é que ele se apresenta como um sistema. Ora, todo sistema, fadado por sua própria lógica à perfeição total, está de pronto destinado, por essa perfeição mesma, à defecção total. "Por isso é que a única estratégia é catastrófica, e não dialética." "Contra um sistema hiper-realista, a única estratégia é patafísica." É preciso fazer da tautologia do sistema a própria arma que lhe dará fim.

O autor não concebe a morte como acontecimento, mas como forma, a reversibilidade. Ela é ao mesmo tempo o termo do sistema e o extermínio simbólico que o espreita a partir do momento em que é perfeito. A reversibilidade é ao mesmo tempo aquilo que ele não pode fazer e aquilo a que ele não pode escapar. Como o processo do valor é irreversível, só a reversibilidade é mortal para ele. "O termo *troca simbólica* nada mais quer dizer além disso."

Para Baudrillard o sistema é indivisível. Nisso, ele se opõe a Lyotard, que distingue economia libidinal de economia do sistema, e a Deleuze, que distingue esquize capitalista e esquize revolucionária. Para ele, "a fissão das energias é a própria forma do sistema atual".

Estudo: R. Hess, *Dictionnaire des philosophes*, P.U.F., 1984.

TUSCULANAS,

Tusculanae disputationes.
CÍCERO (Marcus Tullius Cicero), 106-43 a.C.
Diálogo.

As *Tusculanas* abordam, em cinco livros, cinco problemas filosóficos importantes. O próprio diálogo se desenvolve em cinco dias, e ocorre numa *villa* de Cícero em Túsculo entre dois interlocutores, identificados simplesmente pelas letras D e M, havendo razões para se acreditar que elas designam o discípulo (*Discipulus*) e o mestre (*Magister*).

O primeiro livro trata da morte, que deve ser desprezada. A morte não é um mal em si: é o medo da morte que transtorna a nossa alma, e é desse medo que devemos nos curar. Do mesmo modo, podemos lutar contra a dor apenas através da razão, e diminuir assim as perturbações que ela provoca (segundo livro). Quanto às paixões – assunto do terceiro livro –, é tarefa da filosofia ensinar a dominá-las. O quarto livro é dedicado às "outras perturbações da alma", que nascem dos excessos do desejo ou da alegria. Por fim, o último livro versa sobre a felicidade. Como afirmam os estóicos, seu segredo está no exercício da *virtude*; o autor parte desse princípio para comparar e avaliar as diferentes teorias da felicidade.

Para fazer suas demonstrações, Cícero apóia-se na moral, mas também na metafísica: assim, a crença na existência de Deus e na imortalidade da alma só pode dar ao sábio serenidade e sabedoria.

A influência de Platão sobre esse texto é manifesta. Principalmente porque Cícero, que já maneja com habilidade a arte oratória e seus artifícios, utiliza aqui o célebre método da maiêutica: com suas perguntas, o mestre leva o aluno a descobrir a verdade.

Estudo: P. Grimal, *Cicéron*, Fayard, 1986.

U

ÚNICO E SUA PROPRIEDADE (O),
Der Einzige und sein Eigentum, 1845.
MAX STIRNER (Johann Kaspar Schmidt, dito), 1806-1856.

Único livro escrito por Max Stirner, *O Único e sua propriedade* já foi suficiente para angariar-lhe uma notoriedade considerável. Seu título enigmático, em forma de provocação, merece algumas explicações: o homem é único, não redutível à dimensão coletiva (social, política, religiosa); por isso, pode, de direito, considerar todo o resto como "sua propriedade".

Sabe-se que o *eu* é erigido por Stirner em valor supremo. No entanto, não se pode dizer que ele o define. O eu é princípio primeiro; não pode ser pensado, porque pensar sempre equivale a identificar ou a incluir num conjunto mais vasto. Dizer que cada um é único não é dar um predicado comum a todos, uma essência na qual todos se fundiriam; é dizer que cada um só pode proclamar-se irredutível a uma tal essência ou determinação universal. "Só uma coisa me salva do pensamento: é a ausência de pensamento." O individualismo de Stirner poderia ser qualificado de nominalista. Bréhier chega a falar de "nominalismo agressivo", o que parece legítimo, visto que a crítica das abstrações visa, de modo polêmico, às hipóstases do Homem, mas também do Estado, da Sociedade ou da Revolução. Stirner mostra-se extremamente crítico em relação ao humanismo de Feuerbach, acusado de dissolver a unicidade do eu numa essência universal vazia. Acreditando destruir a teologia, Feuerbach, ao contrário, ressuscitou-a com uma forma nova. O homem simplesmente se tornou o novo ídolo. Disso resulta uma alienação no homem (e não mais em Deus), alienação laicizada, não menos alienante que sua forma religiosa. O humanismo feuerbachiano exige que cada um realize o ideal humano universal. É sempre uma afronta às exigências do eu, do "Único", pedir-lhe que se submeta a uma norma exterior. A crítica se estende até as formas revolucionárias do liberalismo. Por exemplo, o socialismo e comunismo, segundo o autor, só fazem transportar para a sociedade divinizada os atributos da opressão.

Muitos crêem que Stirner negue a legitimidade de qualquer forma de instituição, da sociedade em particular. Não é nada disso. Stirner até chega a ver a sociedade como algo natural. Só rejeita sua tendência a constituir-se em instância autônoma e a exercer sobre o homem uma dominação material e espiritual, em vez de servi-lo. É que há duas formas de sociedade: a sociedade que o indivíduo encontra diante de si, transcendente e imposta, e a sociedade resultante de uma iniciativa livre de associação mútua, estando a segunda sempre exposta ao risco de degenerar na primeira. Portanto, deve-se distinguir (como Proudhon) a sociedade, geradora de um poder sacralizado que oprime o indivíduo, da associação, forma livre de compromisso individual, em que o eu conserva sua soberania. A sociedade é a associação enrijecida.

Como se vê, *O Único e sua propriedade* é um livro que se enquadra nitidamente num contexto ideológico particular: a descendência imediata do hegelianismo. Alcançou sucesso indubitável quando publicado. Marx e Engels, ao escreverem *A ideologia alemã**, acreditaram mesmo ser necessário dedicar-lhe uma crítica substancial (no capítulo intitulado "São Max"); censuram Stirner por ater-se a uma afirmação estéril, porque impotente, dos direitos do "eu"; só a prática tem condições de transformar a situação para o indivíduo.

Mas a verdadeira carreira desse livro começa no fim do século XIX, quando um poeta anarquista, John Henry Mackay, transforma *O Único e sua propriedade* na Bíblia do anarquismo individualista, opondo Stirner ao anarquismo comunista, representado por Bakunin. Apesar desse grande sucesso, tal apropriação póstuma é discutível, pois não leva em conta a originalidade do pensador Stirner.

Estudo: D. Dettmeijer, *Max Stirner*, col. "Cahiers de philosophie", L'Âge d'Homme, Lausanne, 1979.

UNIDADE DO INTELECTO (DA),

De unitate intellectus contra Averroistas, 1269.
TOMÁS DE AQUINO (santo), c. 1225-1274.

Em cinco capítulos, Tomás refuta a interpretação que os averroístas (sobretudo Sigério de Brabante e seus discípulos) propuseram do tratado de Aristóteles intitulado *Da alma**. Nesse tratado, Aristóteles designava "intelecto potencial" (ou "possível") a faculdade de adquirir formas inteligíveis novas a partir da experiência sensível. Ora, Averróis vê no intelecto potencial uma realidade única para todos os homens, portanto radicalmente *separada* das almas individuais.

Considerando essa interpretação incompatível com a doutrina cristã da imortalidade da alma individual, Tomás afirma a identidade entre intelecto e alma, devendo esta ser compreendida, pelo que Aristóteles indica, como ato e forma do corpo. Assim, o intelecto é próprio de cada um, e, ainda que esteja intimamente ligado ao corpo, sobrevive-lhe eternamente, em razão de sua natureza supracorpórea.

Esse tratado, de caráter nitidamente político, foi marcante no longo debate sobre a definição de alma e de suas relações com o corpo, travado na segunda metade do século XIII.

Estudo: M. Pidin, *Philosophie et théologie chez Saint Thomas d'Aquin*, Klincksieck, 1983.

USO DOS PRAZERES (O),

MICHEL FOUCAULT.
VER HISTÓRIA DA SEXUALIDADE.

UTILITARISMO (O), *Utilitarianism*, 1863.

JOHN STUART MILL, 1806-1873.

Dotado de inteligência precoce, John Stuart Mill recebeu uma educação rigorosa do pai, o economista e historiador James Mill. Com quinze anos, já havia lido os trabalhos de Bentham. Pouco depois, entusiasmou-se pelo poeta Samuel Taylor Coleridge e, mais tarde, por Auguste Comte, com quem trocou longa correspondência (1841-1847). No entanto, surgiram dissensões entre Mill e Comte a respeito de economia política e, sobretudo, da emancipação das mulheres, de que Mill se fazia porta-voz: em 1867, na qualidade de membro do parlamento britânico, pleiteará o voto para as mulheres.

Não obstante, Comte e Mill preconizavam em comum aquilo que ambos haviam aprendido da Escola Escocesa: uma moral baseada no sentimento altruísta. Para Mill, a moral deve ser acima de tudo uma filosofia da prática. Esse livro sobre o utilitarismo, escrito entre 1854 e 1860, e publicado a partir de 1861 em várias edições por *Fra-*

zer's Magazine, confere forma definitiva à moral que Mill ambicionava propor. Nele, Mill se empenha em conciliar autores tão diferentes quanto o que citamos, aos quais ele acrescenta os saint-simonistas e Thomas Carlyle.

Mill mostra-se em oposição ao intuicionismo, mas, enquanto privilegia uma moral utilitária, privilegia também a realidade da consciência e o sentimento do dever, bem como a felicidade em detrimento da satisfação. No que se refere precisamente à felicidade pessoal, para o autor ela não pode existir se a felicidade de todos não for garantida: ainda que para ele a noção de humanidade não seja uma entidade religiosa (como em Comte), aqui é venerada, como ilustra a publicação póstuma de 1874: *Nature, The Utility of Religion, Being. Three Essays on Religion*.

Entre outros problemas práticos, Mill examina o da resolução dos conflitos entre os diferentes deveres, e acima de tudo, ao contrário de Bentham, distingue claramente o útil (*useful*) e o expediente (*expedient*): útil é o que permite contribuir para a felicidade geral, enquanto o expediente é o que serve a um fim próximo qualquer, ou simplesmente pessoal. Com Mill, a moral se constitui na busca da virtude.

Edição brasileira: *O utilitarismo*, São Paulo, Martins Fontes, no prelo.
Estudo: G. Tanesse, prefácio à edição francesa: *L'utilitarisme*, col. "Champs", Flammarion, 1988.

UTOPIA, ou Tratado da melhor forma de governo,
De optimo reipublicae statu deque nova insula Utopia libellus, 1516.
THOMAS MORE (são), c. 1478-1535.

As principais fontes dessa obra remontam à Antiguidade grega e latina. Foram Platão, com *A república**, e Tácito, com *Germânia*, que influenciaram Thomas More.

Na primeira parte da obra, o autor esboça um quadro enérgico da Inglaterra, com camponeses expulsos do campo para as cidades, bandos de ladrões, uma justiça cega e cruel, a realeza ávida de riquezas e sempre pronta para a guerra. Em Thomas More pode-se dizer que há vários homens: um discípulo de Platão que teme ver o governo dos homens cada vez mais distante da razão, um cristão que aspira a um cristianismo unitário, um humanista aberto, como os de seu tempo, às idéias novas sobre a felicidade terrena, mas também um homem da ordem, preocupado com hierarquias, que se recusa a ver a monarquia aviltar-se na busca do dinheiro e fomentar assim inevitáveis desordens. Por outro lado, Thomas More mantém um distanciamento em relação à vida que é próprio do filósofo e que o persuade de que o reino da propriedade individual e do dinheiro é incompatível com a felicidade. Quando escreveu essa obra, que teve enorme sucesso em sua época, a caça às bruxas e o suplício na fogueira convivem com castigos sangrentos infligidos aos vagabundos. As regras são invertidas na República de Utopia: ali se prescreve não prejudicar ninguém em nome da religião. Ao contrário, a intolerância e o fanatismo são punidos com o exílio e a servidão. O povo pode escolher livremente sua religião. Por isso, cultos diferentes coexistem em Utopia: cultos solares e lunares, culto aos heróis lendários, culto a um ser supremo que é ao mesmo tempo criador e providência, culto cristão (o último introduzido na ilha, pelo qual os utopianos sentem, naturalmente, uma atração crescente). Os utopianos estão tão acostumados à diversidade das religiões e à tolerância daí decorrente que se reúnem em vastos templos onde os sacerdotes praticam o ecumenismo e só proferem palavras que convenham a todos, sendo cada um exortado a levar vida moral.

A composição original de *Utopia* suscitou numerosas interrogações, uma vez que alguns só viam na obra um puro exercício de retórica. Isto porque é a Rafael Hitlodeu, personagem imaginário, que More confia a exposição dos costumes e das instituições dos utopianos. Esse viajante cheio de ciência e experiência é, assim, o principal interlocutor da conversa que constitui pretexto para a obra. Mas esse artifício literário não deve confundir o leitor: Rafael é o porta-voz de Thomas More, e sua insistência em descrever os benefícios da paz e os horrores da guerra nas duas partes de *Utopia** revela uma sátira amarga à política belicosa de Henrique VII e Henrique VIII. O fim do capítulo intitulado "Os escravos" é particularmente significativo em termos das intenções de Thomas More de dirigir-se aos príncipes: nele se diz que os utopianos nunca entram em nenhuma liga.

Ao percorrer essas páginas, o leitor encontrará alusões mal disfarçadas às guerras de Henrique VIII, travadas por paixão pela glória militar ou pela esperança de anexar territórios ou de conquistar vantagens comerciais para a nova burguesia mercantil da Inglaterra. Crítica às guerras contínuas na Europa, crítica à injustiça social engendrada pela onipotência do dinheiro e da propriedade, são esses os temas fundamentais de *Utopia*, tomados em contraponto na parte negativa (primeiro livro) e na parte positiva da obra (segundo livro).

Esses dois temas são, aliás, inseparáveis no livro tanto quanto na vida: o interesse da comunidade é sacrificado pela paixão dos príncipes pela guerra; a guerra só enriquece os nobres e os novos proprietários, enquanto o povo, cada vez mais oprimido sob o fardo da labuta incessante, precisa pagar pela manutenção de um exército, da corte e de uma multidão de ociosos. Assim também, vista sob o aspecto social, a impotência do rei e do Parlamento em impedir o açambarcamento das terras cultivadas e a ruína dos camponeses redunda na proletarização completa destes, que se tornam mendigos, escudeiros, domésticos. A sede de dinheiro do rei, dos nobres e dos novos industriais cria a miséria da maioria, alarga cada vez mais o abismo entre as classes da sociedade, transforma os juízes em carrascos e as penas em castigos pavorosos, levando à guerra por pura ambição de lucro.

Edição brasileira: *Utopia*, São Paulo, Martins Fontes, 1993.

Estudo: G. Marc'hadour, *Thomas More ou la sage folie*, Seghers, 1971.

V

VALOR DA CIÊNCIA (O),

La valeur de la science, 1905.
HENRI POINCARÉ, 1854-1912.

Nesse segundo estudo de filosofia das ciências, Poincaré retoma e especifica os elementos teóricos introduzidos em *Ciência e hipótese**. Reafirma o caráter convencional e relativista da ciência, com o cuidado, porém, de não se identificar com o instrumentalismo de Édouard Le Roy ou com o pragmatismo de William James.

Embora os princípios e os axiomas adotados pelo cientista só tenham valor hipotético, nem por isso a ciência está condenada ao subjetivismo. Ao contrário, o autor admite nas leis físicas a existência de uma "invariante universal" que seria independente de nossas convenções.

Estudo: J. Vuillemin, prefácio da edição: *La valeur de la science*, col. "Champs", Flammarion, 1970.

VERDADE (DA),

De veritate, ○ de 1080 a 1085.
ANSELMO DE CANTUÁRIA (santo), 1033-1109.
Diálogo.

Escrito na forma de um diálogo que opõe o mestre e o discípulo, essa obra é constituída por treze capítulos. Já no primeiro, o discípulo propõe o problema: se a afirmação "Deus é A verdade" for reversível, deve-se poder afirmar a unidade da verdade; como prova, cita o *Monologion** (cap. XIII). Também é preciso saber se a verdade diz o que é ou o que deve ser. Portanto, é necessária uma definição da verdade.

O mestre, depois de especificar todos os lugares onde se encontra a verdade, trata da verdade "supraeminente" ou do "lugar" fundamental da verdade, respondendo à segunda questão do aluno (caps. II a X); depois, propõe sua definição de verdade (cap. XI), antes de definir a justiça (cap. XII) e de responder à primeira questão proposta.

Para Anselmo, a verdade é a retidão da relação com Deus consciente de si mesma, e não "a adequação da coisa e da inteligência", como afirmarão os tomistas.

Estudo: J. Vuillemin, *Le Dieu d'Anselme et les apparences de la raison*, Aubier-Montaigne, 1971.

VERDADE E EXISTÊNCIA,

Vérité et existence, 1989.
JEAN-PAUL SARTRE, 1905-1980.

Foi em 1948, portanto logo depois de *Anotações para uma moral**, que Sartre redigiu esse breve ensaio. Ocupado em construir uma moral, Sartre considera o problema da verdade por um ângulo particular: o da intersubjetividade. Como sua filosofia é fundamentalmente atéia, qual é a garantia da verdade na ausência da revelação divina? Pois toda atividade humana, todo pensamento, toda ação, tem uma relação com a verdade. Opondo-se à noção heideggeriana de mistério, o autor concebe a verdade nas relações humanas como doação para outrem e, por isso, auto-revelação.

É provável que essas reflexões tenham sido motivadas pela leitura de *Da essência da verdade** de Heidegger.

Estudo: *Sur les écrits posthumes de Sartre* (dir. P. Verstraeten), Editions de l'Université de Bruxelles, 1987.

VERDADE E MÉTODO, As grandes linhas de uma hermenêutica filosófica,
Wahrheit und Methode. Grundzüge einer philosophischen Hermeneutik, 1960.
HANS GEORGE GADAMER, nascido em 1900.

Gadamer aborda aqui o problema da verdade numa perspectiva não científica. Enquanto o pensamento moderno, segundo orientação cientificista, afirma que a garantia da verdade se baseia unicamente no método científico, o autor quer mostrar que essa experiência pode ser realizada a partir da arte. Mas a consciência estética não deve ser separada da consciência histórica.

A análise da experiência de verdade revelada pela arte permite descobrir um modelo que tem valor para toda a experiência histórica. A descoberta de uma obra de arte é um fato histórico que pertence à história. É isso que Gadamer exprime com a noção de "consciência da determinação histórica". Essa interpretação passa pela linguagem, que permite dar vida às obras do passado. Isto porque a linguagem não é um simples instrumento do pensamento. Constitui um elemento insubstituível da experiência do homem.

Estudo: P. Fruchon, "Compréhension et vérité dans les sciences de l'esprit", in *Archives philosophiques*, 1966, pp. 281-302.

VERSOS DE OURO, Χρυσᾶ ἔπη.
PITÁGORAS, c. 580 a.C.-500 a.C.
Transcrição tardia do ensino de Pitágoras.

Esse poema gnômico, que supostamente reúne todo o ensinamento do sábio, data do século IV. Pitágoras – cuja existência só é conhecida por meio de uma lenda rica porém suspeita – por certo nada escreveu. Também nada subsiste de seu ensino. Mil anos após a morte do suposto autor, os *Versos de ouro* não dão uma idéia, nem mesmo aproximativa, do que foi a doutrina do mestre. Como sempre, os doxógrafos constituem a fonte mais interessante.

O conteúdo do poema se reduz a um conjunto de preceitos de prudência e piedade, de resto bem pouco originais. Nele não se encontra o conteúdo aritmético da doutrina pitagórica, tal como a tradição conservou. A única alusão matemática aparece num juramento: "Por aquele que nos deu o quaternário."

Estudo: D. Delattre, apresentação do texto na edição francesa: "Les vers d'or", in *Les présocratiques*, Bibliothèque de la Pléiade, Gallimard, 1988.

VIDA DA RAZÃO (A), ou Fases do progresso humano,
The Life of Reason or the Phases of Human Progress, 1905-1906.
GEORGE SANTAYANA, 1863-1952.

Esse ensaio de história do conhecimento não opõe o sensível ao racional, nem a matéria ao espírito, mas hierarquiza as modalidades de apreensão do mundo exterior num movimento ascendente em que a razão soberana leva ao absoluto. Do conhecimento sensível ao conhecimento racional, o espírito humano transpõe estágios sucessivos que, a cada etapa, induzem necessidades intelectuais cada vez mais elaboradas. E quando a razão não se basta mais a si mesma para a satisfação da sede de conhecimento, atinge o estágio último, o da espiritualidade, da superação pela contemplação estética e mística.

Filósofo americano de origem espanhola, Santayana expõe, em cinco volumes, um pensamento filosófico e estético que, a despeito da influência do pragmatismo de James, é em grande parte platônico. Os dois últimos volumes tratam essencialmente do belo, do sublime e do verdadeiro, com aspiração a Deus. O justo valor de Santayana ainda não é reconhecido na França, em razão talvez do ecletismo de seu pensamento: poeta, romancista, ensaísta e esteta, ele não se enquadra em nenhuma corrente, e, por isso, desconcerta.

Estudo: J. Duron, *La pensée de George Santayana: Santayana en Amérique*, Nizet, 1950.

VIDA DAS FORMAS,

La vie des formes, 1934.
HENRI FOCILLON, 1881-1943.

Esse livro trata da obra de arte do ponto de vista de sua forma. A obra é acima de tudo forma, e em virtude da forma é ela mesma. A forma é viva, móvel, evolutiva; metamorfoseia-se por etapas, encarnando-se na arte primitiva, na arte clássica, no barroco. Mas ao mesmo tempo, a forma é estabilizada e regulada pelo estilo. A evolução das formas não deve ser interpretada como um progresso, porém mais como um recomeço; ela concorre para a criação de um universo das formas em arte, examinada aqui por quatro ângulos complementares.

Em primeiro lugar, a forma está ligada ao *espaço*, visto que ela se espacializa na obra de arte. O espaço é o lugar da obra, que o desenvolve ou limita. Assim, foi transposta uma etapa decisiva quando se descobriu a perspectiva – ornamental, cênica ou cartográfica; mas também houve o *trompe-l'oeil* e o claro-escuro. Em segundo lugar, na *matéria*, a forma não passa de abstração. A matéria é transformada pela forma e, reciprocamente, a forma é afetada pela matéria, sobretudo pela técnica utilizada pelo artista. Para Focillon, a técnica permite conhecer a dimensão poética das metamorfoses. Em terceiro lugar, a forma também existe no *espírito*; ela não é "em si", mas é sempre já o conjunto de suas figuras concretas, em virtude da identidade entre forma no espaço e forma no espírito. Por fim, a forma está ligada ao *tempo*, do ponto de vista do desenvolvimento interno das obras ou da história dos estilos: é a dimensão histórica da obra, que se dá numa duração.

Embora a forma seja condicionada pelo meio natural, social ou racial, também pode ser congregada em "famílias espirituais", cuja história poderia ser objeto de uma "genealogia". A relação entre forma e tempo pode ser conflituosa, pois o tempo do artista nem sempre é o tempo social. Assim, tanto no espaço quanto na matéria, tanto no espírito quanto no tempo, a forma vai "perpetuamente da necessidade à liberdade": em uma palavra, ela se *exterioriza*.

Geralmente considerado como uma obra de doutrina e método, esse estudo é conduzido dentro de um espírito formalista. Conceitual e cheio de exemplos extraídos de todas as áreas das belas-artes, ocupa lugar importante na estética contemporânea.

Estudos: A. Degange, *Dictionnaire des philosophes*, P.U.F., 1984. "Mélanges Henri Focillon", in *Gazette des Beaux-Arts*, 1947.

VIDA DE DOM QUIXOTE E SANCHO PANÇA,

Vida de don Quijote y Sancho, 1905.
MIGUEL DE UNAMUNO, 1864-1936.

Esse ensaio, inspirado na vida dos heróis da novela de Cervantes, pretende ser a apologia de uma lei viva, que transcende à humanidade em seu surgimento e serve à vontade grandiosa de uma conquista infinita do espírito, "conquista jamais realizada da verdade, suprema e infinita".

Quixotismo designa a esperança ilimitada do homem no irracional, esperança que transpõe as fronteiras da determinação lógica, artística ou moral. Trata-se de uma luta, de um elã vital, de uma epopéia fantástica com tendência espiritual que, próxima de um elogio à loucura, se opõe à cultura e ao cientificismo. Essa lei permite ter acesso ao infinito, e a loucura generosa de dom Quixote, com forte tônica cavaleirosa, predispõe à elevação, "à ciência final e absoluta que talvez não concretiza as grandes coisas, mas que as arrosta, pondo em risco a própria vida". A imaginação e a grandeza moral convidam à transformação do mundo. Para realizá-la, é preciso encontrar o homem em sua verdade, libertando-nos do senso comum "que abafa em cada um de nós o senso próprio".

O quixotismo é um despertar para a solidão, mas também para o desprezo pela aprovação alheia: "Cura-te da doença que consiste em preocupar-te com a opinião que os outros têm de ti; cuida apenas da opinião que Deus tem de ti."

Estudo: A. Guy, *Unamuno et la soif d'éternité*, Seghers, 1964.

VIDA, DOUTRINAS E SENTENÇAS DOS FILÓSOFOS ILUSTRES,

DIÓGENES LAÉRCIO, início do séc. III.

O título original dessa obra dividida em dez livros é desconhecido; os diversos manuscritos têm títulos de substituição, variáveis porém próximos; assim, o manuscrito de Paris (1533) intitula-se "Vida e sentenças dos mais ilustres filósofos e breve resumo das opiniões prevalecentes em cada seita". Cada livro começa com um *proemion*, ou introdução, e trata de uma "seita" ou escola filosófica. Uma escola é composta pelo mestre, que a dirige, e por seus discípulos; alguns deles serão sucessores do mestre à frente da escola; são os "heresiarcas".

Depois de uma introdução sobre a origem da filosofia, as influências orientais sofridas por elas e suas diferentes escolas de pensamento, o autor apresenta o plano da obra. Este segue uma pseudocronologia; pode ser dividido em duas partes desiguais: os sete primeiros livros abrangem a história da filosofia jônica, de Tales até os estóicos; os três últimos livros são dedicados à filosofia itálica, que teve origem com Ferecides e foi iniciada por Pitágoras.

O livro I começa com o estudo dos fundadores da filosofia, os sete Sábios; o autor estuda a vida deles, suas teorias, apresenta uma coletânea de seus ditos e algumas cartas a eles atribuídas. Na verdade, a lista não pára nos sete Sábios, e o autor menciona onze: Tales, Sólon, Quílon, Pítaco, Bias, Cleóbulo, Periandro, Anacarse, Míson, Epimêmides e Ferecides.

No segundo livro, Diógenes Laércio estuda a filosofia de vários pensadores; mas a maior parte do livro é dedicada a Sócrates e a seus discípulos: Xenofonte, Ésquines, Aristipo, Fédon... O autor insiste especialmente nos filósofos cirenaicos e na sua doutrina do prazer, que difere do epicurismo.

Platão ocupa todo o livro III. O autor expõe as diversas influências filosóficas sofridas por Platão e suas teorias (trata-se na realidade de um catálogo de suas obras); o estudo termina com a teoria de Platão sobre a divisão das coisas do mundo.

O livro IV completa o anterior com o estudo da Academia, que reúne os discípulos de Platão.

O livro V, mais volumoso, é interessante sobretudo pelos numerosos testamentos que contém; trata da escola aristotélica e da filosofia peripatética. Apesar da importância do filósofo, o autor só lhe concede uma breve biografia; é verdade que todas as obras de Aristóteles são citadas, mas suas teorias quase não são estudadas.

Os cínicos são o assunto do livro VI: Diógenes Laércio deleita-se em citar os ditos desses filósofos, em particular os do famoso Diógenes. É reservado um capítulo para o fundador da seita, Antístenes.

O livro VII trata dos estóicos; a parte mais importante é dedicada a Zenão de Cício, a suas teorias lógica, dialética e moral. Seus discípulos são citados rapidamente.

Enquanto o livro VIII fala de Pitágoras e dos pitagóricos, o livro IX propõe uma lista heterogênea de filósofos isolados, como Heráclito, Xenófanes ou Zenão de Eléia. O livro X, o mais longo, é dedicado a Epicuro, com três cartas suas sobre moral, física e meteoros.

O método empregado por Diógenes Laércio parece muito discutível. Cada escola filosófica é estudada separadamente e em ordem cronológica, o que cria uma ruptura sistemática, obrigando o leitor a voltar atrás, no início de cada capítulo. Esse método também tem a desvantagem de não pôr em evidência as diferenças e as semelhanças existentes entre as doutrinas dessas seitas ou as influências mútuas. A evolução do pensamento filosófico fica obscura. O plano é sempre o mesmo: nome e origem dos filósofos; educação e formação intelectual; escola; fatos notáveis de sua vida; caráter moral e físico seguido por numerosas anedotas; relato da morte e epitáfios ou epigramas; discípulos; obras; doutrina. Essa apresentação parece bem monótona. A obra é desigual e mais parece uma compilação que uma verdadeira análise das obras e das doutrinas. Contudo, desperta certo interesse por oferecer uma visão de conjunto da filosofia grega e por ser um testemunho fundamental.

Estudo: R. Genaille, nota sobre Diogénes Laércio, na edição: *Vie, doctrines et sentences des philosophes ilustres*, 2 vols., col. GF, Flammarion, 1992.

VIDA FELIZ (DA),

De vita beata, ○ c. 58.
SÊNECA (Lucius Annaeus Seneca), 4 a.C.-65 d.C.
Diálogo.

Essa obra não parece seguir um plano rigoroso; isso é bastante freqüente nos tratados de Sêneca, que se deixa levar por certos vôos retóricos, em detrimento da estrutura. Mas esse diálogo não deixa de possuir certa beleza, para quem aceite o lirismo muito pessoal do autor.

Procurando definir a vida feliz, Sêneca recusa-se a concebê-la à maneira da maioria. O sábio tem sua concepção própria, em conformidade com a tradição estóica, cujos aspectos essenciais são retomados aqui. Rejeita-se o eudemonismo – que consiste em basear a sabedoria na busca apenas da felicidade –, dedicando-se longos arrazoados ao desprezo das riquezas. A obra termina com uma evocação das grandes figuras da filosofia moral: Sócrates, Platão, Aristóteles, Demócrito, Epicuro.

Estudo: P. Grimal, *Sénéque*, col. "Que sais-je?", P.U.F., 1981.

VIDAS PARALELAS ou VIDAS DOS HOMENS ILUSTRES,

Βίοι παράλληλοι.
PLUTARCO DE QUERONÉIA, c. 46-c. 120.
Biografias.

Nessas biografias com tendência moral e pedagógica, Plutarco fala da vida das grandes personalidades da Grécia, pondo cada uma delas em paralelo com a de um romano: por exemplo, Demóstenes com Cícero, Alexandre, o Grande, com Júlio César.

A intenção do autor é dar ênfase à personalidade e ao caráter moral dos homens célebres. Portanto, não se trata de uma reconstituição histórica, mas de um juízo moral de natureza amiúde apologética. Mas em cada uma dessas personagens, Plutarco procura o homem que está por trás das grandezas e das misérias da vida pública. Há, portanto, a determinação de embelezar e enobrecer o caráter dos heróis. O autor caracteriza-se por sua elevação moral e pela perspicácia com a qual revela o segredo das grandes almas.

Essa obra apresenta-se, então, como uma manifestação de admiração pelos heróis da Antiguidade. Para várias gerações Plutarco foi um mestre de humanismo no sentido mais amplo da palavra, e Montaigne era um de seus fiéis leitores.

Estudo: R. Flacelière, *Sagesse de Plutarque*, P.U.F., 1964.

VIGIAR E PUNIR. Nascimento da prisão,

Surveiller et punir. Naissance de la prison, 1975.
MICHEL FOUCAULT, 1926-1984.

Esse texto visa a traçar a genealogia do poder de punir em seu "complexo científico-judiciário".

Até o fim do século XVIII, as técnicas punitivas apoderavam-se do corpo para despedaçá-lo, marcar-lhe simbolicamente o rosto ou as costas, expô-lo vivo ou morto. Mas a divulgação dos suplícios comporta dois perigos. Por um lado, revela a tirania, o excesso, a sede de vingança do poder; por outro, acostuma o povo "a ver o sangue jorrar" e ensina-lhe que ele só pode vingar-se derramando sangue com as próprias mãos. Portanto, no início do século XIX, começa a desaparecer o grande espetáculo da punição física.

A prisão passa então a ser a forma essencial de castigo. Se a prisão se impôs como modelo coercitivo do poder de punir, foi porque se inseria perfeitamente naquilo que Foucault chama de *sociedade da vigilância*, "a que ainda pertencemos". Essa sociedade, que se formou ao longo da era clássica, caracteriza-se por todo um conjunto de procedimentos cujo fim é vigiar, adestrar e controlar os indivíduos. O cerco disciplinar aos corpos é possibilitado por toda "uma anatomia política do detalhe", pela arte da repartição dos indivíduos no espaço, por um sistema minucioso de regulamentos. A vigilância hierárquica, os exames e a sanção normalizadora completam a posse do poder sobre os corpos, o domínio das multiplicidades humanas.

Será então de espantar que o grande confinamento carcerário tenha triunfado, e que as prisões se assemelhem a fábricas, escolas, casernas e hospitais? O ponto ideal da penalidade moderna não será, no fundo, o mesmo de nossa máquina social, ou seja, um interrogatório sem fim, um inquérito que se prolongaria sem limite, uma observação minuciosa e perpétua dos indivíduos?

Vigiar e punir nos mostra o poder como exercício – exercício de corpos a investirem sobre outros corpos para cerceá-los, sujeitá-los, educá-los. Ao contrário de toda a tradição que identificava o poder com o Estado e seus aparelhos, Foucault mostra que o poder é plural. Não é apenas aquilo que censura e reprime, mas também aquilo que produz almas, idéias, saber, moral; em outras palavras, produz poder que perpetua com outras formas.

Estudo: M. Perrot, *L'impossible prison: recherche sur le système pénitentiaire au XIXe siècle. Débat avec Michel Foucault*, Le Seuil, 1980.

VIOLÊNCIA E O SAGRADO (A),

La violence et le sacré, 1972.
RENÉ GIRARD, nascido em 1923.

Nesse ensaio, que se segue a *Mentira romântica e verdade romanesca* (1961), René Girard tenta penetrar o "mistério do sacrifício". Na origem de toda violência encontra-se o desejo mimético, que leva os homens a cobiçar os mesmos objetos: uma coisa nos parece mais desejável quando achamos que é desejada por outros, que são como "mediadores" de nosso desejo. Ora, essa situação primeira de rivalidade engendra conflitos sempre crescentes, uma vez que a violência provoca vingança, e esta, por sua vez, provoca represálias cada vez mais violentas. É provável que nossas primeiras sociedades tivessem enfrentado esse desencadeamento de violência sem fim.

A hipótese do autor é a seguinte: para pôr termo ao "círculo vicioso da vingança", foi preciso desviar de algum modo a violência não saciada dos homens para uma vítima única, um bode expiatório cuja morte pouco importa para a comunidade. Esse sacrifício, "assassinato fundador" da Cidade, garante a coesão do grupo por polarizar sobre a vítima uma violência que os membros da comunidade poderiam exercer uns contra os outros. Essa morte única permite então evitar a explosão de violência que poderia levar à morte de todos, ou seja, ao desaparecimento do grupo ou mesmo da humanidade inteira.

No entanto, a operação sacrificial, para ser eficaz, supõe que a substituição pela vítima na qual se baseia nunca seja explícita. Caberá então aos mitos e a todas as configurações do sagrado dissimular esses fatos de violência que, sendo inconfessáveis, são esquecidos pelas consciências.

Em *Das coisas ocultas desde a fundação do mundo** Girard prosseguirá essa reflexão, mostrando que o texto evangélico rompeu com os mitos anteriores, porquanto revelou pela primeira vez o mecanismo sacrificial. O sacrifício, porém, só era eficaz porque os participantes acreditavam realmente nos poderes maléficos da vítima. Ao ressaltar a inocência da vítima expiatória (Cristo), os Evangelhos revelaram a lógica da violência e do sagrado, e, ao fazerem isso, puseram fim nessa mesma lógica. A partir daí, os homens podem amar-se uns aos outros: o furor mimético deve dar lugar à caridade evangélica.

Estudo: Ch. Orsini, *La pensée de René Girard*, Retz, 1986.

VISÍVEL E O INVISÍVEL (O),

Le visible et l'invisible, 1964.
MAURICE MERLEAU-PONTY, 1908-1961.

Nessa obra, que ficou inacabada, Merleau-Ponty propunha-se lançar as fundações de uma ontologia do visível. Liberta da distinção sujeito/objeto e dedicada à descrição de nossa abertura para o Ser, a fenomenologia explora o "Ser selvagem". "Vedor e visto se alternam": o visível se configura invisível, e esse quiasmo permite evitar o registro da subjetividade isolada.

A noção de *carne,* aqui essencial, faz eco ao *Leib* (corpo próprio) husserliano e supera a oposição entre corpo objetivo e corpo fenomênico.

Estudo: X. Tilliette, *Merleau-Ponty ou la mesure de l'homme*, Seghers, 1970.

VONTADE DE PODER,

Ensaio de transmutação de todos os valores,
Der Wille zur Macht. Versuch einer Umwerthung aller Werthe, 1901.
FRIEDRICH WILHELM NIETZSCHE, 1844-1900.

Vontade de poder foi publicado em novembro de 1901, imediatamente após a morte de Nietzsche, sob a responsabilidade de sua irmã. Nietzsche havia muito procurava concretizar o projeto dessa obra: já tinha começado a prepará-la entre os anos 1882 e 1885, data do primeiro plano, que foi seguido por numerosos outros até o outono de 1888. Ele previa quatro livros e, em 1885-1886, organizara segundo esse esquema os aforismos já escritos na época.

Em *Além do bem e do mal** e *Genealogia da moral**, o livro *Vontade de poder* é anunciado da maneira mais explícita possível. A primeira edição alemã foi seguida por algumas outras, cada vez com mais aforismos. Nada, na época, parecia poder deter os editores nessa competição! Em compensação, os editores mais recentes das obras de Nietzsche (Schlechta, Colli e Montinari) chegaram até a negar a própria existência do livro.

Em 1886, um plano anuncia: *Vontade de poder*: 1. "Fisiologia da hierarquia" ; 2. "O grande meio-dia"; 3. "Adestramento e disciplina"; 4. "O eterno retorno". Seguem-se longos textos sobre a "fisiologia do poder". No mesmo ano, Nietzsche redige um outro plano, bastante elaborado, que será mantido daí por diante: *Vontade de poder*: "Tentativa de inversão de todos os valores. Em quatro livros (etc.)." Mas foi, explicitamente, o plano de 17 de março de 1887 que serviu de base à *Vontade de poder* que foi editada por Elisabeth Förster-Nietzsche e Peter Gast: 1. "O niilismo europeu"; 2. "Crítica dos valores superiores" ; 3. "Princípio de uma nova avaliação"; 4. "Disciplina e seleção". No outono de 1888, Nietzsche se decidirá por um último plano, apresentando *O Anticristo** como primeiro livro dessa obra: poucos editores o observarão.

O conteúdo da edição de 1901 tem a vantagem de ser bastante reduzido em relação à edição de 1911, mas não se pode negar que os aforismos publicados em 1911 também são obra de Nietzsche. O conteúdo da edição de 1901 não muda em nada a percepção que as obras publicadas em vida de Nietzsche podiam propiciar de sua filosofia, a não ser por uma complementação das principais noções: complementação do *niilismo* como fundamento de uma crítica da modernidade e da teoria da decadência, e complementação da noção de crítica dos valores e do *super-homem* que ela implica, como superação do homem.

Estudo: G. Deleuze, *Nietzsche et la philosophie*, P.U.F., 1988.

VONTADE DE SABER.
Michel Foucault.
Ver HISTÓRIA DA SEXUALIDADE.

ÍNDICE DOS AUTORES

Todas as obras que constituem verbetes neste dicionário estão aqui reclassificadas por nomes de autores. Para cada autor, as obras são mencionadas na ordem cronológica, segundo a primeira publicação, ou, na falta desta, segundo a data de sua redação. Neste último caso, a data que se segue ao título é introduzida por um círculo vazio (○). As obras cujo título é seguido pela abreviação **s.d.** (sem data) são reunidas no fim da lista de cada autor e classificadas na ordem alfabética dos títulos. O asterisco (*) depois do nome de um autor indica que ele constitui uma entrada deste índice.

Por fim, é indicado também o número da página em que começa o verbete que lhe é dedicado.

A

B

C

D

E

F

G

H

I

J

K

L

M

N

O

P

Q

R

S

T

U

V

W

X

Z

COLETIVOS

Impresso nas oficinas da
Gráfica Palas Athena